金融教学案例精选

（第四辑）

应展宇　主编

中国财经出版传媒集团
中国财政经济出版社
·北京·

图书在版编目（CIP）数据
金融教学案例精选. 第四辑 / 应展宇主编. -- 北京 : 中国财政经济出版社, 2025. 7. --（“双一流”建设专业学位研究生教学案例）. -- ISBN 978-7-5223-3910-8
Ⅰ. F830
中国国家版本馆CIP数据核字第2025SJ3913号

责任编辑：叶　彤　　　　责任校对：张　凡
封面设计：兰卡绘世　　　责任印制：党　辉

金融教学案例精选（第四辑）
JINRONG JIAOXUE ANLI JINGXUAN（DI SI JI）

中国财政经济出版社 出版
URL：http：//www.cfeph.cn
E－mail：cfeph@cfeph.cn

社址：北京市海淀区阜成路甲 28 号　邮政编码：100142
营销中心电话：010－88191522
天猫网店：中国财政经济出版社旗舰店
网址：https：//zgczjjcbs.tmall.com
涿州汇美亿浓印刷有限公司印刷　各地新华书店经销
成品尺寸：185mm×260mm　16 开　46 印张　862 000 字
2025 年 7 月第 1 版　2025 年 7 月河北第 1 次印刷
定价：150.00 元
ISBN 978－7－5223－3910－8
（图书出现印装问题，本社负责调换，电话：010－88190548）
本社质量投诉电话：010－88190744
打击盗版举报热线：010－88191661　QQ：2242791300

前　言

中央财经大学金融硕士专业学位项目始于2011年，是全国首批金融硕士（专业学位）培养单位。2018年，学院增设面向海外留学生的金融硕士（专业学位）留学生项目；2019年，增设全英文授课的金融专硕（专业学位）项目。近年来，为了更好地满足国内外金融实践发展的专业人才需求，服务粤港澳大湾区建设等国家重大战略，金融专业硕士项目在原有的银行管理、量化投资与证券管理、公司金融与金融工程、国际金融组织管理等方向设置的基础上，陆续独立设置了金融科技方向、产教融合方向和资产管理与量化投资方向，培养了一大批受到社会高度认可的高层次、应用型金融专门人才。

鉴于金融专业硕士的人才培养目标定位有别于学术型研究生，自项目设立伊始，学院金融专业硕士就试图突破以学术论文写作为导向的培养模式，教学内容更为强调理论和实践的有机融合，在强化学生理论基础的同时重视他们对金融实际运行的了解和熟悉，案例教学、案例研究等模式创新就被视为达成这一目的的重要手段之一。因此，学院高度重视案例教学，较早就在院内设置了专门金融专硕案例教学中心，开展案例开发及其教学有效应用的相关活动。为了鼓励学院教师积极投身课程案例教学，学院明确要求金融专业硕士项目的授课教师需根据课程性质和内容，自行开发或选择一定数量的案例，将教学案例灵活运用到授课过程之中，并鼓励教师邀请业界人士结合案例进行合作授课。此外，为了提高授课教师案例教学的水平和能力，学院每年还组织1~2次专硕案例教学研讨会，邀请校内外知名专家就案例开发、案例教学等进行交流。

在教学案例开发方面，学院目前已形成了以授课教师为主体，业界导师及学生共同参与的运作机制，依托学院从2014年启动的教学案例比赛和全国金融专业研究生教学指导委员会（以下简称“教指委”）及学校层面的案例大赛，定期动员，精心组织，营造良好的教学案例开发氛围的同时，对专硕课程案例建设提供了一定的经费支持。迄今为止，学院层面开发的专业硕士专业课程教学案例总数200余篇，构建了一个涉及领域宽泛、基本实现金融专硕主干专业课程全覆盖的教学案例库。整体来看，依托学院雄厚的学科专业基础，这些教学案例形式规范，质量较高，其中有34篇教学案例获得全国金融专业研究生优秀案例并入库，入库案例数近几年来连续位居全国金融专硕各培养院校首位。

本书收集的16篇案例均是学院近年来组织的金融硕士教学案例征文评选活动中收到的优秀案例，案例作者为金融学院师生。案例提交后，学院案例教学研究中心组织开展了包括专家评价、修改完善等在内的系列工作。修改完善的案例报送教指委之后，经过专家的匿名评审，被评定为第六、第七、第八届全国金融专硕案例大赛的优秀入库案例。从内容来看，本案例集研究主题涉及机构、市场和宏观金融三大领域，其中机构篇的5篇案例涉及渤海银行存款质押事件、工商银行理财产品净值化转型、锦州银行风险事件、第三方财富管理公司诺亚控股爆雷事件和鼎家“租金贷”模式爆雷；市场篇的7篇案例则囊括了滴滴退市、流媒体Netflix股价起伏、浑水公司做空贝壳、泡泡玛特估值、汇源公司退市、游戏驿站股价暴涨暴跌、白玉兰CMBS；国际篇的4篇案例聚焦土耳其货币危机和“股汇债”三杀、阿根廷债务危机、美国流动性危机。作为学院师生潜心合作研究的成果，这些案例不仅有助于对中国金融感兴趣的广大师生了解中国金融运行的一些热点，而且通过案例内容与后续案例讲解的结合更好地理解中国金融运行的内在理论逻辑及其独特性。

当然，随着中国金融改革开放进程的深入推进，金融理论和实践的发展和创新使中国金融不断呈现新的变化，不断涌现新的案例。这意味着对于我们参与金融专业硕士教育的人士而言，依托日新月异的金融实践的案例教学开发及有效应用永远在路上，我们期待大家共同努力，不断提升中国金融硕士专业学位项目的人才培养质量，满足社会对高层次专业金融人才的需求。

编　者

2025年3月

目 录

第一部分 机构篇

第二部分 市场篇

第三部分 国际篇

第一部分　机构篇

案例 1

罗生门下真假难“信”，存款入“海”再难追寻

——渤海银行28亿元存款质押事件案例分析①

渤海银行成立于2005年，开业以来，其扩张发展可谓一日千里，然而近年来却多次因违规经营而收到银保监会罚单。2021年，渤海银行因28亿元济民可信质押存款“消失”事件深陷舆论漩涡之中。由于涉案主体在业内颇有盛名且涉案金额庞大，该案引发了社会的广泛关注。本案例通过梳理质押迷案始末，结合特许权价值效应、银行内部控制及风险管理、银行监管等理论，依次从原因、影响、反思建议和监管模式改进角度展开分析，引导学生对商业银行风险管理、政府部门对商业银行的监管进行更深入的思考。

① 本案例由金融学院李建军、王晓倩、苏悦、令狐岚消、马宽、许静茹撰写。

案例正文

一、引言

21世纪以来，随着我国经济体制改革，银行业规模以及数量迅速扩张。然而在粗放发展之下，众多银行内控与风控体系逐渐松弛。银行业竞争加剧，各银行盈利空间缩小，银行业罚单数量日益增多。人们对银行罚单与丑闻的态度逐渐从难以置信转为司空见惯，但2021年的一桩罗生门案，引起了社会各界的广泛关注。

2021年10月23日，凤凰网传出渤海银行储户济民可信28亿元存款被擅自质押的“风声”。渤海银行作为行业内颇有盛名的股份制商业银行，却在媒体网络上与“存款欺诈”“擅自质押”等字眼联系在一起，引起大众广泛关注。但媒体的发文仅是疾风骤雨的前奏。次日，渤海银行与济民可信相继发文，各执一词。在随后几个月中，随着双方唇枪舌剑的升级，相关证据也浮出水面。

无独有偶，2021年11月15日，南京科远智慧科技集团股份有限公司声称，其在浦发银行的2.95亿元存款被“无故”质押。这证明渤海银行存款质押事件并非个例。因此，我们不由得思考，已占据中国金融体系半壁江山的银行，为何频频“爆雷”？渤海银行的“前车之鉴”，又能给银行业同行带来哪些“后车之师”呢？带着这些问题，本文将循着相关证据，追溯“渤海银行28亿元存单质押失踪案”。

二、业界风云

（一）行业压力

2021年年底召开的中央经济工作会议指出，我国经济发展面临需求收缩、供给冲击、预期转弱三重压力。宏观经济压力叠加疫情冲击，百年变局加速演进，市场预期悲观，银行业面临的外部环境更趋复杂严峻和不确定。此外，金融脱媒和利率市场化深入发展，国家对实体经济支持的政策不断加码。多种因素的共同作用下，银行业净息差逐渐下降（见图1－1），经营利润不断承压，净资产收益率呈下行趋势（见图1－2），银行业“黄金时代”渐行渐远。

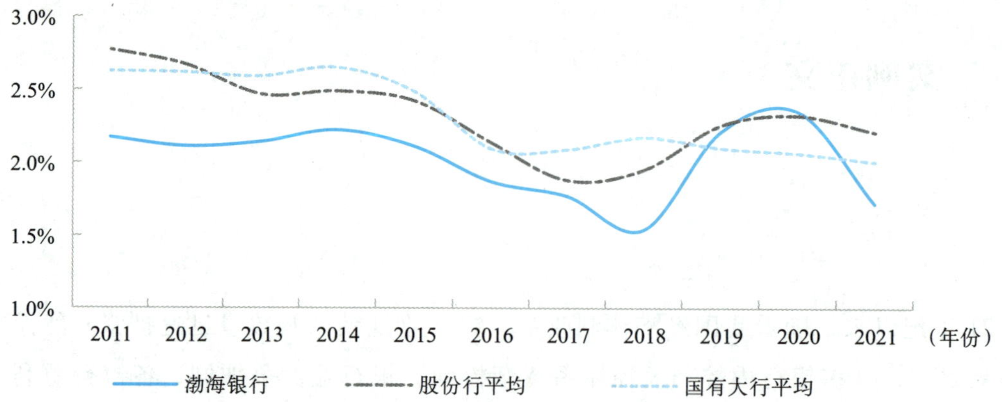

图 1－1　银行净息差变化趋势

数据来源：Wind 资讯。

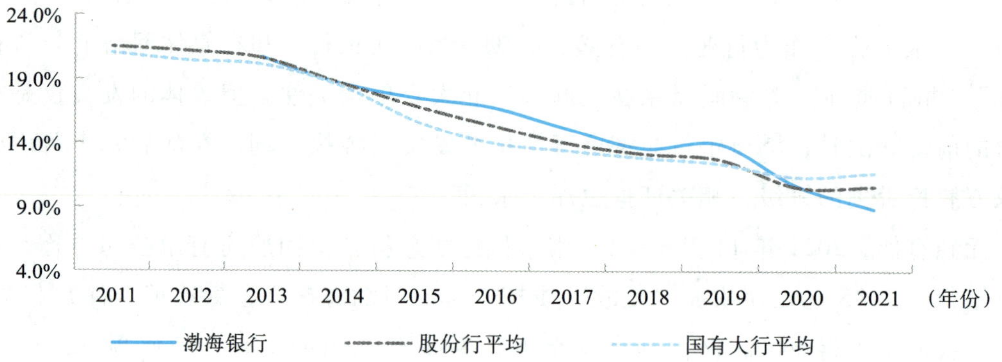

图 1－2　银行净资产收益率（加权）变化趋势

数据来源：Wind 资讯。

同时，不断变化的内外环境给银行的经营管理带来了极大的挑战，主要体现在以下三个方面：第一，金融衍生品创新加速，多层嵌套的金融衍生品天然具备规避金融控制和监管的内在属性，给商业银行的稳健经营带来威胁；第二，金融科技的繁荣发展影响了客户支付、信贷与理财等金融业务习惯，商业银行在自我创新应对金融脱媒的同时也给自身的安全经营带来风险；第三，民间金融、影子银行、非法集资等多种不稳定因素不断干扰着商业银行的正常经营管理。

（二）违规风波

面对错综复杂的内外部环境，部分商业银行“重业务发展、轻内部控制”的“规模冲动”情结也逐渐显得不合时宜起来。内部控制不完善、风险管理不及时带来的后果是大量违规事件的接踵而至，2021 年，监管机构公示的银行罚单共计 5205 张，罚没金额共计25.9亿元，高于2020年的20.9亿元及2019年的14.1亿元。其中，5000万元以上的巨额罚单共有8张，其中股份制银行独享5张，列示如图1－3所示。

银行名称	罚没金额（万元）	处罚原因
民生银行	11450	理财业务整改不到位、理财产品间相互交易调节收益、违规调整理财产品收益等
华夏银行	9830	违规使用自营资金、理财资金购买本行转让的信贷资产等
渤海银行	9720	违规给房地产企业提供融资、关联交易未按程序审批等
招商银行	7170	为同业投资提供第三方信用担保、为非保本理财产品出具保本承诺等
浦发银行	6920	净值型理财产品估值方法不准确等

图1－3　股份制银行2021年大额罚单列示

数据来源：作者由公开资料整理。

在银行业众多违规事件中，“存款失踪”事件屡有发生（见图1－4），带来较大社会舆论影响，并给银行经营管理的持续性、安全性带来了不可忽视的危害。

事件时间	事件主体	事件概述
2015年5月	中国银行	中国银行杭州庆春支行一名前银行职员假冒银行网点工作人员，以高息为诱惑，骗走100多名储户超过亿元巨额存款
2019年4月	山东农商行	恒信公司在查账时发现，其在临朐、昌乐、青州三地农商行存入的1.1亿元，有1.02亿被人转出，此外，案件主谋刘某采取掉包银行卡、偷记银行卡密码等手段，盗窃六人共2.188亿元银行存款
2021年8月	渤海银行	一家名为济民可信的医药集团公司，指控渤海银行南京分行在该集团子公司山禾药业与恒生制药“不知情”的情况下挪用其存于该行的28亿元存款，用作第三方公司的贷款质押担保
2021年11月	浦发银行	科远智慧6笔存款被质押，总金额达2.95亿元，其中4000万元定期存款被作为南通瑞豪国际贸易有限公司开具银行承兑汇票的质押担保，到期后科远智慧未能收回存款
2022年3月	工商银行	储户存在工行南宁分行的2.5亿元资金不翼而飞，原因是职工梁某伪造大额存单，替换银行客户的真实存单，以代办取款方式窃取客户在工行大额存款

图1－4　近年来存款失踪案件概述

数据来源：作者由公开资料整理。

图1－4列示了历年来影响重大的“存款失踪”案例，其中渤海银行与济民可信的存款质押失踪案件因涉及金额巨大、涉事主体复杂、事件缘由迷离、多方争议不断引发了社会广泛的关注，并引起了外界对银行存款安全性的担忧，使本就不平静的银行业再度掀起了波澜。

三、话说渤海

（一）扩张历程

渤海银行自2005年12月29日成立以来，迅速开疆拓土。渤海银行以平均每年新设超过两家一级分行的速度，仅用14年就完成了全国主要省会及经济重要城市的战略布局，截至目前，渤海银行正式开业机构网点已遍及京津冀、中西部、长三角等地区，网点总数已达281家。截至2020年年末，渤海银行总资产已达13935.23亿元，同比增长24.76%；发放贷款及垫款总额为8875.38亿元，同比增长25.35%，其资产增速与贷款增速在股份制商业银行中均独占鳌头（见图1－5）。

银行名称	贷款总额（亿元）	贷款增速	资产总额（亿元）	资产增速
渤海银行	8875.38	25.35%	13935.23	24.76%
浙商银行	11941.1	16.26%	20482.25	13.74%
浦发银行	45339.73	14.15%	79502.18	13.48%
平安银行	26662.97	14.77%	44685.14	13.44%
光大银行	30094.82	10.96%	53681.1	13.41%
招商银行	50291.28	11.99%	83614.48	12.73%
华夏银行	21089.93	12.62%	33998.16	12.55%
中信银行	44733.07	11.89%	75111.61	11.27%
兴业银行	39656.74	15.23%	78940	10.47%
民生银行	38539.31	10.50%	69502.33	4.02%

图1－5　2020年上市股份制银行贷款和总资产增长情况

数据来源：Wind资讯。

作为最年轻的股份制商业银行，渤海银行在资产规模高速扩张的同时，也不断推进产品创新。2020年6月12日，渤海银行推出存款创新产品“新易存”，在南通分行成功落地。“新易存”是一款定期存款产品（见图1－6），但相较于定期存款，其具有以下优势：一是存款期限以天为单位递增，灵活性较高；二是储户可以多次提前支取，保证了资金的流动性。然而，“新易存”支持质押融资的特点也带来了一定风险，使银行的内控管理愈发困难。

据新华网报道，在“新易存”的支持下，截至2020年8月，渤海银行南京分行下属的南通分行取得了各项存款余额增长27.79%的斐然成绩。此时尚无人能料想到，“新易存”这一初现锋芒的存款创新产品，将在1年后为渤海银行引来滚滚惊雷。

“新易存”产品基本情况	
面向客户	批发银行客户
存款期限	10天至1080天，以1天为单位递增
起存金额	网点柜台（50万元）、电子渠道（10万元）
创新点	支持到期自动续存、多次提前支取及质押融资

图1-6　“新易存”简介

资料来源：作者由公开资料整理。

（二）内控隐患

在渤海银行规模快速扩张之时，其资产质量却疲态尽显。截至2021年年末，渤海银行不良贷款率1.76%，关注贷款率2.83%，逾期贷款率4.03%，拨备覆盖率135.63%，各项指标均落后于股份制银行平均水平（见图1-7、图1-8）。

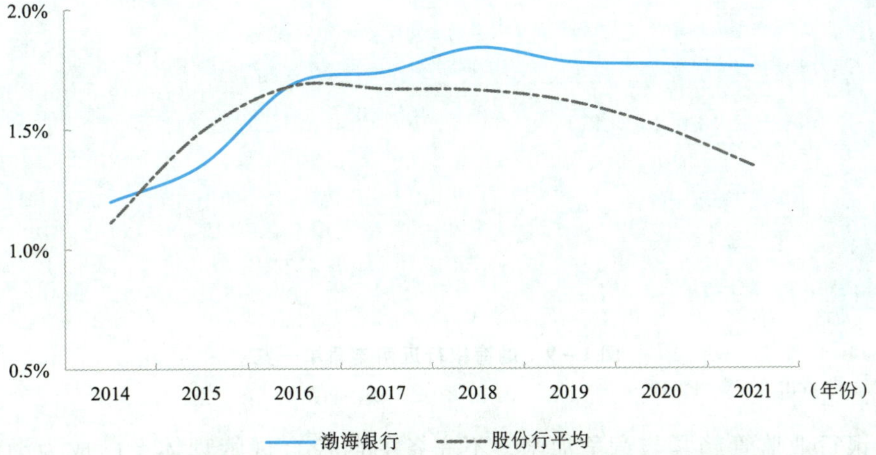

图1-7　渤海银行不良贷款率同业比较

数据来源：Wind资讯。

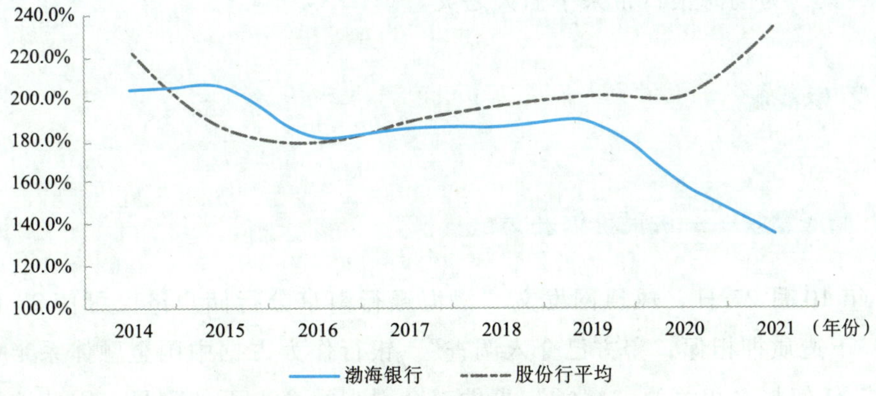

图1-8　渤海银行拨备覆盖率同业比较

数据来源：Wind资讯。

资产质量的下滑往往与内控体系的漏洞存在紧密关系。渤海银行虽屡屡强调公司秉持着股东渣打银行"审慎""规范"的业务风格，但对业务理念的执行却存在一定问题。近年来渤海银行已多次因内控问题而收到银保监会的罚单（见图 1－9）。2020 年 9 月，渤海银行南京分行因"贷款资金回流用于银行承兑汇票保证金、存在存贷款挂钩行为、为同业投资业务违规提供信用担保"被银保监会罚款 125 万元；2021 年 5 月 21 日，渤海银行总行更是因内部审计不足、未落实授信审批条件发放贷款、银行承兑汇票保证金管理不规范等内控问题，收到了 9720 万元的天价罚单。

处罚时间	处罚单位	处罚事由
2020年7月	渤海银行成都分行	流动资金贷款用于不当用途，严重违反审慎经营规则
2020年9月	渤海银行南京分行	贷款资金回流用于银行承兑汇票保证金、存在存贷款挂钩行为、为同业投资业务违规提供信用担保
2021年2月	渤海银行广州分行	保理业务严重违反审慎经营规则、向未取得有关批准文件的房地产项目提供融资等
2021年5月	渤海银行成都分行	银行承兑汇票保证金管理不规范
2021年5月	渤海银行广州分行	出具与事实不符的理财业务投资情况报告
2021年5月	渤海银行股份有限公司	内部审计严重不足、瞒报案件（风险）信息、未落实授信审批条件发放贷款等34项
2021年11月	渤海银行深圳分行	理财资金对接本行自营资产；流动资金贷款被挪用于关联房企；贷后管理不审慎等
2021年11月	渤海银行天津第一大街支行	内控管理不到位、员工从事违法活动行为

图 1－9　渤海银行近两年罚单一览

资料来源：作者由公开资料整理。

随着银行业监管趋紧与竞争加剧，不完备的内控合规管理体系已成为渤海银行经营发展中的隐蔽风险点。2021 年 10 月 24 日，济民可信的一纸文章成为了这一风险点爆发的导火索，为渤海银行带来了滔天之灾。

四、罗生戏起

（一）晴天霹雳——济民可信发文

2021 年 10 月 23 日，凤凰网发文"渤海银行南京分行储户济民可信 28 亿元存款'不知情'下遭质押担保，警方已介入调查"。银行作为占据中国金融体系半壁江山的金融机构，任何与之相关的"爆雷"事件都会引来社会上下的瞩目，因此这篇文章迅速在网络上引起了舆论风波。

渤海银行对此事做出及时反应，于10月24日凌晨发表公告，称其已向公安机关报案，并将此事定义为“企业间异常行为”。始料未及的是，这一纸公告彻底激怒了济民可信。24日晚间，济民可信公开发文《六问渤海银行南京分行》（以下简称《六问》，在质问渤海银行的同时，也将相关录音、文件等证据公之于众（见图1－10）。一时之间渤海银行饱受指责，声望一落千丈。

济民可信发文《六问渤海银行南京分行》	
一问	犯罪行为正在发生时，银行为何不立即报警？
二问	管鹏程先生给予的所谓“解决方案”，是“坚决维护客户合法权益”的方案吗？
三问	在明确知晓济民可信合法存款权益遭受不法侵害的情况下，为何还在8月25日强行划扣了济民可信4.5亿元存款？
四问	银行与华业石化之间是什么关系？
五问	银行操作是否符合规范业务流程？
六问	银行出具虚假询证函目的何在？

图1－10　济民可信发文要点整理

资料来源：作者根据济民可信公众号整理。

至此，这场28亿元存款质押案已初现端倪，储户济民可信集团、存款行渤海银行以及隐蔽的债务人华业石化三位当事人相继登场，一出“假作真时真亦假”的“罗生门”悄然揭开了序幕。

（二）追本溯源——事件前因回顾

根据各位当事人披露的信息追溯，此次争端始于2020年济民可信与渤海银行办理的“新易存”业务。

2020年11月，济民可信集团旗下两家子公司无锡济煜山禾药业股份有限公司（以下简称“山禾药业”）和南京恒生制药有限公司（以下简称“恒生制药”）首次在渤海银行南京分行开户，购买了“新易存”存款产品。2021年3月，在无锡方盛会计师事务所对山禾药业进行例行调查时，渤海银行在征询函中“山禾药业在渤海银行的7笔存款共计10.1亿元不存在冻结、担保或其他使用限制”的内容下，回复“经本行核对，所函证项目与本行记载信息相符”。此时，尚无人能料想到，济民可信的存款已经成为华业石化银票的质押物。

2021年8月19日，渤海银行南京分行工作人员致电山禾药业，称有人自称公司人员，要求银行将电子存款转为纸质存单，以便为他人办理存款质押手续，并询问企业是否有办理存单质押业务的真实意愿。济民可信当即表示公司从未准许任何人办理存款质押事宜，要求银行立即报警处理。之后济民可信对存款状态进行了核查，发现自 2020 年 11 月开户到 2021 年 8 月事发，山禾药业及恒生制药共有存款 28 亿元被用于华业石化银票质押，而其并不知情。

事发后，8 月 21 日，渤海银行南京分行营业部总经理胡兆峰、总经理助理管鹏程以及两名华业石化的负责人与济民可信负责人当面沟通，以期寻找“合理”的解决方案。

《六问》一文所提供的录音证据显示（见图 1－11、图 1－12），济煜山禾 2020 年 11 月第一次购买新易存产品的资金，在当月就被用于担保华业石化半年期银票融资。录音中，南京分行营业部总经理助理管鹏程先是承认了银行在业务验证方面确实存在的漏洞，之后又提出了一份匪夷所思的弥补方案：“建议济民可信继续为华业石化提供担保”。此外，管鹏程还表示，如果济民可信拒绝担保，那么“一旦 25 号他续不上，您这边一旦不给他做，还不了，逾期我们银行代付，第一时间就会拿你们存单，你那边报警，那整个存单 28 亿元全部冻结，你存单也拿不走，钱也拿不走。”

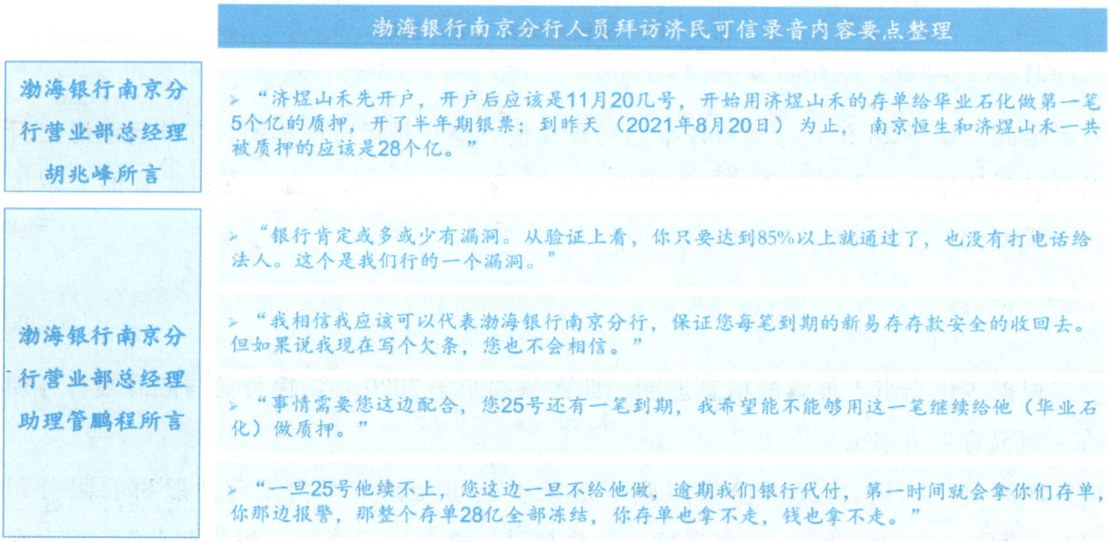

图 1－11　录音内容要点整理

资料来源：作者根据济民可信公众号整理。

济民可信方表示拒绝接受渤海银行与华业石化提出的“解决方案”，并在 2021 年 8 月 24 日向渤海银行送达了书面通知函，表示公司从未将存款转为纸质存单，也从未为他人办理过任何质押业务，要求渤海银行切勿利用客户存款进行任何违法违规操作，否则将采取司法途径追究责任。然而，仅 1 天之后，恒生制药的 4.5 亿元存款就由于华业石化银票发生违约而遭强行划扣。9 月 3 日，在双方交涉无果后，济民可信

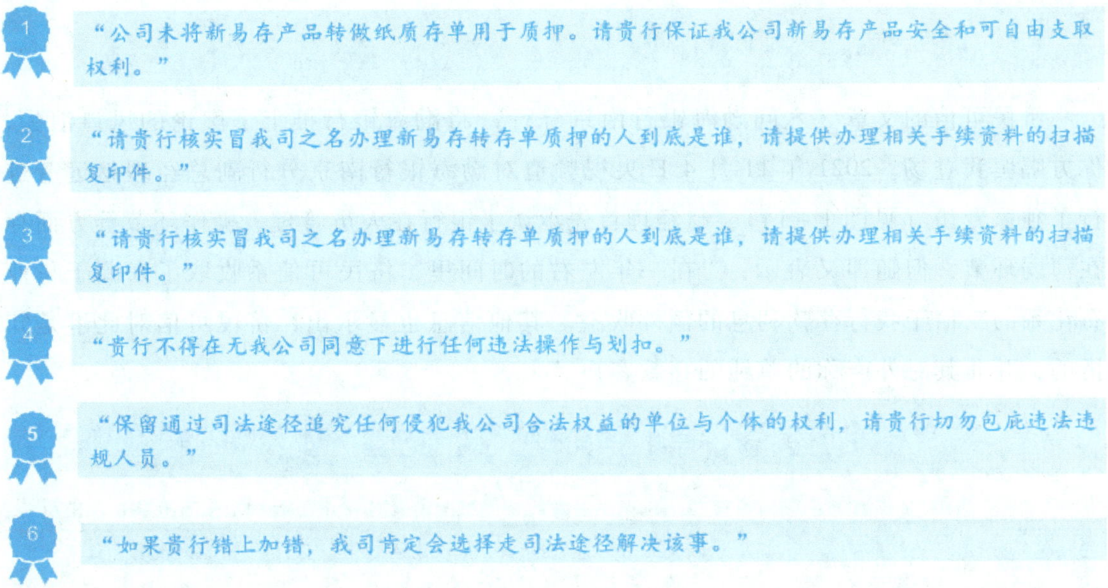

图1－12 现场音频要点整理

资料来源：作者根据济民可信公众号整理。

选择向江苏无锡警方报案。10月24日，渤海银行就此事发布公告，这出罗生门大戏也从幕后走到了台前。

至此，该案前因已轮廓初显。总结上述材料，本文绘制出如下的事件发展时序图（见图1－13）。

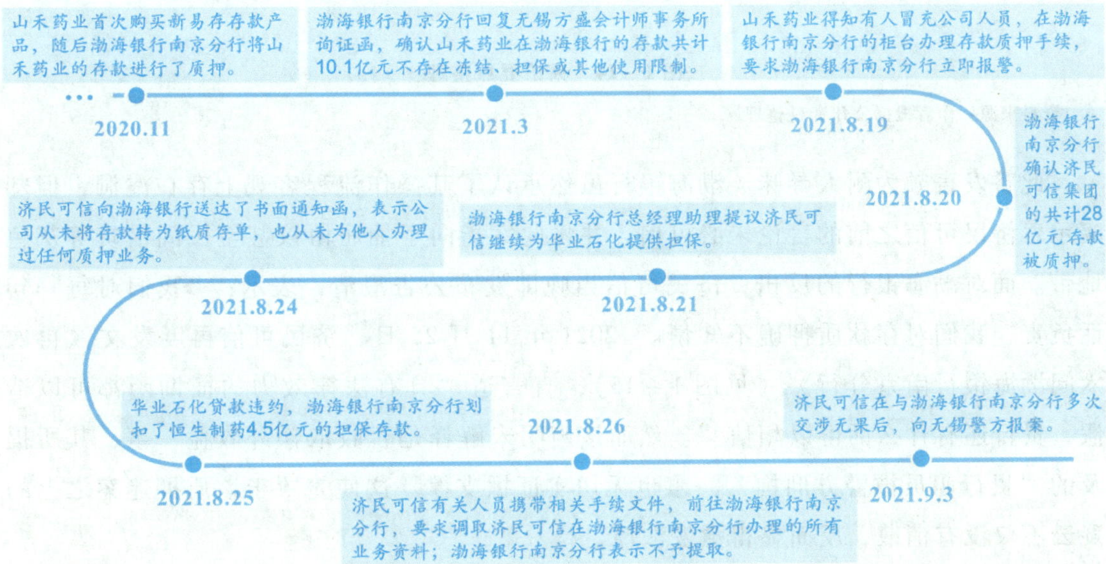

图1－13 28亿元质押案时间线

资料来源：作者根据公开资料整理。

（三）峰回路转——渤海银行回应

济民可信的文章《六问渤海银行南京分行》将渤海银行推上了舆论的风口浪尖，你方唱罢我登场。2021 年 11 月 4 日央视频道对渤海银行南京分行副总经理赵远芳进行了独家专访（见图 1－14），赵经理首先承认了银行在人员管理、操作环节等方面存在薄弱环节，但随即又表示：“在一年左右的时间里，济民可信系收取了来源于华业石化系的三倍于我行存款利息的额外收益。其他信息也显示出，济民可信对此事是知情的，并非其对外声称的单纯的存款客户。”

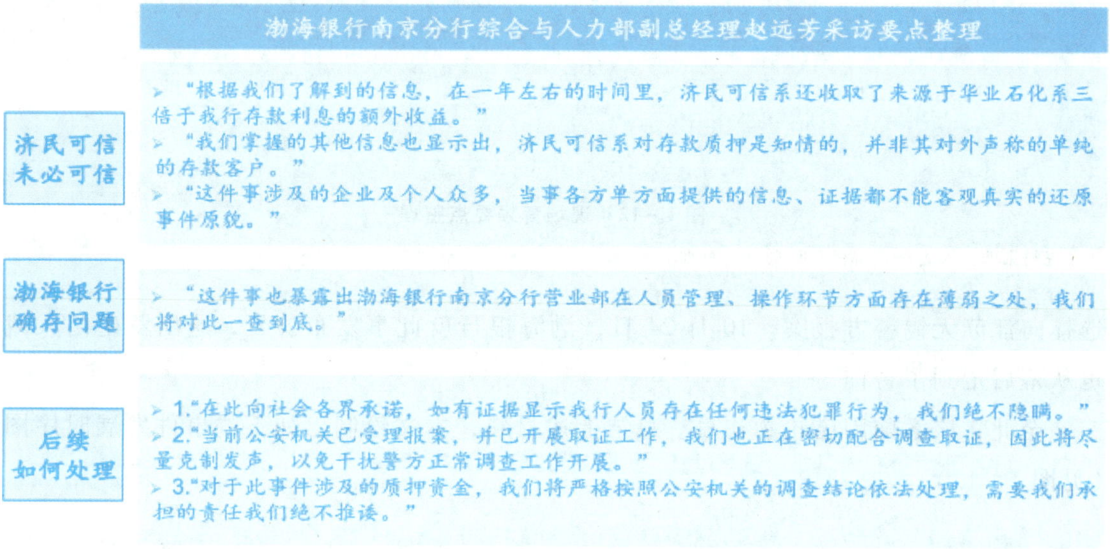

图 1－14　采访要点整理

资料来源：作者根据公开资料整理。

此番发言颇为耐人寻味。渤海银行虽然承认了其操作流程客观上存在漏洞，但却暗示着济民可信之前的言论未必可信，并将此案指向了抽屉协议甚至民间借贷等灰色地带。面对渤海银行的反击，济民可信当晚即发布公告澄清，表示：“我们对每一句话负责，我们对存款质押确不知情。”2021 年 11 月 25 日，济民可信再度发文《再次六问渤海银行南京分行》（见图 1－15），直言道“具有法律效力的征询函都可以造假，贵行还有什么话可以相信？”。然而该声明未解释是否收取额外收益一事，其所提及的“贵行职员被警方刑拘”一事也无切实证据支撑。这使笼罩于该质押迷案之上的疑云不仅没有消散，反而显得愈发浓厚。

渤海银行与济民可信公开争辩之际，投资者们对该案件的另一当事人华业石化的身份却众说纷纭。这位沉默的贷款人国企身份是否真实？在这件“存单质押失踪案”

中又扮演了什么样的角色呢？

再次六问渤海银行南京分行	
一问	贵行称我方“知情同意”，证据何不公开？
二问	数百枚假公章从何而来，何以通行无阻？
三问	贵行职员被警方刑拘，为何不能向媒体坦承？
四问	询证函都能造假，贵行哪句话能相信？
五问	是什么让贵行洞穿底线，却又充满“底气”？
六问	第三方贷款人华业石化，和贵行勾连到底有多深？

图1－15　济民可信发文要点整理

资料来源：作者根据济民可信公众号整理。

（四）幕后身影——华业石化谜团

华业石化，一家注册资本仅为5亿元的名不见经传的工商企业，获得了渤海银行28亿元存单质押，其融资能力源于何处呢？

华业石化一直声称其母公司为中国石油天然气集团，由此华业石化成为了名义上的央企子公司。分析华业石化的股权变动情况（见图1－16），可发现其前身为润港石化南京有限公司。2020年6月22日，华业石化名称由此前的润港石化变更为现名。Wind数据显示，在2020年11月的案发伊始，华业石化的股东尚为上海芮盈贸易有限公司，而芮盈贸易的股东即为中国石油天然气集团旗下的央企子公司甘肃昊阳商贸服务公司，借此，华业石化获得了孙央企的身份。2021年6月，芮盈贸易退出了华业石化的股东行列，东方鸿达投资有限公司入主华业石化，但仅仅一个月后，华之业能源就接手了华业石化所有的股权，成为华业石化全资股东，而华之业能源则隶属中国石油天然气集团旗下的华昌置业。这一转换，华业石化再次成为了中国石油集团的孙公司。

2021年9月26日，在28亿元存款质押案发酵前夜，中国石油天然气集团官网发布《关于北京华昌置业有限公司未设立下属企业的声明》，否认了北京华昌置业与华之业能源的出资关系。随后，甘肃昊阳商贸服务公司也表示公司从未向芮盈贸易进行投资。这一系列声明坐实了华业石化“伪央企”身份。

10月28日，一名记者来到了华业石化与华之业集团的注册地。记者首先探访了

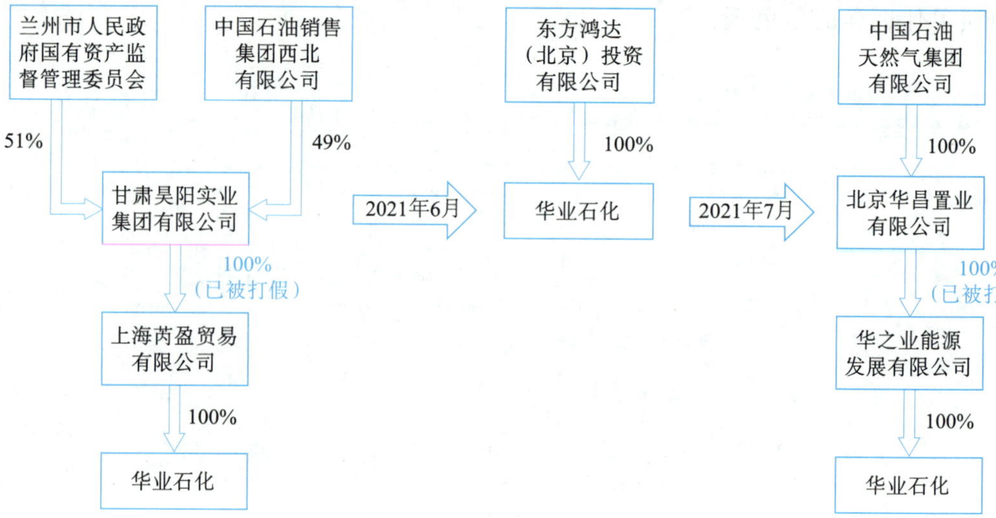

图 1－16　华业石化股权变动情况

资料来源：作者根据 Wind 资讯整理。

华之业位于太平南路的注册地，但却空手而返，仅从物业人员处得知，“目前系统里没有检索到这家公司，可能这家公司只是将注册地址放在我们这里，实际的办公地址并不在。”同日下午，记者动身前往华业石化注册地玄武科技金融园，发现此处早已门窗紧锁，透过污迹斑驳的玻璃窗，依稀可以看见前台墙面上“润港集团”四个大字拆除后留下的痕迹。

10 月 29 日，华业石化的唯一股东在一夜之间由江苏华之业能源发展有限公司转变为一家注册资本仅为 3000 万元的“江苏颐庄商贸有限公司”。这一偷梁换柱之后，华业石化与中国石油集团再无瓜葛。

质押迷案是非真假不得辨，华业石化人去梁空巢也倾，一番寻访，依旧难散疑云。

（五）监管入局——相关部门发声

舆论风暴很快便引来了官方媒体、监管机构的关注。2021 年 11 月 11 日，证券日报率先针对“近期登上热搜的上市公司存款失踪案”发文《“存款失踪”幕后套路》，指出该案或许与“非阳光口子”存在着千丝万缕的联系，并劝诫道：“高收益必定伴随着高风险，天上永远不会掉馅饼，只可能掉冰雹。”银保监会紧随其后，在 11 月 19 日的答记者问中表示已成立工作小组进驻银行进行调查，并要求商业银行“强化内控建设，加强员工行为管控，强化银行承兑汇票业务统一授信管理，坚持贸易背景真实性要求”。

此外，渤海银行增发 12.4 亿元 H 股股份计划也受到本次事件影响。11 月 12 日证监会对渤海银行境外上市出具反馈意见，要求其详细说明济民可信集团相关存款为第三方提供质押担保的情况。因此，若该质押迷案继续悬而未决，渤海银行的增发计划或有可能落空。

由监管机构发声可见，当下多方各执一词，局外人也难以洞若观火。然而，可以确定的是，渤海银行一定多有失职，正如11月16日《央视财经评价》评论此案时所言：“银行是一定有责任的，这可能是基层银行在业绩压力与坏账压力下做出的违法行为”。

（六）风波难平——案件后续影响

自2021年11月25日济民可信发文《再次六问渤海银行南京分行》后，罗生门当事人的“舌战”暂且结束。但“28亿元存单质押案”远没有结束，此后浦发银行存款质押案等事件更是为此案带来阵阵回声。此场风波导致网络舆论持续高涨，对渤海银行带来了极大的负面影响。

由此可见，无论渤海银行是否触及法律底线，其业务合规、资金安全性等问题对其信誉的影响已不可避免，其简短的回应更是加剧了舆论发酵，在真相水落石出之前，关于渤海银行的负面舆论难以看到平息的可能。

在资本市场上，投资者情绪迅速被“28亿元存单质押案”影响，持续推动渤海银行股价的下探。10月22日以来，渤海银行股价每况愈下，不断突破低点；2021年12月下旬股价虽有小幅回暖，但1月初，渤海银行股价再次下行。截至2022年2月19日，渤海银行股价已较2021年10月22日下跌40%。

五、拨云见日

（一）众说纷纭

目前，社会各界对渤海银行28亿元存单罗生门事件原委存在着各种猜测。本文将其整理归纳，可分为以下三种观点。

第一种观点（见图1－17）是该案本应是普通的存款质押事件，但在贷款方发生违约、渤海银行划扣济民可信质押的存单4.5亿元后，济民可信矢口否认，指控渤海银行挪用其存款为华业石化进行质押，并利用一些零碎“证据”来颠倒黑白，混淆视听。

在此情形下，虽说三方是按正常流程办理了存款与质押，但渤海银行依然难辞其咎。这主要体现为其业务流程存在着诸多纰漏：首先，在对贷款方华业石化进行客户

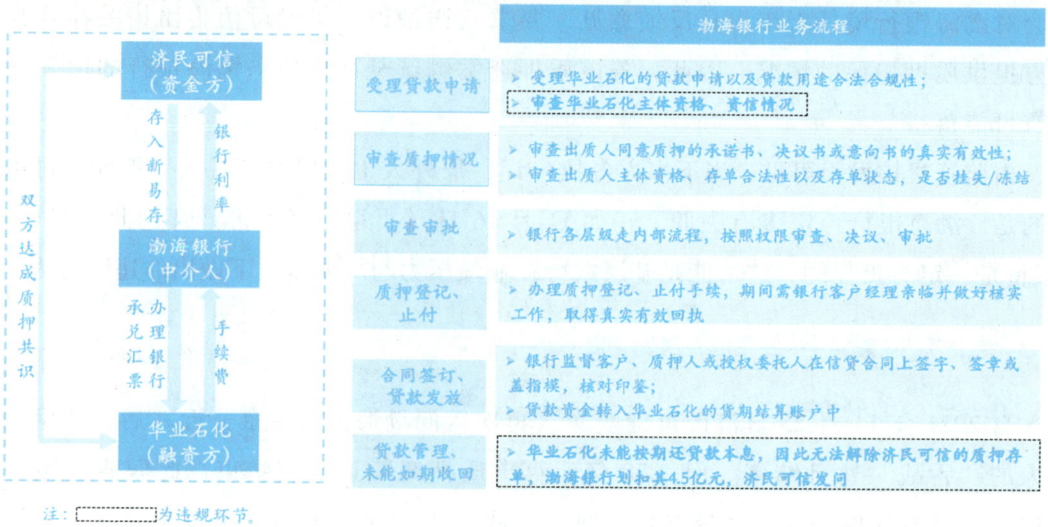

图 1-17　观点一（存款质押）情景再现

评价时，渤海银行信用评价体系不严谨，致使华业石化借用“伪国企”身份以不足 5 亿元的注册资本获得高达 28 亿元的质押融资；其次，在整个质押流程中，渤海银行存在操作不严谨的问题，这主要体现为未留存照片、视频等证明济民可信参与质押的资料，以致其面对嫁祸时毫无招架之力。

第二种观点（见图 1-18）是渤海银行与华业石化共同谋划，将储户蒙在鼓里，擅自将济民可信的存款用作质押。借此，华业石化获得了资金，渤海银行增加了业绩，只有不明真相的济民可信遭受了无妄之灾。

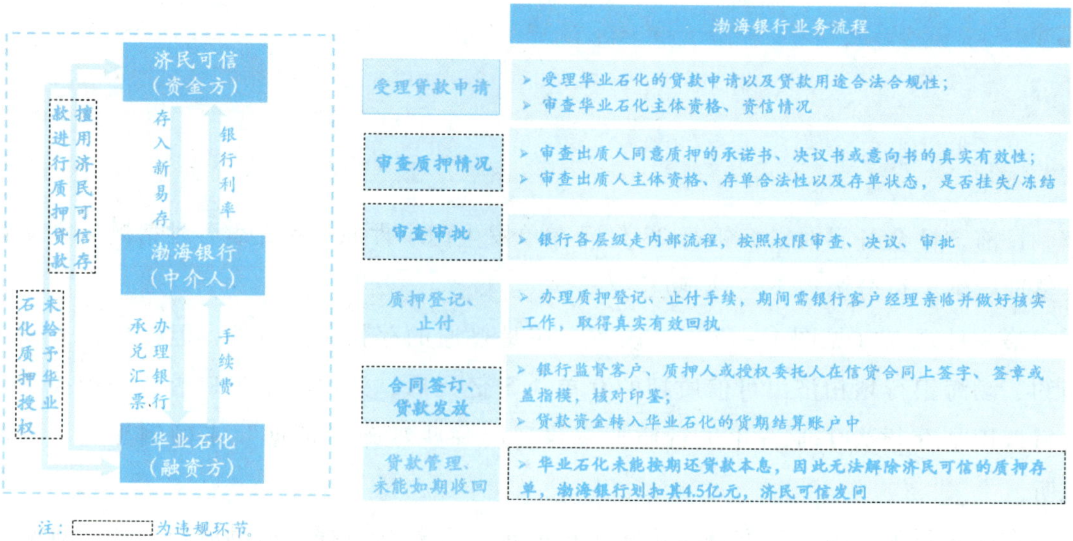

图 1-18　观点二（两方勾结）情景再现

在此情形下，渤海银行作为该案的主谋，其业务流程、风险控制等各个环节都存在问题。首先，在使用新易存电子存单进行质押时，需将电子存单转为纸质存单，且在办理质押过程中，客户经理需与济民可信、华业石化面签质押合同，而据济民可信所述，其对上述两个过程毫不知情，因此，渤海银行显然存在违规操作问题。其次，在2021年8月25日济民可信正式向渤海银行送达书面通知函，明确表示从未为他人办理过任何质押业务之后，渤海银行仍独行其是，强行划扣其4.5亿元存款。

第三种观点是涉案三方均知情，只因各谋其利而上演了一出“乱哄哄你方唱罢我登场”的罗生大戏。这一猜测又可细分为如下两种情形：

其一（见图1-19），华业石化需要向贸易往来企业开具银票付款，但却因自身抵押物不足而出现流动性不足，而济民可信拥有大量闲置资金，企图寻找“高息”途径投资，于是渤海银行在业务压力下成为二者中间人。三者一拍即合，由济民可信将33亿元流动资金陆续存入渤海银行新易存产品中，并私下承诺为华业石化银行承兑汇票进行质押，三方开展了业务往来。但当银票到期时，华业石化存款账户中款项不足以支付银票，华业石化再次请求济民可信提供质押，以通过新银票贴现偿还到期银票，却不料济民可信拒绝了质押请求，因此渤海银行划扣到期银票下济民可信质押存单4.5亿元。至此，三方反目成仇。

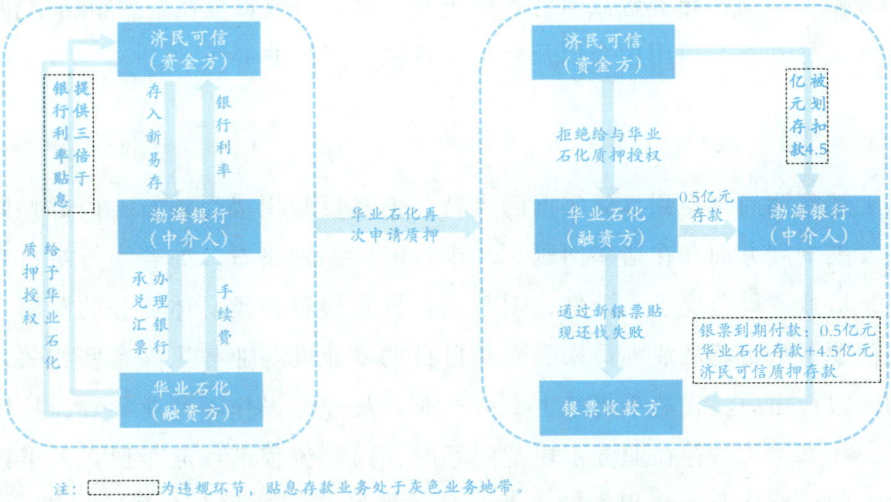

图1-19 观点三（非阳存款）情景再现

其二（见图1-20）是该案本是一出“空手套白狼”的票据套利剧本，济民可信首先把钱存到渤海银行，然后由具备“国企背景”的华业石化以伪造的贸易合同向渤海银行申请开立银行承兑汇票，同时济民可信用其存单提供质押担保，兜兜转转一圈之后，这份银行承兑汇票流入了济民可信控制下的 B 公司手中。B 公司用这份银行承兑汇票进行贴现将存款置换出来。此时，济民可信集团通过存款获得渤海银行支付的利息，在扣除贴现损失的利息后，仍然能够赚取一定利差。然而，或许是因为华业石化的违约，这场票据套利提前终结，并且暴露在法律之下。

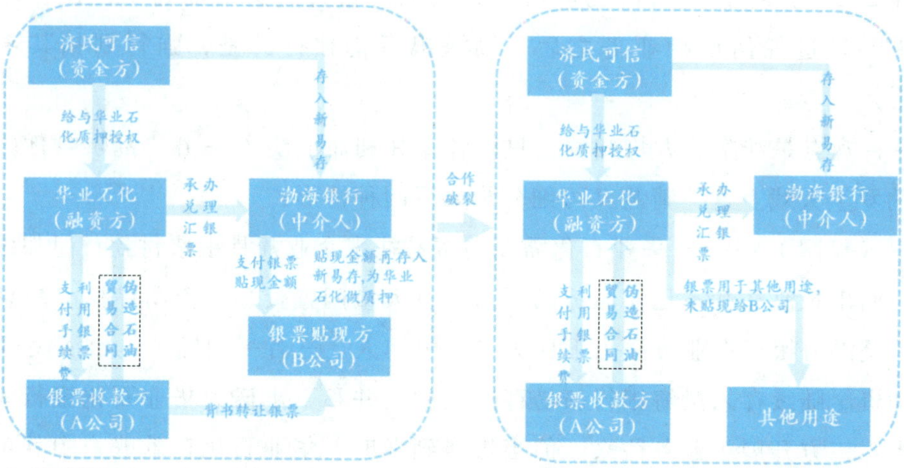

注：[虚线框]为违规环节，贴息存款业务处于灰色业务地带。

图 1－20　观点四（票据套利）情景再现

在三方勾结的情况下，济民可信自取其咎，渤海银行也应受责罚。作为上市商业银行，渤海银行不仅诱导资金流向低效率企业，而且引致资金在金融市场空转。可见，渤海银行未能尽到充当信用中介以及有效配置社会资源的责任。

（二）渤海疏漏

虽然上述猜测尚未得到真凭实据的支持，但其反映出渤海银行在内部控制、风险控制以及发展规划方面存在诸多问题。从银行经营原则来看，如若银行对自身功能定位不准确，对业务规范要求不严格，则必然会导致银行各类具体业务的漏洞，从而引发安全性问题；从银行从业人员来看，其自身的专业度与业务风险紧密相关，以该案为例，渤海银行出质流程的不规范主要由从业人员业务操作不专业导致；从银行管理系统来看，在基层人员存在业务不规范问题时，内部流程审核流于形式，银行风险识别不及时不到位；从业务流程细节来看，具体的细节设计与业务风险可谓连根共树，比如对客户的评级要求、是否要求现场客户经理到场监督以及具体票据的填写细则等规定都会直接影响业务风险。

济民可信 28 亿元存单不翼而飞，背后原因错综复杂，但无论真相如何，作为金融机构的渤海银行都难辞其咎。因此，本文总结渤海银行可能存在的“罪状”（见

图1-21）。

项目	寻常无奇的存款质押事件	渤海银行与华业石化两方暗中串通	三方合谋-票据套利	三方合谋-贴息存款
信用风险	未合理评估客户风险情况；开具银行承兑汇票未审查业务真实性	未合理评估客户风险情况；开具银行承兑汇票未审查业务真实性		开具银行承兑汇票未审查业务真实性
操作风险	出质流程未按规定留存证据		出质流程未按规定留存证据	出质流程未按规定留存证据
法律风险	出具虚假询证函	未经济民可信同意非法出质，出具虚假询证函	出具虚假询证函；涉嫌违反相关金融法	出具虚假询证函；涉嫌违反相关金融法
道德风险		未尽到商业银行信用中介职能	未尽到商业银行信用中介职能	未尽到商业银行信用中介职能

图1-21　渤海银行疏漏

六、尾声

罗生门下，如坠烟海，真相难定，众说纷纭。然而，其暴露的渤海银行内控体系、管理机制以及发展规划的不健全却是无可辩驳的。诸同行如若隔岸观火，哀之而不鉴之，或许渤海银行的故事还未结束，其他银行的故事就已走在路上了。

案例使用说明

一、教学目的与用途

1. 适用课程：商业银行经营管理、金融理论与政策。

2. 适用对象：本案例主要面向金融专业硕士生等。

3. 教学目的：本案例介绍了渤海银行28亿元存款“失踪”事件的发生背景，即银行业面临着金融科技发展、金融衍生工具频出、民间金融兴起等压力，之后从渤海银行这一事件主体的扩张历程说起，依次介绍了此次渤海银行存款“失踪”事件的曝光、发展、转折与外部评价，同时分析了其他涉事主体的背景资料，最终梳理此次事件中渤海银行在吸收存款、办理质押、抵扣质押款等业务流程所暴露的问题，总结事件发生的根本原因，并针对渤海银行风险控制工作中存在的风险点提出建议，更进一步对监管提出建议。案例涉及的知识点有：商业银行风险控制风险与控制方法、信用风险的评估与管理、操作风险的计量与监管、风险的净传染渠道、金融监管理论等。本案例的教学目标具体包括以下几个方面：

（1）使学生从宏观环境变化、行业竞争角度、金融监管及内控机制缺失角度等分析商业银行存款失踪案频发的深层原因。

（2）使学生了解本次事件发生给银行业带来的影响，学习风险的净传染渠道，并了解事件分析法的操作过程。

（3）引导学生深入学习信用风险管理、操作风险管理相关理论，并结合渤海银行存款失踪时间有针对性地探索商业银行应该如何在实践中进行风控。

（4）引导学生了解当前国内银行监管现状，并引导学生结合本次案例深入分析银行监管体系改进。

二、启发思考题

1. 商业银行存款失踪案频发的深层原因是什么？

2. 渤海银行 28 亿元存单失踪案件发生后，对我国银行业产生怎样的影响？在银行股价上有什么样的体现？应如何解释这种变化？

3. 本次事件中渤海银行对华业石化信用风险评估、人员管理与操作流程的风险评估方面均存在漏洞，最终东窗事发，酿成惨剧。商业银行应如何对客户信用风险、操作风险进行严格管理？

4. 监管当局应如何改进对商业银行的监管模式？

5. （拓展思考题）任选一个其他商业银行存款“失踪”事件进行延伸案例分析，讨论该案例与渤海银行案例之间的异同点。

三、分析思路

1. 思考题一：教师可以引导学生从银行进行高风险行为的驱动力与约束力两个角度分析存单失踪案的深层原因。结合宏观经济、银行业业态、银行内控、外部监管等方面，教师可以启发学生运用相关理论，从内外部的不同视角，进一步理解和思考银行业在发展过程中出现的问题及其根源。此外，金融行业发展是不断螺旋式前进的，教师在这个过程中应注意培养学生用发展的眼光以及辩证的思维来看待相关金融改革的演进。

2. 思考题二：教师可以引导学生从净传染渠道理论入手，分析本次事件对银行业的影响。首先，了解净传染渠道理论；其次，运用事件分析法分析渤海银行28亿元存单失踪事件对其他银行股价的影响；最后，分析本次事件对其他银行股价影响背后的理论机制。通过本次分析，学生可以更加深刻掌握净传染渠道如何传播风险以及银行业经营原则中“安全性”的重要性。

3. 思考题三：教师可引导学生从案例出发，以渤海银行为代表的商业银行为研究对象，对银行业务运作中的信用风险问题进行分析和提炼，对商业银行操作风险管理理论、工具进行深入的学习。一是在了解我国渤海银行等商业银行信用风险现状的基础上，教师可以引导学生充分认识信用风险管理对银行的必要性，并引导学生结合信用风险管理理论，通过分析渤海银行对济民可信等客户的信用评价体系漏洞，思考商业银行设计客户信用评价的考量因素、评价方法等，从而进行有效信用风险管理；二是引导学生思考操作风险的产生来源，结合内部控制自我评估法，思考渤海银行操作风险管理体系可以从哪些层面加以改进。

4. 思考题四：教师可以引导学生从监管理论入手，总结出完善监管模式需要注意监管必要性、适度性、监管与市场结合性，然后分别针对此次事件中暴露出的银行内部控制缺陷、风险控制漏洞以及市场约束作用不足三方面对监管当局提出建议，结合监管当局的引导作用和约束作用、监管文件的指引作用和指标体系的规范作用、监管和市场的配合等维度，分析监管如何更好地支持银行体系安全发展。

5. 拓展思考题五：教师可引导学生发散思考，结合商业银行类似存款“失踪”事件对比其与渤海银行案例之间的异同点，包括但不限于银行特点、事件处理方式等。

四、理论依据与分析参考

（一）思考题一：存款失踪案的深层原因分析

本部分从驱动力与约束力两个视角出发，分析了存款失踪案频发的深层次原因。就驱动力而言，首先介绍了宏观环境变化背景下银行对旧发展模式的路径依赖，进而介绍了银行业双重竞争下银行特许权价值的削弱，二者皆推动着银行冒险进行一些高风险活动，为存款失踪埋下了伏笔；就约束力而言，当前金融监管未能很好地做到激励相容，且银行存在着内控机制缺失与管理者短视问题，这些缺陷均削弱了对银行从事高风险活动的约束力，进而导致了风险事件频发。

1. 驱动力因素

（1）宏观环境变化与路径依赖。

路径依赖是指机构自身发展路径的调整与迅速变化的环境相比往往具有一定的滞后性。银行业在其黄金发展期中普遍存在着“速度情结”与“规模冲动”。案例正文的行业压力分析指出银行业黄金年代已渐行渐远，在此背景下，当环境不再支持银行业迅速扩张之时，商业银行如若不能摆脱其路径依赖，则其业务隐患将会逐步发酵。

2000 年以来，随着中国四大国有银行股份制改造的陆续展开，中国商业银行的公司治理得到了极大改善。2008 年以来，伴随着中国经济的快速增长，中国商业银行进入了黄金年代，其资产规模、盈利水平均呈现出快速增长的趋势。然而，随着中国经济发展进入“新常态”（见图 1－22），投资实体经济的利润率呈下降趋势，进而也使银行盈利能力下降。随着以房地产与土地财政为主要动力的粗放增长模式向以科技创新、绿色低碳等为支柱的新增长模式的转型，未来间接融资占比可能持续降低，银行贷款的低增长也可能会愈发常见。

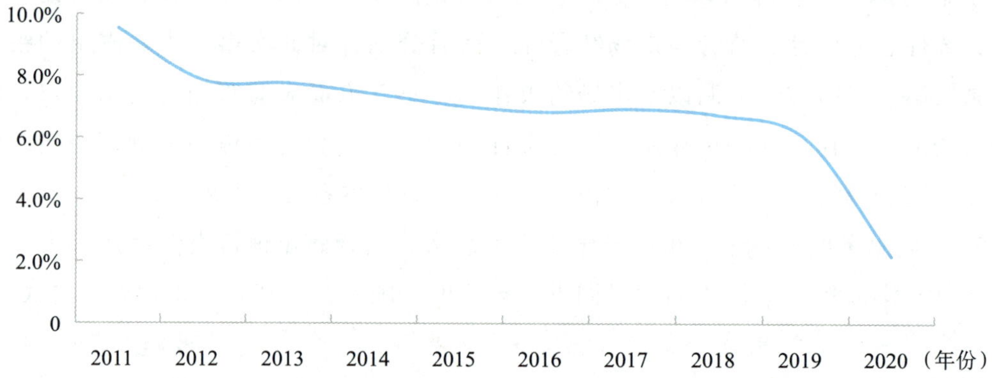

图 1－22　2010～2021 年 GDP 不变价（同比）

资料来源：Wind 资讯。

伴随着经济增速的下行，我国的利率市场化持续推进。利率市场化一方面能提高市场在资源配置中的作用，另一方面也会对银行机构的运行产生冲击。在银行竞争较为同质化的背景下，价格竞争会成为银行竞争的主要形式之一，其造成的两个重要后果是存款利率上升与贷款利率下降。这体现在银行经营数据上就是利息差的收窄与资产利润率的下降。

无论是经济发展动力的转化还是利率市场化的推进，均会制约银行业的迅速扩张。但在环境迅速变化之时，部分银行依旧未能及时调整其“速度情结”与“规模冲动”。这一点在渤海银行的经营过程中体现得较为明显：仅2021年内，渤海银行便新建开业机构62家，其中包括其2家一级分行与1家二级分行，其资产增速也在股份制商业银行中位居首位，高达24.76%，是位居次位的浙商银行的1.8倍有余。与此同时，其不良贷款率、拨备覆盖率等资产质量指标却不尽如人意，均低于股份制商业银行平均水平。

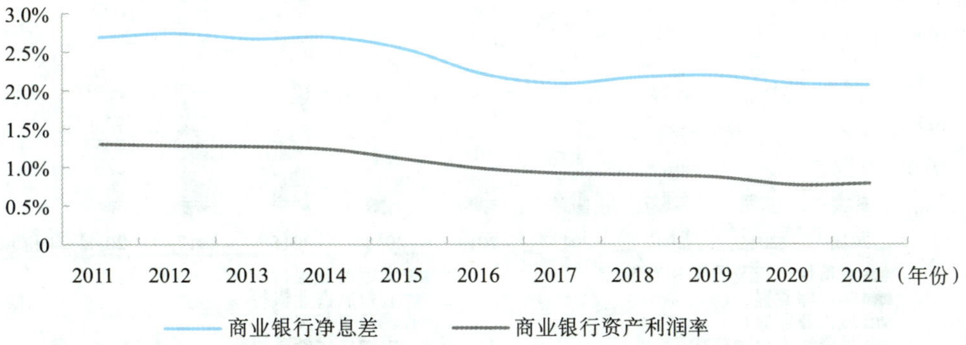

图1－23　2011～2021年商业银行净息差及资产利润率变动

资料来源：Wind资讯。

（2）双重竞争与特许权价值效应。

特许权价值效应认为，商业银行作为一国金融体系中最重要的中介机构，各个国家的监管部门都会对其市场准入进行严格限制，即：机构只有获得政府授予的特许权，才能开展商业银行业务并获取利润。商业银行特许经营权的价值高低取决于银行未来利润的多寡。如果预期利润高企，则特许权价值也会随之升高，此时，银行一旦发生风险导致特许权被收回，其将付出高昂的成本。

然而，随着银行业准入门槛的降低，银行业竞争越发激烈，预期利润也会不断降低，进而导致特许权价值的下降。此时，特许权价值对银行经营行为的约束力越发薄弱，银行将增大其风险承担，甚至涉足一些灰色业务地带。

我国商业银行面临着跨业竞争与同业竞争交织的复杂态势，这主要体现在以下两方面。

一方面，银行业结构从寡头垄断向分散竞争转化，银行间竞争不断加剧。据银监会年报显示，2008年，我国银行业金融机构仅有177家，随后平稳上升（见图1－24）。而银保监会发布的《银行业金融机构法人名单》显示，截至2021年6月，我国银行业机构数量已增至4608家。在银行业机构数量猛增的同时，国有大型银行在存贷款市场上的集中度也在不断下降。这些数据都暗示着银行间同业竞争的日趋强化。

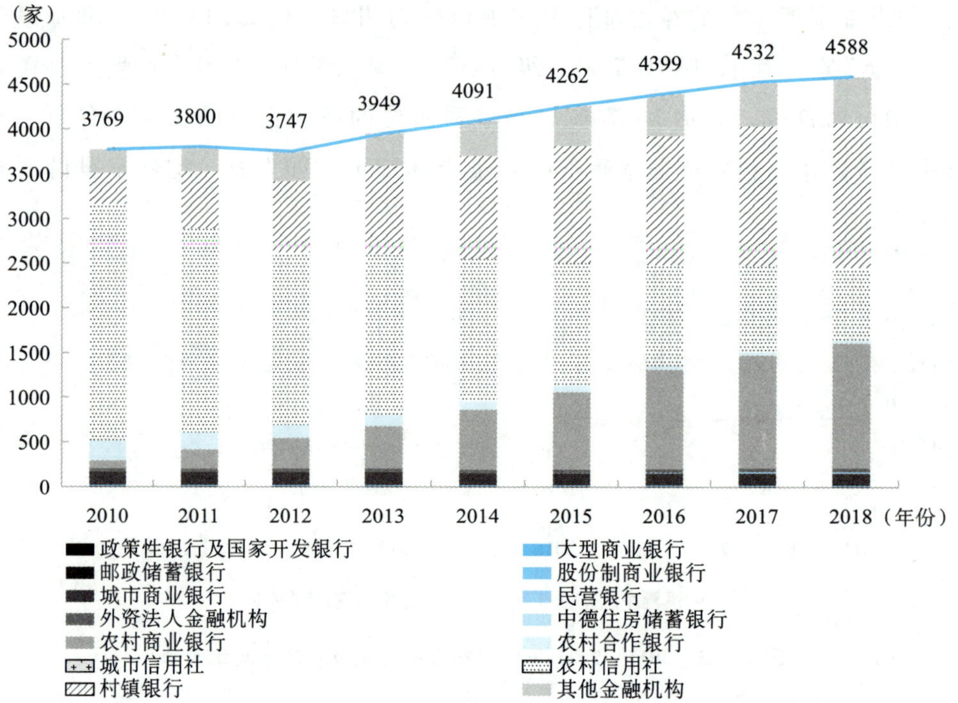

图 1-24　2010～2018 年中国银行业金融机构数量

数据来源：银监会 2010～2017 年年报及银监会 2018 年《银行业金融机构法人名单》。

另一方面，在金融市场快速发展的背景下，由直接融资引发的金融脱媒现象持续推进。数据显示，2016 年之前，我国人民币贷款存量长期占社会融资规模存量的 67% 以上；而 2016 年之后，我国人民币贷款存量在社会融资规模存量中的占比迅速下降至 60%。直接融资的发展不可避免地会对银行产生一定的替代作用。

激烈的竞争态势推动着商业银行被动提高自身的风险容忍度，冒险进行一些高风险活动，也为存款失踪埋下了隐患。

2. 约束力缺失

（1）金融监管与激励相容。

Hurweiz 创立的机制设计激励相容指出，在市场经济中，每个理性经济人都会有自利的一面，其行为会按照自利规则行动。此时，如果有一种制度安排能使行为人追求自身利益的行为与实现社会集体利益最大化的目标相吻合，这一制度安排就满足了激励相容。

金融体系的负外部性效应以及其自身的脆弱性都强调了金融监管是必要的。但在商业银行监管中，银行总会比监管当局与社会公众掌握更多信息，监管者与被监管者之间存在着信息不对称。在目标函数不一致的条件下，银行总会做出优先保证自身利益的行为，这种利己的行为极有可能导致监管的失效。激励相容理论告诉我们，要解决这一问题，监管当局在制定监管政策时不能只考虑自身的监管目标与监管成本，还应该把商业银行的经营目标、内部管理、市场约束等考虑进去。然而，我国现行的银行监管体系却并未很好地实现激励相容，这主要体现在以下两个方面。

一方面，现行监管政策未能很好地考虑银行经营目标与市场规律。以加强金融服务小微企业为例，在银保监会发布的《关于2022 年进一步强化金融支持小微企业发展工作的通知》中指出，2022 年工作总体目标为：总量方面，银行业继续实现普惠型小微企业贷款增速、户数“两增”；成本方面，在确保信贷投放增量扩面的前提下，力争全年银行业总体新发放普惠型小微企业贷款利率较 2021 年有所下降。监管机构在要求银行加大小微企业信贷投放并争取降低利率的同时，对银行不良贷款率等资产质量指标的要求却并未放松，这显然违背了风险收益正相关的市场规律，忽视了商业银行追求利益最大化的盈利诉求。

在市场主体激励混乱的背景下，商业银行为了保证自身利益，在履行职责时可能仅以满足资本监管指标为目的，而刻意忽视监管的真实意义，使监管成为了一层“数字”要求。

另一方面，商业银行监管处罚尚显不足。惩罚机制同样是激励相容金融监管的重要组成部分。违规行为可能是银行理性选择的结果，银行将预期的成本和收益相权衡，以此决定是否违规，因此，监管机构可以通过对银行违规行为的严厉处罚来增加违规成本，从而降低其后续违规行为发生的概率。宋云玲等（2011）提出，监管处罚次数也能够在一定程度上反映监管的效果，如果处罚能够在一定程度上降低公司后续违规概率，这样的监管才是有效的，反之则监管效果有待加强。

然而，数据显示，仅 2021 年，银保监会、人民银行、外管局及其分支机构开出的银行业罚单数就高达 5205 张（见图 1－25），较 2020 年的 4821 张增长 7.97%。2021 年，股份制商业银行罚单数达 636 张，其中，华夏银行所获罚单数 58 张，罚没金额高达 1.39 亿元，为股份制银行罚没金额之最。频繁的银行监管处罚显示出银行业顽疾的屡教不改，这或许意味着银行违规所带来的收益大于其成本，在银行违规具有一定的利润空间时，处罚显然难以发挥对违规行为的约束效果。

上述两点在本案例中也有所体现。自渤海银行上市以来，其资本充足率相关指标均满足监管要求，且 2021 年较 2020 年资本充足率上升了 0.68%，但仍多次出现违规问题，在满足资本监管要求的背后暗藏着诸多风险。2020 年至今，渤海银行共收到罚单 20 余张，其原因主要是内控不合规导致资金运用、风险控制等方面出现问题。但在长达两年的时间内，渤海银行并没有进行彻底整改，任由风险事件频发。这体现出监

排名	受罚机构名称	罚没金额（万元）	罚单数
1	中国银行	14912.82	186
2	工商银行	14752.87	285
3	华夏银行	13906.88	58
4	民生银行	13413.25	44
5	浦发银行	12383.25	73
6	国家开发银行	11881.32	27
7	渤海银行	10883.04	16
8	邮储银行	10349.47	210
9	进出口银行	8802.6	18
10	招商银行	8546.28	49

图 1-25　2021 年受罚金额最高的十大银行

资料来源：根据银保监会、中国人民银行、外管局公告整理。

管不能很好地约束银行行为，且处罚的警示作用也尚显不足，对渤海银行的违规行为并未起到很好的约束作用。

（2）内控机制缺失与管理者短视。

Hribar 和 Melessa（2017）提出，管理者是具有有限理性的个体，其可能因关注眼前利益而产生的短视偏差，进而“泛化”至其决策行为，影响整个组织的最优决策。依据该理论分析，银行内部风险管理体系不完善或与银行管理者短视存在关联。

目前我国对银行内部控制体系的指引文件主要是原银监会于 2006 年发布、2014 年修订的《商业银行内部控制指引》（以下简称《指引》）。《指引》文件中要求商业银行专设内控管理职能部门以及内部审计部门，并要求应当对两部门建立区别于业务部门的绩效考评方式，以利于其有效履行内部控制管理和监督职能。但由于银保监会监督不到位，商业银行对此规定落实效果较差。例如，渤海银行 2021 年中期报告披露，该行的绩效考评方式虽在员工薪酬中纳入了风险因素，但并未对内部管理职能部门和内部审计部门设立独立的绩效考评体系。在经营过程中，合规部门员工受制于绩效问题，没有应有的权利和地位，对各业务条线的管控效果会大打折扣。因此存在商业银行设立了合规部门，但未能充分发挥其作用的问题。

而银行内部合规部门建设不完善可以用管理者短视理论解释。面对合规管理问题时管理层的短视可以归结为以下两个原因：其一，内控合规不当情况下，违规事件的处罚主要由事件相关人员承担，而不是管理层承担，而违规办理的存贷款等业务带来的绩效提升等则直接由管理层享受，因此管理层加强内控合规的动力不足。其二，加强内控合规花费的员工培训与制度建设等成本要在短期内大量支出，但内控合规为银行规范业务操作、降低金融风险等收益要在长期经营中逐渐体现，基于这种成本收益时间上的错配，管理层可能由于目光短视而忽略长期利益，也有可能因为在岗位上短期工作，而不注重银行长期价值最大化问题，从而忽略加强内控合规建设。

以渤海银行为例，银行主张全面风险管理理论，面对每一种风险，均设置三道防线（见图 1－26），依次是条线监管、内控合规部门、内部审计部门，体系完善且覆盖全行各种业务，但依旧问题频发。这不得不让人怀疑这些风险防控体系是否因为管理层短视而未得到落实。

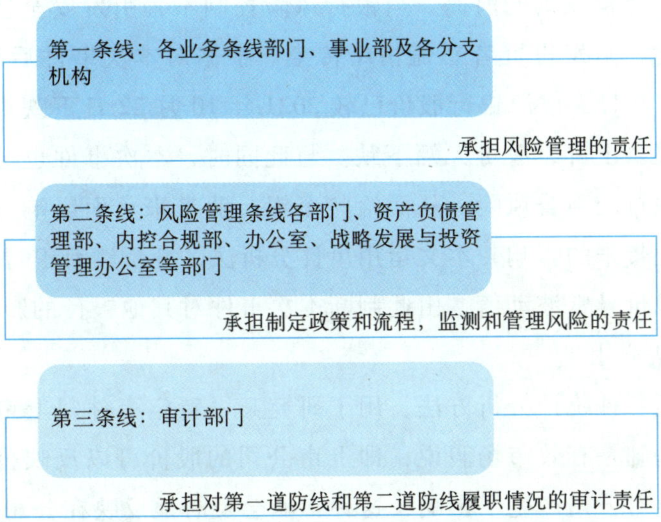

图 1－26　渤海银行风险防控体系

资料来源：作者根据渤海银行 2021 年中期报告公告整理。

（二）思考题二：渤海银行存单失踪案件对银行业影响分析

本部分首先介绍理论依据，即净传染渠道理论以及其内嵌的注意力配置理论和唤醒理论；其次使用事件分析法定量分析渤海银行 28 亿元存单质押失踪案件对其他银行股的影响；最后通过净传染渠道等理论分析对其他银行股负面影响的深层机制，从而体现风险控制与外部监管对银行业的重要性。

1. 净传染渠道效应相关理论

Masson（1998）提出了金融危机的三种传染渠道，分别是贸易渠道、金融渠道与净传染渠道。净传染渠道是指危机传染无法通过宏观经济变量获得解释，即两个经济主体间的经济联系十分薄弱，一个国家的危机并没有造成另一个国家的经济基础的恶化，但导致了投机者对另一个国家经济基础的重新评价，由此诱发了金融危机的现象。

学术界研究认为净传染渠道是投资者情绪以及恐慌心理传播引发的，这其中有两条重要途径，分别是注意力配置效应和唤醒效应。注意力配置效应是指人的注意力是一种有容量上限的资源，因此投资者不可能观察到市场所有的公开信息。当市场出现风险事件时，投资者的注意力会多配置在风险事件上，对风险事件所涉及的资产容忍度也随着其价格波动而下降，由此改变资产组合的配置。唤醒效应是指投资者预期变化导致金融市场发生自我实现危机。因此，不同企业、不同国家只要被贴上同类标签，唤醒效应之下都可能引发风险传染。

安全性是银行经营原则的前提，当银行风险控制不善引发安全性问题时，银行会迅速面临声誉风险，引发投资者恐慌情绪传染。根据对本次事件后续影响分析可知，截至 2022 年 2 月 19 日，渤海银行股价已较 2021 年 10 月 22 日下跌 40%，可见渤海银行自身声誉风险显著上升，股价大幅下跌。与此同时，本次事件也可能通过净传染渠道效应增加其他银行的声誉风险，从而给整个银行业带来负面影响。为定量分析本次事件对整个银行业带来的影响，本文运用事件分析法，分析渤海银行 28 亿元存单失踪案件发生后银行股价异常波动值，由此判断本次事件对其他银行的影响情况。

2. 事件研究法应用

事件研究法是一种统计分析方法，用于研究某一特定事件对上市公司的股价产生的影响，其理论基础是有效市场假说，即上市公司的股价可以反映公司的价值。若某一特定事件的发生对公司产生了影响，这种影响会及时地反映在公司的股价上。因此，运用统计分析手段，通过考察特定事件发生前后样本股票收益率的变化程度，就能了解事件对公司股价的影响程度和样本股票对信息的反映程度。

在用事件研究法对事件进行研究时，涉及的时间窗口包括：事件日、事件窗、估计窗。事件日是事件爆发的时间点；事件窗是事件爆发前后的时间段，选择时应覆盖事件产生影响的整个时期但又尽可能短；估计窗用于估计股票收益率，一般选择在事件窗前期，根据 Peterson（1989），估计窗不宜过长也不能太短，以日收益建立的估计模型，一般将估计窗选择在 100 ~ 300 天。

为探究渤海银行 28 亿元存单质押失踪案件是否给其他银行带来了负面影响，可以利用事件分析法研究相关上市银行的股价变动情况。其中，事件日为 2021 年 10 月 23 日，媒体首度曝光渤海银行存单在储户“不知情”情况下完成质押，且涉事储户济民可信发布《六问渤海银行南京分行》引发舆论，事件窗为 2021 年 10 月 11 日 ~ 2021 年 11 月 5 日，估计窗为 2021 年 4 月 19 日 ~ 2021 年 9 月 17 日（见图 1 - 27）。

截至 2021 年 4 月 19 日，我国共计 66 家上市银行，从上市地点来看，包括 15 家 A + H 股上市银行、27 家纯 A 股上市银行、24 家纯 H 股上市银行；从银行类型来看，

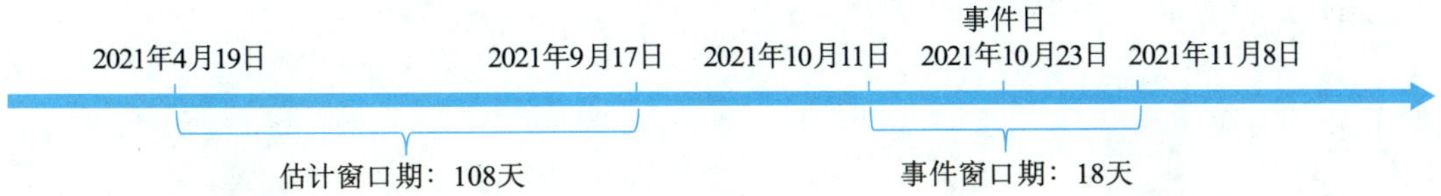

图1-27　窗口期及估计期

其中包括6家国有大行、10家股份行、30家城商行、12家农商行。将66家上市银行作为初始样本，剔除涉事主体渤海银行（09668），剔除数据缺失样本瑞丰银行（601528.SH）、兰州银行（001227.SZ）、齐鲁银行（601665.SH）、沪农银行（601825.SH），最终样本包括61家上市公司。

3. 事件研究法结果

首先，通过估计窗2021年4月19日～2021年9月17日收盘价估计事件窗2021年10月11日～2021年11月8日内各银行的正常收益率，并估计各银行β系数。β系数的显著性水平良好，意味着选择预期收益估计方法和估计窗是合理的。上市银行与股票总体走势趋同，说明银行业的整体风险与市场风险反映方向相似。

接下来，通过事件窗内实际收益率和估计正常收益率，计算异常收益率、累计异常收益以及t检验统计值。其中，A股中24家银行累计异常收益率显著，即t统计值小于0.05，占比为63.16%；H股中20家银行累计异常收益率显著，占比为51.28%，因此两地均有超过半数上市银行股受到本次事件影响。而在CAR显著的银行股中，CAR为负值的银行股占比更高，A股高达75%，H股为50%，可见本次事件对其他银行股价负面影响较大（见图1-28和图1-29）。

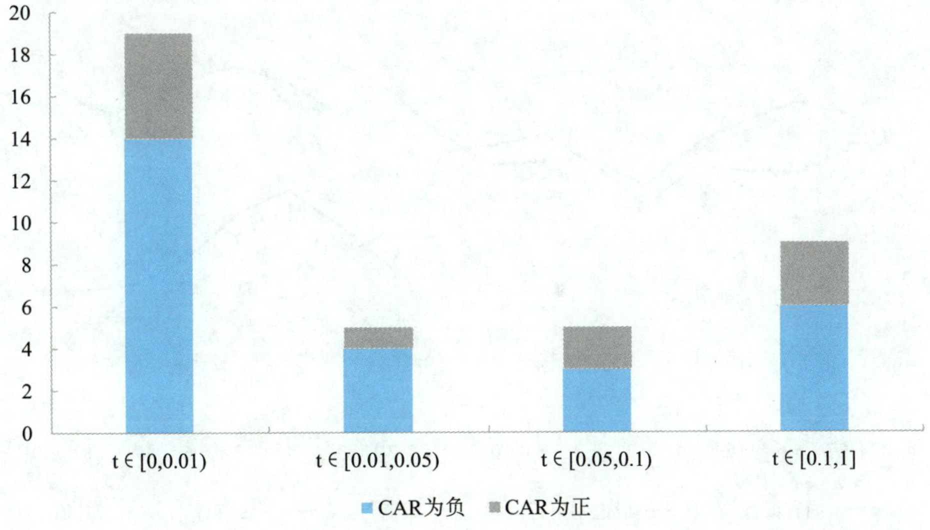

图1-28　累计异常收益率CAR正负情况以及对应t统计量（A股）

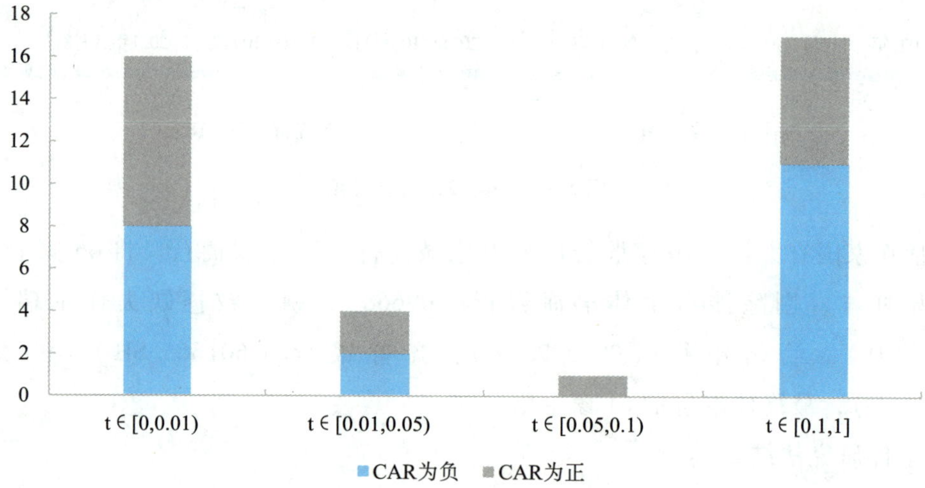

图1－29　累计异常收益率CAR正负情况以及对应t统计量（H股）

下面分析本次事件对不同类型银行影响的差异性（见图1－30）。将上市银行划分为不同类型来看，事件发生后，渤海银行所属的股份制银行与城市商业银行反应最为强烈，平均累计异常收益率为负且呈明显下降趋势，说明渤海银行的声誉风险对股份制银行与城市商业银行风险传染较强，即这两类银行受本次事件影响，投资者反应强烈，导致股价异常下跌；有国家信用背书、公信力较强的国有商业银行以及农村商业银行平均累计异常收益率为正，股价小幅上升，受影响较小；以外资银行为主的其他类型银行在事情发生前期平均累计异常收益率为正，股价小幅上升，后期平均累计异常收益率为负，出现小幅下跌，总体看受影响较小。

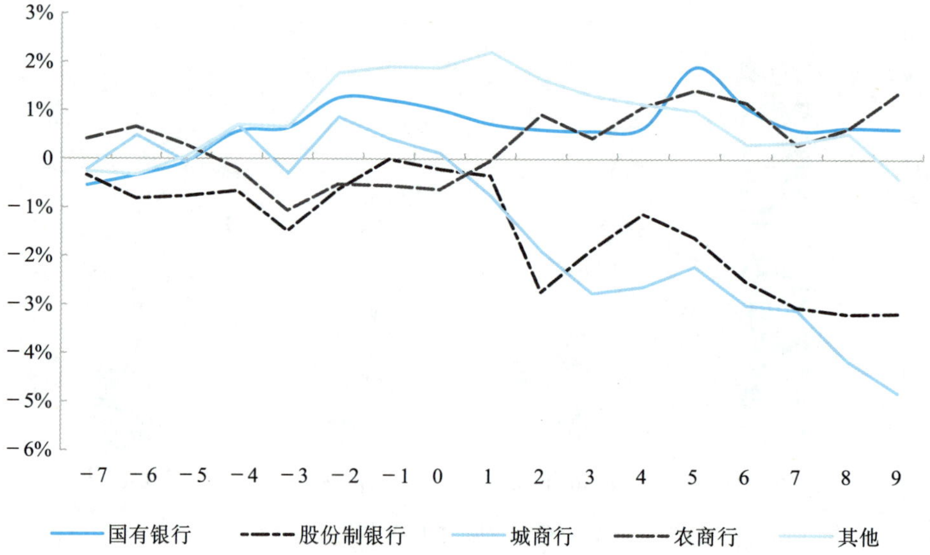

图1－30　按照银行类型分类的平均累计异常收益率$CAAR_t$（A股、H股）

4. 对银行业影响结果分析

从整个银行业来看，渤海银行事件对其他银行股价有较强的负面影响，主要是因为投资者情绪通过净传染渠道引发声誉风险的传播。银行作为经营货币的特殊企业，安全性是其经营的根本，因此当一家银行安全性出现问题，银行间通过净传染渠道引发风险传染的速度远高于普通企业，而银行业的声誉风险、信用风险以及市场风险等均有可能变成系统性金融风险。本次事件对渤海银行自身流动性、盈利性并未产生大幅影响，但其安全性出现漏洞引发了声誉风险，这在银行业间带来的风险溢出更加显著。从注意力分配效应看，当渤海银行28亿元存单质押失踪事件爆发后，投资者在本次事件上分配了更多注意力，而由于安全性是银行业经营之根本，因此投资者对银行股的容忍度显著下降，进而对所有银行股的资产配置都会下调，导致其他银行股价出现异常负面波动。从唤醒效应来看，银行股之间有明显的同类标签，当其中一家出现安全问题时，投资者会对所有银行股敬而远之，由此给其他银行股带来负面影响。

从不同银行类型来看，渤海银行事件对股份制商业银行、城市商业银行负面影响强烈，对国有商业银行、农村商业银行以及其他类影响较小。刘超和钱存（2022）研究表示：首先，城市商业银行风险溢入路径数量大于溢出风险路径数量，国有银行则相反；其次，国有银行管理、抵御及分散风险的能力大于股份制银行，股份制银行大于城市商业银行；最后，银行之间可能存在负向溢出效应，股份制银行与城市商业银行之间更加明显。从本次事件分析法结果看，一方面，股份制商业银行以及城市商业银行抵御风险能力较弱；另一方面，城市商业银行主要分布在股份制银行周围，二者由于地理位置、业务范围以及客户群体相同，导致储户群体重叠度更高，储户间情绪传染更严重，声誉风险以及挤兑风险上升，导致事后平均累计异常收益率大幅为负。国有商业银行事后平均累计异常收益率小幅为正，主要因为公信力和经营能力较强，因此其储户受到渤海银行储户恐慌情绪的影响较弱。农村商业银行以及以外资银行为主的其他类型银行主要由于地理位置、业务特点和股份制银行差别较大，其与渤海银行储户重叠率较低，储户间恐慌情绪传染较弱，因此受本次事件的影响较小。

通过以上分析发现，渤海银行28亿元存款质押事件虽对各家银行、对不同类型银行影响有所分化，但其带来的负面影响较为显著，银行股价整体出现下跌趋势。若此类事件频发，净传染渠道下声誉风险传染性叠加，势必会给银行业带来较大的消极影响，短期内可能导致银行股价下跌，投资者对银行股资金配置减少；长期内可能导致各银行，特别是非国有商业银行，产生挤兑风波。银行业的安全性十分重要，因此在内部方面，银行自身应从风险控制角度提升业务安全性；在外部方面，监管部门应加强监管严防此类事件再次发生。

（三）思考题三：银行风险管理理论与实践

本部分依据巴塞尔银行监管委员会公布的《有效银行监管的核心原则》《巴塞尔协议Ⅱ》《巴塞尔协议Ⅲ》以及中国人民银行公布的《商业银行操作风险管理指引》等一系列监管文件，从信用风险管理、操作风险管理两个角度，结合渤海银行案例探讨商业银行如何更好地进行风险管理，具体方法包括5Cs信用评级方法、内部控制自我评估法等。

1. 银行信用风险管理理论及实践分析

（1）银行信用风险管理背景及目标。

1997年9月起，巴塞尔银行监管委员会公布的《有效银行监管的核心原则》将信用风险、利率和市场风险、流动性风险、法律风险等纳入其中。2017年，《巴塞尔协议Ⅲ》整体上强调微观审慎监管和监督，强调从三大支柱入手提升资本质量和水平——扩大风险覆盖面，增加披露框架以及强化全面风险治理和管理。其中，新增对信用风险监管方法修订，要求信用风险标准法细分资产类别、调整部分风险暴露权重以及调整表外项目信用转化系数，并对信用风险内评法进行修订，允许银行在一定条件下使用内部模型估算信用风险。可见，信用风险管理一直是国际监管机构所关注的重要内容。

而从我国国情来看，因利率市场化尚未完全实现，商业银行的主要业务仍为存贷款，银行的流动性风险、市场风险对我国商业银行风险管理压力并不大，信用风险是商业银行面临的最主要和最复杂的风险。信用风险（Credit Risk）又称违约风险，是指债务人或交易对手无力履行合同所规定的义务或信用质量发生变化，影响金融产品价值，从而给债权人或金融产品持有人造成经济损失的风险。现代商业银行的信用风险包括商业贷款信用风险、消费者贷款信用风险、票据业务信用风险、结算信用风险、信用价差风险等。

不良贷款是描述商业银行信用风险状态的重要指标。近五年来，我国各类银行的不良贷款余额均不断上升（见图1-31），其中，股份制商业银行所占份额仅次于国有商业银行，位居第二，但增速明显高于国有商业银行。可见，信用风险管理对于我国商业银行而言非常重要，股份制商业银行也应加强对于贷款质量的审查及对客户信用风险的管理。

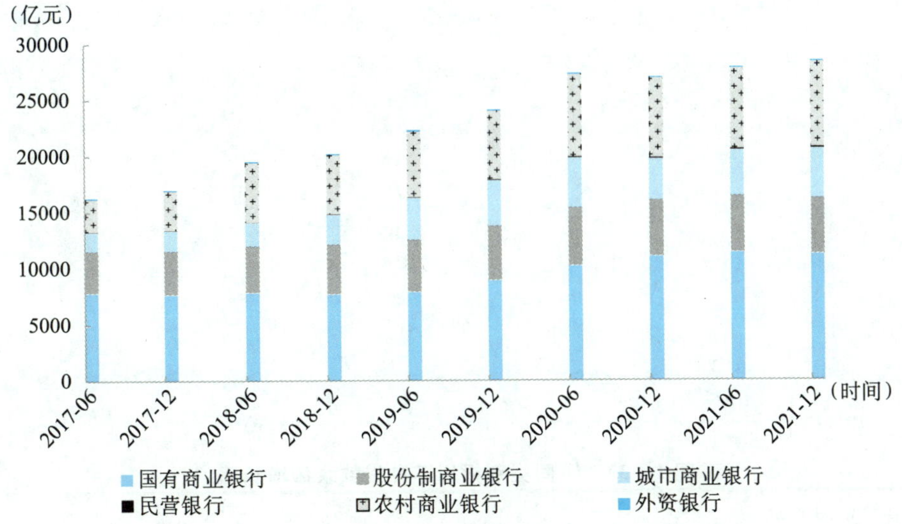

图1-31 2017～2021年不同类别商业银行不良贷款余额

本次案例主体渤海银行的不良贷款余额和年增长率如下所示（见图1-32）。

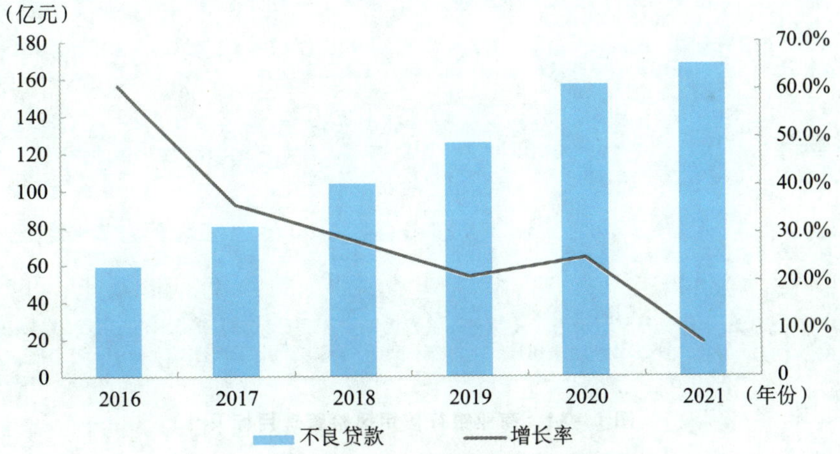

图1-32 渤海银行不良贷款余额及年增长率

对比渤海银行与全银行业、股份制银行类的不良贷款余额增长率（见图1-33），可以看到渤海银行的不良贷款余额增长率增速远超股份制商业银行，也高于全银行业的增速。可见，渤海银行信用风险管理确实存在一定的漏洞。

基于上述分析，商业银行信用风险管理对于维系银行平稳运行意义重大，目前商业银行信用风险管理有五大目标：风险识别、风险衡量、风险监督、风险控制和风险调整（见图1-34）。

	银行业合计	国有商业银行	股份制商业银行	渤海银行
2017年	7.99%	-2.19%	7.18%	35.88%
2018年	18.09%	0.84%	11.63%	28.44%
2019年	17.86%	6.43%	11.17%	20.88%
2020年	18.80%	24.47%	10.26%	24.80%
2021年	3.52%	9.46%	-2.36%	—

图 1－33　不同类别银行不良贷款余额增长率

资料来源：Wind 资讯。

环节	具体涵义
风险识别	风险的识别是指通过统一的标准分析确定可能导致风险的因素的行为。识别风险的目的就是要认识风险，在业务流程过程中找出可能产生风险的因素和产生风险的环节点。商业银行主要是通过客户的综合信息、财务信息、账户信息和授信信息等寻找和确定风险因素。
风险衡量	风险的衡量是指通过制定统一标准来测算及比较所有的授信风险，将风险的可能性进行量化，得到由于某些风险因素而导致在给定收益的情况下损失的数额或在给定损失的情况下收益的数额的行为过程。
风险监督	风险的监督是指商业银行在授信业务的全流程中对风险因素进行全方位的检查、反映的行为过程，及时、准确、全面地监督、反映商业银行在日常经营活动中各类情况，是风险防范的基本要求，也是及时发现风险和控制风险的必要手段。
风险控制	风险控制的目的是寻求风险的平衡，即损失和收益的平衡，即在完成巴塞尔委员会所要求的计量风险可能性的基础上，主动调节和配置信用资产组合，以求得风险资本的最佳配置。
风险调整	风险的调整全称为风险调整业绩，是指商业银行通过某种测量方法对银行不同部门、产品和客户间的收益情况和发生损失的可能性进行比较，以达到对银行经营情况进行科学的衡量。

图 1－34　商业银行信用风险管理目标①

（2）信用评级体系构建。

为实现上述目标，建立科学的信用评级体系，运用定量分析和定性分析相结合的方法，对客户的信用能力和其发行的金融工具的信用偿还能力做出综合评价，是信用风险管理的重要手段。信用评级体系设计需要考量三大要素：

第一，评级对象。信用评级分为对债务人和与其对应的信用工具两方面的评估。一是对债务人综合财务状况和偿还非特定债务能力的综合评估，从而确定债务人的违

① 内容参考《商业银行信用风险管理》（章彰，2002 年，中国人民大学出版社）。

约概率；二是对信用工具的具体特点如抵押、担保、优先级别、受保障程度的考察，从而确定损失发生的一些参数，如清偿率。

第二，评级因素。影响债务偿还的因素是多方面的，包括财务、行业、企业管理水平、特殊事件影响等（见图1－35）。

类别	涵盖因素
财务状况	包括盈利性指标、流动性比率、营运效率比率、负债比率（财务杠杆比率），以及财务信息的质量
行业	包括行业发展前景、生产经营周期、竞争状况、市场结构
企业的管理水平	包括企业管理层的学历、背景、管理风格
特殊事件的影响	如有关法律、国家政策的变化

图1－35　评级因素体系（部分）①

第三，评级方法。按照不同的评级要素和构建逻辑，信用评级方法有不同的类别，如要素分析法、财务比率跟踪评级法、预测分析法、违约率模型法，等等，随着各类金融机构从业务中总结经验，评级指标不断细化。此处主要介绍被广为认同的专家制度法，又称5Cs系统。

在专家制度下，各商业银行在贷款申请人进行信用分析时所设计内容不尽相同，但均覆盖如下五大因素，又被称作“5Cs系统”，包括品德（Character）、经营能力（Capacity）、资本（Capital）、抵押（Collateral）和经济环境（Condition）。每一项的具体审查要求如下：

①借款人品德（Character）。要求借款人必须诚实可信，善于经营。通常要根据过去记录结合现状调查来进行分析，包括经营者的年龄、文化、技术结构、遵纪守法情况，开拓进取及领导能力，有无获得荣誉奖励或纪律处分，团结协作精神及组织管理能力。

②经营能力（Capacity）。要分析借款人的经营能力及获利情况，管理制度是否健全，管理手段是否先进，产品生产销售是否正常，在市场上有无竞争力，经营规模和经营实力是否逐年增长，财务状况是否稳健。

① 内容源于《商业银行经营学》（戴国强，2011年，高等教育出版社）。

③资本（Capital）。企业资本往往是衡量企业财力和贷款金额大小的决定因素，企业资本雄厚，说明企业具有强大的物质基础和抗风险能力。因此，信用分析必须调查了解企业资本规模和负债比率，反映企业资产或资本对于负债的保障程度。

④资产抵押（Collateral）。资产可以用作贷款担保和抵押品，有时申请贷款也可由其他企业担保。有了担保抵押，信贷资产就有了安全保障。信用分析必须分析担保抵押手续是否齐备。抵押品的估值和出售有无问题，担保人的信誉是否可靠。

⑤经济环境（Condition）。经济环境对企业发展前途具有一定影响，也是影响企业信用的一项重要的外部因素。信用分析必须对企业的经济环境，包括企业发展前景、行业发展趋势、市场需求变化等进行分析，预测其对企业经营效益的影响。

应用上述方法分析渤海银行对的贷款方华业石化南京有限公司（以下简称“华业石化”）情况进行审查，可见渤海银行对客户的漏洞颇多，其中主要涉及5Cs模型的漏洞总结如下（见图1－36）。

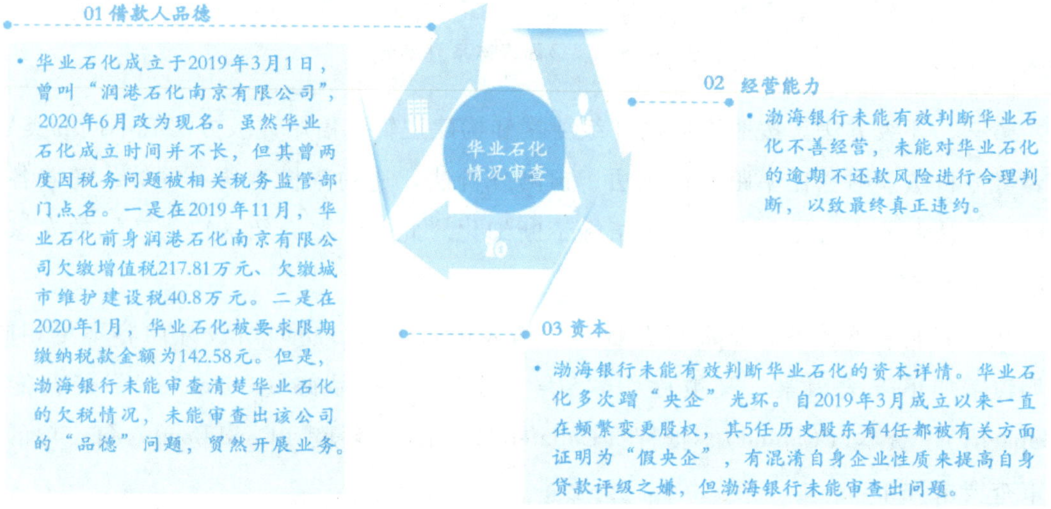

图1－36 应用5Cs模型对华业石化的审查

2. 银行操作风险管理理论及实践分析

（1）银行操作风险来源。

根据《巴塞尔协议Ⅱ》，操作风险是指由于不正确的内部操作流程、人员、系统或外部事件所导致的直接或间接损失的风险，其产生原因可以分为内部原因和外部原因，主要涉及四个因素：内部程序、人员、系统及外部事件。内部原因主要体现为内部程序、人员和系统的不适当，例如人为失误、内部舞弊、内部控制程序不完善、信息技术存在漏洞等，由内部原因造成的操作风险通常可以通过适当的内部管理措施来进行预防和减少。外部原因则有更多的不确定性，例如外部欺诈、盗窃、黑客攻击、恐怖袭击、自然灾害等，由外部原因造成的操作风险通常既难以预测又难以预防。

操作风险形成的来源主要是内部控制的失效。内部控制失效，对于内部欺诈、外部欺诈、业务中断及系统失灵等操作风险事件就无法及时做出反应并遏制，从而导致商业银行发生财务损失抑或是非财务损失。渤海银行出现这次风险事件，主要是因为内控部门没有对存单质押业务中可能出现的风险进行有效监督，涉及人为失误及系统漏洞，暴露出操作风险的同时也反映出其内部控制的失效。

按照损失事件不同，《巴塞尔协议Ⅱ》将操作风险分为以下七大类（见图1-37），本案例中渤海银行可能涉及的操作风险种类有：内部欺诈——故意隐瞒交易；客户、产品及业务做法——未尽到披露义务；交割及流程管理——客户许可声明缺失。

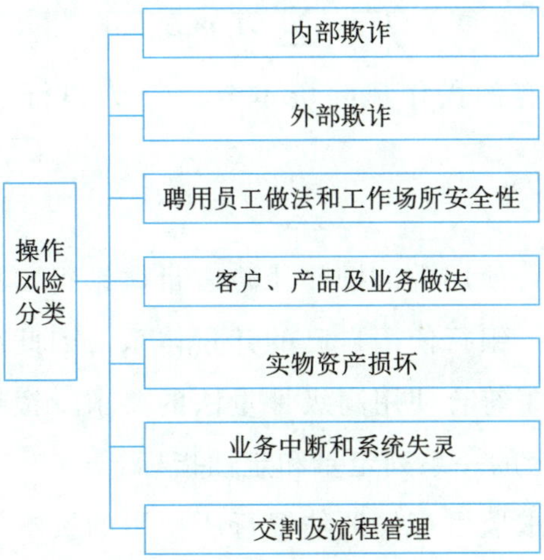

图1-37 操作风险分类①

（2）操作风险监管框架。

2004年6月26日，巴塞尔委员会发布《巴塞尔协议Ⅱ》，将操作风险纳入资本监管范畴，与市场风险和信用风险三者组成了银行主要风险的资本计量和监管框架。《巴塞尔协议Ⅱ》包括最低资本要求、外部监管和市场约束三大支柱，其中，在第一支柱下，委员会规定单独计提操作风险监管资本，并提出三种计量方法：基本指标法、标准法和高级计量法。

①基本指标法。

基本指标法是以银行业务活动的规模来测量操作风险，采用基本指标法的银行所持有的操作风险资本应等于过去三年总收入的平均值乘以一个固定比例（巴塞尔委员

① 内容源于《巴塞尔新资本协议》。

会确定为 15%）。这种方法容易量化，但无法反映出操作风险的特点与需求，风险敏感度较低，较适用于规模较小、业务单一的银行。

$$K = GI \times \alpha \quad \text{式 (1-1)}$$

其中，K 为银行应持有的操作风险资本金，GI 为银行过去三年平均总收入。

②标准法。

标准法是一种比基本指标法更进一步的计算操作风险资本的方法，尽管这种方法依然采用总收入的固定系数百分比，但其允许银行根据产品线使用不同的贝塔系数，如公司金融条线的 β 值为 18%、零售银行条线的 β 值为 12% 等。按照这种方法，对操作风险的计提要比基本指标法更具风险敏感性，国际上活跃的银行可以将这种方法作为向高级计量法转变的过渡方法。

$$K = \sum GI_i \times \beta_i \quad \text{式 (1-2)}$$

其中，K 为银行应持有的操作风险资本金，GI 为银行过去三年各个条线的平均收入。

③高级计量法。

在高级计量法中，银行使用内部操作风险度量体系得出风险度量值，在此基础上计算操作风险的监管资本。银行使用自己的计量体系，因此会有不止一种可行的计算操作风险资本的方法。为了符合使用高级计量法的要求，银行所使用的体系必须满足《巴塞尔新资本协议》规定的一系列定量和定性指标。

第二支柱下，主要要求监管当局评估银行所使用的资本计量方法能否计提适当的操作风险资本要求。第三支柱则通过定性、定量两方面的公开信息披露对第一和第二支柱进行监管的完善。定性方面要求银行提供风险管理、风险缓释和对冲策略，以及银行所使用的操作风险资本计量方法的描述等；定量方面要求银行披露主要业务的资本开支数量、核心资本及附属资本等信息。

《巴塞尔协议》颁布后，中国人民银行于 2007 年颁布了《商业银行操作风险管理指引》，要求商业银行建立与本行的业务性质、规模和复杂程度相适应的操作风险管理体系，有效地识别、评估、监测和控制操作风险。

依据《巴塞尔协议》及中国人民银行相关规定，对渤海银行操作风险管理提出以下改进建议：

第一，健全操作风险管理制度体系。根据渤海银行的年报，其操作风险管理部门为内控合规部及法律事务部，但其管理职责分散，制度覆盖范围多局限于一线业务人员而非管理层人员。渤海银行的董事会、高级管理层应发挥其在内部治理中的重要作用，建立起完善的激励机制、监督机制等，进一步将操作风险管理程序整合到银行的战略决策过程中去。

第二，加强操作风险内部数据建设。渤海银行的操作风险内部数据库系统尚未形成，无法实现全行范围的操作风险识别、评估及定期有效监测。渤海银行应逐步开展最新的操作风险损失数据收集工作，保证并提高数据收集的质量和时效性，进而实现操作风险指标的定期、有效监测。

第三，确保操作风险管理和计量的前瞻性。渤海银行目前由于操作风险模型及历史损失数据的长期缺失，仍然无法使用《巴塞尔协议Ⅲ》下的新标准法和高级计量法。渤海银行未来应积极更新操作风险监管资本计量方法，把操作风险计量结果更好地融入管理决策中并完成从“事后管理”向“事前防范”模式的逐步转变。

第四，完善操作风险信息披露机制。渤海银行屡次收到银保监会的罚单但仍未主动披露相关操作风险的信息，后续应开发一个综合全面的信息披露机制，由董事会批准、监督并接受独立审查，使监管机构及投资者真实、全面、及时、准确地掌握相关信息。

第五，形成操作风险管理文化。渤海银行先前出现多起员工从事违规活动被处罚的情况，说明员工操作风险意识不高，操作风险管理文化没有形成。渤海银行高级管理层应更深入制定并实施操作风险培训和宣传教育，大力加强操作风险文化建设，补充高学历、年轻化的监管人员队伍，形成全行业范围内的操作风险管理文化标准和理念。

（3）银行操作风险管理方法CSA。

对操作风险进行风险控制和缓释最为有效的方式是从内部控制的视角来对其进行管理，这就需要运用内部控制自我评估（CSA）这一方法。内部控制自我评估法涵盖了所有的业务部门，在产品线层次上展开，用来确定哪些环节可能发生操作风险，主要是对将要发生的操作风险进行评估，是一种面向未来、积极的操作风险管理工具，把对风险的被动检查变为主动，在操作风险控制和盈利之间找到平衡点。具体应用流程如下。

第一步：确定自我评估项目。主要是识别和理解要评估的业务领域以及流程。

第二步：操作风险的识别与评估。在了解业务单元的主要流程以后，自评估人员就可以对主要流程中的操作风险进行识别并评估。操作风险评估主要是对操作风险事件的发生概率和损失大小进行评估，综合得到风险等级。

第三步：控制活动识别与评估。在识别操作风险之后，就要对涉及操作风险的控制措施进行评估，主要评估控制措施充分性、必要性和有效性。

第四步：剩余风险识别与评估。剩余风险反映了控制不充分或不存在的业务领域，通过评估剩余风险商业银行能够了解控制缺口或控制薄弱环节。

第五步：控制优化方案的制定与实施。控制优化是对控制措施不足或过度的问题加以解决，是自我评估的最终目的。

第六步：监督检查及重检。

案例中的渤海银行近两年出现多次内控问题，涉及票证保证金、内部审计不足等问题，收到了银保监会的多张罚单，屡查屡犯，说明渤海银行对于自身内部控制措施没有及时进行优化，渤海银行在识别到相应风险后，应当评估现有内控下剩余风险的大小和频率，进而优化内控措施（见图 1 – 38）。

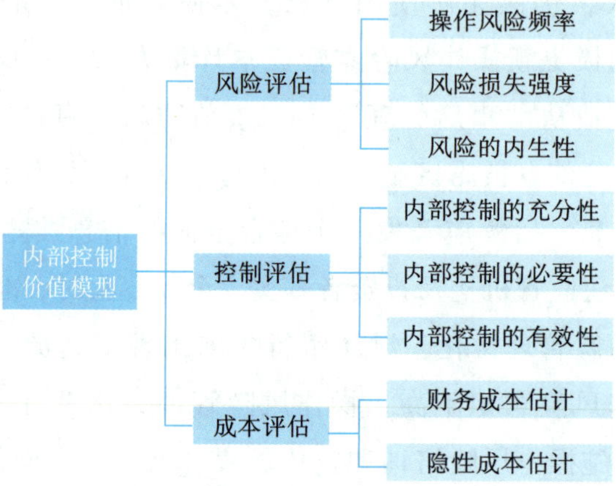

图 1 – 38　内部控制模型架构①

若渤海银行在创新出新易存产品之后，应用内部控制价值评估法来管理潜在的操作风险，此次质押事件或可幸免。建议应用 CSA 模型的具体流程如下（见图 1 – 39）。

	CSA应用步骤	渤海银行具体应用
第一步	确定自我评估项目	选取新易存产品作为自评项目，对新易存较其他存款产品的区别进行梳理
第二步	操作风险的识别与评估	新易存业务支持存款质押融资，银行工作人员存在违反存单质押规定的可能性
第三步	内部控制措施评估及剩余风险识别	渤海银行对于存单质押相关法律规定没有具体落实方案，可能出现存款人未授权而将存单质押、存单出质时未按规定将存款转为存款单、出质流程未按规定留存证据等一系列风险事件
第四步	控制价值评估	存单质押是银行的一项常规业务，发生频率高，风险内生性强，因此内部控制价值大，适合采用更加规范的内控措施对此风险加以防范
第五步	控制措施优化	渤海银行应当加大员工风险意识培训、构建多层监督机制、利用系统化程序将每笔存单质押的过程完整记录等

图 1 – 39　内部控制价值评估法流程

① 内容源于文献《基于 CSA 的商业银行操作风险内部控制价值评估模型研究》。

（四）思考题四：商业银行监管改进建议

外部监管疏漏是渤海银行存款“失踪”的根本原因之一，基于金融脆弱性理论、负外部性效应理论、监管权衡理论、金融监管成本理论、市场纪律监管理论，金融监管当局应当意识到银行监管的必要性、适度性及监管与市场结合性，对不同类型银行开展差异化监管，完善动态指标监管体系，通过加强正面引导教育和加大违规处置力度，同时发挥市场机制监督作用，督促银行优化内控和风控文化建设。

1. 金融监管相关理论

金融脆弱性理论强调高负债经营的金融业具有内在脆弱性，尤其银行业资本过度依赖外部资金，高负债运营带来的高成本压力驱动银行冒险求富，极易出现危机，而负外部性效应又使这种危机通过业务、股价等途径在银行业内传染，从而严重影响实体经济的发展，因此，有必要对金融机构展开日常监管，及时识别和扼杀风险。

金融监管的权衡理论认为政府金融监管应避免过度干扰市场机制，金融监管成本理论认为应避免监管成本与监管收益的不匹配，综上所述，金融监管一方面需要在市场失灵和政府失灵之间权衡，另一方面需要在监管成本与监管收益之间权衡，既不能盲目“严加监管”，也不能怠于更新、细化监管文件导致“疏于监管”。

市场纪律监管理论进一步将市场和政府结合起来，强调市场纪律约束对于金融监管的有效发挥具有重大的改善作用，可以缓解市场失灵和监管失灵的双失灵问题，实现监管效用最大化（见图 1－40）。

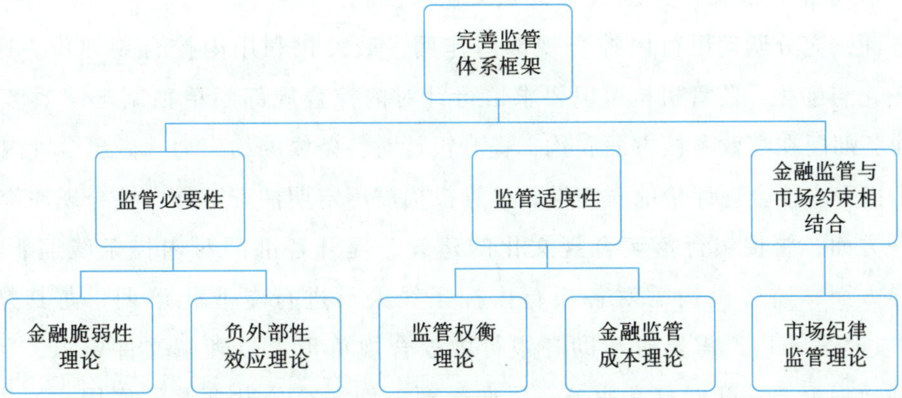

图 1－40　完善监管体系分析框架①

基于上述理论，对商业银行监管提出以下几点建议。

① 内容源于《金融理论与政策》。

2. 商业银行内部控制监管文件的完善

（1）差异化监管的必要性。

当前国内以《商业银行内部控制指引》（以下简称《指引》）为依据，开展商业银行内部控制监管，但该文件仅总结性地对银行机构提出内部控制要领和理念，未针对不同类型银行做出专业化建议。从历次银行内控导致风险事件发生的案例来看，国有大型银行发展时间长，组织管理结构完善，且获客能力强，业绩压力相对较小，针对这类银行，《指引》可以维持当前的理念引领；包括渤海银行在内的股份制银行经营时间短，管理方面存在不成熟的地方，加之成长期业绩压力较大，可能在利益驱动下冒险逐利，《指引》有必要针对股份制银行以及其他中小银行的内部控制做出具体要求，如条线设置、人员配置、资金投入、系统搭建等。

（2）指标体系和监管形式的补充。

目前《指引》中要求商业银行每年递交年度内部控制评价报告，但如正文中案例所示，内控风险往往暴露于日常业务中，因此应该增设日常监督体系，将定期管理与日常监控相结合。例如，可以要求商业银行各业务部之间建立全面信息共享平台，业务的每一步都同步更新在平台上，一方面，对于银行内部而言，其内控部门作为平台的使用者和监控者，可以按照业务流程来监督是否存在不合规问题，并计算出操作风险、信用风险以及市场风险等，一旦风险达到预先设定的警戒线，将会发出警报，可以最大限度规避风险；另一方面，对于外部监管方而言，其可以将定期审查内控报告和不定期抽查内控平台相结合，督促商业银行将内控落到实处。

（3）引导银行加强内控绩效考核和文化建设。

一方面，充分调动银行内控合规部门作用，最大化利用内控合规评价。通过《指引》的具化与细化，监管机构可以要求银行针对内控合规部门单独制定绩效考核机制，使其与业务部门在绩效考核方面脱钩，提升银行对各条线的约束力，做出合理内控评价。同时，为提升内控合规评价的真实性，监管机构需不定期抽查银行内控合规评价结果。

另一方面，督促银行落实合规文化的建设，提升各部门对内控条线监管的重视。正向引导方面，监管机构需对各银行内控条线人员进行专业化培训，尤其是在新的《指引》文件发布后，需及时帮助各银行内控合规负责人员理解文件要求，从而帮助银行更好地根据要求开展日常业务。反向教育方面，充分发挥警示作用，通过银保监会及时披露违规事件的起因和处罚结果，提高银行管理层对内控的重视程度。

3. 商业银行风险监管体系的思考与建议

（1）资本充足率与其他指标的配合。

目前，我国对商业银行风险控制方面的监管，主要依据原中国银监会发布的《商业银行资本管理办法（试行)》。然而，各银行可能以满足资本监管指标为目的扭曲业务结构，而忽略了监管的真实意义，包括渤海银行在内的多家银行均在满足资本充足率监管的同时发生风险事件，资本充足率监管成为了一层"数字"要求。除资本充足率以外，监管当局有必要新增其他指标进行配合，有效防范商业银行风险积累，在目前以资本充足率、不良贷款率、不良贷款拨备覆盖率为重点的动态监管基础上，可以增设指标形成动态监管指标体系如图1－41所示。

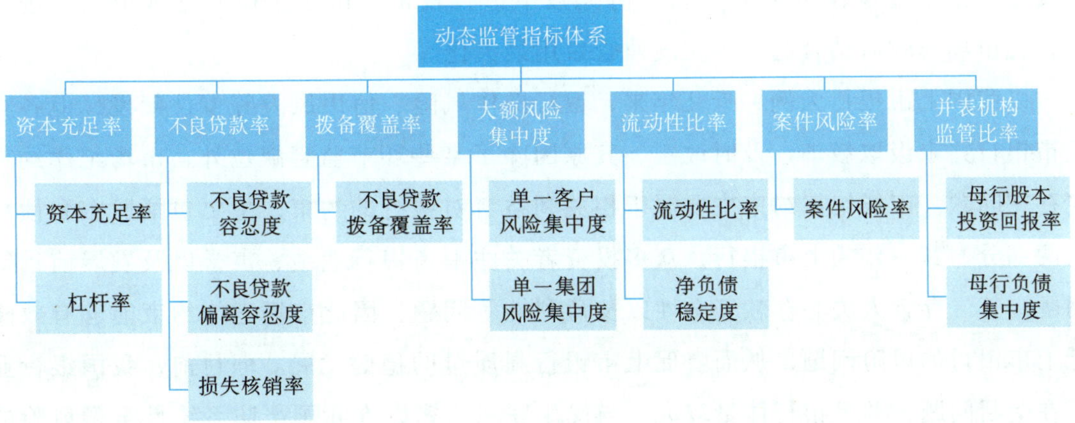

图1－41 动态监管指标体系

这一指标体系中的部分内容已在实践中得到落实，如2021年对银行涉房贷款集中度的要求在短期内督促银行降低相关风险暴露，避免房地产行业的风险传染。

除对行业集中度等指标划定范围，监管当局可引导银行提供个性化金融服务，贷款方面严格审查授信对象的资信状况和信用等级，针对潜藏风险的客户贷款，要求银行在贷款全流程管理过程中基于监管指标上下限自主判断、浮动加点、提高要求，避免类似济民可信的假国企劣质贷款人造成风险事件。

（2）事前优化与事后处罚的配合。

根据正文中对渤海银行可能存在的风控问题分析所示，银行风险事件的发生，往往与银行风险控制部门管理不善、风险控制规章存在缺陷、信用评级模型存在不足等制度性问题密切相关，银行改正这些问题需要付出较高成本，而维持现状却可以用较少罚款换取高额利润，如果监管没有提高银行的冒险成本、不能督促银行完善风控体系，可能导致包括渤海银行在内的多家银行在受到处罚后依旧不进行有效整改。针对这一问题，监管当局一方面需要对事前风险体系完善提供帮助，通过集中培训、同业互学等方式协助风控体系落后的银行优化系统，另一方面需要提高事后处罚成本，如针对银行风险事件历史情况对银行进行分类，对于多次出现风险事件的银行提高处罚力度和后续监管指标要求，不仅通过牌照实施“白名单制”，也通过惩罚性指标落实“黑名单制”，降低高风险银行在业内的竞争优势，提高银行追逐高风险利润的成本，压缩违规罚款和违规收益之间的利润空间。

4. 发挥市场机制作用的思考与建议

市场纪律监管理论主张将市场和政府结合起来，强调市场纪律约束对于金融监管的有效发挥具有重大的改善作用，可以缓解市场失灵和监管失灵的双失灵问题。监管权衡理论主张应该在市场失灵和政府失败中进行权衡，市场纪律监管理论则更进一步，将市场与政府结合起来，实现监管效用最大化。

以我国上市银行为例，近几年来，银行操作风险、信用风险等事件频发，但各大上市银行并未汲取教训、及时改正，其原因除了某些环节监管缺位外，市场纪律约束也存在问题。市场纪律约束主要源于相关利益者对银行的约束，主要包括股东和债权人两部分，其一作为上市银行，众多投资者关注上市银行业绩、声誉以及发展前景等问题；其二存款人关心存款安全性以及盈利性等问题，因此市场纪律约束能够有效降低上市银行的风险问题，从而督促上市银行高质量的稳健发展。但目前，我国银行业存在垄断问题，并且银行体量较大，与民生联系紧密，在我国严防系统性金融风险的背景下，投资者、存款人甚至银行高管都有“大而不倒”的道德风险。因此，投资者通过资本市场对银行的约束力较弱。

提升市场对上市银行的约束力，可以从以下几个方面入手：首先，进一步开放银行市场，鼓励民间资本进入，避免银行由少数大股东控制；其次，监管部门应强化银行业信息披露要求，透明度的提升有利于市场约束力加强；最后，适当控制银行业规模，减轻“大而不倒”的道德风险。

五、建议课堂计划

本案例适用于金融专业硕士课程相关案例讨论课。预计讨论课共计 2 课时，时长为 90 分钟，具体的时间安排如下所示，仅供参考。

（一）课前计划

学生自行查阅渤海银行 28 亿元存款质押事件的相关资料，对事件的始末有初步的了解，并搜集渤海银行、济民可信、华业石化三个案例主体的背景资料，准备过程预计 30 分钟。

（二）课堂安排

1. 案例讲述：教师参考案例分析正文，阐明案例的主题、分析思路，并对学生随机分组，分别针对事件中渤海银行事件原因做出深入分析（20分钟）。

2. 自由讨论：各组就渤海银行28亿元存款质押事件的根本原因进行探讨（15分钟）。

3. 自由讨论：各小组针对此次事件中暴露的风险类型进行讨论，并通过资料查阅了解风险的含义、评估方式、控制策略（15分钟）。

4. 小组发言：各小组选派若干名代表阐述渤海银行风控存在的具体问题及改进建议（15分钟）。

5. 小组发言：各组选派若干代表就监管改进建议发表言论（10分钟）。

6. 教师点评：教师对各组发言进行点评，并对本节案例课程进行总结（15分钟）。

（三）课后作业

教师可从以下关于本案例的延伸案例分析题中二选一，作为课程考核的一部分。

延伸案例分析一：学生继续关注本事件和行业发展的后续进展，分别从涉事企业、社会投资者和监管当局等多个角度思考，提出进一步的改进措施、发展建议和预计实现的效果，以案例分析报告的形式呈现。

延伸案例分析二：学生在充分分析渤海银行28亿元存款质押案例的基础上，任选一个其他商业银行存款“失踪”事件进行延伸案例分析，从多角度探究原因，讨论该案例与渤海银行案例之间的异同点，并总结出普适于商业银行业务风险管理的思考与建议，以案例分析报告的形式呈现。

六、参考文献

[1] 巴曙松，王思奇，金玲玲．巴塞尔协议Ⅲ下的银行操作风险计量及监管框架[J]．大连理工大学学报（社会科学版），2017，38（1）：36－42. DOI：10.19525/j.issn1008－407x.2017.01.006.

[2] 邴康泰．基于CSA的商业银行操作风险内部控制价值评估模型研究[D]．合肥工业大学，2010.

[3] 东哲轩．商业银行内部控制研究[J]．商场现代化，2021（22）：70－72. DOI：10.14013/j.cnki.scxdh.2021.22.025.

［4］付聪．基于 COSO 与 Basel 并行背景下我国股份制商业银行操作风险管理研究［D］．厦门大学，2014.

［5］顾海峰，马聪．政府监管、市场约束与银行风险承担——来自中国 178 家商业银行的证据［J］．金融经济学研究，2020，35（1）：117－130.

［6］陆原．从监管角度加强商业银行内控管理的建议［J］．现代金融，2016（3）：20－22.

［7］乔楠．基于内控视角国有商业银行操作风险管理的研究［D］．内蒙古农业大学，2021.

［8］瞿旭，李明，杨丹，叶建明．上市银行内部控制实质性漏洞披露现状研究——基于民生银行的案例分析［J］．会计研究，2009（4）：38－46＋96.

［9］任磊．我国城市商业银行内部控制监管法律制度研究［D］．西南财经大学，2012.

［10］孙华琦．我国商业银行操作风险计量研究［D］．东北财经大学，2013.

［11］王颖，聂广礼，石勇．基于信用评分模型的我国商业银行客户违约概率研究［J］．管理评论，2012，24（2）：78－87. DOI：10. 14120/j. cnki. cn11－5057/f. 2012. 02. 003.

［12］谢懿．市场约束效应与中国商业银行风险承担研究［D］．重庆大学，2018.

［13］邢敦忠．客户信用评价在银行经营管理中的应用［J］．金融论坛，2002（2）：52－56. DOI：10. 16529/j. cnki. 11－4613/f. 2002. 02. 011.

［14］徐冠军．商业银行内部控制评价机制研究——以邮储银行 A 分行内控评价工作为例［J］．邮政研究，2022，38（1）：79－84. DOI：10. 13955/j. yzyj. 2022. 01. 16. 06.

［15］张贵清．信用风险评级与商业银行信用风险管理［D］．对外经济贸易大学，2005.

［16］赵蓓．论企业内部控制风险及其应对措施分析［J］．中国产经，2022（2）：96－98.

［17］周莉莉，陈杰．我国商业银行内部控制研究［J］．经济问题探索，2010（5）：130－136.

［18］朱荣恩．建立和完善内部控制的思考［J］．会计研究，2001（1）：24－31＋65.

［19］沈沛龙，李志楠．投资者恐慌情绪对银行间风险传染影响研究［J］．财贸研究，2020，31（3）：59－71＋110. DOI：10. 19337/j. cnki. 34－1093/f. 2020. 03. 006.

［20］刘超，钱存．商业银行间风险相依结构、传染网络与溢出效应［J］．运筹与管理，2022，31（2）：166－172.

案例 2

大象转身：一蹶不振还是华丽重生？

——揭秘工商银行理财产品净值化转型之路[①]

2018 年 4 月，资管新规正式出台，核心内容为“打破刚兑、规范资金池、去除多层嵌套、净值化管理”，由此拉开资管行业转型发展的序幕。近 30 万亿元的银行理财净值化转型如箭在弦上，刻不容缓，但由于投资者对于银行理财根深蒂固的“刚性兑付”印象，净值化转型之路困难重重。进入 2022 年，资管新规过渡期结束，银行理财正式迈入“真净值时代”，也再次引发广泛关注。本案例首先介绍了净值化转型的相关政策要求以及转型原因和进展；其次，选取转型“排头兵”工商银行为研究对象，从建立理财子公司、转型进程、产品结构、转型经验等方面对其转型成果做了详细梳理；最后，分析了工商银行理财产品净值化转型的影响。

① 本案例由中央财经大学金融学院郭田勇、蒋雪婷、李佳鑫、祝擎昊、刘馨撰写。

案例正文

一、引言

2005 年 9 月 24 日，《商业银行个人理财业务管理暂行办法》发布，标志着银行理财在制度框架下扬帆起航。银保监会始终强调理财业务要遵循“买者自负，卖者有责”的初衷，但随着银行理财产品种类和规模的跳跃式增长，资金池、期限错配、多层嵌套、杠杆比例失衡等现象涌现，投资者逐步形成理财产品保本刚兑的预期，银行理财日益偏离其成立的初衷，相关风险持续酝酿。监管也许会迟到，但不会缺席。2013 年一纸 8 号文，限制银行理财非标投资比例为 35% 并清理资金池模式，2018 年资管新规宣布保本理财隐退江湖，要求银行理财打破刚兑，实行净值化管理，引导并规范各类金融机构的业务回归本源，实现买者风险自负，其对银行理财产品净值化转型的要求成为国内各家银行亟待解决的问题。

市场百思不得其解，喜闻乐见的刚兑究竟患了什么病？“净值化”又究竟是何方扁鹊，为什么银行理财产品要向净值化转型？净值化具体该如何做才能把这存续已久遍地开花的资金池收入囊中？

中国工商银行作为国有大行，是国内最早提出净值化理念的第一梯队银行，2014 年就开始排兵布阵，专注在资管业务的产品端进行净值化转型，并积极响应政策，多部门协同发力，成立了国内首批开业的银行系理财子公司——工银理财，由其负责承接和转移工商银行原有存续的理财产品，同时负责落实资管新规对于银行理财产品净值化转型的要求。净值化转型并非易事，途中荆棘丛生，即便是对于行业龙头工商银行也不例外。然而，工行成功地完成了“大象转身”，向我们证明了大象不仅能跳舞，还能跳得灵活。作为最早一批理财子公司，工银理财不负众望，持续优化完善产品结构，如今满足资管新规的产品和投资规模双双突破万亿元，市场领先，被称为“两万亿俱乐部”。同时，继 2020 年工商银行荣获第一届“银行理财金牛奖”等多项行业重量级奖项后，2021 年，工银理财及其旗下产品一举获得三项大奖，其中包括理财子公司获得的“银行理财公司金牛奖”和两项自主发行管理产品获得的“银行理财产品金牛奖”。因此，工行完成大象转身并实现华丽重生的转型历程，值得各行分析借鉴。

二、一声“净值”惊雷起——净值化转型背景介绍

（一）刚性兑付，附骨之疽

长江后浪推前浪，净值化转型归根结底先要探究“刚性兑付”与“风险自担”的爱恨情仇。银行与客户你情我愿，对刚兑爱的深沉，但央行却视刚兑为附骨之疽。

刚性兑付，意味着无论何时总有“一个人”为你兜底偿付，听起来可靠且浪漫，实则是一种无形的风险。2004 年，国内陆续发行的两只银行理财产品仅 10000 元起投，银行理财从机构专属飞入寻常百姓家，谁都没有料到日后它不但在金融市场占有一席之地，还染上了戒不掉的“刚兑瘾”。随后，监管允许按照约定分担收益和风险，这也意味着“预期收益 + 超额收益留存”的模式合规化，预示着“刚性兑付 + 资金池”模式的形成。当时，市场利率低且波动大，老百姓渴望获得高于银行存款的稳定收益；股份行不敌国有行，力求创新逆袭，利用机构优势拿到高于存款利率的债券，同时购买各类债券来对冲市场和利率风险，提供较为固定的正收益，双方你情我愿皆有意，广阔的套利空间也给了银行刚兑的底气。刚性兑付，成为了隐形规定，以银行信用为背书，银行理财成为保本理财的代名词，但久而久之，刚兑像一种无形的毒伴随着看不见的风险，深入骨髓。

随着央行下调存款利率与票据收益率，利差降低，银行竞争加剧，套利空间缩水，这块几近消失的奶酪却依旧被理财投资者追捧，为了“刚兑”这个承诺，理财进一步踏上了资金池期限错配和非标投资之路。非标资产期限较长，缺乏流动性，因此银行通过建立资金池实现期限错配，以短搏长提高产品收益，拆东墙补西墙，但同时加剧了金融杠杆和风险，一旦池中的水枯竭，银行理财必将为刚兑这一荒唐的承诺付出代价（见图 2－1）。

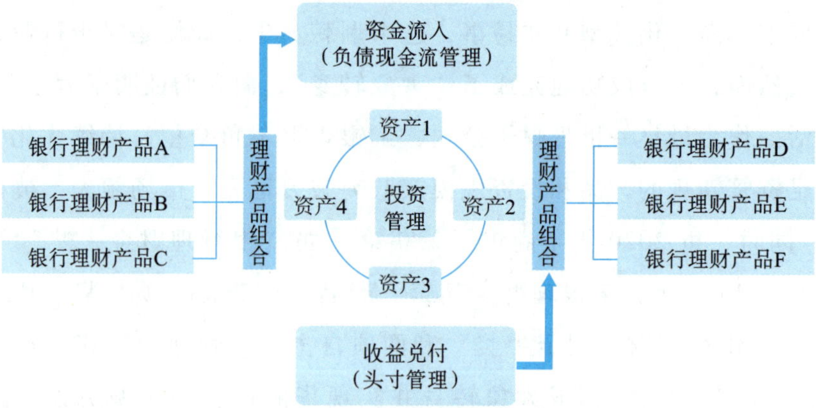

图 2－1　资金池运作模式

因此，为了打破长期存在的“刚性兑付”理念，缩小资金池、非标投资、期限错配等金融操作带来的风险敞口，监管机构坚决而明确地提出理财产品应向净值化转型。

（二）政策发力，转舵移向

随后，相关政策接踵而来（见图2－2）。自2018年4月资管新规颁布以来，监管机构持续推动同类资管产品统一标准，建立健全银行理财产品发行、估值、运作、风控等方面的制度体系，以维护金融稳定和保护投资者合法权益。

监管制度	发布时间	相关要求
《关于规范金融机构资产管理业务的指导意见》	2018-04-27	金融机构对资产管理产品应当实行净值化管理，净值生成符合企业会计准则规定，及时反映基础金融资产的收益和风险，金融资产坚持公允价值计量原则，鼓励使用市值计量，符合条件的可按准则以摊余成本进行计量。
《关于进一步明确规范金融机构资产管理业务指导意见有关事项的通知》	2018-07-20	公募资产管理产品除主要投资标准化债权类资产和上市交易的股票，还可以适当投资非标准化债权类资产，但应当符合期限匹配、限额管理、信息披露等监管要求。
《商业银行理财业务监督管理办法》	2018-09-28	商业银行开展理财业务，应确保每只理财产品与所投资资产对应，做到每只产品单独管理、单独建账和单独核算，按规定确认和计量理财产品的净值。
《商业银行理财子公司管理办法》	2018-12-02	理财子公司应根据理财业务性质和风险特征，建立健全理财业务管理制度，包括产品准入管理、风险管理和内部控制、人员管理、销售管理、投资管理、合作机构管理、产品托管、产品估值、会计核算和信息披露等。
《理财公司理财产品销售管理暂行办法》	2021-05-11	从事销售活动，应向投资者充分披露信息和揭示风险，打破刚兑，不得直接或变相宣传、承诺保本保收益，不得损害国家利益、社会公共利益和投资者的合法权益。
《关于规范现金管理类理财产品管理有关事项的通知》	2021-06-11	现金管理类产品采用摊余成本法进行核算的，应当采用影子定价的风险控制手段，对摊余成本法计算的资产净值的公允性进行评估。
《理财公司理财产品流动性风险管理办法》	2021-12-10	理财公司应当建立健全理财产品流动性风险管理体系，专业审慎、勤勉尽责地管理理财产品流动性风险，确保理财产品投资运作稳健、净值计价公允。
《理财公司内部控制管理办法（征求意见稿）》	2022-04-29	理财公司发行的每只理财产品应当作为单独的会计主体独立进行会计处理，确保具有资产负债表、利润表、产品净值变动表等财务会计报表。

图2－2　净值化转型相关政策

（三）概念界定，辨义明理

一系列政策颁布后，银行理财全面进入向净值化转型的新时期。预期收益型与净值型、摊余成本法与市值法，这样几对概念开始经常被提及，那么它们究竟有什么区别？政策提出了哪些具体要求？在此我们将一一道来。

1. 预期收益型 VS 净值型

所谓预期收益型理财产品，是指银行将发行理财产品募集的资金用来投资，不管投资盈亏方向与数额大小，到期后都按理财产品说明书承诺的收益率付给投资者。这实质上是一种类似存款的“息差”模式。拥有类似存款的形态和高于存款的收益，风险上又不会如基金和股票让人望而却步，预期收益型理财产品自然越来越受到银行和投资者的青睐，却愈发背离“受人之托，代人理财”的初衷。

为了防范潜在的刚兑风险以及可能引发的系统性风险，银行理财由原先的预期收益型产品，逐步转换成净值型产品。净值是一种资产组合的计价方式，等于总净资产与产品份额的比值，会随着理财产品的实际运作情况而发生变动。与预期收益型产品不同，净值型产品根据产品净值来确定投资收益，产品发售时会提供业绩比较基准作为最终收益的参考值，但不保证产品到期的收益水平（见表 2－1）。

表 2－1　　预期收益型和净值型产品对比

项目	预期收益型产品	净值型产品
是否保本	否	否
产品展示	预期收益率	单位净值，更好反映产品真实价值
超额收益	由银行所有	分成给投资者
亏损处理	刚性兑付，用其他产品收益弥补	买者自负亏损
估值方法	摊余成本法	市值法
运作透明度	低，存在资金池模式	高，披露投资产品及产品净值

2. 摊余成本法 VS 市值法

监管层也对银行理财的计价方式提出了新的要求。原来广泛应用的摊余成本法将实际买入价格作为投资标的的成本，溢价部分或折价部分会在剩余期限内平均摊销，从而人为把收益“摊平”。这是一种大众喜闻乐见的估值方法，但不能及时有效地反映资产的真实价格，因此将逐渐被市值法替代。2022 年起，理财产品开始执行新金融工具会计准则（IFRS 9），这进一步限制了摊余成本法的应用。

市值法估值直接引用所投资资产的市场价格作为其公允价值，投资标的的市场价格波动可以同步反映到产品的估值上，产品净值跟随市场走势波动，这种看似不稳定的估值方法却更能真实体现理财产品的投资价值与风险，有利于提高市场定价效率。市值法估值后，近年来理财产品收益率波动增加（见图 2－3），与 10 年期中债国债到期收益率的差距也逐步缩小。

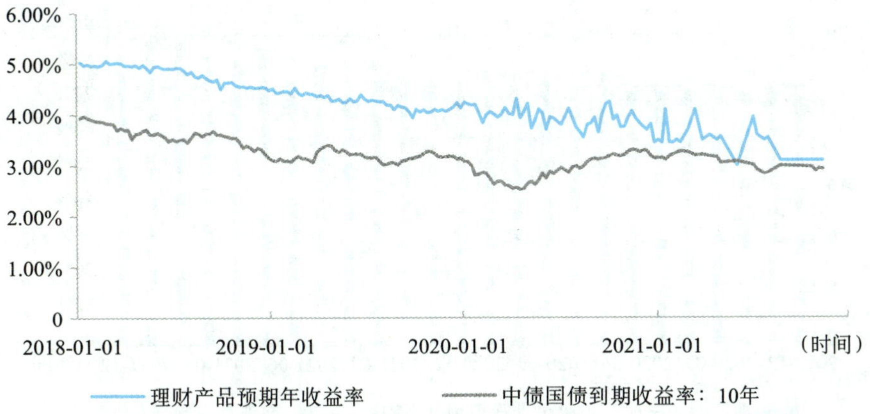

图2－3　理财产品收益率走势

数据来源：Wind资讯。

（四）如火如荼，平稳收官

2021年，资管新规过渡期平稳收官，银行理财市场净值化转型进展显著。2021年年底，保本理财产品实现清零（见图2－4），市场刚兑预期逐步被打破，净值型理财产品存续规模达26.96万亿元，占比92.97%，非净值型产品余额仅存2.04万亿元，较资管新规发布前大幅减少16.39万亿元（见图2－5）。

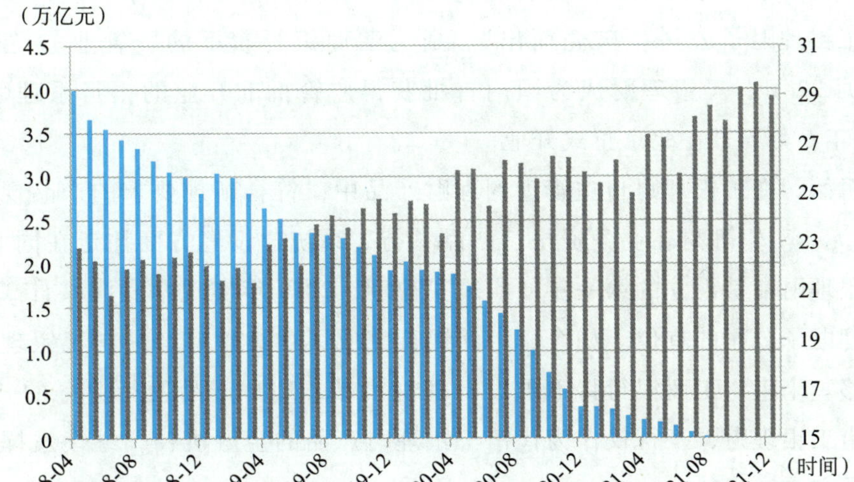

图2－4　保本和非保本理财规模

资料来源：银行业理财登记托管中心。

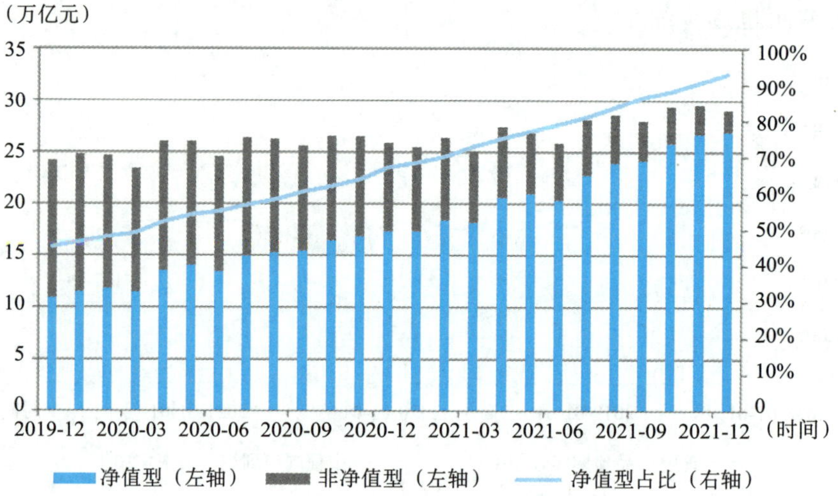

图 2－5　净值型和非净值型理财规模

资料来源：银行业理财登记托管中心。

三、净值转型顺势成——工行转型的成果梳理

（一）另起炉灶，术业专攻

工商银行是业内第一家成立代客理财业务管理部室的银行，其资产管理业务始终走在行业前列，并于 2014 年实现了存款向理财的转换，开始在资产管理产品端进行净值化转型，打下了良好的基础。资管新规后，为积极响应监管要求，进一步完成净值化转型，工银理财子公司“破壳而出”，成为工商银行旗下的资管业务“总舵手”。2019 年 5 月 22 日，工银理财成为国内首批获得监管批准开业的银行系理财子公司，并于 2019 年 6 月 6 日在北京正式开业。

开业伊始，在工银理财自主管理的理财产品中，符合新规要求的产品规模便已超过 3700 亿元，工银理财在业务资格、产品移行、系统建设等方面均走在同业的前列。同时，工银理财在其设立的第一年便实现了盈利，2019 年实现净利润共计 3.30 亿元，排在所有理财子公司的首位。如今，工商银行完成了存续理财产品向工银理财子公司的全部转移。未来，工商银行将不再发行理财产品，理财产品发行业务的“接力棒”将完全交由工银理财，工行仅作为代销工银理财产品的金融机构，继续发挥母行自身的客户资源和渠道优势。

（二）千锤百炼，铸铁成钢

工行的转型策略取得了显著成效，最终实现了旗下所有理财产品的净值化转型。

根据工商银行和工银理财在2020年公开披露的理财产品信息数据，工商银行理财产品的净值化程度呈现稳步上升的趋势，净值型产品存续数量占所有产品数量的比重从一季度末的60.7%上升到年末的75.35%（见图2-6）。

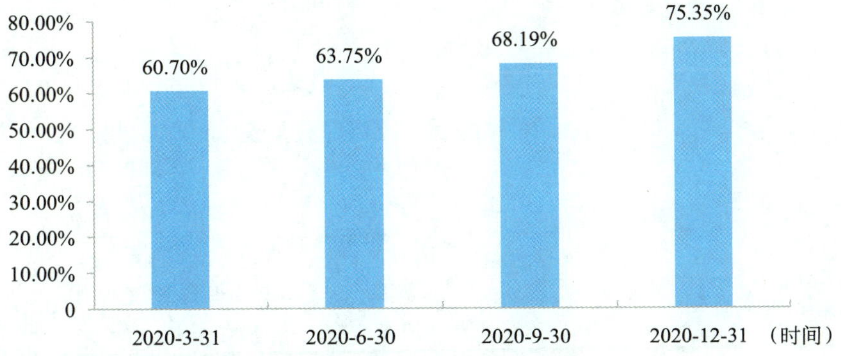

图2-6 2020年各季度工商银行净值型产品比重

资料来源：中国工商银行公开信息。

根据中国工商银行的官网信息公开披露，工行已于2021年7月5日起全面暂停申购原来的“保本稳利”系列产品，这意味着工行保本型理财产品的增量清零。截至2021年年末，工银理财自主发行并管理的理财产品规模在同业中率先突破2万亿元，非现金管理类、开放净值型产品占比显著提高，并为客户累计创造了400亿元的投资收益。2021年，工银理财获《中国证券报》“银行理财公司金牛奖”等30余项行业重要奖项，在IPE全球资管公司500强榜单中排名国内理财公司首位。

（三）剖幽析微，错落有致

在净值化转型完成之后，工行理财产品及业务相较之前也发生了较大的变化。在理财产品的布局方面，为适应理财业务的新要求，工行加快了产品业务的创新转型，率先推出了养老主题、绿色金融主题等新型理财产品，正研究开发“南向通”主题理财产品，不断深耕自己的理财产品服务能力；在理财产品的结构搭配方面，工行存续的理财产品延续封闭式产品为主的特点，逐渐提升权益类资产在资产端中的配置比例，同时降低理财产品的起购金额，实现理财业务在资管新规过渡期的平稳转型。

1. 净值型产品布局体系

工银理财推出了不同风险类型和期限的理财产品，以满足客户对理财产品在流动性、安全性和收益性上的合理搭配，符合客户多元化、多层次的财富管理需求。目前，工银理财产品全部为净值型产品，存续产品以封闭式固定收益类产品为主，布局整体以“做稳现金、做大固收、做强混合、突破创新”为战略引领，目前已建成“4+3”

产品体系，涵盖现金管理类、“固收+”、多资产综合、另类共4大基础产品线和权益、量化、跨境共3大特色产品线，积极提升非现金管理类、混合类、中长期限类产品的占比，力争为客户提供“全谱系、全天候、全渠道”的理财产品（见图2－7）。

产品类型	代表产品
固定收益类	添利宝、“鑫”系列（鑫添益、鑫稳利、鑫尊利、鑫尊享、鑫鼎利等）、全球系列（全球安盈、全球轮动、全球臻选等）、恒睿日升月恒、智合多资产FOF、如意人生等
权益类	工银财富系列工银量化理财-恒盛配置理财产品
商品及金融衍生品类	—
混合类	恒睿系列（恒睿睿盈、恒睿睿鑫等）、全球系列（全球稳健、全球精选等）、全鑫权益、两权其美等

图2－7　工银理财主要产品类型及代表产品

资料来源：中国工商银行公开信息。

自2021年以来，工银理财进一步提升资产配置能力，积极布局绿色金融市场和养老市场，如工银理财在2021年年底相继推出了“恒睿绿色金融主题固定收益类封闭式理财产品”“颐享安泰固定收益类封闭净值型养老理财产品”等贴合当今市场热点题材的理财产品（见图2－8），积极服务国家战略，践行国有大型银行理财子公司的责任与担当。

产品类型	产品名称	产品介绍
固收+	恒睿日升月恒180天持盈固收增强开放式理财产品、恒鑫私银尊享封闭期可延长固定收益类理财产品等	在固收类资产基础上扩充对优先股、公募REITs、股票型基金等非固收类金融资产的投资
多资产	智合私银尊享多资产FOF混合类封闭净值型产品、个人“全鑫权益”智合-多资产FOF平衡型季度定开理财产品等	公募FOF产品，资产主要投资于公募基金进行大类资产配置
量化	工银财富系列工银量化理财-恒盛配置理财产品、“鑫得利”量化策略科技创新理财产品等	依托工银理财自主研发的定量投资模型来构建资产组合进行理财
跨境	全球添益封闭净值型美元理财产品、全球添益混合类双周定期开放净值型美元理财产品等	以外国货币作为理财产品的本金及收益币种，实现跨境资产配置

图2－8　工银理财特色产品介绍

资料来源：中国工商银行公开信息。

未来，工银理财将重点从服务实体经济、支持多层次资本市场建设、服务居民财富保值增值需求三方面入手，持续加大资产投放，全力夯实投研能力建设，不断创新产品布局体系（见图2－9）。

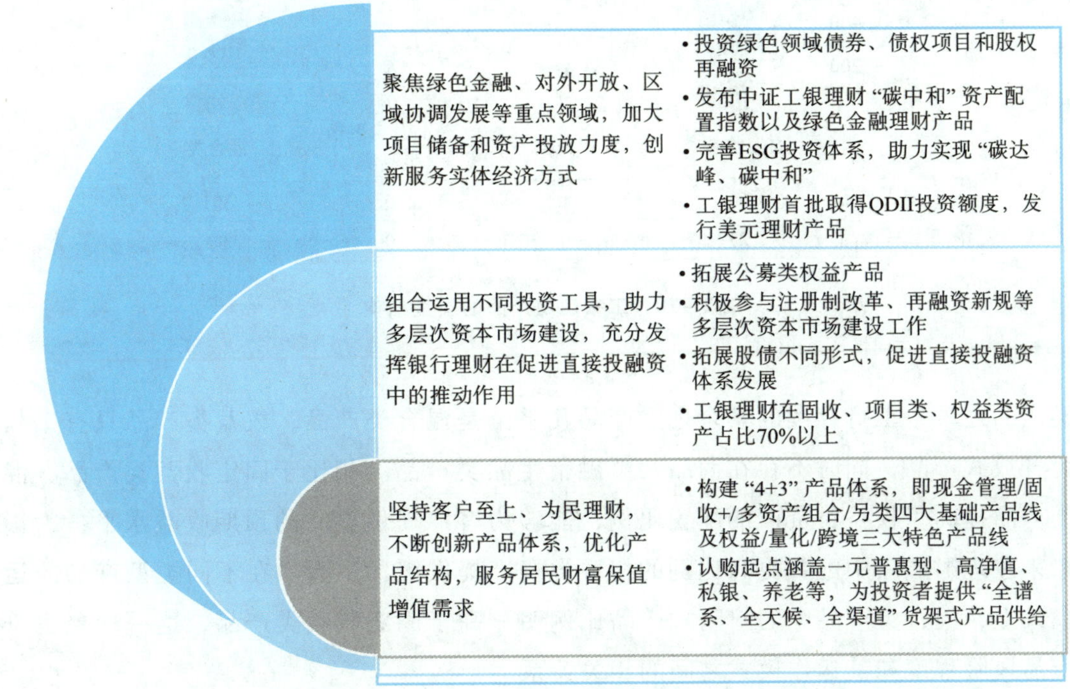

图2－9　工银理财产品布局体系

2. 净值型产品结构搭配

截至2022年2月15日，工银理财存续的公募理财产品数量达到1375只。

在存续产品的运作模式方面，封闭式净值型产品共计1047只，开放式净值型产品共计328只，两者的数量接近3.2∶1。由于开放式产品相比于封闭式产品而言，投资者能够在产品到期之前自由赎回，这导致理财产品募集的高流动资金无法配置在期限较长的资产上，相应降低了理财产品的收益率水平。同时，部分投资者在短期内可能难以接受净值型理财产品的收益波动，为了实现理财业务平稳转型过渡，工商银行发行的理财产品多以封闭式为主（见图2－10）。

在存续产品的资产配置方面，理财产品以固定收益类产品和混合类产品为主，其中，固定收益类产品共计893只，占比64.95%；混合类产品共计481只，占比34.98%；权益类产品只有1只，占比0.07%。理财产品的投资性质决定了该产品的风险程度大小，从存续产品的结构比例来看，固定收益类理财产品占据绝大比例，这意味着银行将大多数理财产品的资金投资于存款和债券等低风险债权类资产。除固定收

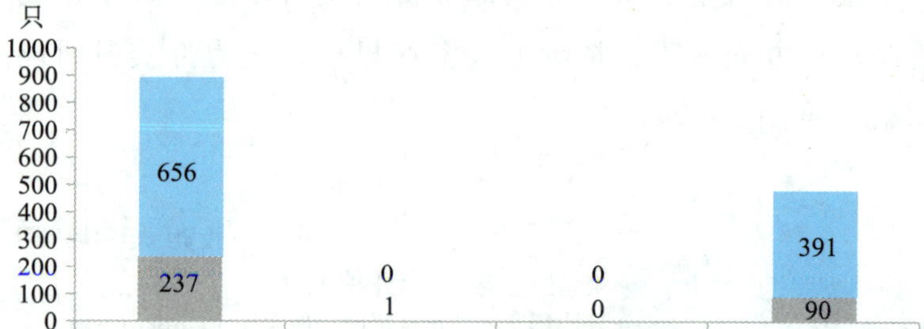

	固定收益类	权益类	商品及金融衍生品类	混合类
封闭式产品	656	0	0	391
开放式产品	237	1	0	90

图 2－10　工银理财产品的类型结构

资料来源：中国工商银行公开信息。

益类产品之外，工行存续的其余理财产品几乎全是混合类产品，权益类产品只有 1 款且为开放式产品，同时不存在商品及金融衍生品类产品。相比于固定收益类产品，混合类产品提高了权益类资产的配置比例，能够为客户提供更高的预期收益水平，为银行未来在理财产品中配置更高比例的权益类资产提供缓冲平台。在不同类型产品的运作模式上，混合类产品中的封闭式产品比例明显高于固定收益类产品，这一现象也符合产品风险程度和其运作模式之间的相关关系。

值得一提的是，工行目前存续的唯一权益类产品为其 2012 年发行的“工银理财 · 工银财富系列工银量化理财—恒盛配置理财产品”，其投资策略为利用多因子模型和择时模型进行选股和交易，产品净值截至 2022 年 2 月 16 日为 2.0139，年化复合收益率高达 7.25%（见图 2－11）。

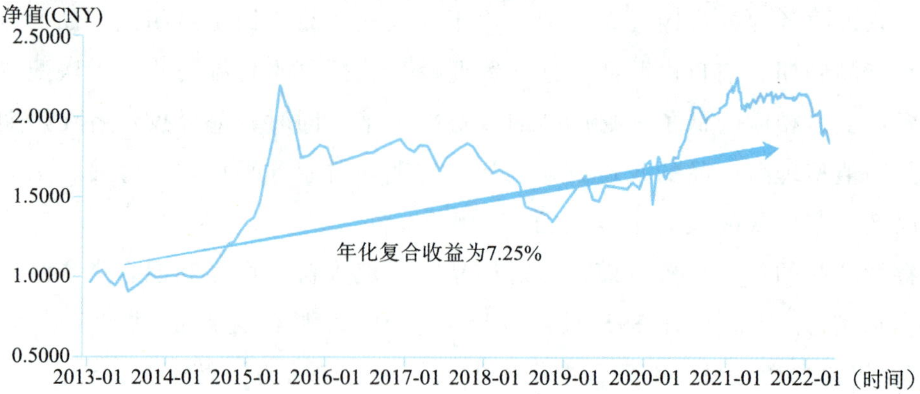

图 2－11　“工银理财 · 工银财富系列工银量化理财—恒盛配置理财产品”的历史净值走势

资料来源：中国工商银行公开信息。

在存续产品的风险等级方面，工银理财产品风险总共分为5类。为了稳住投资者，避免高风险高波动产品打击投资者对净值化的信心，工银理财主要聚焦中低风险产品（见图2－12），与投资者的风险偏好较好匹配（见图2－13）。

风险等级	风险描述	存续产品只数（截至2022/2/15）
PR1	本金和收益受风险因素影响很小	6
PR2	本金和收益受风险因素影响较小	319
PR3	风险因素可能对本金和收益产生一定影响	1049
PR4	风险因素可能对本金产生较大影响，产品结构存在一定复杂性	1
PR5	风险因素可能对本金造成重大损失，产品结构较为复杂，可使用杠杆运作	0

图2－12　工银理财产品的风险结构

资料来源：中国工商银行公开信息。

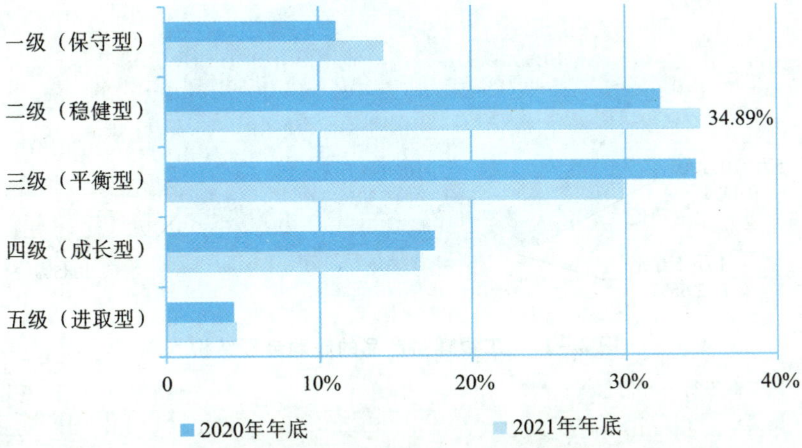

图2－13　理财投资者风险偏好

资料来源：银行业理财登记托管中心。

在存续产品的期限结构方面（见图2－14），理财产品期限以T+0和1－3年期为主。其中，T+0产品全部为开放式净值型产品，无固定到期期限，可以随时赎回；1－3年期产品多数为封闭式净值型产品，只有到指定日期才能赎回。

在存续产品的起购金额方面，根据工行官网目前在售的理财产品信息，1万元以下产品占比高达56.19%，其中1元及以下产品占30.97%（见图2－15）。在理财产品净值化转型之前，银行迫于刚性兑付的压力，常以提升产品起购门槛的方式来锁定更多资金来源，产品起购金额与预期收益率存在较大的相关性。随着净值化转型如火如荼，产品收益将完全由市场价格和产品分红来决定，发行机构对于产品起购金额不再

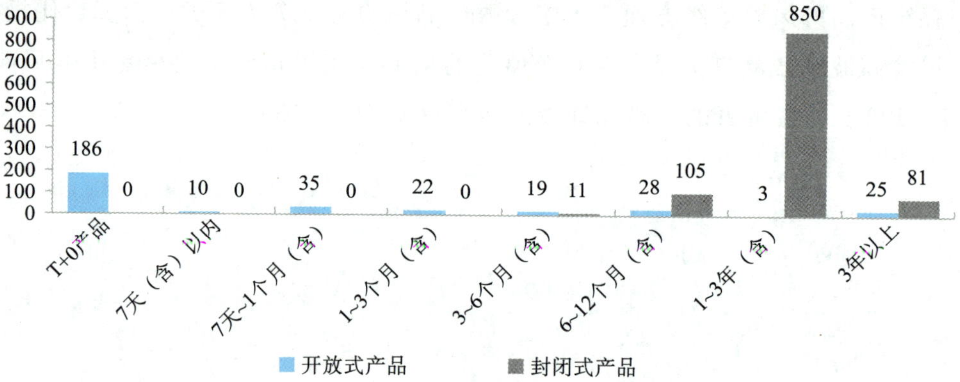

图 2－14　工银理财产品的期限结构

资料来源：中国工商银行公开信息。

做出硬性要求，工银理财产品的起购门槛自资管新规以来显著降低。

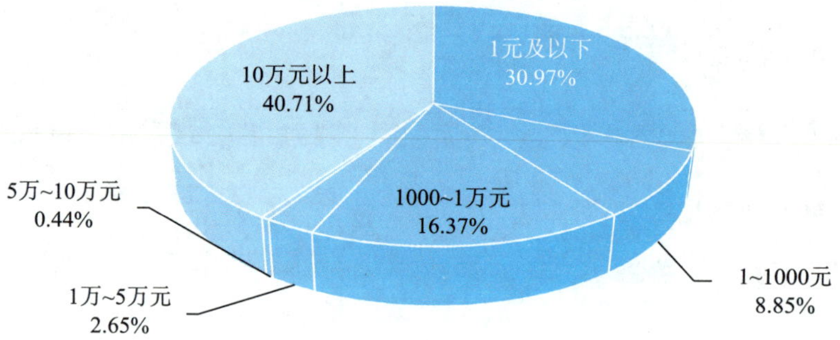

图 2－15　工银理财产品的起购金额结构

资料来源：中国工商银行公开信息。

（四）立体转型，多点突围

在“全国一盘棋”的银行净值化转型背景下，作为享有“宇宙行”盛誉的国有大型银行，工商银行作为国内银行净值化转型的“排头兵”，坚持从产品端、资产端和风险体系三个方面对净值化难关发起攻克，最终顺利实现了理财业务的整改转型工作，为同业其他银行机构的理财业务转型提供了宝贵的实践经验。

在产品端方面，工行的转型策略主要有：（1）丰富保本类负债工具以缓冲净值化的影响。在资产端短期内将资金配置在短期利率债、高等级信用债和货币市场工具等净值波动较小的资产，以满足风险厌恶型投资者的投资需求；（2）持续推进产品向净值型转化。短期内运用现金管理类产品稳住客户群体，保证银行理财业务能够在过渡期内平稳转型，同时运用市场化手段加强流动性管理，并以此为基础设计多档收益不同的结构性产品；（3）加强投资者教育。一方面及时披露产品的投资方向和单位净值等信息，另一方面在官网、公众号等多个平台定期发布投资科普文章，提升投资者的自主投资意识。

在资产端方面，工行的转型策略主要有：（1）发行期限匹配的专属产品。在理财购买门槛降低的背景下，积极发行长期理财产品，并在资产端集中投资于基础设施、政府融资平台、国有企业和上市龙头企业等，以提升投资者收益；（2）通过资产证券化实现非标转标（见图2－16）。利用资产证券化的手段，将非标的底层资产转换成标准化投资工具，同时借助交易所和银行间市场来提升产品的流通性。

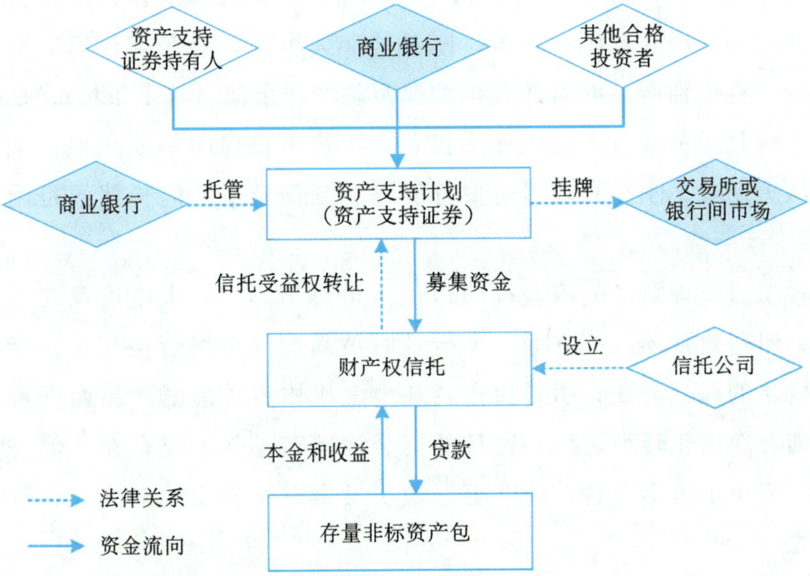

图2－16 资产证券化实现非标转标的流程

资料来源：《2018年中国资产管理行业报告》。

在风控体系方面，工行的转型策略主要有：（1）构建新型风险管理框架。建立符合资管新规要求的风控模型，实现时点范围、资产品种和风险类型监测的全覆盖，提升资管业务风险监测的自动化和有效性；（2）完善新型风险管理体系。对资产组合的流动性风险和信用风险进行综合管理，在健全风险补偿机制的同时增强监管的有效性；（3）依托金融科技监测存续产品风险。运用区块链、大数据和人工智能等新兴技术，在存续期内实现理财产品的全周期、全口径监测。

四、吹尽狂沙始到金——工行转型的影响分析

（一）净值出征，讨伐刚兑

净值化的正面影响不可小觑，在打破刚性兑付、消除资金池暗箱操作以及提升资本市场有效性和资源配置效率等方面具有积极作用。转型之前，银行理财存在很严重的弊病。首先，理财一词顾名思义为“代人理财”，投资风险理应由投资者承担，产品收益与风险可谓“鱼与熊掌不可兼得”，但刚兑将投资风险转移至银行机构，破坏了资管行业的内部秩序与规则；其次，刚兑并非无风险，只是银行借助资金池分离定价的暗箱操作，将个别产品的潜在亏损均摊至整个资金池，整个市场都在为刚兑买单；最后，有人为刚兑买单就有人趁机浑水摸鱼，不仅道德风险不断积聚，金融风险也在暗处酝酿，从短期看，刚兑时代尽管岁月静好、歌舞升平，但长期便是附骨之疽、病入膏肓。

净值化转型后，理财产品收益按照市值法进行估算，最大限度反映公允价值，别看药不复杂，但药效强劲。一方面，工行及时披露产品市场价格变化，能够使投资者看得见市场价格的风云突变，引导投资者和金融机构看透理财产品面纱背后的投资风险。另一方面，净值化转型之后，往日的资金池暗箱操作不复存在，促进了社会资本的合理流动，避免了资金空转，能够更好地引导金融服务实体经济，有利于资源流向真正的用武之地。

（二）大象转身，翩翩起舞

净值化的改革春风吹过，银行被吹向风口浪尖，理财产品被吹向转型之路，投资者也被从刚兑之梦中吹醒。虽然净值化转型对银行传统理财业务带来的风险与挑战不容小觑，但阳光总在风雨后，净值化带来的转型与提升作用在长远来看更为显著。作为理财产品存续规模最大的银行，工商银行的净值化转型堪比大象转身，国内整个银行理财市场也随之起舞，各家银行开始探索独具自身特色的理财业务模式，投资者也不断加深自己对于理财产品的本质认识。

1. 正本清源业绩胜

过去在隐形刚兑的庇护下，资产管理人资质差异、产品配置差异、投资标的差异等在有人兜底的保障下显得无关紧要，但在净值化时代，银行理财产品的竞争以业绩为主，市场这只“看不见的手”将会大浪淘沙，淘汰投资业绩差、资产配置不合理、

风险管理意识弱的理财机构。风云变幻之际，届时仍能稳如泰山的净值稳健增长产品必将俘获客户的芳心，并助力市场资源有效配置。因此，银行积极寻求差异化发展道路，在剥离改造部分老业务的同时兼顾开发新产品，如 ESG 理财产品、养老理财产品等，培养多元核心能力。

工银理财成立后，始终致力于为理财客户提供更全面、更专业的服务。工银理财的产品业绩和净值管理表现优异，据银登中心和第三方机构等权威数据显示，工银理财产品近一年收益率位居同业第一梯队，其“恒睿”“全鑫权益”等系列产品多次荣登理财产品业绩排行前列。此外，继提出全面打造“第一个人金融银行”战略后，工行近期也在着力推进做大 AUM（管理资产规模）蓄水池和 MAU（月度活跃客户）活化器等工作，以提升自身的差异化竞争优势（见图 2－17）。

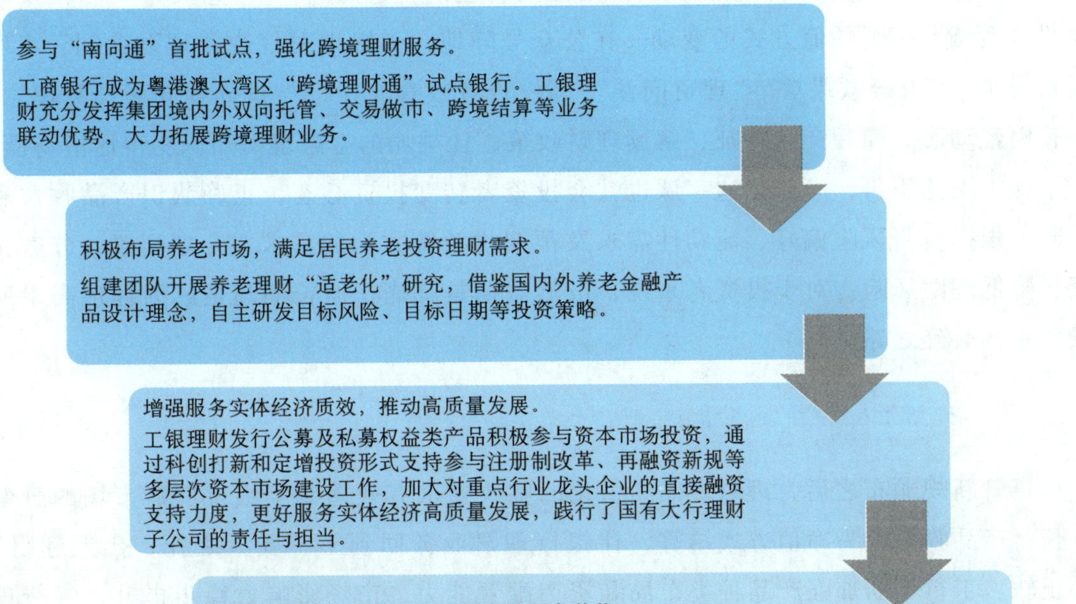

图 2－17　工银理财提升专业化能力的具体举措

2. 自负盈亏理性投

理财产品净值化的挑战之一就是帮助投资者理解何为净值化，以及这种转变背后所产生的影响。全面迈入净值化时代，投资者的风险结构势必出现分化，难以忍受净值波动的部分投资者将会退出理财市场，而愿意承担风险、追求收益的部分投资者则可能转向投资于基金产品，为了使投资者更好地接受净值型产品，投资者教育的重要性显著提升。

工银理财以微信公众号、官方网站为宣传阵地，积极联合母行等多渠道资源，用更活泼、年轻化、贴近生活的方式开展投资者教育工作。在官网阵地，工商银行在理财业务模块开设“理财学苑”，为投资者细致梳理各种概念——“互助问答”环节，人工解答投资者提出的问题；“专家专栏”向投资者生动阐述各种金融现象及政策背后的原因；“理财资讯”辅助投资者了解理财行业的时事热点；“信息披露”专栏及时向投资者阐明理财估值方式的变动。在公众号阵地，工银理财打造“理财食间”“理财百晓生”“投研微课堂”“理财问候”等投资者教育专栏，与投资者分享投资理念，科普财经动态，梳理产品特征，解读理财政策，让枯燥的金融理财知识变得通俗易懂。

保本刚兑不再，净值化这一课也教会投资者转变投资心态，正确认识产品收益和风险，根据自身风险偏好、流动性需求及预期收益等方面的需求，合理配置，分散投资，降低理财风险。对于投资者来说，虽然短期是阵痛，但长期却是成为理性高素质投资者的必经之路。

（三）先破后立，路漫求索

资管新规颁布之后，理财产品净值化的整改要求有效遏制了银行理财市场的野蛮生长，产品收益改为净值方式结算，让银行理财业务回到了“受人之托、代人理财”的正轨。工行不断加强产品种类布局和资产配置能力，市场影响力稳步提升，银行理财市场也逐渐迈入升级转型的黄金时代。

根据工行公开披露的财务报表信息，工行的非保本理财产品规模在资管新规颁布之前处于稳步上升的态势（见图 2 - 18），产品余额在多个年份内均保持正增长，理财业务收入也在 2015 年出现了最高的增长率。在资管新规颁布之后，工行理财产品余额仅在 2018 年下半年出现过断崖式的下跌，但随后便开始企稳调整，理财产品余额规模也保持在 2015 年的水平附近。结合工行的理财业务收入变化情况来看（见图 2 - 19），工行理财收入同样在 2018 年降至冰点，但在随后几年出现缓慢回升的趋势，这是银行加强主动投资管理的结果，反映出工行理财业务正稳步走在转型升级的康庄道路上。

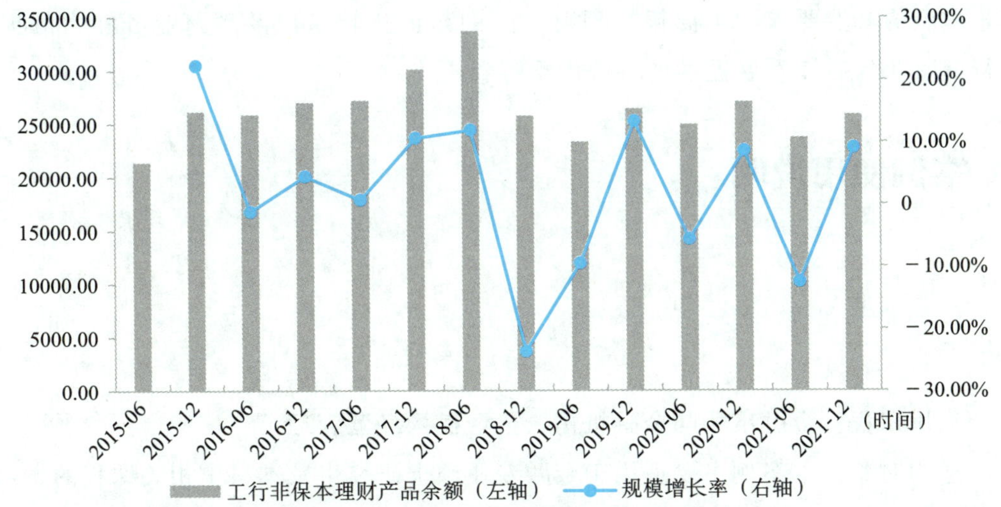

图2－18　工行各年非保本理财产品余额变化情况

资料来源：中国工商银行公开信息。

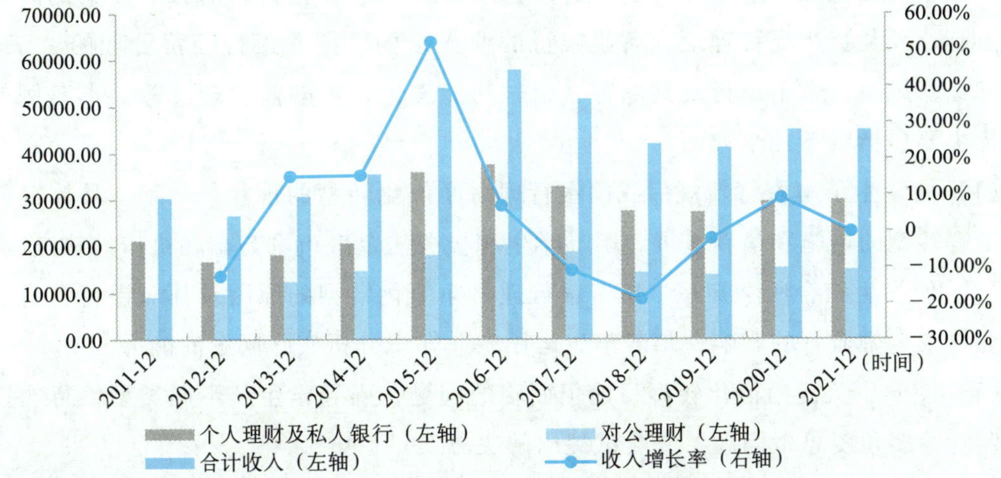

图2－19　工行各年理财业务收入变化情况

资料来源：中国工商银行公开信息。

五、案例小结

要是将商业银行在理财业务上的竞争看作一场赛跑，那么资管新规之前的竞争更像是一场百米冲刺，比拼的是各银行在监管缺位背景下的反应速度和爆发力，而资管新规之后的竞争则更像是一场马拉松，比拼的是各银行在审慎监管环境下的综合实力和长期耐力。净值化时代下，我国资管行业将进入提质增效的新阶段，“强能力、促改革、抓创新、防风险”是资管行业发展的不变趋势，也是各类金融机构服务于经济高质量发展的必然要求。工商银行理财产品的净值化转型以及理财业务能力的提升，为银行理财业的后续发展提供了一份优秀答卷。

案例使用说明

一、教学目的与用途

1. 适用课程：金融市场与金融机构、金融机构经营管理。

2. 适用对象：本案例主要适用于金融专业硕士研究生及本科生相关课程的学习。

3. 教学目标：本案例首先介绍了工商银行理财产品净值化转型的相关政策要求以及行业背景，其次从建立理财子公司、转型进程、产品结构、转型经验等方面对其转型成果做了详细梳理，最后分析了工商银行理财产品净值化转型的影响。案例涉及的知识点有：大类资产配置理论、商业银行的业务结构、商业银行经营管理的“三性”原则和经营风险、影子银行及其危害、金融功能理论、金融监管理念等。本案例的教学目标主要包括以下几个方面：

（1）使学生了解资管新规后我国银行理财净值化转型的现状，从某一具体案例出发，了解转型的措施和最新进展，引导学生积极关注金融市场与金融机构的热点问题。

（2）使学生结合所学知识，思考银行理财净值化转型的原因及其对银行自身、资管行业以及金融监管的影响，培养学生运用专业知识分析实际问题的能力。

（3）使学生关注净值化转型目前仍面临的问题，引导学生从不同类型银行、投资者、监管等多角度思考问题，并尝试提出解决方案。

二、启发思考题

1. 净值化转型对理财产品的资产配置提出更高的要求。请分析转型后工商银行理财子公司工银理财的产品体系特点，将其与同业对比，并思考工银理财加强资产配置和产品布局的意义。

2. 试分析银行理财净值化转型的原因，并思考工商银行理财业务净值化转型对银行风险和收入的影响。

3. 真净值时代下，银行理财产品正逐渐趋同于公募基金产品。试分析净值型理财产品与公募基金产品之间的联系与区别，并从金融功能和金融监管的角度分析银行理财净值化转型对我国资管行业的影响。

4. 请结合工行理财产品净值化转型中遇到的问题及转型方案，谈谈银行理财净值化转型的难点，并思考银行机构应如何应对这些问题进一步完成转型。

5. 不同类型银行机构在净值化转型中遇到的风险和挑战不同，发展方向也不尽相同。请对比不同类型银行理财产品净值化转型的进度和优劣势，思考其可能的差异化转型策略，并重点分析中小银行理财业务的转型方向。

三、分析思路

本案例的问题设置层层递进（见图2-20），基本依据"是什么—为什么—怎么样—怎么做"的逻辑关系层层展开分析，引导学生逐步深入和逐渐发散，使学生对银行理财净值化转型问题有更深刻的认识。首先，从资产配置的角度带领学生了解工银理财在净值化转型进程中的产品体系，结合同业对比引导学生认识到加强资产配置和产品布局的意义。其次，结合商业银行经营管理相关知识以及影子银行危害，引导学生分析净值化转型的原因和对工行风险和收入的影响。再次，影响主体从银行自身扩展到资管行业，引导学生思考净值型理财产品与公募基金产品的异同，并从金融功能和金融监管的角度分析银行理财净值化转型对我国资管行业的影响。接着，案例分析以小见大，基于工行的经验教训，聚焦银行理财业净值化转型的现存问题，启发学生从多个角度和主体针对性思考银行理财的可行应对措施。最后，分析思路进一步发散，启发学生思考对于工行等大行的分析是否适用于不同类型的银行，重点关注中小银行面临的挑战和未来转型方向。同时，在案例分析的整体过程中，还要引导学生学习把握监管要求，思考进一步的监管方向。

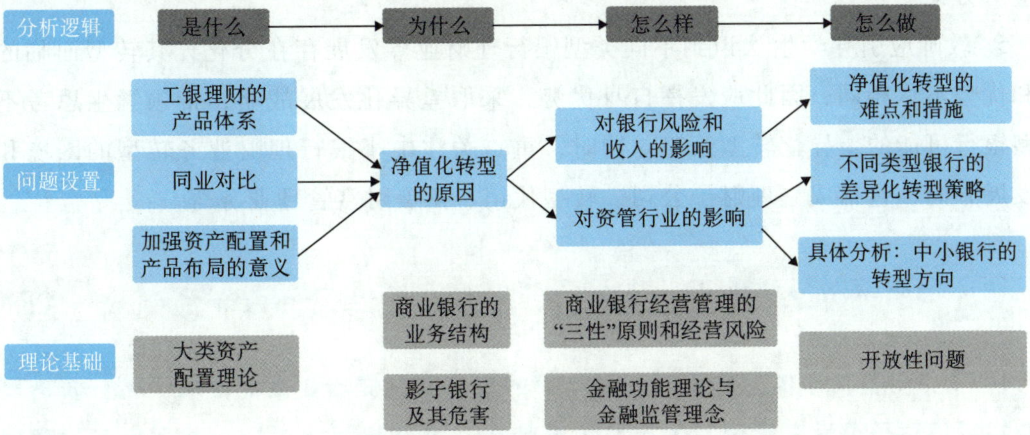

图2-20 案例分析框架

资料来源：案例团队整理。

各思考题的具体分析思路如下：

1. 教师应带领学生在学习资管新规相关内容的基础上，分析工银理财“固收+”和权益等产品体系的特点，并将工银理财与同业进行对比，分析其在业内的地位。进一步地，引导学生认识到净值化转型后资产配置能力是理财业务的核心竞争力，据此分析工银理财加强资产配置和产品布局的意义，包括符合市场现状和公司长期利益取向，有利于提高公司核心竞争力等。

2. 教师应带领学生全面系统地认识商业银行的业务结构，厘清净值化转型前后理财业务的业务类型和在资产负债表中的对应科目，使学生更加清晰地认识到理财业务从表内到表外的转变。在此基础上，引导学生从原有理财业务弊端、影子银行风险、国内外差距等角度全面认识银行理财净值化转型的内外部原因，并结合商业银行经营管理的“三性”原则和经营风险等所学知识，分析工商银行理财业务净值化转型对银行风险和收入的影响。

3. 教师应引导学生从金融产品的构成要素出发，结合我国净值型理财产品和公募基金产品的发行管理规定，分析对比两类产品在发行销售、运作管理、监管披露等方面的异同点，据此分析理财子公司和基金公司未来的竞合关系。同时，基于金融功能理论和金融监管理念，综合分析银行理财净值化转型对于未来资管行业发展的影响，并结合我国金融监管模式的特点解释当前资管行业可能存在的问题以及未来监管方向。

4. 教师应启发学生从不同主体广泛思考银行理财净值化转型遇到的问题和难点：从银行自身出发，仍存在产品设计和资产配置能力不足、投研能力不足、销售渠道遇瓶颈、风控体系不完善等问题；从投资者角度，如何提高客户对净值型产品的接受程度也是转型的一大挑战。在对各类问题逐一思考的基础上，有针对性地总结各个问题的应对方案。

5. 教师应引导学生认识到不同类型银行理财业务发展存在分化，其转型面临的困难和优势不尽相同，因此应发挥自身优势，采取差异化发展战略，带领学生思考不同类型银行可能的差异化转型策略。同时，重点关注中小银行理财业务转型的困境和特色发展方向，包括成立理财子公司、转型代销、拓展财富管理业务等。

四、理论依据与分析

（一）【问题】净值化转型对理财产品的资产配置提出更高的要求。请分析转型后工商银行理财子公司工银理财的产品体系特点，将其与同业对比，并思考工银理财加强资产配置和产品布局的意义。

【理论基础】大类资产配置理论

通常所说的大类资产包括货币、债券、股票、大宗商品、商品和金融衍生品等类别，不同类别的资产具有不同的风险收益特征。关于大类资产配置理论的研究始于20世纪30年代，总共经历了恒定混合策略阶段、马科维茨均值－方差模型及相关优化策略阶段、风险平价模型和风险预算模型阶段、因子配置阶段四个主要阶段（见图2－21）。

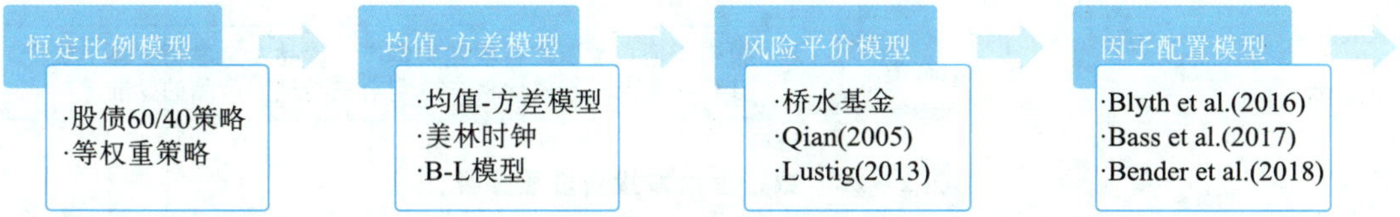

图2－21　不同阶段的大类资产配置理论及对应策略

资料来源：案例团队整理。

其中，马科维茨于1952年提出的均值－方差模型首次将资产配置方案从实践层面提升到了理论高度，以此为背景而诞生的现代资产组合理论（MPT）也标志着现代金融学的开端。均值－方差模型首次提出用均值和方差指标来量化资产收益和风险，并说明最优投资策略即为实现既定风险下的最高收益或者既定收益下的最低风险。当资产组合中的任意资产收益率的相关系数不全为1时，资产组合的标准差将小于各资产标准差的加权平均，分散投资即可有效降低风险。随着资产数量的不断增加，组合的风险将进一步降低，最终资产组合的风险只剩下无法被分散的系统性风险。同时，风险的分散也会导致收益的降低，这意味着资产的收益和风险相匹配。尽管均值－方差模型在实操层面有较多的假设，但是其通过多元化投资组合分散风险和收益与风险相互匹配的观点对于资产配置有着重要的指导意义。

【具体分析】

1. 工银理财的产品体系

根据资管新规要求，银行理财产品按照投资性质的不同，可以分为固定收益类、权益类、商品及金融衍生品类和混合类四大类产品（见图2－22）。

不同类别资产具有不同的风险收益特征，因此，作为国内首批银行理财子公司，工银理财自成立后便积极响应净值化转型，不断提升资产配置能力，结合自身的战略方向进行大类资产配置，形成了包括“固收＋”等基础产品线和权益等特色产品线在内的“4＋3”产品体系。

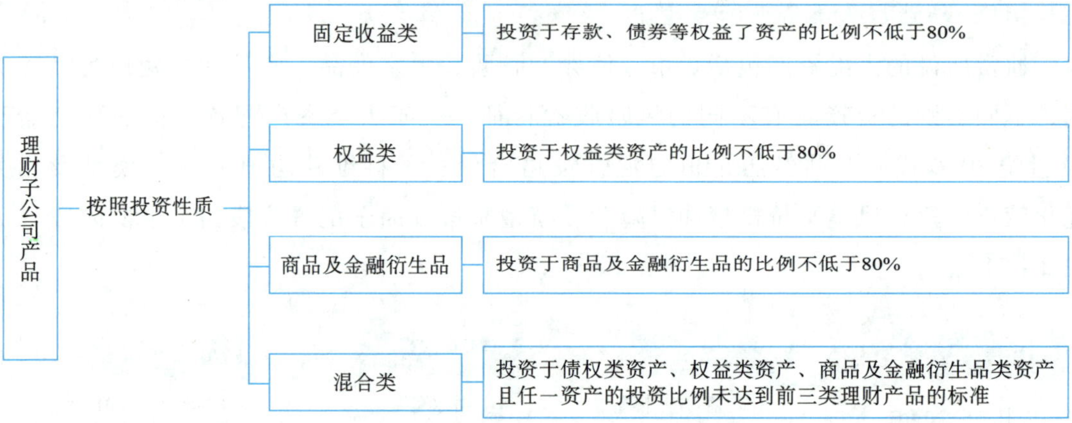

图 2－22　银行理财按投资性质分类

资料来源：案例团队整理。

（1）“固收＋”基础产品线。

“固收＋”理财产品包括“固收”和“＋”两部分。“固收”包括债券、债券回购等资产，而“＋”是一种收益增强策略，通过投资于可转债、IPO 新股、股指期货、权益类基金等资产进而提升产品收益，在当前无风险利率维持低位的经济背景下，“固收＋”产品获得了理财子公司的青睐，工银理财成立之初推出的 6 款理财产品中便有 3 款“固收＋”产品。截至 2022 年 2 月 15 日，工银理财产品仍以固定收益类为主，占比约 65%，且收益较为优厚（见表 2－2）。根据普益标准的统计数据，2021 年工银理财固定收益类理财产品的年化收益率均值在 3.7%～3.9%，在［3%，4%）和［4%，5%）收益区间的产品数量分别超过 100 款，在所有理财子公司中居于前列。

表 2－2　2021 年工银理财固定收益类产品收益分布

收益率	0% 以下	［0%，3%）	［3%，4%）	［4%，5%）	［5%，6%］	6% 以上
比例	0.58%	21.04%	41.79%	30.84%	4.90%	0.86%

数据来源：普益标准。

（2）权益特色产品线

工银理财成立后，产品类型更加丰富，逐步开展全资产配置，积极布局权益特色产品线。过去在银行资管部，只能通过投资公募基金或 FOF 等形式间接投资于股票，而理财子公司则可以直接投资于股票，成为新的资产配置方向。但整体来看，目前工银理财的权益投资还处于探索阶段，直接发行的权益类产品较少。截至 2022 年 2 月 15 日，工银理财登记在案的权益类理财产品只有一款。这主要受限于理财客户的风险偏好和理财公司的投研能力。一方面，银行理财的主要客户为个人投资者，其风险识别和风险承受能力相对较低，因此对风险较高的权益类理财产品需求较小。另一方面，理财子公司在权益投资领域的专业人才相对较少，投研能力较弱。因此，目前工银理财的权益投资主要通过在固收类和混合类产品中打新、FOF、MOM等方式进行。

2. 工银理财经营状况、产品布局与同业对比情况

（1）理财子公司成立情况。

“资管新规”颁布之后，各家银行开始陆续成立自己的理财子公司。截至2022年3月底，全国已有29家银行理财子公司获批筹建，其中25家已正式营业（见表2-3）。按照理财子公司的母行类型进行划分，我国6家国有控股银行的理财子公司于2019年全部开业，是最早开业的一批银行理财子公司，工银理财以高达160亿元的注册资本赫然在列；12家股份制商业银行中已有11家银行顺利筹建理财子公司，浙商银行于2020年宣布拟出资20亿元在杭州设立浙银理财，截至目前尚未获得监管机构的批准。另外，我国还有8家城商行和1家农商行加入了组建理财子公司的队伍之中，而中外合资且外资控股的理财子公司共有4家。

（2）理财子公司经营状况对比。

根据2021年各银行披露的年报数据（见图2-23），已公布存续理财产品规模的17家银行理财子公司中，共计9家公司的存续产品规模超过1万亿元，其中有3家公司的存续产品规模超过2万亿元，其中便包括始终走在行业前列的工银理财。在具体的产品规模排名上，招银理财以2.78万亿的存续产品规模遥遥领先于其他的理财子公司，而随后4家理财子公司的管理规模分别为建信理财2.19万亿元、工银理财2.02万亿元、农银理财1.82万亿元和兴银理财1.79万亿元。整体上看，由于国有银行和股份制银行的自身资产体量较大，其存续的理财产品规模也相应较大，而城商行和农商行的存续理财产品规模则相对较小。

净利润方面（见图2-24），招银理财同样以32.03亿元的优异成绩位居榜首，而排名第二的是获得28.06亿元净利润的兴银理财，完成了对存续产品规模排名更高的建信理财、工银理财和农银理财的反超。其中，工银理财的净利润表现不佳，2021年的净利润只取得了8.92亿元，在目前已公布经营数据的各家银行理财子公司中排名第11位，而存续产品规模落后工银理财近2亿元的农银理财，在净利润上要反超工银理财8.29亿元。

表 2-3　　截至 2022 年 3 月底中国银行理财子公司基本情况

发起行类型	公司简称	开业时间	注册资本（亿元）	注册地
国有控股银行	工银理财	2019 年 5 月	160	北京
	建信理财	2019 年 5 月	150	深圳
	交银理财	2019 年 6 月	80	上海
	农银理财	2019 年 7 月	120	北京
	中银理财	2019 年 7 月	100	北京
	中邮理财	2019 年 12 月	80	北京
股份制银行	光大理财	2019 年 9 月	50	青岛
	招银理财	2019 年 11 月	50	深圳
	兴银理财	2019 年 12 月	50	福州
	信银理财	2020 年 7 月	50	上海
	平安理财	2020 年 8 月	50	深圳
	华夏理财	2020 年 9 月	30	北京
	广银理财	2021 年 12 月	50	上海
	浦银理财	2022 年 1 月	50	上海
	民生理财	已获批，暂未开业	50	北京
	渤银理财	已获批，暂未开业	20	天津
	恒丰理财	已获批，暂未开业	20	青岛
城商行	宁银理财	2019 年 12 月	15	宁波
	杭银理财	2019 年 12 月	10	杭州
	徽银理财	2020 年 4 月	20	合肥
	南银理财	2020 年 8 月	20	南京
	苏银理财	2020 年 8 月	20	南京
	青银理财	2020 年 9 月	10	青岛
	上银理财	2022 年 3 月	30	上海
农商行	渝农银理财	2020 年 6 月	20	重庆
中外合资	汇华理财	2020 年 9 月	10	上海
	贝莱德建信理财	2021 年 5 月	10	上海
	施罗德交银理财	2022 年 3 月	10	上海
	高盛工银理财	已获批，暂未开业	未披露	上海

资料来源：各家银行公开信息。

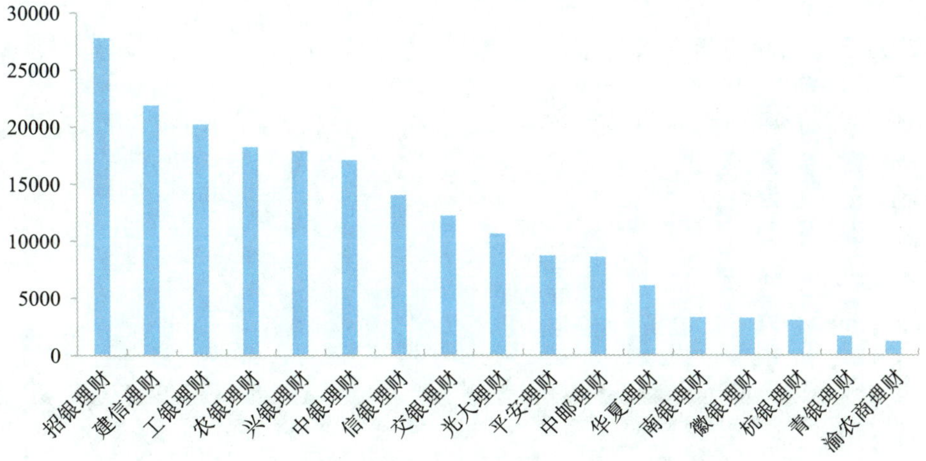

图 2-23　2021 年各家理财子公司存续产品规模情况

资料来源：各家银行公开信息。

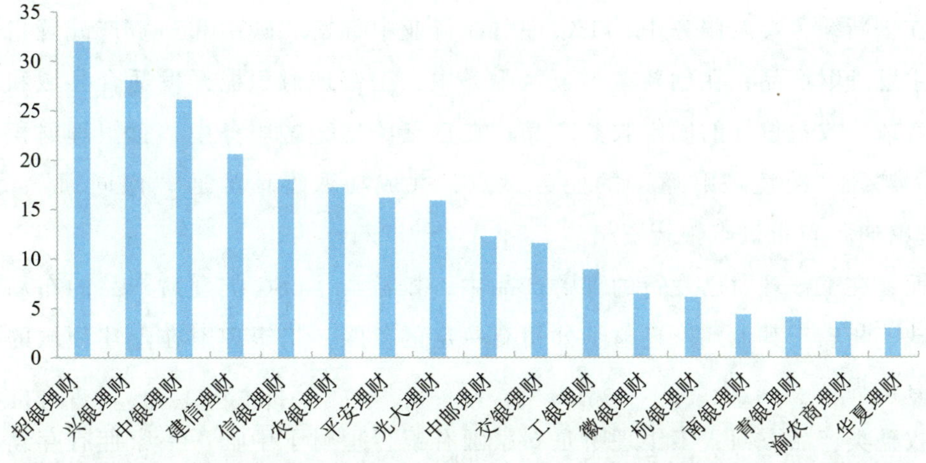

图 2-24　2021 年各家理财子公司净利润情况

资料来源：各家银行公开信息。

究其原因，工银理财存续产品规模与净利润排名的不匹配，与其在 2021 年发行了过多的理财产品有关（见图 2-25）。根据 Wind 数据统计，工银理财在 2021 年内新发行的理财产品数量高达 805 只，在 2021 年 12 月更是发行了 144 只理财产品，占全年发行量的 17.9%。

(3) 理财子公司产品布局对比。

在理财产品的特色布局上，工银理财在试点推出创新理财产品方面走在全国理财子公司前列：在创新养老金融服务中，工银理财是国内首批养老理财业务试点的机构

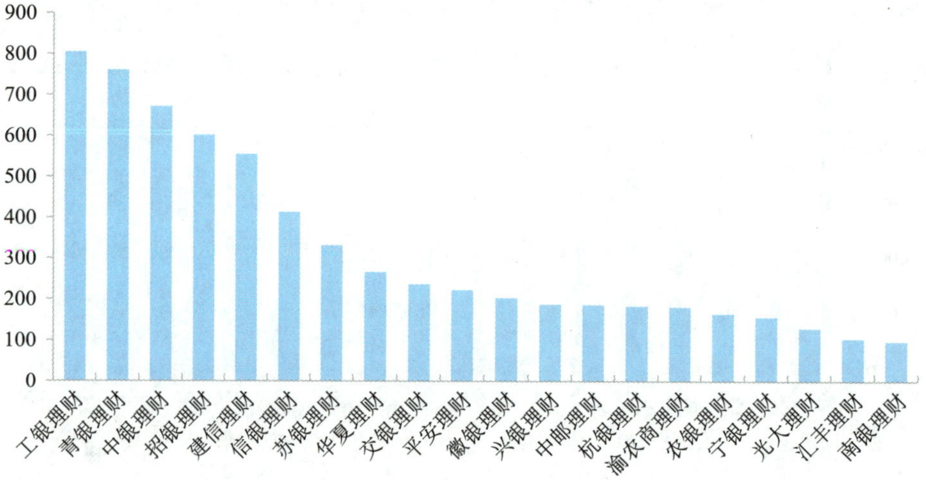

图 2－25　2021 年各家理财子公司新发产品数量

资料来源：Wind 数据库。

之一；在创新绿色金融服务中，工银理财在行业中首发“碳中和”资产配置指数及绿色金融主题理财产品；在创新普惠金融服务中，工银理财积极开发适合县域和乡村居民投资者风险收益偏好的固定收益产品；在创新跨境金融服务中，工银理财积极参与粤港澳大湾区“跨境理财通”的业务试点，并成功取得债券通“南向通”、大湾区“跨境理财通”首批试点银行资格。

然而，在工银理财已发行的理财产品中，权益类、ESG 类理财产品的布局存在较大的空缺，相较于其他几家理财子公司有一定的差距，工银理财在上述领域的投资研究能力有待提高。

在权益类产品方面，工银理财是 6 家国有银行理财子中唯一一家拥有存续权益类产品的理财子公司，但目前也只有 1 款权益类产品。与国有银行理财子公司相比，股份制银行理财子公司在权益类产品的布局上更为积极，截至 2022 年 3 月底，以招银理财、光大理财为代表的股份制银行理财子公司共存续权益类理财 14 款，其中招银理财拥有 4 款，光大理财拥有 5 款（见图 2－26）。而在城商行理财子公司中，宁银理财也在 2021 年发行了 3 款权益类理财产品，是目前唯一一家拥有权益类理财产品的城商行理财子公司。

在 ESG 类产品方面，工银理财目前暂时尚未发行 ESG 主题类理财产品，是国有五大行理财子中唯一一家尚未推出 ESG 类理财产品的理财子公司，而农银理财和中银理财早在 2019 年年底就已发行过该类产品，并且兴银理财于 2021 年 10 月推出了业内首款募集规模超 100 亿元的 ESG 主题理财产品。截至 2021 年 3 月底，华夏理财总计存续

37款ESG理财产品，在国内理财子公司存续ESG产品数量上排名第一位；农银理财存续17款ESG理财产品，排名第二位；青银理财存续13款ESG产品，排名第三位（见图2－27）。

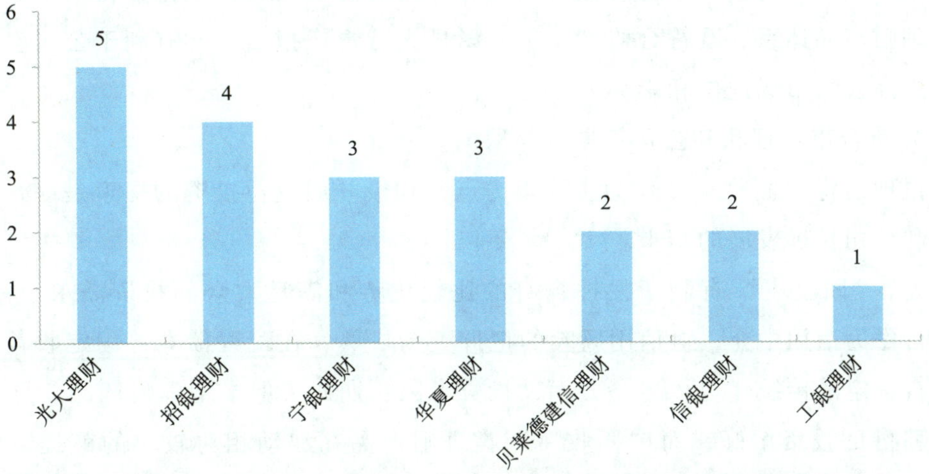

图2－26　截至2022年3月理财子公司存续的权益类产品数量

资料来源：银行业理财登记托管中心。

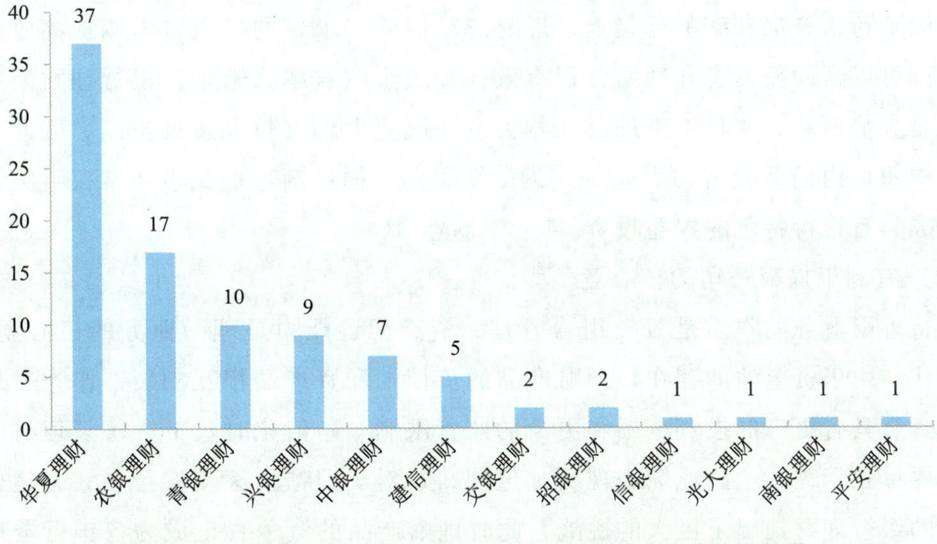

图2－27　截至2022年3月理财子公司存续的ESG类产品数量

资料来源：银行业理财登记托管中心。

综合以上对比分析可知，工银理财作为业内最早一批银行理财子公司，在产品规模、特色产品布局等方面，始终走在行业前列，但在权益类、ESG类理财产品的布局上可以进一步完善，针对以上问题，工银理财也在持续加强资产配置和产品布局能力，积极发挥自身优势，发挥国有大行的带头作用。

3. 工银理财加强资产配置和产品布局的意义

资管新规前，银行理财投资和管理缺乏运作规范，市场乱象丛生，也给银行机构带来较大风险。因此，工银理财在资产端和产品端协同发力，规范并探索形成独特的净值型理财产品体系，既符合监管要求，彰显大行责任担当，又有利于公司整体利益取向，提高公司市场地位和影响力。

（1）符合市场现状和公司长期利益取向。

工银理财将“固收 +”作为主要发力点并积极开展权益投资的探索是综合考虑市场现状和公司长远发展的结果。

首先，“固收 +”有利于发挥自身的比较优势和满足大众的投资需求。一方面，商业银行作为信用中介，对信用风险的把握更为成熟，在配置债券等固定收益类产品方面具有一定的传统优势；另一方面，投资者因长期购买保本型理财产品，已经形成了较为稳健的投资偏好，而“固收 +”类理财产品在波动相对较小的前提下能获得相对较高的收益，与客户的风险偏好更加匹配，有利于更好地维系老客户和吸引新客户。

其次，权益投资则可以有效对冲市场利率下行的影响。资管新规后，理财产品收益率持续下行，叠加利率下行趋势，理财产品需要寻求新的投资方向以提高收益，权益投资则可以帮助投资者和理财公司有效提高资金收益率。未来，银行理财配置权益资产将是大势所趋，并且工银理财在相关资产配置上仍有较大发展空间，因此，工银理财在中短期内仍会沿用“固收 +”的配置思路，循序渐进地积极丰富权益类资产布局，形成具有银行特色的权益投资。

（2）有利于提高公司的核心竞争力。

银行理财业务的本质是投资组合管理，资产配置能力是理财业务的核心竞争力。刚兑时代，由于资金池的存在，理财产品的负债端和资产端相互割裂，作为表外监管的理财资金具有更广的投资范围和更少的监管限制。净值化时代下，每只理财产品的资金需要单独管理，产品业绩表现更加透明，这对于习惯了滚动发行、集合运作、分离定价的银行理财提出了极大的挑战，此时理财产品的竞争真正成为各银行资产配置能力的较量。

与此同时，在需求端，随着投资者教育体系的完善，投资者教育水平提高，资产配置理念也更加科学，从而对理财产品提出了更高的要求；在供给端，随着相关制度和多层次资本市场体系的完善，银行理财的投资渠道日趋多样。

因此，理财产品回归业务本源后，根据投资性质建立产品体系，有针对性提高资产配置能力，尤其是配置标准化资产的能力，在减少净值波动的同时尽可能地增加收益，有利于工银理财建立和维护市场形象，提高核心竞争力。

（二）【问题】试分析银行理财净值化转型的原因，并思考工商银行理财业务净值化转型对银行风险和收入的影响。

【理论基础】

1. 商业银行的业务结构

基于不同的角度和标准，对于商业银行的经营管理业务有多种分类方法。最基础、常用的类型是按照资产负债表的结构，将其分为资产业务、负债业务和表外业务（见图2－28）；还可以按照是否产生利息分为利息业务和非利息业务。

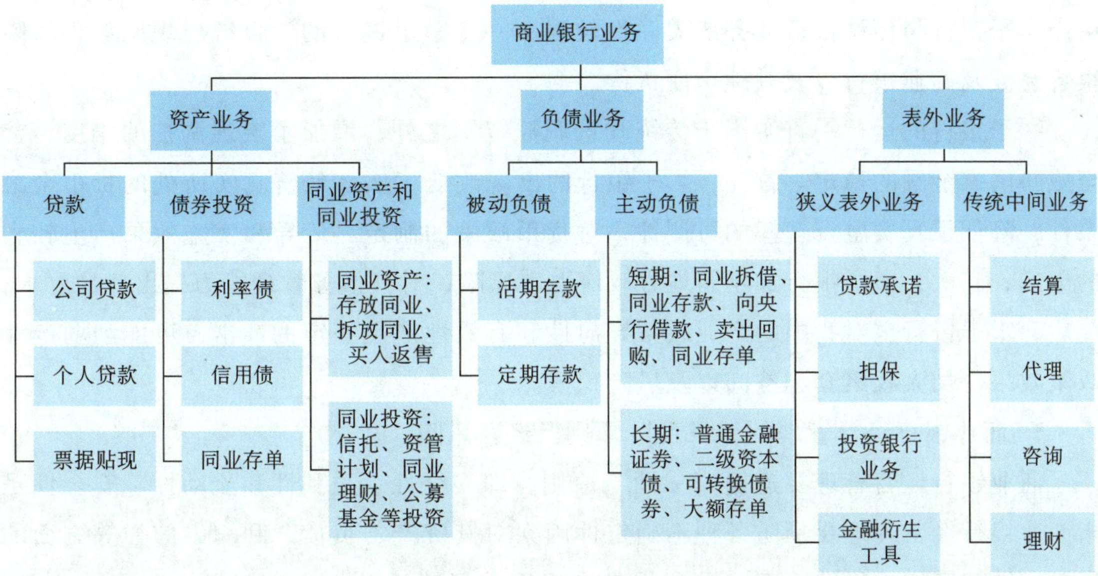

图2－28　商业银行业务结构

资管新规前，商业银行通过推出保本理财产品所获得的负债收入可计入“吸收存款”表内负债项，利用该账款对外投资构成“存放同业款项”“拆出资金”等表内资产项，而计提的利息则计入表内“应付利息”和“应收利息”。但在资管新规推出后，银行理财产品不再计入表内，理财收益计入表外业务中的“非利息收入”。

2. 影子银行及其危害

根据金融稳定理事会（FSB）的定义，影子银行是指游离于正规的银行体系之外、可能引发系统性风险和监管套利风险等问题的信用中介体系。从功能角度来看，影子银行在银行监管之外，却从事着信用转换、期限转换和流动性转换的功能。区别于美国等发达经济体以资产证券化、金融衍生品和复杂的金融嵌套产品为主的影子银行，我国由于自身经济发展的要求和现状以及金融市场的抑制，影子银行大致可以分为两类——“体制内产品创新”和“体制外机构创新”，前者大多围绕银行及银行的同业业务，通常以银银合作、银信合作、银证合作等形式开展，后者则由小额贷款公司、融资担保公司、互联网金融公司等以民间借贷形式开展。资管新规前，银行借助表外理财通过委外业务和非银通道最终将资金投向实体企业，本质上已经构成存贷款业务，也是一种典型的影子银行。

影子银行业务对商业银行等金融机构的稳定经营具有负面影响。影子银行凭借着灵活的形式以及高杠杆的运作模式，在中小企业融资和短期融资方面更具有竞争优势，因此极大地挤压了商业银行的传统存贷业务等其他业务，导致银行脱媒，又由于不受存款保险制度保障且不缴纳存款准备金，增加了商业银行贷款违约的风险。此外，由于影子银行与传统银行业务的关联性较强，一旦影子银行的资金链出现问题，风险很容易波及商业银行以及其他金融机构。

影子银行的运行一直游离于传统政策调控范围之外，增加了宏观调控的难度，甚至威胁国家金融的稳定。首先，影子银行的出现改变了实体经济真实所处的货币金融条件，降低了真实融资规模的可测性，对货币政策的制定、传导和实施效果产生较大的影响；其次，影子银行加剧了地方政府财政风险，对其债务管理能力提出新的要求；最后，影子银行也对我国的产业政策导向性和有效性产生一定的冲击，可能削弱产业政策效果，加大政策套利空间以及风险积累。

3. 商业银行经营管理的“三性”原则及经营风险

商业银行经营管理要遵循“三性”原则，即安全性、盈利性和流动性。安全性是指商业银行经营管理要预防各种不确定性因素对其资产、负债、利润、信誉等方面的影响，维持银行的稳健经营；盈利性是指银行在经营活动中应争取最大限度的收益，即以最少的成本获得最大的经营成果；流动性则要求银行持有足够的资金，能够满足客户随时提存的要求，满足必要贷款的支付能力。“三性”原则是由商业银行的性质和金融机构经营管理的客观规律决定的：银行归根结底是一个企业，因此获取最大化盈利是其经营的主要目标，但其经营特点又决定了它必须同时保证安全性和流动性。因此，商业银行要协调好三者之间的关系，在确保安全性和流动性的前提下，追求最大限度的利润。

商业银行经营风险主要包括流动性风险、信用风险、市场风险和操作风险等。流动性风险是指因银行资产变现能力不足而无法及时兑付客户资金所造成的风险。信用风险是指交易对手没有按照协议规定履行相应义务而给银行造成损失的风险。市场风险是指银行资产或业务因市场价格的不利变动而发生损失的风险。操作风险是指由于内部工作人员操作不当而使银行承担直接或间接损失的风险。此外，由于我国是以银行为中心的金融体系，银行风险具有“牵一发而动全身”的特征，尤其是对于资产规模大、影响力广的银行，其出现问题造成的风险可能迅速传导至整个金融体系，带来系统性风险，因此必须加强商业银行经营风险的管理。

【具体分析】

1. 银行理财净值化转型的原因

银行理财净值化转型是资管新规中一个颇具力度的工具，其产生和运用来自给银行内部和国内外金融环境等多方面的压力，也反映了宏观上的监管要求。一方面，原有银行理财业务存在极大的弊端，增加了商业银行内部的经营管理风险，也给我国金融系统的稳定带来严峻的挑战。另一方面，我国与发达国家在理财能力上仍存在一定差距，同时持续受到来自国际金融的不稳定冲击。净值化转型后，银行理财市场的规范发展有利于降低相关风险，提升自身竞争力，同时提高我国资本市场的运行效率。

（1）原有银行理财业务存在诸多弊端。

中国经济的高速发展也导致了金融市场的快速发展和扩张，金融产品的种类和数量呈现爆发式增长。由于同业竞争加剧，利润空间缩小，各类银行开始对理财产品进行变革和创新，以提高中间业务收入。但是一些严重的问题也随之浮出水面。首先，理财运作的资金池模式导致银行资产负债端存在久期缺口，隐含着期限错配，一旦流动性出现问题，将出现大量理财资金回撤的流动性风险。其次，银行理财业务已经脱离了代人理财的初衷和资管业务的本质，为了维持承诺的收益率，银行将不同客户的理财产品暗中混淆，不仅助长了刚性兑付的风气，还极大降低了市场资源的配置效率。

（2）银行理财不规范运作及影子银行业务引发系统性风险。

资管新规前，资金池模式一直是银行理财的传统运作模式，该模式具有滚动发行、集合运作、分离定价、期限错配等问题。理财产品募集到的资金与银行自有资金和同业资金共同归集到一个大资金池中（见图2－29），资金再通过银行的委外业务利用非银资产管理机构形成的通道投资于包含非标资产在内的资产池中，最终满足社会融资需求。这一模式下，非规范运作的资管业务实质上构成了影子银行，从事银行信贷业务却脱离银行监管。资管产品之间往往多层嵌套，引发底层资产不清的问题；在此基础上，银行等金融机构为了实现监管套利，还会利用通道和委外业务将资金投向存在监管限制的领域，产生极大的风险；再叠加刚兑预期和层层杠杆，最终导致系统性风险。同时，过长的融资链条也提高了社会融资成本，不利于经济增长和金融稳定。

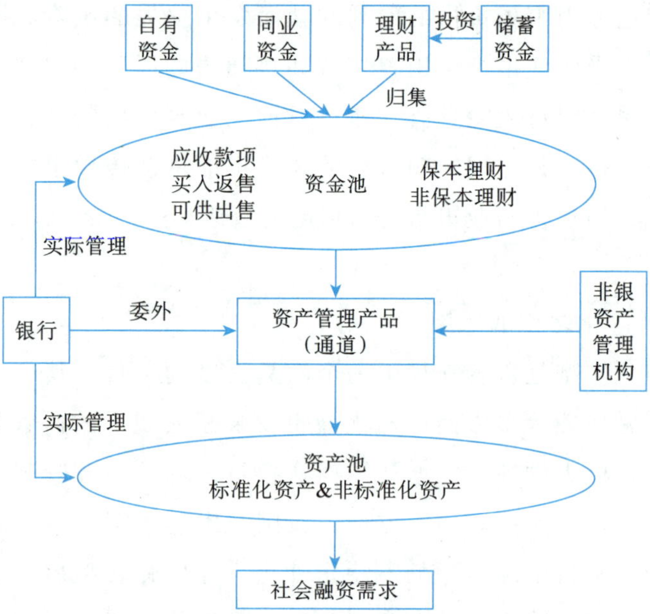

图 2－29　净值化转型前银行理财等资管业务运作模式

（3）与发达国家理财能力仍存差距且受国际金融不稳定因素影响。

我国对理财产品的设计以及资产管理服务的研究起步较晚，国内的专业人员素质和技术水平较低，未形成完整的体系；同时缺乏创新和产品独特性，导致同质化严重，与国际理财产品的设计和运行存在一定差距。此外，我国的金融稳定由于受到美国等国际不稳定因素的影响面临着较大的压力和风险，这也要求整治我国国内的金融市场，去除积聚的风险，用“短痛”来避免金融泡沫戳破与危机爆发之后的“长痛”。因此，需要净值化转型来提升理财产品的透明度，倒逼银行理财朝着价值管理和差异化发展，从而提升自身竞争力，而不是依靠暗箱操作等不规范的手段获利。

面对我国银行理财业的严峻现状，我国及时出台相关政策来整治市场乱象，促进理财业务和金融市场的平稳发展，而净值化转型就是诞生于此背景下的一种有效的策略手段。

2. 净值化转型对银行风险的影响

刚兑时期，商业银行在理财业务中实现了超高收益率的同时，也存在着极大的投资风险以及期限错配等流动性问题，难以兼顾好商业银行经营管理的“三性”原则，而净值化转型则更好地平衡了安全性、盈利性、流动性三者之间的关系，可以在适当的安全性和适度的流动性的基础上实现最大化盈利。在工商银行理财业务净值化转型过程中，银行表内表外风险隔离，净值型产品数量和种类持续增加，产品内部结构改变，有效地降低了商业银行的经营风险。

（1）流动性风险：资管新规颁布前，资金池模式使理财产品的资产端与负债端存在严重的期限错配，银行可以通过不断续发理财产品来保持资金池总量的稳定，将短期高流动性负债投资于长期低流动性资产，从而博取期限错配的溢价，但这也使银行面临较大的流动性风险。为此，在净值化转型过程中，工商银行根据监管部门规定，针对期限错配和资金池运作等问题展开整改，对每只理财产品实行单独管理、建账和核算，从而减少了因期限错配产生的流动性风险。

（2）信用风险和市场风险：传统模式下，理财产品实质上与存款相似，为了满足合同约定的收益率，交易对手方的违约风险和市场价格的大起大落实质上完全由发行银行承担，这导致银行风险不断积聚，给银行的长期稳健经营造成挑战。因此，净值化转型通过打破刚性兑付，有效地改善了工商银行的信用风险和市场风险积累。

（3）其他风险：如前所述，银行理财保本刚兑的预期进一步导致了我国以银行为中心的金融体系内部多层套利的风险。过去由于监管缺失，银行通过同业存单大量举债，同时将资金投向同业理财赚取利差，理财又通过委外业务使资金流向券商、基金、保险、信托等非银金融机构，投资于高风险的底层资产以赚取高额收益，该链条包含着刚兑预期的同时又层层嵌套，在理财产品规模迅速膨胀的背景下极易引发整个金融体系的系统性风险。因此，资管新规对理财产品多层嵌套行为明令禁止，避免商业银行借助同业通道将资金大规模配置于非标资产。同时，净值化转型等措施从根源上打破刚兑，产品透明化和收益市场化抑制了银行理财的野蛮生长，降低了系统性风险，有利于金融市场的稳定。

3. 净值化转型对银行收入的影响

首先，理财业务净值化转型前后的相关收入结构有所区别。在刚兑时期，理财产品无论实际运作结果如何，只需根据所规定的预期收益率给客户兑现，而超额收益率则将通过浮动管理费等形式直接转入银行的利息收入。在净值化时代，理财产品的超额收益按比例分摊给投资人，因此除了管理费收入和约定的分成利润之外，商业银行已无法再获得超额利润。

其次，由于相关业务收入透明化和理财规模降低，理财业务收入明显减少。一方面，先前由于期限错配导致的产品高收益率辉煌不再，理财产品的收益率普遍下滑；另一方面，由于不合规理财产品的大规模压降和投资者流失，资管新规颁布后，工商银行的理财业务收入较往年整体下滑。

最后，工行理财业务收入近年来由于业务转型升级得以逐渐回升。由于工行没有公开披露其理财业务的具体收入数据，同时个人理财业务与私人银行业务的收入被合并计算，无法得到个人理财业务的收入明细。为了进一步研究净值化转型对于工行理财业务收入的影响，案例团队将工行对公理财收入作为所有理财业务收入的替代值，对工行理财业务的收益情况做了相关测算（见图 2－30）。其中，将对公理财收入作为所有理财业务收入替代值的主要依据为：对公理财收入/（对公理财收入＋个人理财及私人银行收入）的计算值在 2015 年之后相对稳定，因此可以假设工行对公理财收入占所有理财业务收入的比率保持相对稳定。通过计算工行对公理财收入与其非保本理财产品余额的比值，可以粗略得出工行理财业务的收益率情况。通过观察业务收益率的历年走势，可以发现工行理财业务的收益率自 2015 年之后不断走低，在 2019 年达到最低点，并在之后的两年内开始反弹回升。由于工行在 2018 年之后的非保本理财规模相对稳定，该结论也在一定程度上说明工行理财业务收入水平逐渐改善。

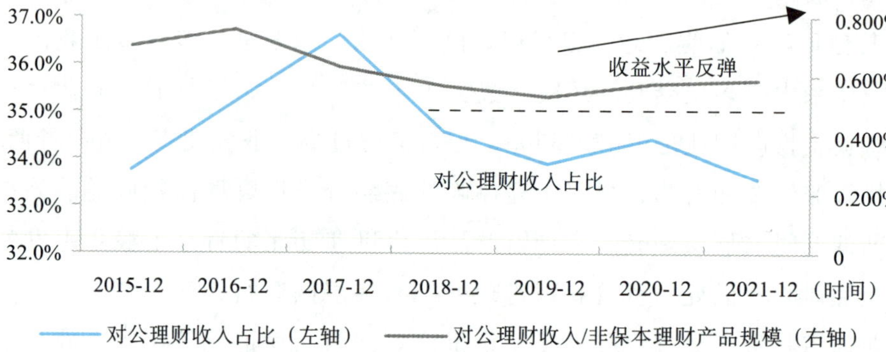

图 2－30　工行理财业务收益水平测算

（三）【问题】“真”净值时代下，银行理财产品正逐渐趋同于公募基金产品。试分析净值型理财产品与公募基金产品之间的联系与区别，并从金融功能和金融监管的角度分析银行理财净值化转型对我国资管行业的影响。

【理论基础】

1．金融功能理论

金融功能理论由默顿和博迪于 1993 年提出，该理论在扬弃只关注价格和数量的新古典经济学视角和过于静态的机构视角的基础上，提供了一个全新的金融体系分析框架。它有两个基本出发点，即金融功能比金融机构更稳定，金融功能优于组织结构。该理论认为，机构的形式会随其功能而变化，机构之间的创新和竞争最终可以提高金融体系的功能和效率。在此基础上，任何金融体系都具有六大基本功能，即为商品和服务的交易提供支付和清算服务；为投资项目提供资本聚集和分配资源的渠道；为经济资源在不同时空和不同主体间的转移提供便利；为风险管理提供工具和手段；为经济系统中各部门决策提供信息；在信息不对称条件下提供解决激励或委托代理问题的方案。

2. 金融监管理念

金融监管理念包括机构监管、功能监管和行为监管三个方面。机构监管是指根据金融机构的类别，将不同类别的金融机构作为不同的监管对象分别管理。功能监管是指根据金融业务的性质和特点，从金融业务所发挥的金融功能角度出发，对具有相同性质和特点的同类业务进行统一监管，减少在机构监管框架下某类交叉性金融业务存在的监管空白和监管套利现象。行为监管则是指针对从事金融活动的机构和人员等行为主体进行限制或规定。

其中，功能监管理念突破了传统金融监管的定义界限，从金融功能角度进行监管，有利于法规制定与执行的稳定性，减少机构监管套利的可能性，同时也有便于金融机构组织必要的变革，而不必同时调整与之相关的监管政策或机构。功能监管理念符合当前金融发展的方向，对各国的金融监管实践产生了深远影响。1999 年美国《金融服务现代化法》取代《格拉斯－斯蒂格尔法》就是功能监管理念的成果。

从全球范围来看，各国对资产管理行业普遍采用了功能监管的原则。我国金融监管体制实行分业经营、分业管理的原则，而资产管理业务牵涉到银行、证券、保险等多个行业，具有交叉性、综合性的特点，沿用分业管理原则容易出现监管缺位、监管套利等现象。为了防范和控制相应风险，对资管业务的监管宜在分业监管的基础上进一步引入功能监管的理念，以功能监管为重点构建相应的监管模式，实现未来资产管理业务的合理有序发展。

【具体分析】

1. 净值型理财产品与公募基金产品的联系与区别

（1）净值型理财产品与公募基金产品的比较。

资管新规对于我国金融机构的资产管理业务做出了统一的监管要求，从整体上看，资管新规及其他配套文件对银行非保本理财产品的各项要求与规定，均参考了我国基金业相关法规对于公募基金产品的运作管理要求，银行理财产品的监管口径正逐渐趋同于公募基金产品。此外，在银行理财产品实现净值化转型之后，净值型理财产品与公募基金产品在产品特征上也出现了诸多相似之处。净值型理财产品与公募基金产品的相同点有：

①以净值表示资产价格与收益。在银行理财产品完成净值化改造之后，净值型理财产品的收益状况完全以按市值法估算出的净值价格为标准，理财产品收益率由净值的变动率计算得到，理财产品可能会出现亏损状态，产品价格的波动性进一步加强，

这一点与公募基金产品相同。

②以管理费用作为金融机构主要利润来源。净值型理财产品的投资收益分配方式通常为按照扣除相关费用之后的产品净值分配，银行或理财子公司从理财产品中获得的收益大小取决于理财产品的规模和相关费用率，利润来源主要为营销管理费用，这一点与公募基金产品相同。

③附有相应的赎回机制。开放式净值型理财产品允许投资者在规定时期内赎回理财产品，这一点与公募基金产品相同。

④在投资性质的分类准则上相同。净值型理财产品以标的资产比例的80%来划分投资性质，这一点与公募基金产品相同。

尽管净值型理财产品在诸多特征上与公募基金产品较为接近，两者在监管要求、管理规定等方面也存在着一定的差异。净值型理财产品与公募基金产品的不同点有：

①监管机构不同。净值型理财产品属于银行或理财子公司发行的资管产品，受到银保监会的严格监管，而公募基金产品由基金公司发行，归属于证监会监管的范畴。

②销售渠道不同。净值类理财产品的发售机构限于银行业金融机构，但公募基金产品的发售则可由获得发售资质的银行、证券、保险、基金等各金融机构完成。

③资金募集方式不同。净值型理财产品可通过公募或私募两种方式筹集资金，而公募基金只能通过公募方式筹集资金。

④投资范围不同。除了公开发行的债券、股票、金融衍生品等金融资产，净值型理财产品还可以投资非标准化债权资产和非上市公司股权，但不可以投资其他的理财产品，而公募基金无法投资非标准化的金融资产，但可以投资其他基金。

⑤风险程度不同。目前净值型理财产品大多投向于固定收益类资产，权益类和衍生类资产占比较低，理财产品风险等级大多处于PR2 ~ PR3，整体风险水平较低，而公募基金标的资产中的权益类资产占比较高，基金产品风险等级大多处于PR3 ~ PR5，整体风险水平较高。

⑥信息披露水平不同。净值型理财产品和公募基金产品均要求定期披露产品净值信息，净值型理财产品通常每周披露一次产品净值，而公募基金产品通常在每个交易日结束后披露当日净值信息。

整体上看，银行理财产品和公募基金产品虽然都是人们耳熟能详的资管产品，但是两款产品在具体的发行机构、产品细则和监管要求上均存在着一定的差异，不能简单地将两类产品进行等同，或者简单地认为两款产品只要具有同等收益率就不存在其他差异。

（2）理财子公司与基金公司的竞争合作关系。

资管新规后，净值型理财产品的管理充分借鉴了公募基金的做法，近日证监会更是发布意见提出，适度放宽公募牌照的数量限制，支持理财子公司申请公募牌照，从事公募基金管理业务，因此理财子公司与基金公司的竞争合作关系尤其引起广泛关注。

与基金公司相比，理财子公司拥有较大的客户优势和销售优势，理财子公司不仅能够依靠母行获得一大批高信用、高净值客户，而且可以借助母行大规模的网点销售渠道，对自家产品进行大力宣传和销售。同时，理财子公司在非标债权资产上积累了丰富的投资经验和资源渠道，相较于货币型基金和债券型基金，固定收益类理财产品在收益率上存在一定的优势。而与此同时，净值型理财产品目前仍存在着明显的缺陷，其主要表现在理财子公司在权益类资产上的投研实力相对薄弱。虽然理财子公司所推出的理财产品能够直接投资于二级市场股票，但受限于当前理财子公司的投研能力和主动管理水平，理财子公司产品投资于权益类资产大多仍需要借助股票型基金实现。

但与此同时，由于理财子公司和基金公司在销售渠道、资产来源和研究能力等方面互有优劣，未来也存在着大量的合作机会。对于理财子公司而言，可以借助公募基金在权益类资产上的投研能力，通过投资股票型基金来间接持有权益类资产并弥补自身能力的不足；而对于基金公司来说，与理财子公司展开销售业务的合作，积极拓宽基金产品的销售渠道，也能帮助自身实现更好的发展。

整体来看，因银行理财净值化转型而导致资管行业各机构竞争与合作关系的变化，有利于提升资管产品的整体收益水平，刺激资管产品向多元化、差异化的方向发展，并推动我国资管行业的金融创新。

2. 银行理财净值化转型对我国资管行业的影响

资产管理业务是指银行、信托、证券、基金、保险资产管理机构、金融资产投资公司等金融机构接受投资者委托，对受托的投资者资产进行投资和管理的金融服务。资管新规后，银行理财的净值化转型有序推进，理财规模稳健增长，如图 2－31 所示，银行理财规模已连续三年在大资管行业中处于领先地位，这势必会引起我国资管行业竞争格局的改变，也对我国资管业务的监管提出新的要求。

从银行理财净值化转型对我国资管行业金融功能的影响来看，银行理财子公司将成为资管行业的重要力量，理财子公司对资管行业的“鲶鱼效应”可以激发基金、信托、保险、证券机构资管业务的产品革新，资管金融产品将朝着多元化、差异化的方向不断发展。同时，银行理财子公司的出现也有望增强行业内金融机构之间的合作关系，各类金融机构优势互补将进一步推动自身资管业务转型升级，充分发挥资管产品的财富管理功能，促进我国资管行业的创新发展。

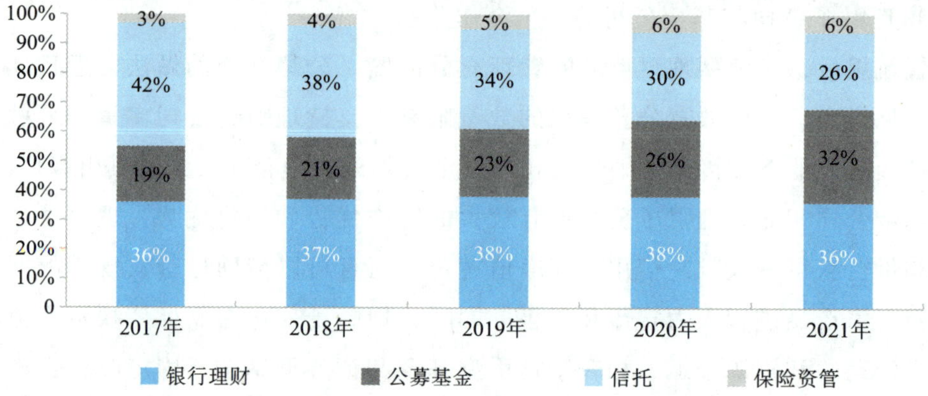

图 2－31　大资管行业各组成部分规模占比

资料来源：银行业理财登记托管中心。

从银行理财净值化转型对我国资管行业金融监管的影响来看，净值化转型和建立理财子公司作为实现我国资产管理业务规范运作的一部分，能有效隔离银行理财业务对自身经营的风险，对理财子公司的各项规定要求也有助于厘清原先银行理财业务中存在的信托关系和委托代理关系，遏制通道业务的发展，规范和消除我国资管业务中的资金池模式和多层嵌套现象，在降低系统性金融风险的同时提升我国资管行业的透明度，促进我国资管行业稳健发展。

在资管新规中提到的穿透式监管，也反映出我国对资管行业的未来监管方向。随着真净值时代的到来，我国资管行业将更加迫切地需要践行功能监管的理念，制定更加细致的监管原则，以实现对行业内各类金融机构的统一监管，消除监管套利的空间，引导各类机构主体的资管业务有序发展。

（四）【问题】请结合工行理财产品净值化转型中遇到的问题及转型方案，谈谈银行理财净值化转型的难点，并思考银行机构应如何应对这些问题进一步完成转型。

【分析思路】（见图 2－32）

【具体分析】

资管新规提出净值化转型要求后，净值化之路并非一帆风顺。工行管理的非保本理财产品余额在 2018 年下半年骤然下降，之后几年的规模增速也始终在低位波动，而这只是整个银行理财业的缩影。受转型要求影响，银行理财新发产品数量从 2018 年开始不断走低（见图 2－33），理财产品存续只数大幅缩减，存续规模增长缓慢（见图 2－34）。这反映了银行理财净值化转型面临多重困难与挑战——投资者不买账，银行投研能力跟不上，风控机制不完善，市场真假净值混淆视听等。

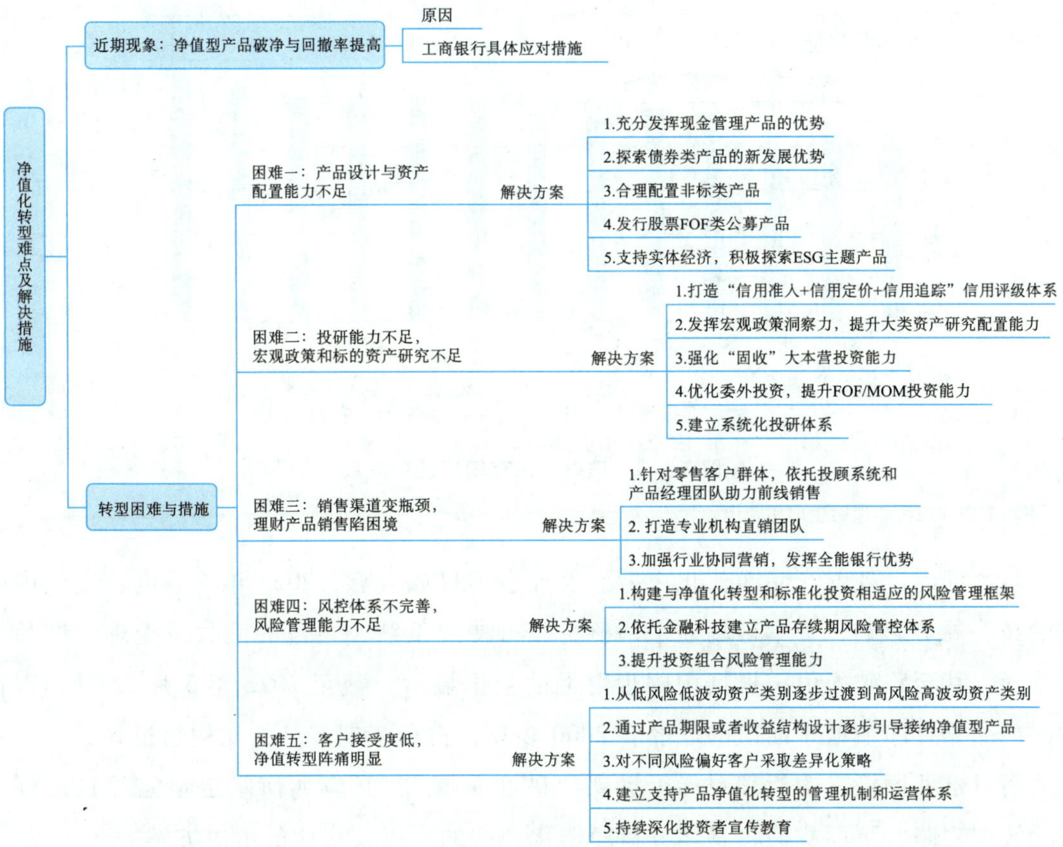

图2－32　净值化转型难点及解决措施分析思路

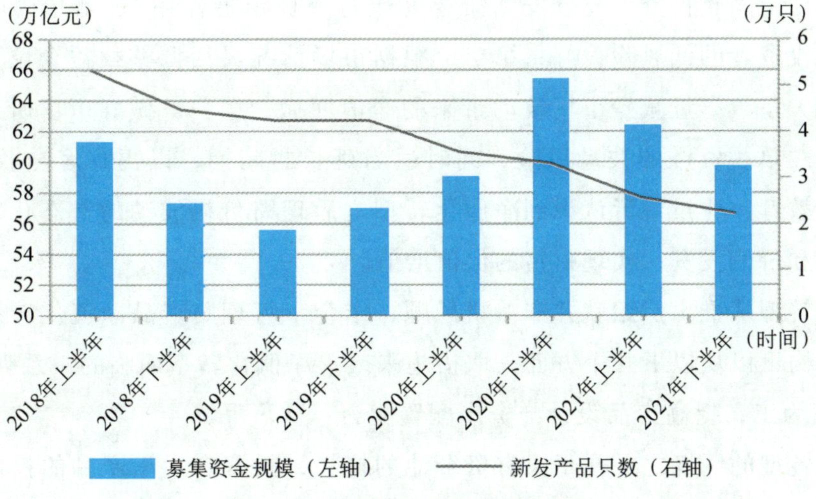

图2－33　理财产品新发行数量

资料来源：银行业理财登记托管中心。

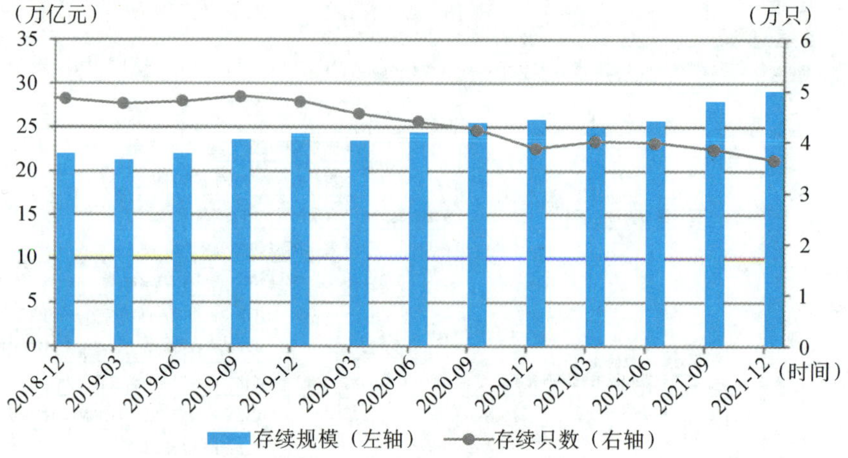

图 2－34　理财产品存续规模和只数

资料来源：银行业理财登记托管中心。

与此同时，理财产品净值化之后的表现也不尽如人意，2022 年一季度，受国内外政治经济局势影响，资本市场迎来调整，股市持续杀跌，主流的固收＋类理财产品业绩惨淡，甚至跌破净值。根据中国理财网的数据显示，截至 2022 年 3 月 23 日，银行理财产品累计净值低于面值的已经有 2000 多只，占存续期产品的比例超过 6%。

面对这些困境，银行理财能否实现“破净重圆”？又应如何坚定走完并且走好净值化转型之路？下面我们将具体分析净值化转型的难点及对应的解决方案。

针对近期理财产品“破净”与回撤率高等情况，工银理财等机构积极进行战略调整。第一，稳定固收投资，充分发挥债券资产的“稳定器作用”，增加固收类产品投放，以匹配投资者的低风险偏好；第二，根据市场情况灵活调整权益仓位，平衡好收益和风险的关系，尽量减少市场波动带来的净值回撤；第三，做好市场研判，通过配置多资产分散单一资产的波动风险，同时适当延长封闭期，以提高客户收益；第四，加强投资者教育，让投资者认识到净值化转型之后理财价格波动的常态化，引导其坚持长期投资和价值投资，实现财富的保值增值。

净值化转型从推出伊始就并非一帆风顺，结合工行理财产品净值化转型的成功经验，银行机构可以从以下几个方面采取措施来改善净值化转型面临的一系列问题。

1. 业绩为王，提高产品设计与资产配置能力

净值化转型的困境之一在于没有资金池的掩护，投资者对于产品的投向与运作一目了然，原来的“拆东墙补西墙”，用高收益产品弥补亏损产品的方案被叫停，净值化背景下各类理财产品真正比拼的是银行的资产配置与投研能力。因此，合理配置资产，充分发挥不同资产的特征及风险匹配性，设计出匹配不同风险偏好投资者的理财

产品，打造自身差异化优势才是净值化转型之路的制胜关键（见图2－35）。

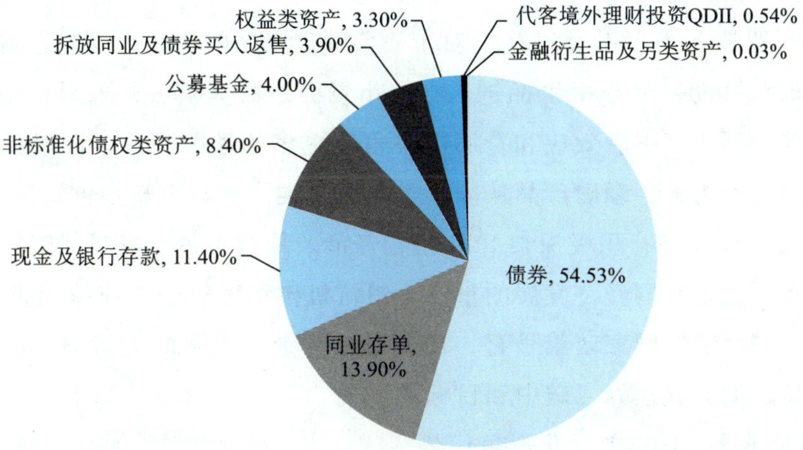

图2－35　银行理财资产配置情况

资料来源：银行业理财登记托管中心。

过渡期内，银行理财产品中预期收益型产品和净值型产品呈现并存格局，但两者的规模变动趋势截然相反，作为未来转型方向的净值型产品发行规模逐步上升，逐渐替代预期收益型产品成为理财产品的主流类型。过渡期结束之后，净值型理财将主打固收类产品，并不断增加权益类、非标资产、外汇等资产品种，以满足客户多元化的理财需求。固收类产品中的现金管理类对标于追求产品高度流动性的客户群体，债券类产品则受到具有一定风险承受能力、流动性需求适中的客户群体的青睐。具体方案如下：

（1）充分发挥现金管理类产品的优势。随着同业理财规模的有序下降，个人客户将是银行净值型产品的主力群体，因此流动性较强的现金管理类产品将迎来快速增长。对于现金管理类产品，银行理财可采取“有序转型”的发行策略：过渡期内，由于客户对净值型产品的接受度还不够高，银行可增加以摊余成本法计价的现金管理类产品发行规模；过渡期后，逐步引导现金管理类产品采用市值法估值，对采用摊余成本法的理财产品规模进行严格限制。

（2）探索债券类产品的新发展优势。面对市值法带来净值大幅波动、投资者接受度低等问题，银行可同时发行用摊余成本法和市值法计价方法的债券类产品，以此来降低产品净值波动对于客户接受度的影响。此外，采用降低相关收费比率的方法吸引客户也是做大债券类产品规模的方式之一。另外，银行还可以利用其信息优势及风险管理能力，筛选出高质量债券来提升产品收益率。

（3）发行非标类产品。基于自身的风险管理能力，银行可以在控制风险的前提下，向特定客户发行投资于非标资产的理财产品，以满足这部分客户群体对于风险收益的偏好。适当投资非标资产能够丰富理财产品的资产端品种，增厚净值型产品收益，支持我国实体经济的深化发展。

（4）发行股票 FOF 类公募产品。对于股票基金限制的放开为银行理财带来了新的机遇。银行理财可投资于 FOF 产品进入二级市场股票投资领域，未来有望和公募基金产品同台竞技，利用其平台效应和费用优势争取更多的理财客户，同时借此机会发展自身的投资研究能力，为理财产品从固收类向混合类、权益类转型创造窗口期。

（5）支持实体经济，积极探索 ESG 主题产品。作为可持续发展战略实施的必经之路，绿色经济一直是我国经济发展的重点。银行机构和理财公司应持续发行 ESG 主题的理财产品，积极响应国家政策号召，加大对社会责任投资的支持力度，为绿色产业提供金融支持，助力碳达峰、碳中和目标的实现。

2. 投研专业化，打造差异化竞争优势

完善的投研体系是银行理财子公司相较于公募基金的薄弱环节，同时也是净值化转型下银行必须克服的痛点。如果银行对于资本市场的投资研究不足，对宏观政策把握不稳，投资标的资产价格的风云突变也将使理财净值如过山车一般起伏。银行只有切实提升行研能力，依靠优秀的产品业绩来赢得客户信赖，才能在理财产品净值化转型的长跑中占据领先地位。具体方案如下（见图 2－36）。

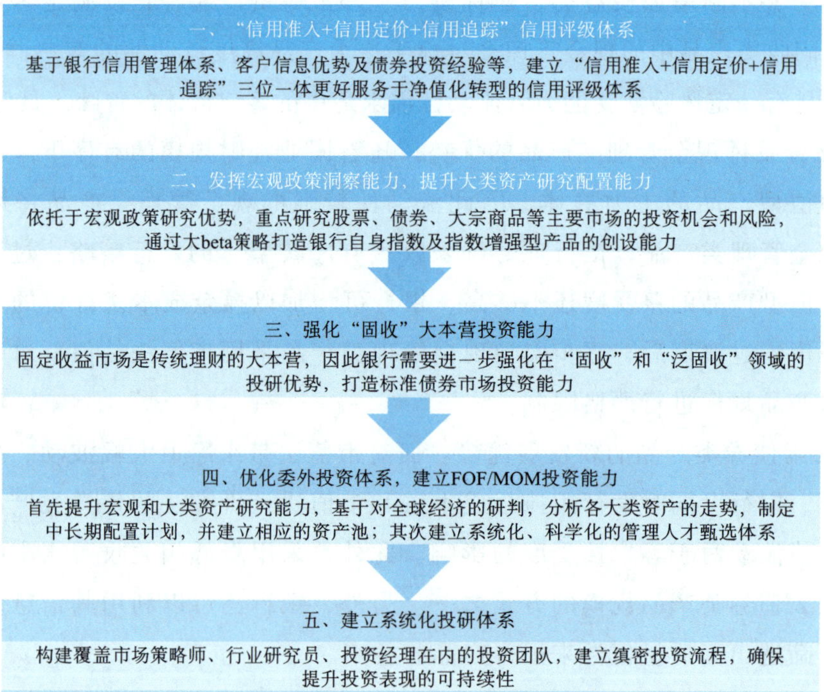

图 2－36　提升投研能力的具体方案

3. 销售渠道市场化，助力净值转型

影响净值化转型的另一因素是银行销售净值型产品的能力。面对零售理财客户，销售人员从原来保证收益的销售模式，变成提醒投资者风险自担的营销模式，而这对于银行理财产品销售部门来说无疑是一大挑战。面对机构投资者，银行如何将销售渠道系统化覆盖到所有机构客户，同样也是其亟待解决的问题。

在销售渠道方面，首先，银行应打造具有本行特色的明星产品，提升明星产品的知名度和市场口碑，增加自身渠道的产品销售量；其次，银行可以积极拓展同业代销渠道和非银机构代销渠道，通过对明星产品的宣传营销来提升本行所有理财产品的整体销售表现（见图2－37）。

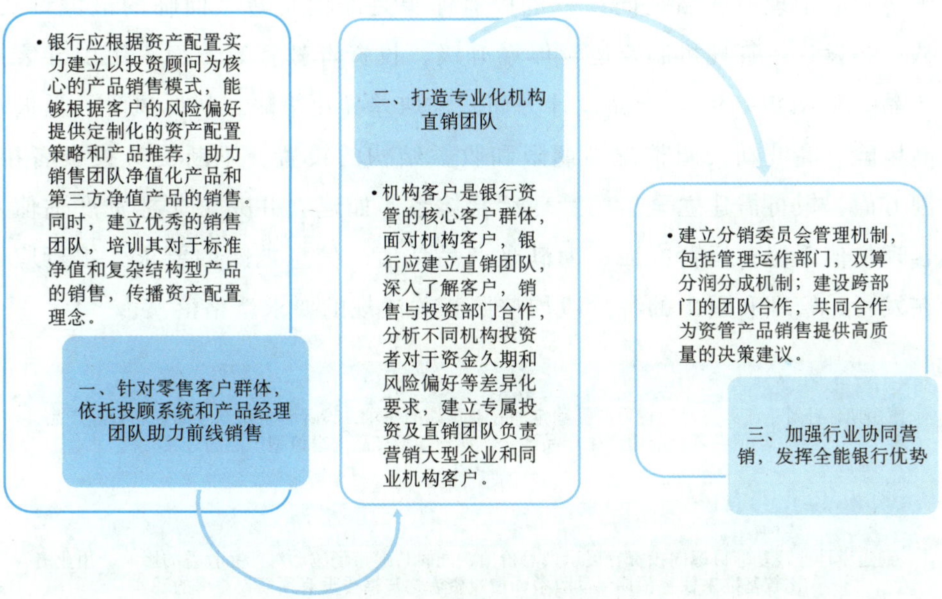

图2－37 净值化转型销售难点应对策略

4. 风控全面化，促进净值化转型

在净值型产品时代，产品净值随标的资产的波动而波动，这对银行的风控能力提出了更高的要求，因此资管的竞争也是风控能力的竞争。银行应针对非标资产和标准资产建立不同的风控标准和流程，风控体系的转型主要有以下几方面：

（1）建立更符合净值化产品要求的风控体系。净值化下的风控应当更加兼顾事前配置与事后风险监测，将风险作为最优化收益的约束条件。同时，建立更全面的风险监测体系，包括时间序列、资产类型风险等，提升风险监测的有效性和自动化。

（2）金融科技助力风险管控体系。净值化对信息披露提出了更严格的要求，依赖更精准的数据分析，要求银行充分利用数字化技术打破传统界限，实现日常化、动态化、精细化的风险监测。风控监测体系具体检测的内容可以从以下几方面入手（见图2－38）：

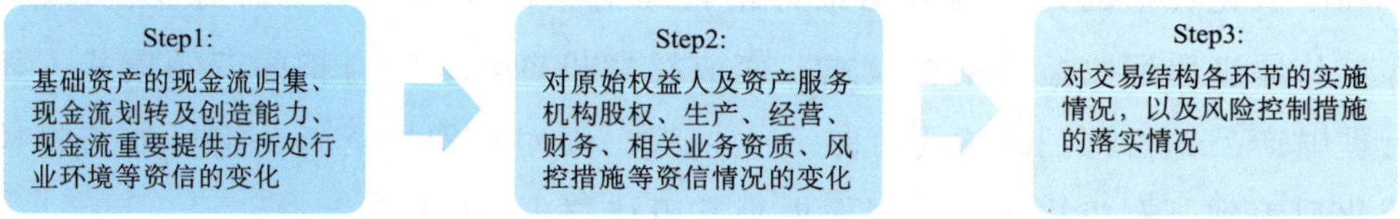

图2－38　基于金融科技的风控监测体系具体检测内容

（3）提高投资组合风险管理能力。建立独立的风险分析架构和专业的投资组合风险分析团队，并根据资产配置策略制定系统的投资组合风险管理规则和指标。

5. 客户不买单，提升投资者接受度

打破客户心中理财产品视同存款的固有印象是净值化转型面临的最大挑战之一。银行应从产品设计、管理机制及运营体系升级、投资者教育等方面入手引导客户接受净值型产品（见图2－39）。产品设计方面，采取差异化策略，从低风险、低波动逐步过渡到高风险、高波动，调整产品期限和收益结构的设置，不断提升投资者接受度；管理机制方面，银行需建立全新的管理运营体系，如建立并完善非标资产估值及减值折旧等合理估值系统；运营方面，为满足产品估值、信息披露的要求，银行应保证理财产品在发行、管理和退出的各阶段均按照相关法规的要求严格落实。

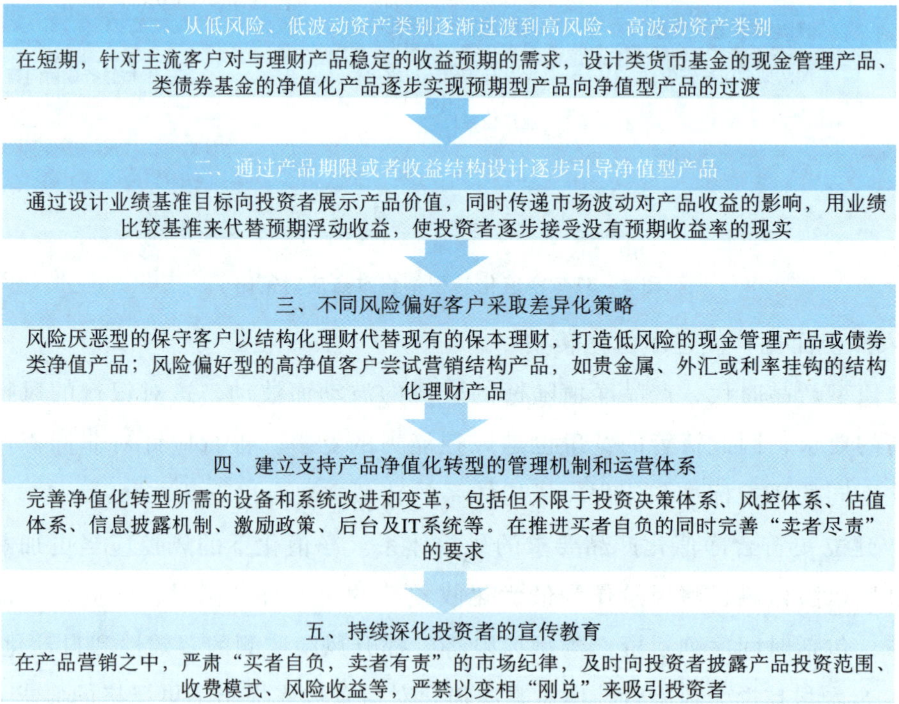

图2－39　提升投资者接受度的具体措施

（五）【问题】不同类型银行机构在净值化转型中遇到的风险和挑战不同，发展方向也不尽相同。请对比不同类型银行理财产品净值化转型的进度和优劣势，思考其可能的差异化转型策略，并重点分析中小银行理财业务的转型方向。

【分析思路】（见图2－40）

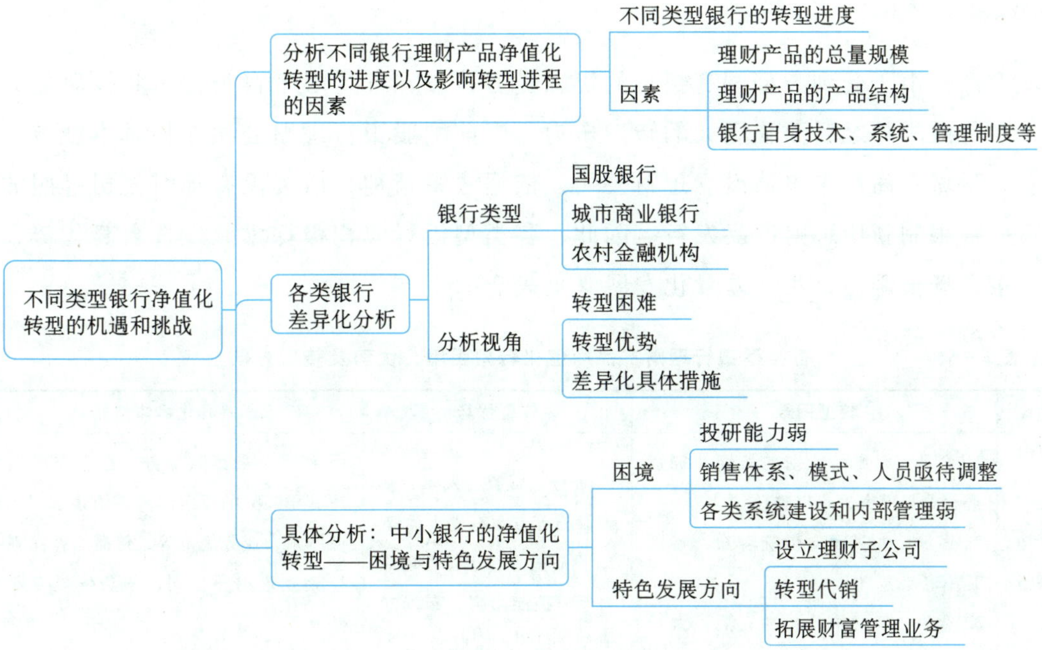

图2－40　不同类型银行净值化转型机遇和挑战分析思路

【具体分析】

1. 不同类型银行理财产品净值化转型的差异化特征

从银行类型看，不同类型银行的理财产品净值化转型进度存在差异（见表2－4）。2021年四季度，银行理财净值化转型增速稳步上升，但整体来看全国性银行转型进度略落后于城商行和农村金融机构。净值化转型进度首先取决于理财产品总量规模，规模越大，受到资产端转移和变换就越大，所需时间也越长；其次会受制于产品结构，长久期的产品涉及资产转移且需要达到监管要求，因此不同结构的产品转型面临的困难也不一样；另外银行本身的技术实力会给转型进度带来影响，包括银行的报表系统、资管系统、人才管理、理财子公司的管理制度等。

此外，不同类型银行理财业务发展将进一步分化。具有产品和渠道优势的国股银行（含理财公司）竞争优势将进一步凸显，呈现出“强者恒强”的格局；而规模较小

表 2－4　　截至 2021 年四季度不同类型银行理财产品净值化转型进度

类型	净值化转型进度	变化幅度
全市场银行机构	93.14%	较第三季度上升 10.76%
全国性银行	91.42%	环比上升 12.33%
城市商业银行	98.90%	环比上升 4.76%
农村金融机构	98.62%	环比上升 11.56%

数据来源：普益标准。

的城农商行由于受到大型国有银行的资源优势挤压，且受限于自身技术和投研能力不足，在打破刚兑之后面临更大的转型压力。当前国股银行理财公司布局基本就位，但仍有大量城农商行未申请设立理财公司，依据政策精神，后续没有理财公司牌照的银行可能被限制新增理财产品发行。因此，各类型银行应积极探索并发挥自身优势，一行一策，扬长避短，实现差异化发展（见表 2－5）。

表 2－5　　各类型银行理财产品净值化转型困境、优势及转型方向

类型	转型困难	转型优势	差异化具体措施
国股银行	1. 产品：老产品特别是长期非标资产存量规模大，难以整改消化 2. 客户：大多面向传统客户，特别是中老年客户 3. 竞争：理财子公司独立后，大行面临竞争加剧	1. 资金、资源、人才、基础设施等方面有先天优势 2. 投研能力、运营管理能力、风控能力强，布局净值型产品有明显优势	1. 利用自身禀赋优势，建立与净值型产品相匹配的投研部门、销售部门、风控体系、业务规范等，传播品牌优势 2. 建立理财子公司，依法依规专业化整改 3. 发展 ESG 和养老理财等新型产品
城市商业银行	1. 投资者接受力度依旧不足，整改难度大 2. 估值技术不足，部分产能净值走势过于平滑，难以反映底层真实资产的价格变动 3. 中小规模银行不具备设立理财子公司优势	1. 产品：理财规模不大，容易起步 2. 客户：年轻客户居多，有助于开展投资者教育 3. 整改积极性高，起步早，转型快	1. 打造定制化资管产品，建立差异化品牌产品 2. 推出创新性净值产品，如采取阶梯式申购费、创新的本金支付方式和分红方式等 3. 积极发展银行理财代销业务
农村金融机构	1. 投研能力不足，运营管理能力不足，净值化时代竞争力下降 2. 客户群里保守，接受度不高 3. 中小规模银行不具备设立理财子公司能力	1. 产品存续规模不大，易于整改 2. 机构间差异大，规模较小的农村信用合作社等退出理财市场，有利于头部几家占据市场，稳住品牌地位	1. 积极探索，建立差异化理财产品，避免同质化竞争 2. 积极发展银行理财代销业务 3. 通过市场化方式联合设立理财子公司

2. 中小银行理财业务转型困境与特色发展方向

中小银行本就面临不小的生存压力，在净值化转型的大背景下，中小银行理财业务的发展面临新的挑战。

中小银行主要面临如下转型问题：第一，投研能力弱，中小银行财力难以支撑投研团队建设，且其所在城市难以吸引高端人才，投研团队缺失直接导致中小银行投资能力无法与大行抗衡，竞争能力处于弱势；第二，中小银行销售体系不够成熟，原有销售模式以及员工专业素质和业务能力不能适应环境变化，客户素质低且保守，同时中小银行开展投资者教育的能力也有限；第三，中小银行系统建设能力不足，由于建设成本与成效往往不匹配，在信息系统、风控系统、内部管理等方面明显弱于大行。

因此，工行等大型银行的转型经验并不完全适用于中小银行，中小银行应有选择地借鉴大行转型的成功经验，同时结合自身实际，走出一条差异化的净值化转型之路。

（1）设立理财子公司。

从未来看，中小银行可以借鉴工商银行等国有大行设立理财子公司的经验，自主设立理财子公司，自主发行理财产品。另外，对于理财规模较小却又不想放弃理财业务的银行来说，可以考虑与其他银行或资管公司以联合方式获得理财公司牌照。

在中小银行设立理财子公司的进程中，可以借鉴工商银行的经验。首先，应明晰自身定位。中小银行理财子应依据自身条件确定市场定位，根据公司和客户的特点设计对应产品，深耕于某一领域，在差异化竞争中寻找出路。还应处理好与母行的协调关系：一方面，理财子独立经营，要与母行做好风险隔离；另一方面，理财子承接母行资源，在业务上应与母行协同合作，做好利润分配。其次，要加大投研投入和风控体系建设。中小银行理财子应加大相关人才培养投入，引进专业人才及经验以提升投资管理和风险控制能力，还可以利用金融科技完善公司治理，提升公司治理水平。

（2）转型代销。

资管新规后，代销行业出现渠道变革，本行只能销售本行旗下产品的规则被打破，理财产品代销业务更加规范，代销也已经成为重要的理财产品销售方式。因此，对于无力设立理财子的银行来说，也可以着力拓展代销市场。

中小银行发展代销业务具有其得天独厚的优势。第一，区域优势。中小银行在地方影响力较大，客户信任度较高，且受到当地政府的照顾和扶持，有利于建立稳定的代销合作关系。第二，监管优势。目前，代销业务尚未对互联网代销平台、券商、基金公司开放。因此，对于中小银行而言，在监管未进一步放开代销机构的情况下，应当抓住政策窗口，提前布局赛道，快速适应市场。

中小银行的代销之路也是其差异化转型的方向之一。总体而言，在当下的政策窗口期，中小银行应着力建立完善的销售体系，提高销售能力，根据不同客户的特点打造全体系理财产品超市，做好客户和产品的中介。同时，中小银行还应充分了解产品设计与运作过程，根据客户需求和市场产品特点及时做出调整。

（3）拓展财富管理业务。

目前，在中小银行资金压力较大、客户存量较大行尚有差距的情况下，部分中小银行开始发力进入基金销售市场，拓宽自身财富管理业务。

从卖方向为买方服务转型是中小银行在财富管理行业中脱颖而出的必要选择。在这个过程中，中小银行应树立买方思维，赢得客户信任，通过长期交流与陪伴，提供投资观点，以专业能力帮助客户获得满意收益。

因此，对于中小银行来说，尽管其理财业务的净值化转型困难重重，自身实力也不敌大型银行，但是“船小好调头”，中小银行可以积极发挥自身优势，因地制宜，在净值化时代探索一条适合自身发展的转型之路，谋求差异化生存之道。

五、建议课堂计划

本案例可用于专门的案例讨论课，课程时长建议为90分钟，计2个课时。案例教学可分为课前准备、课中学习和课后拓展三部分，以下安排仅供参考。

（一）课前准备

请学生自行查阅资料了解工商银行理财产品净值化转型的背景和进程，初步理解净值化的本质含义，把握行业整体情况，并结合相关理论初步思考启发思考题。

（二）课中学习

1. 案例背景学习：教师带领学生学习资管新规、理财新规等相关政策文件的要求，引导学生把握政策方向和意义（10分钟）。

2. 案例讲述：教师参考案例正文，阐述案例关键要点和分析思路，并将学生随机分组便于课堂讨论（15分钟）。

3. 小组讨论：各小组分组讨论案例及启发思考题，得出小组结论，准备小组发言大纲（15分钟）。

4. 小组发言：每组选派代表就小组观点进行阐述（20分钟）。

5. 自由讨论：小组之间相互讨论，根据其他小组的发言提出问题，鼓励进一步思考（15分钟）。

6. 教师点评：教师针对小组发言和讨论进行点评和答疑，并对本节案例讨论课进行总结（15分钟）。

（三）课后拓展

根据课堂学习和讨论内容，请学生结合工商银行理财产品净值化转型案例或其他国内外银行案例，对银行理财产品净值化转型的进度、措施、原因和影响进行深入研究分析，成果以案例分析报告的形式展现。

六、参考文献

[1] Bass. Asset Management Strategy for Infrastructure Assets [R]. Bass Coast Shire Council, 2017.

[2] Bender J, Le Sun J, Thomas R. Asset Allocation vs. Factor Allocation—Can We Build a Unified Method? [J]. The Journal of Portfolio Management, 2018, 45 (2): 9-22.

[3] Blyth S, Szigety M C, Xia J. Flexible Indeterminate Factor-based Asset Allocation [J]. The Journal of Portfolio Management, 2016, 42 (5): 79-93.

[4] Lustig Y. Multi-asset Investing: A Practical Guide to Modern Portfolio Management [M]. Harriman House Limited, 2013.

[5] Markowitz H. Portfolio Selection [J]. The Journal of Finance 1952; 7: 77-91.

[6] Merton R, Bodie Z. A Functional Perspective of Financial Intermediation [J]. Financial Management, 1993.

[7] Qian E. Risk Parity Portfolios: Efficient Portfolios Through True Diversification [R]. Panagora Asset Management, 2005.

[9] 巴曙松，王琳．资管行业的功能监管框架：国际经验与中国实践 [J]. 清华金融评论，2018 (4): 21-24.

[10] 卜振兴．新规后银行资管的忧虑与对策 [J]. 清华金融评论，2018 (11): 91-94.

[11] 葛宏远，邵琛云．《资管新规》对资产管理行业发展的影响研究——基于中微观视角 [J]. 中国商论，2021 (23): 87-93.

[12] 靳羽．资管行业金融风险溯源与监管革新——资管新规核心政策解读与审视 [J]. 新金融，2019 (2): 36-43.

［13］廖素芳．《资管新规》对金融监管模式思路转变的启示［J］．现代营销（下刊），2020（3）：200－201.

［14］刘步凡．商业银行业务结构及盈利能力浅析［J］．现代金融，2020（2）：38－40.

［15］刘茜．资管新规下我国商业银行理财资产配置业务转型发展的研究［D］．浙江大学，2020.

［16］潘东，滕飞．银行理财的净值化转型［J］．中国金融，2018（20）：36－37.

［17］彭妍．资管新规落地满月银行理财净值化转型开新局［N］．证券日报，2022－02－16（B01）.

［18］新规下中国银行业资管业务转型之路［J］．新金融，2018（8）：10－14.

［19］许文婕．从大类资产配置视角看银行理财权益投资转型［J］．现代商业，2022（1）：109－112.

［20］唐彦斌，谢识予．刚性兑付问题的经济学本质探究及影响分析［J］．商业经济研究，2015（4）：71－74.

［21］王飞，沈润涛．银行理财净值化转型路径［J］．中国金融，2018（1）：81－82.

［22］张翎．商业银行固定收益类净值型理财产品的创设与比较分析［J］．国际金融，2019（2）：29－32.

［23］张沐光，吴文倩．大类资产配置原理与相关指数的国内外实践分析［J］．金融市场研究，2021（11）：72－82.

［24］张学勇，张琳．大类资产配置理论研究评述［J］．经济学动态，2017，No.672（2）：137－147.

［25］中国人民银行南京分行会计财务处课题组，刘燕．资管新规对商业银行理财业务会计管理的影响探析——基于南京地区部分商业银行的调研［J］．金融会计，2020（7）：29－33.

［26］中国银保监会政策研究局课题组，中国银保监会统计信息与风险监测部课题组．中国影子银行报告［J］．金融监管研究，2020（11）：1－23.

［27］周卫华．银行理财打破“刚性兑付”需合理估值定价［J］．国际金融，2015（11）：15－18.

［28］周月秋，藏波．资管2.0时代商业银行理财业务的转型与发展［J］．金融论坛，2019，24（1）：3－11.

案例 3

一波三折是故事，转型发展求破局

——锦州银行风险回溯与发展探析①

1998 年成立的锦州银行曾经缔造了城商行发展奇迹。然而 2019 年延迟公布年报，锦州银行净利润从近 90 亿元骤降至 -45.9 亿元，发生严重流动性危机。引入战投、资产重组、更换高管、定向增发，2020 年 10 月 9 日，锦州银行宣布改革重组取得阶段性胜利。锦州银行风险事件因何而起？锦州银行风险处置是否成功？本案例从锦州银行风险成因、风险影响、风险处置和重组转型角度进行分析，并从中小银行体系视角启发更深层次的思考。

① 本案例由中央财经大学金融学院方意、杨凡佳、杨洋、杨勇、于渤撰写。

案例正文

一、引言

人类历史由故事组成。越曲折离奇的故事，往往越引人关注，勾起人的探索欲和求知欲。关于银行的故事也不例外。

故事的主角是锦州银行，她诞生于1998年，曾取得过无限辉煌。荣誉加身的她，曾几何时是辽宁省金融业的一块“金字招牌”。她每一年都能获得几十项奖项、荣誉与外界艳羡的目光。2015～2017年三年，锦州银行的净利润分别为49.0亿元、81.3亿元和89.8亿元。投资者对锦州银行2018年业绩抱有无限美好的期待。

故事的转折由此开始，2019年4月1日，锦州银行突然发布公告称其将延迟发布2018年年报，于是外界开始产生负面猜测和舆论。4月30日锦州银行推迟公布年报。“年报难产”仅是事件的开端，其后锦州银行被曝出存在严重的资产质量问题，公司治理方面存在巨大漏洞。这家银行从巅峰瞬间跌入谷底，陷入严重流动性危机。随后近一年半的时间内，“锦州银行引入战投”“锦州银行资产重组”，一系列新闻不断传出。曾经辉煌的锦州银行以其风险事件和改革重组为广大的投资者所熟知。

故事仍在继续。在2020年8月31日，又是一次意外的业绩公告，锦州银行宣布已成功扭亏为盈，实现净利润4.1亿元。这一消息推动锦州银行股价在三天内大涨84%。2020年10月9日，锦州银行完成合计120.9亿元的增资扩股，对外宣称锦州银行改革重组取得了阶段性胜利，开始走上持续稳定健康的高质量发展之路。

故事总是一波三折，草蛇灰线串联起戏剧性的冲突。锦州银行是如何从巅峰跌落到低谷？这背后有哪些深层的原因有待我们挖掘，又有哪些线索值得我们深思？银行宣布成功完成改革重组，是否意味着已经成功走出事件的影响？故事的发展是否仍将持续？

二、锦州银行简介

锦州银行股份有限公司的前身，是1992年由多家锦州信用社机构合并组建的锦州市城市信用社联合社。该银行直至2008年4月正式更名为锦州银行，共经历了三次机构演变，分支机构数目扩展至超过110家，而公司员工也随之发展至超过2300人。经历长达二十余年的发展，锦州银行通过购并城市信用社和其他银行机构、分支机构实现了规模的快速扩张。锦州银行同时通过在国内多地设立分支行及子公司、积极发起筹建村镇银行等实现了业务领域、业务对象的多元延伸。其现今已经成长为辽宁省内仅次于盛京银行的第二大城商行。

锦州银行曾经缔造了国内城商行的发展奇迹。2015 年，锦州银行在港股成功上市，股票代码 0416. HK。上市后的锦州银行依然保持着资产规模和股权收益率的高速增长。截至 2018 年年底，锦州银行的总资产规模已经达到人民币 8459 亿元，并在其邻近省市区如锦州、大连、哈尔滨等地，以及知名华北金融中心如北京和天津等地设立了共计 15 家分行（见图 3 - 1）。

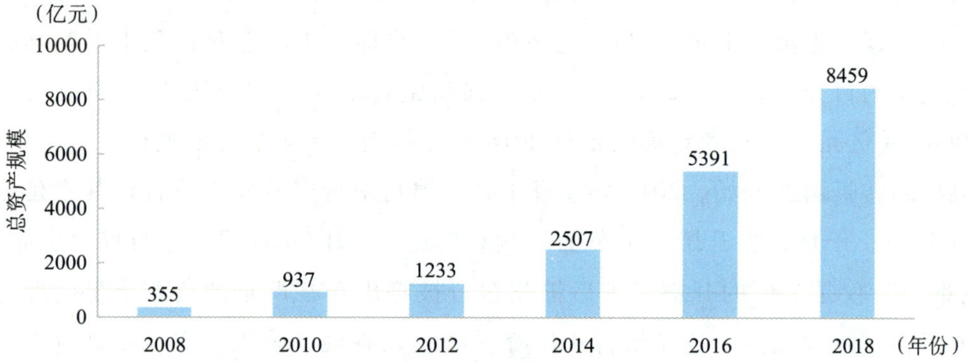

图 3 - 1　锦州银行总资产规模变动

股权持有方面，近几年锦州银行的主要股东基本由民营企业构成。仍以 2018 年为例（见表 3 - 1），依据公司年报披露，前十大股东持股比例均未超过 5%（包含质押股权在内）。除去 3 家 H 股股权持有者外，内资股 7 家参股股东皆为民营企业，具体股权持有信息如表 3 - 1 所示。管理层方面，张伟从 2002 年开始出任董事长，并兼任行长。虽然刘泓之后接替了行长职务，但张伟"第一把交椅"的个人地位一直未变。直到 2019 年 11 月，管理层进行了大幅度"换血"，现任董事长为魏学坤，行长是郭文峰。

表 3 - 1　2018 年末锦州银行前十大股东信息

股东名称	股份类别	持股总数（股）	股权百分比（%）
中企发展投资（北京）有限公司	内资股	324523430	4. 17
荣成华泰汽车有限公司	内资股	317076722	4. 07
银川宝塔精细化工有限公司	内资股	250000000	3. 21
香港华丽有限公司	H 股	247042000	3. 17
锦程国际物流集团股份有限公司	内资股	213507565	2. 74
徐州中安矿业服务有限公司	H 股	201700000	2. 59
北京京元万隆投资管理有限责任公司	H 股	200000000	2. 57

续表

股东名称	股份类别	持股总数（股）	股权百分比（%）
辽宁腾华塑料有限公司	内资股	180000000	2.31
青州泰和矿业有限公司	内资股	180000000	2.31
辽宁程威塑料型材有限公司	内资股	170000000	2.18

三、锦州银行风险事件梳理

早在2007年，锦州银行便跻身全国大型城市商业银行，其惊人的跨区域发展速度和先进的经营创新理念，使银行几年来获奖无数，在金融领域乃至社会各界都产生了难以忽视的影响。也正因为如此，锦州银行的风险爆发才会显得更加出乎意料，引人担忧。一系列的意外事件和信息发掘，使监管部门、社会舆论和金融学界对锦州银行的组织体系架构和风险特征有了重新的认识，也对城市商业银行的管理与发展科学有了更深刻的理解。

2018年7月10日，宝塔石化发布公告，正式公开承认了集团的票据违约事实，实际控制人涉嫌刑事犯罪被捕，公司主营业务业已停产。而银行的第三大股东即银川宝塔精细化工有限公司，便是该集团的下属全资子公司，此前宝塔集团从锦州银行获得授信额度达到37亿元，仅次于甘肃银行，且已使用额度达到29亿元。[①] 因此，集团的票据违约无疑对锦州银行的资本及资产质量都产生了较大的负面影响。

2019年4月1日，也就是宝塔石化集团违约不久后，锦州银行发布对外公告称，银行将延迟披露2018年年报，并尽快向银行审计方提供信贷相关所需资料。相应地，银行H股及境外优先股也自同日起停牌，以待后续业绩发布。这次年报延迟一般被认为是锦州银行风险暴露的开端。

2019年5月14日，锦州银行再度延迟了年报对外披露的时间。银行方解释，部分机构客户贷款相关资料的合理性与真实性仍未得到完全的证实，因而银行方和审核方在这些贷款的拨备计提方案上尚未能够达成明确的解决意见。

2019年5月31日，负责锦州银行审计业务的安永会计事务所宣布辞去锦州银行审计师一职，同时进一步说明了2018年度锦州银行审计程序未能完成的背后原因。安永事务所认为某些向机构客户提供的尚未结清贷款的实际用途与信贷文件所述不一

① 资料来源：新浪财经：产经新闻，https：//finance. sina. com. cn/chanjing/gsnews/2018 - 12 - 11/doc - ihmutuec8033660. shtml。

致，客户偿还贷款的可靠性无法通过银行提供的资料得到保证。结合锦州银行此前做出的表态可认为，审计方和银行方争议的焦点，在于不良贷款的认定和对不良贷款的计提方案。

2019 年 6 月，安永辞职一事引致舆论哗然，不良资产逐渐暴露，锦州银行的流动性危机开始显现。截至 2019 年 5 月，锦州银行的同业资金融入已超过 3000 亿元，而多家与锦州银行有着资产负债联系的机构受到事件影响，选择提前集中支取借款。同时，锦州银行获取新负债的成本也直线上升，陷入了“无人可借”的僵局，连存款成本都高达 3.57%。6 月中旬，央行建立了特别的工作机制，专门解决中小金融机构的流动性问题，并作为最后贷款人出面，为锦州银行提供了暂时的流动性支持。

2019 年 7 月，锦州银行原董事长张伟试图乘飞机外逃美国，但最终被拦截。其实早在 4 月，银监会调查组已经开始着手调查。根据媒体报道，由于锦州银行股权结构的高度分散，处于管理层的张伟一直是锦州银行的实际决策者与操纵者，把控锦州银行内的大小事项，且存在利用职务便利进行资产侵占、与其他股东企业“互相服务”等问题①。

2019 年 8 月起，在董事长外逃事件发生后，锦州银行的改革重组项目正式展开。改革项目的具体内容包括引入战略投资者、管理层改选、资产处置、资本扩充等方面，银行逐步引入工银投资、信达投资等战略投资者的股权以解决因信用风险而引发的流动性困局，纾解流动性危机，同时面向银行管理层实施了彻底的人事重组，公司的人事结构在短短数月内便发生了全面变动。

2019 年是锦州银行风险集中外露的一年，但问题的本质其实已经是长时的慢性“病症”。金融业界普遍认为，锦州银行外部扩张与内部风险控制并行中的失衡状态，构成银行的资产质量问题及流动性短缺问题，是本次风险事件的主体内容。

四、锦州银行风险积累

（一）地区经济持续下行

作为锦州银行业务收入的主要来源地区，从 2010 年开始，锦州地区的经济状况受经济转型的影响逐年下行。根据锦州市统计局公报中的相关数据显示，锦州市 GDP 总量在 2014 ~2019 年的复合增长率为 -4.1%（见图 3-2）。地区经济的低景气程度使锦州银行发展的外部条件不断恶化。

① 资料来源：新浪财经，https：//finance.sina.cn/stock/relnews/hk/2019-12-20/detail-iihnzahi8932696.d.html。

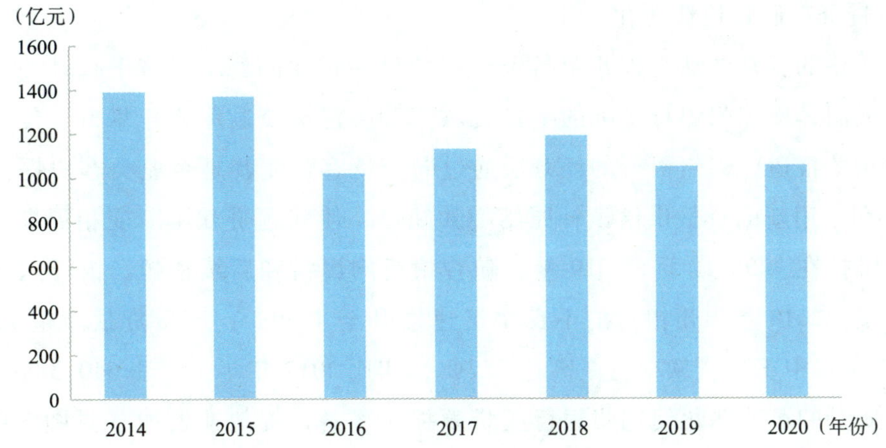

图3-2　锦州地区GDP变动趋势

(二) 资产端风险承担水平高

锦州市经济下行压力持续不减，然而，通过资产规模的快速扩张，锦州银行的营业收入依然实现了数年的高速增长。背离经济走势的增长也必然带来代价，与利润增长并存的还有风险的快速积聚，主要体现在金融投资和贷款两个方面。

1. 大量投资非标金融资产

锦州银行的资金主要投向证券及其他金融资产（见图3-3）。金融资产投资在2016年以前保持着规模和占比的双层级提升，并且直到2017年年末，金融投资资产在总资产中的占比长期高于50%。该指标在2018年年报中回落至46.3%，但与业界总体水平相比仍然过高。值得注意的是，锦州银行持有的金融资产主要是受益权转让计划等非标资产，实质与贷款相似，流动性低，收益波动明显，同时对应风险控制较为宽松。而锦州银行真正的债权投资水平，反而低于同业水准。

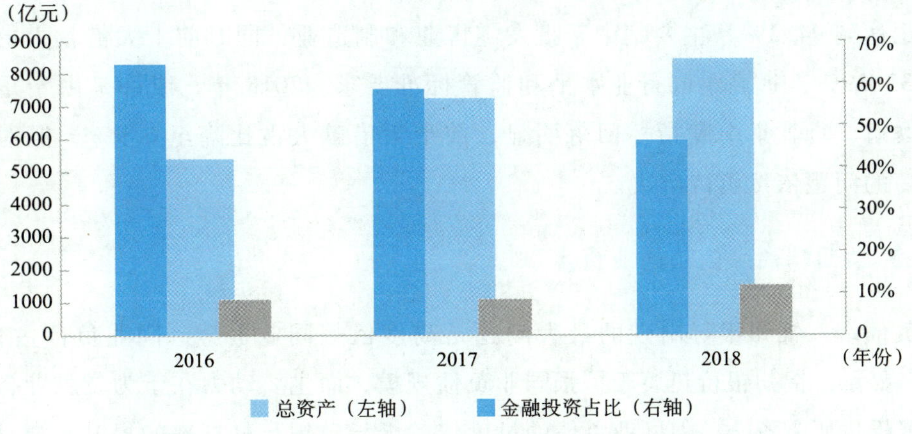

图3-3　锦州银行总资产及金融投资变动

2. 信贷资产质量快速恶化

贷款质量的反常波动是锦州银行资产端的另一重要问题。经济下行环境叠加贷款业务操作漏洞，使锦州银行实际的不良贷款率和关注类贷款率逐年攀升，但根据经济观察报的相关报道，锦州银行的经营层通过向贷款客户尤其是企业类客户提供“借新还旧”便利，用新的贷款供给填补原始贷款缺口，使问题贷款不断变相展期，表面的不良水平维持在1.5%以下。2019年，随着银行的爆雷和后续整顿，银行内部贷款审计发生调整。2018年锦州银行的不良率迅速攀升至4.99%，不良贷款额超185亿元，而2019年年报中不良贷款率更是高达7.7%，相比2017年年末上涨640.38%。

资产质量的迅速恶化使锦州银行的贷款损失准备计提快速增加（见图3－4），占用了锦州银行的资本金，也大幅削减了锦州银行的净利润，是锦州银行2018年大幅亏损的最主要原因。

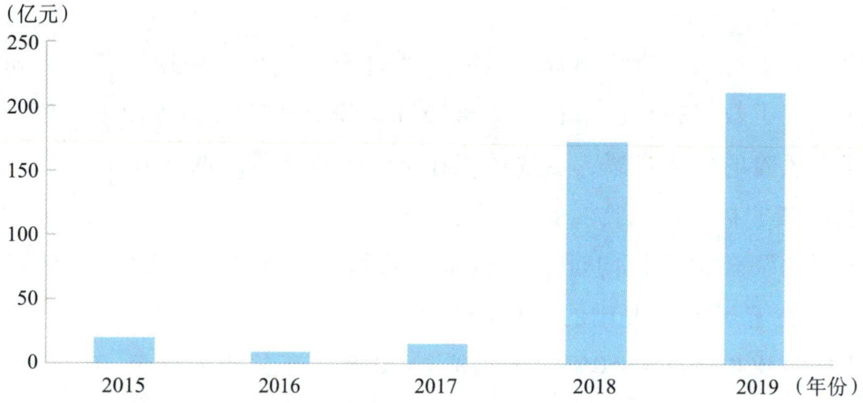

图3－4　锦州银行贷款损失准备计提

贷款集中度方面，对公贷款占据了锦州银行贷款业务超过90%的部分，并且贷款集中度过高，不利于风险的分散。根据2017年年报显示，公司贷款在锦州银行贷款总额的占比达到94.2%，主要集中于批发零售业和制造业，同时前十大借款人的总借款占比为32.29%，远高于同行业水平和监管标准要求。2018年，或许是由于重要客户出现了爆雷，贷款集中度指标回落明显，前十大借款人占比降至6.9%，但对公贷款比重过高的问题依然亟待解决。

（三）负债端高度依赖同业资金

在负债端，锦州银行出现的最大问题是高度依赖同业资金，同业负债占比过高。根据资料显示，锦州银行热衷于扩张同业负债规模，而主要动力在于为贷款业务和金融资产投资提供所需资金。但同业负债的过度依赖会导致银行杠杆率的提升，流动性风险的积聚和银行间依赖性的增强，而且同业负债往往会成为资金在金融体系内部空转、金融主体进行监管套利的渠道。央行已经通过 MPA 考核体系对商业银行的同业负债行为进行了规范。锦州银行 2018 年年末同业负债占计息负债的比率为 21.1%，低于央行的限制水平，但相比其他 A 股及 H 股上市银行或城商行而言，依赖度依然较高（见图 3－5）。

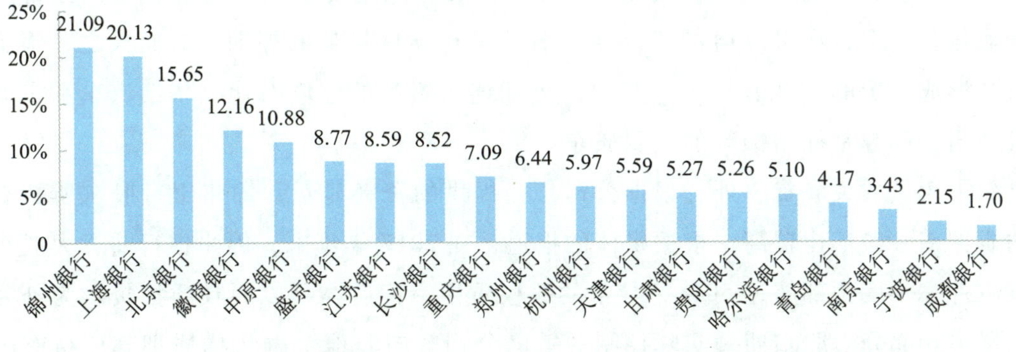

图 3－5　2018 年上市城商行同业负债/计息负债水平对比

2019 年下半年，锦州银行所负担的大量同业负债项目资金同时到期，根据 2018 年年报的显示，公司在 2018 年年末持有的 3 月至 1 年到期的债务在所有期限中占比最高，达到 39.61%。同时，风险事件发生后，多家同业机构选择集中提前支取在锦州银行的未到期资产，使锦州银行最终产生了较为严重的流动性危机。

（四）资本短缺和公司治理严重失衡

锦州银行的资本充足率与《巴塞尔协议Ⅲ》要求的资本充足率相差甚远。从 2012 年起，银行的资本质量总体处于下降趋势，参股企业连续爆雷导致的资产质量下跌和资金来源的相对短缺，让自有资本扩充成为燃眉之急。2018 年，银行的资本充足率为 9.12%，核心一级资本充足率也仅有 7.43%，在国内所有的大型上市城商行中排名末位，且随着资产处理的推进还在下降。

其实，资本短缺只是外在表象，内部治理严重失衡所导致的公司利益损失，是藏匿于资本短缺背后的内在问题源头。前文已经提到，锦州银行的股权高度分散，各主要股东（包括 H 股股东在内）的持股比例均未超过 5%，不合理的股权结构导致权力过度集中于管理层，张伟作为锦州银行的实际决策人，决定着银行资金的来源和流向，也决定着公司的人事聘用，“锦州银行中张伟认可的人，退休后都到了中企发”①。然而，在这样“一言堂”的治理环境下，除去锦州市财政局所持有的部分股份，锦州银

① 资料来源：财新数据通：专享资讯，https：//database. caixin. com/2019－12－19/101496028. html。

行的股权尤其是内资股几乎都被各类民营企业所掌握，而且大股东的变动很是频繁。为何民营企业股东依然会如此积极地选择参股锦州银行？

深层次的原因，其实是银行与股东企业之间的内外勾结。民营企业尤其是问题民企，作为资金的重要需求者，在参股银行的过程中极容易由于监管的缺失而滋生违规行为，民企股东通过向张伟等人提供好处，就可以以更低的成本和更宽松的条件从银行套取信贷资金，还可以通过“借新还旧”进行不良贷款的展期，久而久之，银企双方就会形成固定的“相互服务”机制。近期连续爆雷的宝塔石化、华泰汽车和东旭集团等公司，都曾是锦州银行的重要股东。

除去大量的关联贷款外，根据公司年报提供的资料显示，锦州银行股东所持有股权的质押率一般都比较高。根据媒体的报道，在2017年年末，锦州银行前五大股东的股权质押率一度全部超过50%，异常的股权质押率背后，是以股权质押贷款为外壳的资金侵占：部分大股东通过实际控制的关联公司，向其他金融机构质押其所持有的锦州银行股权获得借款，其他金融机构再将相应的股权质押贷款受益权包装成理财产品卖回给锦州银行（见图3－6）。一旦贷款违约形成，机构代替股权质押者成为银行股东，最终损失依然由锦州银行承担。[①] 或许，这样的变相贷款机制可以为锦州银行极高的受益权转让计划比例提供一定的解释。

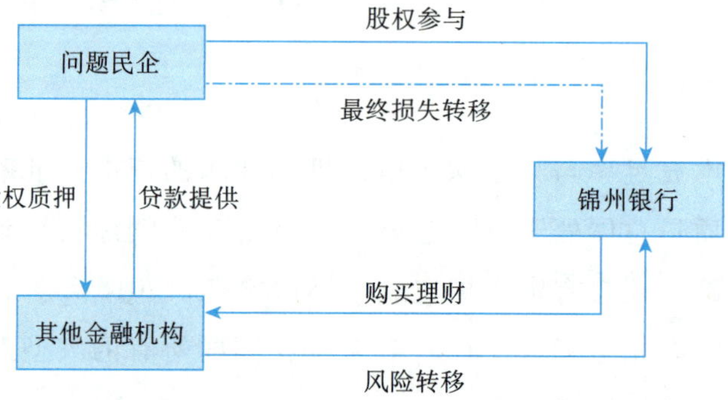

图3－6　锦州银行参股股东的股权质押贷款流程

五、锦州银行风险处置

在风险集中暴露之后，锦州银行的危机如何化解，正常经营能力如何恢复，成为了备受业界和学术界关注的话题。央行向锦州银行提供紧急流动性支持，在短期内能

① 资料来源：新浪财经，https：//baijiahao. baidu. com/s? id = 1653434033930596030&wfr = spider&for = pc。

够缓解锦州银行的流动性风险，但类似的操作“治标不治本”，无法改变锦州银行不合理的内控结构。

锦州银行长期累积的内控问题，需要全方位的内外改革进行排解。随着锦州银行发布相关公告并引入战略投资者，该行正式开启了艰辛的自救历程。直到2020年年底锦州银行宣布重组工作取得阶段性胜利。在这长达一年的时间内，锦州银行多措并举，妥善地处置了银行内部长期积聚的金融风险。依据锦州银行发布的通知公告，可以对其重组工作进行时间上的梳理：

2019年7月28日，锦州银行成功引入三家战略投资者：工银投资、信达投资和中国长城资产。此前的7月25日，锦州银行已声称在与多家大型机构接触，意愿引进战略投资者。中国工商银行的子公司工银投资出资不超过30亿元人民币受让部分内资股股份。此举可以视为工行子公司具有战略意义的财务性投资，也可以视为对锦州银行的一次资本救济，相应的企业投资风险已经与工行母公司实现隔离。入股程序完成后，工银投资持股比例达10.82%，成为第一大股东。

2019年8月2日，锦州银行发布公告称，时任行长刘泓辞任，代表银行的人事重组全面启动。8月5日，锦州银行再度更换了4名高层管理人员，新任行长郭文峰，副行长康军、杨卫华，首席财务官余军正式就职上任。同年9月，基于引入新股权投资者后股权架构发生的重大变动，锦州银行对董事会进行了进一步改选，同时也对内部经营管理进行了全面整顿。

2019年8月30日，公司2018年年报历经两次拖延，终于成功出炉。报告显示，该行2018年归属母公司的净利润亏损高达45.93亿元，净利润同比暴跌151.2%。与此同时，公司的资产质量严重下滑，不良贷款率达到4.99%。

2019年11月15日，重组完成之后的第一次董事会结束，张伟正式卸任董事长，由原工行总行信贷与投资管理部总经理魏学坤接任，标志着这一阶段的高层改组基本结束。12月，张伟病故，而关于锦州银行的许多秘密，也随着他的离去而一同消失在世间。锦州银行人事变动情况如表3－2所示。

表3－2　人事重组中的管理层主要变动

姓名	原任职	新任职
魏学坤	工行总行信贷与投资管理部总经理	锦州银行董事长
郭文峰	工行辽宁分行副行长	锦州银行行长
康军	工行沈阳分行副行长	锦州银行副行长
杨卫华	中国信达辽宁分公司副总经理	锦州银行副行长
余军	工行马鞍山分行副行长	锦州银行首席财务官

2019 年 12 月 27 日以及 2020 年 4 月 1 日，由于业务整改和资产重组的原因，锦州银行再度两次在香港联交所公布暂时停牌。银行方在公告中表示，在监管部门和各方机构的参与和帮助下，其所筹划的资产重组能够提升资产品质，完善资本充足性要求及其他资本配置要求，提升该行的风险抵御能力和风险管理水平，重新建立科学的公司治理架构。

2020 年 3 月 31 日，锦州银行与北京成方汇达企业管理有限公司成功订立资产处置框架协议，成方汇达支付 450 亿元购买锦州银行 1500 亿元债权资产。在该项资产中，54% 为锦州银行持有的若干信贷资产，46% 为受益权转让计划。

同一时间，锦州银行认购了由辽宁金融控股集团有限公司及锦银管理合伙企业发行的本金 750 亿元的定向债务工具，支付款项义务予以豁免。此外，锦州银行拟向两家公司进行股权的定向增发，以补充资本金。随后的 4 月 6 日，锦州银行股票复牌，7 月 27 日，锦州银行宣布已成功完成前述资产处置事项。

2020 年 10 月 9 日，锦州银行完成 62 亿元内资股的定向增发，增发资本额总计 120.9 亿元，引入成方汇达和辽宁金控两家公司作为新的主要股东（见图 3－7）。定向增发完成之后，在扩大化的股本总额中，成方汇达持股 37.69%，成为锦州银行第一大股东，辽宁金控持股 6.65% 紧随其后。

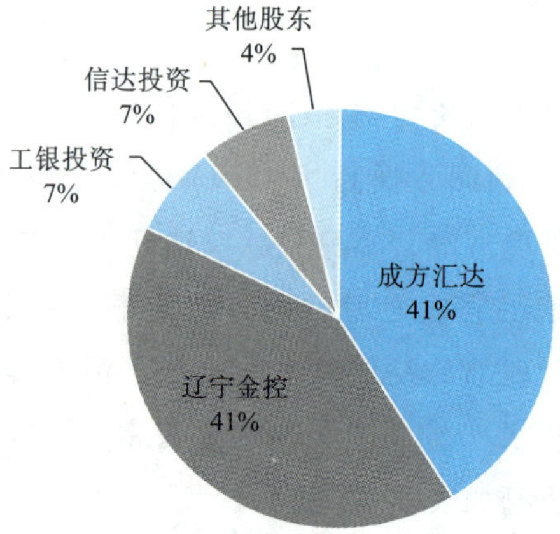

图 3－7　锦州银行定向增发后的内资股股东结构

综合图 3－8 中上述锦州银行的重组操作，锦州银行的风险处置主要采取的方式包括：（1）引入战略投资者；（2）更换公司管理层；（3）不良资产处置；（4）定向增发补充资本金。锦州银行灵活运用这四种方式，通过一系列的重组操作，成功地将前期积聚的风险逐步有序的化解。

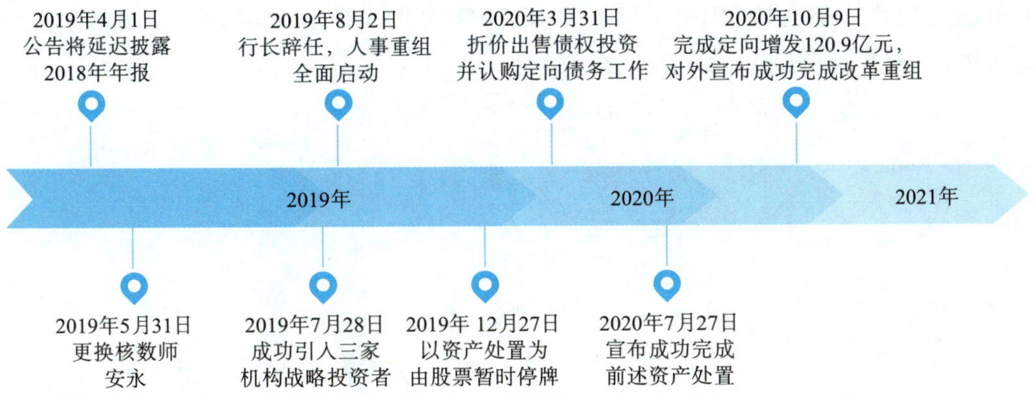

图3－8　锦州银行风险处置事件流程

六、锦州银行现状

自2019年7月25日起，锦州银行实施了一系列操作以化解金融风险，伴随着增资扩股相关事项在2020年10月9日正式完成，锦州银行的改革重组取得了阶段性胜利。当前锦州银行的发展中表现出一些新的特点。

（一）锦州银行当前财务情况

从财务状况来看，受益于风险处置的完成和资产质量的明显好转，锦州银行在2020年上半年首次实现了扭亏为盈，这是一个重大利好消息。同时，股权结构在风险处置后也得到了充分分散。但是锦州银行的净息差持续收窄和中间收入急剧下降是两个有待解决的难题，在此背后也表现出锦州银行深层的发展困境。

1. 信贷资产质量明显好转

如前文所述，不良资产暴露是锦州银行巨额亏损的主要成因，而众所周知，这也引发了银行与审计的意见冲突以及安永审计师的辞任。在安永审计师离任之后，内资背景的国富浩华（香港）被委任为下一任审计师，对银行的贷款质量进行重新评估。国富浩华审计后的财务报告显示，在2018年185亿元不良贷款的基础上，2019年锦州银行不良贷款余额进一步增至376.85亿元。

在两轮资产重组过程中，锦州银行加大了不良资产的处置力度，对巨额的不良资产进行了核销以及剥离，成果卓著。2020年上半年，锦州银行不良贷款率从2019年年末的7.7%大幅下降至仅有1.94%，该比率与银保监会所公布的2020年上半年国内银行业的总体平均不良率基本持平（见图3－9）。同时，锦州银行未计入不良贷款范畴的关注类贷款比率也从2019年年末的15.36%大幅下降至5.88%。翔实的数据证实了锦州银行信贷资产质量的实质性好转。

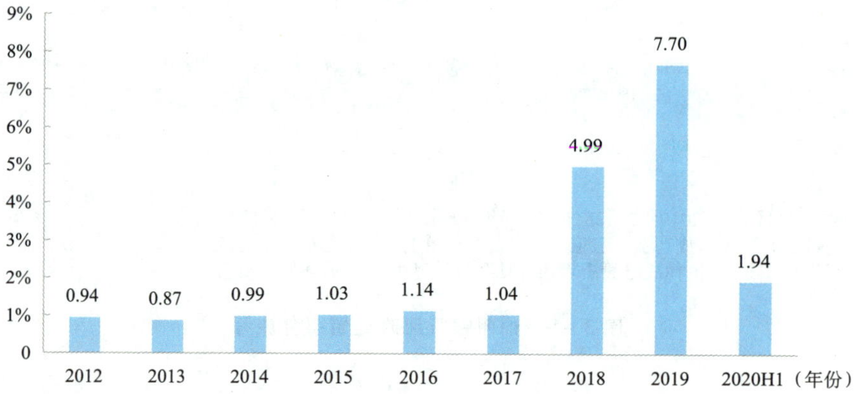

图3－9　锦州银行不良贷款率变动

2. 净利润首度扭亏为盈

在连续亏损两年之后，2020年的锦州银行终于迎来了盈利情况的好转。银行公布的中报显示，锦州银行该年上半年实现净利润共计4.07亿元，一举翻覆了爆雷事件发生以来的连续亏损局面。

从陷入危机泥潭到重新扭亏为盈，锦州银行成功“翻身”的最主要原因，无疑在于大刀阔斧进行资产重组后，资产质量的显著提升。上文已经提到，2018年，锦州银行归属于上市公司股东净利润出现了45.93亿元的巨额亏损，而导致这一局面出现的根本原因其实是快速暴露的不良资产，金融理财损失频现，不良贷款数额急速上扬，造成资产减值准备计提以及利润折损相应上升。如图3－10所示，2018年锦州银行的贷款损失准备计提金额为174.9亿元，2019年该数额再次涨至211.8亿元，而在2020年上半年，这一数字迅速下降至35.1亿元，锦州银行的盈利水平随之显著提升（见图3－10）。

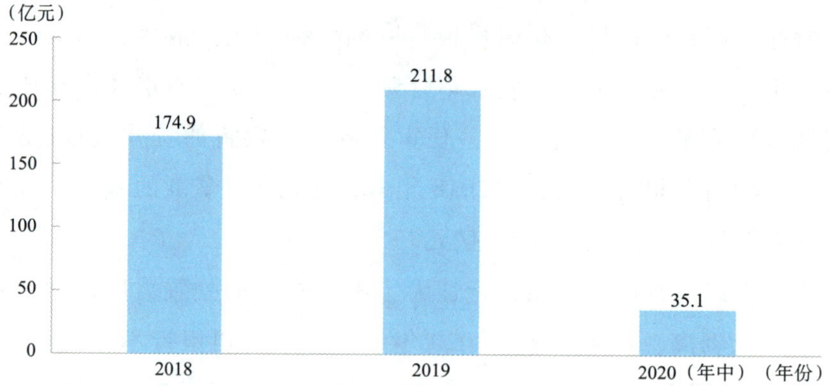

图3－10　风险处置后的贷款损失准备计提变化情况

3. 净息差持续收窄

净息差反映了商业银行的定价能力，是资产收益率与负债成本间差异的良好指标化反映。锦州银行的净息差在近五年连续收窄（见图3-11）。净息差从2016年的高点3.67%一路下滑至2020年中报的1.59%，下降幅度超过50%。即使是在资产重组后的2020年上半年，净息差依然不见回升，说明风险事件对该行定价能力的长期影响仍未完全消散。

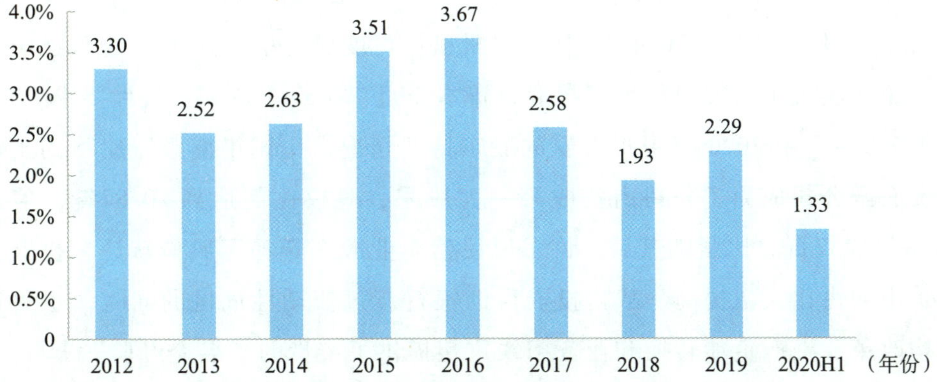

图3-11　锦州银行净息差变动

锦州银行当前仍然面临着生息资产收益率下降、负债成本上升的尴尬困境。2020年上半年，锦州银行生息资产收益率仅为5.49%，相比2019年下降64个BP。一方面，受资产质量大规模滑坡事件影响，银行再进行信贷展业必然会格外审慎；另一方面，锦州银行属地的经济发展状况依然较差。因此，仅依靠公司自身的改善，难以抵消外部环境的不利影响。

同时，受到流动性危机的连带影响，资产端收益率未见向好，锦州银行的负债成本却在继续上升。锦州银行的计息负债成本从2019年的3.84%快速上升至2020年上半年的4.16%。爆雷事件限制了锦州银行获取流动性的渠道广度，也打击了其他机构短期内与锦州银行进行金融合作的信心，锦州银行的“伤口”显然还需要通过长时的修养来愈合。

4. 中间业务收入急剧下降

锦州银行的中间业务收入水平在风险事件发生后，受社会舆论的影响急剧下滑。非利息收入占银行总营收数额的比重仅为6.08%，在全国的商业银行对比中排名最末位。

从各业务分类的详细数据来看，锦州银行2020年上半年来自承销以及咨询的服务费大幅下降了94%，仅为238万元。企业通过锦州银行办理结算的业务量也在下降，幅度达到62%。中间业务客户资源的短缺，加重了锦州银行在恢复期的经营负担。

5. 资本充足率合规，股权结构合理

锦州银行的资本充足率因公司治理和信用问题的持续缺陷，长期未满足监管部门的规定标准，2019 年的情况甚至于之前更差。进入 2020 年，随着资产类型的逐步置换、不良资产的剥离和增资扩股、定向增发的有序进行，锦州银行的资本管理条线逐步恢复。据 2020 年中报数据显示，锦州银行的核心一级资本充足率、一级资本充足率、资本充足率分别为 5.50%、6.94%、9.06%，虽然仍未满足监管标准，但相比 2019 年则有所提升。在 2020 年 10 月，锦州银行再度成功引入成方汇达和辽宁金控两大国有股东，实现了大规模的增资扩股，资本充足率也终于达到合规性要求。

根据表 3－3 中 2020 年中报披露的股东持股情况，中国工商银行旗下的工银金融资产投资有限公司成为了公司内资股第一大股东，股权比例达到 10.82%，信达投资以 6.49% 的股权百分比紧随其后。许多原民营企业股东选择了股份转让，投资公司在主要股东中的占比大幅提高，战略投资帮助银行渡过流动性危机的同时，也为银行的治理结构改革、资产负债转换和业务条线重塑提供了宝贵的“名企经验”。

表 3－3　　2020 年上半年锦州银行前十大股东信息

股东名称	股份类别	持股总数（股）	股权百分比
工银金融资产投资有限公司	内资股	841822258	10.82%
信达投资有限公司	内资股	505093350	6.49%
中国长城资产管理	内资股	336728900	4.33%
银川宝塔精细化工有限公司	内资股	250000000	3.21%
香港华丽有限公司	H 股	247042000	3.17%
锦程国际物流集团股份有限公司	内资股	213507565	2.74%
徐州中安矿业服务有限公司	H 股	201700000	2.59%
北京京元万隆投资管理有限责任公司	H 股	200000000	2.57%
上海绿地弘途投资发展有限公司	内资股	150000000	1.93%
北京城建投资发展股份有限公司	内资股	130000000	1.67%

（二）投资者情绪

在锦州银行完成改革重组之后，其实现了两年以来首次扭亏为盈，这一重大利好消息也被市场充分认可。在 2020 年 8 月 31 日，锦州银行（0416. HK）公布上半年业绩，在之后的三天中，锦州银行的股票大涨。如表 3－4 所示，2019 年 8 月 31 日至 9 月 2 日三天间的累计涨幅达到 84.36%，证明锦州银行的业绩转好极大超出了投资者的预期，投资者情绪向好发展。

表3-4　　锦州银行股价变动情况

日期	收盘价（HKD）	涨幅
2020年8月31日	3	39.53%
2020年9月1日	4	33.33%
2020年9月2日	4.46	11.50%
累计（%）	—	84.36%

但是，对于这家刚从风险事件的风口浪尖走出的中小银行，投资者是否对其未来的发展依然保持乐观呢？答案是否定的。2021年2月6日，阿里巴巴司法拍卖平台显示，锦程国际物流集团股份有限公司持有的9000万股锦州银行股权和大连长兴岛绿城发展有限公司持有的600万股股权共同拍卖，因无人报名参与而最终流拍（见图3-12）。2月24日，上述股权的第二次拍卖结束，最终依然无人问津从而流拍。

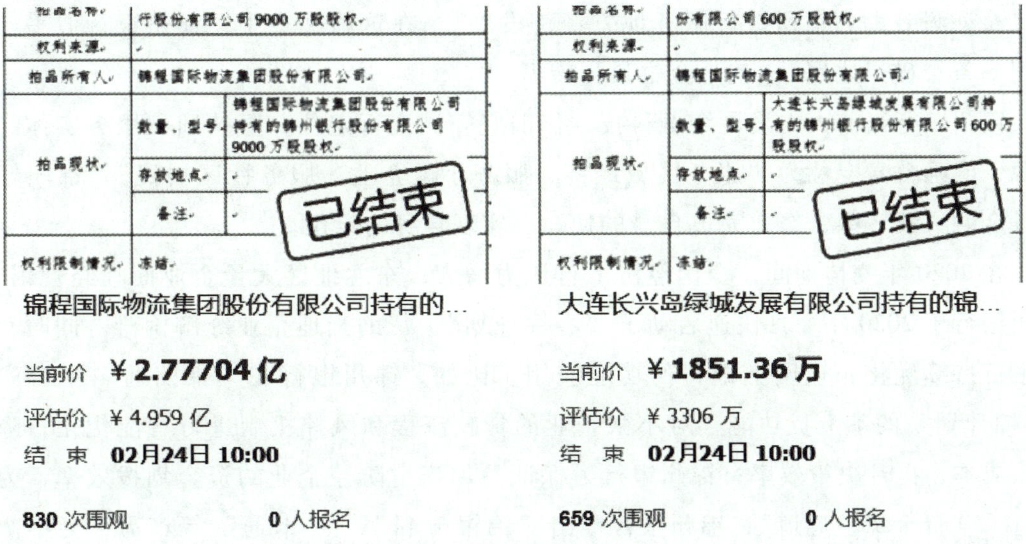

图3-12　锦州银行股权拍卖情况

（三）锦州银行发展困境

锦州银行既然已经妥善地处置了前期积聚的风险，那么银行未来的发展看似是一片光明的。那么股权为什么会流拍呢？这可以从财务数据中找到答案。前文已经分析过，锦州银行当前的财务状况中，存在两个隐患：净息差持续收窄和中间收入急剧下降。当地经济的不景气、企业资质较差叠加前期风险事件的残留影响共同挤压着锦州银行的收入端。

风险事件的影响会逐步减弱直至消失。然而，锦州银行“扎根当地”发展，短期内却很难突破地区经济条件和企业资质的外部约束，这也是锦州银行当前面临的发展困境——在中小银行“回归本源”的大背景下，如何在劣势的外部条件下推进自身发展？

事实上，锦州银行或许陷入了一个两难境地。如果锦州银行重新走回“激进发展”的老路，那么当地的经济条件和企业资质似乎并不能支持锦州银行良好的发展。然而，如果锦州银行“听天由命”，对当地资质较差的企业拒绝提供信贷，那么这又与中小银行“回归本源”、大力开展普惠金融业务的发展定位相背离。

风险处置已然告一段落，锦州银行未来发展应该何去何从？

（四）锦州银行金融科技转型

2020 年 6 月，锦州银行董事会在《中国金融电脑》2020 年 06 期上刊登文章，名为《金融科技助力锦州银行服务地方经济发展》。在这篇文章中，锦州银行似乎已经找到一条“破局之路”，就是金融科技转型。

锦州银行当前大力发展金融科技，仍旧坚守城商行定位，坚持回归服务实体经济本源，明确自身定位为“服务区域经济、服务小微企业、服务社区居民”。锦州银行推进金融科技转型，努力完成自身的使命，实现自身的定位。

在 2020 年疫情期间，全国经济下行压力增大，东北地区大量企业面临经营困难，锦州银行于 2020 年 2 月快速启动了“春锦计划”，帮助当地企业纾解困难。同时，锦州银行持续优化企业网上银行的功能应用。比如，锦州银行在“锦州通”平台实现“春锦计划”的掌上贷功能，对小微企业的贷款流程和风控机制进行智能优化，降低贷款成本，提升决策效率；锦州银行为保证参加疫情防控企业的资金划拨效率，为其打造了“资金绿色通道”；锦州银行推出“锦银 E 付”“一卡通”等产品，为小微商户提供 7×24 小时全天候在线智能客服；锦州银行还在线上开拓了“1+N”供应链金融服务平台，以现有重点客户为基础运用大数据挖掘上下游客群。

锦州银行同时以高水平的金融科技助力“智慧城市”的打造。锦州银行大力推进锦州市“智慧金融”“智慧支付”“智慧政务”和“智慧生活”系统的构建，支持当地的民生保障和经济发展。

通过一系列的现代化、智慧化、个性化、灵活化服务，改革重组后的锦州银行为企业、为居民、为城市带来了全新的业务体验。锦州银行金融科技转型的成效已经获得了社会各界的一致赞誉，也为未来锦州银行的发展创造无限可能。

七、从锦州银行到中小银行体系

从2019年4月1日延迟披露2018年年报到2020年10月9日改革重组完成，锦州银行事件历时约一年半。综上所述，锦州银行的风险暴露是外部环境变化、内部经营管理不善和参股企业爆雷的综合结果，管理层的不合理经营和违规操作使银行的金融风险长期累积，资产质量欠佳，为事件的出现埋下隐患，而参股股东企业的违约行为和银行、审计两方在贷款事项上的矛盾，构成了最终爆雷的“导火索”。锦州银行事件形成机制如图3-13所示。

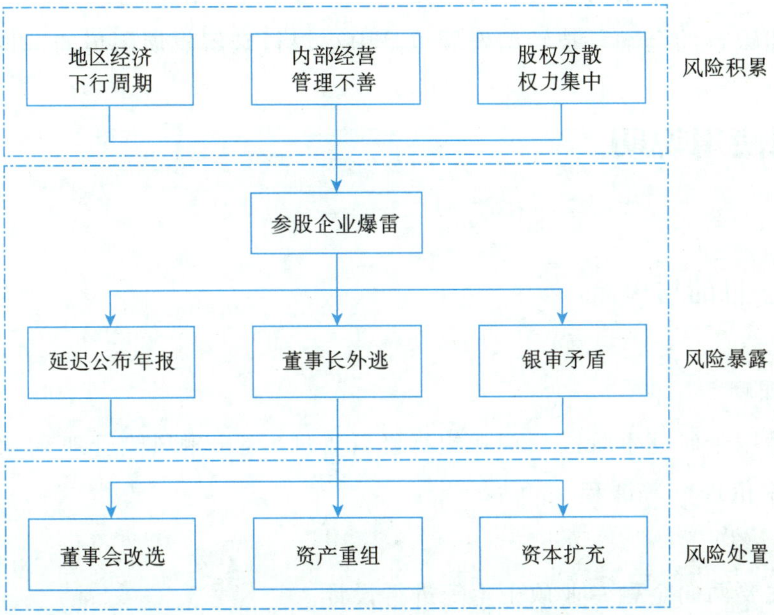

图3-13　锦州银行事件形成机制

在央行救助和锦州银行自身的重组努力之下，该行运用灵活的风险处置手段，使自身走出了危机。然而，风险得到成功化解之后的锦州银行，其未来的发展仍然面临着困境。这种困境根源于客观存在改变的外部环境，也根源于自身中小银行的定位和使命。

事实上，锦州银行风险事件的发生发展也正迎合了整个中小银行体系的发展逻辑。2009~2016年，中小银行快速扩张，在扩张过程中开展了大量的高风险业务，银行体系的风险快速积累。2016年以后，中小银行体系进入强监管周期，先前积聚的风险开始逐步地暴露，暴露的形式各有不同，其中锦州银行风险事件是一个典型的案例，同样典型的案例还有恒丰银行风险事件和包商银行风险事件。三家银行的风险事件和风险处置方式，为下一阶段对中小银行风险处置的工作思路提供了参考。

在《中国金融稳定报告（2020）》的专题讨论中，中国人民银行对锦州银行、恒丰银行和包商银行三家银行的风险处置方式进行了探讨，认为“分类施策，稳妥化解”是中小银行风险处置的根本之道。具体分析，锦州银行采用“在线修复”方式进行了风险化解；恒丰银行采取“地方政府注资＋引战重组”的方式妥善处置了风险；包商银行以“收购承接”方式进行了处置。三家银行面对的风险状况不同，采用的风险处置方式也各自不同。

锦州银行的风险处置是否成功？这一点见仁见智。但毫无疑问，锦州银行在风险处置过程中，其灵活运用的多种方式都是今后中小银行风险处置实践的宝贵经验。重组之后，锦州银行的金融科技转型发展也是中小银行破解发展困境的一种尝试。

案例使用说明

一、教学目的与用途

1. 适用课程

本案例适用于研究生阶段《商业银行经营管理》《金融风险管理》《金融理论与政策》和《金融伦理》等课程。

2. 适用对象

本案例主要面向金融专业硕士生等进行设计。

3. 案例教学目标规划

（1）通过锦州银行的风险分析，帮助学生巩固并应用银行风险管理的相关知识，鼓励学生形成看待问题的长期视角。

（2）通过对锦州银行进行风险建模，培养学生利用关联思维和网络模型解答问题的能力，帮助学生对银行风险的形成机理和传染机制产生更为深刻的理解，进一步认识风险管理和银行监管的重要性。

（3）通过分析锦州银行的风险处置过程，并与恒丰银行、包商银行对比，掌握银行风险事件的处置方式。

（4）通过探讨锦州银行风险处置是否成功，讨论中小银行体系当前的发展问题与数字化转型问题，启发学生关于银行创新的更广泛思考。

4. 案例题目组合设计

本案例为大型案例，旨在培养学生对银行风险事件的全面认知和深度理解。因此，教师在实际教学中，可以依据课时安排和教学进度仅选取部分题目展开教学。

若教师选取部分题目教学，建议选取题目组合为：

（1）组合一：中小银行风险量化。

选取题目：题目一 + 题目二 + 题目三

重点目标：重点通过量化手段分析锦州银行风险，并针对性应用于对中小银行风险处置方式的讨论。

（2）组合二：中小银行数字化转型。

选取题目：题目二 + 题目四 + 题目五

重点目标：重点通过探讨中小银行风险事件影响，认知其当前发展困境，讨论数字化转型的重要意义。

教师可以根据教学计划，具体选择组合一或组合二开展教学。

二、启发思考题与参考分析思路

启发思考题主要用于对案例进行深入的分析，将《金融理论与政策》《金融风险管理》《商业银行经营管理》《公司金融学》等相关的理论和金融实践相结合，能用金融理论分析金融实践，并从金融实践中提炼出相应的金融理论。为了让学生能更好地理解和分析本案例，建议同学们在课前阅读与案例教学目标对应知识点。具体而言，学生应提前了解有关锦州银行风险事件的背景资料，阅读《金融风险管理》中有关流动性风险、信用风险等相关知识点；阅读《金融理论与政策》中股票市场波动率的相关知识点；阅读《公司金融学》中有关企业直接、间接融资，企业资产负债表等相关内容；阅读《商业银行经营管理》中与银行业的经营规律、风险化解等相关内容。

案例分析部分，设立5个问题（见图3-14）。问题1总结锦州银行风险事件，深入分析锦州银行风险背后的机理，并定量分析不同风险对锦州银行风险事件的驱动作用。问题2建立模型，深入分析锦州银行如果无法引入战略投资给区域内及银行业带来的影响，进而分析锦州银行风险处置的必要性。问题3探究锦州银行风险处置方式，并在处置方式上与恒丰银行、包商银行进行对比。然而，风险处置的成功并不意味着锦州银行可以“一劳永逸”，问题4从中小银行与中小微企业的关系分析了中小银行的发展困境。最后，问题5总结分析以上问题，为以锦州银行为代表的中小银行提供打破发展困境的思路。

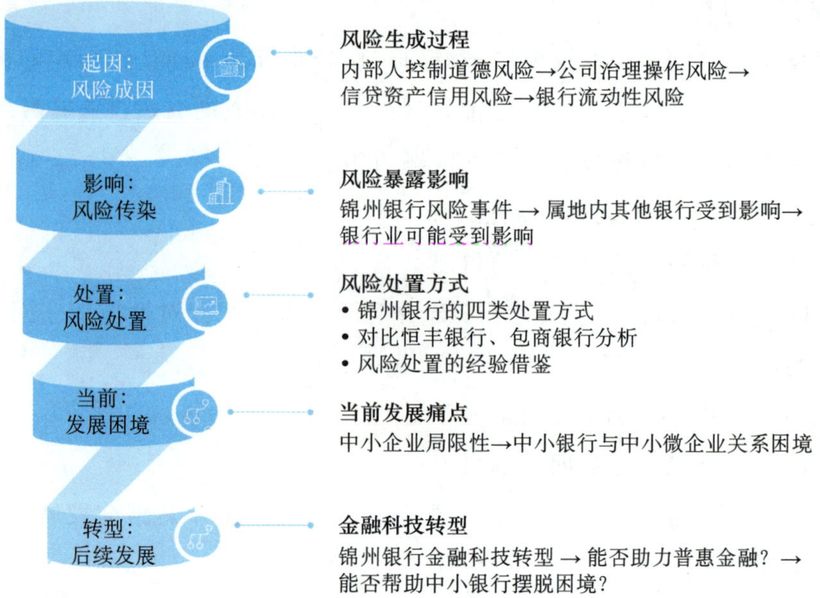

图 3－14　案例分析流程

问题 1：结合案例中锦州银行风险事件的相关资料，试分析哪些金融风险导致了风险事件的最终发生？这些风险之间存在怎样的联系机制？

分析思路：

结合锦州银行经营过程，梳理锦州银行经营过程中的风险分类，并依据具体情况来分析锦州银行各类风险形成的机制。综合定性风险分析，选取适当的银行指标进行量化并进行同业间对比，展现锦州银行的风险状况。

问题 2：本案例中，锦州银行采取了一系列措施来化解风险。请通过构建模型的方式，分析锦州银行风险事件对其他银行的影响及影响水平的变化情况。（可以从区域内和全国两个角度进行）

分析思路：

1. 其一，区域影响分析：利用锦州银行与相关银行的资产负债数据，构建模型，模拟锦州银行“资产损失之后—进行资产抛售—市场价格受到影响—其他银行受到损失”的风险传导过程。通过建立相应的资产损失指标，模拟如果未能妥善进行风险处置，锦州银行是否将对区域内其他银行造成重要影响，分析锦州银行引入战略投资的必要性。其二，全国影响分析：利用上市银行的股票数据，借助事件分析法分析锦州银行的风险事件是否对国内其他银行产生影响。

2. 利用历年资产负债表数据，构建相应的风险指标来展现锦州银行历年风险水平变化情况。

问题3：结合案例中锦州银行风险处置的相关内容，分析重组操作的作用机制，并与恒丰银行风险处置、包商银行风险处置进行对比，寻找差异和深层原因，总结相关经验。

分析思路：

通过梳理案例正文，分析锦州银行在风险暴露后，采用不同风险处置措施的内在逻辑以及背后的原因。并从风险的生成根源、风险的暴露形式以及风险水平的不同来总结不同风险处置方式作用于不同风险状况银行后的作用效果，总结区别处置不同风险的重要性。

问题4：结合案例中锦州银行风险处置后的现状，尝试结合问题1、问题2讨论风险处置的有效性？（可从多个角度进行）试探讨锦州银行未来发展中存在的问题。

分析思路：

利用正文的案例分析，梳理锦州银行风险处置情况，并从盈利表现、二级市场表现、银行风险表现等角度分析锦州银行的风险处置结果是否有效。结合锦州银行风险处置的结果，分析锦州银行发展受限的原因，例如：当地经济不景气、中小企业资质差。并分析锦州银行面临发展困境，例如：若回归本源，中小微企业信用风险高；若不回归本源，则违背政策导向。

问题5：结合案例中锦州银行所做的金融科技转型，请讨论金融科技转型是否有利于锦州银行的长远发展？尝试利用理论模型进行说明。

分析思路：

综合问题4中锦州银行面临的发展困境，分析科技转型能否帮助锦州银行破解发展困境。建立适当的模型，从控制信贷风险和增加对中小微企业信贷数量的矛盾点中，分析金融科技的发展能否帮助锦州银行等中小银行在普惠金融的道路上持续发展。

三、理论依据与分析

（一）分析风险及联系机制

结合案例中锦州银行风险事件的相关资料，试分析哪些金融风险导致了风险事件的最终发生？这些风险之间存在怎样的联系机制？

理论分析：

结合正文第2部分所描述的风险事件流程、正文第3部分对事件成因的分析，说明锦州银行的风险类别构成；采用银行指标的量化整理和同业间对比，完成风险的量化分析。

具体分析：

依据《巴塞尔协议Ⅲ》涉及的银行风险监管表述和目前各国监管部门对银行金融风险的分类，商业银行面临的风险类型主要可分为信用风险、市场风险、流动性风险、操作风险等细分项。通过对案例的全流程分析我们认为，导致锦州银行经营管理情况逐步恶化的风险类别，可以大致归纳为信用风险、流动性风险、道德风险、操作风险和声誉风险五项，其中前四类风险集中形成于事前，声誉风险主要形成于事中。风险成因与风险类别间的相互联系如图 3－15 所示。

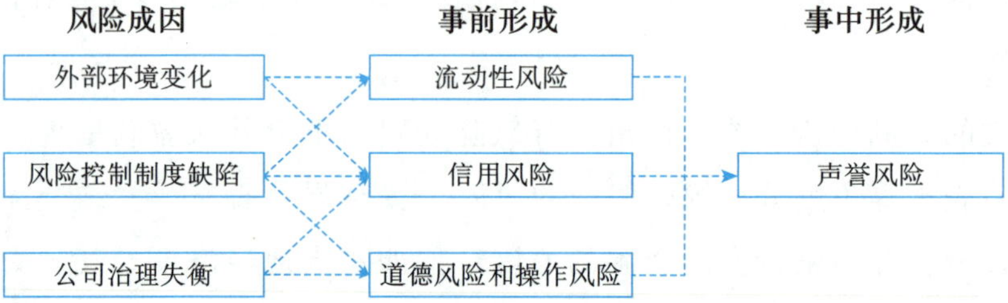

图 3－15　锦州银行的风险成因与风险类别

1. 信用风险

信用风险一直都是银行需要应对的核心风险类型之一，锦州银行也不例外，信贷和金融投资共同占据了该行 90% 以上的资产规模。银行所面临的信用风险源于上述三项风险成因的综合作用，可以视为事件发生的直接风险源和催化流动性风险等产生的间接风险源，在事件风险传导链中居于重要地位。

首先，锦州银行的信用风险积聚体现在其提供的关联贷款中。银行向参股股东实际控制的企业提供贷款支持，实质上属于关联贷款，而后企业的爆雷便会导致关联贷款的偿还难以保证；同时，贷款业务的对象也过于集中，少数大客户承担着大部分的贷款，少数个体违约便可以对整体资产质量产生显著影响。分析关联贷款需要采用更为独特的视角，与关联贷款相关的信息不对称不同于一般贷款（见图 3－16），是银行经营者和借款人共同作为信息优势方，对其他利益主体进行的逆向选择和利益转移。

其实，在经济周期下行的宏观背景下，不良贷款率的上升在国内商业银行，尤其是主要发放小额贷款的城商行中已较为常见。锦州银行业务主要面向锦州地区，区内第二产业表现不佳，对于锦州银行的业务开展势必产生不利影响，叠加银行本身的经

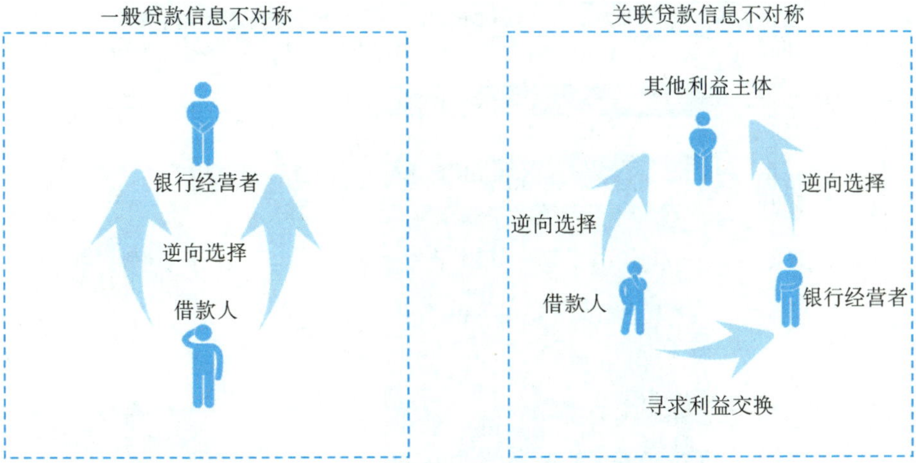

图 3-16　一般贷款与关联贷款的逆向选择问题

营缺陷，资产内部蕴含的风险大概率会逐渐释放。但是，从案例提供的数据来看，银行的不良贷款率虽然逐年上升，但在延迟公布年报之前似乎并未出现太大的异常，其中的原因又如何挖掘？

"借新还旧"机制的存在，是破解迷局的关键所在。信用风险累积机制关联贷款（见图3-17），通过向有违约风险的企业提供新的贷款，来弥补已有的偿还缺口，原始的不良贷款额就被转化为未到期的正常贷款余额，贷款总额基本不会改变，风险也相应传递至新产生的贷款之中。不断形成新的贷款，自然需要负债端不断提供资金支持，贷款的信用风险实质上由负债端新的债权人承担。而以监管指标等"硬信息"为重点的银行监测，是难以发现锦州银行经营"软信息"中存在的类似问题的。然而，"借新还旧"等行为并不能将信用风险转移至银行体系之外，随着违约事件的频繁化和银行财务审计标准的改进，不良资产处置的影响终于体现在延迟公布的年报之中，锦州银行的不良贷款率从2018年中报的1.26%，飙升至2019年年报的7.7%。

其次，锦州银行的信用风险积聚还隐藏于其所持有的理财产品等金融资产当中。在锦州银行所持有的其他机构理财产品中，较多产品最终资产池的主要构成，是其他机构以锦州银行股东企业作为贷款对象提供的信贷资产的受益权。如股权质押贷款（见图3-18），这些理财产品所面临风险实质上与锦州银行的本行关联贷款相似，信用问题是否会发生，根本上取决于企业是否具有还款保证。其他金融机构将贷款的受益权出售给锦州银行之后，一旦贷款的偿还出现问题，基于表外理财的非保本性质，相应的风险也会通过理财业务转移回锦州银行。因此，最终的损失依然由锦州银行承担，导致锦州银行总资产规模萎缩，资本充足率降低。

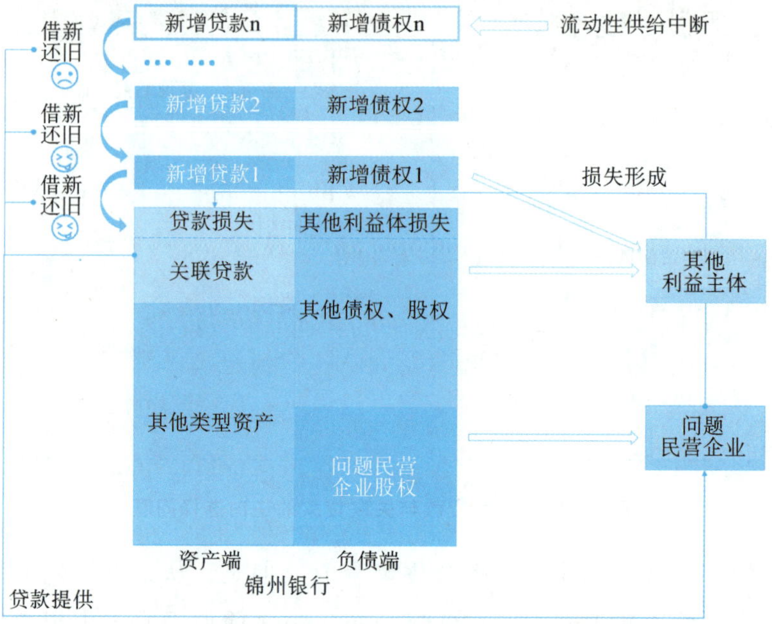

图 3-17　信用风险累积机制——关联贷款

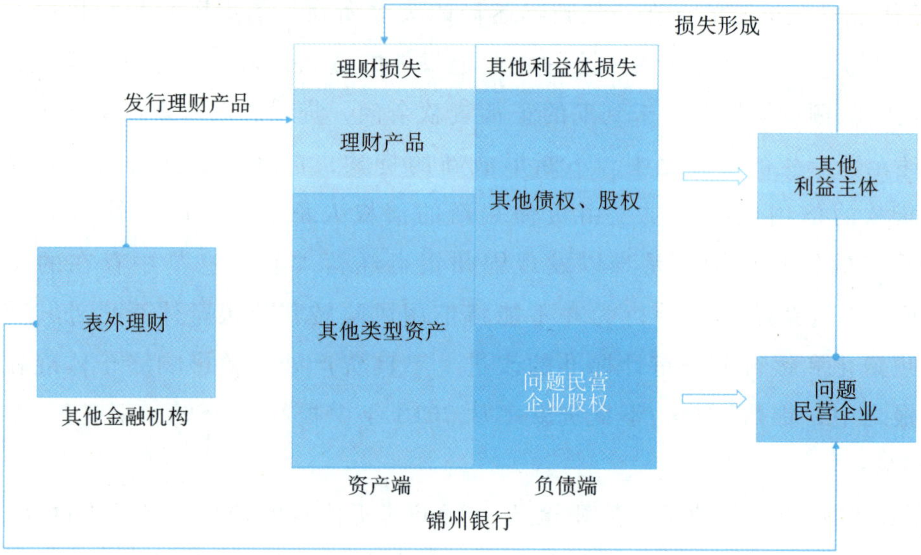

图 3-18　信用风险累积机制——股权质押贷款

2. 流动性风险

首先，锦州银行的流动性风险累积源于银行资产端和负债端多重因素的共同作用。

资产端的流动性约束主要集中于资产质量的抵补需求。在锦州银行如履薄冰的“高不良资产率+借新还旧”的机制下，一旦公司自身的借款能力受到约束，现金流供应就会被切断，导致公司的现金资产急剧减少，资产质量缺口难以成功抵补。在此案例中，对锦州银行的信任危机构成了借款能力的主要限制，使锦州银行难以通过新增贷款等方式，继续延迟资产质量损失的显化。

负债端的流动性约束主要集中于对同业负债的过度依赖。锦州银行的同业负债率在 19 家国内上市城商行中排名第一，远高于银行业平均同业负债水平。同业负债的期限一般短于存款负债，而且不稳定性较高，会提高银行自身的脆弱性，加强机构之间的相互依赖，最终促进银行风险的积聚，甚至可能带来局部的流动性风险传染。另外，锦州银行同业负债总体的到期时限也较为集中，危机下恐慌情绪的蔓延更是引致了未到期负债的提前支取现象，加之舆论压力下通过发行同业存单进行资金再筹集的成本大幅提升，千亿元量级的机构间债务重重加压，锦州银行最终陷入了流动性危机的泥潭。

除去资产负债业务的流动性供求失衡，机构自有资本严重不足，降低了抵御风险的能力，导致了流动性恶化情况的出现。锦州银行的资本充足率和一级核心资本充足率均未达到监管部门要求，首先，股权质押贷款操作正在逐步地“侵蚀”银行内资股的实际质量；其次，关联贷款的“借新还旧”操作使银行的负债规模被动上升，撬动了银行的杠杆平衡；最后，决策层野心勃勃，一味将业务盈利用于快速的扩张，银行以自有资本抵补流动性缺口、防范冲击的能力较弱。锦州银行的流动性供需问题分解如下（见图 3－19）。

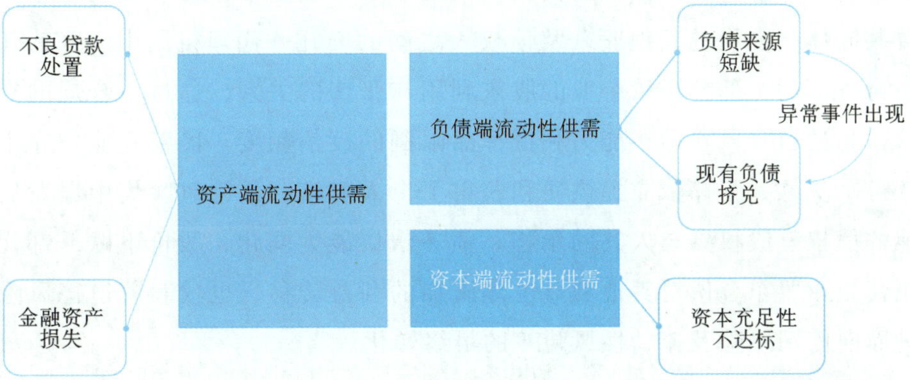

图 3－19　锦州银行的流动性供需问题分解

3. 道德风险及操作风险

操作风险的来源可以是银行内部人员的故意行为，也可以来自银行内部或外部的非故意异常事件。我们之所以选择将操作风险与道德风险放在一起描述，是考虑到相比于非故意事件，故意行为导致的操作风险与内部经营的关联通常更加紧密，因此重大的操作风险暴露往往涉及委托—代理问题下（见图 3－20），某一方道德风险的转化。操作风险和道德风险属于较难量化的部分，处于风险传导链起始层的源头，主要通过显化为其他类型风险的方式发挥作用。

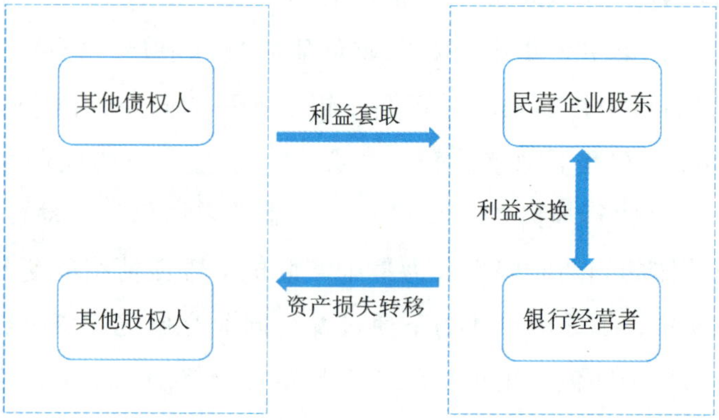

图 3－20　锦州银行内部的委托—代理问题

在锦州银行内部，公司治理问题是操作风险与道德风险的“孵化器”，由股东大会、董事会、监事会和行长经营层构成的权力制衡体系严重失效。张伟作为锦州银行的元老人物和中企发的实际控制者，掌握着公司的实际决策权。在缺乏股东及债权人有效约束的前提下，张伟将锦州银行当成了他个人的“名利场”，与股东进行利益交换的“提款机”。

如图 3－20 所示，锦州银行的委托—代理成本，滋生于管理层及问题企业股东组成的利益共同体与公司的其他股东及债权人之间的委托—代理机制中。张伟任用的心腹遍布银行各部门，部分民营企业的股东利用与张伟的关系，通过不合规的贷款审批程序，获得超过自身风险承担能力和抵押品限制的授信额度。民营企业依靠不相匹配的资质获得了贷款，张伟依靠提供便利获得了个人财富，最终风险集中爆发后的损失则由其他的债权、股权参与人共同承担。债务清偿能力弱化，股价下跌，都代表着管理层和民营企业股东合伙对其他利益主体施加的利益转移，也代表着道德风险向操作风险，进而向信用风险及流动性风险等的最终转化。

4. 声誉风险

声誉风险的形成机理与前几种风险有着显著的不同，主要出现于银行爆雷事件发生之后。之所以将声誉风险也作为本次爆雷事件的风险成因之一，是因为声誉风险会出现效应上的“反弹”，对锦州银行的经营管理形成二次冲击。

在年报延迟公布、“银审矛盾”发生之后，公司未能及时做好外部的舆论公关，直接导致了流动性危机的发生。国内商业银行高管层在制定战略目标时，多以利润导向为主，对新形势下银行的公共事务管理重塑意识不强，内部各条线缺乏声誉管理的相关业务知识，难以应对当下新闻信息传播方式的巨变。锦州银行的决策层一味扩张规模、拓展业务，导致风险控制和业务稽查漏洞百出，未能做好应对舆论危机的准备。

声誉风险的暴露还在继续侵蚀锦州银行的盈利能力和流动性供给能力。声誉风险的外在表现较为多元，除去前面提到过的流动性“挤兑”，根据事中及事后的相关数据显示，在工银投资计划买入锦州银行已发行普通股之后，国有大行的流通股价也出现了下跌，体现了市场对工银投资介入本次风险事件的担忧情绪；银行在危机后的非利息收入直线下降，占比降至全国商业银行末位，说明爆雷事件也直接影响银行中间业务的盈利能力。

通过对上述四种风险的详尽分析，我们也大致了解了各类风险之间存在的内部关联，可以对整个事件的风险传导链条进行总结性的梳理：

公司组织架构和内部控制的失衡，以及管理层存在的道德风险共同引致公司在业务管理上的操作风险，操作风险的长期存续则导致了信用风险和流动性风险的逐步累积；

在事件的短期形成过程中，信用风险集中显露对银行账面指标表现和流动性供应构成压迫，是风险事件的内在驱动，而流动性短缺成为本次风险暴露的直接原因，操作风险显化为银行与审计的意见冲突，构成风险事件的导火索；

声誉风险在异常事件持续发酵的过程中出现，并对银行的资产负债经营活动产生二次影响，流动性状况会因次生信用违约和公开舆论影响而进一步恶化，最终演化成流动性危机。

综上所述，系列异常事件中的风险关联思路可以整体用流程图展现（见图3－21），其中以实线箭头标示的条线是此次事件中的主要风险传导路径：道德风险→操作风险→信用风险→流动性风险→爆雷事件。在这条链路中，流动性风险和信用风险在风险的形成与转化过程中最为突出，前者是风险事件的内在风险源，而后者是风险事件最主要的外在风险暴露，两者对银行的经营损害无疑最大。

5. 量化分析

在定性分析完成之后，基于上述成果，该如何从数据层面，以量化的形式更充分地体现锦州银行在爆雷事件发生时的个体风险状况？

在上述多种风险构成中，流动性风险和信用风险的地位相对重要，也易于量化。对量化后的信用风险及流动性风险水平进行同业机构间对比，有助于我们证实此类风险异常对于爆雷事件的推动作用。目前我国的银行风险监管指标体系主要由四类指标构成：资本充足性指标、流动性管理指标、资产质量指标和盈利能力指标，采用其中的流动性管理类指标及资产质量类指标来代表两类风险，与其他样本银行进行同业比较，是本部分主要采用的分析思路。依据锦州银行现有数据的特征，具体设定的样本指标如表3－5所示。

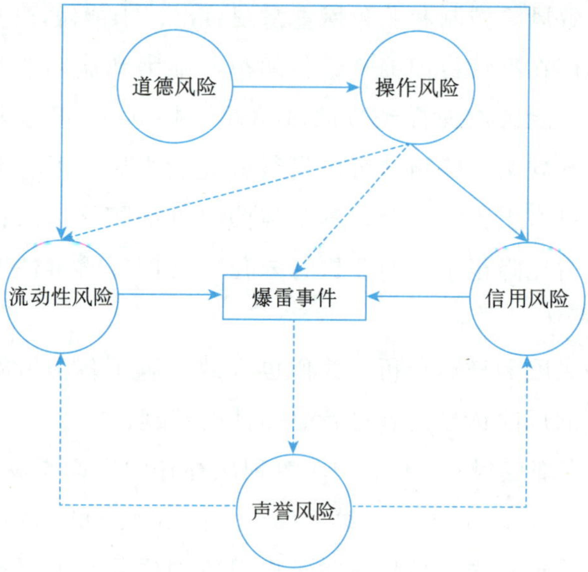

图 3－21　锦州银行爆雷事件的风险传导图谱

表 3－5　上市银行风险水平对比所用监管指标

指标类别	指标名称	指标计算方式	风险相关性
流动性管理	流动性覆盖率	银行优质流动性资产储备与未来 30 日资金预期净流出量的比值	+
	流动性比例	流动性资产余额与流动性负债余额的比值	+
	同业负债率	同业和其他金融机构存放款项与计息负债余额的比值	−
	存贷款比例	各项贷款总额与各项存款总额的比值	−
	资产负债率	账面负债总额与账面资产总额的比值	−
资产质量	不良贷款比率	不良贷款额（包括次级类、可疑类和损失类）与各项贷款余额总和的比值	−
	关注贷款比率	关注类贷款额与各项贷款余额总和的比值	−
	不良贷款拨备覆盖率	实际计提的贷款损失准备与不良贷款余额的比值	+
	单一最大客户贷款比例	银行最大的单家贷款客户贷款余额与银行资本余额的比例	−
	最大十家客户贷款比例	银行最大的十家贷款客户贷款余额与银行资本余额的比例	−

在样本选取方面，截至 2018 年年末在 A 股和 H 股上市的国内商业银行共有 41 家，包括国有银行、股份制银行、农商行和城商行等，除去其中数据缺失严重的部分银行，最终使用的样本银行共 31 家。从 Wind 数据库获取相关数据，并对样本银行的十项指标进行描述性统计，结果展示如表 3－6 所示。

表3-6　　上市银行监管指标描述性统计

指标名称	样本个数	平均值（%）	最大值（%）	最小值（%）
流动性覆盖率	31	158.33	304.42	107.14
流动性比例	31	58.29	86.10	43.80
同业负债率	31	78.68	109.98	49.57
存贷款比例	31	9.27	22.09	0.83
资产负债率	31	92.64	95.01	91.34
不良贷款比率	31	1.59	4.99	0.78
关注贷款比率	31	2.90	16.70	0.55
拨备覆盖率	31	243.39	521.83	123.75
单一最大客户贷款比例	31	4.40	29.78	0.28
最大十家客户贷款比例	31	19.16	42.09	7.33

不同指标与银行风险的相关性不同（见表3-5），因而不同银行的多元指标很难用来进行直接的比较。可以通过主成分分析来解决指标方向不同的问题，即将多个指标“降维”成少数指标，同时尽可能保留原始数据包含的信息。将每个银行的监管指标“降维”至成对数据后，就可以用平面散点图的形式体现不同银行的风险差别。

首先，将31家银行的流动性风险指标五维数据“降维”为二维数据，分别记为Component Ⅰ和Component Ⅱ。经过主成分与原始指标的相关系数分析，可以认为Component Ⅰ与流动性风险水平负相关，Component Ⅱ与流动性风险水平正相关。可以看出锦州银行的流动性风险高于大多数的样本银行（见图3-22），尤其是在Component Ⅱ的水平分析方面，锦州银行仅次于兴业银行。根据原始指标显示，兴业银行的多项流动性指标表现得更为突出，同业负债率更是达到22.09%！

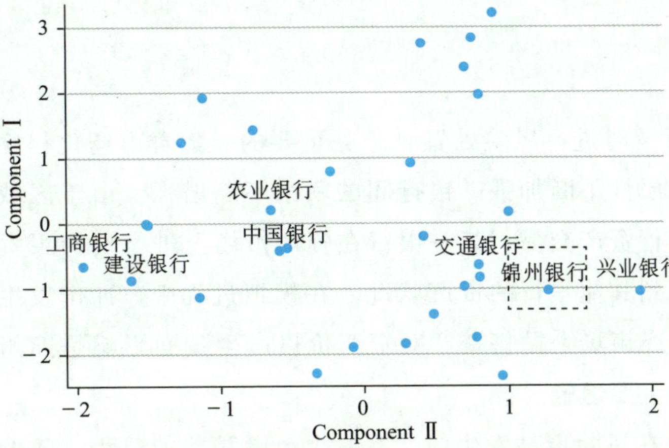

图3-22　流动性指标主成分分析

数据来源：Wind数据库。

采用相同的方法，对银行的信用风险指标进行相关系数分析（见图3－23），Component Ⅰ和银行的信用风险水平呈稳健的正相关关系，但Component Ⅱ和银行信用风险的相关性难以判断。虽然如此，通过对Component Ⅰ的单独分析，依然可以得出锦州银行信用风险水平明显异于其余大部分同业机构的结论。

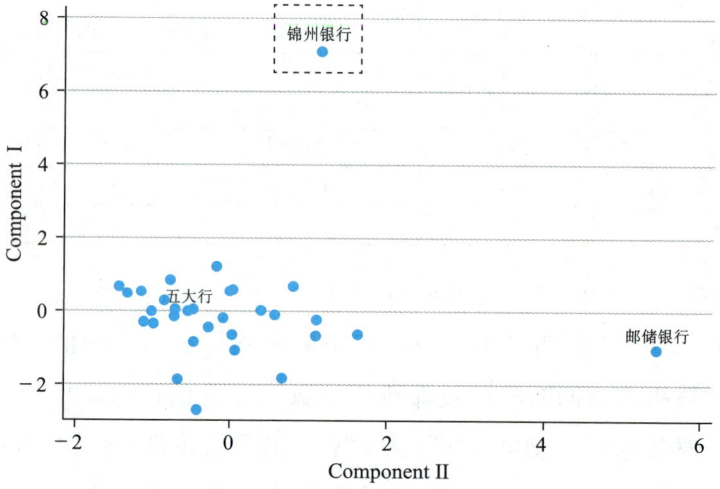

图3－23 信用风险指标主成分分析

数据来源：Wind数据库。

（二）构建模型分析影响

本案例中，锦州银行采取了一系列措施来化解风险。请通过构建模型的方式，分析锦州银行风险事件对其他银行的影响及影响水平的变化情况。（可以从区域内和全国两个角度进行）

理论分析：

（1）锦州银行及时进行风险处置是十分重要的。随着市场化程度的不断提高和商业银行资产业务同质性不断加强，银行间的联系不断增强。由于区域内的银行都在同一个资产市场中进行资产交易，某一银行在资产市场上进行资产买卖会对资产价格产生影响，进而影响到其他银行的资产状况。在模拟过程中，冲击发生后，锦州银行为了维持杠杆，在资产市场上抛售资产对资产价格产生负面影响是锦州银行对区域内其他银行产生影响的主要途径。

（2）锦州银行在风险事件发生前，有一个风险积聚的过程。随着风险处置措施的及时实施，锦州银行的风险水平明显下降。

具体分析分为四个模块。第一部分，介绍Greenwood模型，构建资产损失指标。

第二部分，利用数据来进行冲击的模拟，通过计算未引入战略投资给区域内其他银行造成的较大影响来展现风险处置的必要性。第三部分，利用事件分析法分析锦州银行风险事件对全国上市银行的影响。第四部分，利用 Greenwood 模型，分析锦州银行整体风险水平的变动情况。

具体分析：

1. 建模理论

（1）模型理论。

Greenwood 模型①是包含了银行间直接损失和传染损失的网络模型。其中直接损失是指价格冲击发生后给银行直接带来的资产损失。冲击一般包括资产价格下降等。银行受到一定的直接损失后，银行的资本金下降，为了维持原有的杠杆水平，银行会进行一定的资产抛售。银行进行资产抛售时，市场上该类资产的供给增加，这使资产的价格下降，进而带来一定的损失，这种损失就是传染损失。以下介绍模型构建的各个步骤，注意以下各个步骤中的变量都是相应的矩阵。*diag* 是将向量转换为对角矩阵或者将对角矩阵转换成向量的计算符号。M'表示矩阵 M 的转置，1 表示 $N\times 1$ 的元素都为 1 的矩阵。

阶段 1：直接损失。

假设网络模型中有 N 家银行、K 种银行间共同资产。其中，t 时刻并非实际时间，而是代表风险的形成和传染时刻。具体而言，t 代表信托机构首次遭遇外部冲击的时刻，$(t+1)$ 代表第 1 轮银行网络降价抛售溢出的时刻。A 表示的是资产矩阵，M 为共同资产矩阵，F 为初始冲击矩阵。具体的损失发生过程如下。冲击的发生使银行遭受直接损失。

$$LOSS_t = 1' \times A_t \times M \times F_t \qquad \text{式 (3-1)}$$

直接损失发生后，银行的资本金会对应下降，下降的数量等于直接损失。

$$E_{t+1} = E_t - diag(A_t \times M \times F_t) \qquad \text{式 (3-2)}$$

银行资本金下降后，银行有维持原来杠杆的冲动。调整杠杆水平后，总资产变化为：

$$A_{t+1} = A_t - (I+B) \times diag(A_t \times M \times F_t) \qquad \text{式 (3-3)}$$

总资产变化的数量中包含两个部分，一部分是直接损失导致资本金下降同时总资产下降的数量，即：$I \times LOSS_t$，另一部分是损失发生后维持杠杆而抛售的部分，即 $B \times LOSS_t$。

① Greenwood，R et al.，2015，"Vulnerable Banks"，Journal of Financial Economics.

冲击发生后，资产变化的情况如下（见图 3－24）。

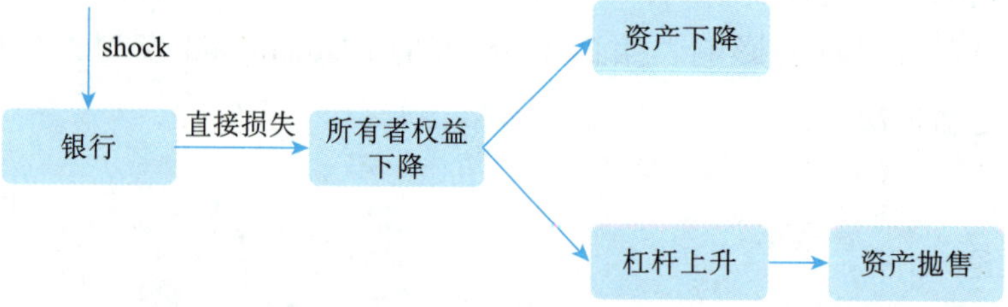

图 3－24　阶段 1 过程

阶段 2：去杠杆抛售＋传染损失。

维持杠杆而进行抛售的资产价值量为：

$$FS_t = B \times LOSS_t \qquad 式（3－4）$$

资产抛售发生后，会引发资产价格的下降，各资产价格下降的比例与各资产抛售的价值量相关。由于资产抛售引起的资产价格下降程度为：

$$F_{t+1} = L \times M' \times FS_t \qquad 式（3－5）$$

资产价格的下降会引起再一次的资产损失——传染损失。传染损失大小为：

$$LOSS_{t+1} = 1' \times A_{t+1} \times M \times F_{t+1} \qquad 式（3－6）$$

以两个银行为例，展示去杠杆抛售以及传染损失发生的过程（见图 3－25）。

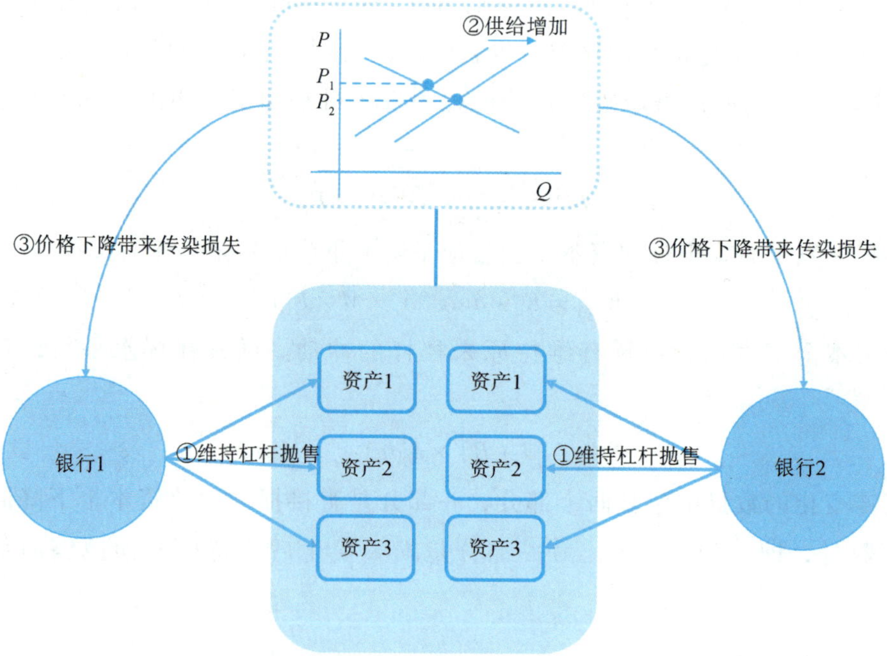

图 3－25　阶段 2 过程

（2）相关指标建立。

基于上述模型理论，我们建立以下指标来描述网络银行中各个银行的重要性、脆弱性以及整个网络损失。

①系统重要性指标。

$$SI(n)=\frac{1'\times A_{t+1}\times M\times L\times M'\times B\times A_t\times\delta\times\delta'\times M\times F_t}{sum(E)}$$

系统重要性指标 $S(n)$ 反映的是银行网络中银行 n 遭受资产价格冲击后，进行资产抛售对银行网络造成的影响程度。δ 是第 n 个元素为1、其余元素为0的列向量。其作用主要是将银行 n 资产抛售提取出来，作为影响资产价格的总抛售，进而计算其产生的影响。

②系统脆弱性指标。

$$SV(n)=\frac{\delta'\times A_{t+1}\times M\times L\times M'\times B\times A_t\times M\times F_t}{E(n)}$$

系统脆弱性指标 $S(n)$ 是用整个银行网络中银行 n 的总损失与银行 n 所有者权益之比，反映出银行 n 在传染损失发生的过程中自身受到的影响。

③系统影响性指标。

$$IM(n)=\frac{\delta'\times(A_{t+1}\times M\times L\times M'\times B+I)\times A_t\times M\times F_t}{E(n)}$$

系统影响性指标与系统脆弱性指标不同之处在于，前者不仅度量了传染损失对所有者权益的影响，还加入了直接损失对所有者权益的影响，为二者之和。

④直接损失 DV 和传染损失 AV。

$$DV=\frac{LOSS_t}{sum(E)}$$

其中，$LOSS_t$ 为直接损失，$sum(E)$ 表示银行网络中各银行所有者权益之和。

$$AV=\frac{LOSS_{t+1}}{sum(E)}$$

其中，$LOSS_{t+1}$ 为传染损失，$sum(E)$ 表示银行网络中各银行所有者权益之和。

$$risk\_level=DV+AV$$

$risk\_level$ 计算了银行网络中直接损失和传染损失与各银行所有者权益之和的比值，描述了银行网络风险水平的大小。

①模型输入变量（见表3-7）。

表 3－7 输入变量

变量	名称	矩阵结构	解释
A	初始资产矩阵	N×N 对角矩阵	各银行的资产价值。对角线上第 n 个元素表示第 n 家银行的资产价值
M	共同资产矩阵	N×K 阶矩阵	银行持有相同种类资产的矩阵。第 n 行表示第 n 家银行各类共同资产占总资产的比例
F	价格冲击矩阵	K×1 阶矩阵	各类资产折价比例。第 n 个元素代表第 n 类共同资产的折价比例
E	资本金矩阵	N×N 对角矩阵	各银行资本金价值。对角线上第 n 个元素代表第 n 家银行的资本价值
B	杠杆水平矩阵	N×N 对角矩阵	各家银行杠杆大小。对角线上第 n 个元素代表第 n 家银行的杠杆大小
FS	资产抛售矩阵	K×1 阶矩阵	初始冲击发生后，为了维持原来杠杆水平各家银行抛售各资产的价值
L	流动性折扣率参数	K×1 阶矩阵	用来计算资产抛售过程中价格下降的比例，其所有元素都为 1×10^{-13}
I	单位矩阵	N×N 对角矩阵	N×N 的单位矩阵

②输出指标（见图 3－8）。

表 3－8 输出指标

指标	名称	作用
SI	系统重要性指标	体现银行在银行网络中的重要性
SV	系统脆弱性指标	体现银行受到传染损失的影响
IM	系统影响性指标	体现某家银行遭受总损失程度
risk_level	系统风险水平	体现银行网络的整体风险水平

2. 区域影响分析

本部分我们的建模思路为：如果锦州银行未能成功引入战略投资，随着风险事件的暴露，锦州银行会对银行网络中的银行产生怎样的影响。

由于锦州银行是一家区域性中小银行，其业务影响范围较小，为此我们选择辽宁省内与锦州银行联系紧密的银行进行分析。2020 年 1 月 21 日，锦州银行分别与工商银行辽宁省分行、盛京银行、鞍山银行、营口银行、铁岭银行和葫芦岛银行签署了全面合作协议，业务合作更加紧密。由于工商银行不发布地方性支行的财务情况，铁岭银行资产负债数据缺失，我们选取鞍山银行、营口银行、锦州银行、盛京银行和葫芦岛银行构建一个银行网络，度量锦州银行对银行网络中银行造成的影响。

从 Wind 上获取鞍山银行、葫芦岛银行、盛京银行、锦州银行和营口银行的资产负债表，样本区间为 2019 年，样本频率为年频，本文中依据资产负债表对银行资产进行分类，由于五家银行年度报表制作标准不同，我们选择金融投资、发放贷款及垫款、其他资产三类资产作为银行间共同资产，其中其他资产为总资产与金融投资和发放贷款的差值。

由于本部分是度量在锦州银行未能及时进行风险处置的情况下银行网络中的资产损失情况，为此我们利用锦州银行来构建初始价格冲击。主要考虑 2019 年锦州银行引入工商银行、中国信达资产管理公司和中国长城资产管理的战略投资，投资额为 46.99 亿元。我们先来考察未能引入战略投资的影响，以 46.99 亿元的资本金损失为初始冲击。冲击发生后，锦州银行为了维持初始杠杆水平进行资产抛售，资产抛售造成市场上同类资产的价格下降，各类资产价格的折价构成银行网络遭受的初始价格冲击。初始价格冲击的形成过程如下（见图 3-26）。

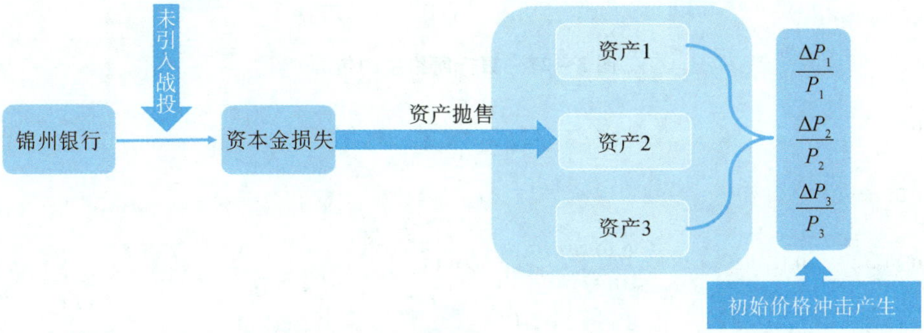

图 3-26　初始冲击的形成

初始价格冲击进入银行网络之后，由于网络中所有银行资产组成中都包含这三类资产，因此也会受到资产价格下降的影响（见图 3-27）。资产价值的下降带动所有者权益的下降，会使银行的杠杆水平上升，银行为了回归杠杆所出售的资产会增加资产池中的资产供给，资产供给增加导致的资产价格下降又会反作用于银行。这样，各个银行就通过共同资产池联系到了一起，形成了一个互相影响的网络。

下面我们按照上面的思路，进行风险冲击的模拟，所得结果如图 3-28 所示。

从模拟的结果可以看出，如果锦州银行没能成功引入战略投资化解风险，可能会对网络中其他银行产生一定的影响。其中受影响最大的银行是葫芦岛银行，其总损失占资本金的 18.9%，受到影响最小的是营口银行，总损失占其资本金的 15.3%。从各银行风险水平上来看，整体的差异不大，但均值达到了 17.3%，可以看出，锦州银行及时的风险处理是非常重要的。成功引进战略投资者在一定程度上减少了风险的传染和加剧。

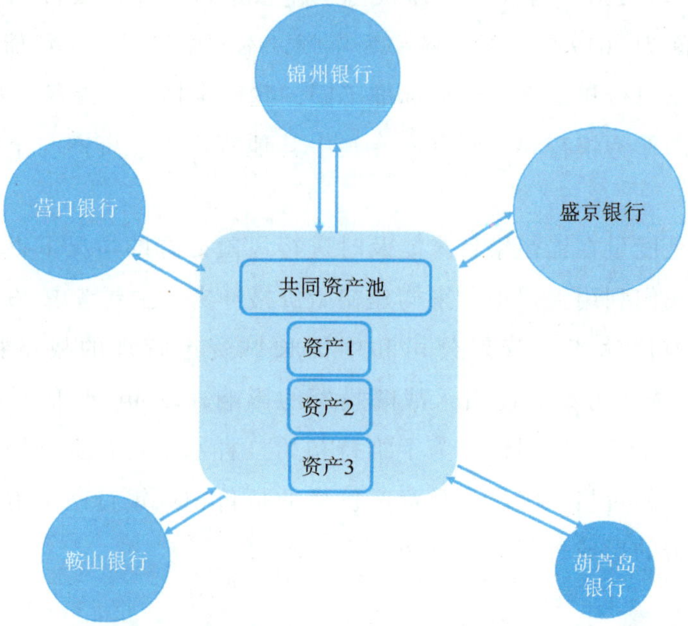

图 3－27 银行网络中的传导

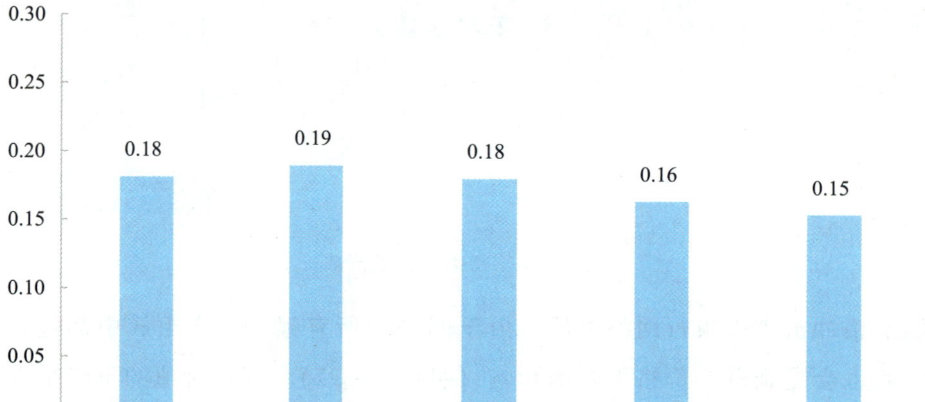

图 3－28 各银行遭受损失程度

图中展现了网络中系统重要性和系统脆弱性（见图 3－29）。从系统重要性指标可以看出，锦州银行和盛京银行系统重要性要大于其他三家银行。在这五家银行中，锦州银行与盛京银行是资产实力最大的两家银行。银行在拥有更多资产的情况下，冲击发生后，会向市场抛售更多的资产，对银行网络造成更大的影响，银行的系统重要性也就越高。系统脆弱性指标中，我们可以看出锦州银行和盛京银行的脆弱性大于其他三家银行，这可能是由于其自身的资产水平较高，更易受到冲击的影响。

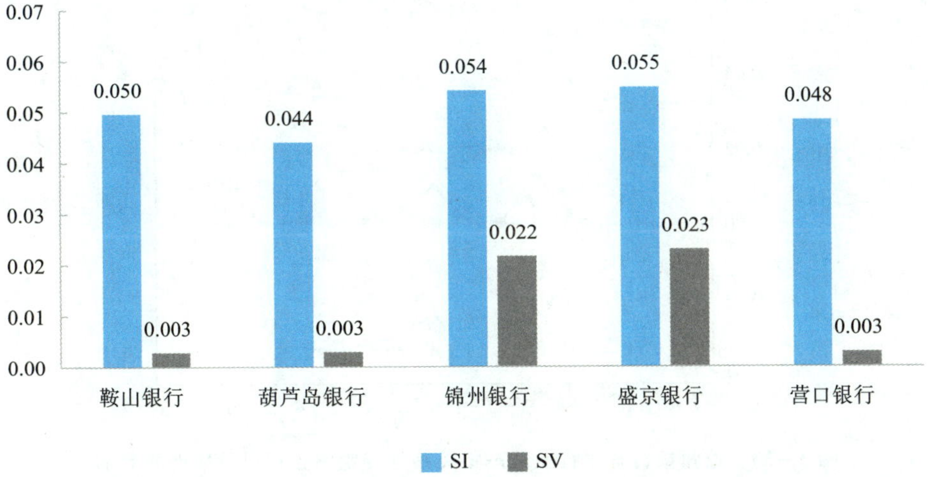

图 3－29　网络中各银行系统重要性和系统脆弱性

通过以上的分析我们可以看出，首先，在我们构建的区域性银行网络中，锦州银行是一家重要性很高的银行，其自身风险传染给网络中其他银行的程度更高。其次，锦州银行自身脆弱性较高，这使其更易受到价格冲击的影响，进而出现风险事件。综合以上两个原因，我们可以看到，锦州银行的处置是非常重要的。

3. 全国影响分析

本部分主要分析锦州银行风险事件对全国范围内其他银行的影响。本部分选择的分析方法是事件分析法，时间选取如表 3－9 所示。具体思路为：运用 DCC－GARCH 模型，得出锦州银行与银行指数的动态相关系数，并利用得到的相关系数来分析锦州银行风险事件造成的影响。

表 3－9　锦州银行主要风险事件

日期	事件详情
2019－04－01	锦州银行发布对外公告称，银行将延迟披露 2018 年年报
2019－05－14	锦州银行再次延迟了年报的公布时间
2019－05－31	锦州银行审计业务的安永会计事务所宣布辞去锦州银行审计师一职

从 Wind 数据库中我们可以得到我国银行业指数和锦州银行股价数据，样本区间为 2015 年 12 月 7 日～2021 年 2 月 25 日，数据频率为日频。首先我们利用 DCC－GARCH 模型得出锦州银行股价与我国银行指数的动态相关系数，之后利用事件分析法构建事件变量，最后对事件变量与动态相关系数进行回归，并提取回归系数，结果如图 3－30 所示。

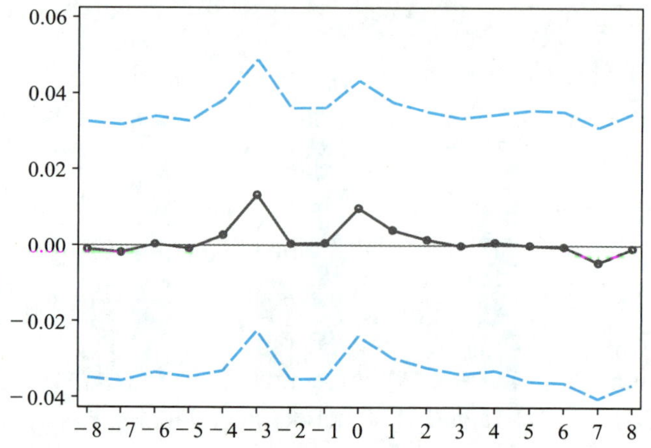

图 3－30　锦州银行与银行业动态相关系数受锦州银行风险事件的影响

注：图中横坐标为距离事件发生的天数，本案例选择前后 8 天。图中三条线中中间一条为事件分析法的回归系数，上下两条分别为加减两个标准差的置信区间。当三条线均位于零上（下）时，表明风险事件对锦州银行与银行业之间的动态相关系数影响显著为正（负），否则认为并无显著影响。

由图可知，锦州银行事件对银行业的影响较低。这可能是由于以下原因：

（1）锦州银行作为一家区域性中小银行，其自身资产规模和业务能力在全国上市银行中所占的比重很小，这就造成锦州银行的风险事件可能不会在全国范围能造成很大的影响。

（2）锦州银行作为上市港股，其本身与银行指数的相关性较低，也因此，其发生风险事件对银行指数造成的影响也较低。

4. 锦州银行风险水平的变化

本部分我们主要通过计算银行网络风险水平指标的大小，来展现 2013～2020 年锦州银行与盛京银行组成银行网络中风险水平的变化（见图 3－31）。之所以选择这两家银行构建银行网络，主要原因是数据可得性以及银行之间的关联性。

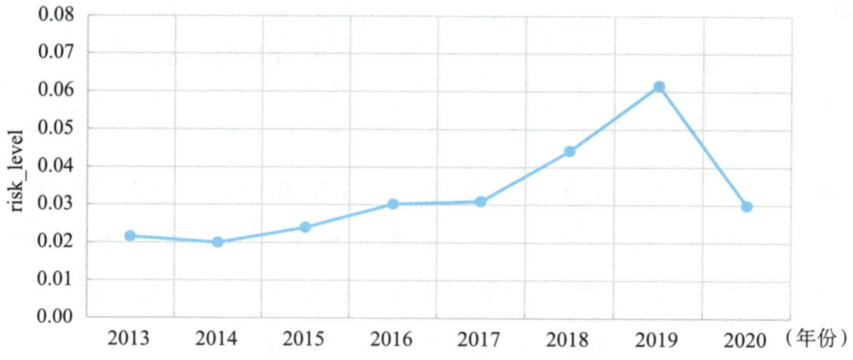

图 3－31　银行网络的历年风险水平

本部分初始冲击的引入与上一部分不同，本部分初始冲击构建的思路为：①所有的资产都面临一定的风险，模型中我们假设所有的资产都面临降价 0.1% 的风险；②对于不良贷款的数据，我们使用各个银行各自的不良贷款损失率的真实数据来描述资产损失。由于模型构造中冲击矩阵的限制，采取综合不良贷款违约率来引入不良贷款的风险冲击。

从图 3－31 模拟的结果中，我们可以看到银行网络中风险水平从 2014 年开始积聚，并在 2019 年达到最高点，2020 年开始下降，逐渐回归到正常水平。其背后的原因可能是：①一味追求规模的扩张而忽视资产的质量问题。②资产快速增长而投资管理未能与之匹配。

2013～2016 年，锦州银行资产快速增长。2014～2017 年，每年的资产增长率都在 30% 以上，2016 年增长率甚至达到了 49%，2018 年之后资产增长速度开始放缓，此时也是锦州银行经营开始出现问题的时点（见图 3－32）。从中可以看出，锦州银行在资产的快速增长过程中没有注意到资产投资的结构失衡，资产质量没能相应提高，最终导致风险事件的发生。

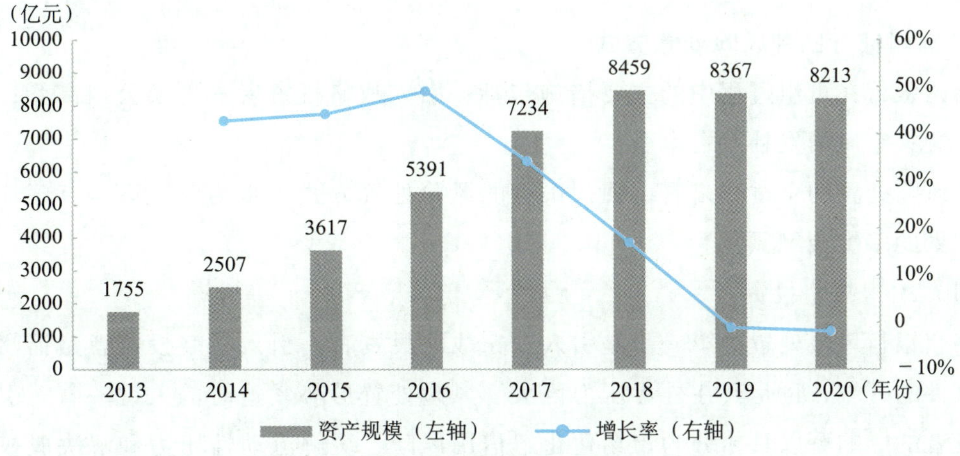

图 3－32　锦州银行历年资产规模及增长率

锦州银行不合理的资产结构主要是金融资产投资快速增长造成的，2014～2016 年，债券投资的比重不断扩大，一度增长到 66.1%，而贷款的规模在不断萎缩（见图 3－33）。这说明锦州银行在资产扩张时期，不能相应提高贷款规模，造成了资产质量恶化。

（三）分析重组操作作用机制

结合案例中锦州银行风险处置的相关内容，分析重组操作的作用机制，并与恒丰银行风险处置、包商银行风险处置进行对比，寻找差异和深层原因，总结相关经验。

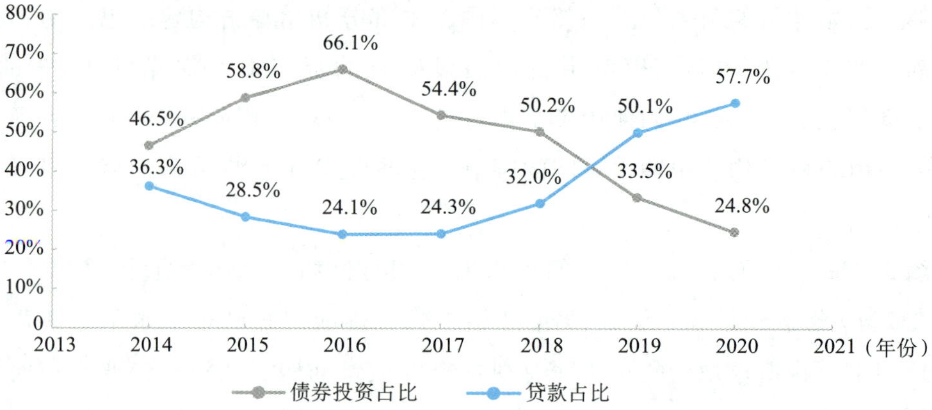

图 3－33　锦州银行历年债券投资及贷款占比

理论分析：

结合正文第 4 部分，分析锦州银行风险处置方式的具体作用机制；对比恒丰银行、包商银行的风险处置方式，分析三家银行风险处置方式的差异性及背后原因；通过以上分析，总结出可供中小银行体系参考的风险处置实践经验。

具体分析：

1. 锦州银行四种风险处置方式

锦州银行在重组过程中的主要措施包括：引入战略投资者；更换公司高管；不良资产处置；定向增发补充资本金。

从风险处置的全过程来看，锦州银行的风险处置方式步步为营，逐步有序地化解了其积聚的多维金融风险。

（1）引入战略投资者。

锦州银行风险处置的第一步是引入三家战略投资者。引入战略投资者是锦州银行重组事件的开端，也是其在外界压力巨大、风险处置形势紧迫时的关键一着。引入战略投资者的影响可以具体分为市场化化解信用风险、缓解流动性压力和解决股权分散问题三方面。

锦州银行的风险根源是控制权分散下的内部控制人问题，风险暴露的形式则是流动性风险。引入战略投资者从短期效果来看，恢复市场信心，化解部分信用风险，同时使锦州银行当时最为紧迫的流动性需求得以满足。从长期来看，此举可以解决锦州银行根本性的公司治理问题。

（2）更换公司高管。

正如案例前文所述，锦州银行的风险积聚与其孱弱的公司治理关系密切。锦州银行内部的风控体系形同虚设，股权结构高度分散，直接导致了锦州银行的高层管理者可以轻而易举地利用职权进行套利。

2019 年 8 月的一个月内，锦州银行更换六名公司高管，董事长一职在张伟 11 月病逝后也得以更换。公司高层换血使锦州银行的公司治理问题得到进一步的治理。

（3）不良资产处置。

锦州银行在停牌之后筹划了两件大事：一是资产处置，二是定向增资。锦州银行在资产处置框架协议中抛售 1500 亿元债权资产。其中，54% 的债权资产是公司贷款，46% 的债权资产是信托计划及资产管理计划的收益权。结合案例描述，不难推断公司贷款为打包的不良贷款，而收益权资产则是前期一些违规操作的理财产品。

这一资产处置框架协议使不良资产清洁出表，降低信用风险，使锦州银行 2020 年年中报的不良资产率下降至 1.9%。同时，此举将流动性差的不良贷款出表，换取流动性强的现金资产，也使流动性风险问题进一步得以缓解。

（4）定向增发补充资本金。

在一系列的重组操作之后，锦州银行将前期积聚的风险彻底暴露出来，大量地消耗了银行的资本金，也使锦州银行的资本金面临合规问题，自身陷入资本金短缺的境地。因此，锦州银行风险处置的最后一步是补充自身短缺的资本金。

锦州银行采用定向增发的方式募集了 120.9 亿元普通股，从而根本性地走出了流动性短缺的困境。

锦州银行四种风险处置方式的作用机制如图 3－34 所示。锦州银行通过引入战略投资者、更换公司高管、不良资产处置、定向增发补充资本金四步风险处置操作，成功地将前期积聚的风险逐步有序地予以化解，而风险化解的步骤也是遵循着“从风险生成的根源到风险暴露的形式”这一方向。从这个角度可以看出，锦州银行的风险处置是有条理、有节奏、有智慧的。

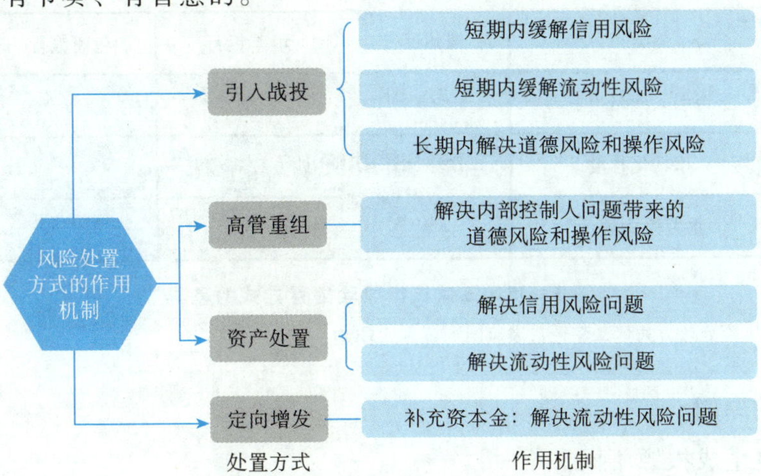

图 3－34　风险处置方式的作用机制

2. 三家银行风险处置方式的比较

在三家银行风险处置的不同方式中：锦州银行采用了“在线修复”的方式化解风险，恒丰银行采取了“地方政府注资＋引战重组”的模式处置风险，包商银行运用“收购承接”的方式解决风险问题。

从处置细节来看，三家银行风险处置有所差异：

（1）是否引入战略投资者。

锦州银行和恒丰银行的风险处置中，“引入战略投资者”都是重要环节。然而，包商银行在信用风险过高触发接管条件之后进行了引入战略投资者的尝试，但是未能吸引到战略投资者。

（2）市场化程度。

在锦州银行和恒丰银行的风险处置过程中，都引入了战略投资者，引入战略投资者意味着引入资本市场的力量来化解和分担风险。在包商银行的风险处置过程中，过高的信用风险直接触发了法定接管条件，由金融监管部门直接主导改革重组进程。

进一步对比锦州银行和恒丰银行，两家银行风险处置的市场化程度有所区别，锦州银行的“在线修复”模式中，商业化的金融机构协助锦州银行走出困境，而恒丰银行走出困境则高度依赖地方政府领导下的人事调动和资金注入。

（3）最终是否破产。

在风险处置之后，锦州银行的风险得以化解，经营状况也得以改善。恒丰银行获得新生，地方政府进行了大力的救助。而包商银行在一系列操作之后，最终走向了破产重组的结局。

三家银行风险处置方式的不同，结局也迥异（见图 3－35）。

差异点	锦州银行	恒丰银行	包商银行
是否引入战略投资者	是	是	否
市场化程度	在线修复	地方政府注资	政府接管
最终是否破产	否	否	是

图 3－35　三家银行风险处置方式的差异

注：浅色代表风险处置方式优，深色代表风险处置方式较差。

3. 背后的原因

（1）风险生成根源不同。

三家银行内部的风险传导过程是高度相似的，但是风险的生成根源却有很大的区别。包商银行的风险根源是大股东控制的风险，明天系独占了89%的股权。而锦州银行和恒丰银行则是内部人控制的风险，股权结构事实上是较为分散的。

对于内部人控制问题，引入战略投资者是一个可行解，也是一个最优解。股权结构分散拉低了战略投资者的引入门槛。而对于包商银行的大股东问题，89%的股权比例则使战略投资者的引入成本大幅增加。

（2）风险暴露形式不同。

三家银行的风险生成根源不同，导致了风险暴露形式的差异。锦州银行所暴露出的问题是资产质量恶化引发的流动性风险，使银行经营一时陷入困境。恒丰银行暴露出的问题是巨额不良资产引发的资本金不足问题。包商银行暴露的问题则主要表现为：大股东明天系非法占用资金引发了巨大的信用风险，信用风险过高使法定的接管条件被触发，而后进行改革重组。

流动性风险的化解可以通过资产重组和管理层重组来解决。资本金不足问题可以通过注入资本金来解决。然而，大股东控制引发的信用风险问题则是相对更为棘手的，也难以用较为缓和的方式化解风险。

（3）风险程度不同。

三家银行的风险生成根源、暴露形式有所差异，因此风险程度也有着巨大的区别。在三家高风险银行彻底风险暴露之后，包商银行出现了严重的资不抵债情况。虽然锦州银行和恒丰银行的资产负债表同样恶化严重，但是这两家银行在承担高流动性风险的条件下仍然资可抵债。

风险程度的高低是判断风险处置的方式的一个根本因素。对于资可抵债的锦州银行和恒丰银行，可以使用“在线修复”的方式引导其改善经营状况。而对于资不抵债的银行，考虑到市场化处置的需要，在市场化重组宣告失败之后则引导其破产重组。

总结三家银行风险处置方式差异的原因（见图3－36），可以明显看出，原因与方式的选择之间存在对应关系。

差异原因	锦州银行	恒丰银行	包商银行
风险生成根源	内部控制人问题	内部控制人问题	大股东问题
风险暴露形式	流动性风险	资本金不足	信用风险
风险程度	低	低	高

图3－36　三家银行风险处置方式不同的原因

注：浅色代表风险较低，深色代表风险较高。

4. 经验的总结

通过三家银行风险处置方式的不同，到风险生成逻辑的不同，可以总结出几条结论：

结论一：公司治理层面的根源性问题决定了是否能够成功引入战略投资者。锦州银行和恒丰银行内部控制人问题可以通过引入战投的方式进行解决，而包商银行的大股东问题难以通过市场化引入战投的方式解决。

结论二：风险暴露形式的不同决定了是否能够利用市场自身的力量实现“在线修复”。锦州银行暴露出的问题是资金不足导致的流动性风险，之后利用市场的力量能够实现自身风险状况和银行质量的修复，包商银行暴露出的是巨大的信用风险，只有用大机构强行接管才能挽救银行崩溃的信用状况。

结论三：风险程度的高低决定了风险处置方式最终的结果。锦州银行、恒丰银行风险暴露的水平比较低，风险可以逐步化解，使银行恢复正常经营。但是包商银行暴露出的风险水平很高，使银行最终走向了破产。

运用上文的分析结果，进一步地，可以总结出银行风险处置的一些经验。

首先，要从金融风险的演化机理入手对症下药。通过以上研究分析可以看到，风险如何生成、如何演化、如何暴露直接决定了风险处置的方式。金融风险演化的机理是判断风险处置方式的根本依据。

其次，市场化地进行风险处置有利于银行的风险以更缓和的方式得以化解，但是行政管理的方式更有助于维持系统稳定。引入战略投资者的方式是一个有效的选择，可以帮助机构从公司治理层面根除风险，从而影响整个风险的生成逻辑。然而，对于风险暴露巨大的银行，从行政上予以指导、支持、接管，才能快速地稳定金融市场和金融系统。“多兼并、少破产”是市场化处置风险的正确思路。

最后，风险处置的方式可以更加多元、更加灵活。锦州银行的风险处置是一套很好的“组合拳”，在金融风险暴露之后，多维的金融风险都需要进行处置。这些风险的种类不同，程度也有差异。那么，运用多样化的风险处置方式，解决不同类型的金融风险。其中，需要考虑到轻重缓急，更要考虑到风险生成和演化的机理。

（四）讨论风险处置有效性

结合案例中锦州银行风险处置后的现状，尝试结合问题1、问题2讨论风险处置的有效性？（可从多个角度进行）试探讨锦州银行未来发展中存在的问题。

理论分析：

结合正文第4部分所描述的风险处置、正文第5部分锦州银行发展现状，采用事件分析法进行分析，探究锦州银行风险处置的有效性及发展的局限性。

具体分析：

1. 锦州银行风险处置多维度分析

综合几个方面可知，锦州银行的风险处置是有效的（见图3－37）。

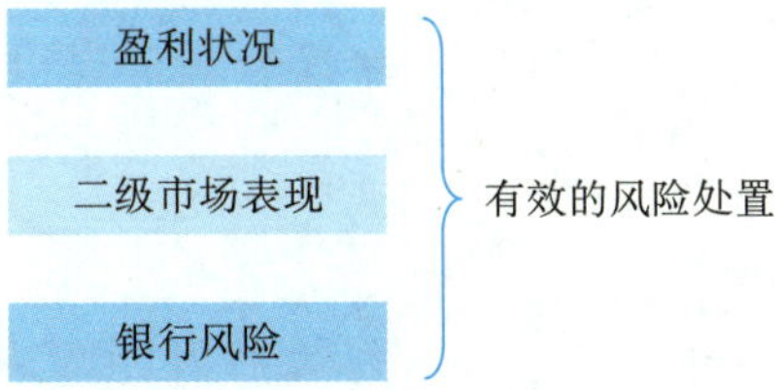

图3－37　风险处置有效性分析

（1）从盈利状况角度出发，锦州银行的资产处置是有效的。

2020年，锦州银行在经过两年亏损后，迎来了盈利情况的好转。银行公布的中报显示，锦州银行当年上半年实现净利润共计4.07亿元，一举扭转了爆雷事件发生以来的连续亏损局面。

（2）从二级市场表现上来看，锦州银行的风险处置是有效的。

锦州银行完成改革重组这一重大利好消息为市场所认可。在2020年8月31日，锦州银行（0416.HK）公布上半年业绩，在之后的三天中，锦州银行的股票大涨，三天的累计涨幅达到84.36%。股价表现可以反映市场对锦州银行风险处置行为的认可度。根据案例正文及上述问题，本部分将选择上文提到的风险处置事件进行事件分析，通过股价波动率分析资产价格处置是否有效。

风险处置事件主要包括以下几项（见表3－10）。

表3－10　　锦州银行风险处置时间表

日期	事件概述
2019－7－28	成功引入三家战略投资者：工银投资、信达投资、长城资产
2019－8－5	更换行长、副行长等大批高管
2020－3－31	450亿元出售约1500亿元资产，认购750亿元定向债务工具，支付款项义务予以豁免
2020－10－9	完成定向增发120.9亿元（人民币）

直觉上来讲，若风险处置有效，则股价波动率应在一定程度上得到稳定或降低。事件分析法的结果如下（见图3－38）：在第0期之前，可见波动率受事件影响逐渐呈上升趋势，这说明，在风险处置之前，锦州银行的个体风险呈现上升态势。在第0期之后，图中波动率受事件影响虽依然为正，但显著程度降低，且呈现逐渐下降趋势，

该趋势持续下去并在第 8 期下降到零以下。

股价主要反映市场情绪。从这个角度出发可知，市场对锦州银行资产处置的结果持乐观态度，也因此，根据市场情绪判断可知，至少在市场层面，锦州银行的资产处置是有效的。

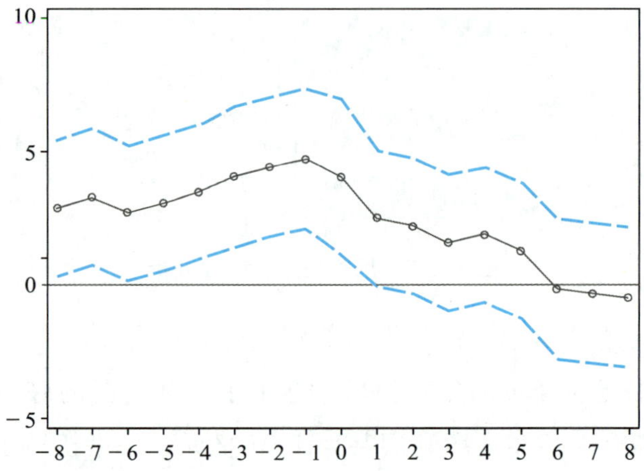

图 3－38　锦州银行风险处置对其股票波动率的影响

（3）从银行风险角度出发，其风险处置是有效的。

根据问题 1，Component Ⅰ 和银行的信用风险水平呈稳健的正相关关系，但 Component Ⅱ 和银行信用风险的相关性难以判断。可以看出，2018～2019 年，Component Ⅰ 呈上升趋势，而在 2020 年 Component Ⅰ 则出现了下降趋势（见图 3－39）。

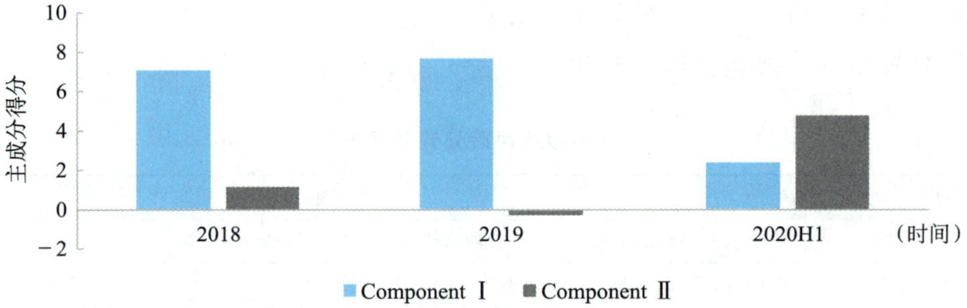

图 3－39　信用风险指标的主成分变化

经过主成分与原始指标的相关系数分析，可以认为 Component Ⅰ 与流动性风险水平负相关，Component Ⅱ 与流动性风险水平正相关（见图 3－40）。Component Ⅱ 在 2019 年和 2020 年都呈现了下降趋势，从 Component Ⅱ 的角度来看，风险处置是有效的。Component Ⅰ 表现虽不明显，但仍可看出有一定上升，即流动性风险下降。

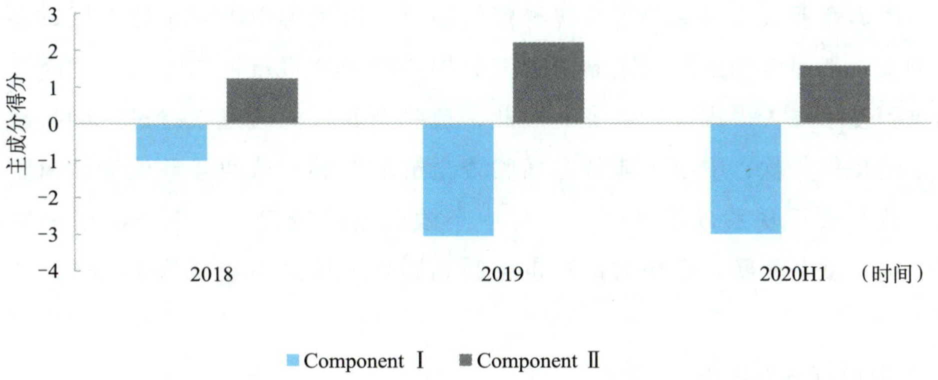

图 3-40　流动性风险指标的主成分变化

综合以上几个主成分可知，在银行风险层面，其风险处置是有效的。

2. 发展受限的原因主要有以下几点

事实上，锦州银行发展受限的原因在一定程度上也是锦州银行风险事件发生的原因。

（1）当地经济不景气：中小银行起到更多的作用是服务与扶持当地中小微企业，因此，只有当区域经济发展更好的情况下，当地中小微企业才有更多的发展动力。在产业转型和经济效益下行的宏观背景下，锦州的经济发展并不足以为中小微企业发展赋能。

（2）中小微企业发展困境：近些年国家出台了一系列助力中小微企业发展的相关政策，并开设了创业板、科创板等以促进中小微企业发展。然而中小微企业由于其自身的局限性，其风险高于国有大型企业。

①中小微企业经营中不确定性更高，更容易受到来自经济体系内外的冲击。而且，中小微企业体量小，经营范围有限，在冲击发生时可能无法分散风险，从而导致资金链的断裂，进而引发流动性风险。例如，2020 年疫情发生期间，全国许多中小微企业因资金链断裂，经营无法维系而迎来了寒冬，而大中型企业则由于资金雄厚、经营范围相对广泛，更易于分散风险，同时也更容易获取银行的贷款支持，从而可以更从容地抵抗风险。

②中小微企业产品市场可替代性高，更容易在竞争中被淘汰。中小微企业由于资本有限，很难购进最先进的生产技术，也难以投入大规模资金进行新产品的研发。这就导致大多数中小微企业事实上只能进行复制加工，产品可替代性较强，无法进行有效的创新。最终，大多数中小微企业只能在与大中型企业的竞争中败下阵来，从而在竞争中被淘汰。

③中小微企业很难具备获得直接融资的渠道。国家为中小微企业发展设立了创业板和科创板，然而由于条件的限制，大多数中小微企业很难上市。与此同时，中小微企业信誉程度不高，很难发行债券。因此，这些企业只能通过银行进行间接融资，一旦银行拒绝提供贷款，中小企业就会面临资金链的断裂，从而导致流动性风险。由于中小微企业与银行联系过于紧密，一旦中小微企业因经营困难无法偿还间接融资贷款，则与中小微企业联系密切的银行也会受到影响，从而不良贷款率上升，造成银行的风险。

3. 中小银行发展困境

地方性银行与中小企业之间互相依存、互相成就，但同时，由于二者之间关系过于密切，也容易出现“一损俱损”的情况。正常情况下，中小银行放贷给中小微企业，中小微企业偿还贷款（见图3－41）。但是由于前述局限性的存在，当中小微企业经营难以为继时，其无法按时偿还贷款从而导致银行不良贷款率上升；此时为了降低风险，银行将不再贷款给中小微企业，中小微企业将无法获得充足的资金以应对经营不善而带来的风险，也无法获得资金以发展，从而进一步导致银行不良贷款率的上升。

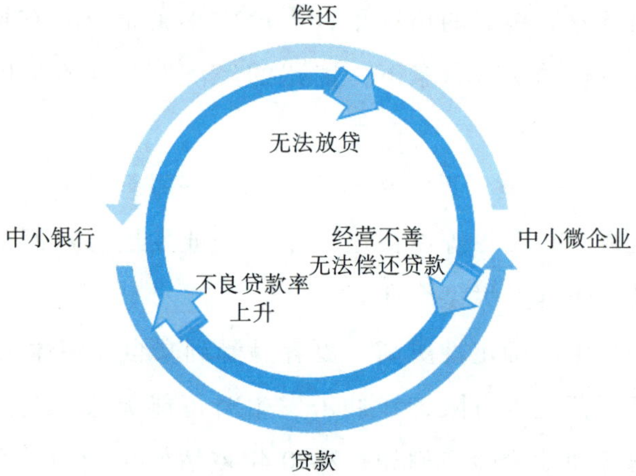

图3－41　中下银行与中小企业借贷关系

现阶段，我国大力扶持中小微企业，然而，由于上述矛盾的存在，银行的风险控制与银行扶持中小微企业之间存在较大的矛盾。也因此，中小银行解决上述矛盾是未来发展的必经之路。

（五）讨论金融科技转型是否利好长远发展

结合案例中锦州银行所做的金融科技转型，请讨论金融科技转型是否有利于锦州银行的长远发展？尝试利用理论模型进行说明。

1. 理论分析：

结合问题（四），运用理论模型分析金融科技转型对锦州银行未来发展的利好作用；将问题视角上升至中小银行体系的未来发展之路。

2. 具体分析：

评价金融科技转型是否有利于锦州银行的长远发展，这既要看锦州银行当前所面临的问题，也要看金融科技转型是否有利于解决当前的发展问题。

通过对问题4的分析可以看出，锦州银行虽然通过风险处置已经逐步有序地化解了前期所积聚的金融风险。然而，宏观经济形势和地区经济状况是锦州银行后续发展的强制约束。锦州银行作为一家中小银行，其扎根当地、服务属地经济是天职，然而本地经济形势不佳和中小微企业的资质差也无疑会给锦州银行带来新增的信用风险。如何在扎根当地、服务“三小”的基础上，保证低的不良资产率，获取长期可持续的收益，是锦州银行当前所面临的最大问题。

由此可以看到，锦州银行未来发展的最大诉求即：如何在不新增高额信用风险的条件下，实现商业可持续的普惠金融。

因此，银行未来发展战略中至少包含两个目标，第一个目标是发展普惠金融不能新增高额的信用风险，第二个目标是要在普惠金融业务，即向中小微企业发放贷款中获得实际利益，实现商业可持续。如果金融科技转型可以同时解决这两个问题，那么对于锦州银行未来的发展就是有利的。下面尝试利用金融科技转型对银行普惠金融业务的理论模型，刻画锦州银行借助金融科技转型助力普惠金融，实现自身的长远发展。

模型基本假设：（1）在模型中仅考虑经济因素，不考虑非经济因素，如政策因素，即假设银行和中小微企业都是理性人；（2）金融科技水平参数 ft 提升可以影响且仅可以影响银行发放贷款的利率 r_L 和发放贷款的成本 C_L，模型中其他变量都是模型外生变量；

模型中变量设定：

L：银行的贷款本金；

r_L：银行的贷款利率；

C_L：银行发放贷款的成本，在发放贷款之后，该项视作沉没成本；

$risk$：银行发放贷款的新增风险，主要是到期未还的信用风险；

V：贷款条款中的抵押品价值；

η：抵押品的清偿系数；

$P_{default}$：企业得到银行贷款之后到期未还的概率；

$C_{default}$：企业若贷款违约需要支出的惩罚成本，包括罚息、惩罚金等；

$ft\uparrow \rightarrow E(R_L)\uparrow$：银行的金融科技水平参数，金融科技水平会伴随金融科技转型推进而提升；

$E(R_L)$：银行向中小微企业发放贷款的期望利润水平。

模型推导：

模型推导分为三步。第一步，考虑银行向中小微企业发放贷款后的贷款利率，描述贷款利润函数。

$$E(R_L)=(1-P_{default})Lr_L+P_{default}(\eta V+C_{default}-L)-C_L \qquad 式（3-7）$$

银行发放贷款之后，中小微企业有 $1-P_{default}$ 的可能性守约按时足额偿付本息，也有 $P_{default}$ 的可能性违约。如果企业守约，银行收益为贷款利息 Lr_L；如果企业违约，则银行仅能够收回 $\eta V+C_{default}$，贷款本金 L 则全部损失掉。贷款的成本 C_L 在贷款决策之后属于沉没成本，因此与企业是否守约无关。

第二步，引入银行金融科技水平参数 ft，描述模型的变量影响关系。

首先，银行运用金融科技系统对中小微企业进行放贷，可以得到中小微企业高频的经营数据和信用数据，克服传统的贷款业务中中小微企业经营不规范、信用资质差、审贷困难的问题。金融科技水平的提升可以使银行对中小微企业放贷的风险识别能力增强，从而降低贷款的风险水平。进一步地，风险水平降低，贷款的风险溢价同步降低，从而贷款利率降低。风险的降低意味着目标一已达成，接下来讨论目标二。

$$ft\uparrow \rightarrow risk\downarrow \rightarrow r_L(ft)\downarrow \qquad 式（3-8）$$

其次，银行金融科技水平提升，对中小微企业的贷前调查、贷中审查、贷后检查的效率将极大提升。相应地，贷款成本 C_L 则会随之下降。

$$ft\uparrow \rightarrow C_L(ft)\downarrow \qquad 式（3-9）$$

根据上述分析，可以得到两个以银行金融科技水平参数 ft 为自变量的多元函数 $r_L(ft)$ 和 $C_L(ft)$。单笔贷款的利率 $r_L(ft)$ 银行放贷成本 $C_L(ft)$ 与金融科技水平参数 ft 都具有反向关系。

第三步，分析金融科技水平参数 ft，对银行向中小微企业放贷期望利润 $E(R_L)$ 的影响。贷款期望利润 $E(R_L)$ 又是关于金融科技水平参数 ft 的多元函数。因此，利用 $E(R_L)$ 对 ft 求导数，可以计算出结果。

$$\frac{\partial E(R_L)}{\partial ft}=(1-P_{default})L\frac{\partial r_L(ft)}{\partial ft}-\frac{\partial C_L(ft)}{\partial ft} \qquad 式（3-10）$$

通过求导结果，则可以得到银行金融科技转型推动利润增长的条件表达式。

$$\left|\frac{\partial C_L(ft)}{\partial ft}\right| - \left|(1-P_{default})L\frac{\partial r_L}{\partial ft}\right| \geq 0 \qquad \text{式 (3-11)}$$

该式中存在两个组件，第一个组件为 $(1-P_{default})L\frac{\partial r_L}{\partial ft}$，定义为银行让利组件，第二个组件为$\frac{\partial C_L(ft)}{\partial ft}$，定义银行获利组件。为方便讨论，将两个组件取绝对值后再进行比较，两类组件对银行向中小微企业放贷的影响机制如图 3－42 所示。

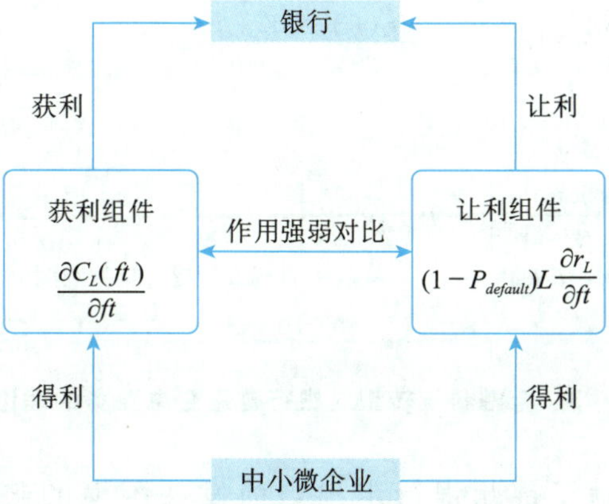

图 3－42　两类组件对银行向中小微企业放贷的影响机制

当$\left|\frac{\partial C_L(ft)}{\partial ft}\right| \geq \left|(1-P_{default})L\frac{\partial r_L}{\partial ft}\right|$时，银行金融科技转型推动利润增长的条件表达式成立。获利组件的边际影响强于让利组件，银行的金融科技水平边际增加可以驱动贷款利润边际增加。银行和中小微企业在金融科技转型中都获得利益，双方都可以从长期可持续的普惠金融业务中得利。

相反，当$\left|\frac{\partial C_L(ft)}{\partial ft}\right| < \left|(1-P_{default})L\frac{\partial r_L}{\partial ft}\right|$时，银行金融科技转型推动利润增长的条件表达式不成立。让利组件边际影响强于获利组件。中小微企业在短期内从银行金融科技转型中获得了银行的让利，但是银行自身没有内在驱动力持续推动金融科技转型，此时实现的普惠金融不具有商业可持续性。

模型结论为银行推动金融科技转型，在满足一定条件的情况下，银行将提升自身的利润（见图 3－43）。相反，如果不能够满足某种条件，银行利润也将受损。一定水平下的金融科技转型可以使银行和中小企业达到双赢，从而目标 2 也论证成功。此处未作实证分析，考虑到现实情况，银行金融科技转型推动利润增长的条件理论上是比较容易通过自身努力从而达到的。

第一步：描述贷款利润函数

$$E(R_L)=(1-P_{default})Lr_L+P_{default}(\eta V+C_{default}-L)-C_L$$

第二步：引入银行的金融科技水平参数，分析传导机制

$ft\uparrow \rightarrow risk+\rightarrow r_L(ft)\downarrow$

$ft\uparrow \rightarrow C_L(ft)\downarrow$ → 目标一：降低贷款风险

第三步：求导分析，导出条件表达式

$$\frac{\partial E(R_L)}{\partial ft}=(1-P_{default})L\frac{\partial r_L(ft)}{\partial ft}-\frac{\partial C_L(ft)}{\partial ft}$$

结论：

若 $\left|\frac{\partial C_L(ft)}{\partial ft}\right| \geqslant \left|(1-P_{default})L\frac{\partial r_L}{\partial ft}\right|$，

则 $ft\uparrow \rightarrow E(R_L)\uparrow$ → 目标二：提升贷款利润

图 3－43　金融科技转型对银行普惠金融业务的理论模型

上述模型生动地展示了锦州银行走出当前发展困境的破局之道——金融科技转型。金融科技转型既可以实现锦州银行扎根当地、服务当地“三农”、中小微企业，符合本源发展的方向，又可以从普惠金融业务中获得实际的经济利益。

换言之，一方面，普惠金融是锦州银行发展的外部约束，是国家的政策需要。锦州银行因为锦州市当地的经济状况和企业资质从而发展受限。另一方面，锦州银行金融科技转型是打破发展约束的方式，因为金融科技转型能够最大化地削弱当地经济和企业资质带来的不利影响。从实践上看，锦州银行当前大力发展金融科技，推进金融科技转型大抵也是出于这种考虑。外部条件约束的情况下，充分发挥自身的主观能动性，在科技的加持下打破发展的桎梏，这也许才是锦州银行，乃至相似处境的中小银行最根本的破局之道。

四、关键要点

本案例的要点与框架如图 3－44 所示。

案例正文详细介绍了锦州银行风险事件和风险处置的进程，归纳了锦州银行风险事件背后的原因，结合锦州银行的现状说明了其当前面临的发展困境和正在推进的金融科技转型。

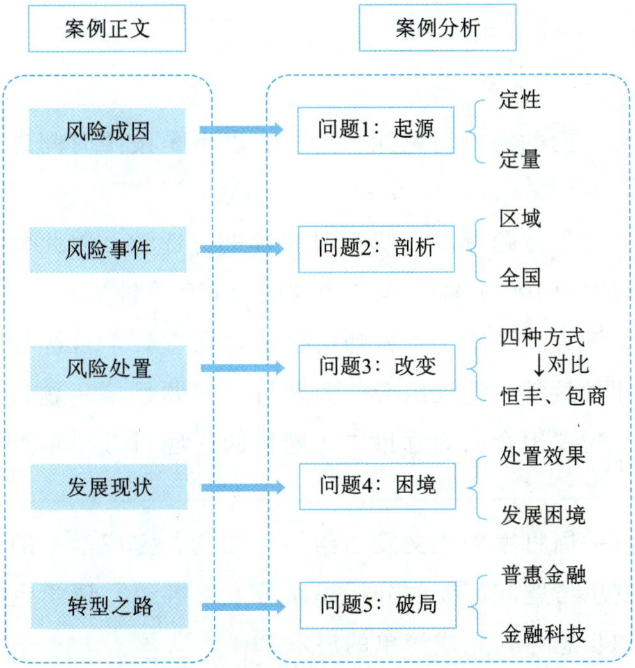

图3－44　本案例的要点与框架

在案例分析部分，结合案例正文从五个角度围绕锦州银行风险事件展开探讨：

（1）锦州银行风险成因分析；

（2）锦州银行风险事件影响分析；

（3）中小银行风险处置方式分析；

（4）锦州银行现状分析；

（5）锦州银行金融科技转型分析。

在分析（1）中，定性归纳和定量计算相结合，深入地剖析了锦州银行风险事件背后的风险机理。在分析（2）中，运用建模模拟方法，探讨锦州银行风险事件对区域内银行和全国银行体系是否造成重要影响。在分析（3）中，分析锦州银行风险处置方式的作用机制，从风险机理角度对锦州银行、恒丰银行、包商银行的风险处置方式差异进行分析，从而得出可供中小银行借鉴的实践经验。在分析（4）中，从锦州银行现状出发，从多个角度探讨风险处置方式成功与否，引出锦州银行当前的发展困境。最后在分析（5）中，基于锦州银行当前的发展困境，分析金融科技转型是否是真正的“破局之道”，并将视角上升至整个中小银行体系。

需要重点指出的是，本案例是一个较大型的综合案例，每一道问题之间都具有紧密的联系。在使用案例时，教师可以根据课堂实际情况循序渐进展开教学。

五、建议课堂计划

本案例可以作为专门的案例讨论课来进行，以下是按照时间进度提供的课堂计划建议，仅供参考。

本案例中5道启发思考题可以全部学习或者进行选学，因此整个案例课的课堂时间能够控制在两个课时（100分钟）至三个课时（150分钟）。

案例选学：本案例为大型案例，教师可以依据课堂教学目标与前文所述案例题目组合方式灵活安排课堂教学。建议组合一为题目一+题目二+题目三，重点学习中小银行风险量化方法，建议组合二为题目二+题目四+题目五，重点学习中小银行数字化转型。

课前计划：提前一周将案例正文发送给学生阅读，完成学生的分组，分组在5组左右，并将前述启发思考题和简要的分析思路分发给各组，请学生在课前完成案例正文的阅读，并形成初步思考，完成简单的展示PPT。

课中计划：

以选取三道题学习为例，安排两课时为例：

1. 由教师对案例简单介绍，并明确本课时需要完成的任务（5分钟）。
2. 小组分组发言（每组8分钟），幻灯片辅助（40分钟）。
3. 由教师和其他小组对各组的发言进行评述、补充和打分（15分钟）。
4. 由教师引导，对重点问题分组讨论（25分钟）。
5. 引导全班进一步讨论，并进行归纳总结（15分钟）。

课后计划：请学生借鉴本案例的分析框架，选择包商银行或恒丰银行（任选其一），建模分析其风险事件成因及风险事件影响，分析本案例中相关模型的适用性，鼓励学生学习新的量化方法，分组完成上述研究，写出案例分析报告（1500～2000字）。

六、参考文献

[1] 戴志峰．锦州银行：新救助模式的未来演化［EB/OL］．中泰证券研究报告，2019.

[2] 方意，黄丽灵．系统性风险、抛售博弈与宏观审慎政策［J］．经济研究，2019，54（9）：41－55.

[3] 方意，于渤，王炜．新冠疫情影响下的中国金融市场风险度量与防控研究[J]．中央财经大学学报，2020（8）：116－128.

[4] 方意，郑子文．系统性风险在银行间的传染路径研究——基于持有共同资产网络模型[J]．国际金融研究，2016（6）：61－72.

[5] Greenwood，R.，A. Landier，and D. Thesmar，2015，"Vulnerable Banks"，Journal of Financial Economics，115，471－485.

[6] Gourinchas P O，Obstfeld M. Stories of the Twentieth Century for the Twenty－first[J]．American Economic Journal：Macroeconomics，2012，4（1）：226－265.

[7] 王春峰，万海晖，张维．商业银行信用风险评估及其实证研究[J]．管理科学学报，1998（1）：70－74.

[8] 王剑．中小银行风险：事前识别与事后处置[EB/OL]．国信证券研究报告，2020.

[9] 余军，陈志祥．金融科技助力锦州银行服务地方经济发展[J]．中国金融电脑，2020（6）：14－17.

[10] 中国人民银行．中国金融稳定报告（2020）[R]，2020.

案例 4

雷鸣中的罗生门

——诺亚“爆雷之殇”①

随着财富管理需求增加，第三方财富管理公司迅速兴起，其中诺亚依靠出色的销售能力先声夺人。但由于自身定位、战略规划和风险管理中存在的问题，2011 年至今，诺亚已累计踩雷六次，涉及资产规模高达 100 亿元。2019 年的这次供应链金融爆雷事件，由于涉事主体多、名声响、金额大、各方利益冲突与博弈尖锐而引起了广泛关注。本案例通过梳理第三方财富管理公司的起源与生存发展现状，剖析出行业发展的困境与转型的压力。本案例梳理爆雷案件始末，描绘各利益主体之间冲突与推诿的罗生门，从而展现出机构与行业的不足与困境。在此基础上，结合风险、监管、金融功能与金融结构等理论，引导学生对第三方财富管理机构的转型与行业监管设计进行更深入的思考。

① 本案例由中央财经大学金融学院李建军、李沐春、康宁、王睿贤、叶茂青撰写。

案例正文

一、引言

2019年7月8日，资本市场传出惊天巨响，诺亚控股有限公司（以下简称“诺亚”）遭遇爆雷。作为中国第三方财富管理蓝海上的航母，诺亚已远渡重洋，赴海外上市，并主动转型，设立全资子公司歌斐资产管理公司（以下简称“歌斐”），但这艘子舰这次却正中雷击。更惊人的是，涉事者是同在各自行业内享有盛名的、以承兴国际控股（以下简称“承兴国际”）为代表的承兴系和北京京东世纪贸易有限公司（以下简称“京东”），三方的供应链融资成为了爆雷的温床。

但7月8日的雷击只是序幕。第二天，京东与承兴国际纷纷“避雷”，欲将“罪责”一推了之，真可谓：一封公告引惊雷，三家巨擘竞推诿。这场以诺亚、承兴系和京东为主演的三方罗生门，虽在随后的几个月中相继有着相关证据出现，但总体上仍是雾里看花。不过无论谁是罪魁祸首，投资者都很难全身而退。

这并不是个案。自兴起之后，第三方财富管理行业的发展就一直伴随雷鸣，就连诺亚也是雷声阵阵，悦榕、永宣、景泰、创世等都是诺亚航行史上的凶险经历。但与此同时，承改革开放之东风，我国高净值客户数量快速上涨，财富管理需求旺盛，而能缓解中小企业融资困境的供应链融资也方兴未艾。在这种供求两端都创造了有利条件的背景下，已是行业重器的诺亚为何会再遭浩劫？一切都要从它所在的这个年轻的行业说起。

二、业界风云

（一）朱门高轩望桃源——行业概述

资产管理（以下简称“资管”）与第三方财富管理自诞生起就有着千丝万缕的联系。资管最早起源于欧洲，主要针对政府及富人阶层，类似于“主权基金”，特征包括“资金池”、无刚性兑付两个方面。第三方财富管理兴盛于20世纪70年代。当时美国中产阶层崛起，各种金融投资工具丰富，促进了以中介服务为核心的第三方财富管理的诞生。“第三方”指独立于银行、基金等金融机构，站在客观中立的角度，满足个人与机构客户的财富管理需求，代客进行财富管理的模式，其主流盈利模式如图4－1所示。

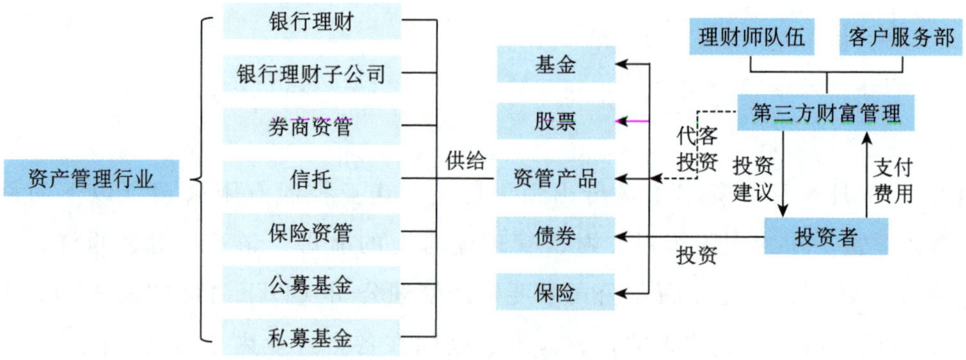

图4－1　国际第三方财富管理公司运作流程

由图可知，资管行业为第三方财富管理机构提供了充足的产品供给，而第三方财富管理机构在之后的发展过程中，自身也会推出资管产品，而客户对这些产品的购买是第三方财富管理机构设计的资产配置方案的一部分，但机构仍然较好地保持了客观中立。在我国，这一模式演变为第三方财富管理机构直接以代销资管机构的产品，尤其是信托资管产品为生。我国资管行业与第三方财富管理机构之间的关系如图4－2所示。

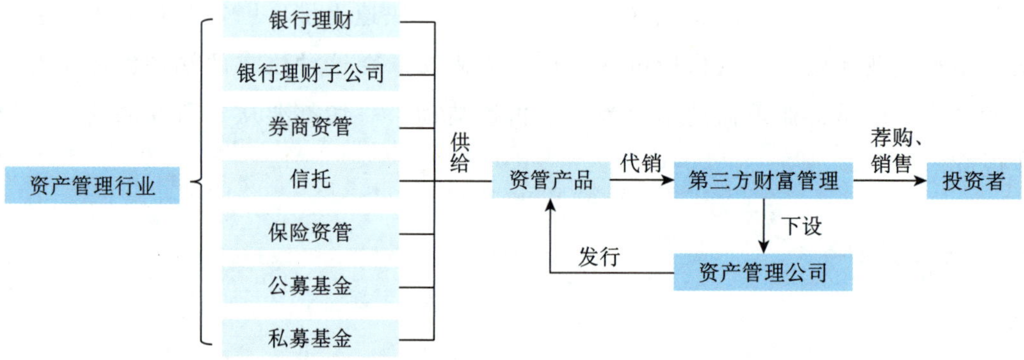

图4－2　我国第三方财富管理公司发展阶段运作流程

（二）黑云压城城欲摧——行业压力

近年来，我国监管层对于资管和第三方财富管理行业的监管逐渐趋紧尤其是资管新规的推出，给我国的资管行业带来了巨大的压力。在此背景下，资管产品开始面临数量减少、质量下降的多重困境，第三方财富管理机构也开始承受巨大的压力。从部分财富管理公司的数据来看，第三方财富管理从信托和基金子公司等非银金融机构获取的资金开始下降，且逐年减少15%至30%。许多财富管理机构推出了FOF产品进行独立管理，但实际募集只有总规模的30%。很多个人投资者只签订了认购协议，但最终没有购买。除此之外，很多机构发行的同类基金产品也有违规操作、通道业务整改以及基金份额赎回套现等风险。

资管行业的监管趋紧，使外部生存压力陡增；而内部模式的转型又面临能力、技术上的不匹配，这些共同导致了第三方财富管理行业的雷声不断（见图4-3）。

第三方财富管理企业	成立时间	属性	爆雷事件
陆金所	2011年	私有	2017~2018年，代销凯迪生态、龙力生物、神州长城、东方金钰的资管项目相继逾期
宜信财富	2006年	私有	2018年员工涉嫌诈骗 2019年产品爆雷
海银财富	2006年	私有	2017年海银会涉嫌重大违规行为
恒天财富	2011年	国有	2018年董事长涉嫌非法融资、输送利益 2018年踩雷长生生物、乐视网 2019年“岁兰千里资管计划”爆雷
钜派投资	2010年	私有	2018年“钜增宝璀璨稳盈”“钜洲麒麟影视”“中恒合A演唱会”等项目爆雷
诺远资产	2014年	私有	2018年“债盈宝”违约 2019年涉嫌非法吸收公众存款

图4-3　第三方财富管理企业爆雷案件梳理

资料来源：新闻报道。

三、诺亚成舟

（一）苦心筑舟重山渡——重视销售，迅速扩张

诺亚控股有限公司成立于2003年，法定代表人及最大股东为汪静波。她喜欢用《圣经》中的词汇给公司命名，诺亚之名，正源于旧约创世记中的挪亚。作为那个时代的唯一义人，她不顾世人嘲讽，以愚公移山般的志与力筑造了一艘方舟，最终在洪水来临之时逃出生天。

而现实中的诺亚也有相似的传奇经历。在其成立之初，我国财富管理市场刚刚起

步。汪静波慧眼所见，带领 10 余人的团队创业。他们任劳任怨，像地产中介那样摆摊、发宣传资料，这也形成了诺亚重视销售的基因。诺亚重视企业文化，每年在员工的心灵和业务培训上花费上百万元。业界闻名的“诺亚三阶段”虽颇具争议，但无疑为诺亚带来了无可匹敌的优势——超强销售力：尽管客户普遍喜欢一两年的短期项目，但诺亚仍可以将期限长达 6 年的“悦榕庄项目”卖出 10 亿元。此外，据统计，诺亚活跃用户数（指注册为诺亚用户并购买产品的高净值客户）一直不断增长，在 2019 年达到 8117 人（见图 4－4）。

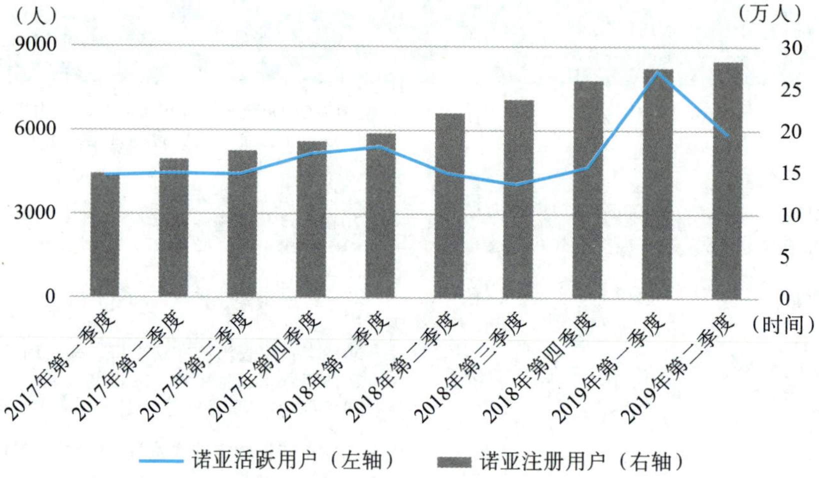

图 4－4　诺亚注册用户数和活跃用户数

数据来源：互金商业。

在汪静波的带领下，诺亚人不辞辛劳，齐心协力筑成了“方舟”，截至 2019 年年末，其总市值达 21.67 亿元。2017 年，凤凰国际智库对中国第三方财富管理机构进行排名，诺亚雄冠榜首，其资产规模在 2018 年达到峰值，后有所回落。从注册客户数看，2017 年至 2019 年二季度，其注册总数不断增长。2010 年，诺亚在纽交所上市（见图 4－5），业务涵盖财富管理、资产管理等多项业务，服务的高净值客户数超 22 万。

（二）圣木馨远千曲闻——多元发展，谋求转型

“歌斐”一词，也源于《圣经》。创世记 6 章 14 节中，神对挪亚说：“你要用歌斐木造一只方舟，分一间一间地造，里外抹上松香”。

2010 年，为向舰队转型，进军主动管理，诺亚旗下全资子公司歌斐资产管理有限公司成立，其以私募股权投资母基金、房地产私募基金、家族财富管理以及创新业务

图4-5 诺亚总市值

数据来源：Wind资讯。

为核心业务，为客户提供全能型资产管理服务。圣木打造，芳名远扬，成立后短短9年，资产规模增长近1500亿元。截至2019年第二季度，歌斐的资产管理规模已达1808亿元。

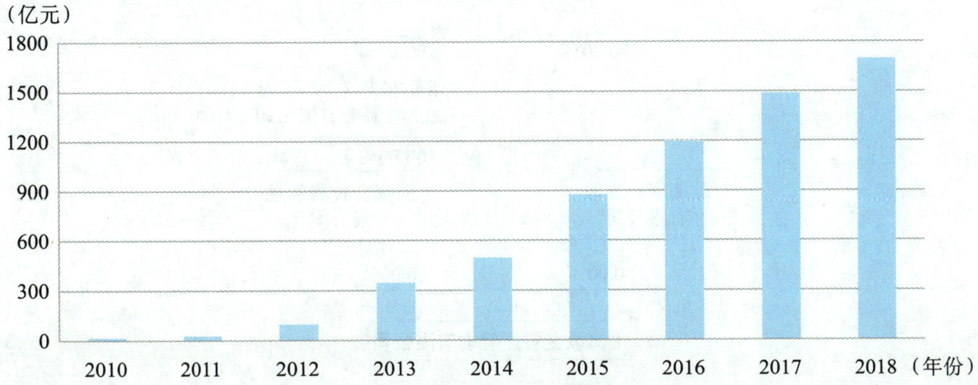

图4-6 歌斐管理的资产规模变化

资料来源：公司年报。

截至2018年年末，歌斐直接投资超过210个基金，间接投资超过4800家企业，其中许多都实现了大幅增长。在其母基金版图中，既有实力雄厚的核心基金，如红杉中国、达晨创投等，也有被视为卫星基金的新兴基金，其投资业务结构如下（见图4-7）。

而2019年的事件中直接踩雷的公司为歌斐控股的上海歌斐资产管理有限公司，它成立于2012年，与歌斐的股权关系如图4-8所示。

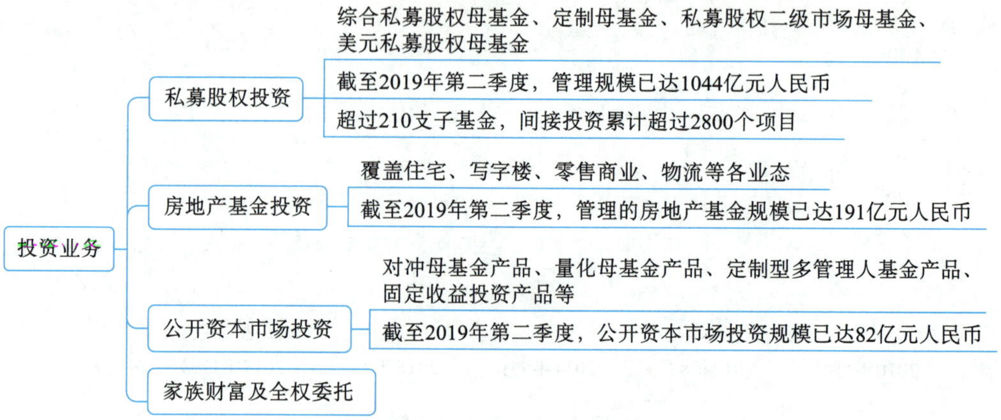

图4－7　歌斐投资业务结构

资料来源：歌斐官网。

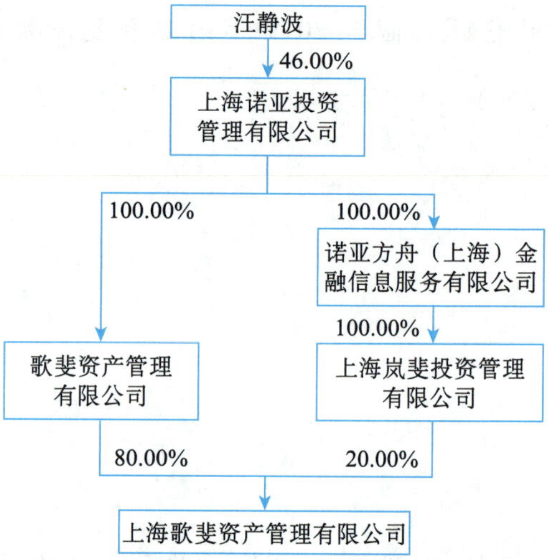

图4－8　上海歌斐资产管理有限公司股权穿透图

资料来源：Wind资讯。

四、链上求索

诺亚的版图一隅，源自供应链上的求索——供应链金融。

供应链金融是基于真实贸易的供应链中作为核心的高信评企业的信用，通过应收类、预付类或存款类融资工具支持上下游的中小企业实现现金流周转的业务模式（见图4－9）。随着市场的发展和新技术的驱动，供应链金融的资金供给方不再只是银行，资金充裕的商业保理、小贷公司、资管公司也挤了进来分一杯羹。

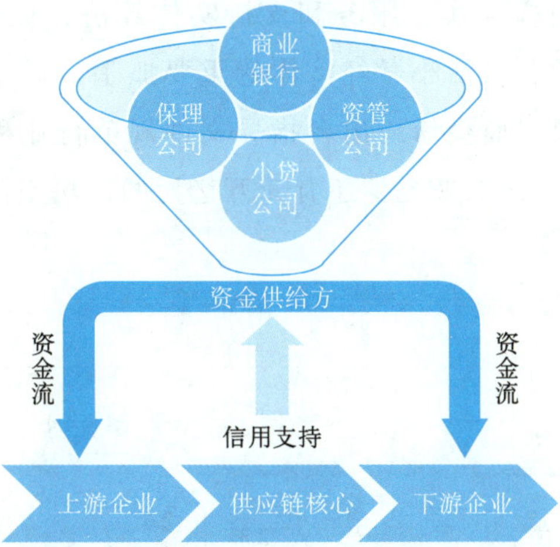

图 4 -9　供应链金融运行模式

一般而言，这种融资往往由核心企业主动发起，以在获得更低的贷款成本的同时确保交易的真实性。而随着云计算、大数据等技术的成熟与应用，金融业务的综合成本大大降低，令核心企业依托其信息优势也拥有了足够开展供应链金融的风控能力。例如京东就有自己的供应链金融产品“京保贝”：以京东的自有资金为供应商提供无抵押的在线融资贷款；其他巨头也专门成立了小贷公司，如阿里小贷、苏宁小贷负责供应链金融。此外，还有众多专门的供应链管理服务公司和第三方平台参与到中国供应链金融的生态中（见图 4 -10）。

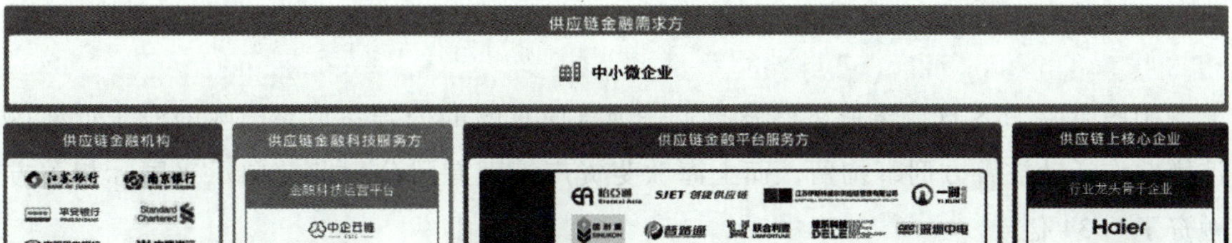

图 4 -10　中国供应链金融生态全景图

图片来源：万联供应链金融研究院《2019 中国供应链金融调研报告》。

供应链金融是金融脱虚向实，服务和支持实体经济，促进产融结合的关键要领；是疏通中小企业融资瓶颈、盘活小微经济体的重要抓手。近年来国家高度重视供应链金融的发展，国务院和银保监会纷纷出台指导文件规范行业秩序。我国供应链金融市场发展迅猛（见图4-11），未来至少还有3万亿元的市场空间，前景仍较为广阔。

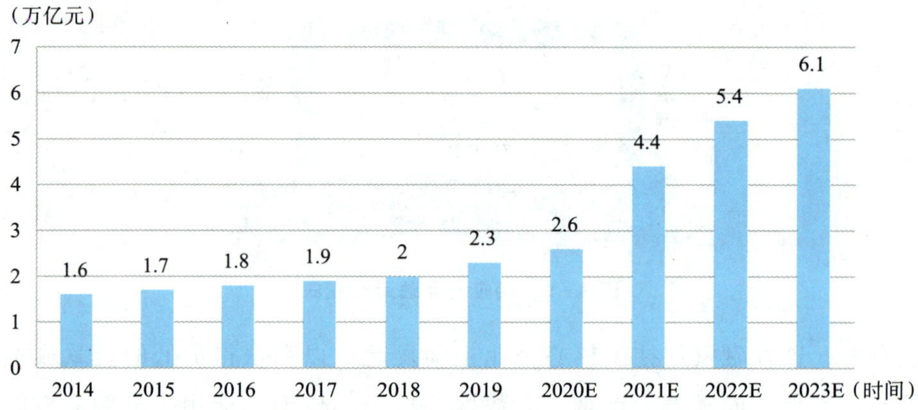

图4-11　中国供应链金融市场规模及预测（2015~2020年）

数据来源：艾瑞咨询《2019年-中太古代-中国区块链+供应链金融研究报告》。

五、雷鸣罗生[1]

（一）平地一声惊雷起

2019年7月8日，诺亚突然发布了一则言简意赅的公告：承兴国际的股东近期因涉嫌欺诈活动被警方刑事拘留，而上海歌斐资产管理有限公司此前向承兴国际相关方融资了约34亿元。

欺诈、刑拘，资管、34亿元融资，这些字眼难以想象地被连在了一起，但又似乎是欲说还休，让人一时捉摸不透。不过在市场上，这却是一声惊雷：当天诺亚财富（NYSE：NOAH）股价大跌20.43%，市值损失约5亿美元；承兴国际亦遭股价闪崩，跌幅曾超80%，市值蒸发近40亿港元。

晚间，一封落款为汪静波的沟通信也从内部流出，解释称歌斐管理的私募基金，向承兴国际相关方与京东之间的应收账款债权提供了供应链融资。由此，雷击现场的

① 部分内容源于《第一财经》《21世纪经济报道》《野马财经》《每日经济新闻》和《南方周末》等公开发表或刊载的媒体报道、专栏文章，以及新浪、搜狐等网站上公开发布的新闻，据此整合编纂而成。

当事人跃然于世：融资方承兴系、私募销售方诺亚、基金管理人歌斐，以及底层债权还款人京东。

承兴，何方神圣？

（二）传奇女子起高楼

承兴，一家品牌授权行业无人不知的龙头企业，坐拥兔斯基、变形金刚、NBA、超人等众多热门 IP 形象的使用权。罗静，承兴的缔造者，横跨泛娱乐、供应商、智能硬件和大健康四个领域的传奇女子，一手打造了资本圈金光闪闪的高楼（见图 4－12）：智能硬件以 A 股上市公司博信股份为门面，涉猎人工智能、智能音箱、智能耳机等各种热点；供应商则以广东承兴控股集团（以下简称“广东承兴”）为核心，结合其余关联公司形成庞大的销售及供应链网络；大健康则由新加坡上市公司承兴保健布局，主营有机食品和保健品；泛娱乐以香港上市公司承兴国际为桥头堡，主营 IP 形象衍生品变现。而泛娱乐的大本营为广州承兴，其 2016 年的营收将近 200 亿元，集团总额则跨越了 300 亿元大关。由此，罗静作为三家上市公司的实控人，自 2017 年起荣登中国最具影响力的商界女性榜单；2018 年击败了格力“铁娘子”董明珠，荣登年度商界木兰排行榜。

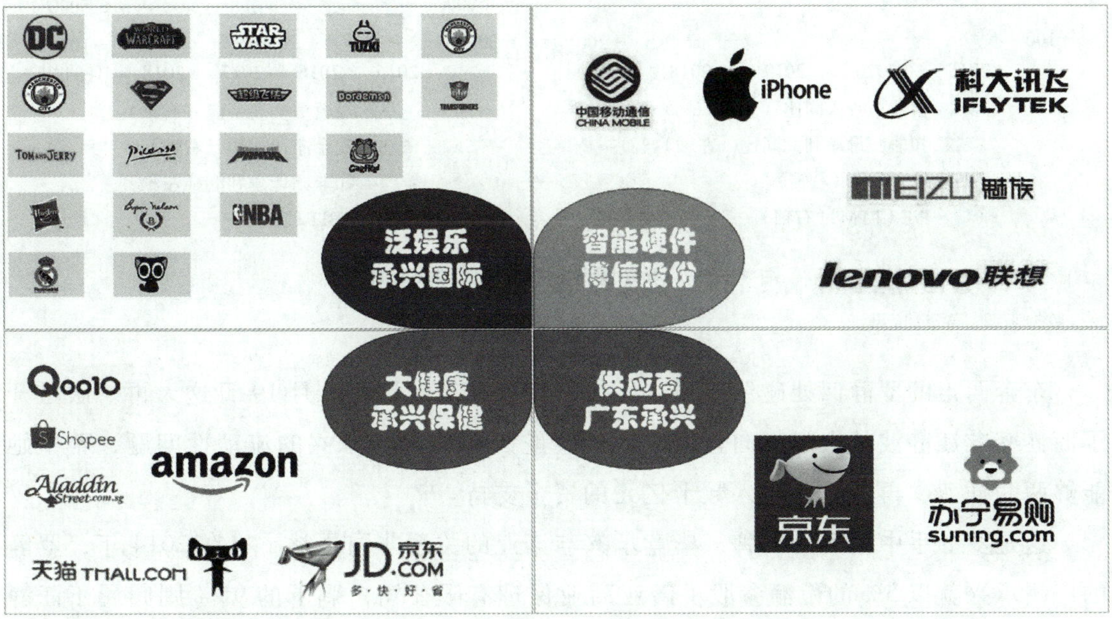

图 4－12　承兴系合作伙伴

数据来源：承兴国际。

（三）山雨欲来风满楼

“我保证我们承兴会拥有充足的现金。”2019 年的承兴年会上，罗静信誓旦旦地如此强调。

但仅仅在半年之后，罗静就大权旁落。港交所披露的权益变动信息显示，诺亚系（包括诺亚、诺亚创始人汪静波和歌斐等）在 6 月 19 日共获得 6.77 亿股承兴国际股份，占比 62.84%，取代罗静成为最大股东。

这期间究竟发生了什么？承兴和罗静的万丈高楼，缘何风雨飘摇？

草蛇灰线，伏脉千里。承兴系公司自 2015 年起的 3 年间，实现了数十倍的资产规模增长，创造了百亿元级营业收入，但利润率只有千分之一，而且这种薄利多销的模式造血能力十分有限：2017、2018 两个财年，承兴国际经营性净现金流均为负数，资金链断裂的危机已四伏（见图 4－13）。

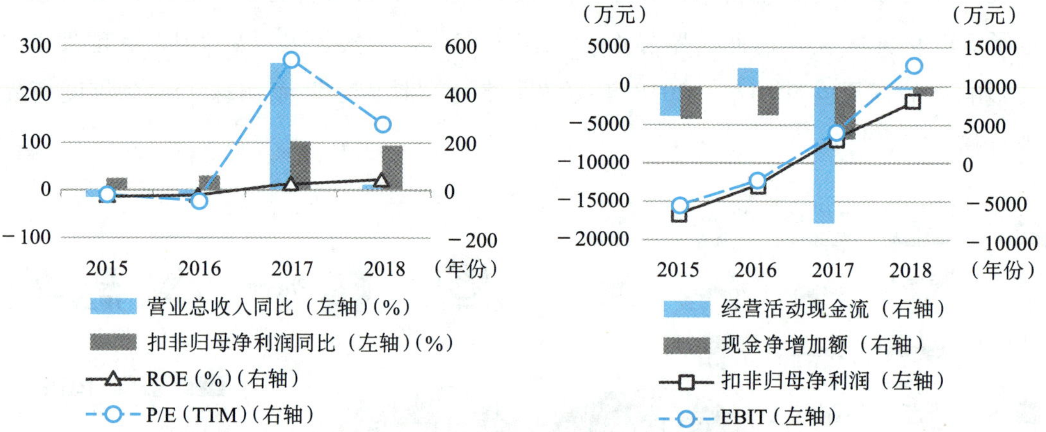

图 4－13　承兴国际财务情况（2662. HK）

数据来源：Wind 资讯。

东奔西走的罗静四处碰壁、孤立无援，黔驴技穷的她在 6 月 19 日这天再一次敲开了商界密友汪静波的大门，向这位诺亚的掌舵人“摊牌”承兴的流动性问题，希望她能够两肋插刀，再为公司注入数十亿元的资金支持。

这是罗静手中最后的王牌，毕竟承兴与诺亚的关系非同寻常。早在 2014 年，罗静的广州承兴就以 5% 的份额参股了诺亚商业保理有限公司，剩下的 95% 则归属于汪静波——诺亚财富旗下的上海诺亚投资（集团）。继而在 2017 年 12 月底，广东承兴又投资了芜湖歌斐航诚投资中心，而诺亚旗下的歌斐正是这家公司的执行事务合伙人。并且自 2018 年 3 月起，广东承兴已经向诺亚和歌斐累计转让了价值超过 47 亿元对京东的应收账款，获得了 9 位数的巨额供应链融资，可以说当年即将溺水的承兴正是抓住了汪静波这根救命的“金稻草”才勉强活了下来。

然而如今面对再一次狮子大开口的罗静，汪静波终于“忍无可忍”，断然拒绝了其天方夜谭式的请求，同时选择了报警并查封了其上市公司的股票和相关银行账户。

随后，在 7 月 5 日，博信股份的一份声明掀起了水底的波澜。其公告称：公司董事长罗静和财务总监先后于 6 月 20 日和 6 月 25 日被警方拘留。

7 月 8 日晚，诺亚补充公告称，承兴国际近期的权益变动情况是上海歌斐资产管理公司依据 2019 年 6 月 19 日与承兴国际的股东 China Base Group Limited 签署的《股权质押合同》所采取的法律行动之一。

（四）你方唱罢我登场

雷鸣仅是开端，“大戏”随后上演。

7 月 9 日早间，京东率先出场，与承兴划清界限：“承兴涉嫌伪造和京东的业务合同对外诈骗，对此我们已经报案。”

午间，诺亚声称，歌斐已就此案对承兴国际和京东提起司法诉讼。

下午收盘后，承兴国际也正式就集团伪造合同的负面报道发布公告澄清：此“承兴”非彼“承兴”。涉案“承兴”为“广州承兴营销管理有限公司”（即“广州承兴”），并非集团成员公司，而集团与京东之间也未订立有关合同。

三家公司“互踢皮球”，投资者们雾里看花。

京东见状又发布了一则《有关承兴事件的情况说明》，承认了广东承兴控股集团有限公司（即“广东承兴”）是京东的普通供应商；但再次声明对承兴涉嫌伪造合同进行诈骗毫不知情。与此同时，京东将矛头直指歌斐，认为其自始至终并未向京东进行合同真实性的验证，暴露了合规和风险管控上的重大缺陷，并劝诫道：“我们希望歌斐正视其管理问题，在提高自身专业性上做好功夫，而不要试图通过混淆视听一味推卸责任。”

观其大略，似乎只是唇枪舌剑，互相推诿，但细看却像三方搭台，引另外两家“承兴”粉墨登场。正面回应的承兴国际、沉默的“嫌疑人”广州承兴与广东承兴，究竟谁才是真正的主角？对此，多路记者于 7 月 10 日前往现场进行了深入调查。

一路记者来到广州承兴位于广州越秀北路的注册地，虽然证实广州承兴在此确有办公室，但物业人士表示：“没有人来这边办公，一个季度大概才来一天吧。今年过完春节来过一次，到现在都没有再来过。”

另一路记者奔赴广东承兴位于广州东风中路的注册地，但却扑空，只得到了物业人员这样的答复："22 楼整层都是壬丰集团的，所以你是找不到广东承兴这家公司的。"

承兴捉摸不透，"罗"生雷鸣大戏，那"戏外人"是否"旁观者清"？中阅资本总经理孙建波曾表示："这个骗局，今年 3 月份找过我们。当时中介人向我们介绍了该项目的好处：上市公司股权质押担保，还有京东的供应链应收款作为担保，双保险；特别是京东供应链，决不会出问题；关键给的利息还不低。所以中介费要高一点。"但面对中阅资本要求京东高管面签的强硬态度，对方推诿拒绝道："京东这么大公司的高管，怎么能如此掉价面签？"

雷声后的人声，更使疑云丛生。

（五）沉舟侧畔千帆过

暴风雨后的"安宁"，有着似是而非的"回声"。据查证，在央行动产融资统一登记系统中，广东承兴上传过自己的应收账款质押和转让登记记录，其中绝大部分来自京东。

但奇怪的是，根据合同、发票等相关信息，广东承兴卖给京东的价格要高于京东的售价，这是否表明广东承兴在帮京东"刷单"？一位多年向平台供货的中小型供货商描述了"刷单"行为，具体做法是：供货商 A 将指定的产品卖给电商，然后再通过成立的壳公司 B 买回，但供应商这样帮忙对自己有损失，一方面要有一笔现金空转，另一方面还涉及纳税的问题。

但如果供应商在"刷单"的同时，动用这笔在途的应收账款来融资，就可以实现和电商的"双赢"。而在上市公司体系外，与罗静、其弟罗伟相关的公司有两百多家。

7 月 24 日，在一场分享会上，诺亚总裁赵义称："世界上没有一家金融机构可以通过有效风控流程规避风险，尤其我们今天所面临的这个社会有很多风险源自人的道德风险。这个已经用常规的风控手段、风控措施没办法规避了，太多人为刻意制造的风险事件，让所有的金融机构在新一轮发展中面临非常大的挑战。"

8 月 8 日，博信股份公告：罗静因个人原因辞去公司全部职务。而自罗静被拘至辞职期间，博信股价已整体下跌 14.73%，市值缩水约 5 亿元；同时承兴国际已整体下跌 85.41%，市值缩水约 73 亿港元。

（六）重过阊门万事非

一个人的出现，似乎为事件增添了反转的意味。

8 月 20 日，京东一位许姓前员工因涉及合同诈骗被正式批捕。对此，京东表示并不知情，但此前配合警方核实了21份伪造的未结账款。

另一方面，诺亚好像再一次撑过了雷区的惊涛骇浪。

8月29日，诺亚发布了2019年二季报，二季度诺亚收入8.72亿元人民币，同比增长9.3%；净利润为2.52亿元人民币，同比增长了13.9%。

当日，汪静波在举行的业绩电话会议上，就踩雷34亿元的“承兴事件”再次表态：对事件“深表遗憾”，会配合警方调查。同时她强调，2016年至今，歌斐管理的“创世核心企业”系列基金向承兴国际的关联方与京东之间的供应链贸易提供融资，歌斐持续对债权和交易进行了尽职调查和风控，相关细节和证据已提交警方。

此外，诺亚已向上海金融法院提起诉讼，要求京东承担责任和偿还义务，承兴国际承担连带保证责任。

有摩根大通的研究员询问，事件会给公司投资人造成多大损失。对此，汪静波回应道，目前案件尚在调查中，她无法判断相关基金的最后清偿比例。

（七）拨云见日会有时

坊间流传着一系列关于罗生门真相的猜测（见表4-1）。

表4-1　　关于“罗生门”真相的推测

情景	诺亚系	京东	承兴	责任归属
1	说谎话	说谎话	说谎话	三方“合谋”欺骗投资者
2	说谎话	说谎话	说真话	诺亚系联手京东陷害承兴系
3	说谎话	说真话	说真话	诺亚系单方欺骗投资人
4	说真话	说谎话	说真话	京东“赖账”
5	说真话	说真话	说谎话	承兴系诈骗诺亚财富
6	说真话	说真话	说真话	罗静诈骗

第一种猜测是涉事三方均为“罪魁祸首”，诺亚系清楚承兴是为京东刷单而进行的供应链融资，但单纯为了追求高收益而“拥抱”了这个风险项目。第二种猜测是诺亚和京东蓄意吞并承兴系，因而诱使罗静以高成本融资并质押了其股份。第三种猜测是诺亚系存在严重的委托—代理问题，“内部人”伙同罗静策划了这起诈骗私募投资人的事件。第四种猜测是京东为“幕后黑手”，在为自己刷单的承兴系因资金链断裂引发诺亚爆雷后，选择了掩盖刷单真相，“赖账”并利用假合同引祸水于承兴系。虽然这些猜测未得到确切证据的支持，但反映出的道德风险、风控漏洞以及法律监管的缺位却并非空穴来风。

第五和第六种猜测的始作俑者都离不开罗静，而诺亚系是遭欺诈的受害者，京东则是无辜牵连者；其中区别只是在于罗静所拥有的上市公司承兴国际是否牵扯在内，第五种入局，第六种清白。如果承兴国际所发布的公告属实，即未参与罗静所为，那么其受事件影响而导致的股价暴跌亦属“蒙冤”，而诺亚系也因有失针对性的公告，使手中的对应股权价值大打折扣。据此来看，事件暴露了诺亚系风控体系、管理机制的不健全。

罗生门下，众说纷纭，百般猜测，真相未明。

案例使用说明

一、教学目的与用途

1. 适用课程：金融理论与政策、金融机构与金融市场、风险管理。

2. 适用对象：本案例主要为金融专业硕士研究生及本科生相关课程开发。

3. 教学目的：本案例通过梳理第三方财富管理行业的标杆诺亚系踩雷承兴的过程，聚焦于第三方财富管理的业务运作和行业发展。结合风险与投资的相关金融理论，案例分析了诺亚系在产品运作和转型过程中蕴藏的风险与局限，并分别从投资者、第三方财富管理公司层面给出建议。同时依据金融功能与金融结构理论，分析了第三方财富管理机构应该如何转型与发展，以及监管在这一过程中可以怎样改进。

具体目标分为以下三个方面：

（1）通过分析第三方财富管理行业的业务模式，使学生认识到第三方财富管理机构在以供应链金融为代表的产品运作中的三种风险。在对信用风险的研究过程中，本案例根据信息不对称理论分析了常见的三类模型及其在第三方财富管理行业中应用的具体情境。此外，结合爆雷案中诺亚面临的风险点，梳理了法律风险和操作风险。这既使学生能够站在投资者和第三方财富管理公司的角度，思考对不同风险可以采取哪些合理的应对举措，也引导学生进一步思考产生这些风险的深层次原因是什么，并以诺亚为例，探究这些原因是否与机构与行业的定位相关，为接下来对行业本源与发展的探讨奠定基础。

（2）基于金融功能与金融结构理论，让学生认识到金融功能与金融结构的辩证关系：金融机构是金融功能发挥作用的载体，金融功能是金融机构服务实体经济的表现形式。同时，引导学生探讨金融的本质，即金融机构在发挥作用的过程中需要立足于功能和定位，在这一基础上合理创新。具体从第三方财富管理机构本身出发，明辨第三方财富管理机构与资产管理机构的联系与区别，理解并掌握第三方财富管理机构的职能、地位和作用，深度了解我国第三方财富管理机构的生存和发展现状，从所给的案例中能够自主剖析出当前第三方财富管理机构的风险问题，并根据国内外的先进模式对第三方财富管理公司的未来发展方向提出建议。

（3）基于金融监管理论，让学生认识到在监管中要注意权衡：既要重视市场的作用，也要重视政府的作用。由于金融市场尚不完善，第三方财富管理行业很难通过竞争来实现自我监督，现阶段应主要依托外部的、政府的监管。但同时也需要让学生考虑监管长期的成本与效益，以实现平衡。最后，从监管模式上看，由于第三方财富管理公司在转型后业务模式的改变，单纯依靠机构监管容易造成监管漏洞，而参考国外的监管模式，形成更有效率的功能监管将是更有利于行业健康发展的选择。

二、启发思考题

1. 爆雷反映的第三方财富管理机构在业务运作过程中的风险有哪些？投资者应如何应对？公司怎样控制？

2. 诺亚爆雷的深层次原因是什么？

3. 结合第三方财富管理行业的国外经验、我国的爆雷历史、资管新规等政策，谈谈第三方财富管理行业应如何定位与转型？

4. 针对频频爆雷的第三方财富管理行业，如何设计和运行监管体系才能有助于行业的发展？

三、分析思路

1. 教师可以引导学生从风险角度、分主体对此次爆雷案有更深入的理解，并以此管中窥豹，对整个业务运作及行业发展中的风险隐患进行分析和提炼，为后文更好地思考行业转型奠定基础。在此过程中，可增强学生对信息不对称、投资组合等相关理论的具体应用能力。通过风险分析，引导学生根据风险产生的原因和机制，结合不同主体的特点，针对性地提出应对措施。

2. 教师可以在对风险分析的基础上，进一步启发学生思考产生这些风险的原因是什么，进而从内外部的不同视角，分析诺亚作为一家头部第三方财富管理机构，涉入这起大规模爆雷事件的深层次原因有哪些。基于对行业头部企业的分析，进一步理解和思考第三方财富管理机构在发展过程中出现的问题，以及这种问题背后的根源，为接下来对行业本源和转型问题的分析奠定基础。

3. 教师通过此案例可以启发学生采用原点思维的方式进行深入思考，培养学生研究型学习的能力。在解决问题的过程中，从事物的本源、问题的出现和问题的演化三个层次去探究问题，进而找到解决问题的关键，提出针对性的解决方案。要解决第三方财富管理机构存在的问题，首先需要明确第三方财富管理机构的定义是什么，它出现的原因是什么，它本应当承担什么样金融功能，它在逐步发展的过程中遇到了哪些客观环境的改变，而后续这种发展模式又为何难以为继，它的发展与其本应承担的功能定位有什么样的偏差。以这样逐级递进的方式引导学生形成研究问题的严谨思路，从而针对某一具体问题能够提出鞭辟入里的见解。

4. 教师可以引导学生根据不同风险的产生原因和特点，分析哪些风险需要通过监管设计来应对，并相应提出针对第三方财富管理行业的监管措施。根据监管角度与监管程度的不同，教师可以引导学生从金融权衡理论、金融监管成本理论和功能监管理论等角度，结合我国目前的监管框架、国际的监管理论，进行第三方财富管理行业监管框架的构建。在这个过程中，教师可以引导学生用辩证和发展的视角思考监管路径和模式选择。

四、理论依据与分析参考

（一）风险分析与应对

诺亚踩雷的是有“真实贸易”背景的、风险本应相对较低的供应链金融产品。尽管其以真实贸易为支撑、有核心企业兜底，但近年来围绕供应链金融的爆雷事件仍时有发生，而其中暴露出的风险多是整个第三方财富管理行业产品运作的“通病”。通过思考其风险形成机制，有助于帮助第三方财富管理机构和投资者更好地识别风险。本案例具体有以下几种风险：

1. 风险相关理论与分析

（1）信用风险。

传统的信用风险是指借款人因未如期或未按条款履行合约的风险。产生这种原因之一是信息不对称，即经济主体在经济活动中掌握的信息有所差异。根据信息不对称理论，有两种划分不对称信息的方式：从时间维度上将其划分为事前信息不对称与事后信息不对称，前者将产生逆向选择，后者会导致道德风险；从内容维度上看可将其归类为隐藏信息模型和隐藏行动模型（见表 4 – 2）。

表4-2　　信息不对称模型

	隐藏行动	隐藏信息
签约前		逆向选择模型 信号传递模型 信息筛选模型
签约后	隐藏行动的道德风险模型	隐藏信息的道德风险模型

第三方财富管理公司在业务中涉及上述模型中的三类。本案例结合委托-代理分析框架，对这三个类型进行分析。在第三方财富管理公司的业务运作过程中，存在两组委托-代理关系，一是资金需求方和第三方财富管理机构，二是第三方财富管理机构和投资者。

①逆向选择模型。

代理人比委托人拥有更多关于项目的信息，并据此在交易中谋求更大收益。在资金需求方和第三方财富管理机构之间，资金需求方更清楚融资后所投项目和融资时抵押资产的实际情况。

对于供应链融资中潜藏问题的关联交易和虚假交易，从行业平均水平上看，第三方财富管理机构的识别难度不小。其中既有核心企业与上下游关联企业制造关联交易，以实现核心企业的变相融资，也有上下游企业制造虚假应收账款，以便从放贷主体获得融资的情况。这两种情况都具有隐蔽性。前者由于有关联关系，可能无法从股权变更情况看出；而对于后者，虽然第三方财富管理机构可以通过与核心企业核对的方式规避风险，但并不能保证核心企业如愿配合，这加大了第三方财富管理机构了解项目实际情况的难度。

同理，在投资者和第三方财富管理机构之间，机构对代销和主动管理产品的实际收益更加了解，而投资者难以直接考察其投资产品的实际情况。

在这种情形下，逆向选择会使投资者依托的价格筛选机制失效。投资者要求的回报率是资金需求方的成本，本来投资者可以通过高回报率对应的高成本筛选出好的投资项目，因为只有好项目的收益才能负担这种成本，但是逆向选择的结果是，好项目不愿意承担过高的价格，而差项目却会利用信息不对称以次充好，因而相较于传统低利率的融资渠道，在实际投资项目、第三方财富管理机构和投资者之间构筑的链条上，第三方财富管理机构更容易选择风险更高、质量堪忧的项目，而投资者选择第三方财富管理机构时也将面临过度包装和美化问题，在这种情况下，项目收益不及预期的概率更高，因此第三方财富管理机构和投资者将面临更高的信用风险。

②信号传递模型。

代理人为显示自己的类型，选择某种信号，向委托人显示自己的类型，但这种信号通常伴随着一定成本。由于第三方财富管理机构相比于银行等金融机构的信用等级较低，故需要高收益来吸引客户。但这意味着它需要选择回报更高的项目。由于收益和风险的匹配性，一些收益稳定、质量较好的项目可能会被排除，而某些风险较高、无法从其他渠道获得融资的质量较差的项目会被选中。

③隐藏行动的道德风险模型。

在交易后，委托人无法观测到代理人的行为和状态，代理人就有机会利用权力做出一些谋求私利的行为。在合约签订后，第三方财富管理机构无法时刻掌握资产运作的细节以及实际经营者的努力程度，投资者也同样难以掌控第三方财富管理机构的履约水平和尽责态度，这两个环节可能存在的道德风险会对产品的实际回报产生负面影响，进而增大违约概率。

综上所述，作为信用风险损失的主要承担方，第三方财富管理机构和投资者有必有针对性地做出应对。

对于投资者而言，在参阅产品募集说明书等相关文件时，应有意识地考虑发行方在其中的利益分配是否合理，例如将相关费率与业界标准对比，以考虑是否能够通过这些契约设计减少双方的利益冲突，缓解道德风险问题。

而对于第三方财富管理机构，其在面对因信息不对称而产生的信用风险时既有主动性又有被动性。主动性体现在其试图通过高收益来吸引客户的行为，这会加剧较差质量资产的选择，从长远来看，将增大违约概率，破坏与客户之间的关系与企业声誉，这在当下金融产品日趋丰富、机构间的竞争愈发激烈的背景下，会造成客户流失，从而不利于企业的发展。所以第三方财富管理机构应当通过提升自己在产品服务上的核心能力营利，而非以不恰当方式获得高收益，这在后文的转型分析中会进一步阐述。被动性体现于逆向选择的存在，上述分析表明，第三方财富管理机构对客户的盈利预期设定会回归理性，因此这将传导于资产选择端，一定程度上降低对项目的盈利要求，从而降低过高收益率对逆向选择的加剧，与此同时，应要求项目方提供对其盈利能力的合理证明，使之作为一种筛选信号，以减少较差项目的鱼目混珠，缓解逆向选择。

（2）法律风险。

法律风险目前没有明确的规定，有学者提出企业法律风险是指企业因受到外部环境的变化或自身违约不履行义务而使企业承担的不利的法律后果。法律风险一方面源于企业外部的社会环境和相关政策的变化，另一方面来自企业的不良动机，试图利用法律漏洞、灰色地带，甚至违反法律来牟取利益。

从外部来看，监管对金融产品的代销有资质要求，《证券投资基金法》中有明确规定，要求基金销售必须有销售资格。而第三方财富管理机构代销产品横跨不同监管领域，目前存在监管盲区，也容易造成风险积聚。我国开始向混业监管发展，这将会给财富管理行业带来新的挑战。而以内部视角观之，面对行业发展的压力，第三方财富管理机构或其中部分人员可能会通过勾结项目融资方欺诈投资者，以获取不当得利。为更有针对性地解决，外部的法律风险主要依托监管设计，而内部法律风险与操作风险互相联系，因此在下文操作风险的分析中依托相关措施进行控制。

（3）操作风险。

巴塞尔新资本协议将操作风险定义为由于不完善或有问题的内部程序、人员、系统，或相应外部事件导致损失的风险。由于操作风险中的风险因素大多源于金融机构的操作业务，故属于较为可控的内生风险。从历史上来看，操作风险对不少金融机构造成的损失已经超过了市场风险和信用风险。

本次爆雷案的焦点之一是标的应收账款的真实性和完整性。一方面，在供应链金融的常见交易结构中，通常以卖方（债权人）为融资主体，买方（债务人）为偿付主体，中间通过真实的应收账款连接双方的债权债务的关系。而融资主体与偿付主体的分离，使债权人存在极强的欺诈或舞弊的动机和机会，因此产品发行方通常会通过向买方确权来核对，以保证真实性和完整性，但如果只是形式上而非实质上的确权，例如因为买方的声誉等因素简化面签流程，则将产生重大的操作风险。

另一方面，为了保证标的质量与真实性，供应链金融的设计通常会根据核心企业展开，比如“中企云链平台”与“海尔云单平台”等，因为相比于核心企业，若主体是非核心企业，即便债权真实，后续也将在回款周期、资金监控等方面具有更大的不确定性。但本案中，承兴并非属于供应链上的核心企业，但诺亚却为其进行了供应链融资，这在产品设计层面就潜藏着一定的风险，而如果又在必要的确权程序上有所疏忽，则将会放大操作风险，进而引发信用风险等多种风险。

除此之外，诺亚在增信以及风控措施的制定和操作上也暴露出一些问题。第一，从时间上来看，并未有足够及时的事前行动见诸报端。办理承兴国际股权质押办的时间是2019年6月19日，即罗静被刑事拘留的前一天，而查封上市公司股票、相关银行账户和发催款函等均在风险完全暴露之后；第二，即使较早采取这些措施，然而爆雷后承兴国际股价先是应声暴跌，后于7月19日停牌，这无疑失去了股票质押的意义。

从公司的内部产品设计、披露和风控体系来看，还有以下几个风险隐患：

首先，相较于银行、证券等传统金融机构，第三方财富管理机构在产品运作和风险控制的专业经验和制度上可能存在不足，这将埋下一定的隐患。其次，机构所声称的风控机制，是否能够严格执行？诺亚曾表示每个产品都经过了严格的风险筛选，都配有专职人员进行产品分析，在产品设计阶段进行跟踪参与。据统计，2017 年诺亚共分析了超过 1500 只产品，由于筛选产品的数量巨大，假设其对产品进行了精细的筛选和考察，那么在这段行业瓶颈期内，其获得的利润是否足以弥补甚至超过成本？最后，在第三方财富管理行业中并不存在标准细化的产品筛选流程，投资者通过公开披露资料也难以了解具体的筛选机制。产品筛选体系的不透明性让内部体系无法得到有效的外部监督，这为理财机构与产品供应商的相互勾结提供了可能。

因此为应对操作风险，第三方财富管理机构需加强专业人才队伍建设，在重视产品创新和营销的同时，对产品质量做好把关，通过建立合理的风险管理和控制机制，从技术上量化风险、从制度上控制风险，并使这些程序在经济上具有可行性。本案例中，诺亚踩雷的一个关键原因是确权不到位，这既警示诺亚需要加强尽职调查工作，也说明供应链金融的业务模式还需变革。银保监会曾下发《中国银保监会办公厅关于推动供应链金融服务实体经济的指导意见》，鼓励银行保险机构将物联网、区块链等新技术嵌入交易环节。由于区块链具备难篡改、分布式记账等特点，有助于提高核实效率、降低核实成本，故第三方财富管理行业同样可以利用物联网和区块链技术识别虚假贸易、加强对物流和仓储的监管，从而降低操作风险，进而缓解信用风险。

2. 资产配置——投资组合理论

在投资组合理论中，马科维茨以期望收益代表投资回报，以方差或标准差衡量风险，当资产收益的相关系数小于 1 时，组合的标准差将小于其中各个资产标准差的加权平均，即风险被分散。具体来看，一方面，风险可分为同时影响大量资产的系统性风险和只影响特定资产的非系统性风险，而资产个数的增加，即多元化投资，往往将使非系统性风险在资产组合中相互抵消，进而降低组合的整体风险。

另一方面，风险的分散也意味着一定收益的损失，即资产的期望收益和风险相匹配，这在资本资产定价模型中得到了更清晰的展示：承担的风险越高，要求的风险溢价越多，资产的期望收益也就越高，同时这也表明，高回报率的资产往往对应较高的风险。

对于投资者而言，在选择金融资产时需以一定的金融知识为基础，了解国家的相关政策，进行理智分析。在交易中，风险和回报一般是对等的，而随着资管新规出台、刚性兑付被打破，发生风险和收益不对等的这种扭曲现象的概率会越来越低。在本案例中，爆雷产品的底层资产——对京东的应收账款（假设真实）至少是 AA + 级别的债权，而回报率明显呈现出过高的风险溢价，故很有可能存在问题。

同时，投资者在资产配置上应借鉴多元化投资的理念，结合自身特点构建投资组合，将非系统性的风险进行有效的分散，而非给予某一特定资产过高的权重，避免损失过度。歌斐系这次发行的是私募产品，主要面向高净值人群，因此他们有着进行多元化资产配置的便利，也应当合理配置；但不可否认的是，私募产品中也会出现一些刚刚达到投资门槛的投资者将大部分财富投入的现象，这种未合理配置资产、变相“投机”的行为无疑使自身承担了过高的额外风险。

另外，投资者在参阅产品募集说明书等相关文件时，应有意识地考虑发行方在其中的利益分配是否合理，例如将相关费率与业界标准进行对比，以分析是否能够通过这些契约设计减少双方的利益冲突，缓解道德风险问题。

（二）诺亚爆雷的深层原因分析

1. 外部冲击

（1）宏观经济下行。

2008 年到 2015 年，财富增长效应和金融监管自由化让资金和资产变得充沛，为第三方财富管理行业带来了机遇。2007 年，信托“新两规”政策出台，明确了信托可直接贷款的地位。2008 年规模达到四万亿元的“一揽子投资计划”提供了许多优质的投资项目，同时通过财富效应，给第三方财富管理行业带来了资金。彼时，第三方财富管理机构利用“销售 + 返佣”的形式，利用与银行、信托沟通顺畅的渠道优势，直接代销资管产品，抽取 1%～3% 的佣金。平均来看，一个销售规模在 10 亿元的小型财富管理机构，一年的收益达 2000 万元，这使资本迅速积累，行业呈现爆发式增长。

但自 2015 年以来，中国经济进入“新常态”，依靠大量投资拉动的模式被限制，投资项目减少。P2P 爆雷后，金融监管进入了严周期，同时全市场的资产回报率开始下降。我们以 2008 年到 2018 年的上市公司回报率来代表全市场资产的回报率，可以看到全市场资产的回报率在十年间由最高 11.2% 下降至 5.19%（见图 4－14）。金融行业本身是依靠实体经济的增长而赖以生存的，全市场的资产回报率下降会导致金融业更加缺乏优质投资的项目。在此背景下，第三方财富管理机构为了维持盈利，只得转向质量更低、风险更高的产品。

（2）金融监管趋紧。

在过去的二十年内，我国的资管行业发展主要经历了公募基金主导、银信合作主导、多元化跨步前进、规范稳健发展四个阶段（见图 4－15）。

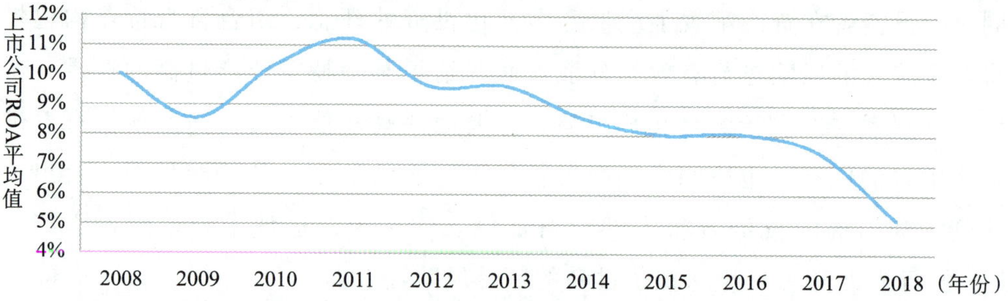

图 4－14　中国上市公司资产回报率走势

数据来源：Wind 资讯。

年份	特点	具体描述
2007年之前	以公募基金为主导	投资标的以标准化的权益市场和债券市场为主，2007年牛市到来后，公募基金的资产管理规模已经将近3.28万亿元
2008~2012年	信托快速崛起 “银行—信托”主导	基金行业一家独大的市场格局逐步结束、央行采取“差别准备金率”和“限贷令”对前期扩张过快的银行表内业务进行限制。因此，银行借助信贷通道，绕道表外“非标”产品进行信贷扩张，使得银信合作迅速兴起，信托资产规模快速上涨
2013~2016年	多元化发展 大跨步前进	2012年下半年开始，资管监管步入一轮放松大潮，牌照资源逐渐放开，各类资管子行业之间的竞合关系更加充分，行业创新不断。不同类型、不同策略、不同标的、不同风险偏好特征的资管产品多样化发展。在此阶段银行理财凭借明显的渠道优势迅速发展
2017年以来	进入规范发展阶段	资管行业的整治建立在全面风控、服务实体经济的背景下，监管层主要针对的问题包括分业监管，业务发展模式不匹配，资金池与期限错配，刚性兑付以及违规运用杠杆等

图 4－15　我国资管行业发展阶段

资料来源：华创证券。

伴随着 2017 年以来一系列趋严的监管措施，各信用主体之间出现了差异，整个资管行业的信用开始逐步收紧，资管产品的数量开始下降，质量参差不齐。

长期的分业监管导致我国银行、保险、信托等不同资管机构的监管标准不一，造成了一定的监管盲区和套利空间。2018 年 4 月出台的资管新规使资管机构的标准更加统一、经营更加规范。近几年监管趋紧的过程如图 4－16 所示。

（3）行业竞争加剧。

在宏观经济开始进入新常态，同时资管新规的落地使整个行业趋严的背景下，财富管理行业的渠道分化开始凸显。非银财富管理机构的资产管理与服务水平相对较低，导致财富管理开始向银行渠道回归。根据贝恩公司的 2019 年中国私人财富报告来

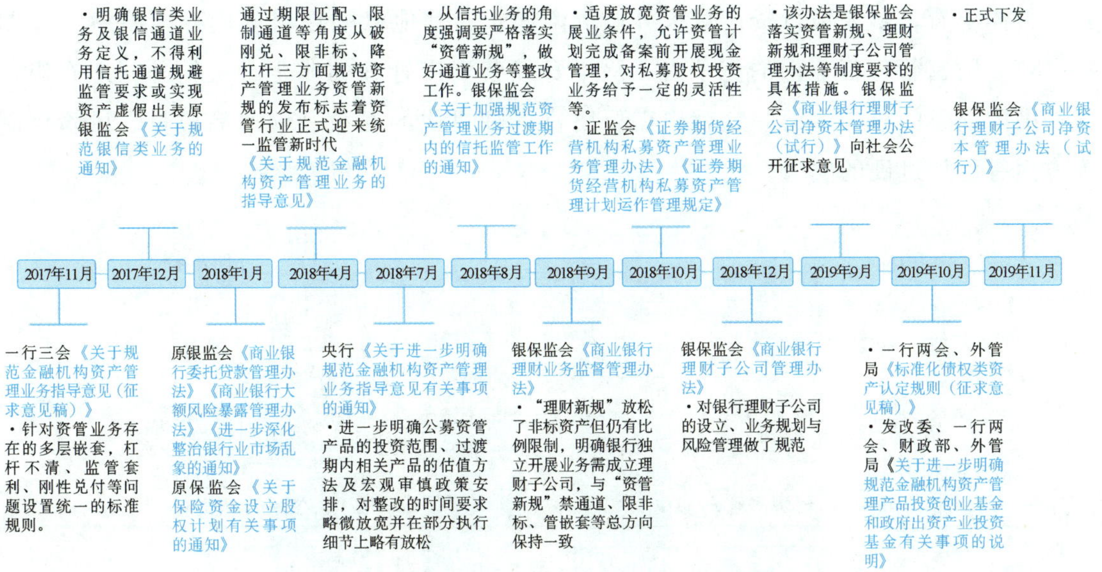

图4－16　资管行业监管进程图示

资料来源：华泰证券。

看，非银财富管理机构开始逐渐让位于银行经营的私人财富管理。这主要是由于自2008年的“一揽子投资计划”实施以来，市场上一些机构盲目扩张，使部分产品设计不合理，风控缺失，尤其是以P2P、股权众筹等为代表的互联网金融中出现了大量劣质产品，给投资者造成了较大的财富损失。因此，市场经由学习效应认识到了风险，开始更多地青睐于银行的财富管理（见图4－17）。这一方面是由于银行本身的资金背景雄厚，另一方面由于银行财富管理团队的专业能力强。而在具体银行的选择当中，股份制银行的财富管理更受到市场的追捧。

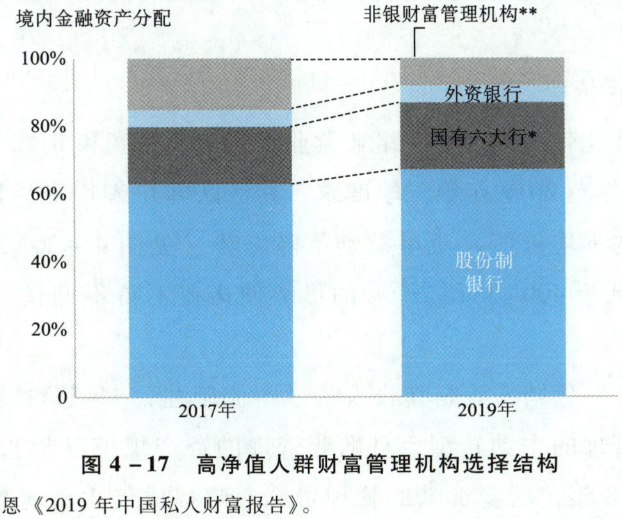

图4－17　高净值人群财富管理机构选择结构

资料来源：招商－贝恩《2019年中国私人财富报告》。

整体上看，私人银行资产规模开始逐渐增长，其他机构理财规模逐渐萎缩（见图4－18）。财富管理行业内的竞争者，除本身经营资产管理的非金融机构外，还有银行这一中国金融的核心部门，这就更需要财富管理机构的在盈利、产品质量、风险控制等方面有更加过硬的实力。

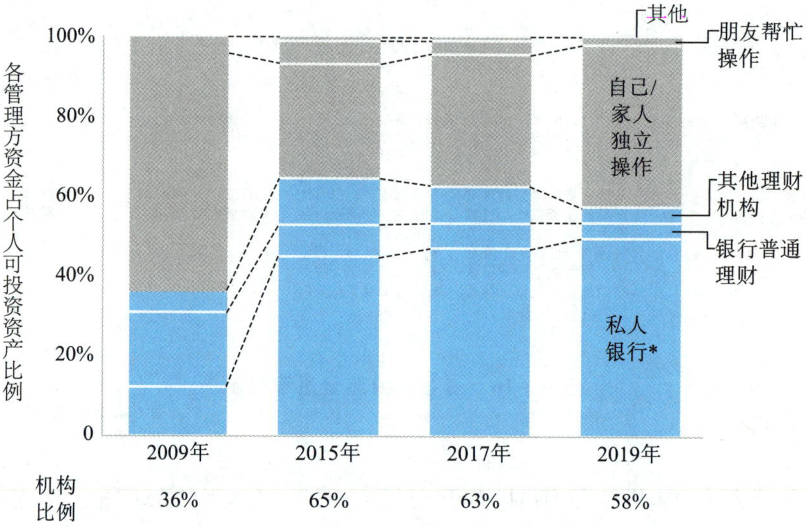

图4－18　高净值人群境内财富管理渠道变化趋势

资料来源：招商－贝恩《2019年中国私人财富报告》。

因此，综上所述，在宏观经济下行的经济背景下，诺亚失去了可以投资的优质标的，金融行业强监管导致诺亚长久以来的代销模式逐渐被收紧，但行业竞争的加剧又要求诺亚提高自身财富管理的盈利能力，所以诺亚不得不被动提高自身的风险容忍度，冒险选择一些高风险高收益的项目，这些外部的压力为诺亚埋下了爆雷隐患。

2. 内部隐患

（1）业务“路径依赖”。

受到外部环境变化带来的冲击，诺亚营业收入增长速度和ROE均有所降低（见图4－19），而自2017年至2019年第二季度末，其活跃客户人均交易量（指活跃客户在指定期间购买产品的平均价值）也呈波动下降态势（见图4－20），2019年前两个季度的平均交易量已低于400万元。严峻的形势使诺亚不得不仰仗“代销”这条“建业”老路。

自诺亚创设以来，代销一直是其收入的“中流砥柱”。尽管歌斐在2010年的设立标志着诺亚向资产管理的主动转型，且歌斐管理的资产规模以年85.63%的增长率迅速扩张，但截至2018年，歌斐贡献的管理费和业绩提成仅占公司总收入的39%，利

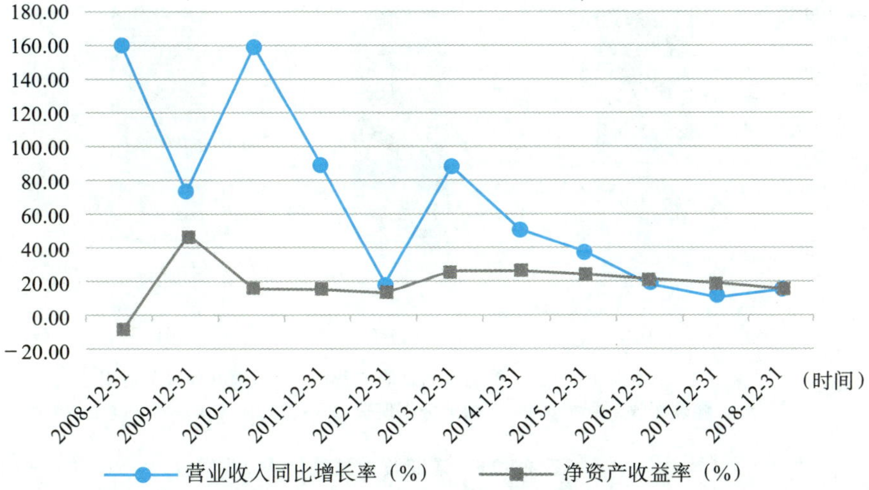

图4－19　诺亚营业收入同比增长率和ROE

数据来源：Wind数据库。

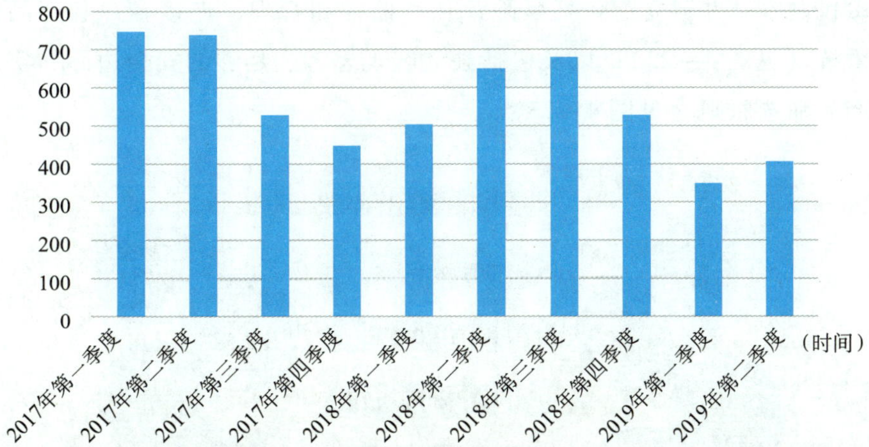

图4－20　诺亚活跃客户人均交易量

数据来源：互金商业。

润贡献约40%。而从诺亚的整体收入上看，代销获得的一次性佣金和经常性服务费用仍占主导（见图4－21）。

在较为成熟的资本市场上，第三方财富管理机构立业的“第三方”独立性，是站在投资者的角度精选投资标的，向投资人推荐风险偏好相匹配的金融产品，因而收益源于投资人。但是“代销”业务重心往往在于融资方，即收入实现更多依赖于融资方获得融资，这种利益导向会使第三方财富管理机构在业务运作过程中偏向于提高产品发行成功率，其理财经理、投资顾问也会更多地强调收益和项目前景，变相地造成对项目风险重视、管理和披露程度的下降，即所谓的“重营销，轻风险”。

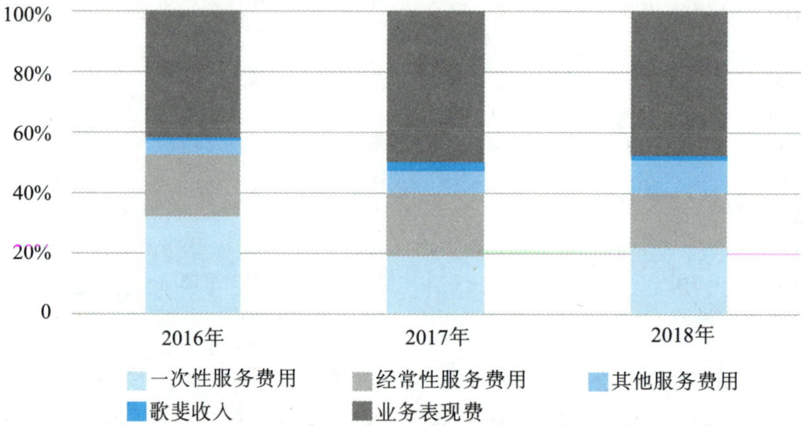

图 4－21　诺亚收入结构

（2）风控与主动管理能力存疑。

在 2018 年的可持续报告中，诺亚表示其优异的资产管理能力是基于对投资项目真实质量的敏锐洞察，并建立起包括风险评估、监控和管理，连接客户和产品供应商的风险控制系统（见图 4－22），以及包括独立客观思考、足够的安全边际、实地考察在内的 7 大产品筛选原则（见图 4－23）。

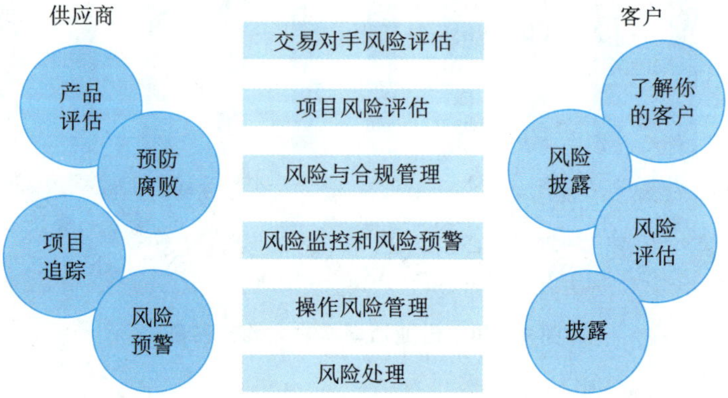

图 4－22　诺亚风控系统

资料来源：诺亚可持续发展报告。

但自 2014 年以来，诺亚不时卷入爆雷风波（见表 4－3），事后来看，涉事产品的投向运作以及对应的风险控制并未充分"达标"，而算入本次同样在产品端爆雷的承兴事件后，涉事金额整体上呈波动上升之势。

另外，即使是歌斐的主动管理，其资产也主要分布在私募股权、地产基金、信贷等非标领域（见图 4－24），而这些领域的产品大多仍是固定收益属性，因此良好的业绩可能不能反映真正的资产管理能力，更何况这些"债权型"资产还时有爆雷隐患，而承兴事件在此方面同样有所体现。

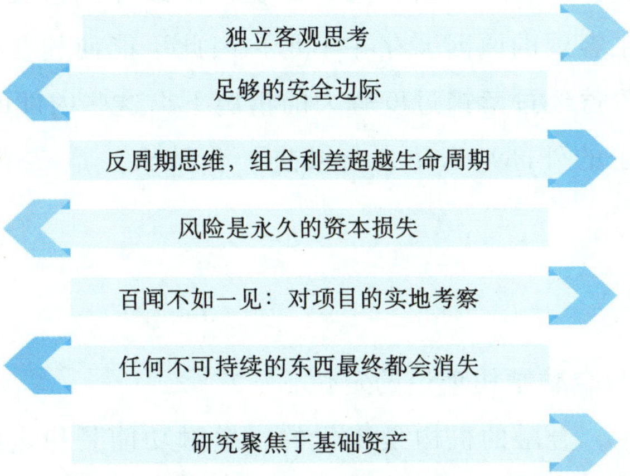

图4－23 诺亚产品选择原则

资料来源：诺亚可持续发展报告。

表4－3 诺亚自2014年以来的涉险事件

产品	涉事时间	涉事金额	事由
景泰基金	2014.8	9.5亿元	资金被基金管理人景泰公司蓄意诈骗挪用
悦榕基金	2016.11	10.7亿元	称“6年后上市”，但2016年到期未上市
创世优选基金	2016.12	5.46亿元	辉山乳业应收账款债权，但公司资不抵债
创世鑫根并购基金	2017.7	23亿元	作为优先级合伙人踩雷乐视网
联创永宣资源基金	2018.12	16亿元	投向金山矿业等矿业资源，7年回本5.6%

资料来源：根据公开资料整理。

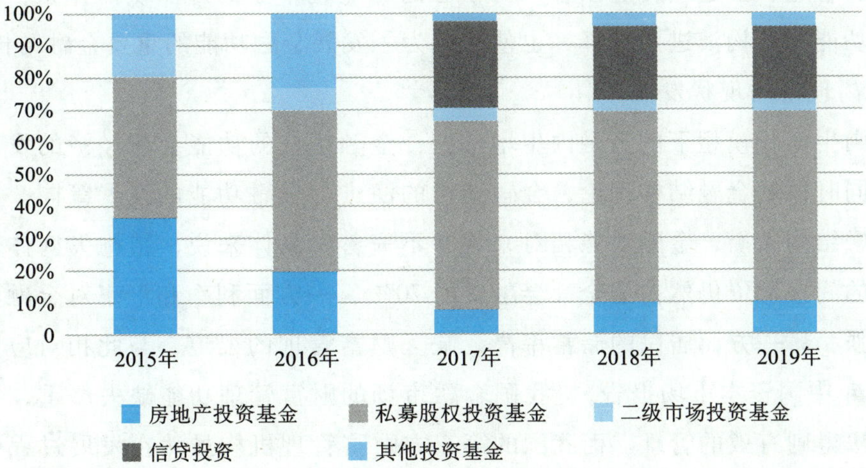

图4－24 歌斐业务投向占比变化

综上所述，诺亚对“代销”的路径依赖，使一些实质上低于既定筛选标准的产品得以发行，隐藏了部分标的资产的高风险，而在产品运作的过程中，其风险控制与主动管理能力可能由于主客观的原因，存在不足，因此不能使这些高风险产品都实现预期的收益，尤其是在收益经过营销过度夸大的情况下。这些内部的隐患，在经济承压、监管收紧以及行业竞争的外部冲击下，会被进一步放大，最终使部分产品超出控制，爆雷导致损失。

（三）运作模式转型与发展分析

1. 基于金融功能与金融结构理论的定位

根据金融功能理论，金融的机构是变化的，金融功能是稳定的。金融功能相较于金融机构来说具有更加重要的地位，机构之间的竞争可以带来功能的完善与效率的不断提升。依照理论来看，金融体系总体上具有六大功能，具体包括：时空转换与配置资源，便利清算和支付，风险的集中与分散，资源汇聚和股权细化，信息提供、处理与改善，激励与监督。金融结构即金融工具与金融市场的总和。金融结构是指构成金融总体的各个组成部分的分布、存在、相对规模、相互关系与配合的状态。金融结构是金融体系的综合反映，涵盖了整个市场中各个主体及其组合。一般认为金融结构是从货币的运用与信用方面对整个经济起到一定的映射作用，而金融结构的演进等同于金融功能的发展。

在发达市场的金融功能中，第三方财富机构为个人投资者提供了风险的集中与分散、信息提供、处理与改善等功能服务，以其“第三方”的独立性为投资者进行投资规划与财富管理，搭建运营起以客户为核心的专业且中立的产品供需体系，这种定位既是金融功能和结构演进的选择，也使它成为了发展金融功能的重要金融结构组成。

2. 背离理论的现状发展

根据内生增长模型下的金融内生增长论，金融系统的功能会与经济的发展进行双向促进，同时根据金融结构理论，金融结构的演进与金融功能的发展等同。中国长期以来的金融结构失衡，金融功能相对来说并不完善。具体来说，结构失衡体现在以银行为主导的间接融资仍然占据全社会融资的70%，一方面利率和汇率对金融资源的引导作用不强，另一方面居民的储蓄率高，缺乏财富管理的渠道，与此相对应的是，根据《2019年中国资本市场报告》，我国金融市场的财富管理功能缺失严重，导致居民的财富无法得到有效的管理。而我国的第三方财富管理机构虽然在发展过程中对这种功能进行了一定的补充，但这并非是真正意义上由结构深化与功能健全所产生的财富管理，恰恰相反，它实质上是在经济高速发展的背景下，从其他金融子行业中分一杯羹。因此从中国第三方财富管理机构的起源上看，其本身在完善金融功能与补充金融结构上存在着一定的缺陷，难以通过金融功能与金融结构的优化来促进经济的发展。

以诺亚为例，首先，在最开始的盈利模式中，其并未具备足够的独立性、专业性与客观性，仅仅是通过代销资管产品赚取佣金。其次，诺亚仍在转型之路上探索，下设的歌斐在主动管理和风险控制方面还有待提升，究其原因，与其诞生与成长的环境密切相关：诺亚成立于2003年，赶上了中国经济的高速成长期，也经历了2008年的“一揽子投资计划”。在经济周期上行期间，随着经济的快速增长以及各经济主体预期效应的叠加，资产价格会迅速上涨。因此在这一时期，只要找到项目，就能取得不菲收益，这让很多在这一阶段成长起来的机构缺乏对优质项目的鉴别能力，以及相应的风控能力。最后，中国目前的宏观经济下行压力增大，“投资就会有回报”的时代逐渐成为过去式，上市公司的资产回报率平均值由2010年的11%下降到2018年的5%，下降幅度高达50%。因此，前期的激进投资加上这一阶段的经济环境恶化，导致了行业自2014年以来爆雷事件频出的必然性。

3. 依据理论的发展建议

因此，根据问题产生的来源，第三方财富管理机构的未来转型举措可对应三个方面。首先，第三方财富管理公司要回归本源，实现其中立地提供代客理财服务和投资建议的功能。传统的信托、理财的代销模式本身并非第三方财富管理机构的主流模式，保持其中立客观，正本清源，才能源远流长。转型采取的主要模式可以借鉴国外较为成熟的私人银行模式。仅仅依托销售理财产品，投资于信托产品的线性盈利模式时代已经过去，取而代之的是对高净值客户提供一揽子附加服务，其中包括教育、养老、保险、旅游等方面，建立良好的客户关系。而这样的业务模式更有助于第三方财富管理机构发挥本职，即以代客理财为基础，完善多层次的服务体系：对高净值客户，与银行形成有力竞争，同时兼顾中等收入人群的财富管理需求，提高客户的忠诚度，这应当是未来的发展方向。

其次，在资产管理方面，第三方财富管理机构不应只依托市场上现有的资管产品，或者通过不完善的资管模式发行产品，而是应当尽可能地整合资源，提高自身的产品设计、资产管理能力，为客户量身打造真正的理财产品。较有效率的实现方式之一是通过参股或控股的方式向上取得投行的牌照资源，以此向信托、基金类产品的设计发行拓展。

最后，业务拓展需要广度与深度并行。在业务的广度方面，可以把目光放到海外资产上。积极探索布局海外资产，力求在全球范围内分散投资风险，避免资产集中于一国而造成系统性风险集中，目前已经有一些第三方财富管理公司开始了行动。未来随着我国资本账户的开放，投资海外资产可能会成为全行业的一个发展方向。在业务的深度方面，加强构建多层次客户的服务体系。具体来说可以利用当前的机器学习技术，引进智能投顾，以量带收，用更低的咨询费率吸引更多的客户。

（四）监管体系设计与运作

第三方财富管理行业的风险复杂多样，仅依靠投资者和第三方财富管理公司的努力无法有效规避这些风险，一个灵活、透明、专业的监管体系将发挥巨大作用。本文根据监管理论，从监管程度和监管的运作模式两个角度为监管层提出针对第三方财富管理行业的监管建议。

1. 监管权衡理论

金融监管的权衡理论认为金融监管中市场失灵与政府失败同时存在，人们要在两者之间进行权衡以实现社会福利最大化。在成熟的金融体系中，应充分发挥市场的监督机制，增加金融机构的独立性，避免政府过多干预。然而，由于我国目前的金融市场还不够成熟和稳定，第三方财富管理公司无法通过市场竞争实现自我监督。所以，现阶段对于第三方财富管理公司的监管还要更多地依靠监管机构，结合我国目前监管现状，监管部门可以从以下两个角度加强监管：

（1）监管机构应设置第三方财富管理行业的准入门槛，明确对机构开办和人员执业的要求，从而提高第三方财富管理公司和员工的整体业务水平。参照美国的相关法规，可以对我国的监管提出以下几个建议：

第一，注册成立第三方财富管理公司需要获得监管机构的经纪交易业务资格，受相应监管。

第二，理财顾问必须具有相关从业资格，如从事咨询业务、销售经纪业务需要注册投资咨询、注册经纪等资质。由于目前从事代销产品销售的人员金融知识水平参差不齐，从业资格要求可以降低其被产品发行方蒙蔽而被动欺诈投资者的可能性。

第三，不同的金融产品需要不同销售许可证，这有助于限制产品投向。目前第三方财富管理机构拿到私募管理人资质证明即可发行产品，而大多数机构往往仅在风险暴露导致投资人资金亏损时，才被监管调查，易发生违规事件。因此可以采取该措施，从源头上减少此类事件的发生。

（2）完善对底层资产真实性核查与披露的规定。

在本案例中，爆雷的重要原因是歌斐对于供应链金融的底层资产核查不到位。除了内部风控有所纰漏之外，监管在底层资产真实性的核实与披露程序上留有自由度，这在一定程度上增大了信息不对称性，也为可能存在的欺诈行为创造了空间，因此除了发挥市场自发的出清机制外，还应进一步规范对于底层资产真实性的核查与披露程序，进而引导第三方财富管理机构强化对产品底层资产真实性的重视程度和稽核能力。2019 年 7 月 11 日，中国银保监会办公厅发布《关于推动供应链金融服务实体经济的指导意见》，提出银行业金融机构在开展供应链融资业务时，应对交易真实性和合理性进行尽职审核与专业判断，并鼓励银行保险机构将物联网、区块链等新技术嵌入交易环节，提升智能风控水平。虽然该意见的下发和执行机构并不包括第三方财富管理机构，但是这对于第三方财富管理机构开展供应链金融相关业务提供了指引和参考，强化了防范风险的意识，未来不排除对第三方财富管理机构做出相应的指导和规定。

2. 金融监管成本理论

同其他经济问题一样，金融监管中也需要权衡成本与效益。直接资源成本可以根据分担主体的不同分为两类：一是政府负担的行政成本，源于政策制定所耗费的人力和物力；二是企业负担的奉行成本，指因奉行政策条款而付出的人力成本和其他费用。这会造成间接效率损失，削弱竞争、妨碍创新，从而降低社会福利水平。因此，对于监管，政府不能过于严苛也不能过于放松，应制定合理的监管法案，并落实到具体部门。

由于我国对于第三方财富管理行业的监管不够明确，立法、执法存在空白，使套利行为、爆雷现象频发，因此现阶段需要采取严监管的手段，规范整个行业的发展。尽管前期的严监管，会短期内给政府和机构带来较大的成本，但可以规范整个第三方财富管理行业的发展。这为后期采取宽松、自由、低成本、高效益的监管方式打下了基础。此外，行业规范发展可以减少爆雷事件的发生，重建投资者信心，从而帮助第三方财富管理公司在金融市场上以低成本融资，选取质量更好的项目，进而形成一个良性的业务循环。只有这样，第三方财富管理公司才能实现成功转型，谋求生存之道。

3. 功能监管理论

功能监管是指对产品不再按照所属机构类型，而是按照产品的功能和特性来划归负责的监管机构，以弥补交叉性金融业务的监管漏洞。金融功能比金融机构更加稳定，基于功能观点的金融体系比基于机构观点的金融体系更便于发挥监管优势。从全球范围看，各国监管机构普遍对资产管理行业采用功能监管，但是监管架构根据各国金融市场的特点而有所差异，例如美国是多头功能监管模式，英国是审慎监管和行为监管的双峰监管模式，新加坡是统一功能监管模式。

诺亚作为第三方财富管理公司，最初主要从事产品代销业务。在代销模式下，如果诺亚未落实风控，一味重视销售，尽管销售额很大，但是时不时的爆雷会侵蚀其商誉，长此以往，业绩也无法持续维持。但是如果诺亚在落实风控的同时发展销售，那么较高的成本可能会大大降低盈利空间。诺亚的转型是必然的，这也是第三方财富管理行业的未来趋势，目前国内的第三方财富管理公司普遍通过新建资产管理子公司来实现转型。不过虽然进军主动管理，但其相应的风控措施并未向传统从事资管业务的机构看齐，存在着一定的内控缺陷，然而由于监管可能更多地聚焦于传统的资管机构，所以变相地减少了看似仍然只是代销的第三方财富管理机构的监管压力，从而滋生了一些爆雷事件。

从资管行业来看，这个行业与银行、保险、证券三业构成了中国金融体系的四根支柱。资管行业以相对独立的业态模式存在，但却没有一个相对独立的监管机构，这使对这个行业的监管即使在微观审慎和机构监管层面也多有不足。在第三方财富管理公司转型、涉足本就存在监管不足的资管行业后，机构监管模式下，监管将更难以明确如何对第三方财富管理公司进行监管。

面对监管困境，我国一直谋求向功能监管转型。2018 年 3 月 28 日，《关于规范金融机构资产管理业务的指导意见》提出“机构监管与功能监管相结合”的理念，将“功能监管”明确作为未来资产管理行业监管的重要原则，这是中国资产管理行业监管的重要转折点。《中国财富管理市场报告（2019）》指出我国当前“一委 + 一行 + 两会”的金融监管架构，其改革目标可以说是“伞 + 双峰”的方向。在该模式下，可考虑以设立相应的资管行业专门监管机构为突破口，深化金融监管体制改革，搭建“1 + 1 + 3”的“伞 + 内双峰”监管模式。

五、建议课堂计划

本案例适用于金融专业硕士课程相关案例讨论课。预计讨论课共计 2 课时，时长为 90 分钟，具体的时间安排如下所示，仅供参考。

（一）课前计划

学生自行查阅诺亚的相关资料并了解诺亚踩雷承兴的事件背景，理解供应链金融的基本运行模式，对事件的始末有初步的了解。准备过程预计 30 分钟。

（二）课堂安排

1. 案例讲述：教师参考案例分析正文，阐明案例的主题、分析思路，并对学生随机分组，以安排各组在了解事件后表明认可的真相推测结果（20 分钟）。

2. 自由讨论：各小组针对真相的推测及其依据进行充分讨论，并确定小组对真相的看法（10分钟）。

3. 小组发言：各小组选派若干名代表阐述对真相的看法和理由（10分钟）。

4. 组间提问：根据各组代表发言，互相提问质疑，一问一答，加深理解（15分钟）。

5. 自由讨论：各组就列示的思考题进行自由讨论（10分钟）。

6. 小组发言：各组选派若干代表就思考题进行有针对性的阐述（10分钟）。

7. 教师点评：教师对各组发言进行点评，并对本节案例课程进行总结（15分钟）。

（三）课后作业

教师可从以下关于本案例的延伸案例分析题中二选一，作为课程考核的一部分：

延伸案例分析一：学生继续关注本事件和行业发展的后续进展，分别从涉事企业、社会投资者和监管当局等多个角度思考，提出进一步的改进措施、发展建议和预计实现的效果，以案例分析报告的形式呈现。

延伸案例分析二：学生在充分分析诺亚踩雷承兴案例的基础上，任选一个其他第三方财富管理机构的爆雷事件进行延伸案例分析，从多角度探究原因，并结合诺亚爆雷事件提炼共性，以案例分析报告的形式呈现。

六、参考文献

[1] 翟文博．财富管理如何步入正轨［J］．经济，2018（17）：71.

[2] 陆岷峰，季子钊．第三方财富管理公司如何走出影子银行的阴影［J］．金融教育研究，2018，31（1）：26-31.

[3] 戴希．第三方财富管理公司转型问题及对策研究［D］．对外经济贸易大学，2018.

[4] 王增武．第三方财富管理机构如何实现高质量发展［J］．银行家，2018（6）：35-36.

[5] 王军辉．第三方财富管理机构挑战与机遇并存［J］．银行家，2018（6）：36-37.

[6] 李婷．国内第三方理财行业发展现状及应对策略研究［D］．海南大学，2015.

[7] 杨小平．以私人财富管理为核心的第三方理财业务模式研究［D］．天津大

学，2016.

[8] 辛树人. 财富管理行业风险监管 [J]. 中国金融，2015 (14)：79－81.

[9] 李子浩. 我国第三方财富管理发展中的问题分析 [D]. 对外经济贸易大学，2015.

[10] 孔程诚. 第三方财富管理机构业务发展模式研究 [D]. 江西财经大学，2017.

[11] 黄丹. 线上供应链金融操作风险管理研究 [D]. 武汉理工大学，2012.

[12] 施敏. 信息不对称、投资决策与融资方式选择的实证分析 [D]. 南京理工大学，2014.

[13] 文宇. 信息不对称对企业投资效率的影响 [D]. 首都经济贸易大学，2016.

[14] 宿淑玲. 信息不对称视角下中国上市公司股权结构与股利政策关系研究 [D]. 山东大学，2012.

[15] 黄琪. 信息不对称与市场效率的关系研究 [D]. 山东大学，2014.

[16] 俞蕊. 第三方理财机构的法律风险以及管控研究 [D]. 西南政法大学，2017.

[17] 李丽菲，戚怡雯，储德婷，陈鹿，程伟. 第三方理财市场中的信息不对称研究——基于差序信任视角 [J]. 金融经济，2018 (6)：132－133.

[18] 郑佳霖. 我国第三方理财机构法律监管的完善 [D]. 西南政法大学，2017.

[19] 王化亮. 政府对第三方理财机构的监管问题研究 [D]. 长春工业大学，2017.

[20] 倪银辉. 我国资管市场的发展及风险管理探析 [D]. 浙江大学，2016.

案例 5

租金贷变“套路贷”，鼎家如何“顶家”？

——租金贷模式及鼎家爆雷案例分析[①]

“鼎家”于 2017 年正式创立，是一家以租金贷为融资模式的长租公寓品牌。巅峰时期曾同时管理 5000 间公寓。2018 年 8 月，“鼎家”终止运营，进入破产程序，引发社会广泛关注。本案例介绍助贷、租金贷基本知识点，详细讲解鼎家成立背景、商业模式，分析鼎家商业模式及本质，本案例以时间顺序，梳理鼎家爆雷始末。

① 本案例由中央财经大学金融学院方意、陈经华、王炜、周晓宁、王羚睿撰写。

案例正文

一、引言

1000 万元 A 股融资，5000 间公寓规模，新兴的鼎家仅仅历时 1 年，就已成为知名长租公寓品牌，创造了新的奇迹。场景化获客，数字化运营，在“互联网 +”的时代浪潮下，鼎家借助租金贷这一新型助贷模式，抢占行业制高点，可这能否助推鼎家创造新的传奇？在北上广房价高企的大背景下，鼎家推出的长租公寓，究竟是年轻人的福音还是噩梦？

2018 年 8 月，鼎家对外宣称因经营不善资金链断裂，终止运营，进入破产程序。同年 12 月，法院宣布对鼎家实际控制人立案调查，并采取强制措施。至此，鼎家疯狂的创富神话谢幕。

2018 年，鼎家经历了什么？竟由浪尖坠入波谷？鼎家是另一只风口上的飞猪吗？租金贷这种商业模式，是否是鼎家爆雷的原因？

租金贷的形成并非偶然。2017 年 7 月，住建部发布加快发展租赁市场的通知，是租金贷形成的背景。北上广深等一线城市房价高企，长期公寓是年轻人立足大城市逐梦的唯一可能，这是租金贷形成的沃土。

不仅如此，租金贷通过精巧的设计，联结租客、金融公司、鼎家，解决了三方的难题。鼎家推荐租客，解决了金融公司获客难题。一次性收入一年的房租，利于鼎家汇聚大量资金扩张规模，解决了鼎家融资难题。无须一次性付清一年租金，解决了年轻租客资金短缺的痛点。

租金贷模式堪称完美。可就在 2018 年 8 月 2 日，鼎家公司破产迹象初显，负责人承认公司存在资金周转困难，公司内部也发生了高价收房、侵吞租金等违规事件；12 月 23 日，杭州市西湖区法院宣布，鼎家涉嫌隐匿会计凭证、会计账簿、财务会计报告。

雪上加霜的是，2018 年下半年租房市场整体遇冷，北京、上海、广州、深圳的房租价格环比呈现剧烈下降趋势，特别是 8 月以来，房源量明显下降，租金均价也不断走低。鼎家公司虽然举公司之力获客引流，但最终未能恢复断裂的资金链。个别股东撤资，也为成为压垮鼎家资金链条的最后一根稻草。

最后，鼎家实际控制人魏永锋被立案调查，鼎家进入破产程序。鼎家风波虽已平息，但其爆雷的原因、教训还需深思。

二、助贷模式

随着 P2P 平台的快速发展，银行与 P2P 平台等中小机构的合作也随之兴起。P2P 平台凭借其特有的信息优势和数据优势积累了大量的客户资源，但缺乏资金，因此 P2P 平台通过将客户推荐给拥有大量资金而缺少客户资源的银行，从而从中获得盈利。继而越来越多的机构参与其中，一种新型的贷款模式“助贷”应运而生。

（一）助贷定义

助贷一般指消费金融机构为资金方提供获客、风险管理等外包服务；而资金方则向借款人提供资金，以满足借款人需求的一种借贷模式。

与借款人自行去贷款机构申请借款的传统借款方式相比，助贷业务有效率高、速度快、时间短、信息不对称较小等优势。这些优势使借贷双方能够更方便快捷的满足各自的资金需求，从而加快资金的利用效率（朱太辉等，2019）。

助贷业务主要包括三个主体，分别是融资方、资金方和助贷方。其中融资方指资金的需求方，即借款人。资金方指银行、保险、信托、资管、财务公司、小贷公司、消费金融公司和 P2P 平台等资金的提供方。助贷方是指提供助贷服务的机构，一般按照有无贷款资质分为持牌机构和非持牌机构。前者一般包括小贷公司、互联网小贷公司和银行；后者一般包括 P2P 平台、现金贷平台和租金贷平台等中小机构。助贷业务的常见流程（陈浩武，2018）如图 5－1 所示。

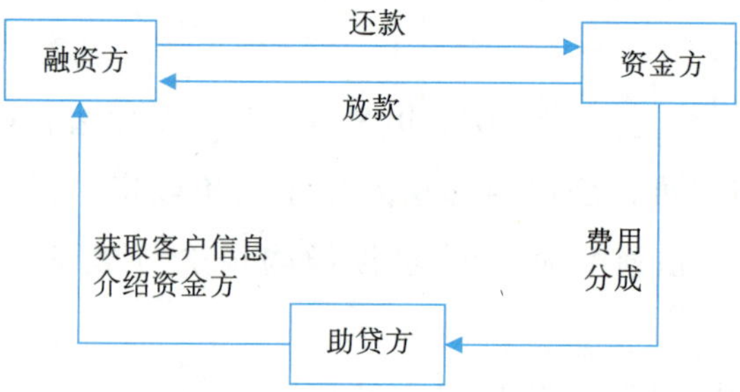

图 5－1　助贷业务的常见流程

（二）助贷的业务模式

根据助贷业务的实际运行方式和违约风险的承担程度，本文将助贷业务划分为引流模式、风险共担模式和兜底模式三种。这三种模式的具体界定标准如下（胥传玲，2018）：

1. 引流模式

在该模式下，助贷机构仅仅作为获取借款人资源的信息中介，利用自身大量客户数据的信息优势为资金方提供客户信息，从而提供引流的服务。一般来说，这种模式下的助贷机构最终只能依靠资金方提供的佣金来获利。最重要的是，在这种模式下，助贷机构一般不会承担任何违约或贷款风险。

2. 风险共担模式

该模式是指助贷机构需要向银行缴纳少量的保证金，而银行则愿意在其保证金基础上，提供10～25倍的杠杆资金，从而进行贷款业务。一旦该笔贷款出现逾期或者违约，助贷机构一般会与银行按照最初风险共担合约约定的比例，共同承担各自相应的损失。与引流模式不同的是，在该种模式下，助贷机构一般需要承担一定的违约风险。

3. 兜底模式

与前两种模式相比，一旦违约发生，兜底模式下的助贷机构则需要承担更大的风险。类似地，在这种模式下，助贷机构也需要预先向银行缴纳一笔保证金，而银行会在保证金的基础上，提供10～20倍的杠杆资金，从而进行放贷。当出现违约或逾期时，银行首先会从保证金的基础上计提相应的损失。但是，如果损失超过保证金，则助贷机构将会根据预先约定的兜底条款，补足所有相应的资金缺口。

三、租金贷模式

作为助贷业务的一个分支，租金贷业务近年来深受当代年轻人的追捧。“长租公寓+租金贷”这种运营模式也自然应运而生。在拥有旺盛住房需求的一线、二线城市中，租金贷也迎来了爆发式的增长。然而，自2018年以来，已有多家长租公寓出现“爆雷”现象，导致大量租客受损。租金贷这种创新性的金融工具在给出租双方带来便捷的同时，也引来了一系列的问题。本节将首先简要介绍租金贷的定义，其次简要的介绍了租金贷的运作模式，最后具体分析了租金贷的风险隐患。

（一）租金贷定义

租金贷，指的是租客与长租公寓在签订租房合同的同时，与长租公寓合作的第三方金融机构办理租金贷款业务，用这笔贷款向长租公寓交付租金的一种贷款租房模式。在租金贷的业务模式中，通常长租公寓扮演了“助贷方”的角色。

租金贷在运营过程中主要包括四个主体，分别是租客、长租公寓、第三方金融机构和房东。长租公寓从房东处获取房源，并与房东签订以固定租金、长期租期的房屋托管租赁合同。长租公寓在收取零散房源后，一般会进行装修和改造，以此来增加租金溢价，最后再将房屋出租给租客。此时，租客往往存在较大的租金压力。为此，长租公寓可以向租客推荐与其合作的第三方金融机构，由该金融机构向租客贷款，签订租金借贷合同。而租客利用贷款得到的一年租金向长租公寓支付租金。与此同时，租客则需要按时向该金融机构还款，具体的运作模式如下（见图5-2）。

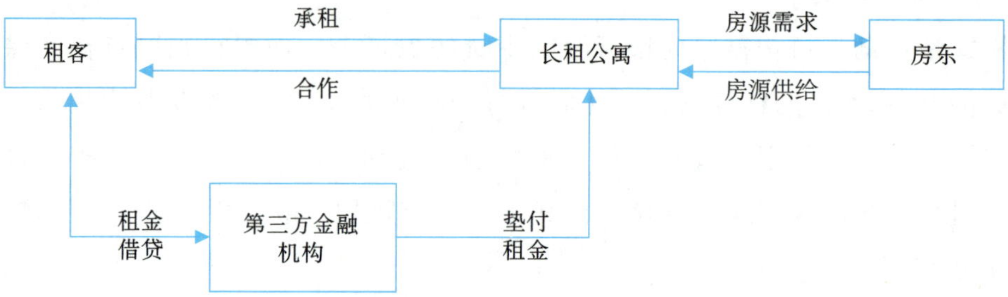

图5-2　租金贷业务流程

（二）租金贷的运作模式

在正常的租金贷模式中，第三方金融机构会向长租公寓提前垫付租客一年的租金，租客则需要按时向其还款。然而，在实践运行的过程中，正常的租金贷模式往往会演变成这样的一种模式：即长租公寓在收到一年租金时，并未将全部的租金返还给房东，而是以季付或者月付的方式进行返还。因此，长租公寓会利用其中的期限错配，将剩余下的资金自行占用，并形成资金池（陈吉昌，2019）。由此，在长租公寓这个环节会形成“寻找更多房源→拿房→出租→扩张”的恶性循环（见图5-3）。

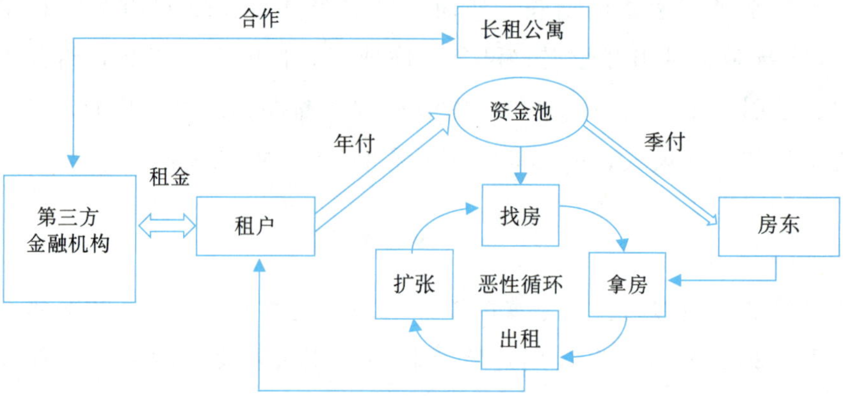

图5-3　长租公寓租金贷业务的恶性循环

在这种情况下，一旦长租公寓面临流动性短缺（例如新扩张的房屋没有出租出去，或者市场波动导致的租金下降），则会导致资金池内的资金规模不足，从而无法按时返还给房东租金。继而，整个恶性扩张的循环都会瘫痪，最终将会导致严重的后果甚至爆雷（见图5-4）。

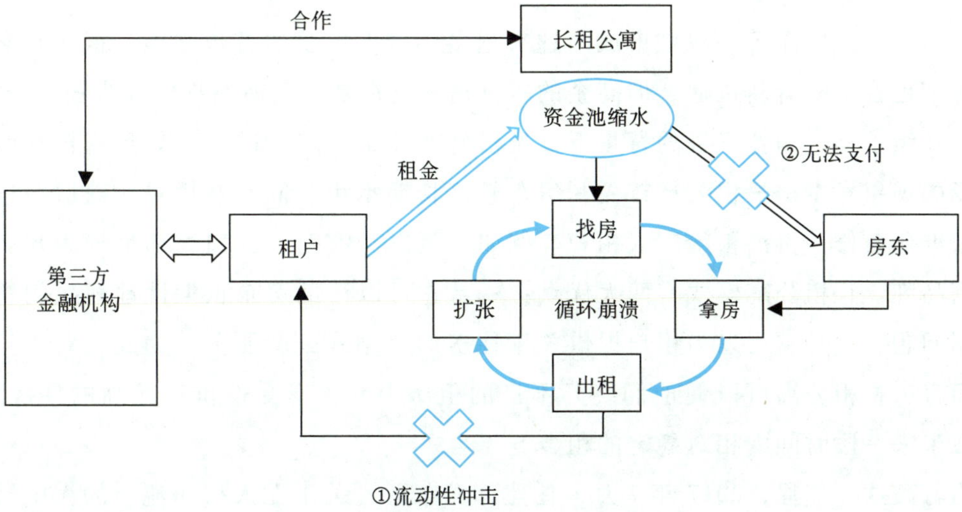

图5-4 长租公寓租金贷业务出现流动性危机

（三）租金贷的风险隐患

租金贷这种模式，在一定程度上减轻了租客的还款压力，并给出租双方带来了便捷。然而，该模式同时也引发了一系列的风险隐患：

（1）长租公寓自身流动性风险高。租金贷的运营模式是租客在第三方金融机构贷款，将贷款得来的资金用于支付一年的租金。然而长租公寓并不会将一年的租金全部返还给房东，而是按照季付的方式进行返还。因此，长租公寓可以利用其中期限错配和高杠杆运营的模式来自行占用资金，最终形成资金池，从而利用杠杆资金进行业务的扩张。随着业务规模的扩大，杠杆随之增加，最终流动性风险敞口也不断扩大。因此，一旦长租公寓出现流动性危机，资金链断裂或跑路，租户和房东将会承担较大的损失（胡娟，2019）。

（2）信息不对称程度高。具体指的是，租金贷业务对于租客而言，并不透明，甚至其根本不知晓自己从事签订了租金贷业务。原因在于，许多长租公寓利用一线、二线城市的年轻人住房需求弹性为零的特点，在未告知租客租金贷相关风险的情况下，诱导租客为其办理租金贷业务。此外，普通租客的金融素养不高，在面对“包装美化”后的租金贷业务时，往往不能正确判断其中的风险隐患。而长租公寓利用这种信息不对称，开展损人利己的经营模式也带来了一系列的社会问题和金融伦理问题。

四、鼎家诞生背景及其简介

当前，北上广深等一线城市成为越来越多年轻人逐梦的首选之地。很多有潜力的省会城市也在酝酿着新机遇，但高企的房价是横亘在梦想面前的现实性难题。

在政策推动、消费升级的背景下，长租公寓开始兴起，进一步导致规模扩张、抢占市场的现象发生。长租公寓首先和房东签订长期承租合同，然后对所获房源进行统一的标准化装修，再出租给广大租户。例如，魔方、蛋壳、自如等都是较为知名的长租公寓品牌。长租公寓模式有两大优点：一是它可以帮助房东长期性地解决闲置住房的利用问题，二是它可以为租户提供关于住房的一站式配套服务。为此，对于年轻的租户而言，长租公寓可以使他们绕开不良的租房中介，享受性价比较高的住房服务，支付在未来一段时间内相对稳定的租金。

为打破这一僵局，2017 年 7 月，住建部发布了《关于在人口净流入的大中城市加快发展住房租赁市场的通知》。这一通知旨在培育发展各个大中城市的住房租赁企业，促进形成系统化、有组织的租赁房屋供给体制，以满足一线、二线城市的年轻人口住房需求。随后的一年，部分城市又陆续出台了租购同权、集体土地供应等政策，以推动租购并举的进程。

长租公寓在发展和扩张的进程中，如何形成合理高效的融资链是其面临的首要问题。在中国租房市场上，一方面，房价高企导致国内的租金回报率长期维持在较低水平；另一方面，企业的融资成本偏高。具体体现在，在部分国家已呈现趋近于零甚至负利率的状态下，我国的市场利率长期处于较高水平。两者的叠加对长租公寓企业的资金端形成了严峻的挑战。在这样的背景下，长租公寓考虑利用租金贷的模式助力资金周转，进而实现其市场占有率提升是有其合理性的。然而，这种金融创新可持续的前提之一是长租公寓后续能够保证资金链条的通畅，确保具备充裕的流动性，这样才能维持企业的长期融资生态稳定。因此“长租公寓 + 租金贷”的模式应运而生，鼎家便是采用“长租公寓 + 租金贷”模式的典型案例。

“鼎家”是杭州市的长租公寓品牌，于 2017 年正式创立，运营商是杭州鼎家网络科技公司。2018 年 2 月，鼎家完成了 1000 万元 A 轮融资，风险投资机构是浙江筑家投资管理公司。该长租公寓品牌在巅峰时期曾控制超过 5000 家房源，即使在破产前夕，也维持着超过 2440 间公寓的规模，大多是分散式公寓，且 95% 以上属于整租类型。

在品牌扩张的进程中，鼎家采取了租金贷的融资模式，主要与 51 返呗（随后改名为“爱上街”App 应用）开展合作。51 返呗，是一款基于移动消费场景的返利分期平台，主要提供“返利 + 金融分期”服务，2017 年 4 月开始发展小额现金贷业务。该平台与阿里巴巴展开合作，新用户注册时，需要通过严格的生物认证审核，比如指纹验证、人脸验证等。该平台后台接入了阿里的芝麻信用评分，并以此为用户信用水平的主要参考指标，向用户提供有限额度的小额贷款。资金需求者只要经过规定步骤的审核，就可以在该平台获得短期融资。总体来看，51 返呗是基于大数据征信信息进行小额分期放贷，属于阿里巴巴旗下业务中金融科技的领域。在本案例中，51 返呗在某种程度上担任着本案例中放款金融机构的角色。

五、鼎家商业模式及其本质

整体来看，助贷模式主要包括引流模式、兜底模式、风险共担模式。鼎家的案例属于典型的引流模式。其中，鼎家负责创造长租公寓的消费场景，捕捉有租房需求的租户。对于不能一次性支付长期租金的租户，鼎家将向与之合作的助贷机构 51 返呗推荐，并由 51 返呗向租户放出小额长期贷款，提供金融支持。然而，与一般助贷模式有所不同的是，在这种“长租公寓 + 租金贷”模式下，长租公寓企业本身形成了一个隐秘的资金池，这也是本案例的风险集中之处。理论上来看，只要鼎家保持业务一直处于增长态势，资金池就会如滚雪球般越来越大。下图详细刻画了鼎家的商业模式（见图 5－5）。

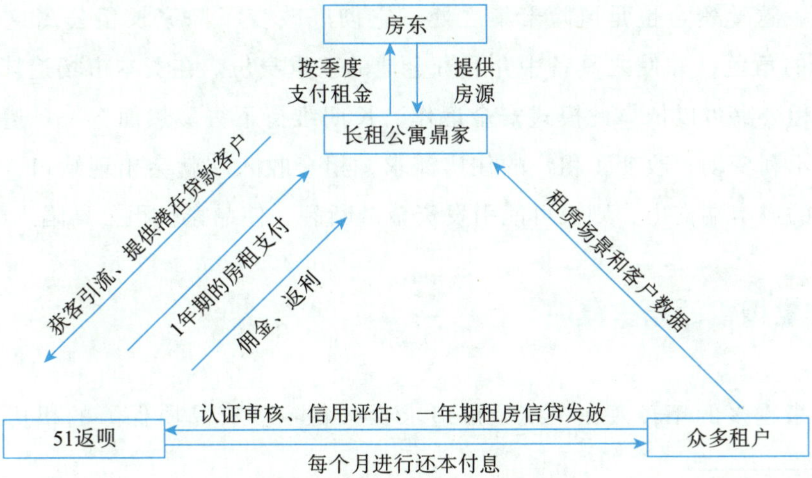

图 5－5　鼎家商业模式示意

从时间和空间两个维度来看资金流的运转（见图 5－6）。通过图中现金流向的拆解，即可发现以下“吊诡”的现象：首先，51 返呗平台把租户需要支付的一年期租金一次性垫付给鼎家；其次，鼎家拿到 51 返呗的资金只需每个季度向房东支付一个季度的租金。由此形成的资金剩余①（从 51 返呗获得的资金大于向房东支付的资金）将用来获取房源，租户在未来一年里无须再支付房租而是按月向 51 返呗这个最初放贷的金融平台还本付息。从鼎家自身的现金流来看，出现了按年收租、按季支付的时间差，所以在自房屋租出后的未来一年里将会形成暂存在资金池中的沉淀资金。这笔资金通常被长租公寓企业用于开拓更多房源以及宣传推广活动，以便抢占市场份额，或被用于其他领域的投资活动，进行资金套利。

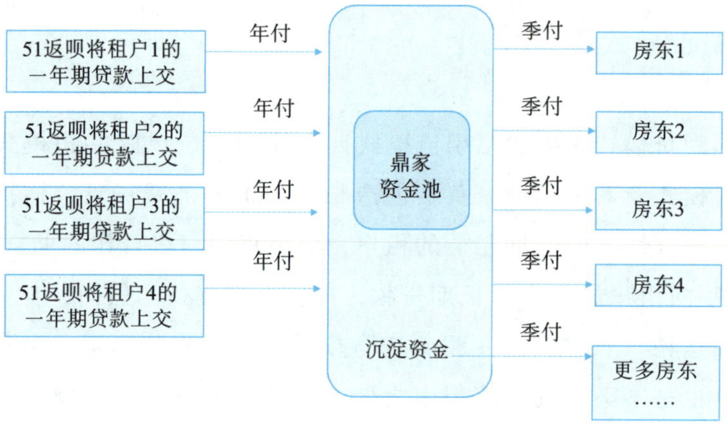

图 5－6　鼎家资金流动示意

总结而言，这笔沉淀资金是长租公寓企业得以扩展规模、维持日常流动性的源头活水。同时，这笔资金也是风险聚集之处，它彻底改变了鼎家长租公寓这个原本定位于租房中介的角色，并使之具备中介和资金池的双重身份。在资本市场追捧、经济稳定的时期，长租公寓可以依靠此模式安全运作、长期维持下去。然而，一旦遭遇经济萧条或者政策的不利变动，改变了租户的住房需求，租金收入端就会出现缺口，无法覆盖库存积压房源的成本端支出，则极可能引发资金链断裂，使鼎家长租公寓陷入财务危机。

六、鼎家爆雷的始末梳理

随着越来越多的年轻人在一线城市追求长久稳定、有品质保障的租房服务，并基

① 这里面的资金剩余本质上来源于期限错配。51 返呗是一次性支付一年的租金，而鼎家通常只需要拿出一个季度的租金支付给房东。

于政策支持和资本逐利的推动背景下，以鼎家为代表的一系列长租公寓品牌的成立掀起了该租金贷模式的发展大潮。

鼎家，最初创办时仅为一家中小型规模的房地产中介公司。2017 年 10 月，鼎家正式宣布进军长租公寓领域。2018 年年初，正值长租公寓产业如火如荼发展的风口，风险投资机构所持态度不一。有的风险投资机构无限看好长租公寓产业，原因是迎合市场需求、杠杆融资的获利性较强；也有部分风险投资机构对这类运营模式表示担忧。在这样的背景下，鼎家仍旧顺利得到了风险投资公司——浙江筑家投资管理公司的青睐，完成了1000 万元的 A 轮融资，资金主要投向规模扩张。鼎家旗下的房源主要分布于杭州市，巅峰时期2017 年年底曾同时管理5000 间公寓。直到倒闭前夕，总计持有2440 间公寓，其中的95%以上属于整租类型。

2018 年 8 月 2 日，鼎家公司破产的迹象初显，负责人首次承认公司出现困难，资金链面临断裂，与此同时，鼎家内部也发生了一系列管理违规事件，但承诺会给房东与租户们一个满意的结果。2018 年 8 月 15 日，鼎家位于杭州市的总部办公室“人去楼空”。2018 年 8 月 20 日，运营商鼎家网络科技公司发布公告，声明公司陷入财务危机，资金周转遇到问题，面临破产倒闭。至此，与鼎家相关的租户、房东4000 余人遭受财产损失。

2018 年 12 月 23 日，杭州市西湖区法院宣布，因涉嫌隐匿会计凭证、会计账簿、财务会计报告，已于12 月 20 日对杭州市鼎家网络科技有限公司、杭州鼎家房地产经纪有限公司的实际控制人魏永锋立案调查，并于同日对其采取强制措施（龚奕洁和张建锋，2018）。

从宏观环境来看，2018 年下半年租房市场整体遇冷是鼎家爆雷的宏观原因。根据Wind 统计的城市租赁价格指数环比变化，2018 年下半年北京、上海、广州、深圳的房租价格环比呈现剧烈下降趋势。特别是 8 月以来，房源量明显下降，租金均价也不断走低（见图 5 -7）。

从微观主体鼎家来看，鼎家终究败在了租金贷的资金池模式上。通过收集历史新闻与采访资料（锌财经，2018）可知，鼎家公司的业务员曾在公司资金链濒临断裂前夕跑业务、拉客源，旗下 10 家门店连轴转，举公司之力获客引流，希望能够回笼部分资金，覆盖积压房源的获取成本，但最终也未能让断裂的资金链重新运作。与此同时，鼎家的个别股东撤资，也成为压垮鼎家资金链条的最后一根稻草。

从租户的视角来看，租户面临着严重的信息不对称问题。直到鼎家倒闭，新闻媒体介入调查，租户才意识到：在租房时，虽然鼎家承诺给租户按月在 51 返呗交付房租即可，但实际上却是让租户在不知情的情况下签下了 51 返呗的网络平台贷款。每签订

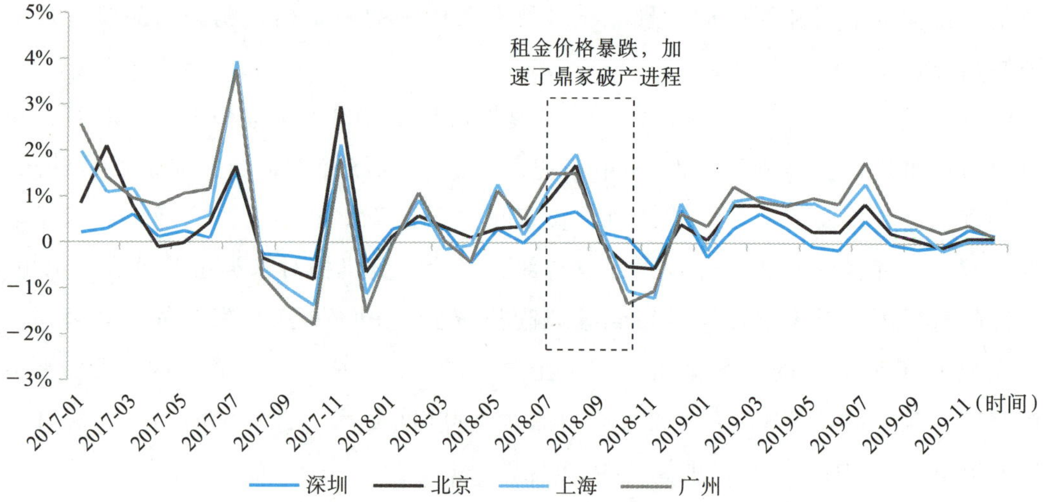

图 5-7 城市租赁价格指数环比变化

数据来源：Wind 资讯。

一份租房合同，意味着租户已经跟 51 返呗签下了一年期的贷款，后续将分期按月还本付息。与此同时 51 返呗会在一开始向鼎家长租公寓交付一年的长期租房款。因此，名义上每月一付的背后隐匿的是网络贷款协议，为风险资金池的形成作了铺垫。

七、尾声

2018 年年底，鼎家的“长租公寓 + 租金贷”模式宣告终结。无独有偶，有一批长租公寓企业在相近的时间段陆续宣布爆雷破产，比如 GO 窝公寓、Color 公寓、好熙家、长沙优租客、恺信亚洲，等等。

长租公寓陆续爆雷，给风暴后幸存企业留下的是新一轮的思考。

首先，长租公寓扩展初期，是资本市场风险投资机构的大量资金注入。在这个阶段，风投企业是否尽职尽责地履行了“募、投、管、退”中“管”的义务？资金池模式下的烧钱扩张大战，对长租公寓而言真的是一种健康可持续的模式吗？如果并非一种可持续的商业运作模式，在最初注资时是否应该足够慎重，遏制即将发生的杠杆风暴呢？

其次，长租公寓的租金贷模式背后，还有着金融科技的助力。鼎家背后的 51 返呗 App（后更名为“爱上街”App）担任着案例中放贷金融机构的角色，在租客不知情的情况下，签订好了一年期的贷款合同，侵害了消费者的知情权。这种贷款模式，是否超越了助贷机构的边界？值得深思。金融科技属于又一新兴领域，同样处于监管的灰色地带，如果不严加监管、限制好其业务领域、明确职责定位的话，将会导致助贷机构的风险出现异化，在关联方之间必然会爆发新一轮的风险传染效应。

此外，年轻租客多属于需求弹性极低的群体，政府与监管部门在解决大城市中年轻租户的住房问题时是否应该出台更惠民、更加积极有为的政策呢？政府在长租公寓扩张成长的背后，又该扮演怎样的角色？

最后，鼎家爆雷，归根结底源于流动性问题。租金贷的资金池模式下，仍有许多问题值得探究：鼎家在日常经营中的资金流动性情况如何？加杠杆式的商业运作如何聚集风险？资金池模式面对外部因素冲击时，是否会变得更加脆弱？

目前，长租公寓产业中，仍有许多优秀的企业在砥砺前行，他们是大浪淘沙后的幸存者。但幸存的背后，是更多资本支持和规模效应的助力，如何构造可持续资金链的问题仍值得关注。我们相信，只有正视以上长租公寓存在的各种问题，这个发展历程尚短的产业才会实现企业和租户的双赢。

案例使用说明

一、教学目的与用途

1. 适用的课程

本案例适用于研究生金融学、互联网金融等课程。

2. 适用对象

本案例主要面向金融专业硕士生等。

3. 本案例教学目标规划

（1）知识与能力：

• 在《互联网金融》中，让学生了解金融科技相关技术，如爬虫、机器学习在金融风险防控领域的应用。

• 通过鼎家案例的流动性风险建模，培养学生利用金融科技手段与经济学思维分析问题的能力，引导学生认知长租公寓商业运作过程中的资金流动性问题，从模型中进一步体会流动性风险。

• 在《互联网金融》中，让学生了解租金贷——这种最新互联网金融模式，分析其本质及风险。通过鼎家案例，了解与助贷、租金贷等新型融资模式相关的知识点。

• 在《金融学》金融风险章节中，引导学生分析租金贷模式下的流动性风险。

• 在《金融学》金融风险章节中，将案例加入案例库，引导学生讨论风险来源、形成过程及风险管理。

• 在《金融伦理》普惠金融章节，讨论租金贷是否是大众需要的金融创新，探究“金融的本质”是什么，什么是“好的金融”，什么是“恶的金融”，金融创新的宗旨是什么。

• 培养学生利用博弈论知识点，思考鼎家及其他租金贷机构竞争博弈对流动性的影响。

（2）态度与观念：

• 培养学生从金融监管的视角批判性看待金融创新，思考在金融创新过程中监管机构和政府应该扮演的角色。

• 培养学生从金融伦理的角度看待租金贷问题。

• 培养学生穿透表面看本质的思维，客观理性地看待金融创新，不被形式化的表观现象所迷惑，能够做到深层次地认知辨识创新的本质。

二、启发思考题与参考分析思路

启发思考题主要用来对案例进行深入的分析，把《金融学》《互联网金融》等相关的理论和金融实践相结合，能用金融理论分析金融实践，能从金融实践中提炼出相应的金融理论。为了让学生能更好地理解和分析本案例，建议同学们在课前阅读与案例教学目标对应知识点。具体而言，学生应提前了解有关长租公寓等背景资料，阅读《金融学》中有关流动性风险、资金链条断裂、信息不对称等相关内容，熟悉金融监管中有关政府治理的有关方法，阅读《互联网金融》有关互利网金融产品使用规范以及金融伦理等相关内容。

案例分析部分，设立五个问题（见图 5 - 8）。问题 1 总结案例中鼎家实际商业模式及本质，深入分析鼎家面临的各种风险，总结出流动性风险是引发鼎家爆雷的根本原因。问题 2 基于鼎家运作模式及本质，根据案例中关于鼎家的简介及爆雷经过，建立模型，运用爬虫、机器学习等金融科技技术，深入分析鼎家流动性风险，得到鼎家爆雷的深层原因。然而，鼎家的爆雷并不代表着长租公寓业务模式的失败，问题 3 探究成功公司的经验。问题 4 从金融伦理这个全新的视角，审视租金贷模式。最后，问题 5 总结前文叙述和分析，从政府、监管和企业三个部门，提出租金贷风险管理的建议。

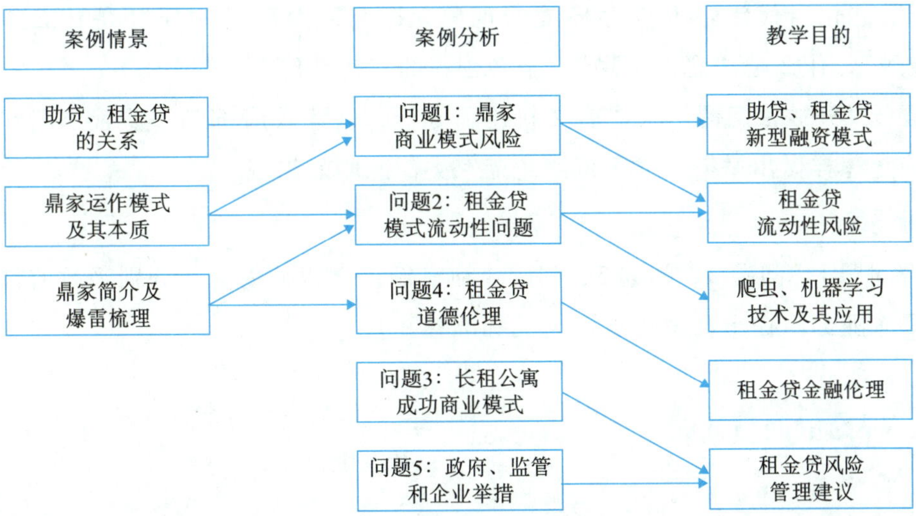

图5-8　案例分析流程

问题1　根据鼎家有关资料和相关数据分析鼎家的实际商业模式，试分析这种商业模式存在哪些风险？其中，你认为哪一种是导致鼎家爆雷的关键风险？

分析思路：

利用案例正文中的鼎家商业运作模式、鼎家运作模式和助贷、租金贷的关系进行梳理。

问题2　本案例中，鼎家最终因资金链断裂而倒闭。请通过构建模型的方式，说明鼎家在租金贷模式下面临的流动性问题，并分析哪些因素影响了鼎家的流动性？

分析思路：

将鼎家商业模式数量化，构建模型，模拟鼎家"拿房—出租—融资—再扩张"的循环过程。通过定义流动性指标，分析影响指标的敏感变量，模拟鼎家爆雷的全过程，分析鼎家存在的缺陷及其影响流动性的机理。

问题3（开放性问题）对比国内外典型长租公寓案例，探讨成功企业商业模式和经营举措？

分析思路：

结合正文案例，搜集相关资料，总结归纳出成功企业的商业模式和经营战略（无标准答案）。

问题4（开放性问题）租金贷近期受到媒体广泛关注，一则南京毕业生不堪贷款重负自杀的新闻，更是把租金贷业务推上道德伦理的审判架。如何从金融伦理的角度，看待租金贷模式？

分析思路：

消费金融市场的规模急剧扩张的同时，种种融资乱象的行为屡见不鲜。通过分析

“租金贷”恶化当代年轻人生存环境的现象，探究“金融的本质”是什么，什么是“好的金融”，什么是“恶的金融”，金融创新的宗旨是什么。

问题5（开放性问题）联系前文叙述和分析，谈谈政府部门、监管部门和企业部门分别应该怎样做出举措，才可以避免鼎家类似悲剧的出现？

分析思路：

结合问题1、问题2、问题3、问题4和案例正文相关内容，分别为政府部门、监管部门和企业部门提出合理化建议（无标准答案）。

三、理论依据与分析

（一）分析鼎家商业模式

根据鼎家有关资料和相关数据分析鼎家的实际商业模式，试分析这种商业模式存在哪些风险？其中，你认为哪一种是导致鼎家爆雷的关键风险？

理论分析：

联系案例正文第2部分租金贷模式、案例正文第5部分鼎家商业模式及其本质，说明鼎家商业模式与风险。

具体分析：

1. 鼎家的实际商业模式（见图5-9）

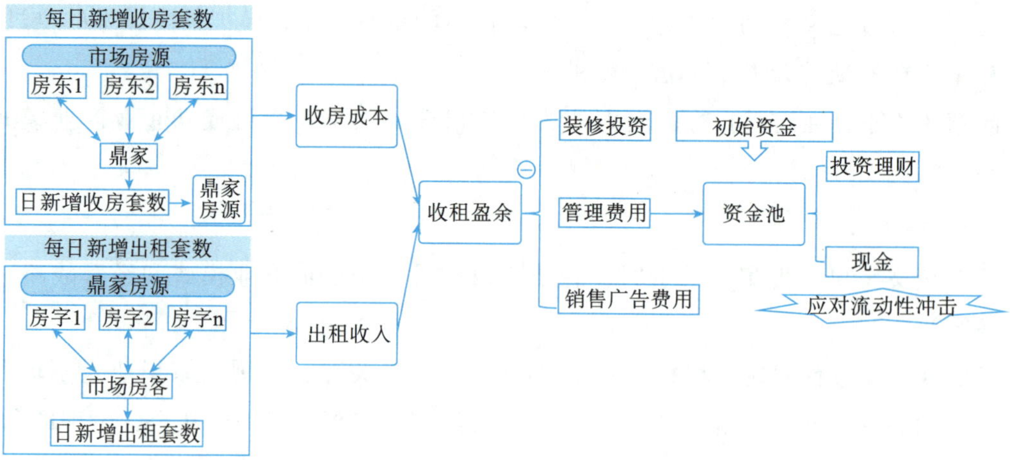

图5-9　鼎家商业模式

首先，经营的初期，鼎家关注市场房源，选取挂牌价格较低的房子，与房主签订长期合约，收入市场房源。

然后，鼎家在市场上以较高的价格把房子挂出，吸引租客的关注。一旦租客认为房子合适，签订一年租赁合约，鼎家的空置房屋转化一年的租金收入。

鼎家从51返呗得到租户一年的租金，作为出租收入；每季度偿付房东租金，作为收房成本；一般情况下，收入大于成本，形成收租盈余。

为提高出租溢价，鼎家把新收到的房子装修，作为长期固定投资。鼎家每日有一定的固定成本，以及和收房套数相关的可变成本。另外，鼎家为尽快以高溢价把房子租出，会做广告提升自己宣传能力，广告费用计入销售成本。

不考虑其他费用扣除的情况下，鼎家经过收房、出租、投资、费用支出环节后，与初始资金一起，形成资金池。资金池扣除投资理财金额后，形成鼎家的现金池，应对各种现金支出及流动性冲击。

2. 鼎家潜在的风险分析（见图5－10）

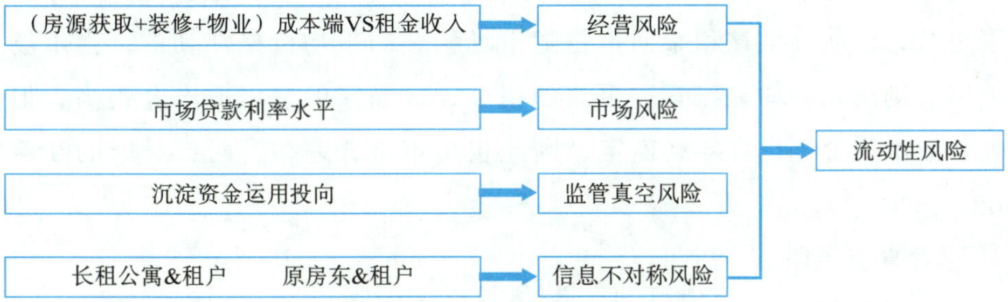

图5－10　鼎家商业模式下的潜在风险

（1）经营风险。

经营风险是由于市场环境等外部因素改变导致企业经营运作不畅，影响未来的经营性现金流量，从而影响企业的市场价值的可能性。

长租公寓的日常经营需要做到“出租房源对接＋统一化标准装修＋配套物业服务”，支出端压力大。与传统的租房中介企业相比，除了面临高昂的房源获取成本，还多了装修成本、人力成本以及装修改造期的闲置时间成本，使长租公寓企业在短期内盈利成为奢望。根据地产研究机构克而瑞CRIC的统计，在长租公寓开始兴起的年份即2017年，长租公寓的利润率仅仅处于2%～4%的水平，投资回收期大于6年。

长租公寓追求盈利通常需要等待足够长的投资回收期，且很大程度上依赖于规模效应。这迫使企业需要抢占市场份额，拿下更多房源，降低管理成本以提升毛利率，最终实现可观回报。然而，即便旗下房源充裕，还会面临由于宏观环境变化带来的租房需求变动，空置率过高会增加长租公寓向房东支付租金成本的压力。根据地产研究机构克而瑞 CRIC 的统计，2017 年年底长租公寓的前十强房屋空置率已经高达 10%，加剧了长租公寓经营企业的盈利难问题。

此外，长租公寓的外源融资渠道受限，融资成本高。一方面，上市融资的标准严苛，除行业龙头外的其他长租公寓企业鲜有上市机会，另一方面，长租公寓企业的可抵押实物资产极少，从房东手里租入的房源并非其自有资产，因此从银行获取足额贷款来投入运营较为艰难。因此，长租公寓不得不采取租金贷的资金池模式，以获得足够的运营资金维持日常流动性、稳定性。

（2）市场风险。

市场风险，是指由于市场利率等资产价格的不利变动或者急剧波动而导致企业陷入经营困境的风险。

市场利率波动也会增大鼎家资金链的风险。租户和 51 返呗之间的贷款合同为一年期，贷得款项在期初一次性付给鼎家，期间，租户需要根据年初签署的利率向 51 返呗按月还本付息。鼎家和房东之间通常签署远超过一年的（多数为 5 年）房源获取协议，期限更长，但实际上该租金回报是随市场租金的平均价格浮动的，当市场上的租金普遍上涨，则房东会向鼎家索取更高的租金，故鼎家的拿房成本会提高，但是鼎家从租户处收取的租金却已在年初商定，因此租房市价普遍抬升时，鼎家的经营将处于不利地位。

（3）监管真空风险。

长租公寓属于 2017 年兴起的新兴事物，其快速扩张受益于租购并举的一系列政策，其后续的发展与整改必然也深受政策变动影响。目前，长租公寓的一系列问题日渐暴露，比如租赁协议内含未注明的贷款合同实际上损害了消费者权益、装修材料低劣致使甲醛超标、消防治安不符合规定、强行增加隔断将房屋分一为二、租户在租约到期后难以要回押金，等等。短暂的发展历程使长租公寓处于法律监管的灰色地带，经营者可以借机钻监管的空子，尤其是因期限差而产生的沉淀资金可以不受限制地投向任何方向，长租公寓对资金池的经营稍有不慎，便会在房东、租户、小额贷款金融机构之间产生波及面广阔的连锁反应，不利于社会经济与金融稳定。

租金贷的模式虽然一定程度上属于金融创新，但维持创新的初衷需要同等力度的监管。从长租公寓的当前的发展状态来看，仅仅将其作为租房中介并不恰当，其定位尚不明晰，因此，其不应该只纳入住建部门的管辖范围，还应该由互联网监督平台、助贷金融部门进行辅助管理。

（4）信息不对称风险。

信息不对称风险是指交易中的各方拥有的信息不同，一些成员拥有其他成员无法拥有的信息，由此将造成市场失灵、产生额外成本的风险。

一方面是租户和51返呗之间的信息不对称问题。签订租房合同时，长租公寓品牌通常会将与自己开展合作的金融小额贷平台作为默认的付款方式，并不会向租户主动声明该平台具有贷款的性质，多数租户被押一付一的优惠条件吸引，仅仅被告知需要通过平台支付房租，并不会发觉隐蔽的贷款协议。租房合同一旦签订，就意味着租户在不知情的情况下签下了51返呗的网络平台贷款。在此过程中，租户的信用被利用，成为撬起后续资金池的初始杠杆，一旦租房合同期间长租公寓企业倒闭，租户将必须依据贷款协议一边完成接下来的贷款还本付息，一边不得不被房东强制收房，居无定所。

另一方面是租房价格水平不透明的问题。长租公寓的中介佣金再加上其本身附带的装修、物业等增值服务成本，给原有房源的真实出租价格蒙上了一层面纱，长租公寓在租户和房东间起到了屏障作用，租户难以清晰获得各区域房屋租住的公允价格，房东也难以通过与租户的直接沟通了解当地的住房需求，再加上目前我国鲜少有省市建立完善的区域租金价格公开发布系统，房东和租户缺乏权威统一的价格信息了解渠道，因此他们易对规模较大的长租公寓品牌产生依赖性，这为资金池的风险积累埋下了隐患。

（5）流动性风险。

流动性风险是引发鼎家爆雷的根本原因。从某种程度上，前四种风险都成为了流动性风险聚集的助推器。

流动性风险是指，企业具备清偿能力，但是短期内的现金流入不足以覆盖债务偿还、运营成本等现金流出的风险。对于长租公寓企业鼎家而言，其面临的流动性风险取决于资金池内沉淀资金的充裕度，如果宏观环境导致租户的租房需求下降，会直接导致鼎家的现金流入骤降，倘若此时鼎家恰好参与了过多的其他领域投资活动或者已占用过多的房源致使应付账款积压，则企业的资金链条脆弱性将加剧，流动性风险攀升。正是这样铤而走险的变相融资模式，促使企业在经营中不断地加杠杆，最终在面临环境突变时，引发破产危机。

（二）分析鼎家流动性问题

本案例中，鼎家最终因资金链断裂而倒闭。请通过构建模型的方式，说明鼎家在租金贷模式下面临的流动性问题，并分析哪些因素影响了鼎家的流动性？

理论分析：

鼎家流动性危机是鼎家爆雷的直接原因。2018年下半年，受到前期扩张、市场租金下降、股东撤资等多因素叠加影响，鼎家资金链断裂。通过构建流动性指标，建立流动性模型，模拟鼎家在各种经营策略、市场情况下流动性表现，发现前期扩张、助贷机构间恶性竞争、鼎家融资规模小是出现流动性危机的重要原因。

具体分析分为四个模块。第一部分，在建模理论中，通过资金净流量与资金流出的比值，构建流动性指标。以租赁市场供需两面，结合成交概率，描绘租房成交情况。设立关注占有率、宣传能力变量，描绘鼎家收房、租房能力。第二部分，介绍模型输入变量，根据正文中鼎家简介和爆雷过程，合理假设相关变量。通过爬取我爱我家市场数据，确定模型中供需参数、公允价格、成交概率等变量。第三部分，结合正文中鼎家租金贷本质，模拟鼎家两年内流动性。模型展示的爆雷模拟结果，与实际吻合，说明模型具有合理性。通过分析影响流动性指标的敏感变量，如收房价、出租价、收房竞争能力、房屋宣传能力，剖析鼎家爆雷的原因，发现前期扩张、助贷机构间恶性竞争、鼎家融资规模小是出现流动性危机的重要原因。第四部分，从企业微观和宏观监管两个视角，总结结论并提出建议。鼎家流动性建模分析流程如下（见图 5－11）。

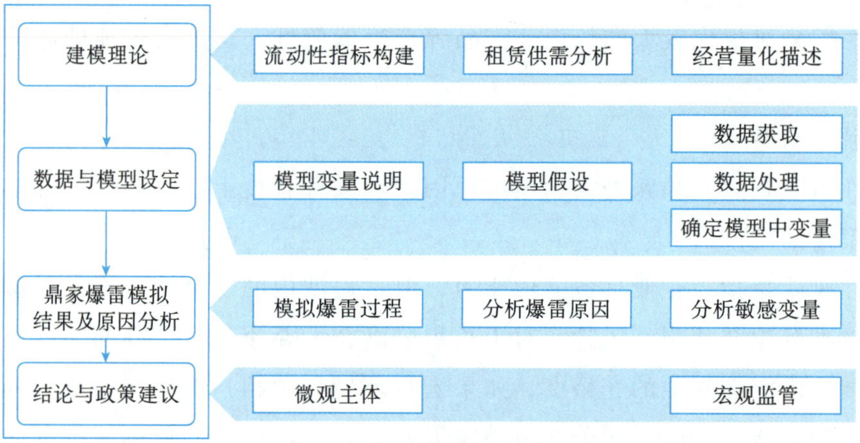

图 5－11　鼎家流动性建模流程

具体分析：

1. 建模理论

（1）鼎家流动性指标构建。

流动性风险是指：企业具备清偿能力，但短期内的现金流入不足以覆盖债务偿还、运营成本等现金流出的风险。本文用每日净现金流与现金流出的比值作为流动性指标。t 日资金流出 $Money\_out_t$，现金流入 $Money\_in_t$，净现金流表示为：

$$Net_t = Money\_in_t - Money\_out_t \quad \text{式（5－1）}$$

t 日流动性指标表示为：

$$Liquidity_t = Net_t / Money\_out_t \qquad 式（5-2）$$

（2）租赁市场供需分析。

鼎家是经营房地产租赁的企业，市场房屋供给、需求及租金价格，对鼎家的资金流入、流出及流动性指标产生重要影响。模型将模拟不同收、租房价格下，鼎家经营状况。所以，获取租赁市场供需情况至关重要。下文讨论租赁市场上，每日关注人数、房屋供给与溢价比例的关系。

①市场供给曲线。

供给曲线较容易获取。通过爬取我爱我家成交记录，详见附录1，计算标号 i 的房屋公允价格$\overline{price^i}$，详见数据与模型设定中的第四部分——数据获取与处理。爬取每周市场挂牌数据，得到挂牌价格 $trade^i$，计算挂牌溢价比例 $\Delta price\_percentage^i$，表示为：

$$\Delta price\_percentage^i = (trade^i - \overline{price^i}) / \overline{price^i} \qquad 式（5-3）$$

考虑当收房溢价为 $\Delta price\_percentage$，鼎家有多少比例的房源可供收取。积分获得挂牌溢价累计分布，作为溢价比例 $\Delta price\_percentage$ 下的供给比例（见图5-12）。房屋供给比例与溢价的关系为函数 f_{supply}，表示为：

$$supply\_percentage = f_{supply}(\Delta price\_percentage) \qquad 式（5-4）$$

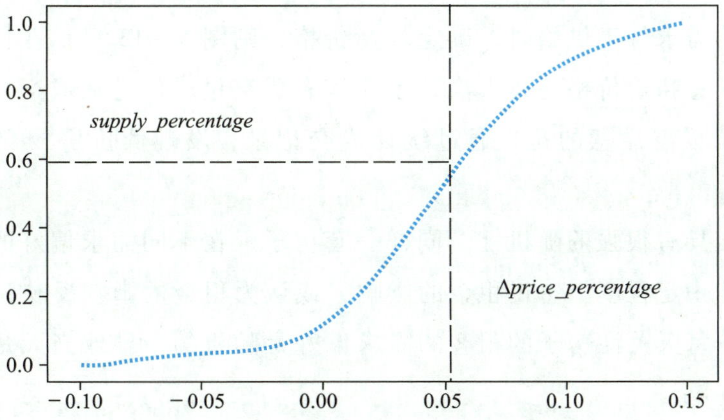

图5-12　供给比例与挂牌溢价关系

注：x 轴代表溢价比例 $\Delta price\_percentage$，y 轴代表供给比例 $supply\_percentage$。

②市场需求描述。

需求曲线不能直接获得。附录1中爬取得到的数据，难以直接反映市场需求。综合挂牌、成交表数据属性，发现关注人数与溢价比例呈现负相关关系（见图5-13）。价格越低，每日关注人数越多，间接反映了市场需求越大；而价格较高时，关注人数间接反映市场需求减小。每日关注人数和溢价的关系为 $f_{attention}$，表示为：

$$daily\_attention = f_{attention}(\Delta price\_percentage) \quad 式（5-5）$$

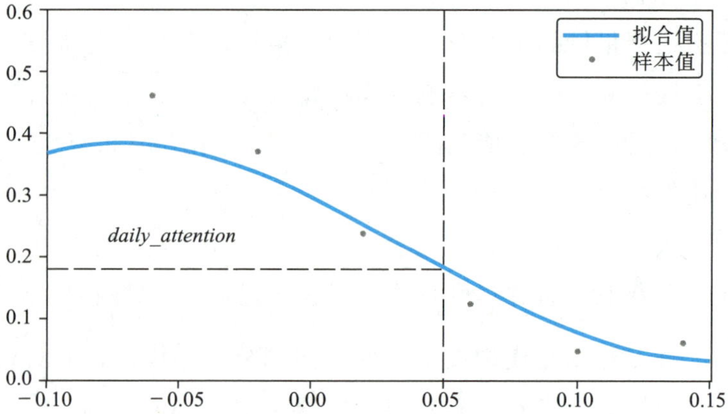

图 5-13　日关注人数与溢价比例的关系

注：x 轴代表溢价比例 $\Delta price\_percentage$，y 轴代表日关注人数 $daily\_attention$。

③供需理论的局限性。

虽然图 5-13 反映了溢价与关注人数的关系，但关注人数不能体现租客需求。有些租客关注很多次，但最终只租一间房子，导致关注次数比真实需求多。

另外，从图 5-13 看出，无论在任何溢价下，每套房子每日关注人数都没有达到一人。如果认为需求等于供给时，确定均衡价格，则图 5-13 显示在任何溢价下，供给都大于需求，意味着价格还是太高，不应该有成交量。但是从成交数据看出，每日都有房子成交，更需注意的是，通过统计成交记录，发现低价房成交量没有明显的提升。

这说明成交具有很强的随机性。同样一套房子，在不同需求偏好的房客看来，差别很大，以至于一定程度上忽视租金的影响，或认为租金的影响反映到关注人数与溢价比例关系中。每天关注房子的租客的需求偏好是随机的，导致当天是否成交也具有随机性。

④关注人数和房屋成交的联系。

考虑到是否成交具有随机性，假设房子每被关注一次后，都有一定概率成交（见图 5-14）。

房子每被关注一次后，成交概率 $prob$。成交概率在后续讨论中和累计关注人数 $sum\_attention$ 有关，表示为：

$$prob = f_{conversion}(sum\_attention_t^k) \quad 式（5-6）$$

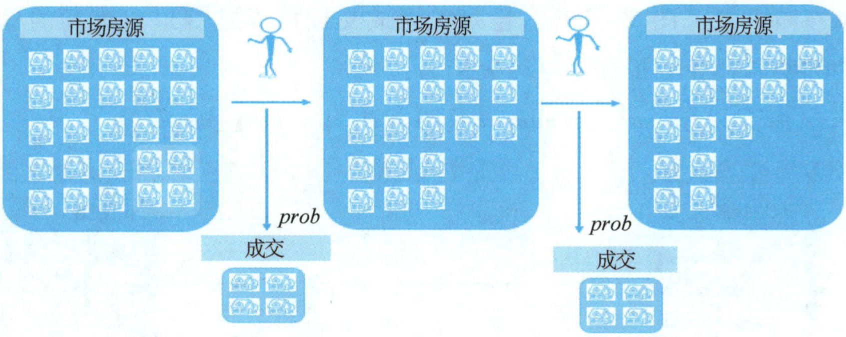

图 5-14　房屋成交示意

但这里讨论当日成交概率，每天累计关注人数是昨天的数值，所以保持不变，成交概率可以假设为常数 $prob$。当日，如果被两人关注，成交概率为 $prob+(1-prob)\times prob$，不考虑 $prob$ 的平方项时，成交概率为 $2\times prob$。同理，房子每日被 $daily\_attention$ 人关注，成交概率记为：

$$trade\_prob = prob \times daily\_attention \qquad 式（5-7）$$

⑤市场每日新增挂牌套数（见图 5-15）。

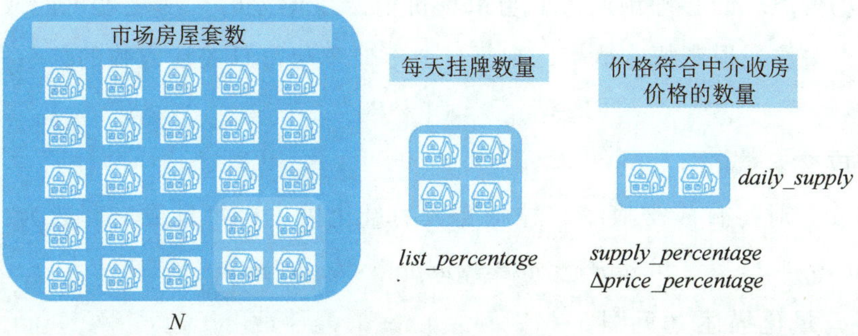

图 5-15　鼎家收房数量示意

市场每日新增挂牌套数即鼎家收房数量如图所示。设市场房源数量 N，这些房子有些是没有租赁但准备租赁的，有些是已经租赁但合约快要到期，需要重新挂牌上市的。每天这些房源中的一些都有可能挂牌出租，设挂牌比例 $list\_percentage$。当鼎家设置收房溢价 $\Delta price\_percentage$，将溢价代入式（5-4），得到 $supply\_percentage$。考虑每日新增挂牌套数，且满足中介价格要求的有效供给为：

$$daily\_supply = N \times list\_percentage \times supply\_percentage \qquad 式（5-8）$$

⑥市场挂牌套数。

设 t 日市场上的挂牌房源数量为 $guapai_t$，挂牌数量不但有今天新进入的增量，也有之前挂牌还没成交的存量。不过，之前挂牌的房源，因为成交或房主的原因放弃挂牌，每天都在减少（见图5-16）。设每天因成交或放弃挂牌退出市场的概率为P_{out}。则今日挂牌和明日挂牌数量的关系可表示为：

$$guapai_{t+1} = guapai_t \times (1 - P_{out}) + daily\_supply \quad \text{式（5-9）}$$

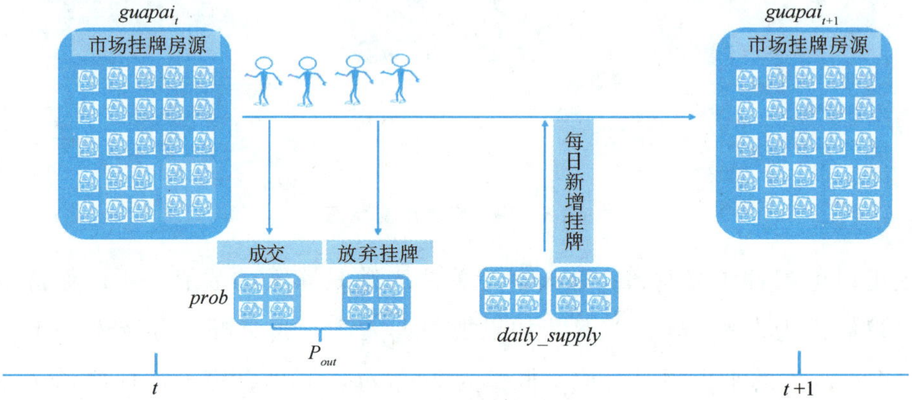

图5-16　挂牌套数变动示意

后续研究发现，P_{out}与每日关注人数有关。关注人数越多，式（5-7）中成交概率越大，退市的比例越高。同样，关注人数越多，通过房主与房客的沟通，房主越了解自己房屋的市场价值。当心理预期价值与市场价值产生偏差时，房主就可能放弃挂牌。设房子每被一人关注，退市概率为P，则每日退市概率与每日关注人数的关系可表示为：

$$(1 - P_{out}) = (1 - P)^{daily\_attention} \quad \text{式（5-10）}$$

⑦每日成交套数。

结合④、⑤对每日成交概率与挂牌套数的量化描述，每日成交套数为：

$$daily\_trade = guapai_t \times trade\_prob \quad \text{式（5-11）}$$

（3）经营量化描述（见图5-17）。

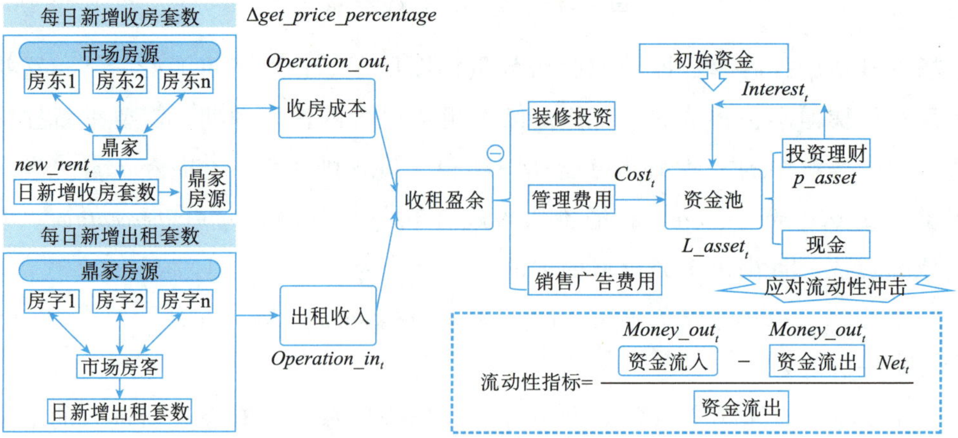

图5-17　鼎家经营量化

①收租房溢价。

鼎家经营策略中，收房溢价与公允价格的比值为收房溢价百分比，记为 $\Delta get\_price\_percentage$。出租溢价与公允价格比值为出租溢价百分比，记为 $\Delta rent\_price\_percentage$。根据式（5－3）推算出房客签约时的租金 $rent\_price$，鼎家收房时的租金 get_price。

②租房收入。

上文提到，鼎家模式一次性收取租客一年的租金；而只按季度支付房东租金。营业收入是租客租金。金融机构一次性把一年的租金返给中介机构，设 t 日中介租出 new_rent_t 套房子，合同时间是 N_{rent} 月。签约租金 $rent\_price$，租金资金流入 $Operation\_in_t$ 表示为：

$$Operation\_in_t = new\_rent_t \times rent\_price \times N_{rent} \quad 式（5－12）$$

③收房支出。

营业成本是中介需付给房东的租金，中介每满 N_{get} 日，付给房东一次租金。举个例子，如果 $N_{get}=90$，即中介每3个月付给房东3个月的租金。用数学语言可以描述为：中介第 k 日收入编号为 i 的房屋，表示为 $house_k^i$。每满 N_{get} 日，中介付给房东租金。租金流出表示为：

$$Operation\_out_t = \sum_{(t-k)=N_{get}} house_k^i \times get\_price \times N_{get} \quad 式（5－13）$$

④经营成本。

假设机构每天固定成本 c_const；空置房屋数量 $vacant_t$；空置房屋每套日宣传费用 f_empty；鼎家每 t 日新增收房数量 Δget_num_t，需要对每套房屋装修，设每套装修费用为 $decorate$；每日房屋运营费用 c_change，机构日经营成本为：

$$Cost_t = c\_const + f\_empty \times vacant_t + c\_change \times get\_sum_t + \Delta get\_num_t \times decorate \quad 式（5－14）$$

⑤利息收入。

鼎家通过获取一年租金，而只付一个季度的租金，短期内和公司创建时注入的货币资金形成资金池。设 t 日资金池数额为 L_asset_t。鼎家把一部分资金留存为现金以备不时之需，设现金留存比例记为 p_asset，现金留存数额表示为：

$$Cash_t = p\_asset \times L\_asset_t \quad 式（5－15）$$

其他部分购买理财产品，设日投资收益率 r_daily，利息收入表示为：

$$Interest_t = L\_asset_{t-1} \times (1 - p\_asset) \times (1 + r\_daily_t) \quad 式（5－16）$$

⑥资金流出。

$$Money\_out_t = Operation\_out_t + Cost_t \quad 式（5－17）$$

⑦资金流入。

$$Money\_in_t = Operation\_in_t + Interest_t \quad 式（5-18）$$

⑧资金池变动。

机构 t 期总资产的变动，不但包括资金流入流出，而且考虑到中介可能利用资金池投资理财，本文加入 t 期总资产表示为：

$$L\_asset_t = L\_asset_{t-1} + Net_t \quad 式（5-19）$$

⑨鼎家经营能力变量。

中介关注房屋能力与市场关注能力的比例，反映了中介关注新上市房屋的能力。能力越强，中介越有可能把市场低价房子收入，把这种能力称为中介关注能力，记为 *attention_multiple*。即在相同溢价下，中介每日关注房屋的次数与市场散客关注次数的比值（见图 5-18）。

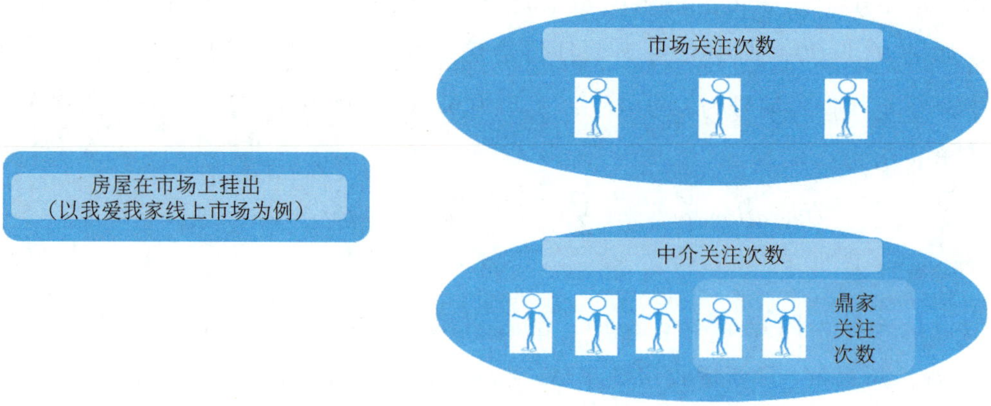

图 5-18　鼎家关注能力示意

鼎家关注房屋的次数占中介关注次数的比值，反映了鼎家占有市场房源的能力，定义为收房竞争能力，记为 *attention_occupy*。中介收入房屋，首先要关注房屋，如果关注次数多，相应收入套数就越多，占有房源比例越大。鼎家专业性越强，规模越大，市场竞争力越强，此变量越大，如图中方框所示。

鼎家作为一家出租房屋的企业，宣传房屋并受到散客关注的能力记为房屋宣传能力，表示为 *spread_ability*。即在相同溢价下，鼎家挂出房屋后，每日被关注人数与此房屋在我爱我家挂出后，被关注人数之比。该变量受到中介宣传能力的直接影响，关注人数越多，房屋越容易成交，空置率越低（见图 5-19）。

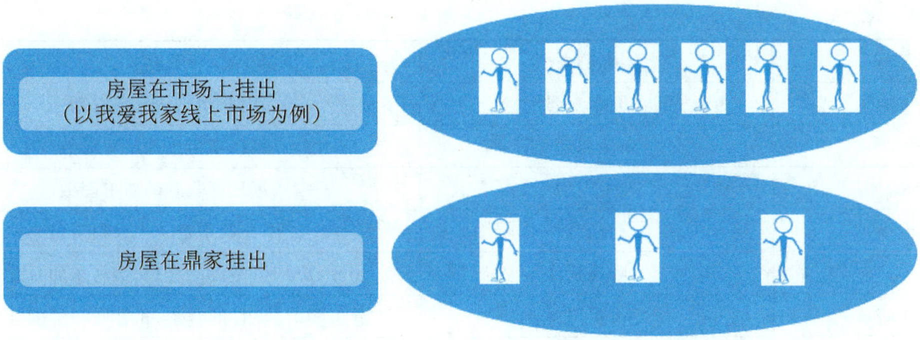

图 5－19 鼎家关注占有率示意

2. 数据与模型设定

（1）模型变量表。

①模型输入变量（见表 5－1）。

表 5－1 模型输入变量

符号	名称	默认数值
N	市场房源数目	300000
list_percentage	每日挂牌比例	1%
attention_occupy	收房竞争能力	0.5
$\overline{price}$	公允价格	0.4 万元
$\Delta get\_price\_percentage$	收房溢价偏置	见附录 5
$\Delta rent\_price\_percentage$	出租溢价偏置	见附录 5
r_daily	投资收益率（日利率）	0.04%
$asset_0$	初始资金	5000 万元
spread_ability	房屋宣传能力	0.5
attention_multiple	中介关注能力	3
decorate	中介收房后装修成本	2 万元
p_asset	现金留存比例	40%
c_const	固定成本	3 万元
c_change	每套可变成本，鼎家运营每套收入的房屋的成本	5 元/套天
f_empty	空置房屋每套宣传成本	40 元/套天

②模型输出变量（见表 5－2）。

表 5－2 模型输出变量

符号	名称	说明
t	模拟日期	模拟流动性指标的日期
get_sum_t	中介收房量	中介收到的房源总数

续表

符号	名称	说明
$rent\_sum_t$	中介租房量	中介租出的房源总数
new_rent_t	新增租房	每日新租出的新房套数
new_get_t	新增收房	每日新收到的新房套数
$vacant_t$	空置套数	中介收房量 - 中介租房量
get_price	收房价	中介收房时，签订的合约，给房东的月度租金
$rent\_price$	出租价	中介出租时，签订的合约，租客需缴纳的月度租金
$Operation\_out_t$	鼎家每日给房东的租金	经营收房现金流出
$Operation\_in_t$	金融机构每日给鼎家的租金	经营出租一年现金流入
$Money\_in_t$	资金流入	加上利息收入
$Money\_out_t$	资金流出	加各种费用
$Interest_t$	利息收入	非流动资产日利息收入
$Cost_t$	营业费用	固定费用/房屋维护费用/广告费
$Liquidity_t$	流动性指标	(2)
$Cash_t$	现金存量	(15)

③模型中间变量。

模型推导过程中的其他变量详见附录 4：模型其他变量。

（2）模型假设。

流动性模型反应每日中介经营状态。通过模拟中介收房、出租房屋情况，考虑经营成本，得到中介流动性指标、资产变动、现金流等研究数据。

①市场假设。

考虑到鼎家在杭州等大城市开展长租公寓业务，假设中介收入和租出的房屋公允价格$\overline{price}^i$的平均值在 4000 元/月。为简化问题，统一房屋质量，假设所有房屋的公允价格相同，设为$\overline{price}$。根据收房偏置和出租偏置，计算得到收房价、出租价。

一个大城市，市场存量房屋数量在几百万套，如果有 10% 的房屋有出租意愿，则潜在出租房屋数量在几十万套，本文假设潜在市场房源 $N = 30$ 万套。考虑到房屋有一年一签，也有些时间较短；另外房主会把房屋多次挂牌，以求更高的曝光率，本文假设每日新增挂牌房屋比例 $list\_percentage = 1\%$ ，即一年挂牌数量是潜在出租数量的 3 倍多，一套房子一年挂牌 3 次。

②鼎家经营业务假设。

上文鼎家经营描述中提到：鼎家一次性从金融机构得到租客一年的租金。本文设合同时间 $N_{rent} = 12$。

大多数中介都是一季度一付，满 $T=90,180,270,360$ 日付给房东租金，付款间隔 90 天，即 $N_{get}=3$，租金是三个月的租金。

中介与租客签的合约都是一年，到期后重新找租客。中介与房东签约时间假设多于两年，在模型模拟期的两年内，不考虑房东与鼎家解除合约。

假设鼎家收房后，装修成本每套 $decorate=2$ 万元。

③鼎家经营能力假设。

假设机构初始成立时，有 50 人左右的规模。若每人每年工资以 20 万元假设，则一年成本 1000 万元，每天成本 3 万元左右。假设只要公司正常经营，则至少维持上述规模，固定成本 $c\_const=3$ 万元。假设未来因业务扩张，增加雇佣人数，则计入可变成本中，固定成本维持不变。

随着业务扩张，可变成本计入每日房屋运营费用 c_change。考虑到运营可能较为复杂，包括协调租客、房东的关系，找房、租房等烦琐的过程，以及维护房屋软硬件设备，假设每位运营员工最多同时维护 10 套房屋，每年薪酬 15 万元，则每套房屋每天成本 $c\_change=5$ 元。为简单起见，不考虑因公司规模扩大对运营成本的影响，c_change 维持不变。

案例正文中提到：鼎家利用资金池开展理财业务。2018 年如 P2P 如火如荼，年收益率通常高达 15% 左右，折合日收益率约万分之四，本文假设鼎家日投资收益率维持在上述水平。另外，一般初创企业预留现金比例在 30% ~ 50%，假设鼎家预留现金比例 $p\_asset=40\%$，其他非流动资产开展理财业务。考虑到投资产品难以在及时变现，本文假设流动资产比例在经营期间维持不变。

中介专注于收房、租房，比普通租客有更多时间关注低溢价房屋；另外，中介专业性比普通租客强，能够投入更多精力关注他们感兴趣的房屋，本文假设中介关注倍数 $attention\_multiple=3$。考虑到几年内技术进步有限，中介关注房屋的能力不会出现显著变化，本文假设 $attention\_multiple$ 不随时间变化。

房屋宣传能力 $spread\_ability$ 受到中介宣传能力的直接影响。考虑鼎家在长租公寓市场上还有其他竞争对手，为后续讨论的简便性，本文假设还存在另一家与鼎家实力相同的中介，二者充分竞争，每家房屋宣传能力 $spread\_ability=0.5$。另外，考虑到几年内技术进步有限，本文假设收房竞争力在两年内保持不变。

同房屋宣传力，本文假设收房竞争能力 $attention\_occupy=0.5$，在两年内不变。

根据房屋公允价格，本文假设中介初始自有资金 $asset_0=5000$ 万元。这笔资金可以保证在没有出租收入的情况下，装修运营 2500 套房屋。鼎家顶峰时，规模 5000 套公寓。初期自有资金基本可以维持鼎家初期经营需要。

（3）鼎家经营过程量化描述。

模拟过程可分为获取新增收房套数环节、获取新增出租套数环节、计算鼎家经营指标环节、更新市场挂牌套数及鼎家空置套数环节（见图5－20）。

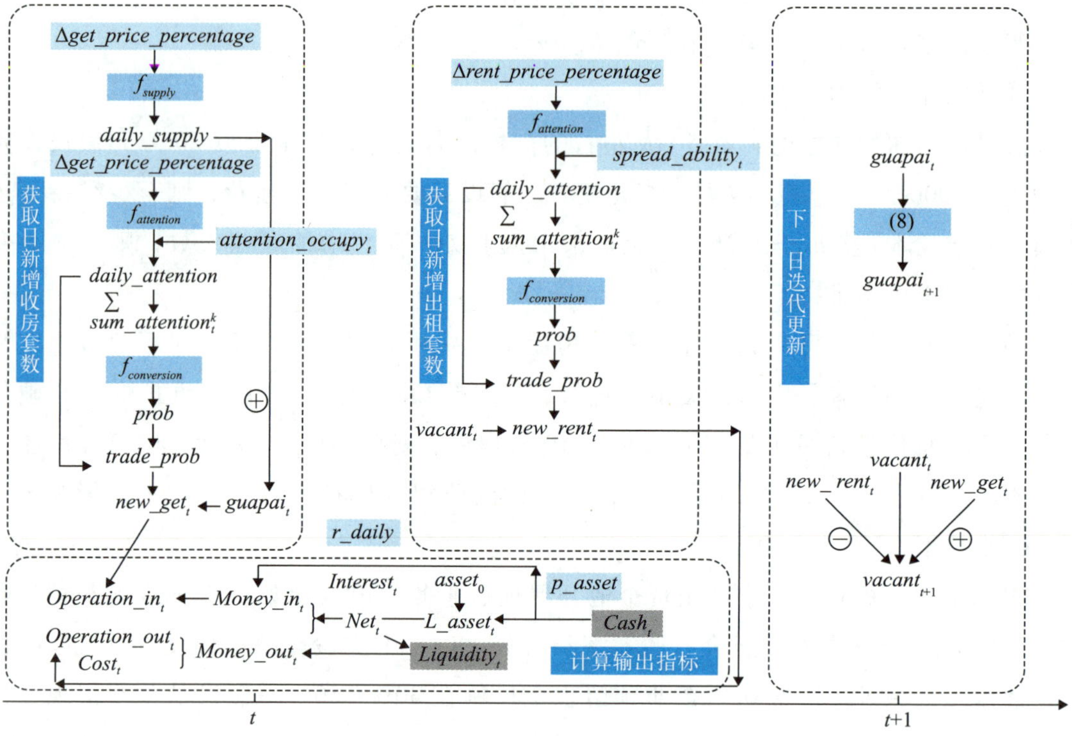

图5－20　模拟过程示意

①获取新增收房套数环节。

鼎家根据收房溢价，鼎家从市场上搜索低溢价房屋，并和房东取得联系，关注这些房屋；房东收到每次关注后，可能与鼎家达成交易合约，鼎家收入新增房屋。

首先，确定每日新增收房数量。根据市场房源数目及挂牌比例，计算新增挂牌数量。结合供给曲线式（5－4）及式（5－7），找到在鼎家收房价格偏置 $\Delta get\_price\_percentage$ 附近的每日市场新增挂牌套数 $daily\_supply$。

中介会重点关注历史未成交房屋及新增挂牌房屋，图中表示为 $guapai_t$。根据中介关注能力参数 $attention\_multiple$，结合式（5－5），计算每日所有中介关注每套房屋总次数，记为：

$$daily\_attention\_all = daily\_attention \times attention\_multiple \qquad \text{式（5－20）}$$

用收房竞争能力 $attention\_occupy$ 作为鼎家关注次数占比，研究鼎家在 t 模拟日关注房屋次数为：

$$daily\_attention\_single = daily\_attention\_all \times attention\_occupy \qquad 式（5-21）$$

每一套挂牌房屋，每被关注一次，都会带来成交概率。而每关注一次成交概率 P_0 与累计关注人数有关。设模拟日 t，上市日期 k 的房屋，累计关注次数表示为：

$$sum\_attention_t^k = (t-k) \times daily\_attention\_all \qquad 式（5-22）$$

根据式（5-12）累计关注人数与成交概率的关系，计算式（5-21）中新增关注次数带来的成交概率，即：

$$prob_t^k = f_{conversion}(sum\_attention_t^k) \qquad 式（5-23）$$

将 $prob_t^k$ 代入式（5-7），把 $daily\_attention\_single$ 代入式（5-7）中的 $daily\_attention$，得到鼎家关注房东发出房屋后的成交概率。

$$trade\_prob_t^k = prob_t^k \times daily\_attention\_single \qquad 式（5-24）$$

设 t 日市场挂牌房屋数量 $guapai_t$ 套，根据新增关注次数、成交概率，得到中介 t 日收房套数，表示为：

$$new\_get_t \sum_{k=1}^{guapai_t} trade\_prob_t^k \qquad 式（5-25）$$

②获取新增出租套数环节。

假设鼎家不会主动把房屋退出市场，除非房屋租出或与房主的契约到期。同收房计算方法，考虑鼎家房屋宣传能力，计算每日每套房屋的新增关注次数，表示为：

$$daily\_attention\_tenant = f_{attention}(\Delta rent\_price\_percentage) \times spread\_ability$$

式（5-26）

下面的计算过程与上面（a）类似。设模拟日 t，鼎家在日期 k 挂出的房屋，累计关注人数计算类似式（5-22），即将 $daily\_attention\_tenant$ 代入式（5-22）中的 $daily\_attention\_all$。将 $sum\_attention_t^k$ 代入式（5-23），得到每新增一租客关注后的成交概率 $prob_t^k$。再代入式（5-24），得到当日鼎家 k 日挂出房屋的成交概率 $trade\_prob_t^k$。统计鼎家所有空置挂牌房屋 $vacant_t$，用 $vacant_t$ 替代 $guapai_t$，代入式（5-25），得到当日出租套数 new_rent_t。

③计算鼎家经营指标环节。

每满三个月的已收房屋，向房东交付一个季度的租金，计入收房资金流出式（5-13）。

当日新增出租房屋，收到租客一年的租金，计入出租资金流入式（5-12）。当已租房屋契约满一年后，认为契约到期，中介需要重新找租客；已收房屋满一年后，中介继续占有房屋，不考虑新一年装修费用。考虑到鼎家的经营成本，计入资金流出；鼎家利息收入，计入资金流入，联系本部分括号三经营量化描述中各项公式，计算流动性指标、现金存量变动。

④更新市场挂牌套数及鼎家空置套数环节。

考虑到当天，市场房源有一部分退出市场，更新市场房源数量。根据式（5－9），计算 $t+1$ 日挂牌套数。鼎家一方面收入新房，计入空置房源减少；另外出租了原来收入的房屋，计入空置房源增加，更新空置房源套数。

⑤模拟时间段。

本文模拟中介成立到第二年末经营情况。选取截至第二年年末，一方面因为鼎家在第二年爆雷，模拟到第二年能够满足研究需要；另一方面，第二年年末各项指标基本保持稳定，能够反映长期经营情况。

（4）数据获取。

本节选用我爱我家数据，利用 python 爬取租房成交信息、挂牌信息，剖析租房市场情况。我爱我家数据采集及描述详见附录 1。另外，为更充分地利用小区名称这一属性，利用高德地图 API 上查询小区坐标，替代小区简称，用于后文拟合公允价格。查询小区地理坐标详见附录 2。

（5）数据处理。

①清洗数据。

本文把挂牌、成交表缺失的数据条目删除，清洗异常的条目。

为获取（3）中的溢价，通过成交表对房屋的描述，回归每套房屋的成交价格，作为公允价格。对小区简称这个多分类变量，如果对每个小区回归，将导致样本数大大减少，降低拟合效果。利用小区坐标，替代小区简称，充分利用所有数据。

②公允价格。

根据成交信息中的解释变量：小区坐标、朝向、平米面积、室内客厅数量、卧室数量，拟合成交价格和上述解释变量的关系。

前期数据处理包括：解释变量归一化标准化，去除严重偏离均值的数据条目。朝向是一个分类变量，设为虚拟变量。把成交数据集划分为训练集、验证集、测试集。

本案例对比了两种拟合方法：线性回归法和神经网络法，神经网络法详细步骤见附录 3。实验表明：线性回归法训练集绝对值误差 1296，测试集误差 1298，与挂牌价格偏差 1614；神经网络法训练集绝对值误差 1035，验证集误差 1246，测试集绝对值误差控制在 1060，与挂牌价格偏差 1672（见表 5－3）。神经网络法误差小于线性回归法，效果较好。主要是因为租金价格与解释变量，如地理坐标，不是线性关系。神经网络学习算法能够刻画非线性关系，具有明显优势。本文采用神经网络法估算公允价格。

表5-3　公允价格拟合结果

	线性回归法	神经网络法
训练集绝对值误差	1296	1035
验证集绝对值误差	—	1246
测试集绝对值误差	1298	1060

虽然神经网络法已经收敛，但拟合价格与租房成交价格仍有较大偏差。造成偏差的原因，有两个可能。其一，实际成交价格是一个以公允价值为中心分布的随机变量，二者就存在偏差；其二，上述方法为确保数据量，选取2014～2019年的数据，而没有剔除时间对公允价值的影响。

③成交房屋具体信息。

由数据可得性，成交数据没有房屋的具体信息，如关注人数、发布日期等关键信息，而这些数据体现在挂牌信息。本文根据成交数据、挂牌数据，结合两张表中房屋的ID号码，以及挂牌时间早于成交日期一周内的限制，得到每周成交房屋的具体信息表，属性包含成交表和挂牌表中所有属性。

（6）确定模型中变量关系。

①租金溢价比与每日关注人数的关系。

根据成交房屋上市日期、成交日期，计算成交周期。用关注人数除挂牌期得到每日关注人数。统计租房溢价比和日关注人数的关系（见图5-21），即关系（5）。日关注人数与溢价基本符合负相关关系，日关注人数间接反映了租赁需求。

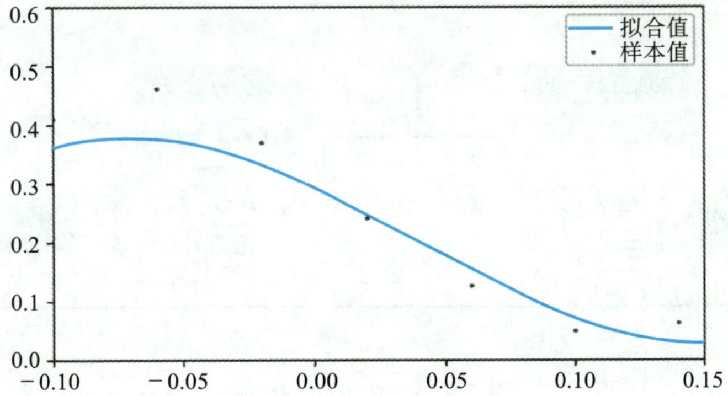

图5-21　租金偏离比例——关注人数关系

②市场成交溢价分布。

根据具体成交记录，统计成交数量与成交溢价的关系，绘制频率分布直方图，拟合分布关系（见图 5－22）。根据图中概率分布积分，得到（4），即图 5－22 中所示结果。

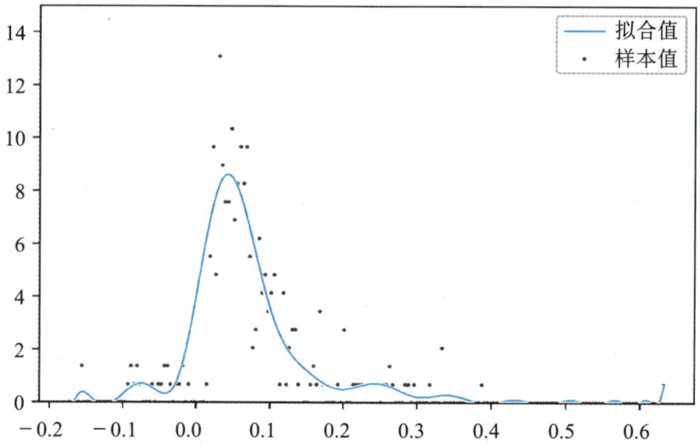

图 5－22　市场成交溢价分布

从图中看出，分布曲线近似正态分布，最高点出现在 0.04 附近。负溢价分布比较集中，正溢价较分散。总体来看，在成交记录分析的时间段内，有更多的房屋以高溢价租出，房主有意愿以高溢价租出。

③累计关注人数与成交概率的关系。

房子每被一人关注后，都有一定概率成交，成交概率与累计关注人数有关，如关系（6）。通过具体数据，拟合新增一人关注后成交概率和累计关注人数的关系。

T 周到 $T+1$ 周内成交的房屋，可以从挂牌表观测到 T 周累计关注人数 $sum\_attention$。在接下来的一周内，假设房屋又被一人关注，然后成交过程如下所示（见图 5－23）。

图 5－23　成交过程示意

固定累计关注人数 $sum\_attention = const$。在挂牌数据集，统计累计关注人数为 $const$ 的套数，记为 $num(listing_{T}^{const})$；在成交数据集，统计一周前累计关注人数为 $const$ 的套数，记为 $num(trade_{T+1}^{const})$。则新增一人关注，累计关注人数为 $const$ 人时，成交概率表示为：

$$prob(sum\_attention = const) = num(trade_{T+1}^{const}) / num(listing_{T}^{const}) \quad 式（5-27）$$

以上述方法，统计所有累计关注人数和对应的成交概率（见图5-24）。

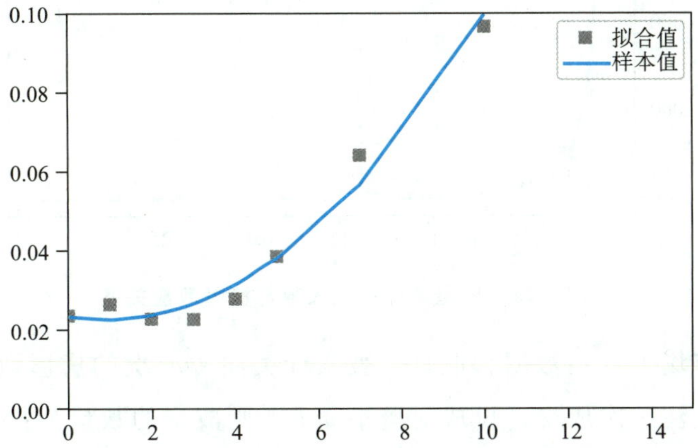

图5-24　累计关注人数——成交概率关系

随着累计关注人数上升，新增一个关注租客，成交概率显著上升。说明通过交易双方不断地交流，信息不对称性有所降低，双方对房子的估价愈加清晰，成交意愿提高，成交概率上升。另外，羊群效应也可以解释成交概率上升。累计关注人数越多的房屋，越受到人们的追捧。而房客通常没有大量的时间关注房屋，往往认为其他人关注的房屋是最优选择，“不假思索”地成交，导致成交概率快速上升。

④市场挂牌房源衰减模型。

房子每被一人关注后，因成交或房主放弃租赁，都有一定概率退出市场，设概率为 P。本节通过挂牌数量、成交数量与累计关注人数的关系，估算概率 P。

挂牌市场上，距数据爬取日 i 天前的新增挂牌数量 $daily\_supply$。假设每日挂牌数量不变。每日关注次数假设为各溢价比例的平均值，记为 n。挂牌房屋的存量数量，是历次被关注后尚未成交的房屋数量之和，表示为：

$$\sum_{i=0}^{\infty} daily\_supply \times (1-P)^{in} \quad 式（5-28）$$

其中，in 是关注次数。挂牌存量中，统计 $in = sum$，即累计关注 sum 次的数量，表示为：

$$daily\_supply \times (1-P)^{sum} \quad 式（5-29）$$

拟合式（5-29）存量数量和累计关注次数 sum 的关系，如图本文发现图5-25的散点接近式（5-29）指数衰减形式。

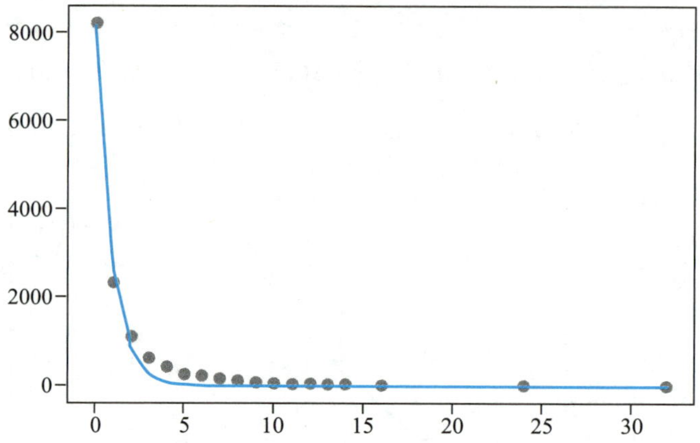

图 5-25　房屋累计关注人数与挂牌数量关系

一周内成交市场上，在数据爬取日，被累计关注 *sum* 次的房屋数量如式（5-29）所示。假设再被关注一次成交，设成交概率 *prob*，则成交的数量为：

$$daily\_supply \times (1-P)^{sum} \times prob \qquad 式（5-30）$$

拟合累计关注次数 *sum* 和式（5-30）成交套数的关系（见图 5-26）。

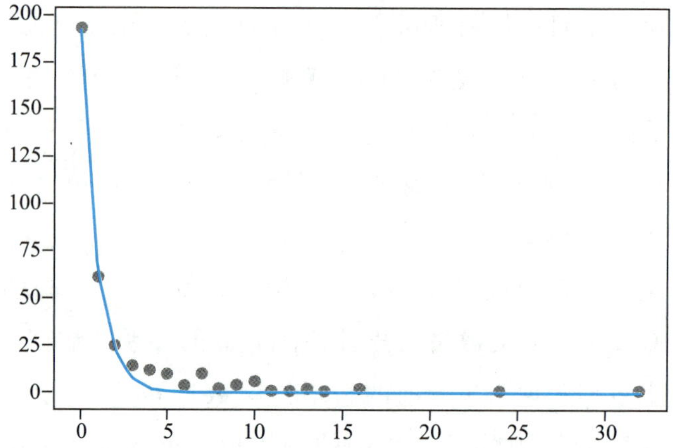

图 5-26　房屋累计关注人数——成交数量关系

如式（5-29）、式（5-30）所示，指数衰减的系数都是 $1-P$，两次拟合的结果应该相似。根据公允价格拟合结果（见表 5-4），两次指数衰减的系数接近，式（5-29）、式（5-30）的推导符合实际数据分布情况。

表 5-4　公允价格拟合结果

	$1-P$	常数项
挂牌存量	0.326	8134
成交数量	0.349	191.62516603

3. 鼎家爆雷模拟结果及原因分析

（1）鼎家爆雷模拟结果。

根据前文对鼎家经营情况的描述，模拟鼎家在不同时间点下，事件、经营策略对流动性产生影响（见表5－5）。鼎家初始成立时，根据附录5中关于收租溢价敏感性的讨论，选取第二年末流动性充裕时的收租房溢价组合，具体组合为收房溢价比－0.06，出租溢价比0.05。

表5－5　　　　鼎家模拟过程参数表

时间	事件	策略	模型参数
初始成立	—	选取合适的收租价	维持表1中参数不变
2018年年初	获得1000万元融资	—	计入流动资产，按现金比例，留作现金，其他购买理财
2018年年初	—	扩大规模，提价收房，降价出租，做广告	考虑到市场竞争愈加激烈，其他竞争对手也采取同样策略。鼎家收租房价差变小，但房屋宣传能力、收房竞争能力不变。收房溢价提高2%，出租溢价降低2%。广告费用每套40元/天
2018年7月	市场出租价格下降	—	鼎家出租价格下降10%，每季度收房支出不变

模拟上述过程，结果如下（见图5－27）。

其中，各标号代表：

①一年后，一年前的租客合约到期，新租客住进原来装修过的房屋，鼎家收房总量基本不变，装修支出减少，净流量上升，鼎家现金存量增加，流动性明显好转。

②2018年年初，鼎家获得1000万元融资。鼎家为扩大规模，提高价格收房，降低价格租房，差价减少；另外，收房价格的提升，导致新增收房套数上升，装修费用上升。各中介为提高竞争力，做广告提升房屋宣传能力。广告支出、装修支出扩大、差价降低，导致鼎家净现金流转负，流动性指标恶化，现金存量持续走低。

③市场出租价格受到冲击，鼎家租房收入减少，资金流入减少；但前期收房价格不变，短期租金流出不变。净现金流继续减少，流动性指标恶化。

④2018年8月到9月，鼎家现金基本亏空，但流动性指标仍徘徊在0附近，仍存在净现金流出。鼎家无法应对现金流出，导致流动性危机。

（2）鼎家爆雷原因。

①提价、市场风险对鼎家爆雷的影响。

通过控制变量的方法，对比2018年年初，鼎家收租房价格变动及打广告的举措，对后期流动性、现金存量的影响。对比2018年7月，市场冲击对鼎家流动性、现金存

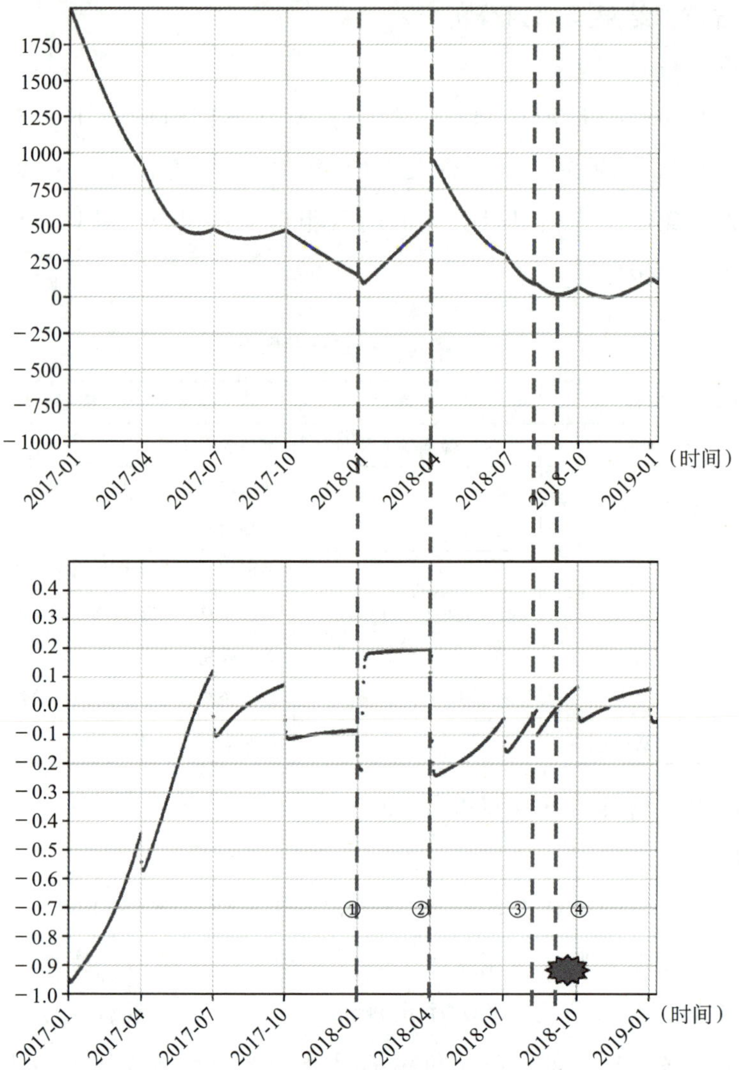

图 5-27　鼎家爆雷模拟

注：根据式（5-2），流动性指标越大，流动性越充裕。在 2018 年 8 月爆雷。

量的影响。变量设置如下（见表 5-6），模拟结果对比如图所示（见图 5-28）。

表 5-6　　爆雷原因对比分析参数

模拟组别	模型参数
参照	维持表 5-1 中参数不变
2018 年年初变更收租房价格，做广告（变更经营策略）	其他参数不变，房屋宣传能力、收房竞争能力不变。收房溢价提高 2%，出租溢价降低 2%。广告费用每套 40 元/天
市场租金走低	保持 2018 年年初价格、广告费用不变，鼎家出租价格下降 10%，每季度收房支出不变

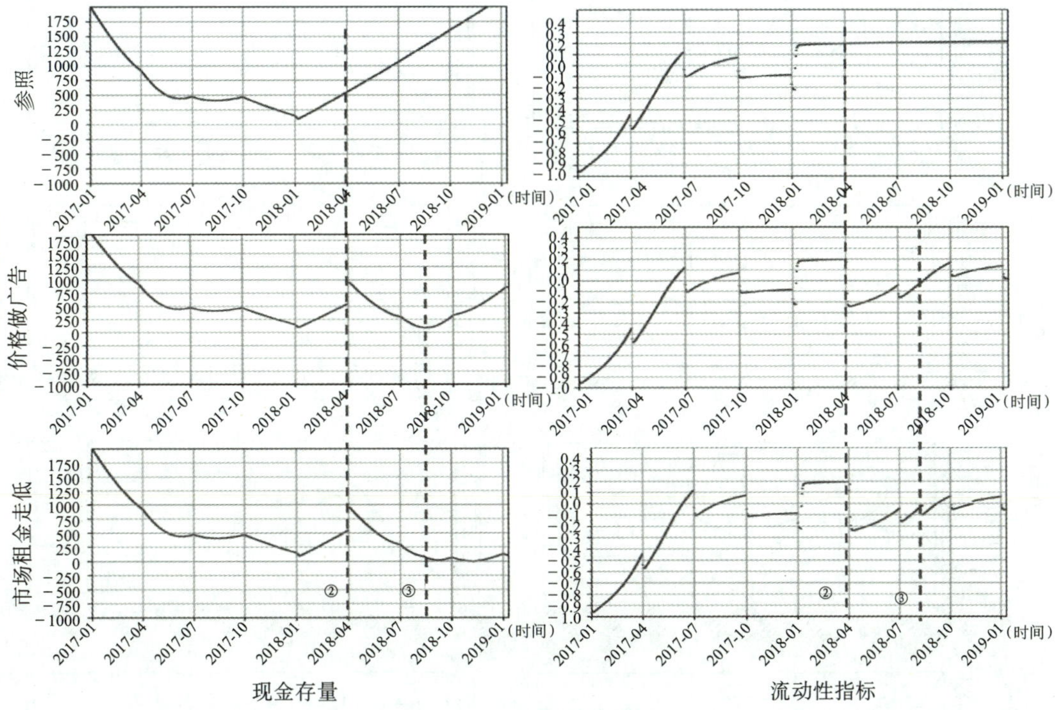

图 5－28　鼎家爆雷原因分析对比

注：上图标号同图 5－26。

从上图看出，提高收、租房价格后，鼎家现金存量迅速减少，流动性指标恶化，是导致后续鼎家爆雷的根本原因。而市场租金价格走低，也导致了流动性指标小幅下降，现金存量继续下降，最终现金存量下降到负值，无法应对每季度应付账款，导致流动性危机，酿成爆雷惨剧。

②鼎家变更经营策略的原因。

鼎家 2018 年年初变更收租房价格，做广告，一方面是为了扩大收房数量，扩大规模，减少未来经营成本。另一方面，可能是因为市场竞争所致。首先，如果鼎家不采取激进措施，而别的助贷机构降低出租价格，鼎家吸引租客的能力会大大下降，房屋宣传能力降低，空置房子无法租出，资金无法回流，造成流动性危机。其次，如果其他机构提高收房价格，会抢占鼎家房源，鼎家收房竞争能力下降，造成鼎家经营规模缩水，营运成本提高，导致流动性危机。最后，其他厂商做广告，也能够提高吸引租客的能力，如果鼎家不采取同样的举措，租客会很快流失，导致流动性危机。下图模拟了在竞争环境下，两家中介经营策略对现金存量、流动性的影响（见图 5－29）。模拟参数如表所示（见表 5－7）。

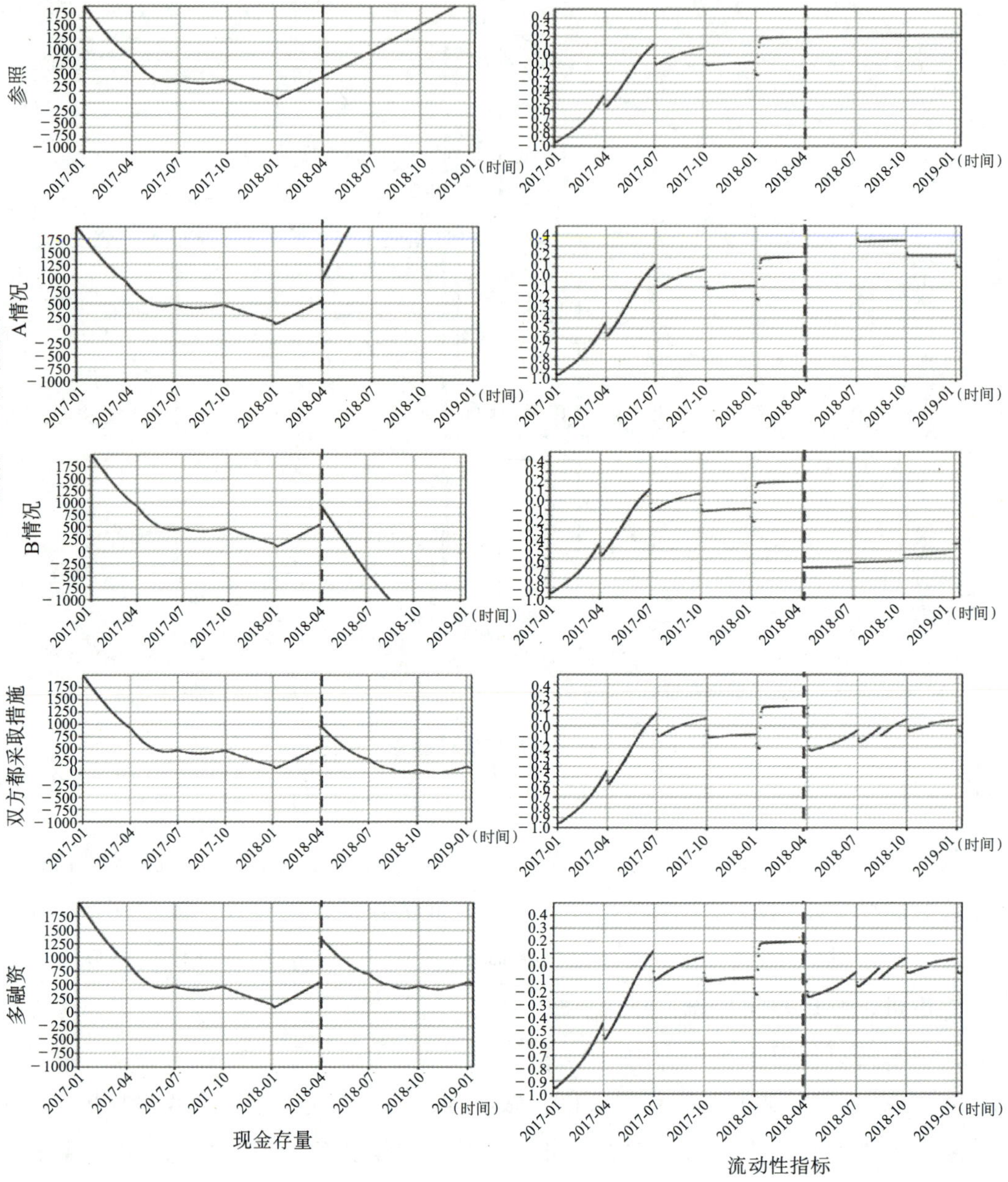

图 5-29　中介竞争模拟

表 5-7　　中介竞争参数

组别	模型参数
参照	维持表 1 中参数不变
A	维持表 1 中参数不变，收房竞争能力 0.7、房屋宣传能力 0.9，收房溢价提高 2%，出租溢价降低 2%。广告费用每套 40 元/天
B	维持表 1 中参数不变，收房竞争能力 0.3、房屋宣传能力 0.1

续表

组别	模型参数
双方都采取措施	其他参数不变，收房竞争能力、房屋宣传能力不变。收房溢价提高2%，出租溢价降低2%。广告费用每套40元/天
都采取措施下，多融资	保持双方都采取措施参数，2018年初融资金额增加到2000万元

表中总结了A、B两家中介，是否变更经营策略对规模（见表5-8）、现金存量（见表5-9）、中介流动性指标（见表5-10）的影响。观测第600模拟日，即8月底鼎家爆雷时的上述指标，分析鼎家改变经营策略的原因。

表5-8　8月底（第600模拟日）中介规模表

规模	A（是）	A（否）
B（是）	19571.2641	8311.760986
B（否）	27463.85416	18088.51607

注：衡量规模的标准是中介资产总额。因为提高收房价格，市场低于收房价格的房子增加，导致收房数量增多，规模扩大。

表5-9　8月底（第600模拟日）中介现金存量表

现金存量	A	B
A	25.61094	-1187.349606
B	3775.502965	1835.74243

表5-10　8月底（第600模拟日）中介流动性表

流动性	A	B
A	-0.030676998	-0.627143901
B	0.350745	0.212765511

类似囚徒困境，无论从规模、现金存量还是流动性的角度，选取博弈的目标函数，博弈的均衡均是A、B变更经营策略，但这种情况下流动性压力上升，不如双方都不采取提价措施。虽然鼎家采取了最优选择，但难逃爆雷厄运。

然而，有些中介在2018年激烈的竞争中存活下来。通过图5-27第四行的模拟，发现如果2018年初融资金额再多1000万元，就能够度过2018年下半年流动性危机。这也说明了外部融资的重要性。

（3）参数敏感性分析

本小节讨论价格设定、房屋宣传能力、收房竞争能力、投资收益率、现金留存比例，对第二年现金存量、流动性指标的影响。敏感变量对流动性的影响过程及影响方向总结如图 5－30 所示。

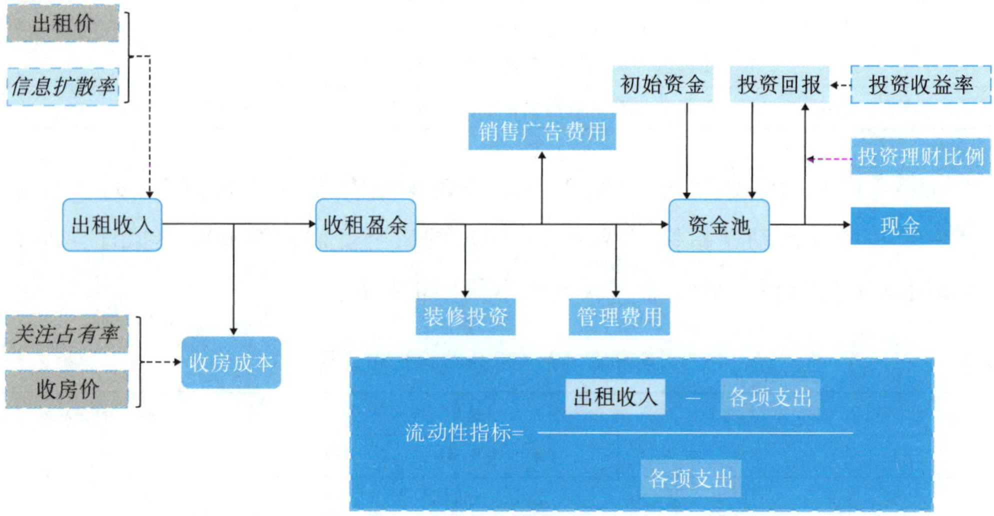

图 5－30　敏感变量对流动性的影响

注：实线的方框代表一项资金项目；虚线的方框代表敏感变量。

■代表对现金、流动性有利，而■代表一项成本，对现金、流动性不利。■代表对现金、流动性的影响需要分情况讨论。■方块代表研究指标。

具体分析过程见附录 5，总结参数对流动性的影响及传导机制（见表 5－11）。

表 5－11　　参数敏感性分析结果总结

变量名称	经济含义	改变参数能否影响流动性	传导机制
收房价、出租价	中介收房价格；租客从中介租得房屋的价格	能显著影响流动性，是中介经营的关键变量。具体方向需要看价差	直接影响资金流入流出
房屋宣传能力	中介宣传房屋的能力	能影响流动性，有积极影响。当房屋宣传能力较低，作用显著	增加日关注人数，降低空置期，提高资金回流速度
收房竞争能力	中介获取房源的能力	主要起到扩大经营规模的作用。经营策略合理，作用明显。经营策略失败，加速破产。能影响流动性指标	扩大经营规模，提高营业净现金流数值，摊薄每套房屋固定运营成本
投资收益率	理财投资收益率	能影响流动性指标，积极影响，但不如前三者显著	每日获得利息收入，计入资金池，增加现金存量，提高应对流动性冲击能力
初始资金	中介初始启动资金	降低流动性压力。对每日流动性指标无影响	流动资产比例固定时，初始资金越多，现金存量越多

续表

变量名称	经济含义	改变参数能否影响流动性	传导机制
现金留存比例	资金池中保留现金，应对流动性危机的比例	能增加现金存量，但对每日流动性指标有较少的负面影响	通过增加现金存量，应对流动性危机。但现金越多，投资理财收入越少，净流量越少

4. 结论与政策建议

（1）鼎家爆雷原因（见表5－12）。

表5－12　鼎家爆雷影响因素分析

影响因素	影响的参数	如何影响参数	影响结果
收房价高，出租价低（企业微观因素）	经营现金流、净现金流	资金流出多，流入少，难以弥补经营成本	资产减少，流动资产减少，资金流出不变，流动性性压力越来越大
竞争激烈（行业因素，偏微观）	信息扩散率、关注占有率、广告费用、收租价格组合	囚徒困境下零和博弈。通过广告、提高收房价格，影响信息扩散率、关注占有率，形成广告费用	如果一方不采取措施，经营状态会急剧恶化 均衡状态下信息扩散率、关注占有率不变，但导致多付出广告费用或收租价格不合理
缺乏资金（企业微观因素）	流动资产	在流动资产比例固定的情况下，初始资金少或缺少后期资金补充，导致资产较少，流动资产较少	直接影响流动性指标
市场遇冷（市场宏观因素）	出租价格	市场公允价格下降导致中介出租价格下降	减少经营现金流入、净现金流，提高流动性压力
现金留存过少	现金留存比例	资金池设定留存比例，决定现金留存数量	降低应对流动性冲击的能力

第一，鼎家收房价较高，企业为降低空置率，可能以较低价格租出，快速回笼资金。但是，这种模式短期内确实可以扩大企业规模，实现企业资产快速增长。但是，从第二年流动性指标看出，净现金流在第二年前半年基本为负。也就是说这种以高价收房，较低价格租出，换取低空置率，高速流转的模式加剧了鼎家资金短缺的状况。如果不采取措施扭转不利局面，随着流动资产将减少，净流量仍然为负，将导致流动性危机。

第二，鼎家竞争对手较多。同时期租金贷品牌中介有蛋壳、链家、自如等众多品牌。鼎家难以吸引足够的租客关注自己的房屋，造成房屋宣传能力不足，不利于房屋出租。另外，企业间恶性竞争，采用提高收房价、下调出租价的方式打压竞争对手，造成行业内中介流动性普遍趋紧。采用广告手段扩大信息扩散率，在大家都做广告的情况下，不能提高房屋宣传能力，却要多付出高昂的广告开支，导致流动性紧张。

第三，2018 年下半年租房市场整体遇冷，市场出租价下跌，是鼎家破产的直接原因。市场价下跌后，中介出租价格直接下降，但之前收到的房源，还要按照高于市场的价格付给房东租金，导致营业净现金流快速恶化，流动性趋紧，中介资产流失。

第四，鼎家过度追求理财收益，导致现金留存过少，为后期爆雷埋下伏笔。通过敏感变量分析，发现投资收益率对流动性的影响有限，其他指标对流动性、现金存量的影响更大。鼎家如果能够多留存现金，后期可能就能度过流动性危机。

第五，鼎家过分追求投资收益率，却不考虑风险。2018 年 P2P 爆雷事件不断，鼎家的资产可能受到这类事件波及。鼎家现金存量不足时，如果不能及时把理财资产变现，是对鼎家的致命一击。

第六，鼎家相较于成功的租金贷品牌中介，后期缺乏资金支持。通过流动性模拟不难看出，第二年末净现金流基本为负，随着资产减少，流动性压力将越来越大。另外，资产越多的企业，将有更多的资金作为留存现金，应对上述市场冲击，减少流动性压力。

（2）思考与建议。

从企业微观角度看，首先，鼎家应增加现金留存比例，应对可能的流动性冲击。其次，鼎家应尽可能提高融资规模，补充现金存量。最后，鼎家可以考虑利用自身优势，与其他机构差异化竞争。避免采用提高收房价、降低出租价这种对资金要求敏感的竞争措施。通过提高服务质量，提升品牌口碑，收入更多的房源，吸引更多的租客，稳步扩大经营规模。

从政府宏观角度看，首先，应提高租金贷准入门槛。一方面能够提高对中介现金充裕程度的要求，强化对该类中介机构的监管；另一方面应减小中介的同业竞争压力，让大多数中介能够生存下来。其次，政府应限制中介的收房、出租价差，引导价差回归合理理性区间，避免企业恶性竞争，损害公众利益。最后，规范租金贷运作模式，回归信息中介本源，起到获客引流的作用。中介的比较优势是经营租赁业务，而不是投资理财。中介资金充足率低，运作不规范，没有衡量投资风险的能力，利用租金贷形成资金池，具有很大的风险。一旦投资失败，就会损害房东、租客利益。

（三）对比国内外案例

对比国内外典型长租公寓案例，探讨成功企业商业模式和经营举措。

理论依据：

鼎家的爆雷并不代表着长租公寓业务模式的失败，实际上从国际实践来看，很早就有“长租公寓＋金融”模式的成功案例，并且自从2015年开始，我国政府部门就连续出台了相关政策来支持和指导长租公寓的发展。下面我们将列举国内外比较典型的长租公寓企业，探究这些公司成功的经验。

具体分析：

1. 国外长租公寓模式探讨

国际上的长租公寓已有很长的发展历史，比较成功的有美国的EQR集中式长租公寓模式、美国的AMH分散式长租公寓模式以及日本的Leopalace21托管模式，下面将分别展示这三种长租公寓模式（陈般，2018）与鼎家模式的对比（见表5－13）。

表5－13 鼎家模式与国外三种模式对比

	运营模式	承担角色	运营特点	租金匹配情况
EQR模式	集中自持	房东＋中介	所有权和经营权统一集中大规模收购整栋楼宇	租金交给中介相当于直接交付给房东，不存在期限的错配
AMH模式	分散自持	房东＋中介	所有权和经营权统一分散收购房源	租金交给中介相当于直接交付给房东，不存在期限的错配
Leopalace21模式	承建＋托管	开发商＋中介	“以建引租”，无所有权	为房东提供租赁便利，租付相匹配
鼎家模式	分散式公寓	中介	客户支持型助贷模式，无所有权	“长租短付”，中介使用一份租户的租金吸引多个房源，存在错配

（1）美国EQR模式。

美国EQR运营模式的主要特点是自持集中，即通过大规模开发、收购楼盘，建立高品质的品牌公寓，并通过专业化的运营管理，定位中高端人群，提供优质服务，实现长期、稳定的盈利。

EQR长租公寓运作模式如图5－31所示。EQR公司前期通过使用自有资金或联合外部资金，收购或租赁下整个楼盘，统一装修后整租给租户。与鼎家模式不同，EQR公司在这之中直接承担了房东及中介的两个角色，因此不存在中介因无法及时给房东交租金而产生的矛盾。但这种模式也存在自身局限性，即前期要投入大量资金，回收周期长。EQR模式要求公司在一开始就投入大量资本来进行收购或开发高品质的公寓，前期成本很高，收益要等到房屋开发、设计、装修、进而租给租客后才能开始实现，因此公司在前期实际上承担了较大的风险，一旦某一环节出现问题，则公司会面临较大损失。也正是针对于此，EQR 公司早在 2002 年就开始剥离非核心资产，压缩运营规模，专注于租赁需求大、有发展前景的区域，并将这些市场作为核心市场来深耕。因此该模式适用于资金雄厚并自持地块的房地产开发商，此外公司要具备富有远见的战略眼光，将公寓投资于未来人口密集度有望提升或者地块有较大升值空间的地区，才能获得收益。

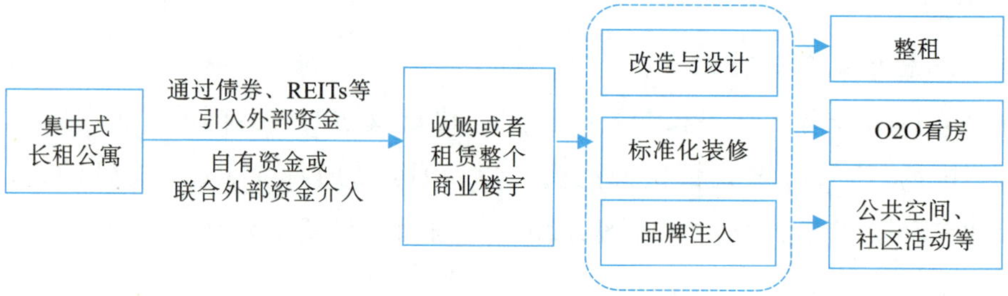

图 5 – 31　EQR 长租公寓运作模式示意

（2）美国 AMH 模式。

与 EQR 模式不同，美国 AMH 模式的主要运营特点是自持分散，即通过运用自有资金，分散式包租或委托管理房源，对房屋进行改造和装修，建立品牌公寓，通过回收租金和自有租金实现盈利和持续发展。

AMH 长租公寓运作模式如图 5 – 32 所示。公司通过较少的启动资金，从更为广泛的地区获得房源，实现迅速的区域扩张，形成规模效应，并通过自有资金和回流的租金即可满足运营需求。广泛的地理分布布局，可以满足客户对于环境、地域的差异化需求，从而增加客户黏性，保持与既有客户的长期关系，扩大业务规模，提高收益率，此外，房屋也是自持经营，不会产生中介与房东的纠纷。但是由于房源较为分散，其运营维护成本相对较高，管理也较为困难，产生的费用均高于 EQR 模式公寓。鉴于我国一些大型中介在国内拥有诸多门店，AMH 这种分散式获取房源进行开发的模式值得参考，但如何降低运营成本、降低空置率从而提高收益率仍然是需要考虑的问题。

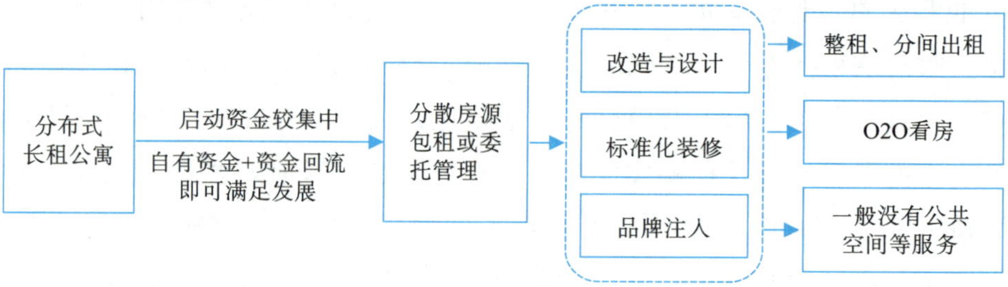

图 5 – 32　AMH 长租公寓运作模式示意

（3）日本 Leopalace21 运营模式。

日本 Leopalace21 运营模式的主要特点为“建造 + 租赁”协同发展，即公司承担着承建者和租房中介双重角色，前期与土地所有者形成建造委托关系，完成公寓建造分包业务，公寓的主要类型为一室户或都市小型公寓，后期为房屋所有者提供租赁业务支持，从而最大限度提高房屋的使用效率。

日本 Leopalace21 运营模式如图 5－33 所示。公司比较鲜明的特色在于“以建引租”，即公司会在前期承揽房屋建造业务，在建造房屋时，便为土地所有者或房屋所有者（未来的房东）规划好了租赁业务。在所有者的同意下，公司提供租客招揽、运营管理和维护等服务，从而通过“建筑 + 租赁”两大业务，将房东和租客覆盖进来，并提供专业化服务，形成房屋整个生命周期的业务闭环。并且在这种模式下，公司始终无须获得房屋所有权，而是以托管的方式持有着数量众多的轻资产，以“二房东”身份帮助房东运营房屋，相对于自持经营资金压力较小。这种模式相对来说更适用与集体用地开发，公司作为地产服务商与客户形成建造委托关系，在获得房源进行租赁业务上有着先发优势，并在后续通过优质的租赁服务形成运营增值。这种“以建引租”的模式为我国长租公寓的发展提供了一条思路。

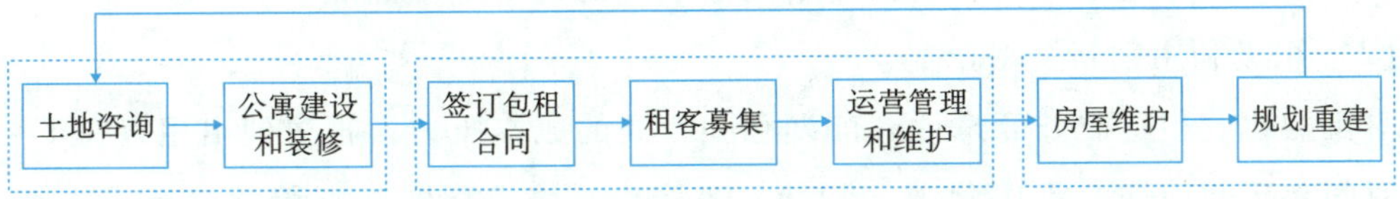

图 5－33　Leopalace21 公寓运作模式示意

综合分析国外成功的运营模式，我们发现三个模式有个共同的特点就是房源的获取方式相较于国内来说更为合理规范。美国的两种模式都是通过自持经营的方式，将房东与中介的角色合并，日本的模式则是公司在建造房屋之初就与所有者建立了密切的联系，双方之间的信息不对称较低，公司更会本着对客户负责的态度招揽租客。此外，这些模式都形成了房东与租户一对一的模式，而不是像鼎家那样使用一个租户的租金用来吸引多个房东的房源这种一对多的模式，从而大大降低了流动性风险。所以结合国际经验，本文认为要更加规范租赁公司获得房源的途径，可以使用自持的方式，也可以通过某种渠道使房东与中介之间建立更为密切的联系，从而降低中介事后产生道德风险的可能性。

2. 国内长租公寓模式探讨——自如公寓

自如目前已经布局了 9 个城市，产品线丰富程度远超一般的长租公寓企业。2018 年 1 月，自如融得 40 亿元资金，估值达到 200 亿元，成为长租公寓的龙头之一。2016

年，自如还被哈佛收录为商业案例，研究自如对研究长租公寓商业模式有重要意义（张全国，2018）。

自如成功的原因分析如下。

（1）坚持高品质战略，用户满意度至上。

自如坚持高品质战略，通过不同装修风格下的统一配置，打造优质居住品牌，同时加强入住后的服务和管理，全渠道保障居住体验，统一改造风格，打造标准化产品，设计也持续更新，目前已经到 V5.0。入住后的服务和管理更为关键，自如优质的居住环境和居住体验是业务的重要护城河，也是低空置率的另一重要保证。

客观上说，自如的高品质战略意味着公司现阶段盈利难度较大，因为分散式公寓的整体改造转租的租金提高幅度有限。所以短期内，分散式公寓的盈利关键点在于削减成本，依靠租户和房东的信息不对称盈利。但是，长租公寓的核心盈利模式不能一直停留于垄断房源和赚取价差。长租公寓真正的价值，在物业端在于品牌口碑逐渐被认可后，租金的品牌溢价出现，租赁真正成为一种令人向往的生活模式；在服务端，则在于从租赁生活出发的万千日常需求得到满足，从而推动长租公寓企业成为品质生活服务的集成提供商。从长远来看，不仅租金可以提升，而且生活服务场景中的盈利点也层出不穷。从这个角度来说，自如高品质化的战略是正确的。

（2）积极利用创新金融产品。

对机构化的租赁服务商来说，前期存在较高的成本压力，收房到出租存在 1～2 个月的时间差，使前期的收房营销、设计、改造、装修、配置、出租营销等成本都要提前支付，再加上企业处在快速扩张阶段，收入和成本时间不匹配的矛盾更会加剧，企业面临较大财务压力。

之前国家曾出台过一些房屋租赁的支持政策，自如顺应政策积极发行 ABS 等金融产品。加上此前的融资，可以有效保障公司的持续扩张。同时在使用鼎家类似的租金贷方面，自如对租户的第三方支持比例不到 18%，并且租客向第三方机构申请贷款的通过率不到 60%，这种高门槛大大降低了流动性风险。

（3）链家的渠道支持。

自如原本是链家所孵化的创业项目，2016 年从链家分离出来发展。自如的成长与链家的支持有很大关联。在前期，自如与链家的合作关系是自如迅速打开市场的重要法宝。到现在，链家所拥有的大规模流量和数据信息，使自如可以及时获得优质房源，保证业务量。

自如与鼎家的商业模式比较相像，实质上都属于分散式的公寓，向房东支付租金，拿到房源，进行简单的设计装修之后，再以“二房东”的身份进行转租，收取租金，获得租金溢价，再附带增值服务，获取服务费用。与鼎家相比，自如的筹集资金的渠道更加广泛，市场竞争力更强，加上链家的渠道支持，信息扩散能力明显优于鼎家（见表5－14）。由于有充裕的资金来源，自如可以在提升品质、扩大影响力上下功夫，成为行业标杆，对其他企业形成挤出。同时自如在风控方面的做法也优于鼎家，租金贷的使用比例相对于鼎家更小，风险敞口更低。我们认为对于一般企业，自如的成功短期来说难以达到，需要长期在该领域进行深耕，不断发展进步，才能树立好口碑，得到市场认可。

表5－14　　鼎家与自如公寓对比

	自如公寓	鼎家
经营规模	50多万间房源，累积服务自如客120万人，公寓遍布国内9个城市	2440间公寓，服务客户4000余人，公寓主要集中在杭州
融资规模	2018年完成了40亿元A轮融资，公司估值接近200亿元	完成1000万元的A轮融资
信息扩散情况	业内知名度高，App累计安装次数超过3000万次	知名度低，信息扩散成本高
收付价格差异	租金溢价高，一些公寓达到20%～30%的溢价	为扩大规模，通过高收低租的方式吸引房源
租金贷使用情况	使用租金贷的租户不超过18%	诱导租户使用租金贷，使用者比例较高
其他情况	链家提供渠道支持	资金获取渠道有限，流动性风险高

（四）从金融伦理看租金贷

租金贷近期受到媒体广泛关注，一则南京毕业生不堪贷款重负而自杀的新闻，更是把租金贷业务推上道德伦理的审判架。如何从金融伦理的角度，看待租金贷模式？

具体分析：

在金融活动中，各个利益相关者都是希望实现自身利益的最大化的“经济人”，然而在追求自身利益最大化的同时，也要承担作为“社会人”应该承担的道德性的责任和义务，这就是金融伦理。作为“金融人”，所有市场参与者的责任是推动经济发展，提升经济效益；而作为“社会人”，则需要各个利益相关者肩负维护社会平衡稳定发展，维护社会秩序的责任和义务。只有在经济活动中同时扮演这双重身份，才能使经济社会长远平衡的发展下去。

2019年年底，一名南京211大学的毕业生因为不堪网贷平台的贷款重负，选择跳楼自杀，来结束自己短暂的一生。这则新闻再一次的引发了公众对消费金融市场中融资乱象的质问。随着消费金融产品的不断的升级和创新，“助贷业务”一次又一次的改头换面，逐渐演变成“租金贷”“现金贷”“校园贷”等一个个面向普通金融消费者的“人血馒头”。目前的中国金融市场上，普通的金融消费者大多专业水平不高，非理性的市场参与者占大多数。对于这些普通金融消费者来说，金融素养的缺乏正是他们所面临的最大的挑战。当不具有良好金融素养的普通金融消费者在面对“助贷业务”这类巨大的诱惑时，往往不能进行正确的融资决策，最终进一步恶化了普通金融消费者的自身福利。

以“租金贷业务”为例，这类产品正是抓住了一线、二线城市的年轻人住房需求弹性为零的特点，通过侵占这些年轻租客的利益来提升长租公寓的自身利益，甚至挑战金融伦理。此外，再加上租金贷具有的“信息不对称”的隐蔽性特点，长租公寓通常对其加以包装宣传，使很多信息不对称的租客在毫不知情的情况下，就签订了租金贷合约。最终，这类产品使这些年轻租客本来就严峻的生活环境雪上加霜。

一方面，鼎家的租金贷产品违背了行为监管中需要公平公正对待金融消费者的“金融伦理”。为了尽快扩张规模，赚取利益，鼎家以租金贷产品来吸引大量需求弹性为零的年轻人。根据案例分析的梳理可知，鼎家的扩张模式和经营模式是蕴含着巨大的流动性风险的，然而这种高风险却被一些较低风险承受能力的金融消费者所承担。由此，可以看出鼎家的经营模式是违背“金融伦理”的。

另一方面，鼎家“爆雷”案例也体现出了我国金融市场上消费者的金融教育，存在着重大的缺失。一些具有“诱惑性”和“隐蔽性”的助贷业务，被具有“提前消费观念”的普通金融消费者所选择，这显然与金融教育缺失存在巨大关系。当人性的贪念被金融市场上的资本玩家所利用时，将会给这些金融消费者自身带来巨大的损失，同时，更为严重的是这种过度贷款、提前消费的金融理念破坏了金融生态。

金融创新的方向应该是普惠金融，金融行业应该是以服务大众，服务实体经济为宗旨。如果金融创新产品利用普通金融消费者的信息不对称，或者金融素养不足消费者的不当决策等等投机取巧的方式，进行不当盈利，那么将会违反金融伦理的基本要求。不仅仅破坏了市场的良性竞争，更会导致金融消费者对金融市场信心的丧失，最终造成不可挽回的损失。诚信是金融发展的基础，互惠是金融发展的原则，金融机构在追逐自身利益最大化的同时更要顾及他人的利益，在做好“金融人”的同时要承担和履行作为一个“社会人”的责任和义务，也只有这样，才能促进金融市场健康良好的持续发展。

（五）如何避免鼎家式悲剧

联系前文叙述和分析，谈谈政府部门、监管部门和企业部门分别应该怎样做出举措，才可以避免鼎家类似悲剧的出现？

理论分析框架（见图5－34）：

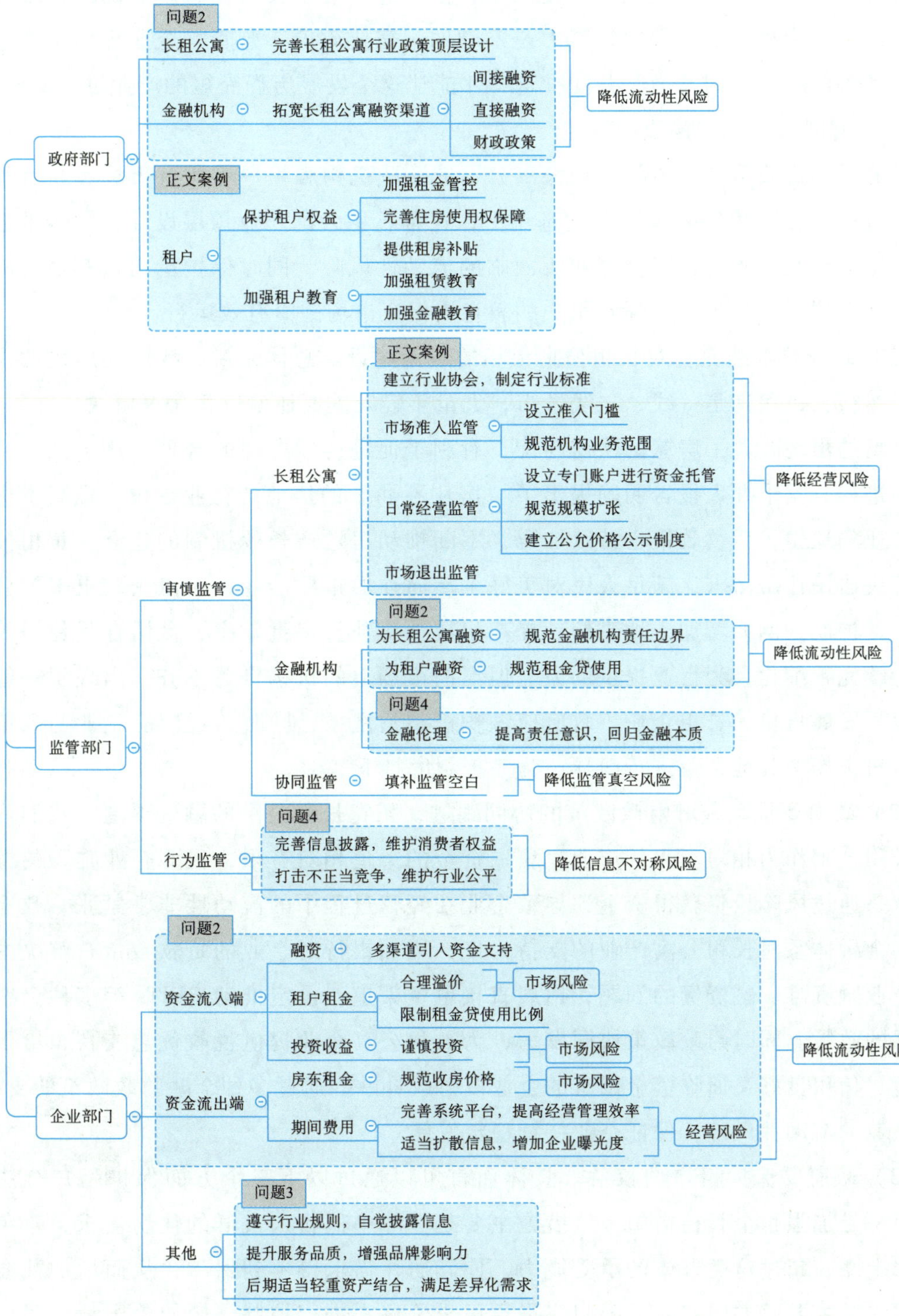

图5－34　各部门建议分析框架

具体分析：

综合分析来看，想要避免鼎家类似的悲剧，进而推动长租公寓产业的可持续健康发展，我们认为单凭某个部门的努力是不够的，需要政府、监管、企业部门正视目前存在的各种问题，协同发力，共同推进，才能让这个发展历程尚短的产业迸发希望。

1. 政府部门——完善顶层设计

政府在制定政策时，要将长租公寓公司、金融机构和租户等所有市场参与者都纳入考虑范围，在“租售并举”制度基调下，完善长租公寓产业顶层设计，同步推进相关的金融财政政策支持，降低企业所面临的流动性风险，同时保护承租人利益，满足中低收入人群住房需求，加强对租户的教育，保证市场健康有效运行。

（1）政府要继续完善对长租公寓市场的政策建设。总体来说，我国的居民的住房需求仍然很大，尤其是一线、二线城市，大量年轻人主要还是以租房来解决居住问题。长租公寓的出现改善了房屋的供需匹配，有利于促进房屋资源的合理应用，推动租购并举的进程。党十九大报告明确提出了“房住不炒”的房地产行业定位，提高了房屋租赁产业的地位，后续政策也持续加码，不断推动房地产长效机制的建立。长租公寓作为解决居民住房需求，满足人民对美好生活向往的重要产业，应该受到更多配套措施的保驾护航，例如增加土地供给、提高租赁住房项目审批效率、盘活存量住房等政策应持续完善细化，为行业提供助力。但当前市场上的机构良莠不齐，出现了一些业务异化，发展盲目的长租企业，政府应该积极整治乱象，同时通过国有企业与政策相配合，对市场上其他企业进行引导，为完善制度打下基础。

（2）政府要推动金融财政政策的协同跟进，拓宽长租公寓的融资渠道。我们注意到。长租公寓作为相对新兴的产业，获取资金的渠道相对有限，很多企业唯一的融资渠道就是通过风险投资获得资金，导致企业在经营过程中的流动性非常紧张。政府应该推动金融体系对长租公寓产业的支持力度，增加银行对企业的贷款数量，解决中小长租企业融资难、融资贵的问题；拓展直接融资渠道，设定推动 REITs 等多种金融工具发展的政策。同时财政政策协同发力，为长租公寓企业提供税收优惠支持，给予经营规范、信用良好又面临资金困难的企业以财政补贴。通过多种金融财政政策的支持，降低企业的流动性风险，保证企业持续稳定发展。

（3）政府要保护租户的权益。具体而言可以通过以下三个方面保护租户合法权益：第一是加强租金管控措施，该措施主要是保障中低收入人群的住房需求，避免房租过快上涨，超过这类群体的承受能力，使其居住需求得不到保障，从而增加社会不稳定因素，主要西方国家通过限制或指导租金价格来进行控制，例如美国设定了房租管制处，限定房东的加租频率不得高于一年一次，并限制上涨幅度；德国则是设立了

“指导价格”，将房租的浮动范围控制在一定幅度中。第二是完善住房使用权保障，关注租户的权利，保证承租者可以长期稳定使用房屋。为了保证租户房屋使用权的长期稳定，德国法律明确禁止“二房东”的行为，租房中介只能负责牵线搭桥，将房东与租客相匹配，从中赚取信息服务费，而不能直接进行收租和交租的行为，从根源上杜绝了类似鼎家模式那种流动性错配的出现。第三是提供租房补贴，政府通过发放租房补助的形式，直接帮助中低阶层减轻租金压力，从而保护弱势群体，促进社会的长治久安。

政府还应该加强对租户的教育，增加民众的相关知识储备，提高风险意识。鼎家事件突显了中国民众对于租赁及金融的相关教育存在缺失。当一些长租企业向租户介绍租金贷业务时，许多投资者完全没有认识到这其实是一份贷款合约，贷款一方面会给租户带来额外的利息负担，另一方面也会拉长业务链条，增加额外的风险。加强对于租户的教育，提高其辨识能力也是促进长租公寓产业良性发展的重要组成部分。

2. 监管部门——审慎监管与行为监管相结合

审慎监管是指监管当局为了防范风险，从企业部门的角度出发，通过制定行业的相关规范，定期检查企业的经营管理状况，从而维护微观主体的稳定运行。根据监管对象不同，审慎监管又可分为对长租企业的审慎监管、对金融部门的审慎监管，以及将两者置于统一框架下的协同监管。

行为监管是指监管当局对微观主体行为的监管，包括信息披露要求、禁止欺诈误导、提升机构诚信、反对不正当竞争等。与审慎监管视角不同，行为监管更倾向站在消费者角度考虑，保护消费者的权利，通过对微观主体行为的规范，促进公平正义，维持市场秩序，增加消费者对行业的信心，保障市场的持续健康运行（孙天琦，2015）。

作为新生产业，长租公寓的各项监管制度都不够完善，因此应将审慎监管与行为监管相结合，用以化解长租公寓发展过程中的潜在问题。

（1）审慎监管。

①对于长租公寓的审慎监管可以主要分为以下四个方面：

首先是要建立行业协会，制定行业标准，改善公司治理。长租公寓作为新生产业，并没有相对完善的经营惯例，且缺乏必要的行业指导。因此组建行业协会，完善行业标准，从而指导企业的经营治理非常关键。例如长租公寓房屋装修设计，经营管理，而由此引起的租金溢价，等等，需要制定相应的标准；对于装修材料低劣致使甲醛超标、消防治安不符合规定、强行增加隔断将房屋分一为二等问题，都要在行业协会中设立明确的标准和规范，指导长租公寓的实际操作。此外，要促进行业协会自治作用的发挥，将行政监管与行业自治有机结合，用行业协会的民间机制补充行政监管的缺口，推动长租公寓运营企业健康长效发展。

其次是完善市场准入监管，设定合理的机构资质要求，规范业务模式与范围。根据链家的研究报告，中国的房屋租赁市场有近 3 万亿的规模，如此巨大的市场规模，加上近几年相对宽松的租赁政策，长租公寓赛道吸引了大量的机构参与。但实际上，长租公寓业务模式比较复杂，前期拉房源、对公寓进行设计装修，再以合理的价格出租给客户，这其中会产生大量的运营管理成本，且业务的回报周期相对较长，如果企业不具备相对雄厚的资金实力，并同时拥有大量的专业人才，会面临相当高的经营风险和流动性风险。此外，一些公司名义上是帮助房东的租户进行牵线搭桥，行使信息中介的职能，而实质上则是形成了自己的资金池，将风险聚集在长租公寓体系之内。因此监管部门要从准入门槛入手，对长租公寓的资质做更精细化的要求，对其业务行为设立规范和界限，减少风控能力不强及业务模式异化的企业进入市场。

再次是完善日常经营监管。具体而言可从以下三个方面出发对长租公寓的日常经营进行监督管理：第一是对长租公寓设立专门账户对其资金使用状况进行监督，即长租公寓形成的资金池，可以参考非银行金融机构的资金管理规范，设立专门账户，存放资金，由银监会对该账户进行监督管理，经营企业可以在标准额度内、按照规定用途提取、使用资金，并对资金使用过程进行全程监控，防止企业不正当使用资金，维护资金安全，保障租客财产权益。第二是对企业扩张规模进行管理和调节。鼎家正是因为其扩张的规模和速度超过了其吸引租户、持续经营的能力，而导致了资金链的断裂，因此监管机构可以对那些短期扩张规模过快的租赁企业进行约谈指导，向其提示风险，必要的时候可以直接暂停其网签备案，降低市场风险。同时对于自如、蛋壳这样的行业龙头企业，可以参照《反垄断法》等法律，将其纳入监管范围，限制其对市场资源的过度支配，保护市场的公平运行，促进经济运行效率的提升，保障长租市场的健康发展。第三是建立价格公示制度，让几家规模较大的房屋租赁企业根据市场情况，对市场上的主流户型进行报价，由行业协会进行加权平均处理后，报出市场的公允价格，从而避免企业炒作房屋租金、通过不正当方式和价格争抢房源，造成行业内的恶性竞争。

最后是要完善市场退出监管，减少对其他市场参与者的冲击。与许多行业不同，长租公寓与众多的房东、租户产生信用关系，一旦资金链断裂爆雷，大量的房东和租户都会受到损失，而房东往往会要求租户重新缴纳租金，造成许多权益纠纷，对社会稳定产生不利的影响。因此监管部门要谨慎对待长租公寓的退出，对一些有严重违规行为，或资金账户异常的企业，要及时主动介入监管，依法取消其经营资质，将资金归还给其他权益主体，使其退出市场，从而避免对市场造成更大冲击。

②对于金融机构的监管主要分三方面：

首先，对于那些为长租公寓授信的金融机构，要规范这些金融机构的责任边界。例如对于直接融资中的风投公司，除了给长租公寓注入资金之外，还要尽好帮助创业者改善企业经营管理的责任和义务，引导企业的长期发展。对于间接融资中的银行，监管部门要督促其积极为企业提供资金支持，将为长租公寓提供资金作为小微企业金融服务专项指标的一部分，纳入 MPA 的考核范围。建立金融机构的监管规范，从而缓解长租行业的融资困难，减少流动性风险。

其次，对于那些为租户提供信贷的金融机构，要规范其使用方式。实质上，对于是否应该支持第三方金融机构给租户提供信贷支持是存在争议的，从普惠金融的角度来说，给一些短期内偿付能力较弱的租户授信，可以帮助他们解决居住问题，渡过难关，但从防风险的角度来说，资金链条的增加使整个业务流程的信用风险、流动性风险提高，并且给租户授信长期来说无疑增加了他们的财务负担。我们的观点是要限制给租户提供信用支持，因为从现实的情况来看，绝大多数的贷款都是在租户不知情或者被诱导的情况下授予的，并且贷款期限等一些重要信息在前期都被隐瞒了下来，这样的模式无疑有违信用消费贷款的初衷，因此监管部门应该规范这种贷款业务，保证租金交付日期要与租金贷期限相匹配，避免“长租短付”情况的发生，从而降低长租公寓产业链的流动性风险。

最后，从金融伦理的角度出发，监管部门还要引导金融机构提升自身责任意识，回归金融本质。作为助贷模式的主体之一，金融机构原本是为了配合助贷方，发挥双方的比较优势，减少信息不对称，加快资金利用效率，提升社会整体福利的。但在鼎家案例中，租金贷业务明显有违助贷模式最初设立的目的，其更多的是利用信息不对称的优势，通过侵害年轻租户的利益来提升自身利益。这样的做法有违金融用来服务实体这一原则，也有违金融伦理，需要监管部门来对其进行引导和规范。

③除了要对长租公寓和金融机构两个部门分别进行审慎监管，还要站在维护市场整体稳定的角度，对两个部门进行协同监管，降低监管真空风险。长租公寓短暂的发展历程使其定位尚不明晰，还存在许多法律监管的灰色地带，经营者可以借机与租金贷等第三方金融机构合谋钻监管的空子，侵害房东、租户、投资者的利益。因此不能仅仅还停留于住建部管理房屋租赁部门，证监会、银保监会管理助贷金融机构，而要相互配合，将其纳入协同监管体系之下，加以互联网监督等平台进行辅助，填补监管空白，减少潜在风险的转移扩散。

（2）行为监管。

行为监管要求长租公寓本着对消费者负责的态度，完善信息披露，降低信息不对称风险。长租公寓的服务对象很多是进城务工人员和新就业的大学生，这些群体存在天然信息劣势，又存在着住房刚性需求，因此一些长租公寓便利用信息优势，以押一付一的优惠条件吸引租户，仅仅告知需要通过平台支付房租，而不说明这是隐蔽的贷款协议。应该出台相关政策，要求长租公司以书面形式向租户说明租金贷业务实质上属于贷款业务，向租户充分解释业务信息，严禁公司以欺骗、强迫等方式要求消费者使用租金消费贷款，对于违规企业加大处罚力度。

同时，行为监管还要规范长租公寓的竞争行为，严格打击不正当竞争和恶意竞争，维护行业秩序。由于缺乏完善的区域租金价格公开发布系统，房东和租户都无法获得准确的租赁市场价格信息，因此有一些长租公寓采取提价收取房源这种不健康的经营手段来扩大市场规模，而当市场租房价格遇冷时，又不得已以低价租出住房，给自身资金池的流动性风险积累埋下了隐患。因此监管部门可以从这方面入手，严厉打击市场上恶意哄抬房价的行为，完善市场公允租金价格公示系统，引导市场参与者按照参考价格进行售房和租房，减少信息不对称带来的市场摩擦，维护行业公平竞争。

3. 企业部门——防控流动性风险，提升自身品质

长租公寓企业作为最终的业务执行者和风险承担者，自然要妥善制定经营战略，不断提升自身经营、管理、风控的水平，实现可持续发展。从鼎家案例我们可以看出，鼎家的悲剧是由多方面原因造成的，在租房市场遇冷、行业规范缺失叠加企业自身风险抗性偏低等多种因素下，最终资金链断裂，停止运营。实际上，如果没有政府政策的支持和以及监管制度的完善，鼎家等长租公寓长期来看仍然会面临着很大的风险，难以实现长效健康的发展。而在顶层设计和监管体系相对成熟的条件下，我们认为长租公寓首先要解决自身流动性的问题，即在较长时间里，确保资产池保持一定规模，且净现金流为正，解决企业所面临的最重要的生存问题，并在此基础上，通过提升品质，优化经营战略等方式不断进步发展。

（1）资金流入端。

根据本文模型，长租公寓的资金流入主要分为通过金融机构进行融资、通过出租住房获得租金收益，以及通过将闲置资金进行投资获得利息收入。

首先对于通过融资获得现金流入，长租公寓应该在宏观政策支持下，多渠道引入资金支持。长租公寓业务模式要求前期投入大量资金拉房源，对公寓进行设计装修改造，出租期间还要面临空置时间成本，流动性压力较大，如果企业不具备相对雄厚的资金实力，面临相当高的流动性风险。因此在项目前期，长租公寓要做好市场调研，谨慎考虑进入行业的可行性，分析自身优劣势，积极寻找资金支持。例如首先通过设计可靠的项目经营计划，最好可以得到第三方机构的权威认证，来寻求风投、天使投

资人的资金支持，之后积极使企业经营情况达到政府政策的扶持标准，得到直接、间接融资的支持，增强企业的风险抵抗能力。

其次对于租金收益的现金来源，要保证租金收入的健康规范可持续。一方面要保证租金的溢价合理，租金收入作为企业最核心的可持续收入来源，要根据市场调研情况配合模型分析，判断市场风险大小，得到最合理的溢价。既不能溢价过高，损失潜在客户，更不能通过盲目压低溢价来吸引客户，使公司承担风险。另一方面要限制使用租金贷来支付租金的比例，租金贷是导致鼎家等众多长租公寓爆雷的重要因素，使用比例过高将使企业面临“长租短付”错配的风险。根据最新出台的指导意见，政府要求严控租金贷业务，限制其在租房贷款中的比例不超过30%，并且租金交付日期要与租金贷期限相匹配。长租公寓要严格遵守，降低流动性风险。

最后是投资收益部分，要严控投资风险。在实际中，一些长租公寓为获得收益缓解流动性压力，不惜铤而走险，进行P2P等高风险投资，将企业置于了巨大的市场风险之下。而根据本文的模型显示，理财产品收益率的提升对于帮助企业缓解流动性压力的帮助较小，但是如果企业为追求投资收益，购买高风险的产品，一旦投资失利则本息全无，长租企业将面临较大的冲击。因此长租企业还是要谨慎投资，限制理财产品投资比例，严控投资风险，回归主营业务。

（2）资金流出端。

根据模型，长租公寓的主要现金流出分为给予房东的收房租金以及其他期间费用。

在收房所付租金方面，短期来看，虽然通过提价的方式可以迅速获得房源，扩大规模，但这一方面造成了恶性的行业竞争，使所有企业都面临囚徒困境，导致整个行业成本高企；另一方面也使企业自身暴露于市场风险之下，一旦租房市场整体遇冷，中介出租价格下降，而之前收到的房源，还要按照高于市场的价格付给房东租金，将使企业净现金流迅速恶化，面临较大流动性风险。因此所有长租公寓企业都需要在监管部门价格指导下，合理竞争，保证整个行业的良性运行。

在期间费用方面，长租公寓要善于利用系统平台和网络信息平台，完善的平台系统将提高公司运营效率，降低经营管理成本。可以与相关的信息服务供应商、网络平台加强合作，利用网络移动平台提升公司效率，降低企业经营风险。同时在信息扩散方面，要用合适的方式增加企业的曝光度，在自身资金承受范围之内谨慎选择广告策略，避免企业面临过大的风险暴露。

（3）其他经营措施。

在保证流动性合理充裕的前提下，长租公寓想要长期发展，还要提高责任意识，自觉遵守行业准则规范，同时要研究国内外成功的经验，不断提升服务质量和品牌影响力，在达到一定规模时，可以适当持有一定重资产，形成业务护城河。

在政府和监管部门的政策措施相对完善的情况下，长租公寓经营者要有企业家的责任意识，自觉遵守和维护相关的政策法律规范，在享受优惠政策红利的之余，也要重视保护规则的义务。同时要尊重消费者的合法权益，向房东和租户充分解释业务的相关信息，发挥好作为中介，作为助贷方提供信息支持的本质功能。

根据自如公寓成功的例子，长租公寓的设计和装修的优化可以增强公寓吸引力，强化品牌影响力，使物业租金具有一定溢价空间。随着长租公寓的不断发展，企业可以与产业链中的装修、家具供应商等增进合作，提升长租公寓品质。同时在社交娱乐、保洁、维修、搬家等方面，有针对性地提供相应的附加服务，提高业务的附加价值，增加盈利点，为企业带来潜在发展空间。

根据国际上的成功经验，我们发现许多历史悠久的长租公司采取的是重资产运营模式。鼎家模式属于轻资产运营，企业只需要与机构或个人签订租赁合同，不必持有房产。而从国际经验可以看出国际经验表明，当企业发展到一定规模时候，也可以选择重资产模式自持物业，满足不同客户差异化的住房需求，筑起业务的护城河。此时就要具有更加高远的战略眼光，选择流动性较好、升值空间较大的区块，保证租金价格，降低空置率的同时，在项目退出时也可以获得较好的资本升值。

四、建议课堂计划

本案例可以作为专门的案例讨论课来进行，以下是按照时间进度提供的课堂计划建议，仅供参考。

整个案例课的课堂时间控制在两个课时（100 分钟）。

课前计划：提前一周（即在上次课结束后）将案例正文发送给学生阅读，完成学生的分组，分组在 5 组左右，并将前述的 6 个启发思考题和简要的分析思路分发给各组，请学生在课前完成案例正文的阅读，并形成初步思考，完成简单的展示 PPT。

课中计划：

1. 由教师对案例简单介绍，并明确本课时需要完成的任务（5 分钟）。
2. 小组分组发言（每组 8 分钟），幻灯片辅助（40 分钟）。
3. 由教师和其他小组对各组的发言进行评述、补充和打分（15 分钟）。
4. 由教师引导，对重点问题分组讨论（25 分钟）。
5. 引导全班进一步讨论，并进行归纳总结（15 分钟）。

课后计划：请学生从案例分析中对风险的分类（任选其一），可拓展分析方法，使用更多的量化及金融科技方法，进一步挖掘鼎家爆雷的原因，并以此提出新的产品设计、风险管理、危机善后方案，并与案例中的解决方案进行对比，看看谁的方案更好，分小组写出案例分析报告（1000～1500字）。

五、参考文献

[1] 博尔顿，德瓦特里庞．合同理论［M］．格致出版社，2008.

[2] 陈浩武．百舸争流千帆竞，借海扬帆奋者先——助贷的发展、规范，与未来［EB/OL］．光大证券研究报告，2018.

[3] 陈吉昌．“长租公寓＋租金贷”运营模式风险及其防范研究［D］．华侨大学，2019.

[4] 陈秋竹，邓若翰．长租公寓“租金贷”：问题检视、成因探析及规制路径［J］．南方金融，2019（4）.

[5] 陈殷．长租公寓产业链，政策护航下站上风口［EB/OL］．东北证券研究所研究报告，2018.

[6] 胡娟．“长租公寓”风险值得关注［J］．上海房地，2019（1）.

[7] 胥传玲．助贷业务监管的国际经验及启示［J］．现代商业银行，2018（23）.

[8] 龚奕洁，张建锋．鼎家资金链断裂破产背后：长租公寓与金融的错配游戏［N］．财经，2018.

[9] 李庚南．对助贷行为的监管更待何时？［N/OL］．新浪财经，2019.

[10] 孙天琦．金融业行为风险、行为监管与金融消费者保护［J］．金融监管研究，2015（3）.

[11] 锌财经．鼎家爆仓十日记［N/OL］．36氪，2018.

[12] 张全国．自如，从新居住模式提供者到新生活方式集成者［EB/OL］．中信证券研究所研究报告，2018.

[13] 朱太辉，龚谨，张夏明．助贷业务的运作模式、潜在风险和监管演变研究［J］．金融监管研究，2019（11）.

[14] Bernanke, B. S., M. Gertler, and S. Gilchrist. The Financial Accelerator in a Quantitative Business Cycle Framework［EB/OL］. Handbook of Macroeconomics, ed. by Taylor J. B. and Woodford, M., Elsevier.

附录1：房地产租赁数据

获取技术及流程：

本文使用 selenium 模拟浏览器行为，获取网页源 HTML 代码。设计 try – except 代码结构，处理访问异常；用 evenlet 控制正常访问时间，对个别超时访问尝试重新连接。用 BeautifulSoup 解析网页代码，获取网页层次化结构。利用正则表达式选取数据条目。最终，获取 2014 年 5 月 ~2019 年 12 月共计 11 万条成交记录，2019 年 12 月共计 4 周的挂牌信息，每周挂牌数据有 2500 条左右。

数据描述：

本文采集的基础数据有我爱我家租房挂牌信息的周频数据、租房成交数。

我爱我家租房挂牌信息，即在信息采集日，正在出租但尚未成交的租房信息（见图 5 – 35）。数据属性包括：房屋简称、价格、地段、小区、朝向、平米面积、室内结构、楼层、交通情况、发布日期、关注人数、带看人数、网页链接，房屋 ID 号码。

A	B	C	D	E	F	G	H	I	J	K	L	M	N	O	P	Q	R	S	T	U	V	W	X
30天带看人	交通状况	关注人数	出租方式	发布日期	地区	小区	建筑年代	户型	房产介绍	户型朝向	楼层	租金	网页链接	装修	记录日期	平米	ID	卧室	客厅	Real_name	X	Y	distance
5	距离地铁八	1		20天以前	鲁谷	双锦园		2室1厅	双锦园精装	南北	中楼层/15	5500	https://bj.5i	精装	2019_12_1	80	5E+08	2	1	双锦园	116.2223	39.90221	0.176192
0	距离地铁八	2		今天	鲁谷	双锦园		2室1厅	整租·鲁谷·	南北	低楼层/14	4900	https://bj.5i	简装	2019_12_1	57	90069706	2	1	双锦园	116.2223	39.90221	0.176192
1	距离地铁八	2		20天以前	鲁谷	双锦园		1室1厅	双锦园精装	南	高楼层/14	3800	https://bj.5i	精装	2019_12_1	50	5E+08	1	1	双锦园	116.2223	39.90221	0.176192
0	距离地铁八	0		20天以前	鲁谷	双锦园		2室1厅	双锦园精装	南北	低楼层/18	5500	https://bj.5i	精装	2019_12_1	76	5E+08	2	1	双锦园	116.2223	39.90221	0.176192
0	距离地铁八	3	合租	今天	鲁谷	双锦园		2室1厅	鲁谷·双锦园	东	高楼层/14	2400	https://bj.5i	简装	2019_12_2	12	90136602	2	1	双锦园	116.2223	39.90221	0.176192
0	距离地铁八	2	整租	今天	鲁谷	双锦园		2室1厅	整租·鲁谷·	南北	低楼层/14	4700	https://bj.5i	简装	2019_12_2	57	90069706	2	1	双锦园	116.2223	39.90221	0.176192
4	距离地铁八	1	整租	20天以前	鲁谷	双锦园		2室1厅	双锦园精装	南北	中楼层/15	5500	https://bj.5i	精装	2019_12_2	80	5E+08	2	1	双锦园	116.2223	39.90221	0.176192
1	距离地铁八	3	整租	20天以前	鲁谷	双锦园		1室1厅	双锦园精装	南	高楼层/14	3800	https://bj.5i	精装	2019_12_2	50	5E+08	1	1	双锦园	116.2223	39.90221	0.176192
3	距离地铁八	2	整租	今天	鲁谷	双锦园		2室1厅	整租·鲁谷·	南北	低楼层/14	4700	https://bj.5i	简装	2019_12_3	57	90069706	2	1	双锦园	116.2223	39.90221	0.176192

图 5 – 35　租房挂牌

我爱我家租房成交信息，即历史所有成交信息（见图 5 – 36）。数据属性包括：小区、成交信息、成交日期、朝向、平米面积、室内结构、网页链接，房屋 ID 号码。

	平米	户型	户型朝向	租金	签约时间	网页链接
龙锦苑东三	101.44平米	2室1厅		2500	2020/1/25	https://bj.5i5j.com/leased/90202126.html
首创新悦都	75.56平米	2室2厅	南北	3600	2020/1/23	https://bj.5i5j.com/leased/500456862.html
四合巷小区	64.7平米	2室1厅	南北	2750	2020/1/23	https://bj.5i5j.com/leased/500433220.html
北关东路9	66.49平米	3室1厅	南北	1250	2020/1/23	https://bj.5i5j.com/leased/500529842.html
月华新村	75.62平米	2室1厅	南北	2600	2020/1/23	https://bj.5i5j.com/leased/500362284.html
智地香蜜湾	73平米	2室2厅	东北	6600	2020/1/22	https://bj.5i5j.com/leased/500191087.html
长虹小区	80平米	2室1厅	南北	2800	2020/1/22	https://bj.5i5j.com/leased/500380183.html

图 5 – 36　租房成交

附录2：高德地理坐标

访问高德 API https：//lbs. amap. com/api/，注册用户，获取接口访问密码。通过 https：//restapi. amap. com/v3/geocode/geo 接口，附加访问密码、查询地址，获取远端服务器返回代码。用正则表达式解析代码，得到访问小区的地理坐标。

对于异常情况，分以下几种解决。

如果访问没有反应，则尝试重新连接或放弃此地址的查询。

如果访问有返回，但正则表达式筛选后，没有地理坐标，则说明这个地址不能通过高德地图查找到。本文尝试通过联想其他关键词，查询地址坐标。如去除地址中小区、地理方位等限制性词汇，扩大地址描述范围；或增添站、公交站等代表性词汇，扩大地址的代表性。

附录3：神经网络法拟合公允价格

本文利用 keras 构建前馈神经网络，训练房屋属性和成交价格的关系。构建输入层，输入数据包括小区坐标、朝向、平米面积、室内客厅数量、卧室数量，构建两个顺序连接的隐藏层，隐藏层单层神经元均 64 个，一个输出层。采用全连接网络，采用 relu 作为激活函数，采用 Adam 优化算法自适应学习率，优化目标函数是均方误差。训练时，每次输入 5 万条记录，调整神经网络权重。整个数据集循环使用 2000 次，直至验证集结果稳定。

附录4：模型其他变量（见表 5 – 15）和函数关系表（见表 5 – 16）

表 5 – 15　　模型其他变量

符号	名称与说明	符号	名称与说明
L_asset_t	t 日资金池数额	N	距离观察日 i 天之前的挂牌数量；市场房源数目
$sum\_attention$	累计关注人数	P	新增一人关注后，退出市场的概率
N_{rent}	租客与鼎家合同月份数	k	房屋挂牌日期
$house_k^i$	k 日签约的编号 i 住房	i	房屋编号
N_{get}	给房东租金付款间隔	t	模拟日期号

续表

符号	名称与说明	符号	名称与说明
p_asset	流动资产比率	$prob$	新增一人关注后，成交概率
Net_t	净现金流	$guapai_t$	t 日市场租房挂牌数量
$daily\_attention$	每套房在日新增关注人数	$trade\_prob$	房子每日被 $daily\_attention$ 人关注，成交概率
P_{out}	新增一人关注后，退出租赁市场的概率	$daily\_trade$	每日成交套数
$\Delta price\_percentage^i$	第 i 套房溢价	$daily\_attention\_single$	单个中介每日关注次数
$trade^i$	第 i 套房的挂牌价格	$daily\_attention\_all$	所有中介关注次数
$daily\_supply$	市场每日供给套数		

表 5－16　　函数关系表

符号	名称	说明及来源
f_{supply}	房屋供给比例与溢价的关系	式（5－4）
$f_{attention}$	每日关注人数和溢价的关系	式（5－5）
$f_{conversion}$	成交概率和累计关注人数的关系	式（5－6）

附录 5：敏感变量分析

1. 中介收房价、出租价对流动性指标、现金存量的影响

保持表 5－15 其他变量不变，变动收租房溢价比例，模拟收房溢价从－0.08 到 0.08，共计 9 个刻度值；出租偏置从－0.06 到 0.1，共计 9 个刻度值，总共模拟 81 次，得到图 5－37、图 5－38 第二年末中介流动性指标和现金存量热力图。考虑到出租价需高于收房价，热力图左下部分不在考虑范围。

图 5－38 热力图颜色越深，表明第二年年末流动性指标越大，流动性越充裕。中介收房价、出租价可以显著地影响流动性。图 5－37 热力图颜色越深，表明第二年年末现金存量越充裕，越有能力应对流动性冲击。

图 5－37 中颜色区域与图 5－38 深色区域不同。图 5－38 说明价差越大，越有利于流动性。尽管考虑到经营成本的情况下，应该保留一定的差价。但当收房价较高，差价较低时，中介依然可以通过提高收房价，扩大规模，同时降低出租价，吸引更多的人关注，较快租出房屋，从 51 返呗得到大量资金补充，提高现金存量，应对流动性冲击；但收房价过高，如收、租溢价比（0.08，0.1）的组合，中介现金已经严重亏

空，已在两年前破产。总体而言，收租房价差对流动性有积极的影响。

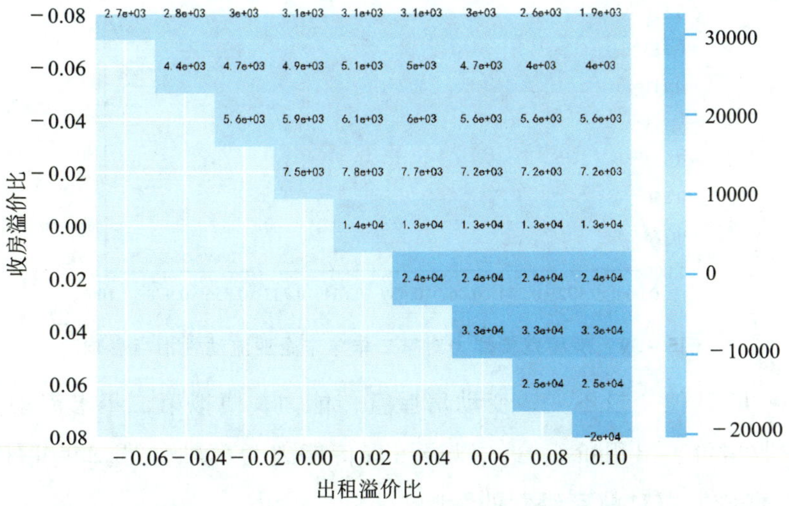

图5-37 收房价、出租价对企业第二年末现金存量影响热力图

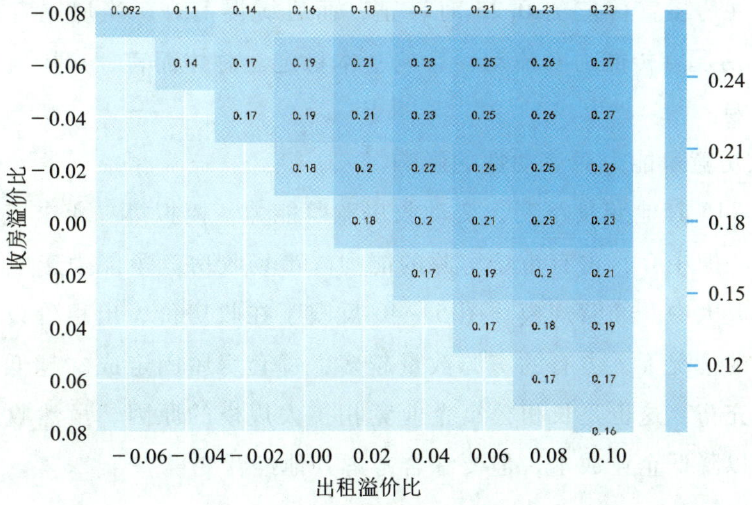

图5-38 收房价、出租价对企业第二年末流动性指标影响热力图

本文选取第二年末流动性充裕时的收租房溢价组合，具体组合为收房溢价比-0.06，出租溢价比0.05。后续敏感性变量分析，保持这个价格组合不变。

2. 鼎家房屋宣传能力对流动性的影响

中介房屋宣传能力也能显著影响流动性。房屋宣传能力高，中介宣传能力越强，在相同溢价下，房子被关注人数越多，每天成交概率越大，空置套数越少，流动性压力越小（见图5-39）。

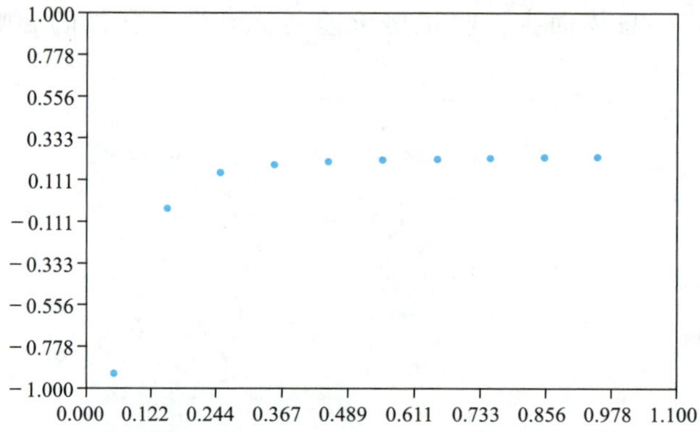

图5－39　房屋宣传能力对第二年年末企业流动性指标影响

保持表5－15其他变量不变，变动房屋宣传能力，模拟第二年末流动性。图5－39选取图a）中收房价、出租价组合，以房屋宣传能力为横轴，第二年年末流动性为纵轴，研究房屋宣传能力对鼎家经营的影响。

图5－39初始流动性指标为负，说明企业第二年末净流量依然为负，面临严峻的流动性压力。在房屋宣传能力0.25时转正，而后缓慢上升。当房屋宣传能力提高到0.35以上时，房屋宣传能力对流动性影响基本稳定。总体而言，房屋宣传能力对流动性有积极的影响。

3. 鼎家收房竞争能力对流动性的影响

保持表5－15其他变量不变，变动收房竞争能力，模拟第二年末流动性。收房竞争能力体现了一家中介，占有市场房源的能力。市场收房竞争能力影响中介每日收到房子的数量，放大中介经营规模。图5－40反映了在收房价、出租价设置合理，企业经营策略得当的情况下，占有的房源数量越多，每套房屋固定成本越低，企业盈利越多，流动性越充裕。这也是长租公寓企业竞相扩大规模的原因。虽然收房竞争能力在一定程度上可以降低企业成本，但要综合考虑其他经营变量。

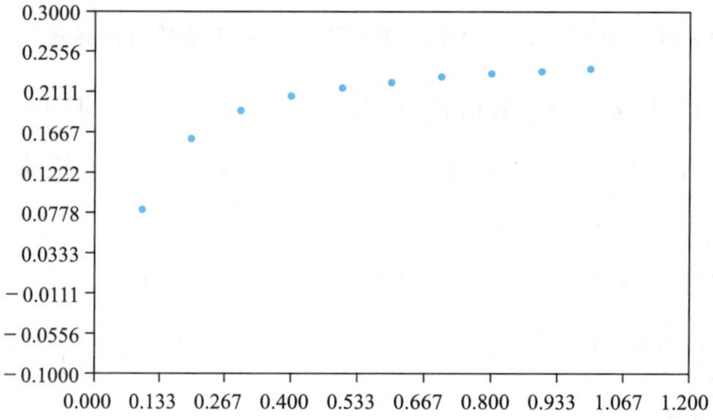

图5－40　收房竞争能力对第二年年末企业流动性指标影响

4. 投资收益率对流动性的影响

保持表5－15其他变量不变，变动投资收益率，模拟第二年末流动性。面对严峻的资金流压力，一些中介机构不惜铤而走险，从事高风险理财项目。但通过模型模拟，发现尽管不考虑投资风险，投资收益率对流动性的影响也不如前三个指标显著。

图5－41模拟日利率从0到万分之九，企业两年末流动性情况。随着利率上升，流动性指标上升，流动性压力降低。

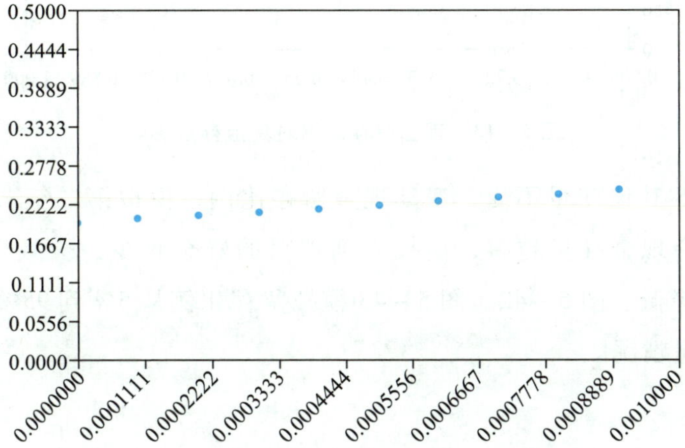

图5－41　投资收益率对第二年年末流动性指标影响

5. 初始资金对流动性影响

中介刚成立时，收到的房屋很难在短期租出，没有资金收入，却需要支付大额装修费用和租金。如果企业初始资金雄厚，现金留存较多，有利于中介应对流动性压力，避免突发事件引发流动性冲击，导致企业破产。

6. 现金留存比例对流动性影响（见图5－42、图5－43）

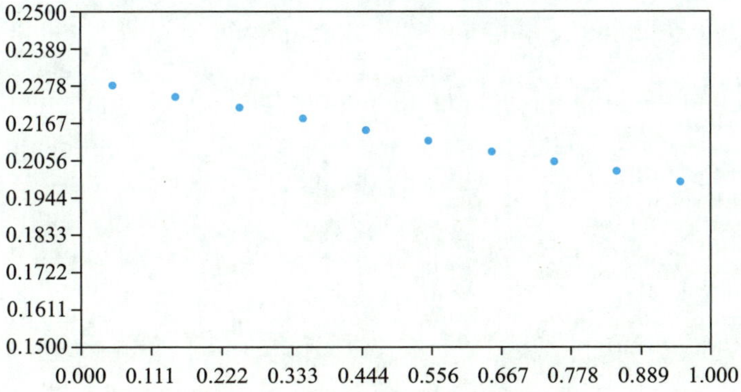

图5－42　现金留存比例对流动性影响

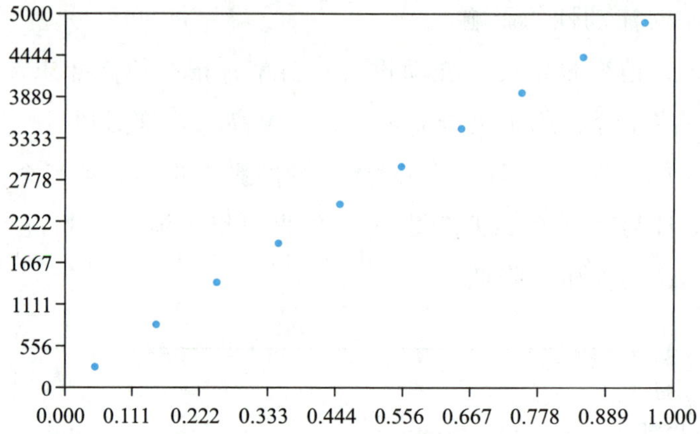

图 5－43　现金留存比例对现金存量影响

保持表 5－15 其他变量不变，变动现金留存比例，模拟第二年末流动性。现金留存比例越高，中介现金存量越多，但投入到理财的资金越少，会减少每日资金流入，流动性指标有所降低。图 5－42、图 5－43 模拟留存比例从 5% 到 95% 时，企业两年末流动性、现金存量情况。

第二部分　市场篇

案例 6

滴滴高楼晃悠悠，物换星移半度秋

——滴滴退市的成因、影响及应对[1]

2021 年 6 月 30 日，全球第一大共享出行平台——滴滴在美国纽约证券交易所上市，市值一度高达 5000 亿美元。然而，上市仅仅三日后，滴滴就迎来工信部、网信办等多家部委联合调查。随后六个月中，滴滴经历了旗下所有 App 的下架、新用户禁止注册。最后，2021 年 12 月 3 日，滴滴宣布从美股退市并启动在港股上市的工作。滴滴公司规模之大、上市时间之短引起了业界的广泛关注。本案例在梳理滴滴退市事件始末的基础上，对事件涉及的国家信息安全风险及跨境股权融资难题进行了层层剖析。通过对比不同退市路径，分析滴滴可选择的最佳路径。本案例实现从表象出发而层层深入，引导学生探索国家信息安全保护及逆全球化背景下国家和企业的应对方略。

① 本案例由中央财经大学金融学院张礼卿、徐备、舒畅、高远撰写。

案例正文

一、引言

2021年6月30日，共享出行巨头滴滴正式在纽交所上市。不同于往日其他公司上市的热闹场景，这一次没有敲钟仪式，甚至没有实时的媒体报道，享有盛名却选择低调赴海外上市，这背后到底隐藏着怎样的心思？当年7月，上市的余韵还未散去，滴滴便收到了网络安全审查通知。滴滴手握用户、宏观、运营、财务等核心数据，用于优化服务与调整市场策略，而这些，恰巧是压死骆驼的最后一根稻草。

近年来，国家对数据安全重视程度的不断提升，拉开了我国安全审查的帷幕。相比境内数据安全，跨境数据安全更是具有保障我国国家安全系统免受攻击与主权不受侵犯的重要意义。而本案例中提到的滴滴全球股份有限公司（以下简称滴滴或滴滴出行）正是涉事主人公。

这场“演出”，才刚刚拉开序幕，国家对滴滴的审查与整改通知接踵而至。不料一波未平，一波又起，闹声中太平洋对岸传来阵阵雷鸣声，美国国会通过的《外国公司问责法案》（HFCAA）修正案即将试行，法案规定滴滴等中概股公司需要提交审计底稿等可能存在敏感数据的文件给美国，否则将存在被动退市风险，而这无疑是将滴滴逼上梁山。12月2日，美国证券委员会（SEC）最终确定了HFCAA的实施框架，而滴滴也于次日发布了主动从美退市的决定。

中国对数据安全的重视和美国对审计底稿文件的要求，事实上是逆全球化思潮卷土重来的双重表现，国家摩擦之火，蔓延至金融、科技、投资等领域。仅在上市不到半年的时间里，滴滴便匆匆宣告从美退市。其退市的原因有几何？我国企业上市是否还存在监管盲区？在逆全球化背景下，赴海外上市的中概股面对愈发艰难的双重抉择又该何去何从？若企业选择主动退市又是否还有退路？逆全球化潮流的再次席卷是否会影响我国企业的“走出去”？我国如何推动全球化重回正轨？滴滴退市风波虽未完全平息，但对上述问题的思考却发人深省。

二、拉开帷幕：行业及公司背景

（一）忽如一夜春风来，出行平台遍地开

2020年年末，中国出行规模已达到57000亿元，占据全球出行份额的13.1%。背靠庞大的出行需求市场，共享出行业务逐渐发展起来。中国的共享出行业务萌芽于2010年前后，“易到用车”的成立拉开了互联网出行业务发展的序幕，随后“快的打车”“滴滴打车”等平台的出现开启了共享汽车行业的新时代。2014～2016年，共享出行迎来资本加持的时机，滴滴与快的的合并、摩拜和OFO等共享单车平台的出现极大地促进了中国共享出行业务发展。2017年后，政府出台了规范共享市场业务发展的政策，以滴滴为首的网约车业务受到了传统车企的青睐，上汽、东风、有鹏、福特等传统车企加入网约车行列，行业竞争愈发激烈。

然而，在共享汽车行业激烈的竞争氛围下，网约车平台的营业收益却并不如人意，大多数共享汽车平台在挤占市场的同时，也在抢占资金。2018年，共享融资规模相比上年同期下降61%，仅为418亿元。国内共享出行领域的潮退，也逼迫各平台朝上下游产业延长产业链。反观海外网约车巨头Uber，据招股说明书，其亏损金额从2014年的6亿元扩大至2018年的30亿元，成立九年来，连续亏损。

2021年，在竞争愈发激烈的共享出行行业，滴滴出行占据了中国大部分市场份额，但在共享出行行业需要持续投入但却无法连续获得收益的情形下，滴滴该何去何从？

（二）滴滴打车显锋芒，共享出行扬海外

2012年，“嘀嘀打车”App正式上线，随后更名为“滴滴出行”，其通过对出行服务上下游全覆盖模式，升级为一站式出行平台。滴滴在国内逐步形成以共享出行业务为主，汽车服务、电动汽车与其他业务共同发展的业务模式。2018年起，滴滴将视野从拓宽中国国内业务转至海外业务，并先后在亚太、非洲、巴西和墨西哥等拉美国家提供出行、配送综合服务。截至2021年3月底，滴滴以全球最大的共享出行平台的身份，为全球15个国家近4000个城市和地区提供出行等服务。同时滴滴在无人驾驶与电动汽车等业务上持续投资，拓展上下游服务领域，并继续在海外市场持续发力，作为全球共享出行平台之首的滴滴公司，面临着庞大的资金需求。

三、共享高楼筑：上市动因

（一）共享业务创收入，链式布局拓潜力

截至2021年3月，滴滴以全球最大共享出行平台身份，实现4100万单交易。公司收入主要源自中国的出行市场，包括汽车生产、共享出行、汽车服务等，上下游产业链加持，匹配出行一站式方案。滴滴在国内主要通过快车、专车、顺风车、拼车、代驾等共享出行服务获取主营业务收入，同时辅以提供充电、加油、汽车保养、汽车租赁等汽车服务与定制D1型电动汽车生产两大业务（见表6－1）。

表6－1　　滴滴出行主要业务概览

业务板块	业务分类	业务类别
中国业务	共享市场业务	生产：电动汽车－定制D1汽车 出行：共享服务－快车、专车、顺风车、拼车、代驾
		服务：汽车服务－汽车保养、汽车租赁、汽车补给
	其他业务	共享单车、社区团购、同城货运
海外业务	共享市场业务	网约车
	其他业务	外卖业务 金融服务

2020年，滴滴出行国内共享市场业务收入为1336亿元，占比94.28%。除共享出行业务外，滴滴公司还在共享单车、金融服务、社区团购等其他领域拓展业务，但业务收入增长较缓慢，2020年收入仅占全部营业收入的4.09%。此外，自2018年起，滴滴公司积极拓展海外业务，通过向国外消费者提供网约车服务、外卖以及金融业务等方式增收，三年间海外市场业务收入总体呈增长态势，但海外业务仅为总收入提供1.62%的业务贡献（见表6－2）。

表6－2　　滴滴出行各板块业务营业收入及占比　　单位：亿元

业务类型	2018年		2019年		2020年	
	营业收入	占比	营业收入	占比	营业收入	占比
中国共享市场业务	1332	98.45%	1479	95.54%	1336	94.29%
中国其他业务	17	1.26%	49	3.17%	58	4.09%
海外业务	4	0.29%	20	1.29%	23	1.62%

积极的业务扩张与拓展，并不意味着滴滴公司非共享出行业务的快速增收，滴滴公司的主要收入来源仍依托于庞大的共享出行市场。面对竞争日趋激烈的共享出行市场与单一的收入结构，滴滴公司选择开拓海外市场，以发展新业务的战略模式增收创利。

（二）防疫拓新齐上阵，出行帝国营收难

中国的共享出行服务伴随大数据、云计算等科技的应用得到了快速的发展，而滴滴推出的共享打车服务，迎合了中国市场庞大的出行需求。但随着高德、美团打车等竞争对手的崛起，滴滴在维持中国区共享出行业务基本面的前提下，开启了拓宽海外市场与研发创新业务、定制汽车、无人驾驶等业务，实现产业链的上下游延伸转型。然而，根据滴滴出行公布的招股说明书与财务报表，其财务表现却并未尽如人意。2018～2020 年，滴滴出行净利润分别为 －149.79 亿元、－97.33 亿元、－106 亿元，在调整投资收益后，三年净利润依旧为负，公司亏损严重（见图 6－1）。而对新兴业务和市场的持续投入与 2020 年的新冠疫情是导致滴滴净利润巨幅波动的两大原因。

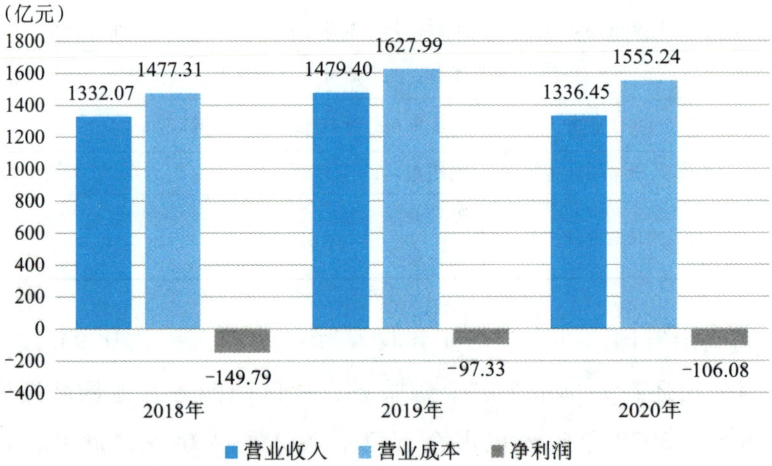

图 6－1　2018～2020 年滴滴出行营业收入、成本、净利润

首先，滴滴的扩张海外市场战略与拓展业务需持续的资金投入，但海外市场、创新业务等并未给公司带来理想的回报。2018～2020 年，三年间滴滴实现了中国共享市场业务 EBITA 的正增长，但海外业务和其他业务仍旧处于持续投资状态（见图 6－2）。根据滴滴招股说明书，2019 年滴滴的共享市场业务（调整）EBITA 同比增长 1502.92%，实现 EBITA 38.44 亿元，并在 2020 年实现持续的正增长。然而海外业务与其他市场业务亏损仍较严重，拓展海外市场共享市场服务与外卖送餐服务致其 2019 年亏损 31.52 亿元，2020 年亏损幅度有所减缓；社区团购、同城货运等其他创新业务依旧是持续投入状态，2020 年 EBITA 净亏损 88.07 亿元，亏损幅度大幅上升。

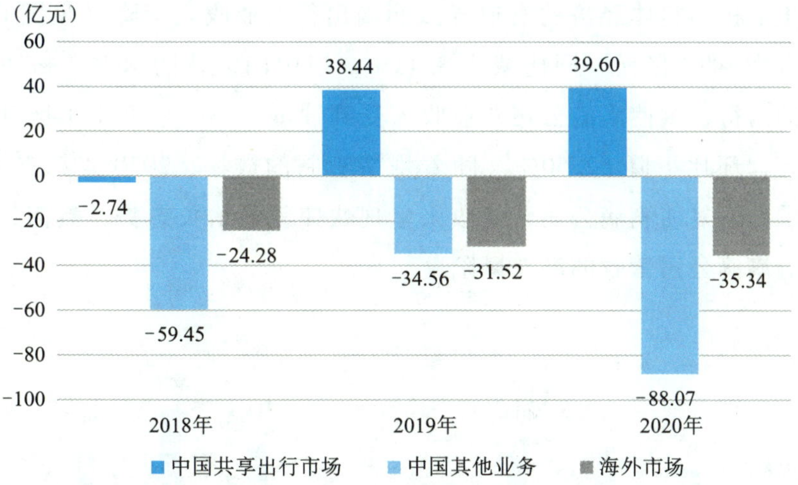

图6-2　2018~2020年滴滴出行（调整）EBITA

其次，新冠疫情导致滴滴主营业务——中国区共享市场业务受冲击（见图6-3）。2020年初，全球新冠疫情肆虐，滴滴出行的主营业务受到冲击，中国区共享市场业务交易量锐减，同时海外网约车业务数量也呈递减趋势。伴随城市进入封锁状态，运输量大幅下降，中国共享市场业务核心平台交易量减少。第一季度核心平台交易量仅为11亿笔，同比下降42.11%；2020年第二季度，随着中国境内的隔离措施的放松，中国共享市场业务开始复苏，直至第三季度才恢复至疫情前水平。此外，海外业务也在一定程度上受到了全球新冠疫情的不利影响，第二季度核心平台成交笔数仅为2亿笔，同比下降33.33%。据招股说明书，网约车业务由于海外疫情影响表现较差，但这种影响被中国区共享市场业务活动的恢复、向国际市场的扩张以及食品配送业务的加速增长部分抵消。

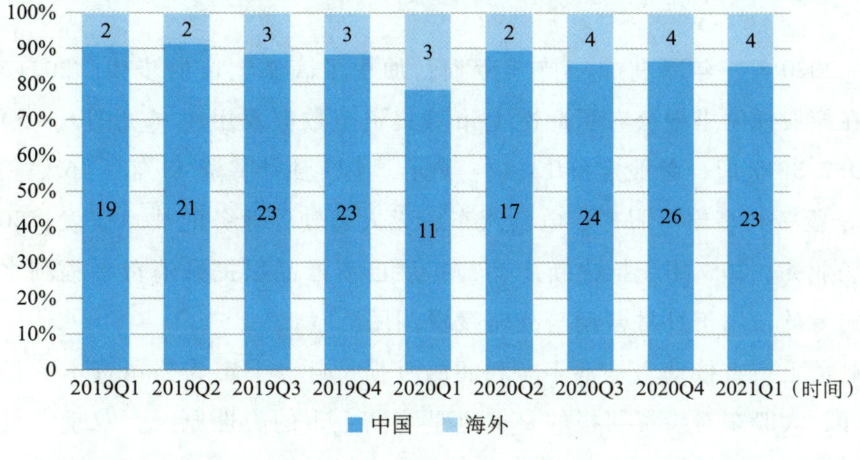

图6-3　2019Q1~2021Q1滴滴出行核心平台交易量（单位：亿笔）

公共卫生危机与整体经济的衰退导致滴滴出行营业收入下降（见图 6－4）。2020 年总营业收入为 1417 亿元，同比减少 8.43%。以中国为首的国家严格防疫管控措施限制了居民的出行，致使滴滴公司营业收入受到冲击，第一季度中国区共享业务营收仅为 190 亿元，环比下降 52.50%。随着疫情管制的放松，2020 年第三、第四季度，居民出行需求的恢复使滴滴公司营业收入呈现快速复苏增长态势，然而，疫情的不确定性仍是影响滴滴公司营收的潜在风险。

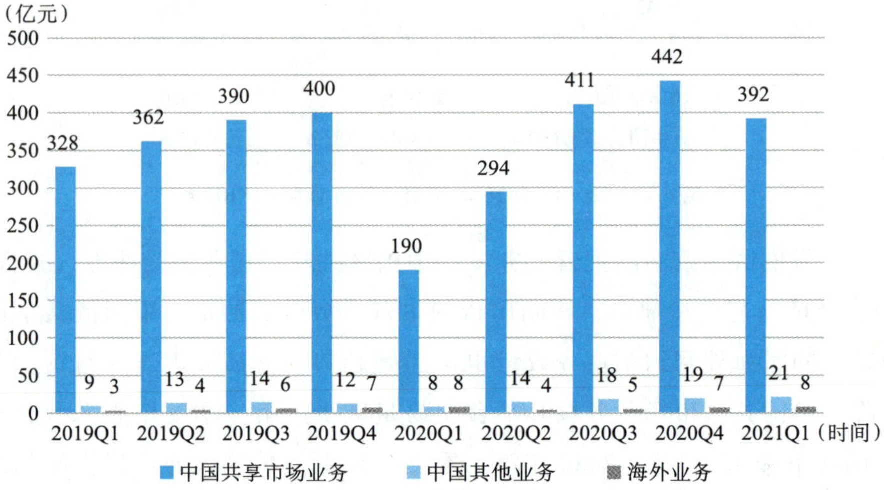

图 6－4　2019Q1～2021Q1 滴滴出行各板块业务收入

长期投资加上疫情的冲击，滴滴财报表现不尽如人意，尽管占据中国共享出行市场庞大份额，但面对饱和的市场与疫情的反复，主营业务收入还是受到冲击，新开拓业务也受影响，滴滴公司面临调整公司融资战略的抉择。

（三）资本扩张固底盘，迫切上市是为钱

2018～2020 年三年净利润的持续亏损，加快了滴滴上市的步伐。2021 年 6 月 10 日，滴滴在招股说明书中公布了此次上市募集资金数额及用途（见图 6－5），公司预计发行 ADS2.88 亿股，单股定价 13～14 美元，上市预计募资 40 亿～46 亿美元。资金的 30% 用于投资共享出行服务、电动汽车、无人驾驶等业务的技术研发；30% 用于扩张海外市场业务；20% 用于推出新产品与扩展已有产品以提升消费者福利水平；余下部分为公司专款，用于日常营运与战略投资调用。

滴滴赴美上市直接动力是常年净利润的亏损，赴美上市为公司资本的扩张提供了支撑。此外，大股东对投资回报的要求也是滴滴上市的隐性原因，双重考量下滴滴欲赴美上市。

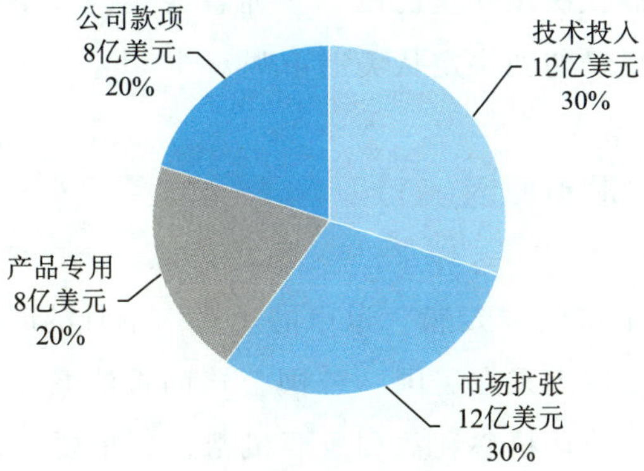

图6-5　滴滴出行募资数额及用途

（四）滴滴随风潜入市，率先离席惊众人

2021年6月30日，滴滴于纽交所发行ADR上市，成为中概股大军一员；仅用20天便完成上市的滴滴公司与其他上市企业不同，滴滴此次在美IPO募资行事低调，甚至没有敲钟仪式和媒体发布会，反常的举动仿佛预示着滴滴日后的结局。上市首日，滴滴股价高开27%，市值一度突破800亿美元；最终募资至少44亿美元。第一季度盈利54.83亿元（净利润），但是，滴滴自6月末上市之后，公司经营业绩并不理想，上市后反而亏损更加严重，第三季度净利润环比下降102.30%（见图6-6）。

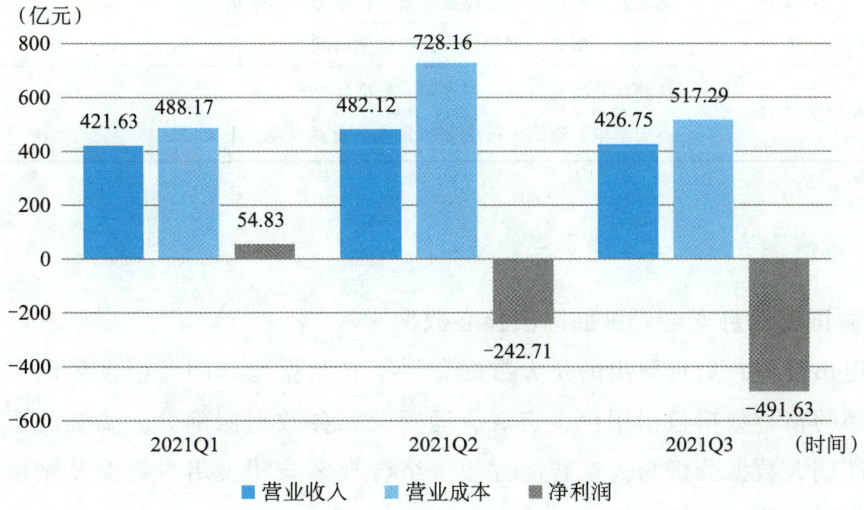

图6-6　滴滴出行2021年前三季度营业收入、营业成本与净利润

上市后的不佳表现似乎预示着滴滴从美国退市的最终结局，2021年12月2日，滴滴公司发布从美国退市并着手准备从港股上市的公告。滴滴作为2021年赴美上市的

互联网巨头，其募资金额仅次于阿里巴巴，坐拥着庞大的共享出行市场，究竟为何会在上市不到半年的时间里又匆匆决定从美退市呢？

四、大厦瞬间倾：退市原因

总结滴滴“悄悄”上市到“轰然”退市的短短六个月的时间线（见表6-3），可以看出，滴滴退市的主要原因是在美国《外国公司问责法案》要求下，冒着单方面让渡权利的风险，不仅损害公司核心利益和重要机密，更重要的是违反我国《保守国家秘密法》及《档案法》。

表6-3　　滴滴退市时间线及重点事件

时间	事件
2021年6月30日	滴滴在纽交所上市
2021年7月2日	滴滴出行被实施网络安全审查，暂停新用户注册
2021年7月4日	因违法违规使用个人信息，“滴滴出行”App被强制下架
2021年7月9日	“滴滴企业版”等25款App被强制下架； 各网站、平台不得为其提供访问和下载服务
2021年7月16日	工信部回应滴滴出行App下架：持续强化App治理； 同日，国家网信办等七部门进驻滴滴
2021年8月12日	滴滴发声明称公司管理层变动的传言为不实信息
2021年9月20日	滴滴否认柳青计划卸任：正积极全面配合网络安全审查
2021年12月3日	滴滴启动纽交所退市和香港上市准备工作； 当天下午，滴滴出行旗下部分App重新在商店上架

（一）国家安全放首位，掩耳盗铃是为何

1. 威胁国家信息安全：手握国家核心数据

滴滴退市事件背后折射出的是大数据背景下，数据伦理问题引发的国家主权安全风险。滴滴的核心数据包括用户、宏观、运营及财务数据四部分。滴滴的运营模式主要是通过使用大数据分析与人工智能方法，结合乘客与司机用户数据及城市与国家核心地理数据展开分析，获得城市交通与社会治理等运营数据；此外，退市还涉及重要的财务数据。滴滴通过用户的个人信息与视频录音数据及出行数据以提升用户体验、保障乘客安全并推动服务升级，同时滴滴通过创建和使用实时更新的高精度地图，掌握着国家核心地理信息。此外，滴滴打车业务遍布全国，采集实时的海量数据，利用

大数据分析技术，能预测运营城市的交通与社会治理情况。而关于财务方面，滴滴在美上市需要提交基础金融系统的信息与数据审计文件，据此深入分析可获取信息基础设施的敏感与机密数据。

滴滴海量实时数据和用户数据的结合，在大数据技术加持下，能够刻画出各城市乃至全国城市交通、医疗、教育、社会治理情况；根据长期的数据观察与分析也能反映我国社会经济、政治发展状况，同时还增加了我国网络安全系统被攻击的风险，特别是关键性的基础设施攻击，而有关数据也是此次滴滴事件涉及国家安全的主要原因（见图6－7）。

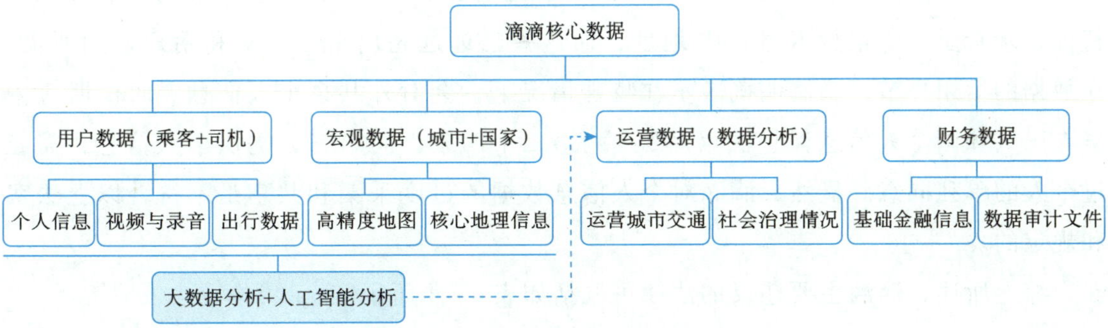

图6－7　滴滴出行核心数据

2. 滋生数据伦理问题：数据隐私侵犯

滴滴对用户数据的过度采集与违规使用。一方面，从滴滴早期的《个人信息保护及隐私政策》来看，滴滴采集信息包括面部特征、录音录像、银行卡号等非出行功能所需数据，存在数据过度采集的嫌疑。另一方面，滴滴在其《个人信息保护及隐私政策》中表明滴滴可能会将所采集信息对外共享包括分享给滴滴的关联公司及合作企业（如广告商等），这种行为涉嫌利用用户信息违规获利，也违反了《中华人民共和国个人信息保护法（草案）》中“个人信息处理者向第三方提供其处理的个人信息的，应当向个人告知第三方的身份、联系方式、处理目的、处理方式和个人信息的种类并取得个人的单独同意。”的规定。

人工智能分析下的大数据杀熟。由于出行服务提供的报价是针对个人，对于某个客户的报价具有特异性而且并不公开，在这一条件下，对于需求同一服务或类似服务的客户提供不同的报价成为可能。滴滴基于其所收集的用户信息（性别、生活习惯、收入等），在数据算法下精准把握消费者支付意愿，预估每一个消费者愿意支付的最高价格，从而形成差异化定价，即价格歧视。

垄断优势铸就数据帝国。滴滴先后与快的、优步中国合并，在网约车市场成为毋庸置疑的龙头，凭借数据优势，滴滴在获客、司机招募以及价格制定方面都有着其他企业难以比拟的优势。滴滴在市场优势地位下建立了自己的数据帝国，而其他中小企业和创业人员在数据资源上的匮乏导致了经营困境，难以与之进行有效的竞争。

3. 触犯法律：漠视国家信息安全法

我国信息安全法律及规定要求常见移动应用 App 运营者非必要不收集用户个人信息。在明知国家信息安全法案条例的情况下，市值近 5000 亿元的滴滴在没有取得用户同意的情况下过度收集和滥用其信息，侵犯了社会公众的隐私权。因此，滴滴上市仅 3 天，网信办公布："滴滴出行" App 涉嫌严重违法违规收集使用个人信息。

在数据的收集环节，滴滴将采集的个人信息范围定义为：身份证号码、面部识别特征、录音录像、银行卡号、IP 地址，而这些已远远超出平台运营和用户使用所需。在数据的运用环节，滴滴明确表示在特殊情况下，会对外共享个人信息。而根据《中华人民共和国个人信息保护法（草案）》第二十四条，向第三方提供个人信息，需经过个人的单独同意。显然，滴滴对个人信息数据的过度采集和共享是不符合以上法案和规定的。

综上所述，滴滴主要违反的法律可概括如表 6－4 所示。

表 6－4　滴滴事件涉及相关法律条例

法律	具体条例
《网络安全审查办法》	第二条 关键信息基础设施运营者（以下简称运营者）采购网络产品和服务，影响或可能影响国家安全的，应当按照本办法进行网络安全审查。 第三条 网络安全审查坚持防范网络安全风险与促进先进技术应用相结合、过程公正透明与知识产权保护相结合、事前审查与持续监管相结合、企业承诺与社会监督相结合，从产品和服务安全性、可能带来的国家安全风险等方面进行审查
《中华人民共和国网络安全法》	第三十五条 关键信息基础设施的运营者采购网络产品和服务，可能影响国家安全的，应当通过国家网信部门会同国务院有关部门组织的国家安全审查
《中华人民共和国国家安全法》	第五十九条 国家建立国家安全审查和监管的制度和机制，对影响或者可能影响国家安全的外商投资、特定物项和关键技术、网络信息技术产品和服务、涉及国家安全事项的建设项目，以及其他重大事项和活动，进行国家安全审查，有效预防和化解国家安全风险
《中华人民共和国数据安全法》	第二十四条 国家建立数据安全审查制度，对影响或者可能影响国家安全的数据处理活动进行国家安全审查。依法作出的安全审查决定为最终决定
《密码法》	第二十七条第二款 关键信息基础设施的运营者采购涉及商用密码的网络产品和服务，可能影响国家安全的，应当按照《中华人民共和国网络安全法》的规定，通过国家网信部门会同国家密码管理部门等有关部门组织的国家安全审查

那么，滴滴是否清楚了解赴美上市的大数据安全风险呢？答案是肯定的。在其招股说明书中，滴滴明确披露了风险，并表示中国政府监管可能会导致罚款、停止商业运营、撤销执照，甚至是刑事责任："如果 PCAOB 无法检查位于中国的审计师，我们的美国存托证券可能会根据《外国公司问责法案》被摘牌。我们的美国存账凭证被摘牌，或面临被摘牌的威胁，可能会对您的投资价值产生重大不利影响。此外，PCAOB 无法进行检查，也剥夺了我们的投资者享受此类检查的好处。"

4. 赴美上市：境外资本给的"勇气"

滴滴的"勇气"是谁给的？是它的境外大股东们（见表 6－5）。

表 6－5　　滴滴上市时的股东结构

股东	持股比例（%）	投票权（%）
管理层总计	10.5	20.1
机构股东		
软银愿景基金	21.5	21.5
Uber 公司	12.8	12.8
腾讯公司	6.8	6.8
机构总计	41.1	41.1

从招股说明书提供的股东名单可知，日本软银和美国 Uber，作为前两大股东，共同持股比例超过 30%。可见，滴滴是典型的外资控股中国垄断企业。

（二）中美摩擦再升级，问责法案如惊雷

2021 年 12 月，美国国会众议院通过了美国证券交易委员会（SEC）提交的《外国公司问责法案》（见图 6－8）。其威力无异于投下一颗金融核弹。

1. 不合理披露要求

概括而言，即在美上市的外国公司需披露是否由国家持股并披露国家持股比例；且这些在美上市公司审计的审计机构需向美国证监会部门通报审计细节、工作底稿。该法案对中国赴美上市企业影响巨大。它标示着从 12 月 3 日起，所有在美上市的中国公司除了需要向美当局上交财务数据，还需要上交用户数据。此举为美国通过加强对海外公司和国有背景企业财务审计的细节和工作底稿披露，而这些会涉及上市公司的商业机密，尤其是国有控股公司中的国家机密，美国一旦实施"长臂管辖"，即在美国规定的"公平公正原则"下，只要国会主观认定"威胁美国国家安全或可能具有全球性危害的行为"，就可以将原本不属于美国管辖范围内的案件纳入管辖范围。

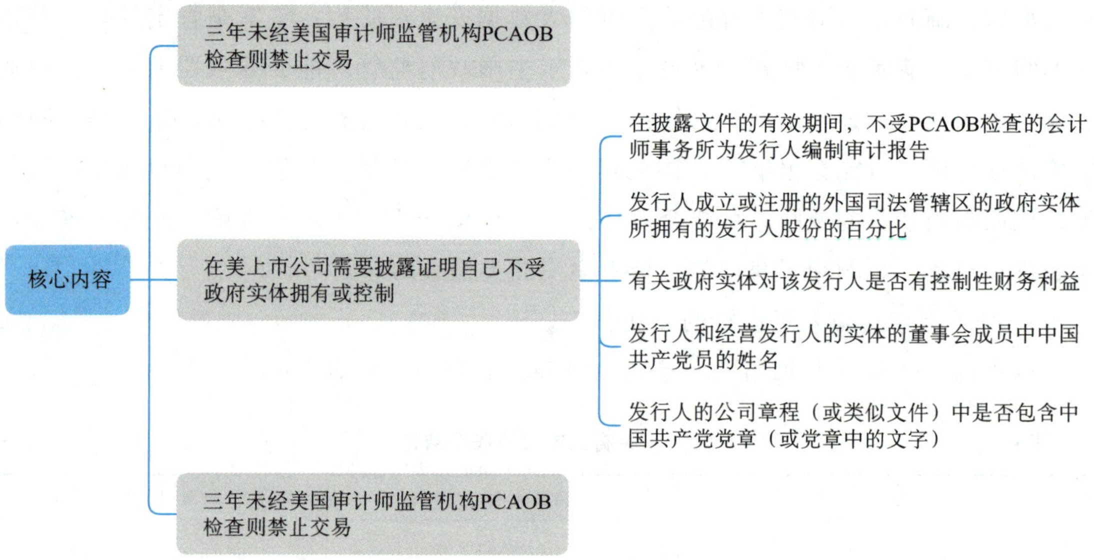

图 6－8　美国《外国公司问责法案》核心内容

2. 对我国在美上市企业的影响

面对美国新法案的强制信息披露要求，我国赴美上市企业商业信息安全及我国国家信息安全都面临巨大挑战。具体而言，对中概股的主要打击如下：

中国国有控股的上市公司赴美上市可能直接受到影响。美国证监会要求披露政府持股程度。后期如果美国政府可以对海外上市公司采取措施，那么国有控股的海外上市公司必然最先受到冲击。第二，该法案适用于所有在美上市的海外公司，而不仅仅针对中国企业。也就是说，美国 SEC 通过上市公司审计机构可以了解到所有外国在美上市公司的细节，这些信息可能会被美国政府滥用，为将来采取措施打压外国公司提供依据。

3. 中方应对：《中华人民共和国数据安全法》（以下简称《数据安全法》）出台

2020 年 6 月，在《外国公司问责法案》被提出的次月，我国的《数据安全法》获审，并于同年 7 月公开向社会征求意见。2021 年 6 月，我国通过《数据安全法》，并确定于同年 9 月正式实施，法案对有关的重要数据处理个人、公司等提出了新的监管要求，并明确提出数据出境安全的有关条例。而网信办根据该法案修订了《网络安全审查办法》，而这也是滴滴赴美上市违反的网络安全法案，除需向网安办提交审查的相关文件外，滴滴还应在网安办审查后收到中央网络安全与信息委员会的批准方可上市（见图 6－9）。

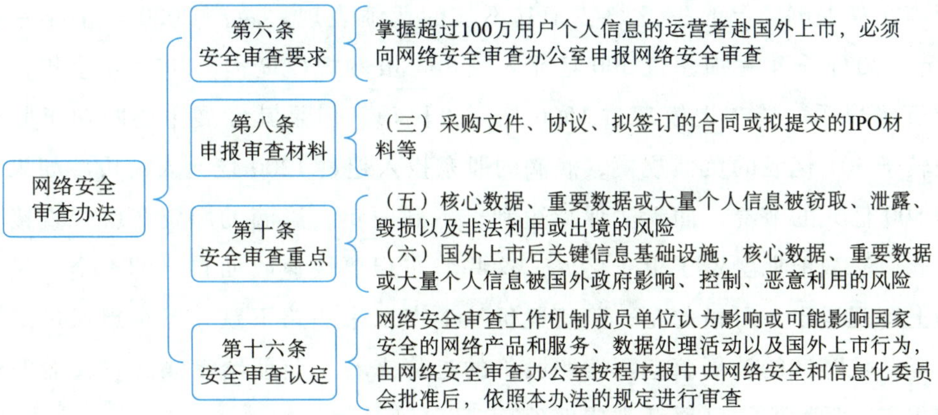

图6－9　滴滴涉及《网络安全审查办法》相关条例

（三）股价断崖式下跌，退市公告应运生

6月30日，滴滴上市发行价定为14美元，至7月2日被国内监管部门要求整改之前，股价已经较发行价上涨10.93%，达到15.53美元。7月6日，股价下跌至12.13美元，较7月2日下降21.71%，随后开启持续波动下跌模式。至12月2日，即美国《外国公司问责法案》问世及滴滴宣布退市的当天，滴滴股价报7.8美元，总市值376.21亿美元，自2021年6月30日在纽交所上市以来，累计下跌53%；截至2022年4月13日，股价为2.46美元，累计下跌82.43%，市值由最初的近5000亿美元降到125亿美元（见图6－10）。

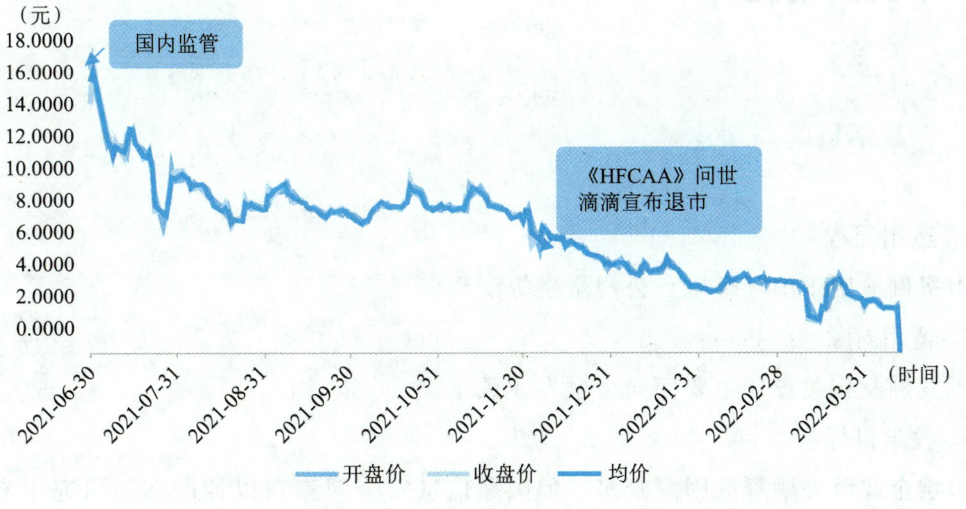

图6－10　滴滴退市后的股价表现

滴滴在资本市场上的失意归咎于其不佳的业绩表现。滴滴 2020 年全年亏损超过 187 亿元，2021 全年亏损超过 500 亿元人民币。虽然规模庞大，2021 年全年营收超过 1300 亿元人民币，资产规模超过 1500 亿元人民币，但是其发展主要归功于股东的付出，相较于 301 亿元的负债规模，滴滴的股东投入超过 1200 亿元人民币。如果按照每年亏损 500 亿元的节奏，而无法保持盈利，不到两年，滴滴的净资产就会直接变为负数。因此，滴滴前期融资了上千亿元，这些股东想要快速收回自己的本金，只有在资本市场上套现退出。可惜的是，滴滴股价从上市以来一路下跌，股东想通过减持股份收回投资并且赚钱的计划落空。按照股价的走势来看，前期给滴滴融资输血的资本已经亏损累累，后续资本已逐渐观望他处。

总之，滴滴从闪电上市到退市，经历了不到半年的时间，甚至在宣布退市之前，还未发布一次财报，这样的巨大变化背后，是国际金融和经济环境的巨大变化，也是中美两个大国间政策博弈的结果。滴滴出行从美股退市意味着滴滴这一只中概股将彻底退出美国，而以此为代表的中概股回归潮或迎来又一次高峰。此后，在国际金融和监管环境的变化下，中概股及其他意向赴美上市融资企业将如何应对，这需要我们关注后续的两国政策变化，在国家层面积极展开政策协调，同时对于企业来说，总结归纳中概股可行的回归方案，针对自身特点，谨慎选择融资方案。如何探索国家信息安全的边界？如何将全球化与国家安全保护协调发展？似乎需要各国共同努力、积极实践，才能得到最好答案。

案例使用说明

一、教学目的与用途

1. 适用课程

本案例适用于国际金融、公司金融等课程。

2. 适用对象

本案例及相关设计主要面向金融专业硕士。

3. 教学目标

影响企业海外融资的因素众多，但国家信息安全因素在以往的案例研究中常被忽视；同时伴随逆全球化的加剧，中美贸易摩擦升级扩展至金融领域，部分企业被倒逼退市。本案例主要围绕逆全球化背景下，滴滴赴美上市后又迅速退市的事件展开研究。

本案例通过重点分析滴滴退市背后相关成因，强调国家信息安全对企业海外融资的影响，完善相应的监管盲区；进一步探究逆全球化背景下中美贸易摩擦扩展至金融领域事件的相关影响；同时模拟滴滴可能的退市路径，帮助学生了解国际股权融资及其退出的路径和流程。滴滴退市案例为完善和丰富公司金融与国际金融领域等课程教学具有重要意义。

首先，对滴滴事件背后成因进行剖析，引导学生了解国家信息安全对企业赴海外上市的重要影响，巩固与完善金融监管的相关知识。

其次，通过国际金融课程相关知识，透过滴滴事件，帮助学生明晰逆全球化背景下中美贸易摩擦已扩展至金融领域这一事实，在复杂变动的国际形势下，培养学生防范与化解企业外部融资风险的能力。

再次，通过公司金融课程相关知识，对比分析滴滴退市案例和阿里巴巴等其他中概股回归案例，探求回归原因的共性与个性，掌握中概股回归的动因，进一步讨论此次事件对其他中概股或预上市中概股的影响。

又次，通过公司金融课程相关知识，回顾企业退市理论，模拟预测滴滴退市相关路径，评估不同退市路径的结果与影响，启发学生对公司金融知识形成更具实践性的认识。

最后，归纳总结滴滴退市的成因、回归路径及影响，引导学生提出完善掌握核心信息的企业境外上市监管政策，以应对动态变化的国际形势给企业海外上市增添的不确定性。

4. 案例题目组合设计

本案例通过分析滴滴上市背后各方力量博弈，引导学生探索国家信息安全保护及全球化大背景下的金融策略，教师可以根据教学目的，选取组合设计的案例启发思考题优化教学。可供选择的组合为：

组合一：海外上市的企业如何协调国家信息安全

选取题目：题目1＋题目3＋题目4

重点目标：探究国家信息安全在滴滴事件中的影响，并针对性应用于掌握核心信息且赴海外上市后可能威胁国家信息安全的企业，针对可能出现的情形展开分析。

适用课程：国际金融

组合二：海外上市的企业如何回应逆全球化风险

选取题目：题目1＋题目2＋题目3

重点目标：从滴滴退市背后两国博弈这一视角出发，讨论逆全球化对海外上市企业形成的不利影响，以及如何防范逆全球化给相关企业带来的负面冲击。

适用课程：国际金融

组合三：中概股回归方式的选择

选取题目：题目 5 + 题目 6

重点目标：分析滴滴可能的退市路径，对比各类退市路径的优劣，思考中概股从海外退市后回归路径。

适用课程：公司金融

二、启发思考题

1. 结合案例正文中提到的滴滴退市原因，从法律视角看，中美两国博弈对滴滴退市的影响；同时结合近些年退市的中概股，拓展性分析其退市原因。

2. 结合本案例滴滴退市原因及所学国际金融知识，谈谈在逆全球化背景下，中美摩擦升级至金融领域背后的逻辑。

3. 综合滴滴退市时间线，思考国家信息安全对企业海外上市的重要意义，并回答为何在本例中滴滴违反了国家安全相关法规，最终引致退市？

4. 结合滴滴事件中美国多次修订的《外国公司问责法案》这一背景，从国家和企业层面分别分析应当如何应对日趋严格的海外监管？

5. 结合公司金融相关知识，思考中概股回归可以选择哪些方式，各方式间的区别是什么？并对滴滴的回归具体方式进行思考。

6. 滴滴公告显示公司倾向于回归港股上市，结合案例和其他知识，思考许多中概股回归为什么偏向于选择港股上市？港股相对 A 股有哪些优势？

三、分析思路

1. 教师应鼓励学生回顾企业退市相关知识，并结合案例正文中提到的滴滴退市时间线以及中美两国公布的法案，总结滴滴退市的宏微观原因；同时引导学生了解以往中概股回归案例，对比分析此次案例与以往案例的区别，强调滴滴掌握的核心数据对退市的重要影响。

2. 教师根据逆全球化理论与中美摩擦—贸易战的相关背景，引导学生思考中美贸易摩擦扩展至金融领域的原因，发掘从中美摩擦产生到摩擦升级的内在逻辑，明晰中美双方摩擦加剧的根本原因。

3. 教师应提前下发预习任务，给予学生充分的时间来查询国家信息安全的相关法案。课堂上引导学生思考跨国融资中遵守各国法规的重要性及必要性。说明在保护国家信息安全的过程中，跨国上市企业的责任和义务。

4. 教师应带领学生研究、理解美《外国公司问责法案》，说明其对我国在美上市中概股和即将赴美上市企业的重要影响；并引导学生结合实际，运用发散性思维思考国家方面的政策回应和相关企业的对应措施。

5. 教师应鼓励学生学习港股的相关知识，了解企业赴港上市的实际案例，并根据企业赴港上市案例总结港股相对 A 股的优势，并结合本文案例分析滴滴的特点，以及回归市场选择港股的原因。

6. 教师应当鼓励学生了解与收集过往其他中概股回归路径，与学生共同回顾普通股上市、存托凭证上市、退市等相关知识，总结股票转板上市的理论方法；同时根据当前中概股回归案例，概括中概股回归通常采用的方法。

四、理论依据与分析

（一）理论依据

1. 逆全球化

“逆全球化”（Deglobalization）指各国经济发展中呈现出相互背离的市场再分割现象[1]，阻碍着经济全球化浪潮，其具体表现是通过推行保护主义以背离国际专业分工趋势，逆全球化趋势的加剧会导致产品与生产要素国际自由流动受阻。近年来，以贸易保护主义抬头为标志的逆全球化思潮不断孕育，并逐步扩展至金融等领域。部分学者表示全球化会产生全球贫富分化加剧、全球金融危机爆发等风险，而关于逆全球化思潮可追溯到以下经济理论：

（1）贸易保护理论。

在全球化背景下，专业化的国际分工使资金等生产要素的跨国自由流转，损害了发达国家要素所有者的权益；过度自由化贸易会加剧国际竞争，引起全球范围的失业和消费者福利水平的降低，进一步扩大了相对贫困水平。（Tim Lang & Colin Hines）

（2）比较优势陷阱理论。

据李嘉图的比较优势理论，贸易双方会出口具有比较优势的产品，而这一观点遭到了部分学者的批判，其主要观点是发展中国家容易陷入比较优势陷阱，因为发达国家能够通过技术和资本等要素替代获得劳动密集型产品而发展中国家无法通过要素替代获得技术、资本密集型产品，这阻碍了全球自由贸易的浪潮。

而最近的一轮逆全球化思潮的兴起以英国脱欧和美国大选事件为标志，伴随中美贸易摩擦的加剧而进一步深化。以美国为首的发达国家采用以邻为壑的贸易保护政策，对中国出口商品征收高关税并辅以限制投资和贸易干预等手段。以贸易领域的逆全球化为例，2018 年以来，特朗普政府多次使用反倾销、反补贴贸易保护工具加剧了世界逆全球化情绪，而这种逆全球化情绪也逐步扩展至金融领域。

2. 国家信息安全

（1）公共产品理论。

公共产品具有非排他性和非竞争性两个基本特征。关于全球公共产品的分类，斯蒂格利茨和金德尔伯格提出的两种界定中，国际安全都被视为全球公共产品的一种类型。信息的全球性、虚拟性和无国界性，使信息安全成为国际安全的一部分，也因此具备全球公共产品的基本特性，无法逃避外部性问题和搭便车问题。就外部性问题而言，信息安全领域可以产生正外部性，也可以带来负外部性。那些注重信息安全保护能力建设的国家不仅能改善其本国的公共信息和私人信息的安全，也能产生溢出效应，给别国的信息安全带来好处。由此可以得出的结论是，如果每个国家都根据自身利益为其信息提供安全措施，那么作为公共产品的信息安全在全球层面很可能是供给不足的，这也就决定了信息安全全球治理的必要性。（Joseph Eugene Stiglitz，Charles P. Kindleberger）

（2）数据伦理理论。

数据这一新兴生产要素在改变全球经济发展模式与重塑企业商业模式的同时，也逐步产生了新的系列伦理问题，即数据伦理问题。数据安全风险主要指大数据分析结果导致的国家、社会、个人利益的损失，即“数据外部性风险”。在本质上，数据安全风险来源于数据伦理。随着数据跨境流动等趋势的愈发常见，数据已然转变为关乎国家安全价值的利益形态。数据安全将侵犯个人、群体乃至国家的利益，进而限制人的自由和影响社会公平，而涉及国家秘密的核心数据则会引发国家安全问题。

3. 国际股权融资

现代企业在寻求资金来源时，通常会考虑在国际金融市场上融资，相较于国内融资，国际金融市场融资为企业提供了更多的可选集，可以为企业提供更高的估值、更顺利的融资过程，以及更好的流动性、融资渠道多样化降低风险、规避外汇市场摩擦、规避资本管制等优势。

（1）美国存托凭证（ADR）。

美国金融市场作为最发达的金融市场之一，是国际融资的重要目的地。而根据美国法律规定，在美国上市的企业注册地必须在美国，因此，外国公司在美国上市必须使用存托凭证（Depository Receipt）。ADR 由美国的银行或者券商发行，代表美国银行持有的国外该企业的股票。ADR 可分为三个层级：Level 1 只能在柜台间交易，报表要求很低。Level 2 可在股市交易所交易。报表要满足 GAAP 标准。Level 3 可在交易所交易，公司也可以发行新的 ADR 来融资，报表要求等同于美国公司。

ADR 的发行和交易可分为发行公司选择存托管机构、ADR 发行、ADR 承销以及 ADR 交易四个关键环节（见图 6－11）。首先，公司选定一家银行/券商担任存托机构和托管机构，由托管机构保管新发行的普通股票，并由存托机构在美发行 ADR；在 ADR 销售环节，发行公司指定投行作为承销商/承销团，承销商/承销团负责 ADR 的定价、推介和销售；ADR 正式发行之后，投资者可委托各自经纪人进行买入/卖出交易，交易完成后由存托机构进行过户登记。

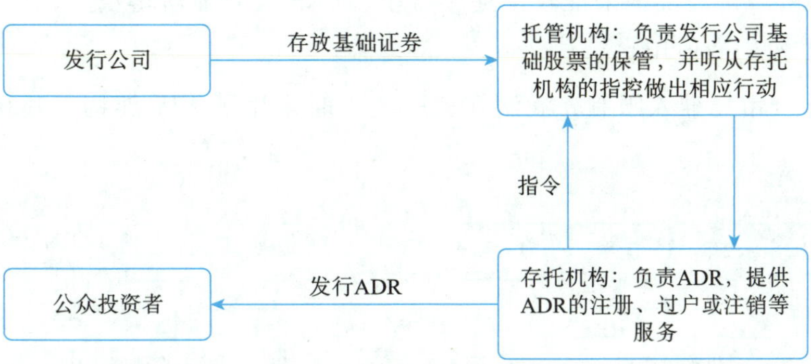

图 6－11　ADR 发行结构

（2）VIE（可变利益实体）。

一种复杂的企业架构（见图 6－12）。境外公司不通过控股权控制境内实体公司，而采用协议的方式控制境内实体公司（该实体公司被控制）。

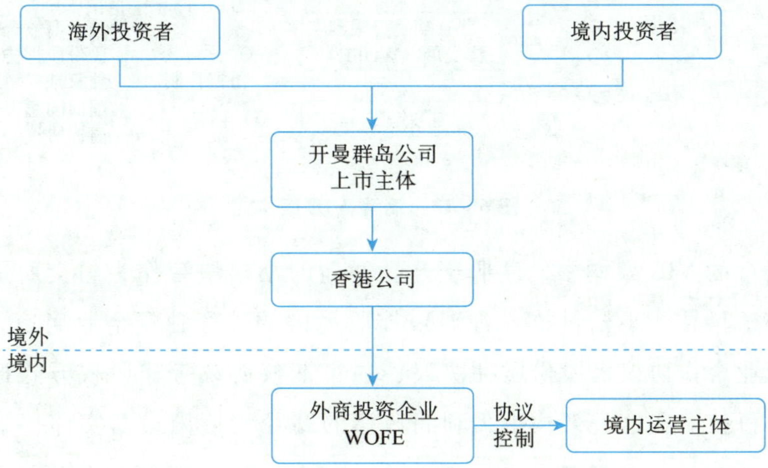

图 6－12　VIE 结构示意图

使用 VIE 结构主要是从控制企业和避税两方面考虑。

控制企业：我国在一些行业为保护民族产业对外资的投资比例有限定，外资无法从股权上获得对企业的控制权，所以通过一些协议来达到控制公司的目的。

常见的控制条款包括贷款协议、股权质押协议、独家顾问服务协议、资产运营控制协议、认股权协议、投票权协议等。例如：董事会决议时必须外方股东代表在场才能通过决议，这样外方虽然股份较少，但是面对不符合其利益的董事会决议可以通过退场来使该决议即使有多数股东支持也无法通过。

对于我国的 VIE 架构来说，VIE 的避税更多地体现在香港公司的设立。由于大陆和香港之间有关避免双重征税的安排规定，对香港公司来源于中国境内的符合规定的股息所得可以按 5% 的税率来征收预提所得税，而非《企业所得税法》中的 10%。

滴滴 VIE 架构的使用：

为突破外资市场准入限制，滴滴在美股上市时采用了 VIE 架构，其具体结构如图 6－13 所示。

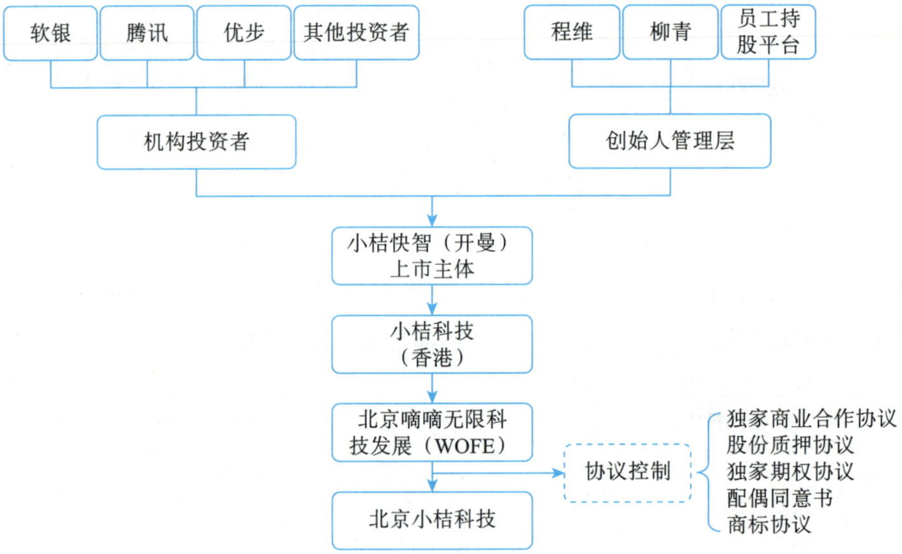

图 6－13　滴滴 VIE 架构

在滴滴出行的 VIE 架构中，注册于开曼群岛的小桔快智作为纽交所上市主体，控股香港企业小桔科技，小桔科技（香港）控股境内的外商独资企业嘀嘀无线科技，然后通过独家商业合作协议、股份质押协议、独家期权协议等非股权方式控制境内运营实体北京小桔科技。在这一架构中，利润转移的路径为境内运营实体→嘀嘀无线科技→小桔科技（香港）→小桔快智。

4. 企业兼并与收购

收购兼并可以采用以下3种基本形式。

（1）吸收合并或新设合并。

吸收合并（Merger）是指一家企业被另一家企业吸收。兼并企业保持其名称和身份，并且收购被兼并企业的全部资产和负债。吸收合并的目标企业不再作为一个独立经营实体而存在。新设合并（Consolidation）除了会产生一个全新的企业之外，其他方面都与吸收合并相同。新设合并是指兼并企业和被兼并企业终止各自的法人形式，共同组织一家新的企业。

兼并必须得到每一方企业股东的赞成才能获批准。一般的做法是至少必须得到拥有2/3以上股权的股东的赞成票。另外，目标企业的股东享有评价权，也就是说，他们可以要求兼并企业以公允价值购买持有的股票。如此一来，兼并企业和被兼并企业中持反对票的股东经常难以就公允价值达成一致意见，从而导致昂贵的诉讼程序。

在案例中所提到的一步式合并，合并子公司（Merger Sub）与滴滴上市主体进行合并，从而成为离岸公司A的全资子公司从而完成私有化退市的过程，实际上属于吸收合并或新设合并。

（2）收购股票。

收购的另一种方式是用现金、股票或其他证券购买目标企业具有表决权的股票。收购开始时通常是一家企业管理层向另一家企业管理层私下发出要约，但有时该要约直接发给目标企业的股东，这可以通过要约收购实现。要约收购（tender offer）就是由一家企业直接向目标企业的股东发出购买其股票的公开要约。收购要约可以通过报纸、广告等公告方式进行通知。

收购股票的方式体现在案例正文中所提到的两步式合并的第一步，即通过要约收购的方式尝试获取90%以上的股权。同时，两步式合并并不要求获得目标企业的全部股权（事实上也难以做到），而是通过获得90%以上股权的方式便利后续的兼并，实际上是收购股票和吸收/新设合并两种方法的结合使用。

（3）收购资产。

一家企业可以通过购买另一家企业的全部资产实现收购目标。出售方企业的股东必须进行正式投票表决。这种收购方式可以避免在收购股票方式下由少数股东带来的潜在问题，但这种方式要求进行资产的过户，而这一法定程序的成本高昂。

（二）具体分析

1. 结合案例正文中提到的滴滴退市原因，从宏观视角看，中美两国博弈对滴滴退

市的影响；同时结合近些年退市的中概股，拓展性分析其退市原因

（1）中美博弈对滴滴退市的影响。

从宏观视角来看：

综合滴滴退市相关时间线，中美两国相关法律法规的颁布无疑是退市事件中最重要的外部动力。中国对滴滴业务与平台的大力整改看似是为应对滴滴悄悄赴美上市的突发之举，实际则是在逆全球化思潮之下，中美摩擦加剧，扩展至金融、科技领域的再次交锋。美方《外国公司问责法案》和中方《中华人民共和国数据安全法》实际是双方博弈的表现。

为何法案是中美摩擦加剧的体现呢？

第一，《外国公司问责法案》升级了原有争端。我国数年前曾明确表示赴境外上市公司的审计底稿需存放在境内。2009 年，我国颁布《关于加强在境外发行证券与上市相关保密和档案管理工作的规定》，实行海外上市企业对会计审计底稿的境内留存规定，而此次美方提出的严格披露要求，是在对本身存在争端领域的企业上市审计文件的再次挑战。《外国公司问责法案》并不是此次摩擦升级的开端，该法案实际上是美国《萨班斯－奥克斯利法案》的进一步修正与完善的结果，在该法案背景下，美国成立了公众公司会计监督委员会（PCAOB）以审查上市公司审计文件。在 2018 年 12 月 7 日美国证监会（SEC）联合美国公众公司会计监督委员会（PCAOB）发表《关于国际审计质量和监管获取审计和其他信息的重要作用的声明——关于在中国有重要业务的美国上市公司当前信息获取挑战的讨论》，并公布了 224 个存在审计障碍的公司名单，其中，中国及中国香港地区公司占大多数，而此次的《外国公司问责法案》也是对大多数中概股公司的进一步制裁。

第二，《数据安全法》是对《外国公司问责法案》的回击。美方对中方愈发严格的披露要求，看似符合投资者利益与监管要求，实际上，该要求忽视了中国等其他国家上市公司掌握的数据文件的特殊性与敏感性，在维护国家安全与利益的背景下，中方必须对美相关法案做出回应，然而，这也进一步升级了中美摩擦。

第三，两个法案都存在灵活窗口期。《外国公司问责法案》和《数据安全法》均于 2020 年提出，但正式实施已至次年，给法律的修订与相关对象均留下应对调整的时间。对影响最明显的中概股而言，美方要求提供审计底稿文件，而中方则是非批准不提供核心数据文件，这无疑是两大国家冲突的表现。2021 年 6 月 10 日，《数据安全法》正式被通过，特别的是，于该日后赴美上市的公司，如滴滴出行、满帮集团与 BOSS 直聘三家企业均接受了国家网络安全审查（见表 6－6）。

表 6－6　　2021 年上半年接受网络安全审查上市互联网企业名单

证券简称	上市时间	上市地点
滴滴出行	2020. 06. 30	纽交所
满帮集团	2020. 06. 22	纽交所
BOSS 直聘	2020. 06. 11	纳斯达克

（2）对比其他中概股退市原因。

2021 年 8 月 4 日，滴滴公司官网发布退市相关信息，并预备在港上市。而最初的互联网企业赴美上市潮，兴盛于 2013 年前后，泛互联网概念的迅速发展使阿里巴巴、百度、腾讯等互联网龙头企业确立了行业地位，互联网行业逐步从数量扩张转向质量扩张，这也表明我国互联网企业对资金需求越发强烈，而海外市场也希望分得中国互联网产业的一杯羹，因此，一波互联网企业赴海外上市的热潮被掀起。

大多数公司被海外成熟的资本市场与上市条件所吸引，但之后又回归国内资本市场，其中最为熟知的是阿里巴巴、京东、网易等互联网公司于港股二次上市，而它们的回归原因与滴滴回归原因存在一定的差异，回顾其他中概股退市原因，这离不开海外市场的做空打击，同时由于估值上存在较大的差异也促使一些中概股回归国内资本市场，伴随国内市场的升级转型，叠加 2021 年以来中概股估值的迅速下降（见图 6－14），引发中概股回归潮再次掀起。

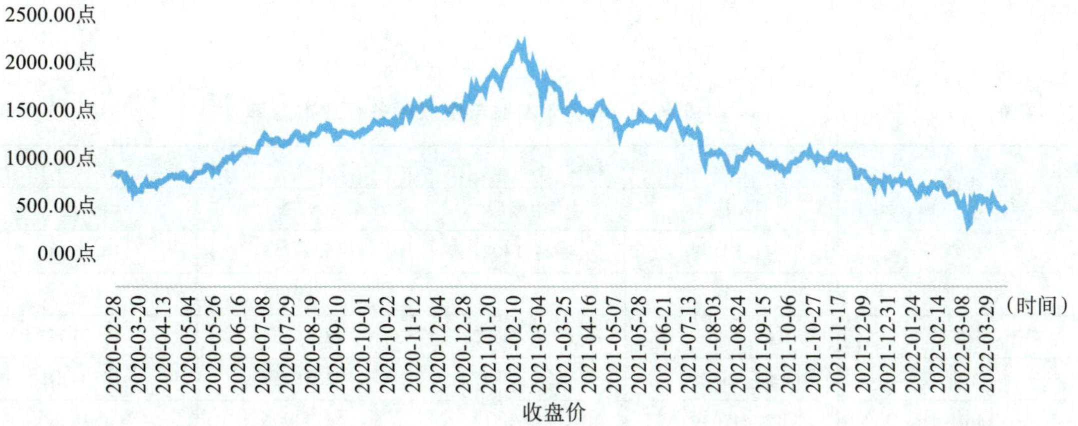

图 6－14　2020～2022 年 Wind 中概股 100 指数收盘价

①做空打击。

海外机构的做空打击增添了境外上市企业的压力。自 2010 年起，我国中概股便受到了海外公司的频繁做空攻击，其中，以浑水公司（Muddy Waters Research）和香橼公司（Citron Research）两家机构为代表。做空公司通过前期的市场调研，针对存在财务问题与公司治理问题的企业，通过准备投资者强烈看空的研究报告，并加以市场宣传，使其在整个市场中形成看空预期；随后，被攻击的公司股票会遭到投资者的抛售，造成股价的大幅下跌，整个市场抛售行为会加剧公司股价的下跌，公司股票陷入卖出恐慌中；最后，随着做空对象股价的下跌，做空机构通过事先建立的空头头寸获得盈利。

做空机构在整个做空过程中承担意见发布与交易参与者双重身份，难免有失客观，因为其通过集中影响股价等行为获利并未受到监管的约束。做空机构主要通过财报、审计文件、公司业务、股东行为发起做空攻击。然而，做空攻击也存在一定的周期性，2011 年和 2019 年前后，做空案例频发，做空潮的不定期卷土重来，对中概股而言，对公司股价以及公司形象均存在不利影响。中概股股价的大幅下跌，最终甚至被逼至退市。做空打击的不确定性加快了中概股回归进程。

②估值差异。

海内外上市估值差异是中概股回归的重要动因。做空机构的频繁攻击增加了海外上市公司的价格歧视。海外成熟的资本市场和较低的上市门槛及天然的跨境信息监管屏障，为企业融资提供了较好的服务平台，但海外市场对投资者利益的高保护条件也提升了监管的要求。做空机构的存在一定程度上有利于市场资源的高效配置，也加强了上市公司对自身行为的约束。但部分做空行为具有主观臆造性，受到国外做空机构的打击，部分中概股估值偏低，频繁的做空攻击侵害了上市公司的合法权益（见表 6 – 7）。

表 6 – 7　　2019 年与 2021 年 A 股与中概股各行业市盈率

行业	2019 年		2021 年	
	A 股	中概股	A 股	中概股
材料	41. 82149	24. 1402	43. 99713	116. 1228
电信服务	51. 81494		26. 89112	
房地产	781. 7576	2. 166622	48. 36865	13. 01367
工业	51. 75828	25. 15867	72. 58254	18. 34196
公用事业	22. 47099	14. 70513	44. 32906	1. 346608
金融	16. 7943	11. 90653	11. 09497	2. 809538
可选消费	40. 84365	44. 03409	66. 79779	18. 78276
能源	21. 95307	14. 05141	14. 94023	3. 825979
日常消费	57. 7426	16. 86302	55. 17943	19. 27067
信息技术	135. 9978	20. 27333	77. 44547	49. 88526
医疗保健	64. 63402	20. 26504	62. 87736	2. 183411

③市场升级。

国内资本市场的转型升级与国家对创新企业融资的支持也加速着中概股回归进程。自2015年起，我国便颁布实施了一系列加快创新企业融资的政策和法规。国务院会议中明确提出要加快上海证券交易所支持创新企业融资的战略。随后，2018年证监会发布《关于开展创新企业境内发行股票或存托凭证试点的若干意见》以解决同股不同权、上市盈利标准不同以及VIE框架问题，这为我国中概股回归提供了政策支持。同时科创板的"VIE + CDR"模式、创业板对红筹结构企业的支持、注册制的试点、北交所的成立均为中概股的回归提供了可靠的政策支持。

总结：滴滴作为互联网龙头企业之一，在逆全球化思潮卷土重来与维护国家信息主权不受侵犯的双重作用下，赴美上市后不到半年时间便退市，其退市原因与以往案例存在一定的差异，但这也恰是中概股企业所忽视的上市盲区，伴随中概股回归热潮的掀起，对比分析中概股回归原因与动态变化的退市案例的差异与联系，具有一定的现实意义。

2. 结合本案例滴滴退市原因及所学国际金融知识，谈谈在逆全球化背景下，中美摩擦升级至金融领域背后的逻辑；并讨论在逆全球化背景下，我国应该如何推动与坚持改革开放战略

滴滴退市事件是资本力量下中美博弈的结果（见图6－15）。同时OWID数据显示，在全球金融危机期间，世界贸易开放进程放缓，短暂回升后，逆全球化思潮再度席卷（见图6－16）。中美贸易摩擦正是逆全球化思潮的产物，摩擦的加剧加速了滴滴退市进程，而此次中美摩擦实际源自贸易领域，2018年，美国发动对华"301"调查，并据此对我国出口商品征收高额关税，继而限制中国企业投资，而这场摩擦之火也快速蔓延至科技、投资、金融领域。而当火星转至金融领域时，无疑是阻碍我国企业海外上市的定时炸弹。了解此次摩擦升级背后的逻辑，对有效回应动态变化的中美关系和帮助企业规避全球化思潮逆转风险具有重要影响。

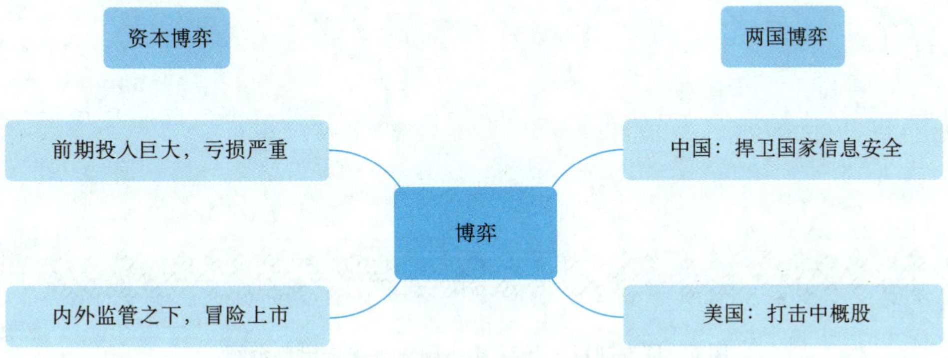

图6－15　滴滴退市各方力量博弈

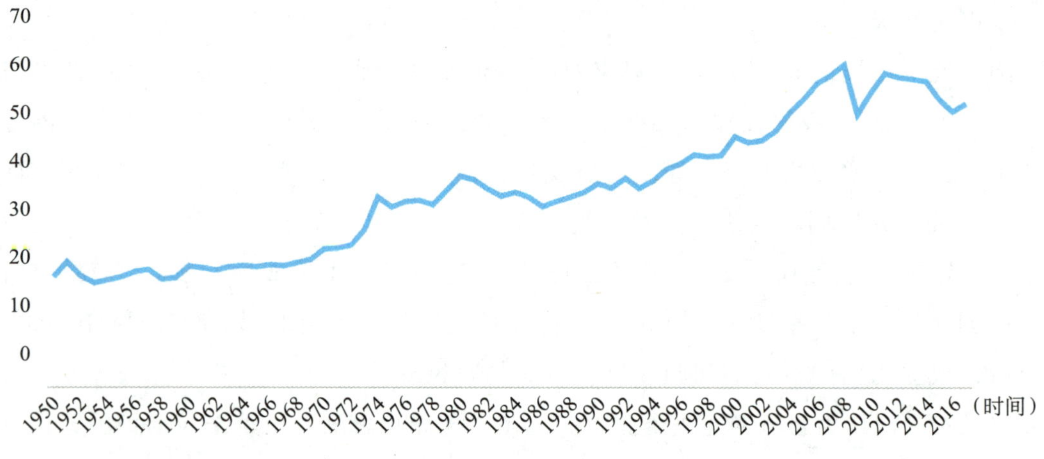

图 6-16　1950~2017 年世界贸易开放指数（世界进出口总额占 GDP 之比）

（1）摩擦产生：中美贸易逆差。

巨额中美贸易逆差是中美贸易战产生的直接原因。2017~2022 年中国对美国进出口金额如下所示（见图 6-17）。据央视新闻消息，美国商务部表示，2017 年美国对华出口货物为 1304 亿美元，进口额为 5056 亿美元，贸易逆差高达 3752 亿美元。自 2016 年特朗普政府当选以来，美国曾多次以贸易逆差为由，向中国出口商品征收高关税，中美摩擦也在动态变化的法规升级中愈演愈烈。2017 年，美国启动对华“301”调查以管制中国出口商品，在双方激烈的关税争端中，2018 年 5 月，中国政府两次与美国就贸易领域争端展开谈判，并发表《中美经贸磋商的联合声明》，中美两国贸易关系走向缓和，但这次谈判并没有成为中美贸易摩擦终结的标志。

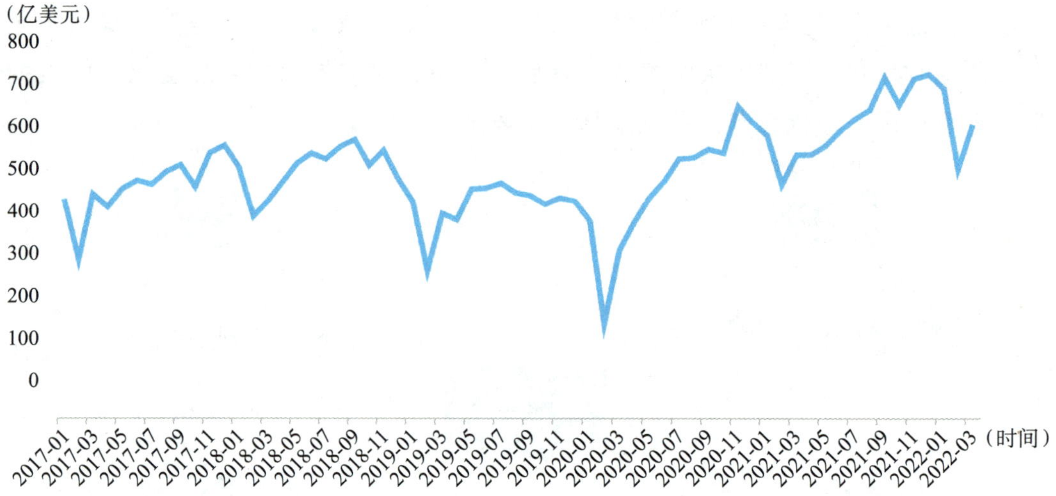

图 6-17　2017~2022 年中国对美国进出口金额

2018 年 6 月，联合声明发布不到两个月的时间里，特朗普政府再次批准对华 500 亿美元商品征收关税，并表示，倘若中国采取关税回击策略，将对 2000 亿美元的在华商品征收 10% 的高关税，而中方面对美方的挑战，采用“数量型和质量型结合”的策略进行反击，双方贸易矛盾一触即发。日后，美国于 7 月 6 日，对 340 亿美元的中国商品征收 25% 的关税；同时中方也采用相似规模关税措施打击美国商品，并通过世界贸易组织对美国发动的对华“301”调查展开起诉，中美贸易摩擦加剧，并逐步演变为贸易战。

中美贸易摩擦与此前国家博弈有相似的历史背景。此次中美贸易战实际上是世界两大经济体的局部抗衡体现，反观 20 世纪以来世界经济发展历程，世界经济大国美国和曾为第二经济大国的苏联、日本等国的经济、政治、军事等方面的抗衡，和此次中国应对美国发动的贸易战存在一定的相似之处。此前，美苏争霸形成了社会主义与资本主义两大阵营，从最初古巴导弹危机到最后的苏联解体，美国时刻警惕着第二大强国的一举一动；同样，在苏联解体后，日本生产总值攀升至全球第二，以美国为首的西方国家强迫日本签订“广场协议”，导致日元对美元升值，最终引致日本经济泡沫破灭。

2010 年，我国 GDP 总量超过日本并成为世界第二经济大国，伴随我国经济的快速发展和综合国力的提升，美国为了维护自身的霸主地位，势必会对中国采取遏制措施。如，美国作为世界科技强国，为维护自身在技术领域的比较优势，集中对正在进行转型升级的中高端产品进出口领域挑起争端；同时，美国对高新技术产品向中国的出口也进行了严格的限制。此外，在美国贸易代表办公室（USTR）公布的多个独立关税项目中，大部分是针对支持中国制造业升级转型的产业，而此次的中美摩擦实际上美国借贸易战之名，打压中国制造，限制中国产业转型升级，以维护世界霸权地位。

（2）摩擦升级：中美摩擦从贸易领域逐步向金融领域扩展。

美方通过多种途径限制资金流入中国市场。中美摩擦在贸易领域的升级也正逐步扩展至金融领域，除对中国出口的商品征收高关税，激化双方的贸易矛盾，美国也着手准备从金融领域打压中国。本次的滴滴事件中，美国发布的《外国公司问责法案》实际是打压中国企业赴美上市的举措。2019 年 9 月，美国彭博社官网发布新闻，提到美国正商讨如何限制资金流入中国市场，提到的措施包括：通过多种途径逼迫中国公司从美国退市、限制与阻碍养老金投资中国市场、禁止中国公司纳入美国公司管理指数、阻止美国公司对华直接投资、下调中国公司信用评级等。此外，美国可能借助货币中心国地位影响人民币币值，影响资本流入；更进一步的是，美国可能通过多种途径和手段，使我国按照美国步伐被动开放金融市场，影响我国金融市场。

赴美上市是我国新兴科技企业获得海外股权融资的重要途径（见图6－18）。宽松的上市条件、成熟的资本市场、动态的退市机制，是我国新兴科技企业选择在美上市的重要原因。我国有百余只中概股在美上市，大部分公司都是教育、零售以及互联网等新兴科技企业。近年来，中概股IPO募资金额总体呈增长趋势，2014年融资额高达247.88亿美元，而2020年的《外国公司问责法案》明确规定，若在美上市的外国公司连续三年无法提交审计底稿文件，该公司股票将从美国交易所摘牌，而该法案违背了中国政府对赴海外上市公司审计底稿应存于境内的要求，致上市公司处于两难境地，倒逼中国企业从美国市场退市，这也成功地达到了限制资金流入中国市场的目的。

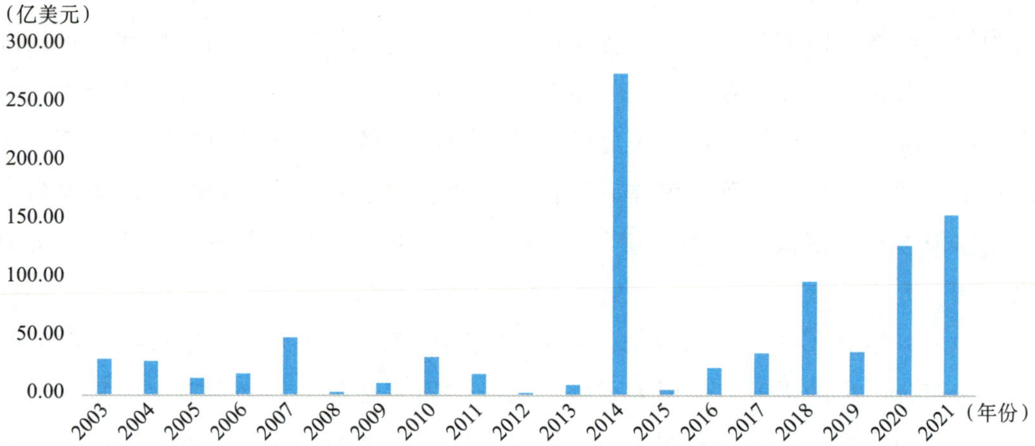

图6－18　2003～2021年中概股IPO募资净额

外资市场是我国企业获得资金的重要来源和渠道，而此次的滴滴事件也折射出在中美贸易摩擦加剧背景下，金融领域摩擦的衍生对赴海外上市企业的打击和压制。此次的《外国公司问责法案》也对已上市的中概股企业产生了消极影响，面对美方越发严格的披露要求和三年的强制退市警告，中概股企业不得不思考和回应动态变化的中美摩擦对自身上市与相关的融资影响。

（3）深化改革开放：推动全球化的正向发展。

逆全球化思潮的卷土重来，对各国经济朝更开放包容的方向发展产生了一定的阻力。而我国的经济腾飞离不开改革开放战略的支持，在全球经济开放受阻的背景下，我国如何回应与寻求应对方略，为经济全球化回归正轨贡献中国力量，扩大我国经济开放水平，具有积极意义。

①国家层面。

我国应坚持“双循环”的新发展格局，基于当前现实，调整发展策略。中美两国经济发展出现不平衡增长，引致了中美贸易摩擦，加上2020年新冠疫情的暴发，全球供应链断裂，各国贸易规模骤减，全球经济陷入萧条。外部经济环境的变化，加剧了逆全球化趋势。然而，我国消费市场呈现出的巨大潜力与我国相对完整产业链的形成，为我国在破除逆全球化难题上提供了新思路，我国可通过扩大内需，推动国内经济循环发展以实现经济增长。同时，利用国内市场与国际市场的动态联系，发掘经济增长的新潜力，积极参与全球分工，实现各国互利共赢，把握经济全球化的长期潮流，进一步扩大开放，实现经济发展。

②企业层面。

逆全球化背景下，我国企业海外运行更强调规范、公开与透明。经济全球化是历史发展的长期趋势，我国企业通过走出去战略，积极拓展海外市场。面对《外国公司问责法案》等法规的实施，我国企业首先应做到合规经营，遵守法律，实现公司的长期可持续发展。其次，我国应积极运用法律手段维护企业的合法权益，同时改善国内的投融资条件，为企业的开放发展提供帮助。

3. 综合滴滴退市时间线，思考国家信息安全对企业海外上市的影响，并回答为何在本例中滴滴违反了国家安全相关法规，最终引致退市

（1）国家信息安全的影响。

据案例正文表6-3滴滴退市时间线及重点时间，2020年6月30日滴滴赴美上市，7月2日开始被实施网络安全审查，7月10日国家网信办针对滴滴事件发布了《网络安全审查办法》征求意见稿（以下简称《审查办法（修订草案）》）。

《审查办法（修订草案）》扩大了网络安全审查的范围，将数据处理者也纳入了监管范围，同时还规定“掌握超过100万用户个人信息的运营者赴国外上市，必须主动向网络安全审查办公室申报网络安全审查。”滴滴之所以在上市后的两天便受到安全审查，并在不足半年的时间内又宣告退市，其重要的原因就在于威胁到了我国的信息安全。

在滴滴等三家互联网企业被实施网络安全审查后，喜马拉雅、哈啰出行、Keep等公司均暂缓其赴美上市计划。接受国家安全审查的重点在于保护我国国家安全和数据安全，对中概股的影响如下：

首先，拟赴国外上市公司需要对自身掌握的数据资产进行全面盘查，明确是否存在影响或可能影响国家安全的数据、信息，尤其是拥有超过100万用户的拟国外上市公司，应依法主动申报进行网络安全审查，还要审慎考虑选择上市地点。

其次，已经上市的企业也并非绝对安全，网络安全审查机构认为其存在危害国家数据安全的情形时，可以依职权开展审查。为此，已上市企业也要及时开展自查并视情况采取补救措施，完善企业内部的个人信息保护制度及数据安全制度。

最后，中概股公司失去其与美国公司相较的优势性，中概股公司的监管难度增大、

管理成本会增加，且将会面临 PCAOB 反复针对其审计底稿以及原始会计文件的核查。

（2）违反国家安全法规。

为加强对国家安全的审查，近年来，我国持续加强网络及数据监管水平，出台的《国家安全法》《网络安全法》《网络安全审查办法》及《数据安全法》共同构成了数据安全范围下的国家安全审查的法律框架。

其中《国家安全法》强调对涉及国家安全事项的项目等进行国家安全审查；《网络安全审查办法》和《网络安全法》进一步将安全审查的对象限定为关键信息基础设施的运营者，包括公共通信和信息服务、能源、交通、水利、金融、公共服务、电子政务等重要行业和领域。2020 年 7 月，公安部出台相关文件，将云平台、大数据平台、物联网、新兴通讯设施等也纳入关键信息基础设施的定义中。

根据滴滴在云平台、大数据平台、新型互联网等数据智能的商业模式本质及其行业属性，可以判断滴滴属于运输行业领域的关键信息基础设施的运营者。因此，滴滴必须接受国家安全审查。而滴滴在未接受审查的情况下悄然上市，无疑违反了我国的信息安全法规。

①法律依据：关键信息基础设施运营者（见表 6－8）。

表 6－8　国家对滴滴实行网络安全审查的法律依据

法律	具体条例
《网络安全审查办法》	第二条 关键信息基础设施运营者（以下简称运营者）采购网络产品和服务，影响或可能影响国家安全的，应当按照本办法进行网络安全审查。 第三条 网络安全审查坚持防范网络安全风险与促进先进技术应用相结合、过程公正透明与知识产权保护相结合、事前审查与持续监管相结合、企业承诺与社会监督相结合，从产品和服务安全性、可能带来的国家安全风险等方面进行审查。
《中华人民共和国网络安全法》	第三十五条 关键信息基础设施的运营者采购网络产品和服务，可能影响国家安全的，应当通过国家网信部门会同国务院有关部门组织的国家安全审查。
《中华人民共和国国家安全法》	第五十九条 国家建立国家安全审查和监管的制度和机制，对影响或者可能影响国家安全的外商投资、特定物项和关键技术、网络信息技术产品和服务、涉及国家安全事项的建设项目，以及其他重大事项和活动，进行国家安全审查，有效预防和化解国家安全风险。
《中华人民共和国数据安全法》	第二十四条 国家建立数据安全审查制度，对影响或者可能影响国家安全的数据处理活动进行国家安全审查。依法作出的安全审查决定为最终决定。
《中华人民共和国密码法》	第二十七条第二款 关键信息基础设施的运营者采购涉及商用密码的网络产品和服务，可能影响国家安全的，应当按照《中华人民共和国网络安全法》的规定，通过国家网信部门会同国家密码管理部门等有关部门组织的国家安全审查。

②直接诱因：数据主权。

滴滴商业模式下的数据伦理问题是引发国家安全审查的底层诱因，而数据主权问题才是直接诱因。数据主权指一个国家对其政权管辖地域范围内个人、企业和相关组织所产生的数据拥有的最高权力。未来，拥有对大量数据开发、传播和控制主动权和主导权的国家，就拥有数据主权。滴滴拥有国家级别的海量数据，关乎国家目前基础设施建设、未来发展方向的核心数据。如果滴滴将这些数据上交美国 SEC，这无疑是泄露国家核心机密，侵犯我国神圣而不可侵犯的数据主权。

4. 结合滴滴事件中美国多次修订的《外国公司问责法案》这一背景，从国家和企业层面分别分析应当如何应对日趋严格的海外监管

《外国公司问责法案》的底层逻辑：侵犯国家数据主权。它要求滴滴呈交以审计底稿、用户数据和城市地图为代表的部分数据，这些都是关乎国家数据主权的核心数据。对此，滴滴必须接受国家安全审查，拒绝递交相关核心数据，寻求其他自救措施。应对海外监管的措施：

第一，在国家层面，深化金融改革是根本方法（见表 6－9）。完善我国资本市场，提升我国金融领域的抗风险能力。

表 6－9　　深化金融改革方法

措施	影响
大力发展股权融资 稳步推进资本市场开放	抵消美国可能限制资金流入中国的影响
加快促进人民币国际化	摆脱美国金融霸权和长臂管辖
加强和促进监管体系 提高金融机构竞争力	增强金融领域应对外部冲击的能力

第二，在企业层面，如果退市可以避免，已经上市和拟上市的中概股企业的应对措施：

首先，在两地都遵守规则的情况下，积极配合美国资本市场的合规要求，这是建立上市公司和投资人信任的最有效的渠道。第一，聘请美国资本市场接受的审计师为公司进行服务。第二，进行内部的合规性梳理，同时对可能存在的监管要求和民事诉讼进行预判和处理。第三，聘请熟悉美国资本市场的投资者关系和首席财务官以及团队、美国国籍的董事等，应对新的政策要求。

其次，中概公司应当联合起来，推动两地监管层的再次对话，争取早日达成合作共识，最终目的还是在于稳定两国资本市场合作，不要把事情推向更糟糕的地步。

最后，目前融资额小于 2000 万美元，或者业务和美国没有联系或未来也没有联系的企业建议暂缓赴美上市。

5. 结合公司金融相关知识，思考中概股回归可以选择哪些方式，各方式间的区别是什么？并对滴滴的回归具体方式进行思考

从退市决策步骤来看，退市决定可分为两步，首先是是否保留美股，即是否在美股退市，如果退市，则需要考虑是在 A 股还是 H 股上市。若保留美股不退市，则需要考虑是双重上市还是第二上市（见图 6－19）。

图 6－19　中概股回归决策流程

从实际案例中所采用的方式分类来看，中概股回归方式可分为三种。第一，在美国先通过私有化退市，之后重新在 A 股或者港股上市。公司需要经历私有化、拆除 VIE 架构、清理海外 SPV 和境内实体间股权关系等一系列的复杂操作。第二，保留美股，在 A 股或港股市场发行股票实现双重上市，需要同时符合两地交易所的所有有关规定。第三，保留美股，在 A 股或港股市场发行存托凭证进行二次上市，上市要求相对较为宽松。

其中，双重上市与二次上市的区别主要体现在监管与股份跨市场流通，它把美股和港股均作为第一上市地，分别在两地挂牌上市，同时满足两地对上市公司的各项监管要求，而二次上市可以拥有部分豁免权；此外双重上市的股份无法实现跨市场流通，而二次上市可以通过存托凭证实现。

对于滴滴的可选方案：

从当前的实际情况来看，由于滴滴已经确定退出美股，因此基本确定选择的路径是在美国先通过私有化退市，之后重新在 A 股或者港股上市。而最大的可能是回归港股。首先，《外国公司问责法案》的管辖范围无法触及港股，因此滴滴转至港股上市后不存在被要求提供用户数据、业务数据等问题。其次，香港作为中国主权内的经济体，即使出现信息泄露，中国政府对这一信息安全问题也有更强的控制能力，安全隐患更小，更容易被监管层所接受。

对于滴滴来说，从美股退市，存在美股退市与港股上市的先后顺序问题。摆在滴

滴面前的有两条路，一是先从美股退市，而后赴港 IPO；另一条路则是先在港股介绍上市，然后再择机从美股退市。

（1）先从美股退市，而后赴港 IPO。

作为在纽交所上市的公司，滴滴出行进行私有化要根据美国证券法中的 13e－3 规则展开，通常以控股股东发起组成买方团进行股份收购、吸收合并或上市公司股份重组、出售资产等方式展开。对于一般的美股上市公司而言，私有化路径包括一步式合并（One－step Merger）、两步式合并（Two－step Merger）和反向股票分割（Reverse Stock Split）。

①可选私有化路径之一：一步式合并（One－step Merger）。

一步式合并是实践中运用最为广泛的私有化路径，在一步式合并（亦称“长式合并”，Long－form Merger）中，收购方通过新设子公司（Merger Sub，“合并子公司”），通过与上市公司签署合并协议，并在履行若干程序后将二者合并，使上市公司退市（见图 6－20）。

过往中概股私有化案例多数以创始人为首，联合财团对上市公司进行私有化。若滴滴出行采用一步式的合并方式，应当会以程维为首，联合前三大机构股东腾讯、优步、软银以及其他基金组成买方团，首先新设一间离岸公司 A，由买方团共同持股。然后以这间离岸公司 A 作为母公司新设成立一家合并子公司 B（Merger Sub）。最后，合并子公司 B 与滴滴上市主体进行合并，从而成为离岸公司 A 的全资子公司，完成私有化退市。

在这一过程中，现有股东作为滴滴上市主体小桔快智的股东，由于上市公司不再存续，需要对自己所持有的股份进行处理。（a）获取一定的现金作为注销股份的对价；（b）将其所持上市公司股份上翻（roll over）到合并后公司层面，成为合并后公司的股东（能够实施这一选择的上市公司股东多为收购方自己和/或其关联方）；（c）在合并子公司与上市公司合并的过程中（属于公司重大事项，一般需要 2/3 以上股东投票赞成），投票反对合并，作为异议股东根据上市公司注册地法律（开曼公司法）要求依照评估的公允价值（或与公司另行谈判的价格）获得股份注销对价。具体交易方案如下（见图 6－20）：

②可选私有化路径之二：两步式合并（Two－step Merger）。

两步式合并，指买方团通过“要约收购＋合并”两步走的方式完成私有化。首先，买方团会向上市公司发出全面收购要约，若买方团获得 90% 以上的流通股份（或投票权）后，即可进行简易合并，即无需经过 SEC 审核、亦无须经过股东大会表决。若无法获得 90% 以上流通股或投票权，则需要根据一步式合并进行私有化。两步式合

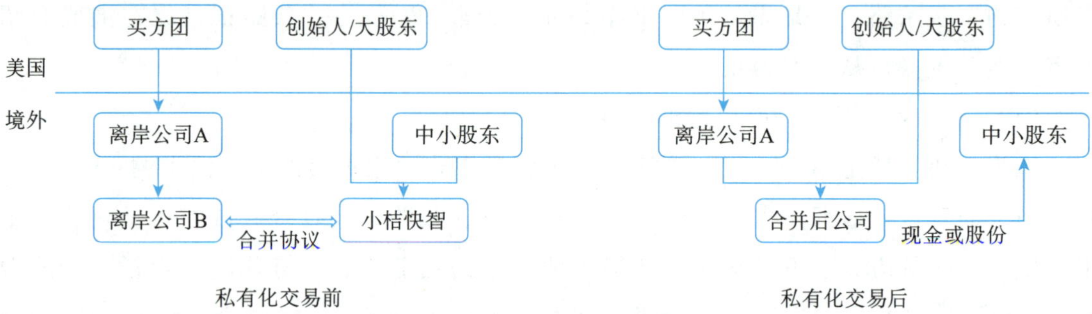

图 6－20　一步式私有化交易

并实际上是在试图通过提前掌握足够的投票权来避开私有化过程中的股东大会投票和SEC 审核过程。

若滴滴采用两步式合并，则在一步合并中所提到的买方团将首先向上市公司所有股东提出要约收购，根据要约收购结果（取决于收购价格等因素）决定下一步行为。

③可选私有化路径之三：反向股票分割（Reverse Stock Split）。

反向股票分割（Reverse Stock Split），也被称为“缩股”模式，是指企图私有化的上市公司按一定比例对已发行股份进行缩股（如 100：1）。缩股后不足一股的小股东股份将由上市公司回购，从而减少了公司登记在册的股东数量。若缩股后的股东数量降至 SEC 要求的标准（300 名）以下，上市公司即可完成私有化，从交易所摘牌。

缩股模式在私有化的实例中极为少见，但的确可以通过先行缩股减少中小股东数量，缓解后续私有化过程中的与中小股东的利益冲突问题。但通常来说，单独的反向股票分割方式会因部分股东未被挤出而无法使上市公司彻底私有化。

④退市过程需注意的问题。

上市企业在退市过程中，必定存在着一部分股东不愿意跟随，抑或是买方团不愿意分散股权，因此会存在一定比例的中小股东退出，而为了使中小股东愿意接受退市，必须向中小股东提供基于当期股价的溢价，才可能达到回购股权的目的。如果回购价格不及投资者预期，就难以被中小股东接受，私有化过程难以进行，甚至会遭到股东的诉讼。即使后续诉讼获胜，私有化得以完成，也会严重影响公司的声誉，影响后续融资。此外，由于私有化需要提供溢价，会抬升股价，因此，退市会受到做空者猛烈的攻击。

根据滴滴出行的股权结构（见图 6－21），滴滴除开机构股东外的中小股东占比为54.09%，股份总量为 6.523 亿股，滴滴私有化团队需出资买回的是占比 54.09% 的中小股东持有的股份，总数量为 6.523 亿股。根据以往私有化收购案例，私有化价格通常以正式要约定价日为基准，在前 20 个交易日平均价基础上上浮 20%～30% 进行溢价。根据滴滴2021年2月19日美股收市前30天均价4美元测算，每股滴滴普通股价格约为16美元（每股普通股对应4股ADS）。以30%进行溢价回购，所需现金约为16×1.3×6.523约为140亿美元。

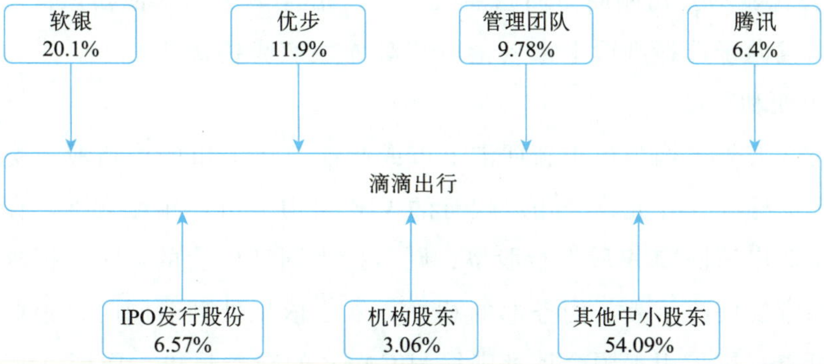

图6－21　滴滴出行股权结构示意图

根据滴滴招股说明书，滴滴IPO募资净额43.32亿美元，假设IPO募资暂未使用，后续用于私有化。因此，如果私有化，还需要财团募资100亿美元。另外，由于5.2美元/ADS的价格远低于IPO价格（14美元/ADS），滴滴以这一价格进行私有化收购很可能会面临投资者的诉讼。

（2）先在港股介绍上市，然后再择机从美股退市。

根据香港交易所《上市规则》，港股上市也可以采用介绍上市方式，该方式无须作任何销售安排，不会发行新股也不会筹集新的资金。港交所介绍上市可分为四种，包括双重上市（已在另一家证券交易所上市）、转板上市（创业板转到主板）、分拆上市（集团上市公司分拆旗下公司上市）以及换股上市（交换已上市公司证券实现上市）四大方式。对于滴滴而言，可以通过在港股进行双重上市后再在纽交所退市，投资人可根据未来公布的方案将所持有的ADS转换为滴滴在香港上市的股票。

在这种方式下，原美股的ADS持有人可以自主选择美股ADS换成港股或现金回购，而由于部分投资者所持有股份将直接通过转股的方式来完成转换，意味着滴滴可以减少退市支付的现金。同时，由于滴滴在纽交所已有完备的上市记录，香港交易所审批上市的过程会比较快，审批口径相对比较宽松。

根据滴滴退市公告，明确提出了“确保ADS将可于ADS持有人选举时在另一国际认可的证券交易所转换为本公司的可自由买卖股份”，在公司决策层面也似乎有倾向于通过介绍上市的方式先行港股上市，然后退出美股。

2021年12月2日，滴滴官网发布公告，董事会已授权并支持公司为公司的美国存托股从纽约证券交易所退市履行必要的程序并提交相关申请，同时确保美国存托股在另一家国际认可的证券交易所可转换为公司可自由交易的股票。公司将在未来适当的时候，按照必要的程序，组织股东大会对上述事项进行表决。董事会亦授权本公司寻求其 A 类普通股于香港联交所主板上市。

6. 滴滴公告显示公司倾向于回归港股上市，结合案例和其他知识，思考许多中概股回归为什么偏向于选择港股上市（港股相对 A 股有哪些优势?）

（1）上市便利程度。

港交所对在海外被摘牌后重新回港上市或赴港二次上市的中概股放宽财务报告申报和信息披露的标准，并允许公司以现有的 VIE 架构上市。相比之下，存在协议控制架构的红筹企业申请回归 A 股发行股票，则需按中国证监会的规定，征求国务院行业主管部门和国家发展改革委、商务部的意见，依法依规处理。同时，企业回港股二次上市申报时可以直接采用美国会计准则编制 GAAP 的财务报表，而回 A 股二次上市则需要按照中国会计准则转换财务报表（见表 6 - 10）。

表 6 - 10　　上市要求比较

	A 股上市	港股双重上市	港股二次上市
上市条件	主板上市需要拆除 VIE 架构，过程较为复杂；而科创板允许 VIE 架构企业直接上市，但对市值、行业等方面有较严格的要求	与港股首发上市要求相同，不须拆除 VIE 架构	符合创新产业范畴，满足一定市值、收益和合规记录要求，不须拆除 VIE 架构
披露文件	中国和美国的法律以及各项文件无法互认	需要提供符合港交所会计准则的财务报告	可用《美国公认会计原则》，不需要重新审计营业记录和提供调节表
上市时间	主板审核时间在 9 个月左右，科创板从被受理申请到注册生效平均用时 4 个月左右，不同项目会有差异	需要完整 IPO 流程，从提交申请表至挂牌一般 3 个月左右，不同项目会有差异	最快仅 10 个工作日（阿里巴巴和网易），不同项目会有差异
豁免条件	无豁免	无豁免，需要完全遵守两地交易所的规定	享有多项自动及有条件的豁免；可按保密形式提交申请
股东保障	最近 3 年内实际控制人没有发生变更	至少经审计的最近一个会计年度的拥有权和控制权维持不变	证明当地法律、规则以及组织章程文件达到相当于香港的保障水平
市值要求	市值不低于 2000 亿元人民币；或市值 200 亿元人民币以上，且拥有自主研发国际领先技术，科技创新能力较强，同行业竞争中处于相对优势地位	主板发行人市值不得低于 5 亿港元，且必须满足香港的盈利测试或市值/收益/现金流量测试（满足其一即可，创业板发行人市值不得低于 1.5 亿港元	

（2）股东外资背景。

中概股主要股东或投资者更倾向于持有美元而非人民币。大部分中概股企业前三大股东均有外资背景，而这些外资股东更倾向于持有美元而非人民币。由于香港实施联系货币汇率制度，港元能以固定的汇率自由地兑换中概股，因此对于中概股的外资股东而言，选择赴港上市可以使他们在获得港元后无限制地兑换成美元，免去了汇兑风险。

（3）国际化程度。

香港对于外资的开放程度更高。若中概股赴港上市，部分国际投资者可通过存托银行将 ADS（美国存托凭证）转换成港股。以此前已实现港股二次上市的阿里巴巴为例，投资者可以把每股美国存托凭证转换为 8 股在香港上市的股票。投资人需要先通过经纪商向美国存托机构花旗银行交回存托凭证，在支付相关费用税费后，花旗银行将在投资人指定的香港经纪商账户中发行指定数量的香港股票。

五、建议课堂计划

本案例可以作为专门的案例讨论课来进行，课程时间建议控制在 100 分钟以内，具体安排如下：

课前准备：

将学生分成学习小组，每组人数控制在 4～5 人。提前一周将案例正文和启发思考题发给学生阅读，要求学生了解案例始末，独立思考、小组讨论思考题中的题目。

课中计划：

1. 课堂前言与案例回顾：5～10 分钟。

2. 小组讨论：20 分钟。

学习小组内部围绕启发思考题进行讨论，随后推选出一位代表对小组的讨论结果进行展示。

3. 小组代表发言：30 分钟。

小组代表展示所在学习小组讨论成果，每组 5 分钟。

4. 进一步讨论：20 分钟。

针对其他小组发言的内容，鼓励学生提出疑问并互相讨论。

5. 教师点评与答疑：15 分钟。

针对学生讨论内容，解答存疑问题，并对课堂内容进行总结与点评。

课后拓展：

根据课堂所讲内容，请学生选取自己感兴趣的角度，结合课堂案例或其他相关资料进行深入分析，学习成果以报告形式呈现。

六、参考文献

[1] 佟家栋，谢丹阳，包群，等．“逆全球化”与实体经济转型升级笔谈［J］．中国工业经济，2017（6）：5－59.

[2] 韩洪灵，陈帅弟，刘杰，等．数据伦理、国家安全与海外上市：基于滴滴的案例研究［J］．财会月刊，2021（15）：13－23.

[3] 齐爱民，盘佳．数据权、数据主权的确立与大数据保护的基本原则［J］．苏州大学学报（哲学社会科学版），2015，36（1）：64－70＋191.

[4] 颜世健．数据伦理视角下的数据隐私与数据管理［J］．新闻爱好者，2019（8）：36－38.

[5] 巴曙松，方云龙，柴宏蕊．资本市场双向开放下的中概股回归：动因、影响与应对［J］．清华金融评论，2021（9）：27－29.

[6] 吕东阳．阿里巴巴赴港第二上市案例研究［D］．辽宁大学，2020.

[7] 刘漫．中概股回归案例分析及路径选择［D］．河北大学，2021.

[8] 李大光．全球化背景下的总体国家安全研究［J］．人民论坛·学术前沿，2018（8）：6－19.

[9] 约翰·H. 邓宁，杨长春．全球化经济若干反论之调和［J］．国际贸易问题，1996（3）：12－18.

案例 7

IP 推动难以为继，行业龙头股价腰斩

——流媒体之王 Netflix 的戏剧起伏①

自 2002 年上市以来，Netflix 公司紧追行业的发展变化，适时调整业务，从经营创新的 DVD 租赁业务发展成为流媒体行业龙头，成为全球最大的娱乐供应商。20 多年来 Netflix 的市值呈现指数级增长，然而近期却呈现出戏剧性变化。2021 年 9 月 17 日，Netflix 推出的韩剧《鱿鱼游戏》在全球 150 多个地区掀起热潮，Netflix 股价随之抬升。然而在短短半年后，Netflix 股价折半，这引发了投资者对公司价值判断的思考：IP 的推出是否会助推 Netflix 公司股价，IP 对公司股价的推动作用是否可持续，这给流媒体行业的发展带来怎样的启示。本案例介绍了公司所处的行业背景，对 Netflix 公司的发展历程、业绩情况以及主营业务进行梳理，纵览 Netflix 的历史股价并对其戏剧性变化提出疑问。

① 本案例由中央财经大学金融学院应展宇、肖雪铭、刘娟、鹿爽、傅若玮、孙绍雄撰写。

案例正文

一、引言：价格腰斩的长牛股

1997 年，Netflix 以 DVD 租赁业务起家，并于 2002 年成功上市。2020 年以来，Netflix 市场价值实现从零到千亿美元的指数级增长，并于 2018 年成功超越迪士尼，成为世界上最大的媒体公司，这也使 Netflix 的成长故事成为教科书级别的企业价值增长案例。Netflix 凭借高品质的独家原创内容占据了北美 1/3 带宽，市场占有率超过其他视频网站的总和，也是过去 10 年投资回报率第一的股票，IP 的火爆促使 Netflix 股价进一步攀升。

2021 年 9 月 17 日，Netflix 推出新剧《鱿鱼游戏》，该剧上线后迅速风靡全球，成为 Netflix 第一部播放量破亿的剧集。据 Netflix 估算，该剧已创造了约 8.91 亿美元的“影响市场价值”，成为了 Netflix 的代表性 IP，推动股价进一步上涨。

然而，好景不长，2022 年 1 月，Netflix 股价大跳水，暴跌 20%，并在后续节节下跌，几乎腰斩，2022 年 3 月 31 日收盘价较最高价下跌 45.84%。不过纵观 Netflix 充满传奇色彩的成长历程，这种跌幅对那些从一开始就熟悉这家企业的投资者而言不过是百舸争流中的浪花一朵。从那个网速勉强够大家观看低清视频的年代，到如今的 5G 时代，Netflix 作为流媒体领域的弄潮儿，以创新的 DVD 租赁业务起家，在行业变迁中顺势而为调整业务，转舵发展流媒体，开创自制 IP 的风潮，在行业中独领风骚。而在当下 IP 推动难以为继，Netflix 需要寻找新的收入增长点，以求又一次柳暗花明。

本案例将通过分析 Netflix 的行业与公司，探索其走过的 20 多年的增长，在行业中的顺势而为，在公司决策中的果断转舵，也探究其最近股价折半背后暗藏的原因。最后，本案例将通览 Netflix 上市以来的股价变化历程，对其戏剧性的起伏提出疑问。

二、行业背景：流媒体的“古”往今来

（一）好风凭借力，送我上青云

互联网与相关基础设施的迅猛发展和普及，为流媒体业务发展提供了强大市场动力。随着互联网技术的发展，美国家庭网速逐渐提升，催生了像 YouTube 等小视频分享社区，这让 Netflix 发现了流媒体的发展潜力，于是在 2007 年，Netflix 正式推出流媒

体业务。根据 Akamai 的数据，2017 年美国家庭平均网速达到 18.75 兆。在进入移动网络时代后，4G 移动网络的出现和手机硬件的更新换代让手机浏览线上影视资源更为便利，也让如 YouTube、Netflix、Hulu 和 Prime Video 等平台得以快速成长。

流媒体相比传统媒体，内容多样化程度高，并且内容与渠道相统一（见图 7－1）。原创内容的制作门槛降低，传统电视无法照顾到的小众市场将在互联网时代取得成长。在流媒体行业，内容和渠道是一体的，流媒体服务商能够通过对用户的深入了解从而提供高度定制化的内容推荐，为用户带来最大的附加价值，从而从传统渠道手中最大化夺取市场份额。

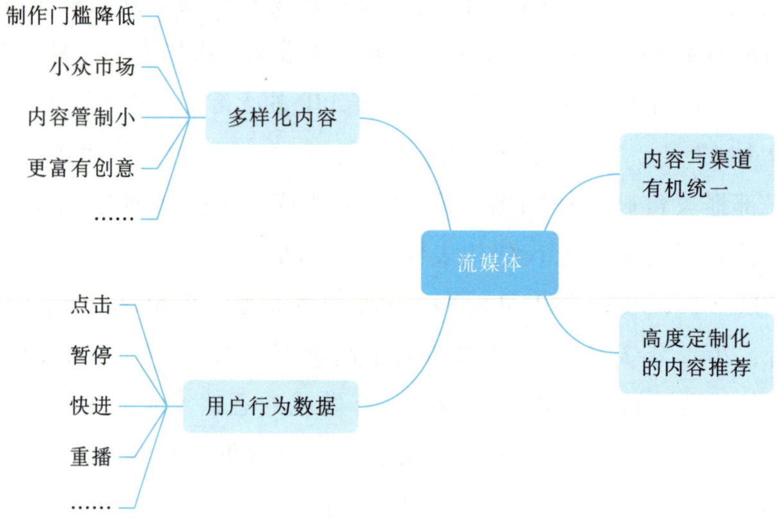

图 7－1　流媒体结构图

随着经济的发展，互联网用户一直处于消费升级的通道，换言之用户始终都在追求更好的体验——高质量的内容，没有广告的干扰，并愿意且有能力为之支付一定的费用。而社会发展的动力和方向，始终是“以人为本”，也就是用户体验至上，而所有的供应都应该是围绕着需求进行的。对于消费者来说，流媒体的价值在于能够提供多维度的自由（任何时间、任何地点、任何人、任何内容），进而创造出了无限的可能性，能够在真正意义上提供个人定制的媒体内容消费。这是娱乐行业未来的趋势，也是流媒体的价值源泉。

在外部的技术条件支持下，流媒体凭借多样化内容、定向渠道推送，得到快速的发展。据 Statistics 数据[①]显示，2020 年，美国每个消费者单位在租用、流媒体和下载视频方面的年均支出达到 87.19 美元左右，几乎是 2015 年记录的四倍。平均消费者支

① Streaming in the U. S. －Statistics & Facts（https：//www. statista. com/topics/1594/streaming/#dossierKeyfi gures）

出持续增长，许多美国消费者表现出对流媒体和下载视频内容的需求不断增长且几乎无法满足，可以预期这种增长将在未来几年持续。

（二）大流行全面来袭，流媒体更上一层

1. 2020 年流媒体爆炸式增长

随着新冠疫情的蔓延，世界经济的发展不确定性增加，但这也为流媒体增长提供了机会。随着 2020 年全球冠状病毒大流行的蔓延，世界各地的人们都待在家里，工作场所和学校关闭，运动赛季被推迟，观众纷纷转向流媒体。据 Conviva 提供的数据显示，2020 年流媒体整体观看时间在 3 月 14 日迎来转折点后，在 4 月份到达顶峰，相比于 2019 年 4 月增长了 81%。而与此同时，流媒体新兴市场（非洲与南美）表现出巨大的增长潜力（见图 7－2、图 7－3 和图 7－4）。

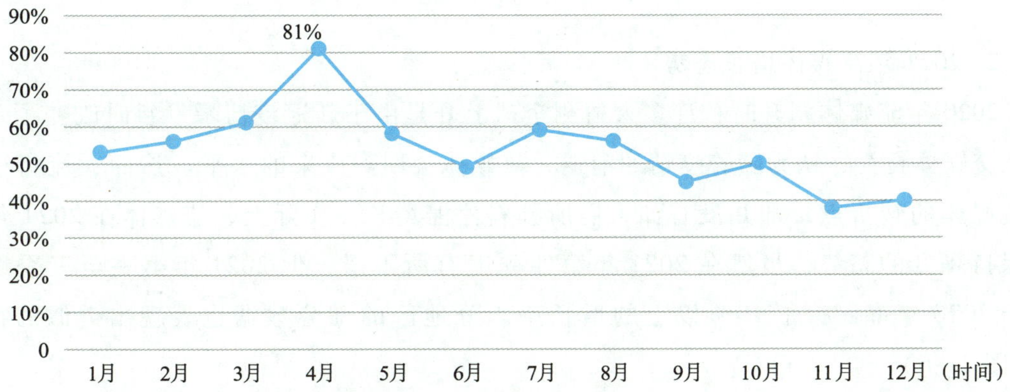

图 7－2　全球 2020 年流媒体观看时长同比增长

数据来源：Conviva。

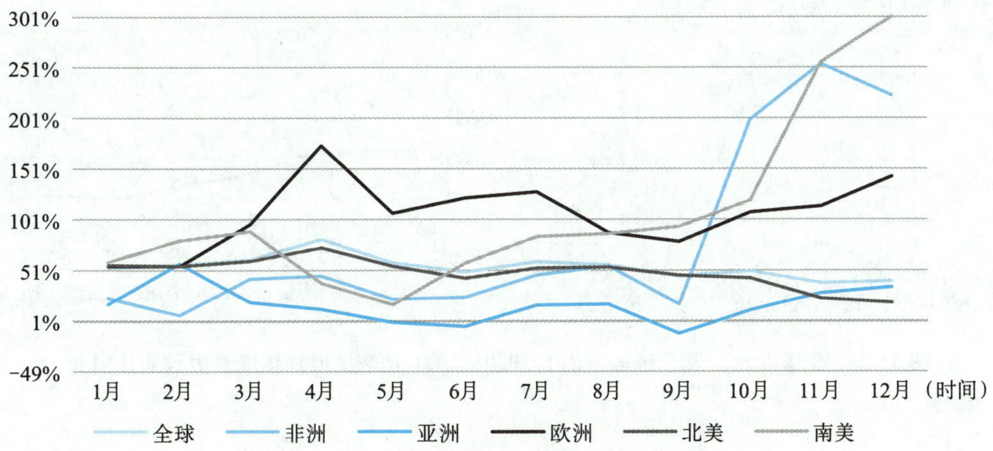

图 7－3　分地区 2020 年流媒体观看时长同比增长

数据来源：Conviva。

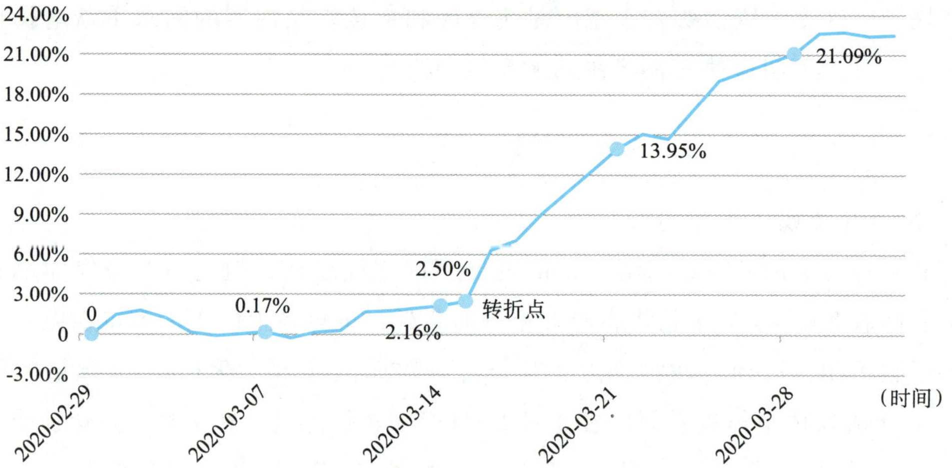

图 7－4　2020 年 3 月流媒体观看时长环比增长

数据来源：Conviva。

2. 2021 年流媒体增长态势

2020 年流媒体飙升时，许多人猜测全球上升是由于新冠疫情暴发暂时改变了观看和社交媒体行为，认为随着疫情的消退，流媒体会回到原来的水平。然而大流行引发了流媒体的转折点，却并没有如人们所预料停滞增长。实际上，流媒体在 2021 年继续保持攀升的态势，虽然在 2021 年第四季度有所下滑，但 2021 年第一至三季度相比于 2020 年都保持了 10% 以上的增长率。分地区的细分数据也表现出类似的特征（见图 7－5）。

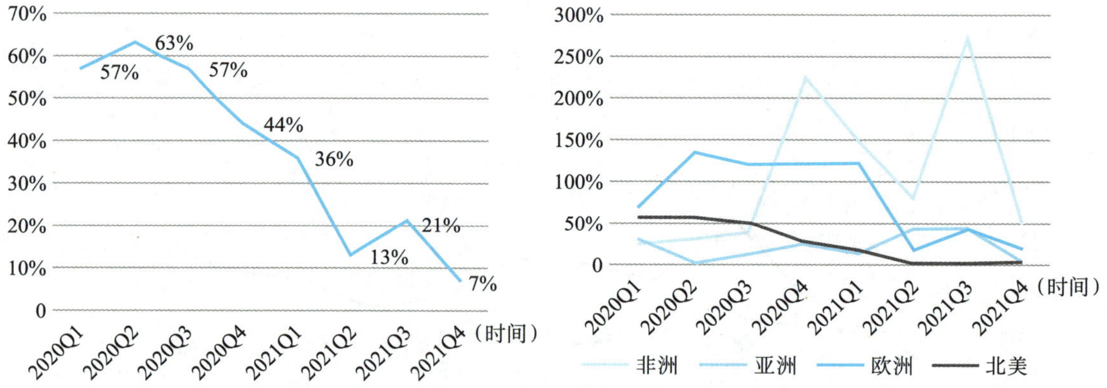

图 7－5　全球（左）及分地区（右）2020～2021 年季度流媒体观看时长同比增长

数据来源：Conviva。

3. 视频点播流媒体主要运作模式

如上文所示，在 2020～2021 年国际与美国流媒体市场加速发展，包括视频流媒体、音频流媒体等在内的流媒体消费市场格局发生了深刻变化。本文将围绕 Netflix 所在的视频点播流媒体市场，对视频点播流媒体市场的运作模式展开介绍。视频点播市场又称 VOD 市场，主要有以下四类。

（1）订阅型视频点播（SVOD）：是应用最为广泛的流媒体模式，Netflix 是其中的典型，主要要求用户按照一定期限（月、季或者年）进行付费订阅，并提供服务。

（2）广告型视频点播（AVOD）：通过向广告商收取费用的方式，向用户提供免费视频点播服务，Crackle、YouTube、Hulu 便是采用这种形式。

（3）交易型视频点播（TVOD）：用户只需为自己想观看的内容付费，可以是永久性的访问，也可以是按次计费（主要是大型体育赛事的直播），可以为平台提供可观的收入，HBO PPV 是 TVOD 的典型模式。

（4）优质型视频点播（PVOD）：用户可以在影片上映后的 15～20 天内，通过付费观看到院线内容，费用通常较高，比如迪士尼的《花木兰》。

目前在视频点播 VOD 市场，TVOD 与 PVOD 往往作为平台的额外服务模式，占比较大的主流模式为 SVOD 与 AVOD，本案例将从 SVOD 与 AVOD 两个角度对视频点播市场的发展展开深入分析，具体见下文。

（三）SVOD 市场暗流涌动，增长与竞争并行

1. 以传统媒体为代表，SVOD 高速增长

SVOD 是目前应用最为广泛的全球通用流媒体商业模式，究其原因，主要是由于 Netflix 取得的巨大成功。SVOD 模型基于用户对流媒体服务的限时“订阅”（通常有按月、按季、半年、全年订阅）。美国订阅视频点播（SVOD）市场的数据显示，2020 年这种格式的收入达到 212 亿美元，比之前的数字高出 37% 以上（见图 7－6）。事实证明，像 Netflix 这样的 SVOD 服务商在美国消费者中非常受欢迎，这意味着传统提供商在订户数量方面受到了巨大冲击。Ampere Analysis 数据显示，随着消费者越来越多地转向 SVOD 服务，付费电视普及率从 2015 年年初的 80% 下降到首次低于 60%。

2. 到达瓶颈，SVOD 增长放缓

由于疫情的缘故，Omdia 研究机构注意到 2020 年视频订阅的快速增长，全球 SVOD 用户净增 2.46 亿人。2020 年是 SVOD 的破纪录年，新冠导致了行业出人意料的上升。被封锁在家的用户对视频流媒体的大量消费，推动了现有和新上线 SVOD 服务的大量使用。但是这种增长速度并不能长期保持，SVOD 服务在愿意消费的家庭已经接近饱和，2021 年进入缓慢发展阶段。

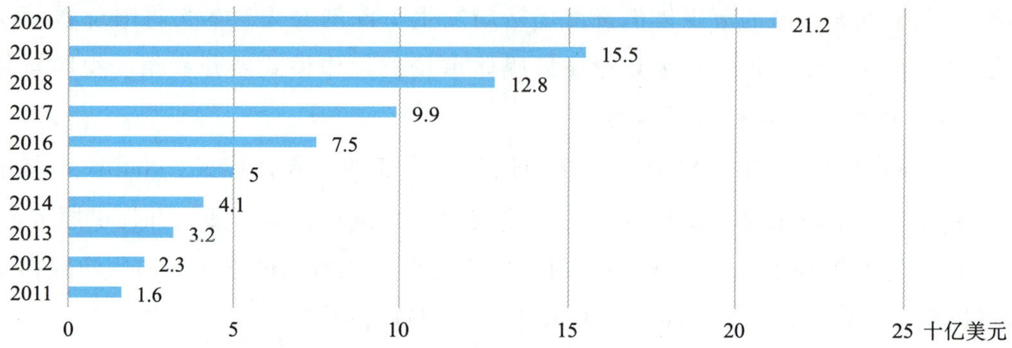

图 7－6　2011～2020 年美国订阅视频点播（SVOD）收入

数据来源：Statista。

很显然，Netflix 最新的季度发展数据支持了这一观点。Netflix 在 2020 年第一季度的付费用户净增长为 1580 万，而 2021 年第一季度该数据只有 398 万，预计 2021 年第二季度该数据将进一步下降到 100 万用户。2021 年 Netflix 用户新增的下滑或许不是源于 Disney 和 Amazon 的竞争，这更多地与流媒体视频在 2020 年提前实现的巨大增长有关。

全球 SVOD 市场增长势头放缓。根据 Omdia 提供全球 SVOD 总订阅量的预测：SVOD 用户将从目前的 11 亿增长到 2025 年的 16. 4 亿，平均每年增长 1. 28 亿。而 2021 年 SVOD 服务净增量将达到 1. 39 亿，Netflix 和 Amazon 在 2021 年的订阅量净增长将是 2015 年以来的最小值（见图 7－7）。

图 7－7　全球 SVOD 订阅量预测

数据来源：Omdia。

3. 异军突起，AVOD 初露锋芒

当然，流媒体业务增长的另一个重要部分是 AVOD——广告型视频点播 AVOD。与传统电视类似，AVOD 模型免费为终端用户提供流媒体服务，在视频内容中插入广告，靠广告方付费获利，消费者无须支付订阅费即可观看视频内容。Omdia 研究认为 2021 年将是广告支持的流媒体视频点播服务年，随着观众转向数字化媒体，AVOD 的生命力将进一步体现。这一点在北美地区已经得到突出的体现：在拥挤的流媒体赛道 WarnerMedia、NBCU、Viacom 等媒体公司，都意识到不能构建与 Netflix 完全相同业务模式——否则就来不及争夺用户及观看时长，在流媒体化加速背景下只会被市场更快地抛弃。根据 Digital TV Research 的数据，在北美 VOD（SVOD 与 AVOD 的总称）的收入将增加两倍，其中 SVOD 到 2026 年仍将是主要的收入来源，但 AVOD 的增长仍不容小觑（见图 7－8）。

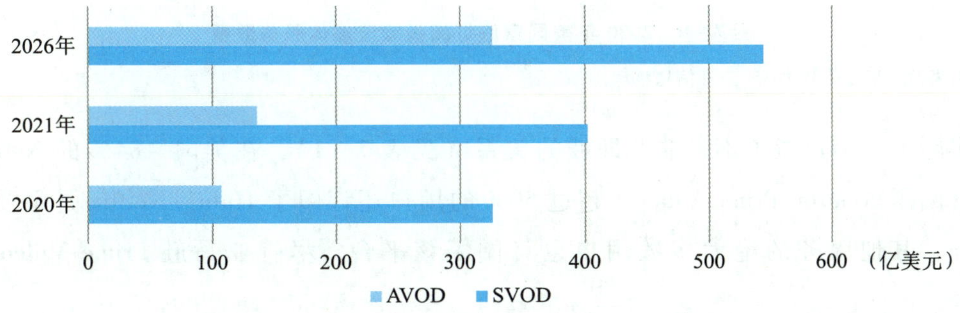

图 7－8　2021 与 2026 北美 SVOD 与 AVOD 收入预测

数据来源：Digital TV Research。

（四）SVOD 龙头竞争加剧，Netflix 努力守塔

1. 竞争格局——对用户的竞争

在流媒体用户的竞争中，很多不是“非此即彼”的零和游戏，而是有可能共生的。根据 J. D. Power 在 1 月公布的一项研究，2020 年美国家庭平均每月为流媒体电视花费 47 美元，每个家庭往往订购多个流媒体服务，比 2019 年的每月 34 美元有所增加。另一家调研机构 Omdia 则指出，未来五年所有的视频订阅用户增长都将来自流媒体——这一期间的视频订阅数量合同将增加 5 亿份。

AmpereAnalysis 调研显示：57% 的美国消费者表示，视频点播服务是他们看电视和电影的主要方式。在 2020 年，超过 1/4 的美国受访者现在使用 5 种及以上 SVOD 服务。而按照 J. D. Power 调研数据（见图 7－9），这类用户则在 30% 以上。随着消费者抛弃付费电视以及更多的流媒体服务入市，消费者自己管理规划其所需的内容组合，多个 SVOD 流媒体视频服务同时使用的情况继续增长。正是这种状况使美国的订阅总数达到 3.4 亿。

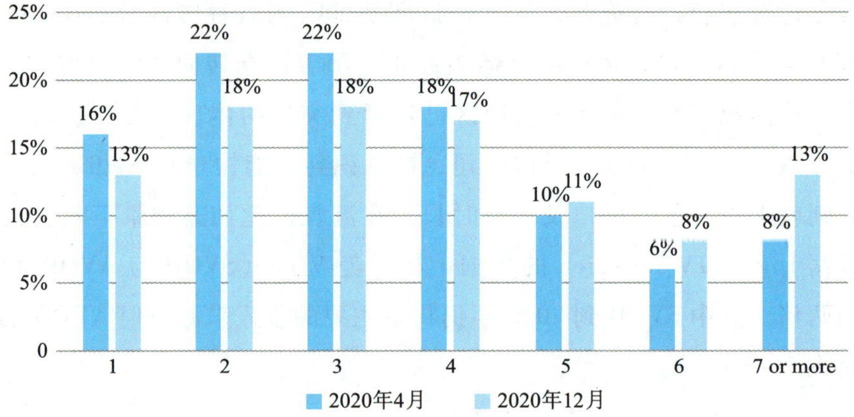

图 7-9　2020 年美国家庭订阅视频流媒体服务数量

数据来源：根据 J. D. Power 公开信息整理。

实际上，用户竞争不是非此即彼的关系（见表 7-1），在美国，84% 的 Netflix 用户还订阅了 Amazon Prime Video，超过 50% 的用户还订阅了 Hulu。Netflix 是最受欢迎的服务，其他服务的绝大多数用户也订阅了该平台，尽管亚马逊 Prime Video 也是首选。

表 7-1　截至 2020 年 12 月，在美国还订阅其他服务商的 SVOD 订阅者的份额（按服务）

	还订阅 Netflix	还订阅 Peacock Premium	还订阅 HBO Max	还订阅 Amazon Prime Video	还订阅 Disney +	还订阅 Hulu	还订阅 Apple TV +
Netflix	—	6%	20%	63%	50%	50%	25%
Peacock Premium	90%	—	80%	94%	86%	88%	72%
HBO Max	90%	22%	—	89%	79%	83%	56%
Amazon Prime Video	84%	8%	27%	—	61%	62%	34%
Disney +	87%	10%	31%	82.48%	—	70%	39%
Hulu	85%	10%	32%	79%	68%	—	38%
AppleTV +	92%	17%	46%	91%	81%	79%	—

数据来源：Statista。

按照 J. D. Power 在 2020 年的统计数据（见图 7-10），Netflix、Amazon Prime Video、Hulu 和 Disney + 是被应用最多的流媒体服务，其家庭使用率都超过了 40%（2021 年新近发布的流媒体应用不在统计之列）。更多的入场者，意味着更激烈的竞争。在流媒体化加速背景下，更多的媒体集团推出直接面向消费者的流媒体视频，典型如：迪士尼公司在 2019 年 11 月发布的 Disney +、Warner Media 和 Comcast/NBCUniversal 在 2020 年中发布的 HBOMax 和 Peacock，以及 ViacomCBS 和 Discovery 新近发布的 Paramou +（作为CBSAllacess的升级者）和Discovery +。在更激烈的竞争背景下，Netflix的使用率出现了略微的下降，而在2020年呈现显著增长态势的典型案例是Disney +，以及经常与之优惠打包的Hulu和ESPN +。总体来看，虽然大部分流媒体应用都获得增长，但Netflix依旧处于主导地位，2020年的家庭使用率为81%，远高于第二位Amazon Prime Video的65%。

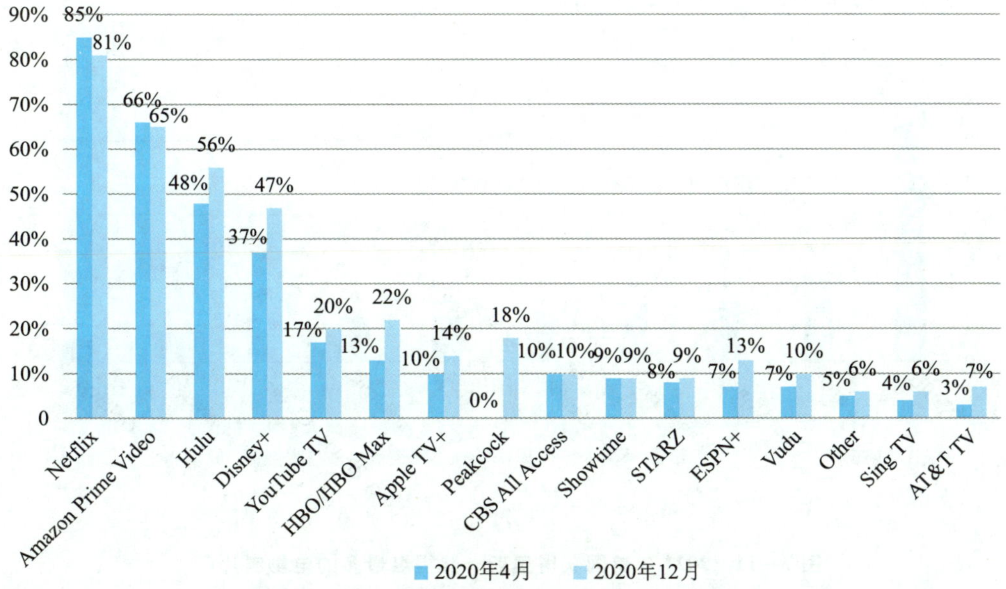

图7-10　2020年流媒体视频应用在美国家庭使用覆盖情况

数据来源：根据J. D. Power公开信息整理。

2. 竞争格局——对内容的竞争

2020~2021年大部分流媒体应用都获得增长。当然，这背后的核心驱动力之一正是原创内容与顶级IP。为了加强用户吸引力，WarnerMedia将2021年所有华纳兄弟的电影都在HBOMax上同步播放。而近期Amazon收购了好莱坞顶级制作商米高梅，以获得顶级IP。依据Statista数据，Amazon Prime Video拥有最大的IP数量，有超过4000部电影和2400部电视节目。新服务Apple TV +表现不佳，只有18部电影和54部电视剧可用。

但是在原创IP与最受欢迎IP方面，Netflix仍然占有优势。在2021年，Netflix在短短一年内就增加了270部作品，而HBO Max和Amazon Prime Video比上一年多推出了40部电视剧。获得2021年奥斯卡提名最多的工作室是Netflix，其中《曼克》和《芝加哥7人的审判》等影片总共获得了35项提名，Amazon以12项提名位居第二（见图7-11）。在2022年，在电视剧方面，最受欢迎电视剧的前10名均由Netflix主导。2021 年，美国订阅流媒体服务上观看次数最多的原创电视剧是 Netflix 提供的《路西法》，这部奇幻系列的流媒体播放时间超过 180 亿分钟。排在第二位的是韩国《鱿鱼游戏》，播放量约为 160 亿分钟。而在数字原创节目方面，Netflix 依旧占据主导地位，其平台播出的《Cobra Kai》是美国最受欢迎的数字原创节目，在 2022 年 1 月 6 日至 12 日期间，其表现比平均标题高出约 87 倍。排名第二的是同样在 Netflix 播出的《巫师》，与平均市场的差异约为 56 倍。

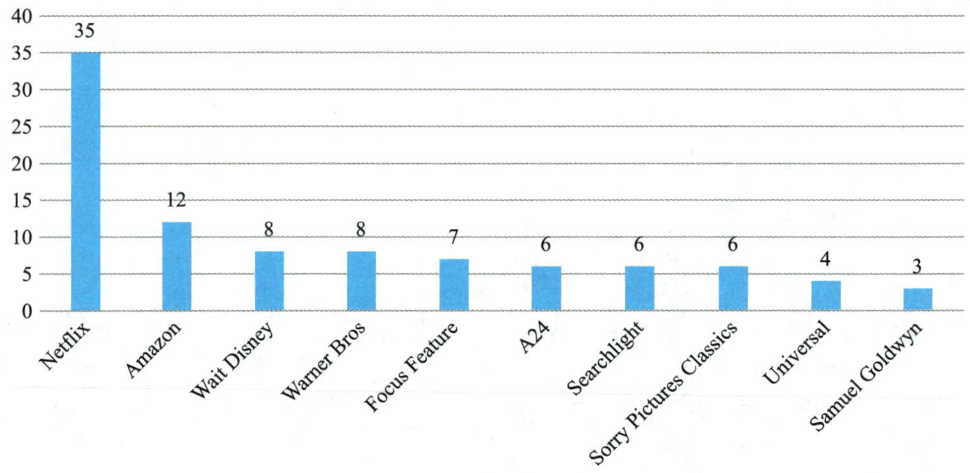

图 7-11　2021 年美国获得奥斯卡奖提名最多的电影制片厂

数据来源：Statista。

另一个有关内容的竞争焦点则是性价比，这方面 Netflix 稍显乏力。在美国，截至 2020 年 12 月，Amazon Prime Video 是总体上最超值的服务，其最基本的月度计划订阅者每 1 美元可观看 1620 部电影和 240 部电视节目，Netflix 位居第二（见图 7-12）。新服务 Disney Plus（风格化为 Disney +）和 Apple TV + 提供内容较为落后，因为最近推出的平台 HBO Max 的内容比这两个频道都多。与亚马逊相比，Netflix 每美元提供给订户的电影要少得多。

3. 竞争格局——市场份额与结构

在美国国内 SVOD 市场方面，根据 Just Watch 所提供的数据报告，美国 SVOD 市场在 2020 年用户数量大幅上升，但是市场份额却呈现出胶着状态。虽然 Netflix 依旧在 2020 年 1～9 月持有美国国内 SVOD 市场的最大份额，但是其领先优势有所丧失（见图 7-13）。HBO Max 则得到一定的提升，抢占市场份额。与此同时，Amazon Prime Video、Disney +、Hulu 保持了较为稳定的市场地位。

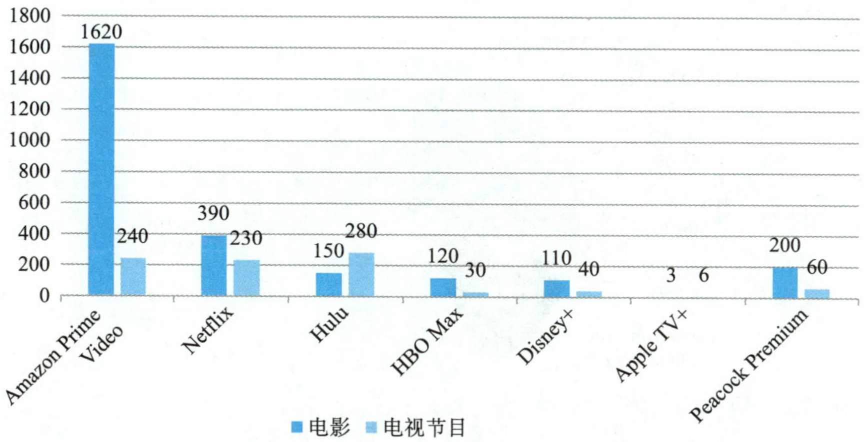

图 7-12　2020 年 12 月末美国主要 SVOD 平台上每美元的电影和电视节目订阅者数量

数据来源：Statista。

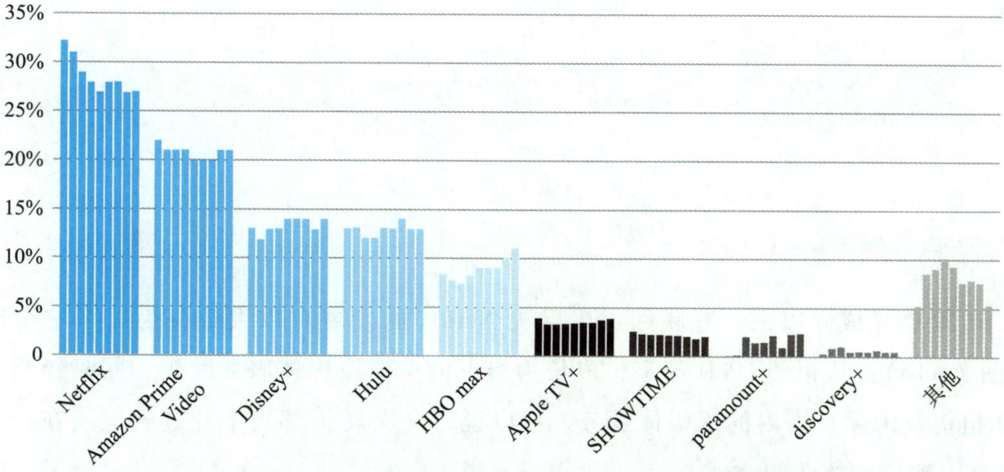

图 7-13　美国 SVOD 市场应用需求 2020 年 1～9 月变动

数据来源：JustWatch. com。

在世界 SVOD 市场方面，根据 Parrot Analytics 的报告，随着新的流媒体平台蚕食这家美国巨头的份额，全球对 Netflix 的需求在 2020 年创下新低（见图 7-14）。报告称，Netflix 在 2020 年占全球需求的 53.5%，处于市场主导地位，但比 2019 年的数字低 6.3%，下降的主要原因是竞争对手平台的推出。而 Apple TV + 的份额达到 3.9%，Disney + 和 HBO Max 的份额均为 3.6%。

综上所述，可以看出 Netflix 在用户竞争与内容竞争方面，依旧保持其行业领先的地位，但是与其他平台之间的差距有所缩减，主要是由于潜在竞争者进入市场，争抢市场份额。在整体的市场结构方面，无论是国内还是国际业务，Netflix 均保持市场渗

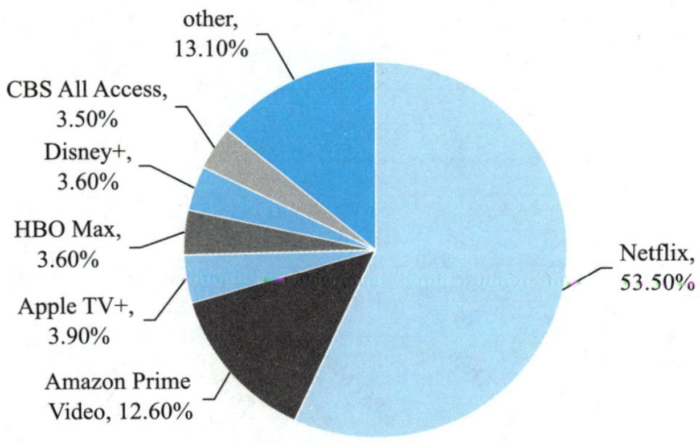

图 7－14　世界 SVOD 市场应用需求

数据来源：Parrot Analytics。

透率首位。但是同样，在背后竞争者猛攻之下，Netflix 市场份额被逐步蚕食，守塔困难。

三、公司介绍

（一）发展历程

自 1997 年成立以来，互联网娱乐巨头 Netflix 的发展可以大致分为以下三个阶段（见图 7－15）：从租赁 DVD 起家，成长为当下的全球流媒体服务巨头，同时经营国内 DVD 租赁及国际、国内的流媒体业务，可以说每一次转折都离不开其管理层在产业发展浪潮中敏锐的商业嗅觉。

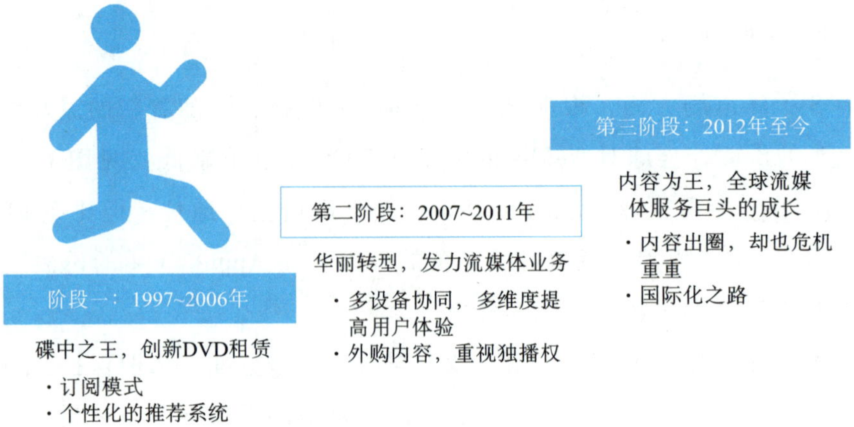

图 7－15　Netflix 发展阶段

1. 第一阶段（1997～2006年）：碟中之王，创新DVD租赁

受亚马逊在线图书零售网站启发，Netflix于1997年建立了首个DVD的在线销售及租赁网站，随后创新地推出了订阅模式和个性化的电影推荐系统。不同于传统的线下租赁，订阅模式下用户完全不受租借时间限制，只要寄回本次的DVD，Netflix就会按照预约清单寄出下一批，此外算法能够根据评分和时段为用户推荐影片，提高用户黏性。

在线挑选与直邮配合创新的商业模式，不但打破了线下实体门店的限制，还能够极大满足差异化的需求，吸引了一波以小众影视爱好者为主的忠实订阅用户。1997～2006年，Netflix的用户年复合增长率高达79%，2006年时其付费用户就达到了600万人，收入也实现持续正增长，于2002年成功上市。

2. 第二阶段（2007～2011年）：华丽转型，发力本土流媒体业务

DVD市场取得成就后，Netflix并没有选择安时处顺，而是敏锐地嗅到了流媒体带来的商机。2006～2007年，以YouTube为代表的在线视频传播平台的崛起，使Netflix相信，随着技术的发展，在线流媒体将取代DVD成为未来影视娱乐的主流。

Netflix于2007年在PC端推出在线观看服务，但仅在PC端发力是远远不够的，随着网络电视、手机等各类终端的涌现，用户的娱乐设备日趋多样。为实现多设备的协同，满足用户灵活的娱乐需求，2008年Netflix推出自有流媒体软件，并与电视机及各类移动设备等广泛合作，包括AppleTV、Xbox、PlayStation等200多种终端都植入Netflix的流媒体软件。

Netflix的管理层从YouTube原创视频的火爆中意识到用户消费的是内容，因此，除注重多设备协同外，Netflix还致力于持续获取影视内容的版权并优化推荐算法系统，根据用户的观影习惯推送用户可能喜欢的非热门影片，为用户提供差异化的娱乐需求，加快了影碟的流动性。2007年推出在线观看服务初期，Netflix向各大制片公司购买大量电影版权，仅1年时间在线电影的版权数量就翻了一番达到12000多部，2010年后开始加大经典美剧版权的储备，并以独播剧作为重点，带火了《绝命毒师》，同时获得了热剧《广告狂人》的独家发行权。

转型初期的网速由于技术限制不足以支持高清视频的传播，因此DVD租赁仍是Netflix营收的主要来源，流媒体的盈利也初具规模。2007～2011年，付费用户的年复合增速达34%，2011年度平均付费的美国用户达到约2198万人。而在后期，DVD租赁服务自然衰退的过程中，流媒体服务日趋成熟，共同支撑起Netflix的盈利，这也体现了Netflix决策层的前瞻性。

3. 第三阶段（2012年至今）：内容为王，全球流媒体服务巨头的成长

2011年7月，为培育流媒体业务，Netflix试图将流媒体业务与DVD租赁业务拆

分，在新设网站 qwikster. com 中运营 DVD 租赁业务，选择捆绑服务即面临价格的上调，这一方案遭到用户的抵制。此外，不断购买版权和海外的初步扩张也导致 Netflix 盈利锐减。2011 年后半年，Netflix 的股价大跌近 70%，内外交困是第三阶段的开局，坚持“内容为王”最终助力 Netflix 破局。

2012 年，《广告狂人》在 AMC 播出后即在 Netflix 上线播放，但是效果未达预期，观众对该剧的印象仅停留在首播平台 AMC 上，而非 Netflix。在这次“为他人做嫁衣”后，Netflix 意识到斥巨资扩充片库远远不够，于是开始明确将内容首播作为战略，自主打造内容品牌，突破了在内容获取方面完全被动的局面，走上影视内容出品方之路。

2013 年，Netflix 推出首播剧《纸牌屋》大获成功，拉动 1000 万新增用户，据称该剧的拍摄背后有关于用户偏好的大数据支持。之后 Netflix 持续重金投入，保证内容质量，多次收购不同类型的工作室并与知名的主创团队合作，陆续推出《女子监狱》《毒枭》《马可波罗》等，首播内容持续规模化发展，广泛覆盖了剧情类、动画片及纪录片等多种类型的剧集，其出品的内容自 2013 年多次获得艾美奖提名。除内容外，Netflix 还从视频比特率的选择、优化缓存内容、提供高质量翻译等方面提升用户的流媒体体验质量。

虽然 Netflix 斥巨资打造高质量的首播内容，为其赢得了一定的主动权，但 Netflix 并没有就此摆脱对外购版权的依赖，这很可能成为其未来发展的定时炸弹。据尼尔森数据统计，在 2018 年下半年至 2019 年上半年间，过去 12 个月里 Netflix 用户的观看时间有 73% 花在非原创内容上，经典剧集《办公室》和《老友记》是他们观看时间最多的内容。然而多数外购版权的所属公司，例如 Disney、HBO 等，都开始进军流媒体平台，导致不少吸引用户的优质内容被撤走。2019 年 Netflix 向 AT&T 支付近 1 亿美元，才将本该在 2019 年下架的《老友记》版权延长了 1 年，而另一部经典剧集《办公室》在 2019 年因版权到期下架。

这一阶段的另一主线便是流媒体服务的国际化之路。Netflix 在 2010 年 9 月开拓加拿大市场，2011 年 9 月进入了拉美及加勒比地区，2012 至 2014 年期间陆续覆盖欧洲国家市场，2015 ~ 2016 年开始进入亚太国家及非洲地区。至 2016 年，Netflix 的流媒体业务已推广至全球 190 多个国家和地区，2017 年国际业务的毛利率开始扭亏为盈。在国际化进程中，Netflix 结合本土文化积极打造各类剧集满足多元文化用户的需求，其中近期的爆款韩剧《鱿鱼游戏》成为 Netflix 史上收视最高的剧集，不仅引起了本地观众的共鸣，更是火遍全球。Netflix 的股价由播出之日（2021 年 9 月 17 日）的 589. 35 美元涨至 11 月 17 日的 691. 69 美元，但随后的 2 个月间，Netflix 的股价却急转直下，跌幅近 50%。

2012～2021 年的 10 年间，Netflix 流媒体服务的年均付费用户的复合增速达到 24.23%，其中国际用户的增长率高达 70.76%。

（二）业绩情况

1. 用户及用户分布

2003～2021 年付费用户数量及增长率如下所示（见图 7－16），由于公司业务的调整，各阶段统计口径有所差别，2003～2010 年为订阅两种服务的年平均付费用户数量，自 2011 年起为年末流媒体服务的付费用户数量。尽管口径有差别，但由于 DVD 业务式微，图中仍呈现了 Netflix 总体的付费用户数量及趋势。

图 7－16 2003～2021 年付费用户数量及增长率

可以看出，第一阶段是用户增长的黄金期，付费用户增长率曾高达 78.30%，这得益于 Netflix 创新的服务模式和当时市场渗透率较低，成长空间较大。在第二阶段之初，Netflix 的新业务尚在起步，旧业务又面临竞争对手价格战的挤压，用户增长稍显乏力。随后，由于强劲竞争对手百事达 Blockbuster 的破产，Netflix 的用户增长率重新回升。第三阶段的用户数量仍保持持续的增长，增长率有所下降，但仍保持在较平稳的水平，2020 年受疫情影响用户增长率小幅回升，但在 2021 年仅为 8.93%。从近 5 年用户数据的地区分布中可以发现（见图 7－17），北美地区用户增长较慢，近 5 年的年复合增长率仅 5.93%，而亚太地区的用户增长率则高达 40.11%，其次是中东和非洲地区的 26.48% 以及拉美地区的 17.92%，可见新增用户主要来自北美以外的其他地区，尤其是亚太地区。

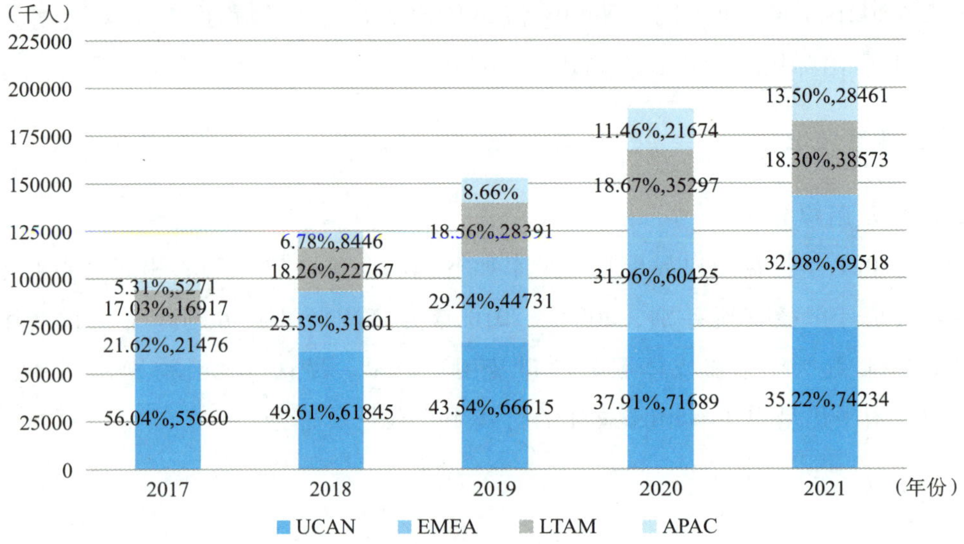

图 7－17　近 5 年各地区年平均付费用户分布情况

数据来源：Netflix 历年财务报表。

2. 收入及利润

Netflix 的收入总体呈现增长趋势，其总额及变化率的趋势与付费用户数量及变动的趋势极为相似，且收入和净利润的表现也均呈现出明显的阶段性特征（见图 7－18）。第一阶段至第二阶段，收入和净利润的增长率均由高峰逐渐趋向可持续的状态，这个阶段的净利润率在 6% 上下浮动。第三阶段，Netflix 的盈利大量投向内容制作和海外业务拓展，2012～2017 年的平均净利润率仅为 2.77%，2017 年海外业务逐渐呈现规模化发展，毛利率扭亏为盈后，2018～2021 年的净利润率才逐渐有所回升。2021 年 Netflix 的收入为 296.98 亿美元，较上年增长 18.81%，净利润为 51.16 亿美元，较上年增长 85.28%。

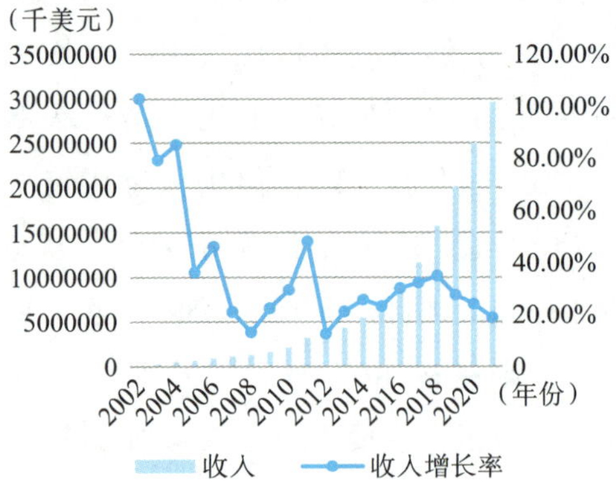

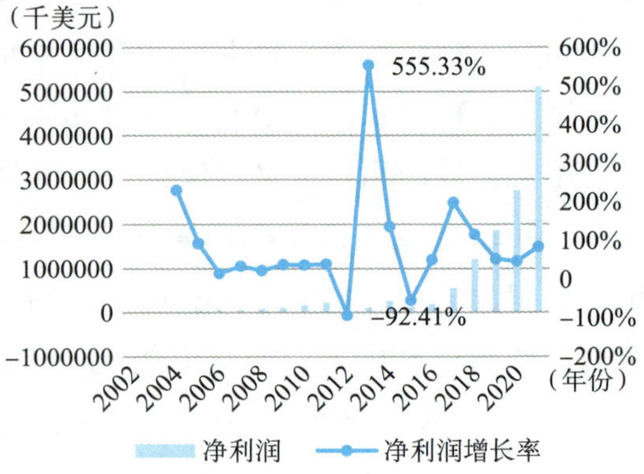

图 7－18　2002～2021 年 Netflix 营业收入（左）、净利润（右）及增长率

数据来源：Netflix 历年财务报表。

同样的阶段性特点也体现在经营性净现金流和资产负债率的变化上（见图7-19）。在第一、第二阶段，Netflix始终保持较稳定的经营性现金净流入和较稳定的资产负债率，而第三阶段的高投入导致了经营性现金流出现了较大的缺口以及资产负债率的较快攀升，至2017年，Netflix的资产负债率高达81.16%，之后两年该现象逐渐出现缓和迹象。

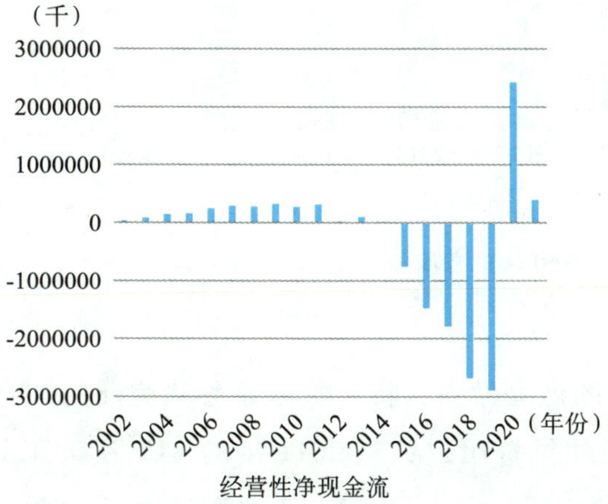

图7-19　2002~2021年Netflix经营性净现金流及资产负债率

数据来源：Netflix历年财务报表。

（三）主营业务：流媒体业务坚守高地，DVD业务顺势而为

2011年，Netflix的流媒体业务开始高速发展。2013年，Netflix发布了其自制剧奠基之作《纸牌屋》，同时会员数出现指数级增长，2017年年底，会员数过亿，Netflix成为了市值最高的娱乐媒体公司。

Netflix的业务由两个部分构成，一个是Netflix白手起家曾经傲视群雄的传统DVD租赁业务，另一个则是其顺应互联网浪潮而跟进的流媒体业务，流媒体业务进一步可分为国内和国外，其业务均采用付费订阅的模式提供服务，流媒体业务的会员分为基本、标准和高级3个等级，依次放开对使用设备数量以及播放格式的限制，会员费每月9.99至19.99美元不等。

1. DVD业务：大江东去浪淘尽

当流媒体在视频领域大行其道之时，传统的DVD业务已然成为时代的弃子，萎缩之势难以阻挡。2017年，DVD业务收入为29.4亿元人民币，业务占比3.85%，而到2020年，DVD业务收入下降到15.6亿元人民币，业务占比更是跌至0.96%（见图7-20）。

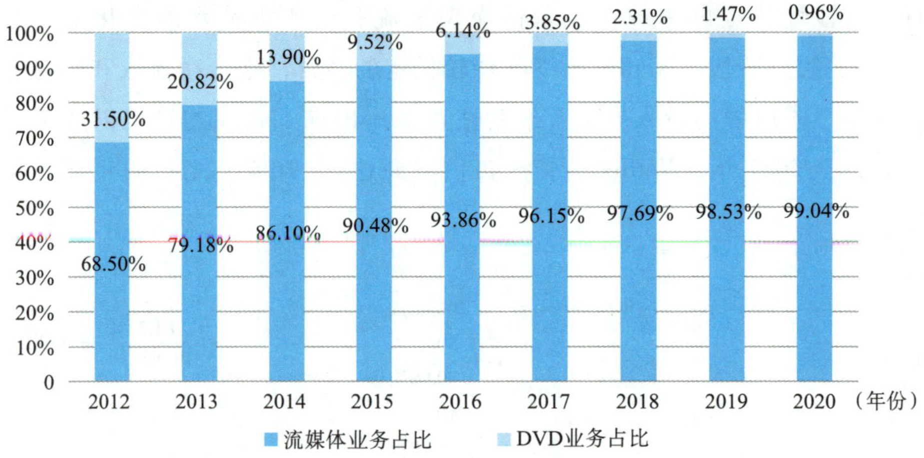

图 7－20　2012～2021 年 Netflix 的营收结构

2. 流媒体业务：快马加鞭将下鞍

早在 2010 年，Netflix 就开始着眼全球力图做大做强，将流媒体业务从美洲的加拿大、拉美地区布局到欧亚大陆遍地开花，国外付费用户数从 2011 年的 145 万飙升至 2017 年的 5783 万，开始超越国内付费用户数，成为引领 Netflix 营收高速增长的新引擎（见图 7－21）。

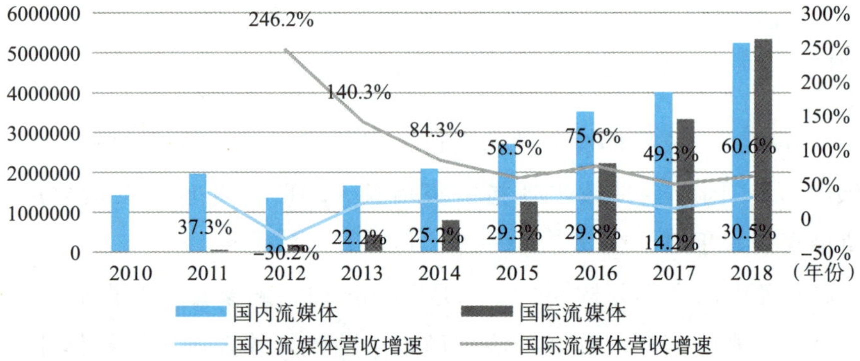

图 7－21　2010～2018 Netflix 流媒体业务营收及增速（分区域）

数据来源：Netflix 历年财报。

2017～2020 年，Netflix 的付费用户数始终保持在 20% 以上的增速，在 2020 年疫情暴发期间的二季度更是冲上了 27.3% 的增速，从人数上看，Netflix 付费用户数从 2017 年一季度的 9900 万人飙升至 2020 年四季度的 2.04 亿人。也许是 2020 年的高增长提前透支了增长潜力，2021 年付费用户数的增速明显放缓，二季度的增速更是降到 8%，不过三季度由于《鱿鱼游戏》的重磅出击，同比增速上升至 9%，虽然稍有回暖，但以往 20% 的增速似乎已成过眼云烟。

2021 年二季度，Netflix 开始向游戏和电商领域扩张以寻求新的增长点。游戏产品同样包含在付费会员中，力图与电影、剧集等视频产品形成协同效应。而电商业务则专注于销售视频产品的周边产品，以实现自身 IP 价值的全面挖掘和利用。

四、市值沉浮：从 10 年 60 倍到半年折半

纵览 Netflix 的历史股价，可以说这是一只充满传奇色彩的股票。尽管其股价在 2021 年年末到 2022 年年初遭遇了腰斩，可这种跌幅在 Netflix 的历史行情中不过是过眼云烟。

（一）上市破发后扭亏为盈，3 倍涨幅打破质疑

2002 年上市后的 Netflix 曾备受华尔街质疑，一度跌破发行价。然而在 2003 年凭借 DVD 租赁业务的规模经济优势扭亏为盈之后，Netflix 盈利能力进入正向循环，股票价格也迅速飙升，一度实现了超过发行价 3 倍的涨幅（见图 7－22）。“昨天的我你爱搭不理，今天的我你高攀不起。”Netflix 用实力给华尔街上了一课，使分析师认识到这家善于创新和转型的企业超乎寻常的一面。不过，这次精彩的逆势翻盘仅仅是 Netflix 驶向星辰大海的开端。

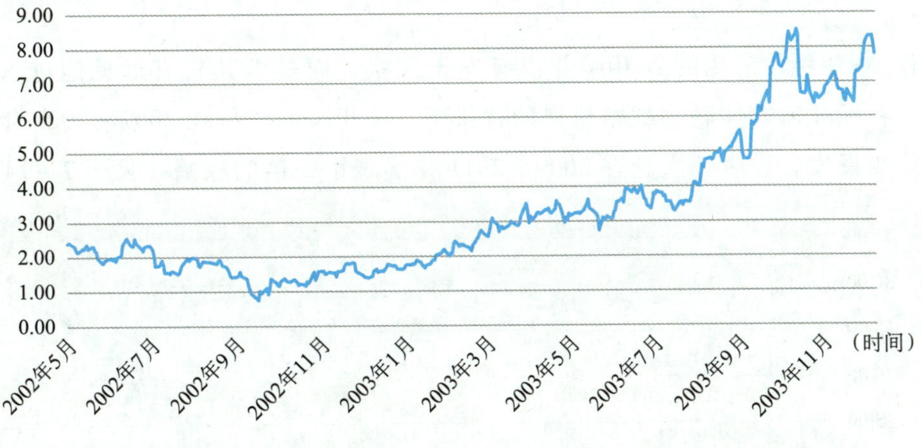

图 7－22　Netflix 历史收盘价（2002 年 5 月 23 日～2003 年 12 月 30 日）

数据来源：Choice。

（二）用户流失遭到暴跌，算法模型拯救股价

然而好景不长，2004 年 Netflix 的竞争对手 Blockbuster 推出在线 DVD 租赁服务，并发起“价格战＋广告轰炸”攻势，快速获得大量用户，这一套“互联网思维”组合

拳使 Netflix 部分用户流失，股价暴跌至发行价附近，而 Blockbuster 股价则一路上涨。然而痛定思痛的 Netflix 凭借着特有的商业算法模型，在提升客户黏性的同时又降低了服务成本，最终扳回一局，击溃了 Blockbuster，股价也在 2005 年年末回复到 4 美元的水平（见图 7－23）。

图 7－23　Netflix 历史收盘价（2004 年 1 月 2 日～2005 年 12 月 30 日）

数据来源：Choice。

（三）抓住流媒体机遇，2 年实现 5 倍高增长

守住 DVD 租赁市场的 Netflix 并没有安于现状，而是极其富有远见地进入了流媒体领域，在抓住流媒体转型战略机遇的背景下，Netflix 的股价在 2007～2009 年的横盘行情后终于爆发，一鸣惊人地在 2009～2011 年实现了 5 倍的涨幅（见图 7－24）。

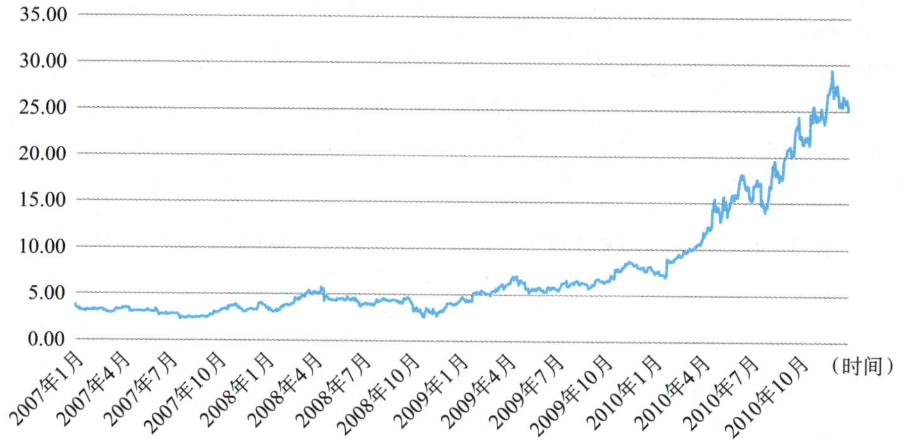

图 7－24　Netflix 历史收盘价（2007 年 1 月 2 日～2010 年 12 月 30 日）

数据来源：Choice。

（四）业务拆分痛失用户，自创优质 IP 引来新一轮增长

2011 年可谓 Netflix 迎来新生的转折点，流媒体开始成为 Netflix 的主要业务，与此同时，Netflix 估值逻辑大变。流媒体业务的收入非常简单，等于付费用户数乘以会费，自此 Netflix 的股价变动被这两个数据紧紧地拿捏着。这一年，Netflix 将 DVD 业务与流媒体业务拆分后，变相提高了同时购买 DVD 服务与流媒体服务的会员费，损失了 29 万付费会员，于是迎来了一轮股价暴跌，从 40 美元左右一度跌至 9 美元左右。Netflix 自制的爆款美剧《纸牌屋》的面世拯救了这一颓势，成功拉动 1000 万新增用户，收复了此轮的暴跌失地。

2013 年之后，Netflix 的流媒体业务不断成熟，全球用户规模不断扩张。2015 年，Netflix 提高了会员费，同时由于其用户黏性的增加，并未损失付费会员数，收入的上升带来 Netflix 股价冲上了历史新高价 70 美元（见图 7－25）。

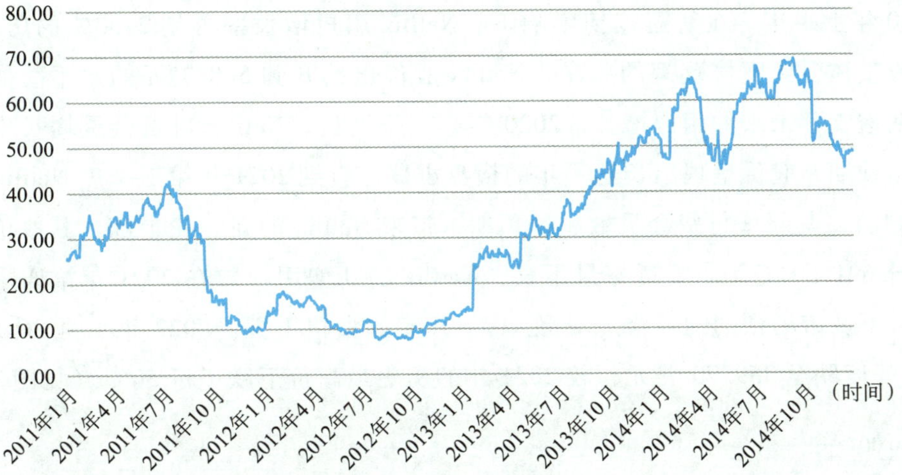

图 7－25　Netflix 历史收盘价（2011 年 1 月 3 日～2014 年 12 月 31 日）

数据来源：Choice。

（五）用户增长率再创新高，增长是否强弩之末？

2018 年第一、第二季度，Netflix 股价节节攀升，一方面受美股互联网板块整体估值抬升带动，另一方面其付费用户增长率创历史新高也驱动着股价直冲 400 美元（见图 7－26）。然而 2018 年第三季度至 2019 年第三季度，Netflix 付费用户数增速下行，加之收入增速的波动，给股价带来震荡。

图7－26　Netflix历史收盘价（2018年1月2日～2019年12月31日）

数据来源：Choice。

（六）疫情＋爆款IP，股价登上历史新高后惨遭腰斩

2020年上半年，在新冠疫情影响下，Netflix用户增长率再创27.3%的历史新高，加之美股整体受到宽松政策的刺激，Netflix股价也抬升到500美元的水平。似乎是在疫情前期透支了未来的用户增长，2020年第三季度后，Netflix付费会员增长率的大幅下行超出预期，股价呈现出长达一年的横盘震荡。直到2021年第三季度Netflix推出了《鱿鱼游戏》，其新增付费会员数超过预期，带来Netflix的新一轮上涨，其股价达到历史最高价691.69美元。不过好景不长，Netflix的新增用户数在2021年第四季度遇到了瓶颈，不及市场预期的一半，导致2022开年的大幅下挫。2022年1月26日，Netflix股价一度跌至359.70美元，较2021年的历史最高价下跌了近50%（见图7－27）。

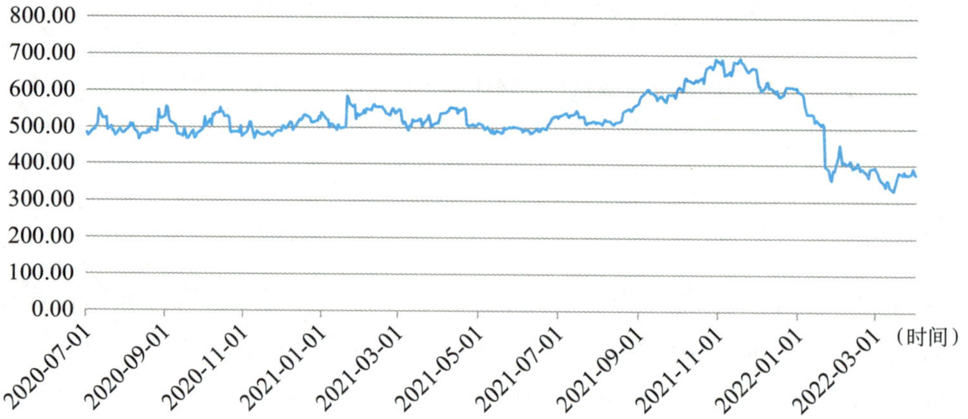

图7－27　Netflix历史收盘价（2020年7月1日～2022年3月31日）

数据来源：Choice。

不难看到，近年来流媒体市场似乎再难以向 Netflix 维持可观的输出，Netflix 曾经引以为傲的用户增长率仿佛收敛到了一个极限，狂热的增长过后往往会迎来疲软的下跌，股价也相应地表现出过山车式的大幅震荡。

（七）基本面与市盈率背离，高增长神话恐成绝唱

从 Netflix 近年来的平均市盈率和财务指标来看，2016 年 Netflix 年平均市盈率达到历史最高位 317.15，与之相伴的是营业收入增长率在 2016 年实现了从 20% 的水平增加至接近 30% 的飞跃，成长性在市盈率的驱动中扮演了重要的角色（见图 7－28）。

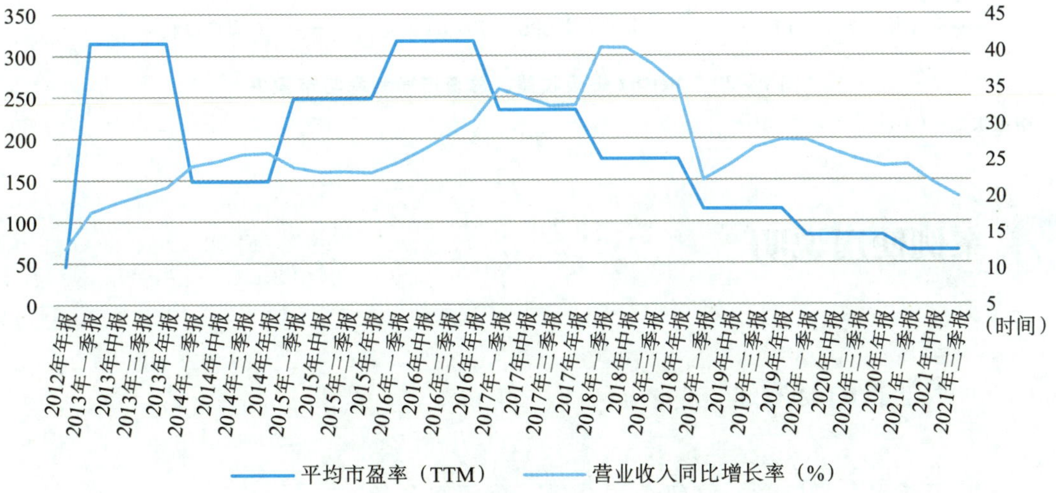

图 7－28　Netflix 营业收入增长率与市盈率

而随着 2018 年以来营业收入增长率的下降，市盈率也开始出现大幅的下降，到 2021 年三季度，营业收入增长率下降至 20% 以下，而同年平均市盈率则下降至 65.03，市场对营收增速始终保持着较为敏感的反应。与此相反的是，2016～2021 年，Netflix 的每股净收益和总资产净利率在持续增加，盈利能力不断改善（见图 7－29），然而市盈率的持续降低却与其背离，不得不引人深思，当一家互联网企业从盈利少、收入高增长的成长期，走向盈利多、收入低增长的成熟期，是否意味着其股价也将无法复制曾经的收益率神话？而市场的估值逻辑为何没有变化，从对高增长的追捧转向对现金牛的青睐？

而历经波折的 Netflix，是否还能再次上演曾经令人惊愕的高增长华丽逆袭？一切都将交由时间来检验。

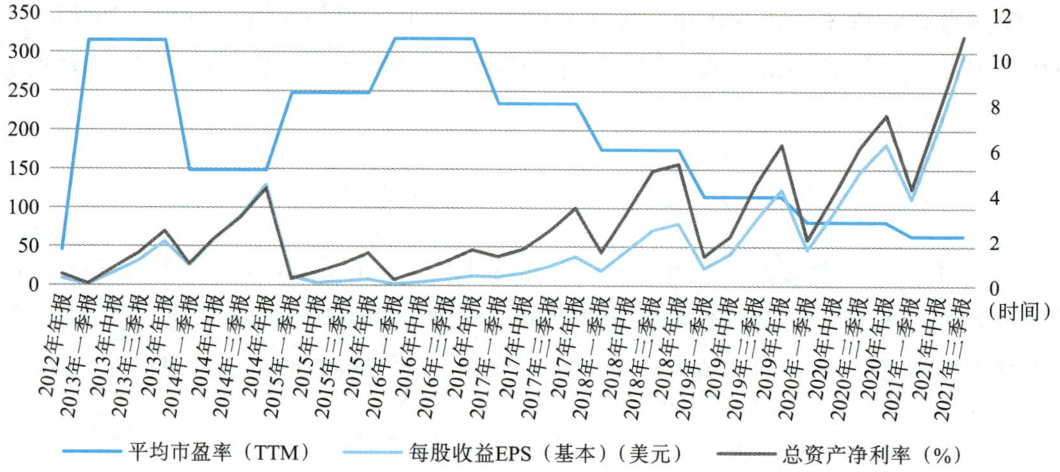

图 7-29　Netflix 每股收益、总资产净利率与市盈率

数据来源：Choice。

案例使用说明

一、教学目的与用途

1. 适用课程：投资学、高级公司金融、公司财务等。

2. 适用对象：本案例主要为金融专业硕士研究生及本科生相关课程开发。

3. 教学目的：随着信息技术的发展，越来越多的互联网公司如雨后春笋般涌现，视频流媒体更是其中的佼佼者。视频流媒体公司如何进行价值分析与估值？与传统企业有何差异？某个产品或服务的火爆是否对公司价值产生持续性影响？这些问题逐渐在公司金融领域引起广泛关注。本文以全球最大的娱乐供应商、视频流媒体行业巨头——Netflix 为例，在分析过程中，首先，运用多种企业价值分析的框架模型，从宏观、行业和公司的不同角度全面深入地分析了 Netflix 的企业价值；随后，依据公司估值模型对企业价值进行了量化分析；最后通过编程软件，运用趋势分析法、事件研究法和 SVM 神经网络的信息粒化时序回归股价预测研究分析了《鱿鱼游戏》对 Netflix 市值的影响。

具体目标可分为以下三个方面：

（1）分析公司股价高速增长的可能原因，进一步分析爆款 IP 的推出对流媒体公司股价的影响，使学生多角度、全方位地理解互联网公司价值的影响因素。在对 Netflix公司价值进行定性分析时，本案例从宏观、行业和公司三个维度深入分析Netflix股价上涨的驱动因素。在宏观分析中本文运用了PEST模型，包括政治、经济、社会和技术四个方面；在行业分析中本文运用了波特五力模型，包括同行业内现有竞争者的竞争能力、潜在竞争者进入的能力、替代品的替代能力、供应商的议价能力与购买者的议价能力五个方面；在公司分析中主要包括公司的业务、发展和财务状况三个方面。这能引导学生在评估类似公司的价值时多注重宏观层面的影响因素而不仅仅局限于公司的财务报表，从多角度进行基本面分析。

（2）基于已有的企业估值方法和理论，能够让学生自己运用公司财务报表中的数据，学会如何对标的公司进行估值。在课本关于估值的介绍中，更加侧重理论模型的构建，所用案例更加简单基础，而且多选用传统行业的公司为例。本案例以Netflix的财务报表为基础，引导学生运用模型自行测算相关数据进行估值，包括对公司主营业务收入、成本的测算、现金流测算、折现率估计等。在具体案例的实战中能够让学生对企业估值模型的使用及效果有更深入的理解和认识，进一步提高学生的实务操作水平及能力。

（3）结合前文进行的公司价值的定性分析以及估值定量分析，进一步引导学生思考在对互联网公司估值时有哪些值得考虑的新因素，什么才是互联网公司发展壮大的核心竞争力。以流媒体公司为例，本案例旨在引导学生分析IP是否对公司股价产生决定性的影响，被推高的公司价值是否含有一定的虚估、高估成分，并且这样的高估值水平能否持续下去，同时引导学生学习运用编程软件分析公司市值变化。

二、启发思考题

1. 请运用所学知识分析Netflix创造股价高速增长神话的原因可能有哪些？

2. 试运用绝对估值与相对估值等方式对Netflix进行估值，判断其股价折半是否是本身价值虚高的缘故？

3. 目前市场上普遍认为IP是流媒体公司的核心竞争力，对Netflix来说，IP与其股价是否有推动关系？这种关系又是否可持续？

4. Netflix股价折半有哪些可能的原因？是什么打破了市场对其高估值的信心？

5. Netflix之类的流媒体企业未来又该如何发展？

三、分析思路

1. 根据经典的有效市场假说理论，处于半强式有效市场中的股票价格反映了与其相关的历史信息与公开信息，因此想要分析 Netflix 股价高速增长背后的原因，可以运用基本面分析法，从宏观到行业再到公司，从多个方面分析寻找可能造成 Netflix 市值较高的因素，对公司价值进行较为完善的定性分析。

2. 估值方法可简单分为绝对估值法和相对估值法两种。出于对 Netflix 公司的产品赛道以及互联网属性的考虑，可以采用绝对估值法中的 FCFE、FCFF、EVA，相对估值法和基于用户价值的估值法，建立合理的估值模型对其进行估值。

3. 在第一道思考题对宏观、行业和公司基本面分析的基础上，以及第二道思考题对公司价值判断的前提下，结合当下互联网视频平台崛起的背景，通过建模和编程分析 IP 对 Netflix 股价的影响，从而进一步理解和把握 Netflix 股价高速增长的驱动因素。

4. 教师可以引导学生从 Netflix 现在所处的股票市场环境、行业格局变化以及自身经营面临的挑战出发，对 Netflix 的股价暴跌进行原因分析。

5. 结合以 Netflix 为代表的流媒体企业面临外部竞争加剧以及市场扩张瓶颈等挑战，讨论流媒体企业的发展方向以及应对这些挑战的策略。可以从内容制作、业务的全球化和多元化、价格制定等角度展开讨论。

四、理论依据与参考分析

（一）Netflix 为何能创造高速增长的神话

1. 理论依据

（1）有效市场假说。

20 世纪 70 年代，经济学家尤金·法玛提出了有效市场假说，在学术界和业界都引起了巨大的反响。虽然一直有一些质疑的声音，但经过时间的检验，有效市场假说在现在依然是现代金融理论的重要框架之一。根据假说内容，如果市场中证券的价格完全反映了所有可以获得的信息，那这样的市场就是有效市场。有效市场假说根据有效程度有以下三种形式。

①弱式有效市场：当证券的市场价格只反映所有过去的历史价格信息时，市场弱式有效。历史价格信息主要指股票的成交价格、成交量和换手率等。在弱式有效市场

中，股票价格的技术分析失去作用，基本面分析可能帮助投资者获得超额利润。

②半强式有效市场假说：当证券的市场价格充分反映了所有历史价格信息和已公开的有关公司经营情况的信息时，市场半强式有效，公开信息主要包括公司财务信息及其他影响公司经营的信息等。在半强式有效市场中，基本面分析也将失效，内幕信息可能有助于获得超额利润。

③强式有效市场假说：当证券的市场价格已经充分反映了历史价格信息和所有已公开和未公开的关于公司经营情况的信息时，市场强式有效，为有效市场的最高程度。在强式有效市场中，即使掌握内幕信息也毫无用处，没有任何方法能帮助投资者获得超额利润。

（2）股票价格的基本面分析法。

美国股票市场起步较早，经过数百年的运作，无论是市场容量、交易品种还是信息披露规范程度都处于领先水平。在现实情况中，美国股票市场更接近半强式有效市场。因此本文接下来运用基本面分析方法，从宏观、行业和公司三个方面对 Netflix 股价高速上涨的原因进行具体分析。

在宏观分析中，本文运用 PEST 模型分析了影响行业和公司的宏观环境因素。PEST 模型是经典的对宏观环境的分析模型，P 指 Political，即政治，E 指 Economic，即经济，S 指 Social，即社会，T 指 Technological，即技术。其中，对经济分析的参考指标主要有经济发展水平、规模、财政收支和通货膨胀率等；对政治分析的参考指标主要有政治制度、政府政策和相关法律及法规等；对社会分析的参考指标主要有人口和价值观念等；对技术分析的参考指标主要有高新技术、工艺技术和科研创新等。

在行业分析中，本文运用波特五力模型对流媒体行业进行了分析。波特五力模型由迈克尔·波特（Michael Porter）于 20 世纪 80 年代初提出。该模型认为行业中有五种力量共同决定行业的发展规模和结构，从而进一步影响业内公司的竞争战略决策。这五种力量分别为同行业内现有竞争者的竞争能力、潜在竞争者进入的能力、替代品的替代能力、供应商的议价能力与购买者的议价能力。

2. 宏观分析

（1）政策。

第三次科技革命以来，计算机、互联网行业成为各国战略布局的重点。在金融危机之后，美国也将发展互联网产业作为振兴经济的重要战略，并出台了一系列政策引导互联网及相关产业的布局。其实早在 1993 年年初，在美国总统克林顿的授权下，美国政府成立了“信息基础设施特别小组”，并发布了极具指引作用的“国家信息基础建设计划”（NII）。之后，美国的互联网产业利用先发优势、技术基础和政府政策的支持，迅速发展并在全球占据了领先地位。

在政策支持方向上，美国更重视计算机互联网基础性、关键性技术的研发与应用。比如在大数据和云计算领域，2009 年美国政府发布了《联邦云计算发展战略》；2012 年，美国政府决定实施“大数据计划”，将“大数据”上升为国家战略。这些政策的出台都极大推动了美国互联网基础技术的进步，从而为互联网公司创新商业模式、开发市场以及互联网行业的繁荣都打下了坚实的基础。

（2）经济。

美国经济的稳定持续发展为文化繁荣打下了坚实的物质基础。1983 年美国经济逐渐走出衰退进入复苏阶段，GDP 增速达到 4.6%。1960 年美国的人均 GDP 仅为 3007.1 美元，1995 年即上升至 18690.9 美元，在这期间的居民个人消费支出中用于服务支出的比例也从 40.9% 提升至 57.4%，这其中自然也包括快速增长的美国本土文化消费需求。

经济全球化背景下，跨地区文化传播更加广泛和深入。在商品和服务的跨国贸易和交流过程中，信息获取也越来越便捷和丰富，各种文化载体如报刊、广告、互联网视频在世界范围内弥漫和融合，促进了互联网公司进行全球战略布局，走出国门在海外市场上开疆拓土。

（3）社会。

从消费者价值观念来看，随着居民物质生活的改善，其“文化审美”层次也逐渐提高，居民在进行文化消费时更加看重内容和质量，优质的内容往往能吸引更多的消费者买单。尤其美国作为世界消费大国，经济实力雄厚，超前消费甚至借贷消费是美国人的生活特征之一，同时在基本的物质消费需求得到满足后，美国人也更加重视文化和艺术消费，提高精神生活的品质。

从消费者数量上看，一方面，美国人习惯将观看电视作为放松和消遣的主要方式。根据 2015 年的统计数据，美国人平均每天看 2 小时 49 分钟 12 秒的电视，超过了任何其他休闲活动的时间，而互联网视频在内容和技术上带来的消费体验比有线电视和电视网都更胜一筹，吸引了更多的付费用户消费；另一方面，2020 年新冠疫情肆虐全球，迫使居民的线下娱乐活动减少，用户流量从线下转到线上，互联网流媒体平台付费用户规模暴增，业绩飞涨。

（4）技术。

流媒体技术指大量媒体数据被压缩后在网上分段发送数据，从而实现在网上即时传输影音的技术，“流”代表数据包能像流水一样灵活。在进行传输时，声音、影像或动画等时基媒体是由音视频服务器向用户进行连续、实时传送，用户只需要等待十几秒的启动时间就可以观看，剩余部分会在后台服务器继续下载，这大大提高了视频传输速率。流媒体传输的文件也不需要太大的缓存容量。

进入互联网时代后，流媒体视频平台能够利用互联网分发内容，覆盖更广范围，同时用户仅需要支付宽带网络和服务器使用费用，有效降低了传输费用。互联网的迅猛发展和普及为流媒体业务发展提供了强大市场动力，流媒体服务在客户群体中的接受度和认可度也越来越高。在多媒体新闻发布、直播、广告、电商、教育、医疗等领域得到广泛应用。

3. 行业分析

（1）行业发展视角。

从行业发展阶段来看，媒介传输技术的变革主要经过广播电视到有线电视再到流媒体视频三个阶段（见表7-2），2013年左右，流媒体视频平台兴起，从前订阅有线电视的用户开始转战流媒体，普华永道一项调查显示，2017年年底美国有27%的家庭取消了有线电视的订阅。流媒体视频平台利用价格、内容和技术等方面的优势，推出的头部内容和长尾内容几乎可以满足所有消费者的偏好。因此处于成长期的流媒体视频行业蛋糕越做越大，市场迅速扩张。

表7-2　　媒介传输方式对比（美国）

	有线电视	IPTV	OTTTV
推广时点	1960年	2008年	2011年
传输渠道	电视专网	互联网专网	互联网公网
内容	外购+自制直播为主	外购为主，直播+点播+增值服务	外购+自制直播+点播+增值服务
价格	较高	较高	较低
运营商	有线电视运营商	网络运营商，有线电视运营商，专营公司	各类玩家均有进入

资料来源：网络公开资料整理。

从行业市场规模来看，流媒体订阅用户数增长迅速，带动流媒体行业市场规模保持快速增长。根据《美国电影协会2019主题报告》的数据，2015年全球流媒体用户数量仅为2亿多人，在2019年增长到了8.64亿人，同比增长28%，从2015~2019年年复合增长率超过130%；其中美国订阅用户数达到了2.37亿，同比增长26%，在2015年仅为1亿多人，年复合增长率超过120%。

（2）行业竞争结构视角。

①现有企业间竞争：流媒体行业作为后起之秀，自然也吸引着众多媒体和互联网科技公司布局流媒体业务，前来分一杯羹。在老牌娱乐媒体公司中最具代表性的迪士尼虽然没有抓住流媒体早期发展的机会，但2015年后迪士尼也开始抢占流媒体市场，

通过内部重组、外部并购等资本运作措施，于2018年发布了体育流媒体平台ESPN+，并于2019年推出自己的流媒体平台Disney Play，逐渐形成了多元化定位的流媒体矩阵。

全球互联网龙头公司亚马逊和苹果等公司也强势布局流媒体市场。根据媒体报道，亚马逊2018年在原创视频上投资45亿美元，依靠积累的1亿多会员用户优势在视频流媒体行业迅速占领一席之地；苹果在2018年也投资10亿美元用于制作原创内容。

Netflix作为颠覆传统的流媒体先行者，利用先发优势，专注优质内容和用户体验，在流媒体市场始终稳坐头把交椅。在2018年艾美奖颁奖典礼上，Netflix与曾经推出《权力的游戏》这一超火爆剧集的内容创作领跑者HBO获得同样数量的奖项，位居首位。2019年，Netflix在流媒体市场的市占率达到40%（见图7-30）。

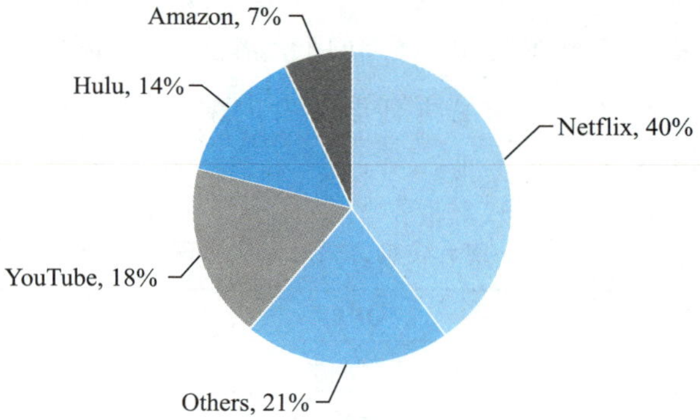

图7-30　2019年流媒体行业市场格局

数据来源：美国电影协会2019主题报告。

②潜在进入者分析：流媒体行业的潜在进入者主要集中于有线电视、卫星电视和电信运营商。流媒体市场的发展使传统的付费电视用户流失，转移到互联网端，以此为主要收入来源的有线电视、卫星电视等传统媒体公司遭受到了相当大的冲击。根据Informitv Multiscreen Index数据，从2018年开始，美国付费电视行业损失了257万用户。而且随着5G等通信技术的进步，互联网传输速度会更快，覆盖范围会更广，卫星电视在农村和偏远地区的影响力也将难以持续，意味着未来会有更多的用户流失。因此以AT&T和康卡斯特为代表的美国传统有线电视巨头也正在转型升级，努力跟上流媒体发展的浪潮。

③替代品威胁分析：虽然像Netflix、Amazon等流媒体视频平台已经在全球媒体市场上占据一席之地，但仍存在一些替代品的挤占威胁，比如AVOD业务，即以广告取

代订阅费，提供免费的流媒体服务，增长潜力巨大。除此之外，还有虚拟MVPD业务，虚拟MVPD意为移动虚拟存在设备。根据Conviva发布的《2018年第三季度流媒体行业现状报告》数据，2017年第三季度美国虚拟MVPD服务的播放量年同比增长292%，观影时长增长212%。虚拟MVPD服务与单一频道服务App相比，最大优势在于MVPD能够提供高质量的多频道内容服务。Netflix和Amazon的流媒体服务的模式为将电影、电视和其他原创内容打包提供给用户，而虚拟MVPD向观众提供的是来自广播和有线网络的直播及VOD内容。而且它提供频道收取的月费也比较便宜。

④供应商议价能力：供应商议价能力主要取决于行业特点、市场竞争程度和消费者需求。流媒体视频平台向用户提供在线实时观看的音视频内容并向其收取费用以获得收入。行业龙头公司能够依靠其技术和信息优势把握消费者喜好，并持续输出高品质的内容，从而获得数量较多且稳定的客户群，通常具有较强的议价能力。

⑤购买方议价能力：购买方议价能力主要取决于可供买方选择的替代产品数量、选择替代产品的成本和信息获取程度。首先随着流媒体服务的提供商越来越多，消费者可选择的平台和内容更加多样化，一些优质火爆的视频内容或者更具针对性的服务品质极有可能吸引用户弃旧图新，取消在原平台的付费服务转移到其他平台；其次互联网的普及使消费者之间的信息差也逐渐缩小，流媒体平台消费者的议价能力不断提高。

4. 公司分析

（1）业务方面：聚焦用户增长，两次颠覆铸造公司发展引擎。

上市公司市值的增加与业务拓展有密切的联系，Netflix是一家提供顶级媒体服务和原创节目制作的提供商，Netflix基于订阅的功能通过互联网向超过2.04亿个付费会员账户提供电影、纪录片、电影和电视剧。Netflix从租赁DVD起家，进行了业务从DVD到流媒体，从流媒体到自制IP的两次颠覆，成长为当下的全球流媒体服务巨头。目前，Netflix通过两个来源产生收入：流媒体收入和DVD收入。

1997年Netflix开始做DVD租赁，并以该业务为起点开始了长达十年的迅猛增长。直至2007年，Netflix净利润已经高达6700万美元，然而Netflix此时做出预测，认为DVD业务将在2013年到达极限点。这个预测在当时看起来非常荒谬，在这样的背景下，Netflix开始了其业务的第一次颠覆，开辟出流媒体新业务，为之后的发展开辟新的增长点。Netflix认为随着技术的发展，在线流媒体将取代DVD成为未来影视娱乐的主流。在2007年，不顾管理团队的阻挠，Netflix的CEO哈斯廷斯投入4000万美元到流媒体业务的研发中，正式转型经营流媒体业务。

但事实上Netflix的DVD租赁业务在2010年就达到了极限点，比预测还要提前三年，而此时2007年推出的流媒体业务成为新的增长点。DVD业务在2004～2010年以每年25%的速度增长，并于2010年达到极限点，自2011年开始，DVD业务开始萎缩（见图7－31）。尽管流媒体业务自2007年推出，但Netflix于2011年7月才将流媒体业务与DVD租赁业务拆分，在新设网站中运营DVD租赁业务。

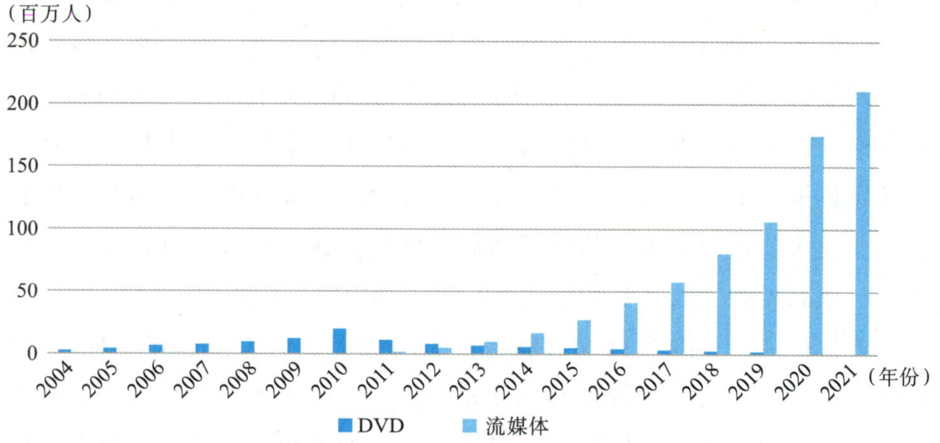

图7－31　Netflix付费会员数量

数据来源：Netflix年报、SEC。

流媒体业务推出后，虽然短期内使Netflix承受了一定程度的亏损，但是其付费用户数量呈现出指数级增长，流媒体业务的拓展挽救了Netflix，使其成为网络电视领域的领头羊，完美接替了原本的DVD业务，促使Netflix以更快的速度实现增长，两个业务形成了完美的接替。2012～2021年，Netflix流媒体服务的年均付费用户的复合增速达到24.23%，其中国际用户的增长率高达70.76%。

近年来，Netflix将经营重点转移至流媒体业务上，专注于吸引新客户和通过增强其流媒体内容的节目组合来满足现有客户，不断购买版权和海外的初步扩张也导致Netflix盈利锐减。2011年后半年，Netflix的股价大跌近70%，Netflix意识到斥巨资扩充片库远远不够，于是开始进行其业务的第二次颠覆——自主打造内容品牌，以影视内容出品方的身份突破了在内容获取方面完全被动的局面。2013年，Netflix推出首播剧《纸牌屋》大获成功，拉动1000万新增用户，据称该剧的拍摄背后有关于用户偏好的大数据支持。之后Netflix持续重金投入，保证内容质量，多次收购不同类型的工作室并与知名的主创团队合作，陆续推出《女子监狱》《黑暗物质》《马可波罗》等，首播内容持续规模化发展。为满足多元文化用户的需求，Netflix于2021年9月17日推出韩剧《鱿鱼游戏》，成为Netflix史上收视最高的剧集，Netflix的股价由播出之日的589.35美元涨至11月17日的691.69美元。

原创内容成为Netflix的增长引擎，独家内容的不可复制性提高了Netflix用户的转移成本，提高了用户忠诚度。至2015年，Netflix的流媒体业务发展使其超越所有同行业竞争者，成为在北美高峰时段宽带占用比例最高的视频网站（见图7－32），Netflix也因此成为历史上投资回报率最高的企业。

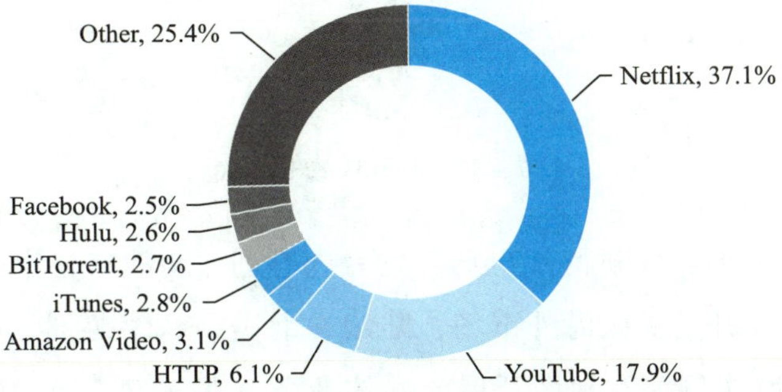

图7－32　北美峰时宽带占用情况

数据来源：Sandvine。

Netflix在业务发展方面最重要的逻辑是确定用户增长的单一目标，在其他互联网企业在业务方面做加法时，Netflix将业务做减法。无论是DVD业务还是流媒体业务，都只是获取用户的手段。目前流媒体业务收入占Netflix总收入的99%以上，是全美唯一一家没有广告的流媒体，独家的优质内容成为公司唯一的获客途径，也就是说公司几乎只有流媒体费用这一种业务，即：公司收入＝用户数×年费。

2021年Netflix的DVD业务收入为1.82亿美元，同比下降23.82%，流媒体业务收入为295.15亿美元，同比增长19.22%，流媒体细分市场业务收入占公司2021年总收入比例高达99%（见表7－3）。

表7－3　　网飞业务收入　　单位：百万美元

年份	DVD	流媒体
2017	450.50	11242.22
2018	365.59	15428.75
2019	297.22	19859.23
2020	239.38	24756.70
2021	182.35	29515.50

数据来源：Netflix年报。

Netflix通过制造独家内容获取更多用户，带来收入增长，这就使公司有更多资金投入到内容创作中，从而吸引更多用户，创造更多收入，形成内容、收入和用户的循环增长模式（见图7－33）。

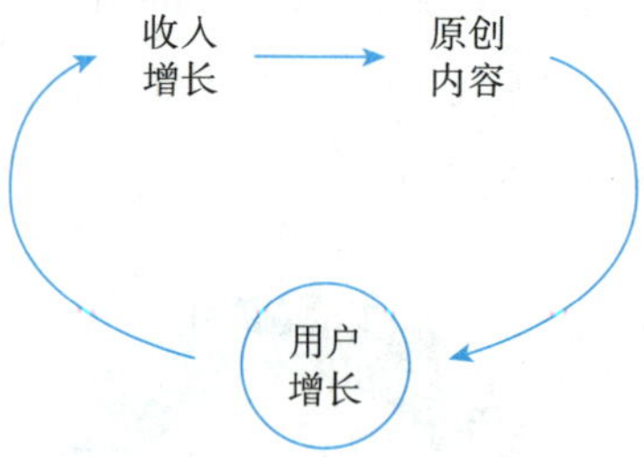

图7－33 Netflix增长模式

（2）公司发展方面：深耕海外市场，发力内容创作与战略合作国际化。

2010年，Netflix开始扩张海外市场，陆续在北美、拉丁美洲、欧洲、中东和非洲以及亚太地区的190个国家和地区开展流媒体业务（见表7－4）。Netflix于2010年9月开始在加拿大提供流媒体服务，随后进入南美、欧洲和亚洲。2014年5月，Netflix向法国、瑞士、卢森堡和德国等6个国家推出流媒体服务，是Netflix推进国际化进程的重要战略举措，截至2014年年底，Netflix视频服务已经覆盖全球50多个国家。2015年，Netflix陆续向古巴、日本、葡萄牙、意大利和西班牙等国家提供视频服务，其视频服务覆盖130多个国家。由于在流媒体业务的国际化推动过程中，Netflix需要投入更多资金用于对当地文化、经济、宗教等情况的考察，从而生产出符合当地价值观的内容，Netflix的国际流媒体业务自推出以后长期呈现亏损状态。2017年Netflix的海外市场实现爆发式增长，国际付费会员数量剧增1600多万人，首次实现海外市场业务扭亏为盈。

表7－4 Netflix国际化进程

时间	事件
2010～2014年	在加拿大、荷兰等国家陆续推出流媒体服务； 开拓欧洲市场，流媒体服务覆盖至全球50多个国家
2015～2017年	陆续向古巴、日本、葡萄牙、意大利和西班牙等国家提供视频服务，其视频服务覆盖130多个国家； 扩大对拉丁语的投资，与中国爱奇艺网达成合作，顺利进入中国市场
2018～2021年	在巴黎、迪拜等地开设办事处，在马德里、多伦多等地设生产中心，在韩国设立分公司，将亚太地区的业务出售给腾讯； 流媒体业务覆盖190多个国家

资料来源：Global Data。

目前Netflix的海外用户规模已经远超美国国内用户规模（见图7－34），近五年来Netflix的新增会员几乎均来自美国和加拿大（UCAN）地区以外的地区，尤其是欧洲、中东和非洲地区（EMEA），拉丁美洲（LATAM）地区的Netflix用户也呈现出逐年增加的趋势，亚太地区（APAC）的用户数量在2017～2019年剧增，2020年出现小幅下降，而Netflix在2021年打造的爆款韩剧《鱿鱼游戏》促使其在亚太地区收获了714万新用户。

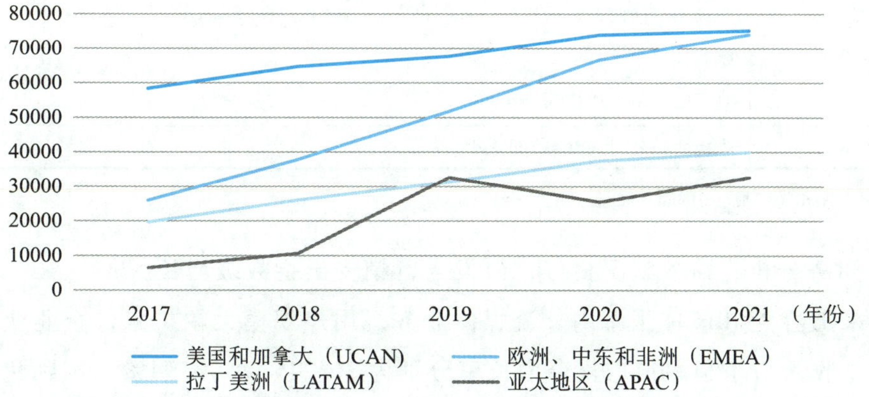

图7－34　Netflix各地区付费会员数量

资料来源：Netflix年报、Global Data。

为了拓展流媒体海外市场，Netflix着力于创造或采购更多国际化的内容。2011年，Netflix与BBC达成合作，向英国用户提供包括《神秘博士》和《小不列颠》等多部电视剧。2014年，Netflix从BBC购买了《浴血黑帮》的网络播出权，2015年又引入了中国的热播剧《甄嬛传》，并进行翻译和加工。随后为了进入日本市场，Netflix又与日本富士电视台共同制作了《双层公寓》等日剧。2017年，Netflix从印度购买了《爱之方寸》的版权，成为该剧的独播视频网站。

为了刺激用户数量增长，Netflix积极寻求国内和国际层面的战略合作，开发适用于各国各类终端的应用程序，尤其是占据视屏播放量最大比重的电视机终端。为此，网飞与各国电视机厂商以及机顶盒厂商寻求合作。2011年，为了开拓亚洲市场，Netflix与海尔、松下、三星、索尼和东芝等知名电视机、机顶盒生产商达成合作，在遥控器中添加Netflix专用按钮，从而有效地扩展亚洲流媒体市场。2013年，Netflix与英国和瑞典最大的有线电视运营商Virgin Media和Com Hem合作，向当地用户提供流媒体服务。为了进一步丰富内容，Netflix收购了包括ABQ Studios、Dumplin和Roald Dahl StoryCo在内的多家漫画、游戏和电影公司。近4年Netflix的兼并、收购、接管事件整理如下（见表7－5）。

表 7－5　　近 4 年 Netflix 兼并/收购/接管大事记

时间	兼并/收购/接管事件
2021 年 9 月	收购电子游戏公司 Night School Studio 收购管理作者 Roald Dahl 版权和商标的公司 Roald Dahl Story Co
2021 年 8 月	购买动画长片《众神之巅》的全球版权
2019 年 5 月	收购儿童娱乐品牌 StoryBots
2019 年 4 月	从 American Cinematheque 手中收购好莱坞的埃及剧院
2018 年 9 月	收购俄罗斯两部动画片《LEO》和《Tig and Be－Be Bears》 收购公司 Dumplin 收购电影制片厂 ABQ Studios
2018 年 8 月	收购漫画公司 Millarworld Ltd

资料来源：Netflix 年报、Global Data。

（3）财务分析：财务状况良好，研发与营销支出指数级增长。

近年来随着 Netflix 扩张海内外流媒体业务，用户规模大幅扩张，企业业绩实现大幅增长，总收入与净利润年均复合增长率分别为 26.24% 和 73.94%，国际化布局成效显著。2021 年 Netflix 总收入为 296.98 亿美元，同比增长 18.8%，营业利润率为 20.9%，而 2020 年的营业利润率为 18.3%。由于 Netflix 几乎只有流媒体费用这一种业务，公司收入＝用户数×年费，受到用户增长的积极影响，公司总收入在 2020 年相对 2017 年实现翻倍，2021 年受益于《鱿鱼游戏》的火爆，总收入又进一步增长（见图 7－35）。

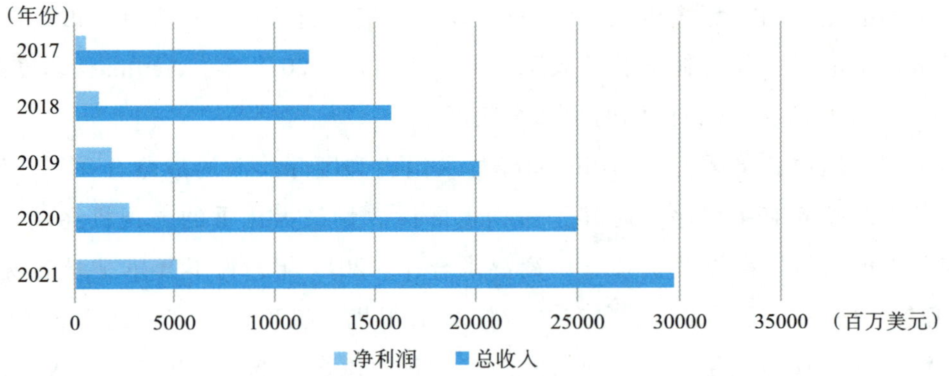

图 7－35　Netflix 业绩情况

数据来源：Netflix 年报。

盈利能力方面，Netflix 公司的 ROE 和 ROA 增长强劲（见图 7－36），2021 年 Netflix 的 ROE 为 38%，较上一年增长 8.4 个百分点，ROA 为 12.2%，较上一年增长 4.7

个百分点。近 10 年以来，Netflix 的 ROE 和 ROA 的中位数为 17.9% 和 4.3%，远远超过行业中位数 1.3% 和 1.5%。

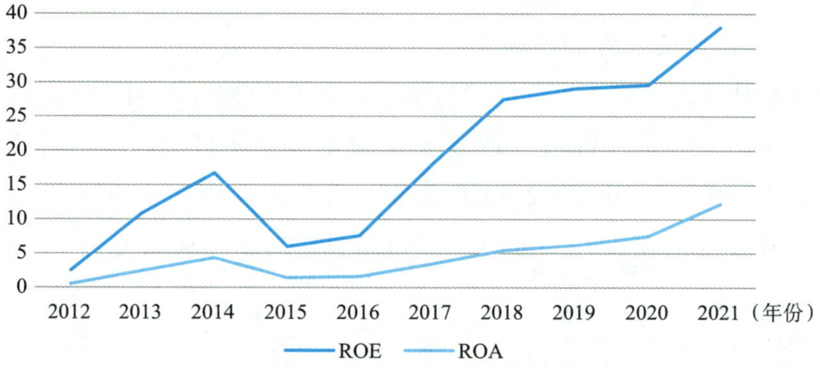

图 7－36　Netflix 公司 ROE 和 ROA

数据来源：Netflix 年报。

Netflix 的毛利率、净利率和营业利润率呈现出不同程度的持续上升趋势（见图 7－37），2021 年 Netflix 的毛利率、净利率和营业利润率分别为 41.6%、17.2% 和 20.9%，分别较上一年增长 2.7 个百分点、6.2 个百分点和 2.6 个百分点。近 10 年来，Netflix 公司的净利率和营业利润率中位数分别为 4.8% 和 7.3%，远高于行业中位数 2.9% 和 5.6%。此外，Netflix 的营业费用率呈现下降趋势，近 10 年来中位数为 24.5%，远低于行业中位数 43.4%。

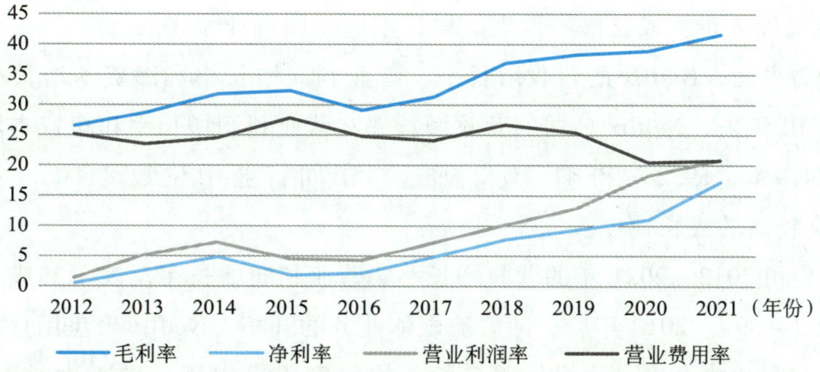

图 7－37　Netflix 公司毛利率、净利率、营业利润率及营业费用率

数据来源：Netflix 年报。

营销与研发支出方面，Netflix 近 10 年来对于营销与研发的投入资金呈现指数级增长，高投入带动了用户增长。营销费用主要包括广告费用和向公司合作伙伴支付的款项，包括消费电子产品制造商（CE）、多渠道视频编程分销商（MVPD）、移动运营商和互联网服务提供商（ISP）。广告费用包括促销活动，例如数字和电视广告等营销活动，营销费用还包括支持公司营销活动的人员工资和相关费用。Netflix 在 2021 年的营销费用为 25.45 亿美元，占收入比例为 8.57%，较上一年增加 3.17 亿美元，营销支出近 11 年的年均复合增长率为 21.7%。

研发费用包括研发人员工资和因改进服务而产生的相关费用，例如智能推荐引擎的研发支出。Netflix 的研发部门专注于开发满足客户不断变化的需求的服务产品，Netflix 在 2021 年的研发支出为 22.74 亿美元，占收入比例为 7.66%，较上一年增长 4.44 亿美元，研发支出在近 11 年的年均复合增长率为 27.1%（见图 7－38）。

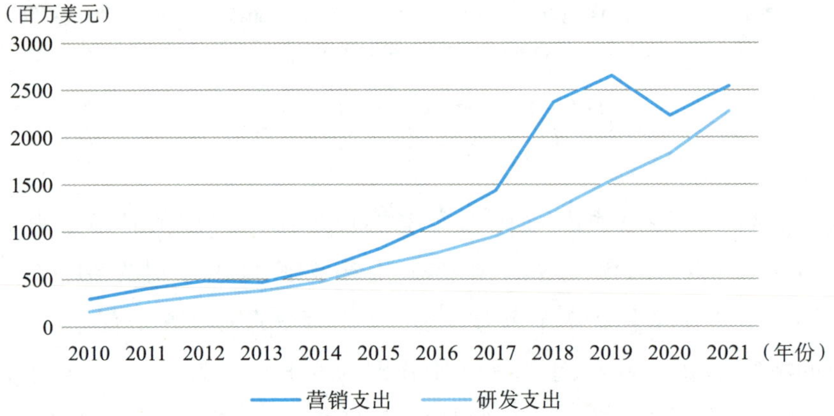

图 7－38　Netflix 营销支出与研发支出

数据来源：Netflix 年报。

（4）成长性分析：成长潜力巨大，增长率远超同行业水平。

成长能力方面，Netflix 的营收增长率、营业利润增长率和净资本增长率远超同行业水平，近 10 年来，Netflix 公司的营收增长率、营业利润增长率和净资本增长率中位数分别为 24.9%、69.2% 和 41.3%，远远高于同行业中位数 8.4%、－24.9% 和 2.8%，具有较高的成长速度。

Netflix 公司 2012～2021 年的营收增长率、营业利润增长率反映了其成长能力指标趋势（见图 7－39）。2012 年后，随着流媒体业务的开拓，Netflix 聚焦用户增长，发力内容创作与国际战略合作，流媒体服务的年均付费用户的复合增速达到 24.23%，其中国际用户的增长率高达 70.76%。付费用户的指数级增长使 Netflix 具有远超同行业水平的成长速度。

总体而言，通过对 Netflix 公司基本面分析，我们发现 Netflix 基本面总体向好。从创立至今，公司实现了业务从 DVD 到流媒体，从流媒体到自制 IP 的两次颠覆性成长。同时，Netflix 深耕海外市场，发力内容创作与战略合作国际化，加大研发与营销投入，

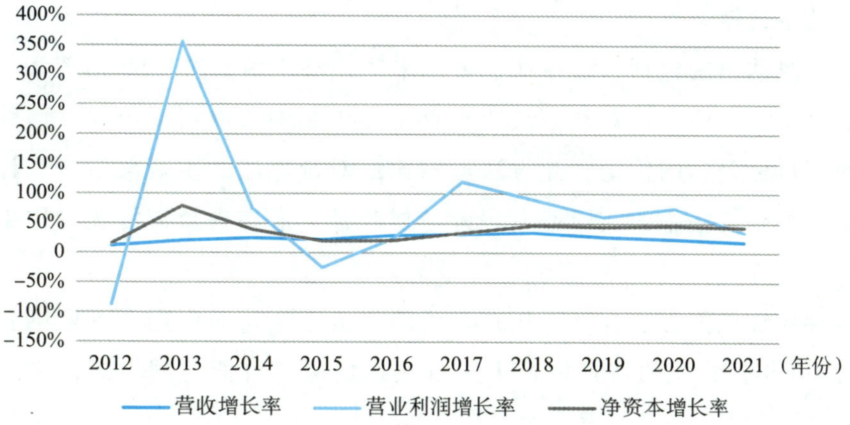

图7－39　Netflix营收增长率、营业利润增长率

数据来源：Netflix年报。

实现付费用户指数级增长，这为Netflix股价进一步走强奠定了基础。

（二）估值分析

1. 估值模型理论基础

公司估值不仅能够反映股票市场对经济运行和公司价值的反馈是否有效，还是企业和个人投融资的重要依据，因此公司估值理论的研究一直是学术界和投资界的重点方向。估值理论研究最早由英国经济学家阿尔弗雷德·马歇尔提出，他将利息扣除后的利润定义为经济利润，提出企业价值可以通过收益折现进行确定，马歇尔的理论为现代估值理论和方法的探究奠定了基础。1906年，费雪在《资本和收入的实质》一文中创造性地提出了收入与资本价值的关系，认为财产或权力的价值可以通过对未来货币流量进行折现而获得。费雪于1930年出版《利息理论》一书，并在书中明确提出公司估值技术。1956年，美国经济学家莫迪利安尼和莫顿·米勒提出MM理论，认为公司的价值与资本结构与股息政策无关，而是取决于投资组合。以上理论的提出为企业估值理论进一步的发展奠定了基础。

公司估值理论广泛应用于投资以及并购重组等金融活动中，成为金融市场中不可缺少的理论工具。传统的估值方法包括绝对价值法和相对价值法，前者以企业未来现金流量和资金的时间价值为基础，后者则将目标公司与其他可比公司进行对比。

绝对价值法中使用比较普遍的主要为股息贴现模型和自由现金流贴现模型，前者认为股票的内在价值为未来的股息收入以一定折现率折算成现值，后者认为公司价值取决于未来可自由支配的现金流的折现值。自由现金流贴现模型克服了股息贴现模型折现率选择的主观性以及发放股息受到的外部因素影响导致的估值偏差，但其本身仍然存在较大的主观性。

常用的相对估值法包括市盈率法、市净率法、PEG 估值法、PS 估值法等，其中最普遍使用的是市盈率法。相对估值法要求首先在市场中选取可比公司，借助与其他公司的比较获取目标公司的估值，此方法虽然比绝对价值法的主观假设少、计算较为简单，但是容易导致忽略企业实际经营风险、成长性、潜在现金流等关键因素，进而导致估值偏差。

除了两种传统估值方法，基于用户价值的估值方法普遍应用于互联网企业的估值中。20 世纪 80 年代，罗伯特·梅特卡夫首次提出网络价值与网络规模之间的线性关系（梅特卡夫定律），公式如下：

$$V = E \times M^2$$

其中 V 为网络的价值，E 为价值系数，M 为网络中的用户数量。

此定律提出后遭到质疑，随后梅特卡夫使用 2004 ~ 2013 年的 Facebook 公司数据对该定律进行实证分析，并将梅特卡夫定律与萨尔诺夫定律、里德定律和奥德林克定律的估值结果进行对比，证明了梅特卡夫定律的拟合效果是最优的。此后，梅特卡夫定律被广泛应用于互联网公司的估值中。

由于 Netflix 公司在年报中表明历史不曾发放股息，且未来也没有相应计划，所以股息贴现模型并不适用。所以，出于对 Netflix 公司的产品赛道以及互联网属性的考虑，我们采用绝对估值法中的自由现金流折现法（FCFE 与 FCFF）和经济附加值法（EVA）、相对价值估值法和基于用户价值的估值法三种方法进行估值（这里采用此三种方法对 Netflix 进行估值分析，但并不意味着本文未提及方法不适用）。

2. 股权资本自由现金流估值模型（FCFE）

（1）公式。

自由现金流估值模型的核心思想是认为一个公司的价值为未来所有现金流的贴现值之和。自由现金流贴现模型可以对股权价值进行估计也可以对公司整体价值进行估计。本文首先运用自由现金流贴现模型对公司股权价值进行评估。基本公式如下：

$$\text{公司股权价值} = \sum_{t=1}^{t=N} \frac{\text{所有者权益自由现金流}_t}{(1+\text{权益资本成本})^t} + \frac{\text{权益的最终价值}}{(1+\text{权益资本成本})^N}$$

（2）核心要素。

从公式中可以看出，模型的核心要素有 4 个：所有者权益自由现金流、所有者权益自由现金流的增速、折现率和权益的最终价值。

公司的所有者权益自由现金流等于自由现金流减去债权人自由现金流。需要扣除公司的经营费用、税收、本息偿还以及为保障预计增长所需的全部资本性支出后的现金流。经简化，所有者权益自由现金流计算公式如下：

所有者权益自由现金流 = 净收入 -（净投资 - 净负债增加）

所有者权益自由现金流的增长率主要与公司的业绩状况相关。Netflix作为典型的互联网公司，在近几年业绩持续高速增长，因此本模型假设Netflix目前处于高速增长阶段，未来将进入平稳增长阶段。高速增长和平稳增长阶段的自由现金流增长率也有差异，数值确定将在估值分析部分具体说明。

折现率也是贴现模型中的一个重要参数。折现率就相当于投资收益率，与公司的风险水平有关。折现率越高，说明公司的不确定性越大，投资者要求更高的风险补偿。本文根据CAPM模型对折现率进行估计。

折现率 = 无风险利率 + β（市场期望回报率 - 无风险利率）

此外，公司权益价值的计算公式如下：

$$权益的最终价值 = \frac{平稳增长首年所有者权益的自由现金流}{折现率 - 增速}$$

（3）估值计算。

①Netflix所有者权益自由现金流的计算：

根据Netflix2021年财务报表数据，运用所有者权益自由现金流公式，可以获得如下数据（见表7-6）：

表7-6　Netflix2021年度财务报表部分数据　　单位：千美元

项目	金额
净收入	5116228
净投资	1339853
净债务增加	3776375
所有者权益现金流	7552750

在得出Netflix2021年的所有者权益自由现金流后，以此为基础，再对其未来的所有者权益自由现金流进行估算。

②Netflix所有者权益自由现金流增长率的计算：

随着互联网的应用逐渐普及，各大互联网视频平台的用户数量和全球流媒体观看时长显著增加。2020年受疫情影响，居民居家时间增多，全球流媒体观看时长增幅明显。2021年随着全球防疫的进步，居民正常工作生活逐步恢复，全球流媒体观看时长同比增速略有下降，但仍保持年平均19.25%的较高增长。Netflix作为典型的流媒体平台公司，其重要盈利基础来自全球订阅用户的流媒体观看时间。所以本文在运用自由现金流贴现模型对Netflix估值时，假设公司高速增长阶段的自由现金流增速与2021

年全球流媒体观看时长年平均增速相同，即 19.25%。同时模型假设从 2026 年起公司进入平稳增长阶段，按照 8% 的年增速估算，预测的 Netflix 自由现金流增长率如下（见表 7－7）。

表 7－7　　Netflix 各年度现金流量预测　　单位：千美元

年份	增速	自由现金流
2022	19.25%	9006654.38
2023	19.25%	10740435.34
2024	19.25%	12807969.15
2025	19.25%	15273503.21
2026	8%	16495383.46

③Netflix 折现率的计算：

折现率包括无风险利率和风险溢价两部分，其中无风险利率采用 2021 年年底五年期美国国债利率 0.73%，风险溢价包括市场平均风险溢价和 Netflix 公司个体风险溢价。市场平均风险溢价参考 2011～2021 年美国标普 500 指数的平均年回报率 12.64%，Netflix 公司个体风险溢价分为两阶段考虑，在预计高速增长的 2022～2025 年，公司高速发展是存在一定程度的不确定性的，因此具有较高的风险溢价，贝塔系数大于 1。具体而言，我们根据 Netflix 公司股票回报与标准普尔 500 指数的回报进行回归，得到 Netflix 公司在高速发展期间的贝塔系数为 1.015。在 2026 年及以后的平稳增长阶段，风险溢价基本可以保持在市场风险溢价的平均水平，即贝塔系数等于 1。

Netflix 公司所有者权益自由现金流的折现率计算公式为：

$$折现率 = 无风险利率 + \beta(风险溢价 - 无风险利率)$$

通过上述分析，我们可以计算出在 2022～2025 年高速增长阶段公司所有者权益自由现金流的折现率为：

$$折现率 = 0.73\% + 1.015 \times (12.64\% - 0.73\%) = 12.82\%$$

在 2026 年及以后的平稳增长阶段公司所有者权益自由现金流的折现率为：

$$折现率 = 0.73\% + 1 \times (12.64\% - 0.73\%) = 12.64\%$$

④Netflix 平稳增长期自由现金流终值的计算：

根据前面估算的平稳增长期的折现率和计算平稳增长期公司所有者权益的最终价值的公式，可以得出如下结果：

$$权益的最终价值 = \frac{平稳增长首年所有者权益的自由现金流}{折现率 - 增速} = \frac{16495383.46}{12.64\% - 8\%}$$

$$= 355311748.66（千美元）$$

⑤Netflix 基于自由现金流贴现模型的估值结果：

根据自由现金流贴现模型带入 Netflix 公司的数据，可以得出结果（见表 7－8）。

表 7－8 Netflix 股权资本自由现金流贴现模型运算表 单位：千美元

年份	自由现金流	折现率	折现年数	现值
2022	9006654. 38	12. 82%	1	7983138. 48
2023	10740435. 34	12. 82%	2	8438052. 37
2024	12807969. 15	12. 82%	3	8918889. 22
2025	15273503. 21	12. 82%	4	9427126. 24
终值	355311748. 66	12. 64%	5	195928661. 61
Netflix 公司股权价值				230695867. 91

根据 Netflix2021 年财务报表，其普通股流通数量为 443963 千股。根据自由现金流贴现模型得出的每股价格可按如下公式计算：

$$每股价格=\frac{股权价值}{普通股数量}=\frac{230695867.91}{443963}=519.63(美元)$$

（4）敏感性分析。

本模型主要基于全球流媒体付费用户数据和基本面分析对公司营收增速进行了假设估计，具有较强的主观性，且平稳增长期的营收增速假设对公司价值影响更大；在折现率的估计中，本模型运用 CAPM 计算公式，假设公司在平稳增长期的 β 值为 1，与现实情况存在差距。因此此处针对平稳增长期营收增速 g 和折现率 r 进行敏感性分析，具体如下所示（见表 7－9）。

表 7－9 Netflix 估值敏感性分析 单位：亿美元

	$g=7.00\%$	$g=7.50\%$	$g=8.00\%$	$g=8.50\%$	$g=9.00\%$
$r=13.14\%$	1909. 82	2069. 71	2264. 05	2505. 30	2812. 78
$r=12.64\%$	1944. 80	2108. 27	2306. 96	2553. 61	2867. 98
$r=12.14\%$	1980. 72	2147. 87	2351. 03	2603. 23	2924. 66
$r=11.64\%$	2017. 62	2188. 55	2396. 29	2654. 19	2982. 89

因此，我们可以得出 Netflix 的估值区间应该在 1909. 82 亿美元到 2982. 89 亿美元。

3. 公司的自由现金流估值模型（FCFF）

（1）公式：本文运用自由现金流贴现模型对公司整体价值进行评估。基本公式如下：

$$公司整体价值 = \sum_{t=1}^{t=N} \frac{公司自由现金流量_t}{(1+加权平均资本成本)^t} + \frac{公司最终价值}{(1+加权平均资本成本)^N}$$

（2）核心要素：从公式中可以看出，模型的核心要素有4个：公司自由现金流量、所得税税率、再投资比率、加权平均资本成本。公司现金流量的计算公式如下所示：

$$公司自由现金流量 = 息税前利润 \times (1 - 所得税税率) \times (1 - 再投资比率)$$

$$息税前利润 = 销售收入 \times 息税前利润率$$

息税前利润的计算涉及收入增长率与息税前利润率的假设，在此，对于流媒体收入增长率本文采用分地区划分的收入增长的2018年、2019年、2021年的平均增速，不采用受到新冠疫情影响的2020年。对于息税前利润率，本文将2019～2021年平均息税前利润率作为未来息税前利润率，即17.37%。除此之外对于DVD业务收入，本文假定其占流媒体业务收入比例为2019～2021年平均水平1.03%保持不变。在此基础上，预测收入增长率、息税前利润率和DVD业务收入占流媒体收入比例（见表7－10、表7－11、表7－12）。

表7－10　收入增长率及其预测

	2018年	2019年	2020年	2021年	未来收入增长率
UCAN收入增长率	24.33%	21.37%	13.97%	13.24%	14.74%
EMEA收入增长率	67.75%	39.85%	40.22%	24.80%	33.10%
LATAM收入增长率	36.23%	24.92%	12.92%	13.31%	18.62%
APAC收入增长率	64.22%	55.37%	61.43%	37.70%	39.32%

表7－11　息税前利润率及其预测

	2019年	2020年	2021年	未来息税前利润率
息税前利润率	12.92%	18.34%	20.86%	17.37%

表7－12　DVD业务收入占流媒体收入比例及其预测

	2019年	2020年	2021年	未来占主营比例
DVD占流媒体比例	1.50%	0.97%	0.62%	1.03%

对于所得税税率，本文认为未来所得税率应保持在2019～2021年的平均税率水平，为9.6%。而再投资比率，本文认为其呈现出较大幅度的下降趋势，采用三年平均并不客观。本文发现2020年的再投资比率同比下降了61.78%，2021年同比下降了33.24%。所以假设2022年再投资比率同比下降10%，并保持不变。在此基础上，预

测所得税税率和再投资比率（见表7－13和表7－14）。

表7－13　所得税税率及预测

	2019年	2020年	2021年	未来所得税费用率
所得税费用率	7.5%	9.6%	11.7%	9.6%

表7－14　再投资比率及预测

	2019年	2020年	2021年	未来再投资比率
再投资比率	223.0%	85.2%	56.9%	51.2%

加权平均资本成本中，股权资本成本采用上文计算结果，认为2022～2025年股权资本成本为12.82%，2026年及以后进入平稳阶段，调整为12.64%。公司最新发行的10年期长期债券的债务成本为4.875%，2021年公司的资产负债率为64.45%。加权平均资本成本公式如下：

$$r_{WACC} = \text{税后债务资本成本} \times \frac{D}{E+D} + \text{股权资本成本} \times \frac{E}{E+D}$$

计算得公司在2022～2025年的加权平均资本成本为9.59%，2026年及之后为9.70%。

（3）估值计算。

①Netflix公司自由现金流的计算：

根据Netflix 2021年财务报表数据，运用公司自由现金流公式，可以获得如下数据（见表7－15）。

表7－15　2018～2021年 Netflix 收入利润结构　单位：千美元

	2018年	2019年	2020年	2021年
流媒体收入：				
美国和加拿大（UCAN）	8281532	10051208	11455396	12972100
欧洲、中东和非洲（EMEA）	3963707	5543067	7772252	9699819
拉丁美洲（LATAM）	2237697	2795434	3156727	3576976
亚太地区（APAC）	945816	1469521	2372300	3266601
DVD业务收入：	365589	297217	239381	182348
收入合计	15794341	20156447	24996056	29697844
息税前利润	1605226	2604254	4585289	6194509
所得税费用	15216.00	195315.00	437954.00	723875.00
息前税后利润	1590010.00	2408939.00	4147335.00	5470634.00

基于上文所作假设进行现金流测算，具体结果如表 7－16 所示。

表 7－16　　2022～2030 年 Netflix 公司现金流测算表　　百万美元，%

	2022E	2023E	2024E	2025E
UCAN	14884	17077	19593	22480
收入增长率	14.74%			
EMEA	12910	17184	22872	30442
收入增长率	33.10%			
LATAM	4243	5033	5970	7081
收入增长率	18.62%			
APAC	4551	6341	8834	12308
收入增长率	39.32%			
DVD 收入：	376	469	588	743
占流媒体比例	1.03%			
收入合计	36964	46103	57857	73054
息税前利润	6422	8010	10052	12693
息税前利润率	17.37%			
所得税费用	615	767	963	1216
所得税费用率	9.60%			
息前税后利润	5807	7243	9089	11477
再投资率	51.20%			
FCFF	2834	3535	4436	5601

②Netflix 公司自由现金流折现计算：

本文假设 2026 年及之后公司以 8%（与上文相同）的速度平稳增长，在 2026 年公司的价值为（2025 年预测现金流量 ×（1＋8%）/（公司加权资本成本－8%）＝355731679.52 千美元。公司分期现金流量及其贴现如表 7－17 所示。

表 7－17　　Netflix 公司自由现金流贴现模型运算表　　单位：千美元

年份	自由现金流	折现率	折现年数	现值
2022	2833871.27	9.70%	1	2583233.35
2023	3534514.39	9.70%	2	2937007.89
2024	4435640.51	9.70%	3	3359878.25
2025	5600755.45	9.70%	4	3867280.29
2026	355731679.52	9.59%	5	239533636.19
Netflix 公司股权价值				252281035.97

根据 Netflix 的 2021 年财务报表，其普通股流通数量为 443963 千股。根据自由现金流贴现模型得出的每股价格可按如下公式计算：

$$每股价格=\frac{股权价值}{普通股数量}=\frac{252281035.97}{443963}=568.25(美元)$$

（4）敏感性分析。

本模型针对平稳增长期营收增速 g 和高速增长阶段的折现率 r 进行敏感性分析，具体如表 7－18 所示。

表 7－18　Netflix 估值敏感性分析　单位：亿美元

	g＝7.00%	g＝7.50%	g＝8.00%	g＝8.50%	g＝9.00%
r＝8.70%	1642.26	2012.46	2615.34	3770.77	6881.05
r＝9.20%	1613.17	1976.64	2568.55	3702.97	6756.67
r＝9.70%	1584.73	1941.62	2522.81	3636.69	6635.09
r＝10.20%	1556.93	1907.38	2478.10	3571.90	6516.26
r＝10.70%	1529.74	1873.91	2434.38	3508.55	6400.08

因此，我们可以得出 Netflix 的估值区间应该在 1529.74 亿美元到 6881.05 亿美元。

4. 经济附加值估值模型（EVA）

（1）公式。

EVA 估值模型通过结合历史数据并预测发展期的 EVA 值，包括一阶段增长、二阶段增长以及三阶段增长。考虑到企业经过高速发展后，最终趋于稳定增长，我们使用二阶段增长模型对 Netflix 企业价值进行评估。我们假设 Netflix 高速增长期为 2022 年～2026 年，2027 年及以后为稳定增长期。

企业价值＝评估基准日资本总额＋高速发展期 EVA 现值＋稳定发展期 EVA 现值

$$EVA = C_0 + \sum_{1}^{n} EVA_t/(1+WACC)^t + EVA_{n+1}/(WACC-g)\times(1+WACC)^n$$

其中：g 为公司永续增长率；C_0 为公司评估基准日的初始投资额；EVA_t 为高速发展期 EVA 值；EVA_{n+1} 为稳定发展期第一年的 EVA 值。

（2）核心要素。

EVA 的具体计算公式为：

$$EVA = NOPAT - TC \times WACC$$

其中，NOPAT 为企业税后净经营利润，TC 为资本总额，WACC 为加权平均资本成本。

税后净经营利润(NOPAT) = 息税前营业利润 ×(1 - 平均所得税税率)，因此 Netflix 的 2018 ~ 2021 年税后净经营利润分析如下所示（见表 7 - 19）。

表 7 - 19　　2018 ~ 2021 年 Netflix 税后净经营利润分析　　单位：百万美元

	2018 年	2019 年	2020 年	2021 年
营业收入	15794.34	20156.45	24996.06	29697.84
减：营业成本	9967.54	12440.21	14175.32	15909.68
营业毛利	5826.80	7716.23	10820.74	13788.16
减：销售/一般/管理费用合计	2999.76	3566.83	3304.85	3896.77
减：研发费用	1221.81	1545.15	1829.60	2273.89
息税前营业利润	1605.23	2604.25	5686.29	7617.50
×（1 - 平均所得税税率）	0.85	0.85	0.85	0.85
税后净经营利润	1364.45	2213.61	4833.35	6474.88

企业资本总额的具体计算公式为：资本总额（TC） = 股权资本 + 流动负债 - 应付账款 + 研发费用 + 递延所得税负债 - 递延所得税资产，据此 Netflix 的 2018 ~ 2021 年资本总额分析如下所示（见表 7 - 20）。

表 7 - 20　　2018 ~ 2021 年 Netflix 资本总额分析　　单位：百万美元

	2018 年	2019 年	2020 年	2021 年
股权资本	3600.08	3721.25	3852.53	4024.56
流动负债	6487.32	6855.70	7805.78	8488.97
减：应付账款	5244.55	5087.91	5085.72	5130.45
研发费用	1221.81	1545.15	1829.60	2273.89
递延所得税负债	0.00	0.00	0.00	0.00
减：递延所得税资产	0.00	0.00	0.00	0.00
资本总额 TC	6064.66	7034.19	8402.19	9656.97

(3) 估值计算。

对 Netflix 税后净经营利润和资本总额展开预测前，需要先假设财务报表相关会计项目增长速度和比例关系，具体如表 7 - 21 所示。

表 7 - 21　　Netflix 财务报表相关会计项目预测

会计项目	假设内容	具体数值
营业收入	假设保持 2018 ~ 2021 年平均增长率	23.5%
营业成本	假设保持 2018 ~ 2021 年占营业收入比例平均值	57.9%

续表

会计项目	假设内容	具体数值
销售/一般/管理费用	假设保持2018～2021年占营业收入比例平均值	15.2%
研发费用	假设保持2018～2021年占营业收入比例平均值	7.6%
股权资本	假设保持2021年年末值	4024.56（百万）
流动负债	假设保持2018～2021年占营业收入比例平均值	32.7%
应付账款	假设保持2018～2021年占营业收入比例平均值	22.7%

通过以上假设，可以计算得出估值所需Netflix所有会计项目预测值，从而计算出2022～2027年公司税后净经营利润和资本总额的数值。在2022～2027年税后净经营利润预测值如表7－22所示。

表7－22　Netflix2022～2027年税后净经营利润预测

	2022E	2023E	2024E	2025E	2026E	2027E
营业收入	36670.74	45280.85	55912.57	69040.56	85250.94	105267.43
减：营业成本	21236.19	26222.35	32379.22	39981.70	49369.20	60960.85
营业毛利	15434.55	19058.51	23533.35	29058.86	35881.73	44306.59
减：销售/一般/管理费用	5570.00	6877.80	8492.68	10486.71	12948.94	15989.29
减：研发费用	2779.47	3432.08	4237.92	5232.96	6461.63	7978.79
息税前营业利润	7085.08	8748.62	10802.76	13339.19	16471.16	20338.51
×（1－平均所得税税率）	0.85	0.85	0.85	0.85	0.85	0.85
税后净经营利润	6022.32	7436.33	9182.34	11338.31	14000.49	17287.73

通过以上假设，同样可以计算得出Netflix在2022～2027年资本总额预测值如表7－23所示。

表7－23　Netflix2022～2027年资本总额预测

	2022E	2023E	2024E	2025E	2026E	2027E
股权资本	4024.56	4024.56	4024.56	4024.56	4024.56	4024.56
流动负债	11990.10	14805.32	18281.53	22573.95	27874.19	34418.92
减：应付账款	8313.05	10264.91	12675.06	15651.10	19325.90	23863.52
研发费用	2779.47	3432.08	4237.92	5232.96	6461.63	7978.79
递延所得税负债	0.00	0.00	0.00	0.00	0.00	0.00
减：递延所得税资产	0.00	0.00	0.00	0.00	0.00	0.00
资本总额TC	10481.09	11997.05	13868.95	16180.36	19034.49	22558.74

由前文分析可知，在2022～2026年，Netflix的加权平均资本成本为9.59%，2026

年后，公司加权平均资本成本为9.7%。根据EVA计算公式可以计算得出Netflix公司在2022~2027年EVA的具体数值（见表7-24）。

表7-24　　Netflix2022~2027年EVA预测

	2022E	2023E	2024E	2025E	2026E	2027E
税后净经营利润	6022.32	7436.33	9182.34	11338.31	14000.49	17287.73
资本总额	10481.09	11997.05	13868.95	16180.36	19034.49	22558.74
WACC	9.59%	9.59%	9.59%	9.59%	9.59%	9.70%
EVA	5017.18	6285.81	7852.31	9786.61	12175.08	15099.54

根据估值计算公式，假设永续增长率g=5.5%，根据EVA估值公式可以计算得出Netflix于2021年年末市值为2473亿美元，由于在此时点Netflix股本为443963千股，进而可以计算得出Netflix股价为556.91美元/股。

$$每股价格=\frac{股权价值}{普通股数量}=\frac{247247848}{443963000}=556.91(美元/股)$$

（4）敏感性分析。

本模型针对平稳增长期营收增速g和高速增长阶段的折现率r进行敏感性分析，具体如表7-25所示。

表7-25　　Netflix估值敏感性分析　　单位：亿美元

	g=4.50%	g=5.00%	g=5.50%	g=6.00%	g=6.50%
r=8.70%	2522.81	2809.78	3186.43	3702.58	4453.35
r=9.20%	2274.31	2497.53	2781.08	3153.25	3663.26
r=9.70%	2073.78	2251.92	2472.48	2752.65	3120.37
r=10.20%	1908.59	2053.73	2229.74	2447.65	2724.47
r=10.70%	1770.21	1890.47	2033.86	2207.75	2423.06

因此，我们可以得出Netflix的估值区间应该在1770.21亿美元到4453.35亿美元。

5. 相对估值法——市盈率模型

相对估值法又称市场比较法、乘数估值法，是用类似企业的相关财务数据为基础来估算目标企业价值的一种企业价值评估方法。相对估值法即找到所处行业、公司规模、主营业务、盈利模式等方面相似的可比公司，运用市盈率、市净率等估值指标的倍数乘以可比公司价值计算目标公司价值的方法。本文采用市盈率模型对Netflix进行估值。

市盈率模型即把市盈率作为中间桥梁，每股收益作为主要变量。

$$\frac{目标公司每股市价}{目标公司每股收益}=市盈率=\frac{可比公司每股市价}{可比公司每股收益}$$

所以 $P=\overline{PE}\times EPS$

其中，P 为目标公司每股市价；$\overline{PE}$为可比公司平均市盈率；EPS 为目标公司每股收益。

采用市盈率法对 Netflix 进行估值，首先要选取可比公司。在选取可比公司时我们采用的筛选指标有：行业、净资产收益率、公司规模、收入情况、成长性五个因素作为可比公司选择的标准。其中公司规模用总资产表示，收入情况用营业总收入表示，成长性用营业利润增长率表示。经过筛选，列出了发展流媒体业务且占据一定市场份额的 8 家公司（见表 7－26）。

表 7－26　　同行业公司财务数据　　单位：百万/USD

证券简称	总收入	总资产	营业利润增长率	净资产收益率
Netflix	7709. 32	44585	35. 10%	36. 13%
Amazon	137412	420549	8. 65%	28. 81%
Apple	123945	381191	64. 36%	145. 57%
Disney	21819	203311	261. 31%	3. 62%
Google	75325	359268	90. 94%	32. 07%
WBD	3187	34427	－17. 27%	7. 10%
AT&T	40958	551622	264. 51%	12. 12%

数据来源：各公司 2021 年年报。因 Disney2021 年年报未公布，采用 2020 年数据代替。

在业务模式方面，Google 是一家位于美国的跨国科技企业，业务包括互联网搜索、云计算、广告技术等，同时开发并提供大量基于互联网的产品与服务，Google 虽然在 2019 年发布了一项全新的流媒体游戏服务平台 Stadia，但 Google 属于多元化发展的大型互联网科技公司，流媒体业务只是 Google 所有业务的一个分支，收入占比较小。Google 与 Netflix 在经营和盈利模式方面存在较大差异，故归入次可比公司。在资产规模方面，AT&T 是一家美国电信公司，美国第二大移动运营商，截至 2021 年年末，总资产规模达 5516. 22 亿美元，与 Netflix 资产规模差距过大，故归入次可比公司。

最后本文选取业务模式、公司规模等方面与 Netflix 最为接近的 Amazon、Apple、Disney、WBD 四家公司作为最可比公司。可比公司在 2021 年年末的平均市盈率计算如表 7－27 所示。

表 7－27　Netflix 可比公司市盈率

证券简称	市盈率（%）
WBD	16. 89
Amazon	48. 07
Apple	28. 29
Disney	76. 92
平均值	42. 54

Netflix 在 2021 年年末的每股收益为 10. 97 美元。所以，采用相对估值法市盈率模型计算的 Netflix 股价为 10. 97 ×42. 54 =466. 69 美元/股。

6. 基于用户价值的估值方法——梅特卡夫定律估值法

互联网企业通常存在未来现金流难以估计等问题，因此自由现金流贴现模型等传统估值方法在对互联网企业估值时存在缺陷。此外，Netflix 公司的收入以用户订阅为主，所以订阅用户数对公司的收入有着决定性的影响。鉴于用户资源对互联网企业的重要作用，我们采用梅特卡夫定律估值法对公司再次进行估值。

根据梅特卡夫定律，企业价值与企业用户数量的关系可以由以下公式表示：

$$V = a \times MAU^2$$

其中 a 为价值系数，MAU 为用户数量。

我们使用 2016～2021 年的季度数据对上述方程进行回归，Netflix 的企业价值与用户数量相关数据如表 7－28 所示，考虑到企业价值若使用季末股价存在一定的偶然性，我们使用季度内复权后的每日收盘价均值衡量企业价值，用户数量为公司全球流媒体付费会员数量。

表 7－28　梅特卡夫定律估值法相关数据

时间	股价均值（美元/股）	MAU（亿）	MAU^2（亿平方）
2016Q1	98. 16	0. 777	0. 60384
2016Q2	96. 08	0. 799	0. 63834
2016Q3	95. 45	0. 833	0. 69352
2016Q4	118. 52	0. 891	0. 7937
2017Q1	140. 31	0. 944	0. 89044
2017Q2	153. 84	1. 027	1. 0553
2017Q3	174. 4	1. 075	1. 15655
2017Q4	192. 55	1. 14	1. 29901
2018Q1	272. 22	1. 22	1. 48938
2018Q2	340. 9	1. 273	1. 62117

续表

时间	股价均值（美元/股）	MAU（亿）	MAU^2（亿平方）
2018Q3	362.95	1.304	1.70099
2018Q4	299.26	1.393	1.93931
2019Q1	346.67	1.489	2.21602
2019Q2	360.78	1.516	2.2971
2019Q3	312.89	1.583	2.50697
2019Q4	296.48	1.671	2.79191
2020Q1	353.78	1.829	3.34363
2020Q2	425.62	1.929	3.72285
2020Q3	497.7	1.952	3.80839
2020Q4	506.98	2.037	4.14786
2021Q1	530.44	2.076	4.3114
2021Q2	511.16	2.092	4.37563
2021Q3	550.31	2.136	4.56092
2021Q4	638.92	2.218	4.92148

将 Netflix 在 2016～2021 年的相关季度数据进行回归得到如下方程：

$$V = 62.3456 + 108.6401MAU^2$$

回归结果显示，公司股价与用户数量的平方存在显著的正相关关系，回归方程的 R^2 值为 0.9142，说明拟合程度较高。将 2021 年第四季度末 Netflix 公司全球流媒体付费会员数量代入上述回归方程，得到公司估算股价为 597.02 美元/股，低于公司 2021 年第四季度末实际股价 638.92 美元/股，因此通过梅特卡夫定律的估值，说明市场对 Netflix 公司存在高估。

7. 估值方法比较

下表为本文所用估值模型及其结果，包括绝对估值模型、相对估值模型与互联网估值模型（见表 7－29）。

表 7－29　Netflix 估值结果汇总表

估值方法	股价（美元/股）
绝对估值模型	
股权资本自由现金流（FCFE）	519.63
公司的自由现金流（FCFF）	568.25
经济附加值（EVA）	556.91
相对估值法——市盈率模型	466.69
梅特卡夫定律估值法	597.02
Netflix 2021 年 12 月 31 日股价	638.92

从上文结果可以看出，无论采用何种估值方法，在 2021 年 12 月 31 日，Netflix 公司的股价都处于高估状态，与其估值最为接近的是通过用户量进行估值的梅特卡夫定律估值法，为 597.02 美元/股。

本部分尝试采用多种方法对 Netflix 公司股价进行定价。首先，选取绝对估值模型中的 FCFE、FCFF 与 EVA 三种方法，这三种方法主要从公司财务报表出发，设定假设对公司现金流量等进行预测，然后通过折现得到股价，但是绝对估值中对于参数的选择具有较大的主观性，比如对于公司增长速度的设定与进入平稳增长所需的年份。其次，采用相对估值模型中的市盈率模型进行估值，使公司价值更符合行业整体状态，但是可比公司的选取条件设定也具有一定的主观性。最后，尝试了梅特卡夫定律法进行估值，该模型引入用户数量进行价值评估，与视频流媒体公司较为契合，估值结果也最为接近，但是模型整体结构简单，仅仅通过用户数量来定价有失偏颇。

综上所述，通过上述估值比对可以看出，无论是绝对估值、相对估值，还是梅特卡夫定律估值，在进行估值方法的选择时要综合考虑公司的状况与所处行业特点。尤其是相对估值与绝对估值，在进行参数假设与可比公司选择时，要对研究公司进行深入的了解，并考虑行业未来的趋势。

Netflix 的股价上涨有一定的市场“非理性”因素。在过去的一段时间里，世界互联网行业都处于飞速发展的阶段，投资者对美国互联网科技公司的投资热情极度高涨，当时 Netflix 也被投资者列入 Facebook、Apple、Amazon、Google 等互联网巨头之列。因此投资者对 Netflix 非理性的投资热情或也是导致 Netflix 高估值的原因之一，从而进一步推升了 Netflix 股价的上涨。

基本面因素利好 Netflix 股价上扬。在宏观方面，美国流媒体行业中 OTT 渠道（通过智能电视或者智能盒子观看）的渗透率比较高，美国出台的一系列政策十分鼓励互联网视频平台的发展，互联网基础设施和技术的成熟也为流媒体平台的业务拓展提供了支持；在行业方面，流媒体视频平台利用价格、内容和技术等方面的优势，推出了很多优质内容，深受消费者青睐，处于成长期的流媒体视频行业扩张迅速；在公司方面，Netflix 注重挖掘优质内容、提高会员服务价值和扩大全球用户市场，在流媒体行业的龙头地位稳固。

（三）IP 对 Netflix 价值的推动

在企业战略的黄金三角中，给公司直接带来利润，产生独特性的就是“资源”。尤其是优质资源，要具有独特性、不可模仿性，以及与企业商业模式的高匹配性。在信息高度流通的情况下，这个“资源”的形成路径越复杂，所需的软性能力越多，那么拥有这个资源的企业能保护自己的优势不被复制的可能性就越高。对于 Netflix 来说，这一“资源”就是内容资产。

美国股市的发展历史长，市场完善程度高，市场价格能够有效反映公司的价值。本部分依据趋势分析法、短期事件研究法等，以《鱿鱼游戏》为例，分析 IP 对市值的影响，并进一步分析 Netflix 拥有的 IP，即内容资产对股价的影响，从而探究 IP 与公司价值的关系。

1. IP 对公司股价是否有助推作用——以《鱿鱼游戏》为例

（1）趋势分析法。

①理论基础：趋势分析法主要是依据企业的各期经营业绩与财务情况指标，绘制出各个指标的变化趋势图，从而对公司过去发展的整体情况做出判断，并依据趋势对公司未来发展做出预测。而趋势分析主要包括指标对比、项目比较，以及报表对比。报表对比方法主要是把公司连续数期的报表指标并列出来，对比其与前期指标的增减绝对数额以及相应变化幅度，确定公司财务状况与业务成果发展变化情况。把同一指标变化的绝对值和相对值同时对比，能够更有效地减少结论的片面性。

②参考分析：本文采用趋势分析中的报表比较法，对 Netflix 公司 2021 年报表中的各季度营业收入与用户数量进行分析，来初步探究《鱿鱼游戏》这一现象级 IP 对 Netflix 公司经营业绩的影响程度，具体如图 7－40 所示。

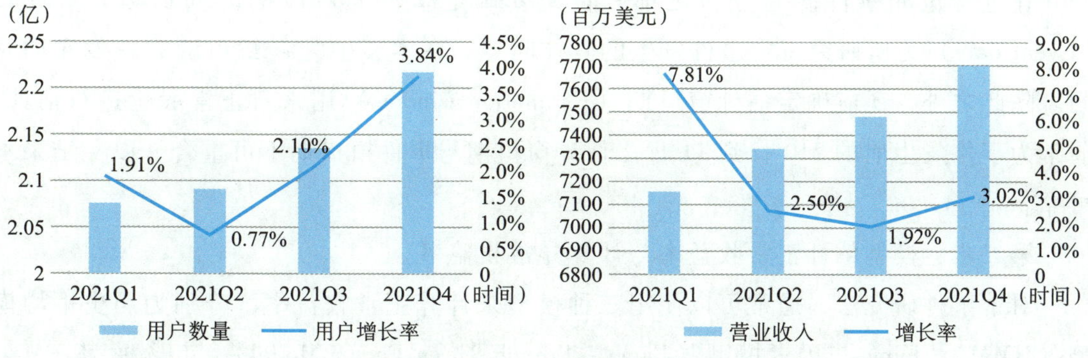

图 7－40　2021 年 Netflix 用户数量（左）及营业收入（右）变化及增长率（季度）

《鱿鱼游戏》于 2021 年 9 月 17 日发布，随后在全球 150 多个地区掀起热潮，使 Netflix 第三、第四季度的用户量迅速增加，用户增长率分别为 2.10% 与 3.84%。与此同时，Netflix 的营业收入情况也有所改善。2021 年上半年 Netflix 营业收入增长率大幅下滑。由于《鱿鱼游戏》发布于 9 月下旬，并不能挽救第三季度收入下滑的颓势，但 Netflix 第四季度营收增长率有所提升，从 1.92% 提升到 3.02%。综上所述，可以初步看出《鱿鱼游戏》的发布对 Netflix 的用户和营业收入有一定的正向作用，改善了公司整体的业绩情况与面临的市场形势。但对于《鱿鱼游戏》是否对 Netflix 产生正向影响还有待进一步分析。

（2）短期事件研究法。

①理论依据：

事件研究法（Event Study）指的是研究某一事件的发生是否对公司股价或者收益率具有影响，引发股价的异常波动。目前事件研究法有两种类型，其一是针对长期冲击事件的长期事件研究法，其二则是针对短期影响事件的短期事件研究法（Brown and Warner，1980；Fama，1991）。本案例拟采用短期事件研究法（Daily Event Study）展开研究。

Ⅰ. 模型假设

短期事件研究法有三个理论假设，具体如下所示：第一，半强式有效市场存在，即金融市场是有效的，市场所提供的价格反映了目前所能获得的所有的公开信息，而美国股票市场满足这一要求。第二，事件研究法所研究的事件是超出市场预期的，股价在事件发生期的异常波动可以体现市场对事件做出的反应程度。第三，在事件发生的窗口期没有其他因素的干扰。

Ⅱ. 模型设定

第一步：事件选取与窗口确定。

在进行短期事件研究分析之前，首先要确定事件与对应的时间窗口。事件日（Event date）为所研究特定事件发生的具体时点，在本文中为《鱿鱼游戏》发布的时间。除此之外，还应确定估计窗口期（Estimation window）用来对正常股价进行估计，通常为事件发生前的 210 日到 11 日。估计窗口期与事件窗口期不可重合，以免结果不可靠。

第二步：模型估计正常收益率与计算异常收益率。

对于事件研究法，通常可以使用三种模型来计算正常收益率，分别为历史平均模型（HMM）、Fama 三因素模型（Fama – French Three Factor Model）、市场模型（Market Model）。在此，本文以使用常见的市场模型为例，进行举例说明。采用估计窗口期的数据，对公司的股票收益率进行 OLS 回归，具体公式如下：

$$R_{i,t} = \alpha_i + \beta_i \cdot R_{m,t} + \varepsilon_{i,t}$$

其中，$R_{i,t}$为公司 i 在 t 日的收益率，$R_{m,t}$为市场在 t 日的收益率。在得到估计系数 $\hat{\alpha}_i$ 和 $\hat{\beta}_i$ 后，带入以下公式计算异常收益率 $AR_{i,t}$。

$$AR_{i,t} = R_{i,t} - (\hat{\alpha}_i + \hat{\beta}_i \cdot R_{m,t})$$

第三步：计算平均累计异常收益率。

$AR_{i,t}$计算的是股票 i 在第 t 天的异常收益率，为了说明事件窗口期的股价异常程度，本文还需要计算公司 i 在 $[t_1, t_2]$ 某一段时期内异常收益率之和，即累积异常收益率 $CAR_{i,t}$以研究事件对股票的整体影响，具体公式如下所示：

$$CAR_i(t_1, t_2) = \sum_{t=t_1}^{t_2} AR_{i,t}$$

②参考分析：

Netflix 在2021年9月17日发布《鱿鱼游戏》，从 Google Trend 的全球搜索指数可以看出，在发布之后，《鱿鱼游戏》在9月17日~9月26日之间实现了爆发式增长，于2021年10月3日达到顶峰，随后热度缓慢下滑（见图7-41）。

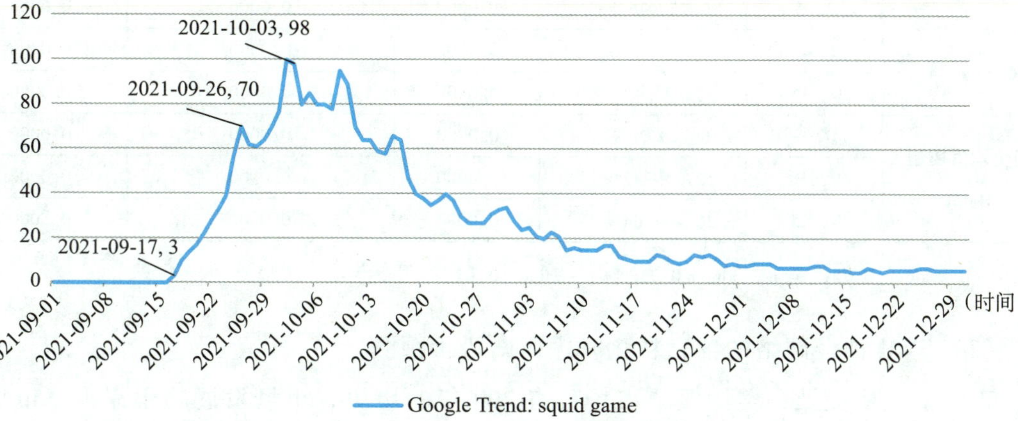

图7-41　Google Trend 全球搜索指数

本文认为《鱿鱼游戏》在全球的火爆是超出市场预期的，会给 Netflix 股价带来异常的波动。所以本文选取2020年1月1日至2021年10月31日 Netflix 公司的股票收益率数据，并以同时段的纳斯达克互联网指数收益率作为市场收益率，对《鱿鱼游戏》展开事件研究。本文期望可以证明《鱿鱼游戏》确实对 Netflix 公司股价产生影响，并引发市场异常波动。本文以2021年9月17日为事件发生日，选取其后的[0,5]、[0,10]、[0,15]三个区间作为事件窗口期，选取2020年1月1日至2021年8月5日作为股价收益率估计窗口期（见图7-42）。

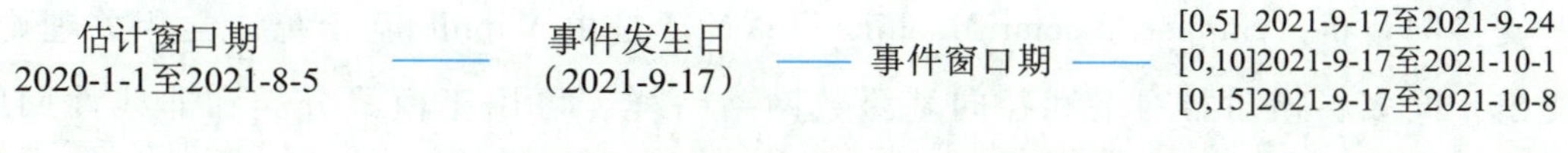

图7-42　事件研究法分析步骤

基于以上数据与时点的选择，本文采用 Stata 进行回归，具体结果如下（见表 7－30）。从中可以看出，在三个所选取的事件窗口内，《鱿鱼游戏》确实引发 Netflix 公司股价异常波动，产生了正向的累计异常收益率，并且在多个检验下 P 值均以 0.001 的水平保持显著。综上所述，通过事件研究法分析，本文认为爆款 IP 可以给公司市值带来显著的正向影响，可以提升公司价值。

表 7－30　　事件研究法回归结果

模型	窗口期	CAR	Norm 检验	Kolari Pynnonen 检验	Wilcoxon 检验
市场模型（MM）	[0，5]	66750.36% ***	0.0000	0.0000	0.0000
	[0，10]	127132.98% ***	0.0000	0.0000	0.0000
	[0，15]	202276.45% ***	0.0000	0.0000	0.0000
Fama 三因子模型（FF3）	[0，5]	66750.36% ***	0.0000	0.0000	0.0000
	[0，10]	127132.98% ***	0.0000	0.0000	0.0000
	[0，15]	202276.45% ***	0.0000	0.0000	0.0000
历史均值模型（HMM）	[0，5]	66779.23% ***	0.0000	0.0000	0.0000
	[0，10]	127259.42% ***	0.0000	0.0000	0.0000
	[0，15]	202404.64% ***	0.0000	0.0000	0.0000

*** p－value <0.01，** p－value <0.05，* p－value <0.1。

（3）SVM 神经网络的信息粒化时序回归股价预测。

正如上文所提及，美国股票市场已有 200 年的历史，市场发展趋于完善，市场参与者以机构投资者为主，大致处于强式有效市场。因此，可以认为在 2021 年 9 月 17 日之前，Netflix 的股价可以反映当时市场上所有的历史信息与公开信息，但是其中并不包含这一信息——即《鱿鱼游戏》具有成为现象级产品的潜力。所以，基于之前的股价，采用神经网络模型对 Netflix 进行股价预测，得到的公司价值是没有火爆 IP 时 Netflix 的价值表现。本文希望将神经网络预测的 Netflix 2021 年 9 月 17 日之后价格与 Netflix 同一时段的实际价格比较，来探究《鱿鱼游戏》IP 的火爆这一信息，是否对 Netflix 的价值产生影响。

①理论基础

Ⅰ. SVM 神经网络概述

支持向量机（Support Vector Machine，SVM）是由 Vapnik 基于统计学相关理论首先提出，同多层感知器网络和径向基函数网络一样，可用于模式分类和非线性回归。支持向量机的主要思想是建立一个分类超平面作为决策曲面，将正例和反例隔离，且使两者间的隔离边缘最大化，更精确地说是结构风险最小化的近似实现。这一原理是基于如下事实，即学习机器在测试数据上的误差率（即泛化误差率）以训练误差率和一个依赖于 VC 维数（Vapnik - Chervonenkis Dimension）的项的和为界，在可分模式情况下，支持向量机使第一项为零，并且使第二项最小化。因此，它在不利用问题领域的内部信息的前提下，在模式分类问题上依然能够提供好的泛化性能。

Ⅱ. 模糊信息粒化方法模型

信息粒化这一概念最早由 Lotfi A. Zadch（L. A. Zadeh）教授提出。信息粒化就是将一个整体分解进行研究，分解后的一个个部分被称为信息粒。信息粒化主要有三种模型，分别是基于模糊集理论、粗糙集理论、商空间理论的模型。本文使用基于模糊集理论的模型。用模糊集方法对时间序列进行模糊粒化，主要有划分窗口和模糊化两个步骤。这两种结合在一起就是模糊信息粒化，称为 f - 粒化。在 f - 粒化中，最为关键的是模糊化的过程。本文重点采用的是 Witold Pedrycz（W. Pcdryc2）的粒化方法。

对于给定的时间序列，把整个时序 X 看成是一个窗口，模糊化的任务是在 X 上建立一个模糊粒子 P，即一个能够合理描述 X 的模糊概念 G，确定了 G 也就确定了模糊粒子 P。

$$g \xrightarrow{\Delta} x \ is \ G$$

所以模糊化过程本质上就是确定一个模糊概念 G 的隶属函数 A 的过程。模糊粒子 P 可以代替模糊概念 G，即 P 可简单描述为：$P = A(x)$。常用的模糊粒子有三角型、梯型、高斯型等。本文采用的是其中的三角型模糊粒子，其隶属函数如下所示。

$$A(x,a,m,b) = \begin{cases} 0, x < a \\ \dfrac{x-a}{m-a}, a \leqslant x \leqslant m \\ \dfrac{b-x}{b-m}, m < x \leqslant b \\ 0, x > b \end{cases}$$

对于单个模糊粒子而言，三角型模糊数的三个参数 a、m、b 分别描述的是相应的原始数据变化的最小值、大体的平均水平以及变化的最大值。

②参考分析

第一步：数据选取与模型构建。

利用从 2002 年 6 月 3 日到 2021 年 9 月 17 日这期间内 Netflix 股价每日的开盘价，预测下 5、10、15 个交易日内 Netflix 股价的变化趋势和变化空间（交易日区间的选取同上文）。即预测 2021/9/17 ~ 2021/9/24、2021/9/17 ~ 2021/10/1、2021/9/17 ~ 2021/

10/8 三个交易日区间内 Netflix 股价的变化趋势（整体变大或变小）和变化的范围空间。模型把时间点作为影响 Netflix 股价变化的自变量，即假设 Netflix 股价每日的开盘价与时间相关，具体算法流程如下（见图 7－43）。

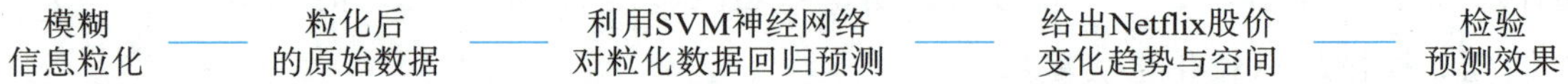

图 7－43　SVM 神经网络的信息粒化时序回归股价预测

第二步：模型实现。

在预测未来 5 个交易日的市场表现时，以 5 作为模糊粒化的单位，采用模糊粒化模型对原始数据进行模糊信息粒化处理，得到 Low、R、Up 三个模糊粒子，分别对应 a、m、b 参数，也就是相应原始数据的最小值、均值与最大值。具体粒化结果如图 7－44 所示。

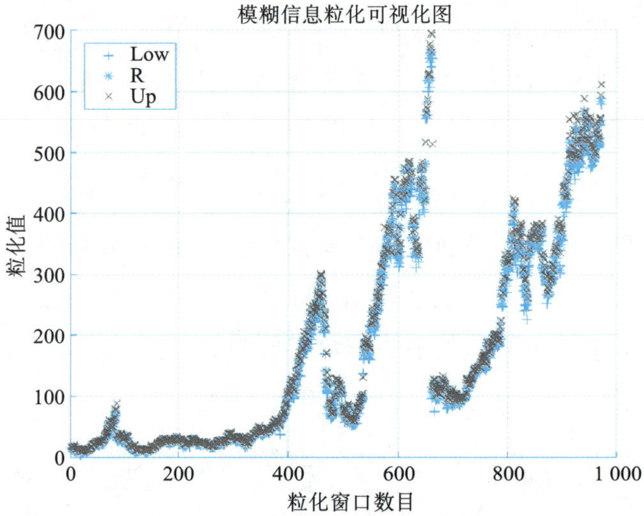

图 7－44　粒化结果图

采用 SVM 神经网络模型对 Low、R、Up 三个模糊粒子进行回归预测，此处以 Low 为例进行说明。首先对数据进行归一化预处理，将其归一化到［100,500］，再计算最佳参数，然后进行训练与预测。归一化结果与参数选择结果如图 7－45 所示。

由以上结果，可以进一步得到对于 Low 的拟合结果与误差，具体如图 7－46 所示。

最后得出 Low 的预测结果为 553.7985 美元/股，R 与 Up 参数也采用同样的步骤。在预测 10 与 15 个交易日的表现之后，得到的结果汇总如下（见表 7－31）。

从上表可以看出，在下一 5 个、10 个、15 个交易日区间内，基于 2021 年 9 月 17 日《鱿鱼游戏》推出之前的信息得到的 Netflix 股价，无论是均值、最大值，还是最小

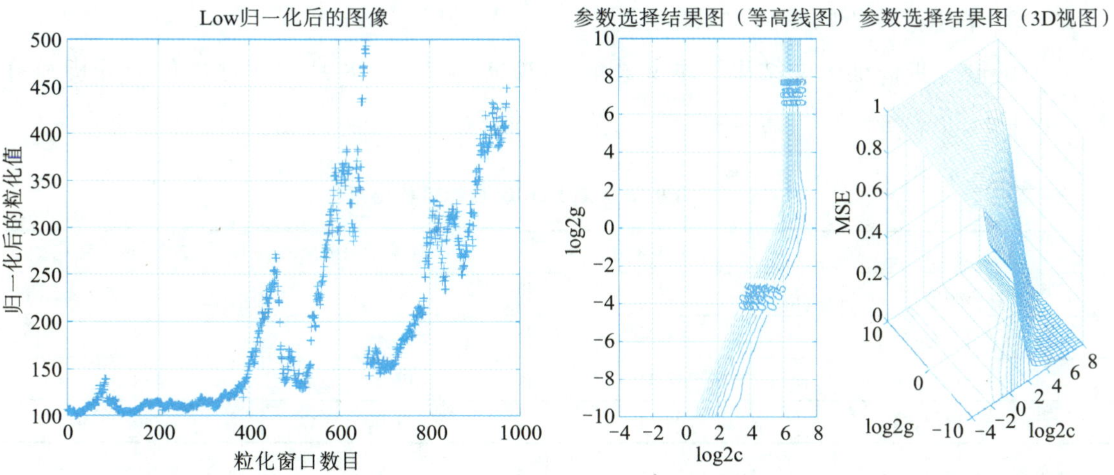

图 7－45　Low 归一化后图像（左）及参数选择结果图（右）

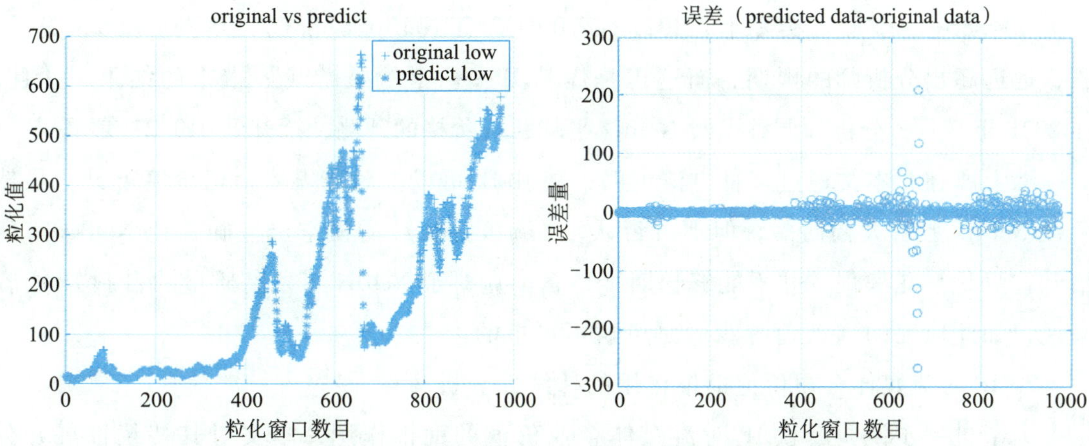

图 7－46　Low 的拟合结果图（左）及 Low 的误差图（右）

表 7－31　SVM 神经网络的信息粒化 Netflix 股价预测结果

	实际 15 天股价	预测 15 天股价	实际 10 天股价	预测 10 天股价	实际 5 天股价	预测 5 天股价
均　值	605. 18	447. 80	593. 29	467. 39	585. 85	561. 05
最大值	642. 23	453. 96	613. 39	462. 63	592. 50	566. 72
最小值	578. 31	426. 82	578. 31	478. 63	578. 31	553. 80

值，均低于相同期间实际的 Netflix 股价表现。换言之，原本市场信息预测的股价变化区间，与实际上在推出《鱿鱼游戏》之后的股价变化区间存在较大差异。综上，与短期事件研究法得到的结果相同，《鱿鱼游戏》这一火爆 IP，在 SVM 神经网络的信息粒化模型下，也表现出对 Netflix 公司价值的推动作用。

（4）华尔街分析师预测结果。

为了进一步佐证本文结果，本文选取了 2021 年 7 月、8 月与 9 月华尔街分析师对 Netflix 目标价格的预测，具体数据如表 7－32 所示。

表 7－32　　分析师预测 Netflix 目标价格结果

	2021 年 7 月	2021 年 8 月	2021 年 9 月
分析师人数	29	14	32
平均目标价格	598.32	504.86	618.21
最低目标价格	342.00	310.00	342.00
最高目标价格	700.00	650.00	780.00

数据来源：TipRanks.com。

上表显示，2021 年 8 月基于已有的信息，华尔街分析师给出的 Netflix 平均目标价格为 504.86 美元/股。实际上，2021 年 10 月 7 日 Netflix 股价已经达到 642.23 美元/股，远远超出分析师的预期，而这正是爆款 IP——《鱿鱼游戏》带来的结果。并且，在 2021 年 9 月，分析师调整了对 Netflix 平均目标价格的预测，抬升到 618.21 美元/股。

综上所述，本文通过多种方法说明，爆款 IP 可以推动流媒体公司价值上升。虽然后续 Netflix 股价大幅回落，但不可否认，《鱿鱼游戏》的横空出世确实让 Netflix 市值抬升，只是昙花一现，并不能够长期维持，毕竟对于 Netflix 海量高质量的自制 IP 内容来说，如此风靡的《鱿鱼游戏》是可遇不可求的。

2. IP 对流媒体公司价值助推作用的持续性分析

为了进一步说明爆款 IP 对流媒体企业价值的助推作用，本文对其持续性展开分析，具体原理与内容如下所示。

（1）根据 CAPM 模型分解股票价格走势。

①理论基础。

金融市场风险按是否可分散分为系统性风险和非系统性风险，系统性风险是指无法通过多元化组合分散的风险，主要由国家政策、宏观经济等系统性风险因素变化引起，影响绝大多数资产的收益或价值，而非系统性风险是企业独有的风险，可以通过多元化组合分散。资本资产定价模型（CAPM）认为资产的期望收益率取决于无风险利率、市场风险溢价以及资产或资产组合的系统性风险，即 $E(R_i)=R_f+\beta[E(R_M)-R_f]$，其中 R_i 为资产的收益率，R_M 为市场的收益率，R_f 为无风险收益率，通过计算 $R_i-E(R_i)$，则可以得到反映该资产非系统性风险的残差收益率。

本文沿用以上的拆分思路，通过对基期股价 P_0 附以两种不同的收益率，分别反映行业动态以及系统性风险，从而对股价走势进行拆分。

②参考分析。

基于以上原理，首先，本文以2021年1月4日的 *Netflix* 股价为基期股价 P_0，选取纳斯达克互联网指数增长率为市场增长率 R_M，假设 *Netflix* 形成模拟价格序列 P'_t，即 $P'_t = P_0 \prod_{t=1}^{t=T}(1 + R_{M_t})$，该价格反映行业因素驱动下的 *Netflix* 的价值。

其次，利用 *CAPM* 计算模拟价格序列 P''_t。通过2021年1月4日至2021年12月31日期间 *Netflix* 的股价收益率及纳斯达克互联网指数增长率计算得到 $\beta = 0.3318$，令同时期美国一年期国债平均利率0.91%为无风险利率，根据 *CAPM* 公式计算得到 *Netflix* 的预期收益率 $E(R_i)$，同样以2021年1月4日的 *Netflix* 股价为基期股价 P_0，形成模拟价格序列 P''_t，即 $P''_t = P_0 \prod_{t=1}^{t=T}[1 + E(R_{M_t})]$，该价格反映了系统性风险作用与该资产下的价格变动。

具体结果如下所示（见图7－47、图7－48）。

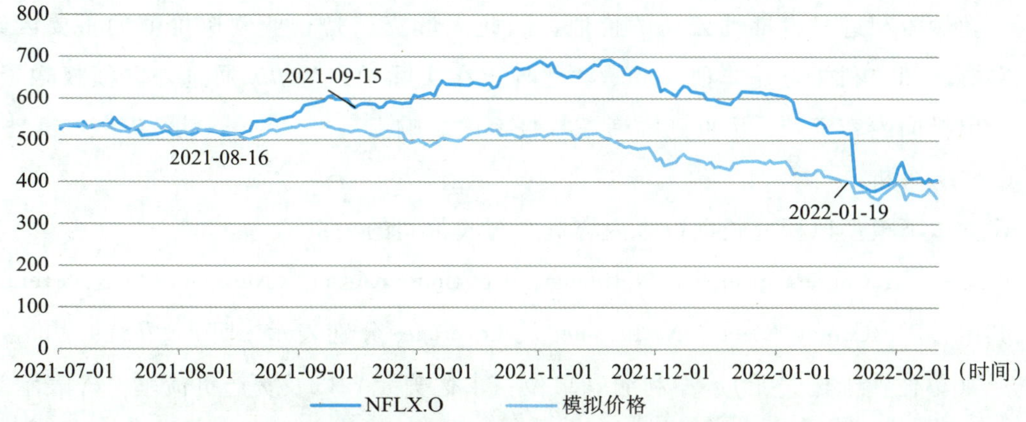

图7－47　Netflix 模拟价格 P'_t 与实际价格对比

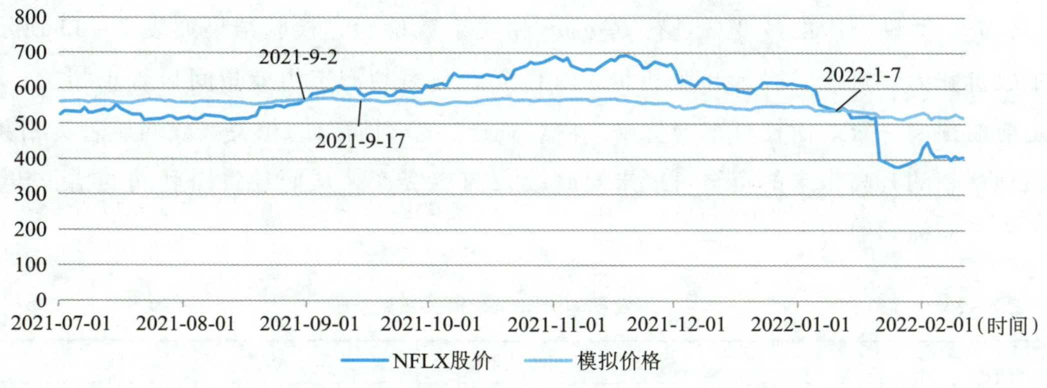

图7－48　Netflix 模拟价格 P''_t 与实际价格对比

分别对比 *Netflix* 的实际价格和两种模拟价格，均可以看出，在《鱿鱼游戏》发布期间，*Netflix* 表现优于市场，并且随着该剧的热度逐渐褪去，关于“*squid game*”的 *Google* 搜索指数也从 2021 年 12 月初起平稳维持在低位，*Netflix* 股价相较于行业走势的优势也渐渐不复存在。从价格走势可以看出，《鱿鱼游戏》对 *Netflix* 的股价影响持续了 4 个月左右的时间。从实际的付费用户增长来看，2021 年第三、第四季度的用户增长分别为 440 万及 820 万，而 2022 年一季度的业绩指引预期新增用户仅 250 万。综上可见，单个的火爆 *IP* 并不能带来高价值的持续维持，若想要保持住高市值，*Netflix* 需要持续为用户提供具有吸引力的 *IP*。

（2）内容资产与股价的长期关系。

①理论基础。

对流媒体龙头 *Netflix* 而言，其最重要也是最主要的无形资产即内容资产，包括自制内容、外购内容以及筹备中的内容等，即以《鱿鱼游戏》为例的各大 *IP*。*Yang*（1927）和 *Ohlson*（1995）研究发现无形资产的经济价值在于无形资产可以产生超额盈利，超额盈利进一步推动公司的价值，因此无形资产是企业创造价值的重要因素，且无形资产和盈利能力并非独立变量。此外，在实际中，*Netflix* 通过外源债权融资获得资金以投向内容资产，因此还需考虑杠杆率的影响。

②参考分析。

建立以下模型以探究长期以来内容资产与股价间的关系：

$$P_t = \alpha_0 + \alpha_1 ContentAsset_t + \alpha_2 NetIncome_t + \alpha_3 ContentAsset_t \times NetIncome_t + \alpha_3 Leverage_t$$

其中，P_t、$ContentAsset_t$、$NetIncome_t$ 及 $Leverage_t$ 分别表示 t 期 *Netflix* 的股价、内容资产（单位：十亿美元）、净利润（单位：十亿美元）以及资产负债率，P_t 表示第 t +1 期季度/年度报表发布前一个交易日的收盘价。本部分使用的财务数据来自 2011 ~ 2021 年企业各季度报告以及 *Wind* 中的股价数据。

首先，对模型中的各变量进行 *Pearson* 相关系数检验，检验结果如表 7 - 33 所示。其中股价和内容资产、股价和净利润、内容资产与净利润三组变量间显著正相关，这与之前的预期一致。而杠杆率与价格、内容资产、净利润间的相关系数均显著负相关，说明杠杆率的升高带来的资金可能未及时投入内容资产，从而导致净利润的增长没有跟上，进而拖累股价。

表 7 - 33　　　　变量的 Pearson 相关系数

	P_t	$ContentAsset_t$	$NetIncome_t$	$Leverage_t$
P_t	1.000			

续表

	P_t	$ContentAsset_t$	$NetIncome_t$	$Leverage_t$
$ContentAsset_t$	0.952*** (0.0000)	1.000		
$NetIncome_t$	0.807*** (0.0000)	0.809*** (0.0000)	1.000	
$Leverage_t$	-0.471*** (0.0013)	-0.519*** (0.0003)	-0.735*** (0.0000)	1.000

接下来运用多元回归分析进一步检验内容资产对股价的影响，检验结果如表 7-34 所示。从回归结果来看，内容资产、净利润及其交互项对股票价格的影响在 5% 的置信水平上统计显著，与预期一致，长期来看，内容资产及净利润对股价都具有正效应，因此《鱿鱼游戏》多年来的快速增长离不开其“内容为王”的流媒体发展策略。

表 7-34　　回归结果表

R-squared：0.941					
变量	α_i	标准差	P 值	置信区间（95%）	
				上限	下限
$ContentAsset_t$	1.577***	0.130	0.000	1.315	1.840
$NetIncome_t$	7.348***	1.803	0.000	3.702	10.995
$ContentAsset_t \times NetIncome_t$	-0.025***	0.007	0.001	-0.038	-0.011
$Leverage_t$	13.126	282.458	0.963	-558.200	584.451
Constant	-41.857	218.768	0.849	-484.358	400.644

此外，虽然内容资产与价格的相关系数高于净利润与价格的相关系数，但模型结果显示内容资产的正向推动作用较弱于净利润对股价的正向作用。同时，交互项的系数为负值，意味着随着净利润的上升，内容资产的正向推动作用减弱，可以理解为内容资产对股价的积极影响是边际递减的，因此，虽然扩充内容库是吸引用户、增加营收，从而提高净利润的一剂良方，但一味扩充内容资产也有可能产生消极作用。

（四）Netflix 股价的暴跌分析

Netflix 的股价自 2021 年 11 月 17 日达到历史新高的 700.98 美元后，就开启了下跌之路，到 2022 年 1 月 26 日的 359.7 美元，可谓遭遇了腰斩式的重挫。在估值分析部分我们已经发现，Netflix 的市值可能存在高估，那么是什么原因戳破“泡沫”，造成股价在 11 月后发生断崖式下跌呢？

1. 年初美股大盘整体下行，系统性风险亦步亦趋

2022 年年初，由于市场对美联储加息的担忧、经济复苏未如预期乐观等原因，美股整体出现了较为大幅的下行行情。2022 年 1 月 3 日至 1 月 27 日，标普 500 指数下降近 70 点，降幅近 10%。伴随着美股大盘的下行，Netflix 也受到波及，其股价与美股大盘呈现相近的走势（见图 7－49）。

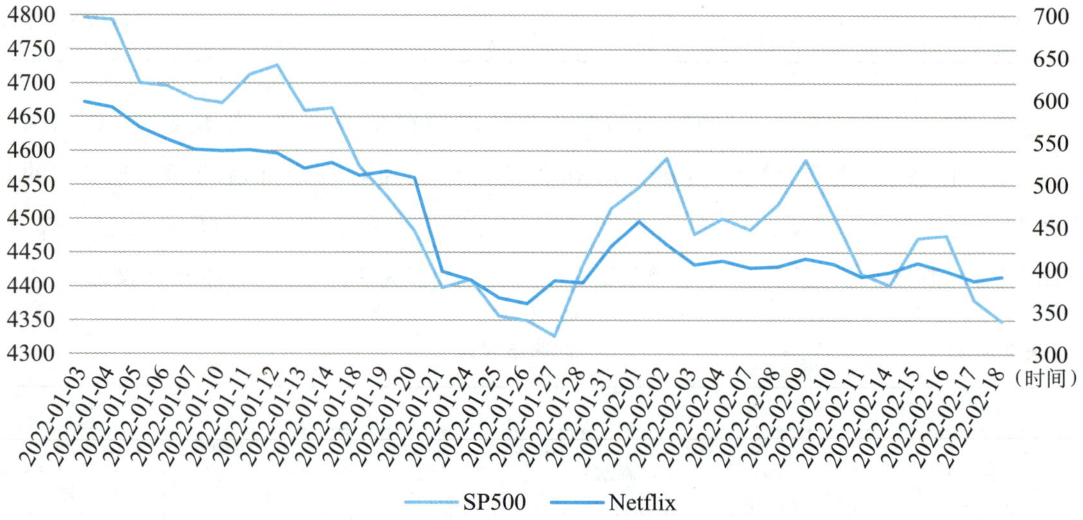

图 7－49　2022 年年初以来 Netflix 与标普 500 指数价格走势

2. 用户增长遭遇瓶颈，不及预期信心受挫

2022 年 1 月 21 日，Netflix 发布了 2021 年第四季度财报，当日 Netflix 在盘后交易中大跌 20%。Netflix 在四季度推出了多档令人眼前一亮的影视佳作，其中《红色通缉令》更是以 3.64 亿的播放量高居有史以来 Netflix 电影播放量榜首。基于出色的影视新品，四季度 Netflix 营收增长 16%，达到 77.1 亿美元，实现净利润 6.074 亿美元，较上年同期增长 12%，财务数据符合资本市场的预期，但是推动股价上涨，往往需要的是“超出”预期的关键数据的表现。对于 Netflix 这样一种业务结构单一、营收模式依赖于用户数的上市企业，其股价波动与新增用户数这一关键数据有着高度的相关性。

Netflix 第四季度新增用户数为 828 万，低于业绩指引的 850 万。同时，Netflix 预测，2022 年一季度用户将增加 250 万，而上年同期用户增长数据为 400 万。用户新增的乏力，使资本市场再度对 Netflix 的风险偏好下降。而新增用户的乏力从区域来看，北美的用户增长近乎达到极限，而新兴市场由于世界各地疫情防控的“放任化”，长时间居家隔离的机会越来越少，加之新冠疫情对宏观经济带来的下行压力，新兴市场国家的居民对流媒体的需求也不再像疫情初期那样迫切。

3. 巨头下场步步紧逼，市场领先地位受到威胁

过去Netflix在提高订阅价格时仍能保持订阅用户的增长，然而由于流媒体行业的门槛较低，许多巨头企业都陆续推出了自己的流媒体平台，依靠其他板块收入支撑，与Netflix打起了价格战（见图7-50）。具体而言，Disney+等新入场的流媒体企业为用户提供越来越多Netflix的低成本替代品，不但蚕食了Netflix的用户增长空间，还降低了Netflix的涨价空间。从各流媒体的费率可以看出，Netflix的收费已经超过了除HBO外的所有竞争对手。

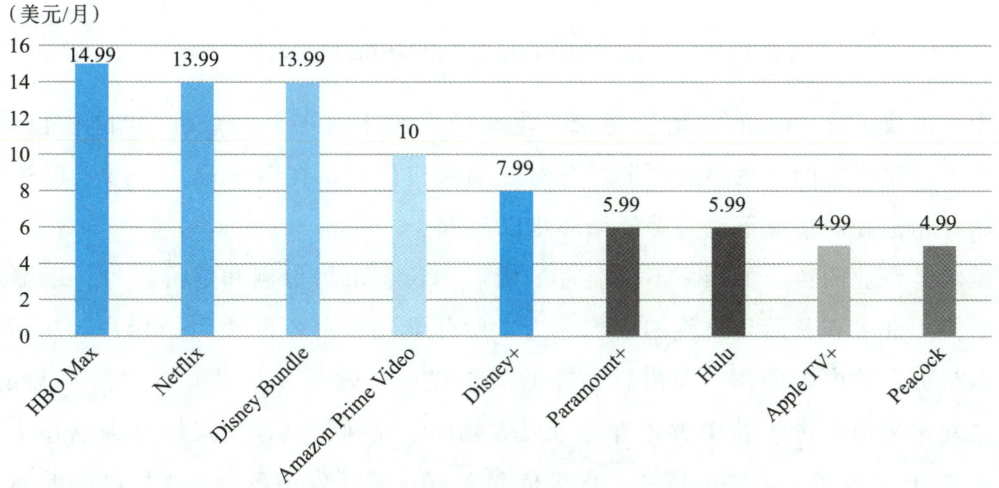

图7-50　美国流媒体服务的月度价格

Netflix也成了自己高估值的受害者，相比直接收购Netflix进入流媒体市场，自主搭建新的流媒体平台反而降低了进入成本，因此陆续有新的流媒体平台设立，企业都选择了与Netflix竞争，而非联合或者收购，这也加剧了流媒体市场的饱和。

除此之外，SVOD市场正在逐步被AVOD替代，尤其是疫情之后，由于单个家庭订阅SVOD流媒体服务数目增多，在其上开支较大，所以人们开始转向AVOD的服务，愿意观看广告来节省在流媒体服务订阅上的花费。Netflix将SVOD业务发展到了极致，其他市场进入者也更倾向于选择AVOD的模式来避开强大的竞争者，在一定程度上蚕食了Netflix的市场份额（见图7-51）。因此，在市场进入者与AVOD业务模式双重夹击下，Netflix的市场份额有所下降，行业地位受到威胁。

4. 内容库高投入、高负债难以为继

Netflix的营业收入完全依赖于用户付费，而用户往往只为持续优秀的内容付费。优秀的内容吸引越来越多的平台用户成为付费会员，会员营收创造的新价值给Netflix带去更多内容预算，反哺它生产出更多的优质内容，在优质内容和用户订阅量的良性

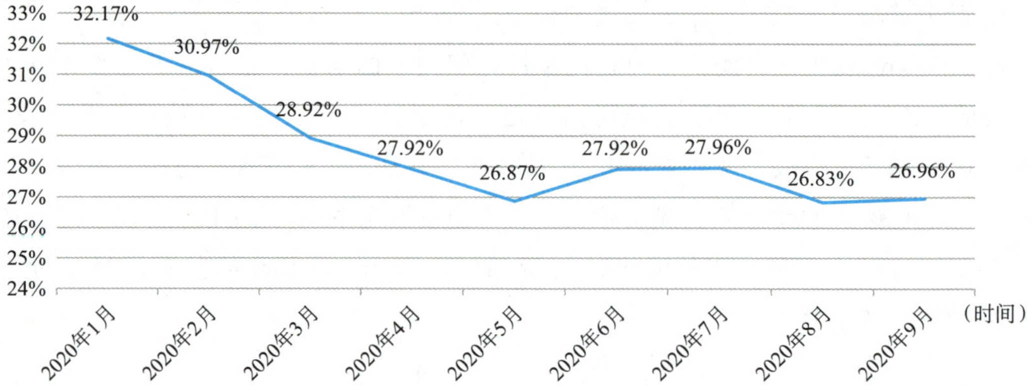

图 7－51　美国 SVOD 市场应用中 Netflix 的市场份额

循环中，形成了 Netflix 的高增长逻辑。优秀的内容来源于外购版权和自制内容两部分，然而自制内容的回报不及预期以及对外购版权依赖，在 Netflix 用户增长已达瓶颈且市场日趋饱和的情况下，完美的循环难以为继。

流媒体行业的竞争加剧，不仅损害了用户增长、市场份额和定价能力，还增加了公司制作、许可和营销其内容的成本。为了留住老用户并不断吸引新用户，Netflix 势必要参与更多的内容创作。而内容创作的成本过高，效益往往具有较大的不确定性。除此之外，Netflix 的自创 IP 并不存在难以逾越的护城河，其他流媒体龙头也开始大力发展自制 IP 并取得了不错的成绩。仅仅依靠 Netflix 持续发债融资来支撑高额的内容投入，一旦内容质量出现下滑，或者无法在竞争中胜过同期产品，导致边际收益无法覆盖新增的边际内容成本，那么其盈利模式将难以为继。

近年来，Netflix 自制内容及营销费用的投入增长加快，不得不花更多的钱来争取内容创作者，例如 2017 年以 1.5 亿美元收购《Grays Anatomy》创作者 Shonda Rhimes 以及 2019 年以 3 亿美元与《权力的游戏》创作者 David Benioff 和 DB Weiss 签订长期合作合同。然而，巨大的投入仍伴随着用户增长率波动下降，获得单位用户所需要的费用增加，回报率明显下降（见图 7－52）。

Netflix 转向原创内容的赌注是，原创内容的成功可以让观众摆脱外购版权内容，从而节省昂贵且长久的版权费用，但现实并不如愿。然而，雪上加霜的是，大型工作室陆续从第三方流媒体平台撤回内容权供自家流媒体使用，包括从 Netflix 撤回《老友记》等经典版权内容。

2020 年 Netflix 的外购版权内容资产为 137 亿美元，占内容资产总额的 44.63%，这也许意味着，比起原创内容，Netflix 的订阅用户更偏爱外购版权内容。2020 年 10 月，尼尔森公布了其连续追踪 6 周的 520 分钟的流媒体观影记录的结果，数据显示，

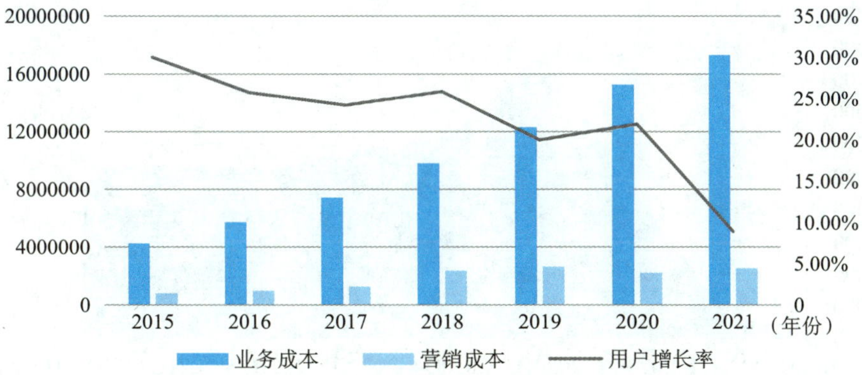

图 7－52　Netflix 业务成本、营销成本与用户增长率对比

观众仅有 3% 的时间花在了 Netflix 制作的节目上，此外，2020 年 Netflix 流量最大的三部剧集均为外购版权内容。因此，Netflix 不得不在授权内容库上投入大量资金以挽留，同时增加自制内容的投入。

5. 内容货币化能力有限，业务形式单一

Netflix 不但可能因外购版权而受制于人，其从自制内容中获益的渠道仅有用户订阅收入，货币化能力极为有限。反观同为内容之王的迪士尼，在过去十几年间并购了皮克斯、漫威、卢卡斯影业、20 世纪福克斯等影视企业，积累下海量优质 IP，居于“好莱坞六大影业”之首。2017 年 8 月，迪士尼宣布将其拥有版权的电影从 Netflix 下架，使 Netflix 损失了大量优质内容。2019 年 11 月推出了 Disney + 流媒体服务以来，迪士尼凭借着自身独有的诸如漫威系列、迪士尼动漫等全球顶级 IP 在流媒体市场中突飞猛进，仅在推出后的两年就吸纳 1.30 亿用户，剑指拥有 2.22 亿用户的 Netflix，大有替代 Netflix 成为流媒体龙头的趋势。

相对于 Netflix 较为单一的流媒体模式，迪士尼拥有更多 IP 变现的模式，包括主题公园、游轮、周边产品等，使迪士尼的内容变现能力更加稳固，而从变现反哺内容创作的正反馈循环也更加经得起考验。此外，AT&T 和 Comcast/NBC Universal（CMCSA）等竞争对手也各自有其他业务能够产生现金流，为流媒体平台提供资金。

将迪士尼与 Netflix 的单季累计自由现金流进行对比，Netflix 的自由现金流明显低于迪士尼（见图 7－53）。多元化运用内容资产的竞争对手早已获得源源不断的现金流，成功将内容投入转变为盈利，Netflix 仅以单一流媒体业务为内容资产生产输血，竞争力难以持久。

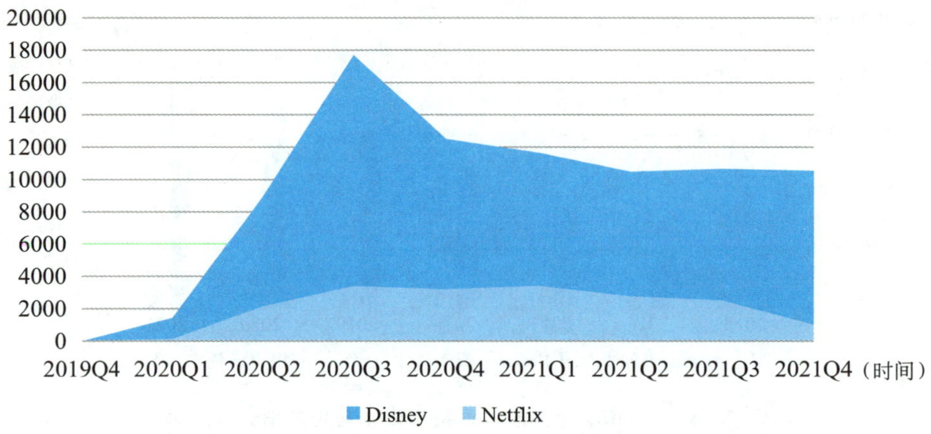

图 7-53 迪士尼与 Netflix 的现金流对比

此外，Netflix 并没有计划通过体育直播来增加流媒体服务的吸引力。Reed Hastings（CEO）表示，将继续对原创影视剧集进行大规模投入，并坚信原创内容的投入将带来持续的收入。与此同时，迪士尼、亚马逊、CBS、NBC 和 Fox 运营的流媒体平台正在获得越来越多的直播内容，这为他们提供了 Netflix 所缺失的内容。

（五）流媒体发展方向讨论

美国流媒体平台的竞争呈现出“一超多巨”的局面，Netflix 一马当先，而 Hulu、Disney +、HBO 等虎视眈眈，在不断地寻找超越的机会。

以 Netflix 为例，外部竞争以及市场饱和，削弱了 Netflix 的付费用户增长。Netflix 在新一季度的业绩指引中预期将有 250 万新增付费用户，远低于市场预期，其首席财务官 Spencer Neumann 也表示，竞争影响了内容投入带来的边际用户增长。同时，2021 年，Netflix 新增订阅用户数的 90% 都来自非北美地区，尤其是亚太地区，可见 Netflix 在北美的市场渗透率较高，用户增长接近饱和。

在面临本土市场饱和及外部竞争两大挑战的情况下，众多流媒体巨头应以内容为基础并通过全球化、多元化策略挖掘收入增长潜力，力挽市场份额。

1. “内容为王”永不过时

外部竞争导致了 Netflix 优质内容的严重流失。迪士尼推出 Disney +，不但收回了迪士尼和皮克斯出品的电影的播放权，还逐步撤下了他们先前收购的 20 世纪福克斯影业的电视剧集，Comcast 和 NBC 也推出自己的串流平台，Netflix 将失去《老友记》《办公室》《生活大爆炸》等金牌剧集的授权。为了使片源得到持续的补充，Netflix 显著加大了自制内容的投入，推出多部爆款。2021 年，Netflix 自制内容资产规模首次超过授权内容资产（见图 7－54）。

图 7－54　授权内容与自制内容资产分布

其他流媒体平台后来居上，不落人后。漫威系列的《月光骑士》《惊奇女士》《女浩克》和星球大战系列的《安道尔》《欧比旺》等重磅 IP 独立剧集将陆续于 Disney + 上线，根据 2022 财年第一季度报告，Disney + 订阅数增加 1180 万，高于 Netflix 同期增量 830 万。

庞大的内容支出、优秀的团队以及优质的制片人都是打造爆款不可或缺的因素。而作为轻资产的互联网企业的 Netflix 能够持续推出高质量的内容，也离不开大数据支持。Netflix 通过 Cinematch 收集和分析用户数据，同时分析结果会成为 Netflix 新片选择的指导，帮助公司确定最优的剧本、导演和演员组合。2013～2021 年，公司研发投入不断增加，2021 年第一至三季度为 16.3 亿美元，2018 年后研发费稳定在 7%～8% 的水平。

2. 全球化扩大用户市场

从流媒体业务上说，Netflix 前瞻性的全球化策略，不仅极大地帮助其模式在全球实现了扩张，更为重要的是帮助其有效地对抗了美国的流媒体布局潮以及突破了北美市场的用户天花板。

不断扩充的片库和原创内容，以及循序渐进的本地化是 Netflix 国际化成功的重要原因。Netflix 的国际化从文化差异较小的加拿大逐渐扩展至其他语种国家，并不断制作本地化字幕和配音的原创作品，为提升本地居民的接受度提供了重要保证。

“因地制宜”的内容策略，打造了火遍法语区的《怪盗罗苹》以及顺利出圈的《鱿鱼游戏》，可见多元的文化能为优质内容提供肥沃的土壤，世界各地的精彩故事都可以被世界各地观众喜欢。因此，Netflix 流媒体业务未来发展的两大重要支柱仍然是内容全球化和用户全球化。

3. 多元化提高会员服务价值

值得一提的是，对于成熟的北美市场，Netflix 采用了提价策略，因为对于流媒体业务“付费用户数×会员费”的盈利模式来说，提价意味着营收的增长，从而最大化用户价值。然而，仅通过“涨价”的方式榨取北美成熟市场的价值是不可持续的，单一的影视内容服务的市场价值天然存在上限，因此，Netflix 需要通过多元化业务提高其会员服务的价值，使“涨价”顺理成章。

Netflix 目前已在这方面做出尝试。2021 年 11 月游戏平台 Netflix Games 正式上线，首批上线的就是用户所期待的两款影游联动的手游，分别是改编自 Netflix 热门 IP 的《怪奇物语：1984》和《怪奇物语 3：游戏》，同时，《Hextech Mayhem：A League of Legends Story》这部英雄联盟 IP 付费游戏也免费提供给 Netflix 订阅用户，此外还有 3 款轻量级休闲游戏。若 Netflix 能够持续维护并推出各类型的 IP 联动游戏，那么将更加有效提高其服务的用户吸引力。

要发展多元化业务，以迪士尼为例，其拥有更多 IP 变现的模式，包括主题公园、游轮、周边产品等，而对“初出流媒体”的 Netflix 来说，最直接的便是发展衍生轻量级 IP 产品。2021 年 10 月，Netflix 和沃尔玛合作构建沃尔玛平台上 Netflix 专属电商入口，销售《鱿鱼游戏》和《猎魔士》等热门 IP 相关的周边商品，包括 T 恤、贴纸以及人偶娃娃等。在周边产品创意销售业务中，Netflix 可以借助该行业成熟的产业模式和丰富的合作伙伴，降低业务的成本与风险，在提供订阅服务之外开拓销售自己内容的领域，最大化挖掘内容的价值。

Netflix 可用高质量的内容作为公司发展的地基，在此基础上丰富 IP 衍生业务，提高其订阅服务的“含金量”，将内容更大程度地货币化。周边产品的推出不仅仅可以带动收入的增长，更重要的是强化 IP 形象、延续 IP 寿命，将能有效服务于 Netflix 核心业务。

4. 多层次定价迎合用户需求

Netflix 专注于广泛的产品，包括儿童动画、浪漫喜剧、电影、真人秀、纪录片、美食秀以及游戏节目，涵盖了传统有线电视的全套内容。Netflix 自开展流媒体业务以来，已经历数次提价，国内及全球用户均保持持续增长。在未来竞争愈发激烈的情况下，依赖提价并非长久之计，多层次定价迎合客户需求或许更能吸引观众。

供应商可以根据每个市场的具体情况，为不同需求的用户群量身定制并增加更多的价格层级。在 AVOD 异军突起的情况下，可以考虑结合该模式，先通过多个广告赞助和补贴的方式来吸引观众，为高级用户提供 VIP 层级、电影首映等独家内容，还可以向使用免费的广告赞助层级的用户提供获得优质和独家内容的奖励计划。

五、建议课堂计划及相关教学支持

本案例适用于金融专业课程相关案例分析讨论课，建议课程时长 90 分钟左右，可分为课前、课中和课后三部分进行。以下具体安排可供参考：

（一）课前准备

提前一周将案例正文材料、启发思考题发送给学生仔细阅读，然后根据课堂人数完成学生的分组，建议每组人数不超过五人。在课前准备期间，请学生阅读案例正文和分析启发思考题，并以小组为单位完成简单的 PPT 展示。

（二）课中讨论

1. 教师对案例再进行简单介绍，提出思考题，并向学生提示分析思路（10 分钟）。

2. 教师讲解案例中涉及的相关知识点，比如有效市场理论、基本面分析方法、自由现金流估值模型等理论知识（15 分钟）。

3. 小组分组发言展示 PPT，主要展示小组对思考题的理解和阐述（每组 10 分钟）。

4. 各个小组分别对其他小组的展示进行提问、交流和评述打分（20 分钟）。

5. 教师进行总结发言。

（三）课后延伸

每位同学根据课堂上老师的讲解总结和讨论过程中的补充完善，任选一个思考题再搜集资料进行深入分析，并提交 1 份 3000 字以上的个人分析报告。

本文运用 SVM 神经网络的信息粒化时序回归模型对 Netflix 在 2021 年 9 月 17 日之后价格进行预测，并通过与 Netflix 同一时段的实际价格比较来研究 IP 对流媒体公司股价的推动作用。但是本文认为 Matlab 的 SVM 神经网络方法需要较复杂的数据处理和模型实现，需要同学有一定的编程基础，因此本部分可作为案例分析的选择性拓展内容。

六、参考文献

[1] Cortes, Corinna, and Vladimir Vapnik. Support – vector networks [J]. Machine learning 20.3: 273 – 297, 1995.

[2] John Janedis, Eric Katz. Media & Communications 2022 Themes [R]. Wolfe Research, 2022.

[3] MacKinlay, A. Craig. Event Studies in Economics and Finance [J]. Economic Literature, vol. 35, no. 1, American Economic Association, pp. 13 – 39, 1997.

[4] Vijay Jayant, James Ratcliffe. 2022 Media & Entertainment Industry [J]. Evercore ISI, 2022.

[5] Zadeh, Lotfi A. Toward a Theory of Fuzzy Information Granulation and its Centrality in Human Reasoning and Fuzzy Logic [J]. Fuzzy Sets and Systems 90.2: 111 – 127, 1997.

[6] 汤凌冰，廖福元，罗键．模糊神经网络在股价预测中的应用 [J]. 系统工程，2004 (2): 107 – 109.

[7] 徐程成．股票价格预测方法综述 [J]. 中国市场，2020 (9): 42 – 43 + 68.

[8] 徐浩然，许波，徐可文．机器学习在股票预测中的应用综述 [J]. 计算机工程与应用，2020 (12): 19 – 24.

[9] 汪颖．无形资产与企业经营绩效、股价关系的实证研究 [D]. 江西财经大学，2016.

[10] 王峥，温光洒，邱秀连．基于粗糙集和动态模糊神经网络的股市预测研究 [J]. 计算机与数字工程，2020 (3): 517 – 522.

案例 8

浑水淘沙，蚌贝无缺

——浑水公司做空贝壳案例分析[1]

近年来，在美上市的中概股频遭做空机构狙击。2021 年 12 月 16 日，著名的做空公司浑水再次对中概股兵戎相向，这次其魔爪伸向了我国房地产经纪龙头——贝壳找房，发布了长达 77 页的做空报告，引发市场的广泛关注。但贝壳公司毫无惧色，迅速回击，股价不降反升，令浑水无功而返。本案例在剖析混水公司与贝壳公司两大事件主体的基础上，回顾了此次做空事件的始末，逐一分析了贝壳公司为何成为浑水的攻击对象，面对指控其如何应对，最终影响为何。旨在以此引导学生分别从投资者、中概股公司、监管多视角综合探讨如何看待和应对中概股频遭恶意做空的现状。

① 本案例由中央财经大学金融学院李健、盛亦谦、宋晨、沈书颖、齐心蕊、冯一东撰写。

案例正文

一、引言

做空是股票市场上通过先借贷卖出、再买进归还从中获取差价的一种操作模式。做空行为在美国等成熟资本市场比较常见，不仅会有个人投资者在认为股价高估时进行做空交易，还存在职业做空公司。做空公司会在详尽调查取证的基础上，针对被做空企业的种种异常形成报告，做空该公司股票从而赚取差价。而我国资本市场长期以来缺少做空机制，在一定程度上限制了市场有效性。

实际上做空是一把双刃剑，一方面做空公司的存在会放大市场中的问题，正如浑水公司首页提到的“Doing the work Wall Street won't”，做空机构通常扮演着第三方监管者的角色，能够增强金融市场有效性，抑制金融泡沫的泛滥；另一方面做空机构为了利润最大化，也有可能会不择手段，歪曲事实，恶意地夸大问题，引导市场风向进而从中获利。

浑水公司就是这样一家职业做空公司，近年来因做空中概股名声大噪，多家上市公司因其摘牌退市。2021 年 12 月 16 日晚美股开盘前，浑水再次对中概股“兵戎相向”，发布了对贝壳找房长达 77 页的做空报告，直指贝壳造假五大罪，引发市场的广泛关注。而后贝壳面对指控一一拆解破局，素有“中概股死神”之称的浑水，竟无功而返！为什么浑水要狙击贝壳？浑水的指控是否可信？贝壳又是如何应对突如其来的做空？为什么贝壳能够化险为夷？其中故事跌宕起伏，令人深思，就由我们娓娓道来。

二、相由境生——案例背景

（一）浑水摸鱼——一代“做空巨鳄”悄然诞生

浑水公司（Muddy Waters Research）是一家美国的调研机构，主要通过尽调并做空股票获利，创始人是一个叫卡尔森·布洛克的年轻人。卡尔森在大学期间主修金融、辅修中文，毕业后来到上海的律所工作，因此卡尔森不仅会讲流利的中文也熟悉中国的商业环境。卡尔森的父亲是一家投研机构的研究员，混迹美国资本市场多年，并且多次对美国股市的小型上市公司进行唱空做多。2010 年，卡尔森在走访美国上市的中国公司东方纸业时，发现公司的库存有许多废纸，公司里也充斥着无所事事的工人，似乎与一家合格的上市公司大相径庭。因此，父子俩嗅到了商机，并于2010年7月设立浑水公司，以东方纸业为起点，开始了对中概股的狙击。其公司的名字“浑水”就来源于中国成语“浑水摸鱼”，有一语双关之意，既暗指在美国上市的这些中概股有浑水摸鱼之嫌，又指他们要通过做空手段搅浑资本市场后更容易摸到鱼。

浑水公司做空流程大致可以分为四步（见图8－1）：（1）通过新闻媒体、线索爆料等外部信息或自行研读等选取标的公司。（2）通过一系列的实地调研、研读资料和请教专家等尽调方式形成证伪资料，并形成做空报告。这是整个流程中最为关键的一环，浑水擅长非常细致地研读财报与实地考察，从常人不注意的地方发现公司的漏洞，并进一步探其症结。（3）将已有的结论告诉合作方的对冲基金，联合卖空股票后发布做空报告。浑水的做空报告与卖方机构的研报大不相同。通常报告的开篇就进行定调，用鲜明的观点将公司“判决”，然后在后文中除了用数据佐证观点，往往也会附上现场调研的照片，如东方纸业破旧的车产车间。因此，浑水的做空报告给市场带来极大的冲击。（4）做空报告使股价暴跌，有时也会联系做空机构相关的律所进行集体诉讼索赔，使股价进一步下跌，此时先前做空的浑水便可获利。

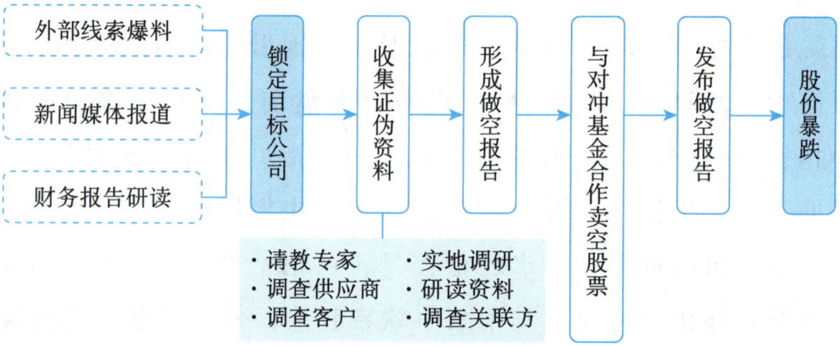

图8－1　浑水公司做空流程

资料来源：小组成员根据公开信息整理。

（二）逆风恶浪——十年间“中概股”频遭狙击

据不完全统计，在美国上市的中概股企业超过200家，其中不乏极具知名度的国内企业，如中国电信、阿里巴巴等。但近10年来，已有超过40家的中概股遭受了美国做空机构的狙击，其中“中概股死神”浑水公司贡献了半壁江山。截至2021年年底，穷兵黩武的浑水公司共狙击了21家中概股，根据公开资料统计的浑水做空中概股的理由与最新进展如表8－1所示。

表 8－1　　浑水公司做空中概股一览

时间	公司名称	做空理由	后续结果
2010 年 06 月	东方纸业	财务造假	股价低位
2010 年 11 月	绿诺国际	虚构客户	承认造假，退市
2011 年 02 月	中国高速频道	夸大收入	退市
2011 年 04 月	多元环球水务	财务造假	摘牌退市
2011 年 06 月	展讯通信	高层变动、财务造假	指控不实，浑水认错
2011 年 06 月	嘉汉林业	虚报收入与资产	破产重组
2011 年 11 月	分众传媒	内部交易，虚报 LED 屏幕数	私有化退市，A 股借壳
2012 年 04 月	傅氏科普威	虚报业绩	私有化退市
2012 年 07 月	新东方	利润税收存在造假	短暂波动，重回升势
2012 年 10 月	网秦	市场份额、负债表、收入造假	自证清白，股价低位，退市
2014 年 11 月	奇峰国际	虚构收入，财务造假	长期停牌
2016 年 12 月	辉山乳业	夸大成本优势和利润水平	债务危机，长期停牌
2017 年 06 月	敏华控股	夸大盈利，子公司财务造假	证据不充分，影响较小
2017 年 12 月	圣盈信	虚构收入，空壳公司	股价暴跌后沦为仙股
2018 年 06 月	好未来	夸大利润，收入造假	短暂波动，后自爆造假
2018 年 12 月	宏利金融	业务运作存在风险	股价低位
2019 年 07 月	安踏体育	销售数据造假	成功反击，股价上涨
2020 年 01 月	瑞幸咖啡	财务造假	长期停牌
2020 年 05 月	高途	同户虚假，营收造假	股价低位
2020 年 11 月	欢聚集团	营收造假	股价低位
2021 年 12 月	贝壳	虚构收入等	短暂波动

资料来源：小组成员根据公开信息整理。

从表 8－1 可知，浑水做空的公司往往有以下几个特征：（1）毛利率显著高于行业；（2）更换过审计事务所；（3）上交给工商和税务部门的文件与给 SEC 的存在出入；（4）收入依赖关联交易或存在隐瞒关联交易等。而从做空结果来看，中概股一旦遭到了做空，对于企业以及投资者来说，都会带来很大的打击，总体可以分为三种走向：一是确有财务造假，则股价一蹶不振，甚至直接停牌退市，比如中国高速频道和瑞幸咖啡在被做空后在美股市场和 A 股市场都选择了退市；二是回归 A 股，如分众传媒和奇虎 360 在被做空后，回到了 A 股市场中；三是自证清白，成功反击，股价反而有所反弹的，例如新东方、安踏体育等。

整体来看，浑水的做空行为对中概股的冲击很大，同时带动了越来越多的做空机构盯上了中概股企业，掀起了一阵逆风恶浪。而这导致了中国企业在美股上市之路愈发艰难，已在美股上市的中概股企业处境也十分尴尬。特别是在瑞幸咖啡爆雷后，

2020 年 5 月 20 日美国国会参议院通过了《外国公司问责法案》，意在针对中概股公司进行严格的会计审查，如果连续三年无法满足美国公众会计监督委员会（PCAOB）对会计师事务所检查要求的，将面临强制退市风险，同年 12 月 2 日该法案获得了美国国会众议院的表决通过，一旦美国正式采用该法案，那么中概股在美国的证券市场上将会更加举步维艰。

（三）鱼游釜底——中国房产经纪如履薄冰

浑水将新目标瞄准“贝壳”并不是一个巧合。随着“住房不炒”定位落实，中共中央、国务院各项决策部署得到贯彻落实。2021 年房地产税在多个城市开始试点，税率、免税等条款均较此前重庆、上海的要求更为严格，二手房成交指导价也在全国范围内进一步推广。在开发环节推行现房销售制度，进一步压降开发企业杠杆率。同时需求端的限贷、限购等条件持续收紧。政策面的各项打压，使得 2021 年末贝壳所在的中国房产经纪行业迎来了前所未有的寒冬，在相关数据上也得到了明显印证。

根据国家统计局数据，行业整体存在较大的下行压力，中国房产经纪行业已处于历史性的危机中（见图 8－2 和图 8－3）。从销售金额方面来看，2021 年 12 月全国商品房销售金额 2.03 万亿元，同比 2020 年下降 17.8%，降幅较 11 月进一步扩大 1.5 个百分点；销售面积方面，2021 年 12 月全国商品房销售面积同比 2020 年下降 15.6%，降幅环比 11 月扩大 1.7 个百分点。

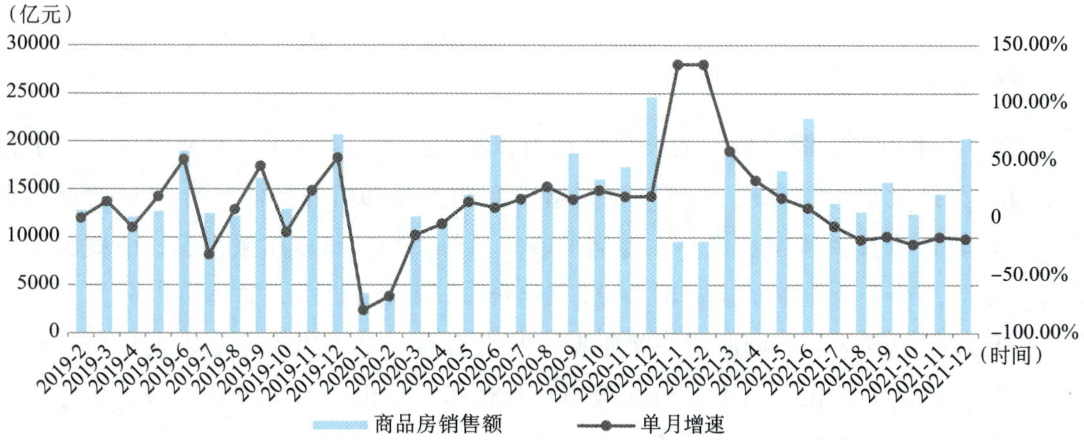

图 8－2　全国商品房销售金额及增速

资料来源：国家统计局。

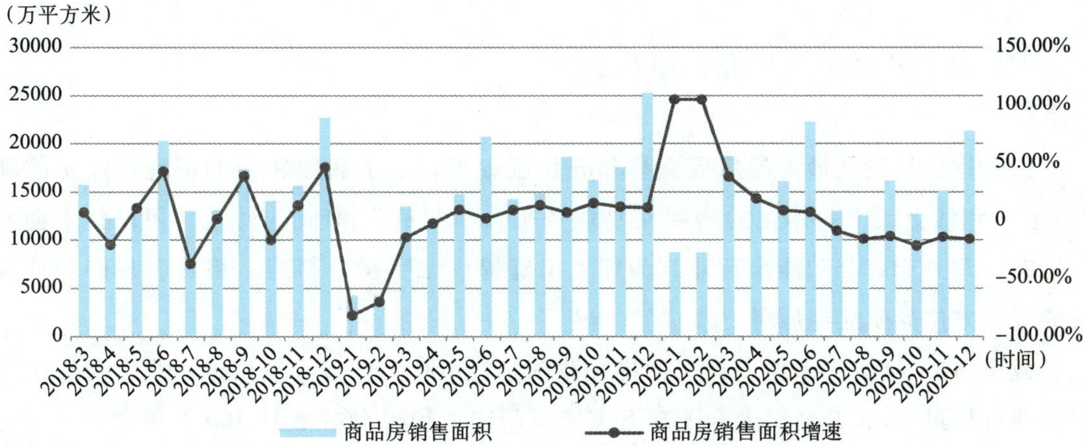

图 8－3　全国商品房销售面积及增速

资料来源：国家统计局。

除了累计销售金额和面积，房价也是房产经纪行业景气度边际变化的重要指标。根据国家统计局数据，2021 年 12 月全国商品房销售均价为 9512 元/平方米，同比 2020 年下降 2.5%，降幅较 11 月收窄 0.2 个百分点（见图 8－4）。70 个大中城市新建住宅价格从 2021 年 5 月 62 城环比上涨到 12 月 50 城环比下跌，上一次 50 城房价均环比下降发生在 2015 年 3 月，需求端对整体市场的预期及信心已经明显下降至较低水平，主营业务为房产经纪的中概股贝壳如履薄冰，成为了浑水公司的下一个猎物。

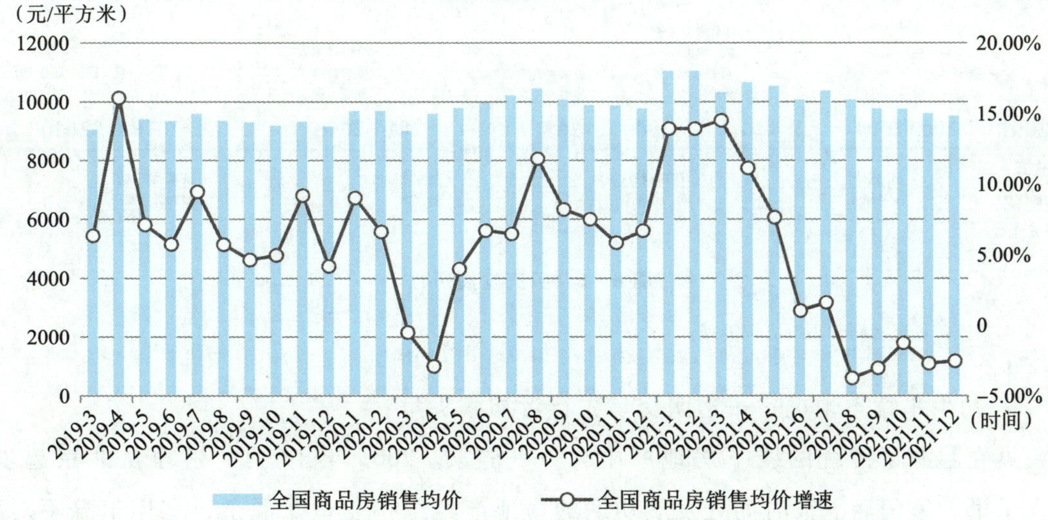

图 8－4　全国商品房销售均价及增速

资料来源：国家统计局。

三、蚌育珍珠——贝壳公司介绍

贝壳找房是我国最大的房屋交易和居住服务平台，由我国领先的房地产经纪品牌“链家”和线上线下一体化的房屋交易服务平台“贝壳”构成。贝壳公司以技术创新为导向，致力于聚合赋能全行业，为广大家庭提供二手房、新房、租赁、装修和社区服务等全方位品质居住服务。

截至2021年第三季度，贝壳已进驻我国超过100个城市，连接近280个新经纪品牌并拥有超过51.5万经纪人和5.0万家经纪门店；2020年完成约360万单交易，交易总额高达3.5万亿元，其中二手房与新房市场份额分别达到27%与9%，是当之无愧的行业龙头，国内房地产经纪一颗璀璨夺目的珍珠。

（一）脱胎链家，华丽转型——贝壳公司发展历程

那么，贝壳是如何一步步地孕育出熠熠生辉的珍珠的呢？本节我们就将回顾贝壳公司的“进化史”（见图8-5）。

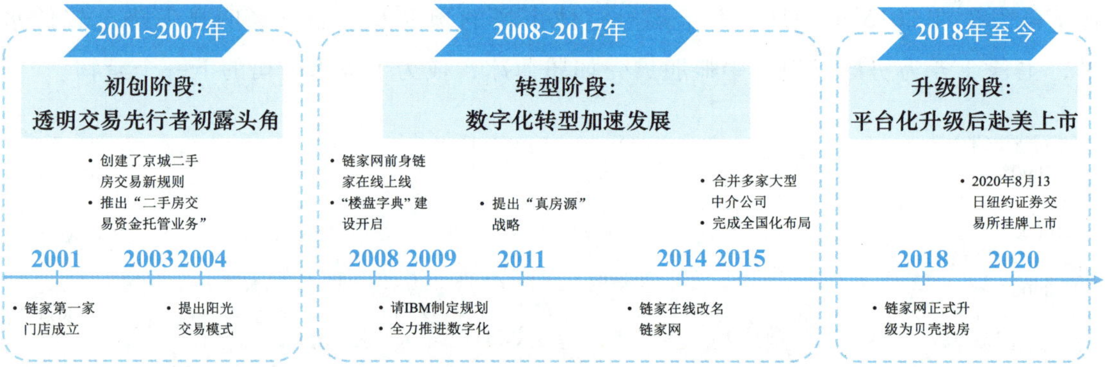

图8-5　贝壳发展历程

资料来源：贝壳官网，小组成员整理。

1. 初生牛犊不怕虎——透明交易先行者初露头角

贝壳起源于传统的线下房地产中介——链家。2001年12月，链家从北京起步，成立了第一家门店。彼时尚处发展初期的房地产经纪行业鱼龙混杂，利用信息不对称获利的行业潜规则横行无忌，但链家不愿与其同流合污，也没有等待炬火，而是勇敢地在黑暗中自行点燃了萤光，创立之初便大力主张透明交易，为此持续推动着服务流程的规范化与标准化。2003年7月，链家创建了京城二手房交易新规则，并与中国建

设银行合作首家推出“二手房交易资金托管业务”；2004 年，链家提出了买卖双方共同到场，与经纪公司签订三方协议，同时法务人员进行协助的阳光交易模式。链家这一系列提高交易透明度的创举直击消费者痛点，初步建立起品牌口碑，在业内崭露头角。

2. 雄关漫道从头越——数字化转型加速发展

2008 年链家网的前身——链家在线的上线，与“楼盘字典”数据系统建设工作的启动标志着链家数字化进程的开启。2009 年，创始人左晖斥 5000 万元巨资请 IBM 制定下一阶段的战略规划，明确了互联网化是艰难但必要之举。雄关漫道真如铁，而今迈步从头越，链家业务的数字化与线上化进程就此全面推进。2011 年，链家率先提出“真房源”战略，承诺所有房源保证真实。2014 年，链家在线改名链家网；2015 年，链家通过大刀阔斧的收购来扩张版图，伊诚地产、上海德佑地产、深圳中联地产等多家大型中介公司均被收入囊中，从此完成了全国化布局，傲居行业龙头。

3. 蚌经磨砺育宝珠——平台化升级后赴美上市

2018 年 4 月 23 日，链家网正式升级为贝壳找房，开启公司发展新阶段。贝壳以楼盘字典为基础，以 ACN 规则为合作机制，除自营品牌链家外，整个平台还向全国所有经纪品牌开放，链家封闭的业务体系由此升级为贝壳开放的平台生态。平台化的贝壳迅速成长壮大，于 2020 年 8 月 13 日登陆纽约证券交易所，成为我国居住服务平台第一股，经历剧痛后终于孕育出丰润的珍珠。

（二）基于经纪，打造生态——贝壳公司业务结构

经过 20 余年时光的打磨，贝壳原本传统中介公司的厚重蚌壳逐步孵化出中介产业互联网平台这颗新珠，企业边界持续拓展，收入来源不断丰富。贝壳目前的收入结构分为三大板块，分别是二手房交易业务、新房交易业务及以金融服务、装修服务等为代表的新兴业务。据 2020 年报显示，这三大板块占总收入比重分别为 43.4%、53.8%、2.8%，即其主要收入来源仍是房屋交易（见图 8－6 和图 8－7）。

具体来看，二手房业务需由多服务角色共同参与，是贝壳平台的初衷与其价值的重要体现。贝壳公司主要由链家及贝壳平台两大部分构成，因此二手房业务的收入主要分为两大部分，一是链家直接产生的二手房交易和租赁中介业务产生的交易佣金，二是向入驻贝壳平台的其他中介收取的平台服务费与加盟费等。此外，贝壳还通过向入驻平台的其他中介提供交易结算、现场检查、经纪人招聘培训等增值服务获取收入。

而新房业务逻辑则相对简单，贝壳直接和房地产开发商之间建立合作关系，通过线上平台与线下门店双线并行，代理开发商的新房销售业务，从开发商处获取销售佣

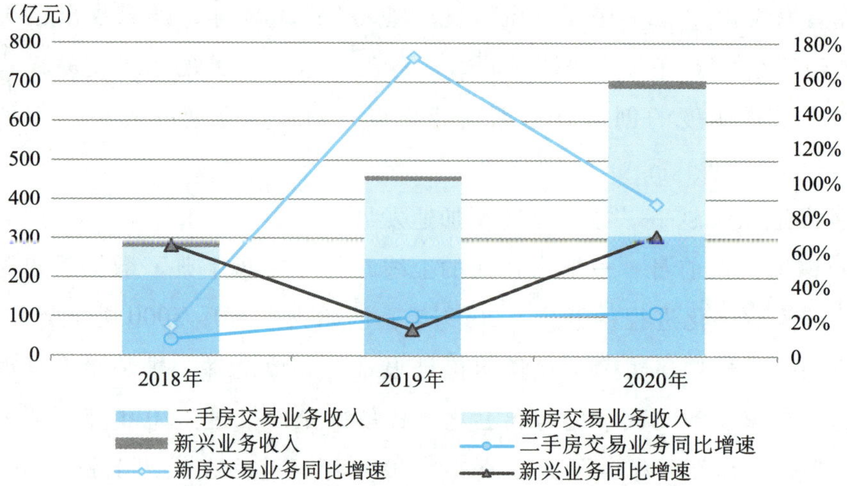

图 8－6　贝壳公司各项业务收入情况及其增速

资料来源：贝壳公司年报。

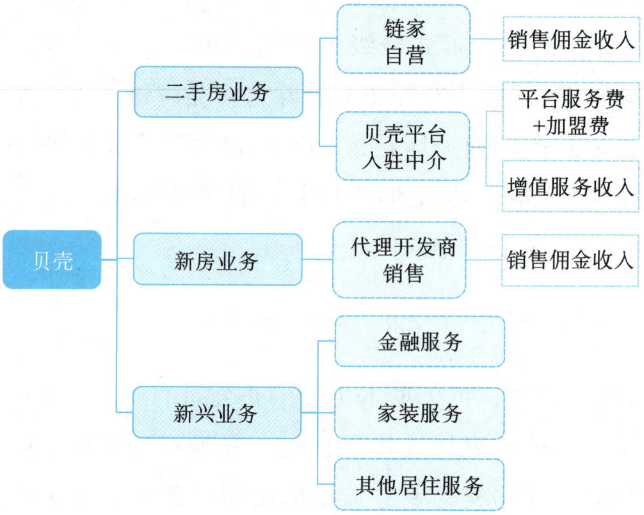

图 8－7　贝壳业务结构

资料来源：贝壳招股说明书，小组成员整理。

金。在“房满为患”的时代，贝壳凭借其多门店和入驻经纪人渠道优势与高月活的流量优势掌握了充分的话语权，带动新房交易业务收入节节高升，成为贝壳最主要的收入来源。

尽管新兴业务 2020 年仅贡献了不到 3% 的收入，但这是贝壳未来发力的主要方向，具有广阔增长空间。平台化的贝壳并不囿于房产经纪，而是致力于围绕整个房屋业务生态全面挖掘顾客需求，提供一站式解决方案。随着平台日益成熟，贝壳逐步开启金融服务、家装、新型租赁、社区服务等居住服务新探索，有望让这颗珍珠大放异彩。

（三）双网双核，扩大市场——贝壳公司的 ACN 经营模式

传统房地产经纪市场是以线下门店经营为主要经营模式，房地产经纪商各自经营，不利于经纪品牌快速实现其进军新市场的发展需求，因此传统经纪行业一直呈分散格局。房产经纪人之间持有的资源不共享，信息透明度很低，假房源泛滥、中介潜规则等行业乱象丛生；且由于经纪人之间互不合作，客户需要咨询大量不同的房产经纪人才能获得更多房源信息，交易效率很低，用户体验较差。

为了让信息、服务变得标准、透明，贝壳构建了 ACN 网络（Agent Cooperation Network，即经纪人合作网络）。运用 ACN 系统对各门店房产经纪人按照整合房源、房产经纪、客户管理等职责进行重新分工，让更多经纪人共同参与到同一交易中。ACN 系统重新构造了房产交易和中介服务行业的模式，带来诸多好处：（1）大幅扩大房源数量，打破资源信息独享和不对称，提升交易的效率；（2）加盟贝壳后新房客户与二手房客户相互转化，扩大市场覆盖面；（3）形成标准化的行业服务规范，提升客户体验；（4）减少恶性竞争投入的广告费用，提升中小中介的经营效率。

贝壳通过引入 ACN 系统打造房产经纪行业新平台，构建了线下 + 线上两张网，并且两张网均搭载了 ACN 的算法：线下网络化主要解决了看房效率的问题，通过 ACN 建立起数据中心和信息共享系统，将线下零散的数据整合至在线交易平台；线上网络插入了 VR 看房、金融服务等环节，帮助业主、客户与贝壳产生更多的连接，实现了交易流程的标准化专业化，提升行业效率。ACN 作为贝壳平台底层操作系统，与平台形成“双网双核”经营模式，连接不同品牌、经纪人，帮助服务者高效合作，进而为客户提供更优质、更便捷的服务（见图 8 - 8）。

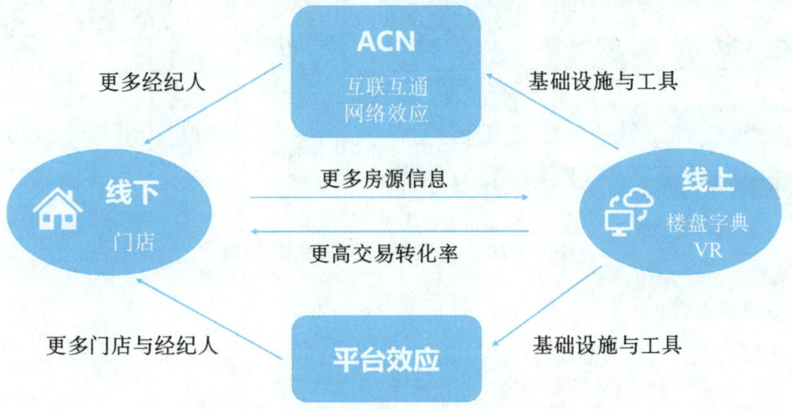

图 8 - 8　贝壳的“双网双核”经营模式

资料来源：贝壳招股说明书，小组整理。

传统模式中，经纪人在一单交易中的服务角色并无细分，就是一人尽可能担任多职，卖方的房源录入、维护、钥匙、实勘等准备环节和买方的客源推荐、撮合交易等交易环节都需要经纪人一人完成，在这种未能进行有效分工的经营模式下，只有成交经纪人可以获得佣金。而在贝壳的 ACN 系统中，只要经纪人在交易的上述环节中有所贡献，就可以分得佣金。

这种 ACN 模式先使链家内部各门店的经纪人有了跨门店合作的动力（见图 8－9），在此基础上，贝壳基于链家内部“跨门店”的 ACN 网络进一步创新，2018 年 4 月将链家的核心竞争力扩展到贝壳平台，由原先链家内部的“跨门店协作”扩展到全行业，实现不同品牌中介的“跨品牌”合作，形成了完整的贝壳平台，极大增加了平台上的房源数量和分布区域数量（见图 8－10）。

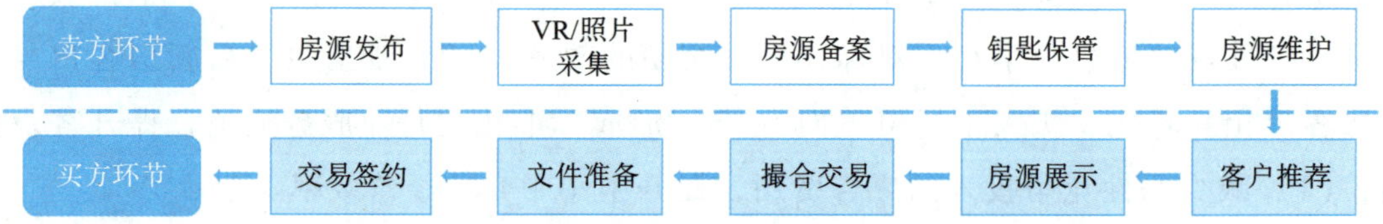

图 8－9　贝壳 ACN 合作模型

资料来源：贝壳招股说明书。

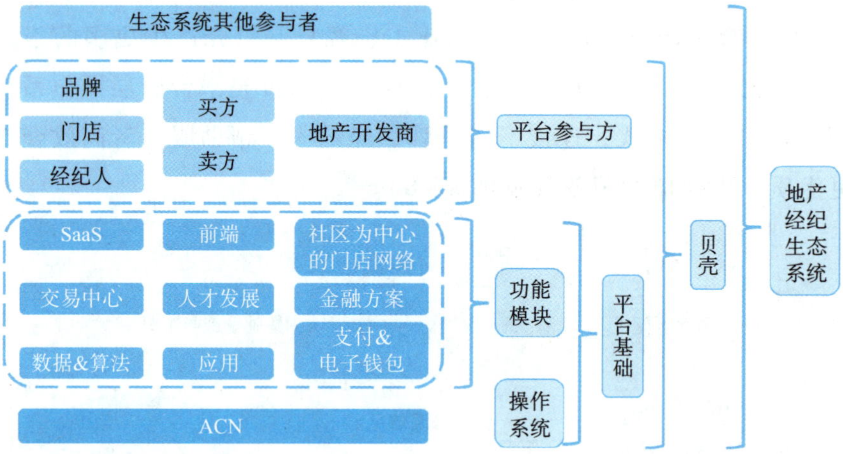

图 8－10　贝壳平台及其生态构成

资料来源：贝壳招股说明书。

（四）周期调整，增长放缓——贝壳公司近期财务状况

贝壳的公司战略和经营模式帮助其在我国房产经纪行业站稳了脚跟，但在疫情和

房地产市场政策收紧，给房产经纪行业带来打击的背景下，贝壳似乎没能延续前期的高增长态势（见图 8 - 11），这可能也是其被浑水盯上的主要原因。

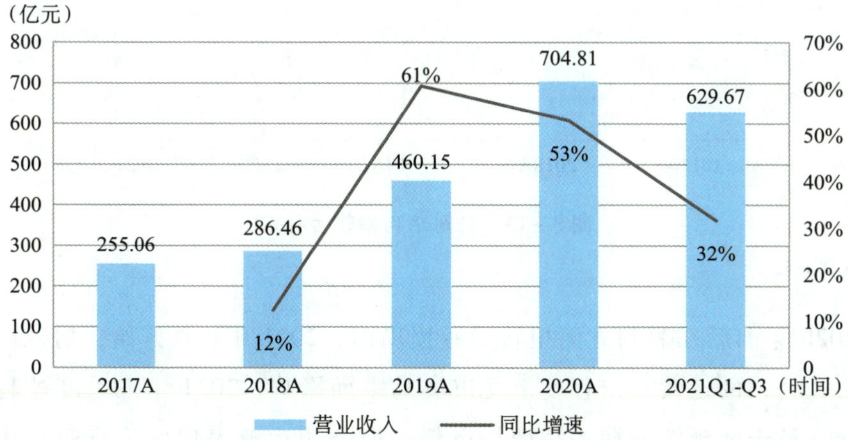

图 8 - 11　公司营收增速放缓

资料来源：Wind。

在 2017 年至 2021 年三季度，贝壳的营收呈现出逐年上升的态势。2017 ~ 2020 年，贝壳的营收从 255.06 亿元增长至 704.81 亿元，年复合增长率达到 46.3%。其中，2019 年和 2020 年，贝壳的营收同比增速均在 50% 以上，ACN 系统的引入帮助贝壳实现营收的快速增长。而截至 2021 年第三季度末，贝壳的营收增速有所放缓，下降至 32%。

从盈利能力看，2019 年前，贝壳的净利润始终为负，2020 年实现净利润扭亏为盈（见图 8 - 12），与此同时，毛利率从 2017 年的 19% 提升至 2020 年的 24%（见图 8 - 13）。2021 年前三季度实现净利润 4.06 亿元，与 2020 年前三季度数据相比同比下降 75.9%，并且毛利率在 2021 年前三季度回落至 20%，同期相比盈利水平有所下降。

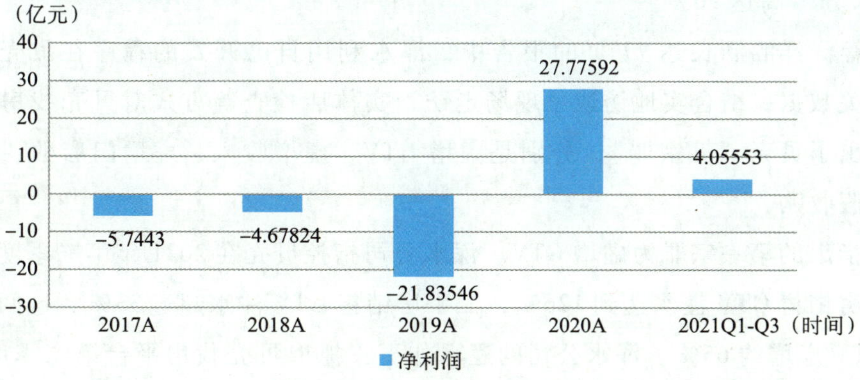

图 8 - 12　公司净利润扭亏为盈

资料来源：Wind。

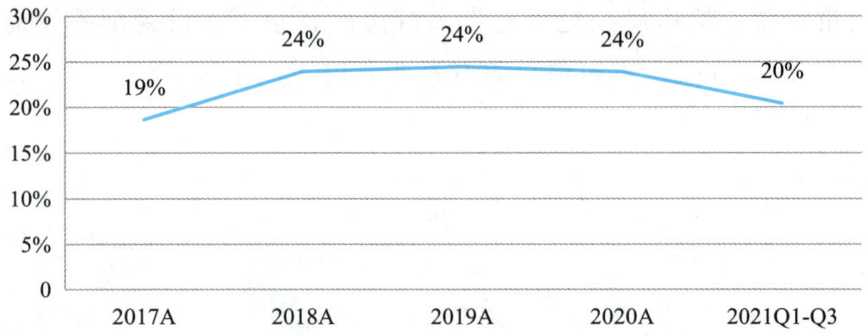

图 8－13　公司毛利率较为稳定

资料来源：Wind。

贝壳 2020 年前后在盈利方面扭转了亏损局面，2021 年 6 月开始，房地产市场基本面继续向下，公司的运营一定程度上受市场基本面影响，2021 年三季度盈利能力指标均有所降低，虽未能延续前期的高增长态势，但公司运营表现好于行业整体，表现出了强大的韧性。

四、扑朔罗生——浑水做空事件始末

（一）平地惊雷，浑水剑指贝壳“欺诈五宗罪”

市场凛冬之际，贝壳公司也遭受了上市以来的严峻考验，萎靡的表现急需良好的公司业绩来提振市场信心。然而，资本市场的硝烟从未停歇，2021 年 12 月 16 日晚美股开盘前，浑水调研公司发布对中概股贝壳找房的做空报告，称其正在做空贝壳。浑水认为，就像瑞幸咖啡一样，贝壳公司是一个“巨大的骗局”，直指其夸大公司收入数据，“水分”高达 96%。

在这篇洋洋洒洒长达 77 页的报告中，浑水利用自己开发的程序在贝壳找房 App 上抓取相关数据，结合实地访谈、现场走访、实体店检查等方式对贝壳找房公司进行调研，指出了贝壳“五宗罪”，分别是虚增 GTV、虚增收入、虚增门店数、虚报经纪人数和虚假收购。

浑水指出的第一宗罪为虚增 GTV。浑水公司指控贝壳在 2021 年第二季度和第三季度中，新房销售 GTV 注水达到 126%，二手房销售 GTV 注水超过 33%，这两个季度贝壳财报 GTV 虚增约 65%。浑水公司的逻辑如下：抓取贝壳找房平台第二季度中 76 天新房交易数据和第三季度中 76 天新房交易数量，据此估算第二季度共 91 天和第三季度共 92 天新房交易总量，按照平均成交价格计算出新房交易 GTV 与财报数据进行比较，得出财报虚增的结论。在计算二手房交易 GTV 时，浑水公司如法炮制，对显示不全数据进行假设和调整，利用成交数和每套房平均成交价得出二手房交易 GTV 为 378 亿元，而第二季度和第三季度财报显示的 GTV 为 495 亿元。

浑水指出的第二宗罪为虚增收入。报告中指出贝壳公司在上述营业期间内财报所记录的营业收入 410 亿元虚增 77%，实际营业收入应为 230 亿元。浑水公司认为，由于贝壳在计算营业收入时采用 GTV 乘以佣金率的方式，GTV 高估导致了营业收入膨胀。同时，浑水认为贝壳财报中第二季度和第三季度采用的佣金率过高，进一步推高了营业收入。

浑水指出的第三宗罪为虚增门店数。浑水公司认为贝壳线下存在大量的“幽灵门店”和“克隆门店”，部分城市的门店并不是自营店而是加盟店，导致门店数至少虚增 23%。所谓“幽灵门店”是指贝壳平台上显示为正在营业的活跃门店而实际上已经停止营业或根本不存在的门店；“克隆门店”是指多家在平台上显示位置相近或一样的门店，实际上只有一家门店正常存续营业。贝壳在财报中披露的门店数为 52868 家，而浑水在平台上仅抓取到 43026 家，门店数虚增 23%。报告中，浑水通过走访来验证这一观点，例如调查员实地调查发现南昌中环地产二十三中店注册地的门店早已转手；廊坊链家天洋城 2 店和 6 店为一个门店，但在平台上显示为两家店。上述例子就是幽灵门店的代表。

浑水指出的第四宗罪为虚报经纪人数。浑水的指控中声称贝壳财报中披露的经纪人数量远远大于浑水在贝壳平台上抓取的经纪人数量。浑水以南昌中环地产为例，南昌市房管局对房地产经纪人进行了实名登记，可以查询到其中登记的中环地产经纪人为 1307 人，然而贝壳平台上显示的经纪人有 2050 人，虚增近 40%。浑水还利用参加社保的人数和财报声称的经纪人数进行比较，发现在上海的经纪人数夸大一倍。同时，浑水发现在贝壳公司提供的年报和不同时期的招股说明书中所列的员工数变动幅度较大，描述的口径也出现不一致，从侧面反映了贝壳公司的经纪人总数存疑。

浑水指出的第五宗罪为虚假收购。报告中指出贝壳夸大收购价格，从内部关联人处购买资产来汇集股东资金，试图平衡本不存在的现金余额。浑水认为贝壳在收购中环地产股份时涉嫌抬高购买价格来掩饰虚增的收入，具体做法为：企业法人与贝壳有紧密联系的关联方先受让中环地产共 62% 的股份，然后转手给贝壳，夸大标的公司的价值，并以此消耗虚增的现金。浑水认为贝壳斥巨资 80 亿元收购圣都装饰也十分可疑，因为与圣都装饰类似的公司市值远远低于 80 亿元。

浑水公司的指控和理由如表 8－2 所示。

表 8－2　　浑水公司对贝壳的指控概述

指控	内容	理由
虚增 GTV	2021 年第二季度和第三季度 GTV 虚增 65%	抓取贝壳找房平台新房和二手房成交量乘以平均成交价格得出实际 GTV
虚增收入	2021 年第二季度和第三季度营业收入虚增 77%	收入等于 GTV 与佣金率的乘积，贝壳公司实际 GTV 和佣金率均低于财报水平
虚增门店	存在大量“幽灵门店”和“克隆门店”	贝壳平台上存在着许多实际上不存在的门店和将一家门店显示为多家门店的情况
虚增经纪人	短期内不同公开材料中经纪人数量差距较大，与登记的经纪人数目不符	贝壳财报中披露的经纪人数量与当地政府相关网站上登记的房产经纪人以及参加社保的员工数不相符
虚假并购	蓄意夸大收购股份价格	收购中环股份时采用企业法人与贝壳有紧密联系的关联方先受让中环地产共 62% 的股份，然后转手给贝壳；收购圣都装饰的对价过高

数据来源：小组成员根据浑水做空报告整理。

（二）针锋相对，贝壳反驳浑水“满纸荒唐言”

面对浑水公司来势汹汹的指控，贝壳选择迎面反击，于 2021 年 12 月 16 日晚发表声明称，贝壳确保财报数据的真实性和规范性，欢迎各种调查，但坚决抵制任何机构的恶意做空行为。贝壳指出浑水不了解中国房产市场，缺乏对贝壳业务的基本认知和三张报表的正确解读，并向投资者保证将在 24 小时内针对报告内容逐一拆解回复。

2021 年 12 月 17 日晚 7 点左右，贝壳发布声明，从新房交易 GTV 和收入、二手房交易 GTV 和收入，以及门店数和经纪人数这三个维度详细回应了浑水公司的指控。从回应来看，浑水公司在做尽职调查时，在数据提取的完整性和时效性、抽样调查的样本合理性等方面均存在较大的偏差。

针对第一宗罪与第二宗罪，即对虚增 GTV 与收入的指控，贝壳分别就新房交易与二手房交易两种业务模式的成交数据进行回应。新房交易方面，贝壳指出浑水抓取交易量数据的方法是错误的，计算也存在严重遗漏。公司提供新房交易的通路有四条：链家门店、平台连接门店、新房销售团队和其他销售渠道。而浑水的报告中只计算了第一、第二种方式，遗漏了第三、第四种方式。二手房交易方面，贝壳指出浑水抓取的交易量数据严重失实且存在遗漏。它的数据并非来自公司的真实数据，同时浑水并未使用贝壳真正的存量房套均价，而是选取了来自 CRE 的外部套均价格进行模糊替代。

针对第三宗罪和第四宗罪，即对门店数和经纪人数的指控，贝壳表示报告的信息源不完整。贝壳 App 首页“找经纪人”功能无法找到新房专岗经纪人，同时，新房经纪人有权利选择不对外展示自己。因而，在计算门店总数时，浑水通过“找经纪人”功能抓取门店数据的方法存在明显缺陷。

贝壳表示，董事会已授权独立审计委员会对浑水报告中的主要指控进行内部审查，并由审计委员会聘请的独立第三方顾问提供协助和建议。贝壳此次反做空的回应总体来看十分合理有效，回应时间及时且回应态度坚决。但是贝壳也有一部分指控没有回应，比如第五宗罪虚假收购指控中浑水质疑的圣都装饰的收购价格过高问题。

（三）尘埃落定，贝壳内调完成“拨云见月明”

针对浑水的指控，贝壳还表示公司的三位独立董事已经成立公司审计委员会，对浑水报告中的主要指控展开了内部调查，并由审计委员会聘请的独立第三方顾问提供协助和建议。

2022年1月28日晚8时，贝壳宣布内部调查实质性完成，审计委员会得出结论，浑水报告中的相关指控没有事实依据。对于此次内部调查，贝壳执行董事兼首席财务官徐涛进一步表示，贝壳会一直并将继续致力于保持高标准的数据质量、公司治理和内控水平，并遵循相关规定进行透明和及时的信息披露。

（四）温故知新，浑水恶意操纵“竹篮打水空”

中概股一直都是国外做空机构的热门目标，许多被盯上的中概股公司因做空股价崩盘，甚至遗憾退市。但随着市场逐渐认清浑水等做空机构的套路后，做空机构的号召力已在不断下降。此次贝壳受浑水做空消息影响，当日股价下跌超10%，但开盘后逐渐稳定，股价在18美元至19美元区间震荡。当日收盘后贝壳的股价为18.31美元，跌幅为1.98%，贝壳及时作出积极回应后，再一次提振了市场信心，股价随之逐渐趋于稳定，浑水的恶意做空竹篮打水一场空。究其原因，浑水的做空报告本身存疑，同时贝壳对于浑水公司的做空报告回应得十分及时，防止了事件的进一步发酵。

五、余音绕梁——总结反思

截至2022年2月15日收盘，贝壳股价达到20.27美元，相较于贝壳被做空前的收盘价18.68美元，贝壳股价不降反升，并没有受到任何影响（见图8－14）。回看浑水12月16日宣布做空贝壳，77页做空报告从5个方面控诉贝壳财务造假，似乎贝壳已然成为了刀俎之上的鱼肉，然而贝壳及时的发声，用强硬自信的回应遏止住了事态恶化，并对浑水的做空招式一一进行了破解，打破了浑水公司的如意算盘。

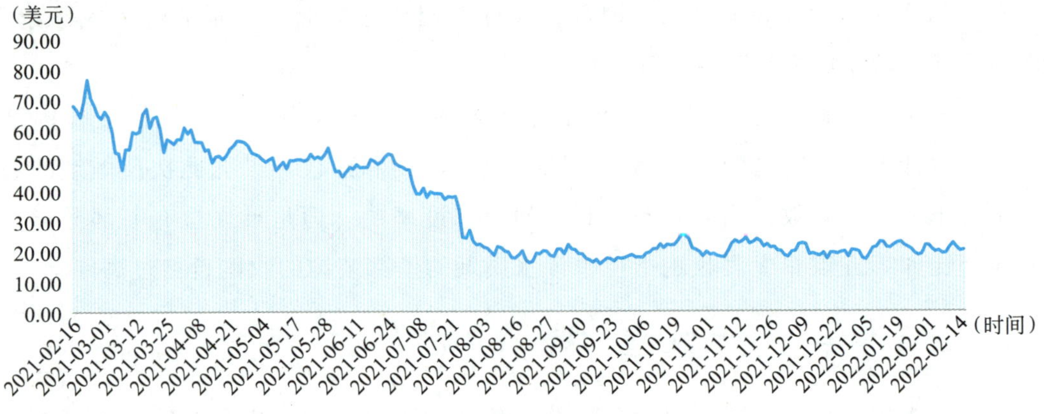

图 8－14　2021～2022 年贝壳股价情况

数据来源：Wind。

素来被称为“中概股死神”的浑水公司的频频失手，一方面是因大部分中概股公司仍是身正不怕影子斜的好公司，经得住质疑和推敲，同时中概股公司不断总结，面对做空，能够积极主动及时进行全面有针对性的回应；另一方面从股价的反应上来看，也说明市场逐渐形成了自己的判断，能够识别出恶意操纵和歪曲解读，对于做空机构的发言不再一味信任。

然而对于浑水做空贝壳事件的分析并不能浅尝辄止，而应进一步探究该案例对投资者、中概股公司、监管当局，乃至我国市场建设有什么经验和启示。这些利益相关方都该如何应对并扭转中概股频遭恶意做空的现状？对于投资者来讲，应如何客观审视做空机构对中概股公司疾声厉色的指控？对于中概股公司来讲，如何减小被做空机构狙击的可能性？一旦发生恶意做空，中概股公司又应如何应对？而对于我国监管部门和市场的建设来讲，如何发挥做空机制的积极作用？如何对做空操作进行有效监管，完善相关法律法规？这些问题值得深思。

案例使用说明

一、教学目的与用途

（一）适用课程

财务报表分析、金融市场与金融机构等。

（二）适用对象

本案例主要适用于金融专业硕士及本科生。

（三）教学目标

由于我国资本市场制度尚未完善，很多公司选择海外上市，这些公司发行的股票就是中概股。如何面对海外资本市场做空机构的攻击是中概股必须面对的课题，本案例介绍了浑水公司试图做空贝壳公司始末以及贝壳公司对浑水公司的回应和反击，以期能启发学生从多角度看待做空事件，对事件中各方的立场和主张、矛盾和问题进行深入思考，引导学生思考做空机制的利弊，探讨如何看待和应对中概股频遭恶意做空的现象。通过本案例的教学，希望能达到如下具体目标：

1. 整体教学目标

（1）带领学生阅读浑水的做空报告，理清做空报告中浑水的指控和贝壳财务报表中的漏洞，让学生从多角度分析做空事件的前因后果。

（2）带领学生对贝壳公司的反击进行梳理，让学生理解公司财务规范运作的重要性、财务数据和信息披露真实准确的重要性。

（3）引导学生辩证看待做空机制的利弊，并带领学生分别从投资者、中概股公司、监管多视角探讨如何应对做空。

2. 知识与运用目标

（1）在《财务报表分析》课程中，让学生掌握公司财务报表的内容、财务报表分析、公司估值的要点，并能够学会关注财务欺诈造假等方面的信息。

（2）在《金融市场与金融机构》课程中，通过对做空报告的分析，让学生了解做空机制的内涵、作用及其影响与意义，掌握被做空公司恶意做空后的应对方法，并思考对我国金融市场制度建设和监管改进的参考价值。

3. 能力与思维目标

（1）培养学生对现实问题的分析和思考能力，学会搭建分析现实问题的框架，注重理论联系实际。

（2）通过对浑水做空报告和贝壳财务报表的分析，培养学生的批判性思维，以专业的素养和辩证的眼光看待现实问题。

（3）培养学生发散性思维，学会从多个角度分析问题，举一反三。

二、启发思考题

本案例共设置了5道启发思考题。这一系列问题以案例内容为依托，重点探讨从投资者、上市公司、市场和监管当局等角度，该如何应对中概股被做空事件。启发思考题设置逻辑如下：做空基础知识回顾（第1题）——做空事件结果分析（第2题）——做空案例启示探讨（第3题从投资者角度分析做空指控的真实性、第4题从投资者角度分析被做空公司的价值、第5题从上市公司和监管当局角度分析如何应对做空事件）。这5个问题具体如下：

（1）做空基础知识：请结合案例谈谈你对做空机制与做空公司的理解，如何看待它们的作用？并基于此谈谈你对我国资本市场做空机制建设的了解与看法。

（2）做空影响：请使用事件分析法探究浑水做空贝壳的指控对贝壳股价的影响如何？并思考当上市公司面对做空指控时，应如何行动以最小化负面影响？

（3）投资者角度之做空指控真实性分析：浑水的做空报告主要指出了贝壳的哪些问题？请综合贝壳公司的回复与自己的思考，分析这些指控是否合理。

（4）投资者角度之被做空公司价值分析：在对贝壳进行财务预测的基础上对其估值。

（5）上市公司、监管当局角度之做空应对之法探讨：近年来频现国外沽空机构对我国中概股的做空事件，如何客观看待此一现象？请从中概股自身、中美双方监管机构的角度分别谈谈该如何应对。

三、分析思路

教师可以结合实际课程内容及教学安排从多角度使用本案例，这里提出一种以上述5道思考题为线索的整体分析思路供参考（见图8-15）：首先，结合案例背景，学习回顾做空机制、做空作用等一系列做空相关基础知识；其次，紧扣浑水做空贝壳案例，定量分析此事件的影响；最后，从多角度探讨该如何看待并应对中概股屡次被沽空的现状，依次按照投资者、上市公司、监管的视角由浅入深推进。其中，每道启发思考题的具体分析思路如下：

启发思考题1：本题旨在夯实做空的基本概念与知识。教师可以带领学生回顾浑水公司简介，了解做空公司的基本运行方式；从浑水公司做空报告中涉及的具体内容，归纳概括做空概念和做空机制；从市场反应和贝壳公司的回应，结合所学的金融市场

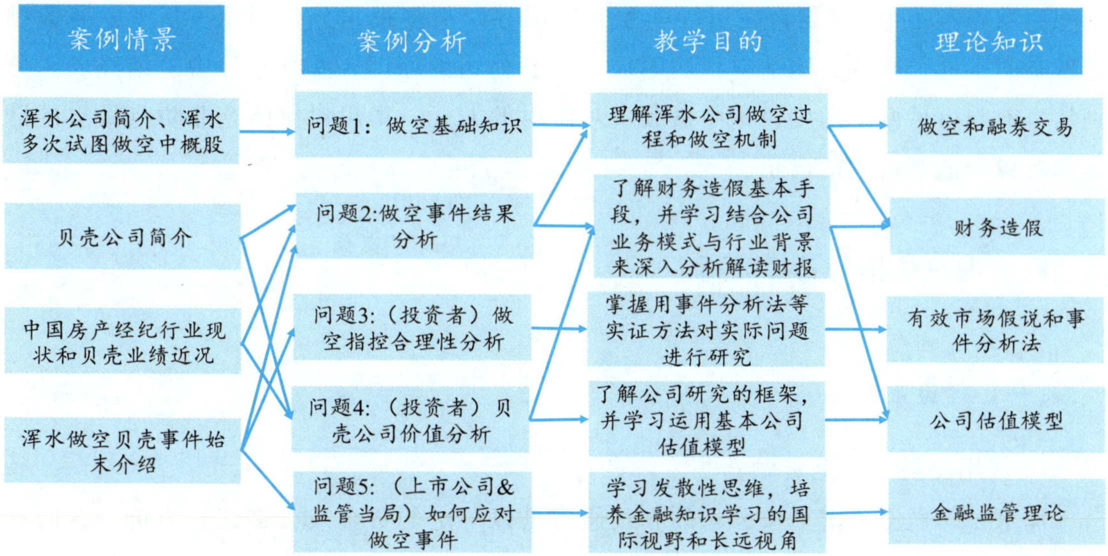

图 8-15 思考题设计思路

知识以及对国内外金融市场的了解，辩证看待做空机构的作用。

启发思考题2：本题旨在运用计量方法探究做空事件对贝壳股价的影响。首先，教师可带领学生学习事件分析法和相关计量方法，运用历史交易数据进行实证检验，探究浑水做空指控的提出对贝壳股价的影响；其次，结合贝壳对于做空指控的回应和行动，思考面临此类做空指控的上市公司应如何行动以减少对其自身的负面影响。

启发思考题3：本题是希望学生站在投资者的角度理性分析浑水的做空指控是否合理，首先通过案例阅读和浑水的做空报告，归纳总结出浑水做空报告的主要指控及指控逻辑。其次结合贝壳的回应和公司金融相关知识，分析指控的方法与逻辑是否正确。最后引导学生思考从投资者角度应理性应对上市公司与做空机构之间的博弈。

启发思考题4：本题同样旨在启示学生作为投资者，面对浑水等做空机构的指控不应盲从，而需客观独立地审视公司的真实价值，在对其进行合理估值的基础上再进行投资决策。首先，通过分析贝壳公司往年的财务状况与经营情况，并结合对当下行业形势的观察预判对贝壳公司作财务预测。其次，带领学生回顾常用估值方法，对各种模型的适用性与优劣进行辨析，并结合贝壳的实际情况及其特点指导学生选择合适的估值模型。在此基础上，采用相对估值法中的企业价值倍数法（EV/EBITDA）与绝对估值法中的自由现金流折现模型（FCFF），利用 Excel 作为教学支持工具向学生进行估值示范。最后，结合估值结果教育学生们理性面对做空行为，不妨自己动手来对目标企业进行内在价值的评估然后再下结论。但同时也要向学生强调，基本面估值的前提是财务信息真实公允，因此需以第 3 题中的做空指控合理性判断为基础。

启发思考题5：本题旨在引导学生开阔眼界，从多视角分析问题。基于中概股频遭做空的事件，研究美国沽空机构围攻中概股公司的原因，并从事件中总结经验，分别从事前与事后两个角度讨论中概股应对做空的方式，得出对实体企业防范做空的措施和对我国监管机构的启示。

四、理论依据与具体分析

（一）理论依据

1. 信用交易——融资融券

浑水公司做空一家上市公司的方式通常是以一定的资金或合格证券为抵押，向券商借入一定数量该上市公司股票并将其高价卖出，然后将被调查公司的负面信息向市场披露，进而影响该公司股票的股价，再重新购买该公司的股票来偿还此前借来的股票，通过这一个低买高卖流程来赚取中间差价。这一做空手段就是融券，是信用交易的一种。

信用交易指买卖证券时只向券商交付一定的保证金或证券，由券商垫付不足的价款或证券。其中，融资买入证券称为“买空”，融券卖出证券称为“卖空”，是市场上做空证券的常用手段。

2. 财务造假

财务造假是指主体企业违背国家法律法规和会计制度的相关规定，采用各种欺诈性的手段对财务报表进行违规性的操作。通过伪造、编造某些会计事项来掩盖企业真实的财务状况、经营成果和现金流量的行为。

公司进行财务造假的原因有很多，主要有为了获取上市资格、避免被暂停上市或退市、维持公司股价稳定、满足业绩考核的要求、可以以更低成本借贷资金、减少或者推迟纳税等。

财务造假的手段多种多样，但基本都是围绕着三大报表做文章，即利润表、资产负债表和现金流量表。

（1）利润表造假手法。

利润表的整体结构就是：收入 - 成本 = 利润，为了做高利润，要么增加收入，要么减少成本。利润表的操纵手法可以分为收入和成本两部分。

收入端的作假包括确认虚假收入，主要方式是关联方交易；提早确认收入，手法是在合同义务尚未履行完成时确认收入或者在卖出商品买方尚未验收时确认收入；推迟确认收入，当某财年收入超过预期或者出售资产时公司有推迟确认收入的动机；其他收入划分为经营收入，即将一些不可持续、一次性的收入，如利息收入、租金收入等“包装”成主营业务收入；并购操纵收入，常用手段有将被并购方原本要确认的收入在并购完成后才确认，伪装成并购的协同效应、溢价收购被收购方并将溢价记为“商誉”。

成本端造假手法主要有：成本费用挪到未来，即通过费用资本化、不提取减值损失等方式导致本期费用减少致使利润虚增；未来成本费用挪到现在，通常通过在本期提取一笔较大的减值损失准备金熨平利润波动；经营成本记为其他成本导致公司本期毛利润增加。

（2）资产负债表造假手法。

资产负债表与利润表不同，反映的是某个时点公司拥有多少资产和负债。资产负债表的造假大多是从利润表造假传导过来的。资产负债表造假的重灾区是应收账款、存货和负债项目。

应收账款造假的常用手法是伪装成应收账款出售或保理。当公司想要确认一笔虚假收入时，常常会伪装成应收账款出售，并在账上减少应收账款和增加银行存款，但实际上公司只是向金融机构借了一笔贷款，这些应收账款压根不存在。存货科目的造假比较隐蔽，特别是类似獐子岛这样存货是生物资产的公司，因为公司外部人员很难辨别这类公司存货价值。通常的做法是公司卖出商品后不结转成本、减少存货，导致存货价值虚高。负债端造假的目的一般是为了降低公司资产负债率，公司可以通过保理业务或延期确认负债的方式隐藏负债。

（3）现金流量表造假手法（见图8－16）。

现金流量表由三部分组成：经营现金流、投资现金流和筹资现金流。操纵现金流量表的手法主要有以下几种。首先是筹资流入变成经营流入，由于投资人更多关注的是经营现金流，所以公司可以通过抵押存货借款、应收账款保理等方式将筹集到的资金归为经营现金流入。其次是经营流出变成投资流出来增加净经营现金流，世界著名的财务造假案例，美国世通公司将其经营过程中，正常购买的通信线路成本予以资本化，在资产负债表确认为一项资产，这样就使经营现金流出虚减。2000年和2001年这两年，美国世通公司通过这种操作方法虚增经营活动现金流量50亿美元。最后是虚增现金流，企业通过一些饮鸩止渴、不可持续的操作来虚增经营现金流，比如说延迟支付供应商货款、提前收回应收账款、减少采购等来虚增现金流。

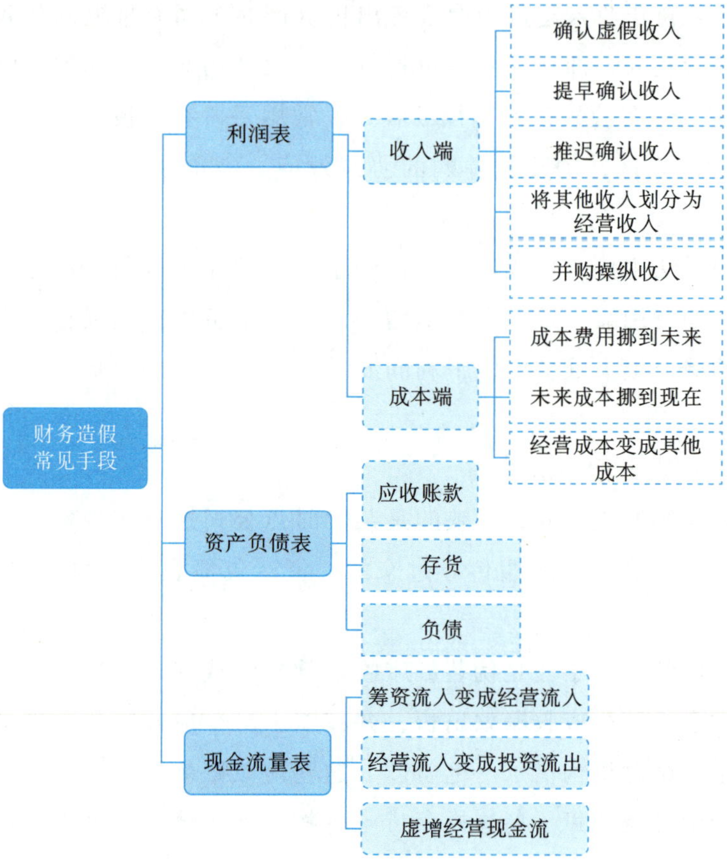

图 8－16　财务造假常见手段

3. 有效市场假说

法玛于 1970 年提出了有效市场假说（Efficient Market Hypothesis，EMH），认为投资者足够理性，能够对市场中的信息迅速做出合理反应，使一切有价值的信息能够及时、准确、充分地反映在股价走势中。

根据市场上证券价格对信息的反应速度和程度，可以将有效市场假说划分为弱有效（weak－form）市场、半强有效（semi－strong－form）市场和强有效（strong－form）市场三种形式（见图 8－17）。

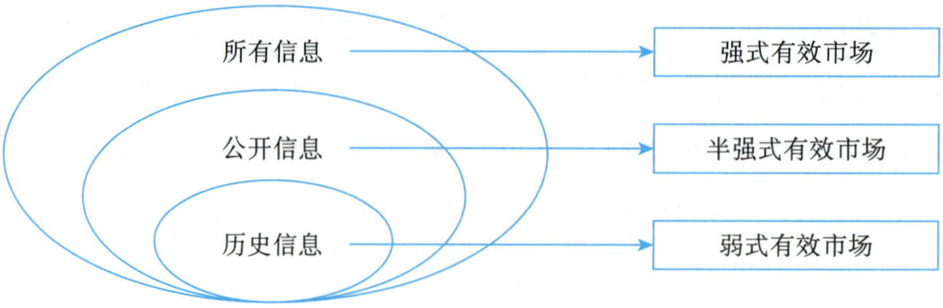

图 8－17　有效市场假说示意图

证券市场是弱有效市场的条件是证券的价格反映了其历史价格包含的全部信息，如果把股票价格看作随机过程，人们常用随机游走来形容弱有效市场中的股票价格。为了判断股票市场是否为弱有效市场，常常检验股票价格的自相关系数，当股价自相关系数的绝对值接近于零时，股票价格与随机游走模型吻合。

半强有效市场中，股票价格反映当前所有公开信息，各种消息一经公布，证券价格将迅速调整到其内在价值水平，以反映新信息带来的价值增量。检验股票市场是否为半强有效市场的主要方法是事件研究法——选择事件消息公布前后一段时间作为时间窗口，分析窗口期内股票收益率的异常情况。如果市场是半强有效市场，那么事件公告只影响公告当日的股票收益率。

在强有效市场中，证券价格能够快速反映影响价格的所有信息，包括公开信息和私有信息，在强有效市场中，不仅普通投资者不能利用公开信息，连知情者也无法通过内幕交易来稳定地谋取超额收益。

当市场当中存在卖空限制的时候，投资者不能根据市场信息及时做出买空卖空操作，市场信息不能完全体现到股票价格中，会对市场有效性造成一定影响。因此，完善市场体制对提升市场有效性有一定作用。

4. 估值模型

公司估值方法通常分为两类：一类是相对估值方法，通过选取可比公司确定适用的估值乘数，如 P/E 估值法、P/B 估值法、EV/EBITDA 估值法等，此类方式相对简便；另一类是绝对估值方法，主要原理为现金流贴现，如股利贴现模型、自由现金流模型等，理论上较为精准。

其中，绝对估值法的基础是对企业的财务预测，以常用的自由现金流模型为例，需要根据财务预测结果测算企业自由现金流（FCFF），自由现金流是指基于公司资产每年能够创造出的可用于股东和债权人分配的自由现金，FCFF =（税后净利润 + 税后利息费用 + 折旧与摊销 + 其他非现金支出）- 营运资本追加 - 资本性支出；得到企业自由现金流之后，再选取合适的折现率对现金流进行折现，通常选用加权平均资本成本 WACC，即按各类资本所占总资本来源的权重加权平均计算公司资本成本；对自由现金流折现后，将现金流折现值进行加总，得到企业价值。FCFF 估值法步骤如图 8 - 18 所示。

绝对估值法在概念上很健全，但在实际运用时往往阻碍重重，如过多的假设前提使其在一定程度上无法反映真实的市场情况。相对估值法是一种相对容易的估值方法，基本做法是：首先，找到一个影响企业价值的关键变量；其次，确定一组可以比较的类似企业，计算可比企业的相对估值指标的平均值；最后，企业的关键变量乘以

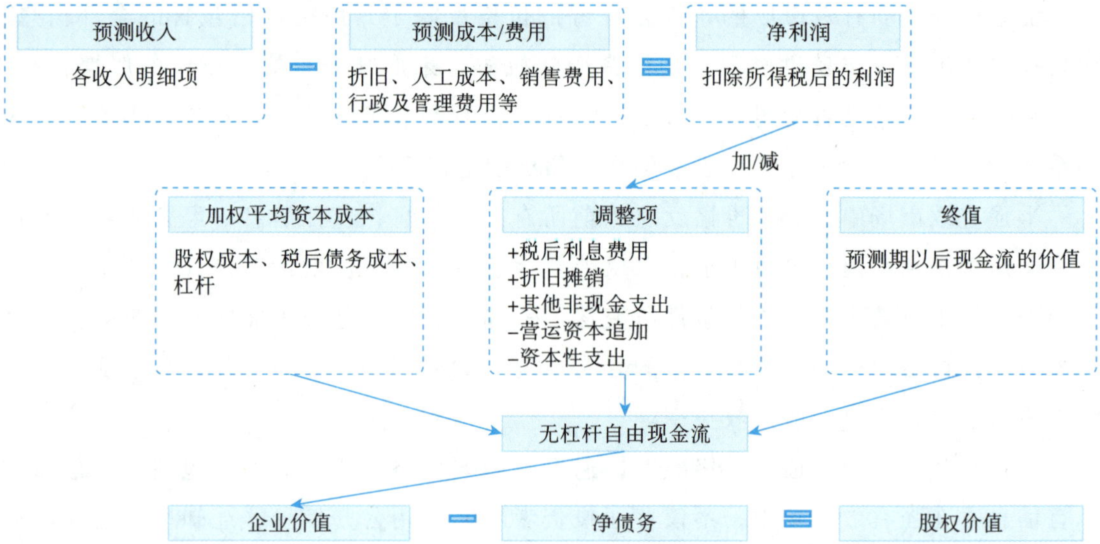

图 8-18　FCFF 估值法步骤

可比公司平均水平计算目标企业的价值。相对估值法是以可比企业价值为基准，是一种相对价值，而非目标企业的内在价值，我们一般在对企业进行估值时，最常用的基本模型有市盈率模型、市净率模型、市销率模型、企业价值倍数模型等。

市盈率等于市价与净收益的比值，目标企业每股价值 = 可比企业平均市盈率 × 目标企业的每股收益。市盈率的驱动因素是企业的增长潜力、股利支付率和风险，其中关键是增长潜力。只有在这三个方面接近的企业才会具有类似的市盈率。市盈率模型应用广泛，在使用方面具有简便、直观、综合性强等优点；但是该模型在使用过程中也具有明显的局限性。一方面，如果收益是负值，市盈率就失去了意义。另一方面，整体经济景气程度会影响市盈率水平，造成一定偏差。由于不同企业的系统性风险不同，在市场波动时其估值水平的变动幅度也不一样，这也为市盈率方法的应用带来一定的难度。市净率模型和市销率模型与市盈率类似，不再赘述。

企业价值倍数（EV/EBITDA）从全体投资人角度来反映投资资本的市场价值和未来一定时期企业收益间的比例关系。EV 为公司价值，EV = 市值 +（总负债 - 总现金）= 市值 + 净负债。EBITDA 为息税折旧摊销前利润，EBITDA = 营业利润 + 折旧费用 + 摊销费用，营业利润 = 毛利润 - 销售费用 - 管理费用。企业价值倍数不受所得税率不同的影响，使不同国家和市场上的上市公司估值更具可比性；不受资本结构不同的影响，有利于比较不同公司估值水平；排除了折旧摊销这些非现金成本的影响（现金比账面利润重要），可以更准确地反映公司价值。

5. 金融监管

（1）金融监管的概念界定。

金融监管有狭义和广义之分。狭义的金融监管是指中央银行或其他金融监管当局依据国家法律规定对金融业实施的监督管理。广义的金融监管在上述含义之外，还包括了金融机构的内部控制和稽核、同业自律性组织的监管、社会中介组织的监管等内容。金融监管一般认为是为了纠正市场失灵。

（2）金融监管的原则。

政府方负责金融行业监管的机构或者是金融机构内部的监管机构，为了保证其监管效果以及监管目的的有效执行，在进行金融监管时需要遵守五大原则，这五大原则分别是合法性原则、公开性原则、效率性原则、独立性原则和协调性原则。其中合法性原则指的是：执行金融监管时需要按照相关的法律法规来进行。公开性原则指的是：金融监管时应最大限度地提高透明度，公开、公平、公正地对待所有金融市场的参与者。效率性原则指的是：通过金融监管应当去提高金融体系的效率，而不是去压制金融创新、金融竞争等良性行为。独立性原则指的是：负责金融监管的机构及其相关人员应当受到法律保护，任何组织和个人都不得干涉金融监管的执行。协调性原则指的是：负责金融监管的各主体，应当职责分明、互相配合，以提高金融监管的效率和协调性。

（3）金融监管的方式。

一般而言，国家在进行金融监管时，使用的监管方式有三种，分别是公告监管、规范监管和实体监管。

公告监管：公告监管这种方式指的是国家不对金融行业进行直接的监管，但受监管的金融机构、金融企业必须按照相关要求对自身的经营结果予以公告，因此公告监管是所有金融监管方式中最为宽松的一种。

规范监管：规范监管又被称为准则监管，指的是国家会对金融行业制定一系列的规范，并要求其遵守该规范。这种监管方式相较于公告监管方式而言，金融监管机构具有更大的可操作性，但是仅通过一些十分基础的准则，也很难收到严格的监管效果。

实体监管：实体监管是在国家已经确定了完善的金融监管规则之后，赋予了金融监管机构权力，让金融监管机构能够对金融行业、金融市场、金融相关机构进行全方位的监督和管理。因此，实体监管是一种非常严格、具体且有效的金融监管方式。

（4）美国资本市场的监管。

本案例主要涉及美国资本市场的监管。

美国资本市场属于典型的开放准入型市场，市场的大门始终敞开，进出方便：注册制 IPO 并没有硬性约束条件，退出机制也较为开放，法定强制外更多是市场自觉。监管则主要集中于过程监管和行为监管，市场以自律自治为主，监管规范治理为辅。其中市场自律自治以严丝合缝的集体诉讼制度、辩方举证制度以及争议和解制度为底座，集体诉讼配置“我主张，你举证”的辩方举证极大地提高了违法成本，从而催生出一批如同秃鹫一样的做空机构时刻紧盯着已经或涉嫌存在违法行为的上市公司。

一般情况下，做空机构发布做空报告，向上市公司发出诘问，上市公司就需做出回应，若回应无法释疑就易引发投资者集体诉讼，而集体诉讼一旦启动，上市公司就需进行辩方举证。但由于辩方举证过于耗时耗力，上市公司大多选择争取和解，和解被法院采纳同意后 SEC 的处罚也就纷至沓来，无论哪种结果都会对被做空公司的日常经营产生较大困扰。

（二）具体分析

1. 请结合案例谈谈你对做空机制与做空公司的理解，如何看待它们的作用？并基于此谈谈你对我国资本市场做空机制建设的了解与看法。

（1）做空基本概念。

做空是股票期货市场常见的一种操作方式，当预期市场有下跌趋势时，做空者借入标的资产按市价卖出，等股票下跌之后再买入，赚取中间差价。但是如果市价不跌反升，将会付出更多的金额重购要归还的证券从而造成损失。由于价格上涨理论上没有极限，所以做空者的潜在亏损可能是无限大的，因此做空风险大，投机性高。因其投机性高，不是每个证券交易所都允许做空交易，即使允许，往往也有较多限制。

（2）做空机构运行方式。

做空机构是市场上一股强大的做空力量。做空机构做空一家公司的基本流程有四步：第一，做空机构初步锁定做空目标；第二，对做空目标展开调查，建立空头头寸；第三，形成做空报告并发布，造势打压股价；第四，当目标公司股价下跌时了结空头头寸获利。做多和做空都需要做调研，但方法论截然不同，做多是“证实”，优点和缺点都要考量，权衡之下才能给出“买入”的评级；做空则是“证伪”，俗称“找茬”，只要找到企业的财务、经营造假证据，“硬伤”一经发现，即可成为做空的理由，类似于“一票否决制”。从本案例中，我们可以看出，浑水在攻击贝壳时做了大量研究，为猎杀做了充分的准备。从浑水公司发布的对贝壳的做空报告中可以看到，做空机构尽职调查方法有查阅资料和实地调研，调查内容涉及公司及关联方、供应商、客户、竞争对手、行业专家等各个方面。例如，浑水公司指出贝壳虚增收入的依据是浑水抓取的贝壳平台数据和对财报的深入解读；浑水公司指出贝壳虚增门店时采用了实地走访的方式，进行现场取证；浑水在调查贝壳经纪人数量时参考了多方网站数据；浑水通过调查贝壳的关联方和关联交易得出贝壳可能存在虚假收购的嫌疑等。

（3）做空机制与做空机构的作用。

金融市场有涨有跌，有做多就必有做空，这才是正常的市场规律。做空机制的实行，使绩差股、垃圾股被市场自发力量打压，价格越来越低触发退市条款直至退市，从而可培育市场价值投资的风气。同时，做空机制的实行使一些上市公司不敢造假欺骗投资者，因为被发现的代价是高昂的。从这个意义来说，做空机制是能够保护股民的一剂良药，能够促使人们自觉进行价值投资，使市场整体的股票估值向下移动，让投资者有机会买到物美价廉的好股票。在美国等成熟的资本市场上，做空机制还可以成为投资者回避风险的一种投资工具，在股市行情不好时，可以利用做空来盈利，同时对冲股市风险。而做空机构正是市场中的“啄木鸟”和“清道夫”，通过实地调研、跟踪等特有信息收集和分析方式，产生对企业价值的判断，有了做空机构，上市公司才会如临深渊、如履薄冰，不敢轻易造假。

但是，做空机制也有一定的弊端，尤其是在不完善的资本市场中放开做空。做空机制容易引起投资者的恐慌，引发市场动荡；做空的杠杆特性使参与做空的风险较大，可能会导致巨额亏损。同时，做空机构可能为了一己私利进行恶意做空，操纵市场，不仅会扰乱市场的正常秩序，它们过多激进的做空行为还会成为危害国家金融安全的重大隐患，违背金融服务实体经济的初心。

（4）我国资本市场做空机制的建设。

2010 年 3 月我国推出融资融券交易，标志着做空机制被正式引入我国资本市场。但是就目前市场行情来看，融资和融券交易量悬殊，融资交易占绝对比例的情况下，融资交易对公司违规的助长作用超过了融券的治理效果（武晨，王可第，2020）。可以这样说，中国是厌空型的监管态度，做空机制不成熟，融券交易的门槛高，可供融到的证券较少。做空机制的缺失致使股市呈现“单边市”特征，即投资者买涨不买跌，在牛市中的买涨行为导致牛市更牛，股市泡沫显现；在熊市中，由于不能卖空，导致投资者的恐慌性抛售，使熊市更熊，股市陷入萧条。未来，随着资本市场改革的深入，A 股市场可以允许有控制的卖空，增加市场的流动性，并允许对冲基金和其他机构卖空者继续推动市场向有效价格靠拢。

但是，我们也应该看到，虽然卖空增加了资本市场的效率和流动性，但如果没有有效的监管制度的支持，没有审慎的监管当局的监管，盲目引入做空机制可能会引发一系列问题。结合我国资本市场的现状，散户一般是非理性的，抗压能力较差，忍受不了任何市场噪声，在这样的背景下，机构投资者也逐渐“散户化”，做空在我国不理性、脆弱的市场中非常容易形成大波动。在急剧下跌背景下的市场做空最容易发生，而做空会进一步加剧市场的恐慌，进而引起更大的羊群效应，甚至导致整个金融系统崩盘。所以在不同时期，监管当局需要考量对做空行为的容忍程度。既然做空作为一种机制应该存在，那么对于做空就应该有相应的规则和制度约束。规范、完善我们的做空机制需要做到：对于市场操纵型做空保持零容忍态度，进一步健全市场操纵方面的立法和执法；建立有交割保障的做空机制；完善信息披露制度；开展投资者教育，优化资本市场投资结构等。此外，我国资本市场也需要浑水模式，需要建立真正对投资者负责的机构，发挥其作为投资顾问的价值判断功能。

2. 请使用事件分析法探究浑水做空贝壳的指控对贝壳股价的影响，并思考当上市公司面对做空指控时，应如何行动以最小化负面影响？

（1）事件分析法概述。

事件分析法是一种统计方法，以有效市场假说为前提，如果市场是有效的，该事件产生的影响会立即反映到股价上。当市场上发生某一事件时，在确定事件的发生日和事件窗口期的基础上，通过计算股票的正常收益和“异常收益率”，构建检验统计量对“异常收益率”的显著性进行检验，从而判断股票价格是否受该事件的影响。

（2）事件分析法的分析过程。

①确定事件窗口和正常收益率的估计期。

首先需要明确所研究的事件。2021 年 12 月 16 日晚美股开盘前，浑水调研公司发布对中概股贝壳找房的做空报告，声称正在做空贝壳。同一天，贝壳发表声明称其确保财报数据的真实性和规范性，并且坚决抵制任何机构的恶意做空行为。

事件日期是市场第一次获得该信息的时间。从公开信息来看，市场首次获得该信息的日期是浑水发表做空报告的当天，即 2021 年 12 月 16 日。事件日期即确定为 2021 年 12 月 16 日。

而事件的发生可能对研究主体的股价在事件发生日的前后几个交易日内均产生一定影响，因此需要设定一个事件窗口期，来检验事件的发生是否对其股价产生了显著影响（见图 8－19）。由于浑水做空贝壳后，贝壳对于浑水的回应较为及时，事件窗口期设定为事件发生的前后各 5 个交易日，即 2021 年 12 月 9 日至 2021 年 12 月 23 日，共 11 个交易日。

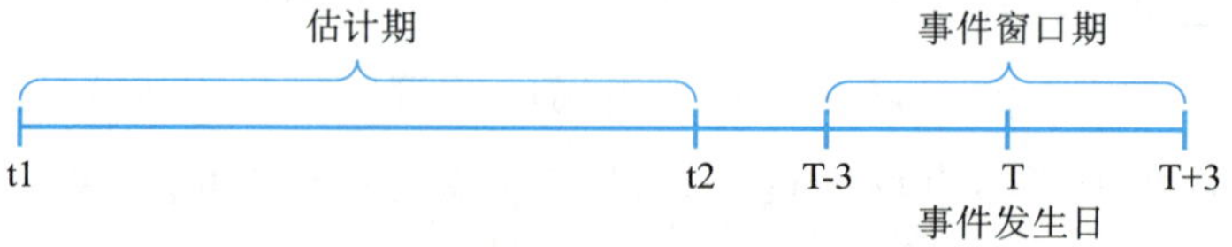

图 8－19　事件窗口及估计期示意图

估计期是为了计算该事件没有发生时的正常收益率，一般选取事件窗口期前的一段时间。本文选取2021年6月1日至2021年11月30日（共128个交易日）作为事件的估计期。

②计算收益率。

收益率采用对数收益率的计算方式，价格采用当天收盘价。

$$R_{i,t} = \ln \frac{P_{i,t}}{P_{i,t-1}} \qquad 式（8-1）$$

为了得到股票的正常收益率，本文采用市场均值模型进行拟合和估算。

$$R_{i,t} = \alpha_i + \beta_i \times R_{M,t} + \varepsilon_{i,t} \qquad 式（8-2）$$

其中 $R_{i,t}$ 为股票在 t 时的实际收益率；$R_{m,t}$ 为市场实际收益率，本文选用万得中概股100指数代替市场指数，万得中概股指数是将所有在美国上市的中国企业股票以自由流通市值加权得到的，能够较准确反映美股市场的中概股走势；α_i 为截距项，衡量无法用市场收益率解释的个股平均收益；β_i 是通过回归得到的系数，衡量个股的系统性风险大小；$\varepsilon_{i,t}$ 为白噪声。

用估计期的数据来估算 α 和 β 的值，并根据公式计算出窗口期内股票的预期收益率。

$$E(R_{i,t}) = \alpha + \hat{\beta_i} \times R_{M,t} \qquad 式（8-3）$$

根据已知信息估计出来的预期收益是未来收益的无偏估计。可以认为，当事件没有发生时，股票的收益率近似为其预期收益率。实际收益率对预期收益率的偏离可看做是事件发生对股票收益率产生的影响。定义这种偏离为股票的异常收益率AR，计算式如下：

$$AR_{i,t} = R_{i,t} - E(R_{i,t}) \qquad 式（8-4）$$

由于事件对股票可能产生的影响不仅限于事件当天，因此将窗口期内异常收益率按顺序依次相加，计算窗口期内各期的累计异常收益率。

$$CAR_{i,t} = CAR_{i,t-1} + AR_{i,t} \qquad 式（8-5）$$

③构建统计量并进行假设检验。

通过检验AR和CAR的统计显著性可以得到该异常收益率是否持续且显著，从而得出该事件是否对其股票收益率产生影响的结论。基于此可以提出检验假设。

原假设H0：浑水做空贝壳事件对其股票收益率没有显著影响；

备择假设H1：贝壳的股票收益率受到做空事件的显著影响。

检验统计量为：

$$t_{AR} = \frac{\overline{AR}}{\frac{s_{AR}}{\sqrt{n}}}$$ 式（8－6）

$$t_{CAR} = \frac{\overline{CAR}}{\frac{s_{CAR}}{\sqrt{n}}}$$ 式（8－7）

其中 n 为窗口期样本数量。

当原假设成立时，统计量服从自由度为 n－1 的 t 分布，因此采用双侧 t 检验，对原假设进行检验，当检验统计量的 p 值远小于显著性水平时，可拒绝原假设，认为做空事件对贝壳的股票收益率产生了显著影响。

（3）分析结果。

首先使用估计期数据对市场模型进行拟合，构建正常收益率的计算模型（见表 8－3）。

表 8－3　市场模型估计结果

	α	β
回归系数	-0.406	1.426
（t 值）	（-0.874）	（8.251）
显著性	0.384	0.000***

注：*** 表示在 1% 的水平上统计显著。

通过回归得到市场指数收益率前的系数 β 为 1.426，在 0.01 的显著性水平下异于零，具有经济和统计上的解释意义，正常收益率可使用市场模型估计的预期收益率近似得到：

$$E(R_{i,t}) = -0.406 + 1.426 \times R_{M,t}$$ 式（8－8）

随后计算异常收益率，即实际收益率超过正常收益率的部分，用来衡量事件的发生对其收益率的影响程度：

$$AR_{i,t} = R_{i,t} - E(R_{i,t}) = R_{i,t}(-0.406 + 1.426 \times R_{M,t})$$ 式（8－9）

窗口期内股票的异常收益率与累计异常收益率如下所示（见图 8－20）。

从图 8－20 中可以看出，贝壳股票的异常收益率在 12 月 14 日前基本为负，而 14 日之后正异常收益居多。这表明浑水在 12 月 16 日发表的做空贝壳的指控似乎并没有对贝壳的股票收益率造成显著的负面影响。其累计异常收益自 12 月 17 日由负转正，并持续保持正异常收益，在整个事件窗口内，做空指控似乎并没有对贝壳的股价造成显著波动。

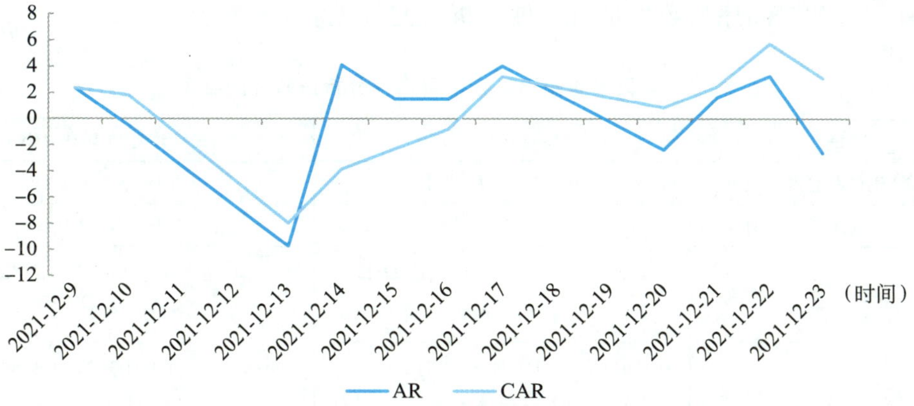

图 8-20　窗口期内股票的异常收益率与累计异常收益率

随后对异常收益率和累计异常收益率的日度数据进行双侧 t 检验，判断其统计显著性（见表 8-4）。

表 8-4　AR 和 CAR 的双侧 t 检验结果表

	AR	CAR
均值	0.2810	0.4086
（t 值）	（0.231）	（0.349）
显著性	0.822	0.734

在窗口期内，股票的异常收益率（AR）的累计异常收益率（CAR）的平均值均大于0；同时，AR 和 CAR 在5%和10%的显著性水平上均未通过检验，并不具备统计显著性，因此不能拒绝原假设，认为实际收益率与正常收益率没有显著差别，不能说明浑水做空贝壳事件对其股票收益率造成显著影响。

结合贝壳股价日内波动来看，浑水做空指控发布后，贝壳股价在开盘前下跌了超10%，开盘后逐渐稳定，并且当日（12 月 16 日）晚间贝壳对于这份做空指控发表声明称，将尽快对做空报告中不合理内容进行详细回应，也表明其财报数据的真实性和规范性，给市场投资者信心。当晚收盘时，其股价较上日收盘价变动约-2%，但通过市场模型计算得到的正常收益率为-3.52%，实际收益率甚至高于预期，也衬托了浑水的做空指控对贝壳股价并没有造成显著的负面影响。

贝壳在收到浑水做空指控后第一时间进行回应，使股价仅有小幅波动，长期来看对其股价影响并不显著。而这并非个例，安踏体育曾在 2019 年遭遇浑水的做空指控，浑水在 2019 年 7 月 8 日第一次发布了针对安踏体育的做空报告，随后的一个月内共发布 5 篇针对安踏的做空报告，而安踏在浑水发布报告后第一时间做出了回应。本文同样对安踏体育的时间序列数据进行事件分析研究（见表 8－5）。

表 8－5　　对贝壳和安踏体育采用事件分析法研究的结果

项目	贝壳（BEKE. N）	安踏体育（2020. HK）
浑水首次发布做空报告时间	2021 年 12 月 16 日	2019 年 7 月 8 日
被做空公司首次回应的时间	2021 年 12 月 16 日	2019 年 7 月 9 日
事件窗口	2021 年 12 月 9 日至 12 月 23 日 共 11 个交易日	2019 年 6 月 28 日至 7 月 26 日 共 20 个交易日
估计窗口	2021 年 6 月 1 日至 11 月 30 日 共 128 个交易日	2018 年 12 月 1 日至 2019 年 6 月 20 日 共 127 个交易日
AR 均值	0. 2810 （0. 231）	0. 0035 （0. 765）
显著性	0. 822	0. 454
CAR 均值	0. 4086 （0. 349）	－0. 0017 （－0. 161）
显著性	0. 734	0. 874

注：括号内为 t 统计量。

贝壳和安踏在收到做空指控后均在第一时间进行了回应。通过事件研究法得到浑水的做空指控对安踏体育的股价并没有造成显著的负面影响。总体来看，迅速对于做空指控进行回应与股价异常波动较小有一定的关联性。

（4）结论及启示。

本节是通过事件分析法来检验浑水做空贝壳这一事件是否对贝壳的股价造成影响，用双侧 t 检验进行检验并得到结论：长期来看，浑水做空贝壳事件并未对贝壳的股票收益率造成显著影响。这可能是因为贝壳找房对于该事件及时且积极做出回应，重振市场信心，并且有贝壳公司良好的业务基础和发展前景作支撑，使其在股价遭受波动后快速恢复正常。通过与同样被浑水做空的企业——安踏进行对比发现，确保自身财务数据准确，及时回应做空指控，与遭遇做空指控后股价波动较小有关。

做空机制能够促使上市公司规范自身行为，不敢轻易造假，促使市场自觉进行价值投资。对于做空指控，被做空的上市公司应该明白，由于做空机制存在，被质疑是一件正常的事。为了避免受到做空指控或减小做空指控对自身公司价值的负面影响，上市公司应在经营中注意以下几点：

首先，被做空公司要规范自己的管理行为，秉持诚信意识，合法合规经营。大多数遭受做空的中概股是由于财务报表造假，因此为避免做空，上市公司在经营过程中应秉持诚信意识，保证合法合规，确保自身财务报表的数据真实有效。

其次，上市公司需加强内部控制以抵御外部危机。良好的内部控制体系是抵御外部危机的基础。会计数据和经济资料的可靠性与有效的内部控制体系密切相关；加强对风险的防范和控制能够使企业高效率地经营，以实现经营目标；完善的内部控制体系能够将企业短期利益与长远利益结合起来，提升可持续发展能力和创造长久价值的能力，维护企业形象，避免外部危机的发生。

最后，上市公司还应建立有效的企业危机管理体系，在遭遇外部危机后快速反应。虽然做空机构的存在有利于促进金融市场健康发展，但也有可能受到利益的蛊惑，进行恶意做空。因此，中概股公司应当针对危机情况建立有效的处理机制，在被做空后及时拿出证据来回应，给市场和投资者信心，最大限度地避免做空事件对公司自身价值造成的负面影响。

3. 浑水的做空报告主要指出了贝壳的哪些问题？请综合贝壳公司的回复与自己的思考，分析这些指控是否合理。

浑水的做空报告主要指出了贝壳的五项问题：

（1）虚增 GTV：2021 年第二、第三季度，新房业务实际 GTV 为 4040 亿元，而不是贝壳财报的 9080 亿元，虚增了 126%。二手房业务实际 GTV 为 7750 亿元，而不是贝壳财报的 10300 亿元，虚增了 33%。因此贝壳这两项业务的实际 GTV 只有 11770 亿元，而不是贝壳财报的 19390 亿元，合计虚增 65%。

（2）虚增收入：按照浑水 GTV 数据和贝壳财报的佣金率，得出贝壳在 2021 年第二、第三季度的营业收入为 230 亿元，而不是贝壳财报的 410 亿元，虚增了 77%。而且浑水认为贝壳平台的实际佣金率为 2.5%，甚至更低。按照浑水的 GTV 数据和 2.5% 的佣金率计算，贝壳 2021 年第二、第三季度的营业收入仅为 209 亿元，虚增了 96%。

（3）虚增门店数：贝壳线下存在大量的“幽灵门店”和“克隆门店”，部分城市的门店并不是自营店而是加盟店，贝壳在财报中披露的门店数为 52868 家，而浑水在平台上仅抓取到 43026 家，门店数虚增 23%。

（4）虚报经纪人数：贝壳财报中披露的经纪人数量远远大于浑水在贝壳平台上抓取的经纪人数量。

（5）虚假收购：贝壳夸大收购价格，从内部关联人处购买资产来汇集股东资金，试图平衡本不存在的现金余额。贝壳在收购中环地产股份时涉嫌抬高购买价格来掩饰虚增的收入，具体做法为：企业法人与贝壳有紧密联系的关联方先受让中环地产共 62% 的股份，然后转手给贝壳，夸大标的公司的价值，并以此消耗虚增的现金。

贝壳的回应因为缺少具体细节和数据，其实不能构成强有力的反驳。但是综合贝壳的反驳和自己的分析，仍可以看出浑水报告中的部分数据和观点是存在明显的错误和漏洞的，这一方面是浑水对中国房地产市场不够了解导致的，另一方面浑水所用的爬虫抓取等方法存在明显差误，得到的数据是不完整、不真实的。

①虚增 GTV 指控的漏洞。

对于新房 GTV 部分，浑水在贝壳 App 中分别抓取了链家和平台连接门店新房交易数量，然后乘以平均成交价格，计算出新房交易的 GTV。具体计算方法是抓取了贝壳 App 在 2021 年 5 月 25 日至 8 月 8 日（共 76 天）链家门店新房交易数量，共计 19963 套，然后据此估算出链家门店第二季度的新房交易数量为 23903 套（19963/76 ×91）。链家新房交易的平均成交价格取 206 万元/套，最终算出链家第二季度新房 GTV 为 23903 × 206 万元 =492 亿元。计算第三季度新房 GTV 的方法与第二季度类似。

这个计算方法的抓取期间和平均房价都存在严重问题。一是抓取区间的问题，如果考虑到数据有一定的延迟性（两周左右），链家第二季度的交易期间应该是 4 月 15 日至 7 月 15 日共计 91 天，而浑水却用了 5 月 25 日至 8 月 8 日共计 76 天的数据，不仅时间区间上跨越第二季度和第三季度，而且天数也不足一个季度，第三季度的时间区间也同理。对于这不符合常理的时间区间选择浑水没有任何解释，严重影响了数据的真实性。这种以部分推全貌的方法会受到房地产行业政策、消费者心理等严重影响，是不严谨的做法。二是平均房价，浑水对于链家和平台连接门店达成交易的新房，分别采用了 206 万元/套和 140 万元/套的平均价格。这个价格的出处是 2020 年贝壳的 IPO 文件。浑水采用 2020 年的成交均价，主要依据是中国房地产协会（CRE）数据。根据 CRE 的价格平台的数据显示，过去两年的平均新房价格相对保持不变。在这点上显示了浑水对中国房地产市场极其不了解，中国的房地产地区差异非常大，即使这一年来新房交易价格没有大的变动，交易结构的变化也会让平均房价产生巨大变动。因此这个平均房价数据的参考意义其实很小。另外，贝壳在官方回应中，提到了贝壳新房交易的四条通路：“一、链家门店；二、平台连接门店；三、新房直销团队；四、其他销售渠道”。而在浑水的报告中“只计算了第一、二种方式，却遗漏了第三、四种方式。”但是官方并没有披露 2021 年第二季度和第三季度四个通路关于新房交易 GTV 的详细数据，导致反驳不够强力。

对于存量房 GTV 部分，其计算方式与新房 GTV 大致相同，但是由于政策的限制导致贝壳 App 上的存量房交易信息显示不全，因此，浑水在计算中做了更多的假设和调整。假设一是，在没有详细交易数据的成都和上海，存量房数据是估算的。假设二是，部分城市的交易数据是不含成交单价的。浑水参考城市级别和中国房产协会挂牌价格，模拟出该城市的平均成交价格。

其中主要的问题一是根据浑水报告，其中有38%的价格信息是估算出来，二是2021年第二、第三季度，中国房地产调控政策频繁而剧烈，用任意一段时间的数据去推算某个季度的数据是非常不合理的。三是在存量房调控政策中，很多城市都公布了最高限价和指导价，而且实际成交价和真实成交价之间也有差别，因此存在很多口径不同的数据，相比新房交易GTV的数据而言，浑水关于贝壳存量房交易GTV的数据的准确性更差。

②虚增营业收入指控的漏洞。

在贝壳的业务逻辑中，GTV是最基础的数据，营业收入等于GTV乘以对应的佣金率。浑水认为除了GTV虚增，贝壳的佣金率也是虚假的，因此导致营收大量虚增。关于虚增GTV的部分在第一点已经分析过，这一点中主要分析佣金率。浑水认为贝壳的佣金率不足2.5%。而贝壳的官方回应是“第二季度和第三季度新房佣金率分别为2.79%和2.77%”。而且事实上2021年第三季度存在房地产开发商现金流紧张的情况，开发商快速进行商品化的愿望是迫切的，贝壳在新房交易领域的谈判地位是得到加强的，因此贝壳在2021年第二季度和第三季度的新房交易的佣金率，相比过去不可能会有大幅降低，贝壳官方回应的可信度更高。为了进一步确认，与北京链家经纪人联系后得知北京二手房交易的标准佣金是2.7%，而不是浑水报告中指出的2.2%。浑水对于佣金率的计算用极端的数据代替了一般现象，以得出有利于自己的结论，缺乏客观性和说服力。

③虚增门店数量的漏洞。

浑水通过实地走访调查发现贝壳存在大量“幽灵门店”或是“克隆门店”。主要有以下四种情况：一是平台上显示为活跃门店，但是浑水并没有在注册地址找到；二是平台上显示两家店，但是实际上两家店目前在一个门店办公；三是平台显示多家店名相似，但是以ABC作为后缀进行区分的门店，但是现场只发现了一家店；四是工商注册信息显示为链家门店，实地探访是德佑门店。其中，前两种属于浑水命名的“幽灵门店”的情况，第三种属于浑水命名的“克隆门店”的情况。

对于“幽灵门店”，小型中介门店注册地址和经营地址不一致，这是中国这类业务的常态，房租、租约、街道治理、拆迁、人流量都是这些门店变换经营地址的主要原因。例如浑水在报告中提到的南昌中环地产二十三中店，店长表示浑水报告中显示的废弃门店是曾经的门店，这家店经历过法人和实际经营人的更换，但是一直都存在。浑水并不了解中国中介门店在实际经营中快速、灵活的变化，而妄下断论。而对于“克隆门店”，实际上是两家店在一个地方办公，但是团队独立，并且都有业绩。未来随着房地产形势的好转，现在合并办公的两家店，可能之后又会分开经营。而且归根结底门店数量并不直接对成交量、GTV 等结果的计算造成影响，这条对于贝壳的指控意义不大。

④虚增房产经纪人数量。

在房产经纪人数量这个问题上，浑水提出了四个角度。第一个角度是浑水认为贝壳财报中披露的经纪人数量和通过程序在贝壳 App 上抓取的经纪人数量之间有差别。在 2021 年中报中，贝壳披露的平台经纪人数量为 548000 人，而截至 7 月 16 日，浑水利用程序从贝壳平台上收集到的经纪人数量为 435888 人。贝壳官方回应表示贝壳 App 首页“找经纪人”功能无法找到新房专岗经纪人，这类“新房专岗经纪人”的确不属于任何一家门店，不包括在浑水抓取的人数中。第二个角度是以南昌中环地产为例，南昌市房管局房地产经纪行业从业人员信用平台上登记人数与浑水通过 App 抓取的人数有差异。但实际上南昌市房管局的更新状态慢于贝壳，因为贝壳 App 上的经纪人为了维护信息和客户资源，其更新信息的积极性比官方平台更高。第三个角度是贝壳在上海和北京两地的经纪人数量远大于实际参与社保人员数量。然而在中国房产经纪行业，因为人均从业时间很短，处于实习期的经纪人占很大比重，而公司并不会给处于实习期的经纪人缴纳社保。另一方面非上海、北京户口的外地经纪人的社保可能会在别的城市上缴，因此不会被浑水统计到参保人数里。第四个角度是浑水认为贝壳在 IPO 文件及财报中披露的员工人数及经纪人人数，在短期内变化过大。在 2020 年 4 月，贝壳提交 IPO 文件中披露了，截至 2019 年 12 月 31 日其自有员工共计 82282 人，另外还有 76217 名派遣人员。而在贝壳 2020 年 8 月 12 日更新后的 IPO 文件中，贝壳披露截至 2020 年 6 月 30 日，共有员工 87706 人，还有派遣人员 9495 人。短期内员工人数口径发生了巨大的变化。事实上，按照我国法律规定，派遣员工不能超过员工总数的 10%。因此贝壳称自己正在实施一个全面计划，以降低派遣员工数量，从而符合中国的法律。

⑤虚假收购的漏洞。

浑水认为贝壳通过高价收购中环地产，以消除虚增的收入和利润。2019 年贝壳收购中环地产，浑水认为整个收购过程存在两个可疑之处：浑水认为，贝壳通过壳公司收购中环地产的部分股份，而壳公司涉嫌抬高原始购买价格，以掩盖虚增的收入。

整个收购的过程大致如下：

- 2019 年 7 月 10 日，天津云居房地产经纪有限公司和 SmartLinkage（HK）、Co. Limited（睿联企业）两个法人股东，受让了中环地产 33.571% 和 28.4956% 的股份；

• 2019年8月19日，贝壳找房与中环地产宣布达成业务合作，双方将展开房源、客源、运营等方面合作；

• 2019年12月31日，天津云居和睿联企业同时退出中环地产，将所持有的中环地产62%的股份以原价格，转让给Pontus Development（Hong Kong）Limited，即贝壳发展（香港）有限公司。贝壳付出的总对价为9.31亿现金。

浑水所质疑的壳公司就是前文提到的天津云居和睿联企业，这两家企业从股权关系上与贝壳没有关系，但是其法人却与贝壳有紧密的联系。因此浑水认为，通过该实体在中间转一道手，其目的就是欺诈性的抬高原始购买价格。但这个质疑是不合逻辑的。首先，如果要欺诈性抬高价格就需要出卖方中环地产的配合，但是无论是贝壳还是前述两家企业，都和中环地产是独立的第三方关系；其次，如果要抬高原始购买价格，应该发生在将股权转让给贝壳时，但是实际上这两家企业的股权是原价转让的。

总体来说，浑水的做空报告漏洞百出，首先数据的抓取和一手资料都存疑，其次有过多不符合中国房产经纪实际的推算和假设，导致最终的结论并不准确可信，这样的指控也缺乏合理性。

从本题的分析可以看出，投资者面对上市公司与做空机构的博弈，首先，最重要的是保持独立思考。其实在资本市场，尤其是美股市场，企业被做空是正常的，对于做空报告，投资者一般都会有避险情绪，不会盲目出手。投资者应以客观的角度，辩证地来分辨金融市场上的各种声音，带着批判的思维深入调查，兼听则明，去伪存真，将市场情绪的干扰与影响减到最小，在尊重事实的基础上敢于挑战“权威”的声音。

其次，任何的财务分析、实地调研都不能脱离行业、脱离国情。浑水这篇报告中就做了许多不符合中国房产经纪实际的推算和假设，导致最后的结果准确度很差。公司生于行业，国家孕育行业。在对上市公司进行调研和财务分析时，对所处行业的商业模式了解是最基础的，而行业的商业模式在国与国之间的差异是巨大的。因此，脱离行业、脱离国情的分析都只是纸上谈兵、浮于表面的数据推断，联系实际宏观环境与行业背景在研究公司时特别重要。

4. 结合投资学所学内容及对贝壳公司的了解，在对贝壳进行财务预测的基础上分别采用相对估值法与绝对估值法对其进行估值。

在对本题进行分析之前，我们首先需要明确基本面估值的前提是财务信息真实公允，因此第3题中对做空指控合理性进行判断得出的指控不实结论是解答本题的基础。

（1）财务预测。

企业估值的基础是对其进行财务预测。由于预测区间的拉长会有损预测的准确度，我们常设定一个较短的预测期（通常为3年），对此期间做出详细预测。因此我们首先通过分析贝壳2017～2020年的历史数据，运用销售百分比法对贝壳2021～2023年的财务表现进行了预测。销售百分比法以对营收的预期为基础，其他报表项目的流量变化则假设与预期营收成特定比例。在贝壳一例中，我们基于其分部业务来预测其整体营收规模（见表8－6），相关假设如下：

表8－6　分业务收入与毛利率预测

业务分部		历史平均	2021E	2022E	2023E
二手房交易业务	YOY	18.49%	12.00%	15.00%	18.00%
	毛利率	39.40%	41.00%	41.50%	41.80%
新房交易业务	YOY	91.62%	10.00%	12.00%	16.00%
	毛利率	28.77%	19.00%	19.60%	20.00%
新兴业务	YOY	48.94%	30.00%	45.00%	50.00%
	毛利率	78.50%	84.20%	84.50%	84.50%
总营业收入	YOY	42.04%	11.43%	14.39%	18.29%
	毛利率	24.13%	24.36%	26.10%	27.37%

• 假设1：主要业务二手房交易业务营收已是市场龙头，将维持稳健增长的势头、毛利相对稳定，2021～2023年业务分部营收增速分别为12%、15%、18%、毛利率分别为41%、41.5%、41.8%；

• 假设2：地产行业整体低迷，新房交易业务受到冲击增速大幅下滑，龙头经纪平台议价能力强毛利稳中有升，2021～2023年业务分部营收增速分别为10%、12%、16%、毛利率分别为19%、19.6%、20%；

• 假设3：近期加速发力家装等新兴业务有望成为第二增长曲线，增速快、毛利高，2021～2023年业务分部营收增速分别为30%、45%、50%、毛利率分别为84.2%、84.5%、84.5%。

在此基础上，我们对贝壳公司三张财务报表进行预测，财务报表预测摘要如下所示（见表8－7）。

表8－7　财务报表预测摘要

（单位：百万元）	2020A	2021E	2022E	2023E
利润表摘要				
营业收入	46015	70481	78536	89836
二手房交易业务	24569	30565	34232	39367
新房交易业务	20274	37938	41732	46739

续表

（单位：百万元）	2020A	2021E	2022E	2023E
新兴业务	1173	1979	2572	3729
毛利	11268	16860	19130	23450
营业利润	（1785）	2842	（857）	991
利息收入（支出）	230	164	243	278
税前利润	（1275）	4387	（614）	1269
所得税	（904）	（1609）	154	（317）
净利润	（2180）	2778	（461）	952
调整后净利润	1656	5720	2445	4276
资产负债表摘要				
资产总计	67265	104296	109397	118546
流动资产合计	51913	87539	89121	96734
非流动资产合计	15353	16756	20276	21812
负债合计	35730	37503	43065	51262
流动负债合计	27798	33633	40756	46849
非流动负债合计	7932	3870	2308	4413
股东权益合计	31536	66793	66332	67284
负债及股东权益总计	67265	104296	109397	118546
现金流量表摘要				
经营活动现金流	113	9362	5506	5725
投资活动现金流	（3874）	（14978）	（6440）	（1976）
筹资活动现金流	23026	25406	（1178）	898
现金净增加额	19265	19791	（2112）	4647

值得说明的是，基于 GAAP 准则编制的利润表中，存在大量与一般经营无关的支出，如股权激励费用等，对投资者而言，将这些非常规项目纳入调整后得到的财务数据往往更具参考价值。在贝壳一例中也不例外，且由于贝壳股权激励费用数值较大，此调整在部分年度中甚至有着“扭亏为盈”的关键效果。因此，我们在预期净利润的基础上，又进一步计算了调整后净利润，作为后续估值参考。

（2）相对估值法。

相对估值法的逻辑是根据可比公司的估值乘数来确定目标公司的估值乘数。在贝壳公司一例中的具体操作步骤如下：

①选取可比公司。

贝壳公司的主营业务为房地产经纪，因此我们选择了上市企业中经纪收入占比过半的房地产服务公司作为其可比公司，包括易居、我爱我家、世联行、国创高新。

此外，贝壳公司通过搭建线上平台，科技赋能房屋交易的主营经纪业务本质也与阿里巴巴、京东此类线上交易企业相同，贝壳细分行业的领先地位也寓示其成长性有望比肩互联网龙头，因此将这些成熟电商公司也纳入了可比公司名单，以缓解仅包含同类市占率较小房产经纪公司带来的向下偏误。

综上所述，最终可比公司共计 6 家：易居（2048. HK）、我爱我家（000560. SZ）、世联行（002285. SZ）、国创高新（002377. SZ）、阿里巴巴（9988. HK）、京东（09618. HK）。

②选择相对估值指标并计算可比公司估值乘数。

鉴于贝壳找房每年计提的折旧摊销费用较大，严重侵蚀了其净利润且可能扭曲估值结果（见表 8 – 8）。对于此类企业，计算其加回折旧摊销等非自由裁量费用的 EBITDA（息税折旧摊销前利润）更能有效地反映其经营情况。因此我们选择以 EBITDA 为估值基础的企业价值倍数法（EV/EBITDA）进行估值。

表 8 – 8　　贝壳公司折旧摊销费用对净利润的侵蚀

（单位：百万元）	2017A	2018A	2019A	2020A	历年均值
净利润	（538）	（428）	（2180）	2778	（92）
折旧摊销	811	792	1039	1174	954
| % 净利润 |	150. 9%	185. 3%	47. 7%	42. 3%	1039. 7%

其中，企业价值 EV 与息税折旧摊销前利润 EBITDA 定义式如下：

$$EV = 股权市值 + 债务市值 - 总现金 \quad 式（8-10）$$

$$EBITDA = 净利润 + 利息 + 所得税 + 折旧摊销 \quad 式（8-11）$$

据此计算出可比公司的 EV/EBITDA 如下（见表 8 – 9）。

表 8 – 9　　可比公司 EV/EBITDA 估值倍数

股票代码	可比公司	EV/EBITDA	
		2020A	2021E
2048. HK	易居	1. 67	8. 32
000560. SZ	我爱我家	3. 10	9. 99
002285. SZ	世联行	8. 75	13. 82
002377. SZ	国创高新	26. 23	32. 93
9988. HK	阿里巴巴	11. 20	37. 39
09618. HK	京东	10. 46	42. 62
均值		10. 32	24. 18
溢价	20%	12. 38	29. 01

③决定目标公司估值乘数。

可比公司基于2021年业绩的预期EV/EBITDA倍数的均值为24.18，考虑到贝壳公司难以撼动的龙头地位，我们在此基础上给予其20%的估值溢价，最终企业估值倍数为29.01。

④计算目标公司股价。

贝壳公司调整后EBITDA预测如下所示（见表8－10）。

表8－10　　　　贝壳公司调整后EBITDA预测

（单位：百万元）	2020A	2021E	2022E	2023E
净利润	2778	（461）	952	2059
加：利息收入（支出）	（164）	（243）	（278）	（329）
所得税	1609	（154）	317	686
折旧摊销	1174	1414	1617	1913
EBITDA	5397	556	2608	4328
加：股权激励费用	2253	2356	2695	3188
其他	88	0	0	0
调整后EBITDA	7738	2912	5303	7516

根据此前财务预测我们算得贝壳2021年调整EBITDA为53亿元，乘以估值倍数29.01可得贝壳公司的企业总价值为1538.56亿元，减去长期债务并加上现金等价物即可得到贝壳的市值为1911.29亿元，对应股价为25.27美元/ADS（见表8－11）。

表8－11　　　　贝壳公司企业价值倍数法估值过程演示

EV/EBITDA估值 贝壳BEKE	
调整后EBITDA（2021E）	5303
EV/EBITDA	29.01
EV（百万元人民币）	153856
减：债务（2021E）	（15）
加：现金（2021E）	37287
股权价值（百万元人民币）	191129
ADS数量（百万）	1191
股权价值（人民币/ADS）	160
汇率	6.35
估计股价（美元/ADS）	25.27

（3）绝对估值法。

绝对估值法的逻辑为股票价值源自其未来能给投资者产生的现金流收益，这些现金流的现值即为资产的内在价值。鉴于仍处于高速成长期的贝壳公司短期内派发股利的可能性较小，常用的股利贴现模型（DDM）并不适用，因此我们选择测算企业潜在分红能力的自由现金流折现模型（FCFF）来进行估值。FCFF 为扣除再投资需要之后剩余的可自由支配的现金额，是可分配给包括债权人和股东在内所有资本提供者的理论最大现金额，具体计算公式如下：

$$FCFF = 净利润 + 利息(1 - 税率) + 非现金支出 - 资本性支出 - 营运资本变动 \quad 式（8-12）$$

此外，在使用现金流折现法时，我们通常将未来分为两个时间段分别估计其间的企业财务状况，称为两阶段模型。近几年的预测性较强，贝壳此类成长性公司业绩情况的波动也较大，因此我们会对逐年进行详细估计；而对于此后年份，随着贝壳公司逐渐成熟，并出于简化模型的要求，我们假设此后的自由现金流每年以特定比例永续增长。具体地，我们将 2022 ~ 2023 年设为第一阶段，2024 年及以后设为第二阶段，在第二阶段贝壳公司的自由现金流以 $g = 6.9\%$ 的速度逐年增长。将两阶段 *FCFF* 分别贴现至当前时刻，即可得贝壳公司总体价值的计算公式为：

$$EV_{2022} = \sum_{t=2022}^{2023} \frac{FCFF_t}{(1 + WACC)^t} + \frac{FCFF_{2023}(1 + g)}{(WACC - g)(1 + WACC)^2} \quad 式（8-13）$$

具体估值过程为：

①预测第一阶段贝壳公司的自由现金流（见表 8-12）。

表 8-12　　贝壳公司 FCFF 预测

（单位：百万元）	2020A	2021E	2022E	2023E
净利润	4224	（857）	991	2416
加：税后利息（预期有效税率为 25%）	（124）	（183）	（209）	（247）
加：非现金支出	3514	3770	4312	5101
折旧摊销	1174	1414	1617	1913
股权激励费用	2253	2356	2695	3188
其他	88	0	0	0
减：资本性支出	（887）	（942）	（1078）	（1275）
减：营运资本变动	2991	2668	1000	154
FCFF	8816	4852	4977	5791

根据此前财务预测与式（8-11），我们算得贝壳 2021 ~ 2023 年的预期自由现金流

分别为 -857/991/2416 百万元。

②预测贝壳公司的加权平均资本成本（WACC）。

$$WACC = \frac{D}{D+E} \times (1-t) R_D + \frac{E}{D+E} \times R_E \qquad 式（8-14）$$

由 WACC 的计算公式可得，我们需分别测算税后债务成本 $(1-t)R_D$、权益成本 R_E、目标资本结构 D/E 来估算公司的加权平均资本成本。

有关税后债务成本，我们参考贝壳财报中披露的借贷利率与法定利率①预测其未来的税后债务成本为 6.5% ×(1-25%) = 4.9%。

有关权益成本，我们通过 CAPM 模型进行估计：

$$R_E = R_f + \beta(R_M - R_f) \qquad 式（8-15）$$

其中，无风险利率 R_f 参考美国一年期国债年化收益率设为 1.5%，风险溢价（$R_M - R_f$）参考 S&P 500 指数收益率设为 9%，β 由贝壳公司上市至今的股价表现与市场组合 S&P 500 按下式进行回归算得为 0.94。最终计算得权益成本为 9.92%。

$$R_{BEKE} = \alpha + \beta R_M + \varepsilon \qquad 式（8-16）$$

而有关目标资本结构，我们参考 2023 年预期长期借款价值与当前股价股数假设为 2：98。

代入式（8-15）可得贝壳公司加权平均资本 WACC = 9.84%。

③根据贝壳公司企业价值 EV 计算其市值与股价。

将此前得到的 FCFF 与 WACC 代入式（8-12），可得贝壳公司 EV 为 1858.50 亿元，由 EV 与股权价值的关系式（8-9）可得贝壳公司总市值为 2231.22 亿元，对应内在股权价值为 29.50 美元/ADS。

贝壳公司自由现金流折现模型估值过程演示如下（见表 8-13）。

表 8-13　　贝壳公司自由现金流折现模型估值过程演示

FCFF 估值 贝壳 BEKE		
阶段 1（近两年）	2022E	2023E
FCFF	4977	5791
WACC	9.84%	9.84%
现值	4531	4800
合计	9331	

① 贝壳公司 2020 年报中披露其 2019 年与 2020 年 funding debts 加权平均利率分别为 7.94%、8.09%，法定税率为 25%。我们预计借贷利率会随企业成长、信誉增级而削减，法定税率保持不变。

续表

FCFF 估值 贝壳 BEKE	
阶段 2（稳定增长阶段）	2024E -
2024FCFF	6193
WACC	9.84%
g	6.94%
永续年金价值（t=2）	212977
现值	176519
企业整体价值 EV	185850
减：债务（2021E）	(15)
加：现金（2021E）	37287
股权价值（百万元人民币）	223122
ADS 数量（百万）	1191
内在股权价值（人民币/ADS）	187.34
汇率	6.35
内在股权价值（美元/ADS）	29.50

截至 2022 年 2 月 15 日收盘，贝壳股价达到 20.27 美元，将其与我们此前计算得出的结果相比，可以看出贝壳公司的股价并没有被高估，此般结论值得我们深思揣摩。这启示我们，投资者面对“权威”做空机构的指控不应盲从，而需客观独立地审视公司的真实价值。绝知此事要躬行，在判断财务造假指控合理性的基础上，若指控不实、财报信息基本公允，应进一步在对其进行合理估值的基础上再进行投资决策。

5. 近年来频现国外沽空机构对我国中概股的做空事件，如何客观看待此一现象？请从中概股自身、中美双方监管机构的角度分别谈谈该如何应对。

（1）中概股频遭做空原因。

基于贝壳做空事件以及其他中概股做空案例来看，之所以会出现美国沽空机构集体针对中概股进行做空“围攻”，最主要的原因有以下几点：

①有部分中概股存在财务造假以及财务信息披露不完整的问题。

我国证券市场的准入制度比较严格，特别是对于财务信息披露以及财务造假方面的调查，因此存在此类情况的企业很难在国内证券市场上市。考虑到美国投资者对中国市场了解较少，加上美国股票市场采用注册制，部分公司会选择在美国上市，而为了达到融资或套现的目的，公司通过折旧、摊销等手段虚增利润，并通过财务手段隐藏关联交易。因此美国做空机构在进行中概股做空的时候，往往会重点调查中概股企业关于财务造假和信息披露方面的问题，中概股自然就成为美国沽空机构的目标。

②美国的会计准则、中国的会计准则以及国际财务准则存在差异。

部分做空机构因准则差异认为中国的企业存在财务造假。美国公司在美国上市的时候，一般使用的是公认会计原则财务报告准则来进行信息披露，但是中概股在美国上市的时候，往往会按照国际财务报告准则的要求进行信息披露。这两种会计准则对净利率以及收益率等关键财务数据信息的要求不一样，自然会造成信息披露时财务数据的偏差，因此美国沽空机构对这类数据就十分关注，同时会计准则的不同也对跨境的审查和监管造成了困难。

③对中概股公司及中国经济的不信任与不了解。

诚然，中概股遭遇沽空的确暴露了中概股存在信息披露不规范乃至财务造假等问题，但在被沽空的中概股中，不乏贝壳一类的“清白”公司，此时做空机构的行为可以被称作恶意做空，会带来许多恶劣影响。而之所以中概股会成为恶意做空的对象，一方面是因为做空机构本身的牟利行为，另一方面则是国外机构对中概股乃至中国经济的不信任与不了解。贝壳一例中就暴露了浑水因缺乏对中国房产市场的了解，从而做出了无效的错误指控。此外，瑞幸事件等中概股造假确有其事的例子及部分唱衰中国的论调加剧了国外投资者对中概股的疑窦。

（2）中概股频遭做空的影响。

做空机制是一把双刃剑，一方面会放大市场中的问题，充分发挥第三方监管者的作用，增强金融市场的有效性；然而当做空不再是为了发现问题，而是单纯地追逐利润最大化，则有可能产生歪曲事实、恶意做空的现象。近些年来，中概股频遭恶意做空，对中概股公司、金融市场甚至国家的金融安全都产生了恶劣影响。

①冲击公司治理，影响生产经营。

中概股公司在遭到恶意做空后，不仅短期内会导致公司股价暴跌，严重损害中小股东的核心利益，同时也会在较长时间段内影响公司的正常经营，甚至对公司治理和声誉都产生极大的影响。实际上，像贝壳、安踏这样成功抵御做空的公司仍是少数，大部分被做空的中概股往往股价暴跌、被迫停牌、最终摘牌退市。

②扰乱市场秩序，滋生市场乱象。

由于信息不对称，很多投资者面对机构的做空行为，无法准确分辨利空信息的真实性，部分投资者卖出股票，导致股价暴跌。随着恐慌情绪蔓延，更多的投资者因羊群效应争先恐后地抛售股票，严重扰乱资本市场的正常秩序。在追逐利润最大化的过程中，做空机构已从资本市场的监督者变成单纯投机者，为了打压股价，做空机构往往歪曲事实，恶意抹黑，制造恐慌，从而操纵市场，牟取暴利。

③危害国家金融安全。

恶意做空行为除了影响个股公司以及金融市场外，还可能威胁到国家的金融安全。以 20 世纪 90 年代美国对日本股市的做空为例，短短一个月时间便使日本的股市、楼市乃至整个日本经济迅速崩溃，日本在第二次世界大战后几十年积累的资产迅速缩水，类似因恶意做空而引发的股市危机、金融危机不胜枚举。2017 年 3 月艾默生分析对中国宏桥发布了做空报告。然而在做空行为的背后，深入研究后却可以发现更深层次的原因。得益于中国经济实力和几内亚政府的支持，中国宏桥在几内亚投资建设的铝矾土矿产量提升迅速，改变了几内亚铝土矿市场的格局，撼动了美铝和力拓在几内亚的地位，威胁到了其在全球铝土矿市场的定价权。因此艾默生分析对中国宏桥的做空阻击明显不只是市场行为。而中概股的频繁被做空也影响了民众和市场对于中概股公司乃至中国经济的信心，恐慌情绪在各金融市场间传染、发酵，达到某一临界点，则有可能会对整个国家的经济金融体系造成不可估量的伤害。

（3）中概股应对做空方式。

此前分析表明做空事件并未对贝壳的股票收益率造成显著影响，这主要可归因于贝壳及时积极的回应与日常的稳健经营。通过梳理历史上被浑水做空的中概股公司的应对方式及最终结果（见表 8－14），可以发现这也是曾成功抵御做空影响的公司（展讯通信、傅氏科普威、新东方、学而思、安踏）的共同特点。

表 8－14　　中概股对浑水公司做空的应对方式与结果

时间	公司名称	做空理由	公司应对与结果
2010.06	东方纸业	虚增收入、挪用资金	迅速回应，经过几轮攻防后未能打消市场质疑，最终股价暴跌，长期低位
2010.11	绿诺国际	收入造假	被做空后未及时回应，承认造假后退市
2011.02	中国高速频道	夸大盈利能力、造假财报数据	未做出及时回应，选择暂停股票交易，最终股价暴跌，退市
2011.04	多元环球水务	审计与财报造假、销售网络造假、公司转移资金	未做出及时回应，后摘牌退市
2011.06	展讯通信	存货异常、税收异常	CEO 电话会议回应质疑，并回购公司股票，宣布股利分配计划，展现信心，最终浑水承认错误
2011.06	嘉汉林业	夸大林木资产	未做出及时回应，高管辞职，后摘牌退市
2011.11	分众传媒	经营数据造假	副总裁给予回应，称浑水不了解业务，收购价偏高是由于投资失误，但未能使市场信服，后摘牌退市

续表

时间	公司名称	做空理由	公司应对与结果
2012.04	傅氏科普威	虚增业绩	做出及时回应，否认浑水报告中对其所有指控，向投资者提供全面且准确的信息披露，股价未受影响
2012.07	新东方	虚增利润、税收异常	董事长现身辟谣，一一回应了质疑，并成立独立特殊委员会，组织调查以保证公司信息对于股民的透明度，股价短暂波动后，重回升势
2012.01	网秦	收入造假、夸大用户数量	未能及时做出有力声明，导致股价一路暴跌，后发布独立调查结果，自证清白
2014.11	奇峰国际	业绩造假、超高价收购	未作出及时回应，选择长期停牌
2016.12	辉山乳业	夸大利润率，财报造假	未能及时做出有力声明，股价闪崩，也牵出辉山乳业集团背后的债务危机，后摘牌退市
2017.06	敏华控股	夸大分销商、加盟商数量	未作出及时有力回应，后与看多的卖方分析师共同反击浑水，由于浑水做空证据不足，影响较小
2017.12	圣盈信	虚构收入，空壳公司	未及时作出回应，股价暴跌，后成立独立董事特别委员会，针对浑水指控作出回应，但期间拒绝回答市场疑问，造成不良影响
2018.06	学而思	虚构培优业务、虚报递延收入	公司及时作出回应，称沽空报告存在大量错误将对指控进行评估，股价虽震荡下跌，但公司无碍，后重回升势
2019.07	安踏	伪造营收数据	经过几轮攻防，每次回应及时，并提供相应证据反怼浑水，最终股价有所震荡，后重回升势
2020.01	瑞幸咖啡	夸大销量、运营数据造假	为获取市场资金，选择虚增利润，增高市值，虽及时公告并做出部分质疑的回应，但最终造假被证实，股价暴跌，多次暂停交易，退市
2020.05	跟谁学	收入造假	及时作出回应，称浑水不了解其业务模式，但并未说服市场，最终股价暴跌，市值蒸发45亿元人民币

续表

时间	公司名称	做空理由	公司应对与结果
2020.11	欢聚时代	虚假交易	及时回应做空并表示浑水对直播行业不了解，报告中逻辑不清、数据混乱，股价短暂暴跌，后重回升势
2021.12	贝壳	虚构收入等	及时作出反应，对做空质疑采用数据一一回应，并进行内部调查，及时公布调查结果，稳定市场信心，最终股价短暂波动

资料来源：小组成员根据公开信息整理。

中概股公司可从中吸取教训，事前的规范运营，减少被做空的可能性是应对做空机构的最好方式；身正不怕影子斜，这样一来，即使遭遇恶意做空也可有理有据地自证清白。一旦被盯上，事后及时发声也同样重要，积极沟通、披露信息、提供证据才能最小化做空带来的负面影响。

具体来讲，中概股公司应注意如下几点：

①秉持诚信意识，合法合规经营。

绝大多数中概股惨遭做空的根本原因即是在业务经营或财务披露过程中弄虚作假。因此为避免做空，最为重要的是中概股的自律行为，在经营过程中秉持诚信意识，保证合法合规。做空机制是成熟资本市场非常重要的市场机制之一，做空机构扮演着市场监管者的角色，迫使企业进行合法合规的经营，维护金融市场的稳定发展。而做空机构的主要关注点还是财务造假、财务信息披露不完整等行为，因此对于中概股来说，为了避免被做空，还是要靠自身脚踏实地、合法合规地经营，从根本上降低被沽空机构关注的风险。

②熟悉市场规则，扩张量力而行。

中概股进行财务造假的动因主要有二：一是为了掩盖亏损来美化自身的经营业绩，二是借助美国资本市场的宽松环境，虚增利润提升市值进而吸引融资。对于第一种情况，中概股要熟悉美国证券市场的特点和规则，美国的证券市场对于上市公司的财务亏损现象有很高的容忍度，因此中概股企业没有必要为了掩盖亏损进行财务造假，即使存在经营不当的问题，出现了财务亏损，也不会存在过于严重的退市风险，另外由于会计审计的不同，中概股公司还需熟悉做空机构所遵循的市场规则和会计准则，做到知己知彼；对于第二种情况，中概股企业在发展过程中，要对自身进行合理的评估，不要因为过分追求大而全，为融资扩张等目的而采用财务造假等非法手段。

③建立防范机制，事后快速反击。

中概股应当建立企业有效的危机处理机制，防患于未然。在美国做空行为是合法的，虽然做空机构的存在有利于促进金融市场健康发展，但也有可能受到利益的蛊惑，进行恶意做空。因此，中概股公司应当针对危机情况建立有效的处理机制，在被做空后的第一时间以翔实的数据、丰富的证据、缜密的逻辑、严密的推导去反驳指责，澄清不实谣言，维护自身合法权益，进行积极有效的回应。

（4）监管机构应对做空方式

要想从根本上扭转中概股频遭做空的现状，仅靠中概股公司的努力自然是不够的，监管机构从本例中同样能获得诸多反思：

①对中概股进行联合监管。

无论是出现了中概股财务造假问题，还是出现了沽空机构恶意做空中概股的问题，两种事件的发生对于中美双方都不利，对美国金融市场和中概股公司都有极大的扰动，甚至会给我国整体形象带来负面影响。因此中美双方的金融监管机构需要共同重视中概股频遭做空这一问题，通过实体监管的方式来进行更为严格和有效的金融监管，避免在股市中存在企业财务造假以及恶意做空行为的发生。最直接的办法便是，可以建立起联合监管机制，比如在美国上市的中概股，需要同时受到美国金融监管机构以及中国金融监管机构的联合监管，以确保中概股不会因为“美国投资者不了解中国市场”“美国股市比中国股市更好进入”等原因，作出财务造假在美国上市。

可喜的是，我国监管部门高度重视跨境监管合作问题，在此方面也取得了突破性进展。2022 年 4 月 2 日，证监会同财政部、国家保密局、国家档案局对《关于加强在境外发行证券与上市相关保密和档案管理工作的规定》进行修订，形成征求意见稿。除了继续支持中国企业自主选择上市地外，本次修订明确了境外监管机构在中国境内进行调查取证或开展检查的应当通过跨境监管合作机制进行，删除原本“现场检查应以我国监管机构为主进行，或者依赖我国监管机构的检查结果”的表述。中美有关审计底稿检查的争议，有望取得实质性突破。

②降低上市准入门槛。

很多中概股企业之所以选择在美国上市，最主要的原因还是因为国内上市的准入门槛比较高，A 股采用核准制，而美国采用注册制，所以上市环境更为宽松，因此我国需要完善国内 IPO 的制度和程序，推动 IPO 常态化，进一步提升资本市场的活力，在吸引优质公司的同时，及时清退不良公司，还可以针对优质企业制定特别的上市政策，如绿色通道等以确保优质企业可以在国内上市融资。

③逐步引入做空机制。

针对中概股的做空攻击虽有一些是有悖事实的恶意做空，但也不乏以瑞幸咖啡为代表的真实揭露了目标公司财务造假与经营问题的案例。在这些案例中，做空公司称职地扮演了市场“清道夫”的角色，提升了市场的纯洁性，对上市公司有着极大激励与鞭策作用。故与此同时，我国监管机构也是时候考虑在我国资本市场逐步引入做空机制。

做空机制是资本市场发展到一定阶段的必然产物和内在需求，也是判断资本市场是否成熟的一大标准，对于提升市场流动性，推动市场健康稳定发展，提高融资效率都具有重要作用，中概股遭遇做空危机，一方面暴露了中概股公司应对经验的不足，另一方面也反映了我国做空机制的不健全。我国当前是厌空型的监管态度，做空机制不成熟，尽管已于2010年3月推出融资融券交易，但目前融资交易占绝对比例，融券交易的门槛高，可供融到的证券较少。做空机制的缺失致使我国股市呈现“单边市”特征，即投资者买涨不买跌，在牛市中的买涨行为导致牛市更牛，股市泡沫显现；在熊市中，由于不能卖空，导致投资者的恐慌性抛售，使熊市更熊，股市陷入萧条。

因此，随着未来我国资本市场改革不断深入、经济水平不断提高，我国也应逐步放开做空限制。可以允许有控制的卖空，增加市场的流动性，并允许对冲基金和其他机构卖空者继续推动市场向有效价格靠拢。此外，我国市场也需要浑水模式，需要建立真正对投资者负责的机构，发挥其作为投资顾问的价值判断功能。

④动态调整做空监管。

做空机制增加了资本市场的效率和流动性，但如果没有有效的监管制度的支持，没有审慎的监管当局的监管，盲目引入做空机制可能会引发一系列问题。结合我国资本市场的现状，散户一般是非理性的，抗压能力较差，忍受不了任何市场噪声，在这样的背景下，机构投资者也逐渐“散户化”，做空在我国不理性、脆弱的市场中非常容易形成大波动。在急剧下跌背景下的市场做空最容易发生，而做空会进一步加剧市场的恐慌，进而引起更大的羊群效应，甚至导致整个金融系统崩盘。

所以，在逐步开放做空限制的过程中，对于做空行为的监管机制也应注重动态调整和完善。可以借鉴美国的动态调整的方法，根据国内股票市场的实际情况对做空交易进行有针对性的调节。尤其在决定引进做空机制的初期，需要着重做好一系列配套工作：进一步健全市场操纵方面的立法和执法，对于市场操纵型做空保持零容忍态度；建立有交割保障的做空机制；完善信息披露制度；开展投资者教育，优化资本市场投资结构等。

做空交易的放开必然会带来更多不可控制、难以预测的风险，只有采用适合的监管机制，才能有效防范风险，在风险可控的条件下，将做空的正向效果施加在市场之上。

五、建议课堂计划

本案例涉及的知识点较多，建议将案例课的时间控制在两个课时（90分钟）。以下是按照时间进度提供的课堂计划建议，仅供参考：

1. 课前准备

至少提前一周分发案例正文、启发思考题和简要的分析思路，将学生分成四组左右，要求学生以组为单位认真阅读案例正文，总结案例要点，并思考启发思考题，完成简单的展示PPT。

2. 课中计划

（1）案例回顾：教师参考案例正文部分，简单回顾案例要点，讲解相关理论（15分钟）。

（2）小组发言：按照课前分配的小组，就启发思考题对小组的结论进行展示（40分钟）。

（3）对抗辩论：教师引导学生辩证性思维，将学生分为正反双方，分别就做空机制的利弊和我国现阶段是否应该引入做空机制等问题进行辩论（20分钟）。

（4）教师点评：教师对重点问题和启发思考题进行归纳总结，并启发学生进一步思考（15分钟）。

3. 课后思考

请同学们结合本案例相关内容，选择自己感兴趣的角度进行深入研究，形成小组报告。

六、参考文献

[1] 王小杰. 做空机构对中概股的围猎［J］. 中国管理信息化，2021，24（9）：41－43.

[2] 张凯，李维刚. 中概股公司被做空及财务造假成因分析［J］. 中国管理信息化，2021，24（8）：49－50.

[3] 薛乾. 中概股频遭做空的原因及对策分析［J］. 中国外资，2012（16）：213.

［4］钱燕．中概股做空公司内部控制案例研究［J］．经营与管理，2021（7）：37－40.

［5］董敏．对做空及做空风险的重新审视［J］．中国管理信息化，2021，24（17）：56－58.

［6］倪敏，王振兴，李华．做空调查与注册会计师审计：基于瑞幸咖啡事件的反思［J］．商业会计，2021（10）：80－82.

［7］周鹏．浑水公司做空中概股研究［D］．重庆大学，2018.

［8］王婧玮．浑水公司做空中国概念股的财务分析方法研究［D］．首都经济贸易大学，2013.

［9］胡佳龙，张超．浅析做空机制对我国资本市场的作用与影响［J］．中国商论，2021（5）：88－90.

［10］韩洪灵，刘思义，鲁威朝，陈汉文．基于瑞幸事件的做空产业链分析——以信息披露为视角［J］．财会月刊，2020（8）：3－8.

［11］中国证监会，关于就《关于加强境内企业境外发行证券和上市相关保密和档案管理工作的规定》公开征求意见的通知［EB］，2022－04－02.

［12］王静．风险管理视角下中小企业内部控制探讨［J］．财会通讯，2010（29）：106－107.

［13］许仙忠．内部控制在企业危机管理中运用的探索［J］．会计之友，2012（3）：98－99.

案例 9

泡泡玛特是“泡泡”吗？

——泡泡玛特价值分析①

2020 年 12 月，“盲盒第一股”泡泡玛特二度进军资本市场，在港交所再度上市，首日涨幅即超过 70%，一时风头无两。而短短半个月后，其股价便发生大幅度下跌，跌幅一度超过 15%。这不由得引发对公司价值判断的思考，泡泡玛特的繁荣现象到底只是昙花一现还是实至名归。本案例梳理了泡泡玛特二次上市历程，对公司所处行业环境和公司核心业务进行介绍，分别从宏观和微观两个角度对企业价值进行评估。宏观角度分析了公司行业特征、业务线条、经营成果、财务表现等基本面因素；剖析企业核心竞争力，并对其持久性进行讨论和研究；最后从微观角度使用现金流法估计企业内在价值。综合分析和评判企业是否支持当前千亿市值，为投资决策提供参考。

---

① 本案例由中央财经大学金融学院应展宇、黄恩铭、毛婷婷、赵静、张潇楠撰写。

案例正文

一、引言

2020年12月28日，刚刚上市不久、风光无两的千亿“盲盒第一股”股价突然暴跌，一度下跌15%，市值蒸发150亿港元左右。

时间拉回12月11日，泡泡玛特在香港挂牌上市，开盘后迅速拉升至每股77港元，较每股38.5港元的认购价上涨100%，公司市值破1000亿港元。对于一些不玩盲盒的股民来说，千亿市值的泡泡玛特难免让人感到陌生又难以理解，甚至一度将其看作是吹大了的“泡泡”。而对于一些抽取盲盒上瘾的资深玩家来说，收集盲盒与收集限定包包、潮鞋等圈子没有什么不同，在满足自身收集和审美需求的同时，还具有较高的变现价值——如果抽到概率极低的特定隐藏款，在二手交易平台上可以卖到高于原价几倍甚至几十倍的价格。

2016年开始，随着盲盒在国内逐渐兴起，Molly，一个湖蓝色眼睛和金色卷发的小女孩席卷了盲盒市场，占据了潮玩界当之无愧的C位，并且将她背后的公司推到台前——泡泡玛特也因此成为了一匹黑马，突破小众标签逐渐出圈。根据其招股说明书，2019年泡泡玛特年盈利4亿元，业绩如火箭般蹿升，市占率超过8.5%。在其业务经营如日中天之时，泡泡玛特又将目光瞄准了资本市场，于2020年6月向港交所提交了招股书，并于12月11日在香港挂牌上市。

然而就在泡泡玛特成为“千亿盲盒第一股”的神话后不久，股票就迎来了一波暴跌，同时有新闻指出，泡泡玛特的部分盲盒存在拆封后重新粘贴二次销售的现象。很快新华社也发文评价盲盒经济，对“盲盒热”带来的上瘾与赌博心理进行批评。

泡泡玛特股价下跌究竟是机缘巧合，还是市值过高趋向泡沫的一个先兆？泡泡玛特的千亿市值究竟是星火燎原还是惊鸿一现？一切都要从它所在的年轻行业说起。

二、行业背景：潮玩与盲盒的前世今生

（一）潮玩盲盒的故事

潮玩即潮流玩具，涵盖产品种类繁多，其中包括盲盒、手办、GK手办及成人拼

装玩具等。主要是指与动漫、影视、游戏等 IP 相关联的，以满足爱好者需求为目的而推出的模型、玩具、道具、场景布置等的统称。

而盲盒作为潮玩的一种形式，并非从天而降。盲盒的发展源头可以追溯到历史悠久的“惊喜经济”（见图 9 - 1）。20 世纪初，日本百货公司以“福袋”盲抽的形式消化库存，80 年代衍生出“扭蛋机”，20 世纪 90 年代末至 21 世纪初出现了将盲盒形式与潮玩结合的盲盒产品。其本质是以“概率机制产品”为特色的模糊包装销售模式，系列的多款设计能够激发消费者收藏集齐的欲望，同时以盲抽不确定性创造“惊喜”，刺激重复购买。

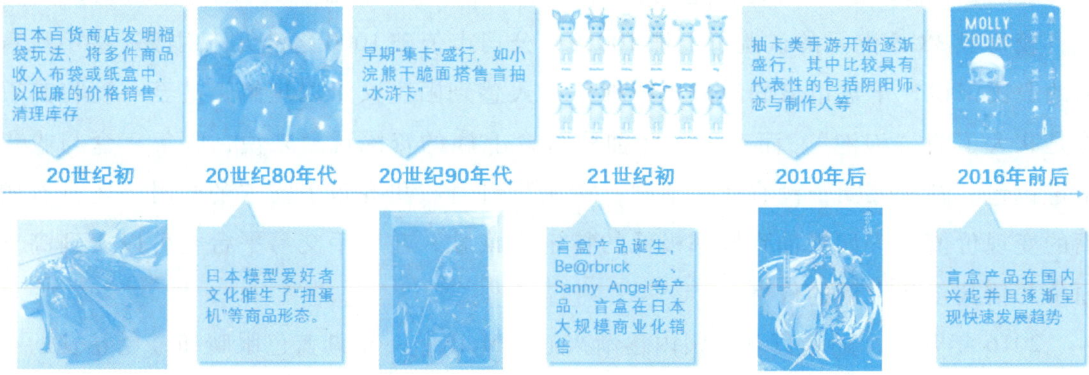

图 9 - 1　盲盒的源头——“惊喜经济”的演化与发展

（二）盲盒的异军突起

2020 年中国的潮流玩具零售市场仍然处于早期阶段，并在过去数年见证了快速增长。中国潮流玩具零售的市场规模由 2015 年的人民币 63 亿元增加至 2019 年的人民币 207 亿元，年复合增长率高达 34.6%。

盲盒作为潮玩的重要分支，在 2016 年后开启了迅猛发展的趋势，盲盒市场规模由 2016 年的 28.2 亿元飞升至 2019 年的 74 亿元。有人称 2019 年为“盲盒元年”，天猫国际 2019 年发布的《95 后玩家剁手能力榜单》显示，近 20 万消费者一年花两万元集盲盒，购买力最强的消费者一年买盲盒耗资百万元，盲盒仅在天猫上的销量就同比增长 189.7%。

盲盒市场的火爆与盲盒这一商品自身的属性和特征有着密不可分的关系。首先盲盒具有消费属性，通过较低的入坑门槛吸引初次消费，同时具有较好的艺术美观性和装饰性，可供消费者利用碎片化时间随时消费。其次盲盒具有较强的情感属性，一方面，盲盒的形象大多来自消费者熟知的 IP，能够满足消费者的 IP 情怀，并且在此基础上可以衍生出社交认同的功能；另一方面，盲抽的不确定性能够带给人类似游戏的刺激体验。最后盲盒具有一定的收集交易属性，可供消费者收集收藏，投资并进行二手交易。

（三）潮玩帝国的版图

根据弗若斯特沙利文报告，中国潮流玩具市场规模在不断扩大，2019 年达到人民币 207 亿元，并且在潮玩受欢迎程度不断上升的推动下，预计 2024 年潮玩零售市场规模将达到 763 亿元，从 2019 年起年复合增长率预计为 29.8%。按零售额计，中国潮玩零售市场占中国娱乐市场规模的百分比由 2015 年的 1.2% 增长至 2019 年的 2.3%，并且预计 2024 年将进一步增长至 4.3%（见图 9－2）。

图 9－2　2015～2024E 中国潮玩市场规模（按零售值计）

数据来源：公司招股说明书。

总体来看，国内市场竞争较为激烈。2019 年五大市场参与者所占市场份额分别为 8.5%、7.7%、3.3%、1.7% 及 1.6%，行业集中度并不高，前五大市场参与者所占份额总和仅为 22.8%。除了泡泡玛特外其他几大潮玩零售市场参与者主要为专注于 IP 发掘及授权的跨国玩具制造公司（见图 9－3）。

国内潮玩零售市场的价值链包括 IP 采购、IP 运营、生产及消费者触达。潮玩公司主要通过与艺术家和成熟 IP 提供商合作以获得高质量 IP 来源，领先的潮玩公司通常具有可以将 IP 商业化的强大 IP 运营及产品开发能力。在完成 IP 采购及运营后，潮玩产品投入生产，并通过线上和线下渠道实现最终的消费者触达。具体的价值链如图 9－4 所示。

排名	公司	人民币百万元	年复合增长率（2017~2019年）	背景	运营的IP
1	泡泡玛特	1757	226.3%	一家总部位于中国的潮流玩具公司，拥有覆盖潮流玩具全产业链的一体化平台，包括艺术家发掘、IP运营、消费者触达及潮流玩具文化的推广。	93个IP，包括12个自有IP、25个独家IP及56个非独家IP
2	乐高	1602	47.6%	一家总部位于欧洲的跨国玩具生产公司，其特色玩具主要包括联锁塑料积木，亦于全球经营数个游乐园及众多零售店。	约28个授权IP
3	Hot toys	675	33.1%	一家总部位于香港的跨国生产公司，设计、开发及制造面向全球市场的工艺精细收藏玩具或手办。	约80个授权IP
4	万代	359	13.4%	一家总部位于日本的领先上市娱乐公司，在玩具的开发，生产及销售方面拥有雄厚的实力，并拥有众多流行的卡通及视频游戏IP。	约18个自有IP及一个授权IP
5	孩之宝	338	-12.6%	一家总部位于美国的跨国玩具及棋盘游戏上市公司，拥有许多基于电影及动漫IP的知名玩具及其他产品品牌。	约90个自有IP及九个授权IP

图 9－3　2019 年中国潮流玩具公司竞争格局（按零售价值计）

数据来源：弗若斯特沙利文。

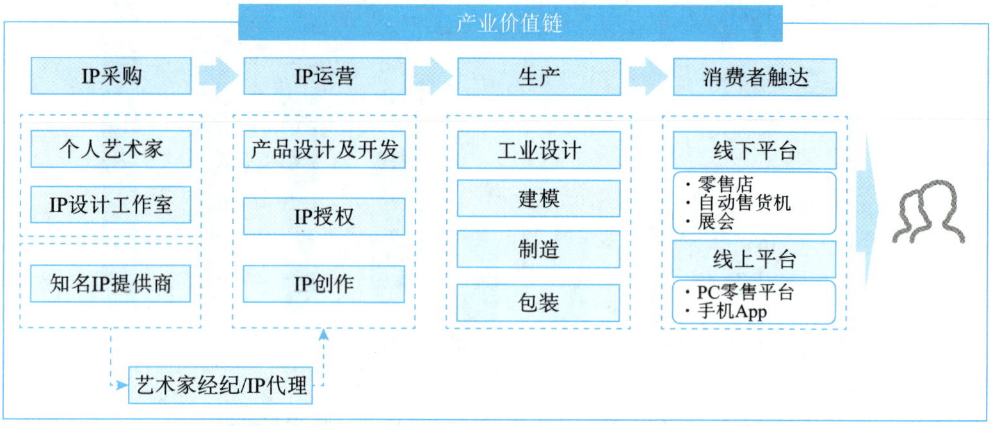

图 9－4　中国潮玩产业价值链

尽管国内潮玩市场火热，有大批的投资者及企业嗅到商机闻风而动，但潮玩行业也拥有自身的行业壁垒（见图 9－5）。为了能够在市场上挣得一席之地，入行企业至少需要拥有顶级的潮流内容资源和强大的 IP 发掘以及运营能力，同时能够打造出卓越运营的全渠道网络以及备受认可的品牌名称。

随着潮玩行业粉丝基础的不断扩大，盲盒和潮玩由小众市场转向大众市场，并且随着 Z 世代逐步成年，日益增长的可支配收入及消费力将重新定义消费增量，未来中国潮玩市场仍将存在较大的发展空间。

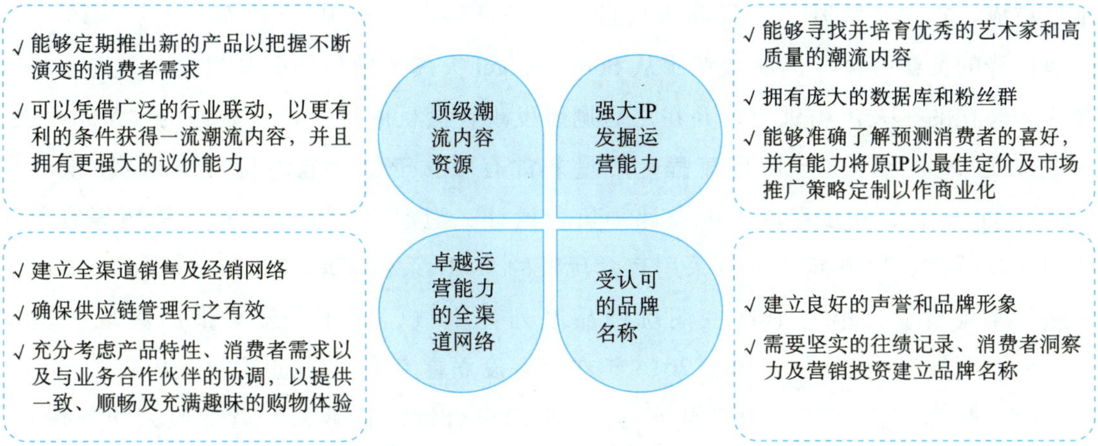

图 9－5　中国潮玩市场的行业壁垒

三、公司介绍：泡泡玛特的转型发展

（一）发展历程

泡泡玛特成立于2010年，于2020年在港交所上市。根据公司招股说明书和新闻媒体报道，我们大致将公司发展分为三个阶段（见图9－6）。

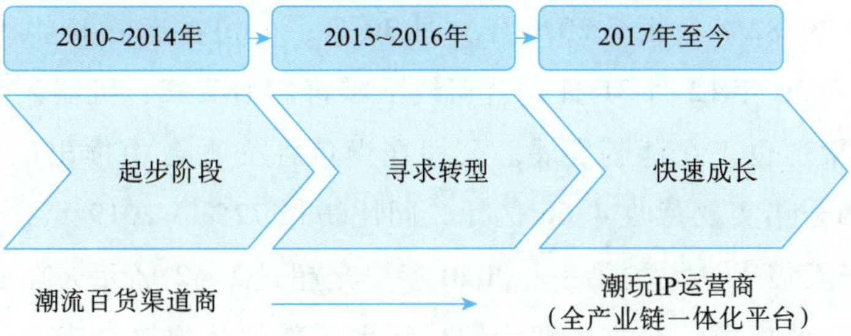

图 9－6　泡泡玛特发展历程

（1）起步阶段（2010～2014年）。潮流百货渠道商，盈利水平不高，成长速度缓慢。2010年，北京泡泡玛特成立，在北京欧美汇购物中心开设了第一家零售店，主营业务为时尚潮品如文具、玩具、家居用品等的零售。2014年，公司在北京王府井APM购物中心开设了第一家lifestyle概念旗舰店。作为单纯的潮流杂货渠道商，公司的利润率较低，同时这种模式使顾客与品牌缺少情感连接，导致品牌价值不高。公司发展陷入瓶颈，亟须转型。

（2）寻求转型阶段（2015～2016年）。创始人发现巨大市场机遇，全产业链布局雏形初成。在这一阶段，公司逐步从过去的渠道商向潮玩 IP 运营商转型。2015 年是泡泡玛特的关键一年，创始人王宁从 Sonny Angel 火爆的销售中受到启发，发现小小盲盒背后潜在的巨大市场机遇，并在之后调研发现在潮玩圈子中广受欢迎的“Molly”这一 IP 缺乏商业化的生产销售流程，产量非常有限。于是，泡泡玛特与 Molly 设计师 Kenny 达成合作，初步形成了由设计师负责设计、泡泡玛特负责生产、销售等剩余环节的商业模式。2016 年，首款采用盲盒玩法的 Molly 系列潮玩“Molly Zodiac”（“Molly 星座”系列盲盒，第一个自主潮玩产品系列）上线，同年，公司推出潮玩社交平台——“葩趣”。此外，公司于 2016 年在上海设立首家 IP 店并正式进驻天猫。

（3）快速成长阶段（2017 年至今）。全面整合潮玩产业链，营业收入快速增长，商业版图迅速扩张。自 2017 年起，公司开始全面整合潮流玩具产业链，此后步入了快速成长通道。2017 年，公司推出自助销售终端机器人商店，举办国内首届大型潮玩展会——北京国际潮玩展。2018 年，机器人商店数量突破 200 台，公司举办上海国际潮玩展（按参观人次计算，为当时亚洲最大潮玩展）。2019 年，机器人商店突破 800 台，同年，全国首家 ART TOY 黑标概念店在北京开业。2020 年，首次尝试真人类 IP，推出周同学的产品系列；同年，在韩国首尔江南区国际贸易中心开设首家海外门店。

公司招股说明书及年报数据显示，2017 年公司营业收入仅 1.58 亿元，2020 年营收即达到 25.13 亿元，年复合增长率高达 151.48%。2017～2020 年，公司年均毛利率为 58.43%，其中，2020 年毛利率为 63.42%；同期，年均净利率为 16.99%，其中，2020 年净利率为 20.82%。截至 2020 年 6 月 30 日，公司在运营 IP 共 93 个。此外，在渠道方面，截至 2020 年 12 月 31 日，公司线下零售店 187 家、机器人商店 1351 台。同时，电商、海外渠道也正在蓬勃发展。公司在微信社交平台中推出的泡泡玛特抽盒机小程序于 2020 年全年实现营收 4.66 亿元，同比增长 72%。2019 年，天猫双十一销售额 8212 万元，获天猫玩具大类第一；2020 年更是超过 1.42 亿元，在成功卫冕的同时，也成为天猫玩具行业中第一个进入双十一亿元俱乐部的品牌旗舰店。

（二）主营业务

泡泡玛特是中国潮流文化娱乐领域的独角兽公司，成立 10 年以来，已经建立了覆盖潮流文化玩具全产业链的一体化平台。目前其业务可以分为四大板块，分别是艺术家发掘、IP 运营、消费者触达和潮流文化玩具推广。

1. 艺术家发掘

公司汇集了潮流玩具行业的顶级艺术家，并与其展开深度合作，成功打造诸如 Molly、PUCKY、Dimoo 等广受欢迎的 IP。

2. IP 运营

IP 是公司业务的核心，公司致力于形成从发掘 IP 到运营 IP 的良性循环。IP 类型分为自有 IP 和非自有 IP，自有 IP 分为内部原创 IP 和外部收购 IP，非自有 IP 分为独家 IP 和非独家 IP（见图 9 – 7）。

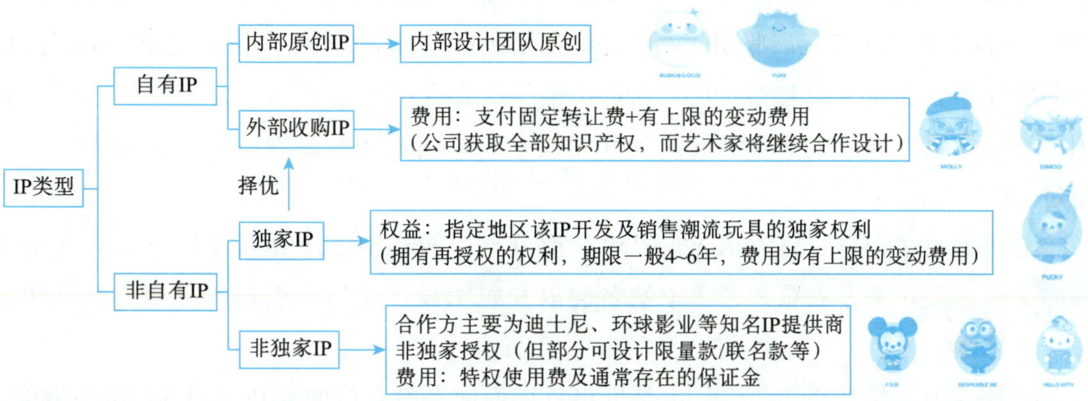

图 9 – 7　IP 类型分类

3. 消费者触达

公司建立广泛全面的销售网络，线下设立零售门店、机器人商店，线上运营天猫旗舰店、泡泡抽盒机小程序等，再加之面向机构客户的批发渠道等，共同促进销售增长（见图 9 – 8）。同时，利用网络推广措施更好迎合消费者需求，为消费者提供便捷的购物体验。特别地，公司开展会员计划，进行全渠道会员运营，以此形成粉丝社区，提高用户黏性。数据显示，截至 2020 年年末，累计注册会员数从 2019 年末的 220 万人增长至 740 万人。

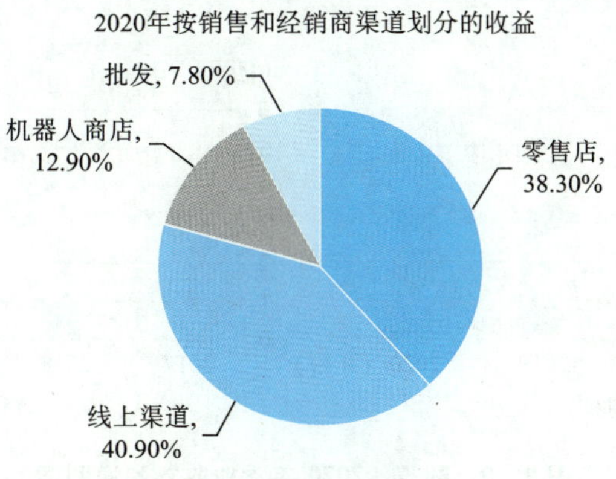

图 9 – 8　销售渠道

数据来源：公司招股说明书、公司年报。

4. 潮流玩具文化推广

公司致力于推广潮流玩具文化，具体形式包括但不限于举办国际潮玩展、萌趣App运营、创办潮玩杂志等，在稳定存量粉丝的同时吸引大量新粉丝，以形成快速增长的粉丝群。

公司举办的上海国际潮玩展和北京国际潮玩展已经成为中国最大的潮流玩具展。2019年的北京国际潮玩展吸引了14个国家的超过270名艺术家以及超过200个潮流玩具品牌参展，参观人数超过10万。2020年，尽管受到疫情影响，公司所举办的上海国际潮玩展仍然吸引了500名设计师和超过300个潮流玩具品牌参展，参观人次再次超过10万。

公司推出萌趣作为官方App，提供获取资讯、购买潮流玩具以及粉丝社区互动交流的平台。公司举办展览和艺术家签名会以及组织设计比赛吸引粉丝，形成潮玩文化并培养艺术家。

此外，泡泡玛特在2020年11月推出首期面向高阶会员的内刊《PLAYGROUND》，同期在国内举办潮玩产业论坛，并发布了《潮流玩具行业发展趋势白皮书》。

（三）业绩表现

2017～2019年，公司的收入与净利润规模增长速度较快，2017年营业收入为1.58亿元，净利润为157万元，实现盈利。此后，公司加快IP培育与运营，Molly等IP逐渐成为爆款，同时公司加快零售店、机器人店以及线上网店的扩张。2018年至2019年公司的收入和净利润大幅增长，2019年收入为16.83亿元，较2018年增长227.2%，净利润4.51亿元，增长353.3%。2020年公司业绩受到疫情影响，但公司业绩依然保持稳步发展，营业收入达到25.13亿元，较2019年增长49.3%（见图9－9）。

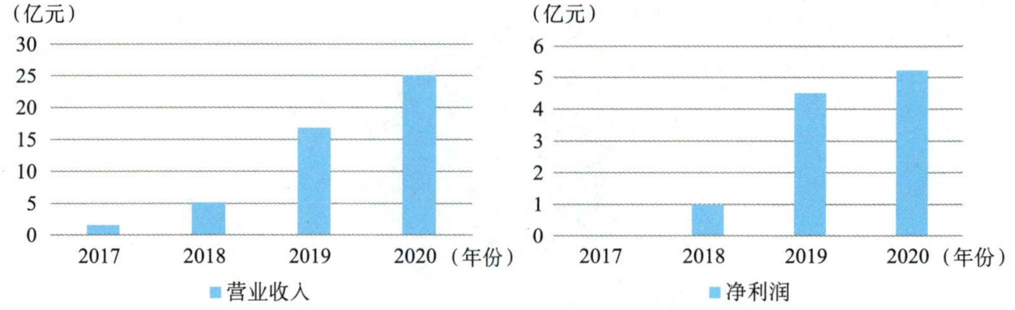

图9－9　2017～2020年营业收入和净利润

数据来源：公司招股说明书、公司年报。

公司盈利能力持续增强，2017 年公司毛利率为 47.6%，受益于自有 IP 快速成长，线上渠道发力，公司的盈利能力持续增长，2020 年毛利率增长至约 63%。

现金流稳定，报表成绩优秀。2020 年公司期末现金及现金等价物为 56.8 亿元，现金流充足（见图 9－10）。

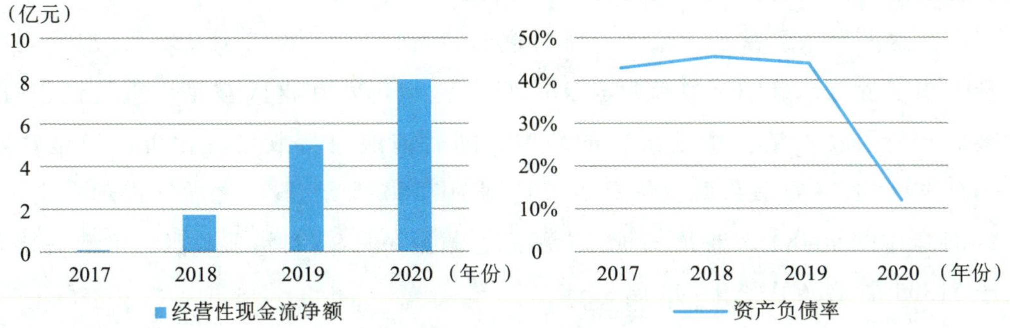

图 9－10　现金流和资产负债率

数据来源：公司招股说明书、公司年报。

四、市场沉浮：泡泡玛特的市值之问

（一）上市之路

2021 年是泡泡玛特这家公司成立的第十一个年头。2010 年，在北京中关村欧美汇购物中心地下负一层的杂货铺，是泡泡玛特的第一家门店，彼时，其店铺陈设经过数次更迭，却鲜见成效，收益一直欠佳。直到陈设台上出现一位金色卷发的“小女孩”，人们称“她”为 Molly，泡泡玛特发生了质的变化，成为资本市场新宠儿。

泡泡玛特在 2017 年曾短暂地登陆过新三板，首次上市定价公司财报显示，2017 年公司实现净利润 794 万元，2018 年上半年实现净利润 2110 万元，相比于 2017 年上半年涨幅超过 1400%，而其又于 2019 年 4 月摘牌，理由是为了减轻公司资金压力，调整经营决策。退市时公司市值为 20 亿元人民币。但是在退市后一年，又先后有红杉资本等机构密集地参与到泡泡玛特 Pre－IPO 轮融资中，这时泡泡玛特的估值达到 25 亿美金，市值翻番近 10 倍，令人惊叹。

2020 年 6 月，泡泡玛特又一次向交易所递交了 IPO 招股书，与上次不同的是，这一次递交的是香港联交所。泡泡玛特开启了赴港上市之路，二度进军资本市场。招股说明书中显示，公司 2020 年上半年创造总营收 8.18 亿元，净利润为 1.41 亿元，同比分别增长 50.5% 和 24.7%。凭借盲盒翻身的泡泡玛特，此次上市可谓风头无两。在发布招股书半年后，公司于 2020 年 12 月 11 日正式在港交所主板挂牌上市，开盘价为每股 38.50 港元，首日开盘涨幅超过 100%，截至收盘，股价涨幅达 79%，达到 77.10 港元/股，公司总市值为 953 亿港元。创始人王宁表示，给他们 5 年时间，希望会是国内最有可能成为像迪士尼一样规模庞大的 IP 运营企业。

然而，这一繁荣景象在上市半个月后遭遇转折，2020 年 12 月 28 日，泡泡玛特股价出现大幅度滑落，盘中下跌幅度达 16.4%。泡泡玛特在这天被爆出重复销售盲盒，盲盒被拆开又用胶水粘上重新出售的新闻。随后泡泡玛特股价变化可以说是跌宕起伏，2021 年 2 月 27 日股价触及最高点，达到 107.60 港元/股，之后又出现多次大跌，3 月 24 日盘中跌至 48.15 港元，创历史新低，截至 3 月 24 日港股收盘，泡泡玛特股价报收于 51.05 港元（见图 9－11）。

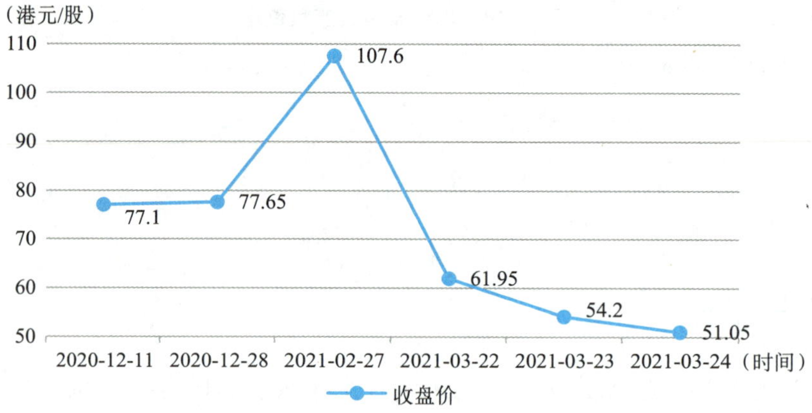

图 9－11　泡泡玛特股价

（二）市值之问

泡泡玛特的千亿市值中是否存在泡沫，是一个争论不休的话题。泡泡玛特从最初的一家杂货百物店，到成功创造宝藏 IP，再到港交所成功上市，其经历可谓魔幻。泡泡玛特的成功，有它的天时地利。即使盲盒中的潮流玩具，除了高颜值外，几乎没有任何实际用途，但是抽盲盒带来的刺激感和收集潮玩的快感，仍使大批年轻人为之买单。近几年来，有越来越多的令外人迷惑的潮流正在出现，如外人无法理解的“炒鞋热”。潮流圈中的限量版球鞋、限定配饰、玩具等，都给一批人带来不菲的回报。这些东西都具有类似的特点，往前一步可以说具有收藏价值，退一步因为其具有繁荣的二级市场，可以等其升值后将其转卖。这类东西都有各自的江湖，景象一片向好，泡泡玛特也是踩中了其中之一。这使支持者认为盲盒赛道具有无限的潜力，目前盲盒业务还主要集中于一线城市，三线、四线城市甚至县城的市场空间仍具有非常大潜力，并且盲盒业务的网上渗透率也很低，因而公司市值还有很大的空间。

而有人认为抽盲盒和收集毫无实际用途的潮流玩具是交“智商税”，甚至是帮助资本市场“割韭菜”，所谓的千亿市值八百亿元是泡沫。泡泡玛特强调自身的核心竞争力是IP，但是从招股书中可以看出，泡泡玛特的85个IP，只有少数可以给公司带来利润，其中最主要的就是Molly。而消费者对IP的新鲜感是逐渐下降的，如果公司不能持续地开发出新的令消费者喜爱的IP，那么消费者为其买单的欲望将会不断下降。并且伴随着市场中竞争者的不断加入，盲盒的销售模式可以轻易被复制，如果没有其他可以为消费者提供价值的因素，泡泡玛特的魔力还能持续吗？

案例使用说明

一、教学目的与用途

1. 适用课程：投资学、高级公司金融、公司财务等。

2. 适用对象：本案例主要为金融专业硕士研究生及本科生相关课程开发。

3. 教学目的：企业的价值分析与估值是公司金融领域的一个经典、重要的问题。本案例以2019年大火的潮玩行业领军企业——泡泡玛特为例，在潮玩和盲盒市场炙手可热的背景下，对企业的估值及可持续性进行分析。本案例分析结合了企业价值的影响因素框架，由宏观经济情况、行业现状及发展前景到微观的企业业务、经营成果、财务状况，从不同角度深入分析是如何对企业价值产生影响的，并且依据公司估值模型对企业价值进行量化分析。最后，结合公司的核心竞争力及行业未来表现，对企业高估值的可持续性进行分析。

具体目标可分为以下三个方面：

（1）通过分析企业高估值的可能原因，使学生能够多角度、全方位地理解可能影响公司价值的因素。在对泡泡玛特企业价值进行定性分析时，同时从宏观和微观两个角度着手，宏观因素包括当前的经济环境及消费者的购买力、行业特征与发展现状等，微观因素包括公司的业务发展、财务状况、经营成果、企业战略等。这能够引导学生在思考企业价值时不要仅仅局限在企业的财务报表上，也不要仅仅局限在企业层面这一个微观角度，思路能够更加开阔。同时引导学生思考在企业整体高估值的背景下，如何看待市场上公司价值的短期波动，尝试寻找异动背后可能的原因。

（2）基于已有的企业估值方法和理论，能够让学生结合市场中的公司实例，学会如何对标的公司进行估值。在企业的估值方面，课本内容更加强调理论化的模型构建，应用背景相对于实际情况中的真实案例更加简单。本案例以泡泡玛特公司的财务数据为基础，引导学生学会在较为复杂的财务数据中进行实际操作。包括对公司主营业务收入、成本的测算，以及盈利情况的估计，并且在此基础之上完成现金流的测算、折现率的估计等。在具体案例的实战中能够让学生对于企业估值模型有一个更加深入、更加透彻的认识，同时提高学生的实务操作水平及能力。

（3）结合前面已有的公司价值定性分析以及估值定量分析，进一步引发学生展开思考，对于市场中类似的高估值企业，其较高的价值水平是否含有一定的虚估、高估成分，并且这样的高估值水平能够持续多久。一方面，本案例中的公司泡泡玛特，仍然可以尝试从宏观和微观两个角度展开分析，例如对于泡泡玛特，其所属的潮玩行业在 2019 年开始大热，这样的行业大热是否拥有其内在的逻辑，还是仅仅是偶发巧合事件，并且在中国潮玩行业能否继续保持自身的增长趋势，这是需要探讨的问题。另一方面，从公司自身的角度出发来看，公司是否能够拥有足够的核心竞争力也是决定公司未来价值走向的关键因素，同时核心竞争力细化落实也将影响反映在例如业务、经营成果以及财务等方面的表现上。希望通过对泡泡玛特高估值可持续性的分析能够引导学生在企业估值方面除了建模定量分析外，还能够有更加深入的思考。

二、启发思考题

1. 泡泡玛特具有如此高市值的原因可能有哪些？
2. 请在思考题 1 的基础上，结合相关理论，深入分析泡泡玛特的竞争优势。
3. 试运用估值模型对泡泡玛特进行估值。
4. 泡泡玛特的高市值是否可持续，其中蕴含的风险有哪些？

三、分析思路

（1）根据经典的有效市场假说理论，处于半强式有效市场中的股票价格反映了与其相关的历史信息与公开信息，因此想要分析泡泡玛特股价较高的原因，可以从市场中已有的公开信息出发，由宏观角度到微观角度，尝试从多个方面分析寻找可能造成泡泡玛特市值较高的因素，从而对企业价值的决定因素有一个更加全面的了解和认识。

（2）在上一思考题对宏观、行业和公司基本面分析的基础上，结合经济护城河等理论，对泡泡玛特的竞争优势进行深入分析，从而进一步理解和把握泡泡玛特的高成长性背后的原因。

（3）对泡泡玛特这种上市时间短、难以找到可比公司的上市公司进行估值，可尝试对业绩进行合理假设，由于是行业龙头企业，可以借鉴成熟市场的经验以及综合行业发展格局等因素对公司潜在份额做出合理假设，并根据公司和行业过去发展演变状况对有关比率和财务指标进行合理假设，并建立合理的估值模型对其进行估值。

（4）教师可以引导学生从风险角度切入，分析泡泡玛特公司股价的影响因素。锻炼学生从宏观层面、公司层面对企业价值评估的能力。在此过程中，可增强学生对宏观经济分析、基本面分析等相关理论的具体应用能力。并且与微观层面的企业估值定量分析形成对比和补充，完善学生关于企业估值问题的理论体系，提高实际应用能力。

四、理论依据与分析参考

（一）泡泡玛特高市值背后的原因

1. 理论依据

根据尤金·法玛提出的有效市场假说（EMH）理论：假设市场上的每个人都是理性的经济人，证券的价格反映了这些理性人供求的平衡，同时证券价格能够充分反映该资产的所有可获得信息，即“信息有效”，当信息变动时，证券价格也会随之变动。

有效市场假说存在三种形态：弱势有效市场、半强式有效市场、强式有效市场。

（1）弱式有效市场：在弱式有效的情况下，市场价格已经充分反映出所有过去历史的证券价格信息，包括股票的成交价、成交量、卖空金额等。如果弱式有效市场成立，则股票价格的技术分析失去作用，基本分析还可以帮助投资者获得超额利润。

（2）半强式有效市场：在半强式有效市场中，价格已经充分反映出所有已公开的有关公司运营前景的信息，这些信息包括成交价、成交量、盈利资料、盈利预测值、公司管理状况及其他公开披露的财务信息等。如果半强式有效市场成立，则在市场中利用技术分析和基本分析都失去作用，只有内幕消息可以获得超额利润。

（3）强式有效市场：强式有效市场认为价格已经充分反映了所有关于公司营运的信息，这些信息包括已公开的或内部未公开的信息。在强式有效市场中，没有任何方式可以帮助投资者取得超额利润，即内幕信息也失效。

从实际情况来看，目前我国的股票市场大致位于弱式有效市场与半强式有效市场之间，更加接近半强式有效市场。因此，对于公司市值较高的原因分析可以结合已有的公开信息，从宏观角度着手，结合微观角度展开分析。

2. 具体原因

（1）宏观环境：随着中国经济的不断发展，人均 GDP 水平和居民人均消费支出逐年增加，人均 GDP 水平从 2010 年的 3.1 万元提升至 2019 年的 7.1 万元，居民人均消费支出由 2010 年的 1.1 万元增长至 2019 年的 2.8 万元（见图 9－12）。

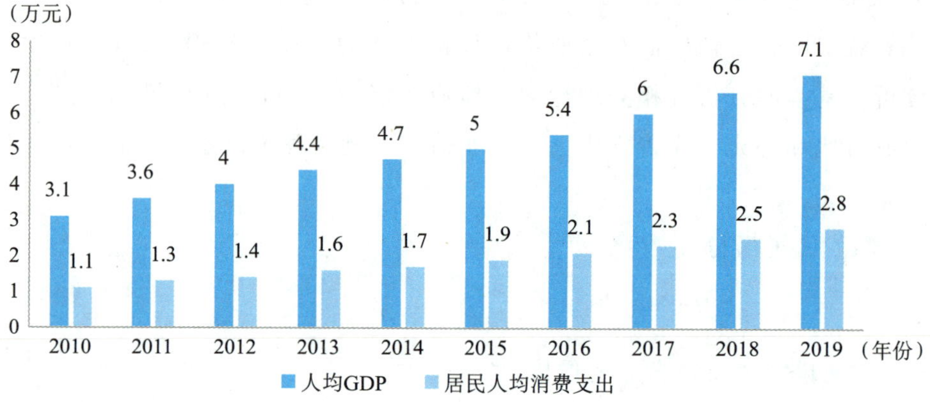

图 9－12　中国人均 GDP 与居民人均消费支出

数据来源：Wind。

与此同时，第三产业 GDP 中文体娱乐消费占比也在不断提升，由 2010 年的 64.9% 提升至 2017 年的 79.9%（见图 9－13）。更多的文娱消费为潮玩及盲盒产业的发展提供了条件，同时也为泡泡玛特的发展提供了契机。

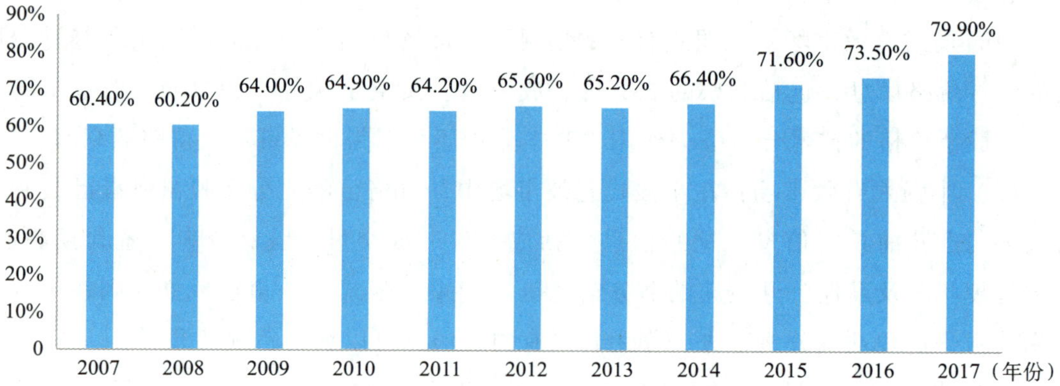

图 9－13　第三产业中文化娱乐体育 GDP 占比

数据来源：Wind。

除整体经济环境外，人口因素也对盲盒及潮玩行业的发展起到了一定的助推作用。人们将1995～2010年出生的人口称作“Z世代”，即成长期处在社会长期稳定、经济快速发展、物质生活相对丰富的代际群体。截至2019年我国共拥有Z世代人群共2.6亿人，占总人口比例16%。随着Z世代人群的不断成长和成年，其日益增长的消费能力以及所持有的消费态度都对泛娱乐行业产生了较大的影响。Z世代的消费理念更加宣扬个性化，为多元兴趣买单，喜欢跟随流行，展示潮流观念。而这些都将成为潮玩市场发展的助推剂，并进一步影响着处于行业中的泡泡玛特。

（2）行业角度：从行业发展角度来看，正如案例正文中所提到的，近两年中国潮玩市场快速发展，但目前仍然处在早期阶段，即从小众圈层向主流市场渗透的发展阶段，未来还将存在较大的发展空间。

中国潮玩市场的主要增长驱动力包括：

专注且日益壮大的粉丝群体。潮玩中注入了消费者耳熟能详的潮流文化内容，拥有时尚设计以及审美价值，可作为展示、收藏或交换之用。同时潮玩往往会带来愉悦感及陪伴感，令消费者感到慰藉和舒适，而粉丝可以通过购买不同的潮玩表达其独特的生活方式。随着忠实粉丝群体的不断扩大，中国潮玩零售也在快速壮大。

从小众市场到主流市场。过去由于文化接受度和关注度有限及价格较高等原因，潮玩市场具有小众市场的特征。而近年来，在鼓励多元化及个性化的背景下，人们对小众潮流文化持有更加开放热情的态度，同时社交媒体的普及更推动了相关的趋势。盲盒作为潮玩中对粉丝相对更加实惠易得的形式，进一步引领潮玩市场从小众市场跻身主流市场。

重磅IP的持续发布。随着中国泛娱乐市场的发展，已经发布及宣传的重磅IP数量不断增加，高质量的内容及IP也为跨界合作创作带来了机会，吸引了更多的粉丝。

日益增长的消费力和可支配收入。如前文所述，随着经济发展以及人口结构的调整，全新的消费态度配合不断增强的消费力，促进了潮玩市场的发展兴盛。

正是由于以上的驱动力，中国潮玩市场的发展前景良好，而处于高速发展的热门潮玩赛道则为泡泡玛特的发展提供了较好的外部环境条件。

（3）公司业务：从泡泡玛特自身的公司业务情况来看，其对IP的深度运营以及广泛的销售渠道成就了其在潮玩行业的龙头地位。

截至2020年6月，公司运营93个IP，包括自有IP12个，独家IP25个，非独家IP56个。与同行业的其他企业相比，具有更加丰富的IP库，在目前国内潮玩市场的前五大参与者中，泡泡玛特运营IP数量位列第一（见表9－1）。

表 9-1　　国内各大潮玩市场参与者运营 IP 数量情况

公司	运营的 IP
泡泡玛特	93 个 IP，包括 12 个自有 IP，25 个独家 IP 以及 56 个非独家 IP
乐高	约 28 个授权 IP
Hot Toys	约 80 个授权 IP
万代	约 18 个自有 IP 以及 1 个授权 IP
孩之宝	约 90 个自有 IP 以及 9 个授权 IP

除此以外，泡泡玛特率先完成国内潮玩行业的产业链整合，通过自主设计或授权形式获得潮玩 IP，授权模式下设计师仅负责 IP 平面设计环节，其余环节由公司负责，实现商业化量产销售。在这样的模式下，潮玩的设计、生产效率大幅提高。凭借全产业链布局的优势，泡泡玛特快速成长为我国潮玩行业龙头，2019 年泡泡玛特市场规模达到 17.57 亿元，超越乐高成为潮玩行业 TOP1。

在 IP 变现方面，内部的设计团队深入参与产品的设计与开发，同时通过成熟的商业化能力奠定了公司的核心竞争力。在开发新 IP 的过程中，注重与艺术家的沟通，强化市场需求，从而增强艺术家 IP 的商业性，使产品更加贴合大众品位。对于传统的 IP，泡泡玛特进行全新设计，力求打造出泡泡玛特专属的设计烙印，从而形成较高辨识度、风格独特的爆款系列。

在销售渠道方面，泡泡玛特积极推动全渠道建设，从而增强消费者的触达。公司目前已有的销售渠道包括线下零售店、机器人商店、线上渠道、展会以及批发渠道五大渠道。其中主要的销售渠道——线下零售店在具有较强的展示功能的同时兼具较强的盈利性，2019 年平均单店收入已达 840 万元，同店增速达 63%，门店盈利水平远超同业（见图 9-14）。2020 年由于门店数量猛增，由 2019 年的 114 家增加至 2020 年年底的 187 家，故平均单店收入有所回落。

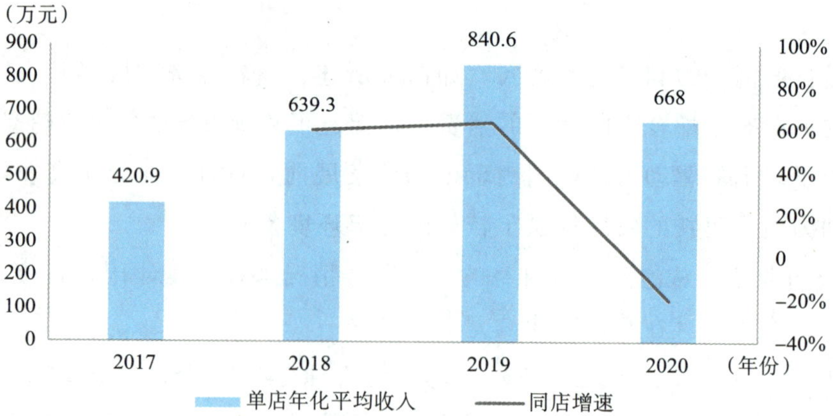

图 9-14　泡泡玛特单店年化平均收入

数据来源：招股说明书、公司年报。

总体来看，在业务方面，泡泡玛特具有行业内领先的 IP 发掘和运营能力以及消费者触达能力。

（4）公司财务：公司整体财务状况较好。

从营收水平来看，由于公司处于爆发增长阶段，2017～2019 年营业收入分别为 1.58 亿元、5.15 亿元、16.8 亿元，仅仅两年内即实现了营收的 10 倍增长，同时 2019 年公司实现净利润 4.51 亿元，同比增长 353%。

从盈利能力来看，公司毛利率水平一直保持在较高水平，2017～2020 年毛利率分别为 47.6%、57.9%、64.8%、63.4%，同时净利率水平也随之上升，由 2017 年的 1.0% 上升至 2020 年的 20.8%（见图 9－15）。2020 年较 2019 年净利率有所回落主要源于公司在产品研发设计方面投入了相对更高的成本。

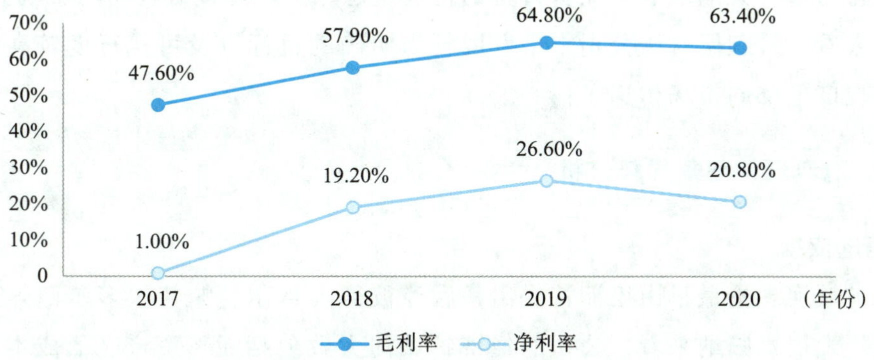

图 9－15　泡泡玛特毛利率与净利率

数据来源：招股说明书、公司年报。

此外，上市前公司 ROA 与 ROE 逐年稳步提升，2017～2019 年 ROE 分别为 2.0%、45.5%、76.1%，ROA 分别为 1.1%、24.7%、42.3%（见图 9－16）。

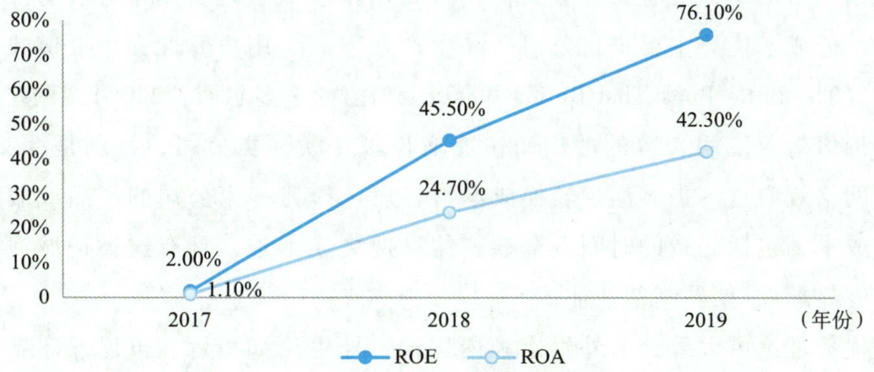

图 9－16　泡泡玛特 ROE 及 ROA

数据来源：招股说明书、公司年报。

在资本结构方面，公司的资产负债率自2017年起保持在45%左右，相对稳定，无过大波动，整体资本结构良好，风险较小。

（5）公司战略：公司的核心管理团队呈现年轻化、高学历的特点。公司的创始人、实际控制人王宁毕业于北京大学，年仅33岁，其他核心高管均拥有海内外头部院校学历，平均年龄不足40岁。高学历、年轻化的管理团队令公司能够准确把握年轻人的潮流动向，引领潮玩行业发展。

从公司的战略规划来看，泡泡玛特的核心管理团队成员表示，未来的5～10年中，公司将着重考虑IP的运营与发掘，对于IP开发和设计求精求深，但不求快，注重消费者情感以及精神层面的体验，同时也希望能够更多致力于挖掘IP更加丰富的表现形式。对于IP的联名，公司考虑以相对较为谨慎的态度进行，避免对头部IP的过度消耗，同时将通过各大潮玩展会完善自身的行业生态，进一步提升公司的影响力。

总体来看，管理层对于公司未来发展较为明确的目标以及可执行度较高的战略规划在一定程度上都向市场传递了信心。

（二）泡泡玛特竞争优势分析

1. 理论依据

经济护城河理论最早由巴菲特提出，后经彼得·蒂尔、帕特·多尔西等人的研究得到进一步发展。归纳来看，公司的经济护城河大致包括无形资产、低成本优势、网络效应、转换成本等。

无形资产具体包括公司的品牌、专利、商标、特许经营权等。以品牌为例，一家品牌影响力强的公司拥有数量多且稳定的客户群体，在产业链中往往居于强势地位，拥有话语权等，从而推动公司稳步发展。低成本优势从会计角度可以体现为低营业成本率和低期间费用率，后者又可分为低销售费用率、低管理费用率等。另外，从生产经营角度，低成本优势主要来自公司产品生产效率高、用户黏性强、渠道建设成本低等。根据《The Little Book That Bulids Wealth》（帕特·多尔西，2008），网络效应指产品和服务价值随着使用人数的增加而快速增长。互联网类公司，特别是社交平台类，往往具有网络效应这一护城河。转换成本指客户选择另一家公司的产品或服务时所需要付出的成本，包括耗费的时间、金钱、信息搜集成本等，具有这类护城河的公司多见于高精度零配件/仪器制造企业。

竞争优势理论可大致分为外生论和内生论。外生论如梅森、贝恩、谢勒等人提出的SCP分析框架，以及波特的竞争战略理论；内生论如沃纳菲等人的资源基础观理论、Gary Hamel等的核心能力观理论等。实际上，二者均强调企业所拥有的资源是其他企业难以模仿的，从而具有独特优势，从这一点上看，竞争优势理论与经济护城河理论本质上是一致的。

2. 分析参考

本文研究对象——泡泡玛特拥有的最大护城河当属无形资产。回顾公司发展历程，从一家潮流百货渠道商转型为潮玩产业链一体化平台是该公司业绩快速增长并得以上市的关键所在，而其背后深层次原因之一在于公司将艺术家挖掘和IP打造纳入业务范围。相应地，公司2020年报显示，其无形资产主要包括授权IP、知识产权（包括自有IP）和软件，无形资产总价值自2019年年末的18.6百万元增至2020年年末的92.7百万元。

结合思考题1的分析及上述护城河分析，泡泡玛特竞争优势集中体现在以下三点：

（1）商业模式优势：率先实现全产业链布局，行业龙头地位难以撼动。

公司在业内率先进行全产业链布局，打造一体化平台，采取“设计–生产–销售”全产业链经营的商业模式。具体来看，公司向上发掘艺术家，通过与艺术家合作、授权和自有设计团队等方式持续积累潮玩IP，据此组织生产盲盒、手办、BJD、衍生品等，同时向下进行渠道建设和文化推广，一方面建立“线下门店+机器人商店+线上渠道”三位一体的全渠道销售模式，另一方面通过举办大型国际潮玩展等进行潮玩文化推广，打造潮玩生态。这一商业模式大大提高了潮玩的设计和生产效率，有力地保证了公司在产业链中的话语权，支撑了公司高盈利能力。

Sullivan Frost数据显示，泡泡玛特市场份额达8.50%，位列行业第一，成为国内盲盒赛道的绝对领军者。同时，2017～2019年公司潮玩零售额年复合增长率高达226.3%，处于行业领先地位（见表9–2）。

表9–2　　公司占据行业龙头地位

	2017～2019年潮玩零售额GAGR	2019年潮玩零售额（单位：亿元）	2019年市场份额
泡泡玛特	226.3%	17.57	8.5%
LEGO	47.6%	16.02	7.7%
Hot Toys	33.1%	6.75	3.3%
Dreams	13.4%	3.59	1.7%
Hasbro	–12.6%	3.38	1.6%

商业模式优势促进了公司营收快速增长，支撑了其高盈利能力。公司招股说明书及年报数据显示，2017年公司营业收入仅1.58亿元，2020年营收即达到25.13亿元，年复合增长率高达151.48%。2017～2020年，公司年均毛利率为58.43%，其中，

2020 年毛利率为 63.42%；同期，年均净利率为 16.99%，其中，2020 年净利率为 20.82%。

（2）运营能力优势："多 IP + 多系列"深度运营，持续打造过亿爆款。

公司产品矩阵逐步丰富完善，从单一大单品逐步向"多 IP + 多系列"深度运营转变。数据显示，Molly 收入占自有品牌产品销售比例从 2017 年的 89% 下降至 2020 年上半年的 16%，这意味着公司对 Molly 的依赖性正在快速下降。同时，公司自有 IP 如 Dimmo、BOBO&COCO 以及独家 IP 如 Pucky、The Monsters 快速成长。可以说，公司目前已初步拥有了较为完善和均衡的产品矩阵。

截至 2020 年 6 月 3 日，公司在运营 IP 93 个，其中，自有 IP 12 个，独家 IP 25 个，非独家 IP 56 个。特别地，公司招股说明书数据显示，公司自有品牌产品毛利率为 70% 左右，而第三方产品毛利率为 35% 左右，并且，公司自有品牌产品占比从 2017 年的 29% 快速提升至 2019 年的 84%，这也意味着公司的盈利能力不断增厚。2019 年公司综合毛利率为 65%，净利率为 26%。

（3）渠道体系优势：以直营为主，"线上零售 + 线下门店零售 + 机器人商店零售 + 展会 + 批发销售"五位一体销售体系。

目前，公司已经建成"线上零售 + 线下门店零售 + 机器人商店零售 + 展会 + 批发销售"五位一体的全渠道销售体系。其中，线上零售、线下门店零售和机器人商店零售这三个渠道的毛利率均不低于 60%，有力支撑了公司高盈利能力（见表 9 - 3）。

表 9 - 3　　2019 年和 2020 年泡泡玛特渠道毛利率 Top3

	2019	2020
机器人商店零售	70.7%	72.3%
线上零售	68.9%	66.4%
线下门店零售	65.6%	62.0%

数据来源：公司年报。

机器人商店有力补充了线下零售渠道，同时还具有洞察所在地市场情况的独特作用。具体来说，公司通过在空白市场设立机器人商店，就可以低成本地获取所在地客流量、消费者消费习惯等，为后续公司决策提供有力支持。数据显示，截至 2020 年年末，公司拥有机器人商店 1351 台。特别地，该渠道毛利率超过 70%，2020 年收入占比为 13.1%。

线上渠道由电商平台如天猫、潮玩社交平台"葩趣"、微信泡泡抽盒机等部分组成，大大提高了消费者的购买便利度。特别地，公司于 2018 年 9 月推出的微信泡泡抽盒机最大限度地还原线下趣味购物模式，既降低了对电商平台的依赖度，同时借助主流社交软件微信的广泛使用进一步增加用户黏性，公司年报显示，泡泡玛特抽盒机小程序于2020年全年实现营收4.66亿元，同比增长72%。总体来看，公司线上渠道收入占总收入比例2020年为32.0%，2021年上升至37.9%，随着公司与各电商平台的进一步合作和自有平台的运营，该比例有望进一步提升。2019年天猫双十一销售额8212万元，获天猫玩具大类第一；2020年更是超过1.42亿元，在成功卫冕的同时，也成为天猫玩具行业中第一个进入双十一亿元俱乐部的品牌旗舰店。

线下零售门店兼顾产品展示和品牌打造，是消费者触达的主要渠道。此外，还通过不断迭代升级的门店形象吸引消费者进行选购，在商场核心位置推出限时主题快闪店。数据显示，截至2020年12月31日，公司线下零售店187家。此外，该渠道的2019年收入占比为65.6%，2020年为62.0%，未来随着线上渠道的发展，该渠道占比大概率下降，不过，短期来看仍是公司最主要的销售渠道。

同时，海外渠道也正在蓬勃发展。泡泡玛特于2020年9月在韩国首尔江南区国际贸易中心开设第一家海外门店，这是泡泡玛特的第一次品牌出海，对提高公司的海外知名度和品牌影响力具有重要作用。

（三）估值分析

1. 估值方法选择

对公司进行定量分析并估值具有重要意义，它是公司筹资、收购合并等各项交易定价的基础，也是投资者（包括机构投资者和个人投资者）进行投资的重要依据。

企业估值理论最早可追溯至20世纪初费雪提出的资本价值理论，该理论认为资本价值是收入的折现值。20世纪20～30年代，格雷厄姆提出内在价值理论，核心思想是根据企业内在价值和市场价值的相对大小决定投资决策，特别地，该理论是价值投资流派的最早理论，之后巴菲特的投资实践进一步继承并发展了价值投资理论。20世纪30年代末，威廉姆斯首次提出DDM模型（现金股利折现模型），开创了现值评估模型的先河。此后的现代资产组合理论中对风险的分类和风险测度使公司价值评估理论得到突破性发展。此外，MM定理揭示了公司价值与其资本结构之间的关系。期权定价理论的提出进一步丰富了企业价值评估的方法体系。

从方法论角度，企业估值方法大致可分为相对估值法和绝对估值法，前者如市盈率法、市净率法、PEG估值法、PS估值法等，后者如现金流量折现法（包括现金股利折现模型、自由现金流折现模型、超额盈余贴现模型等）、经济利润法、期权定价法等。市盈率法、现金流折现法是业内常用的企业估值方法。

方法的选择是进行企业估值的关键一步。从公司所处赛道的市场规模、企业生命周期、IP 等多方面考虑，我们认为业内暂时缺乏可比公司，因此市盈率法等相对估值法并不适用。故而我们选择采用绝对估值法下的自由现金流折现法进行企业估值（这里仅选择了绝对估值法下的一种方法为例进行后续估值分析，并不意味着只有这种方法才适用于本公司的估值）。

2. 模型公式

$$V = \sum_{t=0}^{\infty} \frac{FCFF_t}{(1 + WACC)(1 + WACC)^t}$$

其中：

自由现金流 $FFCF$ = 息税前利润 $EBIT \times (1 -$ 所得税税率 $T) \times (1 -$ 再投资比率 $c)$

加权平均资本成本 $WACC$ = 债务资本成本 $kd \times$ 资本负债率 $\times (1 - T) +$ 股权资本成本 $ke \times (1 -$ 资本负债率$)$

3. 核心假设

（1）营收增速 yoy。

我们采用自上而下即公司预计营收 = 预计市占率 × 总市场规模的方式进行公司营收增速预测。

日本和韩国的国内潮玩市场成熟，其 TOP1 企业市占率目前分别约为 26% 和 20%，我们认为，五年后，国内潮玩市场也会发展到同样程度；同时，结合前述分析，我们相信泡泡玛特在行业内的龙头地位难以被撼动，因此，假设 2024 年公司市占率将达到 23%（日韩两国 TOP1 市占率均值）。此外，咨询公司 Sullivan Frost 预计 2024 年国内潮玩市场规模将达到 763 亿元。因此，2024 年公司营收预计达到 176 亿元，据此计算得到 2020 ~ 2024 这五年间公司年复合增速约为 60%。之后，随着潮玩市场成熟、竞争格局趋稳，公司营收增速将趋缓，这里假设 2025 ~ 2029 年增速逐年下降 11%。2030 年及以后，公司保持 5% 的年增速持续增长。

（2）息税前利润率。

息税前利润率 = 息税前利润/营业收入。根据公司招股说明书公布数据如表 9 – 4 所示。

表 9 – 4　　息税前利润率及其预测

	2017	2018	2019	2020H1
息税前利润率	2.55%	26.16%	35.87%	24.55%
未来息税前利润率	31.02%			

可以看到，2017 年息税前利润率较低，之后出现了明显上升。考虑到公司目前快速发展态势，以及 2020 年上半年受到疫情影响的冲击较大，因此，这里取 2018 年和 2019 年这两年的息税前利润率平均值 31.02% 作为未来每年的息税前利润率。

（3）所得税税率 T。

所得税税率＝所得税税额/利润总额。根据公司招股说明书公布数据如表 9－5 所示。

表 9－5　　　　所得税税率及其预测

	2017	2018	2019	2020H1
所得税税率	30.97%	24.75%	24.61%	28.24%
未来所得税税率	25.87%			

这里取 2017～2019 年这三年及 2020H1 的所得税税率的平均值 25.87% 作为未来的所得税税率。

（4）再投资率 c。

再投资比率 c＝（资本性支出－折旧摊销费用＋营运资本增加值）/EBIT。同样地，此处取 2017～2019 年三年的平均值 26.84% 作为未来的再投资率。

（5）加权平均资本成本 WACC。

债务资本成本 kd：取公司历史租赁债务利率 4.8% 为未来 Kd 预测值。

股权资本成本 ke：股权资本成本的常用计算方法有 CAPM 法、债券收益率风险调整法等。由于泡泡玛特上市时间较短，并且缺少合适的可比公司，因此不适合采用 CAPM 模型计算股权资本成本。故而这里采用债券收益率风险调整法进行计算，泡泡玛特的负债利率为 4.8%，在此基础上加上 9% 以补偿公司的经营风险，即股权资本成本可取为 13.8%。

根据公式计算得公司加权平均资本成本 WACC 约为 9%。

4. 估值计算

（1）2020～2029 年自由现金流估算（见表 9－6）。

表 9－6　　　　2020～2029 年公司自由现金流测算　　　　单位：亿元人民币

	2020E	2021E	2022E	2023E	2024E	2025E	2026E	2027E	2028E	2029E
营业收入	26.93	43.09	68.94	110.30	176.48	262.96	362.88	460.86	534.60	561.33
yoy	60%	60%	60%	60%	60%	49%	38%	27%	16%	5%
息税前利润率	31.02%									
EBIT	8.35	13.37	21.39	34.22	54.74	81.57	112.57	142.96	165.83	174.12
所得税税率	25.87%									

续表

	2020E	2021E	2022E	2023E	2024E	2025E	2026E	2027E	2028E	2029E
息前税后利润	6.19	9.91	15.86	25.37	40.58	60.47	83.45	105.98	122.93	129.08
再投资率	26.84%									
FCFF	4.53	7.25	11.60	18.56	29.69	44.24	61.05	77.53	89.94	94.43

（2）折现计算。

2030 年及以后，公司营收增速保持在 5%，根据公式 $CF*(1+g)/(r-g)$ 可得，站在 2030 年初这一时点上，公司未来自由现金流折现值为 2478.79 亿元。

综上，根据前文所给公式，将上文测算所得 2020～2029 年十年自由现金流以及 2030 年及以后自由现金流折现值折现，计算得出公司价值为 1393.78 亿元（人民币）。鉴于公司历史付息债务为零，这里公司的股权价值也为 1393.78 亿元（人民币）。根据 2020 年 12 月 20 日港币兑人民币汇率收盘价，折合港元为 1651.40 亿。

5. 敏感性分析

核心假设共有五点，其中对公司营收增速和加权平均资本成本的假设中带有很强的主观性，并且，在公司营收增速假设中，2030 年及以后的持续增长率 g 的假设对公司价值影响更大。因此，此处对 g 和 WACC 进行敏感性分析，具体如表 9－7 所示。

表 9－7　敏感性分析　单位：亿元港币

		WACC				
		8%	8.5%	9%	9.5%	10%
g	4%	1772.01	1548.66	1370.64	1225.58	1105.20
	4.5%	1987.89	1710.48	1495.42	1324.00	1184.29
	5%	1669.10	1918.53	1651.40	1444.29	1279.19
	5.5%	2678.72	2195.93	1851.93	1594.66	1395.18
	6%	3283.20	2584.29	2119.32	1787.99	1540.16

可得泡泡玛特的估值区间应在 1105 亿～3283 亿港元。

特别地，由于本部分估值建立在具有较强主观性的假设基础之上完成，采用自上而下的营收估计方法进行业绩预测，同时并未考虑公司在乐观和悲观情景下的情况，具有一定的不足之处。

（四）泡泡玛特上市后面临的压力与风险

1. 依赖单一 IP

泡泡玛特能够上市，其中最重要的推手是这款被叫作“盲盒”的产品。但是泡泡玛特将自身定位于潮流玩具，否认其核心是盲盒，而是IP。潮流玩具最早起源于中国香港，具有独特的艺术风格和限量的特点，在上世纪末的香港掀起一阵潮流。潮流玩具也被称为设计师玩具或艺术玩具，泡泡玛特得到设计师Kenny Wang的授权，在中国大陆独家销售Molly。招股说明书中显示，泡泡玛特具有85个IP，但是只有少数能给公司带来利润，其中最主要的就是Molly。Molly这一IP在2017年为泡泡玛特总营收贡献占比25.9%，到了2018年这一比例升至41.6%。盲盒市场上有一种说法是得IP者得天下，但这不意味着拥有IP，盲盒销售就能成功。消费者购买盲盒的意愿基于希望获得盲盒内某一款玩具，因此，极具潮流感并且能够吸引消费者的IP是使其买单的关键因素。泡泡玛特也一再强调其核心竞争力是IP，只不过这个核心竞争力目前稍显单薄，公司价值受Molly影响很大。

并且，IP具有一定的贬值属性，一款IP能够给消费者带来的新鲜感和刺激感是随时间递减的，比较容易老化。泡泡玛特也在招股书中说明，潮流玩具是一种消费品，周期相对较短，他们也无法确保Molly的市场受欢迎程度能持续，保持现有水平。因此对泡泡玛特这样的企业来说，持续不断地寻找和创造更潮流的IP，是公司能否持续繁荣的关键。过去，企业需要通过自身去孵化、创造资源，而现在有一个更重要的因素，就是企业可以找到外部资源，孵化和裂变还未被激活的资源价值。泡泡玛特招股书中披露，公司已经陆续与国内多个知名潮流玩具IP签约合作，希望通过整合IP资源，同时也自主研发IP衍生品，来达到拓展授权市场的目的。不过，随着越来越多的竞争者进入盲盒领域，引进的IP种类越来越丰富，光是同样做IP生意的玩偶一号，其一家就引进IP衍生品800多种。因此，泡泡玛特手中的“杀手锏”Molly还能维持多久，泡泡玛特是否能持续创造出新的潮流感IP，是影响企业价值非常重要的因素。2021年2月，网友指出泡泡玛特Ayla（艾拉）动物时装系列涉嫌抄袭，并进行集体维权。泡泡玛特随后发表声明致歉，承认发现AYLA动物时装秀系列个别款式设计过程存在问题，与Dollchateau产品设计相似。

2. “盲盒热”的持久性

泡泡玛特能够上市，盲盒的销售模式功不可没。泡泡玛特的盲盒规则显示，消费者能够以一定的概率抽出隐藏款，在盲盒打开前，盲盒里的款式是一个秘密，谁也不知道盒子中的款式。隐藏款是以卡片的形式包装在产品中，如果抽中，在微信小程序上泡泡玛特会员中心进行兑换。以泡泡玛特Molly小火车系列为例，其有12个基础款式和A款、B款两个隐藏款，当产品含有隐藏款时，基础款会减少相应的数量，而且两款隐藏款不会同时体现在一个盒子中。这个系列的盲盒售价单盒69元，整套828元。玩家购买盲盒，希望获得自己喜欢的那一款玩具，当然，如果能够抽中隐藏款，那么更是玩家最激动的时刻。而买一个盲盒就刚好能够获得自己想要的那款或者隐藏款的概率是比较低的，为了获得想要的那款或者隐藏款，消费者只能一次又一次地购买盲盒，希望下一次能够抽中。

但是盲盒的消费特点具有不确定性，消费者购买盲盒是具有期待性的，把这种期待感放大，会加重消费者的娱乐感。娱乐性质消费会很大程度上受消费者经济水平影响，例如受疫情影响，消费者拆盲盒的动力已经开始下降。有迹象表明，盲盒的热度已经在不断减退。例如，在某大型二手交易平台上，泡泡玛特 Molly 胡桃夹子小王子隐藏款从 2019 年标价最高 1699 元，到 2020 年，价格已降至千元以内。并且二手交易平台上出现了越来越多曾经属于玩家收藏的公仔，有单个出售的，也不乏成套出售的，很多被打上了“出售回血”的标签。随着“抽盲盒”的玩法出圈，越来越多领域的商品，如美妆、图书、服装等，也开始采用类似的销售形式，“万物皆可盲盒”的风潮之下，市场玩家众多，泥沙俱下。因此，盲盒的热度还能持续多久，也是支撑泡泡玛特企业价值的另一关键因素。

五、建议课堂计划

本案例适用于金融专业硕士课程相关案例讨论课，建议讨论时长 90 分钟，共计 2 课时。具体可分为课前准备、课中讨论和课后拓展三部分进行，详见下文，仅供参考：

（一）课前准备

请学生课前自行查阅泡泡玛特相关资料，包括但不限于公司的发展历程、主营业务、股价表现等，并学习估值相关知识。同时要求学生提前阅读案例全文，并对案例启发思考题进行初步思考。此外，提前将学生分为 5 组，以便后续进行分组讨论。

（二）课中讨论

1. 案例回顾（10 分钟）。

2. 小组讨论：向各组随机分配思考题，安排各组学生对相应思考题进行讨论并准备发言。如希望每组完成所有思考题的分析讨论并发言，可安排各组学生进行课前讨论并准备发言稿或者 PPT 演示文稿（30 分钟）。

3. 小组发言：每组 5 ~ 6 分钟（共 30 分钟）。

4. 梳理总结（10 分钟）。

5. 问答与机动（10 分钟）。

（三）课后拓展

请每位学生查阅更多相关资料，结合课堂讨论所得以及相关课堂知识，撰写案例分析报告（1500~2000字）。

六、参考文献

[1] 陶凤．泡泡玛特是“泡泡”吗［N］．北京商报，2020-12-14（002）．

[2] 王倩．泡泡玛特上市到底收割了谁？［J］．商学院，2020（7）：27-30．

[3] 苏琦．潮玩第一股的秘密，泡泡玛特的暴利生意［J］．现代商业银行，2020（14）：76-79．

[4] 王倩．盲盒第一股：泡泡开讲资本故事［J］．商学院，2020（12）：19-21．

[5] 毕舸．潮流的高估值能维持多久？［N］．中国经营报，2020-11-30（A08）．

案例 10

“汇”逢其市，好梦难“源”

——汇源果汁：从现金流量危机到退市[①]

2021 年 1 月 18 日，汇源果汁在经历长达两年的停牌后，在港交所被取消上市地位，无奈退出资本市场。本案例首先介绍了汇源果汁的背景以及对汇源由盛转衰的转折点——可口可乐并购事件，基于此详细描述了自 2008 年并购失败以来汇源的经营、扩张、对外投资战略，并对汇源停牌到退市的原因和关键性事件进行了总结。本案例重点分析了在去杠杆大环境下，汇源果汁对现金流量与债务水平平衡、多元化经营等问题的权衡，提出了相关启发思考题，并结合优序融资理论、权衡理论、财务危机模型等理论对相关金融问题进行阐述与回答，旨在为教学提供参考与帮助。

① 本案例由中央财经大学金融学院彭俞超、李雪涵、贺春萌、刘雨桐、郭梓棋、张显撰写。

案例正文

一、引言

二十年前，一句“有汇源，才叫过年”的广告语传遍大街小巷。每逢佳节，在当时中国家庭的餐桌上，都会或多或少地摆上象征“团团圆圆”的汇源果汁。餐桌上的汇源橙汁、汇源桃汁不仅仅是小孩子的期待，更是每个中国家庭辛劳了一年得以相聚的美好记忆的承载。2007 年 2 月 23 日，汇源赴香港联交所上市，上市即创下联交所 IPO 最大筹资规模的纪录，可谓煊赫一时。但是，就是这样一家民族企业，却在 2021 年年初黯然退市。回顾其上市十几年的历程，不难发现其偿债能力和现金流量都出现了较大的问题，错误的投资、盲目的扩张、停滞不前的产品创新，都如一座座高山，阻挡了汇源继续通往巅峰的道路。

千里之堤溃于蚁穴，汇源从行业龙头企业，到一步步被恒生指数、港股通除名，每一次看似能够力挽狂澜的决策，却被现实推向更被动的境地。那么汇源究竟进行了怎样的决策，使这样一个体量如此之大、国民基础极佳的果汁企业被联交所强制退市且复核无果？又是什么导致其陷入财务危机，屡屡自救却又无功而返？农民企业家朱新礼已经从自己当“儿子”养、当“猪”卖的汇源抽身离职，是否昭示着这一民族品牌的陨落？本案例将对汇源退市的过程及原因进行剖析，找到导致汇源果汁最终退市的多层次原因，并对其他企业的日后经营提供一些可借鉴性思路。

二、案例背景

（一）行业背景

1. 果汁行业发展历程

中国果汁行业历经四个阶段（见图 10 - 1）。在 20 世纪 90 年代末期果汁行业壁垒较高，集中度较低，但随着技术的发展，各大企业争相生产具有竞争力的产品进入市场，整个果汁行业百花齐放进入快速发展时期；随着 NFC、冷压果汁等纯果汁产品的出现，整个消费开始升级，中国果汁行业也开始向纯果汁品种展开竞争，如今中国的果汁行业已经进入高端化竞争时期。

图 10－1　果汁行业发展历程

2. 果汁行业产业链剖析

果汁行业产业链分为上游、中游和下游三个部分（见图 10－2），上游链主要为整个产业链的正常运行提供原材料和设备，主要包括果农提供的水果，中小企业提供的食品添加剂以及生产设备线；中游链主要为果汁生产和加工的环节，主要包括压榨、灭菌及浓缩等流程；下游链为果汁成品零售阶段，线下和线上方式相结合，零售渠道丰富，如超市、餐厅、自动售货机以及线上电商等。

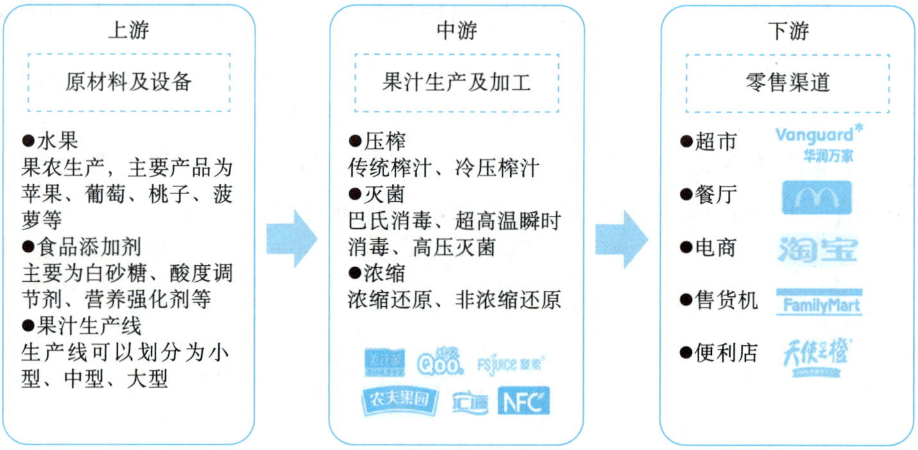

图 10－2　果汁行业全产业链

3. 果汁行业市场现状

汇源果汁（1886. HK）主要属于软饮料行业中的果汁行业。在 2007 年之前，果汁行业如日中天，产量增速直升至 20% 以上，远超整个软饮料行业。而 2007 年之后，软饮料行业竞争加剧，茶饮、乳酸菌、低糖饮品等产品的推出让果汁行业的优势地位不保，果汁行业成为增速最为缓慢、体量也最小的软饮料行业之一，甚至在 2013 年之后还出现了负增长的态势。但是，随着人们对健康的追求程度越来越高，果汁的需求尤其是高浓度果汁的需求有增加的趋势，进而可以预计未来果汁行业将有一定复苏的趋势。2003 ~ 2019 年全国果汁、软饮料产量及增速变动情况如图 10 - 3 所示。

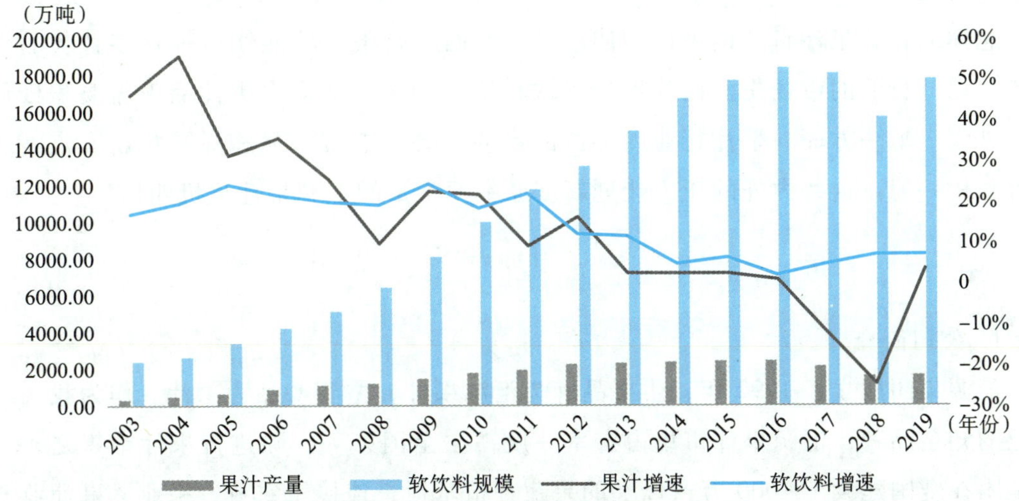

图 10 - 3　果汁和软饮料产量及增速

资料来源：Wind。

果汁行业内部竞争同样十分激烈，可口可乐、统一、康师傅、汇源、味全等品牌频频发力，推出了众多果汁饮品。这些饮品具体可分为低浓度、中浓度、纯果汁饮品三种类别，其市场份额依次递增，目前在果汁市场大致比例为 7∶2∶1。其中，低浓度果汁指果汁含量占比仅为 5% ~ 10% 的果汁。相比而言，低浓度果汁不太健康，随着我国居民消费水平的提升以及对于产品质量要求的提高，预计低浓度果汁市场将出现萎缩。低浓度果汁产品种类最多，创新速度最快，竞争也最为激烈。各大品牌平分秋色，占比差异不大，2019 年汇源果汁占比 11% 左右。中浓度果汁是指果汁含量在 29% ~ 99% 的产品。作为低浓度果汁与纯果汁之间的过渡产品，主要包含一些无法做成纯果汁的蔬果果汁及混合口味果汁，发展趋势一般。发达国家的果汁行业均以纯果汁为主，我国的纯果汁饮品的发展必然是大势所趋。

随着我国人们健康意识的增强，纯果汁饮品将占据我国果汁市场，其产量及销售量已经呈现出明显的增长趋势。灭菌技术的提升促使了 NFC 果汁[①]的出现，使纯果汁

① NFC 果汁：是指可以不经浓缩还原，在鲜榨后瞬间杀菌后直接进行包装的果汁。这种灭菌方式降低了营养的损失程度，同时保持了鲜榨果汁原本的口感，成为纯果汁未来的主要发展方向，保质期较短、需低温保存，目前主要的目标消费群体局限于具有高质量需求的高消费水平的居民之中。

口感更好，营养更丰富。在NFC的赛道上，各大品牌已经开始发力，企图占据这个重要领地，农夫山泉的NFC果汁为几大软饮料品牌中最先占据NFC市场的产品，众多的新兴果汁品牌，例如斐素、零度果坊均在NFC果汁市场上取得了不俗的成绩，占据了重要的地位。

总体而言，果汁行业内外硝烟四起。一方面，奶茶、功能饮料等众多替代品引领潮流，果汁行业的市场份额面临被新兴饮料挤占的风险，众多果汁品牌需要积极创新抵御外侵。另一方面，果汁行业内部产品参差不齐，老牌产品积极寻找新卖点，新兴品牌独树一帜。这些内外的压力让创新度原本便不足的汇源果汁危机四伏。

（二）公司背景

1. 公司简介

汇源集团成立于1992年，主要品牌为汇源果汁，主要产品为果汁。作为我国果汁行业的知名品牌，汇源果汁市场占有率一度占据全国第一。除进行果汁销售之外，汇源集团在全国建设了1000万亩以上的果蔬种植基地，连接了农业、果业、果汁业三个产业，梦想建设一个种植、生产、销售一体化的品牌。

2. 公司发展历程（见表10－1）

表10－1　　汇源集团发展历程

时间	事件名称
1992年	汇源集团在山东沂蒙成立
1993年	研发的浓缩苹果汁在国际比赛中一炮而红，让汇源果汁出现在大众视野
1994年	总部迁移至北京
1995～1996年	明星产品100%纯果汁系列成功推出
1997年	出资7000万元成为央视黄金5秒广告权的拥有者，名气大涨
2000年	汇源果汁在全国果汁市场占比23%
2003年	汇源通过安全饮品认证，是我国首个通过该项认证的饮料品牌
2005年	在境外注册成立公司，统一企业入股
2007年	汇源果汁在港交所上市，IPO金额达24亿港元，成为引人注目的“潜力股”
2008年	可口可乐收购失败，由盛转衰的转折点
2009年	重新建立已大幅削减的销售渠道
2012年	制定了农业、果业、果汁业一体化的发展战略，并在全国范围内大范围构建农业园区
2017年8月～2018年3月	违规向北京汇源饮料提供了42.82亿元的短期贷款，未履行披露义务，违反港交所要求
2018年4月3日	发布停牌公告
2021年1月18日	汇源果汁的上市地位彻底被港交所取消

资料来源：公司公告。

3. 公司主营业务介绍

汇源集团主营业务为果汁的生产与销售，汇源 100% 果汁系列是汇源果汁品牌旗下的明星产品，在高浓度果汁市场中占据绝对优势地位。除该产品之外，汇源果汁还推出了众多果汁产品，有针对年轻人市场的“果 100”系列，热带水果方向的“鲜榨坊”系列，针对儿童市场的“百利哇”及“果蔬 5 + 7”系列，还有针对宴会需求的“喜庆”系列等，但都水花不大、销量平平。

汇源果汁的所有产品可分为百分百果汁、中浓度果蔬汁、果汁饮料和水及其他饮料产品四大分类，这四类产品在 2017 年的营业收入分配情况如图 10 - 4 所示。由图可知中高浓度果汁是汇源果汁的主要收入来源，其中，百分百果汁系列为其明星产品，2017 年营业收入 18 亿元，在所有产品中占比 33.54%；中浓度果蔬汁营业收入达 15.45 亿元，占比 28.70%。

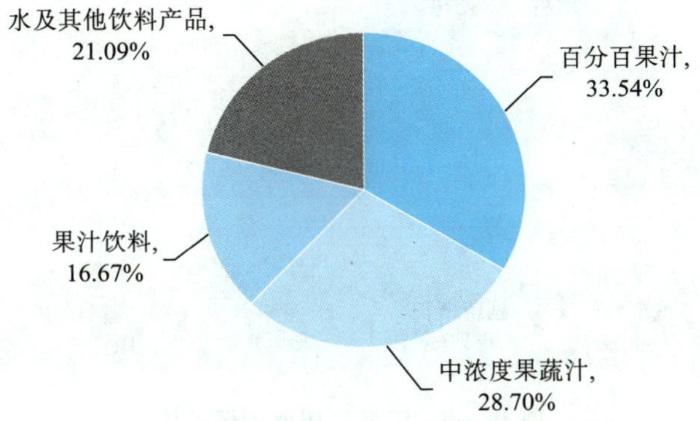

图 10 - 4　2017 年汇源果汁主营业务收入状况

资料来源：Wind。

4. 公司股权结构变动（见表 10 - 2）

表 10 - 2　汇源股权变动情况

时间	事件名称
2001 年	德隆旗下的新疆屯河出资 5.1 亿元，获得了 51% 的股权。北京汇源果汁以固定资产获得 49% 股权。二者共同成立北京汇源饮料公司
2003 年	德隆撤出，北京汇源果汁以 3 亿元回收 51% 的股权
2005 年	统一集团出资 2.12 亿美元，与汇源合资构建“中国汇源”
2006 年	解除与统一集团的合资。 华平财团购入中国汇源 0.65 亿元可转债，达能投资 1.37 亿美元

续表

时间	事件名称
2007 年	完成在港股的 IPO 上市，朱新礼及其家人共持有 42.7% 股票份额，达能持有 22.2%，荷兰银行持有 6.74%，华平财团持有 6.6%，剩余部分为公众股东持有
2010 年	达能将其持有的共 22.98% 的股份出售给赛富基金，交易金额为 20.24 亿港元
2021 年	汇源从港交所退市

5. 公司管理层架构

朱新礼为汇源果汁创始人，他出生于山东沂源，是影响汇源命运的重要人物，公司的高层人员几乎全为其亲属，是一家典型的家族型企业，具体架构情况如图 10－5 所示。

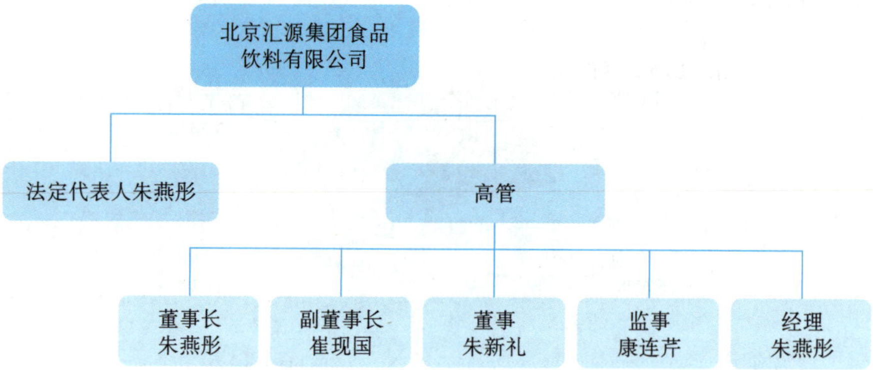

图 10－5　汇源集团管理层架构

三、福兮祸兮：可口可乐抛出并购橄榄枝

2008 年 9 月 3 日，可口可乐提出计划以 24 亿美元现金（约 180 亿港元）收购汇源果汁，每股要约收购价为 12.2 港元，而公告前日汇源的收盘价是 4.14 港元，几乎是 3 倍的价格，可谓是天价收购。若收购成功，朱新礼当时持有汇源 41.53% 的股权，可套现 74 亿港元。

（一）大幅裁员，提高资产估值

对于食品饮料行业，销售体系尤为重要，主打产品与创新产品的推出都需要通过宣传与分销来实现业绩。经过 16 年的经营，汇源建立了三位一体的销售体系，包括 160 多家销售公司与 3926 名销售人员。而可口可乐本身也有完整的销售系统，因此为了避免并购后资源的浪费，朱新礼进行了大幅的裁员。同时，为了提高公司的价值，朱新礼还不断加大对上游水果种植业的投资。在并购前后进行人员的裁减是很常见的事情，为了满足可口可乐的收购条件，汇源亲手裁撤了用 16 年建立起来的销售体系，员工人数从 2007 年年底的 9722 人减少到 2008 年年底的 4935 人，销售人员从 3926 人锐减至 1160 人，且按计划还会进一步缩减至 600～700 人（见图 10－6 和图 10－7）。

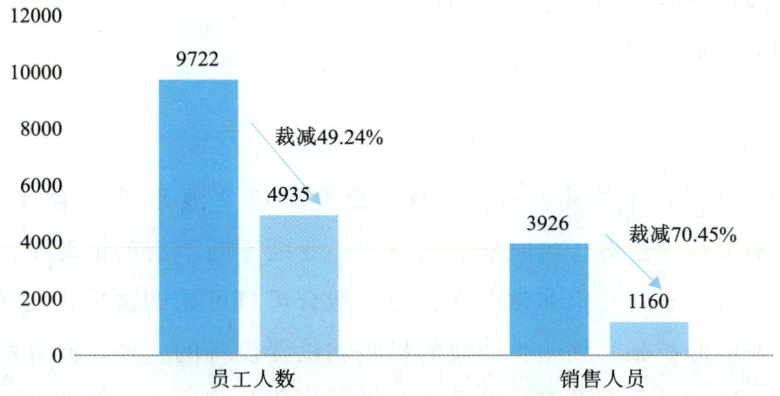

图 10－6　汇源果汁 2007～2008 年员工人数

资料来源：公司年度报告。

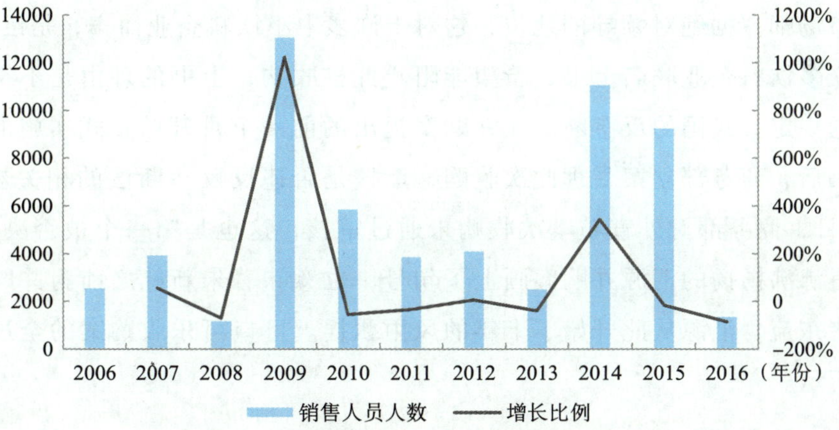

图 10－7　汇源果汁 2006～2016 年销售人员数目

资料来源：公司年度报告。

为了提高资产价值，汇源在湖北钟祥、河北隆化和宁夏平罗等建立果蔬基地，截至 2008 年年底对果园等产业的投入就高达 20 亿元。汇源本身就是以果园种植起家，因为在汇源的经营理念中，上游是整个果汁产业的核心，延展性更强，应对物价变动的能力也更强，因此一直大力布局果汁产业链的上游，在果园和水果加工等领域大举投资，在湖南、山西、江西和辽宁等地都建立了果园。但果园基地等资金投入多，变现时间长，回报不确定性高，并不如产品销售一般能及时体现在营收中。当时的收购如果成功，不仅可以缓解汇源果园产业的资金占用问题，汇源还将成为可口可乐的供应商，即未来可口可乐的果汁产品将优先选择采购汇源的浓缩果汁原材料。与汇源相比，可口可乐的体量与品牌影响力更大，借助可口可乐的影响力，汇源深耕上游潜力增强的同时，还能带动我国果农产业的发展。所以，销售团队的裁撤与上游果园的投资是朱新礼在为推动收购铺路。这项措施虽然激进，但如果并购成功，就能使汇源未来拥有更广阔的发展空间。

（二）并购失败，陷入发展迷局

2008 年可口可乐向朱新礼抛出橄榄枝，希望以 12.2 港元/股、合计金额约为 179 亿港元收购汇源果汁。这对于当时处于低谷期、业绩不断下滑的汇源果汁而言是难得的重新翻身的机会，朱新礼也非常重视，为了迎合可口可乐的需求，便开始了新一轮的行业上游产业链的扩张，加快生产线的扩张和机器设备的生产。此并购消息在市场上引起了轩然大波，毕竟汇源果汁是令人骄傲的国民品牌，若并购成功，以后发展得再辉煌也只是可口可乐旗下的汇源果汁。从商业的角度出发，当时的可口可乐已经拥有美汁源等知名果汁品牌，此次收购一旦成功，可口可乐可能会在我国的果汁饮料与碳酸饮料市场都占据绝对领导的地位，这对于许多中小饮料企业而言，是巨大的威胁。于是国内众多饮料企业联名上书，希望能阻止此桩收购，上书的理由是不符合我国的反垄断法的规定。我国的反垄断法在并购案提出的前一个月开始正式实施的，在收到企业的上书后，商务部立案受理此次收购，审核是否违反反垄断法的相关规定。2009 年 3 月 18 日，商务部对外宣布本次收购未通过审核，这也是第一个被否决的并购案。至此，闹得沸沸扬扬的汇源并购案画上了句号，也意味着朱新礼之前为并购所做的一切努力付诸东流，汇源从此开始了十年的风雨飘摇。可口可乐收购案的全过程整理如表 10－3 所示。

表 10－3　可口可乐收购案全过程

时间	事件
2008 年 9 月 3 日	可口可乐宣布以 179 亿港元收购汇源果汁
2008 年 9 月 8 日	国内企业欲联名上书反对收购案
2008 年 9 月 19 日	可口可乐称已将申请材料递交商务部
2008 年 11 月 6 日	商务部表示申请材料尚未达标未立案
2008 年 11 月 19 日	汇源最后一次向商务部提交补充材料
2008 年 12 月 2 日	双方公布进入审批阶段，商务部不作答

续表

时间	事件
2008年12月5日	商务部首次表态已立案受理并购案
2009年1月6日	并购案反垄断审查进入第二阶段
2009年3月8日	可口可乐收购汇源案未通过反垄断审查，收购失败

商务部不同意收购的理由如下：第一，可口可乐在碳酸饮料市场上已占据较高的市场份额，垄断地位明显，若收购成功，会进一步传导到果汁市场；第二，可口可乐旗下已有美汁源等知名果汁品牌，若收购成功，拥有美汁源与汇源的可口可乐会使果汁市场的进入壁垒提高；第三，需要对国内中小果汁企业提供保护，提高竞争力，激发创新能力。

影响并购成功与否的因素很多，没有人能保证企业一定并购成功。因此在决策时，公司应该充分考虑风险因素，并对并购成功与并购失败的未来发展作出详细规划，不能把鸡蛋放在一个篮子里。而朱新礼对成功收购充满信心，为推动收购做了颇多激进决策，并没有给公司收购失败留下任何退路，导致在收购失败后，汇源由盛转衰，走了10年的下坡路。

2009~2013年，我国果蔬汁的销量增长率分别为9.5%、12.4%、13.4%、9.8%与2.8%，而汇源果汁的销量增长率分别为0.9%、26.0%、7.1%、2.1%与1.8%，即除了2010年外，4年的销量增长率均低于全国水平，说明并购案失误对公司后续的战略经营决策都产生了深远的负面影响（见图10-8）。尽管在中高浓度果汁市场，汇源果汁一直占据支配地位，但增长潜力不足，并购失败后的发展之路迷雾重重。

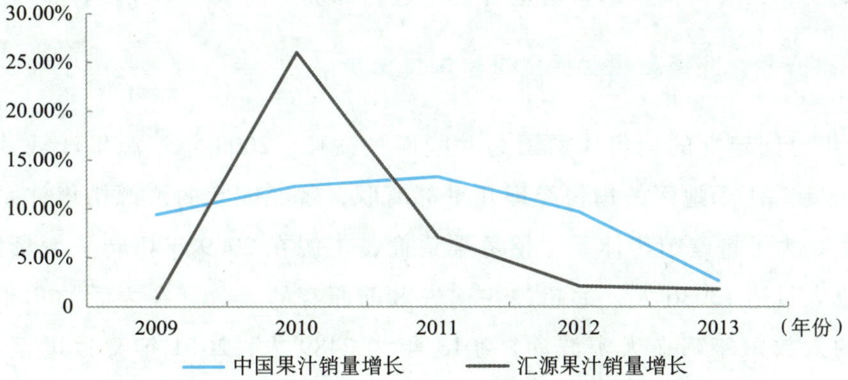

图10-8　2009~2013年果汁市场增长情况

资料来源：公司年度报告。

从营收情况看，汇源果汁的盈利逐年增长，但公司产品销售的可持续性很低，利润中政府补贴的占比过高。且汇源前期进行了过度的上游投资，后期则通过出售工厂、果园等增加净利润，因此扣非净利润更能反映汇源的真实经营状况。2007 年后，汇源果汁的扣非归母净利润开始大幅下降（见图 10－9）。在 2009 年，公司首次出现亏损，且 2011～2016 年公司每年的扣非归母净利润都为负，仅有 2017 年的净利润为正。

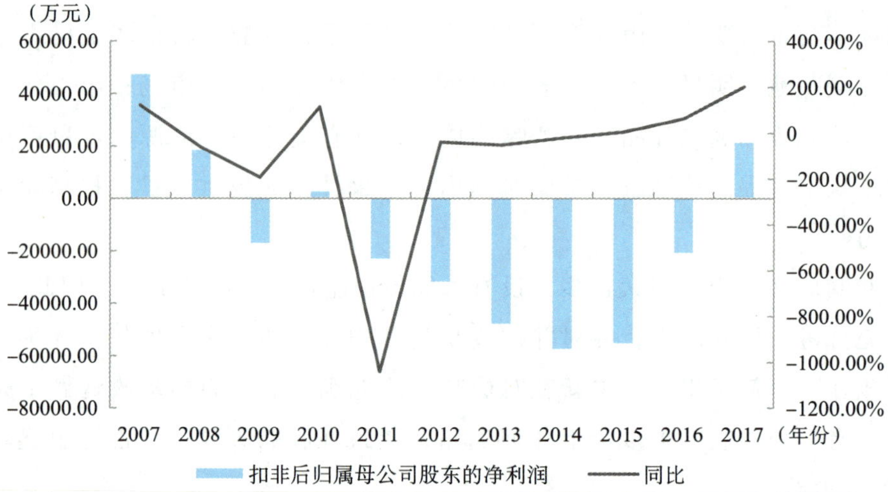

图 10－9　2007～2017 年汇源果汁净利润

资料来源：公司年度报告。

在并购失败的 6 年内，汇源果汁共换了 5 任 CEO。六年内五任高管的更换说明每位高管在职时间大概在 1 年左右，使公司战略安排缺乏连续性。并购前的大规模人员调整与后来高管的频繁更换也大大打击了公司员工的士气与工作热情。试问连高管都可以经常更换，大规模裁员的事情也曾发生过，那员工的未来谁又能保证呢？

（三）资金吃紧，重建销售体系之路困难重重

花 16 年时间建立的销售体系因为并购而被砍掉，2008 年汇源果汁裁减了超过一半的销售人员，21 个地区的销售经理几乎都离职，曾经庞大的汇源销售体系仿佛顷刻间溃不成军。为了重建销售体系，招募渠道商，汇源在 2009 年招聘了大量销售人员，全公司销售人员达 13036 人，远超过并购失败前原有的人数。在之后的 7 年内，汇源销售人员的人数每年都在大幅波动，2013 年为 2489 人，2014 年又猛增至 11047 人。相较而言生产人员人数则比较稳定，一直在 3000 人左右。从不断变动的销售人员数目可以看出，汇源果汁的销售网络重建困难重重，7 年的时间也没能重新建立一个稳定有效的销售体系（见图 10－10）。

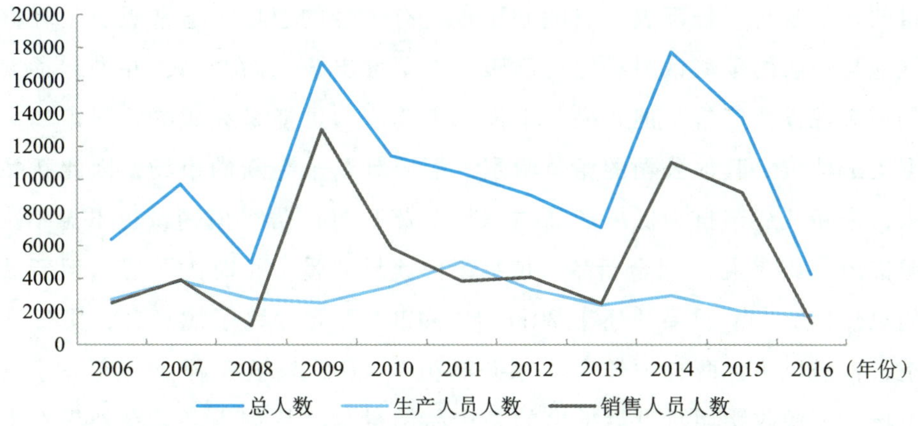

图10－10　2006～2016年汇源果汁员工数目

资料来源：公司年度报告。

（四）主业体系老化，多元化经营战略未见成效

汇源果汁的主打产品是百分百果汁和中浓度果汁，并在这两个市场都连续多年稳占领导地位（见图10－11）。

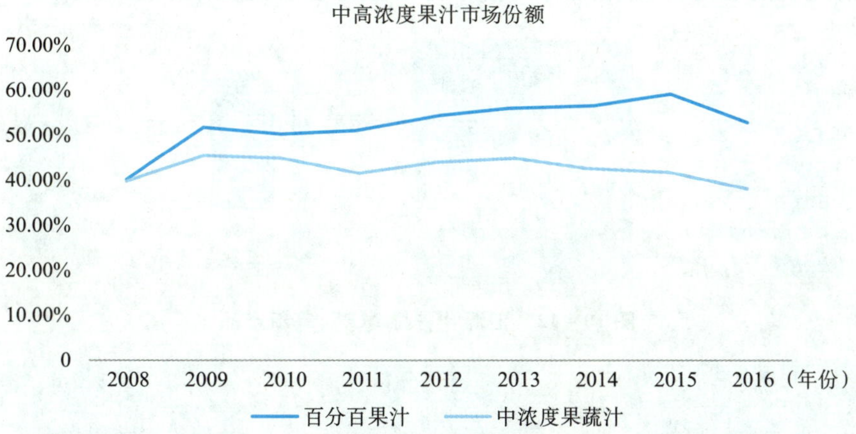

图10－11　高浓度果汁市场份额

资料来源：Wind。

在收购失败后，为了迅速重整业务，弥补主营业务发展空间受限的不足，汇源试图向低浓度果饮、茶饮等产品市场扩张。汇源果汁推出了多种新品，如2009年汇源推出“柠檬ME”系列产品，想要占领低浓度果汁的市场（见图10－12）。2010年推出碳酸饮料“果汁果乐”和95°黑气泡果汁（见图10－13），想要尝试进军碳酸饮料的市场，毕竟与可口可乐的并购失败是汇源的痛。95°果汁汽水的目标群体是年轻消费群

体，饮料的外包装与广告都表达出随心所欲、有个性的态度，非常吸引年轻群体，且果汁 + 气泡与一般的碳酸饮料相比更健康。汇源推出该创新产品，并进行了大量的营销，比如在央视投放广告，但效果并不佳，主要原因可能是在碳酸饮料市场可口、百事等占据支配地位，其他公司的竞争激烈，汇源难以争夺新的市场，因此新品反响一般。后来，朱新礼还亲自为低果产品“冰糖葫芦”打广告，但销量也不温不火。2013年，汇源推出“跟果混”混合新品、植物蛋白饮料“爱上小时光”等，但新品没有引起市场的热烈反响。汇源果汁还于 2011 年以 1201 万元收购了旭日升，旭日升主要产品是冰茶，曾经风头无两，被誉为“冰茶鼻祖”，但后来被康师傅、统一等一步一步侵蚀了市场，汇源收购旭日升后推出的茶产品销量也不尽如人意。在外界看来，汇源果汁多种新产品的推出与惨败退场正反映出了汇源发展之路方向并不清晰，管理制度混乱，一次又一次的投资像病急乱投医的病人，不仅没有扭转颓败之势，反而导致资金缺口越来越大。因此，无论是汇源果汁还是其他企业，在进行多元化布局之前都应对公司的资金、技术、实力等进行分析，判断是否能够进行多元化布局，避免出现流动性紧张的问题。而后，对投资项目成本收益进行分析，充分评估宏观经济形势、行业发展态势以及公司的行业地位，尽可能发现潜在的内外部风险。最后，整体的布局应该循序渐进，随着形势变化及时调整，盲目激进容易扰乱发展思路。

图 10－12　汇源“柠檬 ME”等新产品

图 10－13　5°黑气泡果汁

四、孤注一掷：全产业链扩张与高债务

（一）致力打造大农场全产业链，陷入农业投资无底洞

朱新礼一直希望打造自己的大农场全产业链，热衷于对上游产业链，即果树种植栽培及蔬果深加工部分的投资。在他的计划里，将汇源的果汁饮料及罐装业务出让给可口可乐后，便可将更多的精力投入上游产业链的建设当中。虽然与可口可乐并购一事悬而未决，但汇源果汁已经在山东等地建立众多水果加工基地，累计投入达20多亿元。可惜在社会舆论的压力下，可口可乐并购事件告吹。这打乱了朱新礼原有的战略部署，却并没有让他停下自己建设果园的脚步。

在并购失败后，汇源果汁继续扩张投资。2008～2010年短短两年的时间，汇源果汁附属公司中新增了11家果蔬汁生产销售企业，投资了12家大型产业生态园（见表10－4）。除此之外，汇源还进军饮用水和牛奶市场，逐步扩大自己的业务范围。2010年，汇源在全国的工厂已经多达40家。但疯狂扩张带来的是负债压力的骤增。2010年，企业借款总额为23亿元人民币，相较于2008年的9.4亿元增长144%。

表10－4　　2008～2010年汇源新增附属公司

2008～2010年新增附属公司	主要业务	注册资本	持有权益
北京同成宏业商贸有限公司	推广及销售果蔬汁	人民币10000元	100%
宁夏汇源食品饮料有限公司	生产果蔬汁	15000000美元	100%
宿迁汇源食品饮料有限公司	生产果蔬汁	15000000美元	100%
陕西杨凌汇源食品有限公司	生产果蔬汁	人民币120000000元	100%
山东源达汇源食品饮料有限公司	生产果蔬汁	8000000美元	100%
南充汇源食品饮料有限公司	生产果蔬汁	15000000美元	100%
衡水汇源食品饮料有限公司	生产果蔬汁	15000000美元	100%
运城汇源食品饮料有限公司	生产果蔬汁	15000000美元	100%
广东汇源食品饮料有限公司	生产果蔬汁	15000000美元	100%
永春汇源食品饮料有限公司	生产果蔬汁	15000000美元	100%
云和汇源食品饮料有限公司	生产果蔬汁	30000000美元	100%
山东新明汇源食品饮料有限公司	生产牛奶及奶制品	22000000美元	100%
山东圣水峪矿泉水有限公司	生产矿泉水	人民币20000000元	100%
北京汇源饮用水有限公司	销售饮用水	人民币3000000元	100%

资料来源：公司年度报告。

此后，公司不断融资，大量投资生产线、设备、厂房，累计投入金额高达 60 亿元。截至 2019 年上半年，汇源果汁已经在山东、安徽等 10 余个省份建设超过 20 个农业产业化园区，但由于大规模投资产生了投资浪费现象。据《法治周末》的一份调查显示，汇源果汁新增、并购的工厂，产能使用率不足 30%，每年的折旧费和土地使用权摊销不断侵蚀着汇源果汁的利润。盲目投资扩张对汇源果汁的财务影响严重，2011 年开始汇源果汁连续 6 年扣非净利润均为亏损，这种战略投资的失误使本就岌岌可危的财务状况又添新伤。

（二）盲目收购，负债压力逾增

除了打造大农场产业链外，朱新礼一直对茶饮料市场情有独钟。2011 年，汇源花费 1100 万元买下“冰茶鼻祖”旭日升。汇源果汁收购旭日升，一方面是为了提升自身名气，另一方面是为了大力开拓凉茶饮料市场。但这又是失败的一步。虽然旭日升是中国茶饮料的开拓者，但 2001 年旭日升便已经开始走下坡路，失去了往日的荣光。在康师傅、统一占据茶饮料市场 80% 的当下，早已落寞的旭日升给汇源带来的帮助微乎其微。2012 年 12 月 24 日，据媒体报道，汇源的茶品生产线已经停产。

2014 年 3 月 19 日，汇源通过发放新股 1.18 亿元的方式收购三得利在华食品公司（其知名产品为三得利乌龙茶），又开始了向茶饮料市场的进军。但这又是一次“弱弱联合”。三得利虽然在日本市场中如鱼得水，但在中国却水土不服，难以打开市场；汇源虽有心发展茶饮料，但其在茶饮料市场一直未有建树，处于弱势地位。二者联合，并没有使汇源浴火重生，反而带来了诸多纠纷。2017 年 12 月 12 日，据《快消品》今日报道，由于管理理念不同引发矛盾激化，汇源与三得利的中方人员和日方人员已经分开办公；2018 年 9 月 17 日，汇源三得利（上海）食品饮料公司由于商标权侵权问题起诉北京汇源食品饮料有限公司、上海汇饮食品有限公司等汇源集团旗下公司，最终法院判决汇源集团各公司赔偿 1.09 亿元。

（三）激进投资布局终致深陷债务泥淖

与此同时，汇源更是使用外部融资得来的资金布局于非主营业务。

自 2013 年起，汇源就与以理财为主业的网信集团展开了“合作”。网信理财作为早期上线的几个理财平台之一，拥有先发优势，早期在业内已经是小有名气的机构，汇源就其果汁生产的 5 个农业项目向网信理财融资，融得款项 4900 万余元，但是随后曝出，汇源创始人朱新礼一直持有网信理财的股份，即这是一场自己向自己融资的骗局。汇源通过这样的手段获得了现金流量，但是与此同时也背负了高额的负债，企业形象和信用也受到了损害。

此外，朱新礼还将融来的资金进行混乱的对外投资。2018年，朱新礼通过北京汇源食品饮料有限公司对饭爷认缴出资，持有其4.8056%的股份。虽然林依轮创建的“饭爷”作为一种走高端路线的辣椒酱，喊出了“打败老干妈”的口号，但其销售额并不喜人，汇源对其的投资也无法获得预期的回报。在2014年，作为实际控制人的朱新礼通过德源资本参与中石化的混改项目，出资30亿元。同年，朱新礼又将其在汇源的股份和中石化的股份同时质押给借款的招商银行，导致德源资本被查封，朱新礼自身资产血本无归。总的来说，朱新礼的对外投资总体呈现出无序性、无逻辑性的特点，让本就处于高负债压力下的汇源果汁更增新愁。

（四）品牌吸引力不再，资本的参与和退出

作为纯果汁第一品牌的汇源果汁，曾经利用其完善健全的营销网络在央视广告中一炮而红。自2007年汇源果汁在港交所上市，近十年来汇源果汁营收规模飙升翻倍，在果汁行业占据绝对的垄断优势地位。财务数据显示，虽然企业的营收规模不断增加，拆分其营收细项可以发现，纯果汁市场占据了整个销售收入的半壁江山，但是汇源果汁扣非后净利润在近几年却依旧为负值，汇源果汁也意识到对其产品进行多元化创新的重要性。汇源果汁于2016年向市场推出多种产品，比如功能型饮料、维生素饮料等，但是由于其营销方式依旧以在电视上打广告或者借助传统媒体为主，不注重推陈出新利用互联网的大数据优势进行推广传播，因此新种类产品的推销程度效果并不好，导致汇源果汁的品牌逐渐老化，吸引力不足。

作为知名的果汁品牌，投资公司淡马锡就曾看好汇源的影响力。2014年3月21日，淡马锡宣布通过旗下的Baytree Investments（Mauritius）Pte. Ltd购买汇源果汁的可换股债券对汇源果汁进行1.5亿美元的投资。在公告期初，汇源果汁的股价为6港元，双方约定该债券可以每股7港元的价格转化为汇源果汁的普通股，若这1.5亿美元的可转换债券悉数转换为普通股，淡马锡将间接拥有汇源果汁8.23%的股份，原本双方约定的转换协议到期日为2019年。但是，2014~2017年，汇源果汁的股价只见跌不见涨，在2017年4月11日，汇源果汁的收盘价格为2.51港元。持有可转股债券的淡马锡对汇源果汁的发展感到失望，选择不将债权转化为股权，而是在债券到期前两年就将债券转卖掉。至此，原本看好汇源大品牌影响力的投资公司也最终离场。

（五）营销力度不减，业务表现未见好转

提起汇源，大家总会想起汇源脍炙人口的广告语，“健康生活，源自汇源”“有汇

源，才叫过年呢”“喝汇源果汁，走健康之路”等都曾记在大家的心里。在果汁市场刚开始发展的时候，消费者首要考虑的因素是健康，汇源精准迎合了消费者的心理，以健康为核心营销点，一举占领了果汁市场。汇源最早于1996年开始在央视投放广告，当时花7000万元竞标央视5秒带标广告权，可谓是斥巨资，但也取得了很好的成效，“喝汇源果汁，走健康之路”的广告词红遍大江南北。尝到甜头后，汇源之后一直在央视投放广告，买下很多黄金时间段的广告，在《朝闻天下》《第一时间》《黄金剧场》等央视黄金时间段节目中，都能看到汇源的身影。汇源作为食品饮料企业，在国内也有很高的知名度，在营销方面投入大量资金本无可厚非，但是在并购失败后，溃败的销售体系以及如无底洞一般的果蔬种植园已经让汇源的经营捉襟见肘，汇源应该选择开源节流，紧缩费用。从汇源2007～2016年的广告及其他营销支出，可以看出汇源的营销支出在2007～2010年一直呈上升趋势，在2009年增速高达33.8%，2010～2012年营销支出逐年下降，2013年大幅上涨，而后一直维持在较高的水平（见图10－14）。近两年，汇源的营销力度也很大，2018年汇源成为CCTV春晚指定饮品，在春晚直播中出现了93次，成为除夕夜的焦点之一。汇源不仅斥巨资买了央视的广告资源，还与凤凰网合作，还买下过美国纽约时代广场大屏，可谓是顶配级的营销资源。但是，汇源营销的力度却与其业务表现、财务状况并不匹配，在新品销量不佳、主营业务日益走下坡路、财务状况恶化的情况下，大量的广告投入只会使其每况愈下。

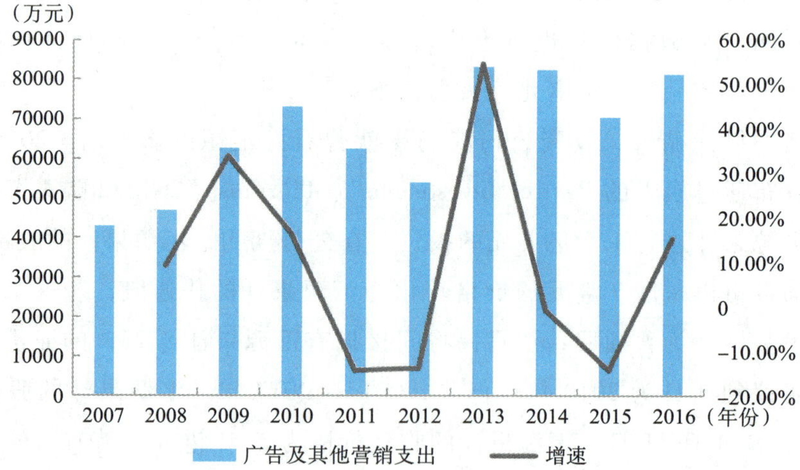

图10－14　2007～2016年广告及其他营销支出

资料来源：Wind。

五、东窗事发：从现金流危机到退市

（一）危机四伏，现金流不足引发财务风险

现金流量是维持公司日常经营活动的重要保障，现金流的短缺会严重影响企业的日常经营活动。汇源果汁现金流量分析如图 10－15 所示，汇源果汁自 2011 年起经营状况不佳，经营活动产生的现金流呈现出下降的趋势，甚至在 2016 年呈现负值。除了通过售卖子公司而获得短暂的投资现金流正额的 2015 年外，自 2011 年至 2017 年第二季度，在汇源的大规模产业链建设及各项投资中投资活动现金流量净额均为负值。投资现金流的短缺导致汇源陷入被掣肘的境地，仅仅依靠经营现金流无法使企业维持良性的运转，所以其不得不通过大量的筹资获得现金流，汇源筹资活动产生的现金流净额呈现大幅的增加，尤其是 2016 年、2017 年第二季度，其融资现金流净额分别为 135642 万元人民币以及 71858 万元人民币。通过融资维持经营的汇源，虽然在短时间内获得了现金流，但是也面临着更大的偿债压力，对于其日常经营活动以及盈利能力都产生了恶劣影响。

项目	2017Q2	2016	2015	2014	2013	2012	2011	迷你折线图
经营活动产生的现金流量净额	166749	-31782	37454	4425	72987	14194	25859	
投资活动产生的现金流量净额	-189410	-78350	6321	-17317	-13381	-36661	-72890	
筹资活动产生的现金流量净额	71858	135642	48706	-11314	-17766	46781	55883	
现金及现金等价物净增加额	50078	26480	93717	-24305	41629	24456	8459	

图 10－15　汇源果汁现金流量分析

资料来源：Wind。

（二）停牌导火索——巨额违规关联交易，信用评级下降

汇源果汁创始人一直致力于不断完善上游产业链的投资，据公告显示，汇源果汁为采取多元化经营战略曾在山东投资 20 多亿元巨额资金旨在建立水果基地，从上文对汇源果汁偿债能力可以看出，汇源果汁的债务危机逐渐加剧，其负债金额由 2007 年的 22.3 亿元在 2016 年高达 99.9 亿元，经对负债细项数据拆分发现，负债总金额增长速度过快主要是由于流动负债增长速度过高。

由于过高的债务问题让汇源果汁陷入困境，在可能触及融资违约风险又同时违反上市规则的情况下，汇源果汁仍旧决定向其关联企业进行巨额贷款交易，但最终东窗事发。2018 年 4 月 3 日，中国汇源果汁集团（1886. HK）发布一则公告，称其于 2017

年 8 月至 2018 年 3 月在未经批准、未签订协议并且未向投资者披露的情况下向其关联企业北京汇源饮料食品集团有限公司提供 42 亿元、年利率为 10% 的短期贷款。经核查，这些钱款并没有事先通过管理层批准与授权，便通过银行的账户分 66 次转账到关联公司。2020 年 1 月 31 日，汇源果汁发布了一份独立调查报告，该报告详细解释了这笔贷款是如何在没有获得公司董事会批准并签订协议，也未曾对外披露的情况下，借到了关联公司北京汇源饮料手中。

一方面，根据公司股权结构可知，朱新礼直接持有汇源控股 80% 的股份，而北京汇源饮料食品公司为汇源控股的子公司，并且持股比例几乎高达 100%，因此根据会计准则中实质重于形式的原则，可以发现，朱新礼对汇源食品饮料公司具有实际控制权，因此此笔巨额贷款构成关联交易。这一操作违反了港交所上市规则构成关联交易，港交所宣布汇源果汁立即停牌，而这也是汇源果汁停牌的导火索，汇源果汁和北京汇源饮料的关联关系如图 10－16 所示。另一方面，汇源果汁自始至终都未针对该交易进行公告和信息披露，也并没有通过董事会和独立股东的批准和同意，因此其违反香港上市规则中关于关联交易申报、股东批准及披露的条款。

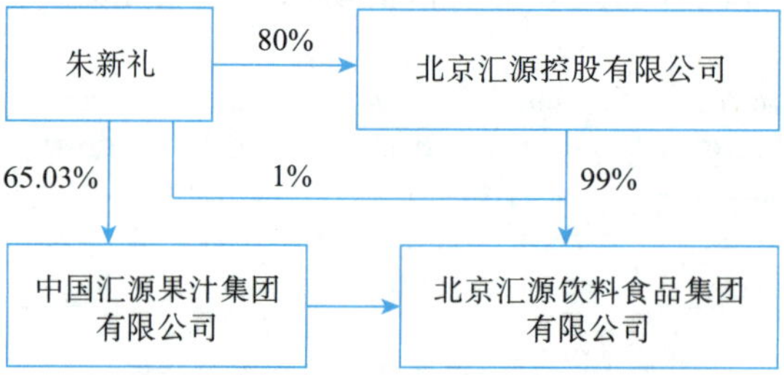

图 10－16　汇源果汁与北京汇源饮料食品关联关系

受事件影响，汇源果汁目前市值仅为 53.97 亿港元，较 2015 年 11 月高峰期市值的 104.15 亿港元已跌去 50.18 亿港元，跌掉近五成。

此外，港交所对汇源果汁施加的复牌条件有可能会使汇源果汁复牌之路延长并最终导致其资金链吃紧，于是信用评级机构穆迪和惠誉发表报告下调汇源果汁的评级，下调结果如表 10－5 所示。信用评级的下降使投资者愈发担忧，纷纷开始抛售其持有的股票和债券，最终也引发了汇源果汁可转债违约和股价的崩盘。

表 10－5　汇源果汁公告前后信用评级的变化

评级机构	公告前信用评级	公告后信用评级
穆迪	B1	Caa1
惠誉	B	CCC＋

2017 年 6 月 4 日港交所施加的汇源果汁复牌的五大条件为：

（1）对相关贷款进行法证调查、公布调查结果，并采取合适的补救行动；

（2）进行独立内部监控审阅，以及证明本公司已有足够的内部监控系统；

（3）证明管理层在诚信上并无监管机关需合理顾虑的地方；

（4）公布所有欠缺的财务业绩，并说明任何审计修订；

（5）通知市场所有关于本公司的重大资料。倘情况有变，联交所可修订上述复牌条件或施加更多条件。

汇源果汁停牌后，2017 年半年财务报表显示其负债高达 114.03 亿元，并且后期多期年报、半年报延迟发布，导致其无法满足复牌条件，复牌之路遥遥无期。

（三）停牌期间合作天地壹号未果，再添新恨

汇源果汁被港交所宣布停牌后，港交所要求其对贷款进行调查，并及时采取补救措施。在穷困潦倒的情况下，汇源果汁试图向长期伙伴天地壹号合作以求自救。当时的天地壹号是一家年销售额可以达到 20 余亿元的现金流公司，市值也高达 140 亿元，公司在当时的经营状况非常良好，因此汇源果汁很有可能依靠天地壹号摆脱自身面临的困境。

2019 年 4 月 26 日，汇源果汁和天地壹号及广州和智签订合作协议（见图 10－17），共同出资成立合资公司。根据协议内容，天地壹号等以现金方式注资 36 亿元，占股 60%；汇源果汁以包含汇源商标等资产注入资金合计 24 亿元。合营公司成立后将购买汇源果汁后续开展经营活动所需资产金额为 30 亿元，此外作为合伙人的汇源果汁将向合资企业提供原材料等生产加工服务。

图 10－17　汇源果汁与天地壹号合作

该协议的签订在最初被外界看作强强联手。一方面，有助于利用合营公司产生的经营业绩以及对汇源果汁的投资从而改善其现金流状况，逐渐缓和债务情况，最终帮助汇源果汁在港交所重新复牌，可谓是一场雪中送炭；另一方面，从天地壹号发布的公告中可以看出其对该战略的认同，认为该战略的部署有助于扩大天地壹号的市场格局和可持续竞争力及影响力。

然而好景不长，7 月 16 日下午，天地壹号发布公告称，“经过公司董事会审议通过，终止其此前披露的重大资产重组事项。”对于终止合作的原因，天地壹号在公告中称，“根据公司战略规划，经各方审慎研究，公司认为现阶段推进重大资产重组事项的条件尚不成熟。”

7 月 16 日晚，汇源果汁也发布公告称，“合作框架协议的有效期为合作框架协议订立之日起计 60 日，由于订约各方未有于该 60 日期间内订立最终协议，故合作框架协议已经自动终止，且不再具有任何效力。”

双方公告预示着汇源果汁和天地壹号的合作协议将自动终止，并且失去任何效力，约 90 亿元的合作生意即刻终止，近百亿的生意便这样落寞而止。根据上述对汇源果汁的财务状况分析发现，其存在着较大的财务风险。天地壹号有心无力，就两公司的体量和规模而言，很难做到相匹配，加之汇源果汁深陷泥潭，运营规模庞大，天地壹号没有足够的能力在短时间 60 天的协议期为已经元气大伤的汇源果汁提供资源和资金以及销售渠道等因此协议发生终止，对于汇源而言便是雪上加霜。

（四）未满足复核要求，股价定格 2.02 港元，遗憾退场

2018 年 4 月汇源果汁开始了漫漫停牌之路。根据港交所的相关规定，若汇源果汁在 18 个月内依旧不能完成复牌那么将直接退市，若停牌 12 个月以内，将有 18 个月的缓冲期，因此汇源果汁在 2020 年 1 月 31 日完成复牌即可。

但是汇源果汁迟迟没有通过自身的改善达到复牌条件，2020 年 2 月 14 日，中国汇源果汁集团有限公司（01886. HK）发布公告称，2 月 14 日，公司接获联交所发出的函件，指出由于公司证券于联交所的买卖已自 2018 年 4 月 3 日起暂停，及公司无法于 2020 年 1 月 31 日前履行复牌条件及于联交所恢复证券买卖，联交所上市委员会根据上市规则第 6. 0 条决定取消公司的上市地位。

香港联交所（港交所）在函件中指出，如汇源果汁决定不根据上市规则第 2B 章申请将除牌决定提呈至联交所上市复核委员会复核，汇源果汁股份的最后上市日期为 2020 年 2 月 28 日，汇源果汁股份的上市地位将自 2020 年 3 月 2 日上午 9 时起取消。

联交所发布函件指出如果汇源果汁不再向联交所申请复核除牌决定，公司将会在2020 年 3 月 2 日正式被取消上市地位，而这也意味着汇源果汁近 13 年的港股之路走到尽头。

（五）正式从港交所退市

作为振兴民族品牌的汇源果汁，在经历 15 年的高速发展当红时期，却最终因为一起被收购事件而走向长达 12 年的衰落时期。在退市边缘来回试探了 3 年，停牌 22 个月后，汇源最终未能履行复牌条件。2021 年 1 月 15 日，香港联合交易所公告显示成立于 1992 年的汇源果汁将于 2021 年 1 月 18 日正式退市。公告称，在最后上市日期后，虽然股份的股票将仍然有效，但股份将不再于联交所上市，且不可于联交所买卖。其后，公司将不再受上市规则规管。

汇源果汁市值在 2017 年达到顶峰时期，曾经市值创下 300 亿港元，但是汇源果汁退市时，其市值缩水幅度高达 5/6，仅为 54 亿港元，昔日的汇源果汁被拖下神坛（见图 10－18）。

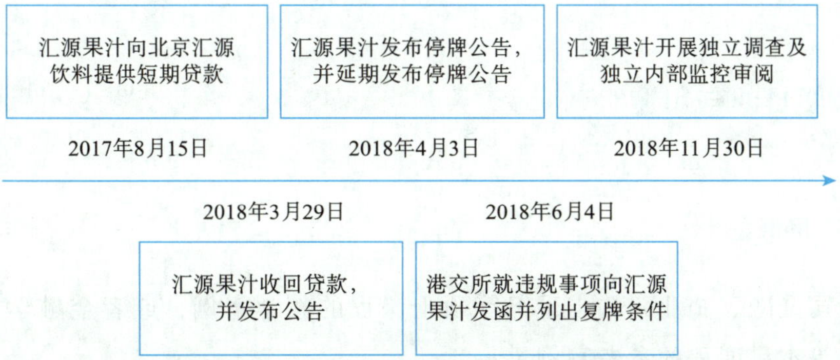

图 10－18　汇源果汁从停牌到退市时间梳理图

汇源果汁的经营状况每况愈下，加之无节制的产业链扩张及盲目投资，枯竭的现金流状况使汇源陷入严重的财务风险之中。2017 年，未披露的 42 亿元的违规贷款成为港交所命令其停牌的导火索，汇源陷入危机之中，于 2018 年 4 月正式停牌。为了营救自身于水火之中，汇源向现金流状况尚佳的天地壹号伸出橄榄枝，但最终未果。由于汇源迟迟未能达到港交所的复核条件，最终只能于 2021 年正式退市。

六、尾声：塞翁失马，焉知非福

汇源果汁在联交所的辉煌最终以背负巨额债务、无法解释 43 亿元违规贷款而告终。汇源果汁的黯然离场令人唏嘘，尽管创始人朱新礼在此过程中尝试多次自救，但始终未切中要害，最终铩羽而归，个中原因自然值得我们深思。但是，作为上市公司的汇源果汁的故事虽然暂告一段落，作为民营企业的汇源果汁的故事还在继续。对比选择不上市却经营良好的老干妈等企业，汇源的债务危机与资本的进入和退出不无干系。作为民营企业，是否应该全力专注于自身产品也是一个值得思考的问题。与此同时，退市之后汇源也应积极寻找脱困手段。首先，想要在果汁行业拥有一席之地，汇源应回归传统业务，将主要研发成本投入在自身优势的传统果汁产品上，对拳头产品进行更新迭代，并配合以互联网为主、线下为辅的营销手段对主营业务产品进行宣传。其次，汇源应当对自身经营模式进行改革，彻底摘掉“家族化”标签，最大限度规避委托代理问题和企业内控制度的失效，为企业注入新的活力。最后，希望汇源能够以这次退市为契机，避免盲目投资与扩张，化经验为力量，期待终有日顶峰再相见。

案例使用说明

一、教学目的与用途

（一）适用课程

高级公司金融、企业并购与重组等硕士课程的教学案例，或者金融学、金融市场学、投资学等本科课程的参考案例。

（二）适用对象

本案例主要用于金融专业硕士、金融 MBA、EMBA 的教学，或金融学本科的课外参考案例。

（三）教学目的

本案例选取汇源果汁为研究对象，描述了汇源果汁业绩转瞬即衰的过程，尽管汇源果汁试图进行上游产业链的布局、新产品的开发，延续其传统的营销模式等，但这些改革反而加速了汇源果汁的退市。本篇案例主要从现金流量方面对汇源的危机进行了解释，在教学过程中要达到以下目的：

（1）在学习案例的过程中，了解企业财务风险的来源，能够运用财务数据分析汇源产生现金流量危机的原因。

（2）理解企业选择债务融资的原因，并能够通过计算最佳债务水平、衡量现金流量水平，对企业现金流量与债务水平的平衡点加以估计。

（3）了解家族式经营的利弊。

二、启发思考题

问题 1：结合案例内容及宏观经济政策，分析汇源果汁全产业链扩张失败的原因。

问题 2：通过同业对比，可以发现汇源的杠杆率并不高，但是汇源却面临着严重的财务危机。梳理汇源果汁财务危机形成的逻辑，并分析如何平衡企业的债务水平与现金流量。

问题 3：回顾汇源的融资过程，分析其为何更偏好债务融资？对于企业来说，是否存在最佳债务水平？

问题 4：结合案例内容，分析汇源为何频频投资，却都走向失败？企业进行投资应该遵循怎样的原则？

三、理论依据

1. 优序融资理论

优序融资理论是企业融资的理论之一，根据优序融资理论，企业对于融资渠道的选择有固定的顺序偏好。企业首先会选择自身经营盈余，其次是贷款或者发行普通债券的债务融资方式，再次是可转债等高级债务融资方式，最后才会采用股权融资。优序融资理论的基础是信息不对称，由于投资者与企业之间存在着信息不对称，因此投资者认为企业会在公司价值偏高时进行外部融资，即外部融资的出现将降低企业的市场价值，企业会优先采用内部融资。相对于股权融资来说，债权融资对于企业的公司价值影响更小，因此债权融资排位于内部融资之后，股权融资对于股价来说是坏消息，股权融资是企业最后的融资选择。汇源果汁的高杠杆债务水平与优序融资理论紧密相关。上市之后，汇源资产负债率逐步攀升，从 2007 年的 32.32% 升至 2017 年的 51.77%。可见，考虑了增发股权对于企业的影响之后，汇源更倾向于通过债务方式，尤其是银行贷款方式来满足自身需求，随着金融市场的迅速发展，公司债券和融资租赁也成为其债务扩张的方式。

2. 权衡理论

权衡理论是另一种企业融资理论，这种理论基于 MM 定理及破产成本。该理论认为企业存在最佳的债务水平，企业应当保持最佳债务水平以获取最大利益。根据权衡理论，随着债务水平在企业的占比增加，税盾效应增加，企业的价值增加；但随着债务水平的提高，企业的破产成本提高，这将降低企业的价值。在上述两种效应的综合影响下，企业的价值将会呈现一个先增加后减少的趋势，在边际收益等于边际成本时达到最优的负债水平。

根据汇源果汁案例中的负债变化，对比全行业的负债情况，估算合理的边际曲线，可以算得最优债务水平。根据权衡理论模型，企业将在 D^* 处达到最佳负债水平（见图 10－19）。

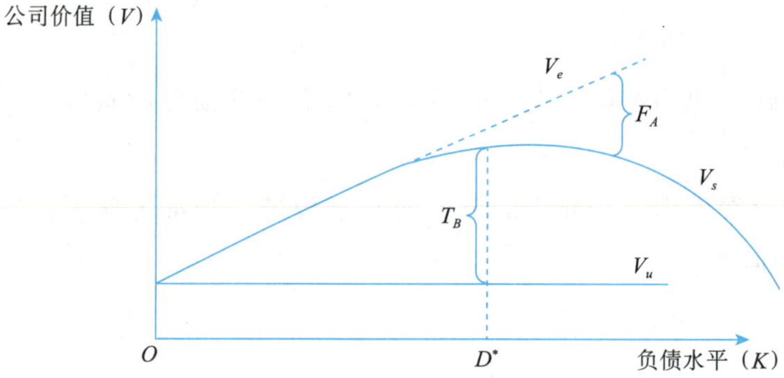

图 10－19　权衡理论模型

3. 财务危机成本

财务危机是指企业在偿还债务本息上出现困难或违约，通常表现为企业连续亏损、现金周转不足、资产负债率过高等。而财务危机成本是企业由于财务危机所产生的成本，其定义源自权衡模型理论，也被视为破产成本。财务危机成本包括直接成本和间接成本，其中直接成本主要指处理财务危机所产生的律师、会计师费用以及清算费用等。而间接成本则主要是指财务危机被直接或间接披露所引起的机会损失，如融资成本上升、运营效率下降等。企业负债率越高，企业发生财务危机的可能性越大，也需要更多的资金应对财务危机。财务危机成本将在很大程度上影响公司绩效，是企业在进行资本结构决策时需要考虑的重要因素。

4. 投资决策理论

企业的投资决策是企业经营管理中最为关键的决策，因为理论上企业的融资与股利分配决策对企业价值的影响较小，主要起到资金转移分配的作用，而投资则会真正创造公司价值。正确的投资可以提高公司运营的能力，增加公司价值，而失败的投资则会导致公司业绩下降，陷入财务困境甚至破产。投资抉择是指公司对于是否投资、如何投资以及何时投资等问题的决策。投资决策理论一直在不断完善与补充，其发展主要可分为以下阶段：第一个阶段的理论并没有考虑货币的时间价值，包括静态回收期法等；第二个阶段的理论考虑了货币的时间价值，以现金流贴现为基础，包括NPV、IRR等；第三个阶段引入了期权的思想，认为投资使企业拥有一份期权，考虑了投资在未来的动态价值。经典的投资决策理论总结如表10－6所示。

表10－6　经典投资决策理论

投资决策理论	内容	优缺点
静态投资回收期	回收期 $=n+\dfrac{n\text{年末的累计现金流量}}{(n+1)\text{年的净现金流量}}$	优：计算简易方便 缺：没有考虑货币的时间价值；没有考虑回收期后的现金流
贴现投资回收期	回收期 $=n+\dfrac{n\text{年末的累计贴现现金流量}}{(n+1)\text{年的净贴现现金流量}}$	优：考虑了货币时间价值 缺：没有考虑回收期后的现金流
净现值法	$NPV = CF_0 + \sum_{t=1}^{n} \dfrac{CF_t}{(1+r)^t}$	优：考虑了货币时间价值，所有的现金流 缺：贴现率难确定
内部收益率法	$CF_0 + \sum_{t=1}^{n} \dfrac{CF_t}{(1+IRR)^t} = 0$	优：不同规模之间可比较 缺：无解或多解；互斥项目决策不一致
修正的内部收益率法	$\sum_{t=1}^{n} \dfrac{COF_t}{(1+r)^t} = \dfrac{\sum_{t=1}^{n} CIF_t(1+r)^{n-1}}{(1+MIRR)^n}$	优：解决了无解或多解的问题 缺：互斥项目不一致没解决
现值指数法	$PI = \dfrac{\sum_{t=1}^{n} \dfrac{CF_t}{(1+r)^t}}{CF_0}$	优：易于判断，考虑时间价值 缺：项目收益的绝对值无法体现

实物期权理论的核心是认为企业投资实物资产会拥有一份期权，在未来投资机会出现的时候，可以行使期权获得收益。与经典的投资理论不同，实物期权理论在一个更高的战略层面分析投资对公司价值的影响，考虑了未来的机会与风险，会更加灵活，体现了决策的柔性价值。

在现实中，大多数投资项目都具有不确定性，因此需要预测不同情况下的现金流。决策时，首先要进行风险的分析。通过系统全面的考察识别项目已知与潜在的风险，并估计风险对项目的影响方向与影响程度，接着利用相关指标对风险进行评价，最后决定如何防范风险，可以选择回避、转移或者自留。

5. 委托代理理论

2007 年，由于汇源果汁的自身经营问题，随着更强有力的竞争对手挤进市场，其主打的低浓度果汁市场占有率逐渐降低，在当年仅排名第四。汇源果汁对该结果进行分析发现，企业缺乏专门的管理人才对市场的需求变化和潮流趋势进行跟踪，从而导致其对自身定位模糊营销策略失误。因此汇源果汁引入了职业经理人协同原有公司管理人员对公司进行治理。引入职业经理人之后，企业的所有权和经营权实现了分离，便产生了委托代理问题。

当企业的所有权和经营权发生分离时，管理者和股东的目标便会产生不一致，两者所掌握的信息程度也会呈现差异化状态，股东的目标为追求公司盈利能力最大化，而管理者除完成公司的规定目标之外，还希望能够为自身考虑，比如有可能会利用职位之便做一些牟取自身利益的不当操作从而给公司造成损失，而产生委托代理问题。

从公司的治理结构来看，汇源果汁为典型的家族型企业，家族成员为公司的大股东，占据绝对的控制地位，但是由于汇源果汁引入了职业经理人的治理制度，因此不可避免会出现委托代理问题。

6. 企业现金流量管理

企业现金流量管理是指以现金流量为中心，围绕企业日常经营、融资活动及投资活动而进行的管理方法。企业在进行现金流量管理时，需要对当前或者未来一定时期内的现金流作出全面的预测、计划、执行、控制以及分析与评价。企业的现金流量管理应以企业价值最大化为目标，且应充分考虑各方面的风险因素。从动态角度来看，为了实现企业的生存和发展，企业需要保持现金流量的增长和现金周转的顺利，以维持企业经营活动；从静态角度来看，由于现金存量并不产生价值，因此企业应合理控制现金流量，将现金在日常经营、融资活动及投资活动中合理安排，实现资金使用成本最小，资金使用效率最高。

在进行现金流管理时，有三大平衡原则需要注意，分别是经营现金流的日常动态平衡、融资现金流的结构平衡、投资现金流的时空平衡。在经营现金流管理中，管理者应尽量使现金流的流入和流出在时间、空间、数量上做到平衡，使现金顺利周转，以维持企业日常经营活动；在融资现金流管理中，则需要做到结构性平衡，使长期融资和短期融资保持合适的结构，成本和风险维持在适当的水平；而在投资现金流管理中，由于投资不同项目现金占用时间长短不同，因此更要注意投资现金流出需求与企业目前的自由现金流相匹配程度，避免出现期限错配的情况。

四、针对问题的分析思路

问题 1：结合案例内容及宏观经济政策，分析汇源果汁全产业链扩张失败的原因。

分析思路：汇源果汁一直秉承着构建全产业链的战略思想，想要构建一个从种植、生产到销售为一体的产业链条，在全国各地构建了 20 多个生产基地，耗费了大量资金投入，引发了现金流危机。老师可以引导学生了解我国有关的宏观经济政策，如“三去一降一补”背景，结合案例内容，分析汇源在政策背景下的战略决策。其失败原因可以结合财务危机，从盈利水平、营运成本、宏观经济政策等方面进行分析。

在 2015 年 12 月举行的中央经济工作会议中，首次提出了“三去一降一补”的概念，去杠杆大环境由此拉开帷幕。之后，中共中央总书记、国家主席、中央军委主席、中央财经领导小组组长习近平在 2016 年 5 月的中央财经领导小组第十三次会议中指出，重点推进“三去一降一补”，更是明确了未来几年经济金融的工作重心。在大多数企业顺应时代趋势，开始去杠杆之时，汇源仍选择采取原本的扩张政策，使自身负债水平不断升高；而企业营运能力及盈利能力却逐年恶化，无法带来充足的现金流维持投资扩张所需。最终使汇源陷入困局，扩张失败。

（1）宏观环境变化后，借新还旧模式仍然持续。

汇源在扩张时，并没有考虑到宏观环境的变化，导致资金过度紧张。虽然并购失败导致汇源并未拿到预期的并购资金，但其扩张脚步却丝毫没有停歇。汇源不断通过发债、发股的方式筹集资金，借新还旧，勉强维系企业经营所需。

随后，宏观环境收紧，融资成本增加，汇源面临资金链断裂的风险。2014 年，汇源还存在大量的利息 4.9% 的银行借款，到了 2016 年却只能以 7.5% 左右的利率发行债券融资。2015 年汇源的资产负债率已经处于较高水平，加之前文提到的连续多年亏损，汇源的财务状况已经十分紧张。可在这样的困境下，汇源没有选择壮士断腕，变卖资产去杠杆，而是选择以高利息借入资金来偿还债务，勉强维持原本借新还旧的模式。结果是企业负担加重，负债率不断升高，2017 年第二季度时负债已高达 115.18 亿元。2011 ~ 2017 年第二季度汇源负债总额及资产负债率如图 10 - 20 所示。

（2）营运能力不足，资产周转过慢。

汇源营运能力指标趋势图如下所示（见图 10 - 21）。

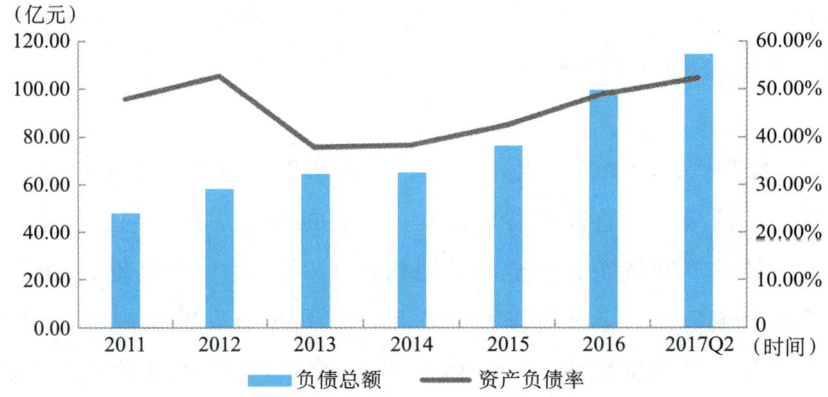

图 10－20　2011～2017 年第二季度汇源负债总额及资产负债率

资料来源：Wind。

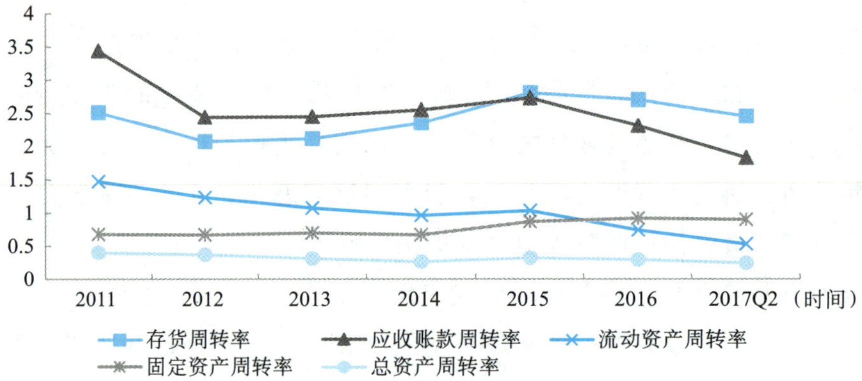

图 10－21　营运能力指标趋势图

资料来源：Wind。

汇源实施全产业链扩张战略，自身营运能力却没有提高，反而呈现出逐年下降的趋势。自 2011 年开始，汇源的存货周转率呈现出先降后升的态势，浮动区间在 2.4 至 2.8 之间，整体较为稳定。但与同时期同行业的其他企业相比，汇源的存货周转率处于较低的水平，反映其存货变现能力和存货流动性较弱。应收账款周转率自 2011 年起呈现较快的下降趋势，从 2011 年的 3.44 下降至 2017 年第二季度的 1.83，应收账款的流动速度较低，一方面，体现了汇源在市场中的龙头地位，对于资金占用的期限掌握着更大的主动权，另一方面，也反映了汇源长期以来的偿债压力逐渐增大，导致汇源对债务融资的依赖程度进一步加深。流动资产方面，2011 年，汇源的流动资产周转率为 1.48，同应收账款周转率相似，也出现逐年下降的现象，至 2017 年第二季度，汇源流动资产周转率仅为 0.54，呈现出营业收入增幅小于流动资产增幅的状况，对于流动资产的利用不足也导致汇源对流动资产的资金投入过多，降低了其营运能力和盈利能力。固定资产周转率反映了企业对于诸如厂房、设备等固定资产的利用程度，2011～2017 年第二季度，汇源的固定资产周转率逐年上升，单位固定资产产生了更多的营业收入，但是其固定资产周转率总体还是低于其竞争企业。总资产周转率作为代表企业产出效率的重要指标，反映企业对其自有资产的营运能力。汇源的总资产周转率较为稳定，其指标长期低于 1，说明汇源单位资产产出的收入低于其本身拥有资产的值，反映汇源营运能力的极度欠缺（见图 10－22）。这一结论，也可以从汇源与其同行业其他企业的对比中得出，汇源同行业企业总资产周转率在 2016 年均大于 1，相比之下，汇源的总资产周转率不但长期低于平均水平，而且逐年下行。营运能力不足，经营效率下降，削弱了企业的偿债能力及盈利能力。

证券简称	统一企业中国	康师傅控股	蒙牛乳业	汇源果汁	迷你折线图
应收账款周转率	39.1473	36.2173	27.176	2.41	
应付账款周转率	11.6238	6.8799	7.1929	2.31	
存货周转率	10.6556	16.8366	9.4447	2.71	
流动资产周转率	3.8505	3.7678	2.5603	0.75	
固定资产周转率	1.8848	1.6792	4.0955	0.92	
总资产周转率	1.0046	1.0156	1.0844	0.2	

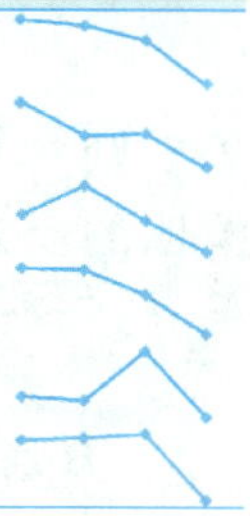

图 10－22　同行业企业营运能力对比

资料来源：Wind。

（3）盲目扩张，导致盈利能力下降。

汇源全产业链扩张原本所设想的是通过在全国各地的水果基地构建有机生产与销售一体的关系网络，从而降低生产成本，提高生产效率，最终目的是实现企业盈利能力的提升。而从 2011 年开始，汇源便开始了连续六年的亏损，2011～2016 年公司的扣除非经常性损益后归属母公司股东的净利润均为负值（见图 10－23）。即便加上了非经常性损益，2014 年、2015 年净利润仍为亏损。2016 年其营业额高达 57.5 亿元，但销售净利率仅为 0.21%。且非经常性损益中，有相当一部分是属于政府补贴，如 2016 年汇源收到政府补贴便高达 1.2 亿元。

汇源果汁营业收入一直维持在较高水平。2011～2016 年营业收入呈现出稳步上升的趋势，2017 年第二季度的营业收入也达到了 28 亿元。同时，其销售毛利率也较高，2017 年第二季度更是达到了 43.4%。但由于汇源早期投资建厂过多，每年产生大量的摊销和折旧，2011～2014 年营业利润均为负值。随后变卖工厂，提高产能利用率，才使营业利润逐步回升。但汇源又大量借款，债台高筑，利息费用不断侵蚀着汇源的利润，导致 2014 年、2015 年净利润均为负，2016 年靠着政府补贴才勉强扭亏为盈。

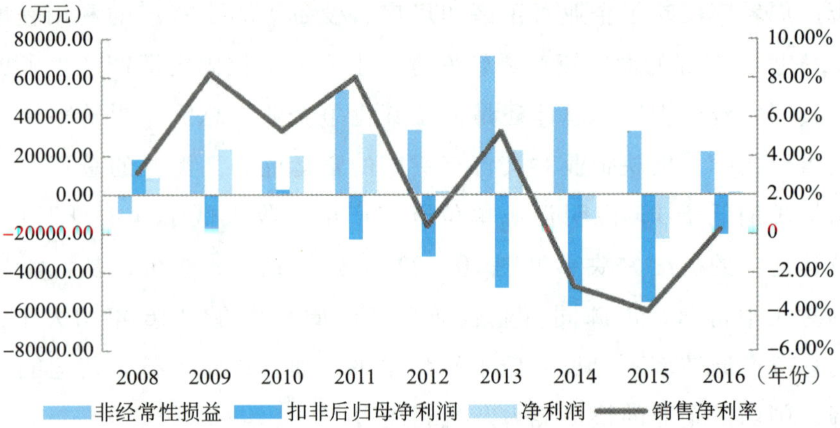

图 10－23　汇源果汁扣非净利润

资料来源：公司年度报告。

从汇源盈利能力指标来看（见图 10－24），汇源极高的毛利率和极低的净利率呈现出鲜明的反差。从盈利能力来看，全产业链扩张战略起到了反效果。

项目	2017Q2	2016	2015	2014	2013	2012	2011	迷你折现图
营业收入	280166.6	575642	574936	461173	452317	400430	387840	
营业利润	121529.7	41593.2	7870.6	-25944	-21373.6	-11564.9	-18770.9	
净利润	5603.33	1328	-22881.6	-12676.8	22846.3	1615.9	31049.5	
销售毛利率	43.4	40.65	38.18	34.71	31.05	28.01	26.94	
销售净利率	2	0.21	-3.98	-2.75	5.2	0.4	8.01	
总资产报酬率	0.67	2.34	1.1	1.18	3.87	2.18	4.88	

图 10－24　汇源果汁盈利能力指标

资料来源：Wind。

在营运能力不足及盈利能力下降的双重作用下，汇源无法通过经营活动获得充足的资金以维持全产业链扩张战略，收支失衡，现金流紧张；而外部宏观政策收紧，融资成本增加，使借新还旧模式难以为继。汇源举步维艰，全产业链扩张战略最终以失败告终。

问题 2：通过同业对比，可以发现汇源的杠杆率并不高，但是汇源却面临着严重的财务危机。梳理汇源果汁财务危机形成的逻辑，并分析如何平衡企业的债务水平与现金流量。

1. 分析思路

汇源果汁财务困境主要是现金流危机造成的，其形成的原因首先是由于早期决策失误，大量投资扩张却没有带来相应利润，占用大量现金流的同时连续亏损；随后宏观政策收紧，导致企业融资成本过高，利润难以偿付债务利息，使现金流进一步恶化。

现金流的持续恶化更加不利于企业的经营管理，造成恶性循环。

2. 参考答案

（1）汇源果汁财务危机形成的逻辑（见图 10－25）。

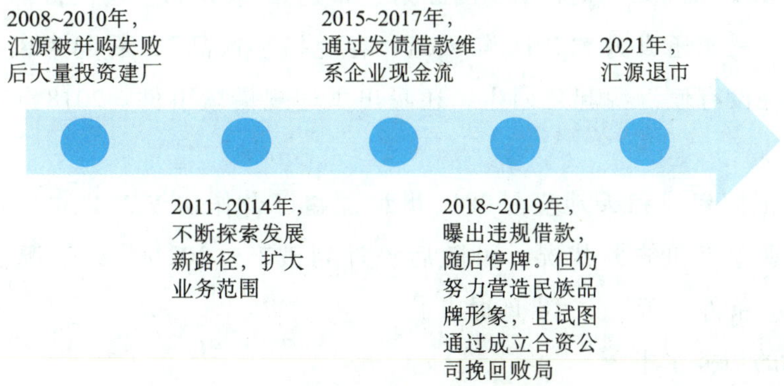

图 10－25　汇源财务困境逻辑线条

①汇源一切的变故要从可口可乐公司收购开始说起。2008 年为了应对可口可乐收购，汇源在大量裁员的同时购入大额资产，希望通过这种方式提高资产评估价值，进而套利。但由于并购没有成功，此举却变成了重大的战略失误，使汇源由盛转衰，当年毛利率低至 32.23%，远低于 50% 的行业平均水平。自由现金流也长期为负。

②并购失败后，汇源未能获得并购资金，且已经投入大量资金购入资产。但覆水难收，此时收手可能面临更大损失，加之朱新礼打造上游产业的执念，汇源选择继续扩张。2008～2010 年短短两年的时间，汇源果汁附属公司中新增了 11 家果蔬汁生产销售企业，投资了 12 家大型产业生态园，不断购置厂房、设备、土地。随后，每年的折旧和土地摊销不断侵蚀着汇源的利润。

③2011 年开始，汇源连续 6 年扣非后净利润为负，经营现金流长期不足。在盈利能力降低与现金缺乏的情况下，汇源开始不断谋求新的发展路径。2011 年收购旭日升凉茶开拓凉茶饮料市场；2013 年投资网信集团；2014 年收购三得利进军乌龙茶饮料市场，并且参与中石化的混改项目等。可惜，这些举措并没有带来利润的明显回升。值得注意的是，2013 年汇源的资产负债率出现了大幅下降，原因是汇源发行了普通股和可换股优先股，大大增加了自身权益，使权益从 2012 年的 55.5 亿元提升至 2013 年的 105.6 亿元。

④2015～2017 年，在去杠杆背景下，汇源的资产负债率却开始攀升。2015 年，汇源发行了 2 亿欧元的信用增级债券，以不断建设自身的销售终端；2016 年，面对盈利能力严重不足、利息费用难以支付的情况，汇源通过发行企业债券的方式借款 20.3 亿

元；2017 年第二季度，汇源负债总额已达到 115.18 亿元。

⑤2017 年第二季度之后，汇源不再公布财报。不过汇源却没有放弃自己的“荣光”。2017 年年末，通过央视国家品牌计划，汇源不断出现在人们的视野中。CCTV1《朝闻天下》、CCTV2《第一时间》《国际财经报道》等多个重点栏目都可以看到汇源的身影。之后，汇源还成为“2018 年 CCTV 春晚指定饮品”，看起来风头无两。可铺天盖地的宣传并没有使汇源起死回生，还曝出了违规借款事件。2018 年 4 月，港交所宣布汇源停牌。

⑥2019 年汇源果汁和天地壹号及广州和智签订合作协议，共同出资成立合资公司，以改善其现金流和债务状况。可随后该计划破产。2021 年，汇源仍旧发不出年报，达不成复牌条件，于 1 月 18 日退市。

（2）汇源的债务水平。

根据汇源果汁债务结构统计（见图 10－26），截至 2017 年第二季度末总负债达到了 115 亿元，其中借款总额 85.7 亿元，占比达到了 74.4%。2011 年至 2017 年第二季度，公司的总负债呈现出不断上升的趋势，借款占总负债的比例也在不断增高。由于公司大量发行短期企业债券，导致 2016 年负债总额明显上升。从结构上看，在 2015 年至 2017 年，长期借款并未发生较大变动，借款总额的变动主要来自短期借款。短期借款占比的不断上升，使企业在短期内面临较大的财务负担。

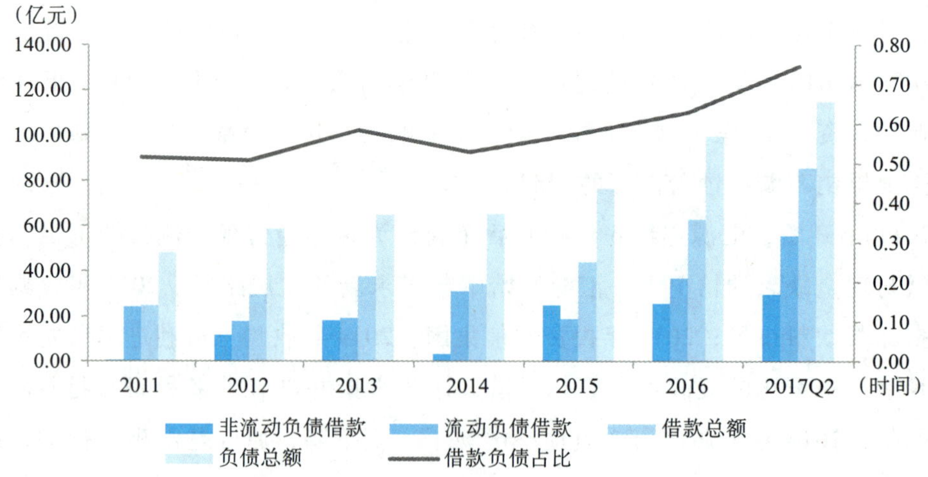

图 10－26　汇源债务结构

资料来源：公司年度报告。

2015 年，我国正式提出“三去一降一补”政策，在经济下行及去杠杆的大背景下，企业融资环境恶化。企业通过高负债的模式进行扩张，会面临现金流压力。汇源果汁本身虽有较高的销售毛利率，但销售净利率极低，无法缓解紧张的现金流，甚至出现了违规借款事件。公司2017年第二季度财报显示，公司有28亿元的营业收入，但净利润仅为5603万元。在这种情况下，通过“借新还旧”的手段进行缓解，只能是饮鸩止渴。汇源果汁偿债能力指标如下所示（见图10-27）。

项目	2017 Q2	2016	2015	2014	2013	2012	2011	迷你折线图
资产负债率	52.23	48.86	42.37	38.14	37.7	52.63	47.81	
流动比率	1.27	1.23	1.5	0.92	1.03	0.96	0.71	
速动比率	0.76	1.07	1.19	0.69	0.74	0.54	0.42	
经营现金净流量/总负债	0.01	-0.03	0.05	0.01	0.11	0.02	0.05	
利息保障倍数	2.27	1.3	0.63	0.66	2.38	1.01	4.23	

图10-27　汇源果汁偿债能力指标

资料来源：Wind。

从财务数据看，汇源果汁的资产负债率在2013年明显降低后，又呈逐年上升的趋势。2013年的资产负债率大幅下降主要是公司发行优先股以及股份溢价大幅上涨带来的权益增长。2013年汇源果汁总资产为125亿元，比2012年高出45.8亿元，其中权益总值由2012年的55.5亿元增长为2013年的105.6亿元。流动比率从2011年的0.71增长至2017年第二季度的1.27，速动比率也从2011年的0.42增长至0.76，相对有所改善，但仍处于较低水平，短期偿债能力较差。经营现金净流量/总负债一直维持在较低水平，2016年甚至还出现了负值，可以看出汇源果汁一直面对较大的经营现金流压力。利息保障倍数则由2011年的4.23降至2017年的2.27，最低点为2015年的0.63，波动较大。

（3）汇源的现金流量管理。

我们选取汇源果汁同行业企业的经营现金流量进行对比（见图10-28）。不难发现汇源果汁经营现金流量比率愈发恶化，甚至在2016年由正转负，其经营状况越来越恶劣，入不敷出，公司已经面临较大的财务风险。对比统一、康师傅、蒙牛三家软饮料上市企业的财务状况，汇源果汁的现金流量比率远不及行业正常水平，现金流风险形成。

证券简称	2011	2012	2013	2014	2015	2016	迷你折线图
统一企业中国	32.63	48.52	51.23	49.21	35.78	53.12	
康师傅控股	18.93	29.27	27.02	9.46	16.92	24.68	
蒙牛乳业	33.69	48.52	51.23	49.21	35.68	52.62	
汇源果汁	5.35	2.42	11.25	0.68	4.89	-3.18	

图10-28　汇源果汁及其同行业现金流量比率

资料来源：Wind。

结合现金流量管理的三大平衡原则可以发现，在汇源案例中，汇源首先犯的错误便是错误估算了自己的投资现金流，在并购一事悬而未决的情况下盲目投资，占用了大量的企业现金，覆水难收，只能硬着头皮继续投资；之后通过负债缓解现金流紧张问题，又没有保持良好的融资结构，违背了融资现金流的结构平衡原则，借款占比中短期借款远超长期借款，导致偿债压力过大。企业在经营过程中，一定要注意自身现金流量的管理，使自身现金流量保持在健康水平，不可盲目投资、融资。

问题 3：结合债务融资的特点，分析债务融资的优势，结合企业自身状况分析债务融资及其意义。

1. 分析思路

首先，简述债务融资的基本方式，介绍其基本特点；其次，分析企业采用债务融资的具体优点，并结合企业实际的经营情况，从其资金需求、财务状况、竞争状况等方面分析选择债务融资的原因；最后，根据上述分析，结合相关案例，总结债务融资对于企业的意义。

2. 参考答案

债务融资，即企业采用增加负债的方法满足自身融资需求，并按照约定的方式归还利息及本金的融资方式。债权人享有优先清偿权，但不能参与企业的日常经营决策，不会稀释股东权益。一般来说，债务融资相对于股权融资具有更大的筹资弹性，投资速度更快，同时只需付出较低的资本成本，因此成为许多企业偏好的融资方式。

债务融资的具体优点如下：

第一，债务融资筹资迅速，能够迅速满足企业的筹资需求。由于债务融资是一种还本付息的融资方式，因此所需手续流程相对简捷，企业可以尽快取得所需资金以满足当前融资需求。流动性需求是关乎企业存续的重要因素，许多企业因为流动性危机而走向破产，因此企业必须找到能够满足其流动性需求的融资方法。短期贷款、短期债券等短期负债让企业能够化解流动性危机，转危为安。因此债务融资在解决流动性需求上具有绝对的优势。汇源果汁在 2010 年之前以非流动负债为主，主要是通过借款满足长期资金需求。而 2010 年之后，流动负债比例大大增加，2011 年流动借款总额达 244059 万元，同时非流动借款仅为 5297 万元，可见汇源通过债务融资满足了企业的流动性需求。

第二，债务融资的成本较小，利息部分可以抵税。根据有税的 MM 定理，债务融资占比越大，公司价值越高。当企业对于资金需求量很大时，融资成本是影响企业融资决策的重要因素。加上国家对于扶持行业采取优惠利率的政策，汇源集团联系“三农”，促进农业发展，支持乡村振兴，属于国家扶持行业。2014年之前，汇源果汁的银行贷款利率仅为4.9%，这也是汇源果汁2014年银行贷款总额高达345845万元的重要原因之一。

第三，采用债务融资方式能免于企业的信息公开披露，尤其是当采用银行贷款、民间借贷这类债务融资方式时，企业不需向社会公众披露信息，有效地保护了企业的隐私。当今社会，信息技术极为发达，信息是重要的资源之一，包含着企业的商业机密。在果汁行业这个竞争极为激烈的行业之中，每个企业都有自己的经营理念，而股权融资要求企业定期披露自身经营信息、任何重大事件都要提前申请，这与企业的隐私观念不符。

第四，采用债务融资方式能最大限度保护股东利益，防止股价降低。根据优序融资理论，企业首先会采取内部融资方式，接着是债务融资方式，最后才会采用股权融资方式。企业与社会公众之间存在着信息不对称的问题，人们往往认为企业会在股票价格偏高时选择增发股票，从而获得更高利益。因此，当企业增发股票时，股价往往会降低，损害股东利益，也不利于企业形象。当内部剩余利润不足以满足企业的融资需求时，债务融资即为最佳的外部融资选择。相比于普通的债务融资，可转换债券、可赎回债券等高级债务融资方式对于企业的不良影响会更大，从而应当先选择普通债务融资方式，再采取高级债务融资。

第五，债务融资方式能保证公司控制权的集中，有利于公司经营理念的完整性。债权人对于公司没有控制权，不能参与公司日常的经营决策，从而不会稀释股东的权利，保证原有股东对于公司的控制。汇源集团的高层管理人员均为其创始人朱新礼的家人，汇源实际上是一个巨大的家族企业，为降低“外人”对于汇源的控制程度，汇源更倾向于采用债务融资方式来满足自身融资需求。

总体来说，债务融资给企业带来了灵活、低成本的融资渠道，支撑了汇源长期以来的资金需求，也促使汇源形成了高杠杆的财务状况。

问题4：结合案例内容，分析汇源为何频频投资，却都走向失败？企业进行投资应该遵循怎样的原则？

1. 分析思路

汇源虽然投资频率较高，但是总体上呈现出过于盲目、激进的特点。其主要原因是投资项目的决策非常主观，很多时候仅仅由董事长一人敲定，或者仅凭一些高层主观上的判断，缺少科学的分析和理性的判断。教学过程中可以引导学生对投资现金流净额进行分析，并从家族式管理、所有权与经营权分离、投资项目决策理论等角度引发学生思考。

2. 参考答案

（1）投资失败原因。

汇源果汁在2011～2017年进行了大量的投资，不仅将资金投入维护前期所建的厂房与设备中，还形成了非常多元的对外投资。多年来，作为董事长的朱新礼先后投资了“饭爷”、中石化混改等企业或项目，但是汇源年报显示，除了2015年外，自2011年至2017年第二季度，汇源果汁投资活动产生的现金流量均为负值，甚至在2017年第二季度达到了－189419万元人民币，即便对于体量庞大的汇源果汁，这笔资金净流出也是一个不小的负担。汇源果汁的投资，可以说是非常不成功的。究其原因，还要从汇源果汁投资决策的过程进行分析。朱新礼作为汇源果汁的董事，同时也是企业主要的管理者、实际控制人，在投资战略制定的过程中发挥着至关重要的作用。但是朱新礼作为非科班出身的农民企业家，不具备专业金融知识，也没有经历过系统的培训，对市场的不熟悉导致他在投资的博弈战中居于下风。投资的布局上，朱新礼投资了多种行业的不同企业，但整体上没有清晰的投资逻辑，仅仅凭借自己主观上是否看好该企业或者“哪里赚钱往哪投”。无论是从企业的选择上，还是从入场时间点的选择上，可以说朱新礼是非常盲目的。在如此庞大的商业帝国中，专业管理人员和技术人员的缺失，是朱新礼投资不受控制的重要原因。

而管理人员的缺席也并非偶然，这与汇源果汁的家族式管理有很大的关系，汇源在朱氏家族的管理下，可以说是他们的“一言堂”。在2013年及以前，汇源果汁的执行总裁一直为朱新礼，其女朱圣琴也在公司中担任高管职位，期间，其家族管理的模式一直饱受诟病。2013年7月，苏盈福曾作为当时的新任总裁接替朱新礼的工作，也试图进行过大刀阔斧的改革，包括要求销售人员严格把控对利润产生影响的环节、撤除汇源所有的事业部等。但是仅仅不到一年的时间，朱新礼又“卷土重来”，表面上苏盈福被调整为协助朱新礼进行战略投资规划等工作的副职，实为被“架空”。随后3个月，苏盈福辞去了在汇源的职务。与此同时，朱新礼宣布辞去一名原本的执行总裁，而由女儿朱圣琴接替。与专业高管水土不服的汇源最终还是回归到了家族式管理的老路上。

但是，公司的所有者不代表其一定拥有良好的经营管理能力，根据所有权与经营权分离的原则，企业所有者应当把企业委托给专业的、经营能力较强的人员代自己管理。而汇源的家族式管理则是犯了其中大忌，朱新礼不舍得将权力交给他人，而是选择交给自己的一众近亲，造成企业的优势逐渐减小，乃至于逐渐衰败。企业的所有权与经营权的分离有助于企业实现资源最大化利用，将企业资源与高管进行很好的整合。若是朱新礼选择了其他高管代自己打理企业，进行投资，选择更加科学的数据分析方法、使用更加理性的判断，汇源的投资或许就不会如此惨淡收场。

（2）投资原则。

①项目投资决策方法：使用现金流贴现等方法计算拟投资项目的NPV，若为正值，则判断可以投资；若为负值，则不进行投资。

②尽量聘用外来的经理和管理人员，实现所有权和经营权的分离，这样CEO才能更好地运用自己的专业知识选择风险较小而收益较高的投资项目。

五、建议课堂计划

本案例可以作为专门的案例讨论课来进行，整个案例讨论课的课堂时间建议控制在120分钟以内。以下是按照时间进度提供的课堂计划建议，仅供参考。

（一）课前计划

首先请学生提前一周（即在上次课结束后）将案例正文材料发送给学生仔细阅读，根据课堂人数完成学生的分组，每组人数不超过5人，并将前述的3个启发思考题和简要的分析思路分发给各组，请学生在课前完成案例正文的阅读，并形成初步思考，完成简单的展示PPT，期间需要各组根据自身对案例的理解形成自身思考并以书面形式提交给老师。

（二）课中计划

1. 由教师对案例进行简单介绍，提出思考题，并明确本课时需要完成的任务（10分钟）。

2. 讲解案例中涉及的相关知识点，比如企业战略的制定，对果汁行业和公司的分析框架以及企业如何有效进行经营管理，以避免出现委托代理等问题（15分钟）。

3. 小组分组发言（每组10分钟），要求每组根据思考题进行深入思考并提出自己的见解，幻灯片辅助（50分钟）。

4. 由教师和其他小组对各组的发言进行评述、补充和打分（15分钟）。

5. 由教师引导，对重点问题分组讨论（15分钟）。

6. 引导全班进一步讨论，并进行归纳总结（15分钟）。

（三）课后计划

请学生从案例分析中的几大视角（任选其一）进一步挖掘汇源果汁由盛转衰的原

因，并针对汇源果汁的退市给予企业、投资者以及监管者相关的启示。此外，学生需要形成对企业财务风险的识别能力以及思考如何规避企业管理不善所带来的严重后果的问题。并以此提出新的企业发展建议，并与案例中的解决方案进行对比，看看谁的方案更好，分小组写出案例分析报告（1500～2000字）。

六、参考文献

[1] 刘自强. 汇源果汁债务危机的背后：企业多元化经营的思考 [J]. 今日财富，2020（18）：13-14.

[2] 赵正，焦震楠. 汇源果汁大败局 [J]. 商学院，2020（Z1）：49-52.

[3] 吴佳丽. 上市公司关联交易过程中的内部控制问题研究 [D]. 杭州电子科技大学，2019.

[4] 张钊. 上市公司盈利能力分析——以汇源果汁为例 [J]. 市场论坛，2012（8）：31-33.

[5] 赵正，焦震楠. 汇源果汁大败局 [J]. 商学院，2020（Z1）：49-52.

[6] 杜惠芬，王汀汀. 公司理财（第三版）[M]. 东北财经大学出版社，2019.

[7] 杨东旭. 家族涉入与企业绩效的关系研究 [D]. 电子科技大学，2014.

[8] 刘力. 公司财务 [M]. 北京大学出版社，2014.

[9] 左凌巍. 汇源果汁财务困境的成因分析及对策研究 [D]. 吉林大学，2020.

[10] 董忱. 汇源果汁困局 [J]. 齐鲁周刊，2019（28）：44-45.

[11] 胡援成. 中国企业资本结构与企业价值研究 [J]. 金融研究，2002（3）：110-122.

案例 11

散户崛起：抱团逼空华尔街

——游戏驿站暴涨暴跌案例分析[①]

2021 开年，一场散户与华尔街之间的多空大战吸引了全球的目光，大战的焦点是游戏驿站，一家因业绩惨淡被严重做空的公司。在短短一个多月的时间里，游戏驿站股价就经历了一次过山车：从最初的近 20 美元，一路暴涨至最高 483 美元，之后又暴跌至 40 美元左右，夸张的涨跌幅令人瞠目。本案例重点描述了股价涨跌过程中参与各方，如散户、空头等的行为与损益，在此基础上剖析了本次事件的原因及影响，并对事件中突出的互联网社交媒体上散户抱团的现象，以及暴露出的监管问题进行了深入分析。通过结合行为金融、金融监管、金融机构风险管理等理论，启发学生对于本次逼空事件进行更加深入的思考。

① 本案例由中央财经大学金融学院张礼卿、金晓艺、康俊、钟雨希撰写。

案例正文

一、引言

1999 年，美国游戏驿站公司（GME）创立的电子游戏品牌 GameStop 正式面世。在成立不到三年的时间内，公司于 2002 年在纽交所上市。经过一系列并购重组，公司逐渐拓展其商业版图，2005 年更是耗资 14.4 亿美元豪气收购最大竞争对手 EB Games，此时的游戏驿站已经成为全球规模最大的实体游戏零售商，门店数量超过 4400 家，到 2007 年底时其市值已接近 100 亿美元，经历了十余年的黄金年代。

可花无百日红，随着近年来数字游戏占领市场，实体游戏销售业务疲态愈显，叠加新冠疫情对于实体经济的冲击，游戏驿站已经连续三年净利润处于亏损状态。公司财务及业绩的连年下滑似乎在昭示着“贩卖游戏”的故事即将走到尽头，公司虽然多次试图通过业务转型缓解营收状况，但仍未能阻止股价接连创历史新低，2020 年 4 月达到最低点，仅为 2.85 美元。

而当历史的车轮驶至新的一年，游戏驿站又迎来了前所未有的局面。2021 年 1 月，游戏驿站发布利好消息，引起股价及估值暴涨。而后，以香橼研究（Citron Research）等机构为代表的空方与散户为代表的多方展开了混战，游戏驿站股票价格一度暴涨暴跌，一度达到 483 美元，较 2020 年 4 月时上涨超 100 倍。

毫无疑问，这场声势浩大的多空对战成为了 2021 年全球热议的“开年大戏”。该事件中广受社会关注的“散户抱团轧空”现象，以及其折射出的后疫情时代全球政治、经济、社会等多方面矛盾引发各界的热议，同时也对现存的金融市场监管提出了亟待应对的新挑战。

二、相关背景介绍

（一）公司背景

游戏驿站（GME）成立于 1984 年，由麦卡利（James McCurry）及酷森（Gary Kusin）创办，是一家美国视频游戏、消费性电子产品与无线服务零售商，在全球各地经营 6400 多家连锁零售店出售电子游戏产品。

1. 游戏销售为公司主要收入来源

游戏驿站发布的年报数据显示，其主营业务收入主要来源于新版及二手视频游戏产品、游戏硬件以及视频游戏配件的销售。2018 年游戏驿站主营收入占比中，新版及二手视频游戏软件的销售收入分别占主营业务收入的 28% 和 23%（见图 11－1）。

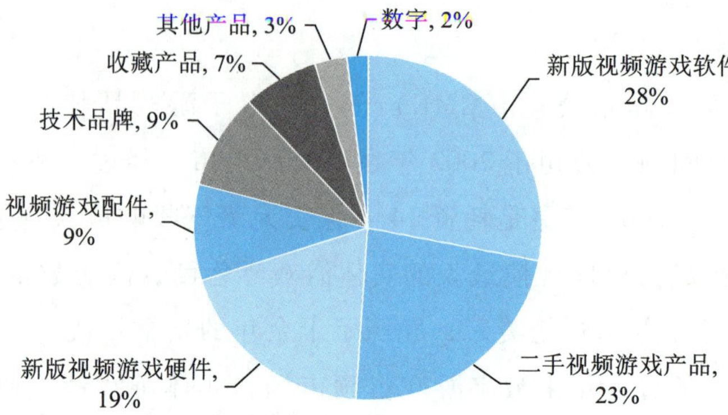

图 11－1　2018 年游戏驿站主营收入对比

数据来源：游戏驿站 2018 年度报告。

2. 并购重组铸就曾经的实体游戏大帝国

游戏驿站的前身是 1984 年成立的巴贝奇（Babbage's），公司成立之时恰逢美国电子游戏市场的大萧条，由于成立之初库存不多，公司得以在大萧条后稳步发展。到 20 世纪 80 年代末，任天堂的发展使电子游戏产业迎来复苏，巴贝奇也抓住此次机遇扩展其商业版图。截至 1993 年，巴贝奇已经拥有超过 300 间零售店铺。2000 年，GameStop 以 1.62 亿美元价格收购拥有 400 多家零售店铺的电子游戏零售商 Funco，并于 2002 年在纽交所上市。2005 年 GameStop 耗资 14.4 亿美元收购最大竞争对手 EB Games。此时，GameStop 已经成为全球规模最大的实体游戏零售商，门店数量超过 4400 家，到 2007 年年底时 GameStop 的市值已接近 100 亿美元。

3. 实体零售行业的衰退及新冠疫情影响导致公司面临危机

游戏驿站经过近十年的辉煌发展，在欧美玩家群体中具有极大的影响力，成为一代人的回忆。然而随着互联网时代的到来，传统实体零售行业面临着巨大的挑战，游戏零售市场也未能幸免。根据游戏驿站自 2005 年以来所发布的年报数据（见图 11－2），公司自 2018 年起净利润连续三年出现亏损，每季度平均跌幅超过 30%，其最大跌幅发生在 2020 年，在此期间公司经历了 5 任 CEO，关闭了超过 1000 家门店。其主要原因一方面在于数字游戏带来的冲击，另一方面则是因为 2020 年以来新冠疫情对实体零售业的普遍影响。

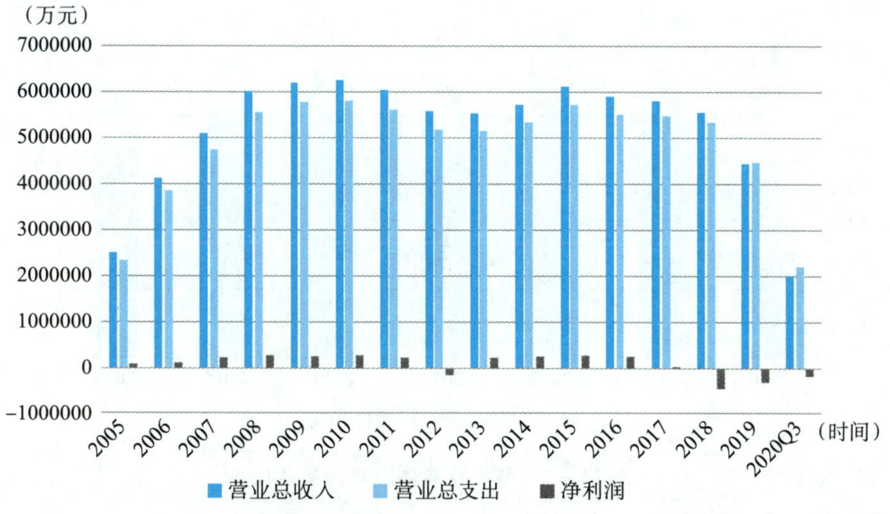

图 11-2　游戏驿站营业总收入、总支出及净利润

数据来源：游戏驿站 2005～2020 年度报告。

一来，数字下载格式的逐渐普及，压缩了游戏玩家对实体游戏碟片的需求，主机游戏玩家开始转向数字软件下载模式，实体游戏店面临衰落的危机。近年来随着网络传输速度的提升，对消费者而言，数字游戏从发布、购买到使用不需花费大量时间等待，可在第一时间线上购买及使用；对生产厂商来说，数字游戏无须包装、卡带和光盘，无须运输和仓库门店，大大降低了游戏的发行成本，厂商开展促销不受地域限制。因此数字游戏的诸多优势使其成为大多数玩家的主要消费选择，游戏产业逐渐走向数字化。根据 NPD 发布的相关数据，2010 年时，美国市场售出的数字游戏占比仅为 31%，其余 69% 为实体游戏；但到 2016 年时数字游戏的占比已达到了 74%，实体游戏仅占 26%（见图 11-3）。在电商时代来临之前，游戏实体店的利润主要来源于实体游戏的销售、游戏周边配件及游戏硬件维修等，游戏产业的数字化趋势大大压缩了游戏实体店的利润空间。

根据游戏驿站年报数据，从 2015 年开始，游戏驿站的营业收入开始逐年下降（见图 11-4），其中营业收入占比最大新版游戏视频软件的营业收入在 2017 年和 2018 年分别下降了 10.15% 和 5.06%。

二来，2020 年初新冠疫情的暴发以及美国疫情防控效果不理想直接导致了实体零售店短期营业收入锐减。疫情期间各地政府加强疫情防控措施，消费者对未来经济前景不乐观，使实体零售店客流量严重下行，供给端运输能力受限、生产供给不足，且人工、租金等固定运营成本正常发生，引发零售企业战略收缩线下布局，将其业务向线上转移，以提高整体业绩与效率，但这仍然不能阻止游戏驿站公司营收进一步下

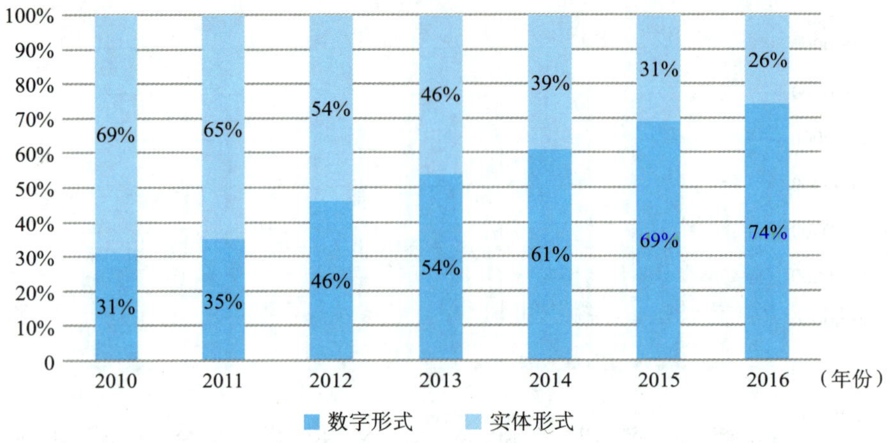

图 11－3　数字及实体游戏销售占比

数据来源：根据公开资料整理。

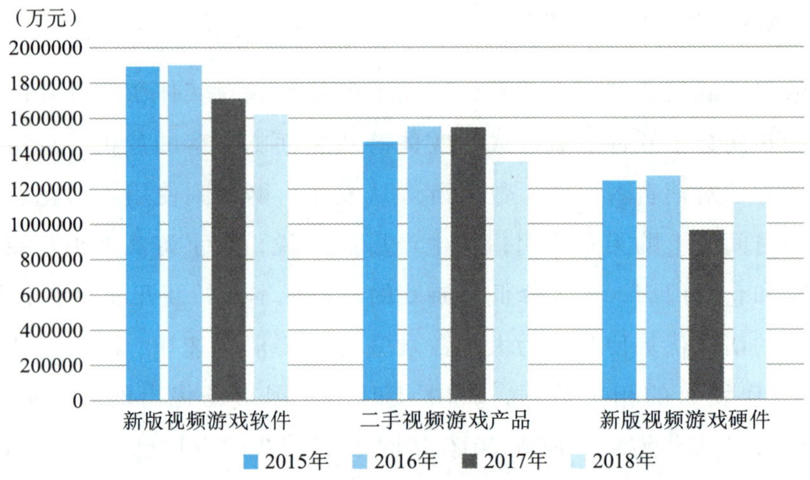

图 11－4　游戏驿站分产品营业收入下降趋势

数据来源：游戏驿站 2015～2018 年度报告。

滑。根据游戏驿站发布的季度报表数据，2020 年第一季度主营业务收入为 72.05 亿美元，比 2019 年同期 104.14 亿美元相比下降了 30.81%；2020 年第一季度净利润为－11.69 亿美元，与 2019 年同期的 0.46 亿美元相比下降了 26.41%。

4. 公司为业务转型付出良多，却未能阻止股价进一步下降

针对营收的下降和股价的下滑（见图 11－5），游戏驿站做出了一系列尝试。首先，关闭更多实体店铺，建立网络商店以缓解经营成本压力。统计数据显示，2017 年公司关闭了 150 家实体店铺，2018 年关闭 195 家，2019 年关闭店铺数量已达到 200 家。其次，尝试业务转型。2018 年，游戏驿站花了 15 亿美元并购手机游戏公司，但

这笔并购只实现了 7 亿美元的营收增长，是公司的一次失败投资。最后，改善现有零售业务的服务模式。2019 年 5 月，游戏驿站推出游戏退换新政策，即消费者在购买游戏后若不满意可在 48 小时内进行退换，并能够获得与购买时价格相等的虚拟货币用以购买其他游戏，这一政策恰好弥补了数字游戏一经购买不能退换的弊端。2019 年 7 月，公司宣布将与提供战略转型服务的公司 R/GA 合作，该公司将帮助游戏驿站提升现有的服务模式，探索全新的实体店概念，比如提供试玩体验、改善店面设计以及出售经典老游戏等。虽然公司进行了多方尝试试图缓解公司的营收状况，但糟糕的业绩引起了一系列连锁反应，2019 年游戏驿站的股价最低时仅为 3.21 美元，不到巅峰时期的十分之一。

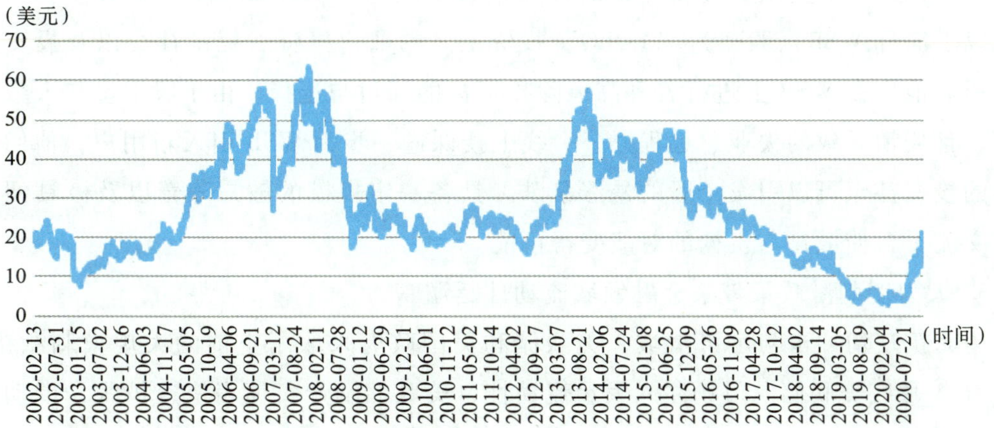

图 11－5　游戏驿站股价变化图（截至 2020 年年底）

数据来源：Wind。

（二）美国社会背景

1. 疫情冲击进一步撕裂贫富差距

新冠疫情之下，公共卫生危机和经济衰退给美国带来双重打击，美国居民收入和财富差距进一步扩大。芝加哥大学的研究发现，受新冠疫情影响，2020 年下半年美国贫困率上升了 2.4%。而出人意料的是，美国“政策研究所”发布的报告显示，自世卫组织 2020 年 3 月宣布新冠病毒大流行以来，美国新增 46 位亿万富翁，现有的 660 位亿万富翁拥有 4.1 万亿美元的财富，比美国收入最底层 50% 的人口拥有的财富总额还多三分之二。种种数据都展示着不同群体收入水平差距的拉大。

在这种阶级撕裂之下，不同收入群体之间的矛盾不再仅仅隐匿于暗潮之下，而是以更加激进的形式展现，甚至以民粹主义和专业投资（代表富人利益的机构投资）的对峙形式出现在资本市场。

2. “YOLO”观念兴起并运用于投资

“YOLO”即“You only live once”（你只活一次）的缩写，在美国千禧一代的年轻人中极为盛行。他们甚至把这种观念运用于股票投资，即以“下注”的方式来投资股票，他们将自己收入的多数甚至是全部整仓买入某一只大热股以及看涨期权，追求要么全部清零要么大赚一笔的“刺激”。部分华尔街金融机构在金融危机中得到政府救助使普通纳税人对华尔街的不满始终存在，部分用户在这种不满与“YOLO”观念下参与逼空对冲基金的集体性行动，更是为这种投资行为赋予了对抗华尔街金融资本的意义。

Reddit 是一个类似于美版虎扑的社区，其中的子版块 Wall Street Bets（华尔街赌场，以下简称 WSB）股吧为“YOLO”投资主义的散户投资者提供社交以及投资交流的场所。他们在 WSB 上进行各种高风险投资标的探讨与选择，由于股吧参与人数已超百万，且疫情导致的失业、远程办公、线上授课进一步为 WSB 引入新用户，他们对共同标的投资甚至可以引发个股的暴涨暴跌。具备一定规模的散户阵营以及极具便利的投资交流平台使散户与机构的对战变得可能。

3. 大力度刺激政策带来金融领域流动性泛滥

为对抗疫情冲击与经济滑坡，美联储和美国政府采取了空前的大规模刺激措施。2020 年 3 月底美联储向市场注入大量流动性，美联储资产负债表快速扩张，带动美国股市大幅上涨。美国政府则直接向居民发放纾困支票，最高达 1200 美元。一部分年轻人将这种补助直接用于开户交易个股，政府为提振经济注入的流动性对金融资产价格带来影响。Envestnet Yodlee 的数据显示，年收入在 35000 ~ 75000 美元的人在接受 1200 美元刺激支票后一周内将股票交易银行转账金额增加了 90%，年收入在 100000 ~ 150000 美元的人增加了 82%，而收入超过 15 万美元的人则增加了 50%。

4. 散户交易量显著提升，出现“散户化”信号

美联储历史资产负债表金融账户数据表明，曾经的美国证券市场以散户为主导。1950 年前后美国股市的个人投资者持股比重（占自由流通市值）超过 90%，此后一路下行，在 2000 年基本实现“去散户化”，个人投资者持股比重稳定在 35% ~ 40%。在美股“去散户化”进程中，严格的共同基金监管条例以及逐步完善的退市制度起到关键性作用，促使机构投资者能够凭借资金、信息、人才等专业优势获得超出个人投资者的收益。伴随美国证券市场趋于成熟，个人投资者也逐步退出交易舞台，转而将资金交予证券投资基金及养老保险等专业机构管理人。

近年来，美国金融科技高速发展带来的零费率交易、股票分式交易、线上交易等

创新为散户加入频繁交易阵营带来便利，美股市场“散户化”成为金融创新以及特定时代背景下的奇特产物。据 Bloomberg Intelligence 数据估算，自 2010 年起，散户占整体股市交易量的比重仅在 15% 左右，2020 年交易比重上升至近 20%。散户对交易量的影响，可以将纽交所和纳斯达克交易所等的交易量与交易所之外的 App 等进行比较，美国机构一般会通过纽交所以及纳斯达克等交易所进行交易，而散户则在交易所之外利用 Robinhood 等券商 App 进行交易。彭博的数据显示，后者的交易量自 2008 年以来首次超过前者。

三、游戏驿站暴涨暴跌始末

游戏驿站股价走势及主要事件整理如图 11－6 所示。

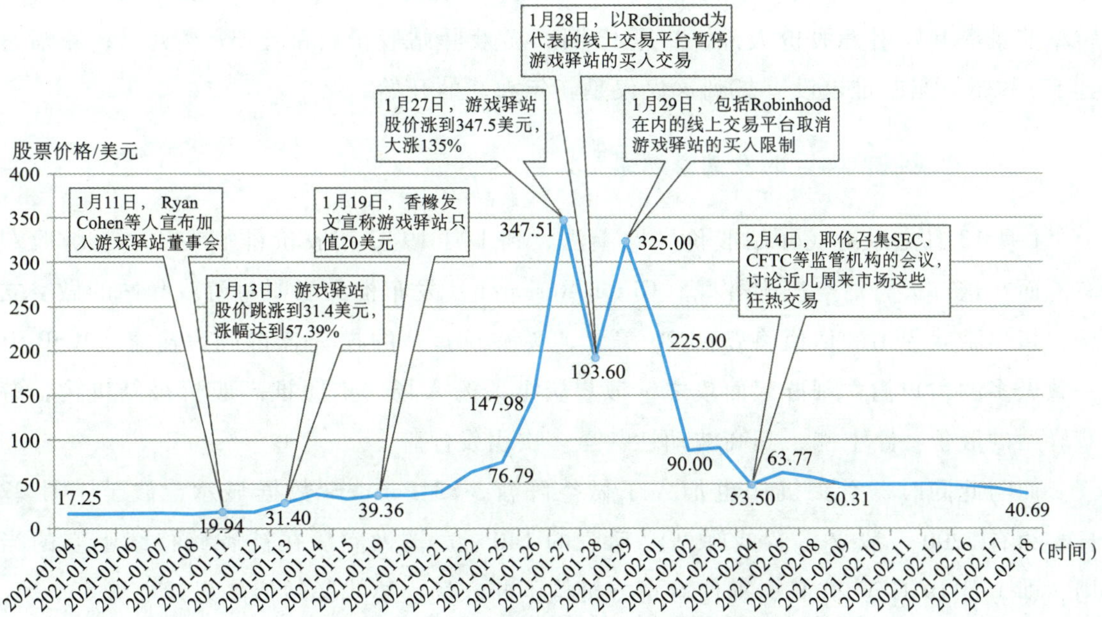

图 11－6　游戏驿站股价走势及主要事件

数据来源：Wind 及公开资料整理。

（一）出人意料的跳涨拉开“游戏”帷幕

一直以来，游戏驿站的业绩并不被看好，公司股价从 2016 年的 28 美元/股一路震荡下行，受疫情影响，游戏驿站股价在 2020 年 4 月甚至跌至 3 美元以下，4 月 3 日跌至 2.8 美元/股，沦为“垃圾股”，之后也是一直在 5 美元附近徘徊。

可以算得上小转折的是 2020 年 9 月，宠物用品电商 Chewy 的创始人 Ryan Cohen 大量购入游戏驿站股票，这位在公司经营创新上颇受市场赏识的投资人想通过推动游戏驿站战略转型，将其打造成游戏行业的亚马逊，这使投资者对游戏驿站的未来前景又燃起了希望。与此同时，2020 年 7 月，ID 名为 Deep Fucking Value 的论坛用户在 WSB 论坛上发表分析，认为游戏驿站被严重过度做空，做空股数量为流通股数量的 150%，未来只要游戏驿站不破产，其股价会逐步上涨，空头们最终会迫于压力回购股票，形成轧空。此后，游戏驿站在 WSB 里成了一个常常出现的名字。2020 年 8 月至 12 月，该公司股价不断走高，每股单价从年初的 4 美元左右涨到了 20 美元左右。论坛上越来越多的用户开始购买游戏驿站股票。

进入 2021 年，游戏驿站股价继续徘徊在 20 美元/股以下。而在 1 月 11 日，Ryan Cohen 等人宣布加入游戏驿站董事会，结合之前 Ryan Cohen 对于游戏驿站战略转型的大力推动，游戏驿站向电子商务转型的意图越发明显。董事会新鲜血液注入以及公司转型前景等利好引发股价大涨，1 月 13 日，游戏驿站股价跳涨至 31.4 美元，涨幅达到 57.39%，当时谁也没有想到这仅仅是新年大戏的开始。

（二）香橼状似嘲讽的发文引燃逼空火线

1 月 13 日之后游戏驿站股价一路上涨，到 1 月 19 日其股价徘徊在 40 美元/股左右。而在这一天，沽空机构香橼（Citron Research）发布推文表明对游戏驿站的做空立场，指出游戏驿站的估值将跌回 20 美元，买游戏驿站的投资者将成为输家。WSB 上一致做多的散户们立刻群起而攻之，散户资金纷纷入场，抱团推高股价报复机构，游戏驿站的股价一路上涨，其高波动性甚至多次引发停牌。

而与此同时，空头机构也加入了做空阵营，S3 Partners 数据显示，截至 1 月 22 日，约有 7200 万股（占游戏驿站浮动股的 140%）被做空。在被香橼持续唱空的当周，即 1 月 19 日至 22 日，即便有空方机构不断入场，游戏驿站依然累计上涨 83%。

在散户投资热情高涨之下，1 月 22 日游戏驿站股价收涨 51.08%，25 日股价涨 18.12%，26 日股价拉升 92.71%，成功站上 147.98 美元的高位。7200 万股的空头头寸如果在 1 月 26 日收盘前未平仓，那么空头在 1 月 25 日、26 日这两个交易日的浮亏或达 59.7 亿美元，年内亏损更高达 92.98 亿美元。

（三）“韭菜”抱团轧空对机构割下致命一刀

1 月 26 日盘后，特斯拉总裁马斯克（Elon Musk）发布推特高呼“Gamestonk”，给原本就已经疯狂的行情再添一把火。1 月 27 日，游戏驿站开盘后一度上涨 140%，至少两度触发停牌。面对势不可挡的涨势，空方仿佛终于看清了自己的命运。

正如最初散户带头大哥 Deep Fucking Value 等多方投资者选择游戏驿站作为轧空对象的主要原因：2020 年 12 月底，游戏驿站已发行股数约 6975 万股，而 Marketwatch 的数据显示其沽空仓位达到惊人的 7120 万股，这意味着若想实现全部平仓，即使在全部股票均可参与交易的情况下换手率也超过 100%。空方机构对于游戏驿站的过度做空，甚至空头头寸一直保持在总股数的 100% 以上，使空方机构在遭遇股价大幅波动时将面临大幅亏损以及高额借券费和追加保证金，而投资者可以通过买入游戏驿站股票拉升股价迫使空头回补仓位，以此进一步推动股价暴涨。

现实也确实如此，疯狂的散户们不断推高股价，承受不住的空头只能接受亏损的现实买回股票进行平仓，而这一行为反过来继续推动着股价上升，引发更多空头放弃，连锁反应一方面让股价暴涨，另一方面让空方爆仓。

此外，除了直接买入股票参与逼空外，一些投资者也大量买入看涨期权，期权的卖出方为对冲股价上涨风险，也需买入大量游戏驿站股票，由此形成的伽马挤压为游戏驿站股价火热的上涨态势又浇了一桶油。

在来势汹汹的暴涨与难以承受的亏损面前，空头举旗投降，香橼与 Melvin Capital（梅尔文资本）公开表示对他们多数的做空仓位进行了平仓。实际上，早在 1 月 25 日就有消息称梅尔文资本巨亏 30%，不得不求援另外两家华尔街顶级对冲基金 Citadel 和 Point72 获得合计 27.5 亿美元注资。在 1 月结束时，梅尔文资本亏损约 45%。

（四）散户遭围剿遏制上涨之势

游戏驿站的股价暴涨之后，成功逼空的散户们还没来得及好好品味胜利的果实，一场多维度围剿便向他们席卷而来。

首先，是散户交流的大本营 WSB 论坛遭到短暂取缔。2021 年 1 月 27 日，WSB 的服务器平台 Discord 宣布，他们已经封禁了 WSB 的服务器，原因是其曾多次违反了该平台的反仇恨言论政策。Discord 表示，他们移除该服务器的决定，与该论坛成员所讨论的交易活动无关，并非由于与游戏驿站或其他股票有关的金融欺诈。在封禁的十几分钟之后，WSB 又“活”了过来，散户们欢呼雀跃，交流讨论更加热火朝天。

但这小小的插曲只是拉开了围剿的序幕，接下来的矛头直接对准了散户的交易。1 月 28 日，散户们使用的交易券商 Robinhood 以最近的波动性为由，直接将游戏驿站等股票从交易平台上移除，其用户不能继续在平台上买入这些股票，只允许卖出这些股票。美国最大在线券商之一的盈透证券（Interactive Brokers）也限制了游戏驿站的股票和期权交易，其表示在另行通知之前，游戏驿站股票期权交易做多需要 100% 的保证金，做空需要300%的保证金。部分其他平台，例如TD Ameritrade、WEBULL也进行了相应的交易限制。交易平台的这些做法点燃了散户的怒火并迅速在全球范围内发酵，引起了美国监管机构、政府和全球其他国家的广泛关注。

交易平台对散户投资者做多行为的限制，不仅极大阻碍了散户购买需求向实际交易的转化，打击了散户的士气，客观上也给了空头机构平仓的机会和时间窗口，这些因素遏制了游戏驿站股价的上涨之势，为股价的未来发展蒙上了一层阴影。1月28日当天，游戏驿站股价从最高点483美元，一路狂跌，盘内最低112.25美元，收报193.60美元。

（五）市场逐渐冷静推动价值回归

在受到散户及多头投资者的批判和一些政界人士的谴责之后，1月29日，Robinhood表示将允许对被限制交易的游戏驿站股票进行有限制的购买，此外多家券商也相继宣布解除对游戏驿站等热门股票的交易限制。因此，前一天遭到重挫的游戏驿站股票盘前大涨，开盘价为379.71美元，29日盘中最高达到413.98美元，最终收报325美元。

但这种股价的回暖并不长久，随着散户的交易热情逐渐降温，加之空头的平仓压力逐渐缓解，游戏驿站股价的上涨动力逐渐消退。2月1日，知名计算做空率的公司Ortex和S3 Partners发布的数据显示，游戏驿站的做空股数已经下降到了3000万股左右，大概占全部流通股的50%，这说明相当一部分空头已经平仓，也意味着空头轧空头推高股价的情况将大大减少。没有了散户疯狂购买和轧空刺激的游戏驿站，其股价进入下跌通道，跌幅惨烈，2月1日游戏驿站全天跌幅达30.77%，2月2日其股价继续下跌，全天跌幅高达60%。

此后的交易日，游戏驿站股价跌幅缩小但也难改颓势，截至2021年2月19日，游戏驿站的收盘价为40.59美元；与最初由于利好刺激导致股价上涨达到的39.91美元相比，相差无几，可见公司股价逐渐回归与其基本面相对应。

四、尾声

至此，围绕游戏驿站股票的多空大战暂时告一段落，其股价的波动也逐渐回归平稳。游戏驿站未来的股价走势我们不得而知，但这场大战的影响确实深远、耐人深思。

在这场大战之中，赢家注定只有少数。虽然散户抱团炒作成功推动股价飙升，但是根据数据统计，截至2021年1月31日，此次事件盈利最多的9位投资者中，有7

位都是机构投资者，仅余的两位个人投资者分别是游戏驿站董事瑞安·科恩和 Foss（本就是富翁）；7 家机构投资者总计获利 121 亿美元。而作为大战焦点的绝大多数散户，却由于盲目激进的跟风交易和未及时清仓而亏损严重。最后的结果是，多头机构和少数个人投资者获利颇丰，而空头机构和多数个人投资者损失惨重。

回顾这出轧空大戏，虽然幕后隐约出现多头机构的身影，但是散户却不折不扣地做了主角，其抱团逼空的行为和影响让世界为之侧目，并再难以忽视散户的力量。随着科技的发展日新月异，互联网社交媒体大大降低了个人投资者之间的沟通和协调成本，让其基于一致利益的抱团成为可能，这使我们不能再局限于过去金融经济模型“每个投资者都独立决策”的假设，也不能再下意识地认为个人投资者大规模共谋是高难度和可忽略的小概率事件。对这一领域的研究和监管空白，是今后需要深思的方向。

此外，此次事件中监管机构和政府的态度和处理方式、交易平台未通知投资者自行暂停股票买入的行为、事件蕴含的金融风险和影响等等都成为关注的焦点。由此可见，游戏驿站事件带来的社会余震还远远未结束，注定成为金融市场建设进程中的一项里程碑式事件。

案例使用说明

一、教学目的与用途

1. 适用课程

行为金融学、金融监管学、金融市场与金融机构等。

2. 适用对象

本案例主要适用于金融专业硕士学习。

3. 教学目标

本案例介绍了散户逼空“游戏驿站”的背景，包括美国社会矛盾、金融市场制度与监管存在的缺陷，重点描述了多空对战的始末，剖析其逼空动因、案例影响以及案例中反映出来的监管问题，以期启发学生对于散户逼空机构事件中反映出的矛盾与问题进行深入思考。

案例涉及的知识点有：行为金融学理论、金融监管理论、金融机构风险管理理论、货币政策传导机制理论等。

本案例的教学目标主要包括以下三个方面：

（1）帮助学生理顺散户逼空游戏驿站始末，重点关注此案例的背景与动机，从市场参与主体多个角度分析逼空成功的原因，培养学生结合专业理论多层次分析实际问题的能力。

（2）带领学生分析此次逼空的影响，从参与主体损益、市场波动、舆论影响等多方面进行分析，使学生学习并掌握异常市场交易的多层次影响。

（3）带领学生分析此次案例反映出的市场制度和监管制度缺陷，引导学生思考此案例暴露出的这些缺陷对于我国金融市场制度建设和监管改进的参考价值。

二、启发思考题

1. 此次散户逼空为什么会发生？且散户为什么能够成功轧空，并在轧空过程中一度操纵市场？该案例不仅令人震惊而且影响广泛，具体体现在哪些方面？

2. 此次事件中散户抱团的现象引人关注，散户抱团炒作个股和机构抱团炒作个股有什么区别？散户抱团炒作个股的过程中，是否存在不合规的行为？

3. 如何评估此次事件中监管的作用？此次事件主要反映了哪些监管缺陷？对此监管体系应该如何针对性完善？

4. 此次事件中，出现了很多值得深思的现象和问题，通过对本案例的思考分析，你能从中获得哪些启示？

三、分析思路

1. 教师可以引导学生从案例的背景、原因和影响三个层次去深入了解并分析此次事件，以一种逐步深入的方式引导学生研究问题。可以从社会角度入手分析散户逼空的背景，并自然过渡到在金融市场散户具备轧空成功的一些条件。从市场主体的角度，分空方、多方、制度三方面带领学生深入挖掘此案例中散户具备的一定优势。还可以从市场参与主体的不同视角，分析此次案例中像梅文、香橼这样的对冲基金空方机构被散户节节逼退的深层次原因有哪些。并进一步启发学生思考此案例产生的多方面影响，可以从金融市场、资产定价以及金融监管三个层面来看，在此过程中增强学生对羊群效应、过度自信等相关行为金融学理论的具体分析与应用能力。并为后文更深入地思考案例中存在的合规问题和监管问题以及这些问题背后的根源奠定基础。

2. 教师可以引导学生对此次事件中散户的行为进行梳理和总结，从多角度思考散户和机构两种不同的行为主体在抱团炒作个股时存在哪些区别，例如抱团难度、抱团影响、监管措施等角度。接下来，在进行合规性分析时，可以首先区分散户团体中的带头领导者和跟随者，然后分别分析其行为是否合规。分析过程中，教师可以引导学生结合美国证券市场当前的监管要求，从机构投资者、个人投资者等不同角度进行深入思考。此外，还可对散户抱团未来是否应受监管、如何监管展开开放性讨论。

3. 首先，对于监管的作用，教师可以引导学生从传统金融监管维护市场秩序和功能、保护中小投资者合法权益以及防范系统性金融风险的三大作用入手，分析此次事件中监管作用的发挥。其次，针对此次事件中存在的主要监管缺陷，教师可引导学生从做空机制涉及的交易制度、信息披露制度等不同角度进行思考，答案具有开放性。最后，针对上一问所提出的监管缺陷，可结合现有的监管体系分析是否存在进一步完善的空间，并提出相应的建议。

4. 本问属于开放性问题，无标准答案。教师可以首先启发学生思考本案例中有哪些有趣的现象和问题，然后由此出发，拆解原因并分析对未来行动的启示。例如，本事件中起到突出作用的互联网社交媒体平台、散户高涨的炒股热情和羊群行为等。教师可以引导学生从现象产生的背景开始进行层层深入的分析，结合行为金融理论、货币政策传导机制理论、金融机构风险管理理论等，拓展学生的理解和分析深度，同时加强学生们对这些金融理论的理解和运用。在此基础上，帮助学生以辩证和发展的视角，提出建设性的建议。

四、理论依据与分析

（一）理论依据

1. 行为金融学相关理论

（1）羊群行为。金融市场中的羊群行为是投资主体在投资过程中表现出的一种从众行为。即市场投资主体受其他投资者的影响，做出与其他投资者相同的投资选择与决策，而不基于自身的需要进行信息挖掘，这是一种典型的非理性行为。

（2）过度自信。行为金融学理论中的过度自信是指投资者对于自身的投资能力和投资决策盲目乐观，甚至会忽视市场中存在的其他信息。一方面过度高估自己投资判断的能力，可能在分析不足的情况下就进行投资选择；另一方面，在获取投资收益时会过多归因于自身择时选股的能力，而忽视市场性、偶然性因素的影响。

（3）情感情绪。投资者的投资行为在很大程度上会受到其情绪的影响。情绪对金融资产价格的影响路径包括：通过影响投资者的风险偏好等，作用于投资者的投资行为，进而改变市场上对于金融资产的供给和需求，使其价格相应产生波动。

2. 金融监管理论

金融监管是指一国政府或政府的代理机构对金融机构的限制、管理和监督。金融市场本身具有不完全性，由此引起的市场失灵将影响货币政策的执行和宏观经济的稳定发展。因此规避和分散金融风险、维持市场正常的交易秩序、保护投资者的合法权益、对金融业进行严格监管是确保宏观经济健康发展的必然要求。目前，主流的金融监管理论包括公共利益理论、金融脆弱性理论等。

3. 货币政策传导机制理论

货币政策传导机制是指中央银行运用货币政策工具，改变基础货币、基准利率等操作指标，进而影响货币供应量、信用总量等中介指标，最终实现既定政策目标的传导与作用机理。货币政策工具包括再贴现、公开市场操作、法定准备金等。货币政策的制定、实施、传导会直接影响金融市场上的流动性情况，带来资产价格的波动。

4. 金融机构风险管理理论

金融机构在自身经营过程中面临市场风险、操作风险、信用风险等，这要求各金融机构采取适当管理措施以规避风险，并尽量降低风险对自身的潜在影响。在其风险管理中，需要坚持一些原则，包括以资本金为限制和根据风险分配资本；整合全部风险统一管理；将内控和治理结构放在首位；坚持独立性；与市场约束和外部监管相配合等。

（二）事件原因及影响分析

此次散户逼空与过往“占领华尔街”运动似乎有着相同的出发点：华尔街代表精英阶级的贪婪形象已深入人心，对冲基金等金融机构财富增长与失业率居高不下形成鲜明对比，美国财富分化愈演愈烈、社会割裂加剧，因此阶级的对立以多空对战的形式再次在金融市场上演。

而在此社会矛盾之外，散户投资者群体“年轻化”，新一代年轻人的“YOLO”（你只活一次）信仰逐步融入他们的投资理念，使短线投机行为越发常见，全然不顾价值投资等理论基础。加上美国政府疫情期间发放的纾困支票可直接用于开户交易，逼空对冲基金要么大赚要么全亏的投资刺激吸引这些新式投资者加入交易，散户逼空阵营迅速壮大。同时，疫情期间美国发放的大量纾困支票也被年轻一代直接用于股市交易，散户资金增量庞大。

但主导性的原因还是在于具备成功轧空的可能性，这也是散户能够一度操纵市场的原因：

1. 天时：空方机构明显的过度做空为散户轧空提供了机会

游戏驿站公司自身经营不善，疲弱的盈利表现难以支撑估值上行，且自身总市值较小，截至 2020 年年底市值仅 13.14 亿美元，成为对冲基金做空的“优质标的”。

空方代表机构投资者存在过度自信，他们过度相信自身对于市场的统治地位，从而对游戏驿站进行过度做空，为散户逼空提供了可乘之机。一般而言，对于公司来说如果超过 15%～20% 的股票被做空已经属于严重被做空，而游戏驿站空头头寸一度达到 100% 以上。美国证券法律规定没有预先借到股票就做空，属于“裸空”股票，是违反市场监管的行为，因此正常来说公司被做空的股票不可能超过 100%。但是，由于美股的结算是交易后第三个工作日进行，在结算时无法交割做空的股票就会出现超过 100% 的股票做空。而这种做空因为已经远远超过了市场可供交易的流通份额，在股价大幅变动时难以迅速对仓位进行调整，是极其危险的。据 FactSet 数据，游戏驿站的空头净额一度达到股票流通量的 138%，一度成为 2020 年美股市场上被卖空最多的上市公司，过度做空使空方存在被轧空的可能性。同时，很多对冲基金通过卖出游戏驿站看涨期权进行做空，而期权市场供需脱离现货市场也对股价也产生了推波助澜的作用。

空方的过度做空行为在很大程度上为此次博弈录得大亏损埋下伏笔。

2. 地利：美国的制度背景为针对游戏驿站的做空与抱团轧空提供了便利与可能

在交易制度上，由于金融衍生品的加持，在美国股市的做空不管是制度上还是做空手段上都具备极高的便利性，机构和散户投资人都可以参与做空，许多对冲基金是靠做空起家的。

此次多空对战中，做空便利性使机构投资者除直接做空游戏驿站的股票之外，还通过做空看涨期权来实现对做空行为加杠杆，而散户在买入游戏驿站股票的同时也大量买入了看涨期权，这就在股价上涨时给空方带来了巨大风险。当股票价格超过执行价格，期权空方必须在公开市场上购买股票来履行期权合约。因此，在游戏驿站股价被散户推动大幅上涨的时候，机构投资者在做空股票和看涨期权上的亏损随着股价的上升而迅速扩大，只能被迫买入股票来止损。这种散户推高股价并借用期权的杠杆作用，迫使空方购买股票，从而进一步给股票带来上行推动力的现象就是伽马挤压（Gamma Squeeze）。实际上，此次游戏驿站的股价迅速拉升就有伽马挤压的作用。同时，美国市场存在股票分式交易创新，投资人可以购买不足一股的高价股票，使散户可以入场交易并交易越发频繁。

在监管制度上，已有监管制度对散户抱团的监管存在不足，只是对机构特别严格。

原因在于，机构享有诸多的信息和成本优势，容易基于利益达成一致的共谋，散户即使利益一致但协调成本高昂，很难凝聚到一起，这带来了双方在利润盈亏上的不对称，且大多数情况下散户在股市丢掉的钱正是机构的利润来源，这种固有“偏见”使监管更着眼于对机构行为的限制。

3. 人和：散户借助互联网平台实现抱团狙击

一方面，散户投资者抓住空方过度做空的漏洞，在逼空的过程中同时买入大量股票和看涨期权，形成伽马挤压，并让空方机构之间互相伤害。市场上可交易的游戏驿站的股票本身不多，不需要大量资金就可以推动其股价上涨。而散户自发买入推高股价的同时，有限的股票流通量使空方仓位调整困难，做空过程中需要支付的借股费率高涨，上述种种都对空方机构实现了迎头暴击。

另一方面，互联网的发展不仅仅是为散户的线上交易提供频繁交易的便利，即时性的投资交流平台如 WSB 论坛为散户确定一致的股票买卖行为提供战术谋划大本营。参与此次逼空的许多散户就是受到社交媒体和平台讨论的影响，因而在缺少独立分析的情况下就参与到和空方的激烈博弈中，看多的言论在潜移默化中强化了散户投资者的羊群效应。实际上，刻画空头形象负面，利用舆论引导“抱团”的信息充斥互联网平台。且隐匿在网络背后的投资者拥有庞大的资金量，他们对于基本面的研究也极为深刻，通过借助社交媒体进行不断发声来领导抱团并对空头方进行猛烈狙击。

上述种种原因集聚天时地利人和，使散户逼空对冲基金出人意料又顺理成章地成功轧空了。

此案例影响广泛，主要从金融市场、资产定价和金融监管三个层面来看。

1. 金融市场方面

此次多空对战对于游戏驿站而言，在其本身可交易股票有限的情况下，多空双方的聚集交易对公司股价、流动性、原有参与者的风险等产生巨大冲击，股价波动加大并脱离基本面，而此次散户在短期交易中对于衍生品的运用更是通过杠杆的作用加大了个股的波动。

而此案例更是反映出散户规模扩大、凝聚力增强和交易强相关能够对个股产生巨大影响，冲击流动性和市场定价，甚至在极端情况下引发系统性风险。如在轧空过程中，一旦大量空仓机构被迫平仓，他们将被迫通过抛售其他优质资产来弥补资金缺口，这就有可能会带动整个美股市场的下行，甚至造成崩盘。2 月 27 日和 29 日，也就是游戏驿站股价暴涨的两天，道琼斯指数均下跌超过 600 点，欧洲市场主要股指也出现显著下跌。

同时，多空双方在此次对战中对于金融衍生产品的过度使用也使股票市场价格异动传导至衍生品市场，引发衍生品供需扭曲。但好的一面或许在于，此次逼空为对冲基金等空头机构敲响警钟，许多空头机构在大亏损面前进行降杠杆，为市场上存在的利用衍生工具进行多倍做空的过热行为降温。

2. 资产定价方面

此次对战使社交平台的信息传递和信息源的爆发式增长真正体现出对于金融市场资产定价的巨大影响力。

相比于传统媒体信息会降低波动率和成交量，新型社交媒体的信息反而会提升波动率和成交量，提升羊群效应，放大市场波动；网络使交易信息传播提速，提升市场透明度的同时也带来了集聚投资可能性的上升，叠加金融科技创新提供交易新模式等的影响，传统资产定价模式适用性进一步下降，尤其需要额外考虑泡沫和投资者情绪对定价的短期影响。

3. 金融监管方面

在此次逼空案例中，散户通过互联网平台进行了投资信息传递并进行抱团交易似乎有一些市场操纵的影子，而许多公众人物通过发推进行股票买卖号召也似乎存在引导市场的迹象。公共社交媒体平台上对于股价看涨的宣传，在很大程度上影响和改变了散户的交易行为，甚至强化了金融市场散户群体中存在的羊群效应，这种影响下带来的聚集性做多给金融市场带来交易量和波动率的暴涨，甚至有引发系统性市场风险的危险。而多空双方均存在的衍生品交易过热引发交易杠杆限制、合格投资者制度等的热议。而与此同时，交易后期出现的交易平台限制投资者交易的行为引发散户投资者不满，散户抱怨监管机构对交易平台限制交易变相助力机构做空的行为置若罔闻。

尽管此次逼空大战“一地鸡毛”的结局使美国金融监管机构的公正性和有效性遭到各方质疑，并再次暴露出美国金融监管难乎众望，但也为监管当局的改进指明了更多过去可能有所忽视的要点。

（三）散户抱团问题分析

1. 散户抱团和机构抱团区别分析

首先，抱团难度不同。散户要能实现抱团，首先需要一个具有强有力话语权的带头领导者，其次需要大量跟随者之间克服矛盾，跟随领导者采取一致行动。总的来说，散户抱团是持有小资金的大量投资者的集合。与此不同，机构抱团是持有大资金的少数投资者的集合。因此，若要达到相同的资金规模，抱团的散户数量需要远远大于抱团的机构数量。此外，散户群体相比机构群体专业知识的欠缺，使其之间对于交易策略的交流协商可能并没有机构之间那么顺畅。两种因素共同作用，导致了散户群体内部高昂的协调成本，具体体现在沟通磋商耗时长且较难达成一致意见。这也意味着散户相比机构，实现抱团的难度要大得多。

其次，抱团影响不同。机构相比散户更具信息优势和成本优势，其能够更加准确快速地获知并运用来自各信息源的信息，甚至是内幕信息；资金的规模优势及随之而来的议价权也大大降低了其交易成本。在此基础上，机构抱团能够进一步实现资源整合，使其对个股的集体炒作更具目的性及长期性，更容易获利，对整个金融市场中的资产价格波动也会产生更大的影响。此外，机构抱团获得的利益很大一部分来自对散户的收割，这侵害了散户的合法权益，是一种市场不公平的体现和恶劣结果，会导致散户的愤怒和情绪对抗，甚至带来社会的不稳定。

最后，监管措施不同。与散户抱团没有明确的监管规则和措施相比，机构抱团受到严格的监管，监管重点在于机构之间是否共谋达成市场操纵。金融危机后颁布的《多德·弗兰克法案》就对机构的市场交易进行了限制，我国《中华人民共和国证券法》第五十五条也规定“单独或者通过合谋，集中资金优势、持股优势或者利用信息优势联合或者连续买卖证券”构成操纵市场，是违法行为。与之相配套，机构的交易历史、基金经理的通讯记录等都通过大数据由监管当局严密监控，一旦违规将受到监管当局的严格惩罚。

2. 散户抱团现象合规性分析

此次事件中散户抱团炒作个股的现象引起了市场的广泛关注，对于抱团行为的跟随者，依据对个人投资者自由交易的保护及法不责众的惯例，通常认为其是不构成违规的。但对于抱团行为的带头主导者，本次事件中是在社交平台多次发布公开言论号召的机构和个人，他们的行为是否构成市场操纵是合规性核查的重点。若他们在社交平台发布公开言论“诱导”一般投资者进行集体投资构成市场操纵，则是不合规的行为，须为此承担相应的法律责任。

对于这种“诱导”是否构成市场操纵，具体需核查的有：是否存在欺诈，即通过虚假信息来误导他人从中获利，包括先买入再唱多、拉高出货或者其他形式的市场操纵。根据游戏驿站公司截至 2021 年 1 月 31 日获利排名前九位的投资者名单，此次事件中盈利最多的 9 位投资者中 7 位属于机构投资者，1 位个人投资者是公司大股东科恩，1 位个人投资者本身就是富豪，这些投资者是否是此次散户抱团的幕后黑手、是否构成市场操纵值得怀疑。

对于机构投资者，美国证券交易委员会（SEC）的主要职责是保证其不存在财务欺诈、提供误导性的信息、内幕交易或其他违反各项证券交易法的行为；对于违反规定的机构，SEC 拥有准司法权、准立法权和独立执法权。而对于个人投资者，美国

《1934 年证券交易法》明确禁止以诱使他人买卖为目的的交易活动，对此不仅需要证明操纵者有买卖的交易行为，还需证明操纵嫌疑人的交易行为具备引诱他人买入或卖出的动机。对于个人投资者这一行为的证明存在较高难度，相关机构对此也还在进一步核查之中。

此外，虽然目前看跟随者散户的个人自由交易并不构成违规，但散户抱团行为已经造成了对金融市场的剧烈影响。当散户的集体行为已经影响了金融系统的稳定和正常秩序时，监管机构是否应对其行为加以限制、如何限制仍存在较大的讨论空间。

（四）金融监管的作用及改进分析

1. 本次事件中监管的作用

国际证监会组织在《证券监管的目标和原则》报告中指出，证券市场中监管的目标包括维护市场秩序和功能、保护中小投资者合法权益以及防范系统性金融风险三点，这也是评价监管功能和作用的标准。

第一，维护市场交易秩序和经济功能的发挥，确保市场公平、透明和高效运行。在经济学理论中，投资者通过自由交易决定市场的均衡价格，证券市场中“看不见的手”则据此实现社会资金的合理配置。但在现实的证券市场中，常存在信息的不对称、市场不具有完全的流动性以及投资者非理性交易等缺陷导致证券市场资金定价的扭曲，监管当局通过制定强制性的信息披露制度、交易制度和市场自律监管制度等来维护市场的效率和秩序，保障金融市场稳健运行。

第二，保护中小投资者的合法权益。作为证券市场最为重要的参与者，中小投资者在交易中却处于劣势地位，其主要原因在于信息获取能力弱、不及时，因此在面临风险时抵御能力和自我保护能力较弱，因此保护中小投资者的合法权益刻不容缓。具体包括完善中小投资者的分类标准，划分风险等级，明确适合投资者参与的投资范围和投资方式；优化投资回报机制，要求上市公司完善信息披露制度，提高公司盈利能力，以分红、回购等多元化方式提高中小投资者的投资回报；加大监管和惩罚力度，坚决查处上市公司发布虚假信息误导投资者、进行内幕交易和操纵市场等损害中小投资者合法权益的违法行为。

第三，防范系统性金融风险。由于证券市场中证券产品本身价格波动较大，使其具有较高的风险性和投机性，且极易扩散到金融市场以外，影响宏观经济的健康良好运行。因此对金融市场实施必要的监管能够及时地发现风险并加以控制，避免出现系统性金融风险造成金融危机。

此次散户抱团逼空事件所造成的连锁反应使美国三大指数下跌超过 3%，主要原因在于散户在逼空对冲基金时，基金公司面临亏损以及更高的保证金要求，不得不卖出其他表现较好的科技股等，这使美股大盘承受着较大的下行压力，严重时甚至可能影响全球其他市场。而在事件过程中，对于市场的剧烈波动美国监管并没有采取什么动作，例如及时披露相关头寸信息和风险、释放信号引导散户投资者理性投资等，这在一定程度上助力了游戏驿站股价的暴涨暴跌，股价大大偏离基本面，市场定价功能失效。这体现出监管并没有很好完成其维护市场交易秩序和经济功能发挥，以及防范系统性金融风险的作用。除此之外，大部分散户投资者损失惨重的结果，也体现出监管没有发挥好保护中小投资者合法权益的作用。

2. 本次事件反映的主要监管缺陷

此次事件中，游戏驿站股票的卖空比例一度超过 100%，使空方面临较高的轧空风险，加剧了股价的暴涨暴跌。做空机制本身在金融市场中具有提高市场流动性及交易效率等优点，但在交易机制不完善的情况下极有可能导致价格进一步偏离基本面，从而带来金融风险。因此需要完善做空机制，思考问题原因。本次事件中卖空比例超过 100% 的主要原因，可以从做空机制涉及的交易制度、信息披露制度等角度进行思考。此外，互联网时代信息传递的方式和效率发生巨大变化，散户抱团进行交易的力量不可小觑，但目前对互联网平台上的散户抱团仍缺乏具体监管。综上分析，主要的监管缺陷包括以下三个：

首先，交易制度的缺陷导致空方机构过度做空。此次事件中，游戏驿站股票的卖空比例之所以能够超过 100%，主要可能是因为以下两种机制。第一种机制是“裸卖空”，即投资者在没有借入股票的情况下，依旧在市场上进行做空，相当于卖出根本不存在的股票。美国证券法律规定“裸卖空”是违反市场监管的行为，但由于美股实行 T+2 结算制度，即交易发生后的第二个工作日进行结算，所以可能还存在投资者在卖出股票的时候先“裸卖空”，然后在清算前把股票买回以满足清算要求的现象，因此这种结算制度是有一定缺陷的。第二种机制是股票被反复多次借用做空，这也反映出交易制度的缺陷，即没有限制同一股票被借用做空的次数。这两种机制作用导致沽空股数已经远远超过了市场可供交易的流通份额，在股价大幅变动时难以迅速对仓位进行调整，是极其危险的。

其次，卖空活动信息披露制度不完善，缺乏透明度。目前美国股票市场每个月仅披露两次股票的总空头量，且存在几天的延迟，监管机构也无法实时监测机构的做空行为和比例，这使卖空活动明显缺乏透明度，极易导致散户投资者对市场产生不信任，也容易酝酿更大的金融风险。在目前的《证券交易法》中，只要求管理超过 1 亿美元的机构投资者在年度报告中披露其持有的股票，却未要求其报告在股票和期权的空仓仓位，若其为自身利益进行操纵式做空，则难以被市场及时察觉。因此，完善卖空活动信息披露制度迫在眉睫，这不仅有助于市场对空方机构的行为进行及时监督、降低潜在风险，也有助于提升散户的信息获取能力，平衡其与机构投资者之间的信息获取地位。

最后，对互联网平台上散户抱团行为缺乏监管。在传统的金融研究和金融理论中，散户被认为是分散无序的噪声交易者（Noise Trader），当散户数量足够大时他们的交易行为对金融系统的影响可以相互抵消。但近年来随着互联网时代信息传递的方式和效率发生变化，散户间进行信息交换及合谋的成本大大降低，散户抱团进行交易的力量已经造成了对金融市场和金融系统稳定性的影响，若散户投资者复制这一模式对类似股票进行交易，那么股价的大幅波动不仅会影响本国股票市场，还会通过衍生品、大宗商品等渠道引起潜在的系统性风险。针对目前相关监管法规的不足和空白，各国监管当局应引起足够重视，将互联网平台上散户抱团交易行为是否应加以法规限制尽快提上讨论和改革议程。

3. 监管改进建议

针对此次事件暴露出的监管缺陷，应从以下三个方面进一步完善监管体系。

第一，完善股票交易制度，优化市场做空机制，避免出现较高金融风险。目前美国股票市场 T+2 的结算周期导致在结算时无法交割做空的股票就会出现超过 100% 的股票做空，这大大提高了轧空风险。对此，监管当局首先应进一步完善金融交易基础设施，推动 T+2 结算制度向 T+1、T+0 改革，避免股票交易制度中可能存在的漏洞。其次，应对证券市场中的“裸卖空”和反复卖空行为进行及时的监督和管理，例如给予每张股票单独身份编码并在制度法规中明确限制其被借用做空的次数，一旦发现有违反市场规定的行为，应迅速建立预警机制，制定完善的风险预案，防止风险的进一步扩散。最后，监管当局还应明确限制卖空比例的上限，防止再次出现因过度卖空加剧市场价格波动，影响整个金融市场的稳定性。

第二，完善卖空活动信息披露制度，提高信息披露频次。卖空活动缺乏透明度可能会导致市场滋生不信任感，对此监管当局应当改善机构空头头寸的信息披露制度，优化市场做空机制，使其风险控制在可控范围内。具体来说，一方面，可以增加股票总空头量的信息披露频次，将一月两次逐渐增加为一周一次或一周两次，同时提高信息披露的效率，减少信息统计后的延迟天数；另一方面，可以要求管理超过 1 亿美元的机构投资者在年度报告中不仅披露其多头头寸，还应披露其空头头寸，从而提高卖空交易的透明度，进一步规范融资融券业务，避免再次出现如此巨大的轧空风险。

第三，完善互联网平台舆情的识别机制，密切关注散户抱团迹象，核查是否有引导或操纵市场的行为。此次游戏驿站事件中，WSB 平台上的一些发帖人也是证券行业的持证专业人士，他们在社交媒体上号召公众进行集体交易存在构成潜在市场操纵的可能，监管当局应调查并监测互联网平台及社交媒体中这些持证金融从业者，并考虑制定完善对其的相应从业规范规则。除此之外，互联网平台加快了信息的传播速度和传播范围，这其中也包括虚假信息。因此还应加强互联网平台的信息管理和虚假信息识别机制，防止恶意发布的虚假信息诱导投资者，扰乱金融市场秩序。

（五）启示类开放性问题

1. 角度 1：互联网社交媒体的金融影响

随着科技的发展，互联网社交媒体更进一步地渗透进了人们的生活，也大大降低了人与人之间的交流与沟通成本，本次事件的直接起因便是少数个人投资者在互联网论坛 WSB 上进行的号召，之后形成了基于平台的散户抱团——散户们通过在论坛内交流信息和交易策略，采取一致行动，从而成功拉高游戏驿站股价。这启示我们要重视并深入剖析互联网社交媒体的影响，并采取相应举措。

一是互联网社交媒体的信息传播影响。一方面，互联网社交媒体给予了个人展示自己的平台，这带来了关键意见领袖（KOL）的出现，KOL 们拥有庞大的流量和影响力，常常能够“一呼百应”。另一方面，互联网社交媒体进一步提升了信息的传播速度和传播范围，也使投资者之间的决策信息更加透明，这加剧了羊群效应。两个因素共同作用，导致以 KOL 们投资建议为代表的信息，往往能在大量投资者中形成强指导性的效果，从而形成抱团现象。因此，监管层需要重视互联网社交媒体平台上的信息传播，尤其是关键意见领袖的投资建议，包括对其涉及信息的真实准确性、表达方式的合规性进行监督，从而避免关键意见领袖散布虚假信息或进行市场操纵。

二是互联网社交媒体的情绪传播影响。以往的研究主要关注的是互联网社交媒体对降低信息不对称性的作用，但在现实中，一种越来越明显的迹象表明，在互联网社交媒体上进行传播的还有依附于语言文字中的情绪。根据行为金融学，情绪会影响投资者的决策。因此，在互联网社交媒体下，散户们更易聚集并采取不理性行为，并且在情绪的催化下更易达成一致行动。体现在本次事件中，由于美国社会贫富差距的不断扩大，阶级矛盾日益激化，尤其是底层平民对华尔街的敌视情绪愈演愈烈，这种情绪也随着 WSB 论坛中的交流进行传播，在一定程度上使买入游戏驿站股票的号召很快在散户群体中得到赞同和跟随，而大量的买入又快速推高了股价。这启示我们，传统的金融定价理论在互联网社交媒体的影响下可能更加不适用，因为短期价格很可能经常会在各种因素作用下背离基本面价值，因此需要思考新的定价理论和模式，尤其考虑投资者情绪对定价的短期影响。此外，监管层也需加强舆情监控以保持金融稳定。

2. 角度 2：我国金融市场制度建设

此次围绕游戏驿站股票的散户逼空事件，一大滋生土壤便是美国金融市场的制度环境，包括：放开做空、期货市场发达、不设涨跌幅限制等。这些制度条件的存在，使短时间内暴涨暴跌的异常交易有了发生的可能，也具有了更大的影响力。而在我国则正好相反，对于做空的限制、期货市场规模及影响较小、涨跌停板的制度安排等，在严格的金融市场制度和金融监管之下，异常交易的现象和风险确实得到了遏制，但不利于金融市场的开放和活力，也不利于金融市场资源配置功能的发挥。目前，我国也在稳步推进金融市场开放，完善相关制度建设，例如设立科创板并将科创板和创业板股票的涨跌幅限制扩大到 20%。

对于我国来说，未来金融市场需要进一步改革，改革的一大对标对象便是美国，因此美国市场上的经验和教训对我国金融市场的制度设计和构建具有十分重要的意义。此次散户逼空事件提示我国不仅需要逐步放开做空，而且在进行做空机制建设时需要注意防范过度卖空的风险、加强信息披露等配套制度安排、加强舆情监控等；此外需要根据金融市场发展阶段和投资者结构情况，稳慎放开股票涨跌幅限制。

3. 角度 3：货币和财政政策的制定与调控

此次事件的两大客观条件分别是美国金融市场上充裕的流动性和财政刺激带来的居民可支配收入的提高，这既增加了散户进行投资的资本，也刺激了散户炒股的热情。2020 年，为应对新冠疫情对国内经济的冲击，美联储推出了包括无限量化宽松在内的一系列宽松货币政策，向市场注入了大量流动性，这也是金融市场资金增长和投资者投机性提升的根源。而美国国会也于 2020 年 3 月末通过了规模达 2.4 万亿美元的 CAREs 法案，随后又追加到 3 万亿美元，其中包括 1200 美元直接补贴和每周 600 美元的失业救助，这不仅使居民资产负债表未受冲击，反而还增加了居民可支配收入，储蓄率也创下新高。因此，相关货币和财政政策的制定和实施机构应该审慎评估当前宽松政策下资金大规模流入金融市场造成的风险，谨慎权衡货币和财政政策宽松的幅度，考虑更加稳健的政策，促进金融稳定。

4. 角度 4：金融机构风险管理

本次事件中，金融机构对于游戏驿站股票的过度做空成为关注焦点，梅尔文资本甚至由于亏损严重在 1 月 25 日接受了近 27.5 亿美元的救助。此外，导致伽马挤压、售出大量看涨期权的投行等机构，也面临巨大的资金管理和亏损压力。众所周知，做空者在股价上行和下行时面对的风险是不匹配的，股价下跌时其获利空间最多不可能超过 100%，而股价上涨时其损失理论上却可能是无限的。而看涨期权的卖出方，在未来股价上涨时也可能会有无限大的损失。因此，金融机构需要重视对自身的风险管理，减少金融工具的滥用，管理好风险敞口；其自身的风控部门需要履行好审慎核查义务，及时报告可能的风险问题，提升全机构的风险防控能力。

5. 角度5：散户教育

本次事件中，散户抱团一致炒作是游戏驿站股价上涨不可忽视的原因之一。大多数散户，即个人投资者，由于自身知识所限，独立决策和判断能力较弱，再加之其在信息资源方面的劣势，所以其更加容易随波逐流，产生羊群效应。因此，我们需要重视对个人投资者的风险教育，帮助其树立正确的投资理念和投资方法，从而避免其盲目跟风，被市场操纵者所利用，引起或加剧市场波动。监管机构、行业协会等主体也需加强对个人投资者的风险提示，必要时对投资标的划分风险等级；此外还可以通过明确适合散户参与的投资范围和投资方式等，帮助散户进一步提高自己的投资水平，防范潜在风险。

五、建议课堂计划

本案例可以作为专门的案例讨论课来进行，课堂计划分为课前准备、课中讨论和课后延伸三部分，以下安排仅供参考。

1. 课前准备

教师提前一周下发案例正文以及相关启发思考题，以便学生对于散户抱团逼空游戏驿站股票的案例有初步的认识。学生自行查阅游戏驿站的相关资料并了解做空、轧空等基础金融知识，基于案例内容独立分析启发思考题中的题目。

2. 课中讨论

整个案例讨论课的课堂时间控制在90分钟左右（两节课）。

（1）视频播放：在上课前10分钟，教师可以播放相关视频调动学生兴趣（可以参考本案例提供的视频网址）。

（2）案例讲述：教师参考案例正文，阐明案例的内容、主题、分析思路（教师可以使用本案例提供的教学配套PPT）（10分钟）。

（3）小组讨论：将学生们分为5组，每组对4个思考题分别进行讨论和发言准备（25分钟）。

（4）小组代表发言：各小组选派一名代表阐述对事件的看法和对思考题的答案要点，每组4分钟（20分钟）。

（5）全班讨论：小组之间互相提问讨论，完善观点（20分钟）。

（6）教师点评与答疑：教师对学生们的观点进行点评与总结（15 分钟）。

3. 课后拓展

请学生依据本案例的相关内容，任选一个感兴趣的角度，查阅文献资料深入研究，撰写一篇 3000 字以上的课程论文，由教师点评并择优进行分享。

六、参考文献

[1] 黄世忠，李诗，于骁然．游戏驿站股票现象的解析与启示——基于行为金融的视角［J/OL］．财会月刊，2021（2）：1－7.

[2] 宋军，吴冲锋．证券市场中羊群行为的比较研究［J］．统计研究，2001（11）：23－27.

[3] 翟丽芳．金融监管理论与实践的综述及展望［J］．新疆社会科学，2020（6）：46－53.

[4] 李佩云．基于金融危机的监管理论梳理研究［J］．商场现代化，2016（14）：110－111.

[5] 鄢川源．现代金融机构的风险管理体系运作发展趋势［J］．行政事业资产与财务，2011（16）：75－76.

[6] 张中华．论金融机构创新与风险管理［J］．华中师范大学学报（人文社会科学版），2011，50（2）：38－48.

[7] 伍燕然，韩立岩．投资者情绪理论对金融“异象”的解释［J］．山西财经大学学报，2009，31（2）：95－100.

[8] 陈忠阳．论现代金融机构风险管理十项原则［J］．国际金融研究，2005（4）：58－65.

[9] 高铁梅，王金明．我国货币政策传导机制的动态分析［J］．金融研究，2001（3）：50－58.

[10] 李晓西，余明．货币政策传导机制与国民经济活力［J］．金融研究，2000（7）：1－9.

[11] Choe，H.，Kho. B. and Stulz，R. Do foreign investors destabilize stock markets? The Korean experience in 1997［J］. Journal of Financial Economics，1999，54：227－264.

案例 12

“白玉”的瑜瑕之争

——解密白玉兰广场百亿 CMBS[①]

2019 年 8 月 14 日，“金光上海白玉兰广场资产支持专项计划”获上交所审议通过。该项目采用典型双 SPV 架构，发行金额总计 138 亿元，创下境内 CMBS 产品融资规模之最，引发了地产行业的广泛关注。本案例在梳理白玉兰广场 CMBS 发行始末的基础上，对产品的潜在风险及积极影响进行了层层剖析，并从投资者、发行主体和房地产行业三方视角对项目的整体价值进行了仔细审视。通过对比不同融资方式的异同，分析 CMBS 产品的结构设计及参与主体的财务状况，本案例实现从表象出发而层层深入，引导学生探索房地产行业融资新模式。

① 本案例由中央财经大学金融学院苟琴、彭芙瑶、马若璨、杨颖撰写。

案例正文

一、引言

2019 年 12 月 20 日，白玉兰广场资产支持计划正式在上交所挂牌转让。项目以享有“浦西第一高楼”美誉的白玉兰广场作为底层资产，成为上海市首单地标性建筑 CMBS。除此之外，项目更是凭借高达 138 亿元人民币的发行规模，登顶境内 CMBS 融资规模之最。在当前地产融资调控趋严的背景下，白玉兰广场 CMBS 的成功发行无疑给地产行业打了一剂强心针。然而，银行贷款、信用债等传统模式在房企融资中占据半壁江山，CMBS 是否独具魅力能突破重围？前有红博会展 CMBS 打破零违约率美梦，又置身于违约爆雷频发的市场环境，白玉兰广场 CMBS 能否独善其身？加持优质底层资产，白玉兰广场 CMBS 的成功发行又能否借此加速房地产市场的优胜劣汰，决胜存量博弈？带着这些问题，让我们一起走进白玉兰广场百亿 CMBS，揭开“白玉”的神秘面纱。

二、行业及企业背景

（一）房地产市场的融资困境与 CMBS 的突围

1. 严调控下地产融资困难重重

自 2016 年下半年以来，我国频频出台地产行业融资调控政策。2019 年全国累计调控 600 余次，调控力度创历史新高。梳理我国地产行业融资途径的发展历程，不难发现其一直与政策导向密切相关。从 2006 年的股权融资阶段到现在的再融资业务全面收紧阶段（见图 12－1），地产行业先后经历了叫停股权融资、限制公司债募资用途、约束信托业务增速、控制贷款额度等多项政策调控。与之对应，地产融资在每个发展阶段之间的过渡都是在政策限制下实现的全新突破。在当前银行信贷收紧、非标压缩、发债门槛提高、定增市场死寂的背景下，房地产企业该如何走出新一轮的融资困境，引人深思。

从本质上看，地产行业属于资金密集型产业，对资金体量和资金成本要求较高。除了地产项目的开发及后续维护客观需要大量资金外，由于地产项目投资回收期普遍

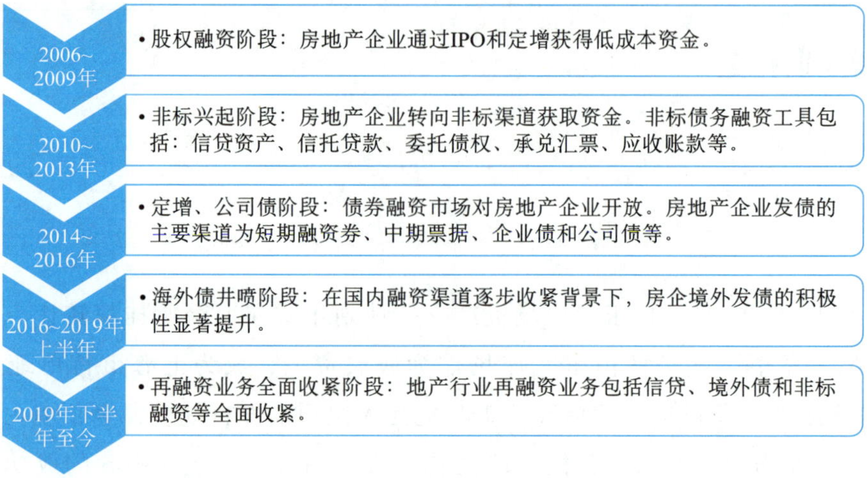

图 12－1　2006 年至今中国房企融资发展历程

较长，能否保持资金的流动性及控制资金获取成本对房企也至关重要。另外，目前相当一部分房企资产负债率偏高，在“不将房地产作为短期经济刺激手段”的政策导向下，作为房企主要资金来源之一的银行贷款将受到较大限制，企业现存的信用债、海外债等均不得不通过“借新还旧”的方式解决。预计 2020 年信用债和海外债的融资需求将超过 4100 亿元，再融资压力巨大。一边是趋严的融资调控，一边是客观存在的融资需求，能否找到合适的融资方式来维护资金链的稳定成为房企必须面对的挑战。

2. CMBS 融资纾困优势明显

经过多年发展，目前中国的房地产市场形成了包括间接融资、直接融资和资金周转三大类资金融通方式在内的融资体系，涵盖近 50 个细分项目。房地产企业融资渠道的分类情况如表 12－1 所示。

表 12－1　　房地产企业融资渠道分类

融资方式分类			典例
间接融资	银行贷款	境内	开发贷、并购贷、流贷、政策贷、经营性物业贷
		境外	项目贷、内保外贷
	非标融资		委托贷款、信托贷款、融资租赁、债务重组、海外并购
直接融资	债权融资	境内	公司债、私募债、中票、短融、企业债、可转债、可交债、PPN
		境外	优先票据、企业债、可转债、可交债
	股权融资	境内	IPO、增发、配股
		境外	联交所 IPO、代价发行、公共发售、供股、配股
	资产证券化		ABN、ABS、RIETS、应收/应付款、购房尾款、物业费

续表

融资方式分类			典例
资金周转	供应链	票据	商业承兑汇票、银行承兑汇票
		应付款	应付工程款、其他应付款
	销售回款	个贷	商贷、公积金贷、消费贷等
		购房款	首付款

为了更直观地比较房企各融资方式的优劣，进一步对各种融资渠道的发行成本和申请难易程度进行对比后可以发现，资产证券化手段相较于公司债等传统融资方式在进行地产融资时的成本更低，并且融资申请也更为容易（见表 12－2）。这些优点也是资产证券化逐渐兴起的重要原因。从 2016 年开始，房地产资产证券化产品保持增长态势，同比最高增幅达 83.78%，为众多面临融资困境的房企提供了崭新的思考角度。

表 12－2　　2019 年房企各融资渠道发行成本和申请难易程度对比

融资渠道	发行成本（%）	申请难易程度	融资渠道	发行成本（%）	申请难易程度
IPO、增发	/	难	中期票据	5%左右	较易
非标融资	10%～12%	难	短期融资票据	4%左右	容易
房地产开发贷	/	较难	定向工具	5%～7%	较易
公司债	6%左右	较难	私募资管	13%～15%	较易
海外债券	9%左右	难	资产证券化	4%～6%	容易

作为资产支持证券化产品中总发行规模占比最大的产品，房地产抵押贷款支持证券（CMBS）更是在房企融资中优势显著。从定义来看，CMBS 是以商业地产为抵押，以其物业资产未来的经营收入作为本息偿还来源的资产证券化产品，本质上是一种盘活存量资产的融资方式。对房地产企业而言，其拥有的商业地产预期能产生稳定现金流，同时融资需求巨大，CMBS 是与其天然匹配的融资方式。通过对 CMBS 与传统贷款及其他 ABS 产品进行对比分析，我们可以更为全面地了解 CMBS 的独特优势（见表 12－3）。

表 12－3　　CMBS 与传统贷款及其他 ABS 产品对比

项目	CMBS	普通 ABS	传统贷款
基础资产	营运状况优良，物业资质较优保留物业所有权，享受物业增值，如写字楼、购物中心等	资产质量相对较差，如应收账款、信用卡额度等	用于抵押的房屋产权清晰、能在市场交易，即可进入房地产市场流通
政策适应性	2014 年，我国资产证券化由审批制改为备案制，面临政策利好		房地产行业融资管理趋严，方式和渠道受限

续表

项目	CMBS	普通 ABS	传统贷款
融资成本	只需办理资产抵押，不涉及土地增值税和所得税，税负低，成本小	涉及资产产权转让，缴纳税种多，税负重	融资成本较高
资金用途	资金使用相对灵活		资金用途受到严格限制
融资期限	最长 18～24 年，通常每 3 年开放一次，一般采用 3+3+N 模式，融资期限较长	相对较短	房龄加上贷款期限不能超过 40 年
融资规模	大	较为有限	较为有限
增信程度	采用双 SPV，增信程度更强	单 SPV，程度较弱	较弱

由于 CMBS 具有融资效率高、融资规模大、偿还期限长以及资金用途广等诸多优势，再加上双 SPV 的结构设计更有利于实现风险隔离，上海地标性建筑白玉兰广场选择使用 CMBS 进行融资，该项目为“海通华泰－金光上海白玉兰广场资产支持专项计划”，简称“白玉兰广场 CMBS”，项目发行规模达 138 亿元，创境内之最。

（二）“浦西第一高楼”白玉兰广场

白玉兰广场地理位置优越，西南毗邻外滩，南面与陆家嘴隔江相望，地处虹口区北外滩要塞之处。物业资产三面临街，距虹口区政府、上海火车站、虹桥国际机场的直线距离均在 20 千米以内，处于航运、金融企业聚集的核心位置，是名副其实的北外滩中心。

广场总建筑面积合计 42 万平方米且拥有全球最大的 LED 屏幕，是集购物、办公、酒店服务等多功能于一体的高端城市综合建筑。白玉兰广场购物中心、上海外滩 W 酒店分别定位于时尚摩登潮流购物中心和新兴奢华酒店，是上海市的娱乐休闲新地标。

白玉兰广场的现金流构成如图 12－2 所示，其中写字楼和商场的租金收入以及酒店业务收入是白玉兰广场的主要资金来源。从租户构成来看，白玉兰广场租户盈利水平整体较高，租期也相对稳定。其中，写字楼的租户以 BMW 设计研发中心等世界 500 强企业为主，商场以网红美食店、潮流体验店及时尚零售店等对青年群体吸引力极高的租户为主。酒店业务主要面对中高端收入群体，同时通过承接 Google 等知名企业年会，在业界享有盛名。白玉兰广场物业资产总体估值高达 233 亿元，极具发展空间。

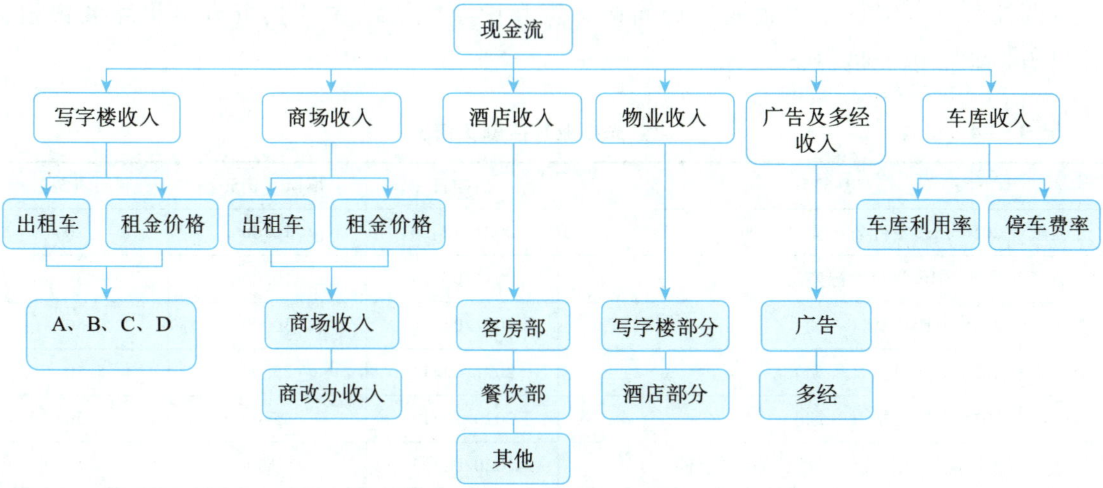

图 12－2 白玉兰广场现金流构成

三、蓝田生玉：产品发行动因

一般而言，任何一款融资产品的发行原因都涉及发行主体的资金需求和发行主体的融资能力两个要素。前者往往源于企业资金供求状况之间的对比，决定了企业是否拥有资金融通的内生性需求；后者则需要对企业自身的资金偿付能力以及产品的底层资产进行审慎评估，判断企业是否具备产品发行的客观条件。在白玉兰广场 CMBS 中，拥有白玉兰广场这一优质底层资产是促使产品发行的重要原因。除此之外，关于产品的其他发行动因，我们可以透过发行人金光纸业前期的财务状况及战略布局窥得一二。

（一）传统融资模式多维受限

企业的融资途径可以分为债务性融资和权益性融资两种，金光纸业直接融资情况梳理如表 12－4 所示。梳理金光纸业截至 2019 年 3 月的融资情况，可以发现其债务性融资总额达 218 亿元，而且从 2013 年开始，公司没有进行过任何外部权益性融资。金光纸业的直接融资途径有发行公司债、中期票据和供应链资产支持计划三种，对应的融资成本区间分别是 6.10%～7.69%、5.50%～7.50%、6.80%，总体成本较高。除融资成本外，公司各融资渠道的可得性也并不乐观。由于公司存在高达 290 亿元的对外担保，多项资产涉及抵押与质押，公司发行债券的规模和频率均较为有限。具体而言，近三年间金光纸业仅发行过两次公司债券，筹集资金总额仅为 14 亿元。同时，受地产融资调控影响，银行作为企业进行间接融资和中票融资的主要投资方也将缩紧银根，难以为企业提供大量资金。

表 12－4　　金光纸业直接融资情况

产品简称	到期日	规模（亿元）	利率（%）
金光纸业 2018 公开发行公司债（一期）	2021/12/24	10.00	7.20
宁波亚洲浆纸 2016 公开发行公司债	2021/08/24	10.00	6.38
金光纸业 2018 中期票据（一期）	2021/04/26	30.00	7.50
金光纸业 2016 中期票据（一期）	2021/03/11	25.00	5.50
金光纸业 2015 中期票据（一期）	2020/10/15	25.00	5.50
国金－金光供应链资产支持专项计划（次级）	2020/04/23	5.50	—
国金－金光供应链资产支持专项计划（优先级）	2020/04/23	49.50	6.80
海南金海浆纸 2013 公司债	2020/04/15	12.00	6.10
金东纸业 2016 非公开发行公司债（一期）	2019/10/28	7.00	6.60
金红叶纸业 2017 中期票据（二期）	2019/10/23	5.00	6.94
金红叶纸业 2017 中期票据（一期）	2019/09/15	5.00	6.97
金红叶纸业 2017 公开发行公司债（二期）	2019/07/21	4.00	7.69
金光纸业 2014 中期票据（一期）	2019/06/20	30.00	6.80

而从需求端来看，汇博纸业 2019 年 1 月发布公告称金光纸业正在对其展开要约收购，预计顺利完成此项计划仍需支付近 37 亿元的高额资金。一边是本就有限的资金来源，一边是巨大的潜在资金缺口，金光纸业迫切需要找到一种合适方式去解决上述两难。

对于这种困境，CMBS 给出了近乎完美的解决方案。从融资方式来看，CMBS 相当于把银行对地产投资商的贷款挪到资本市场来进行。二者虽效果无异，但 CMBS 将原本属于间接融资的银行贷款转化成了直接融资，可以不受银行贷款政策和地产调控的影响。从融资的成本和期限来看，白玉兰广场资产支持计划优先 A1 档的发行利率仅为 4.80%，A2 档的发行利率也不过 5.30%，远低于此前金光纸业发行公司债、中期票据和供应链资产支持计划的融资成本。不仅如此，白玉兰广场资产支持计划的存续时间长达 24 年，是金光纸业此前直接融资最长存续时间的三余倍，可以为企业优化产业布局、重整产业链提供充足的稳定资金。

（二）企业融资能力有待挖掘

将金光纸业的财务指标与造纸行业内的重点企业进行比较，可以发现虽然金光纸业的资产负债率处于行业中间位置，但其流动比率在同行中是领先的。这说明金光纸业的流动资金仍然相当充沛，偿债能力具有较高的保障。但同时，相对偏高的流动比率也意味着金光纸业并没有充分挖掘负债潜力，存在一定的机会成本浪费，这也解释了公司近年经营资金周转效率出现下降的问题（见表 12－5）。

表 12－5　可比公司财务比率

公司简称	资产负债率（%）				流动比率			
	2019 年一季度	2018 年	2017 年	2016 年	2019 年一季度	2018 年	2017 年	2016 年
金光纸业	63.80	63.55	61.71	64.10	1.02	1.01	1.15	1.21
宜宾纸业	79.67	91.22	95.88	98.49	0.56	0.45	0.19	0.23
晨鸣纸业	75.81	75.43	71.34	72.58	0.81	0.78	0.86	0.77
博汇纸业	72.56	72.21	62.81	62.88	0.62	0.68	0.78	0.84
山鹰纸业	63.42	62.30	61.21	57.97	0.71	0.80	0.74	0.84
太阳纸业	54.74	57.23	58.46	58.70	0.83	0.77	0.90	0.86
华泰股份	42.21	43.90	48.42	54.88	1.03	1.10	1.06	0.91

在发行白玉兰广场资产支持证券之后，前述问题有望得到一定改善。首先，CMBS 作为一种债务性融资工具，其产生的利息费用可以增加企业的流动负债和财务杠杆，帮助企业将营业收入更为高效地转化成股东收益。同时，得益于 CMBS 的低利率，新增的负债基本不会带来财务危机成本。而且金光纸业的偿债能力属行业前列，可以很好消化这种负面影响。

其次，金光纸业并非没有债务融资需求。根据金光纸业的发展战略规划，无论是革新绿色造纸工艺，还是完成收购及整合白卡纸业务均需要大量的资金投入。发行 CMBS 正好可以充分调用金光纸业闲置的融资空间，降低高流动比率带来的机会成本。白玉兰广场资产支持计划的发行为金光纸业收购博汇纸业提供资金，更是为金光纸业全面布局白卡纸业务，在高档包装领域占据绝对性的竞争优势埋下伏笔。

四、琢玉成器：产品发行过程

（一）产品发行历程梳理

白玉兰广场 CMBS 只是资产证券化融资项目最终面世的证券产品，为了使该项目顺利上市，早在数月前发行人金光纸业就开始了筹备工作（见表 12－6）。

表 12－6　白玉兰广场 CMBS 发行历程

2019 年 8 月 14 日	“海通华泰－金光上海白玉兰广场资产支持专项计划”获上海证券交易所审议通过（以下简称“专项计划”）
2019 年 9 月 27 日	华泰证券以及与管理人签订销售协议的其他机构向客户销售“专项计划”
2019 年 10 月 25 日	“专项计划”完成目标募资规模，其中 A1 级、A2 级和次级证券募资规模分别为 105 亿元、32 亿元和 1 亿元，专项计划正式成立
2019 年 12 月 20 日	“专项计划”正式在上交所交易市场固定收益证券综合电子平台挂牌，面向合格机构投资者交易

2019 年 12 月 20 日，白玉兰广场资产支持计划正式在上交所挂牌转让。项目最终凭借高达 138 亿人民币的发行规模，登顶境内 CMBS 产品融资规模之最。产品共包括优先 A1、A2 档和次级三档证券，发行规模分别为 105 亿元、32 亿元和 1 亿元，发行利率在 4.8%～5.3%，期限为 24 年。其中优先档证券信用评级为 AAA。

（二）产品核心要素概况

1. 基础资产及参与主体

白玉兰广场资产支持计划的基础资产是金光纸业依据《西部信托－金光上海白玉兰广场物业财产权信托合同》的约定，转让给华泰证券的全部信托受益权，这一基础资产与所有参与人的固有资产都是相分离的。信托受益权的现金流主要来自北外滩置业向西部信托特定债权的清偿。

该资产管理计划以金光纸业作为原始权益人、北外滩置业（第一大股东为金光纸业）作为债务人，管理人为华泰证券。参与主体的基本情况如表 12－7 所示。

表 12－7　白玉兰广场资产支持计划参与主体

主要参与方	参与机构名称
管理人	华泰证券（上海）资产管理有限公司
销售机构	海通证券股份有限公司
托管人	交通银行股份有限公司上海市分行
原始权益人/差额支付义务人	金光纸业（中国）投资有限公司
项目公司/物业持有人/债务人/资产服务机构	上海金港北外滩置业有限公司
信托受托人	西部信托有限公司
监管银行	兴业银行股份有限公司上海分行
法律顾问	北京市竞天公诚律师事务所上海分所
现金流预测机构	信永中和会计师事务所

续表

主要参与方	参与机构名称
评级机构	联合信用评级有限公司
评估机构	深圳市戴德梁行土地房地产评估有限公司
登记托管机构	中国证券登记结算有限责任公司分公司

2. 交易结构及流程（见图 12－3）

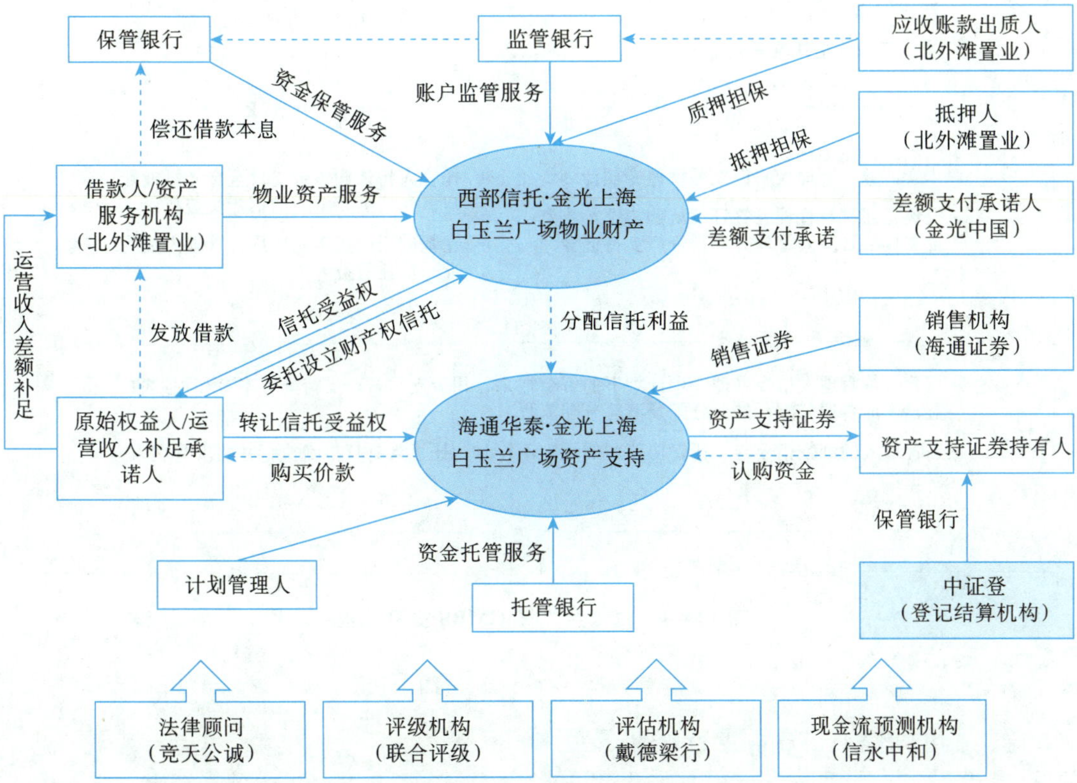

图 12－3 白玉兰广场 CMBS 交易结构

白玉兰广场资产支持计划的交易结构如图所示。从图中可以发现，与传统的债券等融资产品单纯依靠发行人偿还本息不同，白玉兰广场 CMBS 在基础资产之外还颇具创造性地引入了八重内外部增信措施。

这些增信措施可以分成三类。其一是针对标的物业资产的风险控制，包括确保物业资产运营净收入对优先级证券的超额覆盖、对物业运营收入的跟踪机制两种；其二是同时采用四种典型的担保方式，包括原始权益人金光纸业的差额支付承诺、债务人以物业资产进行抵押、以物业资产运营收入进行质押、支付优先级证券兑付保证金；最后是 CMBS 产品特殊的结构设计，包括引入信用增级机构的流动性支持，还有采用更为有利于风险隔离的双 SPV 架构，即既基于原始债权债务关系在金光纸业与北外滩置业间成立信托计划（SPV1），又通过设立资产支持计划转让信托受益权（SPV2）。根据交易结构安排，白玉兰广场 CMBS 的交易流程可以概括为以下五个步骤（见图 12－4）。

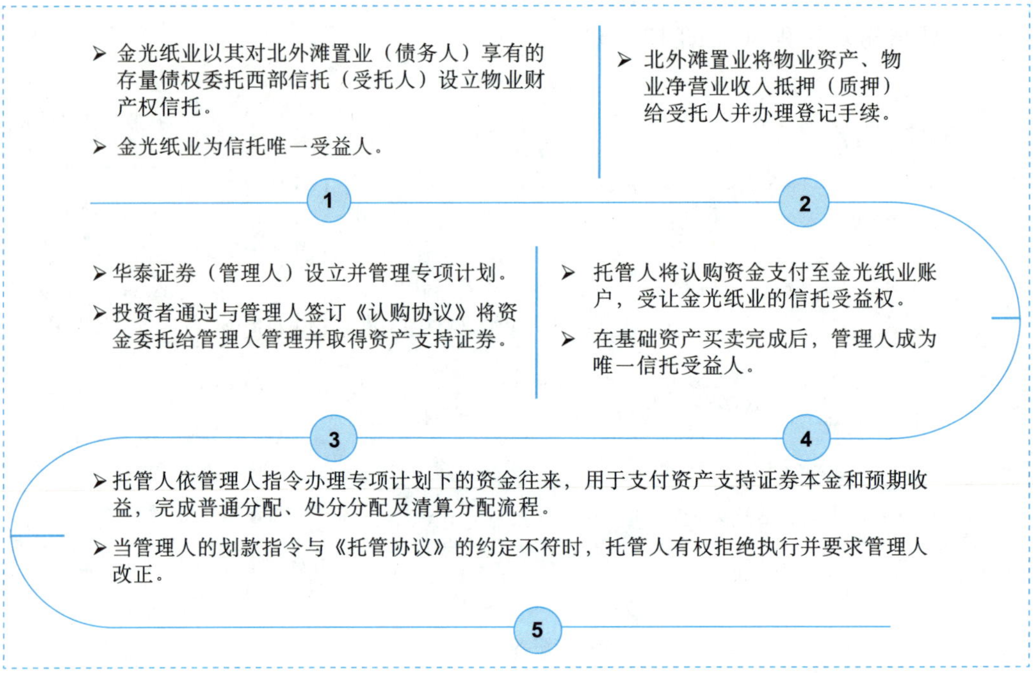

图 12－4　白玉兰广场 CMBS 交易流程

五、摘瑕指瑜：产品发行结果及影响

至此，白玉兰广场 CMBS 的发行告一段落。从产品成功发行后发行人金光纸业的经营及财务情况来看，CMBS 的确起到了一定的正向作用。然而如果仔细分析产品的各项要素，不难发现白玉兰广场 CMBS 又难以规避资产证券化产品的“通病”。放眼房地产市场，CMBS 更是一面创造着地产企业资金融通的全新模式，一面又加剧着地产市场的风险传染。

（一）璞玉天成，“白玉”有瑜

1. 改变资本结构，满足融资需求

在发行白玉兰广场资产支持证券之后，发行人金光纸业的财务状况发生显著改变。首先，白玉兰广场 CMBS 的发行使公司的资本结构发生了变动。截至 2019 年年末，公司长期应收款为 138.13 亿元，较上年末增加了近 485 倍，总资产从 2019 年 6 月 30 日的 1764.89 亿元增加至 2019 年 12 月 30 日的 1913.78 亿元。

其次，CMBS 作为一种债务性融资工具，其产生的利息费用可以增加企业的资产负债比率、加大企业的财务杠杆，公司的财务杠杆率从 2019 年 6 月 30 日的 312.5% 提高到了 2019 年年末的 315.73%，财务杠杆率的提高也表明公司的融资需求得到了满足，融资能力得到了更好的挖掘。

最后，得益于 CMBS 的低利率，新增的负债基本不会带来财务危机成本。由图可知，公司在 2019 年三季度以来的流动比率呈现持续上升的趋势，且流动比率一直处于同行高位，表明公司在发行了白玉兰 CMBS 以后的短期偿债能力稳定，且仍属于行业前列，可以很好消化财务杠杆增加带来的负面影响。

金光纸业与可比公司资产负债率、流动比率的对比如图 12－5 和图 12－6 所示。

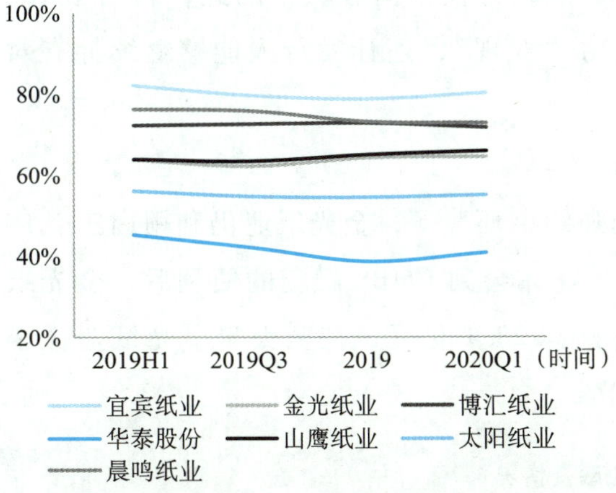

图 12－5 金光纸业与可比公司资产负债率对比

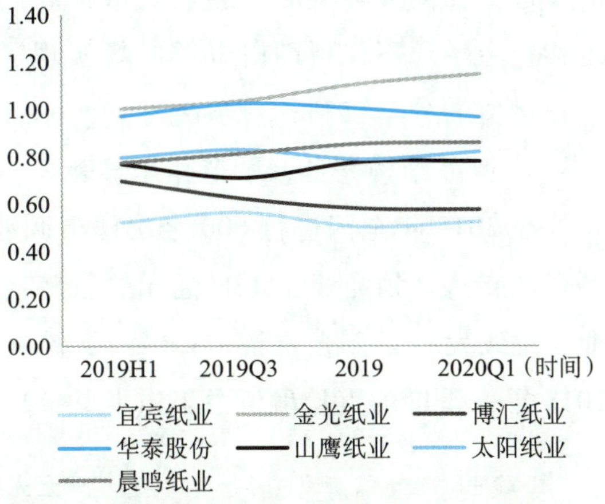

图 12－6 金光纸业与可比公司流动比率对比

2. 盘活底层资产，突破存量博弈

白玉兰广场 CMBS 以金光纸业的信托收益权作为基础资产，基础资产的现金流源自白玉兰广场的物业资产运营收入。从运营收入的构成来看，租金、管理费、广告收入等本身具有较低的流动性，无法及时满足企业的变现需求。CMBS 以这些现金流为基础设立信托计划，赋予现金流更强的稳定性。再以这种相当稳定且能够产生可预期收入的信托计划作为基础资产创设权利凭证，进而将这些低流动性资产转化成了可以在交易所流通与转让的证券。

在 CMBS 中，发行人提前变现了未来才可以取得的物业营运收入，提高了资产的周转效率。同时，通过以抵押物业资产作为增信手段之一，CMBS 产品的吸引力也大幅增加，间接降低了发行人的债务融资成本。底层资产在商业房地产证券化的过程中，通过上述两个途径更加充分地挖掘了自身的潜在价值。

在我国地产行业存量庞大、融资监管趋严的大背景下，金光纸业采取的这种“地产+资本”的融资模式具有一定的发展潜力。一方面，我国的地产融资需求有望持续上涨。目前，中国和美国的商业物业融资额分别为0.13万亿人民币和11万亿人民币，相比之下，国内的地产融资市场还远未饱和；另一方面，城市圈的逐渐扩大也客观要求地产企业能够融入充足资金以支持新区扩张和业态创新，满足现代化生活方式的需求。CMBS将视线从企业资产负债表的负债栏移动到资产栏，利用优质资产释放充足流动性，可以帮助企业在存量博弈中占据优胜位置。而且与类REITs产品不同，CMBS属于债券类产品，因此不涉及产权转移与分拆过程中的复杂手续，地产企业可以保持对底层资产的所有权，享受其未来可能产生的增值收益。结合白玉兰广场的发展情况，其历史年租金收入持续上涨，重点业务之一的酒店业务也有望借助浦西政府对商务区的改造，在商务客群的获客量上取得新的增长点，升值空间较大。因此，利用CMBS进行资金融通不仅帮助白玉兰广场实现了成功“变现”，还让发行人能够继续拥有对潜在增值的分享权利，一举两得。

3. 产品结构完备，示范作用显著

在2018年全国进行600余次楼市调控的强约束环境下，金光纸业仍利用白玉兰广场资产支持计划完成了138亿元的巨额融资。在体会到CMBS融资的便利后，金光纸业又继续发行了金光虹桥CMBS，二者累计融资228.1亿元，甚至大于金光纸业截至2018年一季度的直接融资总额（见表12-8）。

表12-8　金光纸业融资情况

发行日	债券名称	债券类型	债券余额（亿元）	到期日
2015-10-13	15金光纸业MTN001	一般中期票据	25	2020-10-15
2016-03-09	16金光纸业MTN001	一般中期票据	25	2021-03-11
2018-04-24	18金光纸业MTN001	一般中期票据	30	2021-04-26
2018-12-20	18金光01	一般公司债	10	2021-12-24
2019-04-23	19金光01	一般公司债	20	2022-04-25
金光纸业直接融资总额			110	
2019-10-25	白玉兰次	证监会主管ABS	1	2043-10-25
2019-10-25	白玉兰A2	证监会主管ABS	32	2043-10-25
2019-10-25	白玉兰A1	证监会主管ABS	105	2043-10-25
2019-11-29	19金光次	证监会主管ABS	0.1	2043-11-29
2019-11-29	19金光B	证监会主管ABS	23.4	2043-11-29
2019-11-29	19金光A	证监会主管ABS	66.6	2043-11-29
2019年ABS债券融资合计			228.1	

从市场角度来看，白玉兰广场 CMBS 的成功发行突破了国内私募 CMBS 产品资金体量较小的藩篱。与发达国家相比，国内的 CMBS 产品囿于底层资产单一、风险分散能力差等因素，发行规模整体较小。白玉兰广场 CMBS 采用的也是单一物业资产的形式，但是由于产品设计了八重增信，涵盖保证、抵押、质押等典型担保措施和结构性增信机制，因此能够额外增加产品的安全等级。在已发行的 CMBS 产品中，白玉兰广场 CMBS 的增信形式堪称全面，有望对后续同类产品的设计和发行起到示范作用。此外，如果关注底层资产自身，白玉兰广场兼具区位优势与业务优势，本身便可对未来的本息偿付提供较强的信用背书。这种强调优质底层资产的做法契合资产证券化产品的设计初衷，同时也可以引导资金流入优质地产，帮助有发展潜力的底层资产实现“二次发育”，促进地产市场的优胜劣汰。

（二）黄金有疵，“白玉”有瑕

总结资产证券化产品的违约案例，可以发现这些产品或是在发行之前未尽尽职调查之责，对项目前景预测过于乐观；或是项目相关方经营及财务状况恶化，削弱增信措施效力；又或者是在外部环境非预期变化下发生的“黑天鹅”事件。这些违约情况为分析白玉兰广场 CMBS 在挂牌发行后可能产生的问题提供了极佳的思考角度。

1. 基础资产现金流或不达预期

白玉兰广场资产支持计划基础资产的现金流主要来源于信托利益，即债务人北外滩置业对白玉兰广场物业财产权信托偿付的本金和利息，本息的偿还又主要依靠白玉兰广场物业资产的运营收入。然而这种营业收入本身便存在较大的不确定性，这也决定了白玉兰广场 CMBS 不可避免地要暴露于风险之下。

一方面，运营收入依赖于经营情况。如果经营出现困难、商户入住率下降、租金不能如期收回，或是市场上租金剧烈变动，运营收入将面临偏离预期的风险。随着上海核心商圈写字楼“老龄化”和非核心商务区的逐渐成熟，很多企业更倾向于在交通便利且租金相对较低的新兴商务区办公，白玉兰广场所在商区正不断面临空置率和租金率双向承压的困境。另一方面，金光纸业与北外滩置业受同一实际控制人控制，金光纸业自身在白玉兰广场的租赁面积就占到 14.73%。这种以关联方作为主要租户的行为也加剧了租金收入的风险，影响基础资产的现金流。

另外，中介机构对基础资产现金流的预测结果也往往与未来的实际情况之间存在一定偏差。理论上，未来现金流容易受到租金水平和出租率、酒店的房间价格和入住率等多种不确定因素的共同影响。由于难以对每种因素进行详尽分析，不同影响因素之间的联动关系也难以有效把握，因此预测偏差是普遍存在的。具体到白玉兰广场资产支持计划中，中介机构在预测现金流时进行的一些假设的确存在过于乐观的问题。例如，2020年以前的出租率预设为85%，2021年的租金率为92%，此后预计出租率将保持95%不变。而实际上，白玉兰广场在2019年中旬的出租率不到73%，而且上海市的商业空置率正在上升，大量新增供应的入市可能会维持这一趋势。当实际现金流达不到预期时，这种预测上的偏差将会转化为证券持有人的投资风险，造成投资者的损失。

2. 项目相关方存在经营和财务异常

在商业房地产抵押贷款支持证券中，原始权益人和债务人两类参与主体的经营和财务风险对整个项目的影响至关重要。北外滩置业作为债务人，其主营业务未来的盈亏将会影响自身偿债能力，这是决定整个CMBS产品运作的核心要素。当债务人无法如约还本付息时，又会涉及相关增信措施的动用。金光纸业既是白玉兰广场CMBS的原始权益人，又在白玉兰广场资产支持计划中承担着补足承诺人、差额支付义务人和信用增级机构的多重角色，因此它的经营和财务状况也会对CMBS产品的质量产生重要的影响。

债务人北外滩置业的主营业务是物业租赁，通过对白玉兰广场的商业物业进行出租和管理，获取办公楼及商场租金收入、酒店运营收入和物业费收入等。2018年年末，北外滩置业的净利润和经营性净现金流均为负值，两者分别为－3.94亿元和－3.07亿元，主要是由于白玉兰广场投入运营时间尚短，相关设计还不够成熟导致的。可见现阶段北外滩置业的盈利能力还较弱。另外，北外滩置业的总授信额度已经全部使用完毕，偿债能力也缺乏保障。如果未来北外滩置业不能及时改善经营状况，白玉兰广场CMBS势必会承受较大的信用风险。

除此之外，增信主体金光纸业也存在一定的经营和财务异常。第一，金光纸业存在大规模的关联交易。2018年，金光纸业的营业收入中有78.52亿元为来自关联方客户的销售收入，占比13.32%；营业成本中有100.86亿元为向关联方供应商购买的支付，占比22.49%。由于关联交易的价格有很大的不确定性，很可能存在不公允的情况，这使金光纸业的营业现金流面临较大风险。第二，金光纸业应收账款和其他应收款的账龄整体较长。截至2018年年末，两者的余额分别为163.69亿元和122.27亿元，其中账龄在一年以上的分别占比16.69%和68.94%。账龄较长意味着回款异常的风险很大，未来很可能面临营运资金短缺的问题。最后，金光纸业受限资产的规模也较大，可能加剧流动资金紧张带来的负面影响。金光纸业的主要融资途径是贷款，一般以项目资产作为担保，这些资产即受限资产。截至2018年年末，金光纸业受限资产合计757.3亿元，在全部资产中占比高达43.88%。当金光纸业因流动性不足导致出现偿债困难时，上述担保资产将会被冻结甚至处置，有损企业的正常经营活动。

3. 外部风险加剧及市场风险传染

首先，宏观经济环境变化带来的行业风险和利率风险将会加剧资产支持证券的偿还危机。随着增加消费总量和平衡内外需求目标的达成，国内市场的需求增速将逐年降低。债务人和原始权益人很可能面临需求不足和营销模式变化的问题，经营绩效和盈利能力均可能遭受负面冲击。此外，市场利率会随经济环境的变化而出现波动。白玉兰广场 CMBS 采用固定利率结构，市场利率的变化将会影响产品的市场价格，进而影响资产支持证券持有人的收益。

其次，随着市场上 CMBS 产品数量的增加，系统性风险的积累可能会加剧。尤其在目前我国相关法律约束缺失的背景下，这种风险有扩大的趋势。一方面，由于国内的 CMBS 产品仍处于起步阶段，服务机构对目标物业的风险管理和运营能力较为有限，资产信用与主体信用之间尚不能实现严格的分割。在宏观形势发生不利变动时，SPV 机构无法起到理想的风险隔离作用，主体信用的恶化将会直接影响 CMBS 的信用状况，降低产品本身的价值。另一方面，现有法律政策对 CMBS 产品的承销标准缺乏明确的说明。虽然现存产品的底层资产大多为优质物业资产，但从发达国家的经验来看，随着分散化手段的普及，各种小型商业地产也将会被纳入资产池，摆脱对发行主体信用的依赖是 CMBS 产品发展的趋势。因此，如果缺少对发行承销条件的严格把控，在外部环境发生不利变动时，底层资产自身的偿付能力和外部增信措施的有效性都将承受负面影响，甚至可能引发广泛性的违约事件，威胁经济体系的平稳运行。

最后，白玉兰广场 CMBS 作为一种创新型融资方式，以发行主体和投资者的视角观之，其既可以帮助企业以较低成本走出资金困境，又囿于资产证券化产品的固有属性具有一定的潜在风险。以整个房地产市场的视角观之，白玉兰广场 CMBS 的成功发行既提供了决胜存量博弈时代的崭新思路，又加剧着系统性风险的积累。如何评判与比较白玉兰广场 CMBS 的优劣利弊，此“白玉”究竟是“白璧微瑕”还是“瑕可掩瑜”？似乎只有时间可以给我们最好的答案。

案例使用说明

一、教学目的与用途

1. 适用课程：固定收益证券、公司金融、金融市场与金融机构。

2. 适用对象：本案例主要适用于金融专业硕士、MBA 等学习。

3. 教学目标：本案例介绍了白玉兰广场 CMBS 的发行背景，包括房地产行业的融资困境、CMBS 融资模式的优势以及白玉兰广场自身的特点，然后从发行动因、发行过程、产品核心要素（基础资产、参与主体、交易结构及流程）等角度对该资产支持计划作出了详细介绍，最后从产品发行结果及影响出发，分析了 CMBS 的融资效果和潜在风险。案例涉及的知识点有：地产行业融资方式及各方式的特点、CMBS 的特点和基本要素、CMBS 的交易结构、企业融资和资本结构相关理论、资产证券化基础理论、风险管理理论等。本案例的教学目标主要包括以下几个方面：

（1）使学生了解我国房地产行业的融资现状，掌握各类融资方式的特点及优劣，培养学生运用专业理论解决实际问题的思维和能力。

（2）使学生学习并掌握 CMBS 的核心要素，包括基础资产、参与主体、交易结构及流程等，并据此分析某一具体商业房地产抵押贷款支持证券的交易结构。

（3）分析 CMBS 可能存在的风险及其影响，引导学生思考如何防范这些风险。

二、启发思考题

1. 结合本案例和其他相关知识，谈谈 CMBS 与 REITs、信用债的区别，并分析为什么金光纸业最后选择了使用 CMBS 进行融资。

2. 典型 CMBS 产品的交易结构是怎样的？请作图来反映 CMBS 各参与方的权利与义务关系，并结合本案例中的白玉兰广场 CMBS，简述商业房地产抵押贷款支持证券的特点。

3. 结合白玉兰广场 CMBS 的产品设计及公司财务状况，从发行企业和房地产行业角度阐述 CMBS 产品的优势。

4. 针对案例第三部分分析的白玉兰广场 CMBS 的潜在风险，思考可以采取哪些措施进行有效防范。

5. 结合本案例，分析投资者在作出商业地产抵押贷款支持证券的投资决策时需要考虑哪些因素，并据之分析白玉兰广场 CMBS 的投资价值。

三、分析思路

1. 教师应鼓励学生运用所学的企业融资基础知识，结合本案例中提到的白玉兰广场 CMBS 的产品核心要素、参与主体和交易结构等具有的特点，对比 CMBS 和 REITs

以及信用债的区别。包括但不限于交易结构、退出方式、税费成本、增信手段、信用基础、风险来源等多个方面。

2. 教师应在教学过程中带领学生细致分析白玉兰广场 CMBS 的产品结构，引导学生自主归纳 CMBS 产品结构中的共性，并在梳理各参与方的权利与义务的过程中让学生进一步领会 CMBS 产品的独特之处。

3. 教师应启发学生从发行企业和房地产行业的视角探索 CMBS 产品的优势。在注重定性分析的同时，教师应鼓励学生辅之以必要的量化手段，结合公司的财务报表等信息进行必要的计算，从而更加深切地体会 CMBS 产品的优势。

4. 教师应引导学生从白玉兰广场 CMBS 的风险来源出发，结合所学的风险管理的基础知识，有针对性地提出防范风险的措施，包括完善信用增级方式、跟踪物业资产经营状况和标的物业价值评估、及时进行信息披露等。

5. 教师应结合金融产品投资分析的一般思路，引导学生从宏观经济背景、中观行业背景和微观公司经营情况及产品特征三个角度分析投资的风险与机遇。同时，应注意强调 CMBS 产品的特性，明确项目资产未来现金流对 CMBS 偿付能力及投资价值的重要影响。

四、理论依据与分析

（一）理论依据

1. 资产证券化基础理论

资产证券化是指集中和组合流动性较差但现金流可预期的资产，通过将其出售给特定发行人，创设以该资产现金流为支持的证券，从而间接实现资产的出售、流通转让的过程。资产证券化通常涉及原始权益人、管理人、债务人等多种交易主体。按照基础资产的类别可以将资产证券化产品分成现金资产证券化、实体资产证券化、信贷资产证券化和证券资产证券化四类。本案例中的白玉兰广场 CMBS 是在信托计划基础上进行的资产证券化，交易结构更为复杂。

一般的资产证券化产品采用单 SPV 结构，交易流程可以概括为下述九个步骤（见图 12－7）：

由流程图可以看出，资产证券化的过程会伴随各种增信措施的运用，本案例中的白玉兰广场 CMBS 较为全面地采用了八重增信，结合案例分析和思考题的内容可以细致认识各种增信手段在实际中的应用。

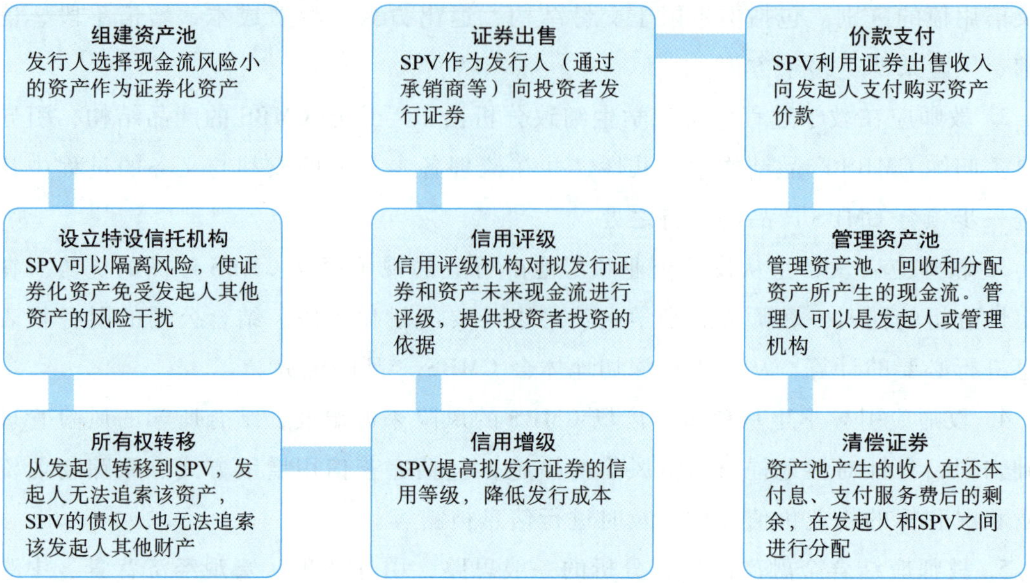

图 12－7　一般资产证券化流程

2. 企业融资相关理论

（1）融资渠道相关理论。

从资金来源上看，企业的融资渠道包括内源和外源两类。前者是指企业利用留存收益等内部积累的资金完成融资，具有融资成本低和融资过程简便的特点。后者是指企业借助外部主体完成资金融通，比如发行股票或者债券等，通常伴随一定的手续费用。但由于其融资规模可以突破公司自身盈利能力的约束，这种方式也被各企业普遍采用。

从资金性质来看，融资渠道又可以分成权益性和债务性融资。前者包括前述利润留存等内源融资和以发行普通股为代表的外源融资，对企业有较高要求，同时这种方式通常会引起股东控制权的稀释。债务性融资虽可以避免控制权稀释的问题，但是由于具有固定的偿还期限，且利率水平与公司信用状况直接挂钩，可能增加公司的偿债压力，甚至引发财务危机。

本案例中的发行人金光纸业采用了资产证券化的融资途径，相较于权益和债务性融资，这种方式降低了对发行主体自身的要求。此外，通过 SPV 机构对现金流的维稳作用和采用增信措施，这种方式降低了融资门槛和资金成本，具有较高的借鉴价值。

（2）融资成本相关理论。

与融资成本相关的理论有 MM 定理、优序融资理论和权衡理论等。MM 定理最初由米勒等提出，该定理作出了同一商业风险等级、企业增长率为零、完善资本市场

(不存在税收及交易成本、债务无风险)等较为严苛的假设，并基于此归纳出重要的结论：资本成本取决于资本的使用而非来源，即选择债务融资或是股权融资并不会影响加权资本成本。在有公司所得税的MM定理中，不存在公司所得税的假设被放开。此时由于债务利息可以抵税，增加负债会降低加权资本成本，有利而无害。

当然结合实际，MM定理的结论显然是经不住推敲的。此后的学者将债务融资带来的风险纳入考量，提出了权衡理论。权衡理论综合考虑了债务融资的税盾效应和将会带来的财务危机成本，并指出拥有有形资产较多及经营能力强的企业可以更好地化解财务危机，因而可以适当多负债。权衡理论虽然在一定程度上弥补了MM定理的缺陷，但是却无法解释企业对内源融资和债务融资的偏好。优序融资理论基于信息不对称理论解释了上述问题，指出信息敏感性融资工具可能会引起权益价值的低估，因此企业存在对不同融资方式的偏好。

从MM理论到优序融资理论再到权衡理论，条件假设逐渐放宽，对融资成本的考虑视角也逐渐开阔，为本文定性及定量分析白玉兰广场CMBS的融资效果作出了充足的理论准备。

3. 风险管理理论

风险是指未来收益或损失的不确定性，既包括未来实际情况对预期的有利偏离，也包括不利的偏离。因为不利的偏离对投资决策影响更大，所以不管是在学术研究还是实践中，人们都更关注不利风险，并想办法将其降低至可接受水平。

风险管理不是一个独立的过程，而是包括风险识别、风险分析、风险应对等一系列连续环节在内的有机整体。具体而言，风险识别是风险管理的首要步骤，即根据某种科学方法去认识和区别风险，按来源可以将风险归类为环境风险、市场风险、技术风险、生产风险、财务风险、认识风险等。风险识别的方法主要有流程图法、风险专家调查列举法、资产财务状况分析法和分解分析法。风险评估是利用数理统计的方法测算某种风险事件发生的概率和损失程度，主要方法包括风险因素分析法、模糊综合评价法、内部控制评价法、分析性复核法(比较分析法、比率分析法和趋势分析法)、定性风险评价法和风险率风险分析法。风险应对则是对于不同风险采取的不同措施，包括风险承担、风险回避、风险降低和风险转移。

其中，压力测试是风险管理中一个很重要的方法，在实践中有着非常广泛的应用。从20世纪90年代开始，压力测试就常常被用于风险管理中，考量非正常情景下的收益和损失情况。常见的压力测试方法包括敏感性分析和情景分析，这两种方法最根本的区别在于是考虑一种因素还是多种因素的变动。敏感性分析是假设其他条件都不变，考察某一风险因素变动对目标对象变化幅度的影响程度。情景分析是在对未来各种不同交叉情境预测的基础上，分别研究多种因素同时作用时目标对象的状况。在白玉兰广场 CMBS 的案例中，可以运用压力测试的方法来分析不同情景下现金流对优先级证券本金的覆盖情况，从而对产品的整体风险进行合理评估。

（二）具体分析

1. 结合本案例和其他相关知识，谈谈 CMBS 与 REITs、信用债的区别，并分析为什么金光纸业最后选择了使用 CMBS 进行融资。

（1）CMBS 和 REITs 的区别。

CMBS 最基本的法律性质是债权性，我国已经发行的 CMBS 是标准化的产品，常见的基础资产是信托受益权。在我国现阶段的法律体系及税收体系之下，我国目前的 REITs 一般为权益类私募 REITs，在这种产品中底层物业资产的所有权发生了转移，所以 REITs 具有股权性。

债权型的 CMBS 与权益类 REITs 最大的不同在于计划底层资产的所有权是否变更。在 CMBS 交易中，信托计划持有的仅是对商业地产所在项目公司的抵押债权，项目公司的股权仍由原所有权人持有，即商业地产的所有权在 CMBS 交易中不变。而在 REITs 交易中，商业地产的所有权变化，由私募基金通过持有商业地产所在 SPV 的 100% 股权间接享有对商业地产的所有权，私募基金同时享有对 SPV 的债权。

除此之外，CMBS 与 REITs 在权属性质、交易结构、退出方式、税费成本、增信手段方面也存在差异（见表 12 -9）。

表 12 -9　　CMBS 与 REITs 的部分区别

	CMBS	REITs
权属性质	债权型产品，物业资产被抵押，没有出售，即没有出表	偏股权性质的产品，底层物业资产被真实出售给 SPV（以私募基金为主）
交易结构	双 SPV，核心在于构建债权，以债权为基础资产发行专项计划	双 SPV 但较复杂，专项计划 + 私募基金/信托计划，我国一般采用债 + 股形式
退出方式	回购承诺人回购、差额回购或者特殊回购，特殊情况下可通过物业处置来完成退出	除类似 CMBS 退出方式外，还可通过公募 REITs 退出
税费成本	不涉及不动产转让，税费相比 REITs 低得多	税费成本高，所得税、土地增值税、增值税、契税以及房地产交易手续费
增信手段	核心在于不动产的抵押，对不动产的评估价值和抵押率较为敏感	取得了资产所有权，因此对基本面信息更加重视，比如底层资产的地理位置等

（2）CMBS 与信用债的区别。

信用债是依据企业的信誉而发行的债券，其偿还的保障来自企业的信用，包括企业债、公司债多个不同的品种。虽然 CMBS 与信用债的实质都表现为债权性，但是信用债的结构一般比 CMBS 简单得多。不同于 CMBS 涉及很多参与主体，信用债中最主要、最核心的主体就只有发行人，而且一般不存在担保，债券的收益和风险都主要依赖于发行人的经营状况。在信用基础、风险来源、破产隔离几个角度，CMBS 与信用债存在明显差别。

①信用基础不同：信用债的信用基础是发行人整体的经营财务和信用情况，具体包括资产规模、资产质量、营业收入、营业利润、信用评级等，这些都是发行人在过去积累而成的，是已经存在的情况。而 CMBS 不以发行人整体的经营和财务状况为信用基础，而是依赖于基础资产的未来现金流以及担保人的信用或抵押物。

②风险来源不同：信用债的风险来自发行人这一经营实体，发行人由于任何原因导致的偿付能力下降，都会影响信用债持有人的收益。而 CMBS 的风险主要取决于基础资产现金流是否稳定，只与特定项目有关；增信措施的制定，才使发行人的偿付能力与 CMBS 的收益风险联系起来。

③破产隔离不同：信用债不存在破产隔离，如果发行人破产，信用债的持有人必然无法实现其全部的投资收益。而 CMBS 存在破产隔离，即便原始权益人破产，只要基础资产还能产生稳定的现金流，那么投资者依旧可以获取预期的收益。

在众多融资方式当中，金光纸业之所以最终选择了 CMBS，主要是基于以下几点考虑：第一，在债权类资金和权益类资金的选择上，金光纸业的资产负债率处于行业中游水平，流动比率较高，表明其具有较好的偿债能力，运用债权类融资方式可以利用财务杠杆帮助企业将营业收入更为高效地转化成股东收益；同时考虑到 REITs 较高的税费成本，所以对于金光纸业来讲债权类的 CMBS 是比 REITs 更好的选择。第二，融资成本方面，过去几年金光纸业的直接融资途径有发行公司债、中期票据和供应链资产支持计划三种，对应的融资成本区间分别是 6.10%～7.69%、5.50%～7.50%、6.80%，总体成本较高，而 CMBS 的成本与传统融资模式相比相对较低。第三，融资渠道可得性方面，金光纸业存在高达 290 亿元的对外担保，多项资产涉及抵押与质押，发行债券的规模和频率均较为有限，近三年间金光纸业仅发行过两次公司债券，筹集资金总额仅为 14 亿元；同时，受地产融资调控影响，银行作为企业进行间接融资和中票融资的主要投资方也将缩紧银根，难以为企业提供大量资金。在通过信用债和银行等间接渠道难以获得大量资金的情况下，金光纸业利用 CMBS 不失为一种好的选择。

2. 典型 CMBS 产品的交易结构是怎样的？请作图来反映 CMBS 各参与方的权利与

义务关系，并结合本案例中的白玉兰广场 CMBS，简述商业房地产抵押贷款支持证券的特点。

典型的商业房地产抵押贷款支持证券会涉及原始权益人、债务人（信托计划的融资方）、管理人、托管人和合格投资者五个行为主体其关系如图 12－8 所示。在本案例白玉兰广场 CMBS 中，以金光纸业作为原始权益人、北外滩置业（第一大股东为金光纸业）作为债务人，管理人为华泰证券，托管人是交通银行上海分行。

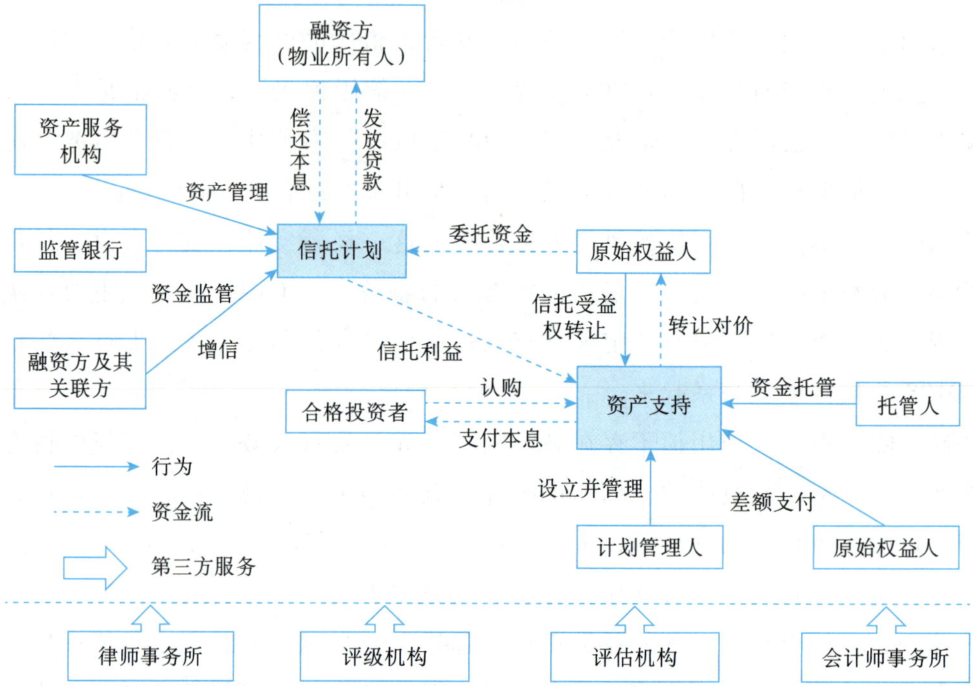

图 12－8　典型 CMBS 产品交易结构

与信贷资产等一般的资产支持证券化产品相比，CMBS 的交易结构明显更为复杂。以信贷资产证券化产品为例，原始权益人只需直接将信贷资产转移给 SPV 即可，而在 CMBS 中，原始权益人首先要与债务人成立信托计划，这里会涉及一次 SPV，还要再基于该信托受益权发起资产支持计划，因而又会涉及一次 SPV。

CMBS 产品采用双 SPV 架构的原因首先在于底层物业资产的经营收入不够稳定，可预测性也不强，而这两者也恰恰是作为资产证券化基础资产的必备条件。通过成立信托计划并由专门信托机构担任第一层 SPV，上述问题可以完美解决。原因之二可以风险角度思考。理论上 SPV 可以通过将基础资产从发行主体的财务报表中剥离出来，从而具有风险隔离的功能。虽然目前我国法律环境不够健全，SPV 的风险隔离功能无法完全发挥出理论效果，但双 SPV 架构会比单一架构更具风险抵御能力仍是毋庸置疑的。

除此之外，在 CMBS 产品的交易过程中，参与主体通常具有多重身份。以本案例中的白玉兰广场 CMBS 为例，原始权益人金光纸业同时也是差额支付义务人、营运收入补足义务人，需要对存量债权履行差额补足义务并支付物业资产营运净收入与标准金额之间的差值，这相当于为债权人提供了保证，具有增信效果。另外，CMBS 还可以使用底层资产追踪机制以及抵押、质押等手段完成对基础资产的信用增级，这些措施在交易结构图中也得到了体现。

综上，CMBS 产品的交易结构的确较一般的资产支持证券化产品而言更为复杂，但也正是这种复杂的交易结构保证了 CMBS 产品的信用状况可以与底层资产及基础资产有效隔离，体现出资产支持证券化的本质。

3. 结合白玉兰广场 CMBS 的产品设计及公司财务状况，从发行企业和房地产行业角度阐述 CMBS 产品的优势。

从发行人金光纸业的视角来看，发行商业房地产抵押贷款支持证券既帮助金光纸业探索出一条全新的融资途径，又使金光纸业以低成本完成资金融通成为可能，对金光纸业现阶段的发展以及后续完善产业布局大有裨益。

一方面，白玉兰广场 CMBS 帮助金光纸业走出了融资困境。近五年来，金光纸业没有进行过外源权益性融资，债务性融资是金光纸业主要的资金来源。而细分公司各种债务融资的途径，不难发现其均存在一定限制。由于存在多项对外担保，金光纸业大量资产涉及抵押与质押，公司难以通过发行大量公司债获得资金。另外，银行贷款作为金光纸业主要的融资方式之一，也会受到房地产行业融资调控的影响而出现缩减。白玉兰广场 CMBS 这种资产证券化产品正好可以将公司未来的信托利益及时变现，138 亿元人民币的发行规模和 24 年的产品期限更是为公司提供了充足且稳定的可用资金，为公司完成产业链绿色化和扩展白卡纸业务提供了充足的资金。

另一方面，白玉兰广场 CMBS 的融资成本很低，不会增加金光纸业的偿债压力。通过对比白玉兰广场 CMBS 的融资成本和金光纸业的加权平均债务成本，我们可以直观地体会这一结论。对 2018 年年报数据进行分析（见表 12 - 10），在短期负债中，公司仅公布了短期借款利率区间而并未公开具体利率水平，所以本文保守估计利率水平为 4.5%。由于应付票据及账款的利率水平缺乏数据信息，故也沿用该利率。另外，因为金光纸业一年内到期的非流动负债主要来源于长期借款和应付债券，所以本文对其采用与应付债券相同的利率水平。在长期负债中，关于长期借款成本的信息也无法获得，但由于长期借款通常高于短期借款成本，本文选取短期借款成本的上限 6% 对其进行保守估计。

表 12 - 10　　金光纸业各融资渠道的规模及成本

融资渠道		规模（亿元）	利率
短期负债	短期借款	287.05	4.5%
	应付票据及应付账款	207.31	—
	一年内到期的非流动负债	220.73	—
长期负债	长期借款	122.12	6%
	应付债券	94.20	r_x

由案例正文部分的表 12 - 4，我们知道了应付债券的构成和对应的融资成本。同时因为行业内的债券发行费用率基本在 3% 与 5% 之间浮动，本文使用中间水平 4% 作为金光纸业的发行费率，进而可以计算出应付债券对应的融资成本 r_x，公式如下：

$$r_x = \sum_{i=1}^{n} r'_i \times w_i$$

$$r' = r/(1-f)$$

其中，f 为发行费用率，r 和 w 为表 12 - 4 中各应付债券对应的利率水平和规模占比，计算可得 r_x 为 6.84%，根据前述假设和融资成本理论可以进一步计算出公司的加权平均债务成本 r_D：

$$r_D = 3.23\% \times (494.36/931.41) + 6.84\% \times (220.73/931.41) + 6\% \times (122.12/931.41) + 6.84\% \times (94.20/931.41) = 5.49\%$$

白玉兰广场 CMBS 优先 A1 和 A2 档证券的发行利率分别为 4.80% 和 5.30%，均在 5.49% 以下，因此可以判断该专项计划的确可以帮助发行公司以低成本融入资金。从权衡理论出发，CMBS 较低的资金成本也降低了公司的偿债压力。考虑到金光纸业经营能力较强，并且拥有大量的有形资产，因此不会带来明显的财务危机成本。

从房地产行业视角来看，白玉兰广场 CMBS 的产品设计具有示范意义。白玉兰广场 CMBS 的底层资产是享有“浦西第一高楼”美誉的白玉兰广场，地理位置优越且业务能力较强，其物业资产总体估值高达 233 亿元，有望成为上海潮流时尚新地标。目前国内已发行的 CMBS 中，有些 CMBS 采用单一物业资产作为底层资产，还有的同时选取多处物业资产作为底层资产，但不管在哪种形式下，底层物业资产通常为集中在北京、上海等大城市核心地段的商业物业，未来盈利能力具有较高保障。本次白玉兰广场 CMBS 遵循这一原则选取上海知名的白玉兰广场作为底层资产，有望进一步提高 CMBS 产品设计中对底层资产的要求，弱化对发行主体自身经营情况的依赖，向标准市场更近一步。“强资产”趋势下，企业发行 CMBS 产品的门槛将会进一步提高。拥有优质地产的头部房企可以借助 CMBS 盘活自身存量资源，从而与其他企业拉开差距。

据此，CMBS 产品有望在房地产行业产生优胜劣汰的效果。

4. 针对案例第三部分中白玉兰广场 CMBS 的潜在风险，思考可以采取哪些措施进行有效防范。

防范 CMBS 产品的潜在风险可以从信用增级、多项跟踪和完善信息披露三方面入手。

（1）信用增级：白玉兰广场 CMBS 采用内外部相结合的增信方式，具有多重增信保障。内部增信安排包括现金流超额覆盖以及按照偿付优先顺序分层两种方式。在外部增信安排上，白玉兰广场 CMBS 采取了抵押、质押、补足承诺、差额支付承诺等多种增信方式（见表 12 – 11）。

表 12 – 11　　信用增级方式和具体内容

	信用增级方式	具体内容
内部增信	优先/次级分层	优先级资产支持证券预期收益和本金的偿付优先于次级资产支持证券
	现金流超额覆盖	在正常情景下，预测的可分配现金流对 A1 档证券本息覆盖比率最低为 1.26 倍
外部增信	物业资产抵押	项目公司以位于上海市虹口区东大名路 501 号的房屋所有权（包括相应土地使用权）为存量债权提供抵押担保
	运营收入质押	项目公司以租赁合同项下未来收取租金的应收账款债权以及旅顺路 66 号酒店房地产的运营净收入做质押
	补足承诺	若实际物业资产运营净收入低于必备金额，补足承诺人金光纸业应向项目公司监管账户支付等额补足资金
	差额支付承诺	若发生差额支付启动时间，差额支付义务人金光纸业需要将应支付的差额补足金划入信托财产专户
	保证金安排	信用增级机构金光纸业需于专项计划成立日起 10 个工作日内向专项计划账户一次性支付 10 万元保证金
	流动性支持	若管理人知悉的已退出登记资产支持证券份额少于该日对应份额，信用增级机构金光纸业需买入差额部分
	物业运营收入跟踪机制	管理人将根据项目公司《物业资产管理报告》及《现金流预测报告》比较物业资产的实际运营净收入和预测金额

（2）多项跟踪：一方面，白玉兰广场 CMBS 对物业资产的实际综合出租率建立跟踪机制，并设置 2019 年至 2021 年每半年对应的目标综合出租率。如果对应期间实际出租率未达到预定标准就会触发提前还本事件，提前偿还低于对应目标出租率差额等比例的信托贷款本金，从而保证优先级投资者的利益。另一方面，管理人需要聘请专业评估机构对标的物业进行跟踪评估。在标的物业的跟踪评估值低于初试评估值并达到预警水平时提前终止专项计划。

（3）信息披露：由于白玉兰广场 CMBS 规模大、期限长、参与主体多，在存续期间内很可能在某些方面发生变化，使该资产管理计划的状况不同于发行初期。为了保障投资者及时获知产品状况及其变化，充分及时的信息披露显得尤为重要。第一，如果信用评级机构对该资产支持证券的评级发生变化，无论是评级上调还是下调，管理人都应该如实进行披露，并努力与评级机构沟通，以将信用等级调整对投资者带来的损失降到最低。第二，在产品存续期间如果出现了提前终止情形，管理人需要及时披露，使持有者有充足的时间考虑再投资等问题。第三，针对北外滩置业和金光纸业都存在关联方交易收入占比较高的情况，双方都应该完善关联交易相关的内控制度，从源头上规范关联交易的认定、定价和决策，并对关联交易进行充分披露，确保关联交易能够随时接受投资者的监督。

5. 结合本案例，分析投资者在作出商业地产抵押贷款支持证券的投资决策时需要考虑哪些因素，并据之分析白玉兰广场 CMBS 的投资价值。

无论是投资于股票还是债券，理论上投资者都应该从宏观经济背景、中观行业背景和微观公司经营情况三个角度分析投资的风险与机遇，进行 CMBS 产品投资也不例外。

（1）宏观：从宏观视角来看，经济运行情况会对债务人和原始权益人的经营绩效产生重要影响，进而影响 CMBS 产品的清偿能力及增信措施的有效性。在经济下行时期，消费者总体的消费需求和消费意愿都将下降。由于白玉兰广场的商场收入、酒店收入等不具备需求刚性，很可能遭受严重冲击。此外，由于白玉兰广场 CMBS 采用固定利率结构，利率波动带来的金融风险也会影响产品的投资价值。目前，我国经济受到国际关系和疫情的影响承受较大的下行压力，不稳定因素增多，短期内 CMBS 的投资价值并不乐观。但 CMBS 产品期限较长，因此更应关注长期经济形势。随着疫情得到控制，消费需求有望得到充分释放，拉动经济上行。因此，CMBS 产品的投资价值仍较为可观。

（2）中观：从中观行业背景来看，原始权益人和债务人所处的行业状况和未来发展前景都会影响 CMBS 的偿付能力。如果行业处于衰退阶段，即使处于行业龙头地位，公司的经营和财务状况也很难有比较乐观的预期。

原始权益人金光纸业所属的造纸行业，是国民经济中重要的基础原材料行业。2018 年以来造纸业持续受到经济下行、原材料供给收紧等多重因素影响，文化用纸等纸制品类型基本无新增产能。此外，造纸行业由于高污染性和严重的产能过剩问题成为了去产能的重点目标，由此带来的市场出清加速了整个造纸行业转型。虽然中小型企业在市场变动中面临巨大的被淘汰的风险，但是龙头企业因为其规模优势以及更强的成本控制能力而保持了一定的盈利水平。金光纸业作为中国最大、最早实现“林、浆、纸一体化”的企业，拥有良好的品牌形象，具备工艺设备先进、营销网络完善等优势，预期未来发展前景不会太差。

债务人北外滩置业所属的商业物业行业，长期走势与经济发展息息相关。近些年我国城市化进程加快步伐，为商业物业行业提供了大量的需求。从短期来看，在扩大内需的发展要求之下，市场上个性化和高品质的需求激增。商业物业行业在需求推动下也将朝多元化、品质化方向发展。从长期来看，高质量的商业物业服务会推动区域城市化进程，加之国家对于发展服务业的重视，商业物业需求量有望进一步增长。

（3）微观：CMBS 和其他传统融资方式的最显著区别之一就在于，CMBS 的偿付现金流主要依赖于基础资产未来的现金流入，所以投资者应该重点关注项目现金流的充足性和稳定性。一旦某一期间的实际现金流低于对应期间的预期值，就可能存在不能足额偿还证券本息的风险。此外，对未来现金流的预测不能仅仅局限于正常情况下的现金流规模，还必须考虑非正常情况下现金流对于证券本息的覆盖程度。

白玉兰广场的现金流主要为物业资产的运营收入扣除税费和各项费用支出后的差额。根据深圳市戴德梁行土地房地产评估有限公司 CW/SH/N/19/2030 号价值评估报告中提到的预测条件，现金流预测结果如表 12－12 所示（其中，第 1 期为 2019 年 8 月 1 日至 2020 年 7 月 31 日，第 2 期为 2020 年 8 月 1 日至 2021 年 7 月 31 日，以此类推）。

表 12－12　　现金流预测表　　单位：万元

预测期间	收入	税费小计	费用支出	EBITDA
1	89950.29	14217.6	12573.93	63158.77
2	99899.27	15046.36	13983.84	70869.08
3	106454.14	15716.49	15003.11	75734.54
4	113575.66	16814.18	16066.73	80694.75
5	120106.70	17898.12	17141.49	85067.08
6	127194.23	19053.35	18286.51	89854.37
7	132357.90	19801.99	19056.45	93499.46
8	137040.80	20454.00	19708.20	96878.60
9	143377.40	21385.62	20574.88	101416.89
10	148460.60	22141.05	21289.54	105030.01
11	152305.87	22726.19	21818.11	107761.57
12	155558.79	23206.65	22251.15	110100.98
13	158891.37	23699.27	22693.41	112498.68
14	163360.03	24315.30	23228.77	115815.96
15	168001.47	24947.57	23796.09	119257.81

续表

预测期间	收入	税费小计	费用支出	EBITDA
16	171608. 26	25478. 93	24269. 37	121859. 97
17	175293. 20	26022. 11	24752. 97	124518. 12
18	179126. 71	26589. 28	25245. 06	127292. 37
19	182901. 00	27143. 90	25747. 85	130009. 25
20	186840. 96	27725. 38	26261. 62	132853. 96
21	190875. 34	28321. 43	26785. 91	135768. 00
22	195064. 09	28942. 40	27318. 34	138803. 35
23	199167. 97	29546. 06	27860. 45	141761. 45
24	203462. 36	30180. 77	28414. 77	144866. 82

将以上各期现金流的预测结果扣除当期信托报酬和专项计划的费用之后，除以当期的本息支出，可以分别得到优先 A1 档和优先 A2 档证券的覆盖比率。结果表明，无论是优先 A1 档证券还是优先 A2 档证券，在正常情况下，白玉兰广场的可分配现金流对本息覆盖比率都大于 1，这说明该专项计划的本金偿付有较为稳定的保障，投资风险较低。对于第 24 期优先 A2 档证券的覆盖比率小于 1 的情况，由于本息的偿付依赖于金光纸业的补足承诺以及其向专项计划支付的 1 亿元保证金，所以风险较小（见表 12 - 13）。

表 12 - 13　　　　现金流覆盖比率预测

预测期间	优先 A1 档	优先 A2 档	预测期间	优先 A1 档	优先 A2 档
1	1. 50	1. 04	13	1. 38	1. 09
2	1. 45	1. 00	14	1. 38	1. 10
3	1. 55	1. 07	15	1. 37	1. 10
4	1. 52	1. 08	16	1. 34	1. 09
5	1. 52	1. 10	17	1. 33	1. 09
6	1. 45	1. 07	18	1. 31	1. 08
7	1. 47	1. 10	19	1. 31	1. 08
8	1. 43	1. 08	20	1. 32	1. 09
9	1. 42	1. 09	21	1. 30	1. 08
10	1. 44	1. 11	22	1. 27	1. 07
11	1. 42	1. 10	23	1. 28	1. 08
12	1. 40	1. 10	24	1. 28	0. 32

在压力情景下，如果不可控因素使收入、成本等偏离预期，现金流可能会低于预期，使某些期间的现金覆盖比率低于 1，这就需要处置抵押物变现资产以偿付资产支

持证券。根据戴德梁行于 2019 年 6 月 25 日出具的《房地产估价报告》，该专项计划抵押物的平均总值约 233.44 亿元。考虑抵押物价值下跌的不同比例，现金流覆盖倍数如表 12－14 所示。由于现金流对优先级本金覆盖倍数仍均大于 1，说明白玉兰广场 CMBS 的偿付能力的确具有较高保障。

表 12－14　抵押物压力测试结果

下跌比例	0	10%	20%	30%	36.06%	51.41%
抵押物处置现金流（亿元）	194.06	179.50	164.94	149.64	137.00	105.00
现金流对优先 A1 档本金覆盖倍数	1.85	1.71	1.57	1.43	1.30	1.00
现金流对优先级本金覆盖倍数	1.42	1.31	1.20	1.09	1.00	0.77

五、建议课堂计划

本案例可以作为专门的案例讨论课来进行，课程时间建议控制在 100 分钟以内，具体安排如下：

课前准备：

提前一周将案例正文和启发思考题发给学生阅读，要求学生在了解案例始末后，独立思考启发思考题中的题目。将学生分成学习小组，每组人数控制在 8～10 人。

课中计划：

1. 课堂前言与案例回顾：5～10 分钟

2. 小组讨论：20 分钟

学习小组内部围绕启发思考题进行讨论，随后推选出一位代表对小组的讨论结果进行展示。

3. 小组代表发言：30 分钟

小组代表展示所在学习小组讨论成果，每组 6 分钟。

4. 进一步讨论：20 分钟

针对其他小组发言的内容，鼓励学生提出疑惑并互相讨论。

5. 教师点评与答疑：15 分钟

针对学生讨论内容，解答存疑问题，并对课堂内容进行总结与点评。

课后延伸：

根据课堂所讲内容，请学生选取自己感兴趣的角度，结合课堂案例或其他相关资料进行深入分析，学习成果以报告形式呈现。

六、参考文献

[1] 井存峰．浅析中小商业地产企业融资困境及建议［J］．商场现代化，2016（24）：152－153.

[2] 李波．2019年上半年资产证券化发展报告［J］．债券，2019（7）：27－30.

[3] 刘郁．一文看懂房地产ABS全景．研究报告［R］．北京：国盛证券，2018.

[4] 许余洁，曹枞．美国CMBS市场发展启示［J］．中国金融，2016（22）：74－75.

[5] 李婧丹，孙易．商业物业抵押贷款证券化业务发展研究［J］．中国物价，2019（8）：50－53.

[6] 黄夏鸿．资产证券化在商业地产融资中的应用研究［D］．广西大学，2019.

[7] 黄健．资产证券化在我国商业地产的应用研究［D］．华南理工大学，2018.

[8] 孙旭．优质商业地产资产证券化模式及影响分析［J］．当代经济，2016（1）：22－24.

[9] 吕巧玲，郭杰群．资产证券化系统及设计概论［J］．金融市场研究，2019（6）：80－97.

[10] 王亚．商业地产企业融资方式创新研究——基于“双SPV”架构［J］．财会通讯，2017（11）：15－19＋129.

[11] 孙明星．物业抵押型资产支持证券的交易结构设计及风险分析［D］．暨南大学，2018.

[12] 梁慧敏，王鹏．买方视角下的CMBS信用风险识别研究［J］．北方金融，2019（11）：21－27.

[13] 贺琪．我国资产证券化SPV实体缺位与风险防控路径［J］．社会科学动态，2019（8）：77－88.

[14] 李美璁，张文玲．企业资产支持证券的风险缓释探讨［J］．债券，2020（1）：60－62.

[15] 李晓楠．商业地产资产证券化模式及其风险防范研究［D］．河南大学，2019.

[16] 杨毅，侯雁．基于四维度评价体系的中小企业融资绩效研究［J］．中南大学学报（社会科学版），2015，21（3）：107－119.

[17] 赵万一，唐旭．金融安全视角下企业资产证券化预测信息披露研究——以现金流预测为例［J］．内蒙古社会科学（汉文版），2019，40（5）：2＋85－91.

第三部分　国际篇

案例 13

“三高症”引发“并发症”

——土耳其“股汇债三杀”案例分析[①]

自 2021 年 3 月以来，土耳其深陷“股汇债三杀”的泥潭。伴随着央行连续意料之外的降息以及市场对通胀的担忧，土耳其里拉在数月之内一再下跌，甚至于跌破 1 美元兑 18.4 里拉的历史低点，不仅如此，股市也一蹶不振，两日之内触发 4 次熔断，逼迫土耳其紧急叫停股票和债券市场的交易，土耳其长期以来存在的债务问题在这场危机中也彻底显露出来。面对种种问题，总统埃尔多安出台了一份饱受争议的救市举措，这能否让土耳其出现绝地反击，还是只是饮鸩止渴？本案例基于土耳其当前出现的困境，对事情发展始末展开了简要介绍，并围绕其产生的原因与救市措施进行了分析，最后结合现有金融理论，提出了五个启发思考题，并逐一给出了分析思路及结论，以供教学使用。

① 本案例由中央财经大学金融学院陈颖、齐佳宁、李闻豪、李相辰、吴茜撰写。

案例正文

一、引言

自从2002年正义党执政以来，再加上踏上了经济全球化的快车，土耳其经济发展令人瞩目，甚至可以达到年平均GDP增速超6%的水平，这样足以让全世界艳羡的数字，被称为“灵猫六国之一”，其发展潜力得到世界的认可。然而，好景不长，2008年，以美国次贷危机为导火索，引爆全球金融危机。在这场危机中，土耳其长期以来经济结构不完善，只重速度而轻质量，仅仅依靠国内需求拉动经济增长，而储蓄率却连年下降的缺陷彻底显露出来，经济迅速滑坡，呈断崖式下降，甚至于在2013年及2017年两度当选“脆弱五国”之一。2018年之后，随着美元的持续走强，并不断推出降息等政策，贸易保护主义，以邻为壑，以及种种政治原因，美国和土耳其关系逐渐走向破裂，土耳其所面临的国际环境进一步恶化，国内国外对土耳其发展情绪越来越悲观。随着2020年年初新冠疫情暴发，全球经济贸易陷入萧条，土耳其更是雪上加霜，承受着巨大压力，通货膨胀，货币危机一触即发，再加上土耳其总统埃尔多安“独辟蹊径”的货币政策，一再降息，造成土耳其里拉一贬再贬，短期之内成为继伊朗里亚尔之后贬值幅度最大的货币。总之，土耳其货币危机是多方面原因造成的结果，里拉为何会走向崩盘，外汇崩盘之后又是如何走向“股汇债三杀”的绝境，背后有哪些具体细节，值得我们深思。

二、土耳其的“三高症”与外部承压

（一）一高：高通胀

1. 通胀痼疾：罗马不是一天建成的

土耳其的通胀问题由来已久，早在20世纪90年代，土耳其就曾经出现过恶性的通货膨胀，CPI同比增速一度超过了120%（见图13－1）。到世纪之交，土耳其开始实施紧缩性的货币政策，并在银行体系等方面开展改革，以此获得IMF和世界银行的救助金，欧盟也对其进行了适当援助。到2000年12月，土耳其的经济逐渐步入正轨，通胀水平也有所缓解。但是好景不长，在短短几个月之后，土耳其又一次陷入金融危机：土耳其内部政治分歧导致了资本大量外逃，政府被迫放弃钉住汇率制度引发了货币危机，通货膨胀水平也开始反弹。在又一次的财政和货币紧缩、私有化改革和降低军方干政等条件下，土耳其得到了 IMF 的援助。经过多方努力，危机最终被遏制。

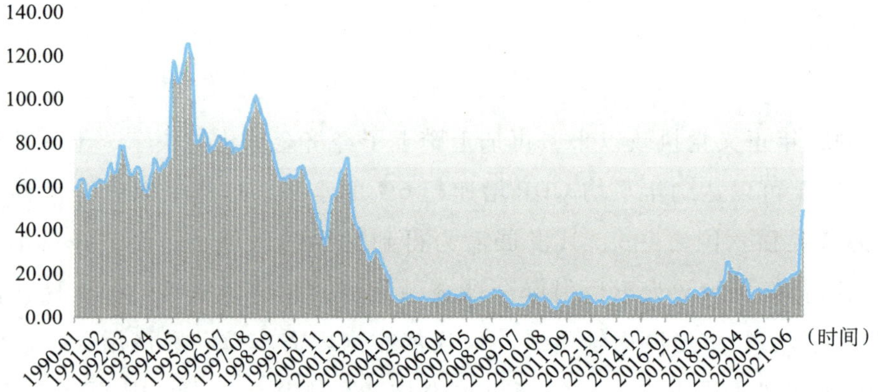

图 13－1　土耳其 CPI 同比增速

资料来源：Wind。

2003 年，埃尔多安开始担任土耳其总统，在国内开展了积极的经济改革，通胀率逐渐缓解，CPI 基本稳定在 10 以内，经济增长率保持在 5% 至 8% 左右（见图 13－2）。到 2020 年，在 G20 成员国中，除中国以外，土耳其是唯一实现正增长的经济体。但是，这种经济扩张进一步加剧了长期存在的高通胀问题。2021 年 2 月，土耳其的 CPI 同比增速高达 15.61%，之后进一步攀升至 2022 年 1 月的 48.69%。事实上，土耳其经济增长长期依靠信贷融资支撑，财政赤字货币化问题严重。特别是 2014 年以来，土耳其一直增发货币，投入大量精力于基础设施建设当中，力图提高国内 GDP 增速，改变当前国民收入增长缓慢的现状。土耳其广义货币 M2 每年以近 20% 的速度增长，到 2021 年 12 月，土耳其的 M2 总量高达 51081.32 亿里拉，而 2000 年 1 月这一数字仅为 228.70，20 年间土耳其的 M2 增加了 223 倍之多（见图 13－3）。

2. 通胀应对：特立独行的“埃尔多安经济学”

在高通胀的背景下，土耳其的政策利率却一降再降，总统埃尔多安给自己找了一套不孚众望的说法，即“降息抗通胀”。埃尔多安坚持己见，主张高利率是导致高通胀的原因：高利率将不利于生产和就业，造成供给短缺，从而导致通胀增加。而恰恰相反，低利率可以刺激投资增加、生产增长，从而进一步增加出口、就业及旅游收入。同时，降息还可以扩大商品供给，从而有利于降低物价，最终平抑通胀水平，这就是所谓的“埃尔多安经济学”。因此，自 2020 年 11 月阿格巴尔担任土耳其央行行长以来，他加息对抗通胀的做法就遭到了埃尔多安的反对，因为埃尔多安认为这不利于土

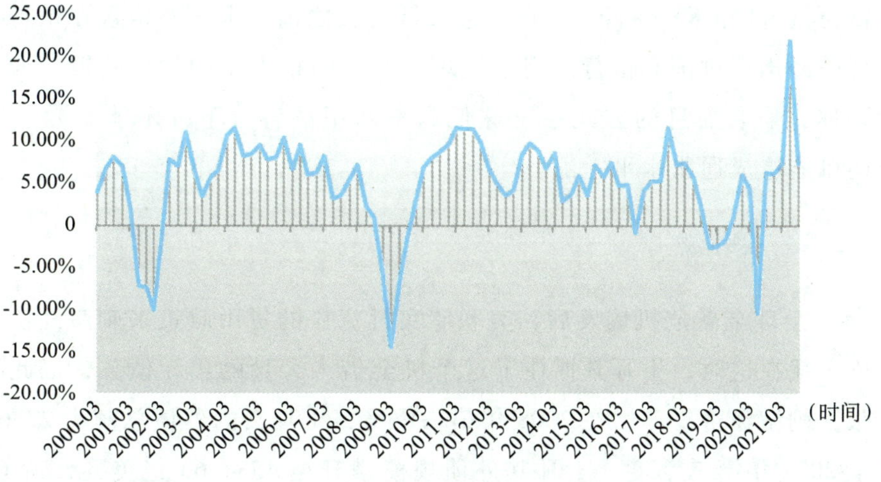

图 13－2　土耳其 GDP 同比增速

资料来源：Wind。

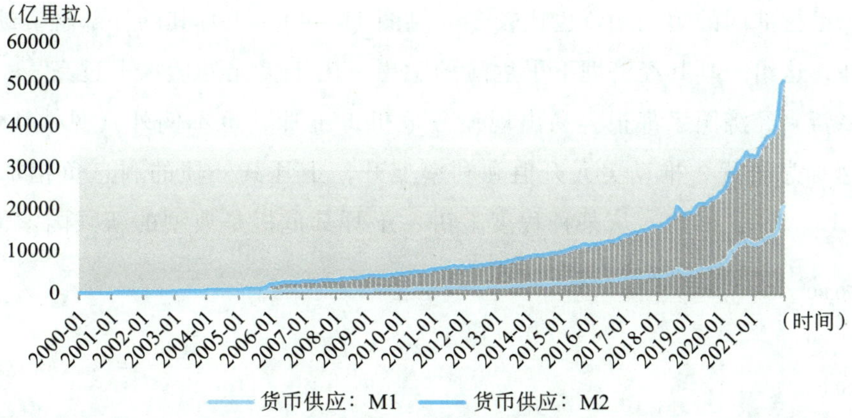

图 13－3　土耳其货币供应量

资料来源：Wind。

耳其经济从新冠疫情的不利冲击中复苏。2021 年 3 月，土耳其央行政策利率的超预期上调也成了阿格巴尔被解聘的直接原因。

谈到土耳其央行，可以说数易其主。虽然这两年各个央行行长被撤职的理由不尽相同，但总的来说，基本都与加息主张和反通胀不力有关。2019 年，穆拉特·阿切廷卡亚（Murat Cetinkaya）因为降息不够迅速被免职，而其继任者穆斯塔法·杜曼（Mustafa Duman）在 2020 年 11 月里拉汇率大幅贬值的情况下被撤职，接任的是前财政部长阿格巴尔（Naci Agbal）。虽然阿格巴尔激进的加息政策在抵抗通胀和支持汇率方面起到了积极作用，但也招致了埃尔多安的不满。3 月 19 日，埃尔多安宣布解除阿格巴尔的职位，阿格巴尔成为土耳其两年内被革职的第三任行长。新的央行行长人选是卡夫乔格鲁（Sahap Kavcioglu）。在当选央行行长之前，卡夫乔格鲁在银行系统就职多年，而且曾经担任过国有银行的副总经理。对于阿格巴尔的加息政策，卡夫乔格鲁曾公开批评称：采取加息的方式在全球低利率水平的背景下并不能有效解决经济问题，甚至还可能造成通胀水平上涨。

（二）二高：高外债

2008 年，全球金融危机爆发后，美联储实行宽松的货币政策来刺激经济复苏，美债相对廉价。就在这时，土耳其抓住了这个机会借入大量的美元债务，以此推动财政与货币扩张，刺激经济复苏。在 2008 年第一季度，土耳其的外债总额为 2736.74 亿美元，而截至 2021 年第三季度，土耳其外债规模攀升至 4534.63 亿美元，占 GDP 的比重为 60% 以上，远高于巴西、阿根廷等新兴国家。就债务结构而言，土耳其政府部门主要通过长期债券融资，而私人部门外债占土耳其全部外债规模的将近一半，且主要是短期外债，银行部门的短期融资也比较多（见图 13 –4）。土耳其的外部融资缺口主要依赖外债填补，这给土耳其经济埋下了危险的隐患。由于美元外债水平过高，一旦美联储加息，很多新兴经济国家都很容易出现债务危机，土耳其也不例外（见表 13 –1）。当美联储加速加息进程，推动美元升值和利率上升，土耳其外债的利息负担加重（见图 13 –5、图 13 –6）。因此，从某种程度上讲，土耳其危机是典型的新兴国家债务危机。

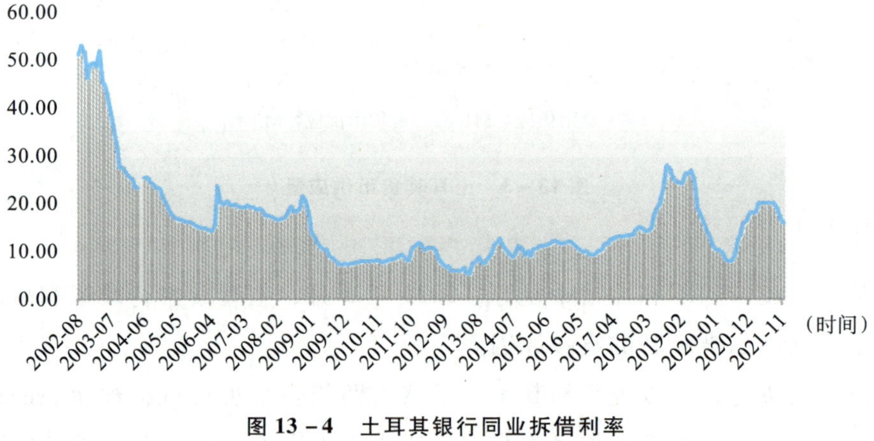

图 13 –4　土耳其银行同业拆借利率

资料来源：Wind。

表 13 –1　2020 年主要新兴经济国家经济指标对比

新兴国家	政府赤字占 GDP 比重	政府公共债务占 GDP 比重	外债占 GDP 比重	短期外债占外汇储备比重
土耳其	–2.9%	32%	57.1%	124.13%

续表

新兴国家	政府赤字占 GDP 比重	政府公共债务占 GDP 比重	外债占 GDP 比重	短期外债占外汇储备比重
巴西	-5.9%	75.8%	31.2%	17.8%
阿根廷	-3.8%	89.4%	62.6%	102.06%
南非	-6.3%	62.2%	57.2%	70.93%
墨西哥	-1.6%	45.5%	36.5%	34.64%
俄罗斯	1.8%	12.2%	28.9%	10.31%
印度	-4.6%	69.6%	20.6%	26.1%
印尼	-2.2%	30.5%	36.1%	43.93%

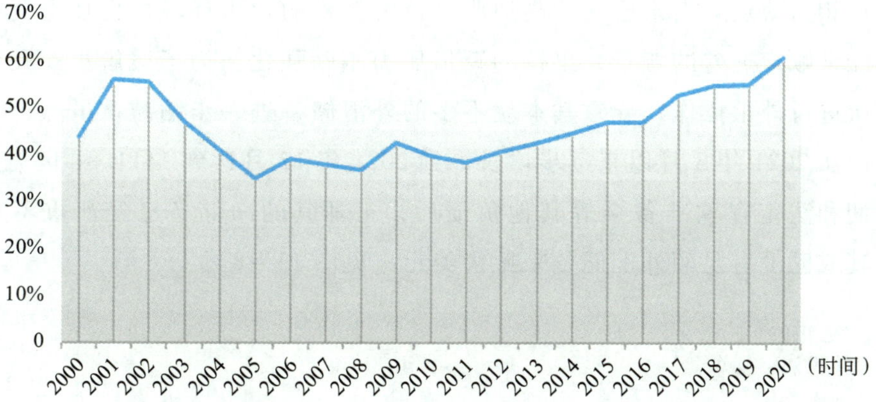

图 13-5 土耳其外债占 GDP 百分比

资料来源：Wind。

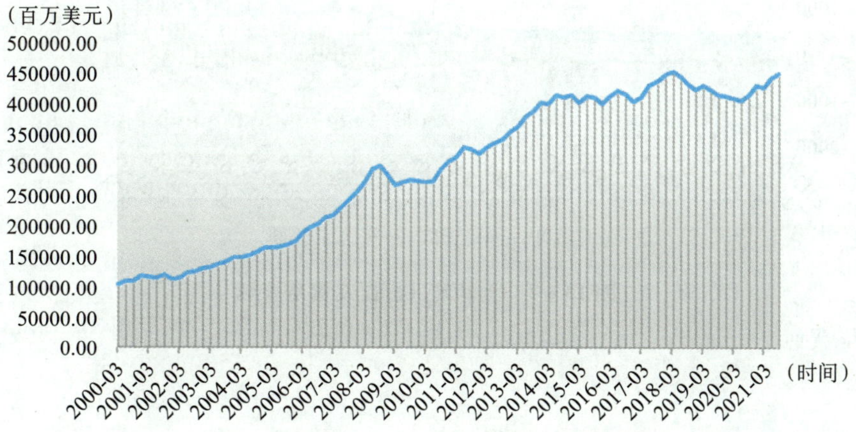

图 13-6 土耳其外债规模

资料来源：Wind。

（三）三高：高赤字

土耳其经济的脆弱性还体现在经常账户的高赤字上。2002～2017年，土耳其经常账户连续16年都处于入超地位，从进出口差额上看，也仅在2018年10月实现了少量盈余，为5.47亿里拉。之后很快，土耳其经常账户又深陷逆差状态之中，到2021年年底，土耳其的贸易逆差已经达到944亿里拉（见图13－7）。在经常账户的长期逆差下，土耳其不得不借助资本项目下的巨额外汇融资来支持净外汇支付的需要。此外，土耳其还必须保持较高的资本与金融账户的开放程度，从而持续获得外资流入。土耳其于20世纪80年代末、90年代初实现了里拉的完全可自由兑换，但是国内的工业和经济基础却相对薄弱。由来已久的高通胀、持续宽松的货币环境，再加上资本账户高度开放和经常账户逆差的背景，里拉的贬值压力不断强化。为了缓解里拉贬值，土耳其央行多次进行外汇操作，导致其本就不多的外汇储备进一步缩减。虽然土耳其的官方储备资产从2021年3月以来逐步增长，到2021年12月达到1111.81亿美元，但是在剔除掉期和法定存款准备金等其他负债后，土耳其的净储备已经严重不足甚至为负，土耳其或已没有足额外汇储备来抛售美元（见图13－8）。

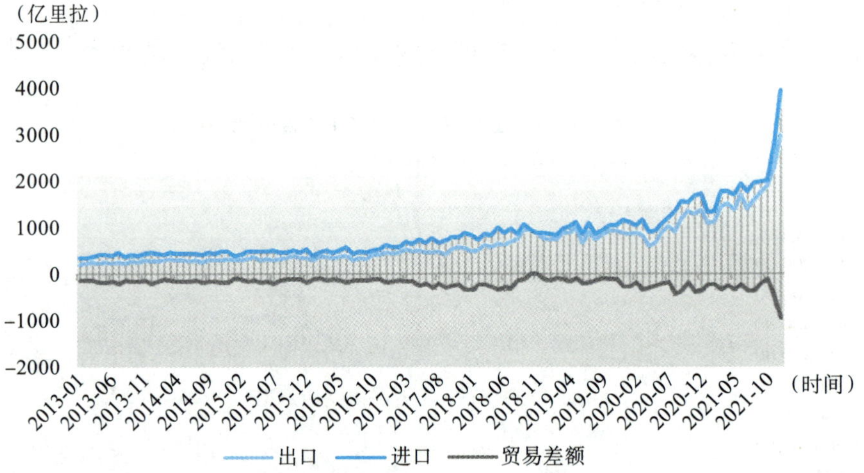

图13－7　土耳其进出口及贸易差额

资料来源：Wind。

（四）外部承压

在土耳其内有“三高症”的同时，外部环境的恶化也成为“股汇债三杀”重要的助推因素。

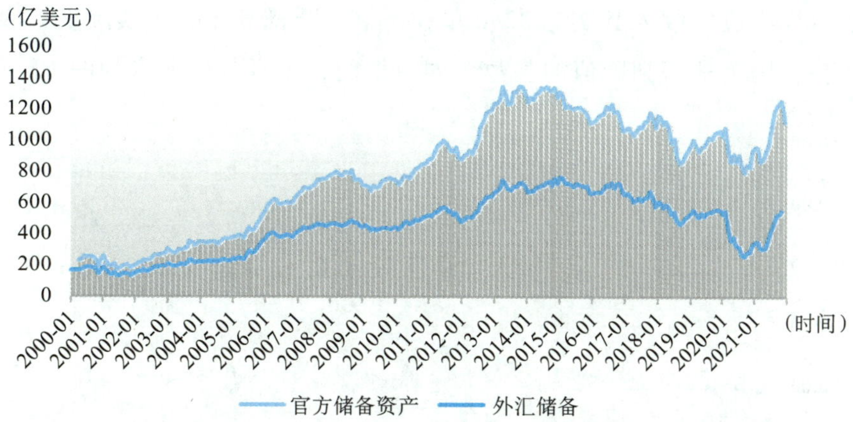

图 13－8　土耳其储备资产及外汇储备

资料来源：Wind。

1. 政治原因

美国作为土耳其重要的贸易出口国，近年来，种种原因却使美国和土耳其同盟关系逐渐走向破裂。首先是 2016 年的居伦引渡问题。2016 年土耳其发生军事政变，其总统埃尔多安认为该政变是由于其政治意见相左的居伦策划实施，而居伦多年前就已经逃往美国，土方再次要求美国引渡居伦，然而美国虽然口头答应，却迟迟没有行动，两国关系出现裂隙。其次是美国对位于叙利亚的库尔德武装提供支持进一步引起土耳其方面的不满。库尔德武装作为威胁着土耳其和平稳定的一大力量，美方为了保持其在叙利亚的种种利益，不顾土方呼吁抗议，坚持对其提供支持，进一步恶化了两国关系。

2. 新冠疫情

2019 年年末开始暴发的新冠疫情，对全球经济造成了严重打击，不仅对国内生产生活造成了严重影响，更使国际贸易陷入寒冬。新冠疫情之下，与中亚各国相邻，位于贸易中心的土耳其前景十分不乐观。再加上特朗普政府突然宣布提高关税，更使以美国为重要出口国的土耳其处境更加艰难，国际市场普遍看空土耳其，情绪较为悲观。

3. 通胀输入

从 2010 年 1 月至 2018 年 6 月，土耳其新房价格上涨 82%，而根源就是美元的疯狂涌入，使在土耳其出现大肆炒房的局面（见图 13－9）。为了降低通货膨胀对居民生活的影响，2022 年 12 月 16 日，埃尔多安宣布最低工资调整为 4253 里拉，按照土耳其货币里拉计算，较上年同期上调了约 50%。可是，这里面就有一个基本的数学陷阱，比如，当月薪 3000 里拉时，涨薪 50%，工资就变成了 4500 里拉。但是货币贬值时，4500 里拉工资也贬值了50%，真实收入其实是2250里拉。名义上涨薪了，可实际上，收入还是减少了750里拉，因为涨薪和贬值的基数不同。期间，土耳其失业率如图13－10所示。

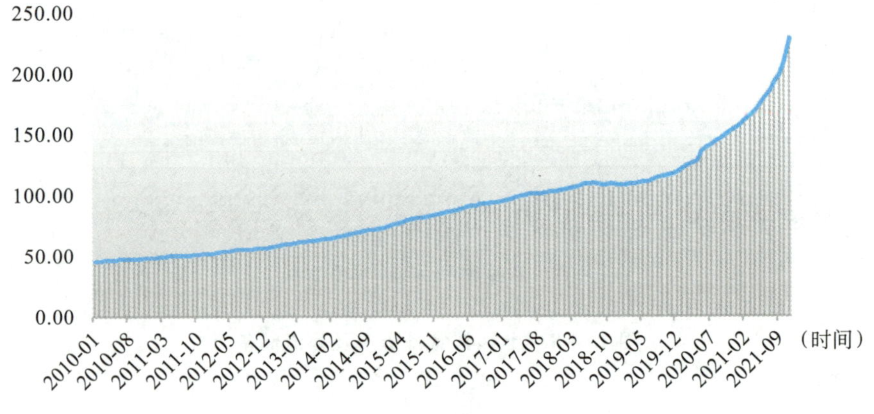

图13－9　土耳其房价指数

资料来源：Wind。

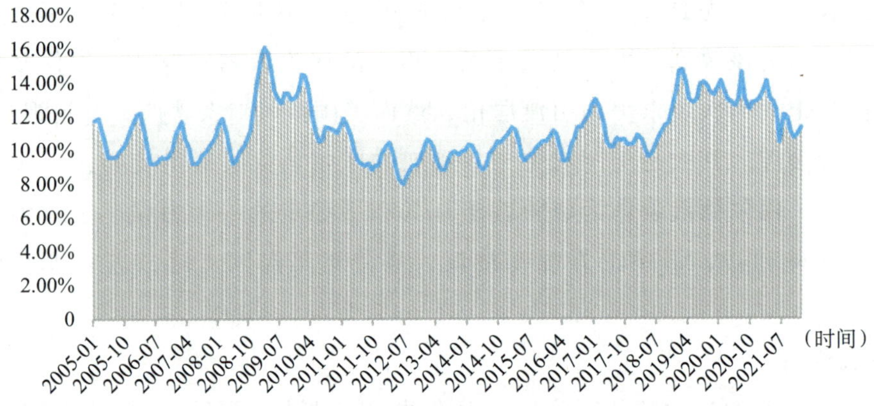

图13－10　土耳其失业率

资料来源：Wind。

美元加息：自2015年以来，美国为了缓解次贷危机后量化宽松下的货币大放水，开始紧缩货币，采取加息政策。美国加息后，美元资本就会撤回美国境内，土耳其本国资本家也纷纷将资产换成美元。与此同时，土耳其政府继续执行低利率政策，因此，双重作用下，之前在土耳其房地产市场上的大量资金就会将里拉换成美元，形成美元买方市场，里拉贬值，而土耳其政府虽然想保持里拉汇率不变，但既没有足够的美元储备，也没有足够的黄金储备，因此难以实现该目标。表面上，土耳其的货币崩溃是土耳其政府执政不力的原因，但在深层次，这与美国的美元霸权脱不了干系。

三、“股汇债三杀”的经过与对比

所谓“股汇债三杀”，即股市、汇市和债市在较短时间内出现的接连震荡，表现出各个市场之间的高度相关关系和联动效应。2021 年，土耳其的首次“股汇债三杀”出现在 3 月 19 日埃尔多安宣布前央行行长阿格巴尔的革职消息之后。3 月 22 日，即消息宣布后的第一个交易日，土耳其就面临着里拉汇率贬值、股市两次熔断和国债收益率上涨的“三杀”窘境。然而没过多久，2021 年 12 月 17 日，土耳其又一次经历了更为激烈的“股汇债三杀”，可以说在某种程度上已经陷入了金融地震（见图 13－11）。

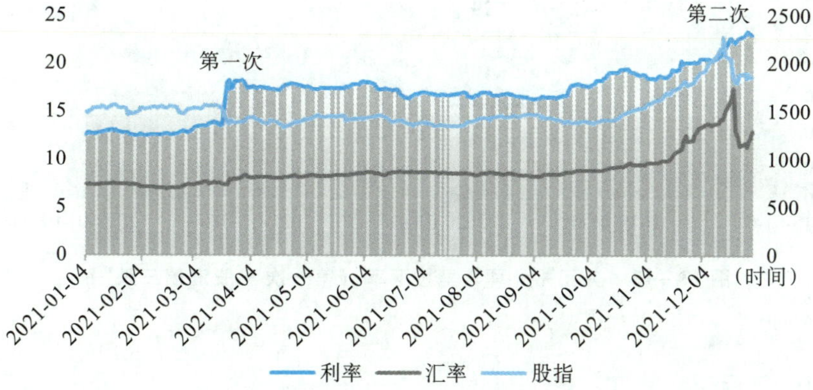

图 13－11　土耳其“股汇债三杀”

资料来源：Wind。

（一）“股汇债三杀”：首度上演

1. 一杀：里拉汇率贬值

早在 2018 年，土耳其就由于诸多原因，发生过里拉大幅贬值的货币危机，美元兑土耳其里拉汇率从不到 4∶1 的水平一路高歌猛进，攀升至六点几的水平。从 2020 年年末以来，美元兑里拉汇率一直稳定在 7∶1 左右，在 2021 年 3 月 22 日之前还保持在 7.46∶1。

此前，2021 年 3 月 18 日，土耳其货币政策委员会决定将加息 200 个基点，加息后的政策利率将由原来的 17% 提升至 19%，这远远超出了市场预期。土耳其央行此举旨在平抑不断上升的通货膨胀水平。然而宣布加息不久，19 日晚间，总统埃尔多安宣布阿格巴尔不再担任央行行长一职，土耳其政府发布的公告宣布任命卡夫乔格鲁为新任央行行长。在阿格巴尔在任的不到 5 个月内，土耳其基准利率已经累计上调了 875 个基点。虽然未明确指明，但阿格巴尔的革职原因与其频繁加息，未能满足宽松的货币政策要求有关。央行易主的消息进一步降低了其威信，引发外汇市场恐慌。

当地时间3月22日清晨，在“股汇债”三市中最早开盘的土耳其外汇市场上，里拉兑美元汇率一开盘便遭遇大幅下跌，一度从7.2∶1的水平暴跌至8.4∶1的水平上，跌幅最高时超过了16%，这是自2018年8月以来的最大跌幅（见图13-12和图13-13）。

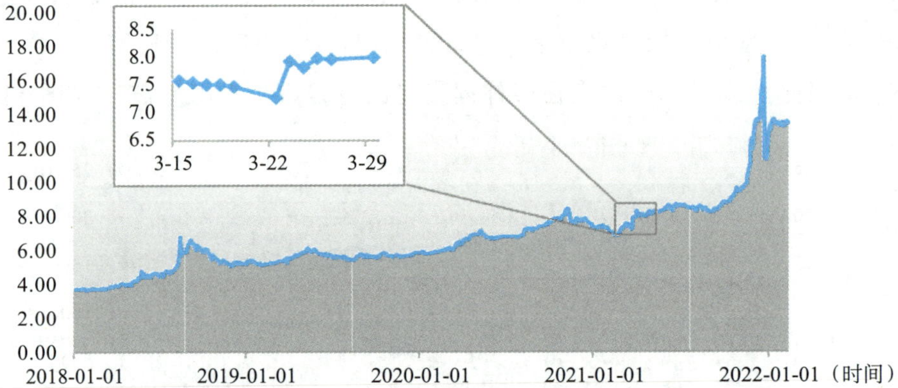

图13-12　美元兑土耳其里拉汇率（第一次“股汇债三杀”）

资料来源：Wind。

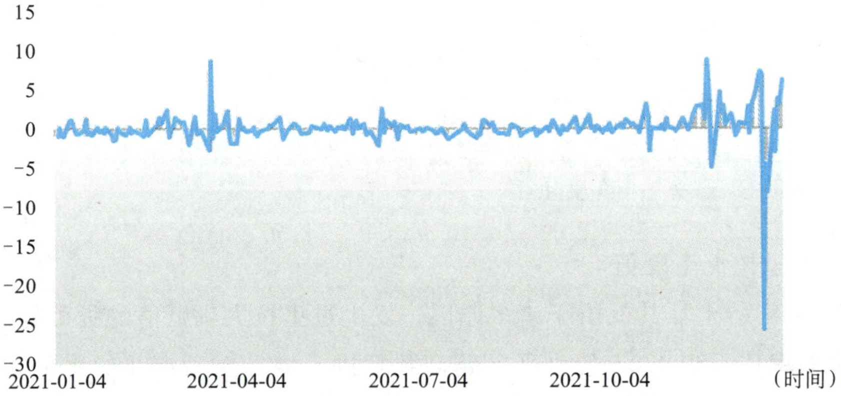

图13-13　美元兑土耳其里拉汇率变化率

资料来源：Wind。

2. 二杀：股指两次熔断

伊斯坦布尔证交所（BIST）是土耳其境内唯一一家证券交易所，伊斯坦布尔国家100指数（ISE National-100）是该交易所的重要交易指标之一。根据证交所于2020年10月引入的熔断规则，当股市跌幅达到5%以及7%时将触发熔断机制，中断股票、相关衍生品和债务回购市场的交易。

2021年3月22日，正当中国A股市场如沐春风，三大股指平开高走之际，土耳其股市遭遇重创。汇市开盘不久之后，股市开盘。一开盘，伊斯坦布尔国家100指数就立马大幅下跌，跌幅高达6.65%，超过5%导致首次熔断，这是土耳其股市的熔断机制第一次派上用场（见图13－14）。然而就在短短的数十分钟之后，10点30分股市恢复交易之后，伊斯坦布尔100指数跌幅进一步扩大，突破7%，引发第二次熔断。截至收盘时，伊斯坦布尔100指数跌幅达到9.79%，令人震撼（见表13－2）。

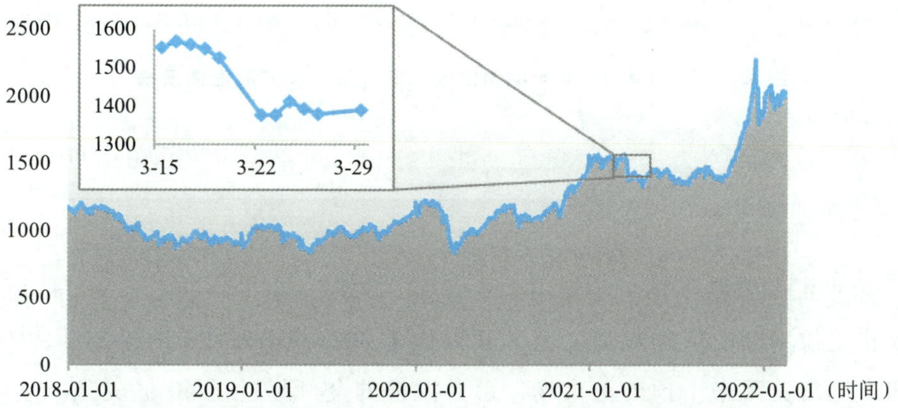

图13－14 伊斯坦布尔100指数（第一次“股汇债三杀”）

资料来源：Wind。

表13－2 第一次“股汇债三杀”前后股市交易信息

日期	收盘	开盘	最高	最低	交易量	涨跌幅
2021年3月19日	1528.99	1548.53	1553.93	1511.29	3.19B	-1.41%
2021年3月22日	1379.25	1491.99	1491.99	1378.56	1.96B	-9.79%
2021年3月23日	1377.43	1335.76	1402.99	1256.32	5.74B	-0.13%

资料来源：英为财情。

3. 三杀：国债收益率飙升

在汇市股市接连震荡的同时，代表避险资金的土耳其10年期国债收益率开始暴涨。3月22日，国债收益率开于16.030%，收于18.070%，最高20.000%，最低16.030%。此前10年期的国债收益率一直稳定在13%左右，22日的单日涨幅高达32.87%，创下历史最高涨幅（见图13－15）。一时之间，土耳其的金融体系处于风雨飘摇之中。

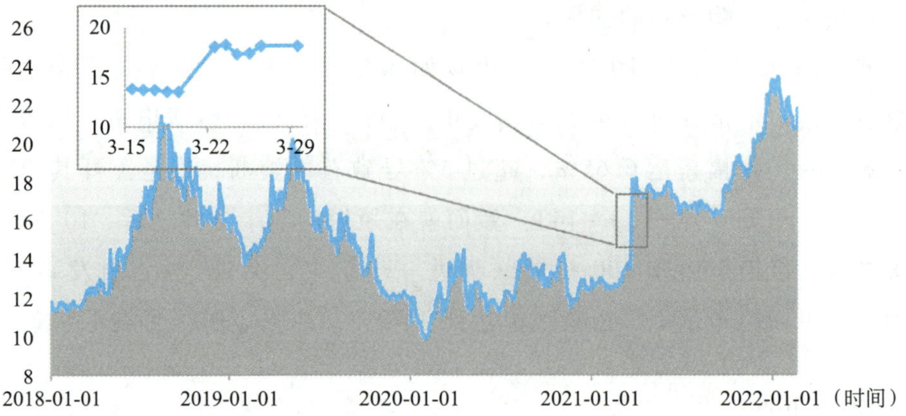

图 13-15　土耳其 10 年期国债收益率（第一次“股汇债三杀”）

资料来源：Wind。

（二）“股汇债三杀”：梅开二度

1. 一杀：汇率跌跌不休

为阻止里拉不断贬值的颓势，土耳其央行于 2021 年 12 月 1 日、3 日、10 日和 13 日共计四次抛售美元来干预外汇市场，总共抛售的金额超过了 40 亿美元。然而即便央行不断干预外汇市场，在基准利率的接连下调和宽松的货币政策环境下，里拉进一步贬值的预期并没有得到遏制。

2021 年 12 月 16 日，土耳其央行又一次召开货币政策委员会会议，对外宣布降息消息，将基准利率从原来的 15% 降低到 14%。当地时间 17 日，外汇市场一开盘，土耳其里拉兑美元汇率就一路下跌，接连突破 16 和 17 大关。当天在里拉迅速贬值之后，土耳其央行进行了该月第五次外汇干预操作，其给出的缘由是因为“价格构成不健康”。在央行进行干预操作之后，美元兑里拉汇率有所回落，但仍保持在 16 点几比 1 的水平上。事实上，自从 2021 年 9 月，在央行的接连操作下，土耳其的政策利率已经累计下降了 5%，差不多每一次降息消息都会助推里拉的“跌跌不休”。2021 年以来，土耳其里拉兑美元汇率的累计贬值幅度已达到约 55%（见图 13-16）。

2. 二杀：股指熔断不止

在里拉对美元大幅贬值的同时，17 日下午，土耳其股市也走向崩盘。当地时间 16：24，土耳其股市跌幅超过 5%，触发第一次熔断，股票、债券以及相关衍生品交易都被迫中止。交易恢复之后，土耳其伊斯坦布尔 100 指数的跌幅进一步扩大。在当地时间 16：54，又一次触发熔断机制。截至当日交易结束，伊斯坦布尔 100 指数收跌 8.52%，创下了自上次熔断以来单个交易日的最大跌幅。

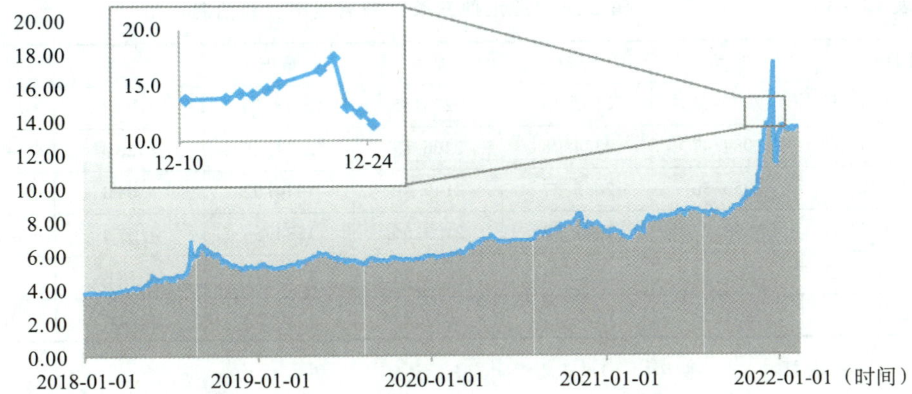

图 13－16 美元兑土耳其里拉汇率（第二次“股汇债三杀”）

资料来源：Wind。

不仅如此，从 17 日开始，土耳其伊斯坦布尔 100 指数在连续四个交易日内下跌，跌幅分别达到－8.52%、－1.35%、－7.99%和－4.64%。这一指数在 17 日、20 日和 21 日连续三个交易日内出现熔断。17 日熔断两次，20 日盘中跌幅一度扩大至 8%，导致二次熔断再度上演。21 日开盘后，伊斯坦布尔 100 指数直接重挫 5%，触发首轮熔断，恢复交易后跌势继续，日内二次熔断又一次上演。在短短的三个交易日之内，该指数共触发了 6 次熔断（见图 13－17）。第二次“股汇债三杀”前后的股市交易信息整理如表 13－3 所示。

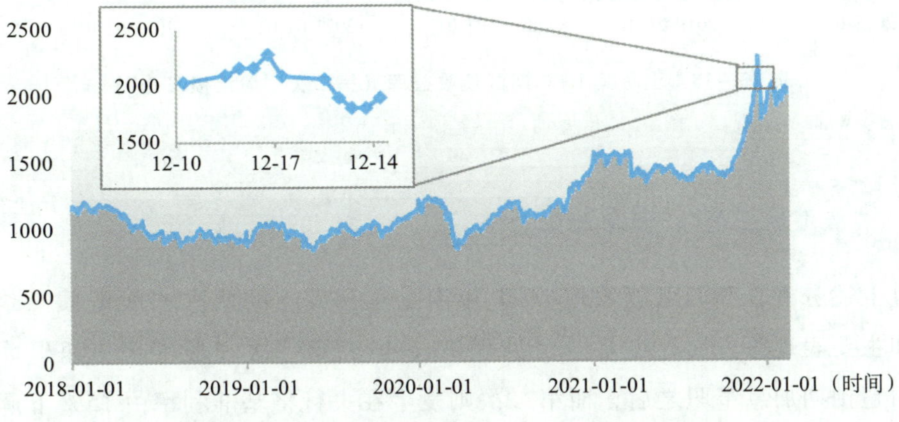

图 13－17 伊斯坦布尔 100 指数（第二次“股汇债三杀”）

资料来源：Wind。

3. 三杀：国债收益率高企

与此同时，代表避险资产的土耳其 10 年期国债收益率上涨至 2010 年以来的最高水平。2021 年 12 月 17 日，土耳其 10 年期国债收益率开于 21.26%，收于 21.67%，

表 13 – 3　　第二次“股汇债三杀”前后股市交易信息

日期	收盘	开盘	最高	最低	交易量	涨跌幅
2021 年 12 月 16 日	2278.55	2183.19	2278.55	2175.50	5.94B	5.38%
2021 年 12 月 17 日	2084.47	2324.28	2406.87	2071.25	8.28B	–8.52%
2021 年 12 月 20 日	2056.36	2055.37	2149.40	1914.02	5.04B	–1.35%
2021 年 12 月 21 日	1892.02	2077.22	2103.56	1884.66	4.37B	–7.99%
2021 年 12 月 22 日	1804.15	1832.54	1895.54	1783.77	4.58B	–4.64%
2021 年 12 月 23 日	1805.30	1835.33	1849.33	1726.32	3.81B	0.06%

资料来源：英为财情。

最高 21.78%，最低 21.26%，单日涨幅为 3.96%。这样，汇市、股市和债市的接连震荡构成了土耳其 2021 年内的第二次“股债汇三杀”（见图 13 – 18）。

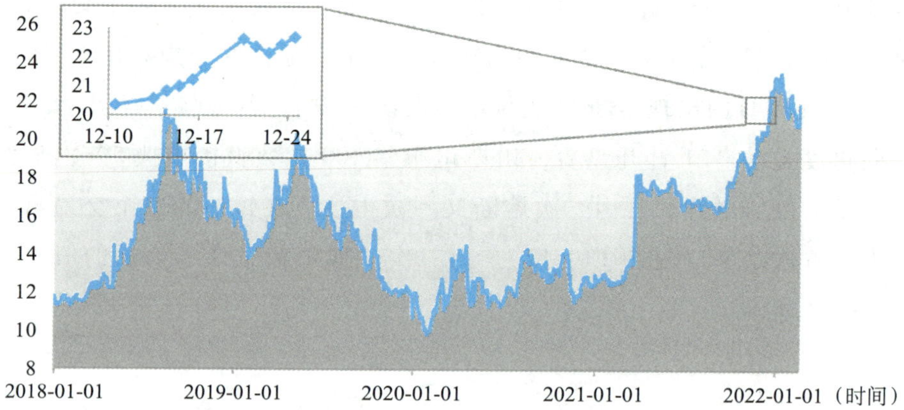

图 13 – 18　土耳其 10 年期国债收益率（第二次“股汇债三杀”）

资料来源：Wind。

（三）“股汇债三杀”：简单对比

通过上述分析，我们可以发现 2021 年内土耳其发生的两次“股汇债三杀”在直接原因和主要表现等方面存在差异（见表 13 – 4）。第一次“股汇债三杀”发生在阿格巴尔因超预期加息革职之后，而第二次则发生在央行将基准利率由 15% 下调至 14% 之后。第一次“股汇债三杀”在债市的震荡更为突出，且触发了伊斯坦布尔 100 指数历史上的首次熔断，第二次则在股市和汇市表现更为明显，尤其是股市在连续几个交易日内出现了接连震荡。然而，相同的是，这两次金融地震都反映了“股汇债”三个市场之间的相关关系和联动效应，这两次三杀发生的根本原因和内部机制都与土耳其本身奉行的宏观经济政策和“埃尔多安经济学”密不可分。

表 13-4 两次“股汇债三杀”的简单对比

		第一次（2021 年 3 月 22 日）	第二次（2021 年 12 月 17 日）
直接原因		前任央行行长阿格巴尔的革职消息引发市场震荡	货币政策委员会宣布的降息消息和第五次外汇干预失败
主要表现	汇	美元兑里拉汇率一度达 8.4∶1	美元兑里拉汇率攀升至 15.2∶1
	股	伊斯坦布尔 100 指数下跌 9.79%；日内两度熔断	伊斯坦布尔 100 指数下跌 8.52%；三个交易日六次熔断
	债	10 年期国债收益率上涨 32.87%	10 年期国债收益率上涨 3.96%

资料来源：作者整理。

四、政府的救市措施

（一）存款担保承诺

为了拯救风雨飘摇的土耳其，总统埃尔多安再次出台了一系列非常规的救市措施，放出一个又一个的大招。2021 年 12 月 20 日，为了终止里拉挤兑的风潮，扭转人们的信心，埃尔多安宣布将以财政补偿的方式鼓励土耳其人保留里拉存款。埃尔多安当局在经过内阁商讨之后向民众做出承诺，如果里拉贬值幅度超过银行存款利息，那么政府将会拨用专门的资金来弥补存款人的损失，使存款人持有里拉的收益不低于持有外币的收益。与此同时，存款人需要做的则是将他们的里拉以类似定期存款的方式存放于银行，以此避免银行里拉的流失。这种将本外币挂钩的存款担保承诺政策一旦实施，就意味着土耳其以牺牲财政收入的方式来应对民众财富的变化。此消息一出，里拉瞬间触底反弹，一改之前不到一年内下跌 60% 的局面，不到三个小时的时间快速飙升超 30%，甚至创造出单日上升幅度最高的历史记录。该措施仿佛已有了初步的成效，里拉已暂时止跌。埃尔多安兴冲冲地宣布其稳定汇率的措施已经成功。宣称里拉已反弹近 40%，收复近一个月的失地。但事实果真如此吗？里拉虽已暂时止跌，但以惠誉、标普等为首的国际著名评级机构依然降低了对土耳其主权信用评级，甚至将里拉列入了不建议投资货币。该措施又能从根本上扭转土耳其通货膨胀的恶象，改变土耳其失业率逐渐攀升的局势，或者是抵消高物价给人们生活带来的影响吗？从目前的形势来看，此项措施还远远未能达到预期。

（二）降低税率

为了缓解降低资本外逃导致的里拉进一步贬值，政府宣布将发行的里拉债券的预扣税从目前的10%降至0%。政府还计划把公司税率降低1个百分点。此外，埃尔多安再次呼吁国民将黄金和外汇储蓄投入市场，称此举对国家及其个人来说都是“双赢”策略。尽管这些政策都是为了缓解散户投资者对美元的需求，并鼓励人们持有里拉债券，使用里拉进行储蓄，以缓解里拉持续的动荡。可现实情况是，很少有投资者将硬通货，如美元、黄金等兑换成里拉。为什么土方的政策达不到预期目标呢？一方面是里拉长期的贬值几乎耗尽了投资者的信心和耐心，更重要的一点是，对土耳其格外重要的银行体系出现了危机。此前，尽管里拉一再贬值，土耳其央行行长被撤职，土耳其国内通胀率飙升，但这一系列事件都未动摇当地人对土耳其银行系统的信心。土耳其人之所以信任银行，一个原因在于银行不仅让他们存储里拉，也让他们存储数额更大的美元和欧元——土耳其银行系统近三分之二的存款是以外币计价的。除了存款，土耳其银行系统还能够从国外借入大量美元。尽管里拉大幅震荡，土耳其银行从国际美元市场借债的渠道却并未中断。土耳其当地银行 Yapi Kredi 银行上周就获得了约5.6亿美元的长期美元和欧元融资。然而，眼下土耳其的银行体系岌岌可危。一方面，土耳其银行系统即将到期的美元债务的置换比率已跌破100%，这意味着借来的新债少于现有的欠债。另一方面，土耳其银行持有的大量美元已借给了政府，一些银行大量购买了以美元发行的土耳其政府债券。此外，土耳其银行还通过600多亿美元的外汇掉期将美元借给央行，银行的一大部分美元还被央行作为准备金持有。而眼下，土耳其央行正利用在外汇掉期中借来的美元干预外汇市场，支撑里拉汇率，这已使央行的外汇储备出现了净负值。未来，如果经济下滑，通胀爆表，土耳其的储户想要把自己存的美元从银行系统中撤走，那结果不堪设想。

（三）稳定民生

在民生方面，土耳其也采取措施，挽救通货膨胀带给民众的影响。为此，土方特地成立金融稳定发展委员会，通过评估通胀风险来相应地制定应对措施，并承诺在2022年将通胀率降到个位数，在2023年再进一步降到5%以下。土耳其政府还宣布，从2022年1月开始，最低工资标准将提高到4250里拉，涨幅较上年提高50%。同时，政府还将对个人养老金系统的补贴率从5%提高到30%，私营部门员工缴纳的可选养老金比例，从之前的25%升至30%，以减轻民众的生活成本压力。

时至今日，“埃尔多安经济学”依然在土耳其大行其道，为其“三高”现象添砖加瓦。“埃尔多安经济学”，之所以声名远扬，就是因为它与传统的经济学思路截然相反。外债高、通胀高、经常项目逆差在别的国家并非没有出现过，尤其是在新冠疫情暴发后，这种“三高”问题更是屡见不鲜，但大多数国家的应对方法是选择升息来平抑过热。而土耳其在其总统埃尔多安的带领下却独辟蹊径，利息不升反降，自2021年9月以来，连续四次逆向降息。埃尔多安认为要想扭转经济下滑的局面，最重要的应该是提升本国产品竞争力，改变经常项目逆差，并实现盈余，以此来推动经济增长，而要实现这一目标，最有效的方法就是降息。传统的升息虽然有助于维持国内物价的稳定，但却使本就萧条的经济雪上加霜，不利于出口，更增加了企业借贷压力，是不利于维持经济增长的。对此，复旦大学经济研究专员邹志强称，该项政策的目的是改善土耳其经济增长乏力，提振经济表现，在下届选举之前维持经济快速增长，以稳固其执政地位。而诸多西方分析机构则认为，在土耳其高度美元化的经济结构下，传统的宏观调控政策或难起效，这种非常规的政策或许能力挽狂澜，扶大厦之将倾。土耳其未来走向究竟如何，一系列的举措究竟能否改变市场预期，拯救土耳其于危难之间，未来我们拭目以待。

五、尾声

当前，土耳其政府推出的各种应对措施已不同程度地收到一定成效，国内外民众对土耳其里拉的信心也逐渐提升，通胀情况慢慢缓解。但是，美联储加息仍在继续，里拉兑美元的贬值趋势究竟能否改变，未来能否企稳。这场危机的爆发，里拉的崩盘，与美元的加息又有几分的关联，究竟是其内部长久以来积攒问题的显露，还是外界对其的干扰，未来的经济发展又将如何，在后疫情时代，以土耳其为代表的新兴国家又将面临怎样的结局，还有待进一步观察。

案例使用说明

一、教学目的与用途

1. 适用课程

国际金融、金融理论与政策等。

2. 适用对象

适用于金融学、金融工程学专业硕士的相关专业课程的教学。

3. 教学目的

首先本案例梳理了土耳其2021年以来两次“股汇债三杀”的背景和事件始末，

并在此基础上剖析两次“三杀”事件的导火索和事态演变的逻辑链。其次，系统性研究土耳其通胀长期高居不下的根本病因以及“埃尔多安经济学”未能有效缓解国内通胀的原因。再次，通过对土耳其经济数据进行统计分析以及分析特定经济状况下土耳其央行所采取的相应政策，探究土耳其经济结构存在的问题，为土耳其如何打破这场由“高通胀”带来的“三杀”局面提出建议。最后，本案例也探讨了外汇市场、股票市场与国债市场的联动关系，并提出了如何避免此类极端事件导致多个金融市场连环崩溃的建议。

通过本案例的学习，希望学生掌握以下四个方面的内容：

（1）恶性通胀产生的原因及治理；

（2）央行在治理宏观经济中发挥的功能；

（3）货币危机形成机制；

（4）汇率市场、股票市场、国债市场的联动机制。

二、启发思考题

1. 本案例中，什么事件是导致土耳其“股汇债三杀”两次上演的导火索？

2. 试分析，长期以来土耳其通胀率高居不下的原因，以及土耳其总统埃尔多安采用违背经济学直觉的经济刺激计划来应对高通胀状况的原因。

3. 在土耳其里拉汇率暴跌背景下，其 2021 年国内生产总值增速却依然达到了 11%，这是否说明土耳其已经摆脱了危机？试具体分析。

4. 试分析，土耳其汇率波动对其金融系统的影响。

5. 请结合本案例分析股市、汇市和债市三者的联动性及其传导机制。

三、分析思路

依据国际金融理论分析美元加息对新兴市场国家产生影响的根本逻辑，结合股汇债三市场的联动关系，通过分析土耳其两次“股汇债三杀”事件发生的国际背景，土耳其本国经济基础和主要经济指标变化情况，梳理事件始末，总结出两次“股汇债三杀”事件的导火索。

结合金融理论与政策相关理论和西方经济学经典理论分析土耳其长期高通胀的原因、埃尔多安经济学的逻辑以及市场反应不达预期的原因。

基于新古典经济学理论，建立四部门的均衡国民收入模型分解土耳其经济增长的主要动力来源。通过分析土耳其面临的国内外政治经济环境以及本国的经济结构，总结出其经济特征和经济扩张模式，衡量各部门对其国内经济的贡献程度，再结合产业经济学相关理论判断土耳其经济增长的基础能否稳固，由此判断高达 11% 的高增长是否“可持续”。

结合四代货币危机理论，具体分析土耳其此次货币危机事件的经济层面的动因及影响。首先，以第一代货币危机理论为框架分析外汇储备在此次货币危机事件中扮演的角色；其次，以第二代货币危机理论为框架分析汇率预期是否促使本次危机发生，及土耳其后续的经济变化能否通过投资者的预期来理解；再次，从第三代货币危机理论的角度理解政治关系在此次危机中扮演的角色；最后，通过第四代理论分析企业外债对土耳其经济的影响。

基于所学的经济理论与积累的经济直觉，分析股市、汇市、债市三个市场之间的相关性及传导关系。从经济层面理解此次危机对土耳其经济及居民生活带来的影响，从而为当地政府如何采取政策以避免这类危机事件再度重演提供建议。

四、理论依据与分析

（一）理论依据

1. 恶性通胀形成的相关理论、央行在经济中发挥的作用
2. 货币政策与财政政策理论、货币危机理论
3. 汇率市场、股票市场、国债市场的联动机制

（二）具体分析

1. 本案例中，什么事件是导致土耳其“股汇债三杀”两次上演的导火索？

第一次“股汇债三杀”的导火索是土耳其央行率先加息叠加央行行长被撤职引发资本市场恐慌。

国际金融相关理论可以对美元加息影响新兴市场国家经济的微观传导机制做出理论性阐释。美元是国际主要的贸易结算货币、储备货币和“锚”货币，是全球流动性的“总阀门”。美元加息，将增加国际投资者的美元融资成本，或者提高其对美元的投资收益，促使大量美元回流美国，减少国际市场的美元供给数量。国际投资者对于新兴市场的信心较为脆弱，在美国加息预期下，对新兴市场的资产兴趣开始减弱，转而投向美国市场，或者归还美国银行贷款。因此美元的加息周期，往往伴随着新兴市

场国家的巨大灾难。

2021 年年初以来新冠疫情疫苗超预期接种，全球经济回暖加之前期主要发达经济体大规模放水，2021 年 2 月份以来 10 年期美债收益率持续上涨，新兴经济体面临通胀威胁。一方面，大宗商品价格上涨带来输入型通胀（见图 13 – 19）。在国际粮价持续上涨的冲击下，2021 年 2 月土耳其 CPI 同比涨幅超过 15%；另一方面，加息旨在防范资本外流。美国 10 年期国债收益率持续上涨（见图 13 – 20），市场对美联储加息预期升温，这刺激了资金从新兴市场流向美国市场，迫使像土耳其这样的新兴市场国家加息，以留住国际资本。

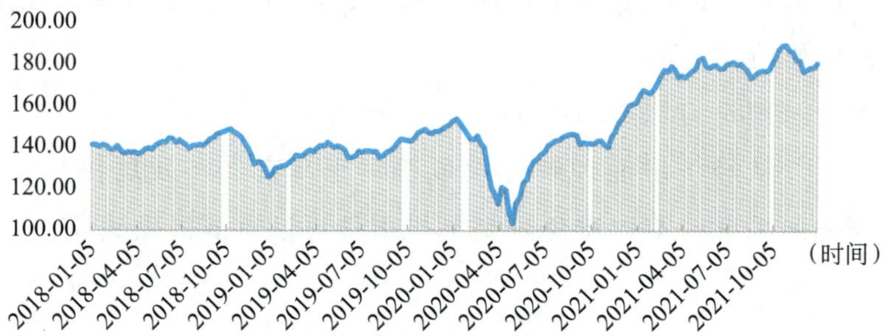

图 13 – 19　土耳其大宗商品价格指数

资料来源：Wind。

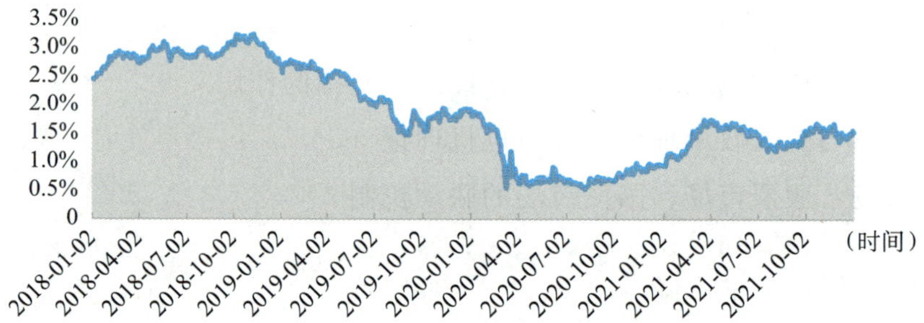

图 13 – 20　同期美国 10 年期国债收益率

资料来源：Wind。

出于以上原因，土耳其央行在 2020 年 3 月 18 日宣布加息，将关键利率上调 200 个基点至 19%，这一上调幅度超过市场预期的两倍，高度的预期差引起外资恐慌，土耳其本国经济状况恶化，土耳其央行行长 Agbal 因此被总统埃尔多安免职。央行行长被解职导致市场对土耳其新一轮金融风险恐慌加剧，触发了系统性金融危机。

土耳其形成“股汇债三杀”的局面，其背后的逻辑在于：其一，将宣布加息的央行行长解职，市场形成降息的预期，通胀预期抬头，市场对土耳其这个国家出现信任危机，造成里拉暴跌；其二，里拉的暴跌，引发外资尤其美元的外流，打压了土耳其股市；其三，里拉急剧贬值，资本市场信心不足推高土耳其国债收益率，打压了土耳其国内债市，本国债券被疯狂抛售。

第二次“股汇债三杀”的导火索是土耳其降息。

2008 年的金融危机爆发后，美联储等主要发达国家央行大规模放水，土耳其借此机会大量举债，其中以美元债为主，以此扩展财政与货币，刺激经济增长。举债发展经济的战略为土耳其带来一段时间的蓬勃发展，但是有两重隐患不可忽略。其一，国内通胀高企。2008 年之后，土耳其的通胀率长期维持在 8% 以上。其二，国内潜在债务负担较重。在 2008 年第一季度，土耳其的外债总额为 2736. 74 亿美元，而截至 2021 年第三季度，土耳其外债规模攀升至 4534. 63 亿美元，占 GDP 的比重超过 60%，远高于巴西、阿根廷等新兴国家，土耳其政府和企业的还债压力较大。

美联储等主要国家的加息预期导致土耳其隐藏的危险一举爆发，一方面，美元升值，美元债利率增加，外债的利息增加，国内债务负担加重，爆发债务危机。另一方面，通胀高企叠加国际资本撤出土耳其市场转向美国市场，加速里拉贬值，进一步加重了债务负担和国内通胀。在国内通胀和资本外逃的双重压力下，土耳其采取降息政策，将进一步推高国内通胀，推高国内利率，利空债市；导致本国货币购买力下降，里拉贬值；国内外对土耳其资本市场信心下降，股市暴跌。

2. 试分析，长期以来土耳其通胀率居高不下的原因，以及土耳其总统埃尔多安采用违背经济学直觉的经济刺激计划来应对高通胀状况的原因。

土耳其通胀高企的表面原因是外部环境恶化导致里拉贬值进而引起土耳其国内物价上涨，根本症结在于该国的经济结构特征和货币政策的选择导致国内经济比较脆弱，易受外部冲击。

首先，土耳其债务融资的外源性依赖程度高。土耳其居民储蓄率较低，仅 25% 左右，国内融资难以支持国内投资，加之巨额的财政赤字不得不依靠借入外债来弥补，一方面，经常性的项目逆差，也需要引入国外资金进行平衡，这就导致了外债总额很高。大规模外债导致土耳其极易受美联储政策变动带来的外溢效应冲击，加大了经济增长对外部资金的依赖性，放大了外部风险对国内经济的传导性。一旦内外部环境变化导致投资情绪逆转、外部资金流入下降，国内投资项目就可能因资金中断而难以为继，造成经济风险上升和经济增长放缓。另一方面，在银行短期外债中绝大部分是热钱，这部分资金对利率、汇率高度敏感，波动性较大，从而会带来较大的不确定性。

其次，长期宽松货币政策导致土耳其国内货币超发、通货膨胀和资产泡沫问题严重。2014 年以来，土耳其 M2 年增速接近 20%，2020 年高达 35%，并且土耳其央行不断压低政策利率，在高通胀和里拉贬值的交互影响下，实际利率长期偏低甚至为负。一方面，长期宽松货币环境为居民提供了大量资金；另一方面，实际利率为负，使居民减少存款、增加对房地产等资产的投资，这推升了土耳其的资产价格泡沫。

最后，土耳其资本市场高度开放，国内货币政策自主性低。土耳其外汇市场极度自由，国内实施自由汇率政策，土耳其里拉可以与美元自由兑换，本国货币政策没有足够的自主权。同时，土耳其外汇储备严重不足，目前土耳其外汇储备仅为外债规模的 10%，央行应对本币币值波动的能力有限。

2020 年 12 月以来，为了抗击通胀，美联储、英格兰银行等主要发达国家均开始加息周期，土耳其反其道而行之，希望通过大规模降息来抑制通胀。

时任土耳其总统埃尔多安有一套自己的经济学理论——埃尔多安经济学，其核心观点是通过降息来促进生产、扩大供给，进而来降低通胀。埃尔多安认为高利率会导致高通胀，因为高利率打击企业生产积极性，造成供给端收缩，同时影响国内就业，导致国内需求减少。反之，降低利率，会导致里拉贬值，这样土耳其可以利用汇率优势加大本国出口竞争力，有效刺激投资和生产，增加出口和就业，同时吸引外国游客到土耳其消费，多渠道创汇，从而形成经常性账户的顺差，结束国内对外债的依赖。同时，降息可以扩大商品供应，降低物价，最终减缓通胀。

但是，市场证实土耳其通胀非但没有缓和反而愈演愈烈，其主要原因在于，从供给端来看，降息政策并不能刺激生产。土耳其的能源、原材料、粮食等大量依赖进口，这些是扩大生产和商品供给的基础，但购买这些物资需要支付美元等硬通货，而非土耳其里拉，里拉贬值制约了国内工厂原材料的采购能力，甚至会让国内本就稀缺的物资价格持续暴涨，进一步拉高通胀。同时，里拉贬值无疑增加了土耳其本国企业的外债偿还压力，企业经营受影响，进而影响出口创汇效率。另外，里拉从 2021 年年初到 12 月，累计贬值超过 70%，贬值速度过快导致国内外市场对里拉普遍不看好，像苹果公司这样的国际大型零售商基于里拉币值的不确定性，不愿意收取里拉，纷纷撤出土耳其市场，市场供给进一步减少。

3. 在土耳其里拉汇率暴跌背景下，其 2021 年国内生产总值增速却依然达到了 11%，这是否说明土耳其已经摆脱了危机？试具体分析。

据土耳其统计局公布数据显示，继 2021 年第一季度和第二季度 GDP 同比分别增长 7.3% 和 21.9% 之后，土耳其第三、第四季度 GDP 增长了 7.5% 及 9.1%，2021 年全年土耳其 GDP 增长了 11.1%，创十年新高。与之相对，2021 年以来土耳其经济已经历多次动荡：3 月 22 日股市熔断两次；里拉兑美元贬值 23%；GDP 在 2013 年后持续下降，2020 年相比 2013 年下降 24.82%，在 2021 年 10 月 25 日，土耳其货币里拉兑美元创下历史新低。土耳其作为曾被认为是最有希望的准发达国家，在此次里拉危机背景下，从宏观经济数据表现来看似乎已经摆脱危机，因此在此部分我们将视角聚焦于土耳其的经济特征上，分析这个矛盾现象背后的经济本质。

土耳其经济特征主要体现在四个方面：外向型产业结构与高失业率、资本账户完全开放与热钱自由出入、高外债以及低利率环境。

在产业结构与失业率方面，土耳其经济结构自 1960 年起，农业占比持续减少，工业占比先增后减，与此相对的是贸易和服务业占比持续增加，至 2020 年末贸易增加值比重为 54%，且以初级产品出口为主。服务业增加值比重为 54.64% 且与旅游业深度绑定，造成土耳其对外部经济需求十分敏感，失业率居高不下。

在资本开放程度方面，土耳其对外完全开放，大量的国外资金进入后以投机与房地产为主，造成热钱容易大幅流入流出，并引发经济动荡。

在外债规模方面，土耳其外债规模在 2000 年后飞速上升，原因有三：一是 2008 年亚洲金融危机后欧美货币宽松，借贷成本下降；二是资金因美欧利率下降而进入土耳其这类新兴国家投机；三是长期贸易逆差依赖资本账户输血，但土耳其外债高企主要是内在原因即过度基建导致的。

在利率环境上，土耳其 2003 年以来，持续采用低利率政策刺激经济增长，导致企业过度加杠杆，抗风险能力变弱。危机发生后里拉贬值，国内通胀，而政府认为高利率才是通胀的原因，迫使央行维持低利率，维持汇率则以消耗外汇储备为代价，但土耳其长期逆差外汇储备有限，里拉持续恶性贬值；同时因禁止银行为做空者借出里拉，企业同样难以获得信贷，经济进一步恶化。

通过对上述土耳其经济特征的分析可知，虽然土耳其的 GDP 增速在充满动荡的 2021 年仍能维持 11% 的较高增速，但这种表面增速的背后是通过一系列不可逆的措施来维持的。埃尔多安虽然通过他的经济刺激计划掩盖了土耳其经济长期增长疲软的事实，但当其外汇储备或政府信誉无法支撑起投机者或本国居民的信心，土耳其经济将发生严重的衰退。因此，土耳其 GDP 增长 11% 的背后所付出的是其经济长期发展疲软的代价。

4. 土耳其货币危机事件的理论层面分析。

由于土耳其政府和央行采取低利率的货币政策和扩张性的财政政策，试图通过经济刺激来转移百姓生活饱受高通胀折磨的事实。而高通胀不仅对人们正常生活产生严重影响，使其财富迅速蒸发，此外由于高通胀且大环境下美元升值的情况，导致土耳其里拉持有者大量抛售里拉兑换美元，进而引起了里拉兑美元汇率迅速贬值。这对于土耳其居民而言，除了物价暴涨外，其整个金融市场都受到了外汇市场崩盘的影响，进而严重影响了其整个金融系统的稳定性，因此基于四代货币危机理论，从经济层面深刻理解此次货币危机事件的经济层面动因及其对汇率的影响机制是非常必要的。

货币危机理论主要就是对汇率波动影响金融稳定的作用机制进行详细的理论分析。而四代货币危机理论实际上都是从不同的角度来论述外汇市场的波动如何传导至其他金融市场，从而引发货币危机的产生和金融体系的不稳定性。简单来说，第一代货币危机理论是通过对一国的宏观经济数据分析作为起点，认为外汇储备的大量流出是导致本币汇率低估，从而引起本币持有者恐慌而大量抛售，从而引发货币危机；第二代货币危机理论的分析则认为货币危机的出现并不由于宏观经济的恶化导致，而是纯粹由于投机者的攻击导致的，而投机者的攻击能放大金融市场中投资者的情绪，从而引发大量投资者的预期改变，进而形成“羊群效应”，促成货币危机的发生；第三代货币危机理论则是强调在发展中国家，政府与一些企业和金融机构存在关联，且其政府信用不高，进而导致发展中国家存在严重的道德风险，从而出现经济发展中过度投机的问题，大量的游资进入股市和房市，导致泡沫，而当游资逃离时泡沫破裂，致使货币危机发生；最后第四代货币危机理论认为，如果本国企业大量借入外债，会减少对本国的贷款，这样债务到期时偿付外币会使本币贬值，而这又导致本国企业资产贬值，从而减少了其信贷额度，最后导致货币危机出现。

（1）第一代货币危机理论。

第一代货币危机理论主要是由美国经济学家克鲁格曼于 1979 年提出的，后于 1986 年经弗拉德和戈博的完善，形成了最终的第一代货币危机理论模型。该模型主要描述的是信用扩张政策与外汇储备和货币危机之间的关联，在该理论中货币危机定义为一国外汇储备消耗殆尽，政府失去调控汇率的能力。具体而言，其描述了这样一种机制：如果一国最初采用信用扩张政策以刺激经济，而在信用扩张政策实行期间，经济的快速发展会吸引大量外资流入，而这些外资被用于进口或作为外汇储备保留。而这些外汇流入央行并以基础货币形式投放到经济中，这样又进一步发挥乘数效应，加快信用膨胀。而在国内信用扩张及外汇大量流入下产生双重信用膨胀，会导致经济短时间内过热，从而产生泡沫。如果经济上升疲软，导致外资外流，经济恶化就会造成经常项目逆差从而大量消耗外汇储备。此时，政府会陷入两难境地，即如果政府认为经济疲软是由于货币供应不足而继续实行扩张政策，就会导致外汇储备继续加速流失，最后当泡沫经济崩溃，外汇储备清空，该国则出现经济紧缩；反之如果为了避免上述情况而保持货币供应量不变的话，依旧无法在经济疲软时抑制外汇储备的流失。

这样长期纵容信用膨胀的结果就是使经济的崩溃成为必然，使外汇储备消耗殆尽只是时间的问题。而当政府无法控制局面时，本币贬值成为必然，这样投机者不仅会将持有的本币兑换成外币，还会大量借入本币购进外币，加快本币贬值速度。这样当投机行为转化为公众行为，外加游资趁火打劫，政府不得不放任本币贬值而毫无办法。

结合土耳其具体经济数据，我们可以看到土耳其为刺激本国经济复苏，长期实行宽松的货币政策，导致货币供给严重扩张。在过去的 5 年间，土耳其的货币供给量总体呈高速增加趋势（见图 13 - 21），M2 从 5000 多亿里拉迅速膨胀到 21081 亿里拉。尤其是 2021 年以来，信用进一步扩张导致里拉跌幅扩大。为了应对不断下跌的汇率，土耳其央行多次动用外汇储备，虽然其外汇储备在 2021 年初有小幅增长，但其原因是在此期间土耳其政府通过大量借入外债，来缓解汇率大幅贬值的危机。而在随后的 2021 年 9 月的汇率暴跌过程中，其外汇储备也被快速消耗，在短短的一个月时间内，外汇储备从 1255.87 亿美元下降至 1111.81 亿美元（见图 13 - 22）。在考虑外债总额后，土耳其的净储备已经严重不足甚至为负。在经济基本面恶化的情况下，土耳其因缺乏充足的储备资产，里拉的崩溃也就可想而知了。

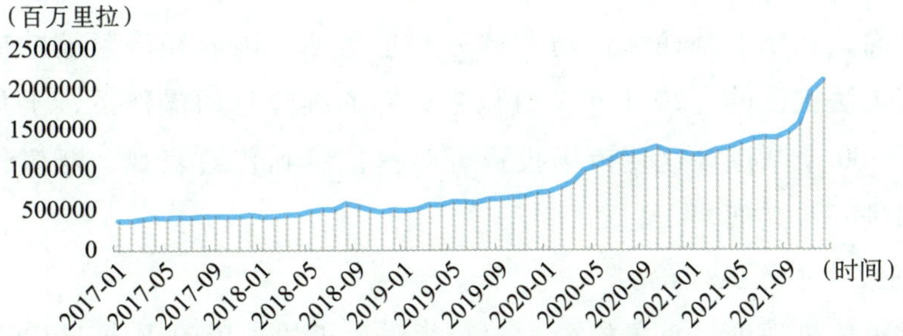

图 13 - 21　土耳其货币供应量 M1

资料来源：Wind。

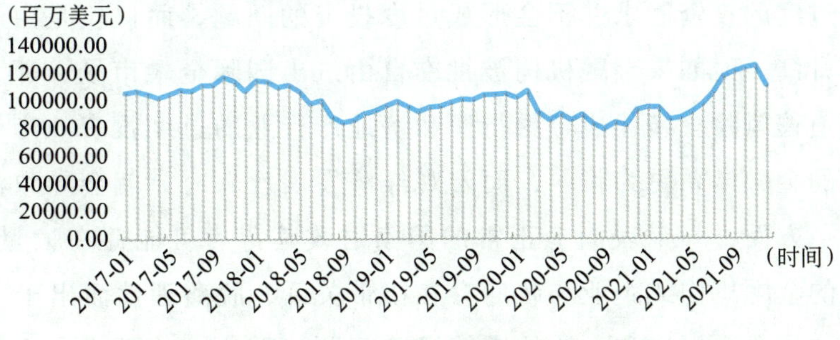

图 13 - 22　土耳其官方储备资产

资料来源：Wind。

（2）第二代货币危机理论。

第二代货币危机理论主要是由德国经济学家奥波斯特菲尔德于1996年提出，其认为市场预期的突然反转，即当人们对本币的预期普遍转变为贬值时，即使宏观经济依然向好，仍然会导致货币危机出现，即一国货币危机的发生是持有者预期贬值的自我实现过程。在第二代理论中，政府所采取的行为不单单局限于第一代理论中所采用的信贷扩张政策而导致其对于货币危机这种情况处于两难境地而无所作为。在二代理论中，政府是一个主动的市场参与者，其通过利益最大化原则对其采用何种汇率政策进行决策，而由于政府所采取的策略不同，因此汇率的预期实现方式也存在差异。该理论的核心是对政府是否放弃固定汇率的成本和收益进行比较，从而得出政府所采取的政策，以引导市场预期避免货币危机。

我们可以看到在二代理论中，强调了政府与投机者之间的博弈过程。那么，虽然土耳其的货币危机情况不是政府决定是否维持固定汇率的问题，因为其总统埃尔多安始终坚持浮动汇率政策，但是其同样涉及利率在维持外部均衡中的重要作用。在二代理论中，应对国际投机冲击除了通过消耗国际储备，还可以通过提升国内利率水平来实现。一方面，利率上浮可以吸引国际资本流入，减轻本币贬值压力和对外汇储备的消耗；另一方面，利率上升往往伴随着债务利息增加、国内经济紧缩的成本，而这是埃尔多安政府无法接受的。2021年9月以来，在连续降息的操作下，土耳其的政策利率已经下调了500个基点，这使市场投资者对里拉感到普遍悲观，贬值预期也促成了土耳其汇率的进一步走低。

（3）第三代货币危机理论。

第三代货币危机理论是克鲁格曼为解释货币危机的蔓延问题而于1997年提出，该理论认为企业的高杠杆、金融系统脆弱及政客与金融机构的裙带关系是引发货币危机的主要因素。在该理论中，克鲁格曼认为：一方面，当金融机构受限制而不允许进入国际市场时，过度的投资需求并不会形成过度投资的问题，而仅仅是由于需求增多而导致市场利率升高。而如果金融机构被批准自由进出国际金融市场，那么金融中介在投资过程中的道德风险会转化成金融行业和房地产行业的过度投资，产生金融过度问题，这使一国的金融体系更为脆弱，而宏观经济发展疲软时，就会导致泡沫破裂从而引发危机。另一方面，一个表面上正常的国家财政其背后可能存在大量的赤字隐患，因为如果当地的金融机构或企业与政府存在裙带关系，脱离理性而出于“关系”胡乱担保，这就增加了金融机构和企业的道德风险问题，而他们的不良资产就构成了政府的隐性财政赤字，而当违约事件爆发，财政大量赤字所导致的直接结果就是央行消耗外汇储备来稳定汇率，而当外汇储备消耗殆尽危机也就随之发生；接下来，由于经济疲软、利息升高、本币贬值等因素导致企业的资产大幅缩水而利息显著攀升，致使企业出现财务困难，而这又进一步限制了企业的投资行为。这样该理论所得到的启示就是，保持汇率稳定是一个两难的决策，因为如果企业债务庞大，杠杆率较高，维持实际汇率的成本就是降低产出，而这种产出的下降会不断恶性循环，对经济带来致命的打击。

而对于当前的土耳其而言，经过前面的分析我们知道了此次危机事件的发生是由于土耳其的经济长期高通胀和总统埃尔多安胡乱采用货币政策和财政政策所导致。而我们通过对土耳其周围国家货币兑美元的汇率进行观察，并未发现此次货币危机事件展现蔓延态势。此外，由于土耳其当地企业和行业层面数据获取困难，因而无法用第三代货币危机理论进行深入分析。

（4）第四代货币危机理论。

第四代货币危机理论是由克鲁格曼和阿吉翁基于第三代理论模型提出的，其主要思想是，如果本国企业的外债水平越高，由于债务压力会导致外债的债权人因害怕收不回贷款而对该国经济产生悲观情绪，进而减少对该国企业的贷款，这样就会导致本币贬值，企业的资产大幅缩水，又会使其只能申请到更少的贷款，从而使社会整体的投资不足，投资规模大幅下降，导致经济陷入萧条。

土耳其作为一个开放型经济体，其金融和经济发展依赖于大量外债，本身就很容易遭受国际资金的冲击。从2011年起，土耳其外债总额就只增不减，2011年3月土耳其外债总额为3020.9亿美元，2018年达到最大值4669.75亿美元（见图13－23）。2011年中央政府债务总额占GDP比重为42.36%，2016年为31.87%。可以看出中央政府外债总额占GDP比重大约为三分之一，私人部门杠杆率也很高。当外部环境发生变化时，过度举债就成为发展的重要隐患。除此之外，土耳其借债中，短期外债占比还很高，给还债造成了不小的压力，并且随着里拉的不断贬值，汇率下降，使还款成本不断上升，进一步加大了土耳其政府和企业的压力，压低了民众的信心。而且，由于土耳其常年的账户赤字，使外汇储备量逐年降低，甚至远低于外债规模，还款能力受到质疑。在这种情况下，外债的债权人易产生悲观情绪，导致土耳其国内投资不足，从而助推了货币危机形成。

5. 请结合本案例分析股市、汇市和债市三者的联动性及其传导机制

各个金融市场之间的联动一直是十分常见的现象，从2008年次贷危机而引发的全球性金融危机，到2009年以希腊为代表并蔓延至整个欧盟的主权债务危机事件，使学界与业界对市场联动现象的研究更加重视，并探讨预防这种系统性金融风险事件发生的对策。在观察了土耳其伊斯坦堡100指数、里拉兑美元汇率及土耳其十年期国债收

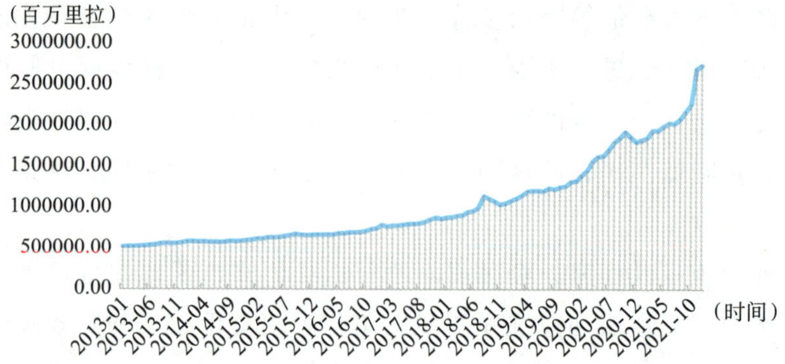

图 13－23　土耳其政府债务

资料来源：Wind。

益率的时间序列数据后，能够直观地感受到此次土耳其“三杀”事件有着明显的联动性，具体而言：首先是土耳其货币里拉兑美元汇率大跳水，汇率大幅贬值导致大量外资逃离土耳其资本市场，这一直接表象就是土耳其股票指数如伊斯坦堡 100 指数大幅下降甚至触发熔断，而又因为这些逃离股市的资金短期内没有明确的投资标的，就直接转向购买避险资产即土耳其国债，又导致了土耳其国债利率的大幅攀升，而利率的攀升又提高了借贷成本，使股市进一步下跌，形成恶性循环。这就是土耳其这三个市场间联动性及风险传导的直观表现（见图 13－24）。

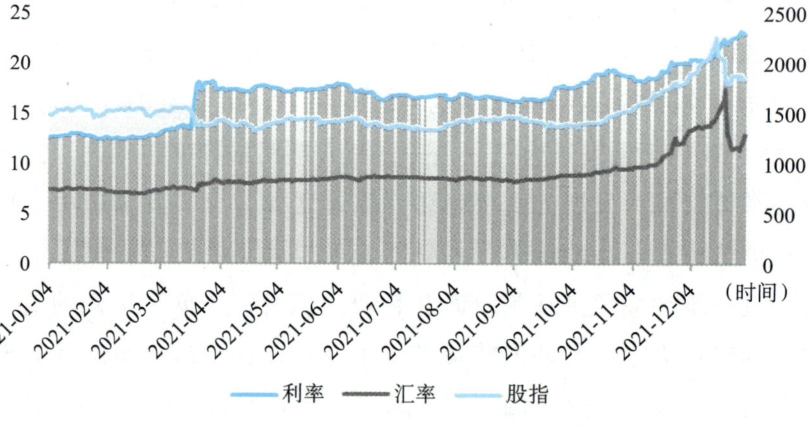

图 13－24　土耳其股汇债走势图

资料来源：Wind。

根据图中 2018 年 1 月～2022 年 2 月土耳其股指、汇率及十年期国债利率的时间序列数据，在这里我们可以更直观地看到上述由汇率急剧变化而传导至股市和债市的现象。因此对于这三个市场之间的联动性，我们通过以下三个角度进行深入分析。

(1) 汇率与股价相关性理论及机制。

传统的对外汇市场与股票市场相关性进行分析的理论模型是流量导向模型与存量导向模型。其中流量导向模型是 1980 年由多恩布什和费雪提出，其理论逻辑可以从以下两个方面理解：第一，基于企业资产负债层面，如果本币贬值会增加外债总价，这样会导致企业承受更大的债务压力导致利润大幅下降股价下跌；第二，本币贬值会影响企业的进出口活动，对于出口企业而言本币贬值意味着其产品因价格下降更容易吸引国外消费者进行购买从而刺激出口；而对于进口公司，国外产品价格大幅提升导致原材料进口成本上升，利润进一步被压缩，因此对于需要大量进口物资的国家而言，本币贬值会导致本国股票市场大幅贬值。对于存量导向模型而言，当本国股价下跌时，投资者会大量卖出本国资产，抛售本币并持有外币以购买国外资产，进一步引发本币贬值。

而股价对汇率的影响机制主要基于其对宏观经济状况及政策的预期，一旦当前的市场或政策信息使投资者的预期出现变化甚至出现反转，投资者在股市中的投资行为也会对外汇市场产生影响。具体而言，如果股市低迷，投资者因悲观预期而减少购买并大量卖出，这就会使企业因资产缩水导致基本面变差而更难融资，而融资成本的升高使企业创新和发展受限，产品的国际竞争力下降，出口大幅减少而本币需求减少，从而导致本币贬值。

结合上述理论，土耳其汇率与股价的影响机制可以从以下两个方面进行分析：第一，汇率—成本渠道。本币贬值有利于本国出口而不利于进口，贬值使出口企业利润提高而股价上升，使进口企业成本提高而盈利缩窄，股价下降。第二，汇率—货币渠道。汇率的变化会影响股票市场的实际货币供应量。当本币贬值时，货币供应量会因为资本流出而减少，股市资金短缺而使整体股价下跌。而土耳其作为一个本国原材料较为匮乏的国家，长年以来需要大量进口以维持本国产品的生产，其在 2021 年出口总额为 20238.36 亿里拉而进口总额仅为 24337.46 亿里拉，因此庞大的进口需求使土耳其在面临本币大幅贬值时，本国企业成本上升加剧，压缩盈利空间，使其在 2021 年股票市场多次触发熔断（见图 13－25）。

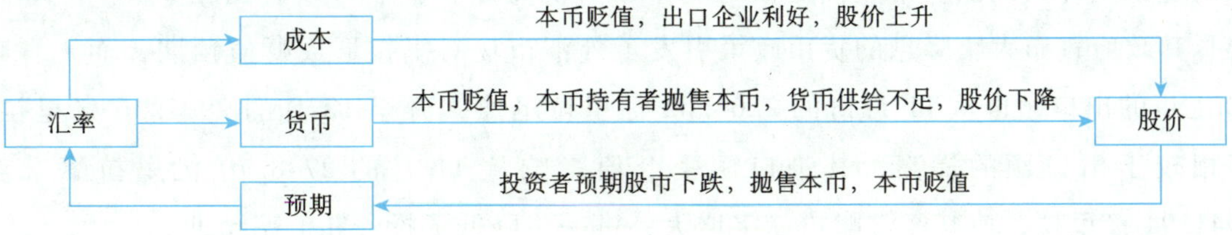

图 13－25 汇率与股价的联动机制

（2）汇率与利率相关性理论及机制。

对于汇率与利率之间相关性的研究，主要体现为货币学派与凯恩斯学派之间对利率与汇率之间的相关性持相反的看法。其中货币学派认为，一国的利率水平的下降使持有该国货币的机会成本变小，从而提高对本币的需求，使本币升值。而反观凯恩斯主义，其认为一国利率相对于别国下降后，会使资金流出本国而流入利率更高的外国货币，这样，低利率会导致本币贬值。此外，对汇率与利率之间相关性的理论还分为传统理论与改良理论。传统理论强调的是，当本国利率升高时，国际游资会大量流入境内，从而导致本币升值；而改良理论则是以金融危机为背景，认为在危机时盲目采取高利率货币政策会加速债务人的违约和破产，从而致使资本为了避险而大量外流，导致本币贬值。

而通过利率对汇率的传导机制可以分析该国的经常账户与资本账户余额。一方面，对于经常账户，利率的提高会使进口企业增加成本，导致产品价格提高出口减少，使经常账户有赤字压力。另一方面，对于资本账户，利率的变动会通过国际套汇，使资本账户余额发生变化，进而导致汇率变动。而汇率对利率的传导机制可以通过物价与汇率预期两个角度分析。当本币贬值时，国内产品价格下降促使出口增加，使厂商加大生产，经济蓬勃发展，使利率下降。而当本币贬值时，会使投资者形成汇率贬值预期，短期内引起国内资本外流，使国内货币供给不足，导致利率上升（见图 13－26）。

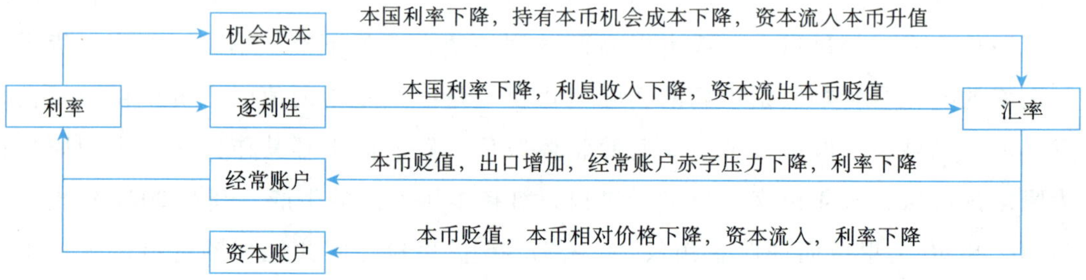

图 13－26　利率与汇率的联动机制

对于土耳其此次货币大幅贬值与利率攀升的现象，我们可以看到在 2021 年 12 月土耳其政府宣布大幅降息的货币政策引发了外汇市场对里拉形成贬值预期，而土耳其 2021 年的出口额也从 11 月份的 2264.02 亿里拉迅速飙升至 12 月的 2997.36 亿里拉，但相较于出口额的提高，其进口额受贬值影响从 11 月的 2748.70 亿里拉攀升至 3941.94 亿里拉，使其经常账户赤字增大，进一步降低了投资和汇率预期。

（3）利率与股价相关性理论及机制。

利率对股价的影响主要通过以下三个渠道：第一，利率—成本渠道，即银行可通过对借贷利率进行调整，从而影响资本市场表现。第二，利率—投资渠道，存款利率的变化会引导投资者在储蓄与投资之间进行转换，从而影响资本市场。第三，利率—消费渠道，当利率提高时居民将进行大量储蓄与投资，而当利率降低时人们会进行限期消费，从而影响金融市场表现。

股价对利率的传导机制主要有以下三个渠道：第一，信用传导机制，即由于银行贷款需要抵押品支持，而如果抵押品为股权，股市的波动会通过影响贷款人的抵押品价值，进而影响贷款利率。第二，消费传导机制，当股市处于泡沫阶段时，投资者会被虚假的繁荣所蛊惑，而增加消费，促进经济增长，但需求的扩大会为经济带来通货膨胀，因此股价上升会使利率也随之上升。第三，投资传导机制，当企业投资规模持续上升时会出现投资过剩的情况，进而会使经济产生泡沫倾向，而政府为了抑制这种泡沫的出现会实施紧缩性货币政策，从而利率上升（见图 13 - 27）。

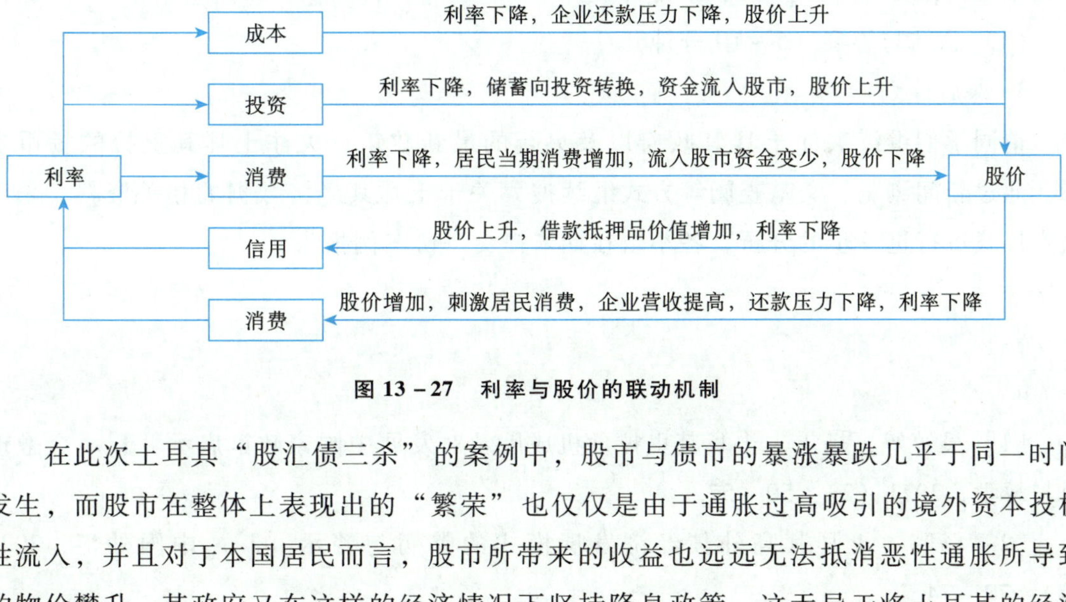

图 13 - 27 利率与股价的联动机制

在此次土耳其“股汇债三杀”的案例中，股市与债市的暴涨暴跌几乎于同一时间发生，而股市在整体上表现出的“繁荣”也仅仅是由于通胀过高吸引的境外资本投机性流入，并且对于本国居民而言，股市所带来的收益也远远无法抵消恶性通胀所导致的物价攀升，其政府又在这样的经济情况下坚持降息政策，这无异于将土耳其的经济推向泡沫的深渊。

因此通过上述各个金融市场的联动性分析，我们不难发现政府是无法避免这类金融市场之间传播现象的，而对于这类危机事件的处理，只能是从源头切断，即通过解决此次本币大幅贬值事件的起因才能避免后续各个金融市场之间大幅波动的可能。

五、建议课堂计划

本案例可以作为专门的案例讨论课来进行，可分为课前、课中和课后三个部分来进行，以下安排仅供参考：

1. 课前计划

在课堂上讨论本案例前，应该要求学生至少读一遍案例全文，并对案例启发思考题目进行初步思考，并将同学们分为七组，以便进行讨论。

2. 课中计划

（1）案例回顾与课堂前言（10～14分钟）。

（2）小组讨论：准备发言大纲。各小组按启发思考题目分别进行讨论和准备发言（15分钟）。

（3）小组发言：引导全班进一步讨论，尤其是各个小组之间进行讨论，对知识梳理总结。每组5～6分钟（共40分钟）。

（4）总结与答疑（5～10分钟）。

3. 课后计划

请同学们继续关注土耳其政府以及央行的最新政策，关注土耳其里拉的货币走势。通过新闻浏览、文献查阅等方式继续搜集关于土耳其经济数据的相关资料，采用报告形式进行进一步的分析，各小组在期末提交一份案例报告。

六、参考文献

[1] 吴婷婷，杨雪．土耳其里拉危机成因及对发展中国家政策启示［J］．金融理论与教学，2021（2）：50－57.

[2] 杨璐．土耳其高外债经济发展模式的弊病与警示［J］．中国外汇，2021（7）：72－74.

[3] 张丽．以土耳其货币危机为例思考货币危机新理论［J］．北方经贸，2020（3）：102－104.

[4] 舒晓婷．土耳其通胀创19年新高　2022年里拉或温和贬值［N］．21世纪经济报道，2022－01－05（005）.

[5] 胡天姣．里拉危机溯源：土耳其“三高”与埃尔多安的“底牌”［N］．21世纪经济报道，2021－12－23（007）.

[6] 汤艺甜. 土耳其里拉跌跌不休 [N]. 北京商报，2021-10-26 (008).

[7] 张枕河. 土耳其汇市股市“巨震”外溢风险料有限 [N]. 中国证券报，2021-12-24 (A04).

[8] 陈植. 谁制造了土耳其货币危机? [N]. 21世纪经济报道，2021-12-22 (003).

[9] 孙瀚翔. 发展中国家货币危机以及对中国的启示 [J]. 吉林金融研究，2020 (1): 23-27.

[10] 魏敏. 土耳其里拉危机的成因及其警示 [J]. 人民论坛·学术前沿，2018 (19): 38-45.

[11] 赵庆明. 土耳其货币危机的根源 [J]. 中国金融，2018 (17): 88-8.

案例 14

折翼的潘帕斯雄鹰

——阿根廷第九次债务危机的成因与影响[①]

新冠疫情反复，发达国家和新兴市场国家经济复苏进程分化，新兴经济体财政赤字与政府债务不断恶化。2020 年 4 月，阿根廷未能按时偿付 5.03 亿美元债务的利息，陷入第九次主权债务违约，成为新冠疫情后首个宣告破产的新兴市场国家。本案例以外债为线索，梳理危机发展始末。从阿根廷缺乏纪律的财政扩张、经济长期结构性缺陷、美联储加息的推波助澜等多方面特质性因素展开讨论，揭示阿根廷债务危机爆发的必然性。此案例希望通过还原阿根廷货币危机、债务危机与经济衰退的恶性循环，反思开放经济体面临的政策协调与内外均衡困境，为同样身处全球金融周期的中国提供参考经验。

① 本案例由中央财经大学金融学院王雅琦、杨玥、台瑶、陶源、曾艳琪、姚嘉玲、胡晨撰写。

案例正文

一、引言

阿根廷持续低迷的时间太长，以至于人们早已忘记，它曾是南美广袤大地上的无上明珠，拥有举世无双的自然条件，是世界上最富饶的国家之一。曾经的布宜诺斯艾利斯是人人心向往之的南美巴黎，它被英国作家詹姆斯·布莱斯这样热情地描绘："一切都是现代的和崭新的，一切都属于繁荣的现在，预示着一个更加繁荣的未来。"然而好景不长，辽阔丰茂的潘帕斯草原上雄鹰英姿不再，20 世纪 80 年代开始接连发生的债务危机迅速将阿根廷推入水深火热的苦难深渊。

新冠疫情出现后不久，阿根廷迅速采取了"以不惜牺牲经济发展为代价、全力防止疫情扩散"的从严政策，成为南美第一个宣布进入紧急状态的国家。然而严防严控之下，经济迅速停摆，2020 年 4 月阿根廷未能按时偿付 5.03 亿美元的利息，陷入第九次主权债务违约。当时疫情呈现反弹趋势，这对产业单一、金融体系羸弱的阿根廷无疑更是雪上加霜。

从曾经富甲一方的南美土豪到如今臭名昭著的违约机器，阿根廷这些年究竟经历了什么？在政治选举所引发危机的表象之下，又涌动着怎样的暗流使昔日的准发达国家深陷破产泥淖而无力回天？这次危机会对阿根廷产生怎样的影响？危机之后，又该何去何从？见不贤而内自省，同为新兴经济体，阿根廷的九次债务危机又给我国以怎样的启示？本文将抽丝剥茧，通过对阿根廷债务危机成因与影响的分析来寻找答案。

二、沉疴痼疾，积重难返——起源和发展

翻阅这颗曾经叱咤一时的南美之星从"发达国家"沦落为"第三世界"的陨落史，繁荣昙花一现，债务危机却如影随形。我们详细梳理了阿根廷的违约历史，生动呈现了其"经济衰退——政局动荡——外债负担加重——借新还旧"的恶性循环（见表 14 - 1）。

具体来看，阿根廷前两次违约的根本原因在于彼时刚刚独立，经济发展过于依赖欧洲尤其是英国，甚至连铁路这样的国民命脉都由英国政府完全掌控。阿根廷的工业自萌芽起就被遏制，单一的国内产业结构让其易受外部环境冲击，这一因素在之后的

表 14－1　　阿根廷的违约历史

违约次数	背景	过程
1827 年第一次违约	阿根廷脱离西班牙宣布独立	阿根廷为筹措建国资金，开始在伦敦发行债券，1825 年英国央行加息后，阿根廷的债务压力陡增，两年后，阿根廷陷入违约。直到 30 年后，阿根廷才重新开始偿还这笔债务
1890 年第二次违约	伦敦巴林银行投资阿根廷的铁路等公用事业	随着大宗商品泡沫破裂，巴林银行濒临破产，银行挤兑现象严重，四年后，阿根廷再次受到英国新资本的扶持，并摆脱了违约危机
1951 年第三次违约	一战重创了阿根廷经济，社会动荡加剧	推行进口替代政策，关上了经济的大门，但是国内经济始终不见起色，最终走上违约之路
1956 年第四次违约	民粹主义领导人上台	时任总统胡安·庇隆被政变赶下台，阿根廷经济陷入动荡，偿债举步维艰。1957 年，军政府与债权国组成的巴黎俱乐部达成协议，避免了大规模的违约
1982 年第五次违约	阿根廷“肮脏战争”期间，军事执政者大举借债	阿根廷外债从 80 亿美元飙升至 460 亿美元，基准利率高达 20%，进而引发了整个拉美及其他地区的债务危机，大宗商品价格再次暴跌
1989 年第六次违约	阿根廷进行了一系列抑制通货膨胀的举措，但均以失败告终	新任总统卡洛斯·梅内姆有效控制了通胀，但无力控制支出，阿根廷的外债激增至 1000 亿美元以上
2001 年第七次违约	经济陷入严重衰退，政局动荡，两周内更换五任总统	将近 1300 亿美元外债难以偿还，“秃鹫基金”层层紧逼，阿根廷比索大幅贬值，经济严重衰退，失业率显著上升
2014 年第八次违约	与“秃鹫基金”的法律纠纷久拖不决	此次违约规模较小，克里斯蒂娜政府错过了一次偿付利息的期限，争端最终在 2016 年落下帷幕，新任总统马克里偿还债务，阿根廷重获国际债务市场的准入权

资料来源：作者整理。

每一次违约事件中都有所体现。而从第三次债务违约开始，军事政变彻底破坏了阿根廷内战后宪法确立的民选制度，民选政府和军政权轮流上台，政变频发。“左右手互搏”的困境成为阿根廷随后第四、第五次债务违约的主要原因和特征。面对持续不断的政变、20 世纪 80 年代拉美的普遍恶性通胀和无法提振的经济，阿根廷只能走向命中注定的第六次违约。第七、第八次债务违约的主要特征在于“秃鹫基金”的围追堵截使阿根廷陷入长期国际债务诉讼纠纷。阿根廷在国际资本市场上的信用被严重挫伤，借新还旧难以为继，重启浮动汇率制反而令阿根廷比索更易受到美元指数的影响。

2001 年债务违约的阴云尚未消散，一场新的危机在这些沉疴痼疾中又再次爆发，阿根廷成为疫情下首个流动性告急的国家。与此前八次债务违约不同的是始料未及的疫情冲击和没有战事纷扰，但始终相同的是其对外国资本的过度依赖和国内政党冲突导致的经济基本面无法稳定向好发展。

（一）危机起源：秃鹫围堵，和解协议埋隐患

2001 年年底，阿根廷爆发一场巨大的经济危机，政府宣布暂停支付外债，同时宣布本币贬值，一批美元对冲基金乘机抢购大量阿根廷国债。2002 年阿根廷新政府上台后，对当时暂停支付的超千亿美元外债强制折价重组。其中约 93% 的债权人接受重组，但有一批对冲基金拒绝债务重组并将阿根廷告上法院，要求全额偿付本息。时任总统克里斯蒂娜将这些国际债权人称为贪婪的“秃鹫”。2012 年年底，美国联邦法院裁定阿根廷应该向“秃鹫基金”偿还 13.3 亿美元。2014 年 6 月底，阿根廷政府一笔约 8 亿美元的重组主权债务到期，由于此前美国最高法院裁定，阿根廷政府不能绕过拒绝重组债权人（即“秃鹫基金”）对其他重组债权人进行偿付，7 月 30 日阿根廷政府宣布将无法按时偿还债务，标准普尔判定阿根廷进入选择性违约。“秃鹫基金”全球围剿，阿根廷面对大量债务诉讼在国际上“举债维艰”。

2016 年，马克里政府与“秃鹫基金”达成和解，同意以现金方式偿还总额约 120 亿美元的债务，表明阿根廷具备了偿债能力的可预测性。从那时起，这种可预测性使马克里能够以历史上从未有过的规模发行债券。阿根廷 4 月正式发行 150 亿美元的主权债券，时隔 15 年后重返国际资本市场。同时阿根廷政府与国际货币基金组织（IMF）的关系也得以重建。2018 年，IMF 向阿根廷提供了为期 3 年的 571 亿美元的巨额援助贷款，为处于财政、经济双重危机中的阿根廷提供外部支持。债务规模和举债速度的节节上升为后续危机爆发埋下了伏笔。

（二）危机发酵：美元周期，汇率大跌为必然

在以美元为主导的国际货币体系之下，美元指数的波动对全球特别是新兴市场的经济和金融产生溢出效应，市场称其为“美元周期”。2018 年美联储四次加息并同步缩表，美元指数走强引发了阿根廷国内市场动荡（见图 14－1）。4 月，美国国债收益率大幅上升，阿根廷比索惨遭抛售，阿根廷央行出售了超过 20 亿美元的外汇储备，试图阻止比索大幅贬值，但回天乏术。6 月，IMF 宣布为阿根廷提供 500 亿美元的救助资金，该协议要求政府收紧预算和货币政策。马克里政府因此宣布对出口征税，削减政府开支，暂时稳住了比索。但截至 2018 年年末，阿根廷比索贬值幅度仍然高达 50%，利率飙升至 60%。持续的贬值也加速了通胀，消费者面临天然气等必需品价格

两位数增长的压力，这给实体经济带来沉重打击。此次衰退已然铺垫了 2020 年的违约。

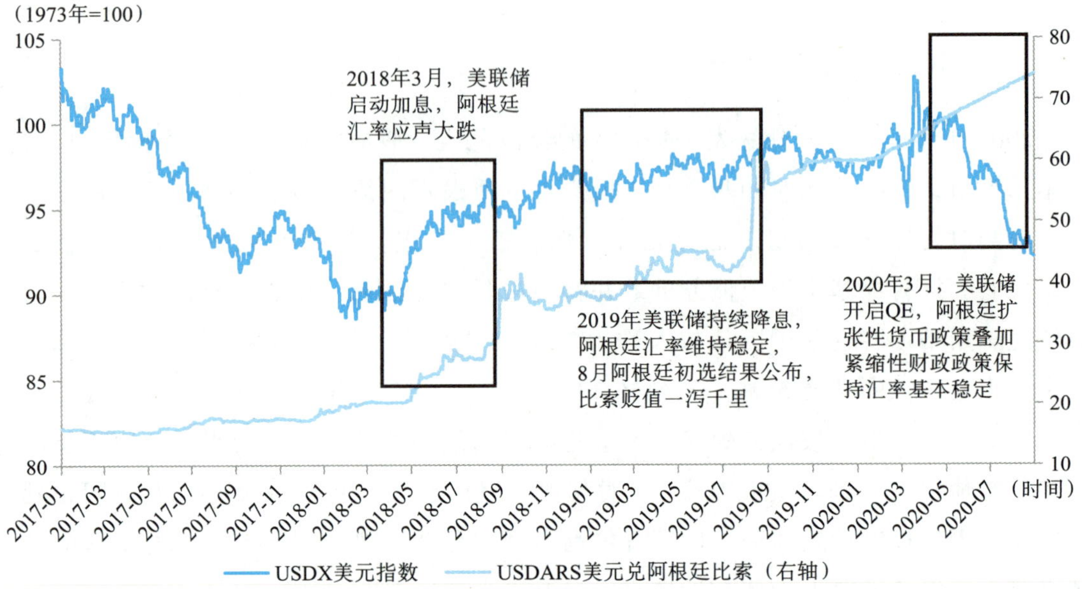

图 14－1　2017 年以来美元指数与阿根廷汇率

数据来源：阿根廷央行，Wind。

2019 年，美联储政策发生转折，连续 3 次降息，资产负债表也由“缩”转“扩”，阿根廷汇率暂时维持稳定，但是汇率波动引发的通胀以及总统大选使阿根廷经济形势再次面临压力。2019 年 8 月 12 日，阿根廷的总统初选结果揭晓，中左派的费尔南德斯比现任总统马克里的得票率高出 16 个百分点。由于两位候选人政策主张截然不同，国民担心民粹派领导人上台后会改变现行开放的经济政策，市场陷入恐慌。2019 年，阿根廷股债汇三市应声大跌，主要股指 Merval 指数最大回撤 49.55%；汇率一泻千里，比索兑美元年末跌幅 35.87%；阿根廷 4 年期国债收益率涨幅 80.98%，引发市场对阿根廷主权信用的担忧（见图 14－2）。

政党更替引发的经济动荡对阿根廷并非偶然事件。阿根廷民粹派执政期间，以高福利收买选民，却忽视经济发展需要的结构性改革，导致国家经济恶化、债务高企；改革派上台后又会由于国内缺乏资本与 IMF 等国际组织合作，并采取财政紧缩政策，往往激发民众不满，让民粹派再次上台。如此往复，政党更替已成为经济恶性循环的重要诱因（见表 14－2）。

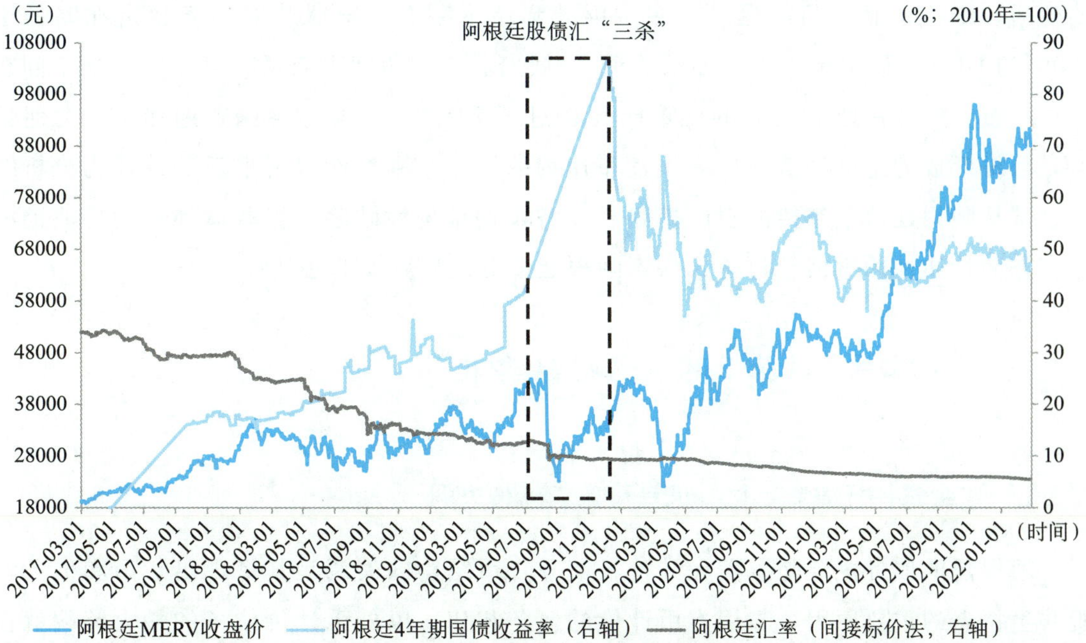

图 14－2　危机时阿根廷股债汇三市情况

数据来源：Wind，BIS，Investing。

表 14－2　　阿根廷改革派和民粹派政策

政策	改革派	民粹派
财政政策	紧缩型财政政策，减少财政支出	宽松型财政政策，高财政赤字率
汇率制度	浮动汇率制度	钉住美元的固定汇率制度
贸易政策	低关税，降低出口农产品关税	高关税，保护特定行业

资料来源：GlobalX。

（三）危机爆发：疫情反复，国家破产成定局

2020 年新冠疫情暴发，美联储 3 月宣布重启 QE 以应对疫情冲击，联邦基金利率降至 0～0.25%。阿根廷政府通过强有力的货币扩张政策增加了货币供应，并实施财政紧缩政策，汇率基本保持稳定。但是阿根廷采取的防疫措施让国内经济几近停滞，就业、出口、债务等一系列问题已经凸显，2020 年 4 月，阿根廷宣布无力偿还 5 亿美元债务，并在 30 天宽限期后进入违约状态，2020 年 5 月 25 日，阿根廷公开宣布国家破产。

债务高企，尤其是超高的外债比例显然是阿根廷债务违约的最直接原因，但 2020 年，为了遏制新冠疫情、复苏经济，各国政府都采取了紧急救助措施来保障家庭部门

的生活、维持企业部门的运转。多国财政赤字率飙升，全球政府债务稳定在略低于100%的GDP的创纪录水平。如果从债务/政府收入的角度来衡量，可以发现这个问题更加严重，债务占政府收入的比重已经超过了175.5%。全球各国普遍赤字，为何偏偏是阿根廷成为主要经济体中率先宣布违约的国家？本案例以阿根廷的外债为分析线索，试从阿根廷缺乏纪律的财政扩张、经济长期结构性缺陷、美联储加息的推波助澜等多方面特质性因素展开讨论，探索阿根廷债务危机爆发的必然性。

三、草蛇灰线，伏脉千里——成因具象化

（一）金融杠杆的罪与罚：债台高筑，结构失调

阿根廷的债务主要是以美元计价，债务货币结构的失调是其呈现出货币和债务危机共生特点的重要原因。与用本币计价的债务相比，以外币计价债务的最大弊端就在于汇率波动会带来经济损失和金融恐慌，这就是所谓的外债风险，最典型的例子无疑是20世纪80年代与90年代的两次拉美债务危机浪潮。

和同期发生危机的土耳其相似，阿根廷的外债占比逐年升高，截至2019年外币债务占比已达到77.8%，并且期限结构也不合理（见图14－3）。一个国家较为合理的债务结构应当是其中短期债务余额占全部债务余额的20%以下，而阿根廷的短期外债占比早在2013年就突破了这一警戒值，并常年维持在25%左右的高位，直到2020年才略有缓解。这种不合理的期限结构决定了阿根廷的外债极易受到汇率波动的冲击，出现短期资本外逃（见图14－4）。

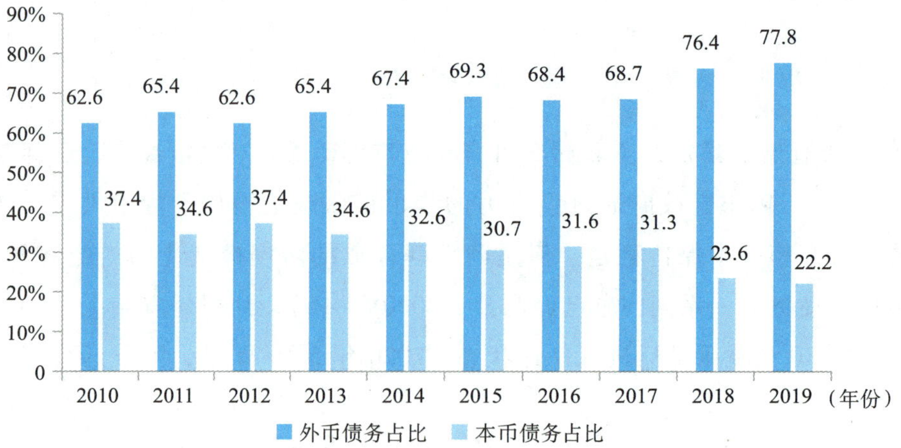

图14－3　2010～2019年阿根廷债务的币种结构

数据来源：阿根廷财政部。

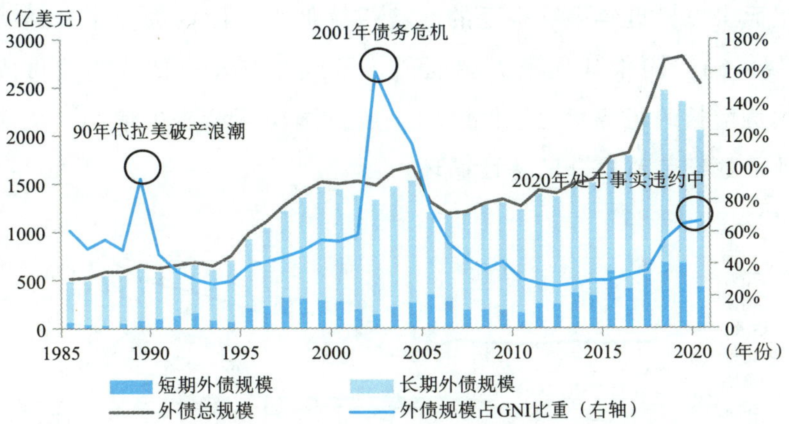

图 14－4　1985～2020 年阿根廷外债存量与期限结构

数据来源：世界银行。

冰冻三尺非一日之寒，阿根廷自多年以前便手持巨额外债且外债余额居高不下，债务结构严重失调。穷源竟委，阿根廷国内常年政局动荡、经济发展环境恶劣仍是罪魁祸首：

从政治层面来看，阿根廷长期受民粹主义政治绑架，需要大量外债为其扩张性财政政策兜底。对阿根廷而言，借债并不是为了创造投资，而是借新还旧、维持虚假繁荣的遮羞布。前任总统克里斯蒂娜执政时，仍然贯彻民粹党提倡的高福利政策，通过上调退休金、家庭子女助学金等政策提高社会福利，以支撑选民对她的支持。此后阿根廷的财政状况每况愈下，其财政盈余从 2014 年开始呈现断崖式下跌，至 2019 年财政赤字已达到 6022.61 亿比索，并且由于国内经济同时处于衰退状态，2020 年阿根廷政府债务总额甚至超过当年 GDP 总额的一倍以上（见图 14－5）。累积大量公共债务的同时，国内储蓄又严重不足，大肆举债再成缓兵之计。2010 年以来，财政账户赤字已成为阿根廷经年未愈的顽疾。

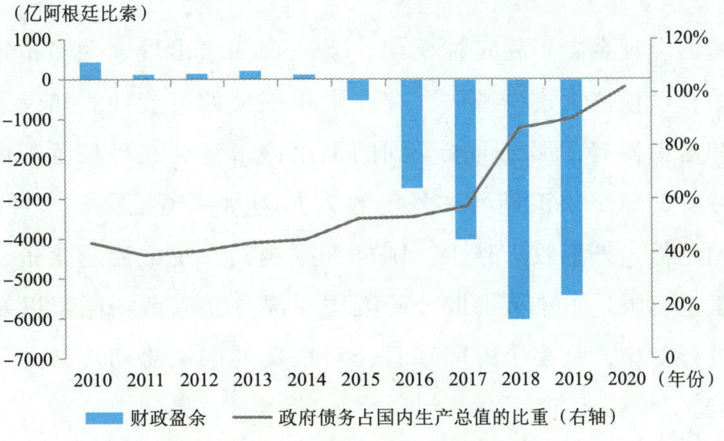

图 14－5　2010～2020 年阿根廷财政状况

数据来源：Trading Economics。

从经济层面来看，近年来阿根廷的经济持续低迷，国内失业率和通货膨胀率均在攀升（见图14-6）。阿根廷比索大幅贬值，导致已有外币债务的偿付成本激增。同时，长期持续负增长的经济状况也使国内企业及国民逐渐丧失信心，从而导致资金进一步外流，外债数额节节攀升的恶性循环。

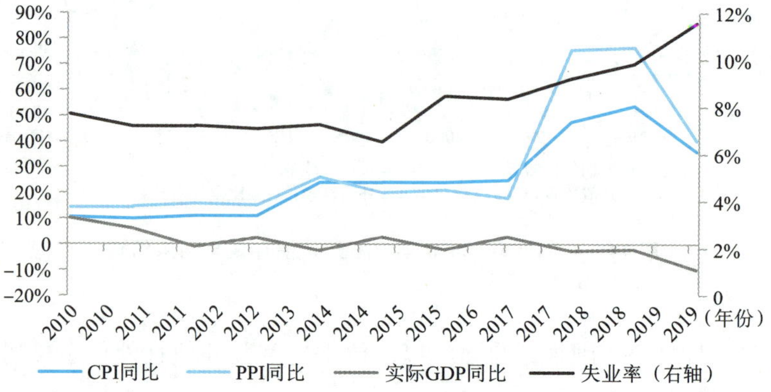

图14-6　2010~2020年阿根廷经济及就业状况

数据来源：世界银行。

屋漏偏逢连夜雨，新冠疫情暴发终使阿根廷几乎完全丧失了偿债能力。2018年在美联储加息的紧逼下，阿根廷与IMF签订了一份史上最高的571亿美元贷款援助协议，协议条件是阿根廷必须服从IMF提出的收紧政府预算和货币政策等要求。失去有效宏观调控手段的阿根廷，在进入2020年后又受到了新冠疫情的严重冲击，全球经济的不景气更加速了阿根廷经济的崩溃。实际上，阿根廷已经成为G20中衰退最严重的国家。

（二）枯竭的国家流动性：财弹力尽，恶性循环

根据明斯基的全球金融不稳定性框架，当一个国家出现金融不稳定性时，国家流动性会逐渐变差，偿债能力逐渐减弱，存在资不抵债的可能性。如果政府的主要债务都由本国企业和居民持有，那么可能受到的汇率冲击将会在可控范围内，若主要由外国企业和居民持有，那么外汇储备和外汇收入是衡量一国抵御汇率冲击的核心指标，一个国家储债比越低、外汇收入越少，则杠杆率越高，现金流越紧张，其偿还债务可用的流动资源就越有限。本小节选取金砖五国、部分新兴市场国家以及主要发达经济体的债务数据进行对比，从多个维度来看，阿根廷的国家流动性已经逐渐枯竭，陷入资不抵债的困境。

从外债负担率的角度来看，阿根廷的外债负担率（外债/GDP）以72%位列新兴经济体中的第一位，且远高于其他新兴经济体。发达经济体外债负担率虽然普遍较高，

但其拥有完善的长期债券市场，债务的警戒线一般高于新兴市场国家。

从总储备的角度来看，2013 年以来，阿根廷外债余额开始快速增长，逐渐超过外汇储备（见图 14－7）。2020 年阿根廷的总储备占外债比重为 15.53%，在所有新兴市场国家中最低，紧随其后的也是土耳其等存在债务风险的国家。而美欧部分发达国家因维持汇率的压力较小，储债比均低于 10%（见图 14－8）。2020 年新兴市场国家储债比与发达国家储债比对比如图 14－9 和图 14－10 所示。阿根廷外债存量和外汇储备规模的巨大差值，叠加负担沉重的债务利息，使阿根廷的偿债能力堪忧，违约风险也相应攀升，这导致阿根廷比索贬值的压力进一步加大，国际市场对其信心持续下降，反过来让阿根廷汇率更容易受到流动性冲击，形成“资金加速流出－本币贬值”的恶性循环。

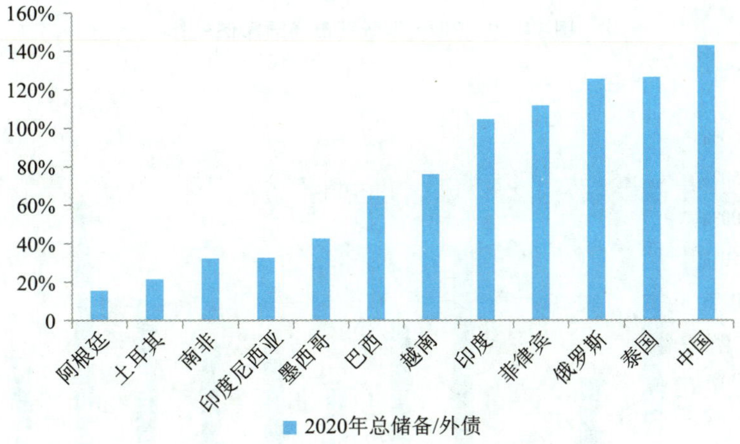

图 14－7　2020 年新兴市场国家外债负担率

数据来源：CEIC。

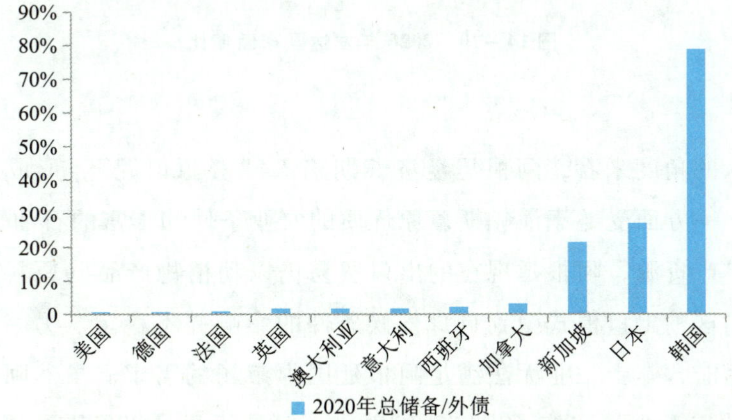

图 14－8　2020 年发达国家外债负担率

数据来源：CEIC。

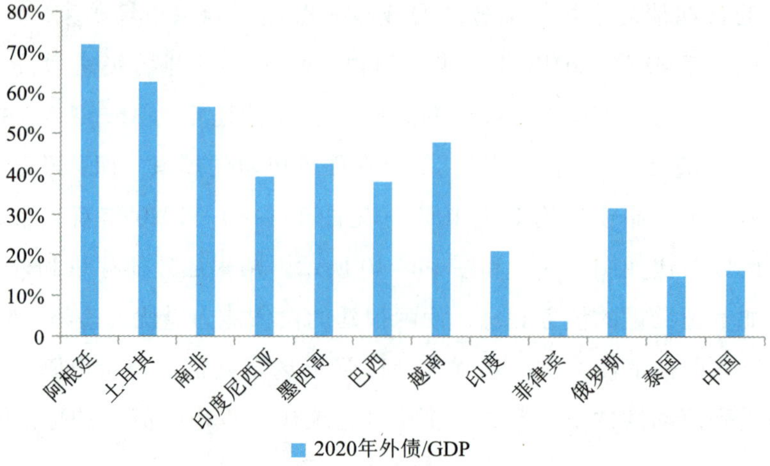

图 14-9　2020 年新兴市场国家储债比

数据来源：CEIC。

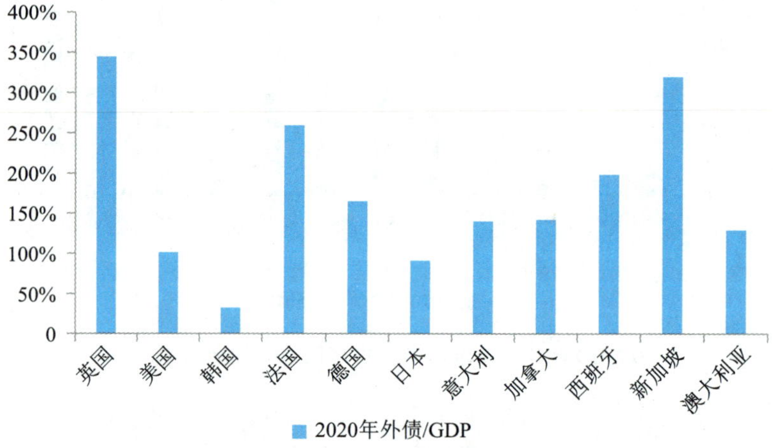

图 14-10　2020 年发达国家储债比

数据来源：CEIC。

从外汇收入的角度来看，阿根廷经济长期陷入“资源诅咒”，形成了初级产品出口型发展模式。一方面受益于潘帕斯草原优质的农业条件和丰富的石油、天然气、铜、金、铀、铅等矿产资源，阿根廷现在的出口贸易仍以动植物产品（原料及初加工）和矿石原料为主，这种出口模式受到自身气候条件的影响并不稳定。另一方面由于本土工业发展较为迟滞，本土工业无法满足阿根廷国内市场的需求。虽然阿根廷政府为了保护国内的“幼稚工业”实施了进口替代模式，但是每个月仍然需要消耗外汇进口大量的成品商品，且由于关税的问题，阿根廷大部分的汽车、化工产品和电子产品的价格都比国际市场高出几倍。比索大幅贬值之后，进口产品价格上涨，进口成本相应上升。但是出口商品却价格下跌，从事出口贸易的农户容易出现惜售情绪，叠加农作物出口易受天气影响，因此出口收入并不稳定。综合来看，自 2012 年以来，阿根廷经常账户持续赤字，2018 年阿根廷重要产粮区出现不同程度的自然灾害，经常账户赤字达到 270.83 亿美元，赤字率高达 5.2%，2020 年阿根廷经常账户虽然由亏转盈，但只有 33.12 亿美元，相比沉重的外债负担无疑是杯水车薪（见图 14-11）。

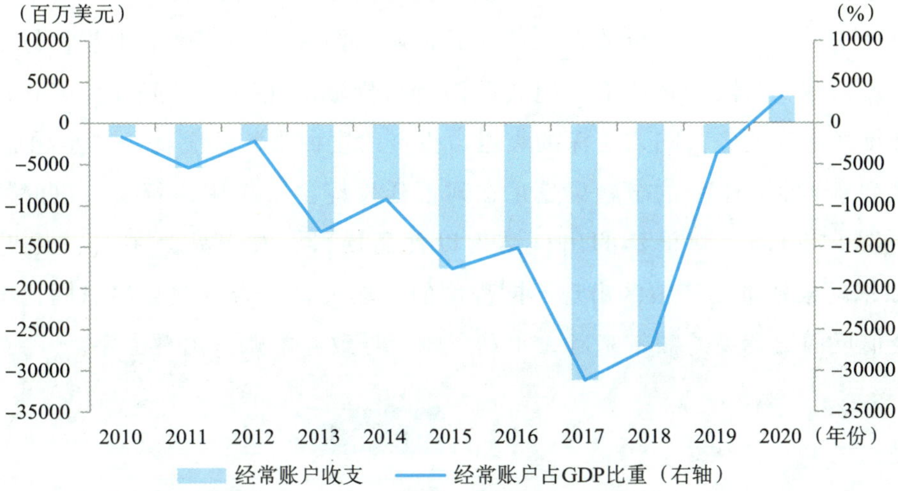

图 14-11　2010～2020 年阿根廷经常账户收支情况

数据来源：Trading Economics。

极高的外债负担率、日渐枯竭的外汇储备和外汇收入导致阿根廷的国家流动性不断恶化，难以抵御汇率冲击，一旦阿根廷比索大幅贬值，银行部门的外债负担将进一步加重，阿根廷极易陷入资不抵债、破产重组的困境，汇率冲击进一步通过资产负债表渠道传导到实体经济，导致投资和信贷的螺旋式衰退，拖累经济发展。

（三）“跌跌不休”的汇率：衰退加速，一地鸡毛

汇率的金融渠道使债务结构以外债为主的阿根廷更容易受到汇率冲击的影响。汇率贬值可能收紧资金面抑制投资。从信贷需求的角度，对私人部门而言，汇率贬值会加重借款人外债负担，导致企业净值和营运资本急剧下降，资产负债表的恶化直接减少当期投资。对政府部门而言，外债负担加重，国家信用评级下调，其在国际市场的融资空间受限，缺乏资金实施有效的财政政策，疲软的经济态势很可能会进一步恶化汇率。从信贷供给的角度，汇率贬值让国外贷款人出于规避风险的考虑降低贷款供给。同时，本国银行等资金供应部门，受资产贬值的拖累亦倾向减少信贷投放。传统的贸易渠道也会影响企业投资决策。蒙代尔-弗莱明模型表明，汇率贬值一方面会提高企

业出口竞争力，增加企业现金流；另一方面随着进口成本上升，企业为了控制成本会压缩进口，这两方面结合可能扩大企业国内投资。

但实际上，对阿根廷这样的新兴市场国家，外汇头寸的套期保值是有限的，而且往往完全不存在；更重要的是，相较于资本自由流动下全球投资者投资组合的迅速调整，贬值对贸易的积极影响通常滞后。因此，在新兴经济体中，对存在货币错配的企业金融渠道作用更强；而对出口企业来说，贸易渠道可能也没有想象的那么有力。因此，汇率冲击主要通过资产负债表渠道降低企业当期投资，导致企业营收与净资产下降，净资产的减少又限制企业下一期获取信贷与投资的能力。以汇率为中介，投资和信贷的螺旋式下降使经济陷入更深的衰退。投资的这种乘数效应就是“金融加速器”。

一系列事实证明汇率的金融渠道正在阿根廷发挥主要作用，贸易渠道的效果并不显著（见图 14－12）。阿根廷的出口结构以食品饮料、农产品为主（占比近一半），2018 年以来阿根廷重要产粮区出现不同程度的自然灾害，导致粮食出口同比减少，因此汇率贬值反而给贸易差额带来巨大不利影响，导致经常账户出现赤字。

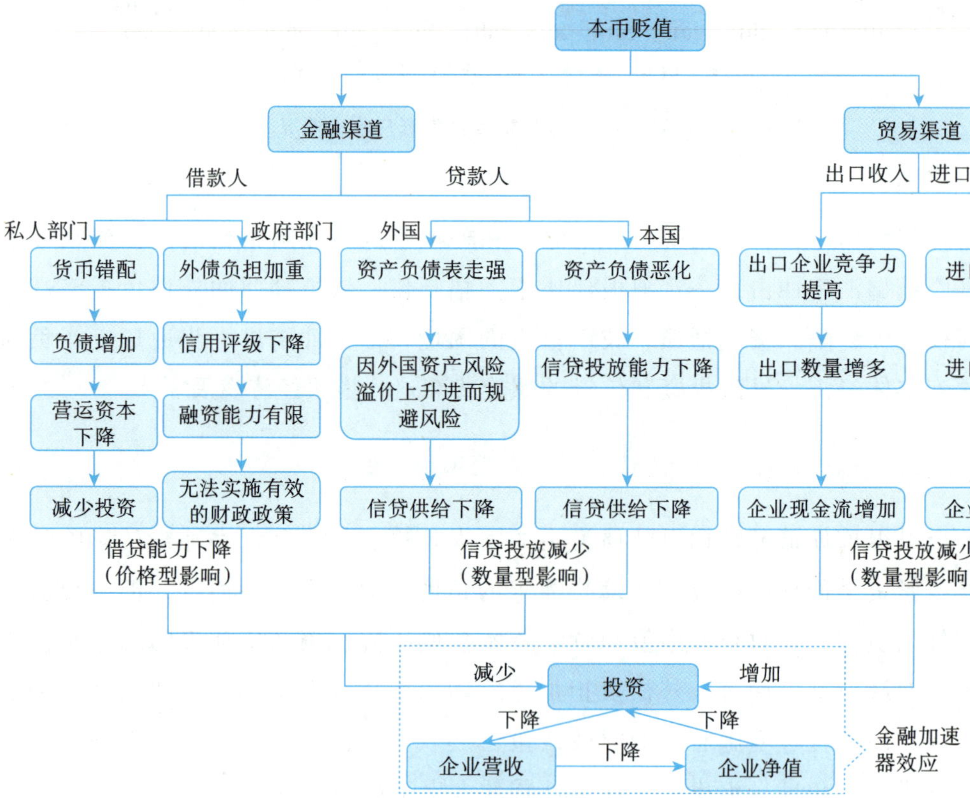

图 14－12　资产负债表效应的理论机制

资料来源：作者整理。

从长期趋势来看，阿根廷外债规模的扩大伴随着比索的持续贬值，二者相互强化；从中短期局部波动来看，2001 年与 2018 年至今的这两轮债务危机中，比索贬值压力增加也加重了银行部门的外债负担，加速了资产负债表的恶化，带来投资与信贷的螺旋式衰退。本轮危机以来，阿根廷的外债总规模和国内固定资本投资额出现了显著的两极分化，伴随着汇率贬值，外债水涨船高，阿根廷的固定资本投资也不断下降（见图 14 – 13）。

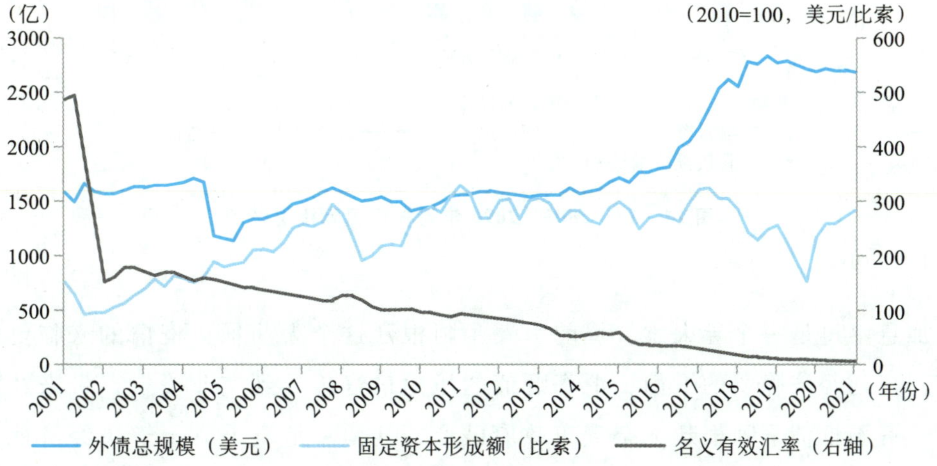

图 14 – 13　近 20 年阿根廷汇率、外债与国内固定资产投资的联动情况

数据来源：BIS，世界银行。

从国外投资头寸的角度来看，2018 年以来阿根廷的国家投资也有所放缓（见图 14 – 14）。2020 年，阿根廷资产总额为 3992.79 亿美元，首次实现零增长，其中直接投资、证券投资、金融衍生品、其他投资和储备资产分别为 409.85（– 4.31pct）、694.15（0.17pct）、2494.75（2.97pct）、0.17（51.18pct）和 393.87（– 12.17pct）亿美元。从增速来看，资产总额呈现波动中下降的趋势，尤其自 2017 年以来，出现断崖式下跌。占资产比重最高的其他投资自 2018 年以来增速不断下降，直接投资增长率更是一路跌破零。投资的衰退进一步影响阿根廷的商业周期，对实体经济产生不利影响，阿根廷的 GDP 增长率自 2018 年起连续三年为负。

通过梳理阿根廷债务违约事件，深度剖析危机原因，可以发现阿根廷金融体系的脆弱性绝非仅由疫情导致，更多是来自其经济内部的结构失调。长期无约束的高福利政策并没有带来经济的繁荣，反而导致了夸张的财政赤字，摧毁了阿根廷债务的可持续性。为了保护国内“幼稚工业”实施的进口替代战略和保守的贸易政策并没有带来阿根廷现代工业的腾飞，反而过度消耗外汇储备，令阿根廷陷入违约深渊。2018 年美

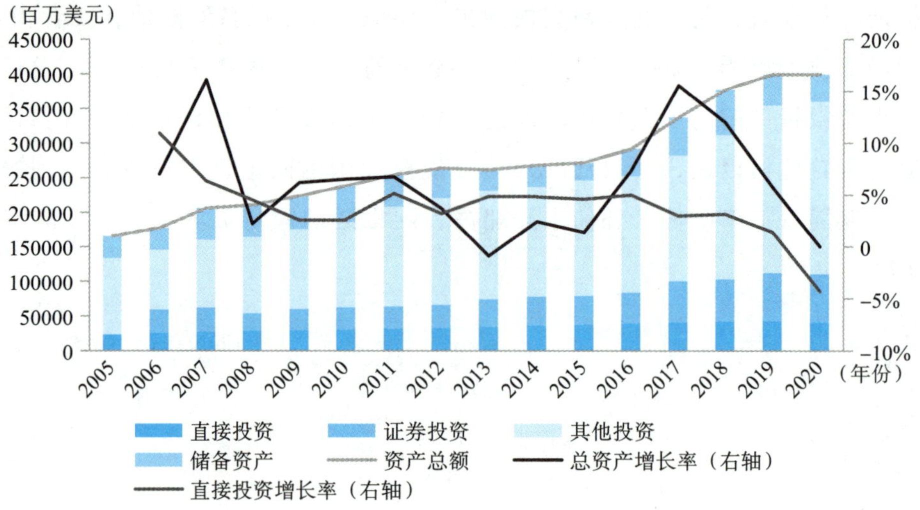

图 14－14　2005～2020 年阿根廷国际投资情况

数据来源：IMF。

联储的加息不过是一个导火索，提前引爆了阿根廷这个火药桶，疫情的来临更是彻底摧毁了阿根廷经济脆弱的平衡，汇率贬值的压力最终传导到实业投资，带来经济的严重衰退。资不抵债下阿根廷无奈宣布政府破产，徒留一地鸡毛。不解决经济社会的宿疾，意图靠借债来维持经济发展，悬崖之上，阿根廷该何去何从。

四、雄鹰折翼，哀声遍野——影响与应对

（一）百业疮痍：经济每况愈下

事实上，自 2010 年开始，阿根廷的经济状况已经开始下滑（见图 14－15）。2018 年债务危机爆发，更是使阿根廷 GDP 连续三年出现负增长，2020 年全年 GDP 增长率萎缩至 －9.90%，创造了近 15 年来的历史新低，阿根廷成为近年来 G20 中经济衰退最严重的国家。国内各行各业也都分别出现了不同程度的产值下降：工业产能利用率下降至 65% 以下；制造业生产指数同比下降 7.6%；建筑业景气指数同比下降 19.5% 等。据阿根廷国家统计局与普查研究所数据显示，国内餐饮业、建筑业、通信业、制造业及矿业等 14 个主要行业的产值均降幅显著。

（二）民生凋敝：内需难以提振

自 2018 年债务危机爆发，阿根廷国内失业率便居高不下（见图 14－16），2019 年

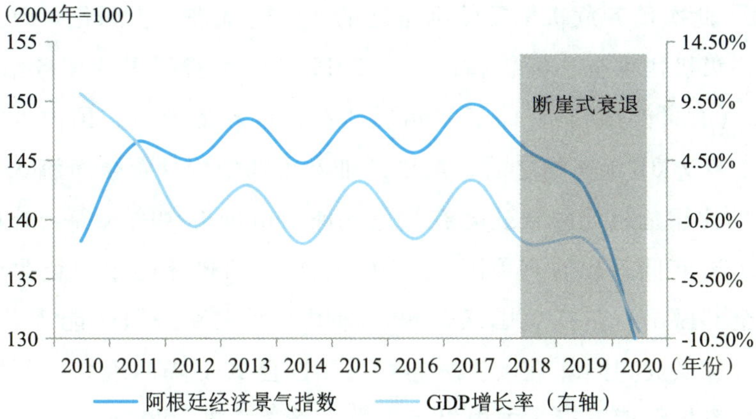

图 14－15 2010～2020 年阿根廷经济增长状况

数据来源：Wind。

失业率高达 9.8%，到 2021 年年末甚至攀升至 11.0%，国内贫困率也从 32% 一路飙升到 42%。并且为应对债务危机，马克里总统已宣布采取紧缩财政政策，国内大部分失业人群及低收入人群的消费能力预计短期内也不会得到提升，再加之国内通胀高企，居民实际收入严重下降，社会总需求已经崩溃到难以挽回的地步。阿根廷中型企业联合会（CAME）的调查数据显示，2020 年全年，阿根廷国内已有 9.07 万家商铺被迫停业，占全国商铺总数的 15.6%。

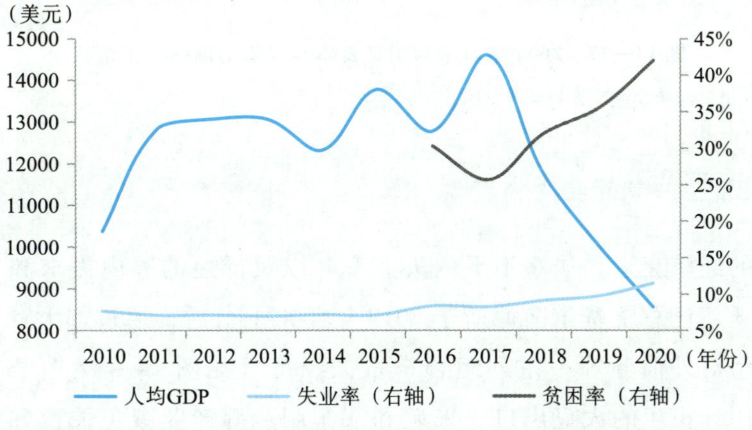

图 14－16 近年来阿根廷国内失业与贫困情况

数据来源：世界银行。

（三）火烬灰冷：资金大量外逃

众所周知，阿根廷近年来经济十分低迷，国内外债台高筑，货币价值一度缩水

（见图 14 – 17）。此次债务危机爆发使阿根廷的经济前景进一步恶化，政府违约风险加剧，三大国际评级机构惠誉、标普和穆迪在 2019 年分别对阿根廷债务给出了 RD（限制违约）、CCC（有可能违约）、Caa2（劣质债券）的较低评级，国内外投资者信心也受到严重打击。自 2001 年违约之后，阿根廷证券市场的国外资金净流入常年在零左右徘徊。2018 年的比索危机让阿根廷略有起色的证券市场再次陷入资金外逃的泥沼。至于实体经济，2020 年间，先后有美国、德国、法国、西班牙等多国企业已决定从阿根廷市场部分或全部撤出，包括美国沃尔玛、德国巴斯夫和法国达能等著名跨国公司。面对外资企业大量撤资和国外直接投资连续三年断崖式下降的现状，阿根廷央行预测未来外国直接投资将继续下行，国内投资需求也将随之进一步降低。

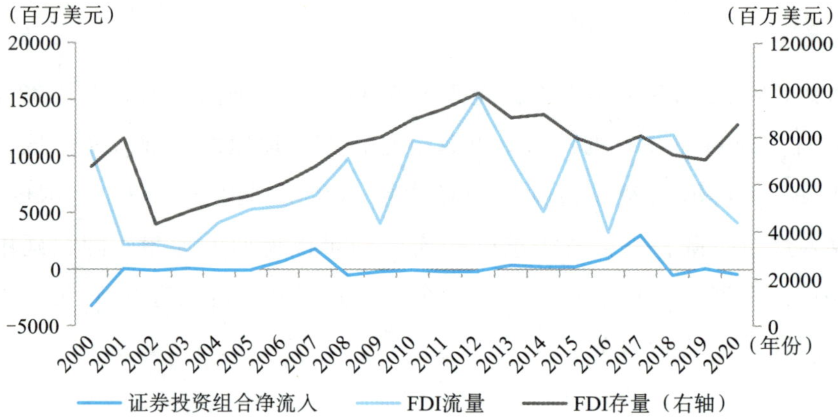

图 14 – 17　2000 年以来阿根廷资本与实体的国际投资情况

数据来源：世界银行，联合国贸易和发展会议。

（四）向死而生：前路曙光初现

面对持续的经济衰退、居高不下的失业率，以及低迷的国内需求和四面楚歌的举债困境，阿根廷新任总统费尔南德斯于 2019 年年末上台后，通过加大社会保障、维持金融稳定、重组对外债务等一系列组合拳重振经济（见图 14 – 18）。实体经济方面，新政府对事关国计民生的大豆出口、采矿和汽车制造等产业减免关税并实施补贴。社会保障方面，提高失业保险和最低工资标准，保障民生并创造需求。货币金融方面，阿根廷央行加息以控制通货膨胀，严格控制本国外汇流出，保护本国储备，并开发新的金融工具释放流动性。同时，新政府还积极与主要债权人达成债务重组协议，重获 IMF 信任。

实业部门

- 将始于2014年9月的省钱计划“Ahora 12”延长至2022年1月，政府将与各大银行达成协议，民众通过信用卡购买大件电器如空调、洗碗机、灶台等时，可以12期、24期或30期无息分期付款，也就是允许在2年或2年半时间内付清货款；
- 对境内从事农业生产活动的中小型大豆生产商制定补贴和激励计划，补贴总额高达115.5亿比索，距离阿根廷核心城市越远，补贴越高；
- 降低最终产品和工业产品的出口关税，粗制大豆油、瓶装精制大豆油、大豆壳和生物柴油等进行关税减免，汽车制造业零关税，工业加工业原材料关税为3%，采矿业关税从12%降低至8%，根据最终产品和工业产品的增加值提高出口退税的下限；
- 2020年，阿根廷政府发布了《2020~2023年天然气供需方案》，提出发展“页岩气经济”，大力助推可再生能源发展。该方案的主要目标：一是通过补贴天然气价格，促进对天然气的投资，二是满足国家对碳氢化合物和替代天然气进口的需求，三是保留天然气行业就业岗位。据预测，该方案将为该行业保留数千个工作岗位，并能节省税收。

社会保障

- 提高失业保险、最低工资保障、允许延期缴纳生活缴费等措施向贫困家庭增加转移支付和社会保障福利，对疫情“重灾”行业实行免除社会保障缴款；
- 为全国8.7万中小微企业提供2480亿比索优惠贷款；
- 提供2000亿比索贷款用于长期投资结构优化，旨在恢复工业企业活力；
- 向国营企业提供14亿比索贷款，助推企业成为石油、天然气、采矿、汽车、铁路和造船等战略性和高冲击性领域的供应商；
- 支出25亿比索支持工业4.0计划和中小企业数字化；
- 聚焦知识工业园发展，为工业园区工程提供高达6000万比索的扶持资金和贴息贷款，目标是在2020~2023年期间发展300个工业和科技园。

货币政策

- 2022年阿根廷央行于1~4月各加息一次，调整后的基准利率分别为40%、42.5%、44.5%和47%，以求遏制通货膨胀。

外汇储备

- 严格控制美元流出，保护本国外汇储备；
- 阿根廷的主要出口企业只有获得央行的批准，才能进入外汇市场购买外汇并向海外转移。私人部门除了每人每月200美元的最高购买外汇限额的规定，还要加收30%的手续费。

金融工具

- 阿根廷财政部于2020年公开招标一种与美元挂钩的比索工具，通过这种方式，投资者可以比索获得正投资收益；
- 阿根廷政府建立并推广信托基金，该基金将由阿根廷抵押机构负责管理，以维持信贷抵押系统的可持续性；
- 为中小微企业设立总额35 亿比索的信贷基金，避免了企业大规模倒闭。

债务重组

- 2020年8月，阿根廷政府与主要债权人达成债务重组协议，并于9月1日起启动新旧债券置换。此次债务重组除了债务减免与期限宽限，还将债息的年利率从7％下调至3.07％，让阿根廷在未来10年减少377亿美元债务支出；
- 2022年1月，阿根廷与IMF就2018年的债务再融资计划达成协议。为此，阿根廷不仅要将未来三年财政赤字占国内生产总值的比重分别控制在2.5%、1.9%和0.9%，还必须通过增加基础设施、科学技术等领域的投入，减少能源补贴等策略优化政府开支结构；
- 2022年4月，IMF批准对阿根廷的债务再融资计划，IMF 将在未来30 个月内向阿根廷提供约440亿美元特别提款权。

图 14－18　债务危机后阿根廷采取的措施

资料来源：作者整理。

正所谓单丝不成线，独木不成林，随着国内相应措施奏效，阿根廷与中国的国际合作也有条不紊地展开。2021 年 8 月，阿根廷重启了 2014～2017 年与中国形成伙伴关系的洽谈，将达成新的财务方案并签署建设协议，有望在 2022 年启动首台“华龙一号”机组的建设。2022 年 2 月，中阿签署共建“一带一路”谅解备忘录，在绿色发展、数字经济、航天、北斗导航、科技创新等领域全方位、多层次展开合作。

2022 年 4 月，阿根廷宣布全面重开该国海陆空边境，取消所有用于防疫的出入境

“安全通道”，恢复疫情前对外国人出入境的管理措施，并不再要求入境人员提供核酸阴性检测证明和新冠疫苗接种证书，进一步助力本国出口经济。

在政府力量的推动下，阿根廷经济终见曙光，结束三年衰退。根据阿根廷国家统计与普查研究所数据，2021 年阿根廷 GDP 同比增长 10.3%，终于结束了连续三年的经济衰退。其中私人消费增长 10.2%，公共支出增长 7.8%，固定投资增长 32.9%，出口额增长 9.0%，进口额增长 21.5%。在 16 个主要经济领域中，15 个产值回升，其中建筑、酒店餐饮、渔业、制造业等行业复苏势头强劲，仅农牧林业出现 0.3% 的下降。

五、他山之石，可以攻玉——总结与启示

（一）案例总结：探本穷源知因果

通过梳理阿根廷债务违约事件始末，可以发现阿根廷第九次债务危机绝非仅由疫情加重、美联储加息抑或是秃鹫基金围堵讨债所致，追根溯源还是因为其经济基本面长期恶化以及债务总量无序扩张且结构严重失调。民粹派执政时期，阿根廷政府饮鸩止渴，为了获得民意支持大举外债，然而虚假繁荣并不能持续，阿根廷外债与外汇储备之间存在着巨大缺口，同时外汇收入相对于其庞大的外债规模微不足道，使汇率波动带来的外债风险难以规避。以外债为核心的债务结构使阿根廷更易受到汇率冲击的影响，而汇率冲击进一步通过资产负债表渠道对投资产生金融加速器效应。

阿根廷国内经济形势本就危如累卵，美联储加息与疫情不过是雪上加霜，经济体系的脆弱平衡难以为继，债务危机一触即发，徒留满目疮痍。国内外债台高筑，货币价值缩水，政府违约风险加剧，主权信用评级下调，外资企业大量撤资，国外直接投资连续三年断崖式下降，国内投资也难以提振。银行倒闭、失业率攀升，2021 年下半年数据显示，阿根廷有近四成民众处于贫困状态，甚至在距首都仅 30 千米的小镇里，孩子们以蟾蜍和老鼠为食。时至今日，阿根廷昔日的繁华早已遥不可及，每过几年经济就会徘徊在崩溃边缘。剧烈的经济波动会给一国人民带来怎样的后果，由此可见一斑。

情势危急，政府难道就放任自流么？实际上，每一届政府都在任期内表现得踌躇满志，并誓言扭转颓势重振国家经济。但是阿根廷频繁的政府更替以及左右派不同且坚定的执政理念导致国家经济政策朝令夕改，使其深陷政策“钟摆陷阱”。以最近两次政权更迭为例，克里斯蒂娜担任总统的最后几年，实行的是用宽松的货币资金来弥

补公共赤字的货币与财政双宽松政策。2015 年年底马克里政府上台后在宏观经济政策上改弦易辙，实施与前任完全不同的货币与财政双紧缩政策，他希望能减少通胀、增强投资者信心以复苏经济，但结果却不尽如人意，阿根廷通胀率和失业率居高不下，经济形势雪上加霜。2019 年费尔南德斯上台，政坛再次易主，经济发展初现曙光。阿根廷最终能否从“政策舞蹈”周而复始的循环中摆脱？让我们拭目以待。

（二）以古鉴今：反躬自省辨是非

面对相似的强势美元冲击，阿根廷外债扩张与比索贬值相互强化陷入恶性循环，而中国却截然相反，不仅人民币未走弱且固定资产投资额持续攀升，这主要受益于相对繁荣的经济状况和严格的资本监管带来的坚实外汇储备。一方面，疫情后中国率先复工复产，经济动能得到较好的修复，在人民币适度贬值的利好下，中国出口额不断增加，出口企业结算的大量美元也为抵御汇率冲击提供了坚实储备。另一方面，较低的资本账户开放程度抑制了贬值对外汇储备的冲击。2020 年中国储债比达到 142.90%，在 12 个国家中位列第一，是为数不多总储备可以覆盖全部外债的国家。这既保证了国家流动性充足，又有效避免了美国货币政策导致的汇率波动对资产负债表的影响。虽然当前中国外债风险总体可控，但是我们仍可以从中吸取教训，防患于未然。

从持续疲软的经济状况到摇摇欲坠的国家信誉，阿根廷外债无序扩张酿成的诸多恶果无一不昭示着遵守财政纪律的重要性。严格财政纪律是全球治理结构的重要基石。我国应当加强政府财政约束，坚持防范化解地方政府隐性债务。截至 2020 年，地方政府显性债务余额近 26 万亿元，债务率逼近 100% 的警戒线。倘若包括隐性债务，全口径债务率将更为惊人。实际上目前中国地方政府债务快速攀升，已经成为金融系统性风险的重要来源，而其根源在于预算软约束和财政缺乏纪律。故而应当继续强化预算刚性约束，并且透明有序地进行大规模的债务置换与重组，从根本上化解债务风险。尤其是需要强化外债规模与结构管理，加强对重点领域外债风险的监管，防止局部风险累积。近年来我国外债规模同比增速与 GDP 增速差额有扩大趋势，应该综合考虑我国经济发展状况合理控制外债规模，提高外债融资的可持续性。

外债是一种顺周期、高波动的资金流动渠道，因而我们需要审慎开放资本账户，防止热钱大进大出。适度的资本账户管制可以防范突发的外部不利冲击与国内系统性风险共振。俄乌冲突叠加海外疫情反复，中国面临的外部政治经济环境具有较大的不确定性，应该密切关注新兴市场国家债务危机对我国的溢出效应。当前中美经济与金融周期处于不同阶段，美联储有望在未来持续多次加息，而中国利率处于长期下行趋势，当前中美利差 12 年来首现倒挂，美联储缩表行将开启，国内面临短期资本外流与人民币贬值压力。与此同时我国 PPI 和 CPI 剪刀差过大，PPI 向 CPI 内循环传导不畅，经济增速受限。面对扑朔迷离的国际局势，要想维持经济健康发展，我国应该加强国内市场建设与发展，坚持以国内大循环为主，促进国内外双循环发展格局。国际形势错综复杂的当下，身处全球金融周期中的每一个开放经济体，都需要思考如何防范危机和面对危机应当怎样进行政策协调，阿根廷债务危机给我们提供了很好的前车之鉴。

案例使用说明

一、教学目的与用途

1. 适用课程：国际金融学、宏观经济学

2. 适用对象：本案例主要为金融专业研究生及本科生相关课程开发。

3. 教学目标：作为一个浮动汇率的小型开放经济体，违约频发、深陷衰退的阿根廷可谓是国际债务危机理论的典型案例，是货币危机模型的现实演绎。本案例以外债为切入点，串联起经济结构、政治冲突等多方面线索，深入探索阿根廷第九次债务危机的成因与影响。借此引导学生立足于阿根廷的典型案例，向新兴市场国家普遍存在的债务困境发散思维，并进一步思考面对错综复杂的国际金融形势我国金融政策的制定路径。一方面，虽然阿根廷违约的直接导火索是疫情冲击，但也离不开前期美元走强的推波助澜，类似现象在全球金融一体化加深后屡见不鲜。疫情的反复让各国政府财政赤字率居高不下，在美联储新一轮加息的背景下再回顾阿根廷的债务危机更具现实意义。另一方面，虽然阿根廷的经济社会结构与我国差之千里，但随着金融开放程度的不断增大，我国债务的期限结构、币种结构等方面正呈现出与阿根廷相似的趋势。阿根廷的经历值得我们反思，尤其是其政府在危机前后缺乏纪律的财政行为对中国颇具警示作用。

具体目标分为以下四个方面：

（1）基于汇率决定理论，引导学生辨析影响汇率的长短期因素，从全球资产组合再平衡、购买力平价等方面探究均衡汇率的形成机制。汇率贬值是阿根廷本次货币危机、债务危机与经济衰退连环共振的焦点，以此作为拓展的起点，使学生通过汇率的升贬以及汇率的决定因素，思考当前经济背后可能存在的结构性问题与国际金融环境潜在的外部冲击。

（2）基于国际债务理论和阿根廷债务重组的实践经验，总结和评价国际债务危机的主流处理机制。债务问题常常成为霸权国和国际金融机构重塑发展中国家政策的重要切入点。引导学生批判性认识 IMF 等国际金融组织在其中发挥的作用与目的，对错综复杂的国际金融环境有更深刻的认识，利用中心国与边缘国之间周期性的借贷关系为下文的美元周期做铺垫。

（3）通过分析上述问题，让学生建立起汇率、外债风险与经济衰退之间负反馈循环的概念。因为美联储加息引发的汇率冲击往往是循环的开始，引导学生从国际货币体系、国际资本流动等角度思考美元周期对新兴市场国家的影响机制，认识全球金融一体化下保持货币政策独立性的两难困境。

（4）美联储 5 月缩表落地箭在弦上，近期中美利差收窄，市场对此众说纷纭。引导学生回顾本案例中阿根廷债务危机的始末，以其为鉴，再次以外债为线索试分析本轮美元周期的开启对中国的影响。理论指导实践，回归中国故事。

二、启发思考题

1. 在案例中，汇率贬值通过资产负债表渠道给了本就脆弱的阿根廷债务沉重一击。请回顾本轮阿根廷汇率贬值进程，结合汇率决定理论，分析比索贬值的长短期因素。

2. 阿根廷是如何解决违约债务的，国际组织又在其中扮演了怎样的角色？这些援助真的将阿根廷从债务泥沼中解救出来了吗？试结合阿根廷的例子总结与评价国际债务危机的处理框架。

3. 回顾阿根廷本轮货币危机向债务危机的演变进程（2018 年集中爆发到 2020 年正式违约），不难看出阿根廷金融状况的恶化与美联储货币政策息息相关。这种现象在新兴市场国家比比皆是，被市场称为美元周期或者美联储货币政策周期。结合货币选择理论、金融周期理论、金融加速器理论等分析美元周期对新兴市场的影响机制。

4. 分析中国当前外债特征，并立足阿根廷的典型案例，进一步思考新一轮美联储加息周期下，中国外债的潜在风险及应对措施。

三、分析思路

教师可以根据自己的教学目的来灵活使用本案例。这里依照思考题的顺序提出供参考的案例分析思路。

首先，汇率贬值是阿根廷本次陷入连环衰退的核心，因此结合阿根廷国内政治局势与国际经济情况，基于汇率决定理论，分析阿根廷汇率贬值的长、短期原因。贬值的驱动力就是危机的根源，同时也反映了阿根廷背后政治、经济结构的长期扭曲。

其次，结合国际债务危机理论全球债务周期的第三阶段，梳理阿根廷政府处理债务危机的典型措施，总结国际债务违约处置框架。通过中心国与边缘国之间周期性的借贷关系过渡到美元周期。

最后，回顾新兴市场国家历次大型危机浪潮，总结危机爆发的共同特征，结合全球金融周期理论和金融加速器理论分析美元周期对新兴市场国家的影响机制。恰逢美联储加息，新的美元周期已然开启，在金融开放的视野下分析中国新阶段的外债特征与可能受到的影响。

四、理论依据与分析

本案例理论框架如下（见图 14－19）：

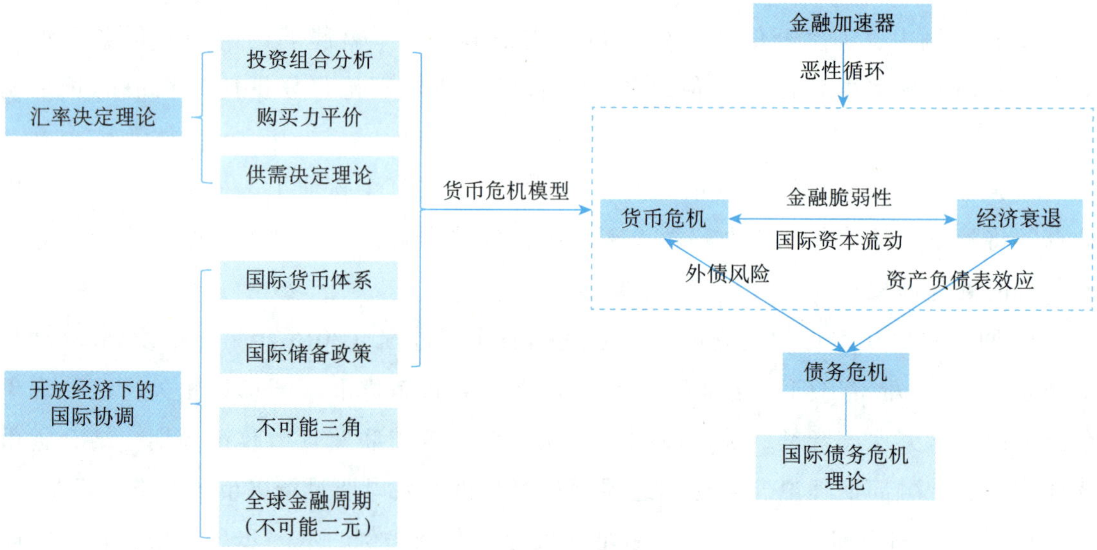

图 14－19　理论框架

（一）在案例中，汇率贬值通过资产负债表渠道给了本就脆弱的阿根廷债务沉重一击。请回顾本轮阿根廷汇率贬值进程，结合汇率决定理论，分析比索贬值的长短期因素。

【具体分析】

1. 本轮比索贬值可追溯至 2018 年。2018 年 4 月，在美元持续走强的情况下，阿根廷比索进入加速贬值通道。2018 年 5 月 3 日，比索在一日内暴跌 8.5%，创汇率自由浮动后的最大跌幅。为应对此轮恶性贬值，阿根廷央行采取“加息、抛售外汇储备、减少赤字”三管齐下，但收效甚微，最终借助 IMF 救助暂时稳住汇率。而汇率稳定不足两年，2019 年 8 月 12 日，中左派代表费尔南德斯意外赢得总统初选，掀起市场恐慌风潮，阿根廷比索当日断崖式收跌 15%。2020 年新冠疫情暴发，阿根廷政府采取严格的防疫管制，国内经济近乎停滞，就业、出口、债务等问题愈发严峻，国际投资者对阿根廷偿债能力的担忧日益加重，阿根廷比索再次加速贬值。

表面上看，美元走强、总统初选、疫情冲击等突发事件是导致阿根廷比索贬值的原因，但实际上，阿根廷失衡的经济结构、畸形的国际收支状况早已注定了比索一泻千里的结局。接下来，我们将结合汇率决定理论，分析比索贬值的长短期因素。

2. 汇率决定理论

（1）资产组合分析法：假定市场上存在三种非完全替代的资产，包括本国货币、本国债券和外国债券。因此，资产的供求平衡需要建立在本国货币市场、本国债券市场和外国债券市场三个独立市场上进行讨论。此外，本国资产总量直接制约着对各种资产的持有量，而经常账户的变动会对这一资产总量造成影响。具体而言，假定本国居民资产总额为 W，其财富分配于本国货币 M、本国债券 B、外国债券 F 三类资产上，即 $W = M + E + eF$。货币市场的供求均衡表达式为 $MM: M_s = M_d(i, i^*, W)$，其中货币供应量 M_s 完全由央行决定；货币需求量 M_d 则受本国利率 i、外国利率 i^* 和居民资产总额 W 影响，且随 i 和 i^* 递减，随 W 递增。本国债券市场的供求均衡表达式为 $BB: B_s = B_d(i, i^*, W)$，类似地，B_s 完全由本国政府决定，B_d 是关于 i、i^*、W 的函数，并随 i 和 W 递增，随 i^* 递减。外国债券市场的供求均衡表达式为 $FF: F_s = F_d(i, i^*, W)$，其中 F_s 源于经常账户英语，F_d 是关于 i、i^*、W 的函数，并随 i^* 和 W 递增，随 i 递减。当三个市场同时均衡时的汇率即为均衡汇率。

根据资产组合分析法，阿根廷比索贬值的短期因素包括美债利率上行和本国货币供给增加。

2018 年，受美联储加息信号和国际油价攀升共同作用，美元指数强势反弹，美债长期利率快速上行。在模型中，美国利率上行将导致本国货币需求下降，推动 MM 曲线左移；本国债券需求减少，从而 BB 曲线右移；外国债券需求量增大，从而 FF 曲线右移。最终三条曲线将在更高的位置达到均衡，即本币汇率上升，本币贬值（见图 14－20）。

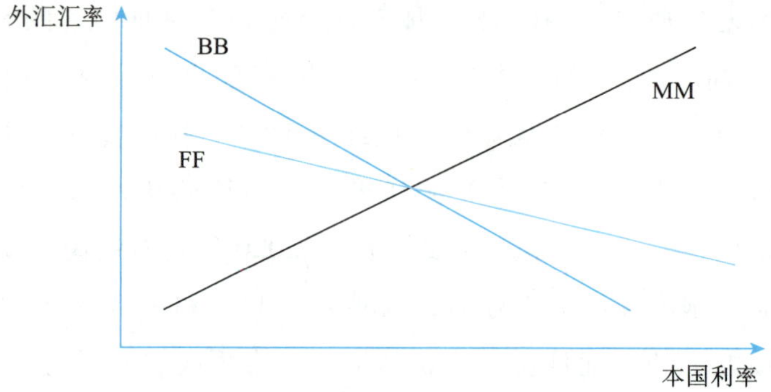

图 14 – 20　资产组合理论示意图

2020 年，为应对疫情管控下的经济停滞，阿根廷政府采取宽松的货币政策和扩张的财政政策，国内 M0 同比和 M2 同比均大幅攀升，在阿根廷正式宣布国家破产的 5 月，二者分别高达 52% 和 57%。本国货币供给的上升将直接导致本国资产总额增加，MM 曲线左移；本国债券需求增大，BB 曲线右移；外国债券需求增大，FF 曲线右移。最终三条曲线将在更高的位置达到均衡，即本币汇率上升，本币贬值。

根据资产组合分析法，阿根廷比索贬值的长期因素为经常账户赤字。阿根廷的经济结构严重失衡：工业方面，受长期进口替代战略和过度贸易保护主义影响，工业体系孱弱，陷入依赖进口的死循环；农业方面，受全球农产品价格低迷影响，农产品出口承压。2016 年新政府部分放开进口管制，阿根廷经常账户逆差持续扩大，于 2019 年年初达到峰值 –3485.76 百万美元，其经常账户赤字占 GDP 比重也在持续上升，于 2018 年年末达到了峰值 –5.16%。经常账户赤字意味着资本账户顺差，同时表明私人部门持有的外国债券减少，最终导致本币贬值。

（2）购买力平价理论：人们对货币的需求源于要使用它购买商品和劳务，即货币的价值在于其所隐含的购买力。因此本币与外币的交换比率，将等价于本国购买力与外国购买力的交换比率，也就等价于两国物价之比的倒数。

根据购买力平价理论，持续的恶性通货膨胀是比索贬值的长期因素。一方面，阿根廷央行无节制的财政扩张带来巨额货币超发；另一方面，美元走强推涨大宗商品价格、加剧输入型通胀。二者共同作用下，阿根廷自 2018 年起面临持续严峻的通货膨胀。从 2018 年年初到阿根廷正式宣布破产的 2020 年 4 月，阿根廷 CPI 同比由 25% 攀升至 43%，其中在 2019 年 2 月至 2020 年 2 月期间，CPI 同比曾连续 13 个月保持在 50% 以上。通胀率高企导致比索购买力不断下降，加剧贬值压力。

（3）供给需求决定理论：均衡汇率由外汇市场的供需决定。外汇供给来源于出口创汇和跨境资本流入，外汇需求源于进口换汇和跨境资本流出。当突发事件导致出口或资本流入规模扩大（减小）时，供给曲线右移（左移），汇率升值（贬值）；当突发事件导致进口或资本流出规模扩大（减小）时，需求曲线右移（左移），汇率贬值（升值）（见图 14 - 21）。

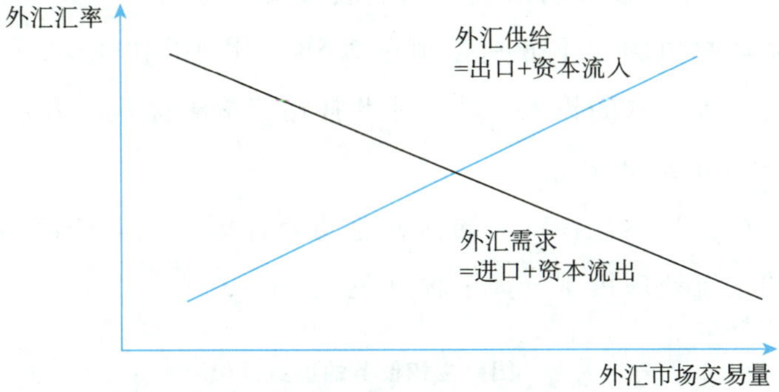

图 14 - 21　汇率供求决定理论示意图

根据供给需求决定理论，外汇供求变化是阿根廷汇率贬值的短期原因。2019 年 8 月 12 日，中左派候选人费尔南德斯以 15% 的优势赢得总统初选。费尔南德斯一旦获胜，阿根廷现行的开放经济政策可能终止，并转向宽财政、高关税的民粹主义政策，由此引发了市场对阿根廷主权债务违约的恐慌。一时间，投资者不断抛售比索，购买美元，推动需求曲线右移，最终导致比索贬值。

（二）【问题】阿根廷是如何解决违约债务的，国际组织又在其中扮演了怎样的角色？这些援助真的将阿根廷从债务泥沼中解救出来了吗？试结合阿根廷的例子总结与评价国际债务危机的处理框架。

【具体分析】

1. 阿根廷的解决方案

自 2018 年债务风险飙升以来，阿根廷政府积极接受国际援助，与多方债权人展开谈判以达成重组协议。

①接受国际援助：2018 年，面对比索汇率的断崖式下跌与阿根廷官方外汇储备枯竭的严峻局面，IMF 向阿根廷提供了一项史上最高的 570 亿美元贷款援助，但阿根廷必须以紧缩财政作为交换。为此，时任总统马克里宣布阿根廷进入紧急状态，通过削减政府开支、减少公共工程预算、提高出口税等一系列措施缩减财政赤字。IMF 的财政紧箍咒为 2020 年阿根廷的第九次“破产”埋下了伏笔。

②债务重组：2020 年 8 月，经过 4 个多月、6 次延期谈判，阿根廷政府与主要债

权人达成债务重组协议，并于9月1日起启动新旧债券置换。此次债务重组除了债务减免与期限宽限，还将债息的年利率从7%下调至3.07%，让阿根廷在未来10年减少377亿美元债务支出，极大减轻了阿根廷的还债压力和国内的财政赤字。2022年1月，阿根廷与IMF就2018年的债务再融资计划达成协议。为此，阿根廷不仅要将未来三年财政赤字占国内生产总值的比重分别控制在2.5%、1.9%和0.9%，还必须通过增加基础设施、科学技术等领域的投入，减少能源补贴等策略优化政府开支结构。

2. 国际主权债务重组框架

虽然目前国际社会尚不存在统一的债务违约处置框架，但按照债权人的性质可以将国际债务危机的主流处理机制分为三种（见表14－3）。

表14－3　国际主权债务的重组框架

债权人属性	国际组织	官方债权人	私人债权人
具体债权人	IMF、世界银行	双边政府债权人、贸易信贷	商业银行、债券持有人
主要重组框架	根据债务人改革进度提供优惠贷款；重组贫穷重债国（HIOC）；多边减债倡议（MDRI）	双边自主协商、巴黎俱乐部	伦敦俱乐部、债权置换（布雷迪计划）

资料来源：周诚君等（2021）。

第一种是IMF和世界银行等国际组织的债务重组框架，根据债务国可持续经济的改革进程发放优惠贷款或提供债务减免，其中比较有代表性的计划是重债穷国倡议（HIPC）。HIPC通过债务减免帮助世界上最贫穷的国家恢复债务的可持续性，其核心目的在于减贫。IMF和世界银行要求重债穷国对经济开展可持续化发展改革，待其满足多边组织设置的改革完成点条件即可获得不可撤销的债务减免。IMF和世界银行减债减贫的策略在绝大多数非洲国家都得到了积极推进，通过协助其恢复债务的可持续性从根本上解决了重债穷国的债务危机。

但债务问题不仅仅是金融问题，亦有政治色彩，故其是传统大国和国际金融机构重塑发展中国家政策的重要切入点。IMF在国际主权债务危机中屡次伸出援助之手，要求各国通过经济开放或者财政改革换取贷款。对大部分拉美国家来说，这些改革在提高其市场化程度、维持其债务可持续性的同时也给经济埋下了一系列结构性问题。而且部分改革目标，如发展市场经济、私有化和贸易开放等，因为利益冲突可能遭到受援国的强烈反对，导致减债计划的实际执行进度非常缓慢。同时，IMF和世界银行的可持续性效果评估也存在不足，很多达到完成点目标的国家，其实只是对债务保持了暂时性稳定，在某些外部冲击下依然会出现债务失衡，多次发生债务违约的阿根廷就是其中最为典型的代表，至今难以走出“债务陷阱”。

第二种是官方债权人的债务重组方案，主要包括双边自主协商和巴黎俱乐部两种机制。因为双边自主协商遵循个案的处理方式既容易引发外界对其透明度的质疑，又带来重组的低效率，主要流行于贸易信贷之中，在除中国以外的双边政府债权人之间应用并不广泛。在官方债权人债务重组方案中占据主导地位的是巴黎俱乐部模式。截至 2021 年，巴黎俱乐部已经对 90 个债务国、433 笔共计 5800 亿美元的双边政府贷款完成了债务重组。但值得注意的是，巴黎俱乐部的 22 个永久会员国和 IMF 的主要股东高度重合，其对债务国结构性改革的限制要求和 IMF 一样受发达国家利益驱动，更多是为了“收割”违约国高价值资产来弥补自己债务重组的损失，同时为之后进入债务国市场获得经济利益做铺垫。因此，巴黎俱乐部针对债务国提出的结构性改革目标通常脱离其现实经济基础，在实践中效果并不理想，可能不利于债务国的长远发展。

第三种是私人债权人的债务重组方案，包括伦敦俱乐部和债券置换两种渠道。伦敦俱乐部曾经是发展中国家和西方商业银行债务重组方案的统称，但由于其在处理 20 世纪 90 年代拉美债务危机上的失利，加上商业银行授予的直接信贷在主权债务中的比例日益下降，债权置换取代其成为了私人部门债权的主流重组模式。1989 年的布雷迪计划就是债权置换的典型案例，计划核心在于债务国用改革换取有实质性减免的债务置换，借助市场的力量解决危机。

3. 评价

国际债务危机理论（Suter et al.，1992）将与经济周期相关的全球债务周期分为三个阶段：（1）经济繁荣时国际借贷环境宽松，中心国的资本通过国外投资导致边缘国外债激增；（2）外债的大量积累导致债务国债务负担加重，偿债能力不足，最终爆发债务危机；（3）债权、债务国间就债务清偿问题进行谈判并达成协议，边缘、半边缘债务国恢复债务可持续性，得以在国际市场上继续融资，但不良的偿债记录限制其之后融资规模，直至新周期第一阶段即贷款繁荣阶段的来临。梳理国际主权债务重组框架，可以发现无论是国际援助还是债权置换，双方最终都会进入第三阶段。而对大多数债务国，国际融资的受限会约束其开展有效的宏观政策以发展经济。基本面得不到根本改善，谈判带来的债务可持续与财政纪律往往只能暂时维持，在第一阶段来临后这些国家很快又会陷入资不抵债的局面。

（三）【问题】回顾阿根廷本轮货币危机向债务危机的演变进程（2018 年集中爆发到 2020 年正式违约），不难看出阿根廷金融状况的恶化与美联储货币政策息息相关。这种现象在新兴市场国家比比皆是，被市场称为美元周期或者美联储货币政策周期。结合货币选择理论、金融周期理论、资产负债表理论等分析美元周期对新兴市场的影响机制。

【具体分析】

历史上，美联储的加息往往伴随着新兴市场国家货币贬值、外债负担加重和资本外逃，对新兴国家的汇市、债市和股市产生巨大冲击，甚至于引发新兴市场国家金融危机“浪潮”（见表 14 -4）。其中，规模最大、影响最广的两次危机是 20 世纪 80 年代拉美债务危机和 20 世纪 90 年代亚洲金融危机。

表 14 -4　历史上的主要新兴市场危机

新兴市场危机	开始时间	结束时间	美元指数涨幅
拉美债务危机	1980. 07	1981. 08	27. 65
	1983. 01	1984. 06	16. 58
	1988. 04	1989. 05	11. 82
亚洲金融危机	1998. 10	2000. 01	8. 11

数据来源：作者根据 Wind 测算。

20 世纪 80 年代拉美债务危机的爆发主要是因为前期石油国家美元充足，国际信贷环境宽松，拉美国家急于实现现代化，盲目借贷投资，但这些外债的使用效率却比较低，大多投向周期长、变现慢的项目。为应对石油危机后衰退的经济，美联储加息吸引外流资金，提高了国际借贷成本。而且，为了转嫁危机，美欧同时加强了贸易保护，沉重打击了出口依赖型的拉美经济。之后，这些拉美国家与 IMF 达成债务重组协议，在其监督下紧缩财政、实施改革以偿还外债。20 世纪 90 年代，这些国家基本实现了预算平衡，但并未根除庞大的外债。而且在这一过程中，为了治理高通胀而实行的钉住汇率制，成为了部分国家再次爆发债务危机的重要原因。

20 世纪 90 年代的亚洲金融危机起始于泰铢在国际游资攻击下的全面崩盘。1992 ~ 1996 年间，受到广场协议引发的日元贬值和美联储加息影响，泰国出口吸引力下降，经常项目持续逆差，外资流入减速。为了维持泰铢币值稳定，泰国不得不以 13% ~ 14% 的高利率，吸引短期投机资本。这些热钱大多流向房地产行业，导致资产泡沫严重，成为国际游资的攻击对象。随着泰国政府 1997 年 7 月 2 日宣布放弃固定汇率，危机迅速席卷到印度尼西亚、菲律宾等国，连韩国也因危机前的高杠杆受到波及。这场危机最终以 IMF 主导的高达 1180 亿美元的国际救助及各债权国的债务延期于 1999 年年底平复。

2020 年以来，疫情的冲击让新兴市场的债务危机一触即发，很可能形成第三次大规模的违约浪潮。除了阿根廷再次拉响债务违约警报外，巴西、厄瓜多尔、黎巴嫩等多国已经出现债务延期。本轮危机看似是由于疫情下全球经济的衰退，但追根溯源可能还是要归结于金融危机后新兴市场国家借美国 QE 政策低利率的东风，持续对外举债。截至 2019 年年底，新兴市场国家债务总额占 GDP 的比例已经高达 170%。

梳理三轮危机的过程，美元周期主要通过各国货币政策同频共振的宏观渠道和恶化国内主体资产负债表的微观路径来影响新兴市场国家的金融环境。

1. 全球金融周期——全球货币政策同步

Hélène Rey（2013）最早提出了全球金融周期这一概念，认为随着全球金融一体化程度加深，资本流动、资产价格和杠杆率等变量在不同国家之间存在协同变动趋势，而资本流动的激增和收缩、资产价格的繁荣和萧条，经常带有周期性质。全球金融周期的特征是美国货币政策冲击引发的国际金融变量的波动传导到其他经济体，因此市场常将此称为美元周期或者美联储货币政策周期。全球金融周期理论暗示着，在当前的国际金融环境下，浮动汇率制已经无法维持一国货币政策的独立性了，“不可能三角”退化成“不可能二元”。

全球金融周期的存在让各国，尤其是新兴市场国家的货币政策总是与美国同频共振。这种共振性除了因为全球金融一体化，究其根源还是因为美元作为国际货币的主导地位。虽然布雷顿森林体系早已崩塌，但美国作为世界第一的经济体，其货币在全球结算中的核心地位短期内仍难以被动摇。美国 10 年期国债收益率更是被称为“全球资产定价之锚”，其调整将直接引发全球资产价格波动。因此，很多宣称采用浮动汇率制度的国家出于贸易结算、汇率管理能力弱、维护金融稳定性等原因仍然选择将美元作为锚货币。美联储的货币政策将直接影响这些国家的基础货币投放。强美元周期下，各国外储流失风险增加，内部基础货币投放减少、流动性被动收紧；弱美元周期下则相反。美联储货币政策的外溢性对新兴市场国家要更强烈一些，因为外汇占款是新兴市场国家货币投放的主要方式。包括中国在内的众多新兴市场国家外储占央行资产的比重中枢都在 50% 以上，俄罗斯甚至在 85% 附近。

以 2018 年的阿根廷为例，为了挽救阿根廷比索一跌到底的颓势，阿根廷央行被迫选择跟随美联储脚步，在一周多的时间内连续加息三次，将基准利率从 27.25% 大幅提升至 40%，被市场称为“绝望式加息”。但即使是如此疯狂的加息举动也未能阻止资本外逃，阿根廷国债价格暴跌，Merval 股指暴跌，汇率累计跌幅达到了 15% 以上，呈现“股债汇”三杀局面。与此同时，超高的利率直接影响企业正常经营，对实体经济带来巨大冲击。

2. 金融加速器——汇率贬值的负反馈循环（见图 14－22）

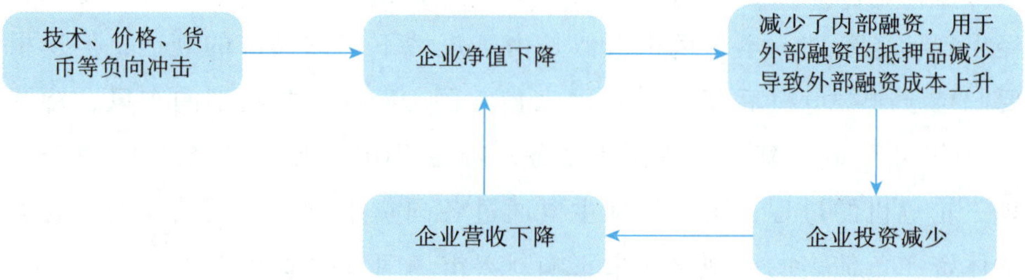

图 14－22　金融加速器的理论机制

由于信息不对称，借贷双方存在代理成本，企业净值的变化会直接影响到企业的融资成本，进而引起企业投资的变化，投资的改变会进一步引起下期产量的变化，造成经济波动，影响企业的营收与净值。当企业遭受经济中的正向或负向冲击，其净值也随之升高或降低，经由信贷市场的作用，这种冲击对经济的影响会被放大，这种放大机制称为“金融加速器”。金融加速器理论的核心就是将“外部融资溢价”和贷款人的净资产联系起来，在存在信贷市场摩擦的情况下，假设市场总借贷量不变，则外部融资成本和贷款人的净资产之间负相关，由此也可以看出金融信贷市场上的行为对宏观经济的影响巨大。尤其是，许多实证研究的数据表明企业资产负债表的状况与企业投资支出的相关度在经济低迷时期比在其他时期更高。

美元走强给新兴市场国家带来的汇率维稳压力就是一个典型的货币负向冲击。因为新兴市场国家融资渠道建设不完善，国内企业倾向于在国际金融市场上借贷资金，导致其外债规模较大。强美元周期下，沉重的外债负担不仅压低新兴市场国家企业净值，而且在宏观上引发国际社会对该国债务风险的担忧，新兴市场国家信用风险上升、汇率加速贬值，外部融资环境急剧恶化（更不用说强美元本身就会带来全球负债成本上升）。对巴西、俄罗斯等资源型新兴市场，汇率贬值将导致资源品内在隐含的美元价值下降，降低资源国的全球竞争力，企业盈利能力趋弱，并再次作用于企业净值，国内融资成本大幅攀升，最终导致企业投资减少。对中国、韩国等生产型新兴市场而言，强美元背景压低了资源品价格，很可能出现低输入通胀，导致实际利率回升，同样削弱私人部门投资意愿。

“汇率贬值→杠杆率上升→企业资产负债表恶化→外资净流入与国内投资水平双

双下降→经济增长衰退→汇率贬值”的负反馈循环导致新兴市场国家在弱美元的繁荣时期信贷与投资过度增长，萧条时期则过度紧缩。阿根廷的经历就是这条循环的具象化结果。在 2018 年的恶性贬值后，阿根廷企业净值和现金流下降，资产负债表迅速恶化，国内银行的不良贷款率从 1.83% 持续上升至 5.75%，给银行带来巨额贷款损失，导致银行和其他金融机构资产负债表恶化。阿根廷以不变价格计算国内固定资本形成总额从 1523 亿比索一路跌至 1142 亿比索。FDI 也锐减 50 亿美元，下降 43.13%，最终在 2020 年发生债务违约。

最近八年美国货币政策刚好完成了一个大周期：紧缩阶段始于 2013 年 12 月，次年 10 月将购债规模减至零，之后，自 2015 年 12 月至 2018 年 12 月加息九次，将联邦基金目标利率由 0~0.25% 提高到 2.25%~2.5%；宽松阶段自 2019 年 7 月始，连续五次降息将利率下调至 0~0.25%，并重启量化宽松，将美联储资产负债表规模翻了一番。如今，这个完整周期正式宣告结束，另一个周期开启。美联储已于 2021 年 11 月 3 日宣布缩减购债，叠加全球经济增长放缓，2022 年或成美元强势年，新兴市场国家未来的表现值得关注。

（四）【问题】分析中国当前外债特征，并立足阿根廷的典型案例，进一步思考新一轮美联储加息周期下，中国外债的潜在风险及应对措施。

【具体分析】

首先从总量和结构两个角度认识中国外债特征。

（1）绝对规模和相对规模方面。绝对规模上，截至 2021 年 9 月末，中国外债余额 26965 亿美元，规模排名全球第十位，美国、欧元区、英国、日本的外债余额分别是中国的 8.5 倍、6.8 倍、3.6 倍和 1.8 倍。相对规模上，利用偿债率（外债还本付息额/贸易出口收入）、负债率（外债余额/GDP）、债务率（外债余额/贸易出口收入）以及短期外债与外汇储备之比衡量。截至 2021 年年末，我国偿债率、负债率、债务率及短期外债占外汇储备比例分别为 5.9%、15.5%、77.3% 和 44.5%，均低于国际警戒线水平。但从增量角度看，近年来外债风险指标均呈上升趋势，2020 年四大指标相较于十年前分别增长了 4.2、6.3、44.0 和 28.8 个百分点，增幅高达 247.06%、68.48%、132.13% 和 182.54%，需要引起警惕（见图 14-23）。

（2）期限结构方面（见图 14-24）。我国短期外债占比较大，截至 2021 年年末，短期外债余额为 14462 亿美元，占外债余额的 53%，远高于国际公认的短期外债占外债余额之比 25% 警戒线。即使与阿根廷、印度等其他新兴市场国家相比，我国短期外债占比也不容小觑。值得注意的是，外债期限结构分类有两种方法，一种是按照剩余

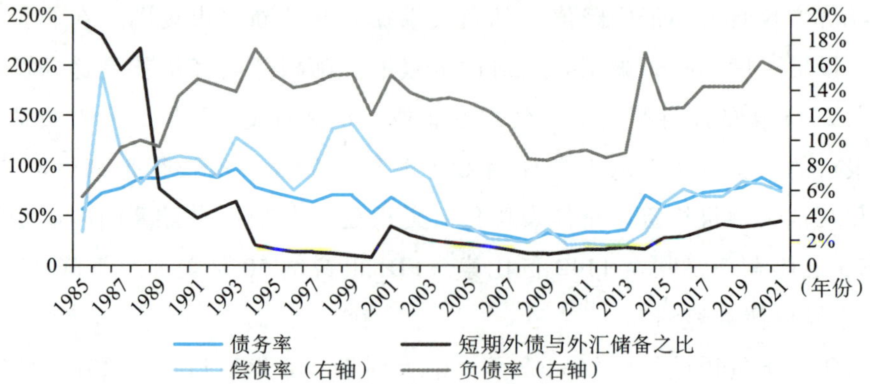

图 14-23　四大外债风险指标

数据来源：Wind。

期限，一种是按照合约期限。2015 年以后，我国外汇管理局调整为按照合约期限进行分类，即合约期限在一年及以下的债务才会被划分为短期外债。因此，考虑到每年都有中长期外债到期，实际到期的短期债务应该比公布的规模要高。

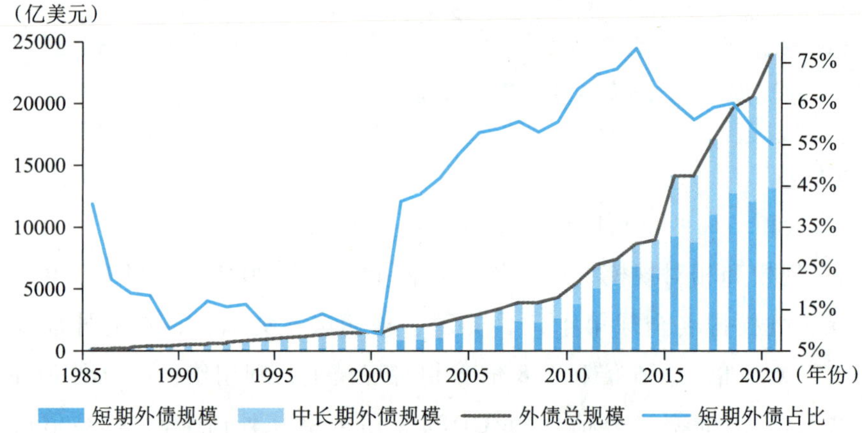

图 14-24　1985～2021 年中国外债存量与期限结构

数据来源：Wind。

而在短期外债中（见图 14-25），与贸易有关的信贷占比正在逐年下降，截至 2020 年年末，贸易有关的信贷占短期外债余额比重为 39%。建立在真实贸易基础上的贸易信贷外债通常不需要通过购汇还债，因此其对汇率的敏感度较低，风险也比其他短期外债小。贸易信贷外债比例的下降意味着外债风险正在攀升。此外，还需要警惕短期投机资本通过虚假贸易流入国内所带来的风险。虽然中国资本管制较为严格，但外贸企业利用政策、管理和体制等漏洞虚构交易，例如将货物运到保税区报关，一车货物可以多次报关，从而实现多笔虚假出口，热钱得以涌入。

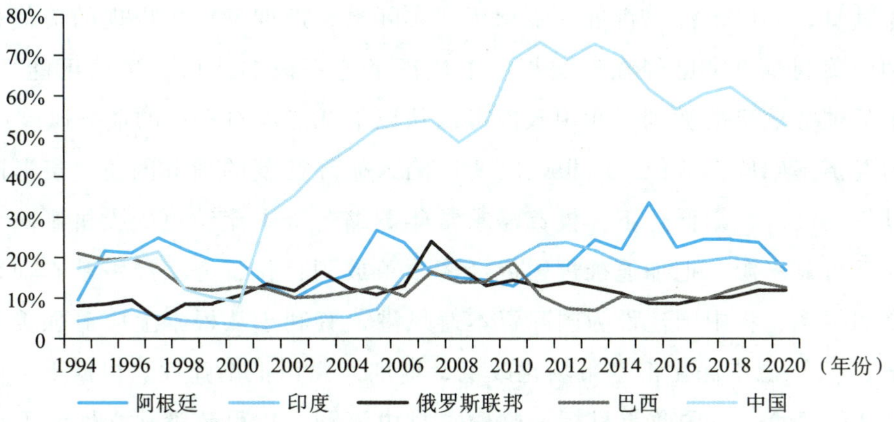

图 14－25　主要新兴市场国家短期债务占比对比

数据来源：Wind。

（3）外债币种结构方面。截至 2021 年年末，本币外债余额为 12367 亿美元，占 45%；外币外债余额（含 SDR 分配）为 15099 亿美元，占 55%。在外币登记外债余额中，美元债务占 84%。这意味着，我国外债面临较大的汇率风险，对美元周期的敏感性尤其高。同时，中资企业发行的中资美元债是重要组成部分。2015 年，发展改革委发布 2044 号文，将企业发行外债的额度审批制度简化为备案登记制，一定程度上降低了中资美元债发行门槛，中资美元债市场自此快速发展，截至 2022 年 4 月 17 日，中资美元债余额高达 9866 亿美元。民间债务高占比将加剧美联储加息的不利影响，美元流动性收紧、美债上行将使中资企业的外债偿付压力骤增，甚至造成企业流动性危机。在此情形下，中资企业应积极自救，寻求展期或回购。

对比中国与阿根廷的外债特征，可以发现：总量上看，中国外债的绝对规模相较阿根廷更大，但中国外债增长主要源于经济实力增强，吸引境外资金持续流入，符合发展规律。中国外债的偿债率、负债率、债务率、短期外债与外汇储备之比四大风险指标均优于阿根廷，也低于国际警戒线水平，总体风险可控。结构上看，与阿根廷相似，中国外债也存在短期债务占比过高、美元债务占比过高的问题，这使得对美元周期的敏感性更高。一旦美元进入强势通道，可能导致外债偿付剧增。

向前看，美联储加息将是中短期内外债风险最大的影响因素。2022 年 3 月 16 日，美联储开启自 2018 年以来的首次加息，将联邦基金利率的目标区间提高 0.25 个百分点至 0.5%，同时宣布将持续加息，并开始削减美联储对美国国债、机构债券以及机构抵押贷款支持证券的规模。美元流动性收紧叠加极度不稳定的地缘政治形势和国内疫情再次反复，投资者可能将资金撤出新兴经济体，转回美国等成熟市场进行避险。更严重的情形是美联储货币紧缩过于激进，可能引发全球金融动荡与经济衰退，中国很难独善其身，人民币汇率将进一步承压。实际上，近期债市中出现的美债长短期利率倒挂和中美利差收窄已经在一定程度上佐证了这一极端情形发生的可能性。对此，借鉴阿根廷债务危机的教训，我国政府可以从以下几点应对潜在的债务风险：（1）将夯实国内经济基础放在首位。阿根廷之所以陷入循环往复的债务困境，衰退的经济状况难辞其咎。经济长期低迷下，投资需求常年萎缩，资本流动更受投机影响，国家外汇储备缺乏可靠来源。把加速推进国内经济改革放到首位，夯实经济基本面，提高国内的投资回报率，将中国建设为国际资本避风港，有利于从根本上应对强美元周期带来的冲击。（2）稳步深化汇率市场化改革，增加人民币汇率弹性。根据不可能三角理论（见图 14－26），一国政策目标面临资本自由流动、货币政策独立性和汇率稳定三者不可兼得的困境。在坚持发展国内经济和审慎推动资本账户开放的同时，人民币汇率波动在所难免。政府需要完善汇率制度、加强汇率预期管理，容忍一定程度上的汇率有序贬值。（3）推动人民币国际化，减少债务的货币错配风险，从而降低强势美元下国家经济金融的被动风险溢出。（4）强化外债规模与结构管理，加强对房地产企业、周期性行业与地方政府平台等重点领域外债风险的监管，防止局部风险累积。

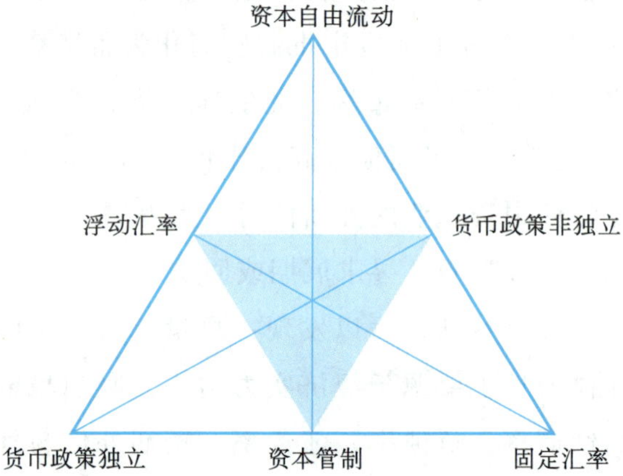

图 14－26　开放经济下的不可能三角

五、建议课堂计划

本案例可以作为专门的案例讨论课来进行，整个案例讨论课的讨论时长建议为 100 分钟，共计 2 个课时。可分为课前准备、课中计划和课后拓展三部分进行。

（一）课前准备

提前一周将案例正文和启发思考题发给学生阅读，请学生提前了解 2020 年阿根廷债务危机事件的始末，并搜集阅读其他的相关材料，初步思考启发思考题。将学生分成 4 个学习小组，以便进行分组讨论。

（二）课中计划

1. 前言与视频引入：播放案例相关视频引入案例（5 分钟）。
2. 案例讲述：向学生讲解案例关键要点，介绍涉及理论（15 分钟）。
3. 小组讨论：学习小组围绕案例及启发思考题进行讨论，并推选出小组代表对小组观点进行总结阐述（15 分钟）。
4. 小组发言：小组代表展示所在学习小组讨论成果，每组 5 分钟（共 20 分钟）。
5. 自由讨论：鼓励学生针对其他小组发言提出问题并互相讨论，引发深度思考（25 分钟）。
6. 教师点评：总结课堂内容并答疑（15 分钟）。

（三）课后拓展

请学生选取自己感兴趣的角度，结合阿根廷债务危机案例或其他新兴市场主权债务危机案例（如土耳其债务危机），进行深入分析研究，成果以案例分析报告的形式呈现。

六、参考文献

[1] Aguiar M. Investment, devaluation, and foreign currency exposure: The case of Mexico [J]. Journal of Development Economics, 2005, 78 (1): 95 - 113.

[2] Ammer J., Pooter M, Erceg C J, et al. International Spillovers of Monetary Policy [J]. Ifdp Notes, 2016, 2016 (15).

[3] Banerjee S, Mohanty M S. US monetary policy and the financial channel of the exchange rate: evidencefrom India [J]. BIS Working Papers, 2021.

[4] Camanho N, Hau H, Rey H. Global Portfolio Rebalancing and Exchange Rates [J]. Helene Rey, 2018.

[5] Christian, Suter, Hanspeter, et al. Coping with Global Debt Crises: Debt Settle-

ments, 1820 to 1986 [J]. Comparative Studies in Society & History, 1992.

[6] Coimbra N, D Kim, Rey H. Central Bank Policy and the Concentration of Risk: Empirical Estimates [J]. Journal of Monetary Economics, 2021 (7).

[7] Cowan B K. Corporate Dollar Debt and Depreciations: Much Ado About Nothing?, Federal Reserve Bank of Boston, Working Paper No [J]. Review of Economics & Statistics, 2008, 90 (4): 612 – 626.

[8] Desai M A, Foley C F, Forbes K J. Financial Constraints and Growth: Multinational and Local Firm Responses to Currency Depreciations [J]. Ssrn Electronic Journal, 2006.

[9] Fang H, Wang Y, Wu X. The Collateral Channel of Monetary Policy: Evidence from China [J]. PIER Working Paper Archive, 2020.

[10] Fang H, Wang Y, Wu X. The Collateral Channel of Monetary Policy: Evidence from China [J]. PIER Working Paper Archive, 2020.

[11] Gopinath G, Stein J C. BANKING, TRADE, AND THE MAKING OE A DOMINANT CURRENCY [J]. Working Paper, 2018 (24485): a1 – a2, 1 – 68.

[12] Mishkin, Frederic S. Global Financial Instability: Framework, Events, Issues [J]. The Journal of Economic Perspectives. 1999, Vol. 13 (No. 4): 3 – 20.

[13] Rey H. Dilemma not trilemma: the global cycle and monetary policy independence [C] // Proceedings – Economic Policy Symposium – Jackson Hole. Federal Reserve Bank of Kansas City, 2013.

[14] Ryan Banerjeel; Boris Hofmann; Aaron Mehrotra. Corporate investment and the exchange rate: The financial channel [J]. Bank for International Settlements Working Papers. 2020.

[15] Silvia M A, R Hélène. U. S. Monetary Policy and the Global Financial Cycle [J]. The Review of Economic Studies, 2020 (6): 6.

[16] 李超，马昀．中国的外债管理问题 [J]. 金融研究，2012 (4): 84 – 97.

[17] 李仁方．马克里经济政策的回顾与评述 [J]. 拉丁美洲研究，2020, 42 (2): 131 – 153, 158.

[18] 刘莉亚．主权评级、债务困境与货币危机：对新兴市场国家的经验研究 [J]. 世界经济，2006 (12): 18 – 27, 96.

[19] 卢冰，王雅琦，洪圣杰．人民币预期汇率变动与虚假贸易——基于套汇视角的分析 [J]. 金融研究，2020 (1): 19.

［20］马宇，程道金．主权债务危机影响因素的实证研究及启示——对新兴经济体与发达经济体的比较［J］．经济学家，2014（8）：73－82.

［21］缪延亮，胡李鹏，李欣．防范债务风险的国际经验［J］．中国金融，2019（22）：51－52.

［22］潘英丽．从战略高度关注与破解金融资源错配问题［C］//．治国理政：新理念·新思想·新战略——上海市社会科学界第十四届学术年会文集（2016年度），2016：520－530.

［23］任泽平，马家进，石玲玲，等．20世纪80年代拉美债务危机是如何发生的［J］．国际融资，2020（10）：38－41.

［24］谭小芬，虞梦微．全球金融周期与跨境资本流动［J］．金融研究，2021（10）：22－39.

［25］田巍，余淼杰．汇率变化、贸易服务与中国企业对外直接投资［J］．世界经济，2017（11）：24.

［26］汪莉，尚玮．外债期限、生产结构与价格波动［J］．金融研究，2014（11）：94－108.

［27］王芍，杨胜刚，张欣琦．提高外债风险管理能力，助力“双循环”新发展格局［J］．国际金融，2021（8）：52－60.

［28］杨海珍，王俏，宓超，等．新兴经济体国际资本大幅流入风险及影响因素研究［J］．系统工程理论与实践，2019，39（9）：2231－2245.

［29］袁申国，陈平，刘兰凤．汇率制度、金融加速器和经济波动［J］．经济研究，2011，46（1）：57－70，139.

［30］张礼卿．国际金融［M］．北京：高等教育出版社，2018.

［31］张晓晶，孙涛．中国房地产周期与金融稳定［J］．经济研究，2006（1）：23－33.

［32］赵雅婧，李瑞民．巴黎俱乐部：源起、规则与作用——兼论对中国的启示［J］．国际金融，2017（1）：59－66.

［33］赵振全，于震，刘淼．金融加速器效应在中国存在吗？［J］．经济研究，2007（6）：27－38.

［34］周诚君，洪灿辉，汪浩．构建主权债务重组的“上海模式”［J］．管理世界，2021，37（6）：87－98，5.

案例 15

股债双杀，黄金跳水，拿什么挽救脆弱的流动性

——美国流动性危机的起源与演进①

2020 年 3 月，新冠疫情在美国暴发，国内金融市场和实体企业都受到了极大的冲击。美股十天内出现历史性的四次熔断，债券、黄金等资产同步大幅下跌，恐慌情绪在市场中迅速弥漫，美元指数快速上涨，最终爆发流动性危机。危机爆发后，美联储迅速出台了一系列救市政策，向市场全方位地输送流动性，短时间内缓解了本次危机，美股指数、国债收益率等经济指标也已逐步恢复至危机前的水平，金融市场再次呈现以往的繁荣景象。本案例旨在通过还原本轮美国流动性危机的事件始末，深度剖析危机产生的原因与传导机制，探究次贷危机以来美国金融体系的结构性矛盾与不足，并由此引导学生对于美国货币市场结构以及美联储货币政策框架的思考。

① 本案例由中央财经大学金融学院谭小芬、宋昱辰、吴谦、刘美辰、许珈瑞撰写。

案例正文

一、引言

2020 年，新冠疫情作为全球最大的公共卫生事件给主要国家和地区的金融市场带来了巨大冲击，全球资本市场面临着自 2008 年次贷危机以来严峻的考验。3 月，疫情在美国快速蔓延，原本脆弱的金融体系突然受到重创，大量资产抛售导致美元流动性格外紧张，市场恐慌指数一度超过了当年国际金融危机时的峰值。

在此背景下，美联储迅速出手，短期内出台了大规模、全方位的财政与货币刺激政策，并再次开启 PDCF、CPFF 等创新政策工具无限量供应货币流动性，破釜沉舟之下，金融市场开始呈现转好的迹象，警报暂时解除。然而，风波虽已平息，但此轮危机爆发的深层次原因及教训还需深思。

二、来也匆匆，去也匆匆——美国流动性危机的起源与发展

（一）阶段一：新冠肆虐，美股熔断

2020 年年初，新冠疫情迅速蔓延。特朗普政府尚未意识到疫情严重性，一再推迟居家隔离政策的颁布，导致短时间内美国确诊病例数急速上升，死亡人数攀升至全球首位。截至 4 月末，美国确诊病例已经高达 100 万例，死亡人数也达到了 5 万以上。疫情导致美国全国范围内普遍停工停产，特朗普团队任期以来取得的经济成就在一个多月间化为乌有。

疫情导致的经济停摆让投资者失去信心，同步抛售股票、信用债等风险资产。美国股市以 2 月 20 日为起点开始呈现下跌趋势，3 月 9 日第一次熔断，三大股指较最高点下跌 19% 左右，较前一日跌幅逾 7%；3 月 12 日第二次熔断，较最高点跌幅为 27% 左右，较上一日跌幅逾 9%；3 月 16 日第三次熔断，较最高点跌幅为 30% 左右，较上一日跌幅逾 11%；3 月 18 日第四次熔断，纳指、道指分别跌破 7000 点、20000 点。流动性危机展现了极大的冲击力，短短 8 个交易日内标普指数发生 4 次熔断，前所未有，纳指、道指较最高点最大跌幅也分别达到 29% 和 32%（见图 15 - 1）。

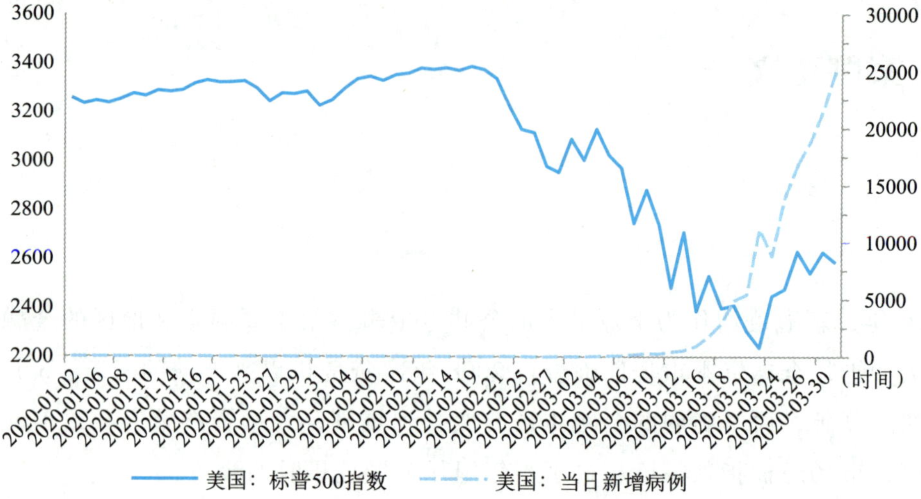

图 15－1　2～3 月疫情冲击下美股快速下跌

数据来源：Wind。

几乎与股市熔断同步，债券遭到抛售，信用债风险溢价陡增。以企业债为代表，投资级、投机级债券全线下跌，且信用利差扩大，收益率高点分别为 3 月 20 日的 3.36% 和 3 月 23 日的 11.38%，较第一次熔断前一交易日 3 月 6 日分别上涨 157BP、551BP（见图 15－2）。

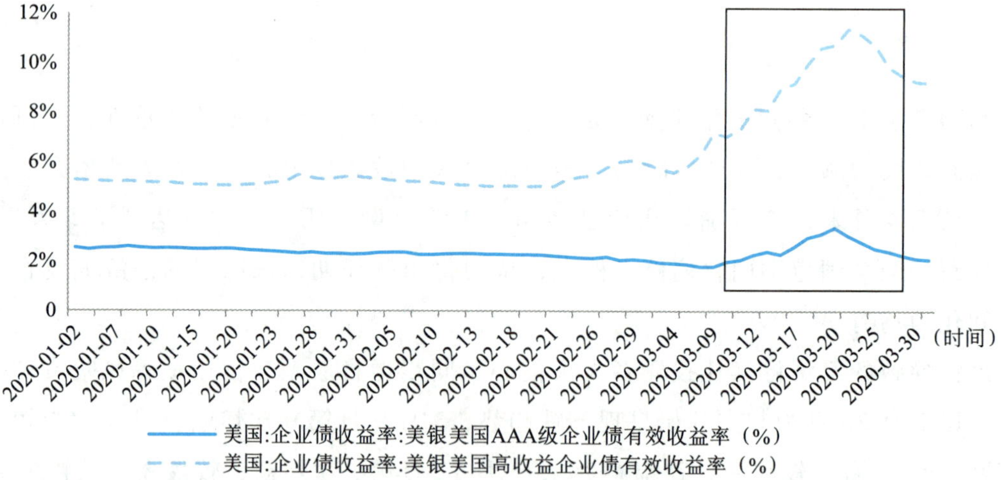

图 15－2　信用债收益率全线升高

数据来源：Wind。

（二）阶段二：避险不再，现金为王

危机前市场偏好无风险资产，美国 10 年期国债价格迅速攀升，收益率于 3 月 9 日

创历史新低。但危机爆发后，流动性需求急剧升高，即使是避险资产也会被抛售，以美国 10 年期国债为代表的利率债长端收益率在 3 月 9 日以后出现明显反弹，10 天内收益率上升 64BP 至 1.18%（见图 15－3）。

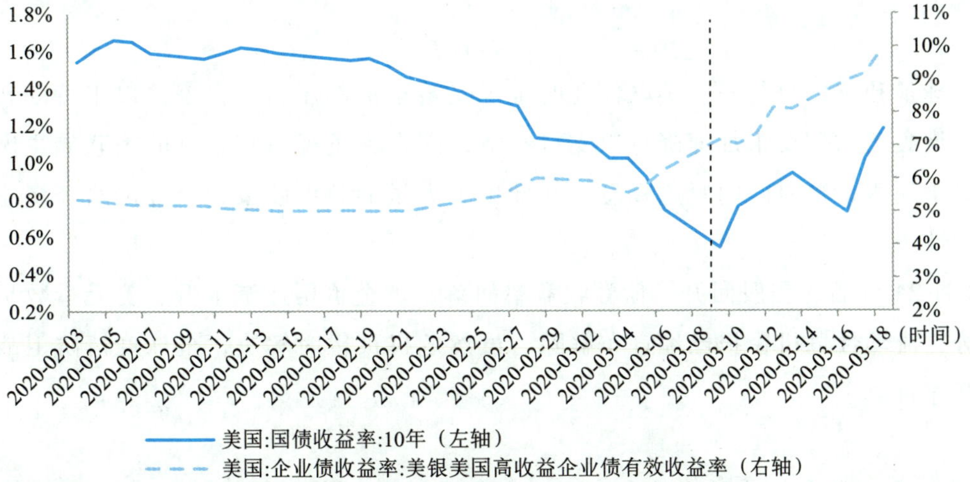

图 15－3　长期国债收益率 3 月 9 日开始反弹

数据来源：Wind。

同样地，流动性略弱于国债的黄金价格遭遇大幅下跌。在 2008 年危机期间，黄金价格就曾在 8 个月内下跌近 30%。在危机前，黄金价格总体呈上升态势，逐步向历史高点靠近，3 月 6 日黄金价格上升至 1673.5 美元/盎司。但 3 月 9 日流动性危机爆发后，黄金价格持续走低，10 天内跌幅达 11%（见图 15－4）。

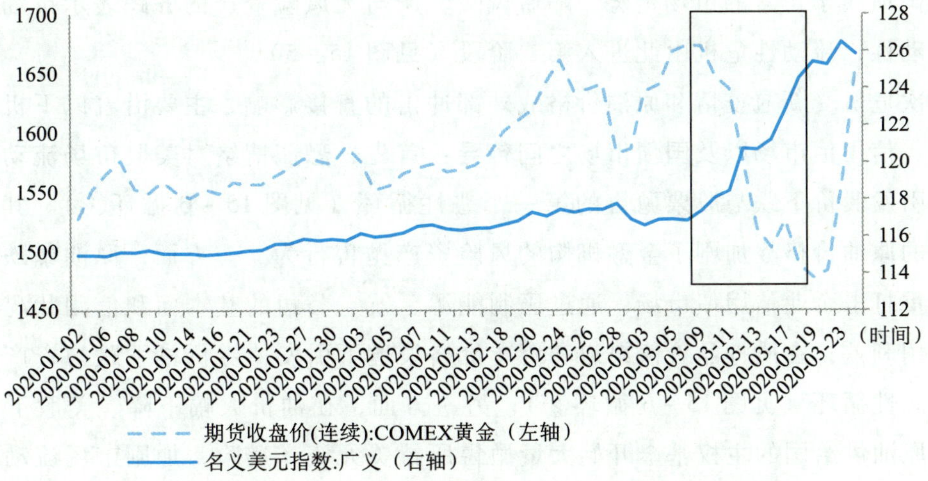

图 15－4　黄金价格大幅下跌，美元指数飙升

数据来源：Wind。

因此，市场在此阶段中呈现无风险资产价格与风险资产价格同时下跌的特征，人们对流动性的追逐集中体现在对资金的需求上。在流动性危机爆发后，美元指数暴涨，广义美元指数在3月9日至18日期间涨幅达6%，较年初增长逾8%。

（三）阶段三：破釜沉舟，警报解除

全球最独立的央行——美联储此时也承受着空前的压力，自疫情以来特朗普政府时不时炮轰美联储要求加速降息以支持经济，向来不重视白宫意见的美联储主席鲍威尔也终于屈服，短时间内紧急降息，并推出了大量的救市政策，全方位给经济主体输送流动性。

3月24日后，美股回升、债券收益率回落、黄金价格逐渐上升、美元指数呈现下降趋势，流动性危机警报已经宣布解除。虽然危机被暂时解决，全球疫情防卫战才刚刚拉开序幕。

三、追根溯源，情景再现——危机演变的探讨

以3月9日为分界线，本轮流动性危机呈现两个不同的阶段：3月9日之前，美股与美国国债收益率同时呈现下降的态势；3月9日之后，美股的下跌带动了国债收益率的明显反弹，两者呈现出相反的态势。与此同时，美元指数迅速拉升，到3月18日第四次熔断时，广义的名义美元指数（2006年为基准100）已经从117.34上升到124.51，首次突破120大关。在危机第一阶段，资金从高风险的股票资产转移到风险较低的国债属于正常的市场走势，随后风险资产与无风险资产的齐跌表示市场已极度缺乏流动性，流动性危机由此进入第二阶段（见图15-5）。

此次危机受新冠疫情和原油价格战外部冲击的直接影响，主要沿着以下机制在股票市场、信用债市场以及国债市场之间传导：首先，恐慌情绪对美股市场流动性产生冲击，引发股价下跌与股票抛售的第一个恶性循环（见图15-6循环①）。其次，疫情引发的原油价格战加剧了金融机构的风险资产抛售行为。一方面，原油暴跌和疫情蔓延严重打击企业信用债市场，通过压制能源、航空公司的基本面和信用状况扩大企业债信用利差，在质押品价值渠道和资产价格渠道下引发债券价格下跌与资产抛售的第二个恶性循环（见图15-6循环②）；另一方面，在油价大幅下降、美股下跌的过程中，原油供给国的主权基金开始大量抛售所持美元资产避险，加剧市场流动性风险（见图15-6链条③）。ETF被动投资以及对冲基金的相对价值策略降杠杆对流动性危机起到推波助澜的作用。最后，在风险资产价格下跌与抛售相互强化的循环中，流动

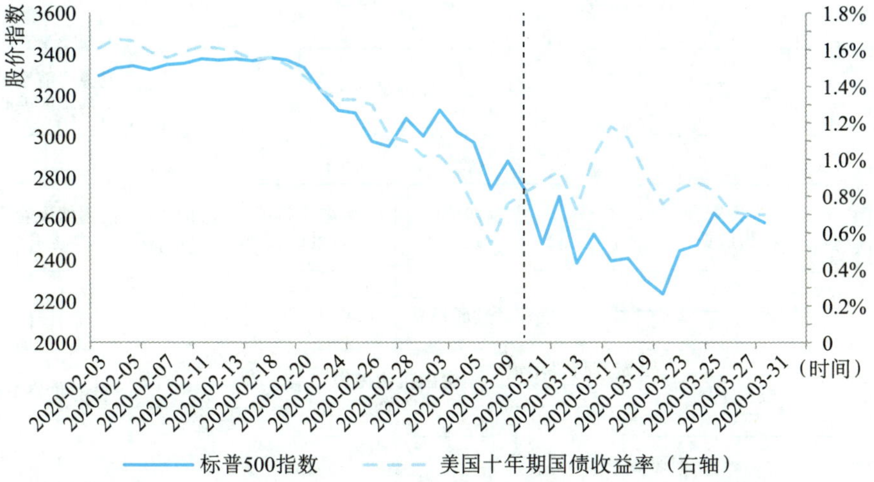

图 15－5　3 月 9 日美股熔断之前股跌国债涨，之后股国债齐跌

数据来源：Wind。

性迅速枯竭，市场从抛售风险资产转变为抛售一切风险资产与流动性较差的无风险资产，如 10 年期国债，风险传导至国债市场。随着流动性危机的全面爆发，全球投资者恐慌情绪升级，美元的国际货币地位促使投资者纷纷持有美元资产作为避险资产，美元需求激增推动美元指数急速上升。最终呈现出风险资产与无风险资产齐跌、美元指数飙升的流动性危机。

（一）风险资产：从“资本宠儿”到“烫手山芋”

1. 情绪危机主导下的股市下跌螺旋

2 月 21 日，美国日新增确诊病例达到两位数，由于未来疫情形势不明朗，市场对经济预期悲观，流动性偏好大幅提升，开始了第一轮的股票抛售行为。由于疫情属于非预期的外部冲击，美国融资融券市场并没有做好任何风险对冲的准备。因此美股价格下跌时，许多投资者的股票融资账户保证金很快不足，跌破最低水平。投资者账户被强制平仓，是导致美股持续下跌的第一个催化剂。与此同时，股票价格下跌使基金净值大幅下跌。一方面，在恐慌情绪下，投资者流动性偏好上升，开始大量赎回基金。基金公司面临投资者的赎回挤兑压力，不得不抛售股票以满足流动性需求；另一方面，在资产价格渠道下，股价下跌引发金融机构自身以投资为目的而持有的股票抛售行为。抛售行为使股价进一步下跌，最终形成了股票价格下跌与金融机构资产抛售的第一个恶性循环（见图 15－7）。

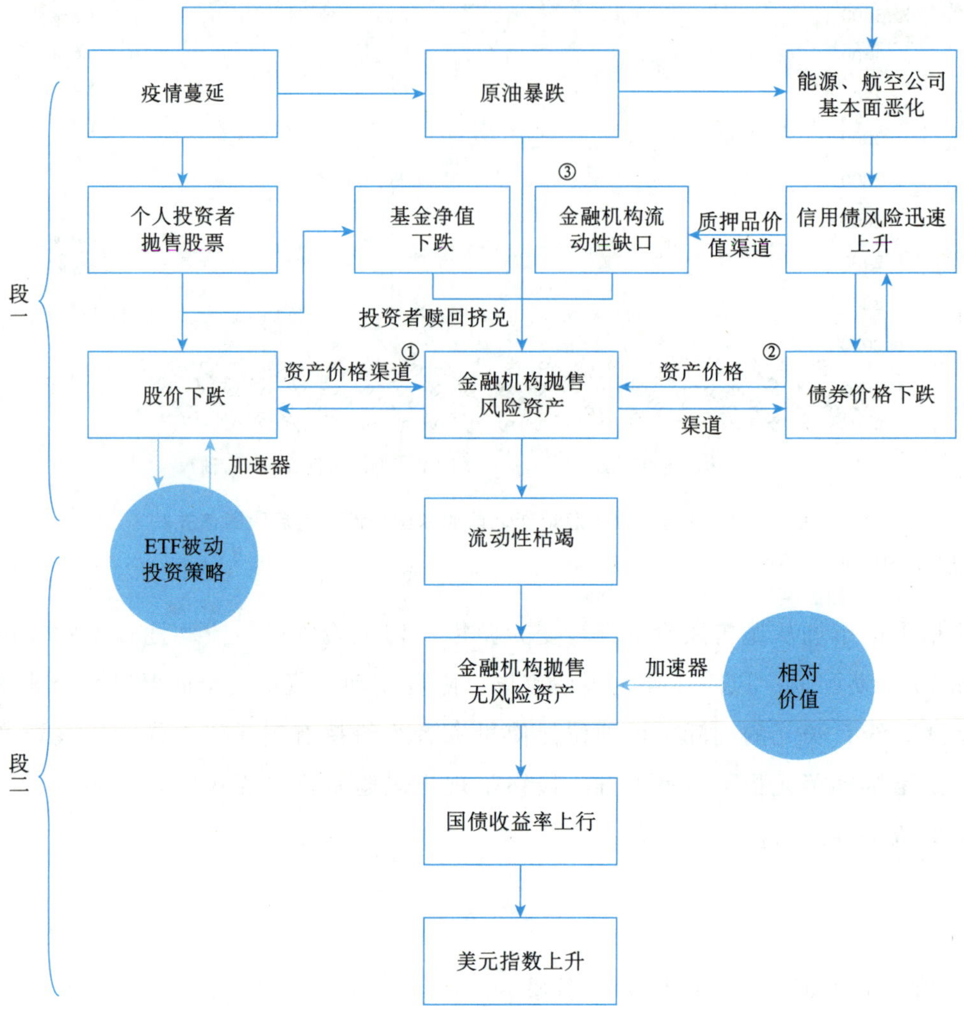

图 15－6　本轮流动性危机的传导机制

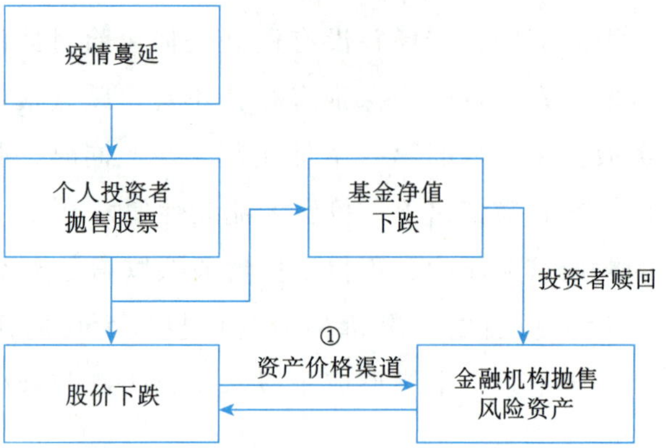

图 15－7　股票价格下跌与金融机构资产抛售循环

2. 企业信用债风险蔓延下的债市下跌循环

疫情蔓延和油价暴跌严重影响了美国航空、能源以及服务业企业的基本面，使美国企业债市场遭到沉重打击。基本面脆弱的能源行业企业债首当其冲，其信用风险短时间内急剧上升。由于能源企业高收益债券的市场份额占比高达 11%，在能源企业债的违约风险蔓延下，美国高收益债券的整体风险增大，信用利差不断扩大。如美国 BBB 级企业债的信用利差在 3 月初就扩大了 20bp，低评级高收益债的信用利差在 3 月中旬上升到了 4% 以上。随着信用风险在市场逐渐蔓延，高评级信用债的利差也在扩大。在质押品价值渠道和资产价格渠道下，金融机构开始抛售企业信用债，引发抛售行为与债券价格下跌的循环。

从质押品价值渠道来看，由于债券收益率比较稳定，金融机构倾向于持有债券，并将其质押进行融资。当债券违约风险上升、企业信用利差扩大时，一级交易商往往会下调相应质押债券的抵押折扣率。由此金融机构持有信用债质押品价值下降，可融入的美元减少。由于主权债券的抵押折扣率为 100%，为弥补美元流动性缺口，金融机构开始抛售信用债，增持国债等无风险资产。

从资产价格渠道来看，企业债违约风险上升引起的债券价格下跌也会加剧金融机构抛售债券的行为。抛售信用债的行为使债券价格进一步下跌、企业信用溢价进一步上升、机构流动性缺口进一步扩大，最终形成债券抛售行为与债券价格下跌的第二个恶性循环（见图 15－8）。

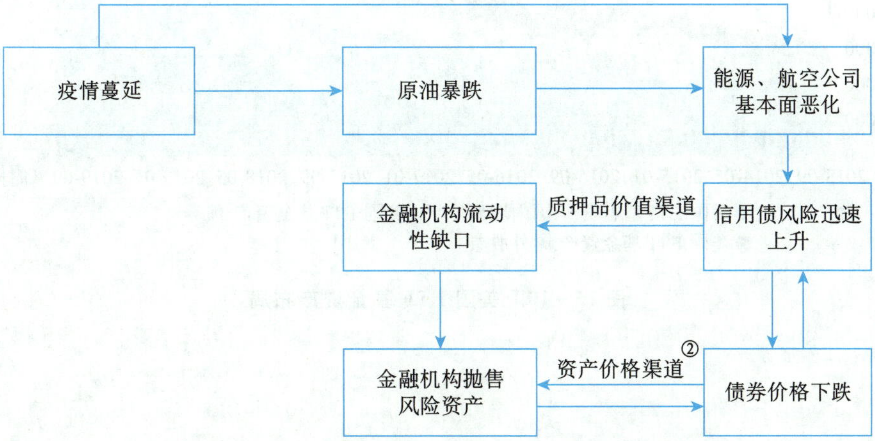

图 15－8　债券价格下跌与金融机构资产抛售循环

3. 石油暴跌下的主权基金抛售

由于原油是原油供给国最重要的经济来源，原油价格战使部分原油供给国面临经济衰退的风险。疫情暴发以来，国际原油价格持续下跌。到 3 月 9 日，油价已经跌破绝大多数产油国的盈亏平衡点。因此，在油价大幅下降、美股持续下跌的过程中，原油供给国的主权基金开始大量抛售风险资产，加速了市场股票、债券等风险资产价格下跌的进程，进一步导致市场流动性的紧张（见图 15－9）。

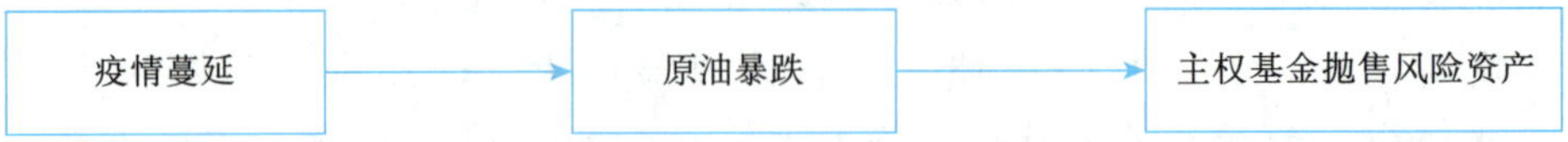

图 15－9　原油价格战下的主权基金抛售风险资产行为

4. ETF 被动投资策略加速流动性枯竭

近年来被动投资策略在美国资本市场上盛行，截至 2019 年年底，美国被动投资基金资产规模已经超过了主动管理型基金的规模。美国 ETF 基金资产布局如图 15－10 所示，由于 ETF 是采取被动管理策略的代表性产品，因此机构投资者大量投资于 ETF，使市场交易的同质性极强。在大规模的资产抛售行为下，股票价格持续下跌。当其跌破指定水平后，将导致 ETF 基金大规模的自动平仓。而 ETF 的被动平盘反过来加速股价的下跌进程，形成平仓与股价下跌的恶性循环，加速流动性的枯竭。

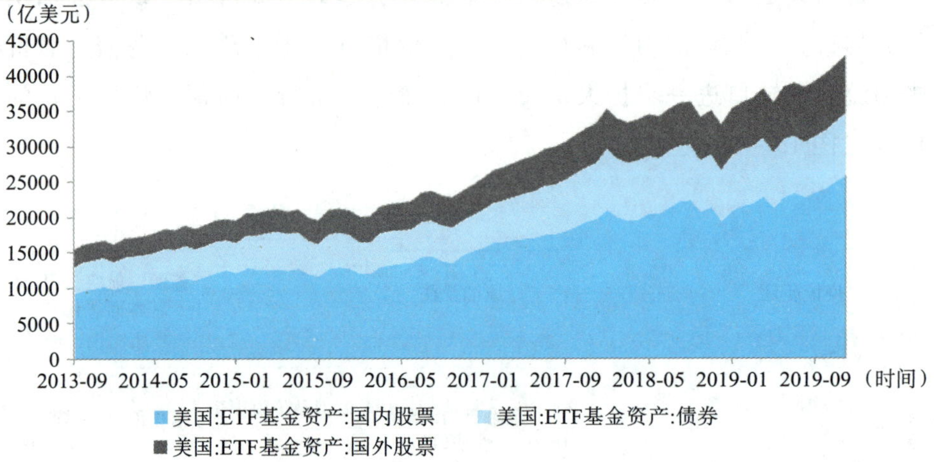

图 15－10　美国 ETF 基金资产布局

数据来源：华泰证券。

（二）无风险资产：难以“独善其身”

1. 相对价值策略下的国债收益率反弹

在危机传导的第一阶段中，金融机构大幅抛售风险资产导致市场流动性的迅速枯竭。当其在市场上陷入融资瓶颈时，便开始对所持资产进行无差别抛售来满足流动性需求，至此资产抛售压力传导至国债市场，国债价格开始下跌（见图 15－11）。

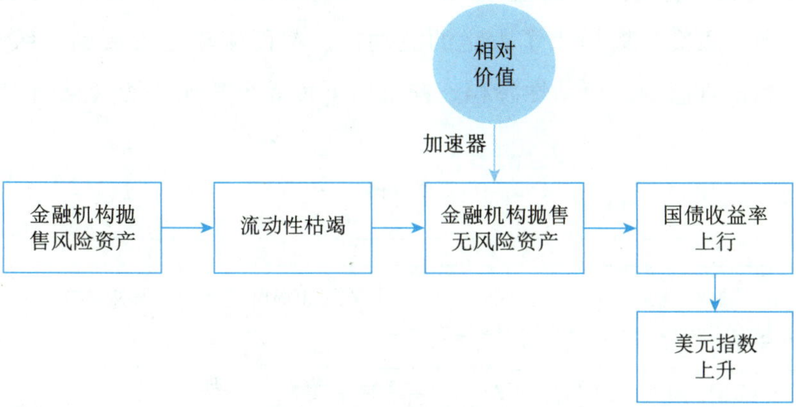

图 15－11　流动性风险蔓延至无风险资产

此外，相对价值策略机制的采用加剧了对冲基金抛售国债的行为。相对价值策略指通过持有国债现货多头以及国债期货市场空头的投资组合，获取现券和期货之间的价差收益。危机前期，金融机构为了避险大量抛售风险资产并增持无风险资产的行为导致了国债期货的价格上升，并且带动了市场上做空国债期货的保证金提高，从而降低了市场国债期货需求。当市场上美元供给较少，极度缺乏流动性时，对冲基金无法及时获取资金以弥补保证金，开始减少采用这种策略，抛售国债。导致以国债为抵押标的的流动性规模下降，收益率强劲反弹。

2. 全球避险情绪下的美元指数飙升

随着流动性危机进入第二阶段，风险资产与无风险资产齐跌。全球投资者恐慌情绪升级，市场恐慌指数刷新了 2008 年金融危机时的最高纪录。作为贮藏手段，美元在各国外汇储备货币中的占比一直较高，2020 年第二季度各国外汇储备中的美元占比超过 60%；作为计量和结算货币，全球有将近三分之二国家通过各种形式钉住美元，并且外汇市场中美元资产的交易份额一直遥遥领先于其他货币计价的资产。因此美元独特的国际地位促使投资者纷纷持有美元资产作为避险资产，美元需求激增推动美元指数急速上升。最终呈现出风险资产与无风险资产齐跌、美元指数飙升的流动性危机。

四、危机暂缓，隐忧仍在——政策应对与效果

（一）心余力绌，操作受阻

3 月 3 日至 16 日期间，美国首先为商业银行等存款机构释放了大量流动性，然而

却未能阻止流动性风险的蔓延和资产的无差别抛售。美联储两周内两次降息至零利率、降准并将法定准备金率下调至0、扩大回购规模和提高回购限额。通过传统流动性的投放渠道，向一级交易商提供了大量的流动性。然而流动性投放到一级交易商之后，由于交易意愿和监管制约，流动性淤积，并未向下传导至其他市场（见图15－12）。

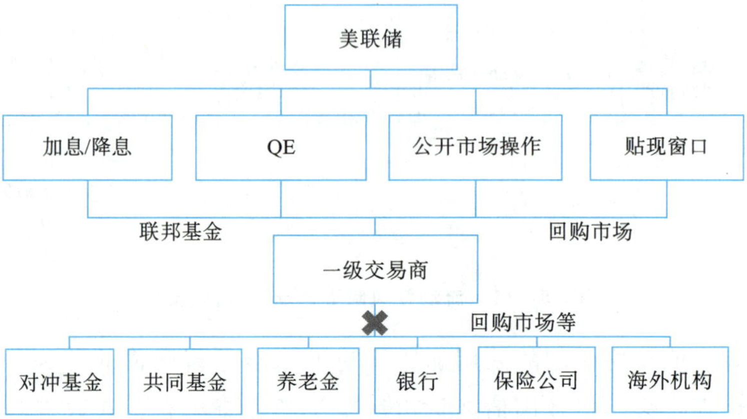

图15－12　流动性传导机制受阻

（二）工具创新，破釜沉舟

3月17日，美联储开始绕过一级交易商，通过创新货币政策工具，向市场注入流动性（见表15－1）。具体操作有：建立CPFF为非金融企业和居民提供信贷支持；建立MMLF满足货币基金市场投资者的赎回需求，为家庭和企业提供流动性；建立扩大资产购买范围的PMCCF和SMCCF以及TALF等。这些政策工具为家庭、企业等市场上的投资者有效提供了流动性。

表15－1　流动性危机爆发后美国采取的货币政策

时间	货币政策
3月3日	基准利率降50bp至1%~1.25% 超额准备金率降50bp至1.1%
3月9日	隔夜回购规模上限调高500亿至1500亿美元
3月12日	纽约联储紧急开启1.5万亿美元大额回购操作
3月15日	贴现窗口延长至90天，信贷利率降低150bp至0.25% 与5家央行开展流动性互换，协议利率降低25bp
3月16日	基准利率降100bp至0~0.25% 推出7000亿美元QE 紧急贷款贴现率下调125个基点

续表

时间	货币政策
3 月 17 日	建立商业票据融资机制（CPFF） 纽联储宣布每天进行额外隔夜回购，最高限额 5000 亿美元
3 月 18 日	建立货币市场共同基金流动便利（MMLF）
3 月 19 日	美联储与 9 家央行实施美元流动性互换
3 月 20 日	建立一级交易商信贷便利（PDCF）
3 月 23 日	开启无限量 QE，开放式买入国债和 MBS； 设立一级市场与二级市场公司信贷便利（PMCCF&SMCCF），公司债或 ETF 的购买范围扩大； 设立定期资产支持证券贷款工具（TALF），购买范围扩大为包含 AAA 基本的杠杆贷款证券（CLO）和商业地产证券（CMBS）
3 月 31 日	设立 FIMA 回购工具
4 月 6 日	美联储推出新资保护计划流动性便利（PPPLF）
4 月 9 日	全民贷款支持工具（MSNLF、MSELF），支持银行向中小企业发放贷款

财政政策方面，美国推出 2.3 万亿美元经济救助方案，救助金额达 2019 年 GDP 的 11.3%，主要针对政府、企业和居民部门，提供直接的援助和支持（见表 15－2）。主要包括：地方政府可获得约 1500 亿美元财政援助；企业可获得税收减免优惠，例如贷款担保和 3500 亿美元的贷款基金；对满足条件的居民直接派发现金 2750 亿美元，并扩展失业救济的覆盖面、期限和金额。

表 15－2　　**两万亿美元经济救助方案**

类别	措施	内容	金额（亿美元）
扩张赤字	现金派发	2019 年收入低于 75000 美元的个人或低于 15000 美元的夫妇，成人 1200 美元/人，未成年人 500 美元/人	2750
扩张赤字	财政支出	医院及医疗系统支持，1300 亿美元； 联邦救灾署（FEMA），450 亿美元； 交通系统及机场，350 亿美元； 教育系统，310 亿美元； 疫苗及物资储备，270 亿美元； 退伍军人支持，190 亿美元	3400
扩张赤字	转移支付	对各州转移支付，按人口分配	1500
扩张赤字	行业补贴	拨款支持航空公司工资	320
扩张赤字	减税及延后支付	推迟社保税缴纳，2463 亿美元； 员工社保税留置（ERC），504 亿美元； 企业营业亏损抵免，821 亿美元； 放松利息抵扣等，993 亿美元	4950

续表

类别	措施	内容	金额（亿美元）
扩张赤字	失业救济	覆盖面拓展，包括临时工及 UBER 等自由职业者； 期限延长，延长 13 周至 39 周； 金额增加，前四个月额外提供 600 美元/周	2500
纾困贷款	小企业贷款	500 人以下企业，或餐饮住宿企业的员工人数在 500 人以下的分店，可向银行申请贷款，金额相当于 2.5 个月工资； 银行可以 0.35% 的利率从美联储融资，且不占用资本金； 由小企业管理局（SBA）全额担保； 总量不超过 3500 亿美元时，支付薪金、租金和电费可部分转为赠款	3770
纾困贷款	特殊行业贷款	航空客运，250 亿美元； 航空货运，40 亿美元； 国家安全、波音公司，170 亿美元； 接受贷款公司要求禁止分红、回购，保留 90% 员工，高管限薪	460
纾困贷款	外汇稳定基金注资	支持美联储以 10 倍杠杆购买公司债	4540

此外，宏观审慎政策方面，也放松了监管要求、放宽了政策执行期限，如 4 月 1 日，美联储将一级资本要求减少约 2%。

（三）警报解除，市场向好

由于美联储在危机爆发前后迅速采取了一系列的货币政策、财政政策，并放宽宏观审慎监管，流动性危机被迅速缓解。3 月 24 日后市场表现明显向好，股市方面，美股在 3 月 23 日触底，此后三大股指一路高歌猛进，在 6 月末基本恢复危机前点位（见图 15－13）。

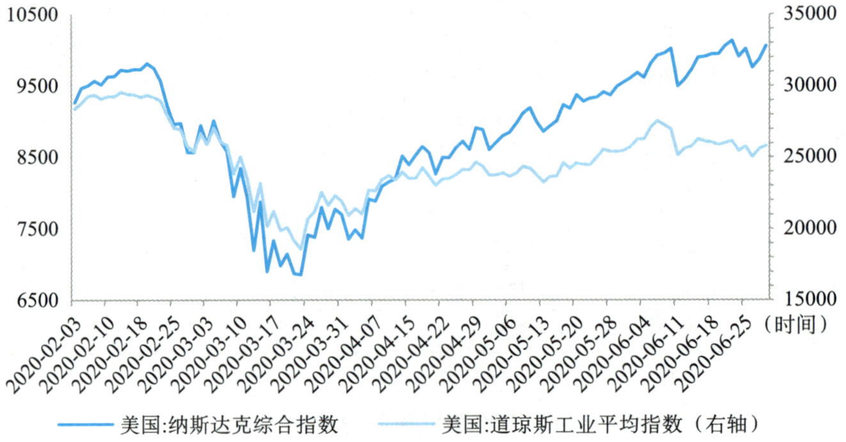

图 15－13　美股指数迅速反弹

数据来源：Wind。

债市方面，信用债收益率迅速回落，投资级企业债收益率回落速度较快，优先于 4 月份恢复危机前水平，投机级企业债收益率于 7 月逐渐回落到危机前水平，信用利差呈现不断缩小趋势，并最终于 2020 年年末恢复到年初水平。利率债收益率在流动性危机后急速回落，以 10 年期美国国债为例，4 月初已恢复至危机前水平（见图 15－14）。

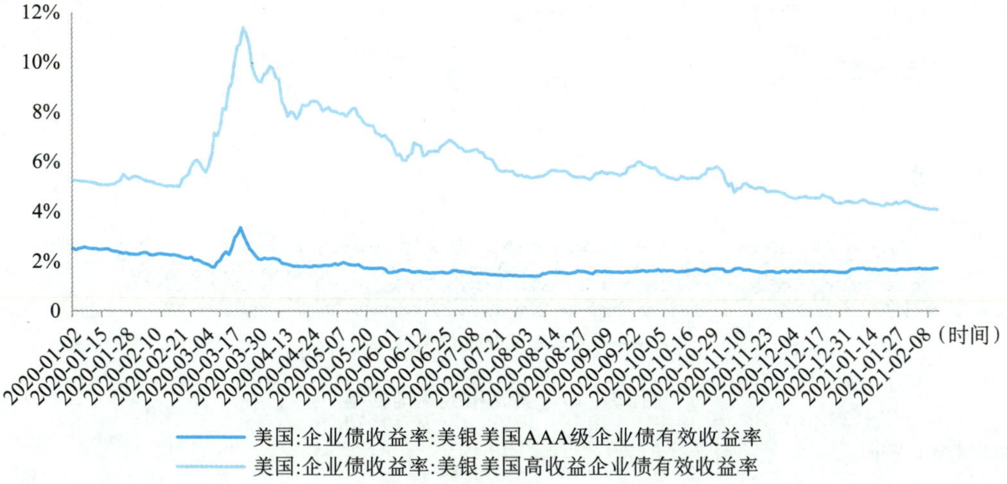

图 15－14　债券收益率回落，利差收窄

数据来源：Wind。

在流动性危机缓解后，黄金价格迅速回升。但由于疫情发展迅速，避险情绪下黄金价格一路攀升，并于 8 月 6 日突破历史纪录，达到 2058. 30 美元/盎司，此后价格下降，走势逐渐恢复平缓（见图 15－15）。

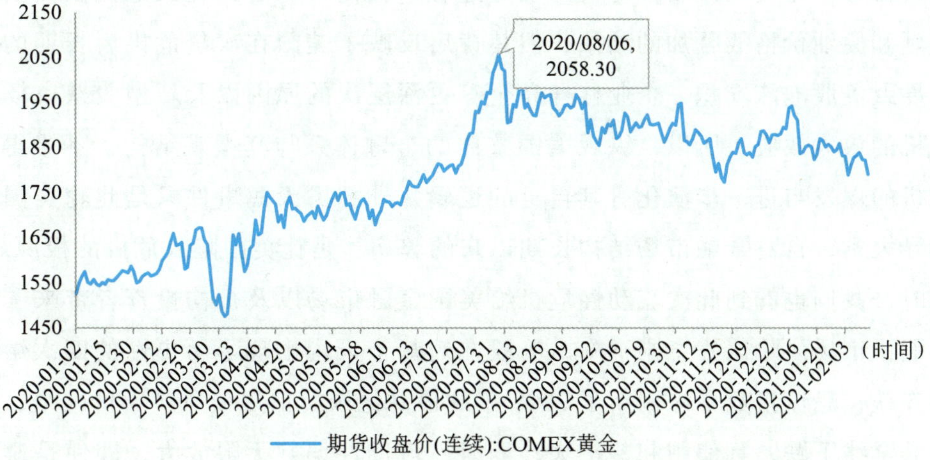

图 15－15　黄金价格回升，再创新高

数据来源：Wind。

美元指数在3月末已实现部分回落，由于美元资产收益率相对主要发达国家仍有优势，美元指数在4月保持平稳，但最终逐渐恢复至危机前水平（见图15-16）。

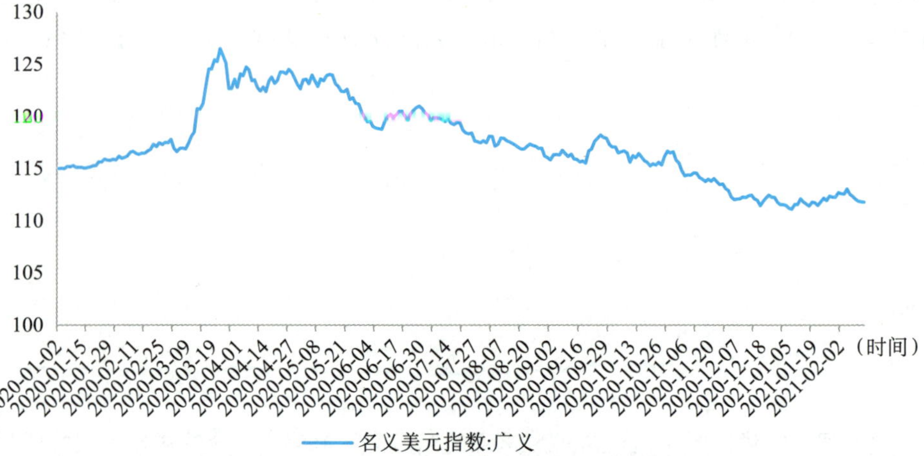

图15-16　美元指数逐渐回落

数据来源：Wind。

五、以史为鉴，继往开来——案例总结与启示

（一）小结

通过梳理本轮美国流动性危机的演进过程，我们可以看到此次危机表面上是新冠疫情蔓延和原油价格战叠加的结果，但其背后反映了美国在次贷危机后长期的宽松货币政策导致美股泡沫堆积、企业杠杆高企等更深层次的原因以及新型股票市场结构对此番危机的放大效应。所以，纵观美国整体的金融体系与其微观结构，不难得出，流动性危机的爆发与进一步演化有其自身的逻辑，外部黑天鹅事件只是此轮美国流动性危机的导火索，自身金融市场结构长期以来的弊病才是让美国陷入危机的根源。

同时，我们也看到此次流动性危机给美国金融市场以及机构投资者带来了巨大的负面影响：市场风险偏好急剧下降，美股在短短十天内出现了历史性的四次熔断，三大股指齐跌，恐慌指数暴涨刷新了2008年的最高纪录，信用债风险溢价陡增，高、低评级债券全线下跌，且信用利差扩大；同时，流动性偏好无限放大，即使是避险资产也遭到抛售，以美国10年期国债为代表的利率债长端收益率明显反弹，黄金价格大跌，市场资金需求激增，美元指数暴涨。一时间，人人自危，市场疯狂追逐流动性。

在有过 2008 年次贷危机的惨痛经历后，美联储不再观望，迅速出手：货币政策通过降息至零利率、无限量 QE、各种创新型政策工具为各个市场、经济主体注入流动性；财政政策推出 2 万亿美元经济救助方案，针对政府、企业和居民部门提供直接的援助和支持；宏观审慎政策放松审慎监管要求，放宽政策执行期限。三大政策全面发力，在短期内就取得了较为明显的效果，美股指数触底反弹；债券收益率回落，此后投资级和投机级企业债利差缓慢缩小；黄金价格回升并一路攀升。虽然此次流动性危机得到了迅速缓解，但是政策发力迅猛也留下了较大的隐患，货币政策降息空间清零，美国企业、居民的偿债压力增大，债务违约风险上升。长远来看，美国的流动性危机只是得到了暂时缓解，美国金融体系自身的脆弱性并没有根本改变。

（二）警示与启迪

自 2009 年至 2019 年，美国股市保持了长达 11 年的牛市，这期间只有在 2018 年出现了一段时间的挑战。美股长期繁荣的背后是其金融市场结构性因素的支撑，而本轮流动性危机的根源则恰恰是由这些因素构成的。虽然我国的货币市场结构与美国大相径庭，且政策空间尚处于合理充裕的阶段，但对本案例中危机成因与美联储应对措施的探讨，能够为我国未来的经济政策制定提供经验教训。特别是在全球低利率、低通胀的背景下，我们需要主动考虑如何避免此类危机的发生，并不断完善金融体系的建设，防范下一个黑天鹅事件对我国金融市场的冲击。

1. 继续保持稳健的货币政策

首先，目前我国的政策利率还远高于 0，短时间内不会陷入零或者负利率的境地，相较于欧美国家，我国还有较大的降息空间。其次，商业银行的存款准备金率还维持在一个合理的区间内，央行仍然有较大的余地进行宏观调控。再次，我国居民的高储蓄习惯为财政赤字融资提供了市场化的解决方案，暂时不需要央行通过购买国债来直接介入。

2. 严格控制金融杠杆

金融杠杆既可放大收益，也可放大风险，各类经济主体往往为了放大收益而加杠杆，对收益的追求是各类经济主体加杠杆的内在驱动力，因而在缺乏外在硬约束的情况下经济主体很难有效控制杠杆率。美国金融市场发生股债同跌，既有上市公司加杠杆回购股票的因素，又有对冲基金等资产管理产品加杠杆追求高收益的因素。因而，要正确认识杠杆，既需要控制微观层面的金融产品、金融投资主体的杠杆，又需要从宏观层面控制好杠杆率，从而利用杠杆的优势并降低或规避杠杆风险。未来的国际形势依旧不明朗，面对可能到来的寒冬，降低杠杆、缩减债务是明智的选择。

3. 完善资本市场的基础制度建设

在推动资金需求端改革的同时，进一步引导投资端改革。不断扩充公募基金经理人队伍，提升机构投资者在所有投资者中的比重。同时，完善各中介机构的投资咨询业务规范，重点提高不同类型的资管机构专业素养，谨防市场投资同质化的不良趋势。其次，坚持探索证券集体诉讼制度的落实路径，在为实体经济服务和保护投资者合法权益为宗旨的基础上，排除投资者权利行使的障碍，继续完善和规范投资者权利保障和救助机制，监管机构出面呼吁投资者树立长期投资、基本面投资以及理性投资的价值导向。

4. 加强跨境资本管制

国内监管当局应当防范国际金融震荡对我国金融市场秩序的破坏。国际金融市场上的危机事件可能导致短时间内资本的净流出或净流入量大幅波动，从而引起人民币汇率偏离正常区间。在以市场供求为主导的汇率决定机制下，央行对于汇率的小幅度波动一般不予干预，但在受到强烈的外部冲击时，央行应该采取外汇管理措施以稳定人民币汇率。

案例使用说明

一、教学目的与用途

1. 适用课程：国际金融学、金融理论与政策、金融机构与市场

2. 适用对象：本案例主要为金融专业研究生及本科生相关课程开发。

3. 教学目的：本案例以美国作为研究对象，阐述了美国长期以来量化宽松和低利率的货币政策助长了非金融企业的杠杆攀升，加剧了自身金融体系的不稳定性。在受到疫情这样的外部事件的冲击下，企业经营情况恶化，投资者信心大跌，短时间内大量抛售金融资产，最终爆发流动性危机。学生需要通过案例总结本次美国流动性危机的成因与具体表现，并归纳出金融危机的内在逻辑与演化路径。同时，从美联储当局采取的一系列救市举措中，了解美联储各项政策工具的内涵与使用情景，从而对美国的金融市场结构有一个比较清晰的认知。即便目前我国的货币政策尚未走到需要量化宽松的地步，但美联储挽救危机过程中的一些做法，对于我国后疫情时代的经济政策制定、风险识别与金融机构监管等方面仍具有一定的借鉴意义。

具体目标分为以下六个方面：

（1）结合本轮危机的成因与市场表现，引导学生探究导致流动性危机爆发的一系列因素，即流动性危机作为一种金融危机，其形成的过程与市场各主体行为、市场内在结构、突发事件具有显著的相关性。培养学生逻辑思维能力，引导学生探究危机的内在逻辑与演化路径，判断导致流动性危机爆发的深层原因是什么，看出当前美国市场背后存在的结构性问题。同时理解各市场相互作用的机制，在不同主体抛售资产的行为中寻找联系。

（2）结合美国货币市场微观结构，引导学生了解美联储如何利用不同货币政策工具直接或间接调控经济运行中的货币数量和利率水平，理解美联储货币政策操作在缓解本轮流动性危机中的重要作用。分析流动性在各市场中的层层传导路径，简单了解判断各市场流动性的指标，帮助学生构建美国货币市场流动性分析框架。同时结合本轮危机中美联储的具体货币政策操作，通过观测相关指标的变化判断政策实施效果。

（3）基于汇率作用理论，引导学生了解本轮危机引发的美元汇率变动对金融经济的影响，打开学生看待经济问题的视野与思路，注重汇率在开放经济中起到的重要作用，理解汇率对于经济资源的配置作用。同时熟练掌握汇率影响的定性分析法，简单了解汇率对于经济的定量分析法，能够通过汇率的升贬判断汇率对一国经济体以及经济体各部门带来的压力来源于哪些方面。

（4）基于金融危机理论，引导学生比较本轮流动性危机与 2008 年次贷危机的异同，深入了解两次危机爆发时宏观经济背景；引导学生思考两次危机的成因与表现的区别，以及美联储在两次危机中的救助措施有何不同。能够深刻理解美联储为应对经济运行中的各种问题而出台的各项政策。

（5）基于货币政策理论，统筹了解采取负利率政策对于一国经济的深刻影响。回顾负利率政策的萌芽与实践，总结主要经济体实施负利率的时间及背景。能够用定性工具与定量工具相结合的方式，探讨负利率政策下的货币政策传导机制。同时培养学生透过现象看本质的能力，根据政策实践情况引导学生思考负利率政策出现的根本原因。

（6）基于金融监管相关理论，带领学生回顾美联储的监管政策对本轮流动性危机传导过程的影响，比较危机前后监管政策的差异，从实际中看到危机前监管政策的不足，深入探讨监管政策完善的内在逻辑与必要性。同时，引导学生启发性思考，结合中国国情分析美国监管框架对中国金融监管的启示，重点讨论未来中国金融监管的发展重点。

二、启发思考题

1. 试结合美国货币市场的微观结构，构建美元流动性分析框架，从而分析美元如何通过美联储货币政策流向各个市场？并谈谈你对美国货币政策框架的看法。

2. 试结合金融危机的相关理论以及宏观经济背景分析此次美国流动性危机与2008年金融危机的异同之处，并比较两次危机中美联储救助政策的异同？

3. 目前，包括美国在内的全球越来越多的国家开始采用低利率政策刺激经济，有些国家甚至采取了负利率政策。试结合货币政策的相关理论探讨负利率政策的理论依据以及传导机制，并根据有关国家的实践情况总结负利率出现的原因。

4. 美联储引入的流动性覆盖率（LCR）监管指标在此次流动性危机传导过程中起着阻碍的作用，在危机发生后美联储又对监管要求做出了调整。请结合金融监管的相关理论，谈谈你对美国金融监管的看法，并由此结合中国国情谈谈对我国金融业监管的启示。

5. 试结合相关汇率理论，分析此轮美国流动性危机解除后，美元指数持续下滑对美国乃至全球的经济影响。

三、理论依据与具体分析

（一）【问题】在此次流动性危机演变过程中，美联储前期通过降息和回购向金融市场提供大量流动性，却未能阻止流动性危机的蔓延和资产抛售的持续。请结合美国货币市场结构，构建美元流动性分析框架，分析美元流动性传导受阻的原因。并谈谈3月23日之后美联储采取的一系列货币政策是如何疏通流动性传导机制，进而缓解了流动性危机？

【思路及分析】

1. 美元流动性分析框架

美元流动性的传导机制大致为：当美联储实施货币政策之后，首先影响联邦基金市场；其次是机构间回购市场；再次影响无抵押拆借市场（通常以Libor为定价基准）与外汇掉期市场（FX SWAP）；最后影响商业票据（CP）等（见图15－17）。以上的任何一层传导如果被阻断或者不畅，都有可能造成美元流动性的问题。

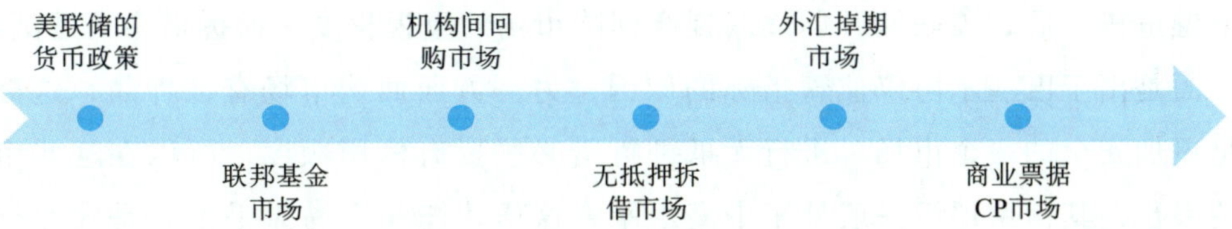

图 15－17　美元流动性传导路径

美元流动性传导的前两层分别是联邦基金市场和回购市场，这两个市场是美国货币市场的核心。在联邦基金市场中，一级交易商是美联储货币政策操作的直接交易对手。由于一级交易商能通过美联储的公开市场操作获得最稳定的隔夜资金，因此它们是货币政策传导的核心层。而回购市场的参与主体与联邦基金市场相比更为丰富，包括投资银行、对冲基金、共同基金、保险机构等各类金融机构。在该市场中，首先美联储跟一级交易商进行回购公开市场操作，为一级交易商提供充足的流动性。然后各金融机构通过质押金融资产向一级交易商以及其他交易对手融入美元，从而使美联储投放的美元通过一级交易商流向各市场交易主体（见图 15－18）。

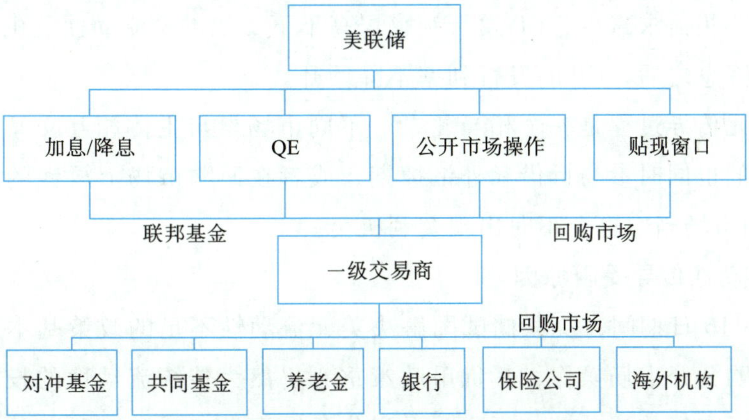

图 15－18　一级交易商是流动性传导机制的关键

美元流动性传导第三层：无抵押拆借市场（Libor Market）。在金融危机之前，无抵押拆借市场是离岸美元短期融资的主要方式。曾经被称为“金融市场上最重要利率”的美元 Libor，就是这个市场的价格基准。这个市场由无风险利率和信用利差组成。判断该市场流动性是否充足的关键指标是 3 个月 Libor－OIS spread，即 Libor 利率与隔夜指数掉期的利差。数值越高代表无抵押拆借市场越紧张，因此该指标往往也被作为金融危机的先兆。危机期间，市场的信用利差往往会骤然扩大，使 3 个月 Libor－OIS spread 波动增加。2008 年金融危机期间，该值曾经达到 364bp。本轮流动性危机中，这个指标也逐日攀升。

金融危机之后，美联储开始逐渐提高回购市场的重视程度，而拆借市场逐渐萎缩，这一方面是出于巴塞尔协议监管指标的原因，另一方面回购市场有抵押品，这被监管认为是更加安全的一个市场。进行无抵押拆借必须要有信用额度，所以在这些市场里活跃的银行，其信用评级一般处于中高水平，这样才能在交易对手主要是大银行那里获取相应的信用额度。

美元流动性传导第四层：外汇掉期市场（FX SWAP）。机构主要在该市场进行货币互换的交易，而由于市场对机构信用等级要求相对较低，使FX SWAP成为离岸美元融资尤其是离岸的欧洲和亚太的银行融资的一种非常重要的方式，因此美元流动性紧张的时候，一个非常直接的指标就是去看货币掉期的基差是否大幅拉升。流动性危机期间欧元对美元的三个月掉期即出现了明显走宽。

美元流动性第五层：商业票据（CP）市场。CP是期限在270天以内的商业票据，属于短期化的私人货币市场工具。货币市场基金为购买CP的主力。然而当市场处于流动性紧张和资产大量赎回的状态时，面临资金压力的货币市场基金开始大量抛售CP。另外，流动性紧张使CP的发行主体更加依赖这个融资渠道去融资，发行需求不断增加的同时购买需求减少，CP发行利率居高不下。如本轮流动性危机中，在美联储第二次非常规降息之后，CP的发行利率不降反升。

实际的美元传导过程是一个相当复杂、不同市场参与主体相互交叉的过程，比如参与机构回购的也同时参与拆借和外汇掉期，或者在回购市场上放钱的机构也会同时投资CP，不同市场当中也会不时出现套利机会。

2. 美元流动性传导受阻原因

3月3日~16日期间，美联储试图解决美元流动性不足的政策基本可以归纳为两类：降息和回购公开市场操作，其货币政策重心仍然为传统流动性的投放渠道，向一级交易商提供了大量的流动性。而这一系列公开操作没有缓解股票以及债券市场流动性的原因在于，流动性传递到一级交易商之后由于交易意愿和监管制约的原因，流动性淤积，并未向下传导至其他市场，使流动性传导机制受阻。

从降息操作来看，降息调整的是资金价格，正常情况下的传导过程是随着资金价格降低，有更多人来借钱生产和消费，同时银行有放贷出去的意愿。然而，在疫情期间，未来疫情发展态势不明朗，银行普遍对预期悲观，因此信贷紧缩，放贷意愿低，担心钱无法收回，从而使美联储的美元投放无法传递到实体经济中。

从回购操作来看，美联储只能跟一级交易商进行回购公开市场操作（Open market operations，简称OMO，包括隔夜的OMO和定期的OMO），范围非常有限。

首先，一级交易商参与意愿不高，隔夜OMO和定期OMO认购都不踊跃，大幅低于上限，使流动性并未进一步向其他市场的其他机构传导；其次，由于金融危机之后逐渐加强的金融监管，使银行面临着更严格的资产负债表的约束，一级交易商受制于流动性监管的约束，对其他金融机构的美元融出减少，流动性传导受到阻碍。最后，疫情的直接冲击也影响一级交易商的放贷意愿。很多银行开始在家办公，但是在家办公并不能解决所有问题，因为根据监管的要求，交易员在家是不能够做市的。这么多因素叠加在一起，机构做市放钱的意愿越来越低，直接降低了整个市场的流动性（见图15－19）。

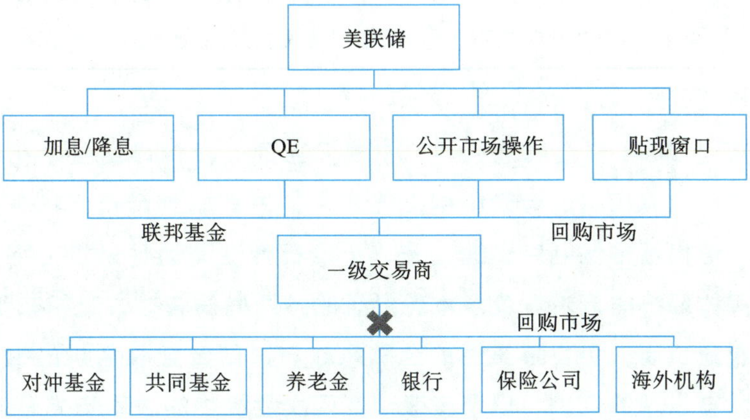

图15－19　流动性传导机制受阻

3. 美元流动性传导机制的疏通

为了缓解流动性危机，3月23日美联储宣布出台货币宽松政策，具体疏通流动性传导的思路为跨过一级交易商向市场机构直接提供流动性。

具体的货币政策工具有：购买国债和MBS、扩大MMLF规模、购买机构商业抵押支持证券、建立向企业提供信贷的工具（PMCCF和SMCCF）、启用定期资产支持证券贷款设施（TALF）（见表15－3）。这些政策工具使流动性绕过一级交易商以后更好地为企业、市场上的投资者提供流动性，减少风险资产的抛售以及为美元降温，避免疫情带来的进一步影响。

表15－3　美联储流动性工具梳理

工具	操作对象	担保抵押品	介绍
CPFF	商业票据的发行人	无担保	美联储可用于购买企业发行的商业票据
AMLF	美国银行和金融机构	无担保	商业抵押票据－货币基金流动性支持工具
MMLF		美国国债、GSE证券	货币市场共同基金流动性工具，贷款期限多达12个月

续表

工具	操作对象	担保抵押品	介绍
MMIFF	货币市场的投资者	—	用于购买美元存托凭证和 90 天以内的商业票据
PDCF	一级交易商	投资级债券（包括商业票据和市政债券）以及股票	向一级交易商提供 90 天以内的抵押融资，可抵押品包括投资级债券（包括商业票据和市政债券）以及股票
TALF	非银金融机构	资产支持证券	以资产支持证券为抵押，非银金融机构也可获得美联储的定向信贷支持
PMCCF	实体企业	—	美联储直接通过 SPV 从一级市场购买企业债券和债券发行人提供的贷款

（二）【问题】**2008** 年金融危机中，雷曼兄弟的轰然倒塌给整个美国金融市场带来了剧烈的冲击，与其相关的金融机构接连破产，刹那间整个市场都失去了短期融资的功能。同时，信用债市场利率迅速上升，金融机构在流动性恐慌之下不断抛售风险资产，加剧了实体经济的衰退程度。本轮危机的持续时间较短，且相较于 **2008** 年金融危机而言，此次危机尚未引发系统性的金融风险。试结合金融危机的相关理论，探讨两次危机的成因与表现的区别，以及美联储在两次危机中的救助措施有何不同。

【思路与分析】

在分析两轮危机的异同之前，我们认为应该首先回顾 2008 年金融危机发生前的美国宏观经济背景，并梳理危机的演进过程，从事件的起因和发展历程中寻找与本轮流动性危机的关联。

1. 宏观环境：低利率、住房激励政策和金融监管套利刺激房地产泡沫的产生（见图 15－20 和图 15－21）。

传统的金融危机理论认为危机也是经济和市场的一种自我调节机制。金融市场层面，居民和企业在经济上行周期一般存在加杠杆行为，从而推动资产价格上涨，资产价格上涨产生的财富效应会推动经济继续向上运行，形成正反馈循环，但明斯基时刻的到来使资产泡沫破裂。另外，金融加速器效应下资产负债表继续恶化，与投资者的风险资产抛售行为形成双向的恶性循环。因此危机本身就是经济被动去产能和金融部门被迫降杠杆的过程。

2008 年危机发生前，美联储已经多次下调政策利率，联邦基金利率在 2001～2003 年间下降了 5.5 个百分点。低利率推动经济增长的同时，政府不断推出住房刺激政策，因此居民部门杠杆率也不断攀升，从 69.6% 增长至危机前的 98.0%。房地产行业繁荣

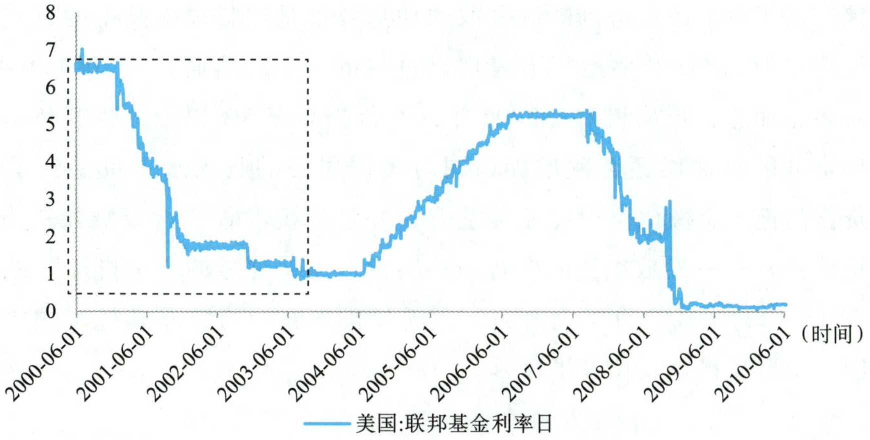

图 15－20　货币宽松酝酿危机

数据来源：Wind。

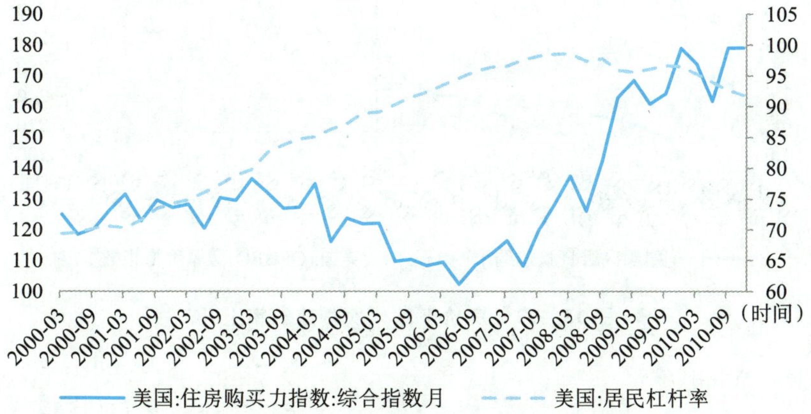

图 15－21　住房购买力下降，居民杠杆率上升

数据来源：Wind。

的背后是令人担忧的信用风险。

与此同时，抵押贷款证券（MBS）、信用违约互换（CDS）等结构化金融产品在提高市场流动性的同时，不断将信用风险传导至机构投资者，加速了房地产泡沫的滋生。这些产品在被数次包装和交易后，投资者早就难以分辨真正的底层资产，且已经被全球范围内的金融机构广泛持有。

摇摇欲坠的房地产行业正在等待自己的明斯基时刻。

2. 回顾 2008 年危机蔓延和爆发的三个阶段：

（1）第一阶段；2007 年第一季度至 2007 年第三季度，次贷风险暴露，经济仍平稳。

美联储在基于对经济形势判断后采取的加息政策是次贷风险产生的直接原因。此前，美国经济在1%的低利率运行下表现出过热的迹象。然而，从2004年中期开始，美联储开启多轮加息，政策利率在2006年的6月提高至5%以上。政策利率的上调导致住房按揭贷款的每期偿还金额增加，同时美国居民的收入水平也受到了一定的影响，次级贷款的拖欠金额比例因此显著上升，并且危机沿着“次级贷款——MBS（次贷抵押支持证券）——发放次贷的银行与购买资产支持证券的金融机构”的路径进行传导（见图15－22）。2007年8月9日，随着欧洲巴黎银行宣布其持有的次贷支持证券停止赎回，金融危机正式拉开了序幕。

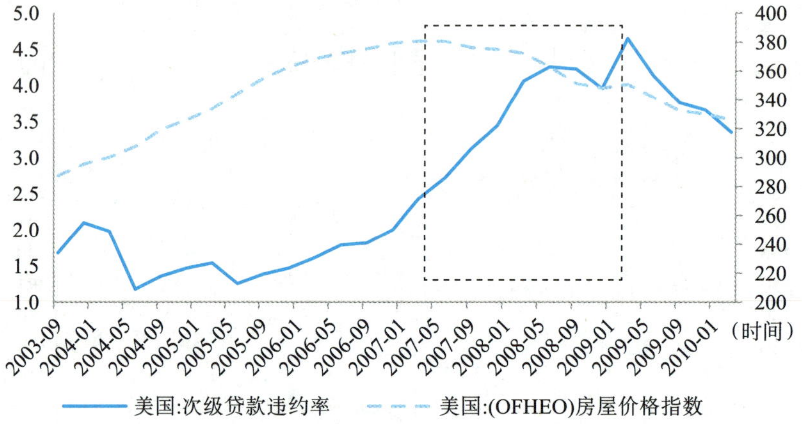

图15－22　房价下跌，次贷违约率上升

数据来源：Wind。

（2）第二阶段：2007年第四季度至2008年第三季度，金融体系受冲击，经济开始衰退。

抛售机制下次贷资产失去流动性，次贷偿付危机逐渐发展成金融机构危机。危机从抵押贷款的借款人违约开始，率先受到影响的是发放该贷款的银行以及其他金融机构。由于结构化产品的流行，这些存在风险的贷款和正常资产被包装在同一个产品里出售，导致全市场的结构化投资者都遭受了违约损失，产品价格不断下跌，于是这些结构化产品（例如MBS）的发行方以及交易对手方都受到了不同程度的影响。在资产不断贬值的情形下，多家著名的美国投资银行都面临着破产危机，次贷危机正逐步演变为金融体系危机。

（3）第三阶段：2008年第四季度至2009年第二季度，雷曼倒闭，危机蔓延，经济衰退。

最终，在资产抛售－价格下跌的恶性循环中，危机传导至无风险资产，金融体系的系统性风险开始波及实体经济。雷曼由于自身问题资产的规模较大，没有对手接盘，美联储的干预行为要受到法律约束，使雷曼兄弟没有获得救助而直接倒闭，由此产生的影响，使恐慌情绪下资产抛售和价格跳水形成负反馈机制。

另外，其他正常的资产如本身并无太大关系的投资级企业债券甚至是黄金等避险资产都受到波及，这使整个体系的流动性瞬间枯竭。

3. 两次危机的比较分析（没有标准答案，多个角度均可分析）

根据前文对于 2008 年金融危机的回顾，我们可以看出本轮危机虽然同样导致了美元的流动性恐慌，但并未引起系统性重要金融机构破产以及整个金融体系瘫痪的局面。具体不同之处在于：

（1）危机起因不同。次贷危机是由金融市场本身调节引起的，2008 年次贷危机爆发前美国长期的低利率环境助长了住房次级贷款的增加，但随着 2008 年美联储的突然加息，大量购房者面临偿债压力，基于住房贷款衍生的金融产品信用风险快速上升。而本轮美国流动性危机的直接原因是外部黑天鹅事件给实体经济带来的冲击，这表明在新冠疫情尚未得到有效抑制之前，美联储采取的宽松货币政策不能真正解决问题，金融市场的稳定依赖于实体经济的恢复。

（2）中介机构不同。次贷危机的中介机构是诸如雷曼兄弟、摩根士丹利这样的卖方，而此轮流动性危机的中介机构是类似桥水基金之类的买方。这两类机构的区别在于，雷曼兄弟等投资银行作为短期融资和衍生品市场上的重要做市商，对整个市场的流动性传导起着至关重要的作用，它们的倒闭会使危机在短期内形成巨大的影响。然而，类似桥水这样的买方机构并没有承担流动性中枢的角色，因此，即使未来这样的基金公司破产，整个美国金融市场受到的影响也不会像 2008 年次贷危机那样深远。

（3）监管环境不同。2008 年以来，美国乃至全球政策制定者通过沃尔克法则、巴Ⅲ协议、对全球多家重要银行（G－SIBs）的 TLAC 等一系列监管指标的制定，对银行自营、衍生品和交易等业务以及资本充足率、杠杆率等核心监管指标进行了充分的限制。这当然会限制银行向市场输送流动性，但相对地，也降低了银行业危机的风险，不会出现金融机构因为表内风险扩大而大面积抛售资产，进而引发系统性金融风险的情况。

相同之处在于：

（1）从金融危机的本质出发，所有危机的关键因素都是宽松政策环境下债务和杠杆的过快增长和难以持续。2020 年初的流动性危机与 2008 年金融危机爆发的根源都是美联储长期的低利率政策提高了机构投资者增加杠杆进行投资的意愿，两者唯一的区别在于，金融危机发生前，机构投资者购买的主要资产是以住房贷款为偿还基础的金融衍生品。而在本轮危机中，这些投资者通过增加杠杆购买 ETF 基金，助推美国股市的泡沫吹起。于是，疫情等外部冲击影响经济基本面时，股市泡沫迅速破灭，美股短期内多次熔断。

（2）危机表现，两轮危机中金融机构都通过抛售风险资产的方式加速去杠杆，引发相关资产价格大幅跳水，市场流动性在短时间内面临枯竭，央行无奈之下只能通过更直接的方式向金融市场注入资金。2008 年美国次贷危机爆发后，短期融资市场因为卖方机构的倒闭陷入了停滞的状态，市场流动性被冻结，美联储情急之下开启量化宽松和降息政策，并通过创新方式向不同的金融机构输送流动性。同样，本轮危机以美股四次熔断为开端，在股债等风险资产同步暴跌的情况下，危机进一步蔓延到国债市场，美联储再一次推出新型的流动性供给机制。

4. 两次危机中美联储使用的政策工具的异同

在整个 2008 年金融危机的发展过程中，美联储除了在危机早期对形势存在误判之外，其他时期均采取了较多的政策干预（见表 15－4），但因为前期美联储由于声誉和法律约束等问题仅对金融机构进行救助，未对问题资产进行更多的关注，使危机进一步扩大。常规操作方面，美联储扩大 OMO 和再贴现窗口的交易对象，直接以一级交易商作为交易对手并放宽抵押资产的限制，针对不同类型的机构提供了不同程度的流动性救济。此外，美联储引入多种结构性货币政策为存款机构、一级交易商甚至是实体企业直接提供现金资产。

表 15－4　　美联储应对 2008 年金融危机的创新型货币政策工具

创新工具	引入时间	针对市场和机构	期限
定期贴现工具	2007. 8. 17	给存款机构 90 天再贴现贷款的权利	90 天
定期拍卖便利（TAF）	2007. 12. 12	通过拍卖向存款机构提供融资便利	28～84 天
双边货币互换协议	2007. 12. 12	与他国央行进行货币互换，满足国外企业美元需求	隔夜～3 个月
单一证券的公开市场操作	2008. 3. 7	向一级交易商开展 OMO，抵押资产扩至 MBS	28 天
定期证券借贷便利（TSLF）	2008. 3. 11	一级交易商通过 TSLF 与纽约联储进行证券互换	28 天
一级交易商信贷便利（PDCF）	2008. 3. 16	向一级交易商提供隔夜贷款	隔夜～14 天
定期证券信贷期权计划	2008. 7. 30	向主要交易商借出国债	2 周以下
资产商业票据货币市场共同基金流动便利（AMLF）	2008. 9. 19	向存款机构和银行控股提供无追索权的贷款，支持其从货币市场基金购买 ABCP，以维护货币市场基金稳定	ABCP 到期日（最长 270 天）
不良资产救济计划（TAPP）	2008. 10. 3	向所有金融机构融出资金	无
商业票据信贷便利（CPFF）	2008. 10. 7	向有资金需求的商业票据发行者融出资金	3 个月

续表

创新工具	引入时间	针对市场和机构	期限
货币市场投资基金便利（MMIFF）	2008.10.21	向 SPV 提供有限担保融资，维护货币市场稳定	无
定期资产支持证券信贷便利（TALF）	2008.11.25	向 AAA 级持有发放贷款，支持 ABS 发行，满足居民和小型企业信贷需求	至少一年

在本轮危机中，美联储省略了 2008 年危机时的“观望 – 被动应对”时期，直接“火力全开”进行救助，在一个月左右时间内重启了大部分 2008 年危机第三阶段时才起用的政策工具，还创设了一些新工具针对性解决对应市场的流动性问题，使本次救助针对市场和群体较 2008 年危机时更为广泛（见图 15 – 23）。

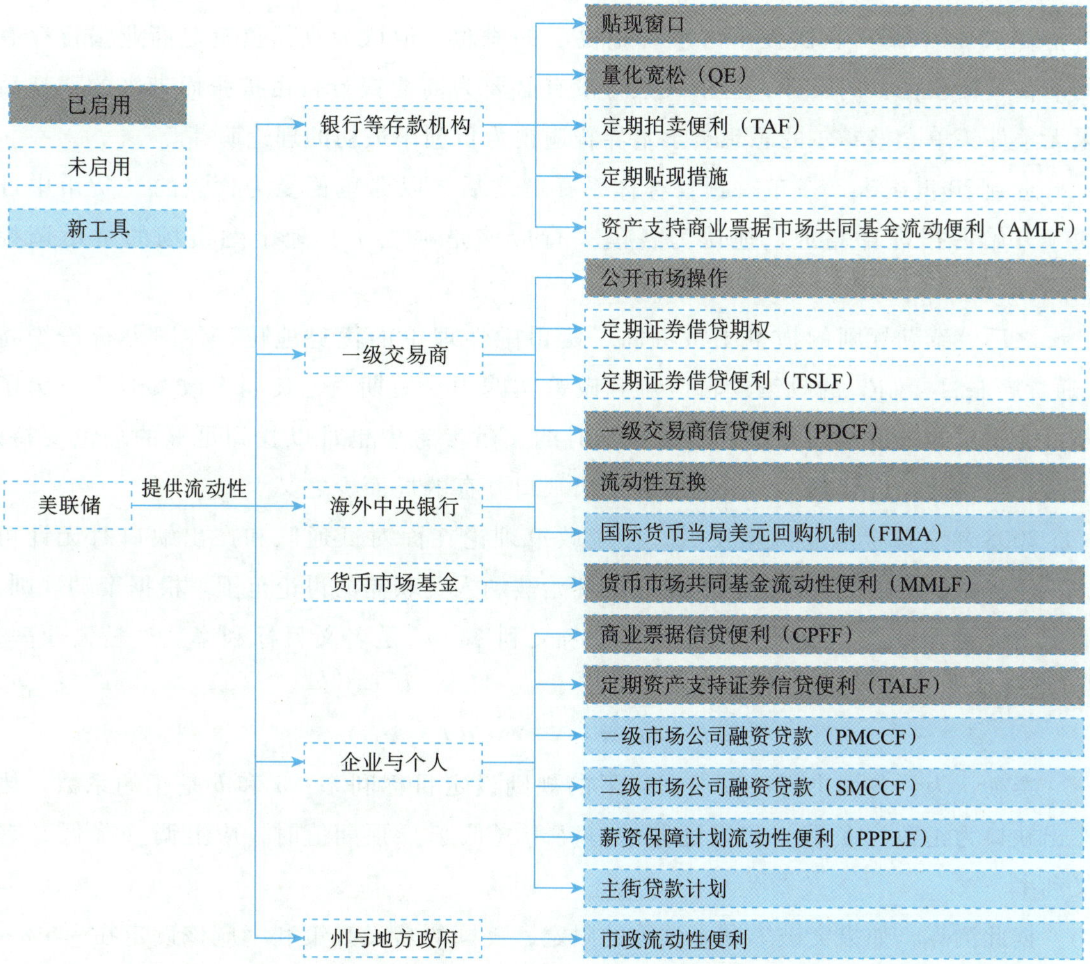

图 15 – 23　美联储自年初重新使用了大量 2008 年危机时期的工具，并创设新工具

（三）【问题】在全球疫情蔓延的影响下，各国货币当局都采取了一系列的救助手段，美联储和英国央行在多番下调利率之后，基准利率已经达到零利率，日本和欧元区更是在负利率环境中无法脱身，政策调控空间所剩无几。请结合货币政策的相关理论分析支持负利率政策的理论依据以及其传导机制，并说明负利率在何种经济背景下才会出现？

【思路与分析】

1. 负利率理论的萌芽及实践

传统货币政策理论挖掘了货币的时间价值，它认为利息是拥有货币使用权后应该付出的成本，仅当名义利率大于零时，人们才有出借资金的意愿。20 世纪初，德国学者格赛尔（Gesell）首次提出“准备金税”的概念，他认为央行负有对商业银行存有的准备金征收税款的义务，且中央银行没有必要为商业银行自由扩张而带来的糟糕后果无条件买单。格赛尔的思想被学术界普遍视为负利率最初的理论萌芽。

直到 20 世纪末，在布雷顿森林体系瓦解之后，以弗里德曼为代表的“货币中性说”开始占据理论高地，他认为各国央行应该是独立于其他金融市场的货币调控当局。

之后，泰勒规则的横空出世巩固了货币中性理论的优势地位，各国央行纷纷将“通货膨胀目标制”的政策逻辑应用到政策实践中。短期内，负利率政策似乎成为了不可能发生的政策调控方式，哪怕在当时的文献参考中也难以找到足够的理论支持，因为在正常的经济背景下，低通胀和产出缺口并存的局面少之又少。

2008 年全球金融危机爆发后，传统政策理论在面对低通胀和产出缺口时无计可施，经济持续低迷的背景下负利率政策开始被纳入美联储的讨论范围。根据泰勒规则，假定 N 是通胀率，N^* 是通胀目标，i 是名义利率，i^* 是名义目标利率。U 是失业率，U^* 是自然失业率。

$$i = i^* + a(N - N^*) - b(U - U^*)$$

泰勒认为，各国央行可以根据以下的规则设定目标利率：a 和 b 是正的系数，当产出缺口为正数（负数）以及通胀缺口高于（低于）预期值时，应上调（降低）名义利率。

据此测算，如果突破零利率政策的限定，美国的名义政策利率应该设定在 $-6\% \sim -7\%$，少数国家的名义政策利率甚至可以达到更低的水平，这为负利率政策提供了最为坚实的理论基础。

2008 年金融危机以来，越来越多的国家和地区开始采取负利率政策（见表 15 - 5）。2009 年，瑞典央行为了走出低增长、低通胀的困境，将银行拆借利率降低到 -0.25%，成为中央银行发展史上首个将政策利率下调至零以下的央行。随后，欧元区的另外两个国家，丹麦和瑞士又先后于 2012 年和 2014 年启动负利率政策。接着，日本以及欧元区也开始将基准利率下调至低于零的水平。

表 15 - 5　　主要经济体实施负利率的时间及背景

国家或地区	实施时间	利率	目标及背景
瑞典	2009 年 7 月 ~2010 年 7 月；2015 年 2 月 ~2020 年 1 月	2009 年 7 月央行隔夜存款降至 -0.25%，1 年后退出；2015 年 2 月基准利率降至 -0.5%，2020 年 1 月升至 0	2% 通胀目标，2009 年起瑞典通胀持续震荡下行，2014 年曾短暂为负
丹麦	2012 年 7 月 ~2014 年 4 月；2014 年 9 月至今	2012 年 7 月降至 -0.2%，最新为 -0.65%	维持汇率稳定；国际资本涌入，克朗升值压力大
瑞士	2014 年 12 月至今	2014 年 12 月降至 -0.65%，最新为 -0.5%	维持汇率稳定；欧央行负利率，瑞士法郎升值压力较大
欧央行	2014 年 6 月至今	2014 年 6 月降至 -0.1%，最新为 -0.5%	2% 通胀目标，欧债危机后经济疲软
日本	2016 年 2 月至今	2016 年 2 月降至 -0.1%，维持至今	2% 通胀目标，经济泡沫破裂后经济长期低位徘徊

2. 负利率政策的传导渠道

（1）实体部门层面：负利率政策是否长期有效。

①信贷渠道：能否刺激信用扩张

$$M\uparrow \rightarrow i\downarrow \rightarrow 贷款\uparrow \rightarrow I\uparrow \rightarrow Y\uparrow$$

（M 代表货币供给，i 代表利率，I 代表投资，Y 代表产出）

信贷渠道中的负利率实际指的是商业银行由于在央行保存准备金而向中央银行支付的相应保管费用，设定该利率的初衷是激励商业银行向各大企业增加贷款供给，支持实体经济。商业银行如果持有现金不使用，那么会付出较高的储存成本。理论上，银行为了避免承受“负利率”的负担，会通过扩张信贷供给的方式向实体部门的企业提供利率较低的信用贷款。但是，现实中商业银行往往惜“贷”如金，只有在准备金税率足够高的情况下，商业银行才有可能选择增加自身的信贷配给。一方面，商业银行在先前低利率的政策背景下已经被证明缺乏扩张信贷供给的内生动力；另一方面，传统观念下银行投放资产的方式只有向实体部门提供贷款，实际上，商业银行往往会通过购买主权债券等大量低风险金融产品减持现金，降低准备金。例如，最近欧洲各国发行的零利率国债大受欢迎就是一个很好的佐证。

②通胀渠道：能否拉动通胀预期

20 世纪 30 年代，费雪方程式告诉我们“$I = R + \Pi$，其中 I 是名义利率，R 是实际利率，Π 是通货膨胀率”。因此，在名义利率不变的前提下，如果通胀率下降，那么实际利率就会上升。如果名义利率小于零，实际利率 R 会进一步下降，从而起到提振经济的作用。在 2019 年 9 月举办的欧洲听证会上，欧洲央行的候选人代表拉加德指出，唯一解决欧元区糟糕现状的方法就是引入以负利率政策为代表的非传统货币政策。学术界也有人发出反对的声音，他们认为负利率对通胀预期的影响是难以预测的。一方面，负利率可能如拉加德所言，通过宽松的政策环境慢慢推动物价回升；另一方面，负利率却也通常是经济走向衰退的预兆，会进一步引导市场出现悲观情绪，使通货膨胀率的预期值面临较大的下行压力。从欧洲各国实行负利率政策的实践情况来看，负利率并不一定会带来通胀率的下降，因为通货膨胀预期值还受到经济增长动力、货币政策松紧度以及政府财政收支情况等更多因素的影响。

（2）金融层面：负利率政策是否会加大金融风险。

学术界大多数人认可负利率政策会破坏金融体系稳定性的观点，但同时也有人相信负利率对宏观经济的正面促进作用会给金融体系带来利好影响，这会增强整个金融系统的韧性（Fischer，2016）。总的来说，负利率政策通过以下三个路径影响金融体系：

①资产价格渠道：负利率政策催发的资产泡沫是否有害

$$M\uparrow \rightarrow i\downarrow \rightarrow Pe\uparrow \rightarrow W\uparrow \rightarrow C\uparrow \rightarrow Y\uparrow$$

（M 代表货币供给，i 代表利率，Pe 为以股票为代表的金融资产价格，W 代表居民财富，C 代表消费，Y 代表产出）

根据财务管理的基本原理，负利率政策会推动市场上所有金融资产折现率的下降，进而导致金融资产价格的大幅上升，最终资产泡沫充斥着整个市场。现实中，人们对于负利率引发的资产泡沫是否有害存在较大的分歧。一方面，根据托宾的 Q 理论，负利率会增加私人和企业部门的财富总值，从而推动整个社会范围内的投资和消费水平的提高，最终促进整体产出增长，社会福祉水平上升。但另一方面，反对者认为负利率会加大社会中原有的贫富差距，那些拥有金融资产的富人们随着资产价格上升会获得更多的收益，而大多数的底层“无产者”相当于被剥夺了原本该拥有的社会财富，“富者更富，穷者更穷”的恶性循环会抑制全社会消费水平的提高。

②资产组合渠道：能否扭转风险偏好

学者提出负利率政策的目的之一，则是解决商业银行惜贷慎贷，厌恶投放高风险资产的问题。然而，这个问题背后折射出了另外两个值得思考的问题：首先，如果银行的风险厌恶特征能够被改变，那为什么在先前的低利率环境下没有发生这样的扭转？其次，即便商业银行愿意投放高风险的贷款，这是否真的有利于金融稳定的发展？有观点提出，商业银行风险偏好的改变会进一步催生银行坏账、资本充足率过低等破坏金融稳定的问题，商业银行也有可能通过影子银行等渠道绕开监管提供信用贷款，这无疑会使整个金融体系都置于风险之中。

③汇率渠道：是否能通过货币贬值来获益

$$M\uparrow \rightarrow i\downarrow \rightarrow E\uparrow \rightarrow NX\downarrow \rightarrow Y\downarrow$$

（M 代表货币供给，i 代表利率，E 代表汇率的直接标价法，NX 代表净出口，Y 代表产出）

根据利率平价理论，利率较低的国家会导致资本净流出，从而使即期汇率下降（间接标价法），远期汇率上涨，产生远期升水。

在外汇方面，赞同使用负利率政策的人提出，根据利率平价理论，负利率将在短期内引导跨境资本的外流，导致本币贬值，从而能够刺激出口增长，推动经济基本面的转好趋势。但事实上，汇率的变化还会受利率以外的诸多因素决定，例如一国外债水平、通货膨胀水平等。另外，汇率贬值能否真正起到提振经济基本面的作用也难以确定，因为汇率对经济的影响还受到更多因素的制约。

3. 负利率产生的根本原因

从上文来看，低通胀似乎是大部分国家中央银行采取负利率的主导因素。但其根源主要是宏观经济增速缓慢、人口老龄化趋势以及高税收高福利带来的财政赤字。根据利率决定理论，利率下行的原因主要包括如下三个方面：资金供给长时期内大于需求、资金需求不断减少以及投资者风险厌恶程度上升。而这三个方面和宏观经济增速、老龄人口比重和福利制度密切相关，如日本和欧元区老龄化严重（见图 15 - 24）。当经济增速变缓时，人口预期寿命增加，在面对未来的不确定性时更倾向于增加储蓄，减少消费和投资，整个社会的风险偏好也趋于保守。与此同时，和老龄化配套的高福利政策提高了企业的缴纳税额，使盈利状况恶化，抑制投资需求。

日本采取负利率政策的最大原因是社会劳动力不足。日本的老年人口占比（超过 65 岁）在过去 20 年里迅速上升，从 20 世纪 90 年代初的 12% 左右，提高至目前的 28% 左右。老年人口与年轻人的比重失衡导致经济增长缺乏动力，同时高储蓄环境下，货币需求萎缩，利率长期处于低迷状态。根据一份来自日本央行的研究报告，人口因

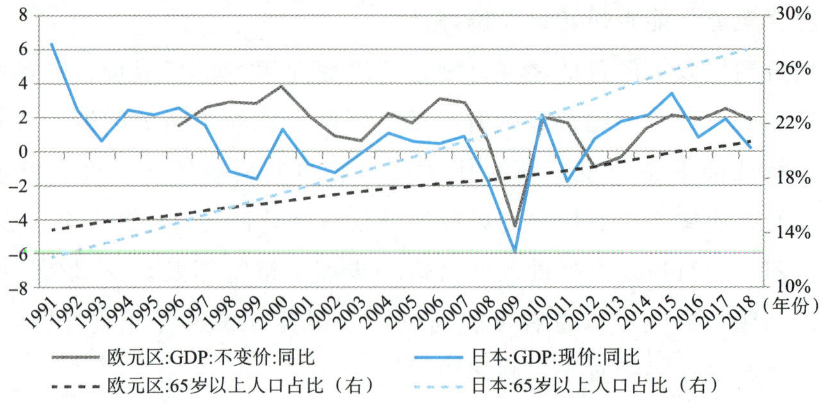

图 15-24　日本和欧元区老龄化严重

素对政策利率下降的解释程度达到了 42%。再者，老龄化还会增加政府的债务负担，不断扩大财政赤字，从而缩减了将来财政政策的发挥空间。

与日本不同的是，欧元区面临的最大问题则是高税收高福利制度。20 世纪 80 年代左右，欧元区广泛设立了“从摇篮到坟墓”的福利制度。2014 年，欧元区整体的社保支出已经达到较高的水平，占成员国 GDP 的 28% 以上，其中 40% 的支出由政府税收满足，54% 的支出费用来源于社会缴费。然而，过高的社会福利在经济衰退时难以为继，国内企业为了寻求优惠的税收环境不得不将产业转移至国外。2008～2009 年以及 2011～2013 年，欧盟区呈现出制造业不断空心化的趋势，产业规模逐年缩减。另外，政府多年来保持的高福利让社会中更多的人追求安逸，失去了创新的动力，整个社会陷入了停滞发展的状态，企业也再没有提升业务规模的压力，劳动供给能力逐年下降，2013 年上半年失业率超过 12%（见图 15-25）。

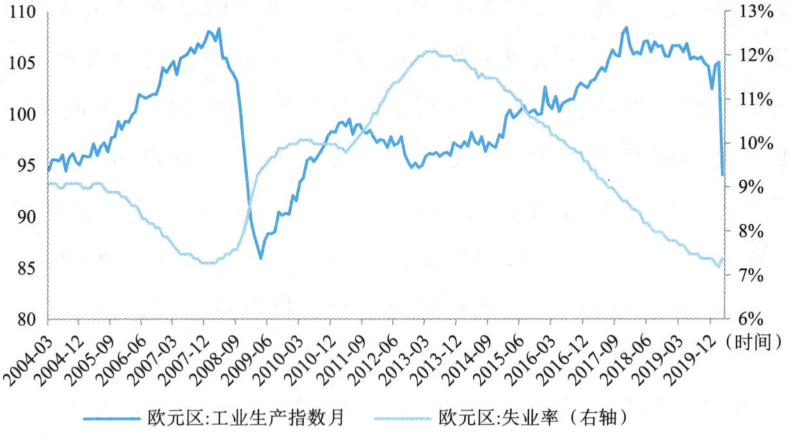

图 15-25　欧元区制造业收缩，失业人口增加

数据来源：Wind。

再者，无论是何种原因致使经济长期低迷，信贷需求都会呈现增长速度放缓甚至跌至零以下的状况。据日本央行统计，日本银行的贷款和贴现额度常年处于低速增长的状态，2000～2005 年甚至出现持续的信贷收缩。欧元区也不例外，自 2008 年以来，在金融危机和欧债危机的接连冲击下，贷款同比增速逐年下降，2012 年初跌至负数，并在 2013～2014 年持续收缩。

（四）《巴塞尔协议》是全球范围内主要的银行资本和风险监管标准，而美联储以此为蓝本制定的流动性覆盖率（LCR）监管指标在此次流动性危机中扮演着阻碍流动性传导的角色（见图 15－26），美国的相关监管也为应对流动性不足而做出了调整。请结合过去所学的金融监管的相关理论，谈谈你对美国金融监管的看法，并由此结合中国国情谈谈对我国金融业监管的启示。

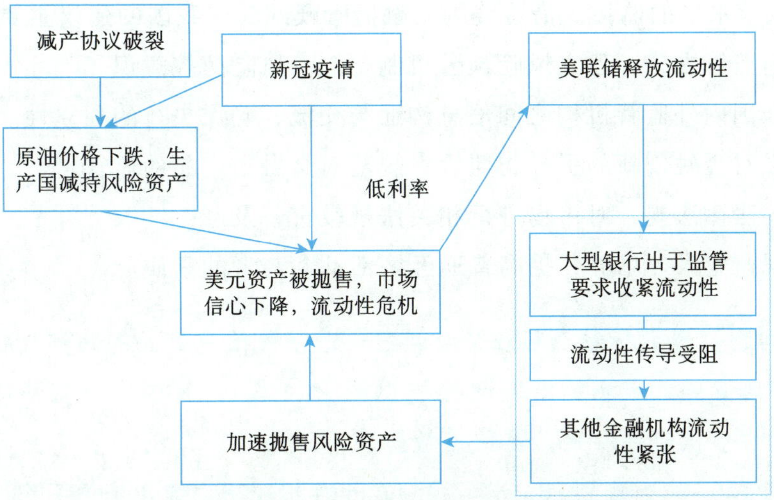

图 15－26　流动性传导受阻

本次危机中阻碍传导的 LCR 政策实际上是为了满足《巴塞尔协议》的流动性要求而设置的，巴塞尔协议主要对银行的资本充足率提出了要求。其目的在于优化风险资本结构，降低银行系统带来的风险。

金融监管的法规最早可追溯到 18 世纪颁布的《泡沫法》，其目的是防止证券过度投机。美国大萧条时期，通过国会立法赋予央行真正的监管职能。这个时期对于货币管理和防止挤兑十分重视，但是对金融机构行为的监管还没有提上议程。

20 世纪 30～70 年代：这一时期凯恩斯主义成为主导，主张国家干预政策。金融监管理论主要主张政府干预，弥补市场缺陷。代表的理论有市场失灵理论和信息经济学。这段时期的理论研究认为：混业经营具有较强的不稳定性，银行、投行的混业经营，是经济危机的导火索。

20 世纪 70 年代以后，凯恩斯主义逐渐式微，以新古典宏观和供给学派为代表的自由主义开始兴起，金融自由化理论逐渐发展起来。

2008 年美国金融危机给全球金融体系造成巨大灾难，人们越来越关注到系统性风险，宏观审慎监管逐渐发展起来。2010 年，美国国会在经历了长达一年的激烈讨论后，推出《多德—弗兰克改革和消费者保护法》。该法要求加强对金融机构资本充足率的监管，主要目的在于使金融机构在应对危机时留有余地。此法还要求加强对消费者利益的保护，强化对衍生品交易的监管。资本充足率要求使金融机构更加谨慎，从而能够更好地防范金融风险。

虽然中国金融制度特征与美国有差异，但中国金融系统也面临着系统性风险。中国金融监管机制需要创新。中国之前对银行业的监管主要集中在对市场准入方面，忽视了对银行风险水平的监控。借鉴美国金融监管模式，对我国的建议主要如下：

（1）革新监管方式，建立风险预警机制，提高风险防控意识。

（2）加强国内外监管机构之间信息沟通与交流；确保央行的独立性。

（3）加强对金融创新的引导与监管，规范对金融衍生品的监管。

（4）完善法律法规，对市场进行相关法规教育普及。

（5）重视监管人才培养，提高普通经济活动参与者的素质。

（五）【问题】美元指数（USDX）通过一篮子外币兑美元的几何加权平均值，综合反映美元在国际外汇市场的汇率情况（见图 15－27）。其中，一篮子货币具体权重如下图。流动性危机解除以来，美元指数呈现下跌态势，广义的名义美元指数从 3 月 23 日的最高点 126.49 下降到 2021 年 2 月 12 日的 111.78。结合相关汇率理论，详细说明美元持续走弱的经济影响。

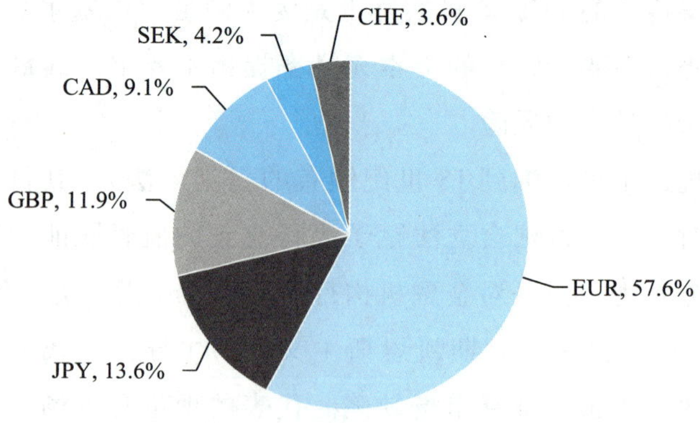

图 15－27　一篮子货币币种及权重

【思路及分析】

美元指数下跌意味着美元相对一篮子货币走弱，美元汇率相对下跌。美元走弱对经济的影响，可以从贸易、物价水平、总需求、资本流动、外汇储备等方面进行分析。

1. 美元走弱对进出口贸易的影响

根据马歇尔·勒纳条件，如果满足本国进出口需求价格弹性之和大于 1，那么本币贬值时，进口商品的外币价值上升，出口商品的外币价值下降，有利于刺激出口，抑制进口，改善贸易收支。根据 J 曲线效应，在贬值后会呈现贸易逆差先扩大再下降的过程，贬值改善贸易存在时滞，表现出字母“J”的形状。反之，如果不满足马勒条件，导致本币贬值无法有效减少进口总量或增加出口总量，本国收入会减少，支出会增加，导致贸易条件恶化和物价上涨。

受疫情影响，美国的贸易收支并没有因美元走弱得到改善，反而创下 2008 年国际金融危机以来新高。2020 年美国贸易逆差达 6787 亿美元，较 2019 年增加 17.7%，其中，出口额为 2.13 万亿美元，较 2019 年减少 15.7%，进口额为 2.81 万亿美元，较上一年减少 9.5%。出口方面，美国由于疫情防控不当，4 月份终于被迫停工停产，生产和出口受到影响，出口额减少。进口方面，美国国内失业率飙升导致居民消费能力骤降，同时国外陆续开始部分或全面停工停产，进口额也随之减少，只是在宽松的货币政策和财政政策刺激下，降幅低于出口额，也因此进一步恶化了贸易收支情况。

2. 美元走弱对物价水平的影响

（1）货币贬值的影响机制。

AD－AS 机制：根据经济体是否实现充分就业，贬值对物价的影响有所不同。在满足马勒条件的情况下，贬值会改善贸易收支，拉动总需求。如果该经济体处于充分就业状态，AS 曲线垂直，AD 曲线右移会导致价格同比例上升，而实际产出不变，进而导致通货膨胀。如果该经济体处于非充分就业状态，当 AS 曲线水平时，产出供给弹性无穷大，贬值增加总需求、提高实际产出水平，但不影响价格水平；当 AS 曲线向右上方倾斜，说明劳动力市场供过于求，名义工资上升，此时，贬值拉动总需求，既提高了实际产出水平，又提高了价格水平。

生产成本机制：本币贬值会抬高进口原料和商品在国内的价格，若进口品在产品市场上占的比重较大，则会产生进口成本推动型通货膨胀。

工资—价格螺旋机制：本币贬值导致进口商品价格上涨，那么工人要求名义工资上升以保持实际工资不变，为增加名义工资而增加货币供给会进一步导致物价上升，形成工资推动型通货膨胀。

货币供应机制：一是在成本推动型通胀下，AS 左移导致实际产出下降、失业率上升和价格水平上升。为提高就业水平，短视的政府可能会增加名义货币供给。长远来看，这会推动附加预期的菲利普斯曲线不断右移，不仅对失业率没有帮助，还会推动通胀率不断上涨。二是对于固定汇率制度的国家，本币贬值导致国际收支顺差，央行结汇时抛出本币、买入外汇会导致本币供给增加，带来通胀压力；如果外币贬值，为维持相对汇率稳定，央行会增加本币供给，导致通胀由国外传递到国内。

（2）美元走弱以来美国通胀情况。

2020 年，受新冠疫情影响，全球经济停摆，在这种特殊情况下，美元指数下跌并没有使产出水平提高。停工停产导致产出下降，美国第一、第二季度 GDP 环比增长率为负，总供给曲线左移，美国 3 月份人均可支配收入下降，失业率陡然升高并在 4 月份达到 14.8%，而在危机前美国基本上维持在自然失业率 4% 左右（见图 15－28 和图 15－29）。

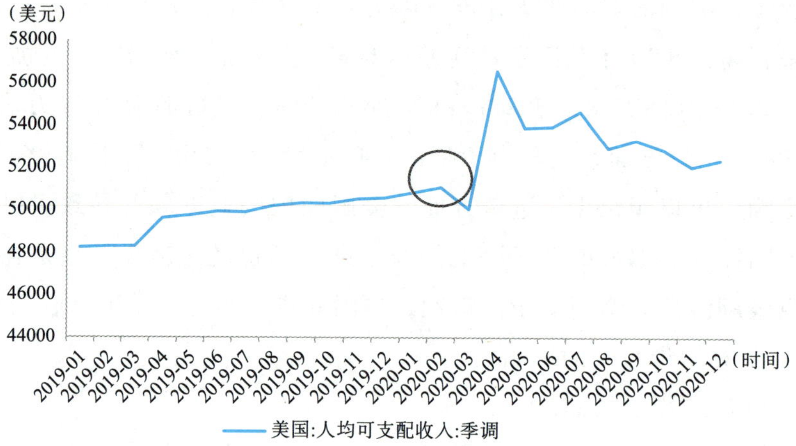

图 15－28　美国人均可支配收入先增后减

数据来源：Choice。

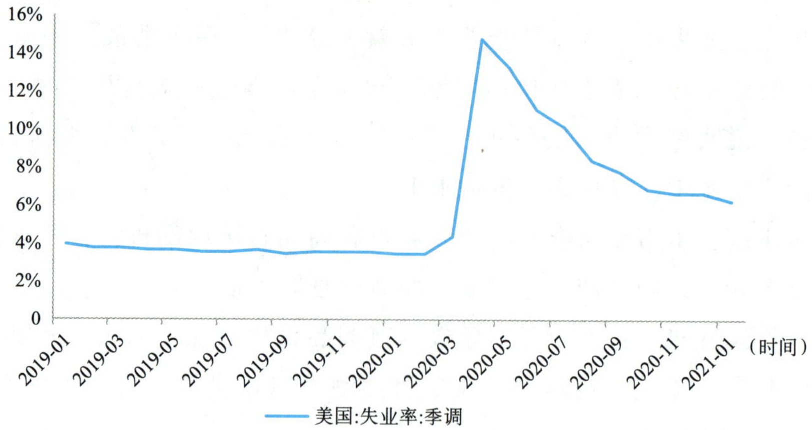

图 15－29　美国失业情况有所缓解

数据来源：Choice。

为提高就业水平，刺激经济发展，美国采取了一系列货币政策和财政政策，向各个部门直接注入流动性，向政府、企业和居民部门提供两万亿美元的直接援助和支持，货币供给大幅增加。随着危机得到缓解，5 月份以来美元指数持续下跌，通缩得到缓解，CPI 和核心 CPI 也基本保持正的环比增长率（见图 15 – 30），收入水平整体上有所提升，劳动力成本指数持续上升。但截至 2020 年年末，失业率仍未完全回到自然水平。

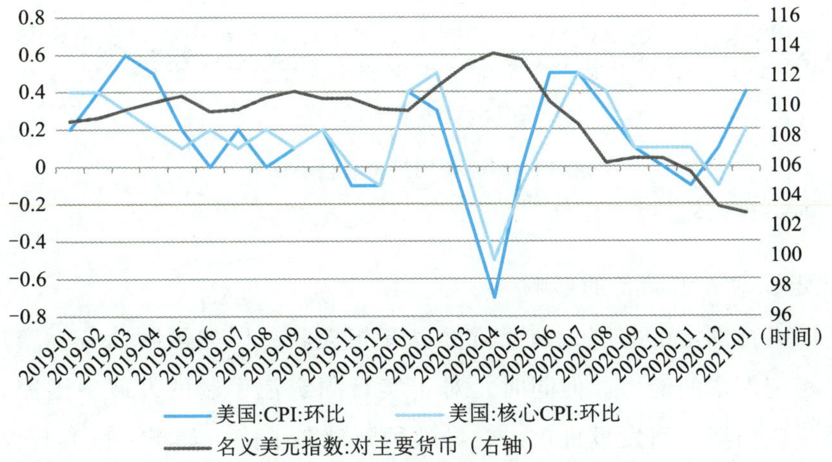

图 15 – 30　美国通胀率回升

数据来源：Choice。

3. 美元走弱对资本流动的影响

货币贬值对资本流动的影响取决于贬值后的汇率是否符合均衡水平。如果货币贬值后，市场认为贬值后的汇率不符合当前该国的基本面以及市场对汇率变动的预期，认为贬值幅度不够，那么资本会大量流出，带来货币的进一步贬值；反之，市场认为贬值达到预期甚至贬值过度，资本则会大量流入。

2020 年 5 月后，美元指数呈现持续下跌态势。一方面，美元走弱在带来资本流出的同时，也对其他国家的货币汇率以及资产价格起到支撑作用，有利于新兴市场吸引外资流入。另一方面，长期来看，美元作为主要储备货币和结算货币，在外汇储备和跨境交易中占比在一半以上，只要美国的霸主地位不倒、投资者对于美元的信心仍在，美元作为全球避险资产就不会大幅贬值至远低于均衡水平，资本也不会大量流出美国。美元指数虽然在 2020 年一路下跌，但并没有跌破历史最低值，而是在 2021 年初以来保持平稳波动。投资者信心也在持续回升，Sentix 投资信心指数于 1 月转负为正（见图 15 – 31），美国的资本流入也随之增加。

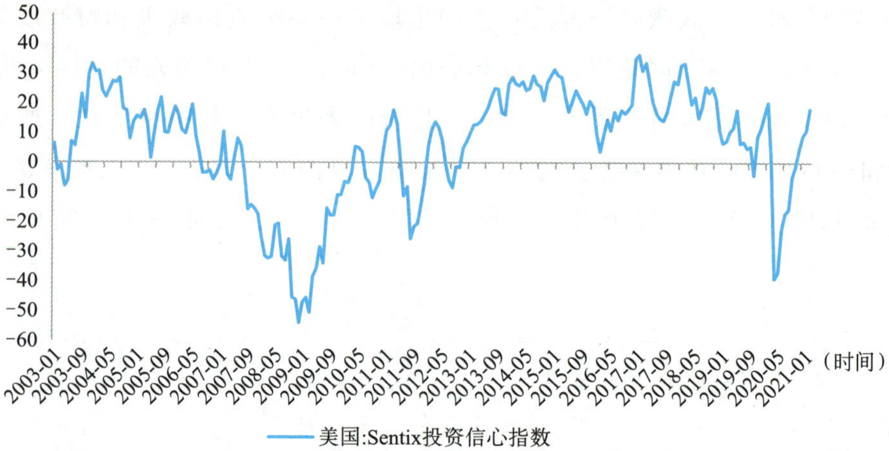

图 15－31　美国投资者信心回升

数据来源：Choice。

4. 美元走弱对外汇储备的影响

如果一国实行固定汇率制，则贬值可以变相提高一国的国际储备，增加一国干预外汇市场、稳定汇率的能力。但同时，对于实行固定汇率制的发展中国家，贬值可能导致进一步贬值预期，引发投机攻击，导致国际储备下降。如果一国实行浮动汇率制，本币贬值无需央行干预，节省外汇储备。

美元指数下跌，美元相对于一篮子货币贬值，那么一篮子货币的发行国所持有的国际储备变相贬值，以美元计价的外汇储备和资产价值下跌。

5. 美元走弱对总需求的影响

一国总需求 AD = C + I + G + NX。在满足马勒条件的情况下，贬值有助于刺激外需，使净出口增加。但贬值不一定能刺激内需。消费方面，本币贬值会抬高进口商品的价格，如果一国进口商品占消费总额比重较大，就会导致消费下降，引起总需求下降。投资方面，贬值→进口机器设备和先进技术成本上升→固定资产投资下降，同时，对于发展中国家或者预期经济前景不好的国家，贬值→进一步贬值预期→资本流出→国内资金供给减少→利率上升→抑制国内投资。政府支出方面，本币贬值→以外币计价的外债偿还额增加→国内政府支出缩减→内需下降。

对于美国来说，由于疫情影响和长期以来的消费结构，美元走弱并没有达到刺激外需的作用。内需方面，美元指数下跌助推了消费支出的下跌（见图 15－32），2020 年美国个人消费支出 127270 亿美元，较前两年有所下跌，降幅达 3.88%，为 1995 年以来最大降幅；美国 Sentix 投资者信心指数从 2020 年 4 月起为负，虽然在持续回升，但直到 11 月才转负为正；为刺激经济，2020 年 4 月以来政府支出大幅增加（见

图 15－33），同比增长率基本为正，并没有因美元走弱而有所减少，有助于刺激内需。

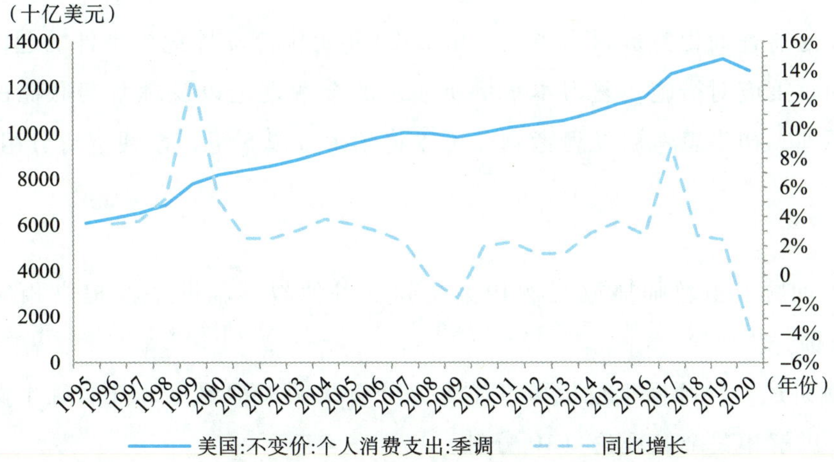

图 15－32　美国个人消费支出下降

数据来源：Choice。

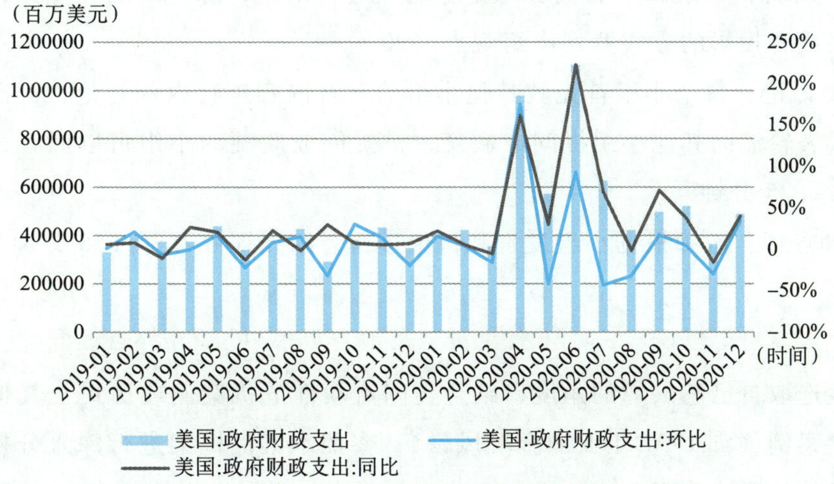

图 15－33　美国政府支出上升

数据来源：Choice。

四、建议课堂计划

本案例可以作为专门的案例讨论课来进行，以下是按照时间进度安排的课堂计划，仅供参考。整个案例讨论课的讨论时长建议为 100 分钟，共计 2 个课时。可分为课前准备、课中计划和课后拓展三部分进行。

（一）课前准备

请学生提前查询相关资料，主动了解2020年美国流动性危机事件的起源和发展以及美联储的政策应对措施，复习本案例所涉及的金融理论以及理解美联储所使用的政策工具的原理，初步思考启发思考题。可以将学生分成5组，以便进行分组讨论。

（二）课中计划

1. 案例回顾：由教师播放案例相关视频（其他教学辅助手段提供相应的视频链接）（10分钟）。

2. 案例讲述：教师概括危机事件始末，分析案例关键要点，并明确本课时需要完成的任务，讲解相关金融理论（10分钟）。

3. 分组讨论：按照课前分配的5个讨论组分组讨论案例及启发思考题（每个小组对应一道思考题），得出小组结论，准备发言大纲（PDF或PPT的形式）（20分钟）。

4. 小组发言：每组派一名代表对小组观点进行阐述，陈述时间在4分钟左右，可以通过板书或者投影的方式罗列小组观点（20分钟）。

5. 自由讨论：每个小组首先就其他小组的发言内容进行内部讨论，其次，每个小组派一名代表轮流向其他小组提问或质疑，被提问或质疑的小组可以回答，从而引发进一步思考（25分钟）。

6. 教师点评：教师根据小组发言和讨论进行总结点评并答疑（15分钟）。

（三）课后拓展

请学生选取自己感兴趣的角度，结合美国流动性危机案例或历史上其他国家地区的金融危机案例（如1997年亚洲金融风暴），参照本案例框架进行深入分析，成果以案例分析报告的形式呈现。

五、参考文献

［1］ Liñares - Zegarra José M., Willesson Magnus.. The Effects of Negative Interest Rates on Cash Usage: Evidence for EU Countries ［J］. Economics Letters Volume 198, 2021.

［2］ Kiley Michael T.. What Macroeconomic Conditions Lead Financial Crises? ［J］. Journal of International Money and Finance, 2021, 111.

[3] 颜色，李思琪. 当前美元走弱的缘由、影响及趋势 [J]. 金融经济，2020 (9)：3 – 6.

[4] 王宇. 全球金融市场：走过三月的惊涛骇浪 [J]. 南方金融，2020 (3)：3 – 8.

[5] 毕玉升. 近期美元流动性危机的传导链条解析 [J]. 债券，2020 (6)：47 – 54.

[6] 何星星，龙鸣，张东朔，等. 疫情冲击下全球经济金融形势分析及风险研判 [J]. 现代金融，2020 (6)：34 – 41.

[7] 栾稀，肖立晟. 美元流动性危机：成因、演进及救助措施 [J]. 银行家，2020 (6)：85 – 88.

[8] 刘洋洋. 美元的流动性危机 [N]. 期货日报，2020 – 03 – 25 (005).

[9] 张继强，芦哲，张健. 美国流动性危机的起源与演进 [J]. 金融市场研究，2020 (4)：2 – 14.

[10] 苏鹏. 美国流动性危机及其未来影响 [J]. 合作经济与科技，2020 (12)：36 – 37.

[11] 娄飞鹏. 新冠肺炎疫情期间美国股债同跌：表现、成因与启示 [J]. 福建金融，2020 (7)：8 – 14.

[12] 翟晓洁. 负利率政策对金融市场经济体系的影响及启示 [J]. 山西农经，2021 (2)：176 – 177.

[13] 苏乃芳，李宏瑾. 低（负）利率政策：理论基础、政策实践及其影响分析 [J/OL]. 金融理论与实践，2021 (2)：1 – 7 [2021 – 02 – 25].

[14] 陈得文. 发达经济体低利率的根源及启示 [J]. 中国金融，2020 (14)：83 – 85.

[15] 韩运泽. 2020 年美股熔断的原因分析及对中国的启示 [J]. 决策探索（下），2020 (10)：22 – 23.

[16] 徐滢，孙宇豪. 2020 年美联储重启量化宽松更有效了吗？——基于与 2008 年后各轮 QE 的比较研究 [J]. 世界经济与政治论坛，2021 (1)：100 – 122.

[17] 杨京泽. 美国的量化宽松政策实施分析和启示 [J]. 经济师，2020 (12)：93，95.

[18] 杨鑫源，郑家启，任泽华. 美国熔断机制连续触发的原因及对策分析 [J]. 中国商论，2020 (9)：13 – 14.

[19] 方溯源，方雄鹰. 美国应对新冠肺炎疫情的经济政策梳理、评析与启示

[J]. 国际金融，2020（11）：69－76.

［20］苏乃芳，张文韬．美联储货币政策框架的演变及启示［J］．西南金融，2021（2）：3－12.

［21］谢亚轩，刘亚欣．美联储能否缓解全球美元荒？［J］．金融市场研究，2020（4）：24－34.

［22］汤翠玲．十天四次熔断　系列重磅政策缘何难救美股［N］．上海证券报，2020－03－20（003）.

案例 16

断崖式衰退，浪漫土耳其的脆弱

——土耳其货币危机的成因、影响及政策应对①

在经济全球化的时代，一国的汇率稳定、国际收支平衡问题开始受到越来越多的关注。2018 年 8 月，土耳其的货币里拉受到了空前的冲击，贬值幅度高达 40%。这次大规模贬值在土耳其长期货币错配的背景下迅速演化成一次货币危机，使土耳其的经济陷入了严重的衰退。这次事件的直接原因看似是美国在政治和经济上的打压，但深入土耳其的内部经济运行，会发现其货币的脆弱性有更深层次的经济结构原因。本案例通过还原土耳其里拉危机事件，梳理了整个事件发展的全过程，深度剖析土耳其里拉危机的原因。通过对土耳其的经济结构、失业率和物价等经济指标的分析以及评述土耳其的政策应对，分析出开放经济体如何解决其根本上的经济脆弱性。希望通过此案例总结开放经济体应对外部冲击的一般方法，为中国下一步开放金融市场提供参考借鉴。

① 本案例由中央财经大学金融学院谭小芬、王睿贤、解紫彤、李金羽、张策撰写。

案例正文

一、引言

21 世纪以来，新兴市场经济体爆发式崛起。但崛起过快的经济往往没有厚实的根基，若国内没有与经济发展相配套的完善的市场体系和法律法规，容易引发区域金融危机甚至波及全球金融市场。国际经济运行中也从来不乏“黑天鹅”，2018 年的黑天鹅从连接欧亚的土耳其飞来。

土耳其作为全球十大新兴市场经济体之一，在 2002 年之后取得了全球瞩目的经济增长成就，一度被认为是经济体转型成功的典范。2007 年开始，由于结构调整步伐放缓，土耳其经济基本面没有及时改善，同时受到 2008 年全球金融危机的影响，土耳其经济出现滑坡。近年来，在全球和地区局势不确定性加剧的环境中，国内私人需求与结构性低储蓄之间的差距不断扩大。2013 年和 2017 年土耳其曾两度被国际评级机构评为“脆弱五国”之一。进入 2018 年后，在美元持续走强，美国政府强势推进贸易保护主义举措的大环境下，作为新兴经济体的土耳其承受着巨大压力。

提前选举以及土耳其政府未来经济政策走向也加大了土耳其经济的不确定性。同时土耳其与美国围绕布伦森牧师不断升级的争端，加剧了投资者对土耳其经济环境的担忧。2018 年 8 月，美方挑起贸易战，让不堪重负的土耳其经济再遇寒霜，直接引发土耳其货币危机。尽管这次危机发生的最直接原因是土美关系恶化，但土耳其内生经济结构本身的脆弱性才是其短时间内经济崩溃的根源，其中更深层次的原因是什么？这次里拉危机会对土耳其乃至全球金融市场产生什么影响？我们能从此次里拉危机得到什么警示？本文将深入分析土耳其里拉危机的起源和发展，通过对土耳其的一系列经济指标、政策应对表现进行分析来一步步揭晓答案。

二、星星之火，可以燎原——里拉危机事件的起源和发展

（一）里拉崩盘，代购狂欢

土耳其，一个神秘的中东国度，它既是丹·布朗小说《地狱》的取材地，也是欧洲人眼中“远东”的起点。2018 年 8 月，这样一个梦幻的国度上演了别样的狂欢。顾

客可以在伊斯坦布尔的香奈儿店用18500里拉（约合19793元）买到一款“香奈儿经典包”，而要多花接近6000块钱才能在欧洲香奈儿官网买到同款，相当于25%的折扣。一夜之间，大量的游客和买手们齐聚奢侈品店。土耳其一夜之间从出口异域风情手工艺产品市场，转为香奈儿、LV、卡地亚首饰珠宝的抢购圣地。代购们都实力非凡，很多人都是拖着行李箱前来扫货。多家门店都被买空，有的不得不提前关门谢客。这场“代购狂欢”缘何而起呢？8月10日，特朗普表示将翻倍征收土耳其的钢铝关税，铝关税调整为20%，钢铁关税调整为50%。土耳其里拉应声暴跌22%，里拉彻底“崩盘”，因为货币贬值导致土耳其发生金融危机。

（二）冰冻三尺，非一日之寒

土耳其里拉崩盘的直接原因是土美关系恶化。2016年10月，土耳其政府逮捕了在土耳其传教的美籍牧师安德鲁·布伦森，指控其参与密谋策划了军事政变，并且对其开始长达两年的扣押。2018年8月1日，美国财政部冻结了土耳其两位部长的在美资产，指责他们“严重侵犯人权”。此后，土耳其里拉汇率加速持续下跌。8月10日，美国总统特朗普宣布将对土耳其加征钢铝关税，里拉汇率跌幅直接扩大至22%。

这并非美国与土耳其的第一次冲突，此前土美之间还因美国支持叙利亚的库尔德武装、土耳其购买俄罗斯的S-400防空导弹系统以及伊核协议问题未能达到一致等发生过多次冲突。

长期以来的政治矛盾仍待解决，而经济上受到了来自美国的制裁，这一次的货币大幅贬值并不仅仅是简单的汇率正常波动，它藉由土耳其国内经济的本身脆弱性，通过银行、企业资产负债表、汇率等多渠道引发了整个国家的货币危机。

（三）有心救国，无力回天

美国对土耳其接连“挥舞大棒”，土耳其并非毫无反应。土耳其总统埃尔多安表示这是一场国内和民族战争，土耳其不会被打败。埃尔多安呼吁国民将手里的美元和黄金兑换成里拉，但是该讲话反而加剧了市场恐慌，里拉汇率不仅未能稳定，跌幅还进一步扩大。事实上这在意料之中，土耳其国民不可能因为一句呼吁就能缓解对于里拉的担忧情绪。8月15日，土耳其开始反击，对多个美国进口的商品加征关税。8月16日，美方表示如果土耳其继续扣押布伦森，美方将对土耳其实施更严厉的经济制裁。8月1日至8月14日，土耳其里拉跌至6.9，创造了40%的跌幅。由于土耳其是欧盟成员国，欧洲其他国家也都持有土耳其资产，欧元也被拖累。另外，美元则在8月15日站上了96.7的高位。土耳其里拉崩盘已成定局，21世纪的又一次货币危机开始了。

虽然埃尔多安有急切的救国之心，想要在这场危机当中扶大厦之将倾，挽狂澜于既倒，但其实埃尔多安面对的却是如同宿命般的死局。因为经济发展需要有深厚的根基，爆发式的崛起背后若没有制度基础或者自主性产业的支持也不过是一场泡沫。全球化退潮过后，谁在“裸泳”一看便知，国际化资本可以带来一切，也可以瞬间夺走一切。

三、抽丝剥茧，真相浮现——货币危机形成过程

美国对土耳其的制裁无疑直接引发了里拉危机，然而此次土耳其货币危机导致国内经济承压并非单纯由于美国的经济制裁，其汇率的大幅贬值，以及一系列货币危机都可以从其国内经济情况中寻找到蛛丝马迹。尤其是土耳其本身作为新兴市场国家，在外债方面受制于美元，同时其国内的经济结构状况长期以来不尽合理，更增加了国内经济的脆弱性。因此从定义上看，货币危机仅仅是短期大幅货币贬值的经济结果，但从经济本质上看，货币危机是宏观经济面长期下行、国际收支逐步恶化而带来的缓慢过程。

（一）攘外必先安内——国内宏观经济脆弱

1. 拆东墙补西墙——经常账户逆差

我们分析土耳其的出发点是该国持续存在的巨额经常账户赤字。2002年以前，土耳其的经常账户余额在GDP的-4%～+4%保持相对平衡。而在2002年以后，土耳其经常账户逆差的趋势逐渐显现，并且逆差的程度逐渐扩大。数据显示，2002年至2018年，土耳其经常账户逆差占GDP的比例平均可达-4.7%，到2018年一季度，这一比例更是达到了-7.9%（见图16-1）。

对于新兴经济体而言，外资的流入具有重要的意义。如果外资流入的资金可以顺利地流入实体经济，就可以带动实体经济快速发展，进而带动银行体系的发展，转变经济发展方式，提高第一产业尤其是制造业的生产效率与生产规模，最终从根本上扭转长期经常账户逆差的局面。但这一切的前提是，外资可以顺畅地流入实体经济，对实体经济的发展形成有效的刺激。

为了弥补经常账户赤字，土耳其已在相当大的程度上开放其资本和金融账户。即使外资可以充分的流入，但其流向多为基础建设和房地产行业。此外，由于外汇资金主要是通过债务类金融资产流入的，严格的本息支付带来流动性风险和宏观脆弱性的

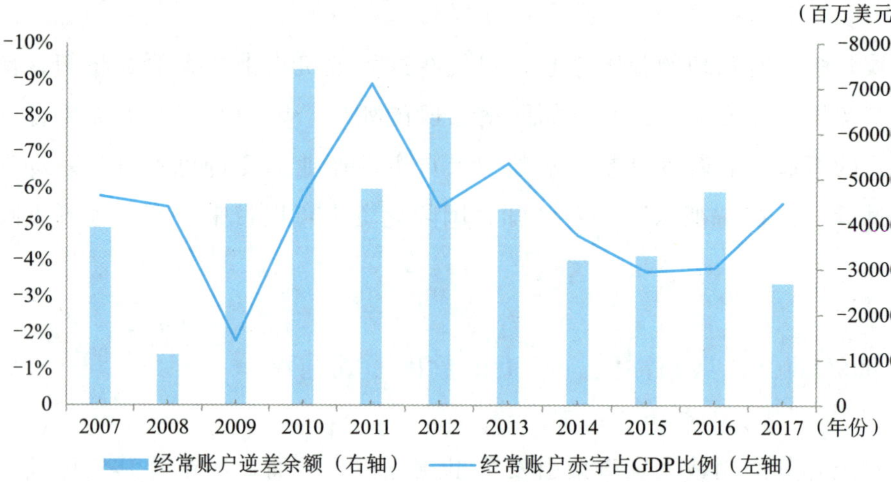

图 16－1　2008～2018 年土耳其经常账户赤字及占 GDP 比例

增加，这使为弥补经常账户赤字而牺牲债务余额和外汇储备的土耳其捉襟见肘，可谓“拆东墙补西墙”。

2008 年后，由于欧洲债务危机和希腊债务危机，土耳其主要出口市场的增长变得缓慢，贸易逆差从 2010 年开始不断扩大，2017 年扩大到 768 亿美元。与此同时，土耳其贸易逆差占国内生产总值的比例持续上升，从 2015 年的 3.7% 升至 2017 年的 5.5%（见图 16－2）。

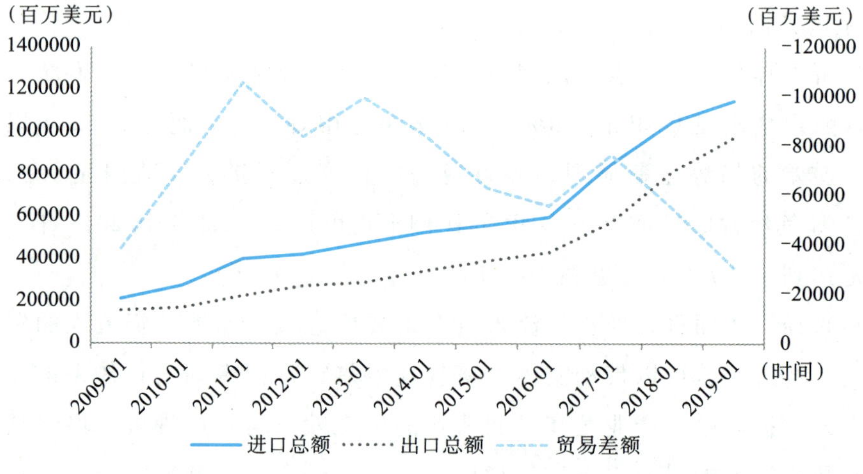

图 16－2　2009～2019 年土耳其进出口总额及贸易逆差

1998 年以后，制造业在 GDP 中的所占比重迅速下降。尽管一段时间后土耳其制造业所占份额小幅上升至 17.8%，但这一比例仍远低于泰国和马来西亚等典型的新兴市场。持续快速的经济增长伴随持续的经常账户赤字是高风险新兴经济体的共同特征，其背后原因是制造业缺乏国际竞争力，这也意味着经济增长更多地依赖于非制造业部门。就土耳其而言，其他国家在土耳其的投资并没有提高土耳其国内制造业的竞争力。

2. 外汇储备：我拿什么拯救

自2014年8月埃尔多安就任总统后，土耳其境外融资能力明显下降，外汇储备由上升转为下降。从非储备性质的金融账户差额上看，2014至2017年的顺差规模明显小于此前四年。另外，从外汇储备月度数据看，2014年8月是其外储最高点，此后呈现逐步减少的走势，到2018年6月末下降至755.49亿美元，相比最高点下降了375亿美元，达到三分之一的规模。

截至2018年3月底，土耳其外汇储备规模为833亿美元，长期债务余额达到4666亿美元，是外汇储备的5.6倍，短期债务余额为1222亿美元，是外汇储备的1.5倍。同年10月，土耳其外汇储备降低到令人恐慌的655亿美元（见图16-3）。土耳其外汇储备持续缩水致使其偿付能力严重下降，国际市场对土耳其的信心也持续下降。危机到来，持续缩水的外汇储备更是无力拯救。

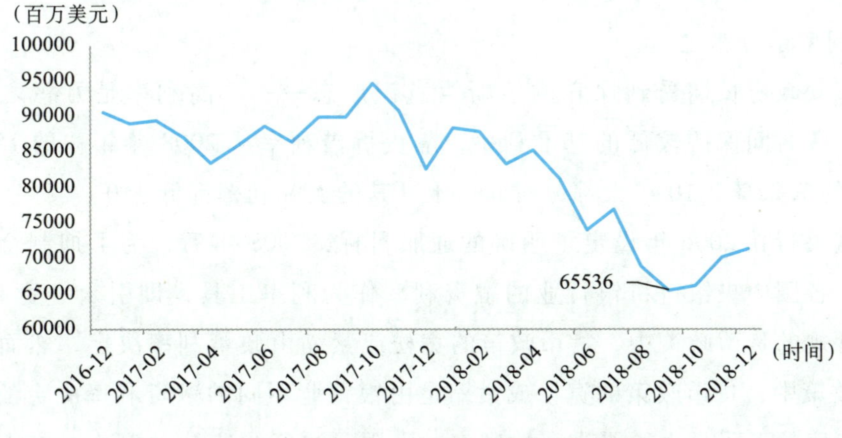

图16-3　2016~2018年土耳其外汇储备

3. 通胀失控，屡创新高

2017年，土耳其GDP年均增速达到5.75%，如果扣除2008年、2009年国际金融危机影响导致的近乎零增长和负增长，年均增速达到6.98%。这种持续的高增长使土耳其一跃成为中高收入国家，但一直居高不下的通货膨胀率成为高增长表象下潜伏的隐患。

过去15年，土耳其年均CPI涨幅为8.69%，年均GDP平减指数为9.18%（见图16-4）。2017年以来，土耳其通胀率进一步上升。绝大部分月份CPI同比涨幅超过

10%，2018 年 5 月份超过 12%，6～7 月则进一步上升到 15% 以上。高通胀率就是货币内在购买力的消耗，最终必然会反映到汇率上。因此，2018 年 5 月份以后，土耳其里拉对美元汇率持续加速下跌，5 月初美元兑换里拉比率为 1∶4，8 月 12 日时已下跌至 1∶7.2，短短 3 个多月里拉大幅贬值 44.5%。

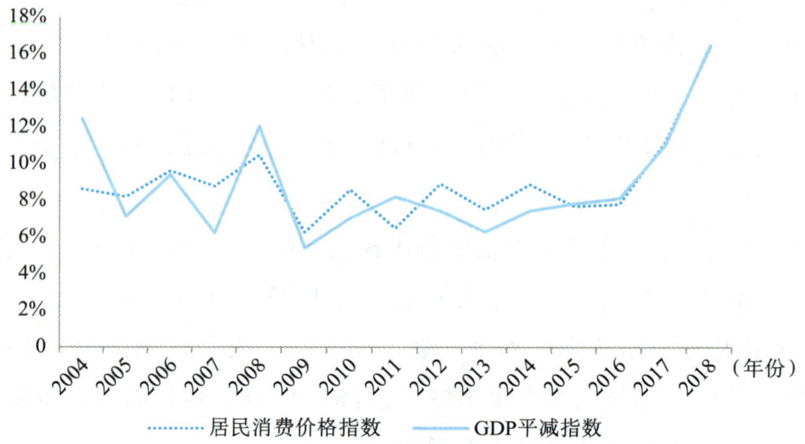

图 16－4　土耳其居民消费价格指数及 GDP 平减指数

4. 高利率是万恶之母

埃尔多安政府长期受到保守的伊斯兰意识形态——“高利率是万恶之母”的影响，很长一段时间保持较低的基准利率，隔夜拆借利率从 2008 年年初的 15.5% 下降到 2017 年的 7.25%，10 年大部分时间，土耳其的实际利率都低于 0。

土耳其央行在 2006 年设定了明确的通胀目标，2008 年后，为了抑制全球危机的消极影响，各国中央银行将银行业的融资利率作为利率工具，即引入“宽利率走廊”政策。在常规的货币政策中，货币政策的宽松或紧缩由政策利率决定，然而在“宽利率走廊”政策中，货币政策的宽松或紧缩是由银行业不同的融资利率决定的。具体来看，利率走廊的下限是央行隔夜存款利率，上限是央行隔夜贷款利率，二者构成了央行调节市场流动性的价格部分（见图 16－5）。与此同时，央行借助一周回购利率的数量政策方式为市场提供流动性，此方式的主要调节模式为一周回购利率。但一周回购提供的数量有限，无法满足的部分需要向央行贷款，支付更高的隔夜贷款利率。这种积极灵活的货币政策有利于全球经济体在不确定性增加期间，减少资本流动可能出现的剧烈波动；但同时，货币政策传导机制的有效性也受到影响，利率的调控与走势更加扑朔迷离。自 2018 年年初以来，土耳其银行间隔夜同业拆借利率从 1 月份的 13.3% 飙升至 7 月份的 18.5%。土耳其央行于 2018 年 7 月将 7 天回购利率从 2018 年 5 月的 8% 上调至 17.75%。2018 年以来的高利率也使土耳其国内融资成本上升，抑制了市场活力，降低了经济增长速度，拉低了整体就业水平。高利率对土耳其的高通货膨胀率影响不可忽视。

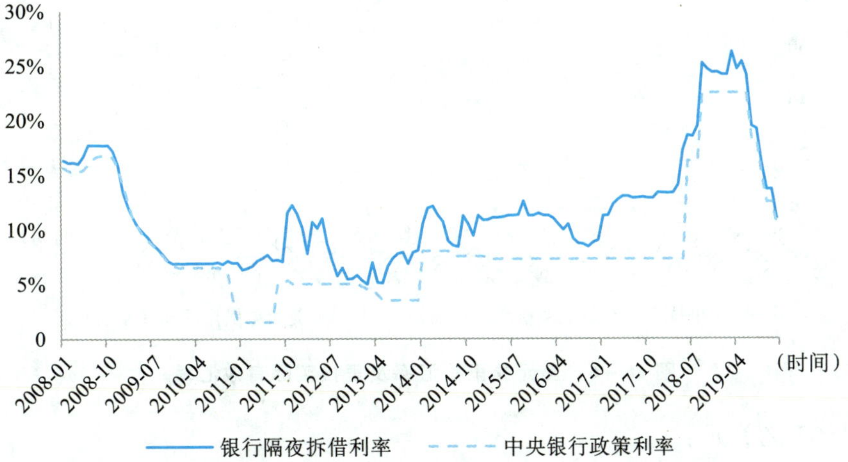

图 16－5　2008～2019 年土耳其银行隔夜拆借利率及中央银行政策利率

（二）屋漏偏逢连夜雨——外部经济冲击

1. 土耳其的“强美元恐惧症”

新兴市场国家往往会因为美元的走强而使国内经济严重受损，即使汇率贬值有利于出口，但其对于经济的拉动很难弥补由于美元升值带来的企业外债负担加重，即“强美元综合症”。学术界普遍认为，具有“美元恐惧症”的新兴市场国家普遍具有三个特征，一是货币错配严重和债务美元化，二是开放型经济体，跨境资本流入和流出相对稳定，三是外汇储备不足和国内经济“双赤字”。

由于美联储在 2015 年年底开始加息，重启加息周期，美元借贷成本上升，国际套利资本便从新兴经济体流回美国。在浮动汇率制度下，因美元债务规模庞大，本币过度贬值导致各部门资产负债表恶化，美元债务偿还压力增大。美元收紧致使里拉贬值。土耳其在各方面的表现都不尽如人意，加上对投资的担忧，国际社会对该国外债风险的担忧也随之而来。2018 年，随着美元复苏，同时美国开始对土耳其实施贸易制裁，土耳其货币暴跌（见图 16－6）。

2. 外债高企，结构失调

在过去的十年里，土耳其经济发展速度非常之快，但当对土耳其经济发展来源进行剖析时可以发现，其经济增长有相当大的一部分依靠外部债务，土耳其从欧洲或美国借入大量外债，并且外债规模呈逐年上升的趋势。截至 2018 年 3 月底，土耳其外债

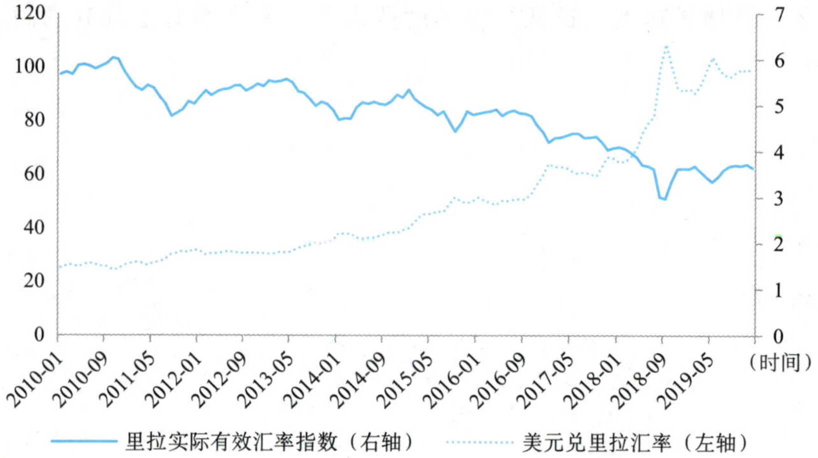

图 16－6　美元兑里拉汇率及里拉实际有效汇率

规模达到 4667 亿美元。

此外，土耳其外债期限结构不合理。一个国家合理的债务结构是短期债务余额在全部债务余额的 20% 以下，2010 年后土耳其的短期外债比重开始超过这一标准，这种期限结构决定了土耳其的外债在很大程度上受汇率波动的影响（见图 16－7）。土耳其的外债近年来显著增加，外债负担在 2016 年急剧上升，年度融资需求总额超过 GDP 的 25%。截至 2018 年 3 月，外债增加到 4667 亿美元，占国内生产总值的 52.9%。短期外债占外债余额的比重也大幅上升，2017 年达到 25.94%。短期外债比重高，决定了土耳其的外债成本受汇率波动的影响较大。如果汇率大幅贬值，偿债风险将大幅增加，可能导致债务违约和债务危机。

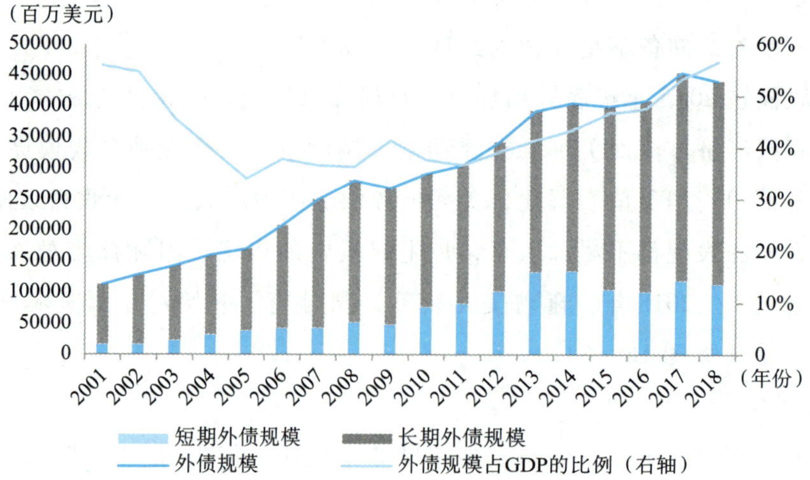

图 16－7　2001～2018 年外债规模占名义国内生产总值比例

数据来源：CEIC。

3. 美土关系恶化——最后一根稻草

毫无疑问，特朗普政府对土耳其实行的“大棒政策”在很大程度上引导了市场的预期，导致市场上大量的投机者看空土耳其里拉。同时，特朗普政府对土耳其关税翻番，也导致市场投资者对本已低迷不前的国内制造业更加失去了信心。

美土关系恶化不仅引导了世界市场上投资者们的预期，而且切实地给了土耳其重重的一拳。关税翻倍，本已恶化的经常账户深受打击；金融制裁，国际资本争先恐后外流。

特朗普的“大棒”重重挥下，埃尔多安自作聪明地呼吁抛售美元，引起了金融市场对土耳其里拉贬值的一致预期。土耳其里拉危机就这样被推到了高潮。如此看来，里拉危机或许在很大程度上怨不得特朗普的“蛮横”，原是由于土国自身厝火积薪，最终大厦倾倒；铜山西崩，洛钟东应，才落得如此地步。

四、灰头“土”脸，“浪漫”不再——俯瞰货币危机影响

货币危机爆发后，很难再把土耳其和“浪漫”联系起来，里拉的迅速贬值引起通货膨胀严重、资本大规模撤离、失业率攀升、GDP 增速骤降等一系列连锁反应，土耳其经济发展一度失控。土耳其的货币危机不仅严重损害了国内经济发展，其造成的恐慌还蔓延到了其他新兴经济体。土央行和政府虽然陆续推出了各种政策措施，试图稳定币值、刺激经济，但未能及时阻止里拉的持续下跌。

（一）通胀之火，熊熊燃烧

2018 年，土耳其里拉对美元累计跌幅超过 50%，以外币计价的进口商品价格大幅上涨，大额的贸易逆差给土耳其带来输入型通货膨胀，提高了国内的生产成本，整体物价水平被推高。2018 年 7 月土耳其居民消费价格指数达到 359，同比上升 15.8%，增速创历年新高，9 月 CPI 同比增速达到峰值 24.5%，在随后的一年中，通货膨胀速度逐渐放缓，直到 2019 年第四季度后 CPI 同比增速才回落至 15% 以下，接近往年平均水平（见图 16-8）。对于长期依赖进口和外资流入维持经济高增长的土耳其而言，通货膨胀严重影响其经济秩序，对国内经济发展造成较大损害。

（二）民不聊生，哀鸿遍野

穆杜尔努镇位于土耳其西北部博卢省，遍布浪漫梦幻的城堡式建筑，但其背后的故事却并没有那么美好。2014 年开发商 Sarot 集团开始在这里建造豪华度假村 Burj al

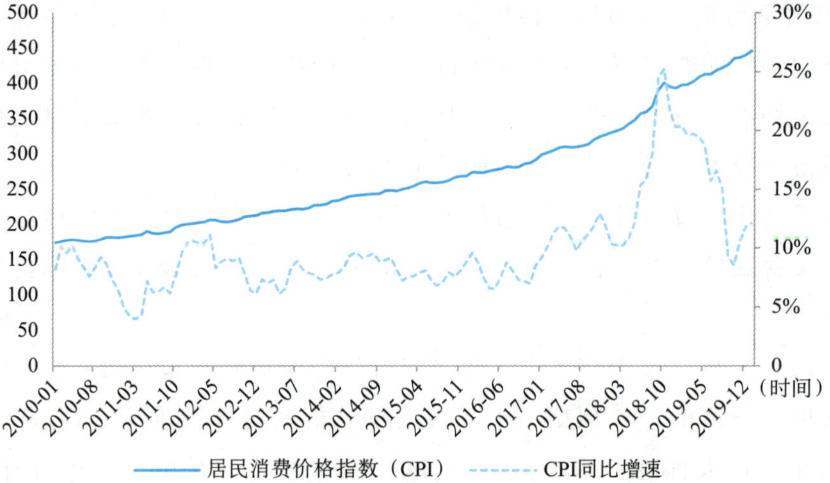

图 16－8　土耳其居民消费价格指数变化

数据来源：CEIC。

Babas，然而近年来土耳其经济发展减速，2016 年里拉大幅贬值，建筑成本受经济波动影响大幅上升，房屋销售情况也并不乐观，已建的 587 栋房子只卖掉约 350 栋。背负 2700 万美元债务的 Sarot 集团无力偿还，于 2017 年 11 月申请破产保护，但被法院判决破产，停止经营进行清算。数百座迪士尼风格的城堡无人入住，童话王国沦为“鬼城”，这便是土耳其经济发展的真实缩影。

里拉大幅贬值导致土耳其经济陷入衰退，消费投资双弱，许多企业生产经营难以为继，造成大面积失业（见图 16－9）。2019 年 1 月土耳其就业人口为 2716 万，失业总人口达 467 万，失业率较上年同期上升 3.9 个百分点至 14.7%，创下 2010 年 3 月以来最高值。其中，非农业部门失业率为 16.8%，青年失业率高达 26.7%，创下该指标设立以来新高。据 2019 年发布的彭博悲惨指数显示，2019 年土耳其经济状况将持续恶化，可能成为世界上第四个最悲惨的国家。

非居民投资者大规模退出当地股票和债券市场，2018 年 3 月至 4 月非本地证券投资净流出额高达 14 亿美元。土耳其主要股指伊斯坦布尔证券交易所国家 100 指数，自 1 月峰值 119529 点下跌至 10 月的 90201 点，累计下跌超过 24.5%。房地产市场也受到影响，一改持续上涨态势，8 月起住宅物业价格指数出现小幅下跌，2019 年后重新开始上升（见图 16－10）。与美国关系的恶化引发里拉危机，造成土耳其资产价格大幅下降，直到 10 月中旬布伦森最终被释放才有所缓解。

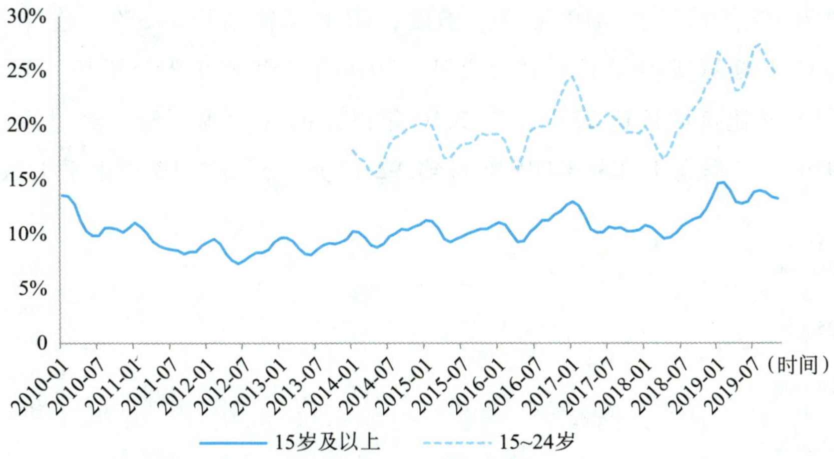

图 16－9　土耳其失业率情况

数据来源：CEIC。

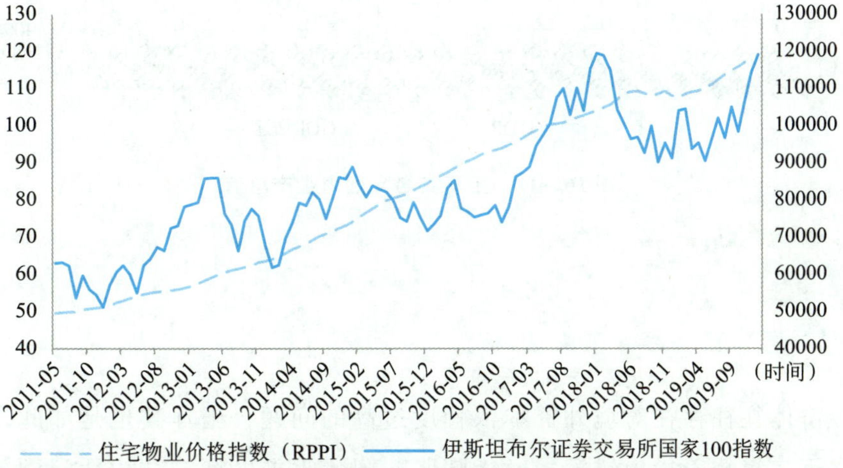

图 16－10　土耳其股市和房市价格指数

数据来源：CEIC。

（三）牵发动身，技术性衰退

受里拉暴跌影响，居民消费品和工业能源价格大涨，土耳其国内投资和消费均明显放缓，经济发展失去动力。根据官方发布的数据，2018 年第三季度国内生产总值（GDP）增速为 -1.1%，第四季度增速为 -2.4%，连续两个季度的负增长，标志着土耳其经济陷入技术性衰退。2018 年全年土耳其 GDP 增速为 2.6%，相较于上年的 7.4% 大幅下降 4.8 个百分点，创近十年新低（见图 16－11）。其中，建筑业同比下降 1.9%，工业增速仅为 1.1%，进口大幅下跌 7.9%，受益于货币贬值，当年货物和服务出口实现7.5%的增长。2019年第一季度，GDP环比增长1.3%，连续下滑趋势结束。土耳其GDP换算成美元下滑更为明显，2018年6月便步入负增长区间，第三季度名义美元GDP同比负增长达23%，为2010年以来的最大幅下滑，经过近一年的连续萎缩，2019年第二季度土耳其GDP为1743.92亿美元，与2010年水平大致相当。

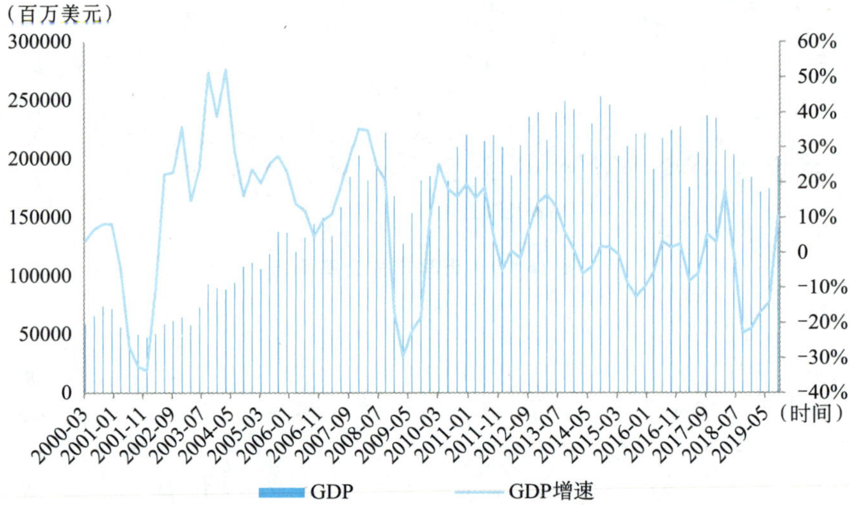

图16-11　土耳其名义国内生产总值

数据来源：CEIC。

（四）“国运”已耗尽，东山难再起

新兴经济体往往存在对境外资本依赖度过高的问题，土耳其也是如此，前期经济高速增长之下，潜藏着货币错配、通货膨胀、国际收支失衡等结构性问题，缺乏推动经济增长的持续动力，系统性风险不断积累。近年来，外资对土耳其经济的拉动作用已逐渐减弱，长期以来贸易逆差问题得不到解决，进出口差额不断扩大，通货膨胀率高企，外资流入的投机性和债务性特点逐渐凸显。面对经济下行压力增大，却因通胀不得不采取紧缩的货币政策，土耳其经济的脆弱性由此暴露出来。“土耳其模式”曾显示出极大优越性，在中东地区和伊斯兰世界备受推崇，经济失速的土耳其在国际舞台上的地位也一落千丈。

（五）里拉危机恐慌蔓延，引发连锁反应

因土耳其货币危机暴露出新兴市场经济的通病，且里拉的大幅贬值使美元相对升值，亦使其他新兴市场经济体的不确定性增大，引发国际资金担忧，恐慌情绪扩散蔓

延。新兴市场货币受到冲击，俄罗斯卢布、马来西亚林吉特、印尼盾、南非兰特等均出现不同程度的贬值，MSCI 国际新兴市场货币指数下跌至一年来的最低水平。

另一条途径是通过债务风险向欧元区银行业传递，2018 年 8 月 10 日当天，欧洲各股票市场纷纷下挫，MSCI 欧洲指数下跌 2.29%，德国 DAX 指数跌幅达 1.99%，意大利指数下跌 2.34%，法国 CAC40 指数下跌 1.59%。不过由于土耳其经济体量和债务规模较小，难以对全球经济造成损害，对于欧洲的影响也相对有限。据国际清算银行数据显示，对土耳其信贷敞口最大的是意大利、法国和西班牙，土耳其对西班牙负债约 800 亿美元，仅占到西班牙银行业贷款余额的 2%。

五、力挽狂澜，无力回天——土耳其政策应对

（一）央行与总统之间的博弈

面对里拉的暴跌，土耳其央行和总统的意见存在分歧。围绕货币政策选择，总统埃尔多安与央行行长切廷卡亚矛盾已久，埃尔多安以“高利率敌人”自居，认为应该以低利率刺激经济发展，宣称高利率反而会加剧通货膨胀。2018 年 5 月 14 日，埃尔多安重申了其低利率政策倾向，并称央行需听他指挥，央行独立性开始受到质疑。

5 月 24 日，为遏制里拉汇率的迅速下跌趋势，土耳其央行紧急将后期流动性窗口（LLW）贷款利率由 13.5% 上调至 16.5%，调整幅度高达 200 个基点。

5 月 28 日，土耳其央行宣布调整货币政策框架，重新将一周逆回购利率作为政策利率，把该利率一次性由 8% 提高到 16.5%。6 月 8 日，土耳其央行再次加息，对一周回购利率大幅加息 125 个基点，从 16.5% 上调至 17.75%，同时提高利率走廊上限，将隔夜贷款利率上调至 19.25%。

加息政策虽然有利于稳定物价和汇率，但如此频繁的大幅加息也对经济运行存在负面影响。为应对国内经济疲软问题，增加流动性供给，8 月 13 日土央行推出一揽子举措，打出“加息 + 降准”组合拳，除了央行之外，银行监管机构和财政部也有所行动。

9 月 13 日，国际汇市上演了一场跌宕起伏的“伊斯坦布尔奇迹”。总统埃尔多安再次强调自己对高利率的反对态度，两个小时后，土央行顶住了总统的施压，不仅没有降息，反而宣布将一周回购利率上调至 24%，大幅加息 625 个基点。央行声明称将维持紧缩的货币政策，采取所有货币政策工具抑制通货膨胀，直到物价上升态势得到明显缓解。此次加息决定极大鼓舞了市场投资者，里拉汇率由跌转涨，兑美元汇率一

度由当天的6.54上涨至6.01，涨幅达到5%，里拉的迅速下跌趋势得到遏制，汇率在小幅回升后逐渐稳定下来（见图16－12）。

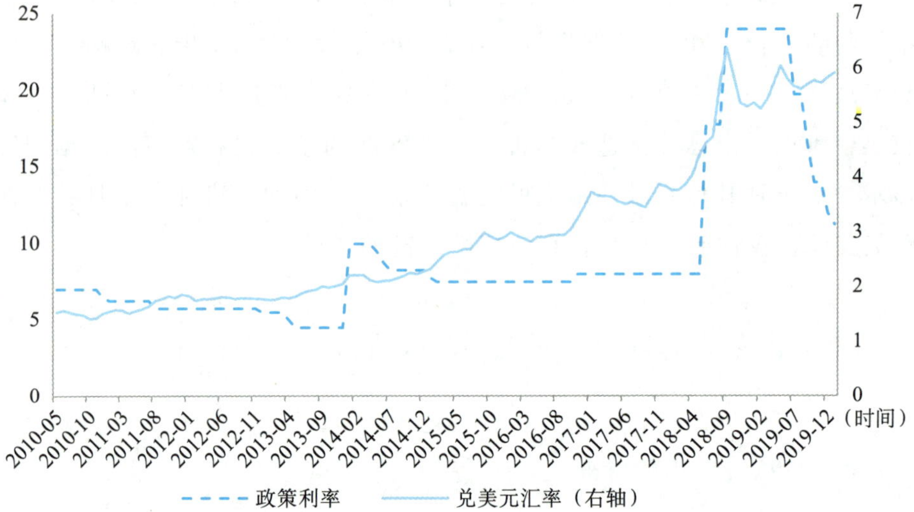

图16－12　土耳其政策利率和兑美元汇率

数据来源：CEIC。

半年内，土耳其央行大幅度加息3次，从最初的13.5%到24%，累计上调幅度约为78%。每次宣布加息后，里拉都会出现短暂上涨，但这种绝望式的加息未能及时扭转大势，IMF认为部分原因是土耳其央行对通货膨胀的反应太慢，总统埃尔多安的反对意见也削弱了央行政策的有效性。

（二）饮鸩止渴，恶性循环

对于国际收支严重失衡的土耳其来说，应对本币贬值、通货膨胀和资本流出问题，加息政策并非良药，存在很大副作用，但两害相权取其轻，不得不先以此稳住局势。大幅加息会开启一场灾难性的恶性循环：本币暴跌，外债压力增大，央行加息，国内融资成本上升→借款人无法承担高昂的融资成本，只好开始去杠杆→经济增长继续滑坡，但通胀依然高居不下→债务人无力偿还债务，坏账激增→银行资产加快清算，对当地银行业的担忧增加→外资行撤回资金，资本流出规模扩大→本币进一步贬值，被迫继续加息，再次开启本轮循环（见图16－13）。

无论是大幅加息还是资本管控，都不是拯救土耳其的长久之策，所谓的自救不过是饮鸩止渴，危机的缓解有赖于外部环境的变化，而要想真正避免危机的再次出现，则需解决本国经济结构的根本问题。

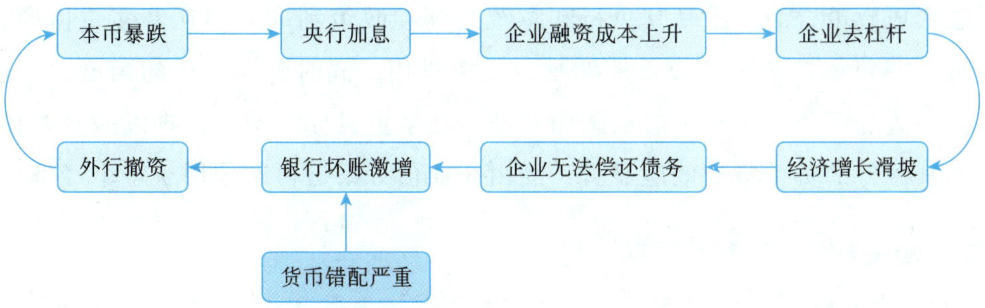

图 16 - 13　土耳其货币错配效应

六、前事不忘，后事之师——案例总结与未来展望

（一）案例小结

通过观察土耳其货币危机的全过程，我们可以看到土耳其里拉危机表面上是美国从政治、经济上打压土耳其而带来的恶果。但从里拉贬值的全过程来看，里拉危机仅是在某一小段时间点内的瞬时表现。将这一瞬时表现拉长放大到整个货币贬值的全过程，我们可以看到，货币危机的演进有其自身的逻辑。土耳其长时间大额的经常账户逆差使里拉出现贬值的倾向；外汇储备的枯竭使官方失去了维持货币币值的手段而被迫采取浮动汇率制度；通货膨胀的高企为里拉带来了民众对其货币信心的丧失，再次构成贬值的基础；居高不下的利率吸引着国际资本流入，推高了国际收支的风险，降低了危机时降低利率保障经济的政策空间；外债负担过重而没有相应的经济基本面与之匹配，带来了宏观上的系统性风险。这一系列宏观经济面上的拙劣表现让土耳其里拉陷入了深度的恶性循环。土美关系恶化仅是压死骆驼的最后一根稻草。

而我们也看到货币危机给一国人民带来的影响是惨痛的：原本高涨的通货膨胀会由于货币贬值——进口资源价格被迫抬升引发更高的通货膨胀；建筑成本的大幅上升导致房地产行业——这一国民经济支柱行业——销售情况转瞬即下，同时由于货币错配效应的存在，货币贬值期间外债负担加重导致部分房地产企业无力偿还外债而破产；此外贬值期间的外资大幅撤离导致股市崩盘，居民部门财富缩水，整个土耳其的经济开始下行；土耳其的经济下行引起了其他经济体的联动，各国股票市场也开始纷纷缩水。整个土耳其的经济可以说由于货币的大幅贬值使土耳其国内“民不聊生，哀鸿遍野”。再一次让我们感受到宏观经济的走势与每一个个体的命运都息息相关。

面对这样的贬值进程，土耳其政府并非毫无作为，但由于部门之间的协作程度低，最终无法形成政策合力。土耳其央行和总统之间在政策利率上存在着多重博弈，央行尝试突破“不可能三角”的政策框架难以发挥作用。同时站在央行的角度，一边是通货膨胀，一边是汇率，还有一边是国内经济，在多重目标下的央行难以做到兼顾平衡。同时土耳其银行的货币错配效应显著，经由企业债务渠道再次作用于整个经济体。

（二）土耳其货币危机后现状

土耳其经济受里拉危机影响失去动力后，在2019年开始重新平衡。由于采取一系列平衡措施以及对于类似金融攻击的防御措施，土耳其经济在2019年三季度开始出现正增长。2019年一季度同比下降2.3%，二季度同比下降1.6%之后，三季度同比增长0.9%，四季度增速大幅增至6.0%，与中国同期经济实际增速相同。美元兑里拉的汇率在2019年一直有波动，相比2018年年底的5.3，美元兑里拉汇率在2019年底接近5.9，在土耳其经济已经走出危机的背景下，该跌幅可以接受。但可惜的是，2020年一季度土耳其遭遇新冠疫情，4月份确诊病例出现加速增长趋势。按照IMF预测，2020年土耳其经济或将出现5%的负增长，打破2019年下半年的复苏势头。

2020年，在失业率上升、通货膨胀加剧和经济增长缓慢的情况下，里拉承受着越来越大的压力，里拉兑美元汇率已经下跌了17%。土央行已经从外汇储备中提取了数百万美元，用于购买里拉以支撑里拉汇率。截至2020年5月7日，土耳其的外汇储备净额从年初的400亿美元降低至近250亿美元。叠加里拉危机之后的持续货币贬值、高额债务以及迅速减少的外汇储备等因素影响，土耳其无力抵御这场全球疫情大流行的冲击。在2020年4月中旬，埃尔多安还口头拒绝了所有向国际货币基金组织（IMF）寻求帮助的建议，这进一步加剧了市场对于里拉的担忧。2020年5月7日，里拉汇率跌至7.2340，创历史新低，并且很可能会继续贬值，突破7.25或者更高的水准只是时间问题，不断刷新历史最低点。在不久的将来，土耳其的旅游业也会面临灭顶之灾，这将给土耳其的双赤字和本就脆弱的里拉带来巨大压力。投资者对于土耳其央行的可信度和捍卫货币的能力的担忧一直存在，里拉也会继续走弱，市场已出现对于土耳其下一轮货币危机到来的担忧。

（三）反思与未来

曾经浪漫的土耳其由于一场货币危机而变得灰头土脸。虽然土耳其从政治、经济、文化、社会等各领域与我国相去甚远，但其在市场经济下发生的货币危机，对我国仍然具有一定借鉴意义。尤其我们需要去辩证地思考对外开放尤其是高举外债的合理性，以及以单一币种计价的外债风险。我们更需要思考货币贬值带来的各经济主体的联动反应。我国经济体量大，一方面是优势——我们的宏观基本面能容纳更多的风险事件；另一方面也是劣势——小幅的汇率变动影响的可能是广大的民众。首先，如何规避外部风险，尤其是汇率风险，这是每一个经济体都需要思考的问题。其次，我们需要通过土耳其央行的案例，探索是否有一种政策可能尝试突破不可能三角，真正做到货币政策独立、资本自由流动和汇率平稳三者的有机协调。最后，如果发生货币危机，或类货币危机事件（例如货币的单边持续贬值），政策当局应当怎么救市，救多少，各部门应该如何协调配合，也是我们应当去思考的问题。土耳其的故事结束了，许多新兴经济体的故事或许还在路上。

案例使用说明

一、教学目的与用途

1. 适用课程：国际金融学、宏观经济学。

2. 适用对象：本案例主要为金融专业研究生及本科生相关课程开发。

3. 教学目的：小型开放经济体是宏观经济学研究开放经济下的金融理论与政策的起点。本案例以土耳其作为蓝本，描述了小型开放经济体在经济开放的过程中，其汇率的升贬受外部的一系列冲击而引发的货币错配问题如果没有得到解决，最终会爆发货币危机。土耳其作为小型开放经济体近些年来经济上取得的成就有目共睹，但其经济金融仍有结构性的问题亟待解决，经济脆弱程度高，政治纠纷最终酿成危机。从土耳其的应对政策中，需要学生能够了解金融政策的制定路径，强化以理论指导实践的意识。尽管我国的经济体量要远远超过土耳其，但土耳其解决货币错配过程中的一些做法，对于我国的金融监管来说有一定的借鉴意义，尤其是在风险的识别、风险的测度、指标的监管方面也具有一定的启示作用。

具体目标分为以下五个方面：

（1）基于汇率决定理论，引导学生探究影响汇率形成的一系列因素，即汇率作为一种外汇市场的价格，其形成的过程中与经济、政治、突发事件具有显著的相关性。引导学生探究汇率的形成机制，以及能够从短期与长期汇率的平衡中寻找联系。辨析汇率均衡水平的稳定性，判断出均衡汇率的支撑力量是缘于什么因素，通过汇率以及汇率的决定因素，看出经济背后存在的结构性问题。

（2）基于汇率作用理论，引导学生了解汇率的变动对金融经济的影响，拓宽学生看待经济问题的视野与思路，注重汇率在开放经济中起到的重要作用，理解汇率对于经济资源的配置作用。同时能从具体问题出发，分析汇率对于我国的重要作用，熟练掌握汇率影响的定性分析法，简单了解汇率对于经济的定量分析法，能够通过汇率的升贬判断汇率对一国经济体以及经济体各部门带来的压力缘于哪些方面。

（3）基于汇率制度选择理论，比较一国选择特定汇率制度的利弊，深刻理解一国选择汇率制度基于的历史背景与经济历史条件，能够深刻理解土耳其选择其本国汇率制度的必然性，同时能够触类旁通，了解中国在选择自身汇率制度的过程中考虑的问题。熟练掌握固定汇率制与浮动汇率制的利弊。

（4）基于开放经济理论与货币政策与中央银行理论，统筹了解一国的对外开放对于本国经济的深刻影响，同时理解货币当局应当出台什么样的政策来应对开放经济体下的各种问题。引导学生思考一国经济开放带来的利弊。能够用定性工具与定量工具相结合的方式，考察一国开放经济结构的变化。理解并掌握开放经济体的经济政策与封闭经济体从实施政策的政策工具到实施政策的结果与封闭经济体有何不同。

（5）通过对以上四种理论的分析，了解当前四代货币危机理论的基本内容，阅读四代货币危机理论的相关文献，将理论联系实际，从实际中看到理论的不足，批判研究理论发展的脉络。观察四代货币危机模型中，每一代危机模型都是从哪些视角展开。观察土耳其事件当中有哪些现象可以用理论来解释，哪一部分可以进行补充和改进。

二、启发思考题

1. 结合国际收支理论，试分析土耳其长期高额国际收支逆差是如何影响土耳其国内经济，进而导致土耳其爆发货币危机的。

2. 回顾土耳其 2018 年货币危机的集中爆发进程和货币贬值进程，同时从土耳其经济长期以来的实际情况视角进行分析，其汇率的大幅贬值并非空穴来风，结合汇率决定理论以及此次里拉贬值事件，详细说明土耳其汇率贬值的短期、长期原因分别是什么？

3. 固定汇率制对于包括土耳其在内的发展中国家有更大的吸引力，并且一度给发展中国家带来稳定的经济增长局面。土耳其曾经也实行过固定汇率制度，后来为何转而实行浮动汇率制度？土耳其面临怎样的困境？请结合汇率制度选择的相关理论做出分析。

4. 为了更好地实现经济调控目标，土耳其央行（CBRT）曾做过极具创意的新型货币政策框架试验，虽初期效果不错，但之后以失败告终。面对 2018 年里拉危机，土央行频频出手，可惜未能力挽狂澜。请结合货币政策的相关理论，谈谈你对土耳其货币政策框架设计和政策实施的看法。

5. 土耳其作为新兴经济体，近年来在经济上取得了巨大的成就，其国内人均 GDP 在危机前已经突破了人均一万美元的水平。但是根据 2018 年里拉货币危机的事实来看，土耳其还是存在一些新兴经济体的“通病”，比如高额贸易逆差、通胀率飘在高位、外债高企等。根据汇率作用影响理论，试分析土耳其这些“弊病”是如何为里拉危机埋下隐患的。

6. 土耳其的货币危机给我国带来什么样的启示？在构筑经济基础、央行的功能和作用、风险预警机制、资本市场开放节奏、债务币种选择、货币国际化等各方面是否存在一定的借鉴意义。

三、理论依据与具体分析

货币错配效应下的货币危机相关理论如图 16－14 所示。

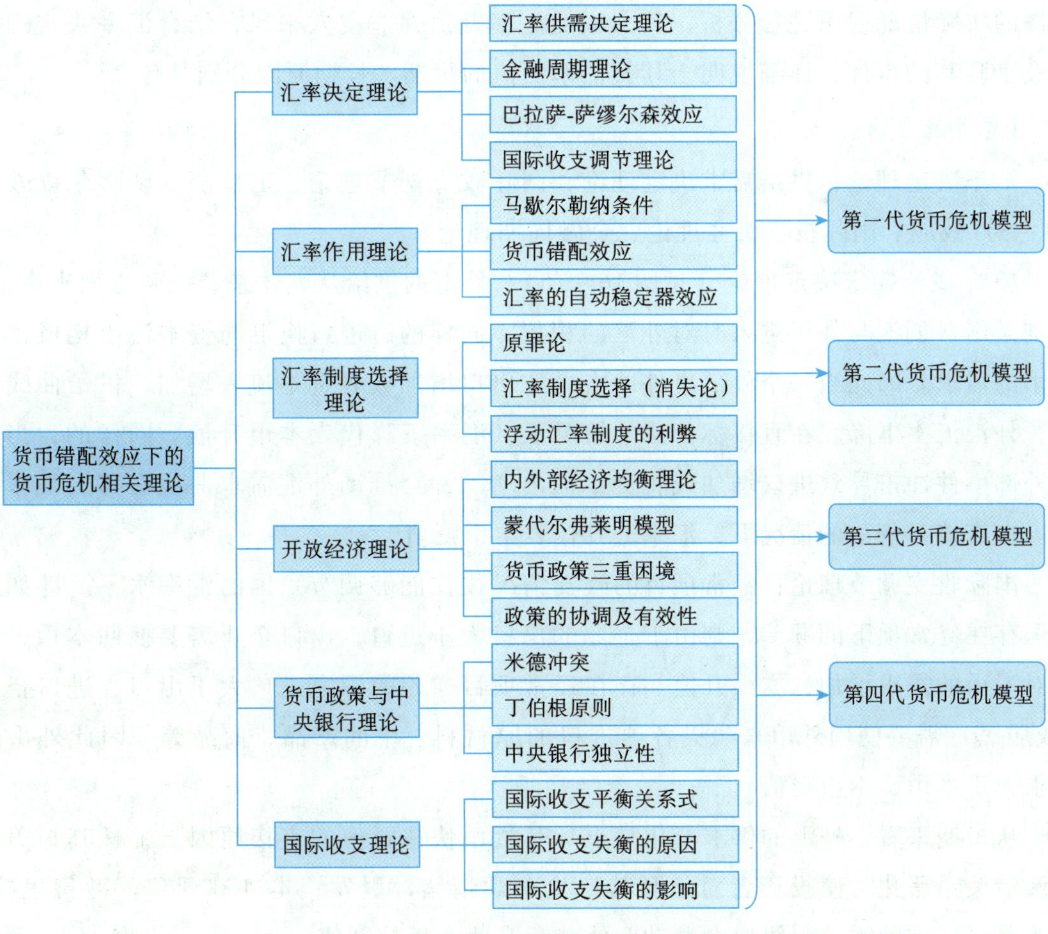

图 16－14　货币错配效应下的货币危机相关理论

（一）【问题】回顾土耳其2018年货币危机的集中爆发进程，其贬值进程如表16－1所示。

表16－1　　　　土耳其里拉贬值进程表

日期	事件	汇率贬值情况
8月1日	美国财政部对土耳其司法部长实施制裁，冻结其在美资产	汇率开始贬值
8月9日		跌幅超过5%，当日以下跌4.76%收市
8月10日	总统动员居民“交出美元”	汇率累计贬值8%
	特朗普对土耳其铝铁关税加征翻倍	汇率累计贬值22%
8月11日～8月14日	舆论战开启——土耳其总统公开警告美国不要轻举妄动，并呼吁国内抵制美国产品，对美国产品大幅加征关税	汇率累计贬值40%
8月16日	美国督促土耳其释放其扣押的牧师	

从上表可以看出土耳其的货币危机有一定的国际政治背景，但从土耳其长期以来经济的实际情况视角进行分析，其大幅的汇率贬值并非空穴来风，结合汇率决定理论以及土耳其的事件，详细说明土耳其汇率贬值的短期、长期原因分别是什么？

【思路及分析】

汇率决定理论：供给需求决定理论、国际收支调节理论、巴拉萨－萨缪尔森效应（B－S）效应、国际投资头寸理论、金融周期理论。

（1）供给需求决定理论（见图16－15）：外汇的供给从整体来看由两方面来决定，分别是出口创汇与外资进入时对外汇的积累。同样的，进口换汇与资本流出构成了对外币的需求。因此当一个外部事件冲击导致出口增加或者资本流入增加，供给曲线右移，外汇汇率下降。在直接标价法的情况下，汇率下降代表本币升值。同样的，当一个外部事件冲击导致进口增加或者资本流出增加，会推动外汇需求曲线右移，汇率上升。在直接标价法的情况下，汇率上升代表本币贬值。

国际收支调节理论：经常项目的收支情况往往能够调节一国的汇率水平。即如果一国存在经常项下的顺差，则由于企业的出口大于进口，出口企业需要换回本币，因此对本币的需求增加，本币升值。存在经常项目逆差的国家进口大于出口，进口企业（或居民）需要使用外币来购买各项进口的原材料、中间产品、商品等，因此外币的需求大于本币，本币贬值。

从短期来看，外汇的供求变化是土耳其货币快速贬值的直接原因。土耳其与美国的政治关系恶化，使投资者对土耳其产生悲观情绪，引发资本外逃现象，抛售里拉，购买美元，推动需求曲线向右移动，使美元升值，里拉贬值。

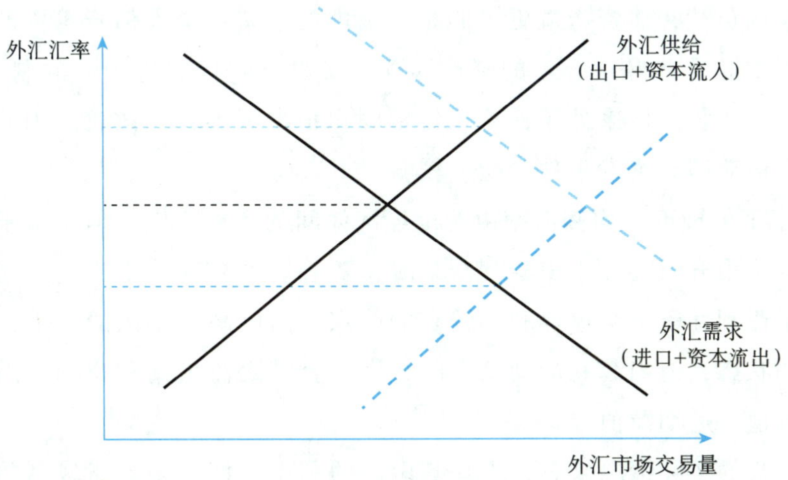

图16－15　汇率供求决定理论

基于中长期的视角，土耳其经常账户常年赤字，存在货币贬值压力，是里拉大幅贬值的根本原因。国内依靠高利率吸引短期资金的大幅流入，外汇需求减少，需求曲线左移，汇率下降，货币升值，才使里拉的汇率相对较为稳定。但从本质上来说，里拉相对于美元是具有贬值趋势的，这种平衡体系非常脆弱，难以承受外部的不确定因子扰动，尤其是美联储加息、全球金融黑天鹅事件出现，资本账户的资金大量外流，使里拉加速贬值。

（2）巴拉萨－萨缪尔森效应：汇率水平与劳动生产率密切相关。整个宏观经济的所有主体可以分为两个部门，即贸易部门和非贸易部门。其中在经济相对较为发达的国家，贸易部门生产率高，工人工资上涨较快，带动了非贸易部门工人工资的大幅上涨。工人的工资上涨会增加企业的生产成本，出现“成本推动型通货膨胀”，由此货币对内贬值。但从对外部门来看，贸易部门的生产率高，本国商品在国际市场上竞争力增强，本币升值。经济中出现了内贬外升的现象。在浮动汇率制度下，实际汇率升值可以通过内外两个渠道来实现。具体来说即对外名义汇率升值，对内通货膨胀。无论在什么汇率制度下，贸易部门的劳动生产率与本币币值成正比。贸易部门劳动生产率增长慢的国家，实际汇率有贬值的趋势。反之亦然。

从土耳其的实际情况出发，土耳其的制造业长期以来竞争力不足，贸易部门的劳动生产率相对较弱，因此汇率长期以来具有贬值的趋势。土耳其采取浮动汇率制度，在出口相对较弱的时候，土耳其不得不开放资本账户，来弥补连年赤字的经常账户，以短暂地维持汇率平稳。资本账户放开后，流入的资本更多是以债务工具为主，直接投资、股权投资都处于相对较低的水平，同时这些债务大都由银行借入，银行的负债端累积了大量的负债，而资产端更多的是由国内的消费、个人信贷等资产构成。因此这些流入的资本既没有得到合理的资产匹配，又没有直接促进国内的制造业生产力，贸易部门的生产率长期以来处于低位，经常账户根本上不存在改善。因此，金融脆弱性不断加剧，应对国际突发事件的能力较弱。

（3）利率平价理论：均衡汇率由两个经济体间的利差决定，但是由于短期的套利行为而导致的货币升值会在未来套利结束时，随着资本套利结束流出引起货币大幅度的贬值。由于逐利性资金会追逐利率较高的国家，因此高利率国的货币当前会维持一个币值坚挺的状态，但当套利活动结束时，资金会随之流出高利率国。因此高利率国的货币短期升值，远期贬值。

对比土耳其的实际情况来看，土耳其国内的利率长期以来处于较高的水平，政策利率处于8%到10%左右，而美国自2008年金融危机以来，将政策利率不断下调，调至1.75%，二者之间的利差较为明显，短期内，国际资本更倾向于流入土耳其。这在短期内会对土耳其的汇率有一定的支撑作用。根据利率平价理论，土耳其里拉由于其高利率的特性会在短期内保持汇率稳定，但长期内，具有贬值压力。2014年之后，美联储的加息在全球范围内收紧美元的流动性缩小了两国之间的利差，土耳其里拉的贬值压力开始不断上升。

（4）金融周期理论：金融周期处于上升的区间内，房地产价格的上涨由于抵押品的增值会使全社会的信用扩张，尤其是银行信贷的快速增长。银行信贷的增长会进一步为房地产提供融资，带动国内总需求扩张，国内利率趋于上升。汇率出现升值压力，贸易方面的顺差减少。在国际收支上，体现为资金净流入，汇率升值压力较大。同时，外资对本国的资产选择中，由于房地产资产的增值快，增幅大，配置房地产的比重相应提高。因此会带来非贸易品部门价格上涨，CPI通胀率上升。这是本币出现“内贬外升”态势的另一个驱动机制。在金融周期下半场，房价下行压力增大，全社会信用紧缩，尤其是银行信贷增速降低，需求下行。经济进入去杠杆阶段，导致需求相对供给过剩，储蓄相对投资过剩，贸易顺差上升。过剩储蓄需要通过内外两个渠道进行消化。对内投资方面需要通过下调利率作为投资条件。对外投资方面，资金的流出带来汇率的贬值压力。在有美元债的情况下，当本币对美元升值时，私人部门净资产增加，信用等级上升，提高其风险偏好和融资能力，促使私人部门借更多美元债和本币债，促进需求增长，带来通胀压力。一旦本币对美元开始贬值，私人部门净资产减少，上述过程刚好反过来，对信用、资产价格和经济增长都有抑制作用。

从金融周期理论看土耳其的发展，可以找到其前期快速发展以及后期逐渐没落的原因。在2008年至2018年，土耳其创造了增长的奇迹，GDP增速基本保持5%以上，甚至有时保持在 10%～20% 的增长区间。其增长模式主要是依靠金融周期的上升期间，房地产迅速繁荣周期叠加银行的信贷上升周期，相互促进，对经济产生了带动作用。土耳其的住宅物业价格指数从 2011 年的 49.8 上升到 2018 年的 100.8，上涨幅度高达 102%。资产价格的上涨带动通货膨胀率不断上升。同时房地产业作为非贸易品部门，价格上涨引起的国内结构性通胀，一方面，全行业的通货膨胀会给贸易品部门成本施压，使制造业的价格竞争力被大幅削弱。另一方面，短暂地维持了汇率的相对稳定，但汇率疲软的长期因素并没有得到根本的改善。自 2018 年之后，美国与土耳其的摩擦不断加剧，适逢金融周期进入了下半场。2017 年 11 月之后，大量的房地产公司开始趋于破产，房地产进入金融周期的下行阶段，房地产抵押价值下降，市场的借贷能力下降，银行贷款萎缩，汇率下降，外债负担加重，并进一步影响实体经济，货币贬值压力加剧。

（二）【问题】固定汇率制对于土耳其在内的发展中国家有更大的吸引力，并且一度给发展中国家带来经济的稳定增长局面，土耳其曾经也实行过固定汇率制度，后来为何转而实行浮动汇率制度？土耳其面临怎样的困境？请结合汇率制度选择的相关理论做出分析。

【思路及分析】

固定汇率制度具有抑制通货膨胀和吸引国际资本两大功能，发展中国家可以通过实行固定汇率制达到经济稳定发展的目标，因此固定汇率制曾吸引众多发展中国家。20 世纪 70 年代，以美元和黄金为基础的布雷顿森林体系崩溃后，各国不再具备实行固定汇率制度的基础，转而开始实行浮动汇率制。但由于发展中国家具有经济快速发展的需求，往往会实行宽松的财政政策，而发展中国家的央行独立性比较低，财政政策往往会带动货币政策扩张，浮动汇率制又为发行货币提供了方便，最终导致通胀高企。固定汇率制在制度上具有天然的低通胀优越性，实行固定汇率制度的国家比实行浮动汇率制度的国家具有更低的通胀率。固定汇率制度可以吸引国际长期投资资本流入，弥补发展中国家的储蓄缺口和外汇缺口，满足国内的投资需求。国际投资性资本流入可以促进产业结构升级，带来大量就业机会，进而促进发展中国家经济发展。

为了使国际投资资本以更低的成本转化为国内投资，吸引资本流入，发展中国家接连放开了资本管制。发展中国家要维持汇率稳定，因此必须放弃货币政策的独立性，不能主动实施货币政策抑制通胀或通缩。

自 2000 年 1 月 1 日起，土耳其开始实行固定汇率制，其内容是将土耳其里拉与美元、欧元等货币挂钩，每月根据预先制定好的批发物价目标进行调整。但土耳其面临以下困境使其不得不放弃固定汇率制度。

首先，土耳其与篮子货币国家经济发展差距扩大，削弱了固定汇率制的制度基础。汇率作为两国货币的相对比值，受到相对利率、相对通胀率和国际收支等因素影响，而这些因素又最终取决于国内的经济发展状况。如果两国经济发展速度不一致，将影响两国货币的相对购买力，从而影响货币的相对价值。而在固定汇率制度下，央行将尽力维持汇率稳定或在较小范围内波动，这将使两国货币价值差距在汇率的掩盖下越来越大，经济落后国的货币价值将被高估，这反过来将会使经济落后国货币的做空队伍越来越壮大，直至发展中国家不能继续支撑固定汇率制度。20 世纪 90 年代，美国经济在高新技术产业带动下快速增长，10 年间 GDP 年均增长率达到了 3.4%，在 1999 年达到 3.6%，2000 年更是高达 5.2%。但土耳其在这轮国际竞争中未能及时跟上脚步，国内产业也未能及时发展升级。1999 年，土耳其经济增长为负 4.7%，而同期美国增长 3.6%，导致里拉价值严重高估。剔除通货膨胀后，2000 年里拉实际汇率上升 10% 左右，大大削弱了土耳其商品的国际竞争力，当年的经常项目逆差达到 98.19 亿美元，在 GDP 中占比 49.1%，国家财务状况极度容易恶化。为了维持国际收支平衡和固定汇率制度，土耳其不得不大幅提高利率，但这可以说是饮鸩止渴。2001 年 2 月 2 日，土耳其正式宣布放弃固定汇率制度，而在 2 月 1 日，银行间贷款利率达到了恐怖的 4000%，股市大跌，国民经济极度混乱。

其次，土耳其匮乏的外汇储备不足以应付国际游资对于固定汇率制度的冲击，固定汇率制度难以稳定运行。在固定汇率制度下，央行没有犯错的机会，尤其对于土耳其这种外汇储备缺乏的发展中国家来说，国际游资会抓住所有机会进攻。因此，资本自由流动和汇率稳定虽然可以以放弃货币政策独立性为代价共存，但可以说是最不稳定的组合。20 世纪 90 年代初，大多数发达国家都放开了资本流动管制，各国开始金融创新，衍生金融工具不断增多，国际资本流动规模也随之大幅扩张。2000 年底，国际资本市场上的流动资金高达 43240 亿美元，全球对外直接投资总额为 11180 亿美元。但同期，土耳其的外汇储备只有 221.69 亿美元，完全不足以抵挡国际资本的冲击。

最后，土耳其的反通胀目标与保持汇率稳定目标相悖。对比 1999 年名义汇率牌价，2000 年年底里拉名义汇率同比下降 35% 左右，但由于通胀率达到了 45%，实际汇率水平依然上升了 10% 左右。实际汇率上升有利于土耳其的进口，导致经常项目逆差增加。国内一方面面临财政紧缩，而另一方面面临进口增加，使土耳其难以继续维持固定汇率制度，可以说土耳其放弃固定汇率制度是必然选择。

1. 原罪论

发展中国家只能选择外币进行借款，而对于本币借款渠道只有本国的信贷市场。

这种无能为力是一种原罪。这样的结构性问题主要起因于全球资本市场的特征，即：小国货币对于来自富国的贷款者而言吸引力有限。发达国家一般持有以本币表示的债务和以外币表示的资产，当出口需求下降而导致本币贬值时，除了出口可以被促进外，外币的升值为其带来额外的回报，而以本币计价的债务并未遭受损失，相当于其为自己增加了正保险。而对于穷国来说，出口的持续下降会导致币值的疲软，进而以美元计价的债务负担会加重，财富由穷国转移到富国，相当于为自己增加了负保险。

土耳其由于缺乏足够的资本，并且里拉在国际金融市场上认可度不高，因此里拉不能用于国际借贷，只能转而借入大量以美元标价的资本，负债具有高度的美元化倾向。但同时其持有的资产以本币计价，对外收入的是本国货币。随着 2015 年底美联储开启加息，资本开始回流美国，里拉贬值。尤其 2016 年土耳其发生政变，叠加投资担忧导致国际投资者担心土耳其外债风险，2016 年 9 月土耳其里拉进入震荡贬值周期。2017 年，由于特朗普的弱美元政策，土耳其里拉得以喘息，但也是少数非美贬值货币之一。2018 年，随着美元重回强势，同时美国在贸易方面开始制裁土耳其，这些原因都导致土耳其汇率暴跌。里拉贬值使土耳其企业的借款成本上升，很多对外负债企业由于资产缩水、资不抵债面临破产风险。

2. 汇率制度选择（消失论）

资本的开放会使除了固定汇率与浮动汇率制度外的中间汇率制度不复存在。汇率的承诺具有不可持续性。一国如果选择开放自己的资本账户，那么只能选择自由浮动汇率制度或者浮动汇率制度。

固定汇率制度可以抑制通胀和吸引外资流入，土耳其并不是主动的放弃固定汇率制度，土耳其也需要固定汇率制度可以带来的经济稳定发展，毕竟浮动汇率制度有可能会发生汇率大幅波动，这是土耳其所难以承受的。但同时全球经济的快速发展使浮动汇率制度的优越性日益突出，各国可以通过实行浮动汇率制吸收和消化外部冲击的不良影响。为了同时获得固定汇率制度和浮动汇率制度的优点，似乎可以选择中间汇率制度，也即一种折中的方案，有两种策略：一是实行区域货币制度，二是实行有管理的浮动汇率制度。

但由于发展中国家国情复杂，除了经济因素外还牵扯到了政治、宗教等因素，使在发展中国家之间建立独立货币区具有不现实性。第二个策略对于土耳其也具有不可操作性。自 1989 年开始，土耳其允许资本自由流动，这使汇率和利率同时受管理变得难度极大，此时采用管理浮动汇率制度等中间汇率制度是非常危险的，因此只能在固定汇率制度和浮动汇率制度之间做出选择，并且经过以上分析，土耳其只能选择浮动汇率制度。

（三）【问题】土耳其作为发展极为迅速的新兴经济体代表，在经济建设方面取得了突出成就。但是根据2018年里拉货币危机的事实来看，土耳其还是存在一些新兴经济体的“通病”，比如高额贸易逆差、通胀率处于高位、外债高企等。请结合国际收支和汇率作用影响的相关理论，试分析土耳其这些“弊病”是如何为里拉危机埋下隐患的。

【思路及分析】

一般来说，一个国家发生货币危机往往有三个主要的传导路径和渠道。一是从汇率的角度来看。这类国家往往都患有“强美元恐惧症”，国内制造业竞争力不够稳定并实行浮动汇率制。在美元加息的中后期，伴随着美元的走强，本国汇率发生剧烈波动，只能消耗外汇储备；一旦外汇储备存量不足，便只能放任贬值，形成输入型通货膨胀。二是从国际资金流动角度来看，新兴市场国家如果直接放开资本项目的管制，国际套利短期资本就会在短期内大量的流入流出；不止于此，由于新兴经济体金融监管体制往往不够健全，国际资本极可能流入金融业，形成资产泡沫。伴随着新兴市场国家货币贬值，资本外流压力增大，金融资产的价格泡沫破裂。三是从国家债务的角度来看，新兴市场国家在初期的快速发展中很容易形成“双赤字”，制造业竞争力往往来源于廉价的劳动力，产品的竞争力不够稳定。因此这些国家只能依靠借入外债来平衡经常账户赤字。长此以往，国家的资产负债表极易形成货币错配现象。主体偿债能力受到影响，进而影响到市场的预期，受到冲击的可能性显著增加。这三个路径一旦叠加，再随着外部环境中强美元周期对新兴经济体资本的虹吸效应，新兴经济体极易受到货币危机甚至金融危机的冲击。

1. 马歇尔勒纳条件、汇率的自动稳定器效应

本币贬值带来的出口改善效应的前提条件是进出口需求弹性之和大于1。即贬值带来的出口商品相对外国价格下降，进口商品相对来讲价格上升。外国对本国商品的需求增加，本国对外国商品需求下降。这一路径会增大本国的顺差，减少本国的逆差，但需满足进出口需求弹性之和大于1的条件。

汇率的自动稳定器效应指的是，当一国货币升值时，虽然其出口会受到影响而使总需求下降，但该国的通货膨胀率会下降。消费者可以从汇率升值、物价下降中获益，进而通过促进消费增加总需求，对经济复苏起推动作用。浮动汇率制可以放松对资本流动的控制，从而可以更大范围内地采用货币政策应对危机。浮动汇率会加速实际汇率的调整。

对于工业发达国家而言，其出口的产品往往具有较高的工业附加值，并且这些产

品具有较高的弹性，当国内经常账户发生逆差时，本国货币贬值对于经常账户改善的作用和效果是比较明显的；相比新兴经济体国家，当本国发生贸易逆差的时候，由于其进出口产品弹性低，货币贬值并不能带来贸易赤字的改善。

就土耳其而言，一直以来，其制造业发展水平并不高，经济主要依靠海外融资发展服务业。尽管经历了多年的快速增长，但国外资金一直以来较多地流入服务业和金融业，流入制造业的比例并不高，不足以支撑制造业完成快速的发展与更新迭代。与工业发展需要大量原始积累和技术迭代不同，土耳其选择了优先发展旅游和金融等服务业，旅游收入占国内生产总值的10%以上，占比较高。因此外部融资更多地流向服务业而非制造业。与此同时，土耳其的金融部门相对比较发达，证券、银行和保险也有了突飞猛进的发展，甚至土耳其周围的一些国家也开始使用里拉作为他们的货币。1998年以前，土耳其的制造业占其GDP的比例还能达到25%。然而到2018年，这一比例仅为15%，甚至低于其他新兴经济体。可以说，在土耳其达到发达国家的发展水平之前，产业结构就已经出现了制造业衰退和产业空心化的趋势。土耳其模式在经济繁荣时期蓬勃发展，但如果受到外部冲击，其内部的回旋余地很小。

2. 国际收支平衡理论

X 为出口，M 为进口，I_f 为对外净资产变动。S 为储蓄，I 为投资。

$X-M=I_f$，一国经常账户差额等于其对外净资产的变动；

$X-M=S-I$，经常账户差额的变化和储蓄投资缺口密切相关，资本是从经常项目盈余国流向赤字国，为后者国内资本存量的增加提供融资；

$X-M=I_f=S-I$，当经常账户为赤字时，国内储蓄不足以支持国内投资，存在资本流入；当经常账户为盈余时，国内投资低于国内储蓄水平，存在资本流出。

土耳其经济结构较为单一。出口行业主要以劳动密集型为主，出口产品主要集中在金属加工、纺织业。这样的出口结构在国际竞争中的竞争力较弱，在国际产业链中处于较低附加值的产业链部分，更多依靠成本优势与价格优势促进出口。而这样的经济结构较为脆弱，尤其是在资本账户开放的情况下，汇率的升值与贬值对出口的冲击较大。2018年8月末，土耳其贸易逆差为55亿美元。经常账户赤字高达17.5亿美元，占GDP比重为-5.50%。这样的经济结构带来的货币脆弱性会导致在国际资本流出的过程中对国内经济的冲击较大，国内依靠外资进行融资的企业面临着流动性风险。

货币论认为，在充分就业均衡状态下，一国货币的需求是稳定的，是收入的增函数，利率的减函数。货币供给变动不影响实物产量；贸易商品的价格是由世界市场决定的。一国的价格水平和利率水平接近世界市场水平。按照货币论的思想，国际收支不平衡是一种货币现象。货币政策理论认为只有改变了对货币的需求，才能够改善国际收支的不平衡状况。因此，扩张性的货币政策可以增加对货币的需求，从而减少国际收支顺差。紧缩性的货币政策可以减少居民对货币的需求，从而改善国际收支逆差。而对于加征关税、货币汇率贬值等措施，只有当它们有效提高了国内的货币需求，起到了扩张型货币政策的作用时，才能改善国际收支状况。

以货币论的理论体系分析土耳其货币危机前夕国内各项数据可以发现，从 2012 年起，土耳其各年国际收支开始呈现逆差，并且有逐年扩大的势头。与此同时，土耳其的国内信贷却处于持续扩张的状态。从货币论的角度来看，这是一种矛盾的做法，势必会导致金融市场风险聚积或经济体脆弱性增加。

2018 年以来，美国的贸易保护主义再次抬头，因“牧师事件”对土耳其更是加征一倍关税。一方面，使以土耳其为代表的新兴市场国家贸易环境进一步恶化，加深其长期以来的经常账户逆差；另一方面，随着美国进入加息周期，强美元背景下美国的贸易保护主义在很大程度上影响了全球投资者的信心，并且使投资者倾向于风险规避，资金从新兴市场国家大量流出。

除货币论之外，关于国际收支方面还有其他理论可以解释土耳其的货币危机，可以引导学生运用相关模型进行分析，具体理论如下所示（见图 16－16）。

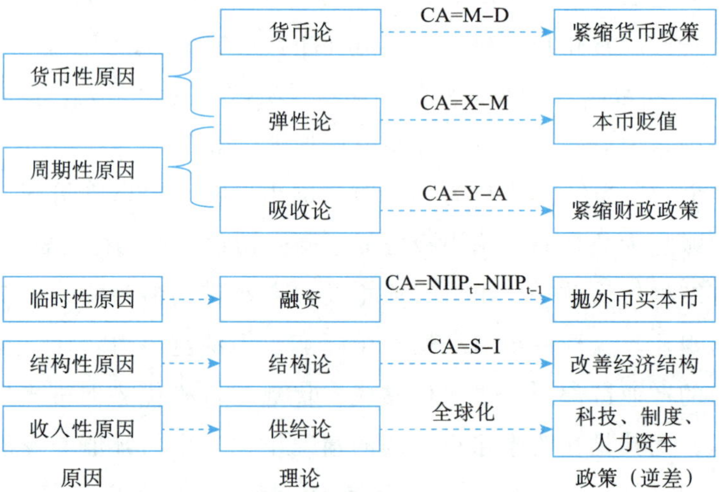

图 16－16　国际收支路径传导图

3. 货币错配效应

货币错配的本质是本国的资产与负债以不同的货币计价，而导致汇率在升贬值的过程中，本国的资产净值有大幅变化的现象。一般来说，只能用外币进行国际信贷的国家均存在货币错配的现象。具体来说，新兴市场国家由于货币在国际货币中处于劣势，因此更有可能产生货币错配现象。学界将其定义为“高储蓄两难综合症”。

新兴经济体国家——典型的比如土耳其——具有明显的"双赤字"特征。"双赤字"经济体具有内在脆弱性。"双赤字"是指一国财政赤字和经常账户贸易赤字长期并存的情况。部分新兴市场国家往往进出口结构不合理，国内工业产品国际竞争力较弱，且普遍集中在中低端产品，当货币汇率发生波动时容易造成经常账户赤字；同时，为了提高经济增速和扩大总需求，采取扩张性的财政政策，会导致财政赤字，从而形成了贸易与财政双赤字的现象。一些新兴市场国家长期处于"双赤字"状态，在美联储加息和全球流动性紧缩等外部冲击的影响下，很容易出现国际资本大规模外流等情况，甚至经济陷入滞胀状态。为了减轻经常账户外流的压力，土耳其不得不开放资本账户来吸引外国投资，以达到收支平衡。但这些外国投资中股权投资的比例不太稳定，主要是偿还外债，甚至是不到一年的短期债务。这使土耳其的经济过于依赖外国资本，并且主要是以债务的形式。由于新兴市场国家主权信用较差，本币信用水平较低，为了在国际金融市场上筹集资金，它们不得不以发达国家货币的形式借入资金，尤其是美元债券，使土耳其的偿债成本大幅升高。

（四）【问题】为了更好地实现经济调控目标，土耳其央行（CBRT）曾做过极具勇气和创意的新型货币政策框架试验，虽初期效果不错，但之后以失败告终。面对 2018 年里拉危机，土耳其央行频频出手，可惜未能力挽狂澜。请结合货币政策的相关理论，画出土耳其货币政策的利率走廊框架，并描述土耳其利率走廊的上下限分别是什么，分析土耳其是如何将数量政策与价格政策巧妙地融合进利率走廊中，谈谈你对土耳其货币政策框架设计和政策实施的看法。

【思路及分析】

可引导学生从三个方面思考：（1）在 2018 年货币危机发生前，土耳其选择了怎样的货币政策？是否为危机埋下隐患？（2）面对里拉大幅贬值，土央行实施了"加息＋降准"的政策组合，这样选择的理由是什么？为何实施效果不佳？（3）土央行是否具有独立性？总统埃尔多安的低利率建议虽并未被央行采纳，是否依然对市场造成了实质性影响？

自从 2001 年经济危机之后，土耳其的货币政策首要目标就调整为盯紧通胀率，维持通货膨胀率稳定的同时兼顾经济稳定。利用不同期限的公开市场操作提供流动性，但并没有指定政策工具利率。2008 年国际金融危机之后，土央行进行了反思，开始强调金融稳定。2010 年 10 月土央行创新性引入货币政策新框架，设计不对称的宽利率走廊，并与准备金选择机制搭配使用（见图 16－17）。

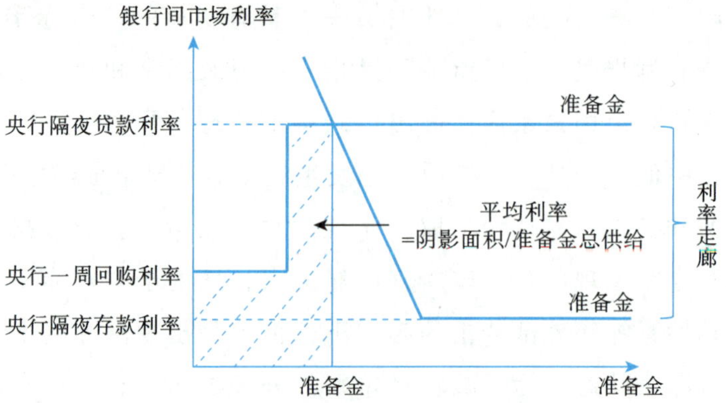

图 16－17　土耳其不对称宽利率走廊机制图示

如图所示，利率走廊的下限是央行隔夜存款利率，上限是央行隔夜贷款利率，二者构成了央行调节市场流动性的价格部分。其中，隔夜存款利率用于回收流动性，而上限是为市场提供流动性。与此同时，央行借助一周回购利率的数量型政策工具为市场提供流动性，此方式的主要调节模式为一周回购利率。但一周回购提供的数量有限，无法满足的部分需要向央行贷款，支付更高的隔夜贷款利率，因此银行的实际利率水平是二者的加权平均值。央行对于回购规模进行限制，以此来调节市场的平均利率水平（见图 16－18）。

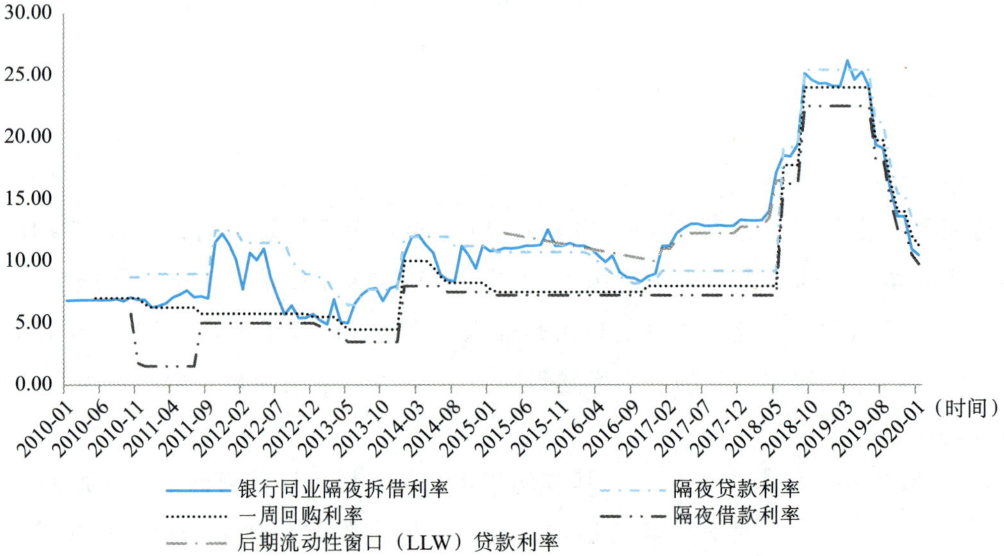

图 16－18　土耳其利率走廊和市场利率情况

数据来源：CEIC。

除了利率走廊外，土耳其央行还推出准备金选择机制（ROM）。该机制允许商业银行以外汇或黄金缴纳准备金。不同的准备金可缴纳的比例、准备金选择系数和准备金利率等重要参数由央行设定，根据经济实际情况调节，试图利用商业银行的市场行为代替央行对外汇的直接干预。

上述框架在引入初期取得了不错的成效，当时外资流入较为充足。但是随着资本流出增加，净流动方向逆转，市场利率开始迅速上扬，突破政策利率上限，难以受到政策利率的约束。受到欧债危机蔓延影响，土耳其资本流出压力倍增，2011 年 8 月，土耳其央行在一个月内将隔夜拆借利率提高 350 个基点，收窄利率走廊波动范围。9 月将上限的隔夜贷款利率从 9% 提高 350 个基点至 12.5%，调高短期利率，遏制资本持续外流。随后，欧债危机缓和，金融市场回暖，资本外流压力下降，2012 年土耳其央行先后四次降低利率走廊上限。其间，市场利率虽然被控制在利率走廊内，但作为政策利率的一周回购利率逐渐丧失了其利率锚作用。2013 年下半年，美联储宣布货币政策取向转变，要逐渐缩减 QE，退出量化宽松。为缓解资本外流态势，土耳其央行多次大幅提高隔夜贷款利率，市场利率有继续突破政策利率上限的势头。2014 年 1 月，土耳其央行放弃了这一货币政策框架。

2014 年 8 月埃尔多安出任土耳其总统。他认为低利率是货币政策的最佳选择，前期宽松货币政策下的经济高增长使他对此深信不疑，完全否定高利率政策的意义。这一观点与主流经济学截然不同。在其执政期间，一直以宽松的货币政策和积极的财政政策作为主要基调。面对全球经济下行压力增大，外需减弱给新兴经济体造成普遍影响，土耳其经济增速下滑，为提振国内经济，埃尔多安政府多次采用宽松的货币政策与积极的财政政策来加大对经济增长的刺激。2016 年土耳其国内的军事政变引起经济增速下滑。政府当局动用了高达十亿美元的资金来稳固增长。

其实 2017 年年底，土耳其就已经出现了经济过热现象，IMF 也因此警示了土耳其政府。但因 2018 年 6 月要进行总统大选，为了争取连任，营造经济繁荣景象，埃尔多安政府在 2018 年初实施了经济刺激计划，价值约 50 亿美元。此政策在短期内成效显著，2018 年 3 月 GDP 同比增长速度高达 18%，创下近年新高，就业形势也有所转好，失业率从上年同期的 10.2% 下降至 9.7%。

为回避与埃尔多安的正面冲突，土耳其央行一直将一周回购利率设置在较低水平，转而增加了后期流动性窗口（LLW）的贷款成本，为获得所需金额，银行不得不通过该窗口融资，从而间接提高了市场的平均借贷成本。

为遏制里拉汇率的快速下跌趋势，土耳其采取了一系列加息措施，具体情况如下所示（见表 16－2）：

表 16－2　土耳其加息进程表

日期	事件
2018 年 5 月 24 日	紧急将后期流动性窗口（LLW）贷款利率由 13.5% 上调至 16.5%，调整幅度高达 200 个基点
2018 年 5 月 28 日	土耳其央行宣布调整货币政策框架，重新将一周逆回购利率作为政策利率，把该利率一次性由 8% 提高到 16.5%
2018 年 6 月 8 日	土耳其央行再次加息，对一周回购利率大幅加息 125 个基点，从 16.5% 上调至 17.75%，同时将隔夜贷款利率上调至 19.25%
2018 年 8 月 13 日	推出一揽子举措，旨在加大国内流动性供给，打出“加息＋降准”组合拳
2018 年 9 月 13 日	宣布将一周回购利率上调至 24%，大幅加息 625 个基点

1. 内外部经济均衡理论

在开放经济中的经济均衡目标与封闭经济体具有一定的差别。在开放经济中，政策制定者需要兼顾解决内部均衡与外部均衡两方面经济均衡。内部均衡包括经济平稳增长、物价稳定、充分就业。外部均衡主要是指维护国际收支平衡。

土耳其借助外资流入和宽松的货币政策实现了经济的快速增长，物价相对稳定，基本做到了经济的内部平衡，但长期保持着大额经常账户逆差，外部经济严重失衡。这样的失衡状况前期并未直接表露出来，但潜在风险不断积累。为了向持续的经常账户逆差提供外汇融资，土耳其较高程度地开放了资本与金融账户，外汇资金大多是通过债务类工具流入，本息刚性兑付带来的流动性风险增加，导致宏观经济脆弱性上升。里拉的大幅贬值成为导火索，外部失衡的潜在问题被暴露出来。尤其是在这样的背景下，土耳其资本外逃增加、外债压力增大，外部失衡藉由通货膨胀传导至国内，内部均衡也受到损害，经济的高速增长难以为继。

面对 2018 年爆发的货币危机，土耳其央行希望能够同时解决内部均衡和外部均衡的问题，因此选择了“加息＋降准”的政策组合。想要通过提高利息控制物价，缓解资金流出压力，稳定里拉币值，但过高的利率也抑制了国内经济的发展，因此同时降低存款保证金率，以促进国内的信贷投放。但由于央行反应不够及时，总统持相反意见，政策传导路径复杂等原因，央行的措施未能达到目标效果。

2. 丁伯根原则

在一个线性经济结构中，只有用 N 个线性无关的政策工具才能够实现 N 个独立不相关的政策目标。这一原则在开放经济下具体表现为，单一的需求管理政策包括财政政策、货币政策等无法解决内外经济的多个政策目标。需要开发与已有的政策线性无关（或独立）的政策工具，才能够实现内外经济均衡的多重政策目标。

2008 年美国次贷危机引发国际金融危机后，各国央行和学界都对货币政策框架进行了反省和思考，此次金融危机证明了以物价稳定作为单一的金融目标并不能够使其他一切在这一体系下自洽。而金融危机的爆发也会对物价产生冲击，导致物价水平稳定的目标也无法实现。“单一目标、单一工具”的央行模式遭遇挑战，为了同时实现通胀目标，并维护金融稳定，多国央行都对政策工具箱进行了扩充，在监管方面引入宏观审慎监管体系。同时兼顾加强对跨境资本流动的管理。2010 年 10 月土耳其央行创造的货币政策新框架，便是试图允许资本自由流动，并同时保证物价稳定，缓解失衡造成的系统性风险。

土耳其央行通过积极调节利率走廊的宽度和非对称性，构建了“价格型调控 + 数量型调控”政策系统，对跨境资本流动及时灵活应对，防止汇率波动幅度过大，并控制国内的信贷规模。准备金选择机制通过调整本外币相对融资成本，改变对外币的需求，利用商业银行的市场行为缓冲资本流动变化带来的冲击，对国内金融环境起到稳定作用。基于理论分析，在汇率大幅波动时，准备金选择机制还可以减小对利率走廊宽度的要求，有助于为国内经济发展营造稳定的市场环境。

3. 货币政策三重困境

货币政策的三重困境也叫开放经济下的不可能三角，是描述汇率、资本开放、汇率三者之间的一个不可能关系（见图 16 - 19）。其理论内容具体为：一个国家在实现下面三个政策目标中，必须放弃其中的一个目标：（1）维护汇率处于相对稳定的水平；(2) 货币政策保持独立性，专注于控制国内的通货膨胀水平，而无需对冲不稳定的汇率带来的资本流动；(3) 国际资本流入流出本国自由不受限制，具体表现在资本账户的开放。即如果一国决定实施独立货币政策，同时放开了国际资本自由流动，那么该国的汇率稳定性会相对较差。在后续的理论发展过程中，学界提出了二元悖论：无论是固定汇率还是浮动汇率，只要资本自由流动，货币政策就会受制于资本流动带来的汇率升值或贬值压力。

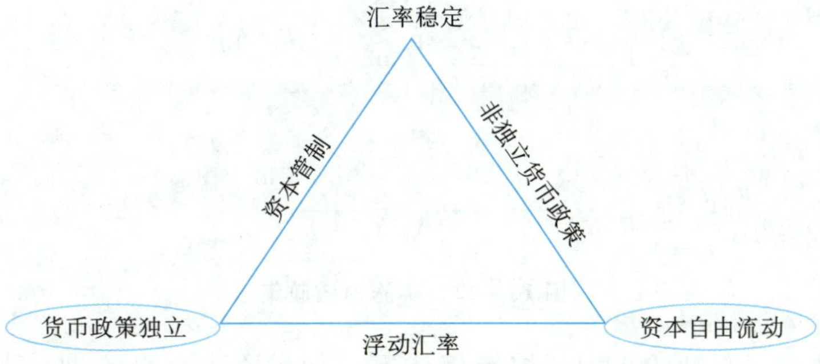

图 16 - 19　开放经济下的不可能三角

为了抑制投机资本，土耳其中央银行采用了如前所述的非对称利率走廊机制，并且频繁运用短期流动性工具避免汇率的大幅波动，尝试打破理论上的“不可能三角”，但以失败告终。其根本原因在于新兴市场国家以资本项目为主导的独立货币政策与开放资本项目之间的“两难”困局。土耳其中央银行的新型货币政策框架旨在挑战“不可能三角”，但事实证明，汇率稳定、资本流动和货币政策独立不能同时实现。而且，在这样的政策框架下，土耳其货币政策复杂程度过高、目标相对不明确，市场无法判断货币政策的操作方向，央行与市场之间沟通不充分，降低了货币政策的有效性。这也是土耳其央行对利率的调控失效的重要原因。

4. 蒙代尔弗莱明模型（IS－LM－BP）

模型主要体现出财政政策与货币政策在开放经济条件下的相互配合以及作用效果，同时给出政策带来的可能传导。根据固定汇率与浮动汇率，资本是否完全流动给出了四种不同情形下的情况。其中，实行浮动汇率制度、资本账户完全开放的小型经济体的政策传导路径如图 16－20、图 16－21 和图 16－22 所示。

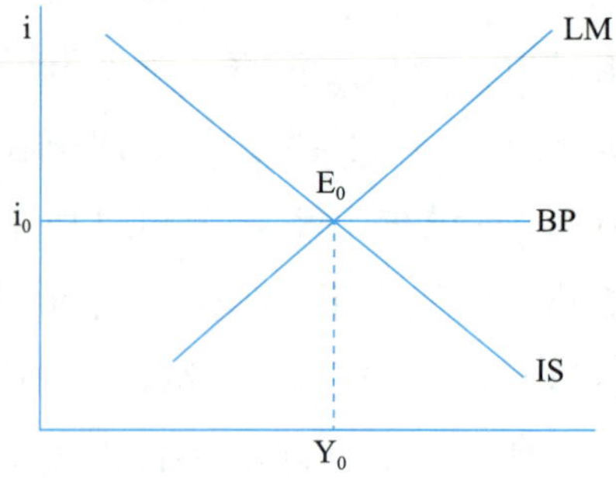

图 16－20　均衡状态

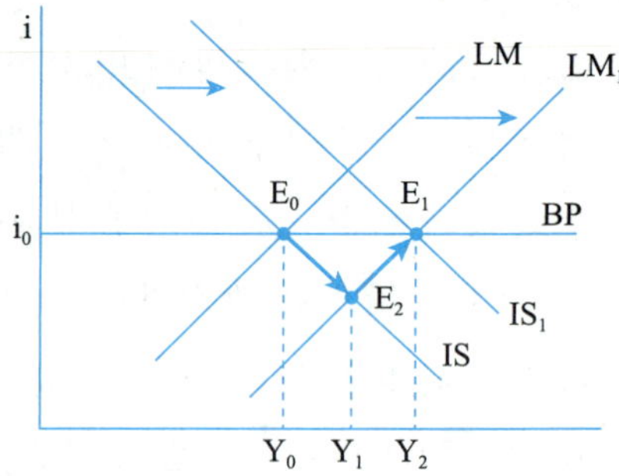

图 16－21　实施货币政策

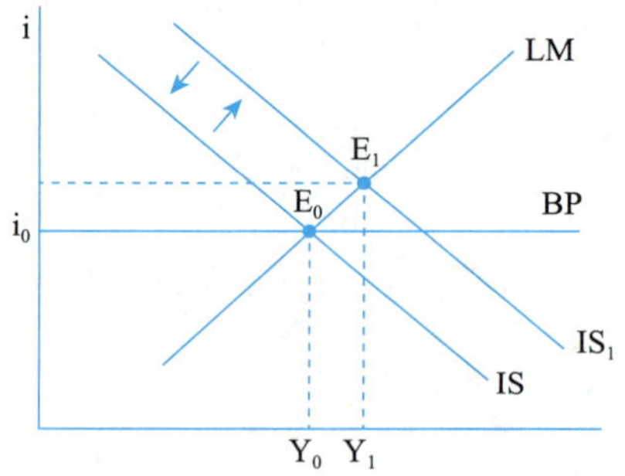

图 16－22　实施财政政策

在实行浮动汇率制度的小型开放经济体下，如果资本完全流动，那么扩张的财政政策会提高国内利率，挤出国内投资，但会更进一步地导致国际资本的大幅流入，国内利率降低，财政政策失灵。而扩张的货币政策会通过降低利率的方式使资本向外部流动，进而导致汇率贬值带来出口增加，总需求扩张，因此货币政策有效。从图中来看图16－20的E_0是初始状态，初始状态下的产出为Y_0，利率为i_0，世界利率为i_0。实施扩张型货币政策，LM右移到LM_1（见图16－21）。此时，均衡点暂时到达E_2的水平，产出由Y_0扩张到Y_1。此时由于利率的降低（尤其是低于国际利率水平i_0），资本流出导致本国货币贬值。从中长期来看，本国的货币贬值会促进出口，推动IS曲线右移至IS_1的位置，国内产出在E_2点达到新的均衡，国内产出由Y_1上升至Y_2。在图16－22中，财政政策由IS扩张到IS_1时，均衡点暂时由E_0扩张到E_1，由于利率的上升，国外资本迅速流入，使利率迅速恢复之前水平，因此财政政策失效。

同样的，土耳其在开放国内资本账户的条件下实施了紧缩的货币政策，因此政策传导路径为，在图16－21中，LM_1左移到LM，均衡点变为E_3，产出由Y_2下降至Y_1，这便是土耳其总统长期以来不愿意实施高利率政策的原因之一。此时土耳其本国的利率高于国际利率水平，吸引国际资本流入，来暂时稳定汇率。然而，土耳其政府实施的紧缩政策并未如上图所示运行，其利率被大幅提升，但资本流入增加未能如期发生，货币贬值幅度继续扩大。其原因主要有三，首先，在土耳其内部，经济基本面的迅速恶化导致其无力支撑汇率。其次，在美国的经济制裁下，投资环境不确定性增加。虽然利率提升，且提升幅度巨大，但汇率在极端情况下受预期的控制自我贬值动机增强。投资者产生恐慌。最后，总统埃尔多安四处宣扬低利率政策，影响了央行的公信力，虽然央行已多次宣布提高利率，但投资者依然担心总统的干预。同时出口行业在短期内无法作出迅速调整，货币危机爆发。

5. 中央银行独立性：依赖于市场机制，中央银行应该具有一定的独立性。主要基于以下三个方面的原因：（1）央行进行的经济调节操作具有一定的专业性，货币政策实施具有一定的技术性。（2）防止政府将中央银行作为货币工具，防止政府滥收铸币税。（3）可以公正客观地代表社会利益，防止与政府、企业产生联系而削弱金融监管的功能。中央银行应具有独立性，这两方面的理论可以予以解释。一是动态不一致问题，理论认为政府的政策操作与公众预期的动态变化难以达成一致性。二是政府的政治周期更迭可能会导致货币政策为政府选举服务意图较为明显。因此，如果需要一个稳定的货币环境，需要一个具有专业性、技术性、客观公正、独立的中央银行来实现。

21世纪初，在法律制度和实践活动上，土耳其法律赋予了其中央银行高度独立性，明确央行的首要目标是实现和保持物价稳定，央行会在一些方面支持政府经济增长和稳定就业的相应政策，但不会与价格稳定目标发生冲突。中央银行可以自主独立地决定土耳其的货币政策及货币工具的使用。成立货币政策委员会（MPC）对货币政策目标的实现以及货币工具的使用起领导和决定作用。货币政策委员会的建立使货币政策决策可以做到机制化、制度化。在组织结构上，中央银行行长由中央银行董事会选举产生，中央银行和财政部都隶属于总理内阁。

就土耳其《中央银行法》的规定和中央银行的组织机构设置而言，土耳其中央银行具有良好的独立性。但是，从 2015 年以来，埃尔多安同时在中央银行的组织结构和人员安排方面开始干预中央银行货币政策。同年 4 月，由于不愿意受到总统低利率政策的干预，央行行长辞去其职务。从那时起，央行的使命已经从“央行将继续独立实施货币政策和货币政策工具，以确保物价稳定”转向“央行将直接使用货币政策工具，以确保物价稳定”。这些细微之处让人怀疑埃尔多安正在打压土耳其央行。土耳其央行的独立性在 2018 年 7 月正式丧失，当时埃尔多安发布了第一批总统法令，授予总统任命行长和数百名其他高级官员的权力。2019 年 7 月，埃尔多安甚至解除了央行行长穆拉特·切廷卡亚（Murat Chettinkaya）的职务，代之以副行长穆拉特·乌萨尔（Murat Uisar）。

事实上，总统埃尔多安的建议并未真正落地，土耳其总统也不具有决定货币政策的权力，但因为央行政策的独立性受到质疑，投资者的悲观预期直接影响了其投资决策。金融市场具有预期的自我实现效应，埃尔多安的言论对市场造成了实质性干扰，严重损害央行货币政策的有效性。

（五）【问题】了解四代货币危机模型，并结合以上五个问题涉及的宏观经济理论，说明此次土耳其货币危机的影响因素有哪些？在这些因素当中，你认为土耳其此次爆发货币危机最重要的影响因素是什么？当前的货币危机理论对于解释土耳其货币危机现象来说，仍有哪些可以补充、调整和改进的地方？

【思路及分析】

1. 第一代货币危机模型：假定了小型开放经济体，固定汇率下货币危机的根源主要在于经济基本面的恶化。包括财政赤字货币化、外汇储备的消耗以及信贷的增加。具体传导路径为，财政的赤字会导致国内信贷以一个稳定的比率增加，而在固定汇率的条件下，信贷的扩张会带来货币的贬值。国家为了维持固定汇率必定需要消耗外汇储备。最终外汇储备接近耗尽时，投机行为的存在会导致外汇储备枯竭。

2. 第二代货币危机模型：假定小型开放经济体，固定汇率的条件下，危机的产生与政府维护固定汇率制度所需花费的成本在短期内的大幅上升有关。这种成本来自人们对汇率贬值预期的自我实现。当一个外部干扰项出现时，人们会对货币产生贬值预期。经济主体主观预期的自我实现会推动政府放弃固定汇率制，转向浮动汇率制，货币危机产生。

3. 第三代货币危机模型：外债是危机的起点。当经济主体借入大量外债时，在汇率贬值的条件下会提升经济主体的外债负担，进而导致企业由于偿债需要从银行提走存款。银行发生挤兑，金融机构的投资下降，带来经济的全面衰退，导致最终的汇率贬值预期增加，汇率大幅贬值。

4. 第四代货币危机模型：对国内资产价格的信心高低会带来投资数量的增减，进而影响到经济状况。具体来看，当一国的资产价格受到外部扰动下降时，投资者会产生悲观预期，抛售资产带来预期的自我实现。进一步的，资产价格和信心之间由于负反馈而形成恶性循环，最终会带来全面的经济衰退。

从四代货币危机中看到，第一代和第二代货币危机模型都是围绕固定汇率制展开，但其核心思想在于经济基本面和金融市场的预期两方面会给汇率带来巨大的贬值压力。从土耳其经济的角度出发可以看到，最开始土耳其的出口竞争力不强，更多的是依靠服务业来带动整个经济的迅速增长，经济基本面被出口拖累较为严重。其次是在土耳其里拉贬值的过程中，总统的呼吁从本质上加重了里拉贬值的预期，外汇市场贬值压力加大。而第三代货币危机模型对土耳其的货币危机也具有一定的解释能力，土耳其为了弥补经常账户下的长期赤字，长时间开放资本与金融账户，吸引外资流入。但外资并非流入直接投资、股权投资等相对稳定且风险较低的部门，反而更多通过债权工具流入了当地的服务业。存在银行的资产负债错配和企业的资产负债错配两个层次的货币错配现象。第四代货币危机模型揭示了资产价格在危机当中起到的推波助澜的作用。抛售资产带来的资产价格下跌会与投资者的信心形成负反馈效应，带来经济的全面衰退。在整个货币危机的过程中，制造业竞争力不足是根源，大幅借贷以外币计价的债务是最重要的影响因素。在受到外部扰动时，经济主体对货币贬值的预期会导致汇率的进一步下跌。

对四代货币危机模型的改进没有固定的范式，主要启发学生探究型学习的能力，可以引导学生从以下几个方面进行思考，进一步探究课题：（1）土耳其中央银行在危机时的加息政策究竟是稳定了经济还是助推了经济的衰退；（2）土耳其长期以来的低利率政策在货币危机的过程中是否有推波助澜的作用。无独有偶，2008 年的次贷危机爆发前，美国也是长期低利率政策不断刺激着经济泡沫的产生。进一步地思考低利率是否是酿成危机的一大根源；（3）土耳其的资本账户开放是否过早？如何能够合理设计一个机制使土耳其的资本账户在短期弥补经常账户赤字的同时，还能够减少资本流动对经济的冲击？

（六）问题：土耳其的货币危机给我国带来什么样的启示？在构筑经济基础、央行的功能和作用、风险预警机制、资本市场开放节奏、债务币种选择、货币国际化等各方面是否存在一定的借鉴意义。

【思路及分析】

本问题并无标准答案，具体参考解析如下：

1. 夯实经济基础

加强工业制造业等经济基本面建设，不盲目追求经济高增长。土耳其自 1999 年申请加入欧盟受阻的主要原因，即经济发展水平低，与欧盟国家差距巨大。为此，土耳其开始加大投资，依靠基础设施建设和房地产投资，刺激经济增长，从 2003 年到 2008 年，人均 GDP 从 3581 美元迅速跃升到 10931 美元，年均 GDP 增长率最高的年份一度达到 32.8%。曾创造出了 6 年时间人均 GDP 增长 3 倍的“奇迹”。在正义发展党执政的第二个 10 年，土耳其政府多次采用刺激政策，促进经济繁荣。2017 年年底，国际货币基金组织已经警告土耳其出现经济过热，需要调整货币政策，紧缩经济。但是，为了满足 6 月 24 日选举的需要，土耳其政府于 4 月再度向市场注资，营造繁荣景象。

2. 保持央行独立性

增强金融体系尤其是央行的独立性，强化金融领域的危机管理。在此次危机事件中，土耳其一系列忽略经济运行逻辑的做法以及埃尔多安对于货币政策独立性的掣肘，加剧了市场对里拉的下跌预期。埃尔多安任人唯亲，调整金融体系的组织结构，将中央银行划归财政部管理。这一系列安排强化了市场对于土耳其货币政策将受控于埃尔多安总统的判断，市场对土耳其中央银行独立性产生了普遍怀疑，对土耳其里拉汇率的理性预期大幅减弱，加大了里拉汇率波动。

3. 完善风险预警和响应机制

中央银行政策决策贻误抑制汇率暴跌的最佳时机。此次危机中，土耳其央行对于利率的调整严重滞后，加剧了里拉的波动，引起市场恐慌。由于埃尔多安总统不希望调高利率，导致加息政策一再推迟，通货膨胀率持续上升。最终，土耳其央行为了抑制物价上涨，被迫大幅调高利率以压制通胀，银行业七天回购利率由 2018 年 5 月的 8%，迅速调高到 7 月的 17.75%。土耳其银行间隔夜同业拆借利率由 2018 年 1 月的 13.3%，提到 7 月的 18.5%。土耳其新一届总统内阁成立后，市场对 7 月 24 日中央银行的货币政策会议充满期待，希望央行能够加息 100 个基点以抑制通胀，同时测试央行是否受到埃尔多安总统不喜欢高利率主张的影响。可是，央行没有加息，依然维持利率不变。市场预期的自我实现效应作用下，里拉汇率持续下跌，一直到 8 月 11 日崩盘，引发货币危机。

4. 谨慎把握资本市场开放节奏

未来里拉兑美元贬值的趋势依然存在，土耳其经济形势堪忧。近年来，土耳其国内政局不稳，且与西方国家之间利益分歧日益扩大，尤其是土美关系的走势将直接影响土耳其里拉的汇率变动。中国应当继续关注里拉危机的后续发展以及传导路径，预防其进一步演化为全球性危机，汲取此次土耳其金融危机的经验教训，审慎对待资本市场开放。

5. 加强中国与土耳其的合作

摆在土耳其政府面前的重大问题是提振市场信心并大力发展实体经济，夯实经济基本面，其未来的中期发展战略（2019 ~ 2021 年）和经济政策将成为国际社会关注的重点。今后，中国可进一步推进“一带一路”建设和“中间走廊”计划的对接，同时，推动中土两国金融机构的合作交流。

6. 推动人民币国际化

推动人民币成为世界货币，主要债务以人民币计价，可以降低部分企业的货币错配风险。同时推动人民币成为国际融资货币，打通国际市场上的人民币融资渠道，可以降低中国企业的融资成本，同时将债务的主动权掌握在自己手中，不受制于人。

四、建议课堂计划

本案例可以作为专门的案例讨论课来进行，整个案例讨论课的讨论时长建议为 100 分钟，共计 2 个课时。可分为课前准备、课中计划和课后拓展三部分进行，以下安排供参考。

（一）课前准备

请学生提前自行了解并搜集 2018 年土耳其里拉危机事件的始末和土央行的政策应对措施，理解相关理论的含义，初步思考启发思考题。将学生分成 4 组，以便进行分组讨论。

（二）课中计划

1. 案例视频回顾：播放案例相关视频（其他教学辅助支持提供视频链接）（10 分钟）。

2. 案例讲述：教师参考案例分析正文，阐述案例关键要点，讲解相关理论（15分钟）。

3. 小组讨论：按照课前分配的4个讨论组分组讨论案例及启发思考题，得出小组结论，准备发言大纲（15分钟）。

4. 小组发言：每组派代表对小组观点进行阐述，每组5分钟（共20分钟）。

5. 自由讨论：小组之间互相讨论，根据其他小组发言提出问题，引发进一步思考（25分钟）。

6. 教师点评：教师对小组发言和讨论进行总结点评并答疑（15分钟）。

（三）课后拓展

请学生选取自己感兴趣的角度，结合土耳其里拉危机案例或其他新兴市场国际货币危机案例（如阿根廷金融危机），进行深入分析研究，成果以案例分析报告的形式呈现。

五、参考文献

[1] Benigno, P., & Missale, A.. (2004). High Public Debt in Currency Crises: Fundamentals versus Signaling Effects [J]. Journal of International Money & Finance, 23 (2), 1-188.

[2] Calvo, G. A.. (1988). Servicing the Public Debt: the Role of Expectations [J]. *American Economic Review*, 78.

[3] Corsetti, G., Pesenti, P., & Roubini, N.. (1998). What caused the Asian Currency and Financial Crisis? [D]. *Temi di discussione* (*Economic working papers*).

[4] Flood R, Marion N. Perspectives on the Recent Currency Crisis Literature [J]. International Journal of Finance & Economics, 1999, 4.

[5] Krugman, P.. (1999). *What happened to asia* [D]. *Mimemo*, Cambridge, MA, MIT.

[6] Obstfeld, M.. (1986). Rational and Self-fulfilling Balance-of-payments Crises. *American Economic Review*, 76.

[7] Smith, B. D.. (2001). Banks, Short-term Debt and Financial Crises: Theory, Policy Implications, and Applications a Comment. *Crsp Working Papers*, 54 (1), 37-71.

[8] 刘峰．现代货币危机理论及其引发的思考 [J]．对外经济贸易大学学报：国际商务版，2002 (4)：6－10，60.

[9] 王喜平．货币危机理论与模型：文献综述 [J]．北京航空航天大学学报：社会科学版，2003，17 (4)：37－41.

[10] 林河．债务危机与货币危机相关性研究 [D]．复旦大学，2012.

[11] 李兆．新兴市场国家货币危机及对我国的启示——以土耳其、阿根廷为例 [J]．黑龙江金融，2019 (5)：20－22.

[12] 杜嘉韵．土耳其金融危机成因、影响及启示 [J]．山西农经，2018 (23)：108－109.

[13] 魏敏．土耳其里拉危机的成因及其警示 [J]．人民论坛·学术前沿，2018 (19)：38－45.

[14] 王远卓．反思土耳其货币危机 [J]．中国金融，2018 (20)：80－81.

[15] 郑超愚，王晓笛．全球化与逆全球化：土耳其货币危机的国际经济周期分析 [J]．新金融，2018 (9)：11－14.

[16] 朱闻宇．利率走廊能稳定短期市场利率吗？[D]．南京师范大学，2018.

[17] 封思贤，朱闻宇．实施利率走廊机制的国际经验及启示 [J]．经济学家，2018 (1)：79－87.

[18] 张炎涛．土耳其准备金选择机制 (ROM) 应对资本流动的经验及对我国的启示 [J]．上海金融，2016 (10).

[19] 郭可为．至暗时刻：土耳其金融危机的原因及影响 [J]．清华金融评论，2018 (10)：105－108.

[20] 王星星．人民币汇率对中美贸易的影响——基于马歇尔－勒纳条件 [J]．广东蚕业，2018，52 (1)：116.

[21] 曹靖楠．土耳其危机：新兴国家之殇 [J]．同舟共进，2018 (11)：19－21.

[22] 赵庆明．土耳其货币危机的根源 [J]．中国金融，2018 (17)：88－89.

[23] 于晓宁．土耳其里拉危机的结构性剖析 [J]．科技经济导刊，2018，26 (32)：196，136.

[24] 王乐．从奥巴马到特朗普政府：美国对土耳其政策探析 [D]．新疆大学，2019.

[25] 曾庆鹏．货币错配情形下的汇率政策及对目前人民币汇率政策的评述 [J]．经济学动态，2009 (7)：36－41.

［26］江百灵，叶文娱．本币升值冲击与银行业危机——基于货币错配视角的中国经验［J］．经济经纬，2012（6）：156－160.

［27］宋芳秀，王金石．新兴市场经济体货币错配的测度、影响因素及解决对策［J］．经济学动态，2014（7）：38－47.

［28］贺力平．估值效应和货币错配再定义：兼论汇率风险概念的一个宏观经济新应用［C］．《国际货币评论》2015年合辑．：中国人民大学国际货币研究所，2015：1041－1059.

［29］任擎，刘仁宾．新兴市场货币：各自负重前行［J］．中国外汇，2019（10）：70－71.

［30］王涵，王轶君．土耳其的波动：这次不一样［J］．金融市场研究，2019（4）：73－76.

［31］丁工．土美互抡经贸制裁大棒，对中土合作有何影响［J］．中国对外贸易，2018（10）：20－21.

［32］董方冉．土耳其里拉遭遇黑天鹅［J］．中国金融家，2018（9）：101－103.

［33］孙兴杰．牧师、里拉与世界的棋局［N］．中国经营报，2018－09－03（E03）.

［34］邹志强．里拉暴跌背后的美土关系危机［N］．文汇报，2018－08－21（007）.

［35］周浩．土耳其里拉暴跌 新兴市场该吸取什么教训［N］．第一财经日报，2018－08－20（A11）.

［36］陈小茹．内外夹击之下土耳其将往何处去［N］．中国青年报，2018－08－15（005）.

［37］倪晓姗．土美外交危机引发土耳其货币里拉崩盘［N］．第一财经日报，2018－08－13（A11）.

［38］周武英．土耳其里拉为何暴跌［N］．经济参考报，2018－08－13（003）.